九江职业大学志

JIU JIANG ZHI YE DA XUE ZHI

《九江职业大学志》编纂委员会 编

方志出版社
Publishing House of Local Records

图书在版编目（CIP）数据

九江职业大学志 / 《九江职业大学志》编纂委员会编.
—北京：方志出版社，2015.12
ISBN 978-7-5144-1877-4

Ⅰ.①九… Ⅱ.①九… Ⅲ.①九江职业大学-校史
Ⅳ.①G719.285.63

中国版本图书馆CIP数据核字（2015）第306947号

九江职业大学志

编　　者：《九江职业大学志》编纂委员会
责任编辑：黄　彦
出 版 人：冀祥德
出 版 者：方志出版社
地址　北京市朝阳区潘家园东里9号（国家方志馆四层）
邮编　100021
网址　http://www. fzph.org
发　　行：方志出版社发行中心
（010）67110500
经　　销：各地新华书店
印　　刷：成都勤德印务有限公司
开　　本：889×1194　　1/16
印　　张：58
字　　数：1450千
版　　次：2015年12月第1版　　2015年12月第1次印刷
ISBN 978-7-5144-1877-4　　定价：300.00元

ISBN 978-7-5144-1877-4

新 校 园 鸟 瞰

2013年8月30日，全国政协副主席陈宗兴（前左四）视察学校

2014年12月16日，中共江西省委书记强卫（前右二）莅临新校区视察

2009年9月11日，省政协主席傅克诚（前右四）视察学校

2006年10月12日，全国人大常委、省人大副主任万学文（右二）视察学校

2007年12月19日，全国政协常委、省政协副主席、农工党江西省委会主委郑小燕（前右一）到校视察

2010年4月30日，副省长孙刚（前中）视察学校

2010年7月27日，副省长谢茹（中）视察学校

2014年10月29日，省人大常委会副主任朱秉发（前左二）来校视察

2015年10月10日，副省长朱虹（中）视察学校

2015年5月21日，省政协副主席汤建人（右二）视察学校

2009年5月21日，省委教育工委书记、省教育厅厅长虞国庆（中）到校指导工作

2015 年 6 月 14 日，国家职业教育专项督导检查组莅临学校考察调研，组长系国家督学、重庆工程职业技术学院党委书记张亚杭（中）

2015 年 6 月 16 日，省委教育工委书记黄小华（中）到校调研

2008 年 2 月 26 日，省教育厅副厅长洪三国（右一）到校指导工作

2009 年 7 月 27 日，省委教育工委副书记史蓉蓉（左二）到校视察

2012 年 10 月 23 日，省委教育纪工委书记傅鹏鹏（右一）到校指导工作

2013 年 5 月 24 日，省教育厅副厅长程样国到校指导工作

2013 年 7 月 2 日，省教育厅副厅长郭奕珊（前右一）到校指导工作

2014年9月25日，省教育考试院党委书记刘润保（左五）到校指导工作

2015年6月7日，省教育厅副厅长杨慧文（左一）到校指导工作

2009年7月21日，市委书记钟利贵（前中）到校视察调研工作

2006年9月6日，市政协主席胡春如（左二）到校视察

2008年6月18日，市委副书记、市长王萍（右一）带领有关部门负责人到校调研

2008年9月24日，市政协主席程来安（前中）到校调研

2009年6月16日，市人大常委会主任张远秀（前左三）到校视察调研

2009年6月17日，市委副书记、市长曾庆红（前左五）到校视察调研

2012 年 10 月 30 日，市委副书记、市长殷美根出席新校区奠基开工仪式并讲话

2014 年 1 月 17 日，市委副书记、市长钟志生（左三）视察新校区工地

2015 年 5 月 22 日，市人大常委会主任冯静（右一）到校视察

2015 年 9 月 21 日，市委副书记、市长林彬杨（前中）视察新校区

2007 年 9 月 3 日，副市长吴锦萍（右一）到校指导工作

2014 年教师节前夕，副市长廖奇志（右四）到校慰问教师并视察新校区建设

客座教授，中国工程院院士黄旭华

客座教授，中国科学院院士杨叔子

客座教授，美国路易维尔大学教授曾维斌

客座教授，江西省政协委员、香港著名艺人邝美云（右一）

客座教授，原中国教育期刊社常务副社长刘堂江

客座教授，中国少儿新闻出版社首席专家、著名知心姐姐卢勤（中）

客座教授，央视著名少儿节目主持人鞠萍（前排右五）

客座教授，著名电影剧作家、省劳动模范王一民

党委中心组学习

学校党风廉政建设座谈会

校党委书记王原平向先进党组织和优秀共产党员颁奖

教职工代表大会开幕式

校长卢志鹏作《学校工作报告》

教代会表决

民主党派、党外人士座谈会

2007年6月第一届学术委员会成立

2008 年 12 月 29 日，学校迎接高职高专人才培养工作水平评估。图为专家组与参加专题研讨会的学生合影

2009 年 9 月 22 日，省示范性高职院校申报汇报会

师德师风教育动员大会

国务院特贴、曾宪梓奖获得者潘留芳教授

省政府津贴获得者、省教学名师胡晓林教授

省五一劳动奖章获得者、省教学名师王荣教授

免费招收的大方县学生入学仪式

承担幼儿园教师国家培训项目。图为 2012 年国培班学员合影

高雅艺术进校园

军训拉练

学生暑期“三下乡”服务队出征仪式

一年一度的主持人风采大赛

向东爱心家教协会接受锦旗（右一为校友向东）

毕业生供需洽谈会校园专场

学生实训

2008.5.22心系灾区

校运会开幕式

2009赴美学习交流师生欢送会

澳大利亚墨尔本职业技术学院比尔到校访问

丹麦 VIA 大学经济技术学院院长劳瑞兹·格林来访

赴台学生欢送会

美国杰弗逊社区职业学院来访

外籍教师Fran

校长卢志鹏在杰弗逊社区职业技术学院参观

1986年在湖滩上建设职业大学校园

2005年的九江职大校门

1998年遭受洪水淹没的九江职大校园

2005年的九江职大校园

2014年搬迁前的九江职大鹤问湖校区

2014年搬迁前的九江职业大学鹤问湖校区

校友许德珩先生九十九岁题写的“育人“石刻

长虹校区（原九江师范）逸夫图书馆

长虹校区（原九江师范）综合楼

原江西庐山旅游中专（九江农校）大门

原江西庐山旅游中专（九江农校）教学楼

2015年1月24日，九江市技工学校并入职大，成立技师学院

序

编纂校志，是总结经验、继往开来、服务当代、垂鉴后世的一项重大校园文化工程。2012年4月，学校领导班子研究决定，在2015年九江职业大学建校30周年之际，出版一部校志，真实地记录学校的发展进程和教育改革所取得的成就，使学校从成立到壮大所承载的全校教职工艰苦奋斗、敢为人先的精神得以传承光大，实现文化育人的目的。

为了启动这一项目，学校成立了校志工作领导小组、校志编纂委员会和校志编纂办公室，确定了各院部、各部门行政第一负责人为资料收集和资料长篇撰写的责任人，另配一名资料长篇撰稿员。2012年11月，校志办在梳理学校发展历史脉络的基础上，初拟了《九江职业大学志》的框架结构，在经过广泛征求意见的基础上，形成了《九江职业大学志》的篇章结构。

2013年1月至6月，各院部完成了资料搜集工作，字数达500余万字，由校志办的同志进行筛选，按章、节、目进行编辑、撰述。其间，因校志办二易其人，至2014年6月，完成第一稿编辑合成工作。随后利用暑假组织10名校内外专家集中审稿，发现书稿在结构和编排上存在的一些问题。于是，自2014年8月开始，由校志办的同志对第一稿进行改写，利用3个月的时间形成了第二稿。2015年1月，将第二稿打印装订40本发给编委会成员，各编委成员利用春节寒假期间对第二稿进行审阅。2015年3月开始，校志办的同志在第二稿的基础上对校志稿进行了整体的梳理，拾遗补缺，至2015年8月，形成了约130万字的第三稿。结构主体分为上、下篇：上篇记述前20年学校办学历程，下篇记述近10年学校的改革发展史。为了传承原九江师范学校、原江西庐山旅游中专（由原九江农业学校和原九江财贸职业高中经申报升格更名已获批准但未挂牌的江西庐山旅游中专合并组建而成）的历史文化，本志将并入九江职业大学的原九江师范、原江西庐山旅游中专（含原九江农业学校、九江财贸职高）的办学历史，附在后面，以观学校发展全貌。

通阅校志全稿，笔者认为有如下方面的特点：

第一，体现了文化意识。文化意识，就是历史意识和传承意识的统一。编修校志，就是从办学历史经验的总结中凝练、继承和弘扬学校精神，是学校文化建设的总结和提升，是学校发展、进步的标志。志书中详细记载了学校从图存到重组，再到跨越发展的历史进程，同时也简明追述了百年师范、百年农校的办学史实，从这些史实中可以看出九江职业大学较强的多元文化融合发展的能力。历史告诉我们，九江职业大学的成长史，就是九江职业大学人的奋斗史。正是艰苦创业的优秀传统，成为强校精神之源。

第二，体现了科学态度。本志书运用了辩证唯物主义和历史唯物主义的观点和方法，遵循志书的编纂原则，在梳理历史的过程中进行科学建构，准确把握住了历史分界，挖掘、总结了工作中的重点、亮点，资料丰富且能反映全貌和办学特色，基本上做到思想性、科学性和资料性的统一。真实是志书的生命。历史证明，学校的发展必须反映在社会发展的历史长河中。它既离不开一代又一代师生员工的努力与付出，同时，也离不开政策的支持，离不开上级领导的关怀和社会各界的厚爱。九江职业大学的成长史，也是与地方经济社会建设和教育发展的互动史。没有经济社会的发展，九江职业大学就没有发展的机遇；没有教育体制的深化改革，九江职业大学就没有创新的动力。

第三，体现了务实精神。志书资料浩繁，需要投入大量的时间和精力进行分析，去粗取精，去伪存真，经得起历史检验。校志编修工作前后三年零五个月，期间二易其人，四易其稿，编写人员饱含艰辛。但他们以高度的责任感，克服种种困难，甘受寂寞，不厌其烦地核对资料，即使重写也毫无怨言。他们付出的辛劳和心血是值得的。

这部志书终于付梓了。这是九江职业大学第一部正式出版的志书。在此之前，包括原九江职大、九江师范、九江农业学校、九江财贸职高都没有官方正式出版的志书，因而编稿难度很大，且时间跨越一百余年，久远的历史资料难以搜集，记载模糊，难免出现一些遗漏或讹误。希望广大师生员工、校友，在翻阅这部校志时，能提出宝贵意见，期望今后学校续修志书时加以补充或修订。

卢志鹏

2015 年 10 月

凡　例

一、本志记述九江职业大学自1985年11月起至2015年6月的办学历程。为理清学校发展脉络，2006年4月30日并入的九江师范学校和2009年3月并入的江西庐山旅游中等专业学校也列入本志。

二、本志书采用述、志、人物简介、人物名录、图、表、录形式，以志为主体。图片截至出版日前。国有资产采购数据延至2015年8月。

三、本志书分为总述、上篇、下篇，大事记。按学校发展历史和薄古厚今的原则，前20年学校发展为上篇，作简要记述；后10年为下篇，作详细记述。篇以下设章、节，节以下设条目。横排竖写，横分门类，纵记史实。大事记运用编年体。

四、文字中“省”是指江西省，“市”，是指九江市。

五、本志采用公元纪年，数据和公元年月日用阿拉伯数字，名词术语用全称。

六、人物简介只收录2014年前晋升的教授及2006年4月30日以后校级班子领导，九江职业大学部分毕业生。

《九江职业大学志》编纂委员会

《九江职业大学志》编辑部

contents
目录

总　述

九江职业大学是一所培养高素质技能型专门人才的市属普通高校。1985 年 11 月，九江东方职业大学创办。1986 年 3 月经省政府批准和国家教委备案，更校名为九江职业大学。学制三年，学生自费走读、毕业后不包分配、择优录用、国家承认其大专学历。办学地址在八里湖市职业高中农场（九江市西二路）。学校创办头三年，一边招生一边建校。1989 年，因办学条件未达到国务院发布的普通高等学校设置暂行条例最低标准，被国家教委列入停止招生三年、进行充实整顿的高校名单。1991 年，学校办学条件仍未达标。直到 1994 年通过合作方式恢复招生办学。由于基本建设投入不足，办学规模较小，办学效益偏低，学校面临摘牌的风险。1999 年起，九江市政府遵照教育部“共建、调整、合作、合并”八字方针，着力推进九江高校教育管理体制改革和布局结构的调整，九江职业大学的资源配置问题成为重大决策事项之一。2003 年，经九江市人民政府报请江西省人民政府上报教育部，拟将九江职业大学与九江师范学校合并组建九江高等师范专科学校，因九江高等师范专科学校这一校名在 2002 年九江的四所高校（中国人民解放军军需财经高等专科学校、九江师范高等专科学校、九江医学高等专科学校、九江教育学院）合并组建九江学院时，九江高等师范专科学校的校名被撤销，按照教育部“在同一个地区，高等师范专科学校校名被撤销的不再恢复”的规定而未予同意。为解决九江职业大学办学资源不足和九江师范学校办学层次提升的双重问题，2004 年，市政府调整思路，向省政府申报新的方案，将九江师范并入九江职业大学。2005 年 4 月，省政府办公厅批复同意。九江师范并入九江职业大学后，设立九江职业大学长虹校区。2006 年 4 月 30 日，中共九江市委副书记林兴富到九江职业大学，正式宣布时任省政协常委、市政协副主席、农工党九江市委会主委、九江学院副院长卢志鹏为校长，周春明、肖厚建、肖允叔、胡春亮为班子成员。新领导班子的建立，标志着九江职业大学实质性合并重组的完成，并向规模发展、内涵提升目标迈开了决定性的步伐。为了扩大学校办学空间，市政府于 2009 年 3 月将江西庐山旅游中专整体划入。为此，九江职业大学进行了第二次资源整合，在原江西庐山旅游中专校址设立九江职业大学中专部。随着九江职业大学新校区的建设，办学条件充足，办学渠道进一步拓宽。

2014 年 7 月，民办九江远东海事学校按合作办学模式改为九江职业大学航海学院；2015 年 1 月，九江市技工学校成建制转入，成立九江职业大学技师学院。至此，九江职业大学已建设成为涵盖师范、建筑、机电、信息、医护、经济、农林、航海等门类齐全多渠道办学综合性强的高职院校。

一、在困境中求生存，在生存中谋发展
（1985. 11—2006. 4）

九江职业大学自1986年开始招生至2006年重组前，共20年时间。前10年经历了由初办到充实整顿，主要是谋求学校的生存。后10年办学逐渐步入正轨，但发展速度缓慢，教育资源总量不足，人才培养规模偏低。

（一）从创办到停止招生

1986年2月，经市委批准，成立九江职业大学筹备领导小组，组长由市教育局副局长陈海泉兼任，宗富林和黄昌平为成员。经过一个多月的准备，补招85级文秘专业56名、政史专业54名学生。4月8日，在九江职业高中校办工厂招待所开班办学。同年10月，市政府研究决定将原西二路中段九江职业高中农场中的150亩土地先行划拨给九江职业大学建校，其余土地暂作农场农工耕种之用。11月，教学楼动工兴建。1987年7月，学校搬迁至新校址。9月，经市教育局党组批准，成立九江职业大学党支部，宗富林为书记、肖允叔为副书记、黄昌平为委员。12月，经市委批准，学校行政班子由宗富林、肖允叔、黄昌平三名副校长组成，宗富林主持全面工作。至1988年，共招收文秘、政史、管理工程三个专业300名学生。在此期间，学校基本建设投入严重不足，市财政仅投入基建经费96万元，兴建1幢教学楼和食堂。1989年国家教委明令九江职业大学停止招生，限期整顿三年，充实达标。面对停止招生困境，1989年4月15日，市委书记孙瑞林带领教育局、财政局、劳动局主要领导到校调研，要求财政局和劳动局在经费和劳动就业指标两方面给予一定支持，同时要求学校在停止招生期间搞好综合经营。学校创办了特种灯泡厂，但后来因为市场变化，至1993年上半年停产。1991年，三年整顿充实期满，学校办学条件依然未有改善，国家教委检查验收组认为不合格，但考虑九江属于江西唯一对外开放的口岸城市，需要发展高等职业教育，同意延长一年整顿充实期限，如再不合格，就摘牌。为了保住九江职业大学校牌，市政府于1992年10月16日召开了常务会议，决定通过教育附加费安排、市财政支持、学校贷款、收取学费四个渠道，筹措500万元，建设实验楼和1号、2号学生宿舍，图书馆等项目，但实际落实资金400万元，自筹资金无法落实。1993年至1996年，学校通过合作方式，进行招生办学。1993年争取到江西广播电视大学78名普通大专班招生计划，开设了计算机和财会两个专业。1994年至1996年，学校借助九江师专招生计划累计招收582名学生，开设了计算机、化学工程、工民建筑、管理工程、涉外贸易、文秘等专业。在此期间，学校党政领导班子基本配齐。1994年7月，市政府任命赵敦煌为九江职业大学校长。1995年8月，市委任命张正治为中共九江职业大学党委书记。在内部教学管理上，建立了计算机应用、应用

工程、经济管理、法律文秘 4 个专业教学系。

（二）平稳发展时期

1997 年 6 月，省教委同意，学校从 1997 年秋季开始，在校生和毕业生待遇等方面执行普通高校有关政策，标志着学校开始进入自主招生、自主办学时期。

1. 灾后重建。1998 年 8 月 7 日，九江城防堤 4—5 号闸口溃决，学校受淹，至 10 月中旬开学。水灾过后，学校投入 140 万元对教学设施进行维修，重新绿化校园。先后种植 2 万多平方米的草皮，栽种了 1 万多棵香樟，雪松、水杉等名贵花木。

2. 拓展专业。自 2002 年开始，学校每年增设新的专业，到 2005 年年底学校共开设了 23 个专业。在外省招生范围逐年扩展，到 2005 年已扩展到内蒙古、陕西、福建、河北、青海、山东、湖北等 19 个省、市。2005 年秋季，学校在校人数为 1942 人（加上成教学员超过 2000 人），为 2000 年秋季在校人数的 2. 5 倍。学校除了着力举办三年制大专教育外，2001 年 10 月、2002 年 3 月，先后举办成人教育和五年制大专教育，还与华东交大成教院、江西理工大学成教院联合举办本科成人教育。

3. 规划管理。2000 年 1 月市委调詹平华到校任副校长，分管教学、科研等工作。2 月市委又任命市教育局副局长吴继媛任校党委书记（兼），充实了学校党政班子。同时，调整了处室设置，设立党办、行政办，纪委、教务处、学生处、后勤处、财务处、保卫处、招生就业处、图书馆等行政和教辅机构，以及外语系、综合教学系、应用工程系、电子信息工程系，计算机系、经济管理系等 6 个教学机构。校党委先后于 2000 年 6 月、2003 年 10 月两次公开竞聘中层副职干部，经过公开、公正、公平的选拔，17 名年轻教师、干部走上中层管理岗位。2003 年 6 月市委批准胡春亮任副校长，分管后勤基建工作，市委宣传部批准汪国元任校长助理。为了加强与规范党支部、处系工作，学校从 2002 年 5 月开始建立了党支部、处系年度工作考核制度，坚持每年进行工作考核，实行工作目标管理。

4. 坚持以人为本。2002 年 3 月开始，学校坚持每年在学生中开展以“爱我职大，做勤学、上进大学生”为主题的爱校教育，抓好新生入学、教学实习、毕业就业几个环节的教育。对于要求进步的学生，校、系党组织给予关心与帮助，五年时间，共有 860 多名学生参加了业余党校的学习，有 170 余名学生光荣入党。对贫困学生，除了设立奖学金、助学金、困难补助外，还实行了伙食及医药费补贴，对部分困难生实行学费缓、减、免。随着学校办学条件的改善，校园文化生活也更加丰富多样。校团委、学生会组建了学生文学社、艺术团、篮球队、武术协会、英语协会等学生社团，每年举办文艺联欢、体育赛事，知识竞赛、科技讲座等。

5. 提升师资素质。从 2001 年开始坚持每年在教师中开展以“树立教育新形象”“以诚立教、教书育人”为主题的师德师风教育活动。同时学校加大了对青年教师培养力度，6 人被评为省级高校中青年骨干教师，1 人被评为省级高校名师。到 2005 年年底学校有教学人员 97 人，高级职称占 22%。

6. 进一步改善办学条件。2001 年新建成面积为 2100 平方米的 3#学生公寓，2002

年、2003 年学校采取引资方式由江西福田房地产开发有限公司投资近千万元承建 4 号学生公寓（5400 平方米），学生食堂和礼堂（5200 平方米）。在这一时期，学校新增校舍 1.8 万平方米，另外，还投入近百万元粉刷装修了教学楼、实验楼等，并为这两幢楼加盖坡顶彩钢瓦。自 1999 年起，学校坚持抓好校园绿化工作，校园实际使用面积绿化率达 70%。2005 年 4 月，荣获全省绿化模范单位称号。

二、以迎接人才培养评估激发办学活力（2006.4—2008.12）

九江职业大学第一次合并重组后，受到市委、市政府以及社会各界群众的广泛关注和期待。为了快速提升办学实力，提高办学质量和办学效益，树立良好的办学声誉，学校领导班子科学决策，围绕“创特色、扩规模、上水平”这一主题，走改革创新、科学发展之路，使学校在合并重组后的两年半时间内，实现了融合、发展、跨越，整体办学水平得到了提升。

2006 年 4 月 30 日至 2008 年 12 月，为第一次创业发展时期。这一时期，经历了融合发展和跨越发展两个阶段。

（一）融合发展阶段

从 2006 年 4 月 30 日学校新的领导班子上任，到 2007 年 2 月中层干部配备到位，为融合发展阶段。这一阶段，学校加快教学资源整合，用全新理念引领两校文化融合。坚持正确的办学方向，明确目标定位；提炼校园文化精神，营造和谐创业、关爱学生氛围；集中精力破解制约学校发展的基础设施建设薄弱和管理环节不畅两大难题。

1. 办学理念体系的初步形成

学校合并重组初始，通过组织教职工思想大讨论，促进教职工更新教育观念，摸清校情家底，理清学校发展思路，统一思想，凝聚共识，初步形成和谐发展的理念体系。

坚持正确的办学方向。以教学为中心，以就业为导向，以改革促发展，以特色创品牌。以普通全日制高职学历教育为主，兼顾成人教育、职业继续教育、行业培训和各种职业资格培训与鉴定，为经济社会发展提供人才支撑和智力支持。

明确办学目标定位。2006 年暑假期间，学校制订了“十一五”发展规划，提出打造九江职业教育旗舰，把学校逐步建设成为与九江经济社会发展相适应，机制灵活、特色鲜明的高等职业院校，建成九江地区技师培养的基地，教师成长的摇篮。力争在“十一五”期间使在校生达到 10000 人规模。

特色办学理念体系：

人才培养理念。在合并重组后不到半年的时间里，针对学校的办学方向、育人标准，学校在广泛征求意见的基础上提炼出“博学多能、厚德笃行”的校训，突出学生道德品质的培养，使学生在学业上向着“重品行、宽知识、厚基础、强技能”的方向发展，毕业后能适应更多的就业岗位。

全员育人理念。服务学生，关心关爱学生，从每一堂课、每一餐饭、每一瓶水入手。试行导师制，在全省专科院校率先出台《全员育人学生德育导师制的实施意见》。

“四新”精神。即：步入新起点，迎接新挑战，开创新历程，实现新跨越。以此激励教职工艰苦奋斗，和谐创业。

2. 破解制约学校发展的难题

千方百计改善基本办学条件。合并前两校基础差、底子薄，教学、办公、学生生活用房建筑面积加起来仅 6.7 万平方米，活动场地简陋，学生宿舍不足，教学生活设施设备不全，难以满足基本办学需要。面对这一校情，学校不等不靠，打破常规，加紧谋划筹建基础项目，多渠道筹措建设资金。2006 年 8 月，学校依法收回礼堂、食堂和四号公寓的经营权，开工建设鹤问湖校区 5 号、6 号公寓，长虹校区 5 号公寓。同年 10 月，开工建设鹤问湖校区学生运动场项目（包括 300 米塑胶跑道、人造草皮田径运动场），2 个网球场和 8 个篮球场，以及校园的道路、园林、管网等项目。

理顺并创新了学校的管理体制。首先是理顺学校与外部的关系。在上级领导的支持下，学校办学的主体地位得到落实，外部关系更加顺畅，有利于学校自主发展。2006 年 9 月 8 日，市委主要领导、市政府有关领导，以及市教育、人事、编制办、财政、九江银行等部门主要负责人到学校调研，解决了干部和人事管理以及经费筹措中遇到的一系列问题，彻底给学校松绑。科及科级以下干部的任免权交给学校。人事编制实行总体打包，学校项目贷款由政府贴息，建设规费实行减免。为避免教育行政多重管理，2007 年年初，市政府同意将九江职业大学列为市直属事业单位，行政管理不再隶属市教育局，业务上接受省教育厅、市教育局的指导。其次是构建内部管理机制。2006 年并校重组后，建立了长虹管委会及 11 个院系部的教学管理体系和 24 个教学研究室，并明确了教师归口管理。2007 年 2 月，学校中层管理机构干部配备到位，标志着学校内部管理按新的机制正式运行。为进一步深化校内分配制度改革，学校制定了校内津贴分配方案，坚持按劳分配、多劳多得的原则，体现津贴与年终考核结果与岗位职责挂钩，与工作业绩和贡献大小挂钩。

（二）跨越发展阶段

从 2007 年 3 月启动迎接教育部高职高专人才培养水平评估及建设工作，到 2008 年 12 月通过评建工作验收，为跨越发展阶段（第一次跨越）。2007 年 3 月，九江市人民政府出台了关于加快发展职业教育的决定，提出：市内各职业院校要做大、做强、做优职业教育，为九江实施大开放的发展战略，提供人才保障服务。3 月 19 日，新任九江市委书记到校视察，对学校发展前景寄予希望：找准定位，办出特色，立足本地，适应发展，争先创优，打造旗舰；3 月 21 日，省教育厅副厅长洪三国到校调研，对学校做大、做强、做优提出了要求。3 月 29 日，学校召开贯彻落实市委和省教育厅领导讲话精神务虚会，围绕“做大做强”，进一步理清发展思路。在做大做强上，分两步走：第一步，在“十一五”期间实现在校生 10000 人的目标；第二步，再用三到五年时间，使在校生达到

15000人，之后稳定招生规模。在做优上，坚持以科学发展观为指导，走质量提升、内涵发展的道路。

1. 修订人才培养方案，实施质量工程

学校按照《教育部关于全面提高高等职业教育教学质量的若干意见》（教高〔2006〕16号文件），着手修订人才培养方案。此方案体现五项原则：一是以育人为本，以德育为先。进一步加强思想政治教育，把“两课”纳入“大思政”课程来建设，把社会主义核心价值体系融入高等职业教育人才培养的全过程。二是及时跟踪市场需求的变化，主动适应区域、行业经济和社会发展的需要，建立以重点专业为龙头、相关专业为支撑的专业群，增强学生的就业能力。三是坚持课程建设与改革的核心地位，根据职业岗位（群）的任职要求，参照相关的职业资格标准，改革课程体系和教学内容，加强教材建设，确保优质教材进课堂。四是加强实验、实训、实习三个环节管理，把工学结合作为高等职业教育人才培养模式改革的重要切入点。五是加大“双师型”教师培养培训，建设一批优秀教学团队。

2. 启动学校人才培养评建工作

2007年3月，学校领导班子决定，启动学校人才培养评建工作，赶上全国高职院校第一轮评估的“末班车”，以谋求实现跨越式发展。为此，学校组织专门人员仔细研究高校人才培养工作水平评估一系列文件，着手制订人才培养工作水平评估方案。成立评建工作领导小组，对照评估细则，认真解码，量化、细化指标。2007年6月，召开评促建工作第一次动员大会，明确各相关部门责任，形成全员参与、多方协作的氛围。为提高评建工作质量，学校按计划派出专门人员到兄弟学校参观学习，邀请权威专家到校指导，利用暑假办好迎评骨干培训班。启动迎评工作倒计时制度，做到决心一次下定，措施一次到位，评估一次过关。

学校开展评建工作期间，省教育厅、人事厅领导和市四套班子领导陆续到校调研，帮助学校解决问题。2008年2月26日，省教育厅副厅长洪三国再一次到学校视察，勉励学校抢抓机遇、负重奋进，全力做好迎接办学水平的评估检查工作。2008年6月17日，中共九江市委副书记、市长王萍一行深入学校进行专题调研，充分肯定九江职业大学重组以来取得的成绩，认为“学校两年的发展超过了合并前20年的发展”，为整合有效的教育资源，加快学校的建设，并当场决定组织市政府考察调研小组，赴广州、温州、宁波等发达地区学习借鉴成功经验，科学规划九江职业大学未来发展。2008年8月，中共九江市委配齐学校党委班子，王原平任学校党委书记。

2008年11月23日，学校开展高职高专院校人才培养工作水平评估工作自评。25日召开迎评工作誓师大会。

2008年12月26—29日，学校接受了教育部、省教育厅人才培养工作水平评估专家组的实地考察。专家组由华东交通大学沙国平教授、江西应用技术职业学院陈传胜教授、江西服装职业技术学院刘久生教授、江西现代职业技术学院钱泉森教授、江西护理职业技术学院胡敏教授、萍乡高等专科学校肖文福教授组成，省教育厅副厅长洪三国带队，市政府副市长吴锦萍陪同。省专家组对学校的评建工作和学生素质、教职工精神状态予以充分肯定，总结的四句评语：一是学校充满了朝气和活力；二是高度重视评建工作；三是建改管并重，增量变化明显；四是人才培养工作水平整体提升。

3. 评建工作促进了学校综合实力的提升

加大了专业、课程建设和教学管理力度。学校成立专业指导委员会，加强对专业建设、师资队伍建设、课程建设、实验室建设、实习实训基地建设、人才培养规格设计等方面的论证咨询与指导。人才培养上，推行双证书制度，进一步深化、细化产学结合育人模式，采用理论学习和实践实习交替模式、三年制大专（2 +0.5 +0.5）的模式（理论学习、校内实践、顶岗实习或预就业），培养和提高学生的实际工作技能和职业素质。强化了教学过程管理，建立并完善了教学质量评估监控体系，重抓教学检查、课堂教学、考试考核、信息管理、实训实验与实习等教学环节。利用数字化教学平台，突出学生对课程的评价。

提升了教师素质与能力。学校以师德师风建设为核心，坚持“教书育人、管理育人、服务育人”，建立了依托专业建设教师队伍的新机制，出台了教师专业水平提升的相关政策，为学校“双师”结构与“双师”素质的教师队伍建设提供了制度保障。学校为促进教师成长，通过评教评学、公开教学、汇报课与示范课、教学竞赛、外出参观、短期培训等途径搭建锻炼平台。健全完善了教师科研管理体系，出台了《九江职业大学科研管理办法》，至2008年12月，教师课题研究项目达34项，主编、参编的教材47部，其中高职高专规划教材13部；在省级以上刊物发表论文190篇，核心刊物24篇；文艺获奖作品40件。设立了学校专业建设委员会。

促进了对教学基础设施的投入，改善了教学实训实验条件。这一时期，学校在确保教职工工资、津贴按时发放的同时，积极争取上级支持，跑资金，争项目，加快学校建设步伐，把有限的资金用在刀刃上。共投入9500多万元，用于学校基础设施及配套设施建设，完成了7幢学生公寓、学生第二食堂、综合大楼、塑胶运动场、网球场、篮球场、学校大门、校园景观园、电网、水网和路网的建设。建设速度超常规，3个月建成一幢学生公寓，11个月建成16层、21500平方米的综合大楼。2008年年底，校园建筑面积达15万平方米，是合并前两校建筑面积总和的6.7万平方米的两倍多。实训、实习基地建设，是学校改善办学条件、彰显办学特色、提高教学质量的重点。为此，学校投入200多万元建设数字校园平台，投入1100余万元用于新建和改建实训实验设施，建成61个校内实训实验室。在评建的两年内，新增建筑面积达8.2万多平方米，固定资产总值增加了1.2亿元。在加大对实训实验投入的同时，学校与九江工业园区、开发区及省内外各类企业和行业加强合作，建立了71个校外实习基地。

实施全员的育人新模式。一是推行学生德育导师制，建立学生思政工作网络体系，实施全员育人新模式。二是加强学工队伍建设，选调优秀教师担任班主任工作，按省教育厅1:300的比例要求配齐专职辅导员，并聘请一批校外辅导员。加强公寓、食堂管理员队伍的教育与管理，加大学生干部的培养教育力度，发挥了学生干部在学生中的带头和骨干作用。三是创新思想政治教育内容和方法，以构建社会主义核心价值体系和“八荣八耻”为内容，广泛开展大学生社会主义理想信仰教育。建设了“濂溪思政网”，初步形成了“依托活动载体、关注教育细节、注重人文渗透、搭建成长平台”的新模式。建立了大学生文化活动中心，学生成立社团组织 39 个，其中，“向东爱心家教协会”在社会上产生了积极的影响。学校关心关爱学生，提出不让一个学生因家庭贫困而辍学。

在为期两年的迎评过程中，学校坚持以评促建、以评促改、以评促管、评建结合、重在建设的方针，巩固成绩、深化改革、提高质量、协调发展，快速拓展了高职教育的发展空间，办学规模迅速扩大。2008 年 9 月，在校生达到 10000 人，是合并前两校在校生总数的两倍（原九江师范 2356 人，原九江职业大学 1942 人，共计 4298 人），提前两年实现了预期目标。

三、以创建省级示范性高职院校提升办学内涵（2009. 1—2013. 1）

全国高职院校第一轮办学水平评估完成后，国家开始建设 100 所国家级骨干高职院校。江西省教育厅和江西省财政厅联合决定，从 2009 年起，全省分四年重点建设 10 所省级示范性高等职业院校，2009 年建设 2 所，2010 年到 2012 年建设 8 所，分年评审。每个示范院校项目建设周期为三年，每所示范性高职院校计划投入资金 2000 万元，其中省财政资助 1000 万元，学校主管部门配套 1000 万元。建设省级示范校，旨在促进各方面加大对学校的投入，改善办学条件，加强内涵建设，提高教学质量。对于亟需新的驱动的九江职业大学来说，是一次难得的机遇。虽然学校评建工作已取得丰硕成果，但有些工作还要进一步整改，突出的难题亟待从根本上解决。制约学校又好又快发展的主要问题是，办学基本条件不能满足学校又快又好发展的需要。随着在校生的迅速增加，生均占地面积、生均图书总量、生均教学行政用房、实验实训条件和文化体育设施等基本办学指标，与国家规定的标准有较大的差距。在学校办学规模日益壮大的情况下，这一矛盾将更加突出。2009 年 1 月，校领导班子提出，以创建省级示范院校为契机，进一步改善办学条件，促进内涵建设，增强学校整体竞争实力。

2009 年 1 月 8 日至 9 日，学校召开第八届教职工代表大会，通过了校长工作报告所提出的新的奋斗目标：以科学发展观为统领，立足内涵发展，以创新人才培养模式为抓手，三年内力争进入江西省示范性高职院校行列，办学规模达到 15000 人，把学校建设成为国内有一定的影响，省内有较高知名度的全日制综合性高职院校。

第八届教代会后，学校正式启动省级示范性高职院校的创建工作。将评建办更名为创建办，机构不撤，人员不变。根据示范校创建条件，制订创建方案。围绕基础设施建设、专业建设、课程建设、师资队伍建设、实习实训基地建设、社会服务能力建设六个方面，提出了明确的三年奋斗目标。

为了支持九江职业大学示范校创建，扩大九江职业大学办学空间，市政府将江西庐山旅游中专整体划归九江职业大学。2009 年 3 月 19 日，九江职业大学正式接收江西庐山旅游中专，之后进行了资源重组。

2009 年 7 月 21 日，市委书记钟利贵第一次到学校调研，认为学校整合资源并不断做大规模，得益于好的领导班子和一支好的队伍。学校在办学过程中一边扩大规模，一边增加效益，始终处在不断发展进取态势中，尤其值得肯定。他指出，九江职大要有自己的特色，办学特色关系着职业大学的生命力，特色决定就业，就业决定生源。学校要提高办学水平，一方面要利用自身条件搞多方面交流，另一方面，师资队伍是决定办学水平的基础，职大今后多开展一些学术讲座和横向交流。

2010 年 2 月 1 日，市委副书记、市长曾庆红在九江职业大学调研时指出，市委、市政府将全力支持九江职业大学做大、做强、做优。学校要坚定不移地促融合、创特色、抓创新，以创建省级示范性高等职业院校为契机，进一步提升教育教学水平，加速推进职业教育发展，为九江的经济社会发展提供人才支撑和智力支持。

为了争取学校列入全省第二批示范校建设单位，学校用一年时间，以改革创新的举措，进行整改补差。一是深入学习贯彻科学发展观，开展“解放思想、创新理念、特色办学”大讨论，使全校上下，准确把握高等职业教育改革发展的方向和学校所处的发展方位，切实增强危机感和紧迫感。二是在完成对原有教学场地的资源整合的基础上，继续加大投入，动工建设实训楼、九号学生宿舍，启动长虹校区的校园规划建设。三是强化特色专业建设的龙头地位，对重点专业进行整合，创建新的省级特色专业，在广泛深入进行市场人才需求调研的基础上，开设适应市场人才需求的新专业，培育新的专业增长点。四是改革人事管理，开展全员聘任，引进和培养一批专业带头人和“双师型”教师。五是深化内部管理改革，以二级院（系）为管理主体，扩大二级院（系）的自主权，按照责、权、利相统一的原则，进一步明确校、院（系）两级管理职责。六是大力加强大学生理想信念教育和思想道德建设，着力推进党的十七大精神“进教材、进课堂、进头脑”，以第二课堂为载体，以大学生科技创新、志愿服务、社会实践等活动为抓手，全面提高学生的综合素质。

2010 年 3 月，学校召开了示范校创建动员大会。2010 年 5 月 9 日至 10 日，省级示范性高职院校专家考察组到校现场考察。5 月 27 日，市长曾庆红、副市长吴锦萍、校长卢志鹏、党委书记王原平一行赴省教育厅，就九江职业大学的建设和发展问题进行座谈。市政府表态支持学校创建，决定将九江职业大学作为全市“十一五”重点规划建设单位，在政策上给予重点支持、倾斜和优惠。

2010 年 7 月 15 日，省教育厅、省财政厅经过组织专家评审，发文确定九江职业大学为江西省第二批示范性高等职业院校立项建设单位。

2010 年 7 月底，国家中长期教育改革和发展规划纲要（2010—2020 年）发布，纲要中提出，发展职业教育是推动经济发展、促进就业、改善民生、解决“三农”问题的重要途径，是缓解劳动力供求结构矛盾的关键环节，必须摆在更加突出的位置。学校组织干部教师开展学习讨论活动，结合省级示范校建设，进一步统一思想，增强对事业发展的信心。校领导班子审时度势，提升了办学定位，确立了打造成中部地区、长江沿岸一流高职院校的目标。

2010 年 8 月，省政府批准学校整体升格，由正县级单位升格为副厅级建制单位。

2011 年 4 月 20 日，市长曾庆红率领副市长卢天锡、吴锦萍以及市教育、建设、规划、国土等部门负责人，再一次到九江职业大学，进行现场办公。强调要始终把教育放在优先发展地位，在推进新型工业化、新型城镇化的过程中，正确处理好校区、园区、城区的关系。既要立足现实、整合资源、优化布局，为高校的拓展铺路让路；又要着眼于长远，对教育给足力量、充足条件、预留空间，并保持校园的统一性、完整性。

2011 年 7 月 19 日，江西省示范性高职院校建设项目检查专家组一行，对九江职业大学示范校建设项目进展情况进行了中期检查。专家组认真听取了学校项目建设中期总结汇报，现场考察和查阅项目建设进展及资金使用等方面的具体材料，与院领导和项目负责人进行对口交流、深度访谈等方式，全面检查了学校示范性建设项目实施情况。

专家组一致认为，九江职业大学的省级示范性高等职业院校建设项目完成了中期目标，达到了预期效果。

学校在创建示范校期间，深受上级领导的关怀，市委书记钟利贵、市长曾庆红和各级领导多次到学校指导，进行现场办公，研究解决建设过程中的实际困难和问题，确保了项目建设顺利进行。到校指导工作的领导还有：全国人大常委会、省人大副主任、农工党省委会主委万学文，全国政协常委、省政协副主席、农工党省委会主委郑小燕，省委教育工委书记、省教育厅厅长虞国庆，省教育工委副书记史蓉蓉，教育厅副厅长洪三国，省教育厅副巡视员宋雷鸣，市人大常委会主任张远秀，市政协主席程来安，市委常委、宣传部部长冯静，市委副书记张学军，市政府副市长吴锦萍、廖奇志等。

2011 年 12 月 27 日，省委组织部副部长刘三秋、省委教育工委副书记史蓉蓉、九江市委副书记冯静，市委常委、组织部部长徐森鸣等一行到学校，宣布省委关于九江职业大学升格为副厅级后的书记校长的任命。时任省政协常委、市人大常委会副主任、农工党九江市委会主委的卢志鹏任九江职业大学校长，王原平任九江职业大学党委书记。

2012 年，是学校示范校建设的最后一年。同年，学校接受教育部第二轮人才培养工作水平评估验收。2012 年 12 月 8 日，由江西现代职业技术学院书记、院长单津辉教授任组长、江西工业工程职业技术学院院长付春生教授任副组长，九江学院院长助理杨耀昉教授、江西环境工程职业学院副院长张孝金教授、江西外语外贸职业学院副院长邹建华教授、江西司法警官职业学院副院长唐星教授为成员的省教育厅评估专家组，对九江职业大学人才培养工作水平进行了第二轮考察评估，评估结果，予以通过。

2013 年 1 月 10 日，受江西省教育厅、财政厅委托，以江西外语外贸职业学院党委书记饶贵生为组长、江西财经职业学院党委书记何桑为副组长，江西省教育厅高等教育处处长胡永红、江西省财政厅教科文处调研员曾永林、江西经济管理职业学院副院长肖鸿晶、江西工业贸易职业技术学院院长邓小红、江西生物科技职业学院党委书记、院长刘碧堂等为成员的省级示范性高职院校建设项目验收专家组一行七人，到九江职业大学，对学校省级示范性高职院校建设项目进行验收。江西省教育厅副厅长洪三国出席会议并作重要讲话，九江市政府副秘书长詹耀祥代表市政府致欢迎辞。专家组听取了校长卢志鹏和重点建设专业负责人汇报，审阅了相关资料，实地考察学校的有关基础设施和实践教学条件。经专家组审议，认为，九江职业大学按照项目建设任务书的要求，各项承诺落实到位，为示范性建设创造了良好环境并打下了坚实基础，一致同意九江职业大学省级示范性高等职业院校建设项目通过验收。自此，学校进入全省高职院校第一方阵。

2009 年至 2012 年，学校在省委、省政府的关心关怀下，在市委、市政府的坚强领导下，在各级领导及社会各界的大力支持下，围绕打造中部地区、长江沿岸一流高职院校的目标，坚持科学发展观，走“以人为本、质量立校、人才兴校、特色强校”的内涵式发展道路，实现了第二次跨越：

校园建筑面积已增加到 20 万多平方米；固定资产净值增加 2.2 亿元；在校生增加到 13000 余人；办学规模继续扩大，内涵建设不断加强，办学质量不断提升，办学特色更加彰显。建有中央财政支持建设专业 2 个，省级示范重点建设专业 4 个，省级特色专业 5 个，省级优秀教学团队 3 个，省级精品课程 9 门，省级精品资源共享课 3 门。建有中央财政支持的实训基地 2 个、省财政支持建设的实训基地 2 个、省级实训中心 1 个，国家双新人才培养基地 1 个，省人才培养模式创新实验区 2 个，国家职业鉴定站 1 个，职业资质培训考试点 3 个。

学校整体形象得到提升，赢得了良好的社会声誉。是国家级“幼儿园教师培训计划”项目实施高校、国家级提升专业服务产业发展能力立项建设专业院校、全国双新人才计划培训基地、中央财政支持的实训基地建设院校、江西省定向培养农村中小学（幼儿园）教师及农村劳动力转移培训基地、江西省基层农技人员培训基地、全国志愿助残服务示范基地等。先后获得江西省文明单位、全国模范教工之家、江西省园林化单位、江西省高校就业评估、后勤服务和公寓管理先进单位、全市综合治理先进单位、全市新农村建设帮扶工作先进单位等荣誉称号。

（一）注重理念创新

学校始终坚持“三个主动适应”（即与时代发展要求相适应、与国家发展战略相适应、与地方经济社会发展相适应）的办学发展方向，坚持立德树人，创新“重品行、宽知识、厚基础、强技能”的人才培养理念和“五个结合”（即与社会主义核心价值体系教育相结合，与大学生品行教育相结合，与国际形势教育相结合，与党情、国情、省情、市情与校情相结合，与实践课教学相结合）的思想教育方法，认真落实“四个一”（即关心关爱学生从每一餐饭、每一瓶水、每一节课着手，决不让一个学生因贫困而辍学）的人本举措；健全思政教育网络体系，实施“三进工程”即辅导员进宿舍、党团组织进宿舍、心理咨询进宿舍。

在全校上下形成了“全员育人、全过程育人、全方位育人”的育人体系，尝试利用现代网络加强对毕业生的服务和管理，坚持以“学生本位”和“能力本位”为核心，积极探索“工学结合，校企合作”和“两个结合、双证并举”（课程设置与岗位要求结合、课程内容与技能培养结合、毕业证与技能证并举）的人才培养模式，深化以分层教学为主体的教学改革，推动考试制度的配套改革，加大技能考核在学生考试中的比重，把“立志、精业、诚信、感恩、健康”作为大学生的成长目标。

（二）彰显专业特色

学校始终以专业建设为抓手，大力实施特色专业建设战略，在具有办学区位优势、传统优势和综合性优势的基础上，遵循“人无我有、人有我特、人特我优”的专业设置思路，以专业的结构布局为主线进行了两次院系部大调整。支持机电、师范、学前、经济管理、信息技术等传统优势专业，拓展设立建筑、农林、会计、护理等专业，淘汰过时的部分专业。建立了师范语文教育、学前教育、机电一体化、国际贸易实务、建筑工程技术、旅游管理、信息工程技术等为引领的专业群，夯实了学校的专业发展基础。与此同时，新专业取得重大突破，经过三年的筹建，2011 年 11 月，护理专业顺利通过省卫生厅、教育厅审批，为学校开拓医护专业群、组建护理学院打下了基础。

（三）打造师资队伍

学校实施名师工程、“双师”工程、骨干工程、青蓝工程和硕士工程等“五大工程”，每年安排 50 万元经费用于师资培训、锻炼提升。学校连续三年开展了暑期教师专业技能培训，开展青年教师说课和优质课大赛等活动，鼓励教师运用信息技术手段，深化教学内容、方法和手段改革，从一节好课向一门好课过渡，强化对青年教师的教学水平考核，促进教师的专业化发展。有步骤、有重点、分层次推进教师进修、培训和下企业学习锻炼。建成了一支师德高尚、素质优良、数量充足、结构合理、实践经验丰富、创新能力强的“双师素质”专任教师队伍，为学校的发展提供了强大的人才支撑，提升了学校的核心竞争力。有省级高校名师 4 名、省级中青年骨干教师 21 名，校级专业带头人 32 名、校级骨干教师 54 名。与此同时，学校实施科研奖励制度，服务教学，服务地方经济发展，取得了一些重大成果。申报省级课题 119 项，发表论文 72 篇，开发教材 162 种。

（四）完善实训条件

投资 2000 多万元兴建实训楼，投资 80 多万元兴建现代制造中心一个，以省级特色专业为龙头全面开展实验实训室建设，实现了所有专业都有实践教学场所的目标。实践场所建筑总面积 69450 平方米，教学科研仪器设备总值 6680 万元。共建成 128 个设备先进的校内实验室，14 个专业实训基地，校外实习实训基地 125 个，校外实习基地覆盖了所有专业。作为“数字校园”建设的重要内容，学校新“校园一卡通”系统一期工程已在 2012 年 3 月建成，投入使用。

（五）强化内部治理

学校以加强内涵建设和提高人才培养质量为核心，以人事及分配制度改革为突破口，建立了一系列行之有效的规章制度 180 余项，涵盖了人才管理、教育教学、财务国资、合作交流、质量考核评价以及干部廉能、团队建设等各个方面。通过严格而规范的制度执行，确保了学校各项管理质量和水平的提升。学校在发展的同时，也培养造就了一批具有实干精神的管理人才。2011 年至 2012 年，在市委关怀下，经过干部考察程序，副校级领导和 23 名中层正职干部分别升格为正县级和副县级，完成了 65 名正科级干部的考察任命工作。学校对部分中层干部实行了轮岗交流，顺利实现了新老交替的平稳过渡，进一步优化了人力资源配置，为学校快速发展提供了坚强的组织保证。

（六）构建和谐文化

学校以校训“博学多能、厚德笃行”为核心文化，推进了和谐校园建设，培育了大学人文精神。立德树人，践行讲文明、讲诚信、讲责任的社会主义核心价值观。营造以“大讨论”统一思想、和谐创业的文化背景，打造高品位的文化平台。濂溪讲坛开办后，一大批专家学者名流受邀作专题报告，主要有：中国工程院院士、核舰艇研究设计专家黄旭华，中国科学院院士、著名机械工程专家、教育家、原华中科技大学校长杨叔子，著名学者、央视《百家讲坛》名嘴纪连海，中国教育报社常务副社长、中国教师报总编辑刘堂江，上海市教育科学研究院副院长、职业与成人教育研究所所长、高等职业教育发展研究中心主任马树超，著名德育专家、我国著名青少年教育专家、中国少年儿童新闻出版总社首席教育专家卢勤，中华海外联谊会理事、江西省政协委员、九江市政协委员、香港著名艺人邝美云，著名电影剧作家王一民，著名流行音乐词曲作家吴颂今等。

师生社团活动平台如雨后春笋。教职工成立了乒乓球协会、篮球协会、摄影协会、羽毛球协会。学生社团致力品牌打造，形成了向东班爱心家教协会、青年志愿者协会和蜗牛班志愿者服务、祥鹤记者团、晨燕文学社、春晖文学社等有影响力的学生社团。学校推广高雅艺术进校园活动，每年办好省教育厅组织的国家级剧团巡演专场，让学生接受高雅艺术熏陶。校团委组织的主持人风采大赛、大学生辩论赛、师范学院举办的心理剧大赛，校工会组织的教职工新年大合唱活动，形成了传统，逐渐培育成品牌。2009 年至 2012 年，学生参加全国性的重大比赛，多次获奖。主要有：全国高校 BIM 系列软件建模大赛第一届参赛团队全能奖专科三等奖、参赛院校组织奖专科二等奖、建筑设计专项奖三等奖、参赛团队全能奖专科三等奖，第二届全国高等院校 BIM 软件建模大赛建筑设计、结构设计与结构分析专项三等奖、团体全能二等奖；全国旅游院校服务技能（导游服务）大赛二等奖 3 个、三等奖 1 个；2011 年全国大学生数学建模竞赛一等奖 1 个；第二届全国软件专业人才设计与开发大赛决赛一等奖 1 个；全国散文作家论坛征文大赛一等奖 1 个，第四届“中国青少年作家记者杯”大赛三等奖 1 个；第三届全国软件专业人才设计与创业大赛总决赛专科组一等奖，三等奖和优秀奖；第五届全国大学生网络商务创新应用大赛一等奖和二等奖；首届全国高职院校涉外会计技能大赛团体二等奖。

（七）服务经济社会发展

为九江农村教育事业发展培养合格师资。从 2006 年起，学校连续 7 年在全市各县区招收师范定向生共 847 名。为支持西部建设，2009 年，招收贵州大方县免费生 27 名，2011 年，招收来自四川、甘肃、青海的免费生 20 名。学校响应市委号召，组织人员深入都昌、武宁县开展包村帮扶工作。以全国劳模、校友向东命名的向东班爱心家教协会自

2006 年成立以来，通过一届又一届学生接力，坚持每周末为市区的残疾学生提供 2—3 小时的家教服务工作，利用暑期为农村留守儿童进行义务辅导，在社会上产生强烈影响，香港《文汇报》《中国青年报》《法制日报》多家新闻媒体先后报道其事迹，2010 年被中央文明办、民政部、中国残联联合确定为 2010—2015 年度全国志愿者助残示范基地。校团委每年组织大学生暑期“三下乡”社会服务队，开展志愿服务。2011 年 7 月，学校成功承办了中国・庐山学前教育高峰论坛。完成了三届国家级“幼儿园教师培训计划”项目学员的培养任务。学校向社会开放成人教育，完成远程网络专、本科成人教育 300 余人，中专层次教育 2479 人，普通话培训测试人数 3 万余人，农村骨干教师培训人数 1000 多人。

（八）坚持阳光招生

学校严格执行教育部招生考试相关规定，按照公平、公正、公开原则，坚持“阳光招生”，确立了“扎根九江、立足江西、面向全国”的招生方针，创新工作方法，开展师范生定向培养、用人单位“订单培养”“行业冠名”等多种形式的招生。建立招生工作责任机制，全力做好形象宣传、品牌宣传、特色宣传等正面宣传方式，为考生着想，替家长负责。每年的招生数量稳中有升，确保学校顺利地从规模发展转向质量发展。学校注重以就业促招生，开展就业创业教育，强化就业指导，拓宽就业渠道，拥有校外实习就业基地 164 个，固定用人单位 265 家，每年举办大型招聘会。2009—2012 年，毕业生年终就业率保持在 90% 以上，学前等部分专业保持了 100%，毕业生的社会满意度保持在 92% 以上，2012 年首次就业率为 87.07%。2009 年、2012 年连续两次被省教育厅评为就业工作优秀单位。

（九）新校区建设全面启动

2011 年 3 月，市政府为了进一步整合城区教育资源、优化教育布局，把九江职业大学整体搬迁纳入其中。此方案可以从根本上解决职业大学 15000 人办学用地问题，还可以改变学校在三个校区分散办学所带来的管理成本过高的状况，有利于科学规划校园空间布局，彻底改善办学条件，提高办学效益。2011 年 9 月，中共九江市第十次党代会和九江市第十四届人大第一次会议上，正式作出九江职业大学进行整体搬迁的科学决策。2011 年 11 月 2 日，市政府召开了九江职业大学校区搬迁事宜协调会，确定濂溪大道以南，欣荣路以西，学府路和待建的庐山区一中、拆迁安置点以东的地块为九江职业大学新校区校址。2012 年 2 月，新校区建设正式由市发改委立项，并成功申报省政府重大调度项目。2012 年 3 月份征地拆迁工作开始启动。在庐山区和莲花镇两级党委、政府的大力支持下，工作人员付出了艰辛的努力，本着坚持底线、主动化解矛盾的原则，在坚持政府与学校利益不受大的损害前提下，不与老百姓斤斤计较，该让的则让，该给予方便的给予方便，该强行推进则强行推进。共拆迁民房 126 栋，面积 5.6 万平方米，迁坟 2300 多座，至 2012 年 9 月中旬，征地拆迁工作基本完成。

2012 年 5 月 6 日，通过公开招标，确定了由广东建筑设计院为规划设计中标单位。同年 5 月底完成了项目可行性报告、环评、地质灾害评估、压覆矿产、水土保持方案编制和论证。2012 年 7 月 26 日完成了土方工程两个标段的公开招标，中标单位一标段为江西中盛建筑工程有限公司，二标段为江西顶峰园林建设有限公司。

2012 年 7 月 28 日，开始土方平整。在前期房屋拆迁、坟墓迁移和树木移栽未到位，后期秋冬季寒冷多雨，天气恶劣难以施工的情况下，学校要求施工方合理安排工期，抢晴天，拼晚上，艰苦奋战，共完成土石方 147.73 万立方米，其中内填 101.22 万立方米，外运 46.51 万立方米。

2012 年 10 月 30 日上午，新校区建设项目开工奠基仪式隆重举行，江西省政协副主席、九江市委书记钟利贵下达开工令，九江市委副书记、市长殷美根，省政府办公厅巡视员蔡玉峰，省教育厅总督学杨慧文，九江市领导冯静、华金国、程来安、朱建国、汪泽宇、董金寿等出席开工仪式。殷美根市长作了重要讲话，提出三点希望：希望九江职业大学以此次新校区建设为契机，进一步加强对新校区建设的组织领导，集中人员力量，制订有效计划，精打细算、精心操作、精益求精，按照 2014 年 9 月前交付使用的时间要求，狠抓项目推进，努力建设人文化、生态化和现代化的校园，把学校打造成为“九江职业教育旗舰，长江沿岸、中部地区一流高职院校”；希望相关责任部门进一步加强配合，优化服务，协调联动，为项目建设创造良好环境；希望工程建设、施工和监理单位，发扬“五加二”“白加黑”“晴加雨”的精神，合理组织、规范运作、科学施工，确保工程建设安全、高质、快速推进。九江市人大常委会副主任、九江职业大学校长卢志鹏致辞，表示新校区建设将坚持“四高”原则，即高起点规划、高标准建设、高质量监管、高效能运作，努力打造成阳光工程、亮点工程、示范工程；并表达了全校教职员工的共同心声：以感恩之心，创业之志，科学之举，把握机遇，趁势而上，勇创第一，办人民满意的教育，为九江“强工兴城”和沿江大开发战略的实施做出更大的贡献。

新校园规划用地 60 余公顷，总建筑总面积 38.34 万平方米，总投资约 10 亿元，按照 15000 名在校生教育教学的配套功能规划设计，由九江市政府全额投资建设，计划在 2014 年 9 月建设完成并投入使用。

四、以新校园建设和整体搬迁驱动学校升级（2013.2—2015.6）

（一）新校区项目进度

1. “两管一线”和危化仓库、寺庙的迁移

在推进新校区施工过程中，需要迁移输油管道、燃气管道、高压线即“两管一线”以及国营五七二七工厂的危化仓库和 6 座寺庙。迁移这些项目，需按项目管辖权限履行报批手续。2012 年 10 月 19 日，市政府在九江职业大学新校区建设指挥部召开项目现场调度会，九江市政府党组成员、副巡视员吴锦萍主持会议，并对九江职业大学在新校区

建设中遇到的问题进行协调解决，学校党委书记王原平、副校长余传忠、庐山区政府副区长周小林、市规划局副局长赵宗明出席会议。庐山区规划局、庐山区建设局、庐山区市容局、庐山区莲花镇政府、市电力公司、省中石化公司、省天然气公司、五七二七厂等单位的相关领导参加了会议。会上，经讨论协商，九江职业大学与各相关单位就在新校区建设中遇到的电力 22 万伏高压线、中石化石油管道、西气东输天然气管道的迁移路由、3 座庙宇的选址建设与搬迁的时间节点、垃圾中转站的选址建设与搬迁的时间节点、五七二七厂的化学危险品仓库的选址、九江职业大学先行进入五七二七厂的化学危险品仓库场地进行地质勘查并在仓库外东面山体土方开挖、补偿村民树木等问题达成了一致意见。但迁移“两管一线”属于高危作业，报批手续繁琐。其间，市委常委、庐山区委书记汪泽宇、庐山区政府区长钟好立、市政府副巡视员吴锦萍、市政府副市长廖奇志，以及校长卢志鹏、校党委书记王原平与有关单位反复协商，动用各种关系，促进实施迁移施工。但施工过程中，因雨水天气过多，影响了工程进度，导致土方工程不能按期推进。至 2014 年 7 月前，“两管一线”和危化仓库、寺庙的迁移排障工程正式完工，前后花费了近两年时间。

2. 新校区项目建设进展

2013 年 3 月，启动新校区建设工程公开招标，至 2013 年 5 月 2 日，招标工作全部完成。总建筑面积约 38.34 万平方米，划分为 5 个标段，其中：一标段建筑面积约 6.3 万平方米，项目有理工类教学楼、实训综合楼、对外交流中心，由广东省建筑设计研究院设计，江西建工第四建筑有限责任公司施工，招标代理单位为九江市建设监理有限公司；二标段建筑面积约 7.6 万平方米，项目有行政楼、文科类教学楼、学生宿舍 5 栋，由广东省建筑设计研究院设计，江西省发达建筑集团有限公司施工，招标代理单位为江西省建筑工程建设监理有限公司；三标段建筑面积约 7.3 万平方米，项目有大礼堂、艺术及学前学院教学楼、第三食堂、继续教育学院北楼及南楼，由雅克设计有限公司（南昌）设计，江西建工第二建筑有限责任公司施工，招标代理单位为九江石化工程建设监理公司；四标段建筑面积约 7.8 万平方米，项目有护理学院及中专部教学楼、第一食堂、第二食堂、学生宿舍 4 幢、体育馆、商业街（278 平方米）、公租房（7961.84 平方米），由城市建筑设计研究院设计，江西中贤集团有限公司施工，招标代理单位为江西省江信工程监理有限公司；五标段建筑面积约 9.4 万平方米，项目有学生宿舍 16 幢、商业街（1112 平方米）、体育场看台（1160.59 平方米），由城市建筑设计研究院上海分院设计，江西中盛建筑工程有限公司施工，招标代理单位为江西瑞林建设监理有限公司。

由于“两管一线”和危化仓库、寺庙的迁移未能及时跟进，导致开工项目的调整，分批次开工兴建。2013 年 6 月 19 日，第一批项目开工，任务是兴建 21 幢半（半幢即文科楼的 2/3）；在 22 万伏高压线迁移后，2013 年 11 月 10 日，第二批项目开工，建设 3 栋。在寺庙拆除后，重新选址建设了三座寺庙。2013 年 12 月 6 日，第三批项目开工，建设 4 幢半（半幢为行政办公楼的 2/3）。在国营五七二七厂危化仓库搬迁后，2014 年 3 月 19 日开工建设 5 幢。在天然气主管迁移后，2014 年 6 月 20 日第五批项目开工，建设 2

幢。在油管迁移后，2014 年 7 月 11 日，开工第六批项目，建设 3 幢（含文科组团的 1/3 和办公楼的 1/3）。上述六批开工项目，截至 2014 年年底，除五标、四标有 3 幢单体没有交付，其余单体全部交付使用。剩余未开工的 4 幢学生宿舍，因九江技校并入九江职大，增加学生 1500 人，需要重新设计。

在推进土建施工的同时，相关配套工程也通过公开招标程序开工建设。2013 年 8 月，边坡维护工程开工，施工单位为星子县白鹿建筑工程有限公司，招标代理单位为九江常鑫工程招标咨询有限公司；2014 年 2 月，新校区大门工程开工，施工单位为江西国新建设工程有限公司，招标代理单位为九江市建设监理有限公司；2014 年 3 月，道路、排水管网、部分土方、挡土墙、护坡、围墙及运动场工程开工，施工单位为江西中煤建设集团有限公司，招标代理单位为九江市建设监理有限公司；2014 年 4 月，园林景观工程一标开工，施工单位为江西省金庐园林有限公司，招标代理单位为九江常鑫工程招标咨询有限公司；2014 年 5 月，室外供水管网工程开工，施工单位为江西省海龙建设工程有限公司，招标代理单位为九江市建设监理有限公司；2014 年 7 月，新校区电力工程开工，施工单位为江西科力电力有限公司，招标代理单位为九江市建设监理有限公司；2014 年 5 月，园林景观工程二标开工，施工单位为江西强隆建筑工程有限公司，招标代理单位为九江常鑫工程招标咨询有限公司；2014 年 6 月，弱电智能化工程开工，施工单位为银江股份有限公司，招标代理单位为九江市建设监理有限公司；同月，新校区运动场地工程开工，施工单位为江西锦宇建设集团有限公司，招标代理单位为九江市建设监理有限公司。

市委、市政府领导对推进职大新校区项目建设给予了大力支持。为加快建设进度，2013 年 10 月 11 日，市政府副巡视员吴锦萍在工地项目部会议室主持召开了由学校和市发改委、市教育局、市供电公司、房产局、庐山区政府等部门负责人参加的工作协调会，由九江市人大常委会副主任、校长卢志鹏传达市委书记殷美根对新校区建设的重要指示。会议就学校建设面临的一些问题逐一进行了讨论研究，明确了各单位的责任，2014 年 1 月 17 日，市长钟志生到新校区建设工地视察调研，现场办公，对用地、资金等进行调度，协调解决工程建设过程中的相关问题。

职大新校区自 2013 年 6 月 19 日第一批项目开工，至 2014 年 8 月底，共 15 个月时间，完成单体建筑 43 幢。截至 2014 年年底，整个工程项目已完成规划建设的 90%。截至 2015 年 5 月底，除四标段和五标段部分工程未扫尾外，其余工程皆基本完成并交付使用。

3. 项目资金的筹措使用

新校区项目建设申报概算 10. 72 亿元，市发改委核定概算 9. 61 亿元。项目建设资金采取施工单位进行带资建设，每个标段带资 30%，按招标文件和合同约定，项目封顶，拨付工程款 20%，完工拨付至 50%。2013 年 10 月 8 日，学校长虹校区出让土地 2. 8 公顷，以每公顷 8220 万元成交，土地出让收入 2. 3 亿元，按评估价溢价率高达 50%。出让土地所得收入由市政府投入职大新校区建设。截至 2015 年 2 月，市政府共拨付新校区建设资金7.8亿元，其中，前期用于征地拆迁9010万元；付“两管”一线迁移费6000万元。付各标段工程款5.62亿元。中标价8.124亿元，报财政评审控制价及跟标价8.592亿元，此外，已做了预算未能报送的约2000万元。由于项目实施过程中，因概算出现缺项，以及概算与实际中标价产生差距，资金缺口1.29亿元。缺项有校园供水工程、弱电工程、预算缝制费、招标代理费、图审费、前期咨询及项目论证费；概算与实际中标价存在差距的项目有绿化项目、土方工程、设计勘探、道路管网工程；上述资金缺口项目，由学校按程序报请市发改委和政府重新核定。

（二）校园整体搬迁

按照计划，在2014年8月底以前学校整体搬迁到新校区，但因新校区工程项目施工地形复杂，排障困难（主要是“两管一线”和危化仓库的搬迁），加之雨水天气过多等不确定因素，使扫尾工程无法跟上计划进度。2014年8月28日，为切实保障市区重大民生工程——湖滨片区教育资源整合项目如期完成，确保市十一中和湖滨小学如期开学，将长虹校区移交给市十一中，兑现了一个大学对社会的承诺。鉴于现实情况，学校调整搬迁方案，分批次进行搬迁。第一批，2014年8月28日，在新校区尚未完全竣工的情况下，学校顶着巨大压力，将两个学院近5000名学生，学前学院和师范学院迁进新校区开学。第二批，2014年10月25日，机电学院和信息学院搬迁；第三批，2015年1月中旬至月底，艺术学院、建工学院、文化旅游学院、经济管理学院以及学校行政办公机构相继完成搬迁。中专部、护理学院、继续教育学院、图书馆待后续扫尾工程完工后搬迁。

学校在进行第一批搬迁的同时，按照市委、市政府“苦战100天，实现整体搬迁”的要求，加快推进各标段工程建设进度，完善新校区各项教学生活设施。截至2014年年底，整个工程项目已完成规划建设的90%。至2015年5月底，除中专部、护理学院未搬迁外，所有院部、行政职能部门全部搬迁完毕，基本实现了搬迁新校区办学的目标。

2014年12月16日省委书记强卫莅临新校区视察。他参观了机电一体化实训室、建筑工程实训室，在听取学校发展和新校区工程建设情况汇报后，给予了充分肯定。

（三）以章程建设为核心打造学校升级版

学校章程的建立，标志着学校依法治校迈出了关键步伐，成为打造学校升级版的起点。

2013年初，学校办公室依据《中华人民共和国教育法》《中华人民共和国高等教育法》《高等学校章程制定暂行办法》等法律法规，结合学校实际情况，起草了《九江职业大学章程》（征求意见稿），印发到各院部，征求修改意见。在反复听取各方面意见后作了修改，形成《九江职业大学章程》（修改稿）。2013年6月，提交第九届教代会讨论，经大会表决获得原则通过。章程载明了学校的机构性质、发展定位，培养目标、办学方向，学校的领导体制、法定代表人，组织结构、决策机制、民主管理和监督机制，内设机构的组成、职责、管理体制，学校经费的来源渠道、财产属性、使用原则和管理制度。健全学校办学自主权的行使与监督机制，明确了开展教学活动、科学研究、技术开发和社会服务、专业设置、招生、内部分配、财产和经费管理等事项的基本规则、决策程序与监督机制。依照法律及其他有关规定，健全中国共产党高等学校基层委员会领导下的校长负责制，规范学校党委集体领导的议事规则、决策程序，支持校长独立负责地行使职权。明确校长作为学校法定代表人和主要行政负责人，全面负责教学、科学研究和其他管理工作的职权范围。根据学校实际与发展需要，科学设计学校的内部治理结构和组织框架，明确学校与内设机构，以及各管理层级、系统之间的职责权限，管理的程序与规则。规定学校学术委员会、教职工代表大会、学生代表大会的地位作用以及议事程序等，维护师生员工通过教职工代表大会、学生代表大会参与学校相关事项的民主决策、实施监督的权利。总体上，章程进一步明确了学校的法律地位，体现以人为本的办学理念，突出对教师、学生权益、地位的确认与保护，明确其权利义务。2013 年 9 月，学校邀请校外专家对章程进行评审，并听取专家意见作进一步修改后，通过在校园网公示后，按省教育厅要求，做好《九江职业大学章程》报审工作。

2015 年 5 月 23 日，校长卢志鹏在九届二次教代会学校工作报告中提出，建立以章程为核心的制度体系，打牢依法治校的基础。要求各管理部门对照章程规定，对现行各项制度进行全面梳理，该废除的废除，该完善的完善，没有的重新建立。努力推进学校提升科学化、规范化、制度化管理水平。

通过召开九届一次、九届二次教代会，使广大教职工的价值观和使命感统一到学校改革发展的总体目标上来，不断巩固校园和谐的内在根基，为学校事业发展营造良好的环境和氛围。2014 年，学校被评为全省教代会制度建设先进集体。

打造学校升级版的总体目标是提升人才培养质量，努力办好人民满意教育。自 2013 年起，在学校党政班子领导下，全校上下深入学习贯彻党的十八大，十八届三中、四中全会精神和习近平总书记系列重要讲话精神，全面深化教育教学改革，树立法治思维，以章程建设为核心，构建现代大学制度、完善治理结构、规范办学行为，着力推进学校治理能力现代化，基本实现学校教育教学和管理水平整体升级。学校整体综合实力得到进一步提升，获“2013 年度中国最具影响力职业院校”，《光明日报》《中国教育报》《江西日报以及新华网》、大江网专题报道了学校办学经验。

1. 内涵建设再上台阶

一是专业建设与精品课程建设有突破。在专业建设方面：学校在获准创办护理学院后，2013—2014 年学校又申报并获批准国际邮轮乘务、高铁乘务、汽车维修与服务、汽车营销与服务、观光农业等 5 个专业，考生报考及入学势头良好。与远东海事学校合作，成立海事学院；市技工学校整体并入，成立技师学院；新专业的开设、新学院的组建，形成了与其他高职院校错位发展、特色鲜明的专业体系，为学校发展增添了后劲。在精品课程建设方面：2014 年 6 月，对校级精品课程进行第二轮评审，共确定小学英语教学法等 12 门课程为校级精品课程予以建设。教育心理学、儿童教育语言教育指导、建筑结构获准省级精品课程建设立项。2014 年，全校省级以上科研课题立项 23 项，结题 38 项，其中“现代职业教育发展战略研究”获省级课题优秀奖，出版专著 2 部，在省级以上报刊发表论文 500 余篇，申请专利 30 余项。

二是课堂教学改革见成效。按照实现一个目标（培养技术技能型人才），构建两个体系（理论与实践教学），促进三个转变（由教师本位向学生本位转变，由一堂好课向一门好课转变，由知识加技能向教学做一体化转变）的教学改革思路，以“两个本位（学生与能力）”和“两个渗透（德育与文化）”为核心，从2013年开始推进“学生本位”课堂教学改革，经过两年来的教改实践，全校60%教师参与课堂教学改革的听课评课活动，达到了锻炼教师、受益学生、提升质量的预期效果，在教师中进一步树立了“以素质为基础、以能力为核心”的课程与课堂改革理念。2014学校启动了新的人才培养方案修订工作，教务处组织校内外专家对该版本的人才培养方案进行了终审。建立由教学组织管理、教学质量监控、教学质量评价、教学信息反馈等多个要素构成的教学质量监控与评价体系，促进优良校风、教风、学风和班风的形成。

三是办学能力大提升。学前学院继续承接2014幼师国培项目，顺利完成三期幼儿教师的“国培计划”培训任务，总计参训616人，比计划人数多26人，参训率达107%，超额完成了省教育厅的培训任务。2014年，学校首次开展骨干教师国培项目相关工作。信息工程学院和建工学院分别承担了高职院校软件技术、建筑装饰设计的专业教师顶岗国培项目。

四是师资队伍建设不断加强。学校继续加强师德师风建设，表彰了师德师风“十大标兵”，以先进典型聚集教育实践活动的正能量，积极引导广大教职员工认识教育的光荣使命，树立爱岗敬业、吃苦奉献的精神。2014年，经省政府批准，胡晓林教授列为享受省政府特殊津贴人员；王荣教授荣获江西省“五一劳动奖章”并被评为九江市劳动模范。以卢志鹏教授命名的卢志鹏创新工作室被市总工会评为全市十大示范性劳模职工创新工作室之一。学校加大对骨干教师的培训力度。2013年至2014年学校共安排108名教师参与高职专业骨干教师国家级培训、中职骨干教师国家级培训、“双师”素质提高培训等各种培训进修；选派中青年骨干教师赴名校、下企业进行学习锻炼191人次，进一步加强“双师型”教师队伍建设，提高教师的实践教学能力。学校对此项工作总计投入资金达300余万元。

五是展示了人才培养成果。2013年到2014年，学生参加各级各类比赛成绩突出，在“江西省第三届师范生教学技能展示活动”大赛、江西省第八届大学生艺术展、全国职业院校技能大赛高职组导游服务比赛、第六届全国旅游院校服务技能（导游服务）大赛、全省大学生科技创新旅游服务技能大赛、第七届全国大学生网络商务创新应用大赛、第九届全国信息化技术应用水平大赛、第三届“蓝桥杯”全国软件专业人才设计与创业大赛、江西省大学生技能竞赛、第二届全省大学生数学竞赛等国家级、省级技能大赛中，获得多项大奖。

六是校企合作不断深入。拥有校外实习就业基地160家，固定用人单位280家。学校各院部加大与企业的合作力度，探索订单式培养的合作模式，与贵义人力资源公司合作，成功招录三个银行定向班、一个电商定向班；与世界500强企业纬创资通（泰州）有限公司深度合作，按照德国双元制职业教育理念，成立“纬创定向培养班”，实现合作发展、合作育人、合作提升；与远洲集团公司开展订单式人才培养。此外，还先后与广东艺邦、奇瑞QQ、武汉思远等大型企业，达成了深入性合作意向，建立了校企合作关系，为今后有针对性开展人才培养和就业工作，打下了良好的基础。

2. 推进实施校园文化工程

一是加强思想宣传阵地建设，充分发挥文化引领作用。用社会主义核心价值观引领大学生成长。学校不仅把社会主义核心价值体系，融入学校全面建设和人才培养全过程，而且大力营造环境氛围，通过学校网站、官方微博、校园广播站、宣传橱窗、电子屏等途径，传播主流意识形态，引导学生讲道德、尊道德、守道德，追求高尚的道德理想，道德情操，立德树人，励志成才。

二是探索新形势下思想政治工作方式，用中国特色社会主义共同理想引领大学生信仰。学校大力推进学生德育导师制和思政教育网络体系建设；继续实施学生宿舍“三进工程”（辅导员教师进宿舍、党团组织进宿舍、心理咨询进宿舍）；通过大学毕业生网络党支部平台，加强对党员毕业生的服务和管理；发挥学校党校教育培训功能，对1000余名入党积极分子进行党的基本知识、中国特色社会主义理论培训，极大提高了大学生的党性与理论素养。

三是营造校园人文气息，提高学生文明素养，塑造学校形象。以教室文化建设、寝室文化建设和以社团文化带动的环境文化建设为抓手，极力营造健康高雅的人文气息。让学生在校园内感受文化视觉冲击，自觉接受教育。同时，将高雅艺术、高水平学术引进校园，陶冶学生情操。举办了“高雅艺术进校园”——中央歌剧院专场演出、南昌大学赣剧艺术专场演出、“我与社团共成长”大型文艺汇演，邀请了复旦大学图书馆馆长葛剑雄教授、九三学社中央科普委员会副主任、博士生导师王永教授等一批知名学者教授到校讲座，使校园文化学术氛围更加浓厚。开展以“爱国家、讲文明、尊师道、守礼仪”为主题的校园文化建设活动，提高学生文明素养。以“社会主义核心价值观”主题辩论赛、“十大文明礼仪之星”和“十佳青年”评选表彰活动，“我的校园我的家”等系列活动为载体，致力于打造校园文化活动品牌，弘扬时代主旋律，培养学生健康、阳光、自信的心态，提高大学生的社会责任意识。

四是打造平安校园文化。以“平安校园”文化创建为中心，以“安全精细化管理”为主导，保持校园稳定态势。定期召开安全稳定工作会，明确任务、落实责任。强化干部队伍的安全责任意识，学校与院部签署安全责任状，谁主管，谁负责。从2014年8月开始，新校园实行24小时值班制。加强对校园食品、学生用水用电、防火防盗、实训实习安保工作检查，加大人防、技防、物防的投入。学校投资600多万元购置监控设施，实现校内全覆盖。

3. 发挥优势，服务九江经济社会建设

一是加强与各级劳动人事就业教育等部门的合作。积极引导毕业生参加“三支一扶”计划、“农村特岗教师计划”等国家和省政府基层项目。2014年，招收师范定向生共398名，为九江及赣北地区教育事业发展培养大批合格师资。学校连续三年承担“幼儿园教师国家级培训项目”。

二是积极开展“千个机关进千村，万名干部联万户”活动。

为了把“连心、强基、模范”三大工程落到实处，学校成立了以党委副书记、纪委书记为组长，校党委委员、副校长为副组长的“连心工作队”，深入武宁杨洲乡森峰村，结对扶贫，帮助联户家庭解决“读不起书、治不起病、住破烂房”等三个方面突出问题。重点开展产业扶贫。在基础设施建设上，学校帮助森峰村积极编制和申报项目，向上级争取扶持资金180余万元，修建港东大桥和双园里、徐家段等渠道工程，同时还协调扶贫办、扶贫开发办、水利局、交通局、民政局等各种项目，共同扶持该村。

三是创新“三下乡”社会实践活动内容。学校团委围绕“为祖国勤学修德·以实践明辨笃实”的主题，组织学校志愿者参加“三下乡”社会实践志愿服务活动，创新活动形式，实施重点团队和专项计划，结合当地农村经济社会发展和群众生产生活的实际需求，重点开展以下六个方面的社会实践服务活动：理论政策宣讲、“我的中国梦·彩虹人生”实践服务、教育帮扶实践服务、大学生关爱农民工子女志愿服务、结对帮扶留守儿童、生态环保实践服务，把党和政府的政策、温暖送到了基层，把丰富的精神食粮送到千家万户。

4. 推进国际地区交流与合作

2013年至2014年，为借鉴欧美等国高等职业教育办学经验，学校组织教育代表团先后对加拿大爱米娜塔教育集团CDI职业学院、丹麦VIA大学、美国杰弗逊社区技术学院及日本、德国、英国等国家有关高校进行访问考察。与美国杰弗逊社区技术学院等多个境外高校达成或签署了联合办学、科研合作、师生交流、师资培训、文化交流等多方面合作框架协议，这些合作，为九江职业大学师生搭建了新的国际交流与合作平台，大大拓展了办学国际化的视野，中丹合作班2014年秋季已送学生赴丹麦进行本科学习；与日本京进株式会社本部就赴日护士就职项目签订了合作协议，根据培养要求，护理学院在2014年开设独立的日语班级，并对赴日学生进行日语及护士考证教学。此外，学校积极推进与港澳台地区高校的合作，2014年9月选送26名师生赴台湾创意学院研修。

5. 扎实推进作风建设

学校党委围绕学校的中心工作，加强思想建设、作风建设，队伍建设，推进学校各项事业全面发展。深入贯彻落实中央八项规定，制定了以党性教育、创建先进党组织、争当先锋模范和党建工作创新等四项专题活动为主要内容的创先争优活动实施方案，高质量地召开了校领导班子专题民主生活会。班子成员敞开心扉、聚焦“四风”，真诚交流，以整风精神开展批评与自我批评。深入开展党风廉政建设，认真落实“一岗双责”（即领导干部职务所对应的岗位，对所承担的业务工作负责，对所在岗位应当承担的党风廉政建设负责）制度，积极建立教育监督和预防管理的长效机制，确保新校区建设、财务国资、后勤服务、招生就业、内涵建设、安全稳定等重大工作平稳运行。2013年，通过开展党的群众路线教育活动，逐步解决了干部中作风不实、能力不足的问题，不断提升干部队伍整体能力；2013年通过考选和公推公选两种方式，从年轻人中选拔的一批副科级干部，在2014年10月试用期满考核通过后，全部转正，使学校干部队伍更富活力，结构更加合理；通过挂职锻炼、外出参观考察学习、开办中层干部作风建设培训班等多种方式，搭建干部成长平台，促进中层干部素质和能力的全面提高。

自2013年2月至2015年5月，学校步步提升发展，教师队伍进一步壮大，年龄、学历、职称结构合理。截止2015年5月，学校实有教职工753人（含内聘待编61人）。专任教师队伍中，具有本科学历559人，研究生学历108人；具有博士学位1人，硕士学位215人，学士学位451人；教授30人，副教授108人，其他类高级职称37人，副高级以上职称达26%；中级职称241人，占教师总数的36%，初级职称251，占教师总数的38%。

学校招生就业形成良性循环。2013年学校共招收三年制大专生2935人，五年一贯制大专生及三年制中专生1895人，总计为4830（不含合作办学）。2014年招收三年制大专生3999人，五年一贯制大专生及中专生1800人，到校新生5799人。在校生人数达到16868人。2014年毕业生3649人，首次就业率达到87.21%，高出全省高校平均就业率，其中护理学院、艺术学院、文旅学院、师范学院毕业生首次就业率在91%以上。旅游管理、报关与国际货运、图形图像制作等专业人才需求强劲，就业率达100%，年终全校大专毕业生就业率已达到95%。

九江职业大学历经三十年风雨沧桑。从前二十年谋求生存发展，到后十年的华丽蝶变，两代人付出了艰辛的劳动。尤其是合并重组后的十年，九江职业大学人以敢于迎接挑战的勇气，弘扬艰苦奋斗、矢志创新的光荣传统，不断更新观念，创新体制和机制，抓住了发展的机遇，实现了融合、跨越、升级的三步战略，把一个底子薄、基础差、效益低的学校，变成一个环境优雅、功能完善和充满生机活力的现代化学校，多渠道、多形式扩展了高等职业教育资源，为九江职业教育的发展乃至江西教育发展史增添了精彩的篇章。

大 事 记

（1985.11—2015.6）

1985 年

十一月

6 日　省政府办公厅发文《关于成立九江东方职业大学的复函》［赣府厅字（1985）602 号），文中指出“学校属自费走读，不包分配，择优录用的短期职业大学，学制三年，参加国家统一考试，学生毕业后承认大专学历”。

1986 年

二月

27 日　市人民政府第二十九次市长会议讨论研究了关于九江职业大学开学准备问题，决定：开设文秘、政史两个专业；校址定在市职业高中农场。招干将直接从九江职大录用。

三月

8 日　省政府办公厅下发《关于九江东方职业大学改名为九江职业大学的复函》［赣府厅字（1986）110 号）。

14 日　九江市人民政府办公室发文《关于成立九江职业大学的通知》［市府办字（1986）12 号）。经市政府研究，九江职业大学由市教育局代为管理。

四月

8 日　85 级文秘、政史两专业学生入学报到。

十月

15 日　第一栋教学大楼在八里湖职高农场动工兴建，施工单位为九江市一建四处。

十一月

9 日　省教委副主任黄定元到校视察。

1987 年

七月

5 日　新教学大楼基本完工。学校从职高招待所迁至八里湖新校址。

八月

1 日　学校行文呈报市教育局《关于请求批准我校建造食堂立项的报告》，[校发（1987）19 号)。

九月

29 日　市教育局机关党委发文《关于建立九江职业大学党支部的批复》[九教委发（87）12 号)，同意宗富林同志为书记，肖允叔同志为副书记。

1988 年

六月

20 日　中共九江市委常委会议研究了九江职业大学毕业生择优录用问题，建议劳动人事部门统筹考虑。

七月

30 日　国家教委发出《关于对部分高等学校进行充实整顿工作的通知》[（88）教计字)，九江职业大学被列为充实整顿学校，1989 年停止招生三年。

十二月

5 日　市人民政府市长钟起煌召集有关部门，就职大、电大毕业生择优录用问题进行了专题研究。（市政府办抄字（88）第 25 号）。

1989 年

四月

15 日　市委书记孙瑞林率教育局、财政局、劳动局负责人到校召开九江职大问题汇报会。

九月

16 日　学校成立九江市电光源研究所附属工厂——九江市特种灯泡厂（生产溴钨灯），宗富林兼任厂长，王国槟、王荣任副厂长。

1990 年

三月

31 日　国家教委发出关于对部分普通高等学校（18 所）一九九〇年暂停招生的通知

［教计字（1990）27 号］，要求暂停招生学校在三年内经过认真充实，改善办学条件，达到国家有关规定标准后，可以申请恢复招生。

1991 年

五月

25 日　省教委周绍森副主任，市教育局胡源茂局长陪同国家教委专家到校进行评估。

十一月

市政府召开五十一次市长办公会，会议研究并同意将九江职业大学与九江农校合并建立九江高等专科学校。市教育局召集职大、农校负责人，传达市政府关于两校合并、成立九江高等专科学校的意见。

1992 年

三月

市政府计划投入 150 万元作九江职业大学改名为九江高专基建费用，学校计划建教工宿舍 1500 平方米，学生宿舍 3000 平方米以及实验楼。

五月

13 日　国家教委计划建设司司长率领高校充实整顿工作检查验收组，在省教委主任黄定元、市政府副市长康晋益等陪同下，对学校进行了检查。

七月

市计委发文《关于同意九江职业大学新建实验楼及图书馆立项的批复》［（1992）基字第 51 号］，两楼工程初步设计由九江工业建筑设计院完成。

十月

16 日　市政府召开 53 次常务会议，研究了九江职业大学的出路问题，会议确定：由市教育局积极向上申报，力争将“九江职业大学”办成一所工科性质的专科院校，校名暂定为“九江大学”。

1993 年

一月

11 日　市长戚善宏在九江市第九届人代会第六次会议上所作的《政府工作报告》中指出：“加快九江工业高等专科学校的筹建工作，力争秋季招生”。

二月

13 日　市长办公会研究决定，九江高等工业专科学校仍在九江职业大学范围内，抓紧进行基建工作。

四月

3 日　市政府决定成立九江工业高等专科学校筹建领导小组，副市长康晋益任组长，市政府主管教育的副秘书长、财政局、教育局的有关领导为副组长。

14 日　市政府第三次市长办公会议，研究九江职大筹建九江高专的问题。

六月

国家教委主任朱开轩来校视察。

七月

1 日　由省教委高教一处梁必骞处长、尹富庆副处长等四位同志组成的工作组对九江职业大学充实整顿及更名为“九江工业高等专科学校”工作进行了检查验收。

八月

5 日　由市政府组成的九江高等专科学校筹建工作评审组一行对学校进行了实地考察。

1994 年

三月

27 日　国家教委、省教委专家对学校改办高专情况进行检查验收，因条件仍有差距，暂不同意改名。

30 日　学校呈文市教育局，要求拨给 1994 年度基建专项经费 300 万元，用于兴建图书馆、学生宿舍等续建工程。

四月

20 日　省高招办下达秋季招生计划，同意九江职业大学通过合作办学途径招收新生 200 名。

七月

18 日　市政府任命赵敦煌为九江职业大学校长。

八月

17 日　九江职大、九江师专两校校长签署 1994—1996 年招生工作协议，即九江职大以九江师专名义招收学生，教学、学籍管理工作由九江职大负责，毕业证由九江师专颁发。

1995 年

五月

23 日　学校呈文市开发区管委会，请求批准建设教工宿舍立项。

九月

11 日　市委发文［九干字（1995）76 号），任命张正治为九江职业大学党委书记。

十月

6日　印发《九江职业大学关于专任教师工作量问题的暂行规定》。

1996年

五月

8日　中国共产党九江职业大学委员会第一次会议召开，选举产生了新一届校党委，张正治为书记，赵敦煌为副书记，肖允叔、黄昌平为党委委员。

九月

12日　印发《九江职业大学学生素质综合测评暂行办法》。

1997年

四月

11日　召开第一次学生代表大会。

15日　印发《关于进一步加强"两课"教学管理的意见》。

五月

16—17日　召开第一次教职工代表大会。

六月

16日　省教委转发国家教委（1995）12号文件，明确职业大学属国家承认学历的全日制普通高校，同意九江职业大学从1997年秋季开始招生，在校生和毕业生待遇等方面执行普通高校有关政策［赣教高一字（1997）37号］。

九月

8日　市长戚善宏等领导到校视察。

十二月

21日　省教委周绍森副主任、尹富庆处长以及市教委刘汉超副主任到校视察。

1998年

七月

27日　学校迎接300余名来浔参加防洪抢险的官兵驻扎。

八月

7日—9月20日　长江大堤4—5号闸口破堤，校园被淹，最深处近3米，学校成立护校队日夜值班。学生返校时间推迟。

14日　南方日报记者到校看望，了解灾情。

九月

1 日　省教委计财处宋雷鸣处长到校看望，了解受灾情况。

20 日　杜万安副市长来校看望，了解受灾情况。

29 日　九江财经高专领导到校捐赠慰问。

十月

7 日　党委书记张正治前往北京向教育部报告学校受灾情况。

9 日　江西财院九江分院校长一行到校慰问。

10 日　省教育学院领导到校慰问。

14 日　学校召开抗洪抢险总结表彰大会景德镇高专校长带队来校慰问。

16 日　温州大学党委书记一行到校慰问。

十二月

23 日　省绿地有限公司到校进行绿化规划。

1999 年

八月

24 日　南昌大学设计院领导专家到校察看 1 号宿舍改建加固工程。

十二月

23 日　新余渝州电子学校领导到校商谈联合办学事项。

2000 年

一月

14 日　学校召开“三讲”教育动员大会。

三月

17 日　印发《九江职业大学党委会议议事规则》《九江职业大学校长办公会议事规则》。

20 日　印发《九江职业大学对预算外资金实行收支两条线管理的暂行规定》。

六月

27—28 日　学校举行公开选拔中层副职干部讲演和答辩。

八月

28 日　学校成立远程教育筹备领导小组，组长赵敦煌，副组长詹平华。

2001 年

十二月

15 日　召开第二届学代会。

2002 年

四月

20 日　印发《九江职业大学学生突发安全事故处理预案》。

十月

7 日　印发《学生行为规范》《学生综合素质测评评分办法》《班级常规考核及先进班评比办法》。

11 日　学校印发《九江职业大学班主任工作管理办法》。

十二月

8 日　学校举办与江西福田房地产开发有限公司合作建设学生公寓、食堂（礼堂）签字仪式。

2003 年

二月

20 日　印发《九江职业大学关于课程建设的实施意见》。

四月

23 日　学校召开校长办公会研究成立防“非典”领导小组及工作办公室，研究工作方案。

30 日　学校召开教工大会部署防治“非典”工作。

五月

4 日　印发《九江职业大学教师教学工作规范》。

21 日　印发《关于大宗物资采购和基建等项目招标实施监督管理的暂行规定》。

六月

6 日　召开第三届教代会。

十一月

13 日　校第四届田径运动会开幕。

2004 年

四月

5 日　印发《关于我校体育课教学改革方案》。

15 日　第三届团代会开幕。

十一月

1 日　印发《九江职业大学内部津贴发放办法（试行）》。

3 日—5 日　举行第五届田径运动会。

十二月

23 日　学校成立教学督导组。

2005 年

一月

9 日　市教育局召开局长办公会，研究师范并入九江职大实施方案。

26 日　引资建设 5 号学生公寓。

四月

15 日　省政府办公厅发文同意将九江师范成建制并入九江职大。

18 日　学校获省绿化模范单位。

20 日　省教育厅办学条件检查评估组来校考察。

六月

30 日　学校召开教工大会进行“新阶段、新发展”大讨论动员。

十一月

2—4 日　举行第六届田径运动会。

26 日　九江县和瑞昌交界处发生 5.7 级地震，晚上学校组织安排学生校园露宿。

2006 年

四月

30 日　中共九江市委副书记林兴富一行来到九江职业大学，宣布市委的决定：江西省政协常委、九江市政协副主席、九江学院副院长卢志鹏任九江职业大学校长，原九江师范党委书记周春明任九江职业大学党委副书记兼纪委书记，原九江师范校长肖厚建、原九江职业大学副校长肖允叔、胡春亮任中共九江职业大学党委委员、副校长。

六月

11 日　经省教育厅批准新增艺术设计专业。

九月

8 日　副省长、九江市委书记和市委常委宣传部长程来安、市政府分管教育的副市长，以及市委市政府办公厅、市财政局、教育局、人事局、编制办、商业银行等部门负责人到学校调研。

9 日　鹤问湖校区综合楼建设奠基。

2007 年

一月

26 日　九江市人民政府印发关于加快发展职业教育的决定，提出：到2010年市区三所高职年招生达2万人，占高等教育规模一半以上。将九江职业大学建设成为小学师资和高级技能人才培养基地。

二月

6 日　市委宣传部下达九江职业大学新任中层干部批文。

三月

19 日　市委书记莅临学校视察，随行领导：副书记刘德意、市委常委冯静、副市长吴锦萍等。

21 日　省教育厅副厅长洪三国到校视察。

学校派员赴武宁县罗坪镇洞坪村支援新农村建设。

23 日　重庆大学网络教育学院派员商谈继续教育合作办学事宜。

30 日　学校15个实习基地挂牌。

四月

4 日　党委调整学校文明建设暨综合治理领导小组。

12 日　省委统战部领导到校指导工作。

市政府第7次常务会议决定，同意将九江职业大学列为市直属事业单位，业务上接受省教育厅、市教育局的指导和管理。

23 日　鹤问湖校区综合楼封顶。

24 日　并校重组周年庆典、教职工大合唱比赛。

28 日　长虹校区五号学生公寓封顶。

30 日　首届艺术节开幕。

五月

8 日　校长卢志鹏会见美籍华人曾唯斌，商谈双方合作事宜。

六月

30 日　举办迎评工作培训班。

七月

11—25 日　在教职工中开展解放思想、提升理念、和谐创业、共谋发展大讨论。

17 日　市政协主席程来安，副主席陈晖、魏改生到校视察指导工作。

27 日　教职工竞聘上岗。

八月

9 日　《中国教师报》总编刘堂江到校指导工作。

16 日　省人事厅、教育厅在九江职业大学召开高校岗位设置研讨会。

29 日　九江职业技术学院魏寒柏院长到校访问。
31 日　师范学院整体搬迁至鹤问湖校区。

九月

2 日　市政府副市长吴锦萍到校视察。
17 日　学校成立长虹校区管理委员会。
22 日　香港愍生集团捐助贫困生 10 万元。
27—30 日　第 29 届（延续原九江师范记载次数）田径运动会。

十月

22 日　校领导班子集中收看十七大新闻。
25 日　高雅音乐进校园（江西师大音乐学院交响音乐会）。
26 日　启动校园内三栋民房拆迁谈判工作。
美籍华人曾唯斌教授到校访问。

十一月

1 日　江西财经职业学院院长赖金生到校访问。
9 日　市委常委、市委组织部部长尧希平、副部长叶平和市教育局领导到校调研。
14 日　九江学院院长甘筱青到校访问。
15 日　党的十七大代表、校友向东到校传达十七大精神。
20 日　召开迎评工作动员大会。
26 日　党委副书记周春明、校长助理汪春莲领队赴浙江考察毕业生就业。

十二月

7 日　召开鹤问湖校区校园规划座谈会。
8—16 日　校长卢志鹏赴北京参加农工民主党第十四次全国代表大会。
12 月 19 日　省农工民主党主委郑小燕到校视察工作。

2008 年

一月

5 日　鹤问湖校区一、三号宿舍拆迁。

二月

2 日　中国南方遭遇罕见雪灾，学校紧急部署抗雪救灾工作，开展抗冰雪、送温暖、献爱心捐赠活动。

3 日　校长卢志鹏、副书记周春明专程将教职工捐款 17000 元、衣物 260 件送至武宁县罗坪镇洞坪村受灾群众。

23 日　鹤问湖校区七号学生公寓奠基，一、二号学生新宿舍动工兴建。
同日　组织 200 师生参加中国文联、中国红十字会赴九江灾区慰问演出。
26 日　江西省教育厅副厅长洪三国到校视察。

三月

6日　学校印发《九江职业大学双师型师资队伍建设实施办法》。

11日　校老龄工作委员会在翠竹山庄举行成立大会。

31日　鹤问湖校区院系及学校行政机构搬迁至综合大楼办公。

四月

9日　市委常委、副市长张华到校视察调研。

15日　全校贯彻落实省教育厅规范管理年暨讲文明、树新风、构建和谐校园主题教育月活动动员大会。

16—29日　校长卢志鹏赴美国、加拿大考察职业教育。

五月

4日　鹤问湖校区八号学生公寓封顶。

12日14时28分　四川汶川发生7.8级大地震，学校及时组织师生疏散。

13日　排查在校四川籍学生家庭受灾情况，并决定对受到特大灾害的四川籍学生给予免除学费，并给予每月300元生活补贴的资助决定。

15日　全校举行为四川地震灾区献爱心捐款及义务献血活动，共募捐善款人民币69789.5元，美元2元。

六月

4日　印发九江职业大学专业指导委员会章程（试行）。

17日　九江市政府市长王萍带领市编办、财政局、教育局、规划局、建设局和国土局主要负责人到校调研，对九江职业大学建设规划、编制、投入、发展用地进行了研究。

23日　挂牌成立九江市企业文化研究会。

30日　美国肯塔基州驻华首席代表到校参观访问。

七月

8日　启动思政课程教学五个一工程（品味一句道德格言、介绍一个行为礼仪、讲述一段九江革命史、欣赏一则传统美德故事、解读一条热点新闻）。

7—14日　开展贯彻落实科学发展观、促进学校又好又快发展暑期学习讨论活动。

16—18日　举办中层干部学习班。

20日　山东潍坊职业技术学院领导到校参观。

23日　江西省劳动和社会保障厅领导到校调研。

24日　九江市职业教育调研小组到校调研职业教育发展。

25日　第24次市长办公会同意：九江职业大学建成技师培养基地、教师成长摇篮，全日制在校生规模10000人，庐山旅游中专成建制并入九江职业大学，市编办与上级沟通，将九江职业大学升格为副厅级行政级别。

31日　开展新生入学绿色通道，贫困生先入学后资助。

八月

7日　部署北京奥运会安保工作。

12 日　中共九江市委第 30 次常委会同意，将庐山旅游中专成建制整体并入九江职业大学，旅游中专资金渠道不变，人员编制不变。

14 日　中共九江市委任命王原平为九江职业大学党委书记。

27 日　印发九江职业大学人事管理暂行规定。

29 日　市人大副主任余修炎到校视察工作。

九月

10 日　举行青蓝工程拜师会。

23 日　省政协领导张华东、市政协主席程来安一行到校视察。

25 日　省教育厅批准九江职业大学为具有高职高专教育师范类专业招生资格普通高校。

十月

8 日　拍摄校歌专题片。

21 日　信息日报、江南都市报、浔阳晚报等九家媒体记者到校联合采访。

28 日　九江军分区领导到校指导工作。

十一月

4 日　江南一枝梅、画家傅梅影到校讲座。

5 日　副校长胡春亮带队赴江西赣州、广东河源市职业院校考察学习。

6 日　王原平书记带队赴江西渝州职业技术学院考察学习。

12—14 日　第 30 届田径运动会。

15—12 月 6 日　党委副书记周春明赴澳大利亚考察学习。

17 日　中国工程院院士、核舰艇研究设计专家黄旭华到校作学术报告。

19 日　市政协副主席徐少伟等领导到校视察指导工作。

21 日　师范学院举办阳光心理美丽心情心理剧大赛。

22 日　学校特聘央视著名主持人鞠萍姐姐为学前教育系客座教授。

25 日　学校召开高职高专院校人才培养工作水平评建誓师大会。

27 日　鹤问湖校区综合大楼应急疏散预演。

十二月

11 日　校长卢志鹏到武宁县罗坪镇洞坪村开展对口帮扶活动。

美庐乳业有限公司副董事长兼总裁、广州明迪投资有限公司总裁吴迪年先生为全校毕业生作“大学生职业生涯规划”专题讲座。

25 日　党委书记王原平赴澳大利亚考察学习。

校长卢志鹏到都昌县芗溪中学、万户中学开展对口扶贫帮困活动，为两校送去了学生课桌椅、铁床、电脑等价值 5 万多元的物品。

26—29 日　接受省教育厅高职高专院校人才培养工作水平评估。

评估专家：华东交通大学沙国平教授，江西应用技术职业学院陈传胜教授，江西服装职业技术学院刘久生教授，江西现代职业技术学院钱泉森教授，江西护理职业技术学院胡敏教授，萍乡高等专科学校肖文福教授。

27 日上午　汇报会出席领导：省教育厅副厅长洪三国，市政府副市长吴锦萍，省教育厅高教处处长聂威，市教育局欧阳礼彬局长等，出席 27 日文艺晚会领导：市委常委、宣传部长冯静，市政协副主席徐少伟，市人大教科文卫委员会主任韩丰保。

29 日下午　评估工作反馈会出席领导：市政府副秘书长詹耀祥，市教育局副局长黄福林。

31 日　党委书记王原平、副校长肖厚建、胡春亮率党务及各院系部总支书记赴江西陶瓷工艺美术职业技术学院考察学习。

2009 年

一月

8—9 日　召开第八届教职工代表大会。

22 日　学校在全省高职高专思政理论课教学质量评估中被评为“良好”。

二月

15—17 日　中国青年报社记者李斌到校进行采访。

三月

5 日　共青团九江市委及兄弟院校团委领导到校指导工作。

13 日　江西日报和江西电视台记者到校采访。

18 日　台北市海峡两岸经贸文教交流协会会长蔡孟勋先生一行到校参观访问。

19 日　江西庐山旅游中专整体划归九江职业大学交接仪式。副市长吴锦萍、市政府副秘书长詹耀祥，以及市委、市政府相关部门负责人参加。

24 日　召开学习实践科学发展观活动动员大会。

学校聘请中国移动九江分公司总经理章步云博士为工程学院兼职教授，聘请电影演员陈嘉陡先生为文化传播系客座教授。

25 日　方正集团总裁助理千新国一行到校考察。

四月

1 日　校长卢志鹏参加中央党校学习。

8 日—13 日　校长助理汪春莲带队赴广东珠三角（广州、东莞、深圳、珠海）看望顶岗实习学生。

10 日　校领导及各部门中层赴九江职业技术学院参观。

21 日　上海教科所雷正光教授讲座：高职及课程研究与发展。

22 日—26 日　党委书记王原平带队赴浙江宁波市、绍兴市、温州市、义乌市等地看望顶岗实习学生及历届毕业生。

26 日—28 日　学校荣获江西省第四届教师多媒体课件大赛一等奖。

28 日　举办禁毒宣传日教育活动。

30 日　合并重组三周年文艺晚会。

五月

12 日　举行纪念汶川大地震一周年防空防灾紧急疏散演练活动。

15 日　省政协副主席、省委统战部部长到校检查指导工作。

21 日　省教育厅虞国庆厅长一行到校视察指导工作。

25 日　市委常委、宣传部长冯静一行到校调研工作。

六月

16 日　九江市人大常委会主任张远秀带队到校视察调研。

25 日　举办三下乡服务队及共青服务团出征仪式。

25 日　校长卢志鹏参加全国政协视察团

七月

2 日　千企万岗招聘会在鹤问湖校区举行。

21 日　市委书记钟利贵到校视察调研。

30 日　校党委书记王原平带领党委副书记周春明、副校长肖厚建、胡春亮、校长助理汪春莲等前往武警九江边防检查站和武警九江消防支队走访慰问。

八月

16—21 日　开展创特色、扩规模、上水平大讨论活动。

24 日　经省教育厅批准 2010 年新增专业：工程造价、物流管理、现代教育技术。

28 日　九江职业大学附属幼儿园开园典礼。

九月

9 日　广州艺邦投资股份有限集团公司董事长、中国首家民营装饰公司创造者、北京大学企业文化研究员余静赣博士应邀到学校讲座，并受聘为学校客座教授、建筑工程学院创业导师。

12 日　省人大科教文卫副主任、原江西省科技厅厅长李国强应邀到学校做专场讲座。

14 日　为免费招收贵州省毕节地区大方县的学生举行入学仪式。参加仪式的领导有：全国政协常委、省政协副主席、农工党江西省委会主委郑小燕，省委统战部常务副部长黄小华，九江市委常委、秘书长、组织部长、统战部长华金国，九江市政协副主席、九江学院副院长、农工党九江市委会主委、九江职业大学校长卢志鹏，农工党贵州省委会和大方县统战部相关负责人。

十月

27 日　省教育厅下文，九江职业大学通过人才培养工作评估。

28—30 日　第 31 届田径运动会

十一月

4 日　教师口语、机械制造技术、学前心理学被评为省级精品课程。

6 日　我国著名青少年教育专家、中国少年儿童新闻出版总社首席教育专家卢勤女士应邀到学校做专题讲座。

12 日　校党委书记王原平带领学校行政部门负责人到九江学院学习考察。

十二月

3—6 日　胡春亮副校长带队赴内蒙古建筑职业技术学院、呼和浩特职业学院考察学习。

9 日　校农工民主党支部举行成立大会。

同日　学校召开应征入伍同学欢送会。

10—14 日　校党委书记王原平率团赴天津职业大学和无锡职业技术学院考察。

17 日　九江职业大学快乐发展读书会成立。

21 日　举行赴美师生学习交流欢送会。

22 日　阳光体育冬季长跑活动。

27 日　校团委、学生会赴都昌太阳村开展志愿服务活动。

28 日　九江职业大学与广东星艺装饰有限公司校企合作签字暨授牌仪式。

2010 年

一月

3 日　举行农工党江西省委会、管飞江西扶贫基金捐助贵州大方县学生生活补助费仪式。参加仪式的领导、来宾：全国政协常委、江西省政协副主席、农工党江西省主委郑小燕，全国人大常委、原江西省人大副主任、农工党江西省委会原主委、管飞江西扶贫基金顾问万学文，九江市副市长吴锦萍，江西省政协常委、九江市政协副主席、农工党九江市主委、九江职业大学校长卢志鹏，九江市人大党组成员、九江市统战部部长黄大明，农工党江西省委副主委涂建，管飞江西扶贫基金设立人、北京锦绣投资集团董事长管飞，校党委书记王原平等。

12 日　《江西日报》专栏报道九江职业大学跨越发展。

14 日　实验实训中心、教务处考察组赴九江学院实验中心进行对口学习交流。

25—28 日　省政协十届三次会议期间，省政协常委、九江市政协副主席、九江职业大学校长卢志鹏分别接受了《江西日报》《江南都市报》《大江网》《江西电视台》记者的专访。

二月

1 日　市长曾庆红在副市长刘建平、吴锦萍、市政府秘书长柳国发等人陪同下到学校视察调研。

三月

1 日　学校召开创建省级示范性高职院校再动员大会。

5 日　团市委书记卢宝云，全国劳动模范、党的十七大代表向东，团中央志工部项目规划处处长廖恳、副处长郭华永一行到校调研指导共青团工作。

9 日　校党委副书记周春明率队前往合肥美的集团冰箱厂慰问生产见习师生。

11 日　校长卢志鹏接受大江网记者专访。

17 日　学校被省教育厅评为全省大学生就业工作评估优秀单位和江西省中职招生工作先进单位。

18 日　江西省委教育工委副书记史蓉蓉一行到校视察调研，副市长吴锦萍参加。

30 日　团省委学校部李菲部长一行到学校调研指导共青团工作。

校党委副书记、纪委书记周春明，副校长周兴龙带队赴武宁县、修水县新农村建设工作帮扶点慰问。

四月

7 日　校长卢志鹏率团赴法德意三国考察，与法国新鲁汶大学、德国依赛特环境技术咨询有限公司、罗马艾坡莱沃尔（高级）管理培训机构达成了部分合作交流项目的意向性框架协议。

24 日　国家质量认证培训中心授予九江职业大学全国高校学生 ISO9000 内审员人才培养基地。

27 日　举行向青海玉树地震灾区捐款仪式。

28 日　江西省政协主席傅克诚一行在市委书记钟利贵、市人大主任张远秀、市政协主席程陪同下到安来校视察调研。

30 日　省政府副省长孙刚一行，在省教育厅副厅长洪三国、省政府办公厅副调研员陈敏陪同下到校视察调研。

五月

9—10 日　省级示范性高职院校专家考察组现场考察学校。

17 日　由复旦大学出版社主办、九江职业大学学前教育学院协办的第三届全国学前教育高峰论坛在九江开幕。

20 日　中国教育报刊社常务副社长、中国教师报总编辑刘堂江、中国教育报副总编辑陈志伟、中国教师报记者康丽等一行受邀到校参观采访。

21 日　市委常委、市委宣传部部长冯静到校讲学。

25 日　学校获全省高校宿舍管理工作先进单位。

27 日　省教育厅与九江市政府在江西省教育厅召开九江职业大学的建设和发展座谈会，省委教育工委书记、省教育厅厅长虞国庆，九江市政府市长曾庆红，省教育厅副厅长洪三国，九江市政府副市长吴锦萍，九江市政协副主席、九江职业大学校长卢志鹏，九江市人大常委会党组成员、九江职业大学党委书记王原平，九江市政府党组成员、市政府秘书长赵伟，以及省教育厅相关处室负责人出席。

同日　吉安市职业教育考察组到校参观交流。

六月

6 日　《中国教育报》头版头条报道学校招生就业工作。

7 日　《中国青年报》对学校培养乡村建筑师专栏报道。

15 日　美国路易维尔市姐妹城市协会主席、路易维尔大学曾唯斌教授一行到校进行友好访问和教育交流。

17 日　中央美术学院著名国画家陈开民教授到校作专题讲座。

17—24 日　应台湾地区台北市台海两岸经贸文教交流协会理事长蔡孟勋先生的邀请，以九江市副市长吴锦萍为团长的九江市职业教育考察团赴台湾考察访问，校长卢志鹏、副校长周兴龙随团参访。

18 日　校长卢志鹏代表与台湾万能科技大学签署了学术交流协议。

26 日　《中国教育报》专题报道学校融合发展。

28 日　《人民日报》专题报道九江职业大学幼师培养基地建设。

七月

1 日　《中国教师报》头版头条报道九江职业大学为国家培养高素质幼儿教师。

4 日　九江市政府副秘书长宋志龙、九江市人才办江浩主任到校作报告。

13 日　韩国鲜文大学国际交流处处长吉永焕教授、国际协力部部长卢相槿先生一行到学校访问交流。

15 日　省教育厅、省财政厅将学校列入江西省示范性高职院校立项建设名单，省财政拨专款 1000 万元。

八月

4 日　学校通过省级示范性高职院校项目论证专家组考评。

26 日　《江西日报》专版报道学校创建省级示范性高职院校情况。

同日　省政府编制办以《关于九江职业大学级别的批复》（赣编办文〔2010〕131），同意学校升格为副厅级，学校党政主要领导任命由省委决定，处级干部管理权限不变。

九月

2 日　向东班爱心家教协会被中央文明办、民政部、中国残联联合授予 2010—2015 年度全国志愿者助残示范基地。

16 日　艺术学院学生杨琳获 2010 年第三届九江市旅游形象大使亚军。

21 日　《中国青年报》报道九江职业大学创新大学生思想政治教育工作。

25 日　德国沃尔泽伦市代表团一行 6 人在瑞昌市副市长卢瑜陪同下到校进访问。

十月

17—19 日　校长卢志鹏率团赴贵州省毕节地区大方县考察。

21 日　丹麦 VIA 大学学院经济技术学院院长劳瑞兹·格林一行到校交流访问。

十一月

3 日—5 日　第 32 届田径运动会。

4 日　《中国教育报》专题报道学校免费培养西部贫困大学生事迹。

13 日　20 家世界五百强企业派员参加九江职业大学毕业生就业供需洽谈会。

同日　学校语文教育专业被批准为省高校特色专业，语文教学团队为省级高校教学团队。

25 日　副校长胡春亮率各院部负责人赴浙江金华职业技术学院和义乌工商学院

学习。

30 日　校党委副书记周春明率各院部党总支书记、群团负责人赴山东日照职业技术学院、青岛职业技术学院考察学习。

十二月

7 日　上海市教育科学研究院副院长、职业与成人教育研究所所长、高等职业教育发展研究中心主任、研究员马树超教授到校指导工作并作专题报告。

14 日　中国科学院院士、著名机械工程专家、教育家、原华中科技大学校长杨叔子教授到学校作成人成才报告。

15 日　国家一级编剧、九江职业大学校友王一民教授到校讲座，校长卢志鹏为其颁发客座教授聘书。

20 日　省委教育工委委员、江西省教育考试院党委书记、省语委成员万普海带领语言文字专家组到校指导工作。

24 日　学校召开省级示范性高等职业院校建设项目推进会。

29 日　市委副书记张学军在团市委书记卢宝云等一行领导的陪同下到校指导全国志愿助残示范基地工作。

2011 年

二月

26 日　著名学者、央视《百家讲坛》名嘴纪连海先生到校作专题讲座。

三月

14 日　著名水彩画家、庐山画院原院长李杏先生到校讲学。

22 日　学校被评为全省艺术教育工作先进单位。

四月

20 日　九江市委副书记、市长曾庆红到九江职业大学，就学校发展中遇到的问题进行现场办公，表示加大力度支持职业大学做大做强。

22 日—28 日　承办第一届九江市高校书画展。

25 日　台湾树德科技大学李福芃董事一行到校考察访问。

26 日　纪念学校合并重组五周年学术交流活动。

五月

6 日　澳大利亚北墨尔本职业技术学院迪诺先生一行莅临学校考察访问。

8 日　学校客座教授、国家首席教育专家、知心姐姐卢勤女士到校讲学。

10 日　校体育舞蹈代表队获江西省第十八届体育舞蹈锦标赛金牌。

23 日　九江市总工会常务副主席、党组副书记陈萍风一行到校指导工会工作，并受江西省总工会委托颁发江西省模范职工之家奖牌。

26 日　丹麦 VIA 大学经济技术学院主任 Wolff 先生一行 6 人到校访问。

31 日　党委中心组学习贯彻《中国共产党普通高等学校基层组织工作条例》。

六月

3 日　学校召开党风廉政建设暨纪检监察工作会议。

7 日　学校召开干部作风建设总结暨明责履职、创新发展大讨论动员大会。

13 日　美国路易维尔市姐妹城市协会主席、路易维尔大学曾唯斌教授和路易维尔大学 Robert Amchin 教授到校开展教学交流活动。

14 日　校艺术团在江西省首届大学生合唱比赛中荣获专科组二等奖。

15 日　《中国教育报》刊登校长卢志鹏署名文章：高职院校应加强文化软环境建设。

20 日　学校决定继续在西部地区免费招收 20 名三年制大专统招生。其中，四川省都江堰市 5 名，青海省 5 名，甘肃省定西地区 10 名。

28 日　学校客座教授、中华海外联谊会理事、江西省政协委员、九江市政协委员、香港著名艺人邝美云女士到校作报告。

七月

10 日—11 日　由北京师范大学教育学部和九江职业大学联合主办的 2011 中国·庐山学前教育高峰论坛在九江宾馆举行。

19 日　江西省示范性高职院校建设项目检查专家组一行到校进行中期检查。

22 日　党委中心组传达胡锦涛总书记七一重要讲话精神。

30 日　《中国青年报》专文报道学校：教育科学——办好学前教育就是在积累国家财富。

八月

21 日　中国教育家协会、中国教育网、今视网联合开展首届中国网民最尊敬的（江西）十大高校暨十大高校校长调查评选活动，校长卢志鹏入选。

29 日　《江西日报》专题报道学校：春来遍是桃花水——九江职业大学免费培养西部贫困地区大学生纪实。

九月

28 日　澳大利亚北墨尔本职业技术学院建筑系课程协调员、建筑专业教授比尔先生到校交流访问。

十月

19 日　九江市军分区政委钟国桦、浔阳区武装部部长徐用兵到校就在校大学生入伍应征工作进行调研。

27 日　江西省道德模范故事巡讲团到校作报告。

十一月

2 日　胡晓林教授主持申报的《生产安全无线自动传信监控系统的研究与应用》项目被列为江西省科技厅 2011 年省级科技支撑计划项目。

2 日—4 日　第 33 届田径运动会。

5 日　江西省高雅艺术进校园省内院校巡演音乐会到校演出。

11 日　召开中层干部及副高级以上职称教师大会，传达党的十七届六中全会及省市党代会精神。

25 日　由九江军分区和九江职业大学联合创办的九江市民兵预备役训练基地和国防教育基地在鹤问湖校区挂牌。

十二月

7 日　由省教育工委副书记史蓉蓉为组长的省教育厅“贯彻教育规划纲要和省教育工作会议精神”工作督查组到校督查指导工作，市政府副市长廖奇志陪同。

23 日　管飞江西扶贫基金”和“民生慈善助学光彩基金”爱心助学捐赠仪式在鹤问湖校区大礼堂举行。全国政协常委、江西省政协副主席、农工党江西省委会主委郑小燕，原全国人大常委、原江西省人大副主任、农工党江西省原主委、“管飞江西扶贫基金”顾问万学文，九江市政协主席魏宏彬，江西省政协常委、九江市人大副主任、农工党九江市委会主委、九江职业大学校长卢志鹏，以及来自青海、四川和贵州及江西省农工党的领导、学校领导班子成员出席捐赠仪式。

27 日　市委常委、宣传部部长潘熙宁一行到校调研指导工作。

省委组织部副部长刘三秋、省委教育工委副书记史蓉蓉到校宣布省委关于学校党政主要领导的任命：经省委常委会研究决定，王原平任九江职业大学党委书记，卢志鹏任九江职业大学校长。市委副书记冯静、市委常委组织部长徐森鸣、省委组织部干部四处处长王贵生、省委教育工委组织部部长杨波出席会议。

2012 年

一月

6 日　校工会获全国模范职工之家称号。

11 日　由建筑工程学院承办的江西省土木建筑学会教育工作委员会第六次全体会议在学校举行。

13 日　学校召开专题会，部署迎评工作。

29 日　学校中层以上干部参加九江市领导干部 2012 年春节植树团拜活动。

二月

14 日　建筑工程学院建筑工程技术专业被教育部、财政部认定为立项资助建设专业。

24 日　机电工程学院机电专业被国家教育部、财政部批准为立项资助建设专业，课程《电气控制与 PLC 技术》《液压与气动技术》获 2011 年度省级精品课程。

28 日　九江市专家联谊会在学校成立，校长卢志鹏教授被选为会长。

三月

6 日　副校长周兴龙带队赴宜春职业技术学院考察护理专业课程设置、实训室建设。

学校档案室被评为2011年度全市档案工作先进单位。

12日　九江职业大学承担的国培计划——江西省幼儿教师培训首次开班典礼，北京师范大学教育学部教授、博士生导师、中国学前教育研究会学术委员会主任、学前教育研究杂志主编冯晓霞参加开班仪式并做首场专题讲座。

《中国青年报》两会特刊对学校进行报道：真情倾注春江水润物无声爱无疆——九江职业大学强校之路探因。

13日　学校召开专题会全面部署迎接省级示范性高职院校评估验收工作。

19日　党委副书记周春明、副校长胡春亮带队赴山东济南职业学院、烟台工程职业学院和威海职业学院考察学习。

30日　鹰潭职业技术学院党委书记吴胜生、院长李应春、副院长舒红群一到来校考察交流。

四月

7日　学校召开新校区规划设计研讨会。出席研讨会的有：国内知名建筑学教授陈秉钊、朱文斌，省内专家杨建芬、胡红勇、曾庆红、熊岂育、谢涛等新校区整体规划设计专家组成员，南昌市政协主席卢小健、九江市政府副巡视员吴锦萍及市教育局、市建设局、市发改委、市国土局、市规划局等部门领导，庐山区政府领导，学校领导班子成员。

12日　省教育厅师资处处长侯铁军一行在市教育局副局长何明陪同下到校指导国培计划实施。

13日　主办赣北地区高校2012年心理咨询案例研讨会。

17—29日　以九江市人大副主任、九江职业大学校长卢志鹏教授为团长的九江市农业、教育考察团赴南美古巴、巴西、秘鲁三国进行考察交流。

20日　新华网专题报道：精致化校长卢志鹏替家长操心为学生负责。

23日　省卫生厅章丽莎副巡视员一行到校就筹办护理学院工作进行视察调研。

24日　学校召开集中整治影响发展环境的干部作风突出问题活动暨推进风险岗位廉能管理动员大会。

五月

5日　校团委、学生会举办学生社团文化节。

7日　《光明日报》报道：九江职大有个蜗牛班。

9日　副校长汪春莲率党建工作考察组赴江苏农林职业技术学院、南京工业职业技术学院考察学习。

16日　学校获2011年度全省高校宿舍管理工作先进单位。

17日　副校长汪春莲带队赴台湾考察台北海洋技术学院、台中弘光科技大学。

28日　《中国青年报》头版头条报道：九江职业大学：绝不搞有偿招生。

六月

2日　学校组织来自青海、四川、甘肃三省的20名免费生开展九江人文之旅。

7 日　省发展和改革委员会副主任、江西省人民政府鄱阳湖生态经济区建设办公室常务副主任叶柏青一行三人到校调研，九江市物价局局长蒋立人等陪同。

新华网报道：九江职业大学履行一所大学的社会责任工作纪实。

12 日　校领导班子与新任中层领导干部进行集体谈话。

15 日　《中国教育报》第二版头条报道学校：农村大学生就业能力从哪里来。

18 日　丹麦 VIA 大学经济技术学院院长劳瑞兹·格林先生一行到校交流访问。

26 日　举办大学生暑期文化、科技、卫生三下乡社会实践活动出征仪式。

七月

1 日　马来西亚王子国际学院董事 Lydia Luo 女士和陈纪和先生一行到校进行友好访问。

2 日　学校在鹤问湖校区综合楼 6 楼报告厅召开教师专业培训动员大会。

4 日　召开迎接省级示范性院校验收工作推进会。

八月

26 日　学校高职人才培养方案修订项目任务书签字仪式。

九月

7 日　召开新校区项目推进现场办公会，省政协常委、市人大副主任、九江职业大学校长卢志鹏主持会议，与会成员有：庐山区区长钟好立、九江职业大学副校长余传忠、庐山区政协副主席桑蓬莱，以及庐山区莲花镇的领导。

25 日由国务院台湾事务办公室、江西省人民政府共同举办，九江市政府承办的 2012 赣台（九江）职业院校交流活动在学校隆重举行。

十月

19 日　市政府召开九江职业大学新校区建设项目现场调度会。九江市政府党组成员、副巡视员吴锦萍主持会议，校党委书记王原平、副校长余传忠、庐山区政府副区长周小林、市规划局副局长赵宗明出席会议。

23 日　香港著名艺术家邝美云女士到校出席邝美云助学金颁赠仪式。

24 日　省教育纪工委书记傅鹏鹏、省教育工委主任周虹志一行 2 人到校调研党风廉政建设工作。

30 日　九江职业大学新校区建设项目奠基开工仪式在新校区工地隆重举行。江西省政协副主席、九江市委书记钟利贵下达开工令，九江市委副书记、市长殷美根出席仪式并讲话，省政府办公厅巡视员蔡玉峰，省教育厅总督学杨慧文，九江市领导冯静、华金国、程来安、朱建国、汪泽宇、董金寿等出席开工仪式。九江市政府副巡视员吴锦萍主持开工仪式。九江市人大常委会副主任、九江职业大学校长卢志鹏在仪式上致辞，校党委书记王原平、党委副书记周春明、副校长肖厚建、胡春亮、汪春莲、周兴龙、赵建夫、余传忠出席。

31 日—11 月 2 日　举行第 34 届田径运动会。

十一月

6日　学校召开校志编纂工作动员大会。

8日　党委中心组成员集体收看了十八大开幕式的现场直播。

12日　市委常委、市纪委书记杨小华、市纪委副书记、监察局长李小林、市监察局副局长卢瑜，市监察局综合室主任查忠平，市监察局执法室主任查秋玲，市纪委办公室副主任孔冬一行来校调研。

20日　校党委中心组特邀党的十八大代表、校友向东传达十八大会议精神。

23日　市委常委、庐山区委书记汪泽宇、市人大副主任、九江职大校长卢志鹏召集庐山区建设、规划、国土、财政、林业、市容、莲花镇、五七二七厂、管线办等相关部门和九江职大校建办相关人员在庐山区常委会议室，就九江职大新校区建设中遇到的一些困难进行调度。校党委书记王原平、五七二七厂厂长熊杰志、庐山区区长钟好立、副校长、校建办主任余传忠、庐山区副区长周小琳等与会。

十二月

8日　学校顺利通过省教育厅2012年人才培养工作水平评估。

9日　江西省高校就业工作评估组专家到校对学校2010—2012年度毕业生就业工作进行评估指导。

21日　省卫生厅、教育厅联合专家组到校评估验收护理专业建设筹备工作情况。

23日　学校承担的“幼师国培”（2012）——江西省农村幼儿园骨干教师培训项目培训班开班。

25日　校工会组织慈善一日捐活动，捐助善款33850元。

28日　学校举办学习贯彻十八大　高举旗帜向未来教工合唱比赛。

2013年

一月

10日　省级示范性高职院校建设项目验收专家组一行来校对省级示范性高职院校建设项目进行验收。江西省教育厅副厅长洪三国、九江市政府副秘书长詹耀祥到场指导。

同日　王翔助学基金爱心捐赠仪式在学校举行。

25日《江西日报》A4版报道：立德树人　向着一流高职院校迈进——九江职业大学强校之路纪实。

三月

11日　学校举行九江市基层农技人员培训班开班典礼。

12日　学校获全省教育系统人事人才工作先进集体。

21日　学校获全省高校思想政治教育工作先进集体。

四月

18日　学校护理学院正式挂牌成立。

23 日　学校获 2011—2012 年度全省高校师资培训工作先进集体。

27 日　全国政协常委、复旦大学图书馆馆长、历史地理研究中心主任葛剑雄教授到校讲学。

28 日　学校被评为江西省语言文字规范化示范校。

五月

23 日　美国杰弗逊社区职业学院国际项目负责人 Sally 教授一行到校交流访问。

25 日　省教育厅副厅长程样国一行到校视察调研。

27 日　举办校党务干部培训班。

六月

22 日—23 日　召开第九届教职工代表大会，市总工会党组副书记、常务副主席方志红参加开幕式并致辞。

25 日　日本京进株式会社董事长立木贞昭先生，日本京进株式会社日本语教育事业部长藤井孝史，日本京进株式会社中国总代表刘锋博士一行到校，就护理专业办学合作进行商谈。

26 日　《江西日报》B1 专版报道：适合学生成长发展　适应职业岗位需求——九江职业大学人才培养成果巡礼。

七月

2 日　由省教育厅副厅长郭奕珊为组长的省教育厅贯彻落实部分高校党委书记座谈会精神工作督查组到校督查调研。

8 日—17 日　副校长胡春亮带领 13 名中层干部参加国家教育行政学院高职专题研修班研修。

10 日　学校召开党的群众路线教育实践活动动员大会，以省政协提案委副主任陈智祥为组长、江西教育学院（原党委委员、副院长）毛秋云为副组长的省委党的群众路线教育实践活动第十五督导组参加会议并进行督查指导。

20 日　省社科院副院长、二级研究员、院学委会副主任叶青教授作深入贯彻党的群众路线与实现中国梦讲座。

24 日　校党委副书记、纪委书记周春明和副校长周兴龙带领各院部党总支书记和党群部门干部共 21 人赴延安干部培训学院学习培训。

《中国青年报》03 版报道：九江职业大学　培养适应社会需求的技术技能人才。

八月

28 日　卢志鹏教授主编的《新编大学生实用礼仪教程》入选全国高职高专教育“十二五”国家规划教材。

30 日　十一届全国政协副主席、中国生态文明研究与促进会会长陈宗兴莅临学校视察指导工作。

九月

11 日　学校获江西省第十三届文明单位。

26 日　地方党史研究专家、九江新四军研究会副会长殷育文到校作革命传统教育报告会。

28 日　吴小京教授应邀参加美国肯塔基州路易维尔市政府举办的全美圣·詹姆斯大型艺术展活动。

十月

17 日　副校长胡春亮一行赴湖南交通职业技术学院考察交流。

同日　第 44 届国际南丁格尔奖章获得者、江西省红十字志愿护理服务中心副秘书长、南昌大学第四附属医院医疗服务部主任邹德凤一行到校作先进事迹报告。

18 日　九江美庐乳业集团资助学校贫困大学生“爱心助学捐款”发放仪式。

22 日　学校召开校园文化建设环境整治动员大会。

30 日—11 月 1 日　举行第 35 田径运动会。

十一月

1 日　教育部、文化部和财政部共同举办的 2013 高雅艺术进校园活动——中央歌剧院到校作专场演出。

6 日　英国斯泰福厦大学商学院副院长 Paul 一行到校交流访问，副校长胡春亮与专家一行进行了亲切友好的交流。

21 日　学校承担的国培计划江西省第一批农村幼儿教师短期集中培训班开班。

26 日　国家行政学院决策咨询部副主任、研究员陈炳才到校作报告。

28 日　副校长周兴龙率队赴河北承德护理职业学院考察交流。

中国民主促进会九江职业大学支部成立大会。

十二月

4 日　学校获 2013 年度中国最具影响力职业院校。

21 日　王原平教授主持的《幼儿养成教育课程模式研究》通过全国教育科学“十一五”规划课题成果鉴定。

25 日　学校工会组织慈善一日捐活动，共捐助善款 33850 元。

26 日　市委宣讲团成员、市宣传部副部长、文明办主任陈则仁作到校宣讲党的十八届三中全会精神。

2014 年

一月

2 日　厦门中华儿女美术馆馆长李忆敏先生到校讲学。

7 日　《江西日报》B3 版专栏报道九江职业大学。

9 日　国家教育部、江西省教育厅授予学校为全国大学生信息技术应用水平大赛组织工作先进单位、全国大学生广告艺术大赛（江西赛区）优秀组织奖；学校组队参加 2013 年全省大学生数学竞赛（高职高专类），获理工类一等奖 2 个，二等奖 2 个，三等奖4个，江西省2013年大学生科技创新与职业技能竞赛团体第二名。

16—23日　校党委副书记周春明率团赴美国、加拿大交流访问。

17日　市长钟志生、副巡视员吴锦萍，市政协党组副书记、副主席徐少伟等，到新校区建设工地视察。

二月

17日　华天建设集团董事长、总裁朱留洪一行到学校洽谈联合办学。

20日　党的群众路线教育实践活动总结大会，省委第十五督导组副组长毛秋云出席会议并讲话。

21日　学校组织防火防灾应急疏散演练活动。

三月

4日　徐林同学路遇老人晕倒，及时抢救，九江电台，九江法制频道、旅游频道和浔阳晚报等多家报纸和电台、电视台对此事进行了跟踪报道。

10日　召开加强校园文化建设培育和践行社会主义核心价值观专题研讨会。

14日　美国路易维尔大学终身教授、九江—路易维尔姐妹城市青年学者计划项目总监曾唯斌教授到校交流访问。

15日　市人大副主任、九江职业大学校长卢志鹏，校党委书记王原平率各院部负责人赴武宁县参观城市规划和城市建设。

20日　学校荣获全省教代会制度建设工作先进单位。

21日　德国沃尔泽伦市——中国瑞昌市友好协会副主席、德国伊赛特环境技术咨询公司总经理、德国亚琛工业大学博士徐震莅临学校交流访问。

26日　举行聘请九江市公安边防检查站现役军官担任校外辅导员仪式。

四月

4日　副校长汪春莲带队到昌河汽车、志高空调、铨讯电子、超日太阳能、华祥电子五所企业进行走访。

10日　省教育工委委员、省教育厅副厅长程样国到学校新校区工地建设现场视察指导工作。

14日　副校长周兴龙率队赴山西医科大学汾阳学院考察交流。

17日　吴锦萍女士莅临学校主讲南极见闻。

18—19日　学校举办首期新任副科级干部培训班。

19日　学校召开2014版人才培养方案修订专家评审工作会。

22日　九江市《职业教育法》实施情况汇报座谈会在学校召开。

30日　王荣教授荣获江西省“五一”劳动奖章。

五月

12日　中国网刊登校长卢志鹏、书记王原平专访文章。

19日　市委副书记冯静莅临学校新校区调研。

29日　学校召开首届教学改革研讨会。

10 日　学校召开新校区整体搬迁工作动员会。

30 日　学校在全国旅游院校服务技能大赛中获二等奖 1 个、三等奖 3 个。

30—31 日　在由教育部高校学生司指导、工业和信息化部人才交流中心主办的第五届“蓝桥杯”全国软件和信息技术专业人才大赛中，学校获全国 JAVA 程序设计专科组个人赛二等奖，C/C + + 程序设计专科组个人赛三等奖。

六月

10 日　学校召开新校区整体搬迁工作动员会。

11 日　台湾亚太创意技术学院两岸教育交流中心副主任练卜鸣先生、九江市侨联副主席侯庆到校考察访问。

25 日　《用爱心和知识托起明天的太阳——九江职业大学向东爱心家教协会事迹》荣获 2013 年全省高校校园文化建设优秀成果三等奖。

30 日　江西民生集团举办“王翔助学基金”爱心捐赠仪式。

七月

9 日　全国高职高专软件技术专业骨干教师“企业顶岗”国培项目开班典礼在学校实训楼隆重举行。

八月

1 日　校长卢志鹏、党委副书记、纪委书记周春明，副校长赵建夫一行赴九江市军分区和九江边检站进行“八一”建军节走访慰问。

6—9 日　校党委书记王原平带领就业处及毕业生网络党总支等工作人员一行赴深圳看望学校部分毕业生。

8 日　学校毕业生肖浪兴被教育部评为 2014 年全国高校毕业生就业创业之星。

28 日　九江市重点民生工程“湖滨片区教育资源整合项目”交接仪式在学校原长虹校区举行，市人大副主任、九江职业大学校长卢志鹏，副市长廖奇志出席并为十一中整体搬迁新校区揭牌，校党委书记王原平出席并代表学校致辞。

九月

2 日　学校荣获 2014 全国最佳教育改革创新示范院校称号。

4 日　学校为首批赴台湾亚太创意技术学院的师生举行欢送会。

九江市委副书记、市长钟志生莅临学校调研指导，了解新校区建设和搬迁情况。市政府副巡视员吴锦萍、市政府秘书长王丰鹏、市委组织部副部长、市人社局局长徐敏随同调研。

9 日　九江市政府副市长廖奇志到新校区，亲切看望了学校师生，详细了解新校区建设情况，并就校园安全稳定工作作出具体部署。九江市人大常委会副主任、校长卢志鹏、市政府副秘书长徐卿以及市教育、财政、公安、消防、安监、药监、建设等部门人员陪同看望。

26 日　省委教育工委委员、省教育考试院党委书记刘润保一行莅临学校调研指导。省政协常委、市人大副主任、校长卢志鹏、校党委书记王原平、党委副书记、纪委书记周春明、副校长汪春莲、周兴龙出席座谈会。

十月

11 日　江西省高校安全稳定工作评估组一行莅临学校，对 2013 年—2014 学年学校安全稳定工作进行检查评估。

15 日　江西省第十四届运动会中，校羽毛球队获高校专科组女子团体第二名、男子团体第四名，并在单项赛中取得混合双打第三名、第五名、第八名和女子单打第五名的成绩。

21 日　江西日报第 A04 版刊登《浴火重生，杨帆远航——九江职业大学涅槃嬗变创新创业纪实》

25 日　杭州贵义职教集团与学校举行定向培养签约仪式。副校长胡春亮、贵义职教集团董事长王贵义出席仪式。

27 日　2014 高雅艺术进校园——南昌大学赣剧文化艺术中心到校演出。

28 日　中国科学技术大学信息科学技术学院副院长，自动化系教授、博士生导师王永，在鹤问湖校区大礼堂开展“月球探测与载人航天”科普专题讲座。

29 日　江西省人大常委会副主任朱秉发莅临学校视察指导工作。

31 日　江西省教育厅社政处副处长杨联愚、主任科员邓开明、江西人民出版社总编辑游道勤一行莅临学校，就《关于加强新形势下全省高校宣传思想工作的实施意见》召开专题研讨会。

十一月

2 日　学校第三十六届田径运动会开幕。

5 日　学校与庐山西海管委会举行合作协议签字仪式，庐山西海正式成为学校的教学实习基地。

11 日　学校召开与深圳龙岗区坪地街道引进人才“百校行”活动洽谈交流会。

18 日　与九江市人力资源和社会保障局在鹤问湖校区共同举办“2015 届毕业生就业供需洽谈会”。

同日　校党委中心组开展 2014 年度第七次中心组学习活动，集中学习了《中共教育部党组关于学习贯彻习近平总书记教师节重要讲话精神的通知》精神、中国共产党第十八届中央委员会第四次全体会议发布公报和《中共中央关于全面推进依法治国若干重大问题的决定》。

同日　九江市青少年心理健康教育辅导中心揭牌仪式在学校举行。市委宣传部副部长、文明办主任陈则仁，校党委副书记、纪委书记周春明，九江市文明办副主任吕晓芬等出席仪式。

十二月

2 日　九江市军分区司令员王凯军一行来到学校新校区，就军校合作在学校新校区建立“九江市国防教育基地”和“九江市民兵预备役集训基地”工作进行调研。

9 日　江西日报刊登：《春风化雨育桃李　润物无声写春秋——九江职业大学用社会

主义核心价值观引领校园文化建设》。

12—19 日　副校长赵建夫一行赴台湾建国科技大学、中华大学、亚太创意技术学院三所本科职业教育院校考察学习。

16 日　省委书记强卫莅临新校区视察，察看新校区工程项目及投入使用情况。省委常委、南昌市委书记王文涛、省委常委、省委秘书长龚建华、省委副秘书长、政研室主任钟金根、省委副秘书长徐延彬随同，九江市委书记殷美根，市委副书记、市长钟志生，市委常委庐山区委书记汪泽宇，市委秘书长周美祥，市政府秘书长王丰鹏等陪同。省政协常委、九江市人大副主任、九江职业大学校长卢志鹏，党委书记王原平就学校新校区工程项目和学校合并重组以来的发展情况向强卫书记进行汇报。

25 日　学校在鹤问湖校区召开 2014 年度赴美学生欢送座谈会。

26 日　学校代表队在江西省少数民族运动传统体育项目选拔赛中获得 1 金、6 银、4 铜和团体总分第二名。

29 日　师范学院在江西省第三届师范生教学技能展示赛中获一等奖 6 个、二等奖 6 个、三等奖 2 个，并获团体总分第二名。

30 日　学校荣获"2014 年度江西省高校后勤工作先进单位"称号。

2015 年

一月

5 日　学校荣获"新中国成立 65 周年江西省 65 个改革创新风云单位"称号。

24 日　技师学院揭牌仪式在新校区进行。市委副书记、市长钟志生出席并揭牌，市人大副主任、校长卢志鹏主持仪式，九江市政府副市长廖奇志致辞，九江市政府副巡视员吴锦萍、九江市政府党组成员、秘书长王丰鹏、九江职业大学党委书记王原平、九江市政府副秘书长徐卿、市人社局局长徐敏、市人社局党委书记牛新泉参加仪式。

26 日　江西日报刊登《职教新高地　杏坛展英姿——九江职业大学新校区建设侧记》。

30 日　学校获"全市档案工作先进单位"荣誉称号。

三月

11 日　省政府教育督导室副主任付小军一行莅临学校指导工作。

12 日　甘肃省平凉市人民政府副市长李生发率教育考察团一行到学校参观交流。九江市人大副主任、校长卢志鹏，九江市副市长廖奇志，校党委书记王原平，校党委副书记周春明陪同考察。

20 日　学校召开"爱国家、讲文明、尊师道、守礼仪"校园文化建设活动动员会。

29 日　江西日报刊登《九江职业大学大力开展校园文化建设》。

30 日　学校荣获 2014 年度全市党建工作优秀单位。

四月

1日　学校荣获2014年度全市宣传思想工作先进单位称号。

2日　学校召开第三届学术委员会成立大会。

10日　学校荣获“九江市城市环境综合整治‘百日大会战’活动先进集体”称号。

17日　市人大常委会原巡视员王际民，原市人大常委会主任张远秀，原市人大常委会巡视员吴宣友等人大离退休老同志一行莅临学校新校区参观调研。

五月

12日　美国路易维尔大学终身教授曾唯斌博士在到校作题为“艺术滋养人生、大爱润泽生命”主题报告。

20日　程菲老师“江南一雪”个人油画作品展在九江美术馆隆重举行。

21日　省政协副主席汤建人一行莅临学校新校区指导工作。

22日　市人大主任冯静一行莅临学校视察指导工作。

23日　第九届教职工代表大会二次会议在鹤问湖校区大礼堂召开。

25日　校长卢志鹏、校党委书记王原平带领全体中心组成员在学校山坡开展义务植树活动。

29日　学校召开践行“三严三实”动员部署会。

30日　学校在第六届“蓝桥杯”全国软件和信息技术专业人才大赛中荣获二等奖。

六月

7日　省教育厅副厅长杨慧文莅临学校调研指导工作。

12日　召开2015年全校党的建设工作会。

14日　由国家督学、重庆市工程职业技术学院党委书记张亚杭任组长，教育部职业技术教育中心研究所教学过程研究室助理研究员夏飞，中国教育科学研究院督导评估中心助理研究员、博士秦建群为成员的国家职业教育专项督导检查组一行莅临学校考察调研，省教育厅副厅长郭奕珊，省政府教育督导室副主任胡定南，市人大副主任、校长卢志鹏，九江市政府、市教育局相关领导陪同调研。

16日　省委教育工委书记黄小华，省教育厅副巡视员吕玉琪莅临学校调研，省政协常委、市人大副主任、校长卢志鹏，校党委书记王原平陪同调研。

18日　抚州职业技术学院院长戴晓文一行到学校参观交流。

30日　学校教职工足球队荣获市直学校第二届教职工足球联赛高校组冠军。

上 篇

（1985 年 11 月—2006 年 4 月）

第一章 办学历程

1985 年 11 月，经九江市人民政府申报，江西省人民政府批准，并报经国家教委备案，成立九江东方职业大学。翌年 3 月，经省政府批准，更名为九江职业大学，并批设文秘、政史、管理工程、计算机应用 4 个专业。学校为县级建制，由九江市人民政府主管，属自费走读，不包分配，择优录用，国家承认大专学历的职业大学。

校园坐落于市区西南面的八里湖畔，北临市区要道西二路（后更名为九瑞大道），西靠向阳西堤，东南二方紧傍龙开河古水道。校园原占地面积 15.6 公顷（1992 年，九江市为建设经济技术开发区，拓宽西二路，修建本市最大的公路交通转盘，用去校园土地 1.13 公顷，根据规划部门的规划，靠近八里湖东侧一片低洼地将规划为环湖东路，经 2005 年 12 月份市土管局发证确认校园实际面积为近 14 公顷）。

1989 年，学校因办学条件差，根据国家教委意见暂停招生，进行整顿治理，充实办学条件。1994 年，国家教委同意学校恢复招生，从此学校正式纳入全国普通高等学校统一招生、统一分配序列。至 2006 年与九江师范学校合并之时，学校有 6 个教学系，即计算机系、经济管理系、应用工程系、电子信息工程系、外语系、综合教学系。6 个教学系分别设置了计算机应用、计算机网络、机电一体化、电子信息工程、模具制造，化学工程、工民建、工商管理、市场营销、对外经济贸易，商务英语、旅游管理、文秘等 23 个专业。有学生 1942 名，在岗教职员工 148 名。学校总建筑面积为 28958 平方米。

第一节 初创阶段（1986—1988）

学校批准创办后，中共九江市委于 1986 年 2 月批准市教育局呈报的九江职业大学筹备领导小组，组长为市教育局副局长陈海泉兼任，从九江市第三中学抽调一名副校长宗富林和九江市二中抽调一名副校长黄昌平为成员，1986 年 2 月下旬筹备领导小组正式集中办公。因学校错过了 1985 年的招生，经报请省教育厅同意需补招 1985 年高招学生，时间仓促，办学场所又无着落，几经选择，最后确定租赁位于九江市八里湖一号的九江市职业高中校办工厂招待所办学。为应开学之急，教育局决定从直属学校直调教职员，规定被调动人员接到调动通知一星期内必须到位。当时调入在编教职工共 13 人，借用职业高中校办工厂工人 8 名，于 4 月 8 日正式开学。

开学之后，鉴于学校初创及职业大学的办学性质和特点，在教育教学管理上，学校认为首先应抓好有高等职业教育特色的校风建设，经多次研究讨论，4 月中旬制定了“新（新的目标、新的探索、新的风貌、新的人才）、严（严格要求、严谨学风、严明纪律、严肃态度），实（求实精神、踏实作风、扎实基础、朴实生活）、美（美的心灵、美的语言、美的行为、美的环境）”四字校训。根据校训要求，同年 9 月又编印了《九江职业大学学生手册》，发给每个学生作为思想道德和学习行为规范。另外又鉴于教职工均由普通中学调入，无高校管理和教学经验，更无职业教育经历，为此，除向本市有关高校学习一般的教育教学管理外，4 月底学校特派出有关人员到江汉大学、上海大学和金陵职业大学进行对口性的学习考察，取得了对职业大学办学的感性认识和了解教育教学管理的基本做法。待学生学习与生活基本稳定和基本步入正轨之后，学校即着手校园选址工作，在教育局等有关部门的配合下，先后对十里铺和五里桥等地进行实地考察，并与十里乡进行接触与初步洽谈，因限于经济困难，最后教育局只好决定还是由教育系统本身来解决问题，确定在九江市职业高中（原共产主义劳动大学九江分校）农场（位于当时的九江市茅山头垦殖场）建校，呈文市政府审批。同年 10 月，市政府研究决定将九江职业高中农场中的 10 公顷土地先行划拨给九江职业大学建校，其余土地暂作农场农工耕种之用。11 月，教学楼即在新校址动工兴建。

1987 年 7 月，新建教学楼尚未完全竣工，墙体只进行过初步粉刷，门窗尚未安装，为了节省租赁校舍开支，经与承建单位协商，取得他们的同意后，学校即决定利用暑假搬迁进入新建地。为了节约费用，学校组织教职工自己动手搬迁，历时 20 余天，将重达数十吨的学校全部物资财产搬入新校址。从此，学校有了正式校址。与此同时，市委、市政府以及市教育局党组从学校发展需要出发组建学校班子。1987 年 8 月中共九江市委任命肖允叔为副校长，参与学校筹备领导小组的领导工作。9 月，经市教育局党组批准，成立九江职业大学党支部，宗富林为书记、肖允叔为副书记、黄昌平为委员。12 月，九江市委又任命宗富林、黄昌平为副校长，组成了由宗富林、肖允叔、黄昌平三名副校长组成的学校行政领导班子，宗富林主持全面工作。随着学校党政班子的建立，学校筹备领导小组完成历史任务，终止工作，学校由筹建阶段转入正式办学阶段。由于新校址只有一幢在建的教学楼，为应对师生生活需要，在新学年开学前，又将原九江市职业高中校办工厂留下的 1 间简陋车间进行简易改造，作为学生餐厅。新学年开学之后，学生一律住教室，而市内无房的教师，除了居住在市教育局安排的两处窄狭的公房外，其余或住在由学校租赁的农工住房，或由学校给予一定补贴自己租用市郊民房。教育局为帮助学校克服教工住房困难，将市教育局所属的日伪时期所建的浔阳区莲花池复兴村1栋房屋给学校拆除。全校师生员工日夜拆运砖瓦木料，于同年10月动工兴建1排5套两室一厅简易平房做教工宿舍，其中一部分建筑材料即来自拆房的旧料。简易宿舍于翌年6月完工，部分教职工居住条件才略有改善。住在校外的教职工骑单车上班，直到1988年6月才购置了一辆42座的旧交通车，但又由于西二路（后更名为九瑞大道）正在施工中，常绕道两倍以上路程到校，致使上下班时间十分紧张。

当时的学校由于四周都是茅山头垦殖场的耕作用地（1992年才经国务院批准建立九江经济技术开发区），学校长期不通自来水，生活和饮用水只好取自龙开河古水道，浑黄的沟水稍加过滤和消毒处理便作饮用。

在这一阶段，共招收4届学生，其中85级（1986年补招）文秘专业56名，政史专业54名；86级政史专业50名，87级管理工程专业50名，文秘专业40名；88级管理工程专业50名。同时，为了提高办学的社会效益和经济效益，学校在招收参加全国普通高校统一考试考生的前提下，实行职前教育与职后教育并举，学历教育与非学历教育同步，固定学制教育与短期培训结合的多层次、多规格、多类型的办学，与有关部门和学校联合办学。1986年首届学生入学不久，学校即与江西大学新闻系联系，洽谈联合办学事宜。在市委宣传部的大力支持下，7月举办九江新闻讲习班，招收本市各单位42名政工人员和宣传人员参加学习，为期半个月。办班的地点就设在租赁办学招待所的底层大厅内，学员食宿亦在校内解决，上课由江大新闻系教师承担。学校搬到新校址后，又积极着手与外界联系联合办学事宜，经与江西赣西北地质大队多次洽谈，1988年3月，由赣西北地质大队负责，职大承办，为江西省地矿局开办汽车驾驶员（半年期）和汽车修理、厨工（均为1年期）3个培训班，其中培训汽车驾驶员32人，汽车修理和厨工各34人，共100人。以后，学校又单独面向本市举办了驾驶员培训班，共120人。1988年下半年，九江市教育协会将其主办的美术学校（社会力量办学）移交本校承办，学员分别于1989年年底和1990年6月结业。1988年下半年，市政府为支持学校办学，补充办学经费不足，决定由市计划委员会与市劳动人事局协商，要求划拨100个劳动就业指标给职大。1989年初开班教学，分设文秘财会、工民建和机械3个专业，学制2年，于1990年下半年结业。1990年上半年，学校又与九江市经济管理干部学校合作，在学校合办九江市企业干部岗位职务培训班两期，首期于5月份结业，第2期于9月份结业，共培训企业中层干部100余名。

为了促进教学、科研、生产相结合，学校还于1989年创办了一个特种灯泡厂，生产卤钨灯管，设计年产能力为10万支。1990年，为开发特种灯泡新产品，经学校申报，市科委批准，成立了九江职业大学电光源研究所。

第二节　整顿充实阶段（1989—1993）

学校自1986年年初正式招生开办后，市政府除投入基建经费96万元兴建1幢教学楼和食堂外，直到1991年再无新的投入。由于学校办学条件过差，1989年国家教委对全国各大专院校实行治理整顿，明令九江职业大学停止招生，限期3年整顿充实达标。面对这种情况，1989年4月15日，九江市委书记孙瑞林到校召开九江职业大学问题的汇报会，有教育局、财政局、劳动局主要领导及职大领导班子成员参加。面对职大当时困境，孙瑞林提出“维持生计，积蓄力量，等待时机，以图后举”，并要求财政局和劳动局在经费和劳动就业指标两方面给予一定支持。另外要求学校在停止招生期间搞好综合经营，千方百计渡过眼前困难，理解政府处境。

学校根据市委书记孙瑞林的意见，及时研究决定了两个方面的问题，一是采取几项维持措施，二是积极争取充实和改善办学条件，以期达标恢复招生。在研究维持措施方面，学校决定：第一，继续抓好在校未毕业统招生和未结业的短期培训学员的思想教育和专业教学工作，并积极与市有关部门联系，努力争取疏通统招生毕业就业渠道。在市委、市政府及有关主管部门的支持和关心下，统招生都按时顺利毕业，除少数学生要求自谋职业外，其余或通过人事局招干考试录用就业，或由劳动局直接安排就业。就毕业生安排来说，4届学生的后两届毕业生就业安排政策明显地比前两届毕业生宽松得多。第二，扩大校办特种灯泡厂的生产经营规模，由主持工作的副校长宗富林到厂直接抓管理、生产、营销队伍，配备管理、生产、营销力量。之后，一度曾出现了生产、销售的良好局面，但后来因为市场变化，技术设备和营销跟不上市场，以及代销后的货款不能及时回笼等原因，生产、营销皆不景气，渐趋萎缩，至1993年上半年停产，以后再没有恢复生产。第三，与九江市交通警察支队洽谈，1991年，学校将教学楼的1—2层出租给交警支队所属的汽车驾驶员培训学校，该校利用学校部分校产和场地办学，直到他们新建学校落成才搬迁出去，前后达两年之久。学校利用其租金以补学校经费开支的不足。第四，人员分流，各行其是。当时学校教职工53人，在校生逐年减少，至1991年在校生全部毕业后，逐次对教职工进行分流，一部分人维持学校日常工作，一部分加强校办工厂的管理，生产和营销，一部分人被借用编纂九江市教育志，一部分人安排到有关单位顶岗锻炼或从事临时性的自谋职业。第五，积极疏通各方面渠道，争取对学校的投入，充实并改善办学条件，力争学校不被取消办学资格，按期恢复招生。在此期间，市教育局为此给予学校支持，在长虹小区解决14套统建教工住房，1992年，学校14户教职工顺利搬进新居。第六，省公安厅根据九江对外开放的需要，设立九江边防检查站，市政府决定在九江边检站办公和生活用房未建成前，借用本校教学楼4—6层供其办公和生活之用。学校趁此接通了校内自来水分水管道，架设了校内电话线路，至此，结束了学校不通水不通电话的状况。

在3年整顿充实期间，市政府曾决定力争改善办学条件，但未能如愿。其间，为保住职业大学，恢复招生，市政府曾提出过一些设想，并进行了某些尝试，归结起来，一是搬迁校址，二是合并办学。关于校址搬迁的动议，起因于创办九江经济技术开发区的热潮。当时为拓展开发区土地，同时也为了扩充学校校舍面积，市里提议将学校搬迁到莲花洞六三五四研究所旧址，利用其闲置建筑办学。为此，主管教育的副市长曾率教育局和学校领导前往实地考察，由于该处用水、交通和场地等困难而作罢。继而又提议搬迁到已停办的九江海会师范，又因该处离市区过远而否定。

至于并校办学的设想，更是直接基于借此改善职大办学条件这一主旨。首先提出将紧邻的九江农校合并到九江职业大学，增设农业和水产养殖两个专业，原农校部分将作为职大中专部，以承担原农校办学职能为主，并发展非农中等专业。经省教委组织有关部门主要领导进行考察论证，认为农校办学条件也未完全达标，两弱合并，不仅不能充实职大办学条件，反会造成更大的负面影响；且两校隶属关系不同（九江农业学校隶属于九江市农业局，九江职业大学隶属于九江市教育局），对合并有关事宜难以取得共识，因而当即明确表示，两校不宜合并。在市政府常务会议上，市政府有的领导也认为农校不能合并，根据农校办学历史和现实需要，农校应独立办学。

在此期间，九江船舶工业学校表示愿就与职业大学并校办学问题进行商谈，为此，主管教育的副市长曾专此前往北京与中国船舶工业总公司有关领导和有关部门商谈，但因两校合并后学校的隶属关系、经费负担，以及人员安排等一系列问题，未能取得基本的共识。另外，由市政协牵线，华东交通大学领导前来考察，表示愿与九江职业大学联合办学，经商谈，华东交大意欲兼并九江职大，华东交大提出九江职大归其所有，原职大教职工由其选用，将九江职大改为华东交大九江分校，此意见未被接受。恢复招生后，华东交大又通过市政协旧事重提，经职大领导前往华东交大商谈仍未能谈成。

1991年夏，江西省教委主任黄定元陪同国家教委计划建设司司长徐敦璜率领的检查验收组到校检查验收，徐敦璜认为九江职业大学在3年治理整顿期间，办学条件未能得到基本改善，但鉴于九江为江西唯一对外开放的口岸城市，很需要这所高等职业学校，从布局角度看完全合理，同意给予政策倾斜，延长一年整顿充实期。

为保证职业大学验收达标，市政府决定按国家教委对专科学校最低验收标准的要求扩建校舍，1992年4月，市政府决定拨款150万元，由财政尽快先行拨付40万元，作基建前期准备之用。是年10月16日，市政府常务会议认为："九江作为江西省唯一对外开放的口岸城市，又是历史文化名城，而高等教育就是一条短腿。'百年大计，教育为本'，九江要发展，无疑需要各类受过高等教育的人才，现有的九江职业大学不仅要办，而且要进一步办好。"会议决定：请市教育局积极向上申报，力争将九江职业大学办成一所工科性质的院校。建校资金不足部分，通过教育附加费安排、市财政支持、学校贷款、收取学费4个渠道力争筹措500万元。由于市财政拨款到位较晚，拖至同年10月，扩建的校舍才开始动工。在这一阶段，基建资金实际到位400万元，学校因为未招生，自筹资金一项自然未能实现。

1992年，市政府第53次常务会议确定，在整顿充实的基础上，把九江职业大学改办成“九江大学”，嗣后，经市政府再次研究，暂时改为“九江高等工科专业学校”。与此同时，成立了以主管教育的副市长康晋益为组长，市政府副秘书长和财政局、教育局局长为副组长，计划委员会、土地管理局、经济技术开发区、教育局有关领导和学校三位副校长为成员的筹备领导小组。1993年7月下旬，市教育局组织本市有关专家就学校改办一事进行初步评审，专家组建议将改办的校名改为“九江高等专科学校”，市政府采纳了这一建议。8月10日，市政府向省政府呈报《关于再次申报九江职业大学改办为九江高等专科学校的请示》，省政府于同年9月29日向国家教委报送《关于请审批九江职业大学改办为九江高等专科学校的函》，并在函的后面特别提出：“这是1989年以来高等学校充实整顿工作的遗留问题，请你委在审批时一并考虑这个特殊情况。”省政府之所以在函的最后作这一说明和提这一要求，为的是请国家教委在审批改办中给予政策与程序上的宽松与照顾。

第三节　恢复招生办学阶段（1993—1997）

在恢复招生的头一年，即1993年秋，经学校不断争取，省教委考虑学校长期不招生的实际困难，并为国家教委最终同意学校恢复招生做好铺垫工作，积极予以扶持，决定从江西广播电视大学普通大专班招生指标中切块100名给九江职大开班教学，作恢复招生的一种过渡办法，并征得国家教委的同意。1993年学校遂参加江西广播电视大学普通大专班的录取工作，但原切块的100名招生计划，因电大九江分校招生指标不足，又调回22名招生计划，职大实际只招收了78名。根据电大专业设置，开设了计算机和财会两个专业，这两个专业一律按电大普通大专班统一的教学计划实行教学，教材统一使用电大系统教材，考试统一由电大组织考试，毕业文凭由电大统一颁发，教育教学的实施与管理、学生管理及其思想政治工作，均由职大独自进行，只需向电大九江分校交纳学费一定比例的管理费。与此同时，学校又积极与电大九江分校联系，争取两校联合办学，电大九江分校遂于同年11月将其招收的电脑会计专业1个班移交职大承办。以此为契机，恢复招生后，学校继续与电大九江分校及其他单位实行联合办学，1994年又与电大九江分校联办了电脑会计和计算机两个专业各一个班，并为省青年函授中专九江分校承办了计算机专业一个教学班。除此以外，还与电大九江分校和九江船舶工业学校合办了计算机和财会两个专业自考助学班。这种合作直到1997年最后一个班完成教育教学任务为止。

1994年，省计划委员会和省教育委员会同意学校正式恢复招生。确定恢复招生后，市委和市政府对学校党政一把手进行配备。首先是市政府于1994年7月调任中共九江师范专科学校宣传部长赵敦煌为九江职业大学校长。翌年8月，市委调任中共九江市委党史办主任张正治为中共九江职业大学党委书记。书记到任后即着手筹备成立党委会，经市委考查，提出党委委员候选人名单，于翌年5月举行党员大会，选举党委组成人员，经市委批准，正式成立了中共九江职业大学委员会。

在党政领导班子配齐后，学校及时考虑中层机构的建设和中层干部的调整和配备。随着学校形势的发展，原有的中层管理机构显然不够健全，学校首先向市编制委员会和教育局申报学校中层机构的设置方案，经批准，1995下半年，陆续增设了学生工作处、图书馆、保卫处，并批准建立计算机应用、应用工程、经济管理、法律文秘4个教学系。在新增设中层管理和教学机构后，学校连同原设的中层管理机构的干部配备问题，作了统筹考虑，经过考查和研究，提出选任和配备干部的名单，向主管部门呈报批准。1996年初，一批新任命和重新任命的中层领导干部到位任职。

在新增中层管理机构和配置中层管理干部的同时，在教学系统内，进行专业结构调整和新专业设置的考察、论证和申报工作。从1994年上半年开始，至1995年，先后调整了原政史专业为法律专业，增设了化学工程、机电工程、工民建、对外经济贸易4个专业。依据专业结构调整和新设专业的需要，从1994年下半年开始，有计划地建立实验中心，除1993年年底开始建立的物理实验室外，陆续建起了微机室、语音室、化学实验室、会计模拟室、模拟法庭、电化教室、电子实验室等。

随着专业设置的增加，着手解决教师数量严重不足，教师的专业和知识结构问题。从1993年恢复招生过渡期开始，学校着手加大师资队伍建设的力度，一是从每年大学毕业生中挑选，二是从有关单位引进一些具有中级职称以上的专门人才。对分配和引进的教师，重点是理工类专业人才，其次是财经类和有关公共课程的教师。面对陆续分配到校的青年教师，为了促使他们能尽快适应教育教学，学校先后集中3年时间，对新教师和非师范专业调入的教师进行导职导教的培训活动。

经市政府同意并报省教委批准，学校恢复招生后前三年（即1994—1996年）的招生计划纳入九江师专招生计划，统一招生，由学校负责教学管理，前三届学生毕业颁发九江师专毕业证。为此，1994年8月在市教育局牵头组织下，两校校长签署了1994年至1996年招生工作协议。这三年分别招收了180名、204名、198名学生，开设了计算机、化学工程、工业与民用建筑、管理工程、涉外贸易、文秘等专业。

在此期间，校舍建设和配套设施的基本完善，仍是学校办学条件改善的关键。整顿充实期间动工兴建的校舍，除实验楼和1号学生宿舍分别于1994年8月和9月相继竣工交付使用外，其余如2号学生宿舍的重建，图书馆加层续建，校内水泥主干道和校大门的修建，以及简易运动场的建设，都在重点推进之中。2号学生宿舍于1995年9月交付使用；水泥主干道、校大门和简易运动场在1994年至1995年间相继建成，图书馆扫尾工程于1998年年底结束。

另外，整顿充实期间开始申报的学校改办高专问题，一直无着落，而这又是关系学校发展方向的问题。为此，学校领导先后两次赴北京去国家教委争取落实。第一次于1995年6月，校长赵敦煌陪同省政府办公厅科教处和省教委计财处领导，与省内其他两所学校领导前往国家教委陈情请批。由于当时国家教委正考虑大力发展高等职业教育的问题，故而对改办之事未作明确答复。为作改办的最后努力，1996 年 6 月，党委书记张正治和校长赵敦煌再次去国家教委，国家教委明确表示不能改办。因为在 1995 年 12 月，国家教委在［高职］12 号文中指出，为发展高等职业教育，今后职业院校一律不改办高等专科学校，为规范校名起见，并将职业大学逐步更为名“××职业技术学院”。为此，学校又为更名九江职业技术学院而努力作争取工作。

学校已被确定为高等职业教育办学资质，因而对于前些年为争取改办高等专科学校而按高专转型的教学体系，只得复原。1996 年暑假，学校要求教学管理部门和各教学系，对教学计划按高等职业教育的要求重新进行修订，特别要求提高实践性教学对理论性教学的比例，强化对实践性教学环节的管理，积极探索实践训练与人才、劳务市场相沟通的渠道；改革课程设置和结构，使之符合国家教委提出的基础理论课“必需”和“够用”的原则。

第四节 建设与发展阶段（1997—2006）

经过 1994 年至 1996 年三年的招生办学，学校师资队伍有了充实，师资教学水平得到提高，教学设施和办学条件也有了一定改善。鉴于此，1997 年 6 月省教委向学校转发国家教委《关于推动职业大学改革与建设的几点意见》文件，明确职业大学属国家承认学历的全日制普通高校。同意学校从 1997 年秋季开始，在校生和毕业生待遇等方面执行普通高校有关政策，这意味着学校从 1997 年开始完全自主招生办学。同时，为改善教职工居住条件，1997 年筹建 3000 多平方米的 6 层教工宿舍楼 1 幢，1998 年竣工。这也标志着学校进入建设与发展的新阶段。

1998 年 7—8 月间，长江出现全流域大洪水，特别在九江段，水位超过历史最高纪录，而且高水位持续时间之长也是历史上前所未有的。8 月 7 日中午，城防堤 4—5 号通道闸之间突发大管涌，随之塌陷溃决，江水向市区西郊泄流，学校成了一片水域，校园水淹深度为 3 米，时间长达 50 余天，多年来所种植的树木，几近全毁。在水淹期间，学校组织护校队全天候值班，校领导以身作则，坚守学校，参与抗洪抢险。在省市有关部门的关怀下，省市对学校发放救助资金 140 余万元，另外还给予了一些被服等物资的救助。由于积水难排，秋季开学不得不延至 10 月中旬。随后，学校的中心工作是救灾复校，至 1999 年恢复正常办学。

2000 年 1 月，市委调原都昌师范校长詹平华任副校长，分管教学、科研等工作。1998 年 9 月，党委书记张政治退休。2000 年 2 月，市委又任命市教育局副局长吴继媛任校党委书记（兼），为学校的建设与发展增强了组织保证。新的校党政班子注重规范党政职责，于当年 3 月制定了校党委与行政办事规则等重要规章。同时注重抓党员、干部队伍的建设。学校先后于 2000 年 1 月至 3 月，2005 年 7 月至 12 月按照市委统一部署，在党员、干部中认真开展了“三讲”（讲学习、讲政治、讲正气）教育和保持共产党员先进性教育活动，组织党员、干部学习“三个代表”（中国共产党始终代表中国先进生产力的发展要求、中国先进文化的发展方向、中国最广大人民的根本利益）重要思想和科学发展观。在这一时期，校党委先后于2000年6月、2003年10月两次公开竞聘中层副职干部，经过公开、公正、公平的选拔，17名年青教师、干部走上中层管理岗位，成功推行了干部选拔制度改革。校党委还经过认真考察选拔优秀中层干部进入校级班子，增加了班子里的新生力量。2003年6月市委批准胡春亮任副校长，分管后勤基建工作，市委宣传部批准汪国元任校长助理。为了加强与规范教学系党支部、处系工作，学校从2002年5月开始建立党支部、处系年度工作考核制度，坚持每年进行工作考核，实行工作目标管理。

进入新的建设与发展阶段，学校着手进行系科与专业建设、师资队伍建设。2003年2月，学校制定了课程建设与师资培训计划。在师资建设方面，从2001年开始坚持每年在教师中开展以“树立教育新形象”“以诚立教、教书育人”为主题的师德师风教育活动。同时，学校加大了对青年教师培养力度，2002年至2005年先后安排了王猛、杜杏华等14名青年教师离岗攻读硕士学位，已有6人学成回校工作。学校还注意骨干教师的培养，积极选拔推荐骨干教师，自2002年开始已有胡春亮、张守兴等6人成为省级高校中青年骨干教师，詹平华被评为省级高校名师。与此同时，学校还通过参加九江市统一组织的公开招聘吸收36名大学本科毕业生入校任教，扩充了师资队伍，对于这些青年教师学校实行了老教师帮带制度，组织他们参加岗前培训。到2005年年底学校有教学人员97人，高级职称占22%。为适应社会需求，培养对路有用的专业人才，自2002年开始，学校每年都开设了一些新的专业，经省教育厅批准先后增开了模具制造、旅游管理、工程监理等专业，到2005年年底学校共开设了23个专业。由于学生和专业增多，经上级主管部门批准，2002年、2003年学校又成立了外语系、综合教学系，加上原有的应用工程系、电子信息工程系，计算机系、经济管理系，共有6个教学系。2002年招生的成果给了全校教职工很大鼓舞，之后的三年，在外省招生范围逐年扩展，到2005年已扩展到内蒙古、陕西、福建、河北、青海、山东、湖北等19个省、自治区，形成全国范围招生的局面，每年招生人数逐年增多。2003年、2004年分别招生548人、628人，2005年招生829人，创下了建校以来招生最高纪录，到2005年秋季，学校在校人数为1942人（加上成教学员超过2000人），为2000年秋季在校人数的2.5倍。在这一时期，学校除了着力举办三年制大专教育外，还开始举办五年制大专教育和本、专科成人教育，呈现多类型、多层次办学局面。经省教育厅批准，2001年10月、2002年3月学校先后举办成人教育和五年制大专教育，2002年9月首批五年制大专班和成教班开学。2002年学校还在修水二中、市二职高设立了五年制大专教学站，共招收五年制大专生120余名。在举办成人教育方面，学校还与华东交大成教院、江西理工大学成教院联合举办本科成人教育。2005年成教招生录取180余人。在这一时期，学校毕业生就业推荐情况同样看好。为了做好毕业生就业推荐工作，学校注重对毕业生进行就业教育与指导，采取“请进来”即邀请用人单位到校举办用人洽谈会，“走出去”即安排人员到外省市联系用人单位，推荐毕业生等方式，广开推荐毕业生就业渠道，收到较好效果。经省教育厅认定，学校这五年的毕业生就业率均在80%以上，尤其是2003、2005两年毕业生就业率在90%以上，进入了全省高职高专院校的前列。大多毕业生受到用人单位好评，部分毕业生已在用人单位做出了成绩。

在进入二十一世纪的头五年，学校坚持以人为本、关爱学生、培养人才的宗旨，不断改进与加强学生教育与管理工作。2002年3月开始，学校坚持每年在学生中开展以“爱我职大，做勤学、上进大学生”为主题的爱校教育，着重新生入学、教学实习、毕业就业几个阶段的教育工作。从2004年9月开始还在学生中开展心理健康教育。对于要求进步的学生，校、系党组织给予关心与帮助，注重做好选苗、教育、培养工作，对他们进行党的基本知识教育，五年里有860多名学生参加了业余党校的学习，有170余名学生光荣入党。在关爱学生方面学校注重做好扶贫帮困工作。多年来学校对贫困学生除了设立奖助学金、困难补助外，还实行了伙食及医药费补贴，对部分困难生实行学费缓、减、免。此外，学校还建立学生膳食管委会、宿舍管委会、学生校卫队，以及设立阅览室协管员等，为一些困难学生提供勤工俭学岗位。这一时期，随着学校办学条件的改善，校园文化生活也更加丰富多样。自2000年开始，校团委、学生会组建了学生文学社、艺术团、篮球队、武术协会、英语协会等学生社团，学校连续举办了6届田径运动会，每年都要举办多次文艺联欢、体育赛事，知识竞赛、科技讲座等。

2000年至2005年，办学条件有了明显改善。2001年新建了面积为2100平方米的3号学生公寓，2002年、2003年学校采取引资方式由江西福田房地产开发有限公司投资近千万元承建了4号学生公寓（5400平方米）、学生食堂和礼堂（5200平方米）、2002年还改建成10间学生寝室等，在这一时期学校新增校舍1.8万平方米，另外，还投入近百万元粉刷装修了教学楼、实验楼等，为这两栋楼还加盖了彩钢瓦屋顶。与此同时，由于1998年洪灾后校园绿化被毁，从1999年暑期开始，每年投入经费进行校园绿化、美化，种植草皮、香樟、雪松、水杉等名贵花木，建起了教学楼、图书馆前后和礼堂周围、宿舍区多处绿化景区，校园大多空地都已绿化，校园实际使用面积绿化率为70%。有效改善了校园生态环境，受到省、市绿化委好评。为适应师生员工学习、工作、生活的需要，2003年学校更换了315千伏安变压器1台，新铺设了通向学生宿舍、食堂的水管和电缆线。还添置了一批新课桌椅，为各教学系、部门配置了空调、电脑等。

2003年4月，学校启动预防“非典”［冠状病毒（SARS - CoV）引起的急性呼吸道传染病］方案，应对疫情。2005年11月26日瑞昌市发生了里氏5.7级地震，波及校园，学校积极组织抗震防灾。

2004年11月开始经市职称办、市人事局批准九江市大中专院校中级职称评审会设在学校，并牵头承办每年的市大中专院校中级职称评审工作；2005年，学校财政实现了由市财政单列，同时还正式办理了学校占用土地的土地证近14公顷。

同年10月底至11月初，校长赵敦煌随九江市教育考察团，前往已与九江市结为姐妹城市的美国肯塔基州路易维尔市进行教育考察，并与该市杰弗逊社区职业学院签署了结为友好学校的意向。

2000年至2005年，市委、市政府、省教育厅对学校的建设与发展给予了关心与帮助。市委副书记张华东、市政协主席胡春如，副市长陈晖、省教育厅副厅长郑守华、洪三国等领导曾到校视察，了解情况、指导工作。学校先后接受了省教育厅组织的安全工作、办学条件、教学工作、就业工作、心理教育工作、收费工作等检查评估，充分肯定了学校的工作。这一时期学校多项工作获得奖励，被评为2002年和2003年九江市文明单位、省绿化模范单位、2005年度九江市宣传思想工作先进单位等。随着学校的发展与进步，学校的声誉与影响与日俱增，福建闽西职大、黎明职大、彰州职大、安徽芜湖职院、江苏泰州职院、华东交通大学、萍乡高专、景德镇陶瓷职院、鹰潭职院，以及九江财专、医专、九江职院、江西财经职院、九江农校等15所大中专院校到校参观考察。2002年至2005年，学校还被中国高等教育学会、中国教育报聘为西部地区教育顾问单位。

第二章　领导体制与机构设置

1985年11月，经江西省人民政府批准，报国家教委备案，成立九江东方职业大学。翌年3月，经省政府同意更名为九江职业大学，隶属于九江市人民政府，学校建制为县处级。1986年2月，市政府决定九江职业大学由市教育局代为管理。同月，市委组织部批准九江职业大学筹备领导小组，由市教育局副局长陈海泉兼任组长，宗富林、黄昌平为成员，宗富林主持学校全面工作。

第一节　领导体制沿革

1987年8月，中共九江市委任命肖允叔为副校长。

1987年9月，经市教育局党组批准，成立九江职业大学党支部，宗富林为书记，肖允叔为副书记，黄昌平为委员。

1987年12月，中共九江市委任命宗富林、黄昌平为副校长，宗富林主持全面工作。

1993年9月，宗富林调往上海，肖允叔主持学校全面工作。

1994年7月，九江市人民政府任命赵敦煌为校长。

1995年9月，中共九江市委任命张正治为校党委书记。

1996年5月，召开第一届党员代表大会，选举产生了党委班子，张正治为书记，赵敦煌为副书记，肖允叔、黄昌平为党委委员。

1997年2月，中共九江市委、市人民政府调任喻国杨为校党委委员、副校长。

1999年12月，中共九江市委、市人民政府任詹平华为校党委委员、副校长。

2000年2月，中共九江市委任命吴继媛为校党委书记（兼）。

2000年8月，经中共九江市委宣传部、市教育局党组批准潘东辉为校党委委员、党委办公室主任。

2002年4月，中共九江市委宣传部、教育局党组批准胡春亮为校党委委员。

2003年6月，九江市人民政府任命胡春亮为副校长。

九江职业大学党委（党支部）领导一览

表2-1-1

年份	党委（党支部）书记	党委（党支部）副书记	党委（党支部）委员
1987.09—1993.09学校成立党支部	宗富林	肖允叔	黄昌平
1993.09—1994.07		肖允叔（主持工作）	黄昌平
1994.07—1995.09		肖允叔	黄昌平
1995.09	张正治		
1996.05学校成立党委	张正治	赵敦煌	肖允叔、黄昌平
1997—1999	张正治	赵敦煌	肖允叔、黄昌平、喻国杨
2000—2001	吴继媛	赵敦煌	肖允叔、喻国杨、詹平华、潘东辉
2002	吴继媛	赵敦煌	肖允叔、喻国杨、詹平华、潘东辉、胡春亮
2003—2006.04	吴继媛	赵敦煌	肖允叔、詹平华、胡春亮

九江职业大学行政领导一览

表2-1-2

年份	校长	副校长	校长助理
1986.02—1987.12	陈海泉（筹备组组长）	（筹备组副组长）宗富林（主持工作）、黄昌平	
1987.08—1987.12		肖允叔	
1987.12—1993.09		宗富林（主持工作）、肖允叔、黄昌平	
1993.09—1994.07		肖允叔（主持工作）、黄昌平	
1994.07—1997.02	赵敦煌	肖允叔、黄昌平	
1997.02—1999.12	赵敦煌	肖允叔、黄昌平、喻国杨	
2000.01—2001.09	赵敦煌	肖允叔、喻国杨、詹平华	

续表 2-1-2

年份	校长	副校长	校长助理
2001.09—2002.11	赵敦煌	肖允叔、喻国杨、詹平华	胡春亮
2001.11—2003.06	赵敦煌	肖允叔、詹平华	胡春亮
2003.09—2006.04	赵敦煌	肖允叔、詹平华、胡春亮	汪国元

第二节　机构设置

1988 年 1 月，学校设立办公室、教务处、总务处等中层机构，以后学校又内设了培训部、职教研究室、图书室等，并任命了各部门的负责人。

此时，建校以来第一次组织机构设置为：

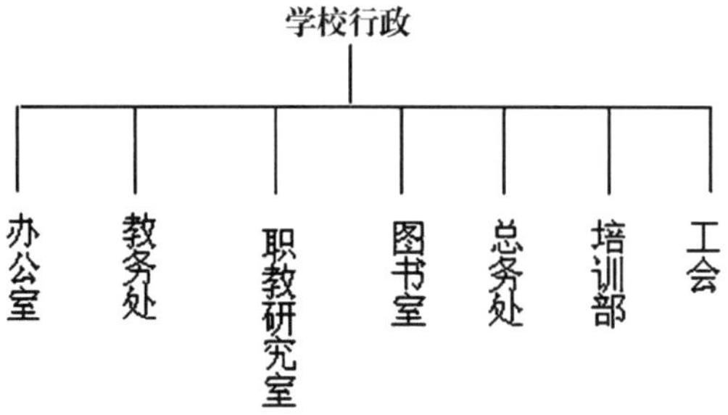

1991 年，学校增设了政治处。

1996 年 5 月，召开第一届党员代表大会，选举产生了新一届党委班子，随后对学校组织机构也作了相应的调整。1996 年 10 月，学校组织机构重新设置为：

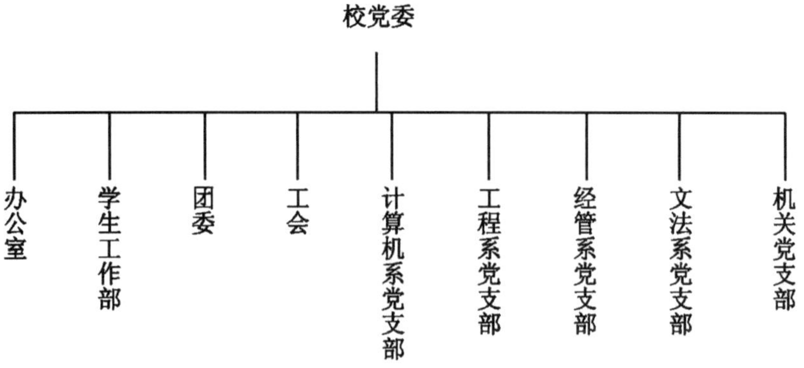

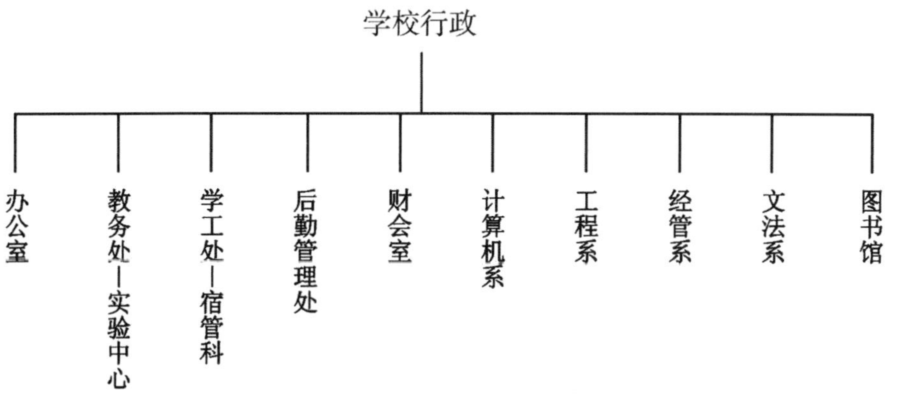

1997 年 10 月，学校增设保卫处。

2000 年 6 月，学校举行第一次中层干部副职竞聘上岗，8 人走上中层领导岗位，学校机构和中层干部作了一次大的调整，将办公室分为党办和校办，增设了财务处，此时的机构设置为：

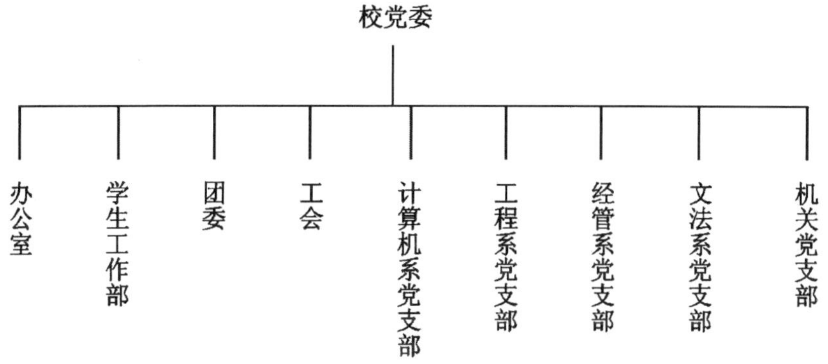

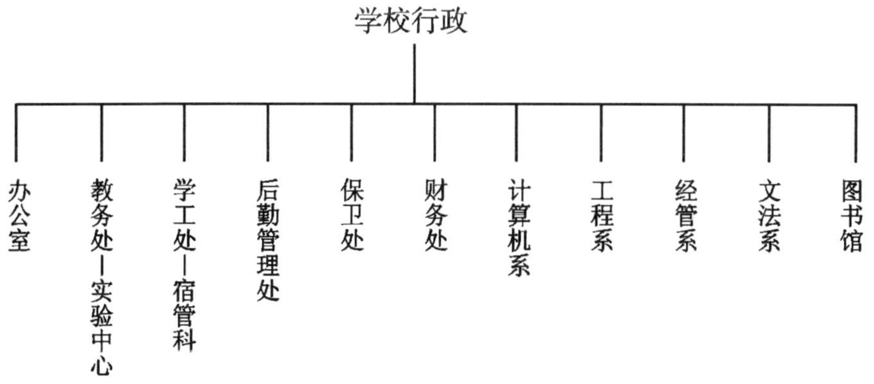

2001 年 6 月，学校增设纪委。

2003 年 9 月，学校进行了第二次中层干部副职竞聘上岗，9 人走上中层干部工作岗位，此时，中层干部又作了一次大的调整，学校机构增设了招生就业处、综合教学系、外语系、党办和校办合署、学工处与团委合署，其机构设置为：

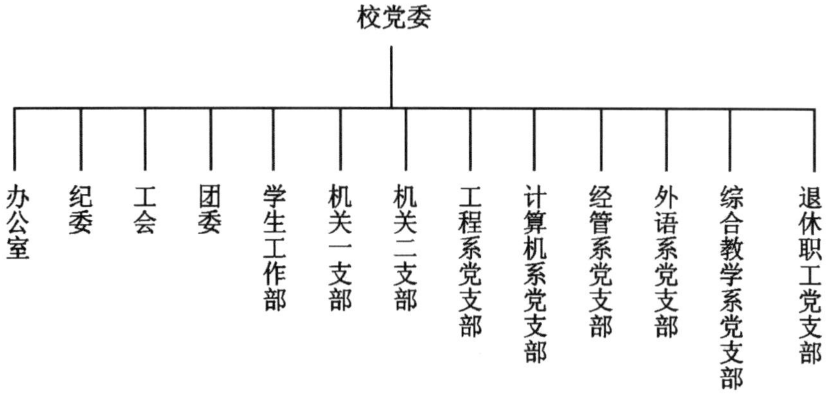

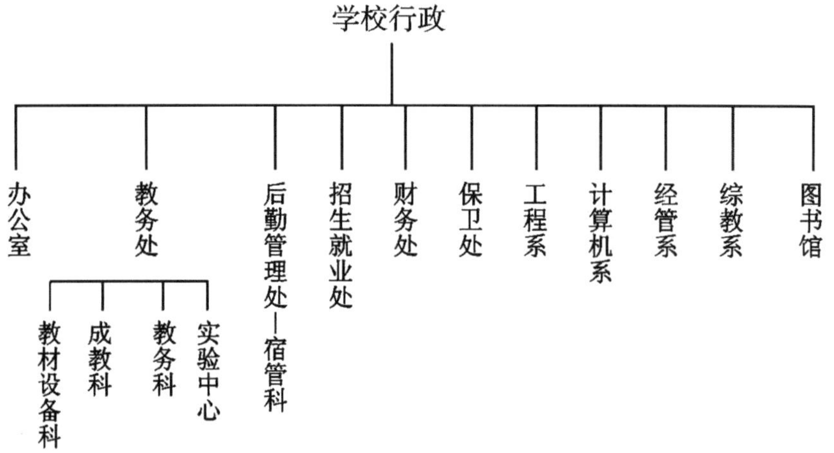

2004年6月，中共九江市委宣传部、市教育局党组批准汪国元为校长助理。

九江职业大学历任部门负责人一览表

表2－2－1

部门	任职时间	主任	副主任
办公室	1986—1988		饶利萍（办公室负责人）
	1988—1989		龚永烈
	1989—1990		龚永烈、周庆流（办公室负责人）
	1990—1996		周庆流
	1996—2000	潘东辉	胡春亮
党办	2000—2002	潘东辉	蒋腾旭
校办	2000—2002	胡春亮	黄报声
党办校办合署	2002—2003	周庆流	蒋腾旭、黄报声
	2003—2006.04	周庆流	张礼萍（校办）
部门	任职时间	书记	副书记
纪委	2002—2006.04		吕天庆

续表 2-2-1

部门	任职年限	处长	副处长
教务处	1986—1987		陈德森（教务处负责人）
	1988—1990		罗来华
	1992—1993		罗来华、王荣
	1993—1995		罗来华、吕天庆
	1995—1996	潘东辉	华雅言（负责人）
	1996—2000	华雅言	龚永烈、陶时英
	2000—2001	华雅言	王强、肖燕
	2001—2003	汪国元	王强、肖燕
	2003—2006. 04		曹树祥、王强、肖燕
政治处	1991—1994		彭朝胜
	1995—1996		户华为（负责人）
	1996		柳江标
学生处	1996—2002	吕天庆	徐萍
	2002—2003		徐萍
	2003—2006. 04		徐萍、谢枫、熊小毛
部门	任职时间	主席	副主席
工会	1988—1996	肖允叔（兼）	夏宝淦
	1996—1999		彭朝胜
	1999—2000		彭朝胜、张豫理
	2000—2003	彭朝胜	张豫理
	2003—2004	胡春亮（兼）	张豫理
	2004—2006. 04	胡春亮（兼）	
部门	任职年限	书记	副书记
团委	1995—1996		徐萍（负责人）
	1996—1998		杨卫宏
	1998—2000		谢枫
	2000—2002		张洁
	2002—2003		鞠学庭（负责人）
	2003—2006. 04		谢枫

续表 2－2－1

部门	任职年限	处长	副处长
后勤管理处（总务处）	1988—1989		陈奕生
	1991—1996		李重阳
	1996—1999		代永东、余清成
	1999—2000		代永东、余清成、胡泽辉
	2000—2003	汪国元	余清成、胡泽辉
	2003—2004	李重阳	余清成、张江明
	2004—2006.04	李重阳	张江明
部门	任职年限	处长	副处长
保卫处	1998—2000		龚永烈
	2000—2003	龚永烈	谢枫
	2003—2006.04	胡泽辉	
部门	任职年限	处长	副处长
财务处	1994—2000		王月梅（财务室负责人）
	2000—2006、4		余爱梅
部门	任职年限	馆长	副馆长
图书馆	1996—1999	夏宝淦	李重阳
	1999—2000		李重阳
	2000—2003	李重阳	
	2003—2006.04		黄俊民
部门	任职年限	处长	副处长
招生就业处	2003—2006.04		黄报声
部门	任职年限		负责人
实验中心	1996—1999		陶时英（兼）
	2000—2006.04		王强（兼）

九江职业大学历任党支部负责人一览表

表 2－2－2

部门	任职时间	负责人
文科教学支部	1995—1996	户华为
理科教学支部	1995—1996	戴永东

续表 2－2－2

部门	任职年限	书记	副书记
计算机系	1996—2003	户华为	
	2003—2006. 04		蒋腾旭、周军
工程系	1996—2000	汪国元	
	2000—2006. 04	代永东	
经管系	1996—2003	罗来华	
	2003—2006. 04	彭朝胜	
文法系	1996—2000		周庆流
	2000—2002	周庆流	
	2002—2003		曹树祥
综合教学系	2003—2006. 04	马志峰	冯琪
外语系	2003—2006. 04		曹迁萍
机关支部	1996—2003	彭朝胜	
机关一支部	2003—2005	吕天庆	
机关二支部	2003—2005	胡泽辉	
退休支部	2003—2004		张豫理（负责人）

九江职业大学教学系历任负责人一览表

表 2－2－3

系别	任职时间	主任	副主任
文科部	1995—1996		户华为（负责人）
理科部	1995—1996		戴永东（负责人）
工程系	1996—2000	汪国元	
	2000—2002	戴永东	曹树祥、鞠学庭
	2003—2006. 04	戴永东	鞠学庭、黎苇
计算机系	1996—2000	户华为	
	2000—2003	户华为	谢枫
	2003	户华为	蒋腾旭
	2003—2006. 04		蒋腾旭、查玉祥
经管系	1996—2000	罗来华	
	2000—2003	罗来华	董麓超
	2003—2006. 04		董麓超

续表 2-2-3

系别	任职时间	主任	副主任
文法系	1996—2000	周庆流	周庆流
	2000—2002		曹迁萍、陈小红
	2002—2003		曹树祥、曹迁萍、陈小红
综合教学系	2003—2006.04	马志峰	胡火清
外语系	2003—2006.04		曹迁萍、朱慧芳

九江职业大学现有校舍情况统计

表 2-2-4

	面积（平方米）	建设时间	承建单位	造价（万元）	质量等级
教学楼	4335	87—	九江市第三建筑公司	79	合格
实验楼	3960	92—94	彭泽浪溪建筑安装公司	137	合格
图书馆	3583	93—99	九江县江洲建筑公司	227	合格
食堂（礼堂）	5200	03、1—03、12	江西福田房地产开发公司	600	
教工宿舍	3039	97—98	九江市第一建筑公司	158	合格
学生宿舍（1）	2370	93—94	武穴建设公司	135	合格
学生宿舍（2）	2600	2001	南昌市第五建筑公司	190	优
学生公寓（3）	2160	95—96	武穴城建公司	108	合格
学生公寓（4）	5400	02、11—03、8	江西福田房地产公司	400	市优
校外教工宿舍	2500（25套）				
小食堂	1600	1986			
其他	31208				

九江职业大学获奖情况

表 2-2-5

时间	项　目	授奖单位
1986.12	市大中专歌咏比赛合唱第二名	九江市教育局
1995.11	省第五届大学生运动会体育道德风尚奖	江西省教委
1996.8	全国“迎香港回归祖国”读书活动教师辅导优秀奖	全国“迎香港回归祖国”读书活动组委会
1996.10	’96 中国庐山国际旅游节暨招商洽谈会大型文艺表演组织奖	96 中国庐山国际旅游节暨招商洽谈会组委会
1996.11	开发区法制宣传教育工作先进集体	九江开发区管委会
1996.12	’96 市直大中专学校教工乒乓球赛第二名	九江市教育工会

续表2－2－5

时间	项　目	授奖单位
1997.3	1996年共青团工作校园文化建设奖	共青团九江市委
1997.4	1996年校园及周边治安环境整治“先进集体”	九江市教育局
1998.3	1997年消防先进单位	九江市开发区管委会
1999.9	开发区庆新中国成立50周年文艺晚会组织奖	九江市开发区管委会
1999.9	1999年市迎国庆七人制足球赛体育道德风尚奖	九江市体委
2000.4	1999年文明单位	九江市开发区管委会
2001	2001年度防火安全工作先进单位	九江开发区管委会
2001.5	助残先进单位	九江开发区残联
2001.5	2000年度市大中专学生志愿者暑期“三下乡”社会实践优秀志愿服务队	九江市委宣传部、共青团九江市委
2001.6	九江市纪念中国共产党成立八十周年板报大赛组织奖	九江市委宣传部
2002.1	“新华杯”全市大中专院校创作大赛组织奖	共青团九江市委
2002.3	2000—2001年度文明单位	九江市开发区管委会
2002.10	2002年度市大中专学生志愿者暑期“三下乡”社会实践优秀服务队	九江市委宣传部、共青团九江市委、九江市教育局
2002.12	2002年江西省大中专学生志愿者暑期“三下乡”社会实践活动优秀实践服务队	江西省委宣传部、江西省教育厅、团省委
2002	九江开发区第二届体育运动会精神文明奖，总分第二名	九江开发区管委会
2003.10	2003年度市大中专学生志愿者暑期“三下乡”社会实践优秀服务队	九江市委宣传部共青团九江市委九江市教育局
2003.10	市第二届金秋艺术节闭幕式新秧歌表演赛二等奖	九江市委宣传部
2004.4	九江市2002—2003年度文明单位	九江市委、市政府
2004.9	2004年九江地区大中学校学生军训会操表演优胜单位	江西省教育厅
2005	暑期“三下乡”先进单位	市委宣传部、团市委、教育局
2005	帮扶工作先进单位	江西省教育厅
2005.4	全省绿化模范单位	江西省绿化委员会
2005	全省大学生篮球赛体育道德风尚奖	江西省教育厅、江西省体育局
2006.2	全市宣传思想工作先进单位	九江市委宣传部
2006.3	全市庆祝“三八”妇女节舞蹈展演一等奖	市直工委、市妇联

第三章　教学、师资、科研与成人教育

第一节　教学管理

根据学校发展过程中艰难曲折的实际，学校对教学管理采取了相应的措施。

一、教学管理体系

在学校初创时期，由于规模过小，人员少，管理机构也因此不健全。当时，教务处不仅是学校的教务管理部门，还直接包揽了教学系科的教学组织实施工作，不仅负责教务和教学的组织实施，还承担了学生管理工作，从招生、学籍管理、学生的思想政治教育和日常生活管理，直至学生毕业与推荐就业等，并且还兼管图书馆和文印室的工作。直到 1994 年，随着有关管理机构的设立，才逐步理顺教学管理体系。首先把学生管理的部分工作移交给学校内设的学生工作办公室，学生工作处批设后，招生和学籍管理等才全部划给了学生工作处。为了对恢复招生后第一届学生实行有效的教学管理，在教学系科机构未批设前，学校于 1994 年下半年内设两个教学党支部，代行教学系之职，作为教学系管理职能的一种过渡。第一教学党支部下辖经济管理、法律、文秘三个专业，第二教学党支部下辖计算机应用、化学工程、机电工程三个专业。计算机应用、应用工程、经济管理和法律文秘四个教学系机构批设后，才逐步将教学组织实施和具体的教学和学生管理工作移交给教学系。但由于学校规模仍然较小，有些教学具体组织实施工作，教学系一时还难以独立运行，仍由校务处综合统筹运作。随着学校规模的扩大，为了更好、更有效地行使教学管理职能，2004 年 10 月，经学校研究决定，教务处增设三个内设科室：教务科、教材设备科及成教科。

二、教学管理举措

教学管理中的几项大的举措，都是根据学校不同办学时期的实际情况适时提出来的。在学校创办初期有两项，恢复招生办学后有三项。

（一）创办初期两大举措。办学伊始，学校本着要求学生“基本功要扎实一点，知识面要宽一点，动手能力要强一点”的总的教学指导思想，一是实行“优学优荐”的办法；二是强化学生职业技能训练的措施。

推行“优学优荐”办法　学校批办时，明确规定学校办学性质为自费走读，不包分配，择优录用，毕业生国家承认大专学历的短期职业大学。根据当时的办学性质，学校在教学管理中，集中思考和解决的问题就是如何有效地调动学生的学习积极性，毕业时如何适应面对社会的择优，学校依据学生在校时的学习成绩及平时表现予以推荐录用。为此，1987 年初，学校制订了《“优学优荐”考评细则》，将德、智、体三个方面划分成若干个考评项目，依据一定的评分标准，实行由班级考评员、班主任和教务处三级考评，按学期、学年分段评和毕业累计总评，最后由学生各自签名认定，学校张榜公布。推荐录用则按评分高低顺序予以择优推荐。由于当时用人的背景（事业单位是封闭的编制管理，就业需要干部指标和事业编制。企业单位是封闭的计划用工管理，就业需要计划劳动用工指标），企事业单位与学校对人才的评判标准不一定完全吻合，学校的择优推荐无法真正实现，但是在调动学生成才的积极性，强化竞争意识，为学生毕业后参加人事部门的招干考试和自谋职业、竞争上岗都起到促进作用。

强化学生的职业技能训练　1986 年暑假，学校即动员组织学生进行社会实践，按照统一部署和要求，由学生或家长自行联系和落实接收单位。1997 年，学校制定教学实践原则和一套具体管理办法。参照兄弟职业院校的做法，对学生职业技能训练实行“早期实习，多次实习”，建立学校—家长（学生）—社会三结合的教学实践责任制，把九江市各行各业作为学生的教学实践基地。在具体环节的管理上，实行“层次法”即把实习内容、实习年级、实习专业、实习时间，以及学生知识和能力等项，由浅入深地划分为若干层次，使之程序化。特别是在时间安排上，既要有严密的计划性，又要有因势而变的灵活性。根据教学计划的总要求，对学生职业技能训练采取集中和分散相结合。为了强化某一职业技能训练，常常集中一定的师资力量，安排一段集中的时间，进行过关训练和考核。分散则由学生或家长自行联系实习接收单位，利用课余时间和假期到接收单位跟班实习，进行虽是间断性的而却又是长期挂钩的职业技能训练。

（二）恢复招生后教学管理实施的“四项”工程。一是建立与完善教学常规管理的规章制度；二是强化考试管理和学籍学历管理；三是重点抓好专业设置、课程建设；四是加强教学基本设备建设。

建立与完善教学常规管理的规章制度　抓好教学工作，首先必须有章可循，有制可依。学校初创阶段，只招收过四届学生，由于时间短，经验缺和人手少等原因，教学常规管理规章制度失之健全，虽有建立却失之粗陋，因而过去的教学常规管理多依靠教职工办学高涨的热情及其工作的自觉性和积极性，而缺乏较完备的规章制度。为此，学校集中精力修订和制定了一系列的规章制度，涉及师德师风规范、巡课听课、教学评估、教学科研、师资队伍建设、学籍管理、考试管理等诸方面，为教学规范化管理提供了有力支持，主要的规章制度有《教书育人工作实施意见》《教师教学行为规范》《关于课程建设实施意见》《关于提高教师队伍政治业务素质的暂行规定》《关于青年教师管理办法》《考试管理制度》等。

强化考试管理和学籍学历管理　每次集中性的考试都基本采取普通高校统一招生考试的管理办法，一是加强监考力量，每个考场设三名监考员，并在其中安排一名中层领导主考；二是采取教考分离的办法，任课教师不得监考任课对象；三是每场考试都要变换考场，在考前30分钟才将考场公布周知，同时还随机变换监考人员。至于试卷命题、试卷印制和阅卷评分都有一套有效的审核、保密和检查评估措施，如任课教师考试命题须有系领导审查签字认可方可印制试卷，试卷印制和分发采取严格的封闭运行措施，试卷阅评后则组织有关教师集中抽检评审。

针对社会上假文凭泛滥的现象，为维护高等教育学历证书的严肃性及社会声誉，根据教育部规定，学校从2001届毕业生（98级）开始实行了学历证书电子注册制度，这是学校加强学籍学历管理的一项重大改革。2005年暑假，学校又依据教育部《普通高等学校学生管理规定》（教育部令第21号）、《中华人民共和国高等教育法》《高等学校教学管理要点》等文件精神，由教务处牵头制定了新的《学生学籍管理实施细则》及《学生考试纪律及考试违纪处分细则》，经省教育厅审批备案，于2005年9月1日开始实施。

学校对学生的学籍与学历管理，自1994年恢复招生到2000年一直按普通高校专科类的做法予以管理。从2000年开始，省教育厅施行“专升本”制度，专科学校的部分优秀学生（二、三年级）通过推荐选拔可升入本科院校学习深造。对此项改革，受到学生欢迎，学校每年都有数十位学生报考，一半学生被录取转入本科院校学习。从2002年起，学校开始招收五年一贯制学生，招收对象为初中毕业生，在校学习五年，办学层次为专科。由于实行学生可“专升本”及招收五年一贯制大专生的做法，这就在扩大学校招生生源、增加办学门类的同时，也增加了新的学生学籍管理的类别，为此学校对学生的学籍与学历管理方式作了相应的调整。

为了推进学校的教学改革，进一步调动广大师生教与学两方面的积极性，给学生提供一个自主学习成才的运行机制，结合学校的办学特点和现有的办学条件，借鉴其他兄弟院校学分制管理的经验，2004年8月，学校出台了《九江职业大学学分制管理暂行办法》。经过筛选，实行学分制管理的试点工作选在经管系进行，从经管系2004级学生开始。为适应试行学分制管理，学校又一次对原来的考试与学籍管理方式作了相应的调整。

抓专业设置与课程建设　学校于1986年春季正式招生，根据江西省人民政府办公厅《关于成立九江东方职业大学的复函》，批准学校设置了计算机应用、管理工程、文秘、政史四个专业，1994年恢复招生，除上述四个专业以外，还增设了化学工程专业；1995年度增设了机电工程、工业与民用建筑、对外贸易经济三个专业；2000年度增设了工商管理、电子信息工程两个专业；2001年度增设了计算机网络工程与管理、商务英语专业；2002年度增设了市场营销、广告装潢专业；2003年度增设了模具设计与制造、生物化学工程专业；2004年度增设了数据库管理、旅游英语、建筑工程监理、旅游管理四个专业；2005年度增设了电子商务、会计、数控技术、软件技术、图形图像制作五个专业。根据市场需求和学校发展，学校专业设置几经变更。2004年年底，按照省教育厅的布置，依据《普通高等学校高职高专教育指导性专业目录（试行）》和《普通高等学校高职高专教育专业设置管理办法（试行）》，对学校已备案的专业进行了调整，调整后的专业共计23个，已报省教育厅审核备案。从2005年起，申报的新增高职高专专业以《目录》为依据。学校抓专业建设集中体现在对教学计划不断修订上。根据上级教育部门总的指导思想和学校教学实际，学校对专业课程的设置和结构，以及教学模式等，每年都要进行一次审查和修订，使之尽可能有利于合理的专业知识和能力架构的建立。

2002—2005年，学校把课程建设作为教学工作的重点，通过课程建设带动师资队伍建设，促进教学内容、教学方法和教学手段的改革，推动教育理念的更新。2003年，学校出台《九江职业大学关于课程建设的实施意见》，根据学校实际情况，课程建设的重点是市场竞争力较强的专业主干课程，影响较大的公共、基础课。2003年确定工程系机电专业的若干门主干课程以及两课为第一批重点建设课程，课程建设一般三年一轮，最长不得超过四年。校级优秀课程可由课程建设委员会推荐，参加省级、国家级优秀课程评选。专业基础知识和基本理论的掌握，主要靠基础课程的传授和学习，较好地掌握专业基本知识和理论，是学好专业课的基础。

九江职业大学专业设置情况

表3－1－1

序号	专业代码	专业名称（全称）	修业年限	所在院、系名称	备注
1	660112	文秘	3	综合教学系	
2	670106	装潢艺术设计	3	综合教学系	
3	640101	旅游管理	3	综合教学系	
4	660108	商务英语	3	外语系	
5	660109	旅游英语	3	外语系	
6	620304	国际贸易实务	3	经管系	
7	620401	市场营销	3	经管系	
8	620501	工商企业管理	3	经管系	
9	530101	生物技术及应用	3	工程系	
10	560504	工程监理	3	工程系	
11	580106	模具设计与制造	3	工程系	
12	590201	电子信息工程技术	3	工程系	
13	580201	机电一体化技术	3	工程系	
14	560301	建筑工程技术	3	工程系	
15	530201	应用化工技术	3	工程系	
16	590101	计算机应用技术	3	计算机系	
17	590107	网络系统管理	3	计算机系	

续表 3－1－1

序号	专业代码	专业名称（全称）	修业年限	所在院、系名称	备注
18	590106	计算机信息管理	3	计算机系	
19	620405	电子商务	3	经管系	
20	620203	会计	3	经管系	
21	580103	数控技术	3	工程系	
22	590108	软件技术	3	计算机系	
23	590109	图形图像制作	3	计算机系	

加强教学基本设施建设　学校教学基本设施原来十分简陋，除了近万册图书外，基本没有教学所需的实验设备，直到恢复招生前夕，才建起了一个简易的物理实验室，体育课教学设施也是如此，甚至连学生上体育课的基本场地和设备都缺乏。为了满足实验教学的基本需要，学校在恢复招生后的 3 年多时间里，陆续建立起了微机室、语音室、化学实验室、财会模拟室、模拟法庭、电化教室、电子室。图书馆每年都添置一批专业图书，增订 200 多份报刊，逐步扩大了图书馆的服务功能。在体育设施上，购置了一些急需的体育器材，建起了一个有 300 米跑道的简易运动场，从此体育教学逐步走上正常轨道，学生课外体育活动也蓬勃开展，在 1995 年全省举行的大学生田径运动会上，学校第一次派出五名运动员组成的代表队参加比赛，取得了比较好的成绩，并获得了精神文明奖。进入 21 世纪后，随着学生逐年增多，学校加大了对教学仪器设备的投入。到 2006 年的合并前夕，学校建有 4 个篮球场、2 个排球场，增建了 4 个计算机房、2 个语音室、5 个多媒体教室和 1 个光盘电子阅览室，扩充了电子、物理实验室，增购了五千多册图书。每年图书馆都订购了四百多种各类报刊。学校连续举办了六届田径运动会。

九江职业大学历年招收学生数、开设专业及历届毕业生数

表 3－1－2

招生年份	招收学生数	毕业生数	开设专业
1985 年	106 人	/	文秘、政史
1986 年	48 人	/	政史
1987 年	82 人	/	文秘，管工
1988 年	46 人	106 人	管理工程
1993 年	78 人	48 人	计算机、电会
1994 年	180 人	82 人	计算机、化学工程、管理工程、文秘、法律
1995 年	204 人	46 人	计算机、机电一体化、管理工程、工民建筑、涉外贸易
1996 年	198 人	75 人	计算机、化学工程、工民建筑、涉外贸易
1997 年	242 人	172 人	计算机、机电一体化、化学工程、工民建筑

续表 3－1－2

招生年份	招收学生数	毕业生数	开设专业
1998 年	276 人	149 人	计算机、机电一体化、工民建筑、经济贸易
1999 年	282 人	197 人	计算机、机电一体化、工民建筑、经济贸易、文秘
2000 年	192 人	200 人	计算机、电子信息工程、化学工程、经济贸易、工商管理、文秘
2001 年	232 人	271 人	计算机、电子信息工程、化学工程、经济贸易、工商管理、文秘
2002 年	544 人（含五年制大专生 35 人）	213 人	计算机应用、计算机网络、电子信息工程、机电一体化、工民建筑、涉外贸易、工商管理、市场荣耀、商务英语、文秘
2003 年	521 人（含五年制大专生 27 人）	188 人	计算机应用、计算机网络、电子信息工程、机电一体化、工民建筑、化学工程、模具制造、涉外贸易、工商管理、市场营销、商务英语、文秘
2004 年	638 人（含五年制大专生 24 人）	212 人	计算机应用、计算机网络、电子信息工程、机电一体化、电子信息工程、工民建筑、化学工程、涉外贸易、工商管理、市场营销、商务英语、旅游英语、旅游管理、文秘
2005 年	829 人	509 人	计算机应用、计算机网络、计算机图像、机电一体化、电子信息工程、工民建筑、模具制造、数控技术、涉外贸易、工商管理、市场营销、商务英语、旅游英语、旅游管理、文秘
合计	4698 人	2468 人	

九江职业大学历年专升本学生名单

表 3－1－3

2000 **年**

姓名	性别	班级	录取院校	专业
占东明	男	98 计	江西师大	计算机
吴 巍	男	97 工	南昌大学	土木工程
李良琴	女	98 计	南昌大学	计算机
汪文飞	男	98 计	南昌大学	计算机
熊清金	男	98 经贸	南昌大学	经济与管理
汪红燕	女	98 经贸	南航	工业经济
骆 卉	女	98 经贸	华东交大	会计
夏 骏	男	98 工	华东交大	土木工程
何 燕	女	98 工	江西农大	国土资源与管理

续表 3－1－3

姓名	性别	班级	录取院校	专业
罗光霞	女	98 经贸	华东交大	会计

2001 年

姓名	性别	班级	录取院校	专业
孔雅敏	女	98 经贸	江西师大	工商管理
王宁江	男	98 经贸	华东交大	会计学
何望春	女	98 工	南方冶院	工程管理
欧阳巍	男	98 经贸	江西农大	工商管理（经济学）
冷招展	男	99 经贸（2）	华东交大	01 级劳动经济
罗华春	女	98 经贸（2）	南昌大学	国际经济与贸易
徐瑛	女	99 经贸（1）	南昌大学	国际经济与贸易
袁桂生	男	99 经贸（1）	南昌大学	国际经济与贸易
欧阳琴	女	99 经贸（1）	南昌大学	工商管理
冯丽丽	女	99 文秘	南昌大学	汉语言文学
吴秀明	女	99 文秘	南昌大学	汉语言文学
曹华钦	男	99 文秘	南昌大学	汉语言文学
龚神甫	男	99 工	南昌大学	土木工程
石卫锋	男	99 经贸（1）	江西财大	国际贸易
余万林	男	99 经贸（1）	江西财大	国际贸易
郑荣伟	男	99 机电	南航	机械设计及自动化

2002 年

姓名	性别	班级	录取院校	专业
杨美琴	女	00 生化	南昌大学	生物技术
陈　劲	男	00 生化	南昌大学	生物科学
徐华平	男	99 经贸（1）	南昌大学	国际经济与贸易
黄菲妮	女	99 经贸（2）	江西财大	国际贸易
吴文星	男	00 电子	华东交大	计算机软件
盛宏伟	男	00 计	东华理工学院	计算机软件
占　霖	男	99 机电	南昌大学	软件工程

续表 3－1－3

2003 年

姓名	性别	班级	录取院校	专业
聂文波	男	01 计应	华东交通大学	计算机科学与技术
黄建国	男	01 计应	江西农业大学	信息管理与信息系统
谢军平	男	01 计应	江西农业大学	计算机科学与技术
桂勇保	男	01 计网	江西师范大学	计算机科学与技术
彭少朋	男	01 计网	华东交通大学	软件工程
吴　敏	女	01 计网	江西财经大学	信息管理与信息系统
胡日东	男	01 计网	南昌航空工业学院	软件工程
刘圣才	男	01 工民建	华东交通大学	软件工程
肖寅华	男	01 电子	南昌航空工业学院	电子信息
曹维亮	男	01 机电	南昌大学	软件工程
陈兰芳	女	01 文秘	南昌大学	软件工程
鲁雅琴	女	00 工商	南昌大学	工商管理

2004 年

姓名	性别	班级	录取院校	专业
陈　红	女	01 涉外	江西财经大学	国际贸易
张武祥	男	01 涉外	江西财经大学	国际贸易
胡　晓	女	01 涉外	南昌大学	国际贸易
张　颖	女	01 涉外	江西农业大学	涉外贸易
郑　绚	女	01 涉外	南昌大学共青学院	经济学
吴水德	男	01 工商	东华理工学院	经济管理
曾名军	男	01 工商	江西中区学院	管理
龙颖峰	男	01 计网	江西财经大学	软件工程
丁海华	男	01 计网	华东交通大学	计算机科学与技术
郭敏华	男	01 计应	江西财经大学	计算机科学与技术
何　莉	女	01 计应	华东交通大学	计算机科学与技术
魏志华	男	01 工民建	井冈山师院	软件工程
宋远方	男	01 电子	南昌大学	软件工程
袁琴红	女	01 商英	江西师范大学科技学院	英语教育
叶礼艳	女	01 商英	江西农业大学商学院	英语专业

续表 3-1-3

姓名	性别	班级	录取院校	专业
陈　燕	女	01 商英	南昌大学经管学院	国际贸易（商务英语方向）

2005 年

姓名	性别	班级	录取院校	专业
吕　伟	男	02 涉外	华东交通大学	人力资源管理
李玉宝	男	02 涉外	华东交通大学理工学院	国际经济与贸易
董　凤	女	02 涉外	南昌大学科技学院	国际贸易
余秋琴	女	02 涉外	南昌大学科技学院	国际贸易
肖立永	男	02 涉外	江西中医学院	公共事业管理
汪　芳	女	02 商英（1）	江西师范大学	英语（师范）
刘彩霞	女	02 商英（1）	赣南师范学院	英语
杨艳丽	女	02 商英（1）	江西农业大学	英语
丁　洁	女	02 商英（1）	南昌大学	英语
张向华	女	02 商英（1）	华东交通大学	外语外贸
王　莹	女	02 商英（2）	华东交通大学理工学院	英语
曹　宇	男	02 商英（2）	南昌大学	软件工程
许裕峰	男	02 商英（2）	南昌大学	国际经济与贸易
王　俊	男	02 计网（1）	江西师范大学	计算机科学与技术
王　竞	女	02 计网（1）	华东交通大学	计算机科学与技术
左学彬	男	02 计网（1）	南昌大学	软件工程
韩灵超	男	02 计网（2）	江西财经大学	信息管理
欧阳庆滨	男	02 计应（2）	华东交大软件学院	软件工程
曾繁荣	女	02 计网（1）	东华理工学院	信息管理与信息技术
李兆坤	男	02 计网（1）	江西财经大学	软件工程
朱立仁	男	02 电信	华东交通大学	电子信息工程
刘德欣	男	02 电信	华东交通大学	自动化

九江职业大学学生考取公务员名单（部分）

表 3-1-4

姓名	性别	系、专业	现任何单位、何职
宋予晗	男	文法系 99 文秘专业	九江市水利设计院

续表 3－1－4

姓名	性别	系、专业	现任何单位、何职
洪忠汉	男	计算机系 96 级计算机应用专业	九江县
成伟华	男	计算机系 97 级计算机应用专业	都昌县
周升志	男	96 涉外	瑞昌市委组织部信息调研科
陈春初	女	96 涉外	瑞昌市九源管理区副区长
张莲香	女	96 涉外	彭泽县委宣传部办公室
袁有春	男	96 涉外	德安
钟　伟	男	96 涉外	武宁
陈嫦英	女	96 涉外	周妗
黄静玲	女	96 涉外	原都昌，现在北京
樊清满	男	96 涉外	修水县上杉乡乡镇政府
王雁鸿	男	96 涉外	修水县财政所
李小林	男	96 涉外	永修县
江和鑫	男	96 涉外	都昌县
颉世军	男	96 涉外	彭泽县
邹显锋	男	98 经贸（2）	瑞昌市人事劳动局人秘科
李卫华	男	98 经贸（1）	瑞昌市流庄乡乡政府
唐建宇	男	98 经贸（1）	瑞昌市流庄乡乡政府
洪忠汉	男	计算机系 96 级计算机应用专业	九江县
成伟华	男	计算机系 97 级计算机应用专业	都昌县

第二节　师资队伍

2005 年前，学校师资队伍一直较为薄弱，专任教师数量不足，专业知识结构也适应不了调整和增设专业的需要；教学管理人手不足，管理业务水平也亟待提高。为了适应教学的新形势，增设教学人员和教学管理人员势在必行。学校一方面从企业及其他单位引进一些能胜任教学工作的专业人员，一方面不断接收以工科专业为主的国家统一分配和到校应聘的大学毕业生。对于引进的中年骨干教师，不少安排在教学各管理部门担任管理工作，让他们在管理岗位上，边干边学边提高，培养成“双肩挑”的教学骨干。对分配到校工作的青年教师，为了让他们能尽快适应教学工作，学校对他们实行导职导教制度。同时，学校积极鼓励青年教师参加培训，出台了《九江职业大学教师进修培训管理办法》，对在职攻读研究生或硕士学位的给予报销学费及住宿费等，对所有进修培训的教师，在校的一切待遇不变。

师资培训分为两部分内容：一是岗位培训、课程进修；二是提高学历、获取学位的学习。学校青年教师参加岗位培训，参加率达到100%，研究生课程进修班或助教进修班参加率达60%以上。1999年以前，由于各种原因，有一部分教师的学历为专科，这一时期，师资培训的重点是鼓励这部分教师完成本科教育，获得学士学位。1999年至2005年，师资培训的重点转向了在职攻读硕士学位。分别安排30多人次参加专业课程进修，有20多名教师参加了提高学历层次的学习，32人参加攻读研究生和获取硕士学位的学习。

为培养“双师型”教师，学校一方面选派本校的中青年骨干教师到工厂进行实践锻炼，另一方面外聘有经验的专业人才参与教学，再加上原有的一些从企业或科研单位调入的教师，使“双师型”教师达到了一定的比例。1999年后，学校先后有胡春亮、王国槟、曹树祥、王强、张守兴等老师被批准为江西省高校中青年骨干教师。2004年，詹平华荣获江西省高校教学“名师”称号，使学校的师资力量得到进一步增强。

在师资队伍建设中，青年教师的培养一直是重点，学校教学人员中的青年教师占80%以上，成为师资队伍的主体。为了迅速提高青年教师教书育人的能力与水平，对青年教师的培养，一直是学校师资队伍建设中的重中之重。

一、“两种培养途径，实现三个目的”

办学初期对青年教师的培养主要是实行专业实践锻炼，结合当时形势要求和学校实际情况，确定“两种培养途径，实现三个目的”的要求。两种培养途径：一是让青年教师带领学生进行教学实践活动，与学生一起参与社会实践和教学实习，二是直接安排到有关的基层企事业单位代岗工作，进行专业性的实践锻炼。三个目的：即政治思想、认识能力和专业素质三个方面。在带领和参与学生社会实践和教学实习的活动中，明确要求他们达到如下三个目的：一是提高思想认识，感受社会对人民教师的尊重和希望，理解人民教师所应肩负的重任，从而不断促进教师职业意识的增强，教学业务能力的提高，良好教风的养成。二是培养和提高对实践性教学的组织和指导能力，克服重理论、轻实践的弊病，改变眼高手低的不良偏向。三是锻炼和培养教书育人的能力，在带领和参与学生的教学实践活动中，总结积累教书育人的经验，使之今后教书有法、育人有方，把自己造就成既懂教学业务又懂思想教育工作的新生力量。

到基层有关单位代岗工作锻炼，除要求青年教师巩固和丰富自己的专业理论知识及锻炼提高专业实践能力外，还须加强认识事物能力的培养。学校当时提倡青年教师通过实践活动，开阔认识视野，加强思想认识，提高自我调节功能，从书卷气的氛围中走出来，并对认识能力问题做了具体的说明和要求，阐明到基层有关单位代岗工作锻炼，必须提高对专业知识和对社会问题两个方面的认识能力。要求通过实践，一方面检验和巩固专业理论知识，运用理论知识指导实践，并在实践中总结、深化、提高，使之对本专业涉及的问题有个认识上的飞跃；另一方面对社会问题，无论是政治的、经济的、文化的，都能在实践中用心观察、体验、感受，获得更深层更真切的认识，从而纠正错误的观点和澄清模糊的认识。这种实践锻炼培养的方法，一直坚持到恢复招生办学时为止。

二、“导职导教”制

恢复招生办学后对青年教师的培养实行“导职导教”制。根据发展和变化了的形势以及学校的实际情况，对青年教师的培养工作，学校进行了认真地回顾和总结，提出了在校内实行“导职导教”的做法。

在导职上，从两个方面着手：一是营造良好的环境、舆论和氛围效应，尽力改善青年教师职业观感，使他们能安心教育工作。学校提倡以组织上的关怀，生活方面的照顾，老教师的关心和爱护，学生的尊重和理解，营造一种和谐温馨的职业环境和氛围。用正确的舆论导向，重在价值取向上予以有力的引导，使青年教师逐步加深对教育工作重大意义的认识；用老教师敬业乐道的精神和情怀，影响和感染他们，使他们能及早地融入这一进取和奉献的氛围之中。二是在教学实践中，不断促进和指导青年教师对教育事业在感情上的投入和认识上的转变，巩固其教育工作的职业思想，启发和帮助他们摸索和掌握一些教学的基本程式和方法，促使他们自我价值的实现，进而对教育事业产生强烈追求的愿望。对于在一定时间内尚不能进入教师状态的个别青年教师，则由学校指定教学管理系统的领导为导师，与他们签订导职导教协议书，在规定的时间内达到导职要求。

在导教方面，每年新学年开始，集中一段较长的时间，开办培训班，每期除安排一系列专题讲座外，重点放在听课指导上。学校组织一些有经验的教师作听课指导教师。另外，还安排老教师示范教学，并组织青年教师开展“一堂好课”的评比活动，对优胜者给予精神和物质奖励。

在导职导教过程中，采取了“八结合，八重在”的做法。一是理论与实践相结合，重在实践；二是普遍性与个别性相结合，重在个别性；三是静态考核与动态评估相结合，重在动态评估；四是平面推进与滚动交叉相结合，重在滚动交叉；五是集中示范与个别指导相结合，重在个别指导；六是培训常规与培训力度相结合，重在培训力度；七是短期培训与长期帮带相结合，重在长期帮带；八是教书与育人相结合，重在育人。通过这样的导职导教工作，使得许多青年教师提高了对教师职业教育的认识，增强了事业心和职业道德意识，同时也使得他们尽快熟悉教学业务、教学对象、教学方法，较好地担当起各专业教学的重担。

九江职业大学分段教职工（教师）人数一览表

表 3－2－1

时间	教职工数	教师数
1986 年 2 月前	13	10
1991 年底	61	35

续表 3－2－1

时间	教职工数	教师数
1994 年底	86	52
2000 年底	110	72
2005 年底	148	109

注：教职工数均为在编在岗人数，教师数含在教职工数之中

1986—2006 年九江职业大学教职工获奖情况（获市级及以上）

表 3－2－2

获奖者	荣誉称号	授奖时间	授奖单位部门
赵敦煌	中国高等教育突出贡献奖	2005. 04	中国教育科学研究院、全国高职高专协作会
徐　萍	全国学校爱国主义教育研讨会优秀论文优秀奖	1995. 07	中华爱国主义教育研究会、学术评审委员会
张守兴	全国理论创新优秀学术成果一等奖	2003. 12	全国理论创新学术成果评委会、新华文献丛书编辑部
张守兴	优秀论文	2004. 01	亚太国际教育研究会《今日教育》杂志编辑部
洪英俊	全国职业院校育教学优秀论文奖	1989. 06	全国职业院校德育教学研究会
黄昌平	省普通高校首次优秀教学成果三等奖	1989. 10	江西省教委
宗富林	省普通高校首次优秀教学成果三等奖	1989. 10	江西省教委
詹平华	省级高职（高专）教学名师奖	2004. 09	江西省教育厅
詹平华	优秀学会工作者	2004. 12	江西省高等教育学会
汪国元	2001—2002 年度全省高校师资培训工作先进个人	2003. 04	江西省教育厅
潘东辉	省高校教务工作先进个人	1997. 01	江西省教委
华雅言	全省高校教务工作先进个人	1999. 11	江西省教委
华雅言	1999 年全省高师师资培训先进个人	2000. 04	江西省教委
华雅言	教育教学研究优秀论文一等奖	2001. 02	北京金辉教育教学研究中
吕天庆	省高校优秀教务工作者	1991. 03	江西省教委
吕天庆	省第七届高校思想政治教育工作研究优秀论文奖	1999. 12	中共江西省委宣传部、省教委、江西省高校思想政治教育研究会
周庆流	全省高校基层党校优秀党课教员	2005	江西省教育工委
张豫理	高校办公室先进工作者	1999. 06	江西省教委
曹树祥	2003—2004 年度省高校师资培训工作先进个人	2005. 04	江西省教育厅
曹树祥	师资培训先进个人	2005	江西省教育厅

续表 3－2－2

获奖者	荣誉称号	授奖时间	授奖单位部门
肖　燕	省高等教育学历证书电子注册管理工作先进个人	2004.11	江西省教育厅
黄报声	2004 年省普通高校招生先进个人	2004.12	江西省高校招生委员会、江西省教育厅
徐　萍	1997—1998 年度省高校、中专就业工作先进工作者	1998.12	江西省教委
徐　萍	江西省高校招生考试工作先进个人	2002.12	江西省教育厅、江西省高校招生委员会
罗来华	省教育系统防治“非典”工作先进个人	2003.09	中共江西省委教育工委、江西省教育厅
余清成	结队帮扶工作先进个人	2005	江西省教育厅
余清成	2003—2005 年全省大中专院校“支援贫困县乡中小学结对帮扶工程”先进个人	2005.07	中共江西省委教育工委、江西省教育厅
胡泽辉	1999—2001 年度学会活动积极分子	2002.03	江西省高教学会、保卫学专业委员会
胡泽辉	全省高校安全保卫工作先进个人	2004.02	中共江西省委教育工会、江西省教育厅
胡泽辉	2004 年度学会工作先进个人	2005.06	江西省高教学会保卫学专业委员会
谢　枫	2002 年省高校优秀多媒体教学课件二等奖	2002.11	江西省教育厅
谢　枫	2004 年省大中专学生志愿者暑期文科卫“三下乡”社会实践活动先进个人	2004.11	江西省委宣传部、江西省教育厅、江西省团委
谢　枫	多媒体教学课件三等奖	2005	江西省教育厅
谢　枫	2004 年高校优秀多媒体教学课件二等奖	2005.04	江西省教育厅
戴永东	全省高校学生工作先进个人	2004.02	江西省教育厅
曹迁萍 安　静	CCTV 英语演讲大赛三等奖	2005	中央电视台
王　荣	1988 年江西省优秀新产品奖	1989	江西省经济委员会
王　荣	1988 年度优等新产品一等奖	1989.03	江西省机械工业厅
张守兴	全省优秀班主任	1997.09	江西省教委
张守兴	全省高校“两课”优秀教改论文三等奖	2001.08	中共江西省委宣传部、江西省教育厅
张守兴	2004 年优秀高教科研论文三等奖	2004.12	江西省高等教育学会
吴月华	全省高校优秀班主任	2005.01	江西省教育厅
马红丽	2003 年中国中学生足球联赛江西赛区优秀教练员	2003.06	江西省教育厅
马红丽	2003 年省少年田径径赛体育道德风尚裁判奖	2003.07	江西省体育局

续表 3-2-2

获奖者	荣誉称号	授奖时间	授奖单位部门
马红丽	2004年省少年田径比赛体育道德风尚裁判奖	2004.07	江西省体育局
王　强（小）	省第二届普通高校优秀多媒体体育课件三等奖	2005.01	江西省教育厅
董先明	2004年省高校优秀多媒体教学课件二等奖	2005.04	江西省教育厅
刘艳红	2004年度省高校教务工作先进个人	2004.12	江西省教育厅
张　律	2002年省高校优秀多媒体教学课件三等奖	2002.11	江西省教育厅
张　律	省第二届普通高校优秀多媒体体育课件三等奖	2005.01	江西省教育厅
张　律	2004年省高校优秀多媒体教学课件三等奖	2005.04	江西省教育厅
邹　俊 郑　媛	高职高专英语大赛口语大赛三等奖	2005	江西省教育厅
许　敏	2004年省高校优秀多媒体教学课件二等奖	2005.04	江西省教育厅
熊十华	都市文学艺术作品大赛优秀奖	2005.06	山西都市编辑部、都市文艺作品大奖赛评委会
赵敦煌	九江市德育工作先进个人	1994.05	中共九江市委、九江市人民政府
赵敦煌	坚持多党合作，政治协商制度先进个人	1999.11	中共九江市委
胡春亮	1997年度优秀党员	1998.02	中共九江市直机关工作委员会
周庆流	2001—2005年市直机关法制宣传教育先进个人	2006.02	九江市直机关工委
吕天庆	第四次全国人口普查先进工作者	1991.03	九江市人民政府第四次人口普查领导小组
吕天庆	1997年度学校德育论文评选一等奖	1998.03	九江市德育工作研究会
潘东辉	2002年度优秀党务工作者	2003.03	中共九江市直机关工作委员会
潘东辉	2003年度优秀党员	2004.02	中共九江市直机关工作委员会
华雅言	2000年学术年会论著二等奖	2001.04	九江市教育学会
袁玉流	市优秀教师	1989.09	九江市人民政府
夏宝淦	优秀工会积极分子	1991.04	九江市总工会
夏宝淦	1996年度优秀工会积极分子	1997.01	九江市总工会
洪英俊	教育工作先进个人	1986、9	中共九江市委、九江市政府
王国槟	九江市优秀教师	1995.09	中共九江市委、九江市政府

续表 3-2-2

获奖者	荣誉称号	授奖时间	授奖单位部门
罗来华	2003 年度优秀党务工作者	2004.02	中共九江市直机关工作委员会
徐　萍	大型文艺表演优秀组织工作者	1996.010	96 中国庐山国际旅游节暨招商洽谈会组委会
胡泽辉	大型文艺表演优秀辅导员	1996.10	96 中国庐山国际旅游节暨招商洽谈会组委会
胡泽辉	1996 年度优秀党员	1997.02	中共九江市直机关工作委员会
张礼萍	1996 年度大中专院校教工优秀团员	1997.12	九江市团委
戴永东	1994—1995 年度优秀党员	1996.2	中共九江市直机关工作委员会
马志峰	市高校“两课”教案评比三等奖	2003.12	中共九江市委宣传部
周　军	“教书育人，为人师表”演讲比赛第二名	2000.03	九江市教育工会
周　军	2002 年度优秀党员	2003.03	中共九江市直机关工作委员会
胡晓林	经营城市理论研讨会优秀论文	2002.01	九江市经济学会
胡晓林	2004 年度优秀干部	2005.01	九三学社九江市委会
张守兴	市 2000 年度学校德育工作论文二等奖	2000.12	九江市学校德育工作研究会
张守兴	加强和改进思想政治工作论文三等奖	2000.12	中共九江市委宣传部
黄先梅	市高校“两课”教案评比三等奖	2003.12	中共九江市委宣传部
宋　濂	市高校“两课”教案评比二等奖	2003.12	中共九江市委宣传部
陈小红	全市“庆建国 50 周年迎澳门回归”知识竞赛优秀奖	1999.09	中共九江市委组织部
陈小红	市高校“两课”教案评比三等奖	2003.12	中共九江市委宣传部
余　佳	《“劳动、创造、奉献、崛起”主人翁风采展》一等奖	2004.04	九江市总工会
梁　平	大型文艺表演先进工作者	1996.10	96 中国庐山国际旅游节暨招商洽谈会组委会

第三节　科研工作与学术交流

学校重视科学研究与学术交流活动，一方面把科研与教学并重，教学是科研的基础，科研是教学的提高，两者相辅相成。一方面，学校在进行教学工作的同时，积极推动与参与校内外的学术交流。为此，学校在大力提倡和积极推动科研工作与学术活动的同时，还制定了激励的办法。

一、科研工作

学校科研工作一直由主管教学工作的副校长负责，由教务部门管理。办学之初，科研与教学几乎同步。建校办学的头几年即先后参与了国家教委下达给中国高等职业教育研究会“七五”规划两项课题的研究，一项是1988年至1989年完成的“职业大学办学指导思想研究”；一项是1989年至1990年完成的“职业教育与普通教育相互沟通问题研究”。与此同时，学校又组织了对本校的实践性教学环节管理改革的研究和实施，对实践性教学环节的管理实行“学校—家长—社会”三结合的管理体制，大大提高了实践性教学的质量，加强了对学生动手能力和实际工作能力的培养。这项研究成果于1989年获得江西省普通高校首次优秀教学成果三等奖。1997年申报了一项省级课题“高等职业教育实践训练和劳务市场沟通的研究和实施”，第二年1月，得到省教委审批，这一课题研究于同年4月正式启动。

在建校办学初期，除了进行有关职业教育的课题研究外，还启动了其他科研项目。为了对校办特种灯泡厂的新产品进行开发研究，经学校申请，市科学技术委员会批准，成立了电光源研究所。为加强对职业教育的研究，学校于1988年内设了职业教育研究室。在整顿充实期间，教职工也未停止过研究著述工作，参加《九江市教育志》的编纂，从1990年至1992年，学校派出6人参与资料搜集整理、调查研究和编纂工作，编撰文字达10余万字。

二、学术交流

2000年至2005年，学校内、外环境的变化以及高校招生及毕业生就业竞争日益激烈，对学校和教师形成了压力，也推动了以课题研究为重点的科研工作与学术活动。一方面是学校有关处、系以及教师参加全国、省、市级的学术活动明显增多，先后加入了多项教育教学研究组织，成为全国高职教育研究会、省高教学会、高校思政研究会、高校学生工作研究会、高校保卫工作、体育教学、计算机教学等学会的理事单位，以及省高职（专）学校图书馆协会常务理事单位。另一方面是推进了教师进行课题研究工作。从2002年开始，教师承担省市级课题研究明显增多，到合并前的三年多时间里共承担了16项省级教改科研课题。截至2005年年底已有“高职创新教育与高职毕业生就业研究”“高职高专教育要注意培养有创新能力的应用型人才”等4项课题结题。到2006年4月合并前，教师在国家、省、市级刊物发表各类论文60余篇，马志峰、温明等还参加了《思想道德修养》等10多部教材的编写，黄俊民撰写的《中国语言学大辞典若干缺陷透视》被编入《辞书研究》。

为了鼓励教学人员参加科研工作和学术活动的积极性，推进学校科研工作，力争出更多科研成果，1995年学校制定了《九江职业大学关于科学研究办法》，规定论文发表和论著出版，学校按同等稿酬额给予奖励；论文交流按不同的交流级别分别给予不同的奖励，对于其中获奖的交流论文则给予同等数额的奖励；科研成果按获取报酬的百分之五十给奖；编著按稿费的百分之三十给奖，获奖编著则另按同等奖励给奖；译著按稿费百分之五十给奖。2000年学校又出台了《九江职业大学教育科研管理条例》，并成立了教育科研管理组，旨在做好学校教育科研的管理，使学校教育科研管理工作系统化、规范化，浓厚科研氛围，逐步形成科研结构群体和自己的特色。学校每年对教育科研活动进行一次总结，上报课题一次，不定期举办校学术报告会。除教职工对外发表论文外，学校在1997年、1999年、2000年及2002年分别组织了教育科研学术报告会，收集论文94篇，并编印成册。

在学校的学术活动方面，多媒体教学的推广也已成为重要内容，教师积极参加多媒体教学课件的制作，在多媒体课件的制作与应用方面也取得了一定成绩。谢枫两次在省高校优秀多媒体教学课件评比中获奖；王强的体育教学多媒体课件在省里参加评比中获奖。越来越多的教师在制作多媒体课件并运用到教学中，推动了学校现代教育技术的发展。

承担省级教改科研课题一览

表3－3－1

序号	课题名称	课题负责人	申报立项时间	备注
1	高职创新教育与高职毕业生就业研究	詹平华	2002年	2005年已结题
2	高职高专教育培养有创新能力的应用型人才问题研究	胡春亮	2002年	2005年已结题
3	成人高等职业技术教育的研究与探索	胡火清	2002年	2005年已结题
4	“即学即练制”人才培养模式研究	胡晓林	2003年	2005年已结题
5	高校管理系统开发及研究	张律	2004年	
6	高职高专交际英语教学的改革研究	曹迁平	2004年	
7	计算机应用专业多媒体课程建设的系统研究	谢枫	2004年	
8	基于因特网的教育模式的研究与实践	金春花	2004年	
9	高校成绩管理系统	程珊	2005年	
10	高职院校“双师素质”队伍培养体系构建的研究	曹树祥	2005年	
11	高职生创业心理与创业教学模式研究	胡春亮	2005年	
12	高职院校高等数学教学改革研究	詹平华	2005年	
13	高职高专模具设计与制造专业人才培养模式研究	王荣	2005年	
14	基于遗传算法的排课系统的研究	蒋腾旭	2005年	
15	高校计算机专业多媒体教学常见误区的研究与矫治策略	董先明	2005年	
16	高职院校心理健康案例教学初探	马志峰	2005年	

第四节　成人教育

为适应人们对高等教育的要求，进一步拓宽学校的办学空间，经省教育厅批准，从2002年起学校开始举办成人教育，招收成人高等学历教育的学员，办学层次为高中起点达专科和大专起点达本科两类，有函授与脱产两种办学形式，至2005年底，已设置了计算机应用、机电一体化、商贸英语、工商管理四个专业，从2002年起按成人高等教育招生考试办法招取学生。

成人教育工作启动之始，根据学校安排，成教工作由教务处承担，负责招生、组织教学工作、制定相应的规章制度、进行成教学员的管理等。随着学校成教规模的逐年扩大，2004年学校成立了成教科，专门负责成人教育的一系列工作，成教科归属教务处。

为了填补学校成人本科教育的空白，更好地为地方经济建设服务，经过与省内几所本科院校的接触、协商，华东交大、南方冶院两校成教学院在学校设立了函授教学站，开设有高达专、专升本专业十多个，于2002年、2003年学校先后与这两校的成教学院签订了联合举办成教本科班的协议。由于学校举办成人教育时间晚，缺乏经验，因此在头三年招收成教学员不多，2004年学校加强了成教科的工作，调整了工作人员，改进了招生与管理工作方式，收到了较好成效，2005年秋季招收了近200名本、专科学员。

第四章　学　生

第一节　思想政治教育

按照中央宣传部、国家教育部大学生思想政治工作“三进”（进教材、进课堂、进头脑）的思想政治教育方略，综合学校多年思想政治教育工作情况及高职教育学生思政教育的特点，采取如下思想教育形式。

一、结合高职教育的特点进行思想政治工作

（一）垂范教育

学校一直强调教职工要以对学生高度负责的态度，强化“教师的自我意识”，用自

己的师范行为对学生直接予以垂范教育。

在建校初期，领导与教职工带领学生进行艰苦的建校劳动，在生活上与学生同甘共苦，不特殊化，始终保持正常心理状态，昂扬的精神风貌，兢兢业业地工作，深受学生的好评和爱戴。在长期处于艰难曲折的办学过程中，乐观向上的精神和克服困难的信心，自始至终是教职工在学校工作和生活的主旋律。

在学校停止招生，面临学校将有被取消办学资格的危险时期，仍然提出“感创业之危艰，奋勉；图前景之佳丽，远眺”以自励。在日常教学、管理和服务工作中，学校一直强调以学生为主体，以教师为主导，尽心尽力做好各自的本职工作，以良好的身教行为影响学生，垂范学生。在垂范教育中，学校对教职工提出明确要求，就是要以端庄的仪表，文明的举止，深厚的专业知识或以良好的管理和服务，以及高度的责任感和敬业精神，去感召和示范学生，从而触发学生的自觉意识，不断引导他们对专业知识和职业技能，以及思想道德高水准的追求。

1994 年恢复招生以后，学生逐年增多，而且源自全省、全国各地，学生之间的素质、家庭境况不尽相同，学生的思想与情绪也是多样，这些都给学生思想教育工作带来新的问题，提出了新的要求，为此，学校更是把干部、教师的敬业精神、工作态度、品德形象看作是对学生的思想品德进行潜移默化教育与影响的最直接的重要方面。因而更加注重对干部、教师的思想教育工作。自 1994 年到 2000 年，学校每年都要组织教学系（室）、教师开展教学评估、教师考核、青年教师培训等工作。从 2001 年开始，每年都要组织教学系（室）、教师开展以塑造形象、以诚立教、教书育人为主题的师德师风教育活动，经常总结经验、树立典型，涌现了一批勤奋敬业、认真教学、教书育人的先进典型，如徐颖莉、周军、吴月华等都曾被评为市、省级优秀班主任、教师标兵等。

（二）社会教育

把职业道德教育和培养纳入职业技能训练的工作环境和实际操作中。鉴于学校办学条件不足的实际，学校把学生职业技能训练往往放在社会大课堂中去进行，提倡学生职业技能训练走向社会化和行业化。办学初期，学校把对学生的职业技能训练内容分解为 3 项：即社会实践、社会服务、教学实习。

学校要求社会实践通过反复多次的进行，逐步加深学生对国情、民情的理解和国家改革、建设大好形势的认识，增强对国家，对民族的自豪感和责任感，对改革，对建设的使命感和参与感。社会服务主要是让学生培养自己良好的职业道德和职业习惯，巩固职业及专业思想，树立全心全意为人民服务观点。教学实习则是在上述两项训练的基础上，侧重于巩固和提高专业理论知识和职业技能，再培养较强的实际工作能力。

学校规定：学生在校 3 年，第 1 学年侧重于社会实践，兼顾社会服务；第 2 学年侧重于社会实践和社会服务并举，兼顾教学实习；第 3 学年以教学实习为主，熔社会实践和社会服务于一炉。

学校的这种社会教育还体现在结合专业课教学所组织的教学见习与实习。自 1994 年恢复招生以后，各教学系根据专业教学需要逐步形成了学生一、二年级到有关工厂、企业及事业单位见习，三年级集中时间进行教学实习的制度，学生在校三年总计参加教学见习、实习时间为一个学期，学生在数月的教学见习、实习中都要到有关厂矿、企业，直接接受工人师傅、厂矿企业领导的教育与技能传授，同时还能了解到社会情况和就业情况。此外，学校学生工作部门、团委每年还要组织学生干部利用寒暑假开展“三下乡”活动，使学生干部能深入社会，了解农村，得到锻炼，此项活动连续四年得到省市共青团组织的表彰。

（三）渗透教育

学校要求在贯彻教育方针上，思想政治教育要渗透到德、智、体诸方面；在课堂教学中，通过专业理论和知识的传授，自然而又有意识地进行渗透；在实践训练中，通过社会各行各业予以直观性的渗透。

二、思想政治教育工作的主要形式

学校对思想政治教育工作管理，采取了“七结合”的形式。

（一）专业性和网络性相结合

学校强调对学生的思想政治教育，以专门管理部门和专业人员为主，组成一个各个部门和全体教职工参与的严密有序的思想政治教育工作网络。成立有学生思想政治工作领导小组，校学工处、团委负责牵头组织教育工作，各教学系具体组织落实，“两课”、心理教育教研室积极参与，班主任直接担负学生教育工作重任。这样，既增强了思想政治教育的力度，也强化了教职工“三育人”（教学育人、管理育人、服务育人）的意识，从而也促进了教职工职业责任感和自身素质的提高。

（二）思想政治教育与“两课”教学相结合

学校要求“两课”教学紧密联系学生思想行为和道德品行实际进行指导与教育，做到理论教学一要阐释深透，二要形式多样，三要联系实际，四要不避热点，五要提倡质疑论辩，六要建立教学实践基地。

建校办学初期，由于学生与教师数量不多，学校思想政治教育体系还不够完善，“两课”教学工作也处在初级阶段，1994 年恢复招生以后，学校为适应新形势下的思想政治工作，成立了领导小组，建立了思政工作部门，建立了“两课”（马克思主义理论课、思想品德课）教研室，选派了多名素质好、教学能力强的教师兼任“两课”教学，校长亲自顾问并长期担任形势与政策课教学。“两课”教研室成立后积极开展工作，组建学生学习小组，编写实用教材，进行专题教学座谈，组织学生到社会有关单位学习参观，使“两课”教学形式多样，主题鲜明，增强了学生的学习积极性。

（三）思想政治教育与专业实践训练相结合

在学生实践训练中，学校规定把思想政治教育列入学生实践训练的一项重要内容，其中尤其是对职业道德和职业行为的培养。在学生专业和职业的实践活动中，对思想政治教育不仅目的明确，内容具体、安排有序，而且成绩考核办法科学易行，既合理又便于操作。同时，在学生的校外实践训练中，建立“两课”的教学实习基地。

（四）教育与管理相结合

在教育工作中，辅以规章制度规范其思想行为；在管理工作中，注重教育疏导。

在对学生的教育与管理结合上，学校坚持动之以情，晓之以理，导之以行，重点抓好新生入学、三年级学生实习、毕业生离校三个阶段，以学生宿舍、学习考试、遵纪守法、文明安全为重点开展教育与管理，做到教育寓管理之中，管理做到制度化、规范化，学校制定《九江职业大学学生行为规范》《九江职业大学学生综合素质测评办法》《九江职业大学学生宿舍管理规定》《九江职业大学班级考核办法》《九江职业大学学生违纪处分条例》等。

（五）学校教育与家庭教育相结合

学校要求学生工作管理部门、各教学系以及班主任，加强与家长的联系工作，密切学校与家庭共同教育学生的关系。

（六）思想政治教育与主题教育活动相结合

自 2002 年起，学校在教师中先后开展以“塑造教师新形象”“以诚立教、教书育人”为主题的师德师风教育活动，在机关坐班人员中开展以“服务教学、关爱师生”为主题的机关作风建设，在学生中开展以“爱我职大，做文明上进大学生”为主题的教育活动，通过开展这些主题教育活动，增强了师生员工的敬业意识和爱校意识，增强了师生员工的使命感和责任感。

（七）思想政治教育与党建工作相结合

自 1996 年成立学校党委以来，学校就把党建工作与思想政治工作紧密结合起来。校党委把做好发展学生党员工作列为系党支部重要工作，还制定了发展学生党员工作条例等，学校要求通过思想政治教育增强师生员工积极要求进步的自觉性与主动性。通过举办党的知识讲座和开办业余党校培训班，千余名积极要求入党的师生参加了业余党校的学习，200 多名师生被党组织吸收入党。广大师生党员和要求进步的师生在学校各方面发挥了模范带头作用，涌现了一批优秀党员、先进教师、“三好学生”。

1996—2005 九江职业大学发展教师、学生党员人数统计表

表 4－1－1

年份 \ 类别 人数	教师	学生	年份 \ 类别 人数	教师	学生
1996	4	5	2002	6	18
1997	6	8	2003	4	15
1998	4	8	2004	4	38
1999	3	9	2005	3	48
2000	4	10	合计	42	171
2001	4	12			

第二节 学生工作

学生工作是学校工作的根本所在，建校初期，学生工作由教务处负责，当时的学生工作主要结合艰苦创业、专业学习、教学实践以及毕业生“优学优分”这些方面来开展，同时还注重与家长联系共同做好学生工作。学校制定了“新”“严”“实”“美”的四字校训，围绕“四字”校训多渠道、多形式开展学生工作。

一、进行学生思想政治教育，注重学生思想道德培养

学校学生工作处围绕学生思想政治教育开展各项工作。在学生中，长期坚持开展以“一做三创”和“爱我职大，做文明大学生”为主题的活动，教育和培养学生牢固树立爱党、爱国、爱校、爱人民的思想，努力培养学生“勤学、文明、上进、守纪”的思想道德和精神风貌，争创文明班级、文明寝室、文明校园，争做勤学、守纪、文明大学生。每学期学工处都要组织多项不同层面的座谈会，深入到学生中，及时掌握学生的思想动态，发现问题及时解决。通过座谈听取和采纳学生对学生工作提出的好的建议并尽最大能力帮助学生解决各种困难。

二、加强学生日常管理工作

学生工作处围绕学校的中心工作，着力抓学生的日常管理工作，具体落实在以下几个方面：

（一）建立和完善各项管理制度

学工处根据国家教育部颁发的《普通高等学校学生管理规定》及省教育厅有关精神，结合学校实际情况，先后制订一系列实用可行的学生管理规章制度，如：《九江职业大学学生行为规范》《九江职业大学班主任工作管理办法》《九江职业大学班主任考核评分表》《关于学生证管理的暂行规定》《九江职业大学学生违纪处分条例》《九江职业大学关于加强晚间学生安全管理的暂行规定》《九江职业大学学生宿舍管理规定及奖惩条例》《九江职业大学学生综合素质测评办法》《九江职业大学班级常规考核及先进班集体评比办法》《九江职业大学学生违章用电的处理条例》等。正因为有一套合理可行的规章制度，才使学生工作做到有章可行、有据可查，使学校的学生管理工作能规范有序地进行。

（二）班主任队伍建设

班主任是学生工作的组织者、实施者，班主任工作的好坏将直接影响到班级工作的成效。从1994年到合并前，学校举办了5期班主任培训班，对班主任进行思想道德教育和业务培训，以提高班主任的思想道德修养和班主任管理的业务水平。在班主任的选配上严格把关，让一些思想政治觉悟高、业务水平好、责任心强、有爱心的老师担任班主

任，同时还注重“传、帮、带”作用，请一些资历深、责任心强、有经验的老教师和教学系的书记、主任担任班主任，以充实和加强班主任队伍。学校坚持以“九江职业大学班主任工作管理办法”来加强班主任工作的管理，坚持班主任月例会制，坚持每月通报班级考评情况和班级排名，以此来促进班主任工作。通过班主任例会，对一个月的班级工作进行总结，并商量、讨论下个月的班级工作。工作规范化、制度化。每年的先进班集体、优秀班主任的评比也直接从全校班级考评排名前几位中产生，从而做到公正、公平、公开，提高了班主任的工作积极性。从 1994 年至合并前，96 级涉外班和 04 级化工班被评为全省先进班集体，四位老师被评为全省优秀班主任，近 30 位老师被评为校级优秀班主任。

（三）学生干部队伍建设

在学生工作中，学生干部起着承上启下的作用。因此，要做好学生工作，首先要有一支好的学生干部队伍。一方面，要加强学生干部的思想政治教育，学校每学期至少两次组织学生干部开展邓小平理论、“三个代表”重要思想及党的相关政策文件精神的学习活动，提高他们的政治思想素质；另一方面，每学期都要多次召开各种层面的学生干部会议，从学工处、团委、教学系等多方位对学生干部进行业务培训和教育，从而较好发挥学生干部的模范带头作用，树立学生干部在学生中的威信，通过他们把学校的精神和要求传达到每个同学，通过他们及时准确地反映学生的问题，使学校能做到及时了解问题、准确处理问题，做到防患未然。在学生干部队伍的建设中，注重做好学生干部的推优工作，把政治觉悟高、工作能力强、学习成绩好的学生干部向党组织推荐，每学期评定一批优秀学生干部，提高了学生干部的积极性，使学校学生工作能顺利、稳步地开展。1994 年至 2005 年，学校有 4 名同学被评为省级三好学生，3 名同学被评为全省优秀学生干部，1 名同学被评为全省优秀特困生，5 名同学被评为市级优秀团员，3 名同学被评为市级优秀团干，1 名同学获全市“十佳青年”称号。

（四）班级日常管理

在班级管理方面，学工处、团委坚持加强对升旗和晚自习的管理。每学期开学初，学校通过召开多层次学生会议，学习强调有关的学生管理规定，并通过各教学系、各班组织落实。每星期的升国旗坚持组织学生会干部进行抽查各班人数，并对升旗纪律进行检查，检查结束及时通报并纳入每月的班级工作考评中。对晚自习的管理，根据学校实际情况，实行每晚有各系带班老师、学生会干部参加的值班检查制度，各教学系、各值班老师、学生干部都非常重视、尽职尽责，并认真填写值班记录。学工处每周进行抽查，并把每周的检查情况进行通报，同时纳入每月的班级考评中。

（五）学生军训

从 1994 年至合并前，学校学生的军训工作都是由学生工作处组织实施。每学年初，学校联系好训练部队，结合学校实情，商定训练形式及内容。为顺利圆满地完成军训工作，学校要多次召开有关部门及班主任会议，强调搞好军训的意义和重要性，布置军训的组织形式及其具体事项。随着学校办学规模的扩大，学生人数的逐年增多，军训工作组织实施的难度也在增大，但由于领导的重视和关心，训练部队的大力支持，各教学系的积极配合，班主任的身体力行，学生们的积极参与，使学校每年的军训都能顺利圆满地完成，始终做到了有计划、有内容、有总结。

（六）学生奖学金、助学金评定和“五四”评先

每学期组织各班对学生进行“学生素质综合测评”，在综合素质测评的基础上，按指标评定出奖学金获得者，同时，根据学生在校一年的表现，按学校文件要求，每年在“五四”期间，评定一批“三好学生”、“优秀学生干部”等先进个人和先进学生班级。奖学金评定及“五四”评先牵动着每位学生，是对学生一年度学习、工作等方面的全面评价和肯定，所以学校严格把关，确保这项工作公正、公平、公开地进行。1994 年至合并前，有多人次获得国家奖学金，每学期有 30% 学生获校级奖学金。每学年、每年级有 3 个先进班集体、10 个文明寝室、若干名先进个人。根据国家政策和学校实际，每学年学校还组织进行困难生助学金的评定工作。学工处为了确保此项工作能公平、公正、顺利地开展，从方案的制定到组织实施，每一环都认真、细致地进行，每学年都有 10% 学生获得资助，2005 年有 189 名同学获国家助学金。

（七）违纪学生的处理

学工处还负责对违纪学生进行教育和处理工作。在做好学生管理工作的同时，对于违纪学生要按《九江职业大学学生违纪处分条例》进行处理。在处理之前，学校还要跟学生谈心，做好学生的思想工作，并按要求让学生在处理意见书上签字，使学生心服口服，达到教育的目的。由于工做得细致、方法得当、思想教育到位，使得学校保持了稳定安宁的校园环境。

三、学生宿舍管理

在学校规模扩大、学生增加、宿管人手少的情况下，学工处和宿管部门充分发挥学生积极性，组织了一支政治思想好、工作积极性高、服务意识强的学生宿管队伍——宿管委员会。他们在宿管老师的指导下，为丰富学生的宿舍文化生活，创办了“宿管文化简报”，定期出刊，组织以宿舍为单位的各类文体活动，并坚持每周对学生宿舍的卫生进行检查。每学期，学工处牵头组织，保卫、总务、各教学系、班主任参加，对学生宿舍进行不定期大检查，以此来促进宿舍管理工作。每次检查的结果，每月进行通报并纳入每月班级考评中。对违章用电及违纪学生及时发现、及时处理。在江西省首次“标准宿舍”评定中，学校申报的两幢宿舍均获“江西省标准宿舍”称号。正因为学校领导重视、上下齐心协力，使学校的宿舍管理工作取得了较好的成绩，多次受到省内专家和学校的好评。

四、开展多项学生活动

1995 年，组织近 200 名学生参加全市大型团体操表演，获组织奖，并有 5 位学生获得全市先进个人光荣称号。同年还组织学生参加九江市青年演讲比赛，2 名同学分别获

特等奖和二等奖。获得特等奖的学生还代表九江市参加全省演讲比赛荣获全省青年演讲比赛二等奖。

1996 年，组织近百名学生参加全市大中专院校合唱比赛获优胜奖；1999 年，组织学生参加九江市青年演讲比赛获二等奖；2000 年组织学生参加九江市“奔向新世纪”大型文艺晚会获组织奖；2001 年，组织学生参加全省大中专院校辩论赛获优胜奖。

2000—2004 年，组织学生参加“三下乡”活动并连续四年获先进单位，并于 2004 年被评为“省级优秀服务队”，2 名老师被评为“三下乡教育活动省级先进个人”，多人被评为“三下乡教育活动市级先进个人”。

2004 年，组织学生参加纪念“12·9”学生运动晚会，获优胜奖。

2006 年，组织学生参加庆祝“三八”妇女节大型文艺展演，获一等奖。

第五章　后勤与基建

办学以来，后勤与基建人员，本着艰苦创业、勤俭办事的精神，通过艰苦工作，在条件简陋的情况下，千方百计保证了教学和生活最基本的需要，维持了学校工作艰难而正常的运行。后来办学条件虽然在逐步改善之中，但随着办学规模的不断扩大，师生员工要求不断提高，加之经费依然困难，后勤、基建工作压力依然很大。

第一节　后勤服务

少花钱，多办事，办好事，这是学校对后勤工作的总要求，保证教学工作和师生员工生活的基本需要，是学校对后勤工作最起码的要求。因学校白手起家，经费投入不足，后勤管理工作一直是处在艰难的情况下运作。但由于后勤人员始终坚持全力为教学和师生服务的主旨，克服了许多客观困难，从未出现过因后勤工作原因而造成教学和生活无法维持的事故。由于后勤人员倾其全力服务和师生员工对其工作的充分理解和配合，困难都一一被克服。

办学之初，学校租赁九江市职业高中校办工厂招待所招生办学，师生员工 130 余人在一个很小的空间里教学、办公和食宿，十分拥挤。由于后勤人员的艰辛劳动，采取不停运转的操作方法，就餐、用水不仅得到了充分保障，而且饭菜卫生，质量好，价格适中，师生满意。学校搬迁新校址以后，由于生活设施极不配套，在一段时间内，学生宿住教室，市内无房教职工租住农工私人住宅，食堂因陋就简，把原共大九江分校（后改办为职业高中）供学生劳动实习歇息之用的1间旧小的平房改为厨房。自来水不通，经过简易处理已经断流的龙开河古水道的蓄水就成为师生的生活用水，这种状况一直持续到1991年因九江边防检查站借住学校接通自来水管道才告结束。在此期间，由于多方努力，加强生活管理，无论吃和住，均未发生任何事故和不良情况。

学校办学经费长期困难，而吃、住、行、用又不可一日或缺，造成后勤工作的多方面困难。为了保证教学和生活的基本需要，后勤管理人员立足于勤俭，能自己动手的自己动手，不能自己动手的也要精打细算，量力而行，力争让有限的财力发挥最大的效益。建校之初，学校搬运物件都由教职工利用暑假自行搬运，时间长达20余天之久。1998年秋季，当淹没校园的洪水退后，后勤部门人员动手洗刷被淹的课桌椅，动手安装校园草坪周围的座椅，动手制作校运动会所需的裁判座架，舞台演唱用的台阶等。

管理好食堂，服务好学生，是后勤管理工作一直坚守的原则。在学校统一经营与管理食堂期间，明确要求食堂计划用料、合理售价、减少浪费、热情服务、确保安全。20世纪90年代末期食堂作为高校后勤工作的重头戏，依照上级有关文件精神需要进行后勤社会化改革，学校也不例外，并积极稳妥地推进这一改革方案。在食堂管理上借助社会力量引入竞争机制，采取有条件的竞标承包方式。通过几年的实践表明，学校减轻了负担，节省了一定的经费投入，食堂也办得有特色，食堂工作人员服务态度好，饭菜食品品种花样多，满足了师生和不同层次的消费需求，后勤社会化改革推动了学校整体工作的向前迈进。从2004年秋季开始，由于学生食堂为引资所建，而改为由建筑投资方经营，从而增加了学校管理的困难。为了办好食堂，服务学生，校后勤部门加大了对食堂的管理力度，加强检查监督，成立学生膳食管理委员会，听取学生意见、改进服务。合并前两年由于扩大对外省招生，少数民族学生增多，为照顾不同民族学生的生活习惯，学校增开了学生清真食堂，受到回族学生的欢迎。

由于学校师生逐年增多，办学规模的扩大，原校内水、电容量不能满足生活、教学需要，后勤管理处于2003年对原校内电路进行了改造，供水进行了增容，将架空输电线路改成地缆线输电，增加了一条口径160毫米自来水管线，较大地改变了校园容貌，缓解了生活用水的困难，适应了学校的发展，满足了师生工作生活的需要。

第二节　校园基建

基建工作一直是建校办学中十分重要的工作，尤其对于这所白手起家、基础设施严重不足的学校更是如此。学校为此花费了大量精力、人力，千方百计克服困难，在经费投入不足的艰难情况下进行着校园基本建设。

学校基建工作可以分为四个阶段：

第一阶段以1986年11月教学楼动工兴建开始至1988年10月食堂竣工，前后两年时间，主要建筑面积为5010平方米，不包括其间自筹资金修建的简易平房宿舍334平方米，以及100多平方米的简易车库、发电房等。

第二阶段从1992年10月实验楼和11月图书馆相继开工兴建起，接着又于翌年5月和6月的1号、2号和3号学生宿舍建筑工程陆续开工，1994年的8月和9月间有实验楼和1号学生宿舍交付使用，共完成建筑面积6690平方米，其余均处在停工和半停工状态。

第三阶段，从1994年8月至2001年，基建主要工程一是进行图书馆加层及续建，2号、3号学生宿舍的续建和新建教工宿舍三项重要工程。2、3号学生宿舍分别于1996年秋季和2001年建成交付使用，图书馆于1999年秋季建成投入使用，教工宿舍于1998年年建成，36户教工乔迁新居，改变了校园没有教工宿舍的状况。四幢主要建筑面积为11382平方米。二是按开发区统一要求，对新建的实验楼、图书馆、1—3号学生宿舍等校舍进行外墙装饰工程。三是修建了长200余米、宽6米的校内水泥主干道和新建了校大门等。

第四阶段，从2002年至2006年合并前，学校为适应扩大招生，进一步改善办学条件的需要，在市财政投入不足的情况下积极寻求引资建设方式来兴建新的工程项目。2002年年底学校与江西福田房地产开发有限公司达成协议，由对方投资近千万元建设新的学生食堂（含厨房、餐厅、锅炉房、学生浴室）和礼堂工程建筑面积5200平方米，当时合同约定，食堂由投资方福田房地产开发公司经营20年，20年后食堂房产移交给学校，礼堂部分由学校支付建设工程款。4号学生宿舍建筑面积5400平方米，按合同约定，4号学生宿舍建成后由福田公司经营管理20年，20年后该房产由福田公司移交给学校。4号学生宿舍于2003年秋季竣工投入使用，学生食堂于2004年秋季、礼堂于2005年春季投入使用。由此，学校的办学条件和环境有了明显改善，得到了上级领导和师生员工的好评。

为了改变校园面貌，学校长期以来重视校园绿化美化，后勤部门的人员为此做了许多有效的工作。建校之初学校教职工就自己动手栽种树木，当年栽种和树种主要是杨树和樟树，从1995年开始在空地上种植草皮。1998年夏季洪水淹没了校园近50天，栽种七八年的樟树和已种植成的草坪全部死亡。面对着无情洪水带来的灾难，学校领导、干部、教工不气馁、不悲观，决心继续努力重建校园，从1999年春季开始连续五年学校在努力做好教学管理、建设等工作的同时，着力对校园进行整治与绿化美化。在省市主管部门的支持帮助下，学校先后投资200余万元用于校园环境建设，重新栽种了香樟、雪松、水杉等40多个品种的树木。在教学楼、实验楼、图书馆、教工宿舍、学生宿舍区等区域进行绿化，形成绿化小景区6个，校园空地绿化率超过70%。

2005年4月，江西省绿化委授予学校“全省绿化模范单位”称号。

下　篇

（2006 年 4 月—2015 年 6 月）

第一章　体制与机构

2004 年，中共九江市委、九江市人民政府研究决定将九江职业大学和九江师范学校（始建于 1903 年）合并重组，成立新的九江职业大学，承担为九江地方经济社会建设和基础教育事业培养高素质技能性人才和合格人民教师的任务。2006 年 5 月，新成立的九江职业大学沿袭原九江职业大学管理体制，实行党委领导下的校长负责制，对内部实施全面管理。2006 年至 2009 年，逐步形成以党内监督、民主参与等制度建设推进规范管理体系，先后出台（包括修订）130 余项管理制度。2009 年 8 月，学校下放管理权限，实行二级学院管理制度，提高二级学院自主办学能力。2010 年 6 月，学校党政工作实行“三重一大”（重大决策、重要干部任免、重要项目安排及大额度资金使用）事项集体决策制。2010 年 8 月，学校升格为副厅级建制。截至 2015 年，学校共设有 15 个教学院（部），职业教育涵盖师范教育、学前教育、艺术、建筑工程、经济管理、机电工程、电子信息、旅游商贸、护理、农林、空乘服务、海乘服务 11 个学科领域。

第一节　领导体制

一、领导体制沿革

2005 年 4 月 15 日，省政府办公厅下发《关于同意将九江师范并入九江职业大学的函》，批复同意将九江师范学校成建制并入九江职业大学，组建新的九江职业大学。同月，中共九江市委、市政府下发《关于九江师范并入九江职业大学的通知》。

2006 年 4 月 30 日，市委副书记林兴富一行到九江职业大学，在两校的中层以上干部大会上，宣布市委的决定，委派江西省政协常委、九江市政协副主席、九江学院副院长卢志鹏任九江职业大学校长，原九江师范学校党委书记周春明任党委副书记兼纪委书记，原九江师范学校校长肖厚建任副校长，原九江职业大学副校长肖允叔、胡春亮任副校长。原九江市教育局副局长吴继媛不再兼任九江职业大学党委书记，原九江职业大学校长退二线，重组了九江职业大学党政领导班子。合并重组后的九江职业大学，延续原九江职业大学和九江师范的行政隶属关系，为九江市教育局下属单位，办学经费由收缴学生学费和市政府财政拨款及省教育厅专项拨款构成，招生录取和教学等由省教育厅管理。

2006 年 9 月 8 日，中共九江市委、市人民政府主要领导在教师节前到九江职业大学走访慰问教职工并现场办公，随行人员有市委和市政府办公厅、市财政局、教育局、人事局、编制委员会办公室、九江银行等部门负责人。市委决定：干部管理权限下放；编制由学校进行总量控制；建设经费由学校贷款 2000 万元，财政贴息，五年不变。学校由隶属于市教育局行政管理变更为由市政府直管，作为市政府的直属事业单位，依法自主办学方向更加明确。同月，市委、市政府决定给予学校科级及科级以下干部任免管理自主权，市委宣传部对学校的科级及科级以下干部的任免只实行备案制，处级干部由市委、市政府任命，市委组织部管理。

2008 年 8 月，中共九江市委决定任命王原平（原九江市人大常委会秘书长）为九江职业大学党委书记。

2009 年 3 月，九江市人民政府报请江西省人民政府批准，将江西庐山旅游中等专业学校（2005 年 10 月，由原九江农业学校与原九江财贸职业高级中学升格更名后的江西庐山旅游中专合并组建而成）成建制划归九江职业大学。决定自 2009 年 3 月 19 日至 2009 年 8 月底为过渡期，学校设置江西庐山旅游中等专业学校过渡期管理委员会，由原江西庐山旅游中专校长梅芳田任管委会主任。

2010 年 8 月 25 日，省政府编制办下发《关于九江职业大学级别的批复》，同意学校升格为副厅级建制，学校党政主要领导由省委任命，处级干部管理权限不变。

2011 年 1 月，九江市委机构编制委员会批复九江职业大学领导职数配备：配书记、校长各 1 名，副书记 2 名（其中 1 名兼任纪委书记），党委委员、副校长 5 名。

2011 年 12 月 27 日，省委组织部副部长刘三秋、省委教育工委副书记史蓉蓉一行到学校，宣布省委任命：王原平任九江职业大学党委书记，卢志鹏任九江职业大学校长。

2012 年 1 月，学校副职领导周春明重新任命为正处级党委副书记、纪委书记，肖厚建、胡春亮、汪春莲、周兴龙重新任命为正处级党委委员、副校长。

2012 年 1 月和 8 月，市政府分别任命赵建夫（部队转业干部，副师级）、余传忠（原九江市人防办副主任）为校党委委员、副校长。

2015 年 1 月，九江市技工学校成建制并入九江职业大学，进行整合发展，保留九江市技工学校建制和牌子，对内为九江职业大学二级学院，即技师学院，实行两块牌子一套人马。除承担相应的学历教育外，继续承担人社部门职业教育职能。

合并重组后，学校领导班子成员任职情况，列表如下：

2006—2015 年学校领导班子成员任职情况

表 1-1-1

职务	姓名	任职起讫时间	职级
校长	卢志鹏	2006.04—	副厅级
党委书记	王原平	2008.08—2011.11	正处级
		2011.12—	副厅级
党委副书记兼纪委书记	周春明	2006.04—2011.12	副县级
		2012.01—	正县级
党委委员副校长	肖厚建	2006.04—2011.12	副县级
		2012.01—2014.10	正县级
党委委员副校长	肖允叔	1987.07—2008.07	副县级
党委委员副校长	胡春亮	2003.06—2011.12	副县级
		2012.01—	正县级
党委委员副校长	汪春莲	2009.10—2011.12（2007.01—2009.09 任校长助理正科级）	副县级
		2012.01—	正县级
副校长	周兴龙	2009.10—2011.12	副县级
		2012.01—	正县级
党委委员副校长	赵建夫	2012.01—	正县级
党委委员副校长	余传忠	2012.08—	正县级

二、领导分工

学校实行党委领导下的校长负责制，党委发挥领导核心作用，支持校长行使法定代表人职权。

2006 年 5 月 11 日，学校新领导班子进行第一次分工。校长卢志鹏主持行政全面工作，主管行政、人事、财务；党委副书记兼纪委书记周春明主持党委工作，主管党建、纪检、思政、组织、宣传、统战、群团、老干部，协助校长分管招生工作；副校长肖厚建协助校长分管后勤、基建工作；副校长肖永叔协助校长分管学工、就业、安全保卫、成教、培训；副校长胡春亮协助校长分管教学、科研、实验（实训）、图书馆、学科建设、教师队伍建设。

2006 年 6 月 21 日，校党委成员第一次分工。副书记周春明主持党委工作，分管党建、纪检；委员肖厚建分管组织、老干部工作；肖永叔分管思政、群团工作；胡春亮分管宣传、统战工作，兼任长虹校区管委会主任。

2008 年 7 月，校党政联席会议对部分领导成员分工进行调整，副书记周春明分管党建、纪检、思政、群团工作，协助校长分管学工、安全保卫等工作；副校长胡春亮分管宣传、统战工作，协助校长分管教学、科研、图书、实验实训、学科建设、教师队伍建设等工作，不再负责长虹校区管委会工作；校长助理汪春莲协助校长分管招生、就业、成教和培训工作。

2008 年 8 月，王原平就任学校党委书记，党委班子成员分工进行调整。党委书记王原平主持党委全面工作，主管干部、人才、组织、党建；副书记、纪委书记周春明负责纪委全面工作，分管宣传与思想政治工作、学工、群团、维稳工作；党委委员肖厚建分管老干部工作；党委委员春胡亮分管统战工作。

2012 年 2 月，学校领导班子行政工作进行调整。校长卢志鹏主持学校行政全面工作，兼管督导、人事和国有资产管理工作；党委书记王原平兼管新校区建设和新项目建设办工作；党委副书记兼纪委书记周春明兼管监察、审计、安全稳定、信访、保卫和学工工作；副校长肖厚建协助校长分管实训中心、信息中心、科研、高教研究、学报和图书馆工作；副校长胡春亮协助校长分管教学工作，负责省级示范性高职院校建设和迎评工作；副校长汪春莲协助校长分管招生、就业和培训暨成人教育工作；副校长周兴龙协助校长分管办公室、财务、国际交流、幼儿园、护理学院筹建、长虹校区和中专部校区管理工作；副校长赵建夫协助校长分管学校安全稳定、保卫、信访、学工和后勤工作；余传忠协助校长负责新校区建设工作。

2012 年 3 月，学校党委调整成员分工，学校党委书记王原平主持校党委全面工作，兼管人才、组织和党建工作；党委副书记周春明主持纪委全面工作，分管思想政治、宣传、安全稳定、信访、学工部和群团工作；党委委员肖厚建分管老干部工作；党委委员胡春亮分管学校师德师风教育和教师队伍建设；党委委员汪春莲分管毕业生党组织网络化建设；党委委员周兴龙分管党办和统战工作；党委委员赵建夫分管学校保卫和学工工作。

2012 年 6 月 11 日，因工作需要，对部分学校领导分工调整。校长办公会议决定，校长卢志鹏不再直接分管人事、财务和国有资产管理工作，由副校长肖厚建协助校长分管人事工作，由副校长周兴龙协助校长分管国有资产管理工作。

2014 年 10 月，学校部分领导成员行政分工进行微调。按领导干部任职年龄切线规定，副校长肖厚建不再担任学校领导职务，原分管的科研、实验实训、信息中心、图书馆工作由副校长胡春亮负责分管；人事、学报由副校长汪春莲负责分管。

三、决策机制

集体决策　2010 年 6 月，校行政和校党委联合制定《九江职业大学关于执行“三重一大”事项集体决策制度的实施细则（试行）》。“三重一大”指学校的重大决策、重要干部任免、重要项目安排及大额度资金使用。

明确集体决策的指导思想和基本原则，事项范围，参与决策的人员、程序及办法，监督检查，责任追究。决策形式为校党委会、校长办公会。参与学校“三重一大”决策人员为校级党政全体领导，特殊情况可适当扩大参与决策人员范围。决策前充分听取教职工和专家的意见，深入进行论证和协调，需要教代会审议的重要事项，提交教代会审议通过。

党内监督　合并重组之初，为规范党政管理工作，建立党内监督机制，学校设立校纪委，校纪委接受上级纪委和学校党委的领导，对学校的重大决策过程和重要工作行使监督。

2006 年 7 月 31 日，学校党政召开联席会议，根据教育部《关于开展治理商业贿赂自查自纠工作的实施意见》的文件精神和省教育纪工委的要求，研究部署学校开展治理商业贿赂专项工作，成立由党委副书记、纪委书记周春明为组长的治理商业贿赂专项工作领导小组。

同年 9 月，校纪委起草出台《大宗物资采购和基建、维修等项目招投标管理规定》，同时，校党委下发《关于开展治理商业贿赂自查自纠工作的实施方案》，建立健全预防商业贿赂的长效机制。校纪委组织督促检查小组，对全校治理商业贿赂工作的开展情况进行督促，尤其以教材、大宗物资采购、工程建设、维修等方面为重点，对其中的每一个环节进行监督检查，并对监管中的一些薄弱环节提出整改措施，落实整改责任。

2007 年 7 月，学校党委决定并报市委宣传部备案，任命陈新贵、吕天庆为学校纪委（监审室）负责人，纪委与监审室实行合署办公，履行党的纪律检查和监察审计三项职能。

2009 年 8 月，经市委宣传部批准，任命诸秋南、胡泽辉为学校纪委副书记。

2011 年 11 月，中共九江市委任命周春明为学校党委副书记、纪委书记（正处级）。

2012 年 5 月，中共九江市委任命胡泽辉为学校纪委副书记（副处级），监审室升格为副处级单位，在校党委领导下仍实行纪委、监审室合署办公。现有纪委书记 1 人，副书记 1 人，监审室副主任 1 人，纪委（监审室）干事 1 人。

2013 年 12 月，学校纪委转发《省、市纪委有关违纪收受“红包”问题通报》和市纪委《关于在全市科以下机关党员和干部职工中开展违反规定接受和赠送现金、有价证券、支付凭证问题专项治理活动的通知》，组织各部门党员和干部学习并开展自查工作。专项治理工作从 2013 年 12 月 2 日至 2014 年 2 月 2 日，分部署动员、自查自纠、公示督查和总结上报等四个阶段进行，领导干部分别要求填写《“红包”专项治理自查自纠情况登记表》《“红包”专项治理自查自纠情况公示表》《“红包”专项治理情况汇总统计表》。此后，治理工作进入常态化。

学校纪委建立一月一次的工作例会制度，纪检干部一季度一次的学习制度；对干部选拔任用、基建工程招投标、大型仪器设备采购、职称评聘，规范教育收费等方面监督检查工作；实行阳光招生，开展对部门主要领导离任经济责任审计和项目资金的审计工作。

建立和完善从源头治理和预防腐败的制度。学校先后制定了《九江职业大学建立健全惩治和预防腐败体系 2008—2012 年工作规划实施方案》《九江职业大学党风建设责任制分工》《九江职业大学党风廉政建设责任制实施暂行办法》《九江职业大学建设工程、修缮工程项目招投标暂行办法》《九江职业大学基建、修缮工程项目审计暂行办法》《九江职业大学关于示范性建设资金使用实施细则》《九江职业大学科研经费管理办法》《九江职业大学省级示范性高等职业院校建设项目资金管理实施办法》《九江职业大学关于国家奖学金、国家助学金及学校奖学金评定的通知》《九江职业大学财务报销办法及流程》《九江职业大学公务接待暂行规定》《九江职业大学公务用车暂行规定》等几十项规章制度。

民主管理　学校发挥教代会、工会等群团组织在民主管理中的作用。学校重大事项和决策实行双代会（教职工代表大会和工会会员代表大会）制度，推行校务公开，校长定期向教职工代表大会或教职工全体会议报告工作。2008 年 1 月，学校召开第八届教职工代表大会暨工会会员代表大会（延续原九江师范学校前七届双代会），讨论通过学校教职工工作绩效考核方案和“校训”“校徽”及释义，确立学校在未来三年内跨入省级示范性高职院校的发展目标。2013 年 6 月，学校召开第九届教职工代表大会暨工会会员代表大会，讨论通过学校年终绩效考核及分配方案，确立打造中部地区、长江沿岸一流高职名校的战略目标。2015 年 5 月，学校召开第九届教职工代表大会二次会议，讨论通过《九江职业大学财务决算报告》和修改《九江职业大学校内津贴及考核实施方案（试行)》。

四、学校党委会职责

宣传和执行党的路线方针政策，宣传和执行党中央、上级组织和本级组织的决议，坚持社会主义办学方向，依法治校，依靠全校师生员工推进学校科学发展，培养德智体美全面发展的中国特色社会主义事业的合格建设者和可靠接班人。

审议确定学校基本管理制度，讨论决定学校改革发展稳定以及教学、科研、行政管理中的重大事项。

讨论决定学校内部组织机构的设置及其负责人的人选，按照干部管理权限，负责干部的选拔、教育、培养、考核和监督。加强领导班子建设、干部队伍建设和人才队伍建设。

按照党要管党、从严治党的方针，加强学校党组织的思想建设、组织建设、作风建设、制度建设和反腐倡廉建设。落实党建工作责任制。发挥学校基层党组织的战斗堡垒作用和党员的先锋模范作用。

按照建设学习型党组织的要求，组织党员认真学习马克思列宁主义、毛泽东思想、邓小平理论、“三个代表”重要思想以及科学发展观，坚持用中国特色社会主义理论体系武装头脑，坚定走中国特色社会主义道路的信念。组织党员学习党的路线方针政策和决议，学习党的基本知识，学习科学、文化、法律和业务知识。

领导学校的思想政治工作和德育工作，促进和谐校园建设。

领导学校的工会、共青团、学生会等群团组织和教职工代表大会。

做好统一战线工作。对学校内民主党派的基层组织实行政治领导，支持他们依照各自的章程开展活动。支持无党派人士等统一战线成员参加统一战线相关活动，发挥积极作用。

党委书记主持党委会。

五、校长履行法定代表人职责

校长是学校的法定代表人和最高行政负责人，全面主持学校行政工作。实行由校长统一领导、副校长分工负责、职能部门组织实施的工作机制。

组织拟订学校事业发展规划，制订学校具体规章制度和年度工作计划，并组织实施。

组织学校学科与专业建设、教学活动、科学研究、社会服务、思想品德教育和对外交流与合作事宜。

组织拟订学校内部组织机构设置方案，推荐副校长人选，依法任免学校内部机构负责人。

聘任与解聘教师以及内部其他工作人员，依照法律和学校规定对教职工实施奖励或处分。

对学生实施学籍管理，依照法律和学校规定对学生实施奖励或处分，向毕业生颁发学业证书。

筹措办学经费，拟订和执行学校年度经费预算方案，依法管理、使用和保护学校资产，维护学校合法权益。

按程序规定，代表学校与各级政府、境内外单位和个人签署协议或合同，接受捐赠。

法律规定的其他职权。

校长主持校长办公会。

第二节　管理体系

一、内部管理

2006 年 5 月，沿袭原九江职业大学管理体制，学校对内部实施全面管理。随着招生规模的扩大，2006 年 9 月，学校试行校、院（系、部）两级管理，学校部分权限下放，加强院（系、部）的自主管理能力，突显其办学特色。2009 年 8 月，取消系设置，重新整合，设立二级学院（部），管理权限下移，二级学院（部）办学自主权逐步有序加强，学校以宏观管理为主，二级管理体制基本形成。

二、建章立制

2006 年，并校之初，学校各项管理规章制度尚不完善。随着合并后学校在管理规范性方面，问题逐步突显，学校决定，2008 年为“规范管理年”，开展建章立制活动。解放思想，突破传统教育旧观念；提升理念，打造人才培养新模式，推进学校又好又快发展。学校先后出台（包括修订）了 130 余项管理制度。

人事管理制度　以校内津贴制度的制定为突破口，制定一系列人事管理制度，包括职称评聘、教师进修及学历提升、教师引进、教师聘用、教职工及干部考核、校内骨干教师的评选等。

教学管理制度　形成了行政一级管理、教务教学、学生管理一二级联动以二级管理为主的新机制。按照校长卢志鹏提出的“多学科、少学时、小学分”课程设置思想新体系，使人才培养向着“重品行、宽知识、厚基础、强技能”的方向发展。

学生管理及校园综合治理制度　在学生管理上，结合办学实际，一是建立健全学生管理队伍。开展丰富多彩的校园文化活动，探索实施学生德育导师制。二是建立安全维稳、治安联防机制，防止校园发生重大安全责任事故。

财务及后勤保障制度　后勤、财务、资产管理制度的建立，保障学校平稳运转。初步形成节约型、文明卫生型校园。

为促进依法治校、科学发展，完善中国特色现代大学制度，学校对各项管理制度及规章进行重新整合，形成以章程为核心的制度体系，体现深化教育改革的要求，依法自主办学，围绕提高质量的核心任务，完善法人内部治理结构，健全决策机制、民主管理和监督机制。

2012 年底，学校起草《九江职业大学章程（草案）》。2013 年 6 月，经由学校第九届教职工代表大会一次会议讨论获得原则性通过。通过 2 年的修改完善，2015 年 5 月 22 日，经校长办公会研究，校外专家组审核，在校园网上公示（详见附件）。

第三节　组织机构

一、党政部门

（一）部门设置

2006 年 9 月，经九江市编委批准，学校内部设党政管理中层机构共 17 个。其中，党群部门 4 个：设党委办公室、纪委（监察室）、工会、团委；行政（教辅）机构 13 个：设校长办公室（与党委办公室合署）、教务处、学生工作处、后勤管理处、基建处、招生就业处、计划财务处、教科处、保卫处、长虹校区管委会、图书馆、实验中心、信息中心。

2007 年 1 月，党群部门增至 8 个：设党委办公室、纪委、组织部、统战部、宣传部、工会、学生工作部、团委；行政（教辅）机构增至 17 个，设校长办公室（与党委办公室合署）、人事处（与组织部、统战部合署）、学生工作处（与学生工作部合署）、教务处、国际交流处（与教务处合署）、招生办公室、就业服务指导中心（与招生办公室合署）、科研处、学报编辑部、高等教育研究室（与科研处、学报编辑部合署）、后勤管理处、基建处、国有资产管理处、保卫处、长虹校区管委会、图书馆、实验实训与信息中心；二级教学单位10个。具体情况列表如下：

2007年九江职业大学内设机构设置及领导职数配备情况

表1-3-1

序号	职能部门	领导职数			备注
		正科	副科	合计	
1	纪委	2		2	
2	党委办公室、校长办公室	1	2	3	合署办公
3	组织部、统战部、人事处	1	2	3	合署办公
4	宣传部	1		1	
5	工会	1	1	2	
6	学生工作部（处）	1	2	3	合署办公
7	团委	1	1	2	按章程设置
8	教务处、国际交流处	1	3	4	合署办公
9	科研处、学报编辑部、高等职业教育研究处	1	1	2	合署办公
10	后勤管理处	1	2	3	
11	基建处	1	1	2	
12	财务处、国有资产管理处	1	2	3	合署办公
13	保卫处	1	1	2	
14	招生办公室、就业服务指导中心	1	2	3	合署办公
15	实验实训与信息中心	1	1	2	
16	图书馆	1	1	2	
17	长虹校区管委会	1	2	3	临时机构
二级教学单位					
1	师范学院	2	2	4	
2	工程技术学院	2	2	4	
3	经济管理学院	2	2	4	
4	继续教育学院	1	3	4	
5	文化传播系	2	1	3	
6	外语系	2	1	3	
7	计算机系	2	1	3	

续表 1－3－1

序号	职能部门	领导职数			备注
		正科	副科	合计	
8	艺术系	2	1	3	
9	中专部	2	2	4	
10	公共课教学部	1	1	2	
	合计	35	39	74	

2009 年 9 月，学校内设机构调整为 17 个，辅助机构 3 个：设纪委（与监察审计室合署）、党委办公室（与校长办公室合署）、组织人事处（挂统战部牌子）、宣传部、学生工作处（部）、长虹校区管委会、教务处、国际交流中心、科研处、高等职业教育研究室、学报编辑部、后勤管理处、基建处、财务处、国有资产管理处、保卫处、招生就业处、实验实训中心、信息中心、图书馆。增设机关党总支，团委、工会组织按章程设置；二级教学单位增至 11 个。具体情况列表如下：

2009 年九江职业大学内设机构设置及领导职数配备情况

表 1－3－2

序号	职能部门	领导职数			备注
		正科	副科	合计	
1	纪委、监察审计室	2		2	合署办公
2	党委办公室、校长办公室	1	3	4	合署办公
3	组织人事处（挂统战部牌子）	1	3	4	合署办公
4	宣传部	1	1	2	
5	学生工作处（部）	1	3	4	合署办公
6	长虹校区管委会	1	1	2	临时机构
7	教务处	1	3	4	
8	国际交流中心	1	1	2	
9	科研处	1	1	2	
10	高等职业教育研究室	1	1	2	
11	学报编辑部	1		1	
12	后勤管理处	1	3	4	
13	基建处	1	2	3	
14	财务处	1	2	3	
15	国有资产管理处	1	1	2	

续表 1－3－2

序号	职能部门	领导职数			备注
		正科	副科	合计	
16	保卫处	1	2	3	
17	招生就业处	1	3	4	
18	实验实训中心	1	1	2	教辅机构
19	信息中心	1	1	2	教辅机构
20	图书馆	1	1	2	教辅机构
21	机关党总支	1		1	配专职副书记
22	团委	1	1	2	按章程设置
23	工会	1	1	2	按章程设置
二级教学单位					
1	师范学院	2	2	4	
2	学前教育学院	2	2	4	
3	艺术学院	2	2	4	
4	机电工程学院	2	2	4	
5	建筑工程学院	2	2	4	
6	信息工程学院	2	2	4	
7	经济管理学院	2	2	4	
8	文化旅游学院	2	2	4	
9	继续教育学院	2	2	4	
10	中专部	2	2	4	
11	公共教学部	2	2	4	
合计		46	57	103	

2011 年 1 月，经九江市机构编制委员会批准，学校内设机构调整为 15 个：办公室、组织人事部、宣传部、监察审计室、学生工作处、教务处、后勤处、基建处、国资处、招生处、就业处、计划财务处、科研与高职教育研究处、保卫处、国际交流合作处；教学辅助机构 5 个：设实训中心、信息中心、思想政治理论教学科研部、学报编辑部、图书馆。

内设机构中层领导职数配备：副处级 23 名（含纪委副书记、团委书记、工会主席各 1 名，内设机构 15 名，教辅机构 5 名），正科级 35 名（含团委副书记 1 名），副科级 21 名；二级教学单位不变。具体情况列表如下：

2011 年九江职业大学内设机构设置及领导职数配备情况

表 1－3－3

序号	机构名称		领导职数 副处	领导职数 正科	领导职数 副科
1	监审室		1	1	
2	办公室	行政科	1	2	1
		秘书科			1
		档案室			1
3	组织人事部	组织科			1
		工资职称科			1
		人事人才科			1
		离退休办			1
4	宣传部		1	1	
5	学生工作处	助贷管理中心（基金会）	1	3	1
		学生科			1
		宿管中心			1
6	教务处	教务科	1	3	1
		考务科			1
		学籍科			1
7	后勤处	水电管理科	1	2	1
		膳食卫生科			1
8	基建处		1	1	
9	国资处		1	1	

序号	机构名称		领导职数 副处	领导职数 正科	领导职数 副科
10	招生处		1	2	
11	就业处		1	1	
12	计划财务处	计划科	1	2	1
		财务科			1
13	科研与高职教育研究处		1	2	
14	保卫处	户籍科	1	2	1
		内保科			1
15	国际交流合作处		1	1	
	以上为 15 个内设机构职数小计		15	27	19
1	实训中心	设备科	1	2	1
		实践教学科			1
2	信息中心		1	1	
3	思想政治理论教学科研部		1	1	
4	学报编辑部		1	1	
5	图书馆		1	2	
以上为 5 个教辅机构职数小计			5	7	2
职数总计			20	34	21

（不含纪委、团委、工会、二级教学单位）

2013 年 12 月，学校对党政中层职能管理部门（含部门内设机构）及领导干部职数经向九江市编制委员会办公室请示同意后进行调整。具体情况列表如下：

2013年12月九江职业大学内设机构设置和领导干部职数配备表

表1-3-4

序号	机构名称	领导职数				部门内的机构	
		正职（副处）		副职（正科）		名称	职数（副科）
		名称	职数	名称	职数		
1	纪委	纪委副书记	1			综合科科长	1
2	监察室	监察室主任	1				
3	党委（校长）办公室	主任	1	副主任	2	行政科科长	1
						秘书科科长	1
						综合科科长	1
						档案室主任	1
4	组织（统战）人事部（处）	部长（处长）	1	副部长（副处长）	3	组织（统战）科科长	1
						工资福利科科长	1
						人事人才职称科科长	1
						离退休办主任	1
5	宣传部	部长	1	副部长	1	综合科科长	1
6	学生工作（部）处	处长	1	副处长	3	助贷管理中心（基金会）主任	1
						学生科科长	1
						宿管中心主任	1
						心理健康教育中心主任	1
7	工会	工会主席	1	副主席	1		
8	团委	团委书记	1	副书记	1	综合科科长	1
9	保卫（部）处	处长	1	副处长	2	户籍科科长	1
						内保科科长	1
10	教务处	处长	1	副处长	3	考务考核科科长	1
						教材教务科科长	1
						学籍科科长	1
						校企合作科科长	1
11	科研与高职教育研究处	处长	1	副处长	1	综合科科长	1
12	国际交流合作处	处长	1	副处长	1		
13	招生处	处长	1	副处长	2	中招科科长	1
						高招科科长	1

续表 1-3-4

序号	机构名称	领导职数				部门内的机构	
		正职（副处）		副职（正科）		名称	职数（副科）
		名称	职数	名称	职数		
14	就业处	处长	1	副处长	1	网络党支办综合科	1
15	国资处	处长	1	副处长	1	综合科科长	1
16	计划财务处	处长	1	副处长	2	计划科科长	1
						财务科科长	1
17	后勤处	处长	1	副处长	2	水电管理科科长	1
						膳食卫生科科长	1
						综合科科长	1
18	基建处	处长	1	副处长 总工程师	2	综合科科长	1
						工程管理科科长	1
19	学报编辑部	主任	1	副主任	1		
20	图书馆	馆长	1	副馆长	1	综合科科长	1
21	实训中心	主任	1	副主任	2	设备科科长	1
						实践教学科科长	1
22	信息中心	主任	1	副主任	1	综合科科长	1
23	校史志办						
职数总计		22		33		37	

2006 年—2012 年学校党政管理中层职能部门设置变动情况列表如下：

2006—2012 年党政管理中层职能部门设置变动情况一览

表 1-3-5

时间	党委部门	行政（教辅）机构
2006 年 9 月	党委办公室、纪委、工会、团委	部门：校长办公室、教务处、学工处、后勤处、基建处、招就处、计划财务处、教科处、保卫处、长虹校区管委会、图书馆、实验中心、信息中心
2007 年 1 月	增设组织部、统战部两部合署办公、宣传部、学生工作部（与学工处合署办公）	校长办公室与党委办公室合署，增设人事处、国资处、高教研究室、教学督导组、
2009 年 9 月	增设机关党总支，组织部、统战部、人事处合并，成立组织人事处	部门增设：监察审计室（与纪委合署办公）、国际交流中心、学报编辑部、实验实训中心（实验中心撤销）

续表 1－3－5

时间	党委部门	行政（教辅）机构
2010 年 3 月		增设思政科研部
2011 年 1 月	组织人事处更名为组织人事部	
2012 年 5 月	组织人事部更名为组织人事处	招生就业处分为招生处、就业处

（含教辅、后勤服务）

（二）部门职责

纪委（监审室）　校纪委与监审室（内设机构）实行合署办公体制，履行党的纪律检查和监察审计三项职能。

根据《中国共产党普通高等学校基层组织工作条例》规定，学校纪委主要工作职责是：维护党的章程和其他党内法规，对党员进行遵纪守法教育；检查学校党组织和党员贯彻执行党的路线、方针、政策和决议的情况；协助党委加强党风建设；按照有关规定检查、处理党的组织和党员违反党的章程和其他党内法规的案件；按照有关规定，决定或取消对涉案党组织或党员的处分；受理党员的控告和申诉，保障党的章程规定的党员权利不受侵犯。

监察室工作职责：督促检查学校各部门和工作人员贯彻执行国家法律，法规，政策和学校决议的情况；保证政令畅通；监督检查督查对象贯彻落实《廉政准则》、廉政法规、制度的情况，促进各教学、行政部门依法执政，照章办事；积极开展反腐倡廉的宣传教育工作，增强监察对象依法从政，廉政勤政意识；受理群众对监察对象违反国家法律法规和行政纪律的控告和检举，严惩各种腐败行为；受理教职工对行政处分不服的申诉，接待教职工的来信来访；深入调查研究，积极参与学校各项重大活动，在参与中实施监督和检查；对模范执行政策法规和学校规章制度的工作人员，与违法违纪行为敢于斗争并做出成绩的个人或部门提出表彰奖励的建议；完成学校领导和上级监察部门交办的其他工作。

审计室工作职责：贯彻执行国家相关的审计法规与政策，对学校各单位内部制度的建立、完善以及执行情况进行监督与检查；对学校财务预算、决算执行情况以及资金使用效益进行审计监督与评价；对学校各院（部）、各部门的财务收支、经济活动情况进行审计或专项检查；对学校基建、修缮、仪器设备、大宗物资采购等项目开展跟踪审计与监督，对招生考试、教育收费、建设工程项目招投标、依法进行监督；对学校科研经费、专项经费进行监督检查；对学校中层领导干部进行必要的任期经济责任审计；完成学校领导和上级审计部门交办的其他工作。

办公室（党办、校办）　党办（校办）由原学校党委办公室和校长办公室合并组成的，是学校党委和行政的综合职能部门与办事机构，是学校承上启下、协调左右、联系内外的枢纽。

主要工作职责是：做好党委会、校长办公会的会议记录工作，草拟会议纪要或抄告单，组织起草学校年度工作计划、总结、校长报告、学校重要实施方案及文件、校领导讲话稿及各种综合性文字材料；负责校内外公文的收发、登记、呈批、传阅、查阅、归档、清退、销毁等公文处理，并做好复印登记及分发工作；负责全校重大会议和活动的组织与协调；负责校党政联席会、党委会、校长办公会、校级工作会议的组织与安排；负责办公楼会议室的日常管理工作，做好会议服务工作。统筹协调学校领导涉外活动；根据上级主管机关的要求和学校领导的指示，做好校外联络和学校接待工作；负责校党委、校行政印章、领导印鉴、介绍信、证明信的管理和使用工作；做好校内外人员电话、信函、到访的接待工作；负责各类统计报表工作，代表学校办公室组织、协调全校性的综合数据统计工作，完成上级部门下达的各项综合统计任务；负责校领导内务、办公用品的采购，节假日值班和日常考勤工作；负责各类档案的管理与使用工作；负责各部门档案工作的业务指导；负责对学校车辆的统一调配、管理，做好车辆的保养、维护及对司机的安全教育与管理和考核工作。

组织部（统战部、人事处）　组织部、统战部、人事处为合署办公，是学校党委、行政的职能部门。

组织部是党委干部工作和组织工作的职能部门。主要职责是：根据党的干部路线和干部政策，按照干部管理权限，负责干部的培养教育、选拔考察和考核管理及后备干部队伍建设工作；根据党章规定，做好各党总支、直属党支部的组建和选举工作。抓好党的基层组织建设；按照有关发展党员的方针，做好发展党员工作；负责党员的日常管理工作以及党员民主评议和先进基层党组织、优秀党员的评比工作；负责全校干部外出学习的政审及信函到访的处理工作；做好党内年报统计，党费收缴、管理以及接转党员组织关系工作；负责校党委党校的日常管理工作；完成上级组织和校党委交办的其他工作。

统战部是党委主管统一战线工作的职能部门。主要职责是：组织贯彻、执行党的统一战线的方针、政策，向党委反映情况，提出开展统战工作的意见和建议；负责联系各民主党派和无党派代表人士，及时通报情况，反映他们的意见和建议；贯彻执行中共领导的多党合作和政治协商制度及对民主党派的方针、政策；落实党委关于发挥民主党派、无党派人士参政议政和民主监督作用的工作；支持、帮助各民主党派加强自身建设；在校党委的领导下，会同有关部门做好培养、选拔、推荐党外人士的工作；配合党委做好党外人士的思想政治工作，联系党外知识分子的代表人物，及时了解他们的情况，反映意见，协调关系，提出政策建议；会同党委有关部门、理论工作者开展统一战线的理论研究和宣传工作，提高各级领导干部和全体共产党员对新时期统一战线工作重要性的认识；负责指导各支部的统战工作，协调本校各有关部门的统战工作；检查、督促党对侨务、对台、民族等各项方针、政策的贯彻落实情况；完成党委交办的其他任务。

人事处是在学校党委、行政领导及上级人事部门指导下负责实施全校人事管理和人力资源优化配置开发的工作机构，是贯彻落实人事人才工作政策法规和学校党政决议（决定）的职能部门。主要职责是：围绕学校中心工作，当好党委、行政关于学校人事工作决策的参谋；实行机构编制管理，制定机构、人员编制和用人规划，负责人事调配；

做好教职工工资管理工作，建立校内工资津贴分配制度，做好社会保险有关工作，会同有关部门做好离退休人员的管理工作；组织实施专业技术职称评聘，做好职称设岗和评聘管理工作；加强专业技术人员队伍建设，建立教职工数据库，组织实施教师资格认定工作。做好高层次人才引进工作，选拔、协调、服务、管理各类专家、教学管理骨干工作；实施教职工年度、任期考核和奖惩工作。组织工人技术等级考核晋级与校内临时用工管理；协助党委组织部办理干部任免、调离和提拔的具体行政手续；按干部管理权限，负责全校教职工的人事档案管理工作；负责办理教职工停薪留职、提前离岗和延聘、返聘等手续，做好不在岗人员的管理工作；负责全校的人事调查和人事统计报表工作。

宣传部　宣传部是学校党委的职能部门，负责全校师生的思想政治宣传教育和校园文化与精神文明建设工作。

主要工作职责：全面负责学校宣传工作。以马克思列宁主义、毛泽东思想、邓小平理论、“三个代表”重要思想和科学发展观为指导，按照科学发展观，宣传党和国家的路线、方针、政策，围绕学校的中心工作和学校党委的重要决策，统一师生员工思想，推动学校更大更快地发展。制订学校宣传思想工作计划，负责抓好协调、检查、落实工作；负责学校党委中心组学习计划的制订。负责教职工的思想政治教育和理论学习，制订、实施教育和学习计划；并进行各学习小组学习情况的检查；调查、了解党员干部和教职工的思想状况，及时分析研究，向学校领导和上级机关提供有关信息。按上级要求，与有关部门共同做好信息报送工作。与相关部门共同承担上级部门下达的有关调研课题任务；发挥（祥鹤记者团报、广播站、校园网等）宣传阵地的重要作用，负责对外宣传工作，组织统筹、审定全校性的对外宣传报道（包括校内信息上网宣传报道及管理）；加强对学校精神文明建设的指导，制订学校精神文明建设规划，并承担日常工作，同有关部门一起广泛开展精神文明创建活动和形式活泼、内容健康的校园文化活动，加强校园文化建设。加强师德师风教育和素质教育；负责思政课的宏观管理工作。指导思政课教学的基础部做好马列主义、毛泽东思想、邓小平理论、“三个代表”和科学发展观重要思想的“三进”工作；协同有关部门搞好全校性重大活动的文字和摄影报道与宣传工作。负责重大活动、节日、纪念日做好校园环境的布置工作；组织开展全校师生员工的普法宣传和教育工作；负责相关宣传活动的审批管理：负责以教职工为对象的邀请校外人员、团体到校举办非专业讲座、报告会、展览会、演出等活动的审批；负责校内单位接受国内记者采访事务的审批；负责校内学生刊物的审批及管理；负责学校宣传干部的理论学习和业务培训。协同有关部门安排党员与干部的政治理论培训和党员教育活动；负责全校公费报刊的订阅与管理。负责编印、购置、借阅、保管学习教育资料。做好文书立卷、归档工作；完成党委和上级组织交办的其他工作。

学生工作处　学校设有学生工作处，简称学工处。学工处是在校党政领导下，从事学生教育管理和服务工作的职能部门。

主要工作职责是：贯彻落实上级文件和校党政会议精神，统筹安排和宏观指导全校学生的思想政治教育工作；负责执行上级主管部门和学校有关学生管理规定，对全校的学生管理工作进行指导、部署、协调和督查；负责学工干部队伍、班主任及辅导员队伍建设，指导各院（部）学工队伍开展工作；负责指导各院（部）开展学生素质综合测评工作和评先评优等奖励工作；负责受理学生违纪文件的处理工作；负责学生的日常管理工作；会同有关部门组织开展各项活动，丰富学生校园生活，加强校园文化建设；负责制订、修订学生管理和教育有关规章制度；负责学生奖学金、助学金评定工作的组织和发放及助学扶困工作；负责学生生源地贷款的信息确认及征兵、保险各项服务工作；负责学生的学生证、校牌、假期火车票减价优待证等证件的审核、发放和管理工作；负责学生校内勤工助学工作的组织与协调；负责在校学生信息的管理工作；负责学生宿舍管理工作；完成校领导交办的其他工作。

教务处　教务处是全面负责学校日常教务、考务、教材、学籍和师资等管理工作的行政职能部门。

教务教材工作职责：负责教学计划的调整、教学任务的落实与协调；负责课程表、教学指南、学生名册、校历的编制与印发；负责办理停（调）课及教室的借用手续；新专业的申报；教学大纲的编写和实习计划及实验课安排；常规教学检查，每学期期中期末教学进度的下发、收集、检查和作业及教学情况的检查；毕业论文工作（毕业生《毕业论文设计》、答辩、评比、存档）；教师座谈会的组织、整理、总结；教学管理软件使用维护；负责多媒体、阶梯教室的安排，安全管理和设施维护工作。监督管理勤工俭学学生的工作效果；负责教学设施的报修。

会同各院部负责全校教材（学生用书、教师用书）的选用、订购、分发与管理工作；负责经学校批准的统编教材、参考资料等教学辅导材料的印刷、发放工作；经常了解和掌握出版信息，收集各院部及任课教师对教材的使用意见，及时反馈并提出教材更新初步建议；负责库存教材清查盘点，做到账物相符；负责教材库房的安全、卫生等日常管理工作；负责教材购置经费结算工作，做到账目清楚；负责与出版社保持联系，搞好教材样书库的建设；对多余存书提出处理建议并办理具体事宜。

师资实践督导工作职责：参与学校师资队伍建设发展规划的制定与实施；根据学校发展规划及师资队伍状况，制订教师培训规划并组织实施，有计划有目的地提高师资队伍的整体水平；会同有关部门组织选拔、培养专业带头人和优秀中青年骨干教师的考核申报工作，抓好师资队伍的梯队建设；制定全校师资的培训以及经费的预算、使用、管理细则。负责做好教师进修、国内外访问、短期考察、参加学术会议等组织管理及上报工作；完善全校教师电子档案数据库，实时更新全校教师队伍状态。掌握学校师资队伍的现状，分析其年龄、职称、学历、学科结构，及时将有关信息向领导反馈，提出加强师资队伍建设的意见和建议，为教学服务工作提供全面的数据支持。

制定完善有关教师实践教学环节的管理制度，并组织实施；负责制定学年教师实践计划，并对各院部教师实践计划落实情况进行检查；规范教师实践教学环节，负责教师实践教学信息收集、整理及统计分析工作。

教学秩序检查；教学质量检查；教学信息搜集与反馈；教学考核评价；教学调研咨询。

学籍工作职责：负责制定学生学籍规定及日常管理规定；负责各项学籍管理规定、管理制度、管理文件的起草、制订与修订工作，并监控执行与落实情况；学生学籍数据的日常管理；学籍异动管理；办理师范类学生教师资格证；毕业生相关工作。

考务考核工作职责：组织制定并负责全校各类课程考试和英语等级、计算机等级考试报名和考试的管理工作；组织安排期中、期末考试、学期补考、毕业补考等考务工作。包括制订考试计划、确定考试科目、编排考试日程；收集、印刷试卷，安排考场和监考人员；汇总考纪监督记录和总结考试情况；配合继续教育学院，做好成人教育的监考工作安排；负责组织学校专升本考试的报名工作；结合学校改革的总体要求，积极研讨和推进考试改革，包括考试考核内容、考试方式、考试效果、考试评估等方面的改革；负责办理学生缓考或免修的相关手续；指导各院（部）录入和审核课程考核成绩，负责学生成绩的管理和审批，接收并处理课任院（部）更改课程成绩的申请；负责与考务工作相关的宣传工作；负责考试违纪事件的认定与考试违纪学生名单的汇总与报送工作；配合相关科室做好有关工作，完成处领导交办的其他工作任务。

认真贯彻执行有关职业技能鉴定的法律、法规和政策，接受省市领导部门的指导、监督和检查，切实做好职业技能鉴定的组织和管理工作；负责组织各院（部）的学生职业技能的开发和鉴定工作，学生教师资格证的办理发放；负责开展各种职业技能鉴定法规的宣传活动；负责学校国家级职业技能鉴定所的发展规划和建设工作；负责组织职业技能鉴定站工作人员的政策、法规与业务学习，不断提高工作人员的政治素质、职业道德水平和业务能力；负责组织大学英语等级、全国高校计算机等级考试的安排及成绩统计和证书发放工作；负责组织校内资格证书考核的考前培训和考核工作；配合相关科室做好有关工作，完成领导交办的其他工作任务。

科研处　科研与高职教育研究处是负责全校科研与高职教育研究的职能部门。

科研处主要职责：贯彻落实党和国家的各项科技政策，组织编制和实施学校科研的长期规划和年度计划；组织各级各类科研项目的申报、管理和验收。组织跨院、部研究人员对重点方向和重大项目进行探索或攻关研究；加强与上级主管部门及其它有关部门在科技工作方面的联络，及时了解政府主管部门的科研政策与信息；负责学校各类科技成果的统计、鉴定和汇编；负责成果奖申报和专利申请工作；对各项知识产权的许可、使用、转让进行法律监督和行政管理；负责技术合同、科研合作方面的法律咨询和业务咨询，指导和开展科研服务，协调各部门间的科研合作，负责部门网页的更新与维护工作，负责校内外科研信息的收集、整理和发布；组织与协调校内外学术交流、科研科普活动，举办各类学术讲座等；负责做好全校专业技术人员科研工作量审核、统计工作；负责科研经费管理和监督；负责学校学术委员会的日常工作；负责全校客座教授的管理工作；承担学校领导交办的其他工作。

后勤处　后勤管理处是满足全校师生工作、学习和生活服务的需求，保障学校教学、教育改革的进行，作为学校建设与发展工作中的行政职能部门。

主要工作职责是：负责制定后勤服务工作计划，按照工作职责和要求，完成本职工作和各项任务。组织后勤服务项目及维修更新改造工程的招议标工作；负责后勤各项经费的测算及服务收费办法的制订；负责对后勤服务中心或社会企业所承担的后勤服务工作进行管理、监督、检查和考核；负责学校供电、供水正常，坚持节能、低耗原则，负责水电使用计量收费工作的管理、监督和检查；有效组织后勤服务项目及维修更新改造工程的招议标工作；负责各校区环境的维护、管理、检查、监督工作；负责本单位的党风廉政建设及安全工作及服务管理人员的教育培训工作；负责管理学校公共卫生安全工作，认真做好医务室就诊、学生体检、传染病预防及医疗保障等工作；协助学校做好公共卫生突发事故应急处理工作。完成学校领导交办的其他工作，配合其他部门做好相关工作。

基建处　基建处是在学校党政领导下，负责全校校园基本建设管理的行政职能部门。

主要工作职责是：贯彻执行国家的基本建设方针、政策、法令和法规，严格按基建程序办事；根据学校事业发展规划，编制上报、落实学校的建设总体规划、建设项目的可行性研究报告和初步设计概算书，以及年度基建计划，根据对当年计划的实施和执行情况，编报、落实年度调整计划；根据学校建设总体规划，统一规划校园土地的利用和工程建设；根据批准的基建项目，办理申报审批手续，编制委托设计文件，办理选址、征地、拆迁、补偿等各项事宜；审核设计图纸，做好工程预算，办理审领施工许可证等各项前期有关手续，办理招投标，落实施工单位，做好“三通一平”；按计划要求，做好工程项目建设全过程的质量、投资、工期管理工作，办理竣工验收和交付使用手续，及时完成竣工项目的总结报告；核算各基建项目的用款、用料情况，审核工程进度款的支付，审核工程结算；做好工程建设过程中材料、设备的信息收集、采购、监督、管理工作，协调保修期内，材料、设备的善后服务工作；做好年度统计、总结工作，收集整理基建档案资料，包括前期资料、设计文件、施工技术资料、竣工图纸等的归档工作；负责全校建筑设施的大修理工作及由此而发生的与大修理有关的一切管理工作。做好上级领导交办的其他工作。

国资处　国有资产管理处是在校长直接领导下，负责全校国有资产维护和管理的行政职能部门。

主要工作职责是：对国有资产的使用、处置实施有效的检查、监督，指导维护维修，确保教学设备的安全高效，提高资产使用效率；负责制定学校国有资产管理实施办法和规章制度，指导各资产与物资归口管理部门制定实施细则；参与基建工程、大型维修的招标与竣工验收，负责学校教学、科研、行政办公设备、仪器等资产的政府采购、招标采购、合同的审定及设备维护、验收等工作；负责学校资产产权界定、产权登记、产权转让、资产评估、清产核资工作；负责学校国有资产的数据库系统的管理、统计报告、报表编制以及上报等工作；定期对使用部门的资产进行全面普查，并通报清查结果；负责对学校公有用房的调配与管理；负责对学校闲置资产的调剂、处置，组织有关部门开发利用，促进资产有效使用与优化配置；负责组织有关专家对报损和报废的设备、设施、工程进行评估与鉴定，并负责办理固定资产的调拨、报损和报废等手续；负责全处工作统筹安排，确保质量体系文件在本处的贯彻实施，对全校资产管理工作的质量负责，加强安全意识教育与质量责任的分解、落实。

招生处（就业处） 招生处（就业处）是在学校党政的领导下，在分管校长具体指导下负责学校招生及毕业生就业指导和服务工作的职能部门。

主要工作职责是：招生工作。根据教育部、教育厅有关文件精神，拟订学校招生章程并负责制定年度招生工作方案及毕业生就业工作方案；根据江西省教育厅和各省招办的要求，配合学校教务部门，编制分省分专业年度招生计划并负责向各省（市、自治区）招生主管部门报送；配合校宣传部制订学校招生宣传方案，组织各地招生宣传；负责编印、邮寄和发送招生简章、招生信息等宣传材料；组织开展招生咨询工作，回答询问人、询问信函、电话及网上关于招生的各类问题；负责招生就业网页的制作、维护和更新工作；负责做好招生现场的布置工作，对参加招生录取的工作人员进行培训，做好各个批次模拟演练和远程录取工作，开通网上录取结果查询；做好新生报到材料的准备工作、新生报到情况统计及上报工作。

就业工作。负责毕业生就业和创业指导服务工作并适时开展各项活动；负责审核毕业生就业推荐表和就业协议书及毕业生档案的管理、传递工作，组织毕业生的跟踪调查和信息反馈工作，处理毕业生就业的遗留问题；根据省毕分办的要求，负责毕业生就业报盘和毕业生生源和就业率的统计、核对和发布；会同各院、部积极开拓毕业生就业市场，收集用人单位需求信息并及时发布；筹备、组织、安排各类招聘推荐活动，为用人单位和毕业生搭建平台。

计划财务处 计划财务处是在校长领导下，负责全校行政事业经费和预算外资金管理的职能部门。

主要工作职责是：遵守会计法，坚持财务制度，贯彻勤俭办学方针，厉行节约，反对浪费，为学校当好家，理好财；根据上级和学校规定，向学生合理收取各项费用，并催缴落实学生、学校及有关部门应向学校上交的各项收入；根据人事处制定的工资、津贴表，按时发放各类工资、津贴；依据有关规定做好财务支出审核报销工作，做到日清月结；根据国家规定，准确及时计算并代扣代缴个人所得税、工会会费、公积金、医保、社保、失业保险等；按照有关规定，办理职工医疗保险及相关医疗费的报销；负责编制学校年度综合预算、年度决算、各院部各部门经费包干指标；负责各项收费项目和收费标准的申报、审批；负责会计凭证的整理、归档，并定期向校档案室移交会计凭证。

国际交流处 国际交流中心是校长领导下的学校涉外工作的行政职能部门。

主要工作职责是：贯彻执行国家有关方针政策，承办学校所有涉外事务；组织拟定国际合作与交流有关制度和年度计划，负责起草外籍教师的聘请计划（报告）、校领导出国考察访问计划、与国外院校交流、合作的意向书和协议书以及日常外事工作报告等；按照国家有关政策规定负责拟定到校访问的外宾的接待安排并组织实施；负责全校因公出访、出国（境）进修、留学人员的初审、报批工作；负责聘请外籍教师和邀请国外短期讲学专家到校教学与科研工作，与长期外籍专家签订聘请合同和协议；负责外籍教师的日常事务管理工作；负责派遣出国留学生的工作；在校党委领导下，配合校党委宣传部做好对外宣传工作，做好在校外籍教师和离校外籍教师及留学人员的宣传工作；督促配合有关部门做好外国专家的教学、生活和安全保卫工作；负责收集、整理外籍教师、留学人员以及外事工作档案，对外宾馈赠的礼品进行登记和管理；负责到校访问的外宾、外籍教师抵离学校的迎送工作；完成校领导交办的其他工作。

保卫处　保卫处是在校党委和行政管理部门的领导下，在公安机关业务指导下，全面负责维护师生生命财产安全、正常教学秩序和校园安全稳定工作的行政职能部门。

主要工作职责：负责学校内部社会治安综合治理及安全保卫工作的组织落实；组织落实保卫人员值班、巡逻、门卫管理和安全隐患排查工作；负责处理各种不安全事端和突发事件；负责协助公安机关侦破政治案件、重大刑事案件，查破一般刑事案件和治安案件，防止师生员工违法犯罪行为的发生；负责组织检查全校的消防工作；负责学生户籍和教职工集体户口的管理工作以及暂住人口的管理工作；负责组织制定和实施有关安全规章管理制度。

二、教学院（部）

2006 年 4 月，两校合并后，学校教学部门设师范学院、工程技术学院、经济管理学院、继续教育学院、文化传播系、外语系、计算机系、艺术系、中专部、公共课教学部等十个学院（系、部）。

2007 年 2 月，学校将内设的十个院（系、部）及领导职数配置情况报市委宣传部备案。

2007 年 10 月，学校党政联席会议决定，成立学前教育系。

2009 年 3 月，庐山旅游中等专业学校整体并入，学校进行院系结构调整。设想建设大师范学院并升格为副处级，将师范学院扩充为下设基础教育系、学前教育系、艺术系的大师范学院；合并文化传播系和外语系，重新组建文化旅游学院；计算机系撤系改院，单独成立信息工程学院；分拆工程技术学院，分别成立机电工程学院和建筑工程学院；原经济管理学院、继续教育学院、中专部、公共课教学部保留不变。学校教学院（系、部）增至 11 个。

2010 年 1 月，基础教育系、学前教育系、艺术系撤系改院，分别成立师范学院、学前教育学院和艺术学院。

2010 年 3 月，公共课教学部的思政课教研室分出，单独设思政课教学部（与思想政治理论教学科研部合署）。学校教学院（系、部）增至 12 个。

2013 年 1 月，经省教育厅、卫生厅批准开办医学护理专业，4 月 18 日学校挂牌成立护理学院。学校教学院（系、部）增至 13 个。

2013 年 7 月，成立农业经济技术学院。学校教学院（系、部）增至 14 个。

2013 年 12 月，学校对 14 个教学部门的内部科室设置及干部职数配置进行调整。（包括对部分院系部中层领导干部岗位进行微调）。

2014 年 7 月，学校与九江远东海事学校联合办学，学校成立航海学院（学院对外受九江职业大学统一领导和管理，为九江职业大学二级学院；对内保持人、财、物的相对独立)。学院院长人选经双方协商一致后，由九江职业大学聘任，保留“九江远东海事学校”名称及法人资质，保留和延续其国家海事局已经批准的海员教育培训、考试认证资质，享有独立管理“航海学院”人、财物的权利，学院有权从联合办学中获取收益。合作年限分两个阶段：第一阶段为租赁期（暂定三届五年，即2014年7月至2019年7月），第二阶段为股份制（条件允许时，如双方有继续合作意愿，核算投资比例，按股份制模式长期合作）。

2015年1月，按市委、市政府领导意见，九江市技工学校成建制并入九江职业大学，技师学院挂牌成立。学校教学院（系、部）增至15个，合作办学学院1个。

2013年12月九江职业大学院（部）设置和领导干部职数配备情况

表1-3-6

序号	机构名称	领导职数				部门内的机构	
		正职（副处）		副职（正科）		名称	职数（副科）
		名称	职数	名称	职数		
1	师范学院	院长	1	副院长（副书记）	2	办公室主任	1
						教务科科长	1
		总支书记	1			学工科科长	1
						团委书记	1
2	学前教育学院	院长	1	副院长（副书记、幼儿园园长）	2	办公室主任	1
						教务科科长	1
		总支书记	1			学工科科长	1
						团委书记	1
						幼儿园副园长	1
3	艺术学院	院长	1	副院长（副书记）	2	办公室主任	1
						教务科科长	1
		总支书记	1			学工科科长	1
						团委书记	1
4	机电工程学院	院长	1	副院长（副书记）	2	办公室主任	1
						教务科科长	1
		总支书记	1			学工科科长	1
						团委书记	1
5	建筑工程学院	院长	1	副院长（副书记）	2	办公室主任	1
						教务科科长	1
		总支书记	1			学工科科长	1
						团委书记	1

续表 1－3－6

<table>
<tr><th rowspan="3">序号</th><th rowspan="3">机构名称</th><th colspan="4">领导职数</th><th colspan="2">部门内的机构</th></tr>
<tr><th colspan="2">正职（副处）</th><th colspan="2">副职（正科）</th><th rowspan="2">名称</th><th rowspan="2">职数（副科）</th></tr>
<tr><th>名称</th><th>职数</th><th>名称</th><th>职数</th></tr>
<tr><td rowspan="4">6</td><td rowspan="4">经济管理学院</td><td rowspan="2">院长</td><td rowspan="2">1</td><td rowspan="4">副院长（副书记）</td><td rowspan="4">2</td><td>办公室主任</td><td>1</td></tr>
<tr><td>教务科科长</td><td>1</td></tr>
<tr><td rowspan="2">总支书记</td><td rowspan="2">1</td><td>学工科科长</td><td>1</td></tr>
<tr><td>团委书记</td><td>1</td></tr>
<tr><td rowspan="4">7</td><td rowspan="4">文化旅游学院</td><td rowspan="2">院长</td><td rowspan="2">1</td><td rowspan="4">副院长（副书记）</td><td rowspan="4">2</td><td>办公室主任</td><td>1</td></tr>
<tr><td>教务科科长</td><td>1</td></tr>
<tr><td rowspan="2">总支书记</td><td rowspan="2">1</td><td>学工科科长</td><td>1</td></tr>
<tr><td>团委书记</td><td>1</td></tr>
<tr><td rowspan="4">8</td><td rowspan="4">信息工程学院</td><td rowspan="2">院长</td><td rowspan="2">1</td><td rowspan="4">副院长（副书记）</td><td rowspan="4">2</td><td>办公室主任</td><td>1</td></tr>
<tr><td>教务科科长</td><td>1</td></tr>
<tr><td rowspan="2">总支书记</td><td rowspan="2">1</td><td>学工科科长</td><td>1</td></tr>
<tr><td>团委书记</td><td>1</td></tr>
<tr><td rowspan="4">9</td><td rowspan="4">护理学院</td><td rowspan="2">院长</td><td rowspan="2">1</td><td rowspan="4">副院长（副书记）</td><td rowspan="4">2</td><td>办公室主任</td><td>1</td></tr>
<tr><td>教务科科长</td><td>1</td></tr>
<tr><td rowspan="2">总支书记</td><td rowspan="2">1</td><td>学工科科长</td><td>1</td></tr>
<tr><td>团委书记</td><td>1</td></tr>
<tr><td rowspan="4">10</td><td rowspan="4">农业经济技术学院</td><td rowspan="2">院长</td><td rowspan="2">1</td><td rowspan="4">副院长（副书记）</td><td rowspan="4">2</td><td>办公室主任</td><td>1</td></tr>
<tr><td>教务科科长</td><td>1</td></tr>
<tr><td rowspan="2">总支书记</td><td rowspan="2">1</td><td>学工科科长</td><td>1</td></tr>
<tr><td>团委书记</td><td>1</td></tr>
<tr><td rowspan="4">11</td><td rowspan="4">中专部</td><td rowspan="2">院长</td><td rowspan="2">1</td><td rowspan="4">副院长（副书记）</td><td rowspan="4">2</td><td>办公室主任</td><td>1</td></tr>
<tr><td>教务科科长</td><td>1</td></tr>
<tr><td rowspan="2">总支书记</td><td rowspan="2">1</td><td>学工科科长</td><td>1</td></tr>
<tr><td>团委书记</td><td>1</td></tr>
<tr><td rowspan="4">12</td><td rowspan="4">继续教育学院</td><td rowspan="2">院长</td><td rowspan="2">1</td><td rowspan="4">副院长</td><td rowspan="4">2</td><td>办公室主任</td><td>1</td></tr>
<tr><td>招生科科长</td><td>1</td></tr>
<tr><td rowspan="2">总支书记</td><td rowspan="2">1</td><td>教务培训科科长</td><td>1</td></tr>
<tr><td>普通话测试站站长</td><td>1</td></tr>
</table>

续表 1－3－6

序号	机构名称	领导职数				部门内的机构	
		正职（副处）		副职（正科）		名称	职数（副科）
		名称	职数	名称	职数		
13	公共课教学部	主任	1	副主任	1	综合科科长	1
		总支书记	1				
14	思想政治理论课教学部	主任	1	副主任	1	综合科科长	1
		总支书记	1				
职数总计			14		26		51

附录：

九江职业大学章程

序　言

九江职业大学（以下简称学校）是1985年11月经国家教育部批准的公办全日制普通高等院校，是九江市人民政府所属高等职业院校。为整合教育资源，优化教育结构，经江西省人民政府批准，九江市委、市政府于2006年将九江师范学校并入九江职业大学，2009年将江西庐山旅游中专整体划归九江职业大学。学校现为副厅级建制单位，江西省示范性高职院校。

为了进一步明确学校的法律地位，维护学校的办学自主权，构建现代大学制度，完善治理结构，规范办学行为，实现依法治校，依据《中华人民共和国教育法》《中华人民共和国高等教育法》《高等学校章程制定暂行办法》等法律法规，结合学校实际情况，制定本章程。

第一章　总　则

第一条　学校的中文名称是九江职业大学；英文名称是JIUJIANG VOCATIONAL UNIVERSITY；学校网络域名：WWW. JJVU. JX. CN。

第二条　学校注册地址为江西省九江市濂溪大道88号。

第三条　学校由九江市人民政府举办，业务主管部门是江西省教育厅。学校为非营利性事业单位，具有独立法人资格，依法享有办学自主权，独立承担法律责任。

第四条　学校全面贯彻党和国家的教育方针，坚持教育为社会主义现代化建设服务，为人民服务，与生产劳动和社会实践相结合，立德树人，培养高素质、复合型职业技能型人才。

第五条 学校实行中国共产党九江职业大学委员会（以下简称为学校党委）领导下的校长负责制；校长是学校的法定代表人。

第六条 学校坚持依法治校，实施民主管理，突出以人为本，坚持和谐发展。学校建立法律顾问制度和教职工、学生权益保障机制。

第七条 学校实行信息公开制度。校长定期向教职工代表大会报告工作。学校利用校内各种媒介公布学校重大事项，接受教职工、学生和社会的监督。

第二章 权利与义务

第八条 学校的权利：

（一）依照法律，按照学校章程自主办学，开展教学活动、科学研究、技术开发和社会服务，管理学校内部事务，拒绝任何组织和个人的非法干预；

（二）制订学校事业发展规划；

（三）根据社会需求、办学条件，依法自主设置和调整学科、专业，合理确定办学规模，制订招生方案，招收学生和其他受教育者；制订人才培养方案，选编教材，组织实施教育教学活动。对学生进行学籍管理，实施奖励或者处分，对受教育者颁发相应的学业证书；

（四）开展科学研究和社会服务。在政府和社会的支持下，与企业事业单位、社会团体及其他社会组织在科学研究、技术开发和推广等方面进行多种形式的合作；

（五）依法与境内外高等学校和科研、文化机构之间开展教育教学和科学、技术、文化的交流与合作；

（六）根据学校实际需要和精简、效能的原则，确定教学、科学研究、行政职能部门等内部组织机构的设置和人员配备；聘用和管理人才，依法对教职工实施奖励或者处理、处分；

（七）依法自主管理和使用举办者提供的财产、国家财政性资助、自有的设施和经费，兴办科技产业，转让专利和其他科学技术成果；依法接受捐赠，对受捐赠财产依法管理和使用；

（八）依法收取学费及有关费用；

（九）法律规定的其他权利。

第九条 学校的义务：

（一）遵守法律；

（二）遵守学校章程；

（三）贯彻党和国家的教育方针，依法接受举办者的监督和指导，执行举办者的教育教学标准，保证教育教学质量；

（四）维护受教育者、教职工的合法权益；

（五）以适当的方式为受教育者了解学业成绩及其他有关情况提供便利；

（六）执行国家和江西省的人事分配政策，保障教职工收入合理有序增长；遵守国家收费规定，公开收费项目和标准；

（七）完善学校内部监督机制，实行校务公开，实施民主管理；

（八）为经济社会发展提供服务；

（九）法律规定的其他义务。

第三章　教育形式、办学规模与专业设置

第十条　学校以普通全日制专科教育为主，招收高中毕业生，学制三年；招收初中毕业生，学制为五年制一贯制。同时开展继续教育和中等职业教育；以学历教育为主，同时发展非学历教育。开展国家法律规定的其他形式的职业教育。

第十一条　学校坚持“三个主动相适应”（即与时代发展要求相适应，与国家发展战略相适应，与地方经济社会发展相适应）的办学方向，以人才培养为中心，开展教育教学、科学研究、社会服务，推进文化传承和创新。按照“重品行、宽知识、厚基础、强技能”的人才培养理念，以“技师培养基地、教师成长摇篮”为目标定位。

第十二条　学校根据社会需求、办学宗旨和培养目标，依法设置和调整学科和专业。主要开设教育、信息、机电、建筑、经贸、旅游、护理、农业等学科门类。

第十三条　学校以学生能力培养为核心，实现教学做一体化，推行工学结合，校企合作、校院合作培养模式。

第十四条　学校依法自主选拔和教育学生，根据国家教育行政主管部门的规定，建立学籍管理制度。

第十五条　学校根据人才培养目标和培养要求，有计划地组织实施教育教学活动。学校建立教学管理制度，实施以教学质量为中心的内部督导制度，加强对专业课程质量的监控与评价，使教育教学和人才培养达到国家规定的标准。

第十六条　学校对完成学业、符合规定的学生，依法颁发学业证书。

第十七条　学校积极开展教学研究和科学研究，促进知识创新和技术创新，推动学科和专业建设，提高人才培养质量。

第十八条　学校积极开展社会服务工作，推进产学研结合，促进科技成果转化。

第十九条　学校积极开展国际国内合作交流，开展合作办学、合作科学研究与技术开发。

第四章　学　生

第二十条　学生是指被学校依法录取，取得入学资格，具有学校学籍的受教育者。

第二十一条　学生除享有宪法、法律、法规规定的权利之外，在校期间享有下列权利：

（一）参加学校教育教学计划安排的各项活动，使用学校提供的教育教学资源；

（二）参加社会服务、勤工助学，在校内组织或参加学生团体及文娱体育等活动；

（三）申请奖学金、助学金及助学贷款；

（四）在思想品德、学业成绩等方面获得公正评价，完成学校规定学业后获得相应的学历证书；

（五）知悉学校改革、建设和发展及关涉切身利益的重大事项；

（六）参与学校民主管理，对学校工作提出意见和建议；

（七）对学校给予的处分或者处理存有异议提出申诉；对学校、教职工侵犯其人身权、财产权等合法权益，提出申诉或依法提起诉讼；

（八）法律和学校规定的其他权利。

第二十二条　学生在校期间履行下列义务：

（一）遵守宪法、法律、法规；

（二）遵守学校管理制度；

（三）珍惜和维护学校名誉，维护学校利益；

（四）努力学习，完成学业；

（五）遵守学生行为规范，尊敬师长，养成良好行为习惯和思想品德；

（六）爱护并合理使用教育设备和生活设施；

（七）按规定缴纳学费及有关费用，履行获得资助所承诺的相关义务；

（八）法律和学校规定的其他义务。

第二十三条　学校建立学生权利保障机制，维护学生合法权益。鼓励和支持学生参加学校的民主管理，对学校的工作提出意见或建议。

第二十四条　学校依法实行学生学籍管理制度，学生在规定的修业年限内学完规定的课程，思想品德合格、成绩合格或修满相应的学分，准予毕业，按规定发给学历证书。

第二十五条　学校为学生提供心理健康教育、咨询、就业指导与推荐等服务。对在德、智、体、美等方面全面发展和在思想品德、学业成绩、科技创造、实践技能及社会服务等方面表现突出的学生，给予表彰和奖励。

第二十六条　对有违规、违纪行为的学生，学校应当给予批评教育或者纪律处分。学校给予学生的纪律处分，应当与学生违规、违纪行为的性质和过错的严重程度相适应。

第二十七条　学生可以根据相关规定组织学生社团，依照法律和学校规定开展活动。学校支持学生开展有益于身心健康的各类课外活动，支持学生参加社会实践、社会服务和开展勤工俭学活动。学生进行课外活动不得影响学校正常的教学秩序和生活秩序。学生参加各类实践活动应当遵守法律、法规以及学校、用工单位的管理制度，履行勤工助学活动的有关协议。

第五章　教职工

第二十八条　教职工包括教师、其他专业技术人员、管理人员和工勤人员等。

第二十九条　教职工除享有宪法、法律规定的权利外，还享有下列权利：

（一）公平享受学校公共资源，享受福利待遇；

（二）公平获得自身发展所需的相应工作机会和条件；

（三）接受继续教育；

（四）在品德、能力和业绩等方面获得公正评价、奖励和各种荣誉称号；

（五）知悉学校改革、建设和发展以及关系切身利益的重大事项，参与民主管理和监督，对学校工作提出意见和建议；

（六）就职务、福利待遇、评奖评优、纪律处理或处分等事项表达异议和提出申诉；

（七）学校规章制度或者聘约规定的其他权利。

第三十条　教职工除履行宪法、法律规定的义务外，还应履行下列义务：

（一）爱岗敬业，勤奋工作；

（二）为人师表，教书育人；

（三）尊重和爱护学生；

（四）珍惜学校名誉，维护学校权益；

（五）遵守学校规章制度、职业道德、学术规范；

（六）未经学校批准，不得在校外兼任实职；

（七）学校规章制度或者聘约规定的其他义务；

（八）宪法、法律、法规规定的其他义务。

第三十一条　学校对教职工实行聘任制度和岗位管理制度。

学校对教师实行教师资格认证制度和教师职务聘任制度；对教学辅助人员及其他专业技术人员实行专业技术职务聘任制度；对管理人员实行教育职员制度；对工勤人员实行劳动合同制度。

第三十二条　学校建立教职工考核评价和激励机制。对履行义务业绩突出的教职员工给予奖励，对不履行义务的教职员工，依据法律、法规、规章和学校有关规定给予处分。

第三十三条　学校逐步提高与学校发展水平相适应的教职工福利待遇，建立教职员工权利保护机制，保护教职员工合法权益，教职员工合法权益受到侵害的，有权要求有关部门依法处理或者依法申请仲裁，提起诉讼。

第三十四条　教职员工通过教代会、工会、学术委员会等形式参与学校管理，维护自身权益。

第三十五条　学校尊重和保护学术自由，为教师开展教学和科研活动，自主进行学术创新提供必要条件保障。

第六章　管理体制

第一节　学校党委

第三十六条　中国共产党九江职业大学委员会（以下简称学校党委）是学校的领导核心，统一领导学校工作，支持校长依法独立行使职权，并开展工作，保证学校教育、科研、行政管理等各项工作任务的完成。学校党委履行下列职责：

（一）宣传和执行党的路线、方针、政策，宣传和执行党中央、上级组织和本级组织决议。坚持社会主义办学方向，依法治校，依靠全体教学员工推进学校科学发展，培养德、智、体、美全面发展的中国特色社会主义事业合格建设者和接班人；

（二）审议确定学校基本管理制度，讨论决定学校改革、发展、稳定以及教学、科研、行政管理中的重大事项；

（三）讨论决定学校内部组织机构的设置及其负责人的人选，按照干部管理权限，负责干部的选拔、教育、培养、考核和监督；加强领导班子建设、干部队伍建设和人才队伍建设；

（四）按照党要管党，从严治党的方针，加强学校党组织的思想建设、组织建设、作风建设、制度建设和反腐倡廉建设，实行党务公开；

（五）领导学校的思想政治工作和德育工作，促进和谐校园建设；

（六）领导学校的工会、共青团、学生会等群众组织和教职工代表大会；

（七）做好统一战线工作，对学校内的民主党派组织实行政治领导，支持他们依照各自的章程开展活动。支持无党派人士等统一战线成员参加统一战线相关活动；

（八）法律规定的其他职责和需要学校党委决定的其他重大事项。

学校党委实行集体领导、民主决策。党委书记主持党委全面工作，党委副书记根据职权分工，协助书记开展工作。

党委会由党委书记主持，按照学校党委会议事规则，讨论决定事项。

第三十七条　学校党委议事规则：

（一）解放思想、实事求是、与时俱进的原则。坚持以邓小平理论和“三个代表”重要思想为指导，理论联系实际，认真贯彻党的路线、方针、政策，保证党的教育方针及上级有关规定在本校得到贯彻落实，深入实际，调查研究，做出符合学校实际的正确决策；

（二）民主集中制原则。实行民主基础上的集中和集中指导下的民主相结合，党委会需对提交的议题做出决定时，应经过充分酝酿讨论，广泛听取意见，严格按照少数服从多数的原则做出决定。如在重大问题上发生意见分歧，应进一步调查研究，交换意见后再议。党委形成的决议、决定，任何个人无权改变，个别同志有不同意见允许保留，也可按党章规定向上级党委反映，但行动上必须认真执行；

（三）集体领导和个人分工负责相结合的原则。本校重大问题的决策，必须经党委充分酝酿协商，集体研究决定。如有特殊事项，来不及召开党委会议研究，经主持党委工作的领导同意后，可以先行办理，事后要及时向党委会汇报。根据集体决定和个人分工，党委委员要切实履行自己的职责，不扯皮、不推诿，批评与自我批评，敢于负责，创造性地做好分管工作。工作中要互相沟通，互相谅解，互相配合，团结协作；

（四）党委会原则上半月召开一次。如有重要情况，可随时召开。会议须有半数以上委员到会方可举行，若涉及党委成员、列席会议人员本人及其子女、亲属时，本人应回避；

（五）党委会由党委书记召集并主持，党委书记不能参加会议时，可委托党委副书记召集主持。党委副书记、委员出席会议，党办主任列席会议。讨论专题时，列席人员对议题可发表自己的意见，但无表决权。未到会委员的书面意见不计入票数，该议题研究结束后，有关列席人员即可退席。需要时，可召开党委扩大会议，其范围由党委研究决定。会议召开时，事先由党委办公室负责通知与会人员；

（六）提交党委会讨论的议题，由主办部门提出，要通过充分酝酿、研究，涉及其他部门的问题，主办部门要事先进行协商，提出可供决策的建议，向分管领导汇报，并填写“党委会议题登记表”，经分管领导签批后报党委办公室。分管领导会前对议题应有意向性意见。党委办公室对提交议题提出初步安排意见，报请主持会议的领导审定后，列入党委会议程。一般情况，党委办公室负责将党委会议题以书面形式于会前一日内通知与会人员，特殊情况，可口头通知。对于规章制度、工作计划、工作总结、实施方案、重要文件，以及涉及内容复杂需作文字说明的议题，由党委办公室将有关文字材料于会前印发与会人员；

（七）向党委会汇报议题内容要条理清楚，重点突出，简明扼要，实事求是，不得汇报议题以外的其他事项。提交党委研究决定的事项，由主办部门负责人或党委办公室主任汇报。部门提交的议题，由部门负责人汇报。对需要研究决定的事项，党委成员要紧扣主题，须发表同意或不同意或保留意见或缓议等明确意见；全体委员半数以上同意方可通过。因故不能出席的委员要请假，会议决定事项由党办主任（干部问题由组织部长）负责向其通报；

（八）党委会一般采取一事一议的办法。会议决议采取由会议主持人归纳结论或与会党委成员进行表决两种形式。会议决定多个事项的，应逐项表决；讨论决定干部任免、奖惩事项，应逐个表决。研究干部任免问题时，如果原拟干部人选被否决，应按程序重新提出人选，在以后的党委会上再议，不得在本次会议上临时动议决定其他人选；

（九）党委会研究的事项，都要记录备案。会议记录要如实反映会议过程、正确记载会议决定，对每位党委成员和列席人员的发言作详尽的记载。会议主持人归纳总结会议决议要准确简明。会议议定事项需要向有关部门传达的，由党委会指定分管领导或由党委办公室负责传达。涉及全校性事项，经会议主持人同意，可以《党委会会议纪要》或《党委会决定事项》的形式印发有关部门。党委会结束后，会议记录人应立即将会议记录交党委办公室档案管理人员按机要档案管理归档，党委会议记录不得随意查阅。因工作需要查阅记录时，须报请党委主要领导同意，按规定办理有关手续后查阅；

（十）在党委会决议实施过程中，由党委办公室负责对党委会议决议的执行情况进行催办、督查，并及时向党委书记（或主持工作的副书记）汇报决议的落实情况，党委成员按分工认真抓好落实；

（十一）与会人员要严格保密纪律。党委会决定的问题，凡有保密性质和未正式传达公布的内容，以及与会人员在会议上的发言，特别是不同意见，不得传播。会议记录涉密材料要按有关保密规定妥善保管，防止泄密事件的发生。如发生泄密情况，要追究责任；

第三十八条　中国共产党九江职业大学纪律检查委员会是学校的党内监督机构，在学校党委和上级纪委的领导下，维护党的章程和其他党内法规，监督检查党组织和党员贯彻执行党的路线、方针、政策、决议以及学校重大决策的情况，协助党委加强党风廉政建设，组织协调反腐败工作，保障和促进学校各项事业健康发展。

监察办公室是学校的行政监督机构，受理信访和举报，调查、处理违规、违纪行为，加强监察工作的队伍和制度建设，监察办公室与学校纪委办公室合署办公。

第二节 校 长

第三十九条 校长是学校的法定代表人和行政负责人，由学校举办者任命，学校设副校长若干名，按规定程序产生，协助校长行使职权。

校长在党委领导下全面负责学校的教学、科研和其他行政管理工作，校长行使下列职责：

（一）主持校长办公会，讨论、决定重大行政事项，部署协调全校行政工作，向教职工代表大会报告工作；

（二）组织拟订学校事业发展规划，制订学校具体规章制度和年度工作计划，并组织实施；

（三）组织学校学科建设、教学活动、科学研究、社会服务、思想品德教育和对外交流与合作事宜；

（四）组织拟订学校内部组织机构设置方案，按干部任免权限，任免校内组织机构的机构负责人；

（五）依法聘任与解聘教师以及内部其他工作人员，依照法律和学校规定对教职工实施奖励或处分；

（六）对学生实施学籍管理，依照法律和学校规定对学生实施奖励或处分，向毕业生颁发学业证书；

（七）主持拟定、执行年度经费预算方案，依法筹措办学经费，管理、保护学校资产，维护学校合法权益；

（八）按程序规定，代表学校与各级政府、境内外单位和个人签署协议或合同，接受捐赠；

（九）法律规定的其他职权。

第四十条 校长办公会议事规则：

（一）校长办公会坚持民主集中制原则。认真落实党委领导下的校长负责制。听取各方面的意见，既充分发扬民主，又有正确的集中，保证学校行政决策的民主化、科学化、规范化；

（二）校长办公会原则上每周召开一次。如有重要情况，由校行政领导提出召开校长办公会的建议，经校长同意，可随时召开；

（三）校长办公会由校长召集并主持。校长不能参加会议时，可委托副校长召集主持。讨论专题时，会议主持人可确定与议题有关的人员列席会议，该议题研究结束后，有关列席人员离开会场；

（四）校长办公会召开时，由校长办公室负责事先通知校领导和列席会议人员；

（五）提交校长办公会讨论的议题，由主办部门提出，要充分酝酿、调查、研究，涉及其他部门的问题，主办部门要事先进行协商，提出可供决策的建议，向分管校长汇报，并填写“校长办公会议题登记表”，经分管校长签批后报校长办公室。分管校长会前对议题应有意向性意见。校长办公室对提交议题提出初步安排意见，报请主持会议的领导审定后，列入校长办公会议程，一般情况下，校长办公室负责将办公会议题以书面形式于会前一日内通知与会人员；特殊情况，可口头通知。对于规章制度、工作计划、工作总结、实施方案、重要文件，以及涉及内容较复杂需作文字说明的议题，由校长办公室将有关文字材料于会前印发与会人员；

（六）讨论与表决。校长办公会一般采取一事一议的办法，会议决议由会议主持人在充分听取各方面意见、集思广益的基础上确定；

（七）校长办公会的决议和决定一经做出，不得随意变更。在确遇新情况，新问题，不适宜或者不可能按原决议或决定执行时，相关部门应请示分管校领导，由分管校领导报请校长做出暂缓执行或复议的决定。

第三节　学术委员会

第四十一条　学校依法设立学术委员会（其秘书处设在学校科研处）。学术委员会是学校的最高学术机构，在校长领导下，按照学术委员会章程统筹行使学校学术事务的决策、审议、评定、论证和咨询等职责。

第四十二条　学术委员会的组成：

（一）学术委员会委员应当具备以下条件：遵守宪法法律，学风端正、治学严谨、公道正派；学术造诣高，在本学科或者专业领域具有良好的学术声誉和公认的学术成果；关心学校建设和发展，有参与学术议事的意愿和能力；身体健康，能够正常履行职责；

（二）学术委员会设委员若干人。其中设主任 1 人，由校长担任；副主任 1 人，由主管教学、科研副校长担任；秘书长 1 人，由科研处长担任；其他人选由党政联席会研究提名，校长聘任；

（三）学术委员会按照相关学科规定分成若干学科组。根据需要对有关学科建设、科学研究等事项进行审议，也可根据需要成立若干常设或临时性的评议组、评审组和专题组；

（四）学术委员会的办公室设在科研处。办公室成员由校科研处成员兼任。校学术委员会秘书长负责校学术委员会办公室的日常工作并兼任办公室主任；

（五）校学术委员会委员由校长聘任。校学术委员会委员实行任期制，任期一般为 4 年，可连聘连任，但连任一般不超过 2 届。校学术委员会每次换届，连任委员人数原则上不高于委员总数的 2/3。中期增补的委员任职超过 2 年者视为任职 1 届；

（六）校学术委员会每年定期举行全体会议，按照少数服从多数的原则，讨论决定重大事宜。在学术问题上，同时要发扬民主，允许少数人保留个人意见；

（七）学术委员会委员退休后，学术委员会资格自动取消，学校按照学术委员会章程增补委员；

（八）根据需要，校长可提议增补个别委员会名单；

（九）学术委员会主任可根据需要召开会议，讨论和决定学术委员会日常工作。

第四十三条　学术委员会的职责：

（一）审议学校各学科、专业的设置及其建设发展规划；

（二）审议学校的科学研究、教材建设、师资队伍等方面的建设发展规划；

（三）审议各学科、专业的课程设置和教学计划，评估学校的教学质量、科研质量、校刊编辑出版质量等；

（四）评定校内各类教学和科学研究成果，评议和向外推荐申报各类教学和科研奖励以及各类教学和科学研究成果；

（五）评估拟引进的优秀人才，评估向校外推荐的学校优秀人才。审议学校拟聘请的名誉教授和客座教授；

（六）受校长委托，对涉及重要学术问题的其他事项进行论证和咨询，并提出建设性意见；

（七）对申报国家级、省级教学、科研基金的申请人的学术水平和科研能力进行评审和鉴定；

（八）审议校级科研项目及教职工向校外有关科研项目的立项申请；

（九）审议和评估学校的科研成果、教学成果，并确定其质量等级；

（十）对涉嫌违反学术道德的事件进行仲裁，并提出处理意见；

（十一）指导和组织全校性学术交流活动。

第四十四条　学术委员会的议事规则：

（一）校学术委员会决议事项坚持民主集中制原则；

（二）校学术委员会会议由学术委员会主任委员或由其委托副主任委员召集并主持；

（三）校学术委员会会议必须有三分之二以上委员到会方能举行。委员因故不能出席会议，须在会前请假，其意见可用书面形式表达。列席会议人员由召集人确定；

（四）重要议题的表决，以赞成票超过委员总数的半数为通过，未到会委员不能委托其他委员代为投票表决；

（五）会议的议题事前由校学术委员会主任委员、副主任委员商议确定。凡需提交会议讨论的事项，由有关职能部门呈报学术委员会负责人审定。职能部门需将讨论议题于会前分送各位委员；

（六）对已经学术委员会表决通过的结果，如有人提出复议，需先由秘书长出面征得三分之一以上委员的同意，可重新召集学术委员会会议予以复议，亦可委托主任委员和副主任委员酌情处理；

（七）对于学术委员会会议讨论的事宜，各位委员均应保守秘密，不得对外泄露讨论的具体内容；

（八）学术委员会在讨论、评定、审议与委员及其亲属有观点议题时，该委员应予回避。

第四节　教职工代表大会

第四十五条　九江职业大学教职工代表大会（以下简称教代会）是学校教职工依法行使民主权利、参与学校民主管理与监督的基本形式，是学校内部管理体制的重要组成部分。

第四十六条　教职工代表大会主席团是教职工代表大会的常设领导机构，由大会选举产生，在党委领导下开展工作。

第四十七条　教代会代表：

（一）教职工代表大会代表以学院、部门、处室等为单位，由教职工直接选举产生。教职工代表大会代表以教师为主体，教师代表不得低于代表总数的60%，并应当根据学校实际，保证一定比例的青年教师和女教师代表；

（二）教代会代表的条件：本校在编在职职工；热爱祖国，拥护党的领导，坚持四项基本原则，认真贯彻党的路线、方针、政策，遵纪守法；“敬业”、“爱岗”、“爱校”主人翁意识强，积极支持学校的改革和发展；本职工作比较出色，顾全大局，作风正派，办事公道，具有一定的参政议政能力，在群众中享有较高威望；

（三）教职工代表大会代表实行任期制，任期5年，可以连选连任。教职工代表大会代表接受选举单位教职工的监督；学校可依规定程序选举、更换、撤换和补选代表。代表如调离学校或其他原因长期不履行代表职责的，其代表资格自行终止；任期未满离退休的，其代表资格自行终止；

（四）根据大会的需要，可邀请校内有关领导干部、共青团负责人、民主党派和无党派人士、大学生和离退休教职工为大会列席代表或特邀代表。教代会的列席代表和特邀代表除无选举权、表决权和提案权外，有知情权、发言权并应参加正式会议的各项活动。

第四十八条　教职工代表大会每五年一届，期满进行换届选举。每年至少召开一次教职工代表大会，每次会议需有三分之二以上代表出席方可召开。如因特殊原因不能如期开会，应向代表说明原因，取得多数代表的同意。遇到重大事项，经学校工会或三分之一以上教代会代表提议，可以临时召开教职工代表大会。

大会闭会期间由大会选举的常设主席团履行职责，日常工作机构为校工会。

第四十九条　教职工代表大会代表享有以下权利：

（一）听取学校章程草案的制定和修订情况报告，提出修改意见和建议；

（二）听取学校发展规划、教职工队伍建设、教育教学改革、校园建设以及其他重大改革和重大问题解决方案的报告，提出意见和建议；

（三）听取学校年度工作、财务工作、工会工作报告以及其他专项工作报告，提出意见和建议；

（四）讨论通过学校提出的与教职工利益直接相关的福利、校内分配实施方案以及相应的教职工聘任、考核、奖惩办法；

（五）审议学校上一届（次）教职工代表大会提案的办理情况报告；

（六）按照有关工作规定和安排评议学校领导干部；

（七）通过多种方式对学校工作提出意见和建议，监督学校章程、规章制度和决策的落实，提出整改意见和建议；

（八）坚持校务公开制度；

（九）制定、修改学校教职工代表大会工作条例和实施细则，并监督执行；

（十）讨论有关法律法规规章规定的以及学校与学校工会商定的其他事项。

第五十条 教代会行使权利的民主程序和议事规则：

（一）教代会实行民主集中制；

（二）凡提交教职工代表大会审议、决定的政策、方案、制度、办法等，均应由教职工代表大会或教职工代表大会主席团进行讨论，广泛听取意见，提交大会审议；

（三）需提交教代会审议的文件在教代会召开前，将文件草稿初稿印发给教代会代表组，由各代表组织代表讨论；也可由教代会主席团组织相关人员讨论，有关职能部门在广泛听取意见后，再对文件进行修改并提交大会审议；

（四）需要通过或表决的议案，学校行政部门根据大会审议意见对草案进行修正和补充，经大会主席团审议后，提交大会表决，教职工代表大会的选举和表决，须经教代会代表总数的半数以上通过方为有效。教职工代表大会的意见和建议，以会议决议的方式做出；

（五）评议领导干部的民主程序是：被评议的领导向教代会作述职报告，以代表组为单位对评议对象进行评议，教职工代表对评议对象进行无记名书面测评，大会主席团向大会报告评议结果；也可以采取学校民主评议、考核干部的程序进行；

（六）教代会闭会期间，由教代会主席团行使教代会职权。凡遇急需提交教代会审议决定的事项，校行政职能部门提出意见，准备好有关文件材料，交校工会上报教代会主席团，由教代会主席团组织审议或决定；

（七）对已经通过教代会审议的方案，如需修改，应经教代会主席团讨论同意，教代会闭会期间可授权教代会主席团处理，但需向下次教代会报告，提请确认；

第五十一条 学校工会为教职工代表大会的工作机构；在学校党委领导下，依法自主开展工作，代表教职工参与学校重大事项的讨论和决策，推进学校的民主管理；督促检查教代会决议的落实；向教职工代表和群众进行宣传教育，维护和代表教职工的合法权益，保障教职工的民主权利，接受并处理教职工代表的建议和申诉；完成教代会交办的其他事项。

第五十二条 学校尊重和支持教职工代表大会行使民主决策、民主管理和民主监督的职权，定期向教职工代表大会报告工作，听取意见，认真处理教职工代表大会提案，执行有关决议，学校为工会承担教职工代表大会工作机构的职责提供必要的工作条件和经费保障。

第五十三条 教代会尊重和支持校长及行政职能部门行使职权，教育教职工不断提高主人翁责任感，严格遵守各项规章制度，努力完成各项工作任务。教代会的工作需向教职工公布，并接受群众监督。

第五节 学校机构

第五十四条 学校根据精简、效能的原则和实际工作需要，依法依规设置党政职能机构，明确职能职责的范围；根据专业建设和专业发展的需要设置院、部、所、中心等教学研究机构。

第五十五条 学校设置图书馆、档案室、信息中心等公共服务机构，为教职员工和学生提供服务，保障教学、科学研究、行政管理等各项工作的开展。

第五十六条　学校依法设立工会、共青团、学生会等群众组织，在学校党委领导下按照各自章程在法律、法规和学校规章制度规定的范围内独立开展活动，参与学校民主管理。学校为群众组织提供必要的工作条件。

第五十七条　学校根据工作需要设置专门委员会或领导小组等临时性机构，协调和处理有关事务。

第五十八条　学校依法依规与外界缔结合作办学、合作研究、技术开发、社会服务等教育、科研讥构。

第五十九条　校内依据各自章程开展活动的各民主党派。

第六十条　学校内设的具有独立法人资格的组织，依照法律和学校规定进行运营和管理。

第六节　教学院（部）

第六十一条　学校根据人才培养和专业建设的需要设置若干教学院（部）并根据发展需要适时予以调整，教学院（部）在校长和分管副校长的领导下开展教学、科研和学生管理等工作。

第六十二条　学校实行校和院（部）两级管理为主的体制，充分发挥教学院（部）的学生主体作用，具有独立建制的科研、生产单位和重点实验室筹机构，享有与二级学院（部）同样的权利和义务。

第六十三条　教学院（部）根据学校的规划、规定或授权，履行以下职责：

（一）贯彻国家教育方针，执行上级和学校教育教学规章，负责制定和实施本院（部）管理制度；

（二）根据学校发展总体规划，拟定本院（部）的发展规模、专业设置及阶段工作目标；

（三）在教务处的统筹指导下制订本院（部）的专业人才培养方案、课程教学标准和其他教学文件，经批准后组织实施；

（四）负责制定本院（部）教学、科科、师资、学生、教材、学术交流等工作的规划、计划，经批准后组织实施；

（五）负责教研室建设工作，组织本院（部）教师开展教学研究活动，推进教育教学改革、专业与课程建设和现代化教学手段应用，提高教学实效性，确保教学质量；

（六）拟定本院（部）教师的配备、使用、培训计划。向学校提交师资队伍建设的意见和建议，负责本院（部）人员业务培训、考核、奖惩等工作；

（七）根据教务处下达的教学任务，制定学期教学工作计划，负责本院（部）校内外理论教学、实习实训和顶岗实习等教学环节的组织实施；

（八）负责本院（部）各类考试命题、试卷批改、成绩评定、登分、试卷分析、试卷存档等组织管理工作；

（九）负责本院（部）教学秩序、教学质量约动态检查、评估，收集学生对教学工作的意见，及时发现和解决存在的问题，严格常规教学管理，执行教学规范要求；

（十）协助教务处做好本院（部）教材征订工作，参与组织编写各专业教材、补充教材、辅助教材及教学资料等；

（十一）负责实验实训场地建设及日常管理，做好仪器设备验收、维修、保养、增添、更新、改造、报废、报损等工作；

（十二）在学工处和团委的统筹指导下，做好本院（部）学生的思想政治教育和日常管理工作，组织学生开展各种体育、文化、艺术活动和各类竞赛活动；

（十三）配合学校组织人事部门做好教师与管理队伍编制、教职工调入调出和教师聘任的考核及初审工作，对本部门教职工的职称评审提出初步意见；

（十四）关心教职工学习、思想、工作和生活，调动全体教职工的积极性，开展“教书育人”活动，努力提高教职工的政治素质和业务素质；

（十五）负责本院（部）的教学统计报表、教学文件（资料）的收集、整理和归档，建立健全并管理好教师业务档案，做好资料室建设工作，逐步实现教学管理的信息化、数字化；

（十六）完成学校交办的其他各项工作。

第六十四条　教学院（部）根据工作需要和党员人数，经学校党委批准，设立相应党的组织。按照《中国共产党普通高等学校基层组织工作条例》的规定开展工作。

第六十五条　教学院（部）设置院长（主任），由校长聘任，根据校长授权开展工作。教学院（部）院长（主任）全面负责本院（部）行政工作，明确行政职责分工。院长（主任）行政职权，履行行政职责，实行院长（主任）统一领导、副院长（副主任）分工负责、职能部门组织实施的行政。院长（主任）定期向全院（部）教职工大会报告工作。

第六十六条　教学院（部）设立党政联席会议。教学院（部）党政联席会议是教学院（部）的决策和议事机构，由教学院（部）院长（主任）、党总支书记、副院长（副主任）、副书记等组成。根据工作需要，可吸收工会分会主席、共青团组织负责人及有关人员参加。教学院（部）党政联席会议提出学院（部）发展规划和思路，讨论决定人才培养、科学研究、专业建设、师资队伍建设、思想政治工作和行政管理等方面的重要事项。

第七章　校友及校友会

第六十七条　凡在九江职业大学，原九江师范学校、九江农业学校、九江市财贸职业中专、江西庐山旅游中专学习过的学生和工作过的教职员工，学校聘请的兼职教授、名誉教授及其他兼职人员，经批准，获得学校校友会会员资格的机构、团体和个人，均为学校校友。

第六十八条　学校设立校友会，校友会是由校友自愿组成的联谊性、学术性、非营利性的社会组织，挂靠就业处，由就业处处理校友会日常事务。

第六十九条　校友会遵守国家法律、法规和各项方针政策，遵守社会道德风尚，激励校友，凝聚感情，交流学术，弘扬母校传统，共商母校发展大计。

第七十条　学校鼓励和支持校友会成立具有届别、行业、地域特色的校友会和校友分会。学校通过校友会及其他多种形式联系和服务校友，凝聚校友力量，鼓励校友参与学校建设与发展。

第七十一条　对学校建设做出贡献的校友，学校授予荣誉称号并设置纪念。鼓励校友参与学校的建设与发展。

第八章　资产、经费及财务管理

第七十二条　学校资产为国有资产。学校建立健全国有资产配置、使用、处置管理制度，维护国有资产安全完整，防范资产损失，提高资金使用效益。

第七十三条　学校的经费来源主要包括财政拨款、财政补助收入、上级补助收入、事业收入、经营收入和校友捐赠收入、社会捐赠收入等其他收入。

学校积极拓展办学经费来源渠道，筹措教育事业发展资金；鼓励和支持校内各单位面向社会筹措教学、科学研究经费及各类基金。

第七十四条　学校依据国家有关法律、法规实行统一领导、集中核算、经费包干的财务管理体制；建立经费使用绩效评价制度；建立健全经济责任制度和审计监察制度，完善监督机制，保证资金运行安全，学校财务管理工作自觉主动接受教育主管部门、财政、审计等部门的监督检查。

第七十五条　学校保护并合理利用校名、校誉和校有知识产权。

第七十六条　学校坚持量入为出、收支平衡的预算编制原则，科学编制预算，并对预算执行过程进行有效控制和监督，建立健全财务规章制度，规范校内经济秩序。

第九章　校徽　校训　校旗　校歌　校庆日

第七十七条　学校校徽整体色彩为蓝色，寓意辽阔的天空和宽阔的海洋；圆形构图充满向往与期待，圆内上下分别为中文和英文校名“九江职业大学”，中间为“Z”与“S”两个字母的变体组合，“Z”为职业教育，“S”为师范教育。“Z”字母变形为一艘远航的舰船，“S”字母变形为波浪滚滚的海洋，寓意为学校将以职业教育和师范教育建设两个基地（技师培养基地、教师成长摇篮），励志打造长江沿岸、中部地区一流高职名校。

校徽图示为：

第七十八条　学校校训是“博学多能，厚德笃行”。

第七十九条　学校校旗为长方形旗帜，中央有校名，左上角配以学校徽记。

第八十条　学校校歌是《九江职业大学校歌》，付义赣作词，王爱春作曲。

第八十一条　学校确定每年的4月30日为校庆日。

第十章　附　则

第八十二条　本章程经学校教职工代表大会讨论并征求意见，经校长办公会议审议通过，学校党委审定，报九江市人民政府和江西省教育厅核准后生效，同时报江西省事业单位登记管理局备案。

学校向社会和校内公布本章程。

第八十三条　本章程是学校的基本规章，学校制定的规章制度均应符合章程精神，不得与章程相抵触，与本章程不一致的，均以本章程的规定为准，并应遵照本章程有关内容予以修改或废止。

第八十四条　本章程由学校党委负责解释。

第八十五条　本章程自江西省教育厅核准之日起实施。

九江职业大学

2015年5月

第二章　党的建设

2006年，学校合并重组后，学校党的建设工作以落实《中国共产党普通高等学校基层组织工作条例》为核心。

2007年3月，校党委拟定《07年党委工作要点》，围绕“以教学为中心、以迎评为契机，增加容量、扩大规模，强化管理、狠抓质量，整体提升学校办学水平”，要求各总支（支部）按照党委工作要点和活动安排，制定符合实际的工作计划开展活动。同时，在全校开展学习贯彻胡锦涛总书记回信精神及向符爱起学习活动。4月校党委调整精神文明建设暨综合治理工作领导小组等六个非常设机构组成人员。

2008年2月，校党委拟定《2008年党委工作要点》，5月，印发《九江职业大学关于全员育人学生导师制的实施意见（试行）》，7月，启动思政课课题教学“五个一工程”（即每周品味一句中外道德格言，介绍一个行为礼仪知识，讲述一段九江革命史实，欣赏一则传统美德，解读一条热点时势新闻）建设，组织开展“贯彻落实科学发展观促进学校又好又快发展暑期学习讨论”活动。

2010 年 9 月，学校党委执行中央新修订的《中国共产党普通高等学校基层组织工作条例》，着力推进党的工作科学化、民主化、制度化建设，制定《关于贯彻〈中国共产党普通高等学校基层组织工作条例〉实施办法》，落实新时期党的建设指导思想，即：高举中国特色社会主义伟大旗帜，以马克思列宁主义、毛泽东思想、邓小平理论、“三个代表”和科学发展观重要思想为指导，深入贯彻落实科学发展观，全面贯彻执行党的基本路线和教育方针，坚持教育必须为社会主义现代化建设服务，为人民服务，必须与生产劳动和社会实践相结合，培养德智体美全面发展的中国特色社会主义事业合格建设者和可靠接班人。

结合实际，学校对党建工作中的组织设置、主要职责、党的纪律检查工作、党员的教育、管理、服务和发展、干部和人才工作、思想政治工作及党组织对群众组织的领导等做出总体规划。

第一节　党建工作

一、基层组织工作制度

2007 年 4 月，学校合并后人事变动，校党委印发《关于调整精神文明建设暨综合治理工作领导小组等六个非常设机构组成人员的通知》，旨在提高对学校工作的理解力、操作力和执行力，在更高层次上服务地方经济建设，创建和谐校园。

2008 年 3 月，校党委印发《九江职业大学宣传思想工作先进集体、先进个人考评实施办法（试行）》，制订相关考评细则。7 月，出台《九江职业大学思想政治理论课新课程教学改革实施方案》，把大学生品行教育和思想政治理论课教育教学有机结合。

2009 年 11 月，学校党委印发了《九江职业大学关于贯彻党的十七届四中全会精神加强和改进新形势下学校党的建设实施意见》，重在推进学习型基层党组织建设，坚持和健全民主集中制，积极推进依法治校，提高干部队伍素质，增强基层组织凝聚力、创造力和战斗力。

2010 年 9 月，与贯彻《中国共产党普通高等学校基层组织工作条例》相配套，在总结学校党建工作历史经验的基础上，校党委印发《九江职业大学建立健全基层党建工作责任制实施办法》，完善学校、院（部）两级党建工作领导体系，落实党建责任、明确职责分工。具体措施包括：

坚持“三会一课”制度。按时召开总支委员会、支部委员会和各支部党员大会。每学期至少举行一次党课讲座。坚持组织生活制度，每年召开一次民主生活会；党员每半年就本人的思想、工作、学习及联系群众情况向党支部作一次汇报。

坚持民主评议党员制度。每年对党员的表现情况进行一次民主评议；召开民主党派和群众代表座谈会，保证民主评议党员活动取得实效。

坚持谈话制度。特别是干部任命前的组织谈话和干部考核诫勉谈话。

坚持党员学习制度。党支部两周组织一次党员政治理论学习，组织党员干部观看廉政教育片及赴外地参观学习；成立由组织部、党办、纪委组成的督导组，不定期对各党总支的政治理论学习情况进行督查并予以通报。

坚持党员联系服务群众制度。

2012 年 7 月，学校党政领导分头与院、部建立联系点。

校领导挂点联系院系工作分工如下：

校长卢志鹏——学前学院

党委书记王原平——师范学院

党委副书记、纪委书记周春明——机电工程学院、艺术学院

党委委员、副校长肖厚建——文化旅游学院

党委委员、副校长胡春亮——经济管理学院

党委委员、副校长汪春莲——继续教育学院、公共课部

党委委员、副校长周兴龙——护理学院、中专部

党委委员、副校长赵建夫——信息工程学院

党委委员、副校长余传忠——建筑工程学院

二、支部建设与党员发展

支部建设 2007 年 5 月 11 日，学校第六次党政联席会议听取组织部关于各总支（支部）改选结果情况汇报，建议在以后条件成熟的情况下，机关单位设立党总支开展工作，各总支（支部）由 3 人组成支委，支委内部分工为：支部书记，组织、纪检委员和宣传委员。5 月 16 日，校党委批准成立 4 个机关支部：机关一支部（14 人）包括组织部（人事处、统战部）、宣传部、纪委、工会，机关二支部（17 人）包括办公室、后勤处、基建处、财务处（国资委），机关三支部（20 人）包括保卫处、学工处、团委、招生就业处、继续教育学院，机关四支部（20 人）包括教务处、科研处、图书馆、实验实训与信息中心、公共教学部；8 个教学院（系、部）党总支（不含学生党员）：师范学院党总支（7 人），工程技术学院党总支（7 人），经济管理学院党总支（11 人），文化传播系党总支（9 人），外语系党总支（7 人），计算机系党总支（8 人），艺术系党总支（6 人），中专部党总支（7 人）；退休支部（40 人）。2007 年 9 月，校党委成立长虹校区党工委，成员 6 人，副校长胡春亮兼书记。

2008 年 9 月 12 日，学校党委对各党总支（支部）及组成人员进行调整。机关支部为 4 个：机关一支部（14 人）包括办公室、纪委、组织人事处、宣传部、工会，机关二支部（15 人）包括后勤处、基建处、财务处，机关三支部（22 人）包括保卫处、学工处、继续教育学院，机关四支部（24 人）包括教务处、督导室、图书馆、实验中心、公共课部；教学院（系、部）党总支教工支部 9 个：师范学院（5 人），工程技术学院（13 人），经济管理学院（17 人），文化传播系（14 人），外语系（13 人），计算机系（12

人）艺术系（10人），中专部（10人），学前教育系（5人）。退休支部（42人）和9个教学院（系、部）学生支部（各1人）。

2009年9月，学校党委调整新一届党总支（支部）的划分和组成人员。各党总支成立总支委，下设支部。机关总支委（103人），下设4个支部；基础教育系总支委（62人）、学教育系总支委（20人）、艺术系总支委（13人）、机电工程学院总支委（43人）、建筑工程学院总支委（17人）、信息工程总支委（24人）、经济管理学院总支委（47人）、文化旅游学院总支委（34人）等均下设教工支部和学生支部各1个；继续教育学院总支委（8人）、中专部总支委（17人）、公共课教学部总支委（13人）等不另设支部；退休支部（65人）设2个党小组。

2009年12月，校党委决定成立宿管中心党总支，配备总支书记、副书记各1人，总支委员4人（含学生总支委员1人），下设鹤问湖校区3个学生宿舍党支部和长虹校区1个学生宿舍党支部，各支部配备支书1人（教师担任）。

2010年起，学校党委开始对全校党支部分类定级，推进红旗党委、红旗党总支和红旗党支部三级联创工作，创新以学生宿舍、学科、专业为背景的专业党支部活动平台。

2014年5月，机关总支委由4个支部增加至7个支部，退休总支委下设3个支部。为保证新校区建设，临时增设“校建办临时支部”。

2014年10月31日，根据《关于做好学生党支部换届及调整工作的通知》要求，学校党委组织部对12个学生党支部完成换届及调整工作，调整部分院部总支委成员，增设农业经济技术学院党总支、毕业生网络党总支和宿管党工委。

2007—2014年学校机关党总支、支部班子任职情况

表2-1-1

组织	总支、支委变更时间及组成人员					
	2007	2008	2009	2012.10	2013.03	2014.05
总支委员会			副书记：罗会珊 组织纪律委员：方波 宣传委员：熊巍 统战委员：周军 纪检委员：王红彬	书记：周兴龙 副书记：罗会珊 组织纪律委员：方波 宣传委员：熊巍 统战委员：周军 纪检委员：王红彬	书记：周兴龙 副书记：戴永东 组织委员：方波 宣传委员：熊巍 统战委员：周军 纪检委员：王红彬	书记：周兴龙 副书记：戴永东、董麓超（主持机关党总支日常工作） 委员：曹迁平、张晓华、蔡锦峰、汤曼
一支部	书记：杨健 组织纪律委员：陶群 宣传委员：杨苏立	书记：杨健 组织纪律委员：周婷 宣传委员：付义赣	书记：熊巍 组织委员：李捷 宣传委员：慕静	书记：熊巍 组织委员：李捷 宣传委员：慕静	书记：熊巍 组织委员：李捷 宣传委员：慕静	书记：蔡锦峰 组织纪律委员：应亮 宣传委员：周峰

续表 2-1-1

组织	总支、支委变更时间及组成人员					
	2007	2008	2009	2012.10	2013.03	2014.05
二支部	书记：方波 组织纪律委员：陈晓凌 宣传委员：张江明	书记：方波 组织纪律委员：张江明 宣传委员：张旭	书记：方波 组织委员：张江明 宣传委员：张旭	书记：方波 组织纪律委员：张江明 宣传委员：张旭	书记：方波 组织委员：张江明 宣传委员：张旭	书记：郑光明 组织纪律委员：刘水平 宣传委员：孙莎莎
三支部	书记：黄报声 组织纪律委员：唐健 宣传委员：石宏	书记：黄报声 组织纪律委员：唐健 宣传委员：石宏	书记：王红彬 组织委员：周涛（大） 宣传委员：汤曼	书记：王红彬 组织纪律委员：周涛（大） 宣传委员：汤曼	书记：王红彬 组织委员：周涛（大） 宣传委员：汤曼	书记：江鸿波 组织纪律委员：宋增龙 宣传委员：曾德愚
四支部	负责人：彭朝胜 组织纪律委员：沈莹 宣传委员：冯琪	书记：蔡春祥 组织纪律委员：沈莹 宣传委员：冯琪	书记：周军 组织委员：易水霞 宣传委员：曾德愚	书记：周军 组织纪律委员：易水霞 宣传委员：曾德愚	书记：周军 组织委员：易水霞 宣传委员：曾德愚	书记：董先明 组织纪律委员：郭坤 宣传委员：吴明
五支部						书记：张律 组织纪律委员：李云鹰 宣传委员：潘钧
六支部						书记：汤曼 组织纪律委员：刘莉 宣传委员：汪琛
新校区建设办临时支部						支部书记：张江明 组织委员：邹勋 宣传委员：唐克勤
退休总支部		书记：肖湘元、夏宝淦（副） 组织纪律委员：张扬球 宣传委员：张正治、熊永贵（女工委员）	书记：宋之保 副书记：肖湘元、熊炳火、徐国泉 组织委员：夏宝淦 宣传委员：谭绪宝	书记：宋之保 副书记：肖湘元、熊炳火、徐国泉 组织委员：夏宝淦 宣传委员：谭绪宝	书记：宋之保 副书记：肖湘元、熊炳火、徐国泉 组织委员：夏宝淦 宣传委员：谭绪宝	书记：宋之保 总支委员：陈新贵、吕天庆、伍国强、谭绪宝

续表 2－1－1

组织	总支、支委变更时间及组成人员					
	2007	2008	2009	2012.10	2013.03	2014.05
退休一支部						支部书记：陈新贵 组织委员：刘师 宣传委员：邵德民
退休二支部						支部书记：吕天庆 组织委员：夏宝淦 宣传委员：周庆流
退休三支部						支部书记：伍国强 组织委员：谭绪宝 宣传委员：钟丞

（注：空白处为该年度未设立）

2007—2014 年教学院（系、部）支委班子任职情况

表 2－1－2

支部	支委变更时间					
	2007	2008	2009	2012.10	2013.03	2014.10
师范学院（基础教育系）	书记：熊细滚 组织纪律委员：刘慧玲 宣传委员：钱桃英	书记：熊细滚 组织纪律委员：刘慧玲宣传委员：张礼萍 学生支部书记：丁璐	书记：熊细滚 副书记：胡玉东 委员：江茶英、熊十华、丁璐、冯琪	书记：熊细滚 副书记：胡玉东 委员：江茶英、熊十华、丁璐、冯琪	副书记：方波 委员：江茶英、熊十华、丁璐、冯琪	副书记（主持工作）：方波 副书记：何华松 委员：江茶英、熊十华、丁璐、江建民
经济管理学院	书记：董麓超 组织纪律委员：吴文会 宣传委员：阎芳	书记：朱慧芳 组织纪律委员：吴文会 宣传委员：阎芳 学生支部书记：湛青	书记：朱慧芳 副书记：张礼萍 委员：湛青、陶群	书记：高坊洪 副书记：张礼萍 委员：湛青、陶群	书记：高坊洪 副书记：张礼萍	副书记（主持工作）：熊巍 副书记兼纪检委员：张礼萍 委员：刘洁、湛青、陶群

续表 2－1－2

支部	支委变更时间					
	2007	2008	2009	2012.10	2013.03	2014.10
文化旅游学院（文化传播系）	书记：罗会珊 组织纪律委员：张守兴 宣传委员：石舞潮	书记：罗会珊 组织纪律委员：张守兴 宣传委员：周峰 学生支部书记：张守兴	书记：邹桂元 副书记：曹迁萍 委员：刘璐、陈茜、涂雅玲	书记：邹桂元 副书记：曹迁萍 委员：刘璐、陈茜、涂雅玲	书记：邹桂元 副书记：曹迁萍	副书记（主持工作）：张旭 副书记：高坊洪 委员：段园园、洪皓、李莹
外语系	书记：曹迁萍 组织纪律委员：陈茜 宣传委员：梅琴	书记：曹迁萍 组织纪律委员：陈茜 宣传委员：梅琴 学生支部书记：刘璐				
学前教育学院（学前教育系）		书记：何华松 组织纪律委员：查启军 宣传委员：钱桃英 学生支部书记：陈钊	书记：崔小斌 副书记：周红 委员：肖译、吕红梅	书记：崔小斌 副书记：周红 委员：肖译、吕红梅	书记：崔小斌 副书记：吕红梅	书记：崔小斌 副书记：杨毅 委员：余景丽、吕红梅
艺术学院（艺术系）	书记：戴晓敏 组织纪律委员：柯朝颖 宣传委员：陈南平	书记：戴晓敏 组织纪律委员：柯朝颖 宣传委员：陈南平 学生支部书记：黄家晶	书记：杨健 副书记：戴晓敏 委员：张毅、黄家晶、陈南平	书记：杨健 副书记：戴晓敏 委员：张毅、黄家晶、陈南平	书记：杨健 副书记：戴晓敏 委员：张毅、黄家晶、陈南平	书记：杨健 副书记：戴晓敏 委员：张毅、黄家晶、陈南平
工程技术学院	书记：靳学庭 组织纪律委员：黎苇 宣传委员：金春花	书记：靳学庭 组织纪律委员：黎苇 宣传委员：金春花 学生支部书记：周涛				
建筑工程学院			书记：肖燕 副书记：邱耀 委员：高邦栋、黄琳	书记：肖燕 副书记：邱耀 委员：高邦栋、黄琳	书记：肖燕 副书记：邱耀	书记：肖燕 副书记：邱耀 委员：高宗翔、黄琳、汪泽浔
机电工程学院			副书记：石宏 委员：周涛、高宗翔、黎苇	书记：石宏 副书记：周涛 委员：高宗翔、黎苇	副书记：石宏 委员：周涛、高宗翔、黎苇	副书记（主持工作）：周军 委员：周涛、李斌、黎苇

续表 2－1－2

支部	支委变更时间					
	2007	2008	2009	2012.10	2013.03	2014.10
信息工程学院（计数机系）	书记：蒋腾旭 副书记、组织委员：周军 宣传委员：刘娅	书记：董麓超 组织纪律委员：马药 宣传委员：刘娅 学生支部书记：马药	书记：董麓超 副书记：张先成 委员：马药、董先明、万权性	书记：董麓超 副书记：张先成 委员：马药、董先明、万权性	书记：董麓超 副书记：张先成 委员：马药、董先明、万权性	书记：谢枫 副书记：张先成 委员：查玉祥、主福洋、万权性
继续教育学院			书记：黄报声 副书记：黄海 委员：戴宏、江建民、刘琴、雷乐	书记：黄报声 副书记：黄海 委员：戴宏、江建民、刘琴、雷乐	书记：黄报声 副书记：冷晔 委员：戴宏、江建民、刘琴、雷乐	副书记（主持工作）：石宏副书记：冷晔 委员：戴宏、雷乐、刘琴、孔丽萍
护理学院				书记：朱慧芳 副书记：邢宏峰	书记：朱慧芳 副书记：邢宏峰 委员：杨帆	书记：鞠学庭 副书记：朱慧芳 委员：邢宏峰、杨帆
农业经济技术学院						副书记（主持工作）：查启军
中专部	书记：邹桂元 组织委员：韩雪松 宣传委员：卢洪生	书记：邹桂元 委员：韩雪松、冷江	书记：谢枫 副书记：徐萍 委员：威泽勇、冷江	书记：谢枫 副书记：徐萍 委员：威泽勇、冷江	书记：谢枫 副书记：徐萍 委员：威泽勇、冷江	书记：邹桂元 副书记：徐萍 委员：付丽芸、郭群、刘宏伟
公共课教学部（含思政部）			书记：罗平西 副书记：田立森 委员：郭君	书记：罗平西 副书记：田立森 委员：郭君	书记：罗平西 副书记：田立森 委员：郭君	书记：罗平西 委员：郭君（已转入思政课）、李红波
思想政治理论课教学科研部						副书记（主持工作）：黄海 副书记：胡火清 委员：何志明、林绍秋、邓东波
毕业生网络党总支						书记：汪春莲 副书记：黄报声 委员：罗平西

（注：表中空白处为该年度未设立）

党员发展　规范党员发展程序，按照坚持标准、保证质量、改善结构、慎重发展的方针，科学制定党员发展规划和年度计划，抓好推优、考察、政审、公示、组织谈话等主要环节，处理好党员数量和质量的关系。坚持“成熟一个、发展一个”的原则。截至2014年年底，学校共有14个党总支，29个党支部。其中，学生党支部10个，在职教工党员321人，退休党员84人，在校学生党员371人。

2006年下半年，发展的党员共38人（其中教工党员3人，学生党员35人）。

2007年6月1日，预备党员转正18人（其中教工7人，学生外语系1人、经济管理学院5人、计算机系5人），发展预备党员12人（其中教工4人，学生外语系4人、计算机系4人）；6月18日，转正预备党员33人（工程技术学院6人、经济管理学院10人、师范学院5人、外语系3人、计算机系9人），发展预备党员82人（工程技术学院15人、经济管理学院15人、文化传播系6人、外语系6人、计算机系9人、师范学院24人、中专部4人）。

2008年9月，预备党员转正43人，发展预备党员125人。

2009年1月，预备党员转正52人（教工3人、工程学院17人、外语系12人、学前教育系1人、经管学院15人、文传系4人），发展预备党员129人（教工16人，学生计算机系3人、工程学院22人、师范学院47人、外语系6人、学前系4人、经管学院19人、文传系9人）。

2010年，发展的党员共236人（教师党员10人，学生党员226人）。其中，机关党总支5人，信息工程学院党总支37人，继续教育学院党总支1人，文化旅游学院党总支15人，经济管理学院党总支30人，师范学院党总支71人，建筑工程学院党总支18人，机电工程学院党总支42人，公共课教学部党总支1人，艺术学院党总支9人，中专部党总支7人。

2011年，发展的党员共288人（教师党员12人、学生党员276人）。其中，机关党总支7人，继续教育学院党总支2人，中专部党总支1人，艺术学院党总支10人，机电工程学院党总支16人，信息工程学院党总支20人，文化旅游学院党总支16人，建筑工程学院党总支34人，学前教育学院党总支19人，经济管理学院党总支43人，师范学院党总支120人。培养入党积极分子共695人。

2012年上半年，发展的党员共159人（教师党员4人，学生党员155人）。其中，继续教育学院党总支1人，机关党总支2人，师范学院党总支43人，学前教育学院党总支13人，艺术学院党总支11人，机电工程学院党总支10人，建筑工程学院党总支23人，信息工程学院党总支14人，经济管理学院党总支28人，文化旅游学院党总支14人。

2013年，发展的党员共215人（教师党员3人，学生党员212人）。

2013年，学校获九江市直机关发展党员工作先进单位。

2014年上半年，发展的党员共81人（教师党员2人，学生党员79人）。

2006—2014 年若干年份党员发展数据

表 2－1－3

年度	支部总数	发展党员总数	其中	
			发展教职工党员人数	发展学生党员人数
2006	7	38	3	35
2009	24	106	7	99
2010	24	236	10	226
2011	24	288	12	276
2012	26	309	8	301
2013	29	215	3	212
2014 上半年	29	81	2	79
合计		1273	45	1228

2009—2014 年若干年份校党委下辖总支、基层支部、党员人数情况

表 2－1－4

年度	总支数	支部数	党员人数	其中		
				在职	退休	在校生
2006	9	7	283	196	87	
2009	12	24	469	270	65	134
2010	12	24	494	279	70	145
2011	12	24	547	293	76	177（其他 1）
2012	12	26	618	310	77	230（其他 1）
2013	14	29	699	316	84	298（其他 1）
2014	14	29	777	321	84	371（其他 1）

注：“其他”是指临时挂靠的本单位教职工子女

四、党员教育管理

“基层党建项目化建设”　按江西省教育工委《关于在全省高校推进基层党建工作项目化发展的通知》要求，学校党委开展一系列党员教育理论创新实践活动。

2011 年 7 月，围绕胡锦涛总书记“七一”重要讲话关于“在新的历史条件下提高党的建设科学化水平”的工作要求，以深入开展创先争优活动为动力，以经济工作理念谋划基层党建工作，学校党委将项目管理的手段和方法引入基层党建工作。按创新探索型项目、典型示范型项目和制度推广型项目三大类推进。

“三进工程”　即党团小组进宿舍、心理健康教育进宿舍和辅导员进宿舍。成立宿

舍党总支，开辟党员活动室，使之成为党的基层组织的有形场所、爱心发展场所、联系学生的桥梁和纽带。

2013 年，学校党员活动室获第三批“江西省高校省级示范性党员活动室”称号。

党建工作联系点、试验点和示范点　两校合并之初，学校党委创新党建工作形式，以学生社团为切入点，着手创建联系点、试验点和示范点。

2006 年 5 月，学校延续“向东班爱心家教协会”的公益组织活动（该协会由合并重组前的九江职业大学团委学生会于 2006 年 4 月批准成立，以校友、全国劳模、党的十七大代表向东命名），开展党建工作的新尝试，目的是为九江市贫困家庭、农民工子女、残疾人等弱势群体中的中小学生提供免费义务家教。该协会成为全国 50 个示范基地之一，也是江西省唯一的志愿助残示范基地，许多学生党员参与其中，充分发挥学生党员的带头和模范作用。2010 年，该协会获得中央文明办、民政部、中国残联联合授予的“全国志愿助残示范基地称号”。

2010 年，师范学院党总支学生党支部在德安县聂桥镇建立“蜗牛义务支教辅导班”，服务农村留守儿童，免费提供包括学科教学辅导、安全常识、法律法规在内的各种教育，活动受到当地各级党政部门的关注，得到各大媒体报道。2011 年，“蜗牛义务支教辅导班”荣获省级优秀实践案例，成为高校党建工作的示范点。

2014 年 8 月，为做好迎新工作，更好地发挥学生党员的先锋模范作用，激励广大学生党员践行党的宗旨，经校党委组织部研究，决定组建学生党员志愿者服务队。把开展党员志愿服务与迎新工作结合起来，大力弘扬“奉献、友爱、互助、进步”的志愿精神，增强服务学校的积极性和主动性，建设“服务型”基层党组织。

毕业生党员远程服务　2010 年 11 月，学校召开实习学生党员教育工作会议，要求学生始终牢记一名党员就是一面旗帜，充分发挥党员的先锋模范作用，过好离校期间的党组织生活。

2012 年，学校党委落实中共中央下发的《关于加强和改进流动党员管理工作的意见》和《关于加强党员流动中组织关系管理的暂行规定》的文件精神，利用网络化平台进行毕业生党员的教育管理工作，特别是对毕业生党员离校前（毕业前半年的顶岗实习阶段和毕业后未结转组织关系的党员或预备党员）的教育管理，要求学生党员过好离校期间的党组织生活。

2012 年 5 月，学校党委组织部成立“九江职业大学毕业生网络党总支”，隶属公共课教学部党支部，何志明担任支部书记。2014 年 6 月经党委会议研究，网络党总支设在就业处，由分管就业工作的副校长汪春莲兼任总支部书记，就业处处长黄报声兼任副书记，公共课部党总支书记罗平西兼任组织委员，招生处处长王红彬兼任纪检委员，就业处科长曾德愚任宣传委员兼第一支部书记。毕业生网络党总支由就业处负责具体管理，建立流动党员管理、教育、服务工作机制。

党建工作创新理论研究　2006 年起，学校先后申报《新时期高职高专学生党员党组织生活网络化建设研究》《基于网络平台的新形势下高校学生党员实习期间及毕业后思想政治

教育与党组织建设的实践探索》《党员联系班级和党政联席会议制度研究》等党建理论研究科研项目，并获省级立项。2013 年，学校获九江市机关党建理论调研活动先进单位。

五、党员实践教育活动

科学发展观的学习实践活动 2009 年 3 月，学校党委印发《九江职业大学深入学习实践科学发展观活动实施方案》，正式启动学习实践活动，把科学发展观的学习与建设学习型组织、培养学习型党员结合起来。以“立足新起点、谋划新发展、创建省级示范性高职院校”为实践载体。

2009 年 4 月 1 日，校党委建立学校实践活动领导小组成员联系点制度。

2009 年 4 月 28 日至 29 日，在综合楼十六楼大、小会议室，分别召开离退休老干部、专家教授代表、青年教师代表、学生代表、民主党派和无党派人士代表等专项座谈会，广泛征求师生员工的意见和建议。

2009 年 6 月 12 日，校党委印发《九江职业大学深入学习实践科学发展观活动整改落实阶段工作安排》，对活动的第三个阶段的工作进行安排。

活动经过“学习调研”“分析检查”“整改落实”三个阶段，2009 年 9 月活动结束，为师生员工办了 21 件实事，经群众测评，评价为满意。

社会主义核心价值观教育 2010 年 4 月 13 日下午，在校六楼报告厅，学校机关党总支牵头举办以社会主义核心价值体系教育为主题的报告会。机关党总支全体党员和院系学生党员共 200 余人参加了报告会。报告会上，邓东波老师选取与社会主义核心价值体系建设密切相关的政治制度，用翔实生动的事实材料，从历史到现实、从宏观到微观，对中西方政治制度作深入透彻的分析比较，旗帜鲜明地解答在中国共产党领导下的多党合作制是建设有中国特色社会主义的必然选择，理直气壮地唱响了时代主旋律。

党员创先争优活动 2010 年 6 月 30 日，学校根据省委组织部、省委宣传部《关于在省属高等学校党组织和党员中深入开展创先争优活动的实施方案》以及市委“创先争优”活动要求，学校制订《九江职业大学深入开展创先争优活动实施方案》，决定成立以王原平为组长，周春明为副组长的创先争优活动领导小组。

领导小组下设办公室，办公室挂靠在学校组织部，黄先梅兼任办公室主任，周峰任办公室副主任兼信息员。具体负责学校创先争优活动的统筹策划、组织指导和督促检查工作。

学校在党的十八大召开前，分为动员部署、全面推进、深化提升、总结完善四个阶段组织实施。

创先争优活动主题：促进科学发展、提升办学实力。

创先争优活动目标：总支争创先进基层党组织，党员争做优秀党员。

创先争优活动内容：开展六项活动：“党旗在心中、奉献在岗位”文化系列活动；以“讲党性、重品行、作表率”为内容，评选“党员示范岗”活动；通过“亮标准、亮身份、亮承诺”、“群众评议、党员互评、领导点评”、“一助一结对帮扶”形式，开展

“为民服务”活动；开展干部作风建设培训班；开展“明责履职、创新发展”大讨论；在大学生中推进创先争优，以党建带团建。

2010 年 10 月至 11 月，学校各教学院部组织单位党员举办不同形式和特色的“创先争优”活动。

2010 年 11 月 2 日下午，在综合楼阶梯 1、阶梯 2 教室举行“创先争优”党的知识竞赛。各党总支和支部委员、学生支部书记、党务干事和全体在校学生党员共 169 名党员参加了此次竞赛。

“争先创优”活动成果。师范学院党总支学生党支部成立的“蜗牛义务支教辅导班”荣获省级优秀实践案例；公共课教学部党总支郭君撰写的文章《改革开放以来高校党建工作的成功经验及启示》获得省级优秀理论文章；后勤管理处荣获全省教育系统“群众满意窗口单位”称号；师范学院学生党支部获“全省教育系统创先争优先进基层党组织”称号；组织部黄先梅获全省高校“讲党性、重品行、做表率”先进个人称号。

党的群众路线教育实践活动 2013 年 6 月，按照中央和省委的部署，学校被列为全省第一批党的群众路线教育实践活动单位。活动目标是要求党员干部“照镜子、正衣冠、洗洗澡、治治病”，围绕“为民务实清廉”这一主题，解决党员领导干部中存在的“四风”（即形式主义、官僚主义、享乐主义和奢靡之风）问题。活动涉及全校 15 个县处级以上领导班子，27 个基层党组织和 531 名党员。

2013 年 7 月 10 日，教育实践活动正式启动，活动分三个阶段组织实施：

第一阶段：学习教育，听取意见。7 月 10 日，召开党的群众路线教育实践活动动员大会。7 月 8 日至 7 月 15 日，校、院（部）领导开展“四风”问题专项调研活动，深入联系点，听取师生员工对领导干部作风建设的意见和建议。7 月 19 日至 7 月 21 日，以专题讲座、集中研读、交流研讨相结合的形式，集中处级以上干部学习中共中央文献研究室编辑的马克思、恩格斯、列宁、毛泽东、江泽民、邓小平、胡锦涛、习近平等《论群众路线——重要论述摘编》。7 月 24 日至 7 月 30 日，组织党总支书记、党群部门负责人到延安干部培训学院进行培训学习。结合师德师风教育，邀请中国教育期刊社常务副社长教育专家刘堂江为全校师生作“教育家从教师中结晶析出”的专题讲座。

第二阶段：查摆问题、开展批评。收集到群众意见和建议 113 条，“四风”方面突出问题 21 条，其中涉及形式主义方面的意见建议 7 条，官僚主义方面 8 条；享乐主义方面 3 条；奢靡之风方面 3 条。

对这些问题，与党章和文件要求对照检查，并以民主生活会形式，开展批评与自我批评。2013 年 10 月 30 日下午，10 月 31 日全天，11 月 1 日上午，共两天时间党委召开专题民主生活会，省委督导组副组长毛秋云出席会议并讲话，党委班子成员参加。

第三阶段：整改落实、建章立制。按照整改方案，学校列出前期调研、征求意见中群众反映强烈的突出问题，开展文风会风、师德师风、制度建设、机关效能、违反规定接受和赠送现金、有价证券、支付凭证问题等 5 项专项整治，修订 11 项规章制度，围绕群众最关心最直接最现实的利益问题，整改完成 113 条群众提出的意见和建议。学校增加教职工岗位津贴、中餐费补助、监考费、课时费，提高班主任、辅导员津贴，落实教研成果奖励、离退休教职工生活补贴等相关待遇，着手教学设备维修改造和新增实训室建设。

2013 年 12 月 5 日，学校开展群众满意度测评会，经过测评，整改满意率达到 100%。

2013 年 12 月 28 日，学校教育实践活动基本完成。通过该项活动的开展，学校的党员领导干部尤其是班子成员的宗旨意识、大局意识得到加强，党性修养、群众观念得到提升。教育实践活动达到预期工作效果。

“三严三实”专题教育活动　2014 年 3 月 9 日，习近平总书记在中华人民共和国第十二届全国人民代表大会第二次会议安徽代表团参加审议时，关于推进作风建设的讲话中，提到“既严以修身、严以用权、严以律己，又谋事要实、创业要实、做人要实”（即“三严三实”）的重要论述。2015 年 5 月 29 日下午，按照中央和省委开展“三严三实”的工作部署和要求，学校在新校区文科楼 106 室召开“三严三实”动员部署会。校长卢志鹏出席会议并讲话，校党委书记王原平以《对党忠诚奉献事业》为主题作“三严三实”专题教育讲座。全体副科级以上领导干部参加会议，校党委副书记、纪委书记周春明主持会议。

会上，校长卢志鹏对全体干部提出希望，一要充分认识开展“三严三实”专题教育的重要意义，把思想和行动统一到中央和省委的部署上来；二要准确把握“三严三实”专题教育的总体要求，把查摆“不严不实”问题和集中整改落到实处；三要切实健全“三严三实”专题教育的长效机制，深入推进干部作风建设。以教育转作风，以作风促发展，确保学校各项工作任务的圆满完成。

2015 年 6 月 26 日下午，学校在行政楼 9 楼会议室为 100 余名中层领导干部开办学习班，校党委副书记周春明和副校长胡春亮分别以《严以修身做一名坚定的共产党人》和《谈谈对如何“严以用权”的认识》为题，为中层干部讲授“三严三实”专题教育党课。

副书记周春明从领导干部应该把“三严三实”作为自己为官从政的根本准则出发，要求广大领导干部要把“三严三实“融入到日常生活中，在修心中坚定理想信念，在修德中严把道德界限，在修行中敢当善为。副校长胡春亮重点从做好严以用权，要有坚定的理想信念、做好严以用权，要有党的宗旨意、做好严以用权，要存敬畏之心和做好严以用权，还要懂得善于用权等四个方面谈了如何正确地行使权力，要求全体党员干部时刻将群众利益放在心头，权为民所用、情为民所系、利为民所谋，并结合工作分工，谈了对教学工作的几点思考：一是要加强学习，按照上级文件精神确定教学思路；二是落实“四个一”的理念，狠抓日常教学管理；三是加强品牌专业建设，创新教学模式；四是加强课程建设，提高教师教学水平；五是加强师资队伍建设，不断提高办学实力；六是加强实训基地建设，不断提高学生实践能力。

第二节　党风廉政建设

一、制度体系

2006 年学校重组以后，学校先后制定了《九江职业大学建立健全惩治和预防腐败体系 2008—2012 年工作规划实施方案》《九江职业大学党风建设责任制分工》《九江职业大学党风廉政建设责任制实施暂行办法》《九江职业大学建设工程、修缮工程项目招投标暂行办法》《九江职业大学基建、修缮工程项目审计暂行办法》《九江职业大学关于示范性建设资金使用实施细则》《九江职业大学科研经费管理办法》《九江职业大学省级示范性高等职业院校建设项目资金管理实施办法》《九江职业大学关于国家奖学金、国家助学金及学校奖学金评定的通知》《九江职业大学财务报销办法及流程》《九江职业大学公务接待暂行规定》《九江职业大学公务用车暂行规定》等。

2014 年 6 月，为全面贯彻落实党的十八大、十八届三中全会精神和中共中央文件，党委行政联合下发了两个文件，一是《九江职业大学建立健全和预防腐败体系 2013—2017 工作方案》，以党的执政能力建设、先进性和纯洁性建设为主线，健全“党委统一领导、党政齐抓共管、纪检组织协调、部门各负其责、依靠群众支持和参与”的反腐败体制和工作机制。二是《九江职业大学党政领导问责实施办法（试行）》，问责对象为学校任命（聘任）的党政中层领导干部，重点是处级领导干部。

2014 年 11 月，校党委组织部安排学校各院部组织党员学习九江市党风廉政建设领导小组办公室关于党风廉政建设社会评价工作宣传提纲。

二、管理责任制

党风廉政建设责任制　实行“一岗双责”。学校党政主要领导与院部一把手签订《党风廉政建设责任状》。

监督关口前移。建立以“三重一大”集体决策制度、党务校务公开制度为核心的党内监督、行政监督、民主监督制度体系。

风险岗位廉能管理　学校纪委参与监督干部选拔任用、基建工程招投标、大型仪器设备采购、职称评聘、教育收费、招生就业等工作过程。开展对部门主要领导离任经济责任审计和项目资金的审计工作。

三、党员干部作风建设

2012 年 3 月，根据市委、市政府的安排，集中整治影响发展环境的干部作风突出问题，解决干部工作作风的“庸、懒、散”和领导作风上的“假、浮、蛮”，整治活动至

2012年12底结束。

2012年12月，中共中央出台关于改进工作作风、密切联系群众的“八项规定”和“六项禁令”，主要内容：改进调查研究。轻车简从、减少陪同、简化接待，不张贴悬挂标语横幅，不安排群众迎送，不铺设迎宾地毯，不摆放花草，不安排宴请。精简会议活动，切实改进会风。精简文件简报，切实改进文风。要厉行勤俭节约，严格遵守廉洁从政有关规定。“六项禁令”包括：严禁用公款搞相互走访、送礼、宴请等拜年活动；严禁向上级部门赠送土特产；严禁违反规定收送礼品、礼金、有价证券、支付凭证和商业预付卡；严禁滥发钱物，讲排场、比阔气，搞铺张浪费；严禁超标准接待；严禁组织和参与赌博活动。

2013年5月27日，学校党务干部培训会在鹤问湖校区十六楼大会议室举行，组织部部长张梅主持会议。九江市市直机关工委委员、组织部部长石海舟应邀作如何做好高校党建工作的专题辅导讲座，从党员队伍的管理、党建基础性工作、发展党员工作三个方面，深刻阐述当前高校党建工作发展现状、工作重点和应把握的政策要求，为学校积极推进党建工作再上新台阶奠定坚实的理论基础。

第三节　精神文明建设

一、思想政治工作

宣传部　2007年，学校设立党委宣传部，干部职数设负责人1人，干事2人，隶属学校党委。2009年9月，干部职数设正副部长各1人，干事3人。作为校党委的职能机构，负责校内新闻、网络新闻、理论学习、时事政策教育、思想政治教育、校园政治氛围布置、精神文明建设和对外宣传等宣传教育工作。

精神文明建设领导小组　2006年学校合并重组，精神文明建设领导小组办公室设在校党委办公室。2007年，学校调整领导小组成员，办公室设在学校党委宣传部。因应新时期新特点，精神文明建设以弘扬社会主义核心价值观为核心，提升师生道德素质，创建学习型校园。

党委中心组学习制度　每两月一次。学习新形势下党的方针政策、教育改革动态。参加对象为学校党政领导、各党委和行政职能部门及院系部中层正职。学习形式，讲读文件、辅导报告、中心发言、观看反腐倡廉纪实录像片、集体研讨等。

业余党校及班团组织活动　学校党组织积极做好学生党员的发展工作，通过业余党校、团校、党章学习小组、班会和团日活动以及利用一些重要的纪念日，广泛开展社会主义理想信仰教育。

2007年至2014年，通过定期的业余党校学习培训，培养发展240名学生党员、1031名入党积极分子，学生党员和入党积极分子在学校学生工作的各个方面发挥带头作用。

每年有计划地组织在校学生积极参与无偿献血、义务家教、爱心捐助、青年志愿者长期到敬老院奉献爱心等社会公益活动。

教职工思想大讨论　学校合并之初，为统一思想认识，尽快融合并凝聚力量，每学年末利用暑假，在教职工中开展为期三天至一周的主题讨论活动。具体情况列表如下：

2006—2011 年暑期教职工大讨论主题

表 2－3－1

2006 年	加速融合，共谋发展
2007 年	解放思想、提升理念、和谐创业、共谋发展
2008 年	贯彻落实科学发展观，促进学校又好又快发展
2009 年	创特色、扩规模、上水平
2011 年	明职履责、创新发展

精神文明创建活动主要载体：学雷锋活动、大学生“三下乡”（文化、科技、卫生）志愿服务，社会实践活动，军、警民共建，师德师风教育月，校园文化月，包村帮扶，爱心捐赠等。

2008 年 5 月 21 日下午，学校党委举行党员支援汶川地区“交纳特殊党费，支援灾区建设”活动仪式，203 名党员共计交纳“特殊党费”30060 元。

2010 年 4 月，学校获江西省第十二届“文明单位”；2013 年 3 月，学校获江西省第十三届“文明单位”；2014 年，学校获江西省第十四届“文明单位”。

2015 年 5 月 13 日，学校在行政楼 9 楼会议室召开宣传思想暨二级网站建设工作会，传达、学习中央、省市有关加强高校宣传思想工作会议精神。校长卢志鹏、校党委书记王原平出席会议并讲话。会议对学校宣传思想和二级网站建设工作作出明确要求，一是弘扬主旋律，二是传递正能量，三是展示新形象。

二、宣传工作

2006 年合并重组以后，学校注重对外宣传，江西电视台、江西教育电视台、《中国教育报》《中国青年报》《光明日报》《江西日报》、大江网、江西高教网、江西教育网、九江教育网、人民网、九江新闻网、新华网、中国教育网、中国日报网等 30 多家新闻媒体先后报道学校 2000 多次。

2010 年 5 月 5 日，大江网报道《为实现九江职业大学第二次腾飞努力奋斗》；2010 年 7 月 10 日，大江网报道《九江职业大学：为国家培养高素质幼儿教师》；2010 年度江西教育网报道 20 篇，江西高教网报道 11 篇，大江网报道 140 篇，九江新闻网报道 34 篇。网络转载数量 300 余篇。

2011 年 11 月 23 日，中国教育网报道《九江职业大学加强内涵建设 毕业生供不应求》；2011 年度，学校新闻和经验性文章中国教育网报道 71 篇，江西高教网报道 35 篇，中国教育新闻网江西频道报道 9 篇，大江网报道 164 篇，九江新闻网报道 67 篇。网络转载数量近 400 篇之多。

2012 年 4 月 20 日，新华网报道《“精致化”校长卢志鹏：替家长操心为学生负责》；2012 年 5 月 21 日，大江网报道《卢志鹏：做好“六个一”实现“三个满意”》；2012 年 5 月 28 日，中国教育网报道《九江职业大学：绝不搞有偿招生》；2012 年 6 月 7 日，新华网报道《九江职业大学履行一所大学的社会责任工作纪实》；2012 年 9 月 5 日，中国教育网报道《九江职业大学校长卢志鹏：做好“六个一”展示形象 实现“三个满意”履行责任》。2012 年度，学校新闻和经验性文章中国教育网报道 47 篇，江西省教育厅网报道 29 篇，中国教育新闻网江西频道报道 26 篇，大江网报道 64 篇，九江新闻网报道 56 篇。关于九江职业大学新闻的网络转载数量达 400 篇。

2013 年 7 月 24 日，《中国青年报》报道《九江职业大学　培养适应社会需求的技术技能人才》；2013 年 9 月 25 日，《江西日报》报道《九江职业大学“四面入手”制定措施》。2013 年度，学校新闻和经验性文章中国教育网报道 60 篇，中国高校教育网报道 34 篇，江西教育网报道 38 篇，大江网报道 64 篇，九江新闻网报道 61 篇。关于九江职业大学新闻的网络转载数量达 500 篇。

2014 年 5 月 7 日，中国网报道《对话卢志鹏：社会活动家办职教甘苦一席谈》《卢志鹏：理性看待社会对高职教育认识不足》；8 月，中国网报道《九江职大党委书记王原平：特色品牌是内涵之本》；6 月 26 日，《江西日报》报道《桐花万里丹山路——九江职业大学不断创新　谋求跨越式发展纪实》；7 月 24 日，新华网报道《着眼学生终生发展　九江职业大学锐意创新不断跨越》；10 月 21 日，《江西日报》报道《浴火重生　扬帆起航——九江职业大学涅槃嬗变创新创业纪实》；10 月 27 日，江西援疆网报道《万里援疆负重托　组织看望暖人心——农工党中央委员卢志鹏看望慰问江西援疆农工党员》；12 月 9 日，江西日报报道《春风化雨育桃李　润物无声写春秋——九江职业大学用社会主义核心价值观引领校园文化建设》。学校新闻和经验性文章中国教育网报道 58 篇，中国高校教育网报道 47 篇，高校招生在线报道 40 篇，江西教育网报道 17 篇，高考加油站报道 40 篇，大江网报道 50 篇，九江新闻网报道 48 篇。关于学校新闻的网络转载数量大于 600 篇。

2015 年 1 月 26 日，《江西日报》报道《职教新高地　杏坛展英姿——九江职业大学新校区建设侧记》；2015 年 3 月 29 日，《江西日报》报道《九江职业大学大力开展校区文化建设》。

三、校园文化

利用九江的文化资源，搭建校园文化建设平台。九江有着 2200 多年的历史，区位优越，文化厚重，为学校的校园文化建设积淀了丰富的资源。新的九江职业大学在创新、创业、实干的征途上，继承学校的优良传统，创建自己的校园文化新内涵，确定“博学多能、厚德笃行”的校训，创作出了校歌并拍摄了 MTV，设计制作出了校徽标志，为校园文化的构建起到引领作用。

学校注重以九江悠久的历史文化和红色资源引领校园的文化建设。刊出了九江职业大学论坛（后改为九江职业大学学报），建立学校网站，校园文化墙；通过“濂溪百家讲堂”开展了学术报告会、专题讲座、座谈会、研讨会等活动；建立大学生文化活动中心，开展校园文艺演出、体育竞赛、演讲辩论赛、主持人风采大赛、技能技巧才艺比赛、小发明小制作比赛、书画作品比赛及展览等；开展以寝室、教室为中心，以学校、院（系）部、班级联动为一体的和谐创建主题教育活动。学校建立学生社团组织 28 个，以“向东爱心家教协会”和青年志愿者协会为基础的志愿服务和社会实践活动，有着较好的社会影响，充分体现思想道德、传统文化教育对于学生产生的积极影响，形成良好的校风、学风、班风。

2006 年 9 月，九江职业大学校团委批准原九江职业大学的晨光文学社与原九江师范学校的庐燕文学社合并组社，正式更名为晨燕文学社，编辑出版晨燕文学社刊物《晨燕》。让心灵亲近文学，让文学贴近心灵；拓展学生视野，提高学生素养，发掘学生特长；繁荣校园文学创作，丰富校园文化生活，提高校园文化品位；弘扬职大精神、打造职大社、团品牌，展现职大学子风采。

2008 年至 2014 年，学生在全国及省市不同类型的各项比赛中有 160 多人次获奖，2008 年，学生在全国第二届大学生艺术作品展中获得了一等奖、二等奖各一个的优异成绩，对学生综合素质的全面发展，产生了积极的影响，也丰富了校园文化建设的内涵。

同时，学校注重以企业文化及其研究促进校园的文化建设，九江市企业文化研究会在学校挂牌成立，探索企业文化与高职文化的对接，并积极打造学校、企业、社会联系交流的良好平台。

在学生层面学校提出了关心学生“四个一”的人本举措：即“构建和谐校园，关心关爱学生，从每一节课、每一餐饭、每一瓶水着手，坚持做到不让一个学生因家庭贫困而辍学”。学校做好了“奖、贷、助、补、减”五位一体的扶贫助困工作，定期召开贫困学生座谈会，关注他们的学习、生活状况，鼓励他们自立自强。通过补助、减免、设立特困生奖学金、设立勤工助学岗位、提前与用人单位签约等多种途径，帮助困难学生完成学业。在校内安排了勤工助学岗位，坚持“公平、公正、公开”原则，积极做好国家奖学金、助学金及学校奖学金的发放工作，把党和政府以及学校的关心、温暖及时送到了学生的手中。

在教师层面学校提出“要以人为本，关爱教师。要切切实实地为教师着想，搭建教师建功立业、施展才华的平台，为教师解决好学习、工作和生活上的困难。在这个问题上，不能作秀，不能讲空话，不能只说不做，这既是工作理念也是工作要求”的人本承诺。切实帮助教师解决工作、学习和生活中的实际困难，解除教师的后顾之忧。2014 年 11 月 21 日，学校响应市委市政府号召，组织师生开展“百日大会战”活动，对九瑞大道进行了环境整治。2015 年 4 月，学校获“九江市城市环境综合治理‘百日大会战’活动先进集体”称号。

2015年春季，学校全面实现在新校园办学。2015年3月20日下午，学校在新校园行政楼九楼会议室召开“爱国家、讲文明、尊师道、守礼仪”校园文化建设活动动员会。校长卢志鹏出席会议并作动员讲话，校党委书记王原平主持会议。学校制订出台《九江职业大学“爱国家、讲文明、尊师道、守礼仪”活动方案》。

作为学校事业发展的新起点，新校园要有新面貌、新举措、新作为，同时新环境给学校管理带来了新机遇、新挑战。为尽快形成正常的教育教学秩序，营造干净、整洁、文明、和谐的校园环境，进一步深化校园文化建设，丰富校园文化新内涵，建立起适应新校园环境的教育教学新常态，全面落实“立德树人”的根本任务，经学校研究，决定在全校开展“爱国家、讲文明、尊师道、守礼仪”活动，全面培养学生综合素质、促进学风、教风、干部作风建设提高，向管理要质量，向管理要效益，从而提升办学品位、提高办学质量。

第四节 社会治安综合治理

学校重组之初，2个校区校园周边环境复杂，给校园治安综合治理带来压力，学校成立保卫处，负责人设1正1副，在2个校区大门设有门卫保安，每幢宿舍设有门卫管理员，负责长虹校区和鹤问湖校区的校园安全保卫。

随着招生人数的增加，鹤问湖校区学生宿舍不足，部分学生在周边民房租住。为进一步加强和规范在校生校外住宿的管理，确保学生人身和财产安全，保障学校正常的教学和生活秩序，2006年9月，学校制定《九江职业大学学生校外租住管理规定》。

2008年8月，学校出台《学校门卫管理制度》。同时，学校与辖区派出所共建警民联防体系，建立“110”接警制度，确保校园安全稳定，教学、学习、生活等各项秩序正规。

根据《中华人民共和国消防法》和公安部《机关、团体、企业、事业单位消防安全管理规定》，2006年9月，学校出台《九江职业大学消防安全管理规定》，加强和规范高等学校消防安全管理，预防和减少火灾危害，确保师生的生命财产安全。

2007年，学校成立综合治理领导小组，由校长卢志鹏担任组长，各副校长任副组长，各院系部负责人为领导小组成员，办公室设在保卫处，由领导小组组长与部门负责人签订责任书，执行责任追究制度。在社会治安综合治理中，学校坚持预防为主、防治结合、加强教育、群防群治的原则。

2008年，学校制定《九江职业大学突发公共事件总体应急预案》。

2008年起，学校决定每年10月进行一次紧急疏散演练。

2009年，增加校党委书记王原平为综合治理领导小组常务副组长。4月，学校成立维稳领导小组，建立社会治安综合治理工作制度；5月出台《九江职业大学校内交通管理规定》；9月，党委印发《贯彻落实维护稳定工作的实施方案》。

2010 年，学校出台《九江职业大学关于公共突发事件联防联控的管理（暂行）规定》，建立“集中领导、统一指挥、结构完整、功能全面、反应灵敏、运转高效”的突发公共事件应急体系。规定每年四月为综合治理宣传月，举办禁毒、防传销、防火防盗等方面安全知识讲座，开展紧急疏散演练，加强校园网络信息管理。定期对消防器材、实验室药品、建筑、电网线路安全进行检查，排查安全隐患。

2010 年 4 月，学校被评为九江市“2009 年度消防工作先进单位”。

2011 年，学校制定《关于突发重大事件及紧急情况报告暂行规定》，完善校园值班工作运行机制，规范报告程序。

2013 年 11 月，学校出台《综治绩效管理规定》。12 月，成立防范和抵御传教渗透工作领导小组，保证校园意识形态安全和文化安全。加强对学校食品卫生安全的领导和管理，建立定点采购、登记查验、饭菜留验和记录制度，食堂环境卫生、操作工艺必须达标。成立警务室，配合辖区派出所、交警队整治校园周边治安环境和交通秩序。

2009—2013 年，连续 5 年被评为全市综合治理先进单位。

2014 年 6 月，学校实施“安全生产月”活动，强化师生“红线”意识，弘扬安全文化。

2015 年 4 月 23 日下午，学校在行政楼九楼会议室召开 2015 年度综合治安稳定工作会议。校长卢志鹏、校党委书记王原平出席会议并作讲话。学校领导、各部门主要负责人、各院部党政领导参加会议，会议由校党委副书记周春明主持。

校长卢志鹏从思想认识、责任落实、工作举措、强化管理等四个方面作了指示，并强调学校安全工作无小事，安全工作责任重于泰山。校党委书记王原平结合学校当前现状，提出了三点要求：一是要认清形势，统一思想；二是要加强领导，落实责任；三是要强化监管，狠抓落实。会上学校与各学院、各部门签订了 2015 年度维护安全稳定、社会综合治理及消防安全管理工作责任书。

附录：

九江职业大学消防安全管理规定

第一条　为了加强和规范高等学校消防安全管理，预防和减少火灾危害，根据《中华人民共和国消防法》《机关、团体、企业、事业单位消防安全管理规定》（公安部令第 61 号），制定本规定。

第二条　高校应当落实逐级消防安全责任制和岗位消防安全责任制，明确逐级和岗位消防安全职责，确定各级、各岗位的消防安全责任人。

高校的主要负责人是本单位的消防安全责任人，对本单位的消防安全工作全面负责。下属各单位的主要负责人是本单位的消防安全责任人，对本单位的消防安全工作全面负责。

高校及下属单位主管消防工作的领导可以被确定为消防安全管理人，向本单位的消防安全责任人负责，实施和组织落实消防安全管理工作。

第三条　各级消防安全责任人应履行下列消防安全职责：

（一）贯彻执行法律法规，保障本单位消防安全符合规定，掌握消防安全情况；

（二）将消防工作与本单位的教学、科研、管理等活动统筹安排，批准实施年度消防工作计划；

（三）为本单位的消防安全提供必要的经费和组织保障；

（四）确定逐级消防安全责任，批准实施消防安全制度和保障消防安全的工作程序以及操作规程；

（五）组织防火检查，督促落实火灾隐患整改，及时处理涉及消防安全的重大问题；

（六）建立义务消防队；

（七）组织制定符合本单位实际的灭火和应急疏散预案，并实施演练。

第四条　各级消防安全管理人应当做好以下工作：

（一）组织实施日常消防安全管理工作；

（二）组织制定消防安全制度和保障消防安全的工作程序以及操作规程并检查督促其落实；

（三）组织实施防火检查和火灾隐患整改工作；

（四）组织实施对本单位消防设施、灭火器材和消防安全标志的维护保养，确保其完好有效，确保疏散通道和安全出口畅通；

（五）组织管理义务消防队；

（六）在教职工及大学生中组织开展消防知识、技能的宣传教育和培训，组织灭火和应急疏散预案的事实和演练。

消防安全管理人应当定期向消防安全责任人报告消防安全情况，及时报告涉及消防安全的重大问题。未确定消防安全管理人的单位，前款规定的消防安全管理工作由单位消防安全责任人负责实施。

第五条　在校内举办集会、晚会等具有火灾危险的大型活动的主办单位、承办单位以及提供场地的单位，应当明确各方的消防安全责任。主办单位、承办单位应当做好大型活动的消防安全工作，在具备消防安全条件的情况下，向学校公安（保卫）机构申报审查，然后向公安机构申报，并经检查合格后方可举办。

第六条　高校应将容易发生火灾、一旦发生火灾可能严重危及人身和财产安全及对消防有重大影响的部位确定为消防安全重点部位，设置明显的防火标志，实行严格管理。

第七条　高校内的教学楼、学生宿舍、食堂、图书馆、学生活动中心、网络教室、礼堂等人员密集场所，应当保障疏散通道、安全出口畅通，并设置符合国家规定的消防安全疏散指示标志和应急照明设施，保持防火门、防火卷帘、消防安全疏散指示标志、应急照明、机械排烟送风、火灾事故广播等设施处于正常状态。

严禁下列行为：

（一）占用疏散通道；

（二）在安全出口或者疏散通道上安装栅栏等影响疏散的障碍物；

（三）在教学、使用期间将安全出口上锁、遮挡或者将消防安全疏散指示标志遮挡、覆盖；

（四）其他影响安全疏散的行为

第八条 各消防安全重点部位的消防安全责任人应当组织每日防火巡查，并确定巡查的人员、内容、部位和频次。其他部位可以根据需要组织防火巡查。巡查的内容应当包括：

（一）用火、用电、用气有无违章情况；

（二）安全出口、疏散通道是否畅通、安全疏散指示标志、应急照明是否完好；

（三）消防设施、器材和消防安全标志是否在位、完整；

（四）闭式防火门是否处于关闭状态，防火卷帘下是否堆放物品影响使用；

（五）重点要害部位人员在岗情况；

（六）其他消防安全情况。

防火巡查人员应当及时纠正违章行为，妥善处置火灾危险，无法当场处置的，应当立即报告。

第九条 高校应当至少每季度进行一次防火检查，每次检查后要分析通报，及时解决存在的普遍性和突发性问题。高校下属各单位应当每月进行一次防火检查。检查的内容包括：

（一）防范措施的落实情况；

（二）安全疏散通道、疏散指示标志、应急照明和安全出口情况；

（三）消防车通道、消防水源情况；

（四）灭火器材配置及有效情况；

（五）用火、用电、用气有无违章情况；

（六）重点岗位人员以及其他员工消防知识的掌握情况；

（七）消防（控制室）值班情况和设施运行、记录情况；

（八）防火巡查情况；

（九）其他需要检查的内容。

第十条 对检查发现的火灾隐患，要落实整改责任单位和责任人，并下发书面通知，督促限期改正，到期后进行复查。对未按期整改的责任单位和责任人，应当做出行政处理，并责令迅速改正。

第十一条 高校应将在校外统一安排的学生住宿区纳入消防安全管理范围，确定专门机构和专门人员，落实责任，加强管理，完善设施。

第十二条 高校应当通过张贴图画、广播、闭路电视，举办消防知识讲座、竞赛、消防运动会等多种形式开展经常性的消防安全宣传教育和培训的主要内容应当包括：

（一）有关消防法律法规、消防安全制度和保障消防安全的工作程序及操作规程；

（二）本单位、本岗位的火灾危险性和防火措施；

（三）有关消防设施的性能、灭火器材的使用方法；

（四）报火警、扑救初起火灾以及预防火灾、自救逃生的知识和技能。

第十三条　高校内应以学院、系、楼等为单位，建立义务消防组织，并组织开展消防业务学习和灭火技能训练，提高预防和扑救火灾的能力。同时，应加强义务消防组织的协同灭火能力，定期组织演练。

第十四条　高校内消防安全重点部位应当制定灭火和应急疏散预案。预案内容应包括下列内容：

（一）组织机构，包括：灭火行动组、通信联络组、疏散引导组、安全防护救护组；

（二）报警和接警处置程序；

（三）应急疏散的组织程序和措施；

（四）扑救初起火灾的程序和措施；

（五）通信联络、安全防护救护的程序和措施。

应按照灭火和应急疏散预案，至少每半年进行一次演练，并结合实际，不断完善预案。

第十五条　高校及各消防安全重点部位应建立健全消防安全档案。消防档案应当包括消防安全基本情况和消防安全管理情况。消防档案应当翔实、全面反映单位消防工作的基本情况，并附有必要的图表，根据情况变化及时更新。

第十六条　高校内的新建、改建、扩建及装修工程，应当按照国家工程建筑消防技术标准进行设计，并将设计图纸及有关资料报送公安消防机构进行审核；未经审核或者经审核不合格的，不得施工。

经公安消防机构审核的工程设计需要变更的，应当报经原审核的公安消防机构核准；未经审核的，不得变更。

工程竣工时，必须经公安消防机构进行消防验收；未经验收或者验收不合格的，不得投入使用。

第十七条　高校及下属单位应当将消防安全工作纳入内部检查、考核、评比内容。对在消防安全工作中成绩突出的单位和个人，应当给予表彰奖励。对未履行消防安全职责或者违反消防安全制度的行为，应当依照有关规定对责任人员给予行政纪律处分或者其他处理。

第十八条　本规定自发布之日起施行。

九江职业大学

二○○六年九月

第五节 统战工作

学校为融合学校各方智力资源，密切友党关系，促进和谐校园建设和教育教学工作。2006 年两校合并之初，就在学校机构的调整设置中专门设立了党委统战部，安排专人负责统战工作，协调中共组织与各民主党派组织的工作关系。2007 年设立统战部（与组织部、人事处合署）。2009 年暑期，班子人员变动后，及时充实统战工作领导小组。

学校党委通过各种方式，定期或不定期地召开民主党派人士座谈会，认真听取他们的意见和建议，鼓励他们积极参与到学校建设与发展中来。

2010 年，民盟支部成员潘留芳教授参加中国民主同盟中央在浙江绍兴召开的全国基础教育研讨会。潘留芳教授撰写的《师资均衡是基础教育均衡发展的根本》一文，被选定为大会专题发言，并在大会上代表江西民盟作专题发言，受到民盟中央领导的关注和与会代表们的肯定。

2010 年，农工民主党成员康青教授应邀《浔庐讲坛》，专题讲座——礼仪形象与城市发展，受到听众的一致好评。

2010 年，农工民主党成员黄俊民应邀担任九江市房产局效能建设特约监督员。

2012 年 11 月 25 日，九江市委统战部在九江宾馆召开九江市党外知识分子联谊会第二届第一次理事会，文化旅游学院副院长杨文当选为九江市第二届党外知识分子联谊会副会长，信息中心主任殷诚当选为理事。

2012 年 12 月，在农工民主党中央委员会第十五次全国代表大会上，江西省政协常委、九江市人大常委会副主任、农工民主党九江市委会主委、校长卢志鹏当选为农工民主党中央委员会委员

截至 2015 年 5 月，学校现有民革、民盟、民建、民进、农工民主党、九三学社等六个民主党派在学校教职工发展成员，各民主党派成员总数为 56 人，在职 44 人，退休 12 人，其中，有教授 10 人，副教授 19 人，省政协委员 2 人，其中省政协常委、市人大常委会副主任 1 人，市政协委员 4 人（其中常委 2 人委员 1 人），浔阳区政协委员 3 人。国务院特殊津贴获得者 1 人，省级专业、学科带头人 6 人，省级高校名师 2 人，省级中青年骨干教师 2 人，市劳动模范 1 人，市职业教育先进个人 3 人，在省级以上学术团体、行业协会中兼职的有 6 人。

学校现有民盟、农工、民进 3 个民主党派在校成立支部。各民主党派人数及支部情况列表如下：

2014 年 6 月各民主党派人数及支部情况

表 2－5－1

党派	人数	支部成立时间及主委
民革	5	
民盟	17	1988 年成立民盟支部。主委：王爱春
民建	1	
民进	6	2013 年成立支部。主委：廖贵英
农工民主党	19	2009 年 12 月成立支部。主委：朱朝霞
九三学社	8	

2015 年 5 月各民主党派成员基本情况一览

表 2－5－2

党派	姓名	出生年月	学历	职称	参加时间	任职情况	备注
民革5 人	廖晓燕	1970. 08	硕士	副教授	1997	教师	
	张　婷（大）	1972. 03	硕士	讲师	2008	教师	
	田立云	1965. 11	大专	中级	2007	教师	
	郑　甜	1985. 05	本科	助教	2013	教师	
	曹　佳	1988. 06	本科	助教	2013	教师	
民盟17 人	潘留芳	1946. 10	本科	教授	1985	国务院津贴获得者 九江市优秀技术拔尖人才	退休
	王爱春	1960. 04	本科	副教授	1988	艺术学院副院长、民盟支部主委	
	张玉君	1961. 07	本科	教授	1999	教师	
	陶幼民	1955. 04	本科	教授	1989	教师	
	张柚华	1953. 08	本科	教授	1986		退休
	苏晓鸿	1960. 12	本科	副教授	1995	教师	
	周亚东	1958. 11	本科	讲师	1988	教师	
	张　超	1981. 08	硕士	讲师	2007	教师	
	何淑云	1940. 04	本科	高级讲师			退休
	丁景南	1927. 07	本科	高级讲师			退休
	袁玉流	1938. 07	本科	高级讲师			退休
	刘志向	1928. 12	本科	高级讲师			退休
	蒋宗仁	1986. 12	本科	助教	2010	教师	
	龚　洁	1986. 06	本科	助教	2010	教师	

续表 2-5-2

党派	姓名	出生年月	学历	职称	参加时间	任职情况	备注
民盟17人	秦桂秋	1933.08	本科	高级讲师			退休
	谢春文	1976.11	大专		2011		
	吴小京	1957.09	本科	教授	1999	教师	
民建1人	干维昌	1963.02	本科	副教授	2008	教师	
民进6人	廖贵英	1964.11	本科	教授	1997	学前教育学院院长、浔阳区政协委员、民进支部主委	
	刘桂华	1963.05	本科	副教授	2006	教师	
	左冬根	1964.01	本科	副教授	2010	教师	
	胡晓明	1971.02	本科	主治医师	2009	教师	
	宋　濂	1970.01	硕士	讲师	2002	教师	
	洪康民	1956.12	本科	高级工艺师	2001		
农工民主党19人	卢志鹏	1955.10	博士	教授	2003	江西省政协常委、九江市人大常委会副主任、农工民主党九江市委主委、九江职业大学校长	
	朱朝霞	1962.01	硕士	教授	1996	校科研处处长、农工民主党九江职业大学支部主委	江西省骨干教师
	黄俊民	1963.03	本科	副研究馆员	1996	校图书馆馆长、浔阳区政协委员	
	康　青	1950.09	本科	教授	1992		退休
	李辉秋	1961.01	本科	副教授	2007	经济管理学院院长	
	黄淑秋	1954.07	本科	副教授	1991		退休
	车红莲	1983.03	本科	讲师	2007	教师	
	李良铁	1943.12	本科	高级讲师	1989		退休
	凌家洪	1928.12	本科	高级讲师			退休
	余爱梅	1955.10	大专	正科	2008	财务处处长	退休
	涂冰艳	1973.03	硕士	讲师	2008	财务处副处长	
	汪丽萍	1981.12	本科	助教	2009	教师	
	郭玉娟	1968.05	本科	助教	2000	教师	
	冷　赟	1968.02	本科	讲师	2011	教师	
	刘青青	1987.03	本科	助理实验师	2012	护理学院行政干事	
	戴纯纯	1985.04	本科	助教	2012	图书馆管理员	
	谭兴铭	1963.12	本科	中学高级	2012	基建处副处长	
	徐雪枫	1984.01	本科	讲师	2015	教师	
	袁　超	1986.12	本科	助教	2015	教师	

续表 2－5－2

党派	姓名	出生年月	学历	职称	参加时间	任职情况	备注
九三学社8人	胡晓林	1959.12	硕士	教授	1997	市政协委员、省骨干教师 、省高校教学名师、机电工程学院院长	
	宋家煌	1965.04	本科	副教授	2000	教师	
	余育新	1976.07	硕士	讲师	2008	教师	
	余　波	1980.12	本科	讲师	2011	教师	
	熊力维	1983.11	本科	讲师	2012	教师	
	曹　力	1988.02	本科	助教	2014	教师	
	陈　岚	1966.11	本科	中级	2012	财务处干事	
	张善京	1978.12	研究生	讲师	2014	教师	

学校荣誉

表 2－5－3

获取时间	荣誉称号	授予部门	备注
2004 年 4 月	九江市 2002—2003 年度“文明单位”	中共九江市委、九江市人民政府	
2005 年	“全省绿化模范单位”	江西省绿化委员会	
2008 年 1 月	2007 年度江西省专科院校中专学校共青团工作“先进单位”	共青团江西省委	
2008 年	2007 年度江西省大中专学生志愿者暑期“三下乡”社会实践活动“优秀服务队”	中共江西省委宣传部、江西省文明办、江西省教育厅、共青团江西省委、江西省学生联合会	
2008 年	2007 年全省高校思想政治教育工作“先进集体”	中共江西省委教育工委、江西省教育厅	
2010 年 4 月	江西省第十二届“文明单位”	中共江西省委、江西省人民政府	
2010 年 7 月	2010—2015 年度“全国自愿助残示范基地”	中央文明办、民政部、中国残联	向东班爱心家教协会
2010 年 11 月	“模范职工之家”	江西省总工会	
2011 年 10 月	“模范职工之家”	中华全国总工会	
2012 年 4 月	2010—2011 年度全省高校档案工作“先进集体”	江西省教育厅	
2012 年	江西省人事管理先进单位	江西省人事厅	
2012 年	九江市综合治理先进单位	九江市综合治理办公室	
2013 年 1 月	2012 年度全市档案工作先进单位	九江市档案局	
2013 年 2 月	全省教育系统人事人才工作“先进集体”	中共江西省委教育工委、江西省教育厅	
2013 年 3 月	江西省第十三届“文明单位”	中共江西省委、江西省人民政府	

续表 2－5－3

获取时间	荣誉称号	授予部门	备注
2013 年 3 月	2012 年度市直单位党建目标管理考评“先进基层党组织”	中共九江市直机关工作委员会	
2013 年 4 月	2011—2012 年度全省高校师资培训工作“先进集体”	江西省教育厅	
2013 年	2012 年度全市新农村建设帮扶“先进单位”	中共九江市委、九江市人民政府	
2013 年 12 月	2013 年新华教育论坛 大国教育之声“2013 年中国最具影响力职业院校”	新华社新华网	
2014 年 1 月	2013 年全省“百万网民学法律”网络竞赛活动先进组织奖	江西普法办、新法制报社	
2014 年 2 月	全省教代会制度建设工作“先进单位”	江西省教育工会	
2014 年 10 月	新中国成立 65 周年“江西省 65 个改革风云单位”	江西日报社	
2014 年 8 月	2014 全国最佳教育改革创新示范院校	中国教育改革与发展研究会、中国教育品牌研究院、中国民办教育发展研究中心、联合国教育基金会、品牌资讯报社	
2014 年 12 月	江西省高校后勤工作“先进单位”	江西省高校后勤协会	
2015 年 1 月	2014 年度全市档案工作先进单位	九江市档案局	
2015 年 3 月	全市党建工作优秀单位	中共九江市委组织部	
2015 年 4 月	全市宣传思想工作先进单位	中共九江市委宣传部	
2015 年 4 月	九江市城市环境综合治理“百日大会战”活动先进集体	中共九江市委、市人民政府	

第三章　教职工代表大会与工会

学校教职工代表大会是教职工依法参与学校民主管理和监督的基本形式。

合并后的九江职业大学认真执行教代会制度，学校重大事项提交教代会讨论通过，切实保障教职工对学校管理的知情权和参与权，增强学校办学的透明度。实行教职工民主评议，贯彻执行《教职工代表大会提案工作暂行规定》，切实履行教代会职责。

2008 年，为迎接全省高职高专教育办学水平评估，学校延用原九江师范学校前七届教代会的序号，于 2009 年 1 月，召开九江职业大学第八届教代会暨工会会员大会。大会共收到提案 43 件，办复 43 件（年底办结 42 件）；确立学校在未来三年内跨入省级示范性高职院校的发展目标；通过关于《校训释义》《校徽图案释义（草案）》的决议；选举产生第八届工会委员会。

2013年6月，为贯彻落实教育部2012年1月实行的《学校教职工代表大会规定》精神，进一步规范学校教代会制度，学校召开第九届教代会暨工会会员大会。大会共收到提案45份（年底办结43份）；确立打造中部地区、长江沿岸一流高职名校的战略目标；选举产生第九届工会委员会。

学校工会组织是中共党组织联系教职工群众的桥梁和纽带，依据《中华人民共和国工会法》《中国工会章程》开展活动，围绕学校中心开展工作，接受校党委和省、市教育工会领导，日常工作接受学校党委行政管理。

学校工会是学校依照《中国工会章程》设立的维护教职工的合法利益和民主权利，动员和组织职工积极参加学校建设和改革，代表和组织教职工参与学校重大事务和决策的民主管理，教育职工不断提高思想道德素质和科学文明素质，建设有理想、有道德、有文化、有纪律的教职工队伍的群众性组织。

在学校党委的重视和支持下，校工会充分发挥桥梁和纽带作用，积极参与学校的民主管理，加强教职工的职业道德教育和法纪法规教育，表彰和宣传安岗敬业、无私奉献的教职工，关心教职工生活福利，开展丰富多彩的文化体育活动。

2010年，校工会获江西省总工会授予的“江西省模范职工之家”荣誉称号；2011年，获中华全国总工会授予的“全国模范职工之家”荣誉称号；2013年，九江职业大学被省教育厅、教育工会评为2013年度“全省教育系统教代会制度建设先进集体”。

第一节　教职工代表大会

一、第八届教职工代表大会第一次会议

2009年1月8日至9日，第八届教职工代表大会在九江职业大学鹤问湖校区大礼堂召开。

正式代表　2008年11月，学校成立以党委书记王原平为主任的教代会筹备委员会，12月，以各院（系、部）、各部门为单位，在党总支（机关各支部）领导和各分工会负责人主持下，采取民主推选的方式，由教职工（含内聘人员）直接选举产生正式代表70名，占全校教职工（其中工会会员438人）总数的16%。其中，中层以上干部占代表总数的68.6%，一线教师和职工占代表总数的31.4%，男女比例分别是76%、24%，民主党派代表占14%，副高以上职称的代表60%，具有硕士学位占17%。

列席代表和特邀代表　大会列席代表为未选为正式代表的中层正职。特邀代表：蔡方奎、邹伟刚、赵敦煌、张正治、宋之保、黄昌平、熊德基、袁靖平、郑尚志、江民德、詹平华、肖允叔、李春娣、喻国扬。

第八届教职工代表大会正式代表名单

表 3－1－1

单　位	代表名额	代　表
校领导	6	卢志鹏、王原平、周春明、肖厚建、胡春亮、汪春莲（校长助理）
党办、校办、纪委、组织部、人事处、宣传部、财务国资处、工会	9	汪国元、周兴龙、周庆流、余爱梅、付义赣、杨　健、陈晓凌、熊小毛、张　旭
学工处、团委、招就处、保卫处	7	黄报声、徐　萍、胡泽辉、王红彬、朱成梁、刘　师、欧阳春辉
教务处、实验实训中心、督导室、图书馆、科教处、评建办	8	蔡春祥、谢　枫、詹平华、朱朝霞、黄俊民、肖　燕、殷　诚、罗水秀
后勤处、基建处	3	李重阳、代永东、史秉忠
工程学院	4	胡晓林、王　荣、唐业茂、肖　莹
经管学院	4	李辉秋、朱慧芳、夏　韧、董先明
师范学院	3	胡玉东、熊细滚、左　芳
计算机系	2	董麓超、蒋腾旭
外语系	4	曹迁萍、熊　巍、詹丽琴、柯桂珍
文传系	3	罗会珊、胡火清、胡青宇
学前系	3	廖贵英、何华松、钱桃英
艺术系	4	戴晓敏、匡全农、苏晓鸿、周　颖
中专部	3	邹桂元、韩雪松、威泽勇
公共教学部	4	曹树祥、王　强、邓必炉、陶幼明
继续教育学院　长虹管委会	3	查启军、马志峰、张　梅

第八届教职工代表大会主席团、常务主席及秘书长名单

表 3－1－2

名称	人数	成员
主席团	23	卢志鹏、王原平、周春明、肖厚建、胡春亮、汪春莲、马志峰、王红彬、付义赣、余爱梅、李辉秋、汪国元、邹桂元、周兴龙、周庆流、胡玉东、胡晓林、徐　萍、曹树祥、廖桂英、蔡春祥、戴永东、戴晓敏
常务主席	7	卢志鹏、王原平、周春明、肖厚建、胡春亮、汪春莲、周兴龙
秘书长	1	周兴龙（兼）

大会议程　大会听取并审议校长卢志鹏关于《抢抓机遇、乘势而上，为实现学校又好又快发展而努力奋斗》的学校工作报告；听取并审议工会主席汪国元所做的《坚持科学发展观，为构建和谐校园添砖加瓦》的工会工作报告；听取并审议财务处长余爱梅所做的《关于合并后总体财务运行情况和2008年财务收支情况报告》；听取并审议校纪委吕天庆所做的《关于大会提案工作情况报告》。

审议《九江职业大学校训、校徽方案》。

选举产生第八届工会委员会。

代表提案　2008 年 11 月至 2009 年 1 月 5 日，大会提案组共收到提案 43 件，涉及教学工作、教师队伍建设、科研工作、班主任队伍建设、学生管理、校园管理、绩效考核、教职工文化体育活动、依法治校、民主管理等方面的内容。

至 2009 年年底，所有提案办复完毕，办复率 100%，做到件件有答复，办结 42 件，占提案的 97.6%，代表提出的“长虹校区与鹤问湖校区同步建设与发展”的提案，涉及市政府对学校土地整体规划方案尚未批复，留待研究解决。代表对 11 个部门的答复办理意见，满意率达到 100%。

大会决议　大会表决通过《关于校长工作报告的决议（草案）》，《报告》提出努力实现学校又好又快发展，在未来三年内跨入省级示范性高职院校目标；通过关于《校训释义（草案）》《校徽图案释义（草案）》的决议，认为校徽设计图案巧妙地运用字母“Z”与“S”的变体组合，充分体现学校的办学定位，表达学校融合发展的历史背景，也表现学校的发展方向，即建设两个基地“技师培养基地、教师成长摇篮”；通过《关于工会工作报告的决议（草案）》和《关于学校财务工作的决议（草案）》。

二、第九届教职工代表大会第一次会议

大会筹备　2013 年 5 月，学校成立第九届教职工代表大会筹备领导小组，周春明任组长，罗会珊为副组长。成员：戴永东、张晓华、付义赣、胡泽辉、张梅、卢涛。下设 5 个专门工作机构：

秘书组：组长 戴永东（兼）副组长 熊巍、田立森

会务组：组长 张晓华 副组长 郑光明、夏敏玲

宣传组：组长 付义赣（兼）副组长 卢涛（兼）、阎芳

提案组：组长 胡泽辉（兼）副组长 徐国泉、王强

组织组：组长 张梅（兼）副组长：张旭、查启军

代表名额的确定是根据教育部《学校教职工代表大会规定》，代表名额应占全体会员总数的 15%—20%，结合学校实际，设定代表总名额 130 人，占在岗教职工总数 751 人的 17.3%。

代表选举规程规定教代会代表为本院、本部门在岗教职工；正式代表的产生，是在党总支（机关各支部）领导和各分工会负责人主持下，由教职工充分酝酿提出代表候选人名单；选举采用候选人数多于应选人数的 10% 差额选举办法；选票上候选人名单按姓氏笔画为序，采用无记名投票；组织选举时，各选区到会人数不少于教职工总数的2/3，当选代表的得票数必须超过应到教职工人数的一半以上，选举方为有效；代表的构成，考虑到学院、部门、男女比例、党派、职称结构的均衡，确保一线教职工代表达半数以上，校级领导参与挂点单位选举；各选区选举结果，报第九届教代会筹备领导小组组织组审查，通过后，予以公示。

代表名单　本次大会代表结构比例为年龄在40岁以上78人，占60%；39岁以下52人，占40%；男性代表95人，占73.1%，女性代表35人，占26.9%；中共党员91人，占70%；民主党派11人，占8.5%，无党派群众28人，占21.5%；副高及以上职称64人，占49.2%，中级职称38人，占29.3%，初级职称及其他28人，占21.5%；中层以上干部58人，占44.6%；一线教职工72人，占55.4%。

正式代表、列席代表、特邀代表名单（按姓氏笔画为序）

表3-1-3

代表团	正副团长	正式代表	列席代表
师范代表团（20名）	团长：熊细滚 副团长：方波	丁璐　方波　王英（女）王原平　邓耀东　石舞潮　江会成　张守兴　张旭　张盛桥　余乃金　余干龙　罗会珊　胡林（女）　陶幼明　曹少卿　曹建华　熊细滚	朱朝霞 胡玉东
学前、艺术代表团（22名）	团长：戴晓敏 副团长：崔小斌	文其云（女）卢志鹏　吕红梅（女）　刘长洪　李海喃（女）　苏晓鸿　陈南平　张玉君（女）　张江明　闵捷　杨健　周军　周珉　周燕勤（女）　崔小斌　雷鸣　廖贵英（女）　熊巍　鞠学庭　戴晓敏	何华松 钱桃英
经管代表团（18名）	团长：李辉秋 副团长：高坊洪	王田　刘洁（女）李杰　李辉秋　张晓华　余育新　陈武　段炼　胡春亮　高坊洪　夏韧（女）　陶群（女）　曹树祥　慕静（女）　蔡娟（女）	夏敏玲 汪国元 吕天庆
护理和中专代表团（21名）	团长：徐萍 副团长：张梅 朱慧芳	朱慧芳　纪丽华（女）邢宏峰　李吉慧（女）　汤传宏　陈启浔　张梅（女）周兴龙　威泽勇　胡克勤　胡建华　陶逸　徐国泉　徐萍（女）　郭坤　郭群　勒绍华（女）　谢枫　蔡琼	黄俊明 龚春生
机电、信息代表团（22名）	团长：胡晓林 副团长：刘皓	王荣　邓珉　石宏　卢涛　刘皓　江鸿波　张先成　余波　李美长　陈娟（女）　赵建夫　金春花（女）　周建军　周春明　钟怡帆　胡晓林　陶雪琴（女）　董麓超　潘钧　张律	殷诚 伍国强
文旅、建工代表团（21名）	团长：曹迁平 副团长：胡泽辉	马志峰　王红彬　尤莺燕(女)　吉中亮　孙莎莎(女)　余传忠　汪泽浔　陈茜（女）　肖厚建　肖燕（女）　邹桂元　邱耀　胡泽辉　洪皓　姜懿（女）　唐业茂　涂雅玲（女）曹迁平（女）　曹清华	代永东 诸秋南
继续教育、公共教学代表团（21名）	团长：罗平西 副团长：付义赣 冷晔	王强（小）付义赣　左冬根　田立森　李云鹰（女）　沈芸（女）　邹秀件　汪春莲（女）　冷晔　罗平西　周军（女）　胡火清　胡晓明（女）　郝红卫（女）　郭君　温明　黄报声　黄海　熊小军	花传国 喻国扬
特邀代表（15名）	张政治　赵敦煌　肖永叔　黄昌平　邹伟刚　宋之保　熊德基　熊炳火　江民德　潘留芳　袁靖萍　潘东辉　康青　金正福　邓师群		

（注：表中各代表团人数包含了列席代表，即正式代表130人，列席代表15人，特邀代表15人）

大会召开　2013年6月22日至23日，九江职业大学第九届教职工代表大会在鹤问湖校区举行。

本次代表大会是学校深入贯彻落实党的十八大精神、办人民群众满意教育的具体举措，也是学校在加快新校园建设情况下，努力提升依法治校、民主治校水平，凝聚全校教职工正能量，引导广大教职员工立德树人，为实现第二次跨越创业发展而努力奋斗的一次共商大计的大会。会议执行教育部颁布并于2012年1月1日起施行的《学校教职工代表大会规定》和江西省教育厅、江西省教育工会联合下发的《江西省高等院校教职工代表大会规程》。市总工会党组成员、常务副主席方志红特邀出席大会开幕式并作讲话。市总工会、市教育工会、九江学院工会、江西财经职业学院工会、九江职业技术学院工会、九江电大工会、九江职业大学团委发来贺电、贺信以示祝贺。

2013年6月22日8时，在鹤问湖校区大礼堂召开第九届教职工代表大会预备会义。

预备会表决通过：代表选举与代表资格审查组长张梅关于《九江职业大学第九届教职工代表大会代表选举及代表资格审查情况报告》；九江职业大学第九届教职工代表大会议程（草案）；第九届教职工代表大会日程安排（草案）；第九届教职工代表大会主席团、秘书长建议名单。

大会主席团（按姓氏笔画为序，共29人）：王原平、田立森、卢志鹏、卢涛、吉中亮、吕红梅（女）、李云鹰（女）、张旭、余传忠、余波、肖厚建、汪春莲（女）、李辉秋、张梅（女）、罗平西、周兴龙、罗会珊、周春明、赵建夫、段炼、胡春亮、胡晓林、夏韧（女）、徐国泉、徐萍（女）、陶逸、曹迁平（女）、熊细滚、戴晓敏。

秘书长：罗会珊。

大会常务（执行）主席及编组（大会常务主席由校领导班子组成）。

22日会议执行主席：卢志鹏、王原平、周春明、肖厚建、胡春亮。

23日会议执行主席：卢志鹏、王原平、汪春莲、周兴龙、赵建夫、余传忠。

大会日程安排为2个工作日，即2013年6月22日至6月23日。具体完成的事项流程列表如下：

2013年6月22—23日大会日程安排及完成的事项

表3-1-4

会议名称时间	地点	与会对象	主持人	完成的事项
第一次主席团会议 6月22日8：30	礼堂接待室	主席团主席	肖厚建	一致通过：由校党政领导担任第九届教职工代表大会主席团常务（执行）主席及编组 提案征集截止时间为2013年6月22日下午5：00
开幕式 9：00	大礼堂	全校 教职工、来宾	周春明	党委书记王原平致开幕辞； 校长卢志鹏作关于《凝心聚力，攻坚克难，为实现第二次创业发展而努力奋斗》的学校工作报告； 副校长周兴龙作关于《九江职业大学财务工作报告》； 工会主席罗会珊关于《进一步激发广大教职工为学校发展建功立业的创新潜能和创造活力——工会工作报告》； 提案组长胡泽辉关于《九江职业大学第九届教代会提案工作报告》

续表 3-1-4

会议名称时间	地点	与会对象	主持人	完成的事项
分组讨论 14：00	综合楼 各讨论会场	各代表团	团长	讨论大会印发的以上四个报告
第二次主席团会议 16：30	综合楼 16 会议室	主席团成员	胡春亮	主席团听取了各代表团讨论意见； 审议通过了《九江职业大学工会委员会选举办法（草案）》
代表大会 6 月 23 日 8：00	综合楼 六楼报告厅	正式代表 列席代表	汪春莲	党委副书记周春明宣读《九江职业大学章程（草案）》；副校长胡春亮宣读《九江职业大学关于加快内涵发展的意见（草案）》；副校长肖厚建宣读《九江职业大学 2013 年年度工作考核方案（草案）》并就修改情况作说明
分组讨论 9：30	综合楼 各代表团讨论会场	各代表团	团长	讨论：以上三个文件草案及《九江职业大学第九届工会委员会选举办法（草案）》
第三次主席团会议 11：00	综合楼 16 会议室	主席团成员	周兴龙	听取了各代表团讨论情况汇报； 通过了《九江职业大学章程》《关于加快内涵发展的意见》《教职工年度绩效考核方案》三个文件决议草案；提名第九届工会委员会候选人名单；提名总监票人、监票人，总计票人、计票人
工会选举大会 14：00	综合楼 六楼报告厅	正式代表	赵建夫	大会表决通过：《第九届工会委员会选举办法（草案）》；总监票人、监票人名单；新一届工会委员会候选人名单及简历；投票选举
第四次主席团会议 14：50	综合楼六楼 604	主席团成员	余传忠	听取大会期间代表提案情况报告 听取工会委员会选举结果 确定新一届工会主席、副主席候选人
闭幕大会 16：00	综合楼 六楼报告厅	正式代表 列席代表 特邀代表	王原平	大会表决通过：关于《学校工作报告》的决议、关于《学校财务工作报告》的决议、关于《工会工作报告》的决议、关于《大会提案工作报告》的决议； 大会原则通过：关于《九江职业大学办学章程》决议；关于《九江职业大学关于加快内涵发展的意见》决议；关于《九江职业大学教职工绩效考核方案》决议； 宣布新一届工会领导班子； 校长卢志鹏作大会闭幕讲话

大会提案　截至 2013 年 6 月 22 日下午 5 时，共征集代表提案 45 份，其中 2 份无附议人，不列入正式提案，依据内容相同合并，分 6 类：关于专升本、教学、师资队伍建设；关于实验实训、图书馆建设；关于班级和学生管理工作；关于招生、就业工作；关于人事、职称评定、教工福利；关于行政和后勤管理。

大会对于代表提出的提案，按照“件件有回音，条条有落实，事事有答复”的原则，由承办部门答复提案人，学校领导按照分工对提案办理落实过程的指导、检查和督促。

2013年7月，召开校长办公会进行专题研究，形成基本意见。

2013年9月27日，向代表发放《提案办理反馈意见表》43份，收回43份。其中填写“满意”的33份，“基本满意”的8份，“不满意”的2份。对承办部门评价“基本满意”和“不满意”的，经承办部门限时整改并与代表直接沟通，代表均评价“满意”。

经梳理，第九届教代会代表提意见和建议103条，其中意见35条，建议68条。2013年11月，职能部门逐条向代表作出书面答复。

第九届教职工代表大会代表提案承办清单（节选）

表3-1-5

序号	提案人	附议人	案由	承办部门
1	廖贵英	吕红梅、崔小斌	关于充分重视升本工作，将升本工作纳入日常工作的建议	教务处
2	丁璐	方波、余乃金	提高教师在学生各项活动中的参与度	学工处 团委
3	罗平西	左冬根、田立淼	关于校行政中层干部轮岗的提案	组织部
4	纪丽华	徐萍、威泽勇	尽早落实校内宿舍搬迁方案	后勤处 国资处

大会决议　本次大会校长所做的学校工作报告主题：凝心聚力，攻坚克难，为实现第二次创业发展而努力奋斗。新校区建设是第二次创业发展的基础条件，必须按照构建现代职业教育体系要求，深化改革，创新发展，进一步推进内涵建设，不断提升教育质量，更加主动地服务于国家战略和区域需求，努力打造中部地区、长江沿岸一流高职名校。

大会表决通过四项报告的决议：《关于〈学校工作报告〉的决议》《关于〈学校财务工作报告〉的决议》《关于〈学校工会工作报告〉的决议》《〈关于教代会提案工作报告〉的决议》。

大会原则通过三个重要文件：《关于〈九江职业大学办学章程〉（草案）》《九江职业大学关于加快内涵发展的意见（草案）》《九江职业大学2014年教职工绩效考核方案》。

三、第九届教职工代表大会第二次会议

大会筹备和议程　2015年5月12日下午，第九届教职工代表大会主席团成员在九江职业大学新校园行政大楼五楼工会会议室，召开九届二次会议第一次筹备工作领导小组会议；5月14日下午，领导小组向学校领导班子汇报专项报告起草工作；5月19日上午，完成材料核稿，编制代表手册。

5月20日下午，召开第二次筹备工作领导小组会议，各代表团联络员领取会议材料，代表报到；5月21日下午，材料印刷，装订，装袋；5月22日下午，领导小组检查会场布置情况。

本次大会议程，听取和审议校长卢志鹏作《学校工作报告》，听取和审议副校长周兴龙作《九江职业大学财务决算报告》，听取和审议组织人事处长张梅作《九江职业大学绩效工资基础部分的考核实施方案》，审议工会主席罗会珊作《学校工会工作报告》，听取和审议纪委书记罗平西作《九江职业大学九届二次教代会提案工作报告》。

代表名单 根据江西省教育厅、江西省教育工会联合下发的《江西省学校教职工代表大会工作规程》第十五条第一款规定，第九届教代会一次会议代表马志峰、陶幼明因已办理退休手续，邱耀已调出学校。为此，第九届教代会二次会议筹备工作领导小组安排补选补选代表，将代表名额分配至上述三位代表所在选区，由所在选区党总支或支部酝酿候选人，实行无记名投票选举。选举结果是：师范学院补选代表为何华松，建筑工程学院补选代表为吴训友，机关第五支部选区包括实训、信息、学报、图书馆，选出的补选代表为花传国。

出席本次大会的正式代表130人，列席代表12人，特邀代表17人。

正式代表、列席代表、特邀代表名单（按姓氏笔画为序）

表3－1－6

代表团	正、副团长	正式代表	列席代表
师范代表团（19名）	团长：何华松 副团长：方波	丁璐、方波、王英（女）、王原平、邓耀东、石舞潮、江会成、张守兴、张盛桥、余乃金、何华松、余干龙、罗会珊、胡林（女）、曹少卿、曹建华、熊细滚	朱朝霞 黄俊民
学前、艺术代表团（19名）	团长：戴晓敏 副团长：崔小斌	文其云（女）、卢志鹏、刘长洪、吕红梅（女）、苏晓鸿、陈南平、李海喃（女）、张玉君（女）、张江明、杨健、闵捷、周军、周珉、周燕勤（女）、崔小斌、雷鸣、廖贵英（女）、戴晓敏	郑光明
经管代表团（18名）	团长：李辉秋 副团长：熊巍	王田、刘洁（女）、李杰、陈武、余育新、张晓华、李辉秋、段炼、胡春亮、夏韧（女）、陶群（女）、曹树祥、蔡娟（女）、熊巍、董麓超	夏敏玲 涂冰艳 诸秋南
护理和中专代表团（22名）	团长：徐萍 副团长：朱慧芳	汤传宏、纪丽华（女）、邢宏峰、朱慧芳、李吉慧（女）、陈启浔、张梅（女）、周兴龙、邹桂元、胡克勤、胡建华、威泽勇、徐国泉、陶逸、徐萍（女）、郭坤、郭群、勒绍华（女）、蔡琼、鞠学庭	王先平 戴隆江
机电、信息代表团（22名）	团长：胡晓林 副团长：张先成	王荣、邓珉、石宏、卢涛、江鸿波、刘皓、张先成、余波、李美长、陈娟（女）、周建军、周军（女）、金春花（女）、周春明、赵建夫、钟怡帆、胡晓林、陶雪琴（女）、潘钧、张律、谢枫	殷诚

续表 3－1－6

代表团	正、副团长	正式代表	列席代表
文旅、建工代表团（22 名）	团长：肖燕 副团长：高坊洪	王红彬、尤莺燕（女）、吉中亮、孙莎莎（女）、余传忠、汪泽浔、陈茜（女）、吴训友、肖厚建、肖燕（女）、胡泽辉、洪皓、姜懿（女）、张旭、高坊洪、唐业茂、涂雅玲（女）、曹迁平（女）、曹清华	戴永东 查启军
继续教育、公共教学代表团（20 名）	团 长：冷晔 副团长：温 明	王强（小）、左冬根、田立森、李云鹰（女）、花传国、沈芸（女）、邹秀件、汪春莲（女）、冷晔、罗平西、胡火清、郝红卫（女）、胡晓明（女）、郭君、黄报声、黄海、付义赣、温明、熊小军	黄先梅
特邀代表（17 人）	张政治、赵敦煌、肖允叔、黄昌平、邹伟刚、宋之保、熊德基、熊炳火、江民德、潘留芳、袁靖萍（女）、潘东辉、康青（女）、金正福、邓师群（女）、赵余才、李春娣（女）		

（注：表中各代表团人数包含列席代表）

大会日程安排及完成的事项　2015 年 5 月 23 日，九江职业大学第九届教职工代表大会二次会议在鹤问湖校区举行。

本次大会安排会期 1 天，大会地点在鹤问湖校区大礼堂，各代表团讨论地点安排在综合楼 201 室至 207 室，主席团会议安排在综合楼 1206 室。

第九届教职工代表大会二次会议召开时间、地点、与会人员、主持人及完成事项

表 3－1－7

会议名称及时间	地点	与会对象	主持人	完成的事项
预备会议 上午 8：30	鹤问湖校区 大礼堂	正式代表	罗会珊	1. 听取张梅关于替补代表资格审查情况报告 2. 审议通过大会议程 3. 审议通过大会日程安排
开幕式 上午 9：00	鹤问湖校区 大礼堂	正式代表、列席和特邀代表、全校教职工	周春明	1. 卢志鹏校志作学校工作报告 2. 周兴龙副校长作 2014 年学校财务决算报告 3. 张梅就 2006 年制订执行的《九江职业大学校内津贴及考核实施方案（试行）》作调整修改意见的说明 4. 罗平西作提案工作报告 5. 罗会珊关于工会工作报告（代表审议）
代表分组讨论 下午 2：00	鹤问湖校区 综合楼 201—207 教室	正式代表、列席代表	各代表团团长	1.《学校工作报告》 2. 教职工绩效工资基础部分的考核实施方案 3. 各专项工作报告

续表 3－1－7

会议名称及时间	地点	与会对象	主持人	完成的事项
主席团会议 下午 3：30	综合楼 1206 室	主席团成员	周春明	1. 听取各代表团汇报 2. 审议决议草案
表决大会 下午 4：30	鹤问湖校区大礼堂	正式代表	罗会珊	1. 校长工作报告的决议（草案） 2. 学校财务工作报告的决议（草案） 3. 关于教职工绩效工资基础部分的考核实施方案决议（草案） 4. 提案工作报告决议（草案） 5. 工会工作报告的决议（草案）
大会闭幕	鹤问湖校区 大礼堂	正式代表、 列席代表	胡春亮	校党委副书记周春明讲话

大会提案　本次会议提案组于 2015 年 4 月 6 日向 7 个代表团发放了《九江职业大学第九届二次会议提案征集表》，截至 4 月 28 日，共征集到提案 54 份，其中 11 份提案因附议人不是正式代表，8 份提案没有具体建议，不列为正式提案。依据内容相同合并原则，整理提案 32 件，分为学校改革发展（3 件）、工资分配（4 件）、规章制度（1 件）、教学科研（6 件）、内部管理（8 件）、人才队伍（2 件）、生活福利（8 件）7 个方面。

学校召开校长办公会议，对所征集到的提案逐件进行研究，并提出 5 点初步处理意见：（1）代表提出的提案，有的已经解决，有的正在解决过程当中，有的可以直接由职能部门解决，有的目前暂不具备解决条件的作为建议意见处理。（2）各承办部门都必须实事求是、认真负责地提出处理意见，并积极予以落实。（3）工会要将办理落实情况及时与提案人沟通、反馈信息、征求意见，切实做到件件有答复、事事有回音。（4）学校领导将按照分工，加强对提案办理落实过程的指导、检查和督促。（5）对于大会期间征集到的提案，由提案组整理分类，向本届大会主席团会议报告。

第九届二次教代会代表提案（节选）

表 3－1－8

编号	提案人	附议人	案名	案由	类别
002	罗会珊	邓耀东 张守兴	发挥教师的引导作用，让校园文化活起来	新校园硬件设施一流，如何活跃校园灵魂，增强文化气场是亟待实践的重中之重。校园的竞争本质上是文化的竞争，而文化发展的繁荣需要注入新的驱动因素。实际上，这些年来，学校对校园文化可谓苦心经营，也出台了战略性的文件，相关部门也作了努力。然而，也出现瓶颈现象，核心文化聚合力不强，传播力不足，社会影响力不够。这些问题，应从教师队伍建设入手，充分发挥他们的引导作用	人才队伍

续表 3－1－8

编号	提案人	附议人	案名	案由	类别
005	胡晓林	周　平 余　波	围绕学校品牌建设加大力度奖励重大科研成果的建议	学校提出把学校打造成中部地区长江沿岸一流高职名校的奋斗目标，这个目标就是学校创品牌，上档次，造影响，展实力的品牌建设目标。随着学校已整体搬入新校区，应该尽早围绕学校品牌建设，抓住重点内容制定相关激励政策，让学校内涵建设上一个大台阶。纵观国内外各高校的发展经验，学校的名气来之于以下几个方面：一是学校的硬件环境；二是学校的名师队伍；三是学校的教科研城果；四是学校的人才培养模式及管理模式；五是毕业生的社会作为和影响。鉴于这五个方面，学校要成为品牌高职院校任重道远。但当务之急应当以加大力度奖励重大较科研成果入手，把政策导向还原到以教学为中心，以提高办学质量为目的，推进学校的品牌建设	
008	段　炼	张晓华 陈　武	切实建立校园意外伤害事件应对机制	新校区在校人数将达到15000人左右，往往在周末等休息时间，学生容易发生意外伤害，现在又没有老师住在学校，附近也没有医院，诊所，学生缺乏基本急救处理能力，遇到紧急情况往往手足无措。	内部管理
009	陶　群	蔡　娟 曹树祥	加强对违纪学生处分的执行力度	1. 学校对学生的“四个一”人文关怀，是学校管理特色，但在一定程度上，却助长了学生的以自我为中心的不良行为习惯，忽视对学生进行感恩教育。 2. 对学生的不良行为，重思想教育，却将压力转移到学院老师的身上，而不是从制度上从严管理。导致学生不怕老师，不读《学生守则》，各种旷课违纪行为都不能得到相应处罚，学生无所惧怕，不怕老师，不怕处理，因为压根就没有处分。 3. 学校发展已经从单纯数量规模的增加发展为加强内涵建设、提升教学质量的关键时期。内涵建设需要提升老师的素质，同时作为学校主体的学生的素质，也是学校内涵建设的关键和核心。适当开除一些严重违纪的学生，在学校现有学生规模下，不仅不会影响学校收益，还能促进内涵建设	
011	肖厚建	罗会珊 徐国泉	充分发挥校训的育人作用	学校校训博学多能厚德笃行，但就如何坚持校训所示的育人标准，实现校训所示的培养目标，却鲜有研究，也鲜有提及，校训成为装点门面的招牌。 校训在校园文化中的作用可概括为以下方面： 1. 对校园文化的引领作用 2. 对办学行为文化的规范作用 3. 对校园环境文化的助推作用 4. 对学校学习文化的激励作用	

续表 3-1-8

编号	提案人	附议人	案名	案由	类别
018	文其云	李海喃 吕红梅	完善教学用多媒体设备	新校区教室内配备多媒体教学设备，但教师上课时如需使用设备却不太容易，使用前必须从家中把电脑及电脑电源线搬进教室，而这是个实实在在的体力活，希望教室将设备配齐，减轻教师上下班图中的负担	教学条件
020	周　军	周　珉 文其云	职业教育进社区	1. 产教结合，积极参与到九江市经济建设中； 2. 拓展办学思路，深入基层，服务社区	
027	闵　捷	周伟珍 何毅钦	高校辅导员队伍素质急需提高	辅导员工作在高校学生工作和各项工作中占有非常重要位置，作用超出了班主任，刚进入大学的大学生在新的环境中对学习方法、生活习惯等非常不适应，辅导员就是他们的一任老师，要帮助学生生活，调节心理，陪伴整个大学生活	
037	汪泽浔	肖　燕 吉中亮	青年教师能力培养意见	学校合并至今，在行政人员专职师资队伍中，青年教职工作的比例逐年上升，但近年来学校在青年教师科研能力培养上涉及很少，青年教工在面对课题、课改研究、专业发展等诸多问题上无从下手，找不到方向，最多也只是各自为政，这不利于高校教学科研的良性发展	
043	张先成	李美长 周建军	进一步明确学校内涵建设行政主体责任牵头单位	学校内涵建设及校园文化建设既要齐抓共管，又要有明确职责分工，师德师风，教育教学，专业建设等，由教务处主抓；学生管理、思想教育、文化活动由学工处主抓；相关部门协作。现时二者职责不明确，导致二级学院分工协作无所适从	内部管理

大会主题及决议　该次大会校长所做的学校工作报告主题是“凝心聚力，创新发展，打造职大升级版”。九江职业大学新校园的建成和学校整体搬迁，实现了职大提升办学条件、改变多校区办学的梦想；招生就业形势两旺，实现良性循环，在校生规模突破15000人；办学水平和综合实力显著提高。学校荣获新华网2013年全国最具影响力职业院校称号，2014年全国最佳教育改革创新示范院校，2013年、2014年全市综合治理先进单位，第三届省级文明单位等荣誉称号，为实现可持续发展奠定了坚实的基础。

大会表决通过4项报告的决议：《关于〈学校工作报告〉的决议》，《关于〈九江职业大学财务决算报告〉的决议》，《关于〈学校工会工作报告〉的决议》，《〈关于九届二次教代会提案工作报告〉的决议》。

第二节　工会建设

一、第八届工会委员会

2009 年 1 月 9 日下午，学校第八届教职工代表大会暨工会会员大会进行工会委员选举。第八届工会委员会由 7 名委员组成，采取差额选举办法产生。经主席团建议提名、小组酝酿、大会通过。

应到代表：70 人　实到代表：67 人

发放选票：67 张　收回选票：67 张

有 效 票：66 张

总监票人：徐萍

监 票 人：邹桂元、曹迁平、肖燕、杨健、左芳

选举结果：汪国元、熊小毛、查启军、王强（小）、张旭、张梅、熊巍当选第八届工会委员会委员。

第八届工会委员会一次会议选举：汪国元为工会主席，熊小毛为副主席。

第八届工会委员会委员选举投票情况列表如下：

2009 年 1 月 9 日第八届工会委员会委员选举投票情况

表 3－2－1

大会提名候选人		代表另选	
姓名	赞成票数（张）	姓名	赞成票数（张）
王强（小）	51	肖莹	1
朱朝霞	31	王洁	1
张旭	50		
张梅	43		
汪国元	59		
查启军	54		
熊巍	41		
熊小毛	59		

二、第九届工会委员会

2013 年 6 月 23 日，学校第九届教职工代表大会暨工会会员大会以举手表决方式通过《九江职业大学第九届工会委员会选举办法》，通过了 11 位候选人提名。采用差额无记名投票方式选举新一届工会委员。

选举大会：应到代表130人，实到代表119人。

总监票人：胡泽辉。

监票人：郭群、陶群、陈娟、丁璐、沈芸、周燕勤。

选举结果：田立淼、吉中亮、吕红梅（女）、张旭、余波、罗会珊、段炼、夏韧（女）、徐国泉当选第九届工会委员。

第九届工会委员会委员选举投票情况列表如下：

2013年6月23日第九届工会委员会委员选举投票情况

表3-2-2

候选人姓名	赞成票数	不赞成票数	弃权票数
田立淼	92	11	10
吉中亮	80	10	25
吕红梅	80	16	13
李云鹰	72	18	24
张　旭	88	18	9
余　波	93	7	13
罗会珊	111	0	3
段　炼	101	7	7
夏　韧	86	14	12
徐国泉	79	7	7
陶　逸	78	15	22
另选人姓名	赞成票数	另选人姓名	赞成票数
熊细滚	2	张守兴	1
丁　璐	4		

大会发出选票119张，收回119张，收回选票中有效票115张，无效票4张。

2013年6月23日下午，第九届工会委员会一次会议选举：罗会珊为工会主席，徐国泉为专职副主席，张旭为兼职副主席。

三、工会工作的几项保障

权益保障　2007年起，通过定期召开教代会、各类座谈会和走访等形式，征求教职工对学校的人才引进、校内津贴改革、年终绩效考核方案、年度财务收支预决算等重大决策和重要事情的建议和意见，并将这些意见和建议反馈给学校，加强学校与教职工的沟通和理解。

2008年起，配合“规范管理年”活动，学校实行校务信息公开。工会配合学校做好校务公开工作，设立校务公开栏和校务公开意见箱，听取教职工对学校管理和改革发展的意见和建议，及时反馈给学校领导和有关管理部门，保障广大教职工知情权、参与权、表达权、监督权。

2012年起，学校把职工之家建设纳入学校对二级机构党建考核内容。

经费保障 工会的经费包括收缴会费和学校行政拨付两部分。工会会员依照章程每年按工资比例缴纳会费。2011年后，每年会费收入12万元，并随教职工工资收入的增长逐年递增，会费收入在学校财务中建立独立收支账户，专款专用。学校行政拨付资金，用于办理职工意外伤害保险、教职工健康体检、慰问重病和生活困难教职工、支持职工之家的建设等，确保经费投入。实施送温暖工程，2006年至2013年，每年拨出专款13000余元，为每个教职工办理职工意外伤害保险，2014年增加至30000元，向困难教职工发放慰问金累计6万多元；2009年至2013年，学校行政累计投入33万余元用于教职工健康体检。

设施保障 2009年，学校投入资金50万元，新建鹤问湖校区教工活动中心包括舞厅、乒乓球室、网球场，添置了一批健身器材。2014年，学校整体搬迁至新校园后，教职工活动中心建有休闲区、健身区、文化区、娱乐区四个活动区。

休闲区设咖啡厅或茶室1处，利用厅廊设咖啡室或茶室，10余座；理疗室1间（50平方米），配备按摩椅10套，可同时容纳20人休闲活动。

健身区设健身房2间（每间面积50余平方米），配JX—三人综合训练机一台、JX－298DC电动跑步机2台、Brother—太空机一台、Brother—仰卧起坐机一台以及握铃等健身器材，可以同时容纳20人活动；乒乓球室1间（200余平方米），配备专业乒乓球桌3套，地面塑胶，可以同时容纳12人活动；瑜珈形体健身室1间（230余平方米），地面铺复合地板，两侧贴墙面镜，配扶手10个，可容纳60余人活动。

文化区设书画室1间（60平方米），配大书画桌2个，屏风式展览架4个。可容纳20余人参加书画学习活动；摄影室1间（60平方米），配摄影棚设备，电脑1台，可容纳20余活动；棋牌室2间（40平方米），每间4张棋桌、12把椅子，可同时容纳24人活动；协会秘书长办公室1间（60平方米），办公桌椅8套，可供8个协会集中办公。

娱乐区设卡拉OK影视舞厅（230平方米），配有卡拉OK音响设备、投影仪、棚顶球灯等设备，20张小台桌、80把椅子，可以同时容纳80人活动；演艺排练厅3间（每间50平方米，共150平方），1间为学唱室，配电脑1个、音箱1个，30座桌椅，1间为排舞室，配电脑1个、音箱1个，排椅座位20个，1间为器乐排练室，配椅子16把、谱架15个，3室可同时容纳60余人活动；台球室1间（50余平方米），配有专业台球桌2张，可以同时容纳20人活动。

四、教职工主题活动

主题教育活动 学校工会以教职工大型文化活动为载体，实施思想政治教育，引导教职工立德树人，践行社会主义核心价值观。

2006年6月23日，在鹤问湖校区大礼堂举办全校文艺会演，庆祝中国共产党成立85周年，缅怀党的光辉历程。

2006年12月4日，在鹤问湖校区大礼堂举办贯彻九江市“两会”精神专题汇报演出，庆祝九江市“两会”的召开。

2007年4月24日，在鹤问湖校区大礼堂举办教职工大合唱表演，庆祝学校合并重组一周年。

2009年4月30日，在鹤问湖校区大礼堂举办教职工大合唱表演，庆祝学校合并重组三周年。

2009年12月25日—12月28日，在综合楼一楼，举办“迎新春教职工艺术作品展览”，展现教职工教书育人的风采。

2010年12月28日，在鹤问湖校区大礼堂举办以“红歌唱响校园、和谐共创未来”为主题的教职工大合唱活动。

2012年12月28日，在鹤问湖校区大礼堂举办以“学习贯彻十八、高举旗帜向未来”为主题的教职工大合唱活动。

2013年9月12日—12月15日，举办以“中国美·幸福录·青年志”为主题的全校教职工摄影大赛。

2014年3月—12月，在全校开展“中国梦·劳动美”为主题的系列大型文体活动。

职工创新活动。用“中国梦”、“育才梦”激发教职工的创造潜能。以教职工创新工作室为载体，打造学校的智囊团、岗位的创新源、项目的攻关队、人才的孵化器和团队的方向标。2012年，学校第一个工作室“卢志鹏创新工作室”成立，开展现代职业教育理论研究与实践。2014年，“胡晓林工作室”成立。2015年，“卢志鹏创新工作室”被市总工会评为“全市十大示范创新工作室”之一。

2006—2014年教职工参加文体比赛荣誉榜

表3－2－3

时间	参加比赛项目		获奖等级	说明
2007年5月	教职工合唱团参加市总工会文艺会演		特等奖	
2008年4月	市直机关纪念改革开放三十周年诗歌朗诵会参赛作品：《鹤问湖畅想》		三等奖	罗会珊、马志峰创作
2008年3月	女教职工代表队	全市健身舞蹈比赛	一等奖	
		“庆三八，迎奥运”跳绳比赛	三等奖	
2008年4月	九江市直机关乒乓球赛	男子团体	第三名	
		女子团体	第四名	
2009年5月	九江市直机关乒乓球赛	男子团体	第二名	
		女子团体	第五名	
2010年10月	江西省第十三届运动会大专组乒乓球队项目	男团	铜牌	
		付义赣单打	银牌	
		王田单打	铜牌	
		张柚华、左文凯双打	银牌	
		付义赣、王田双打	铜牌	

续表 3-2-3

时间	参加比赛项目	获奖等级	说明
2012 年 9 月	市直教育系统篮球比赛高校组男队	第二名	
2013 年 9 月	市直单位女子健美操大赛	一等奖	学前教育学院组队
2014 年 1 月	石舞潮作品《劳动让我们诗意地栖居》参加全国总工会宣教部、中国职工诗词协会、工人出版社举办的“中国梦·劳动美”全国职工诗词创作大赛	优秀奖	
2014 年 4 月	乒乓球男女混合队参加全市职工乒乓球赛	第四名	

建功活动　2010 年，教师徐萍、柯桂珍、方方、喻松明荣获市直工委第二届“巾帼建功标兵”称号，财务处荣获市妇联授予的第二届“巾帼文明岗”称号，学前教育学院荣获市总工会授予的“女职工建功立业标兵岗”称号，教师康青被市政府授予“九江市劳动模范”称号。

2012 年，张梅被省妇联授予“三八红旗手”。

2014 年，教师王荣被省人民政府授予“江西省五一劳动奖章”。同年，由市人民政府直接授予 2014 年度“九江市劳动模范”称号。

献爱心活动　工会发动教职工开展爱心捐赠活动。2006 年慈善一日捐 13000 元；2007 年，学校工会决定每两年组织安排全校教职工健康体检一次。

2008 年、2009 年上半年，工会组织教工为抗冰雪救灾捐款 1.7 万元，为“5·12”汶川大地震抗震救灾捐款 12 万元。12 月，工会组织“爱满人间·慈善一日捐”活动，共筹得善款 27840 元，帮助学校困难职工 16 人。

2010 年为援助青海玉树地震捐款 58000 元。

2012 年慈善一日捐 33850 元。

五、温暖小家工程

围绕学校提出的“打造长江沿岸中部地区一流高职名校”的战略定位，学校工会着力提升自身能力建设，增强吸引力、凝聚力，服务大局，服务教职工，建设一流“职工之家”。

校工会制定职工之家建设标准，建立服务教工的快速反应机制。

2009 年起，学校工会确立“三必访”工作制，即生病住院（思想情绪波动）必访，丧事必访，特殊困难必访。截至 2014 年年底，学校领导每年坚持走访慰问困难教职工和离退休老职工，及时送去学校的关怀和温暖。2015 年 5 月，为掌握教育职工诉求，提升工会服务水平，维护和谐稳定大局，工会制订了“五必报”：即上级有关部门的重大决策、重要会议、文件的贯彻情况必报；上级党、政、工有关职工工作新出台的政策法规落实情况必报；教职工思想动态、工作和生活中存在的突出问题和困难必报；工会年终工作总结、年初工作计划及重要活动情况必报；突发性重大事件和恶性事故情况必报。

六、工会基层组织建设

工会班子建设　2006 年 5 月，学校决定由罗会珊主持工作，查玉祥协助主持工作，成立临时工会委员会，汪春莲任女工委员，朱慧芳任经审委员，王强（小）任文体委员，熊巍任青工委员。

2007 年 1 月，由汪国元主持工会工作，熊小毛协助主持工作。

2008 年 9 月，第八届工会换届，汪国元、熊小毛任正、副主席，查启军任宣传委员，王强（小）任体育委员，张旭任财经委员，张梅任女工委员，熊巍任文娱委员。

2013 年 6 月，第九届工会，罗会珊、徐国泉任专职正、副主席；增选张旭为兼职副主席，负责女工和经审工作。田立森任宣传委员，段炼任经审委员，夏韧任女工委员，吕红梅任文艺委员，吉中亮任体育委员，余波任生活福利委员。

2013 年起，校工会每学期初召开一次委员会议和委员（扩大）会议，决定重大活动，落实委员工作任务，审定经费开支。兼职委员（包括女职委主任）每年度一次补贴电话、误餐、交通等方面费用 500 元。

二级工会　2006 年 10 月，学校设立二级工会小组 13 个，其中学校机关教辅工会小组 4 个，离退休教工工会小组 1 个，院系 8 个。

2007 年 11 月，离退休工会小组撤销，学校成立老龄委，办公室设在工会机关。

2009 年 9 月，设立工会小组 15 个，其中机关和教辅工会小组 4 个，学院（含中专部、公共课部）13 个。

2012 年 5 月，老龄委办公室从工会转至校党委组织部，改名为离退办。同年，为调动二级工会负责人工作积极性，由工会在年末发放一次性补贴 200 元。

2013 年 9 月，经党委同意，工会小组改称分工会。

2014 年 6 月，由二级教代会选举分工会主席。

2014 年 6 月分工会负责人名单

表 3－2－4

分工会	负责人	分工会	负责人
师范学院	丁璐	护理学院	刘青青
机电学院	朱玮	中专部	郭群
经管学院	刘洁	公共部	王强（小）
建工学院	张本桁	行政	邓超
文旅学院	邓沙沙	教学	吴明
信息学院	邓炬强	学工	闵捷
学前教育学院	胡文喆	后勤	胡登平
艺术学院	张伟	图书馆	孙斯文
继续教育学院	桂训义		

教工协会 2012年6月，由工会委员会会议讨论通过《教工协会登记暂行办法》，鼓励教职工登记文化、体育、康乐、科技类型的协会，按章程开展活动。工会一次性拨给协会开办经费500元，重大活动另报预算由工会委员会会议审批。2015年5月15日，教工足球协会成立，并从会员中选拔23名队员组成学校教工足球队，参加市直教育系统足球赛，获得大学组冠军。领队罗会珊，队长威泽勇，教练谢枫，队员有谢枫、王强、毛震、威泽勇、熊晓康、郑国、王奔、高华清、汤伟华、李翔、邓勇、周珉、雷琎、鲁奇、唐健、许鹏、熊玮、刘坚、李俊楠、金伟、陶逸、胡克勤、刘皓。

2006年5月—2015年5月九江职业大学教工协会登记情况

表3-2-5

协会名称	会长	副会长	秘书长	会员人数
乒乓球协会	王田	付义赣、胡晓明	胡晓明	40
羽毛球协会	孔继红	李欣	邓勇	16
篮球协会	刘坚	陶逸	郭君	26
摄影协会	吴训友	杨文	杨文	36
天文爱好者协会	余洋洲	蒋腾旭、王晓军、李杰	蒋腾旭	22
足球协会	王强	威泽勇	谢枫	33
棋牌协会	冷赟	吴富东	胡克勤	40

第四章　人　事

2006年，九江职业大学和九江师范学校合并之初，学校没有设立专门的人事管理机构。学校的人事管理工作由校长办公室负责。随着办学规模的扩大，组织机构设置日趋完善，自2007年1月起，学校人事管理工作由组织人事处（内设组织统战科、人事职称科、工资福利科、离退休办）负责。

学校合并重组后，为解决原九江职业大学和原九江师范学校管理规定的差异，学校建立合并后统一的人事人才管理、工资福利标准，明确岗位设置及其职责、干部职员及教师的工作作风、工作纪律等人事管理规范，尽快优化发展环境，提高机关效能。

学校在大力引进人才的同时，还不断加强对现有人才的培养。针对原有教师教学理论知识的更新，实践技能教学和动手能力的提高等问题，学校启动“双师型”“双师素质型”教师的培养工作，包括在职学历提升，到企事业单位锻炼，岗位教学技能培训等；在职称评聘工作中，坚持公平公正公开；改革干部管理和专业技术人员的考核体制；改进学校工资与福利制度；改善离退休人员的待遇方面，学校制定了一系列相应的改革和管理措施。

在教职工人事管理中，学校制订的相关主要管理规章有：《九江职业大学校内岗位津贴及考核实施方案》《九江职业大学外聘（返聘）教师管理暂行规定》《九江职业大学人事管理暂行规定》《九江职业大学单位职责和人员岗位职责》《关于开展优化环境和机关效能建设工作暨“建设新九江，我们怎么干”活动的实施意见》《九江职业大学“双师型”师资队伍建设实施办法》《关于“双师型”教师队伍建设的意见》《九江职业大学教师参加社会实践实施办法》《九江职业大学教学科研工作业绩考核办法（暂行）》《九江职业大学教职工竞聘上岗实施方案》《九江职业大学教师教学工作年度考核暂行办法》《九江职业大学关心下一代工作委员会章程》等。

学校的一系列人事制度管理体制的改革，规范了管理，调动了广大教职员工的积极性、创造性，适应了学校刚发展的需要，促进了办学水平提升和办学效益的提高。

第一节 教职工队伍

一、教职人员变动情况

2006 年 5 月，九江职业大学和九江师范学校合并之初，学校原有编制数为 325 个（20 世纪 90 年代确定的九江师范学校 165 人和九江职业大学 160 人编制之和，其中空编 48 个），实有在编在职人数为 277 人。其中，教学和管理人员 241 人，工勤人员 36 人。

2007 年 5 月，学校在编在岗教师共有 343 人（其中内聘人员 66 人）。随着在校生规模扩大，教职工不足，学校外聘课任教师 46 人，临时勤杂人员 86 人。

2008 年，经市编制办批准，学校编制数增加至 433 个，在职人数增加至 546 人（含内聘人员）。其中在编在岗教学和管理人员 346 人（含通过市人社局考试入编 46 人），工勤人员 39 人。

2009 年 9 月，江西庐山旅游中专整体并入（在编 203 人），教职工人数增加至 749 人（含内聘人员、通过市人社局考试入编的 8 人）。

2010 年 7 月，学校编制数增至 759 个，实有在职教职工 678 人（含通过市人社局考试入编 27 人）。

2011 年，通过市人社局考试入编 80 人。

2012 年，学校实有在职教职工 719 人，在编 603 人，内聘 116 人（含已通过入编考试待上编 38 人，临时聘用 3 人）。

2012 年，通过市人社局考试入编 9 人。

2013 年 3 月，学校有教职工 737 人（含内聘人员）。

2015 年 1 月，学校实有教职工 753 人（含内聘待编 61 人）。其中，教学人员（含双肩挑）667 人，专职行政人员 23 人，工勤人员 63 人。

截至 2015 年，学校为消除学校内聘教师的后顾之忧，在市政府的支持下，通过市人社局组织了 6 次入编考试，共解决 210 名内聘教师的编制问题，稳定了教师队伍，减轻了学校的经济负担。

二、专业技术人才引进和培养

人才引进　2006 年年底，学校对师资紧缺的专业、特殊专业、新建专业或暂时没有合格教师的课程，决定面向社会公开招聘教师。为此，学校制订出台《九江职业大学外聘（返聘）教师管理暂行规定》，根据职业教育专业发展需要，录用部分校外富有实践经验的工程师、高级技师、能工巧匠到校兼课。外聘教师由人事处、教务处根据教学需要进行审核。

2007 年下半年，在校生规模达到 8000 人，教职工人数严重不足，为规范人才引进渠道，符合专业发展需要，注重人才质量，学校决定面向社会公开招聘，通过试讲、面试、考核等方式，自主聘用不同专业和相关管理人员 117 人（其中借用 22 人、大学毕业生 95 人）。

2009 年，学校严格规定人才引进的原则、基本条件，其中，引进的教师必须为教育部直属高校或“211”工程院校全日制本科及研究生学历、学位，年龄为本科 32 岁以下，研究生 35 岁以下。

2011 年，学校开辟“绿色通道”引进了 18 名紧缺专业的硕士研究生并办理了入编手续。

2012 年，引进了北京师范大学等高校的 23 名硕士研究生，同 3 名博士生签订了引进意向协议，同时妥善安置了 4 名硕士研究生的家属。

2013 年，学校有在职专业技术人员 660 人（含内聘待编人员），占在职教职工总数的 89.6%。其中，专职教师 375 人，博士学位 2 人，教授 18 人，副教授 96 人，其他高级职称 38 人。

2014 年 4 月，经九江市人力资源和社会保障局审批，学校面向社会公开招聘 17 名高层次人才，涵盖工程技术、物流管理、教育教学、医学护理、编辑出版和农业技术等专业。

2015 年，学校有在职专业技术人员 667 人（含内聘待编人员），占在职教职工总数的 88.6%。其中，专职教师 338 人，博士学位 1 人，教授 30 人，副教授 108 人，其他高级职称 37 人。

2015 年 1 月九江职业大学在职专业技术人员结构情况

表 4－1－1

人数	年龄结构（人）			专业技术职务结构						学历结构				学位结构					
	≤40	40－50	50以上	高级		中级		初级		本科		研究生		学士		硕士		博士	
				人数	比例	人数	比例	人数	比例	人数	比例	人数	比例	人数	比例	人数	比例	人数	比例
667	416	141	95	175	26%	241	36%	251	38%	559	84%	108	16%	451	68%	215	32%	1	0.15%

人才培养　2007 年 4 月，学校党政联席会议要求各院系部根据《九江职业大学“十一五”发展规划》和《九江职业大学教师队伍建设五年规划》，提出本院系部 3—5 年的“双师型”（“双证”教师或“双职称”教师，即“教师＋中级以上技术职务或职业资格”）教师的培养数量、规格和具体措施。同时，制订《“双师型”教师培养与认定办法（试行）》，明确“双师型”教师的条件和认定程序。

2008 年 3 月，学校制定《九江职业大学“双师型”师资队伍建设实施办法》。明确“双师型”教师队伍建设目标。同年，出台《关于“双师型”教师队伍建设的意见》，进一步明确“产学研一体化”路径，“访问工程师”模式，“教师工作室”，派出培训等“双师型”教师的培养思路，扩大兼职教师聘用，提高“双师型”教师的待遇。

2010 年 2 月，出台《九江职业大学教职工进修学习管理暂行办法》，明确规定学历进修学习（包括攻读博士、硕士学位等）和非学历进修（包括国内访问学者、骨干教师进修、单科课程进修等）的申报条件、审批程序、进修人员管理、费用补助标准及待遇等相关事宜。

2011 年，学校选派部分青年教师到企事业单位锻炼，以培养青年教师的动手操作能力，提高其实践教学水平。同年 3 月，制定《九江职业大学教师参加社会实践实施办法》，将青年教师到基层学习锻炼的工作加以制度化，要求每三年所有青年教师都必须有一次参加社会实践的经历，并建立了严格的考核体系，考核结果与“双师型”“双师素质型”教师评审挂钩，与年终考核奖惩挂钩，与职称评聘挂钩。

2012 年 6 月，学校制订《九江职业大学教师技能培训方案》，决定分批次，有计划和有针对性地对相关专业教师组织技能培训。2012 年、2013 年连续两年，学校利用 7 月初放暑假的前两个星期，结合各院部各专业教学的特点和技能要求，对教师进行岗位专业技能培训，以适应高职教育对“双师型”素质教师日益增长的需求，整体提高教师实践教学水平。这 2 次教师教学技能培训共有 1092 人次参加 61 项操作技能项目培训。对无明显技能要求的文科类、体育类教师，组织计算机运用、多媒体课件制作、多媒体辅助教学、书法等培训学习。这 2 次大规模的教师专业技能培训，学校为此制定了各专业技能培训后的考核方案和考核细则，出台了《九江职业大学实验实训教学及实验实训室常规管理考核办法》。

2013 年，学校设立师资队伍建设专项基金，完善在职攻读硕士、博士学位管理办法，鼓励青年教师提高学历进修，并明文规定35周岁以下青年教师必须在三至五年内，通过在职进修或脱产学习，达到硕士研究生学历，并与其教学工作和职称评聘挂钩。学校共有91名在职专业技术人员攻读硕士学位。进一步提升了学校教师的整体学历水平。

各教学院部每年定期选派专业技术人员（除教授外）到企事业单位锻炼。截至2013年年底，学校认定蔡春祥等268人为“双师型”教师资格，朱慧芳等28人为“双师素质型”教师资格。通过7年来的到基层锻炼，“产学研一体化”路径，“访问工程师”、“教师工作室”模式，派出培训等培养方式，整体提升了学校在现代职业教育领域的办学地位。

三、外聘国内外学者和知名人士讲学交流

客座教授与外聘教学人员　2007年，为搭建人才资源共享平台，开阔学术视野，加强国内外学术交流，提高学校品位，学校结合专业发展的需要，决定在部分专业聘请国内有影响力的学者、教授、知名人士和外籍教师到学校任教和学术交流。同年12月，学校出台《九江职业大学外籍教师管理暂行规定》，对外籍教师的招聘、教学、生活及安全等方面作了细致的安排。

2010年12月17日，学校出台《九江职业大学客座教授管理办法》，规范学校客座教授的聘任、管理工作，对客座教授的聘请条件、客座教授职责、聘请程序、聘期与解聘等作了明确的规定。

2013年9月9日，为加强对外聘教师的规范管理，校长办公会研究通过《九江职业大学外聘教师管理暂行办法》，明确规定：外聘教师聘期为一学期，根据需要可续聘。对新聘教师或新开课教师，由聘用部门组织试讲，参加试讲评审的专家不少于5名，且至少有3名专业相同或相近，教学经验丰富，具有高级职称的教师参加听课评议，采取无记名投票方式，获2/3以上赞成票者，试讲通过，最后，由聘用部门与受聘教师签订聘用协议书并颁发聘书。

外聘教授讲学交流　学校先后聘任江西省电影编剧、作家王一民、央视节目主持人鞠萍、《中国青年报》“知心姐姐”栏目主持人卢勤、香港艺人邝美云为客座教授，邀请北京师范大学教授霍力岩、复旦大学教授葛剑雄等学者不定期到校进行学术讲座，指导学术研究，开展科研合作，传递最新信息，介绍前沿成果等。拓展了本校教师的学术视野，提高了教师的教学教育和学术水平，扩大了九江职业大学在国内外的知名度和影响力。

2008年11月22日，中央电视台少儿节目主持人鞠萍到九江职业大学学前学院教学交流，并接受九江职业大学颁发的学前教育系客座教授聘书；2010年12月15日，中国电影文学学会理事、一级编剧王一民到母校为师范学院语文教育专业师生作了“关于文学与艺术关系”的讲座；2011年3月16日，学校邀请北京师范大学学前教育研究所所长、博士研究生导师霍力岩，在鹤问湖校区综合楼六楼学术报告厅为学校师生作关于

“西方学前教育课程模式与我国幼儿园课程改革”的讲座；2011 年 5 月 8 日，九江职业大学客座教授、国家首席教育专家卢勤，为学校师生作关于“教育成长篇·如何将孩子培养成财富”的讲座；2011 年 6 月 28 日，九江职业大学客座教授、中华海外联谊会理事、香港艺人邝美云到学校作了名为“心灵管理”的讲座；2013 年 4 月 27 日，学校与九江市图书馆共同主办的“寻庐讲坛”特邀请到全国政协常委、复旦大学图书馆馆长、历史地理研究中心主任葛剑雄到校作题为“中国人的信仰”讲座。

聘请外籍教师授课　2007 年 9 月至 2009 年 1 月，先后聘请九江学院外籍教师 Evans（澳大利亚籍）、OwsleyChadStuand（美籍）、Valenie King（英籍）到学校从事英语教学；2009 年 3 月至 6 月，聘请 Gerard King（英籍）到校从事英语教学；2009 年 9 月至 2010 年 6 月，聘请郑俊彦（韩籍）到校担任文化旅游学院旅游管理专业韩语方向班的韩语课程教学；2010 年 9 月至 2011 年 6 月，聘请安枝英（韩籍）担任韩语课程教学；2009 年 12 月至 2010 年 6 月，根据与美方学校的合作协议，美国杰弗逊社区职业技术学院经常性为学校免费提供英语口语教学师资，美籍教授 Fran 女士到学校担任一学期的英语口语教学工作；2011 年起，根据双方达成的协议，丹麦 VIA 大学每年派 2 名英语教师免费到校担任英语课程教学，学校每月提供人民币 2000 元的生活补助，2011 年 10 月，丹麦 VIA 大学教师教育专业应届毕业生 Annemtee 和 Trine 到校师范学院开展为期 2 个月的教育实习活动；2012 年 11 月，丹麦 VIA 大学 Robert 教授和 Hansen 教授先后到校为建筑工程学院学生进行英语和专业课的教学；2014 年 9 月，聘请外籍教师 Michael Kofie 到校担任英语口语课的教学。此外，还先后聘请外籍教师 MGerard Light（英籍）、Ella Ruth Brunner（美籍）、Sally Ann Spurt（美籍）、Dorothy Golden（新西兰籍）等到校参与教学、科研、管理和学科（专业）建设工作，支持学校的改革与发展，提供咨询和建议。

第二节　人事制度改革

一、干部管理

2006 年，九江职业大学和九江师范学校合并重组之初，学校管理机构相互融合。2007 年年初，校党政联席会决定对重组后的中层干部进行调整任用，明确中层干部调整任用坚持党管干部，任人唯贤，德才兼备，群众公认，注重实绩，公开、平等、竞争、择优，民主集中，依法办事的原则；干部任用采取大稳定，小调整的办法；按岗位设立职数、职位，教学院（系、部）配党政双线干部（专职或兼职）。

2007 年 2 月，学校经党政联席会议研究，报请市委宣传部批准，任命合并重组后的第一批中层干部，开启干部队伍调整的序幕。

2009 年 9 月，随着庐山旅游中专的整体并入，学校对机构设置和干部队伍做出相应的调整。

2011 年初，中共九江市委机构编制委员会重新核定了学校机构设置和校领导及中层干部职数。2011 年 6 月，江西省编制委员会批准学校为副厅级建制。2011 年年底，配合省委组织部完成对学校班子主要领导两名副厅级干部的考察工作，12 月，省委重新任命副厅级建制的校长和党委书记。12 月，学校配合九江市委组织部完成学校副校级 5 名正处级干部的考察工作。2012 年 2 月，正处级学校副职领导重新任命到位。

2012 年初，中共九江市委完成对学校 23 名中层干部正职（副处级）的考察任命工作，随后在九江市委宣传部的指导下完成对 65 名中层干部副职（正科级）的考察任命工作。此次干部队伍的调整，确保了青、老干部交接的平稳过渡，干部队伍的优化，学校大局的稳定和各方面工作的开展。

2013 年起，学校改革干部的选拔任用机制，强化干部队伍建设，培育后备干部队伍，结合校内党政管理部门和教学院部内设机构副科级干部队伍的实际情况，参照《党政领导干部选拔任用工作条例》和《党政领导干部选拔任用全程纪实实施办法（试行）》的要求，学校出台《九江职业大学副科级管理干部竞选上岗实施方案》和《九江职业大学选拔副科级管理干部民主推荐实施方案》，采取民主推荐、竞争上岗的方式，对党政管理部门、教辅部门及教学院部内设机构副科级干部职位进行全员公开选拔。通过公开、公平、公正、透明的推荐和竞争，全校共有 50 人通过民主推荐、竞争上岗的方式晋升为副科级职务。完善了学校的干部选拔任用机制，整体提升了干部队伍的行政和业务管理水平。

2006—2013 年党政管理中层职能部门中层干部任职情况

表 4－2－1

	2006 年	2007 年 12 月	2009 年 6 月	2012 年	2013 年
党委（校长）办公室	负责人：周庆流、付义赣、杨健	主任：周庆流 副主任：陈晓凌、郑光明	主任：周兴龙(兼) 副主任：熊巍、郑光明、童晓霞	主任：戴永东 副主任：熊巍、郑光明	主任：戴永东 副主任：田立淼 主任助理：陶逸
组织（统战）人事部（处）		负责人：周庆流 副部（处）长：杨健、黄先梅	负责人：周庆流 副部长：张梅、黄先梅	副部（处）长：张梅(主持工作)、黄先梅	副部（处）长：张梅（主持工作）、黄先梅、蔡锦峰
宣传部		部长：付义赣	部长：付义赣 副部长：阎芳	部长：付义赣 副部长：阎芳	部长：熊细滚 副部长：阎芳
学生工作（部）处	负责人：徐萍（主持工作）、熊小毛、吕红梅	处长：徐萍 副处长：黄先梅、吕红梅、石宏	处长：刘皓 副处长：蔡锦峰、欧阳灿、汤曼	处长：刘皓 副处长：蔡锦峰、欧阳灿、汤曼	处长：刘皓 副处长：威泽勇、欧阳灿、汤曼
纪委（监察室）	负责人：陈新贵、吕天庆	负责人：陈新贵、吕天庆	副书记：诸秋南、胡泽辉	副书记：胡泽辉	副书记：胡泽辉
				监察审计室副主任：涂冰艳	监察审计室副主任：涂冰艳（主持工作）

续表 4－2－1

	2006 年	2007 年 12 月	2009 年 6 月	2012 年	2013 年
工会	负责人： 罗会珊（主持工作）、查玉祥	主席：汪国元 副主席：熊小毛	主席：汪国元 副主席：徐国泉	主席：罗会珊 副主席：徐国泉	主席：罗会珊 副主席：徐国泉
团委	负责人：谢枫	副书记：王红彬	书记：王红彬 副书记：卢涛	副书记：卢涛（主持工作）	副书记：卢涛（主持工作）
保卫（部）处	负责人： 胡泽辉（主持工作）、唐健	处长：胡泽辉 副处长：唐健	副处长：周涛（主持工作）唐健、谢春文	处长：鞠学庭 副处长：周涛、谢春文、唐健	副处长：唐健（主持工作）、周涛、谢春文
教务处	负责人： 曹树祥（主持工作）、王强、施根生、肖燕	处长：蔡春祥 副处长：冯琪、易传保	处长：蔡春祥 副处长：何华松（兼）、周军、易承平	处长：付义赣 副处长：何华松（兼）、周军、易承平	处长：付义赣 副处长：董先明、周演汇 处长助理：胡克勤
科研与高职教育研究处	负责人： 朱朝霞	副处长：朱朝霞（主持工作）、胡克勤	处长：朱朝霞 副处长：周演汇	副处长：朱朝霞（主持工作）、周演汇	处长：朱朝霞
国际交流合作处			主任：何华松 副主任：刘静	副主任：何华松（主持工作） 副主任：刘静	主任：曹迁平 副主任：刘静
招生处	负责人： 汪春莲（主持工作）、黄报声	处长：汪春莲（校长助理兼） 副处长：黄报声、查玉祥	处长：高坊洪 副处长：伍文斌、陈义敏、黄海	副处长：王红彬、陈义敏	处长：王红彬 副处长：陈义敏
就业处				副处长：黄海（主持工作） 副处长：伍文斌	处长：黄报声 副处长：伍文斌
国资处		处长：余爱梅（兼）	处长：张晓华 副处长：张旭	副处长：张旭（主持工作）	副处长：郑光明（主持工作）
计划财务处	负责人： 余爱梅	处长：余爱梅 副处长：夏敏玲	处长：余爱梅 副处长：夏敏玲、涂冰艳	副处长：夏敏玲（主持工作）、涂冰艳	副处长：夏敏玲（主持工作）、郑光明
后勤处	负责人： 汪国元（主持工作）、张江明、冷江、龚永华	处长：戴永东 副处长：张江明、江鸿波	处长：戴永东 副处长：张江明、江鸿波、谭兴铭	处长：张晓华 副处长：江鸿波、谭兴铭、查启军 处长助理：章坚	处长：张晓华 副处长：江鸿波 处长助理：刘东桥、章坚
基建处	负责人： 李重阳 副处长： 方波	负责人：李重阳 副处长：方波	负责人：李重阳 副处长：方波	副处长：张江明（主持工作） 总工程师：宋琪宏	副处长：张江明（主持工作）、谭兴铭 总工程师：宋琪宏

续表 4－2－1

	2006 年	2007 年 12 月	2009 年 6 月	2012 年	2013 年
学报编辑部		副主任：朱朝霞（兼）（主持工作）	副主任：花传国	副主任：花传国（主持工作） 副县级干部：曹树祥	副主任：花传国（主持工作） 副县级干部：曹树祥
图书馆	负责人： 黄俊民、熊巍	馆长：黄俊民 教辅支部书记：彭朝胜	馆长：黄俊民 副馆长：余洋洲	馆长：黄俊民 副馆长：余洋洲 馆长助理：胡克勤	馆长：黄俊民 副馆长：蔡淑珍
实训中心	负责人：王强	主任：谢枫 副主任：王强	主任：蒋腾旭 副主任：王晓军、李杰	主任：蒋腾旭 副主任：王晓军、李杰	主任：蒋腾旭 副主任：王晓军、冯琪
信息中心			副主任：殷诚（主持工作）、张律	副主任：殷诚（主持工作）、张律	副主任：殷诚（主持工作）、张律
高教研究室		副主任：朱朝霞（兼）	主任：曹树祥		
长虹管委会	负责人：胡玉东（主持工作）、邹桂元、张礼萍	主任：查启军	主任：查启军（—2011.08）	主任：杨健（2011.08—2013.08（兼）	主任：崔小斌（兼）
督导室		负责人：詹平华	负责人：詹平华（主持工作）、马志峰		
机关党总支			书记：周兴龙 副书记：罗会珊（兼）	书记：周兴龙 副书记：罗会珊（兼）	书记：周兴龙（兼） 副书记：戴永东（兼）

（含教辅、后勤服务，表中空白处为未设立）

2006—2014 年教学院（系、部）中层干部任职情况

表 4－2－2

部门	2006 年	2007 年	2009 年	2012 年	2013 年	2014 年
师范学院	负责人：胡玉东、熊细滚、陈晓凌	院长：胡玉东 副院长：张礼萍、蔡锦锋		院长：熊细滚 副院长： 冯琪、蔡淑珍	负责人： 何华松 副院长：孙宪刚院长助理： 江建民	院长：何华松 副院长： 孙宪刚 院长助理： 江建民
师范学院基础教育系			主任：胡玉东 副主任： 冯琪、蔡淑珍			
师范学院学前教育系			主任：廖贵英 书记：崔小斌 副主任： 周红、吕红梅			
学前教育学院		负责人：廖桂英（主持工作）、何华松		负责人： 廖桂英 副院长： 周红、吕红梅	负责人： 廖桂英 副院长： 杨毅、吕红梅	院长：廖贵英 副院长：杨毅、吕红梅
工程技术学院	负责人：戴永东、鞠学庭、黎苇	院长：胡晓林 副院长：肖燕 黎苇				
机电工程学院			副院长：石宏 黎苇、孙宪刚	院长：胡晓林 副院长：黎苇、孙宪刚	院长：胡晓林 副院长：黎苇、周军（兼）	院长：胡晓林 副院长：黎苇、周军（兼）
建筑工程学院			副院长：邱耀（主持工作）、吴训友	副院长：邱耀（主持工作）、吴训友	副院长：邱耀（主持工作）、吴训友、李杰	副院长（主持工作）：邱耀 副院长：吴训友、李杰
经济管理学院	负责人：彭朝胜、董麓超	院长：李辉秋 副院长：朱慧芳	院长：李辉秋 副院长：张礼萍、阙红艳	院长：李辉 副院长：阙红艳、张礼萍	院长：李辉秋 副院长：阙红艳、张礼萍	院长：李辉秋 副院长：阙红艳、张礼萍
继续教育学院	负责人：查启军、廖贵英、黄海	院长：马志峰 副院长：施根生、黄海	院长：冷晔 副院长： 黄海、邢宏峰	负责人：冷晔 院长助理： 戴虹、江建民、康宁	负责人：冷晔 副院长：易承平、戴宏	院长：冷晔 副院长： 胡克勤 院长助理： 戴宏
文化传播系	负责人：马志峰、冯琪、胡火清	系主任： 胡火清 副主任： 何华松				

续表 4－2－2

部门	2006 年	2007 年	2009 年	2012 年	2013 年	2014 年
外语系	负责人：曹迁萍、朱慧芳	系主任：曹迁萍（兼总支书记） 副主任：熊巍				
文化旅游学院			院长：曹迁平 副院长：杨文杨毅	院长：曹迁平 副院长：杨文杨毅	院长：高坊洪 副院长：杨文	院长：高坊洪 副院长：杨文
计算机系	负责人：蒋腾旭、周军	系主任：蒋腾旭（兼总支书记） 副主任：周军（兼总支副书记）、殷诚				
信息工程学院			副院长：张先成、查玉祥、董先明	副院长：张先成、查玉祥、董先明	副院长：张先成(主持工作)查玉祥、董先明	副院长（主持工作）：张先成 副院长： 查玉祥
艺术系	负责人：戴晓敏、王爱春	系主任：戴晓敏（兼总支书记） 副主任： 王爱春				
师范学院艺术系			主任：戴晓敏 副主任： 王爱春			
艺术学院				院长：戴晓敏 副院长：王爱春	院长：戴晓敏 副院长：王爱春	院长：戴晓敏 副院长：王爱春
护理学院				负责人： 朱慧芳 副院长： 邢宏峰	院长： 朱慧芳 副院长： 邢宏峰	院长：朱慧芳 副院长： 邢宏峰
农业经济技术学院					院长：高坊洪（兼）	院长：高坊洪（兼）
中专部	负责人：邹桂元、易传宝、韩雪松	主任：邹桂元（兼总支书记） 副主任：廖贵英、韩雪松、威泽勇	主任：徐萍 书记：谢枫 副主任：威泽勇、熊小毛	主任：徐萍 副主任：威泽勇、熊小毛	主任：徐萍 副主任：威泽勇、熊小毛	主任：徐萍 副主任：熊小毛、余洋洲

续表 4－2－2

部门	2006 年	2007 年	2009 年	2012 年	2013 年	2014 年
公共课教学部	负责人：蔡春祥、胡克勤	主任：曹树祥 副主任：温明	副主任：温明（主持工作）、田立淼	副主任：温明（主持工作、田立淼	副主任：温明（主持工作）、田立淼	副主任（主持工作）：温明
思想政治理论课教学部				主任：胡火清	主任：胡火清	主任：胡火清
附属幼儿园				副园长：钱桃英	副园长：吕红梅	副园长：吕红梅

注：各教学院（系部）党总支（支部）书记、副书记任职情况详见第二章“党的建设”中表 2－2－2，表中空白处为部门未设立。

二、专业技术人员的聘用

教师资格认证和职称评审　高校教师资格证是高校教师的从业许可证明。2006 年至 2013 年，为符合转系列高校教师条件的原九江师范和庐山旅游中专的 225 名教师集体办理中等专业学校教师资格证转办高校教师资格证，并完成中职教师系列职称向高职教师系列职称的转换，完成学校教师队伍由中职教育向高职教育的转型。为新进教师 297 人办理高校教师资格证。

2007 年 9 月，为规范专业技术职务评聘工作，学校党政联席会议讨论通过《九江职业大学专业技术职务聘任暂行办法》，规定学校教师及教辅人员获得专业技术职称的程序是：副高以上的个人申请，学校学术委员会初审排名，九江市职改办审核，江西省高教系列评委会评定，省人保厅批准；讲师等中级职称，由个人申请，学校审核，九江市设在学校的高校中评会评定；初级职称，由个人申请，学校审核，报九江市职改办认定。学校人事处对申报职称人员的资历、业绩进行审核，学校科研处、学报编辑部对申报人员的科研业绩论文进行审核，教务处对教学工作量进行审核。对不符合要求的不予送审。凡是没有取得教师资格证的不予送审教师系列职称。

专业技术职务聘任　根据《江西省事业单位专业技术人员聘任工作指导意见》和《九江市专业技术职务聘任工作实施意见》的有关规定，2007 年，学校对专业技术人员聘任的基本条件、基本原则、量化评估办法及评分标准、续聘条件、聘任期限及有关待遇做出详细的说明，并对低职高聘、高职低聘及解聘的条件作出规定。

2007 年 11 月，学校制订《九江职业大学职称聘任工作的补充规定》，对受聘人员在任期内的科研工作要求做出明确规定：第一，讲师职务在任期内至少参与一项省级以上课题或校级课题，或在校级以上刊物至少发表论文一篇；第二，副教授职务在任期内至少参与一项省、部级以上课题或主持校级课题一项，或在校级以上刊物至少发表论文两篇；第三，教授职务在任期内至少主持一项省、部级以上课题或主持校级课题两项，或每年至少在校级以上刊物发表论文一篇。

专业技术人员工资纳入等级工资。2012 年，按照江西省人事厅关于专业技术人员岗位设置的有关规定，专业技术人员岗位分为 13 个等级，包括高级岗位、中级岗位、初级岗位。高级岗位分为正高级岗位和副高级岗位，正高级岗位包括 1—4 级，副高级岗位包括 5—7 级；中级岗位包括 8—10 级；初级岗位包括 11—13 级。13 个等级均对应了相应的职级工资，进入相应的职级工资需要建立受益人考核体系，经过考核后实现岗位工资进档。为此，学校建立了专业技术岗位聘任考评体系，制定出专业技术人员岗位聘任考评标准，并专门组建了考核小组。规定副高职称综合评分在 80 分以上可申报五级专业技术岗位，60 分以上可申报六级专业技术岗位，60 分以下申报七级专业技术岗位；中级职称综合考评分在 70 分以上可申报八级专业技术岗位，50 分以上可申报九级专业技术岗位，50 分以下申报十级专业技术岗位；初级职称综合考评分在 40 分以上可申报十一级专业技术岗位，40 分以下申报十二级专业技术岗位。

专业技术岗位聘用实行合同管理。学校与受聘专业技术人员在平等自愿、协商一致的基础上签订聘期为 3 年的岗位聘用合同（教授二级岗位的聘期执行省有关规定）。合同内容为：岗位职责要求，合同变更、解除和终止的条件以及聘用合同期限等内容。聘期内变动岗位的，原聘期终止时间不变，但需对聘用合同的相关内容进行调整。

职称评聘情况　学校专业技术人才职称，采取评聘分开，聘任时间为取得相应职称资格的第二年。

2006 年职称评审通过人员名单

教授：卢志鹏、潘留芳

副教授：胡火清

讲师：张春芳、邹学茂、石舞潮、程菲、冷江

教辅系列：韩东

2007 年职称评审通过人员名单

教授：胡春亮、胡晓林、康青、俞绍阳

副教授（转换系列）：廖先平、张盛桥、何华松、孙宪刚、张友华、吴万红、邹桂元、吴万红、陈丽琴（大）、肖慧群、方波、钱桃英、陈晓凌、陈敏常、姜雪娟、苏晓鸿、张柚华、威泽勇、胡玉东、俞绍阳、王爱春、陈南平、黄淑秋、晏伶俐、柳新民、廖贵英、汪春莲、戴晓敏、李德胜、刘桂华、詹丽芹、喻松明、陶幼明、张玉君、邵德民、邓必炉、张青青、辜志强、熊巍、王敏、朱朝霞、潘留芳、康青、金正福、许昌球、劳晓红、李春娣、陈新贵、付义赣、杨健、张先锁、竺余芬、肖厚建、张胜军、查启军、赵晓敏、李国和、卢洪生、沈莹、夏敏玲

讲师：李宏、陈彩娟、杨继慧、石米、陶雪琴

讲师（转换系列）：赵小敏、梁枝林、吴涛、周颖、聂海斌、匡全农、殷诚、方方、刘慧玲、廖晓燕、易传保、韩雪松、朱秀莲、蔡锦峰、李召茂、钟华、曹建华、查滚金、罗骏、周亚东、靳红、施根生、柯桂珍、陈光甲、阙红艳、张春芳

2008 年职称评审通过人员名单

教授：朱朝霞、曹树祥、王荣、胡玉东、蔡春祥

副教授：胡林、蒋腾旭、靳红、肖燕、谢枫、朱慧芳、

讲师：柯朝颖、黄先梅、张先成、何立富、钟无涯、邓东波、盛玉同、程珊、郑光明、鲁奇

2009年职称评审通过人员名单

教授：王原平、肖厚建、汪春莲、辜志强

副教授：曹迁平、董先明、张律、董麓超、胡青宇、周军（女）、曾文喻、徐泮

高级讲师：柯桂珍

副教授（转换系列）：张梅

讲师：陶群、杨苏立、许敏、汤曼、周伟珍、周演汇、李红波、钟园园、陈茜、陈晖、江建民、钟怡帆、李丽珍、金春花、张婷（大）、涂骅、盛玉同、易水霞

讲师（中专系列）：钱利剑、胡勇兵、高霞

2010年职称评审通过人员名单

教授：周春明、张梅、花传国

副教授：殷诚、靳红、廖晓燕、唐业茂、左文凯、张礼萍、阙红艳、温明

副教授（转换系列）：田立森、邓耀东、占秋生、高坊洪、张晓华、颜霓、罗筱福、宋佳煌、陈金根、彭淑玲、包贻文、伍国强、黄超、熊山清、胡建华、左冬根、邵徽森、李美长、江政俊、吴训友、廖继红、何群慧、胡俊昌、龚春生、崔小斌、朱肖锋、柯桂珍

讲师：邹秀件、李捷、王红彬、唐健、丁璐、熊十华、杨晓英、江茶英、廖珊珊、刘长洪、余波、蔡娟、陈勇华、沈莉、熊愫、陈丽琴（小）、刘娅、谭振赟、郭群、邢宏峰、肖莹、阎芳、余育新

讲师（转换系列）：戴宏、施道荣、王敏芳、段炼、冷赟、吴晓春、黄志平、张天国、梅丽红、夏剑、余金裘、高霞、胡勇兵、钱利剑、熊庆、王英、涂歆、张建华、孔继红、纪丽华、曹英萍、涂冰艳

实验师：王咏梅

2011年职称评审通过人员名单

教授：詹丽芹、廖贵英、胡林、张玉君、张柚华

副教授：李建华、赵红梅、熊小毛、鞠学庭、石宏、沈芸、罗会珊

高级实验师：查玉祥

副教授：戴宏

讲师：占美森、孙锦霞、张伟喜、郭君、王学兵、李敏、胡英、尹智龙、舒展、张芊、黄琳、程俊、王华阳、李玲、万权性、冯国华、李杰、高华清、康宁、吕红梅、熊群红、曾德愚、黄小平、杨鹏、刘超、车红连、刘东桥、刘静、张象成、冷晔、李海喃、张超、余干龙、朱成梁、黄燕、汪超、诸晓毅、代静、邓莎莎、马药、陈燕、洪磊、熊力维、李微、邱薪颖

讲师（转换系列）：洪世勇、张纪元、曹少卿、凌仕华、谌明霞、黄芳

2012 年职称评审通过人员名单

教授：熊细滚、罗会珊、陶幼明、李辉秋、胡火清、伍国强

副教授：涂冰艳、易水霞、石舞潮、左芳、夏韧

副教授（转换系列）：诸秋南、郭玉娟、王昌

讲师：周婷、宗铭、卢涛、邓勇、陈铭、盛明、李艳、涂雅玲、付莹莹、应亮、梅琴、李斌、邓睿、姜懿、刘璐、刘坚、吴明、胡克勤、周建军、倪荣彪、代寒芳、周祥、唐雪凡、刘红燕、潘漫漫、马思源、郭雨欣、许实年、陈娟、张成华

讲师（转换系列）：万健安、雷鸣

2013 年职称评审通过人员名单

教授：张晓华、夏敏玲、黎苇、王维昌、张先成、李美长、邱耀、龚春生

副教授：蔡锦峰、熊庆秋、邱黄辉、程菲、陶雪琴、洪世勇、聂海斌、施道荣

副教授（转换系列）：王敏芳、蔡淑珍

讲师：曹永琴、凌从桂、彭明蓉、刘思思、袁超、李莹、陶炎芬、罗芒、赵珍珍、汤传宏、闵洁、主福洋、雷乐、汪琴、陈健、徐雪枫、胡萍、代奕、蒋剑霞、黄家晶、张慧敏、颜淑琴、郭坤、吴富东、李欣晏、杨劲雯、段园园

讲师（转换系列）：罗中星、

2014 年职称评审通过人员名单

教授：蒋腾旭

副教授：江鸿波、冯琪、王英、周颖、纪丽华、王强（小）、孔继红、邓东波

副教授（转换系列）：查玉祥、凌莉

讲师：段展华、彭贝樱、马闻静、聂犇、王晶、尤莺燕、李欢、彭凤香、姜雯馨、张璐、高宗翔、何琦、黄银梅、赵宇、马玲、饶培培、余乃金、赵静、熊华芹、彭如、韩芳、吴芳芳、张善京、张子建、余景丽

讲师（转换系列）：周艳、胡惠娟、杨伟萍、付玲玲、李继柱

专业技术岗位考核　学校对专业技术人员岗位考核采取年度考核和聘期考核相结合的方式进行，以聘期考核为主。年度考核重点考核年度内教学科研工作完成情况。聘期考核重点考核履行岗位职责和完成聘期工作目标的情况，聘期内的业绩等作为下一聘期岗位聘用的重要依据。聘期考核不合格者在下一轮竞聘时必须转换岗位或低聘、解聘。

专业技术人员工作绩效考核。2007 年 9 月，经校党政联席会讨论通过，出台《九江职业大学工作绩效考核暂行办法》，其中，对专业技术人员的德、能、勤、绩等方面进行年终考核。规定被考核人员应先作述职发言，然后集体评议，评出考核等级（分为优秀、称职、基本称职和不称职），其中优秀名额控制在 12% 以内，考核为优秀的人员作为年度优秀教师、先进工作者予以表彰和奖励，连续 2 年考核为基本称职的视为不称职，停发当年第 13 个月的奖励工资。具体考核要素参照标准列表如下：

2007 年 9 月各院（系、部）教学人员考核要素参照标准

表 4－2－3

结构	要素	等级	参考等级标准	考核情况
德	政策水平	A	正确理解有关方针、政策，主动提出政策规定性意见、方案，能结合实际贯彻执行。	
		B	熟悉有关政策，理解上一般较正确，结合实际贯彻执行，一般无偏差。	
		C	其中了解有关的方针、政策，能贯彻执行，但有失误或偏差。	
	遵纪守法	A	严格遵守有关法律、法规和各项规章制度，原则性强，服从组织安排。	
		B	遵守有关法律、法规和各项规章制度，原则性较强，一般能服从组织分配。	
		C	自身要求不够，有违反规章制度现象，分配工作讲条件。	
	工作态度	A	教学工作抢挑重担，教书育人，为人师表，无迟到、误课、旷课等现象，顾全大局，善于团结协作，正确对待荣誉得失，对班级工作积极负责。	
		B	教学工作积极认真，忠于职守，为人师表无因特殊情况迟到、误课现象，一般能做的顾全大局，团结协作，班级工作较负责。	
		C	教学工作主动性不够，班级工作责任心较差，因私事有迟到、旷课、误课等现象，团结协作精神不够，对班级工作不够负责。	
能	业务能力	A	根据不同的专业技术职务要求，在同一层次中，具有较强的专业知识水平，具有较强的教学能力、科研能力、班级管理能力，能指导和协助同行进行教学科研工作。	
		B	根据不同的专业技术职务要求，在同一层次中，具备本专业知识，较熟悉地掌握教材内容，有重点、难点，教学效果较好，有一定的教学科研工作能力和一定的班级管理能力。	
		C	根据不同的专业技术职务要求，在同一层次中，本专业知识不够扎实，教学工作在别人的指导下完成，对班级管理能力不够。	
绩	工作量	A	所承担教学工作满量或超量，教学、科研、备课时间紧张，经常加班加点。	
		B	所承担教学工作满量，教学、科研、备课时间较紧张，有时加班加点。	
		C	所承担教学工作量不足，教学、科研、备课时间较空闲。	
	工作难易程度	A	担任教学工作，能发挥主观能动性和通过自学钻研完成任务。	
		B	担任教学工作，能较好完成有一定难度的工作。	
		C	担任教学工作，工作完成一般。	
	效率与效果	A	所任课程班级学习成绩优良，所管班级的学生各方面表现突出，科研工作取得一定成绩，或在省级以上报纸、杂志发表多篇文章，获学校、市级以上表彰。	
		B	所任课程班级学习成绩良好，评教活动获好评，所管班级的学生各方面表现较好或本人在省级以上报纸、杂志发表 1—2 篇论文或在市级以下报纸、杂志发表多篇论文。	
		C	所任课程班级学习成绩不好，班主任工作，学校、学生有意见，对教学工作，学生意见较大，学校领导不满意。	
	本人作用	A	能起到本职工作所要求的作用，或在 2 人以上工作中起主要作用。	
		B	基本起到本职工作所要求的作用，或在 2 人以上工作中起比较重要作用。	
		C	对完成本职工作起一般作用，有时需要别人帮助，才能完成本应独立完成的任务。	

专业技术人员教学质量和水平测评。为比较准确地衡量教师的课程教学质量与水平，2008 年 12 月，学校制订出台《九江职业大学教学质量测评实施办法》，由教务处牵头，各院（系、部）具体负责，测评对象为全体在岗教师（包括校内兼职教师、外聘兼职教师）。教师教学质量测评包括教学督导测评、学生评价、教学文件资料质量测评 3 个部分。测评方式：院（系、部）测评小组随机听课，提出意见并填写“教学质量评估指标表”；学生测评采用问卷调查，并填写“教学质量调查问卷”；被测评教师提供教学文件资料，包括教案（讲稿或电子教案）、教学总结、教研论文、试卷与考试分析材料，以及其他辅助教学材料。学校规范对教师教学质量和教学水平进行测评，可以帮助教师总结教学经验、改革教学模式、改进教学方法、完善教学环节，整体提高学校的教学质量。

专业技术人员科研工作业绩考核。为提高专业技术人员队伍的整体科研工作水平，鼓励教师积极从事科学研究工作，2009 年 3 月，学校制订《九江职业大学科研工作量考核办法》，明确科研工作量的考核计分范围为学术论文、著作、科研课题、科研成果获奖、专业技能（艺术、体育等）参赛获奖、指导学生参赛获奖、专利、学术讲座、专业课程（示范专业和优质课程）9 个方面。2010 年 12 月，对原考核计分标准做出相关修订。

2012 年 1 月，为规范教学科研工作业绩管理，学校出台《九江职业大学教学科研工作业绩考核办法（暂行）》，明确个人教学科研工作业绩定额基数为：正高职称 60 分，副高职称 40，中级职称 20 分，初级职称 10 分。对考核业绩分列全校前 10 名的专业技术人员，学校授予“年度科研工作先进个人”称号，并发放科研奖励津贴（奖金金额超过 8000 元的，须经校学术委员会评审通过）；对未完成当年额定业绩考核分者，在当年的综合考核评比中，不能评为“优”；连续三年未完成额定业绩考核分者，扣 10 元/分。

2013 年 9 月，再次修订出台《九江职业大学教学科研工作业绩考核办法（2013 年修订）》。具体统计标准列表如下：

2013 年 9 月九江职业大学科研工作业绩计分标准

表 4-2-4

项目	类别（级别）		计分
学术论文	国际权威论文	自然科学	500
		人文社科	250
	国内权威论文		120
	“中文核心期刊”论文		80
	学报类期刊发表的论文		40
	其他综合期刊发表的论文		30
	校刊论文		20
	省级以上的报刊发表的文章或文学作品		20

续表 4－2－4

项目	类别（级别）		计分	
		责任人	基础分	字数配套分（万字）
著作	学术著作	独著	100	15×字数
		第一主编	30	15×字数
	译著	独著	70	10×字数
		第一主编	20	10×字数
	长篇作品/原创文艺作品集/普及读物	独著	35	5×字数
		第一主编	20	5×字数
	教材	独著	35	5×字数
		第一主编	20	5×字数
科研课题	国家级		400	
	省（部）级一类		300	
	省（部）级二类		150	
	市级		100	
	校级	重点	60	
		一般（自筹）	50	
科研成果奖	国家级	一等奖	500	
		二等奖	400	
		三等奖	300	
		其他	200	
	省（部）级一类	一等奖	300	
		二等奖	200	
		三等奖	100	
		其他	50	
	省（部）级二类	一等奖	200	
		二等奖	100	
		三等奖	70	
		其他	30	
	校（市）级	一等奖	60	
		二等奖	40	
		三等奖	20	
		其他	10	

续表 4－2－4

项目	类别（级别）	计分
专利	发明专利	300/项
	实用新型专利	200/项
	外观设计专利	100/项
	软件著作权登记	100/项
学术讲座	校外（省级单位或本科院校）	30/次
	校（市）级	20/次
	院（系、部）	10/次

2013 年 9 月九江职业大学教学工作业绩计分标准

表 4－2－5

专业建设类					
类别	计分				
	特色专业（分/门）	人才培训模式创新实验区（分/项）	实验室或实验基地	教学团队（分/队）	精品课程（分/门）
国家级	500	300	300	300	300
省级	200	200	200	100	100
校级	100	100	100	60	60
教学成果奖类					
级别	计分				
	一等奖	二等奖	三等奖	其他	
国家级	500	300	200	100	
省（部）级一类	250	100	50	30	
校级	60	40	20	10	
教学、专业技能、艺术、体育等参赛获奖					
级别	计分				
	一等奖	二等奖	三等奖	其他	
一类	200	150	100	70	
二类	150	100	70	40	
三类	100	70	40	20	
四类	50	30	10	5	

续表 4－2－5

指导学生参赛获奖				
级别	计分			
	一等奖	二等奖	三等奖	其他
一类	150	100	50	30
二类	100	50	30	20
三类	50	30	20	10
四类	30	20	10	5

附一：2011 年九江职业大学岗位任职条件

管理岗位任职条件

1. 四级职员，具有大学本科以上文化程度，一般应在五级职员岗位上工作三年以上；

2. 五级职员，具有大学本科以上文化程度，一般应在六级职员岗位上工作两年以上；

3. 六级职员，具有大学专科以上文化程度，一般应在七级职员岗位上工作三年以上；

4. 七级职员岗位，具有大学专科以上文化程度，一般应在八级职员岗位上工作三年以上；

5. 八级职员，具有大学专科以上文化程度，一般应在九级职员岗位上工作三年以上；

6. 九级职员，具有中专以上文化程度，一般应在十级职员岗位上工作三年以上。

7. 十级职员，具有中专以上文化程度。

专业技术岗任职位条件

1. 一级、二级、三级、四级岗位必须具有正高级专业技术资格，五级、六级、七级岗位必须具有副高级专业技术资格，八级、九级、十级岗位必须具有中级专业技术资格，十一级、十二级岗位必须具有助理级专业技术资格，十三级岗位必须具有员级专业技术资格或为暂未取得专业技术资格的专业技术人员。

2. 考试取得专业技术资格或相应执（职、从）业资格的，需达到所聘任岗位层级所规定的职称外语要求。

3. 聘任相应专业技术岗位，需取得有效期内的计算机应用能力培训考试合格证，且达到前一任期内专业科目继续教育学时要求。

4. 专业技术一级岗位是国家专设的特级岗位，由国家实行总量控制和管理。一级岗位设置的具体条件按国家有关规定执行。

5. 专业技术二级岗位是省重点设置的专任岗位，一般不实行兼职。二级岗位设置的具体条件按省有关规定执行。

6. 专业技术三级岗位是全市协调控制的专任岗位，具体条件按市有关规定执行。

7. 专业技术四级岗位应任五级（含原聘任副高级专业技术职务）以上岗位累计三年以上。

8. 专业技术五级岗位应具备以下条件之一：

①任专业技术六级岗位三年以上；

②任专业技术七级岗位（含原聘任副高级专业技术职务）六年以上；

③任十级（含原聘任中级专业技术职务）以上岗位累计十一年以上。

9. 专业技术六级岗位应具备以下条件之一：

①任专业技术七级（含原聘任副高级专业技术职务）岗位三年以上；

②任十级（含原聘任中级专业技术职务）以上岗位累计八年以上。

10. 专业技术七级岗位应任十级（含原聘任中级专业技术职务）以上岗位累计三年以上。

11. 专业技术八级岗位应具备以下条件之一：

①任专业技术九级岗位三年以上；

②任专业技术十级岗位（含原聘任中级专业技术职务）六年以上；

③任十二级（含原聘任助理级专业技术职务）以上岗位累计十年以上。

12. 专业技术九级岗位应具备以下条件之一：

①任专业技术十级（含原聘任中级专业技术职务）岗位三年以上；

②任十二级（含原聘任助理级专业技术职务）以上岗位累计七年以上。

13. 专业技术十级岗位应任十二级（含原聘任助理级专业技术职务）以上岗位累计三年以上。

14. 专业技术十一级、十二级和十三级岗位在岗位职数范围内聘任。

工勤技能岗位任职条件

1. 工勤技能一级岗位需通过高级技师等级考评，并在本工种工勤技能二级岗位工作满五年。

2. 工勤技能二级岗位需通过技师等级考评，并在本工种工勤技能三级岗位工作满五年。

3. 工勤技能三级岗位需通过高级工技术等级考核，并在本工种工勤技能四级岗位工作满五年。

4. 工勤技能四级岗位需通过中级工技术等级考核，并在本工种工勤技能五级岗位工作满五年。

5. 工勤技能五级岗位，应是学徒期满已转正定级，或者是具有职高（不含两年制职高）、技校、中专及以上学历，并通过初级工技术等级考核。

破格聘用：对成绩显著、贡献突出，岗位急需的高层次专业技术人才，可破格聘用。所申报级别年限，一般要求达到所申报岗位等级下一等级岗位年限要求，聘用业绩条件一般要达到所申报岗位等级的上一等级岗位聘用业绩条件。

其他：对于2011年8月31日之前已聘任相应专业技术职务的专业技术人员，应全部聘任至相应层级中不同岗位等级职务中，对于已超岗位层级职数，超出部分应聘任至同岗位层级中最低岗位等级。

三、教职工岗位设置

2006年，两校合并重组后，学校本着扩规模，求质量，促融合，谋发展的思路，依据办学实际，实行岗位职责管理。

2011年，根据省委办公厅、省政府办公厅转发《省人事厅江西省事业单位岗位设置管理的实施意见的通知》，学校制定《九江职业大学岗位设置管理实施方案》，内容分部门职责和教职员工职责两个部分，做到因事设岗，岗位定责，以岗管人。

2012年，学校核定全校岗位总数为759个，其中：管理岗位26个，专业技术岗位683个，工勤技能岗位50个。主体岗位是专业技术岗位，占岗位总量的90%。专业技术主系列是教师系列，主系列专业技术岗位设置645个，占专业技术岗位设置总量的93.6%。其中：

1. 管理岗位的等级、数量

总数26个，占单位岗位总量的3.5%。其中：五级2个，七级4个，八级4个，九级16个。

2. 专业技术岗位等级、数量

总数683个。正高级岗位34个，其中：三级岗位6个，四级岗位28个；副高级岗位170个，其中：五级岗位34个，六级岗位68个，七级岗位68个；中级岗位308个，其中：八级岗位96个，九级岗位116个，十级岗位96个；初级岗位171个，其中：十一级岗位82个，十二级岗位89个。

3. 勤技能岗位等级、数量

总数50个，占单位岗位总量的6.5%。其中：技术工二级2个，三级10个，四级20个，五级18个。

2013年9月，学校实有在编人数为678人，经过九江市人力资源和社会保障局事业单位管理科二次核准，设置学校专业技术可用岗位610个，占实际岗位总量的90%。其中：正高级岗位30个，其中：三级岗位6个，四级岗位24个；副高级岗位153个，其中：五级岗位31个，六级岗位61个，七级岗位61个；中级岗位274个，其中：八级岗位85个，九级岗位104个，十级岗位85个；初级岗位153个，其中：十一级岗位73个，十二级岗位80个。

四、全员竞聘上岗

合并重组后，学校结合省教育厅举行的“机关效能年”“规范管理年”“创新发展年”等主题教育活动，为实现办学资源的整合，思想情感的融合，思想观念的解放，办学理念的提升，学校发展的大跨越，2006 年至 2009 年，连续 4 个暑期在全校组织开展以“融合、发展”为主题的大讨论（2006 年的主题是“加速融合、共谋发展”、2007 年的主题是“解放思想、提升理念、和谐创业、共谋发展”、2008 年的主题是“贯彻落实科学发展观、促进学校又好又快发展”、2009 年的主题是“创特色、扩规模、上水平”），并以此为契机，学校决定每 3 年进行一次全员竞聘上岗，以规范岗位管理，促进校内人才的合理流动。自 2007 年起，学校先后进行 3 次全员竞聘上岗。

学校开展全员竞聘上岗，目的就是改变单一的用人机制，实现用人方式的多元化。教师可实行专职与兼职相结合，行政人员和后勤服务、教辅人员可实行编内和编外聘用相结合，充分发挥教职工的工作潜能，促进人员的合理流动，提高了管理水平，进一步加强两校的融合。

2007 年暑期，学校进行合并重组后的第一次全员竞聘上岗。

为使全员竞聘上岗工作的顺利开展，首先，学校利用暑期（2007 年 7 月 11 日至 31 日），在全校范围内开展历时近两个月的“解放思想、提升理念、和谐创业、共谋发展”的大讨论活动，搅动思想，凝聚人心，明确目标，形成广泛的共识，统一前进的步伐。合并后的第一年，在大讨论的基础上，设想充分发挥各院系、各部门选人用人的积极性，实行选人与治事的双向选择，消除完全由行政进行人员安置，不能各得其所的弊端，解决合并后的人员重新组合问题。7 月 27 日，学校编制出台《九江职业大学教职工竞聘上岗实施方案》，专门成立全员聘用工作领导机构，由校长卢志鹏任组长，周春明、肖厚建、肖允叔、胡春亮、汪春莲等任副组长，各院（系、部）、部门主要负责人为成员，领导小组下设办公室（设在人事处），办公室负责日常具体工作，制定具体工作方案，其主要内容包括指导思想、聘用原则和范围、岗位设置、任职条件、组织程序等九个方面。这次全员竞聘上岗秉持“坚持德才兼备、注重实绩，坚持科学设岗、平等竞争，坚持双向选择、择优聘用，坚持集体领导、民主集中”的原则，按需设岗，适当前瞻，侧重教学，兼顾其他。明确岗位设置中人员编制的指标体系按在校生 8000 人标准计算，其员生比为 1∶17，岗位数为 470 人。其中全校教师岗位 296 个（师生比为 1∶27，包括院系应配备的党政领导、专职辅导员和干事），教辅人员岗位 20 个，实验中心人员岗位 20 个，占总编制的 71%。7 月 31 日，学校印发《“解放思想、提升理念、和谐创业、共谋发展”大讨论活动工作总结》。

本次全员竞聘上岗，根据双向选择，择优上岗的原则，原有在编 277 人全部通过竞聘上岗。为补充教职工不足，还内聘教职工 117 人，外聘课任教师 46 人。

2009 年 3 月，庐山旅游中专整体并入进入过渡期，为更好地促进融合发展，学校利用暑期在全校开展“创特色、扩规模、上水平”的大讨论活动，同时进行第二次全员竞聘上岗。其岗位设置按在校生11000人规模计算，核定全校岗位数为647个。其中，实际教师岗位407个，教辅人员岗位44个，职员岗位138个，后勤服务人员岗位33个，空岗25个。

本次全员竞聘上岗以“稳定、调整、优化”为原则，引入竞争机制，变身份管理为岗位管理，实现学校人员结构的整体优化，建立充满生机与活力的人事管理新机制，促进学校的和谐发展。此次全员竞聘上岗，庐山旅游中专整体并入的203名教职工，经过两轮竞聘完成上岗。

2011年6月7日至7月6日，为更好地配合下一年度的第三次全员竞聘上岗“定岗定责”工作的开展，学校在全校开展为期一个月的“明责履职、创新发展”大讨论活动，就学校工作中存在的创新发展意识不强，主人翁意识不强，工作责任心不强，制度的执行力欠缺，服务学生的意识不够等五个方面，对照查摆，梳理问题，组织讨论。并出台《关于在全校开展“明责履职、创新发展”大讨论活动的实施方案》。

2012年暑期，学校进行第三次全员竞聘上岗。

学校为实现跨越式发展的需要，根据学校实际，编制出台新的岗位设置方案和全员竞聘上岗实施方案，进行新一轮全员竞聘上岗工作。为保证聘任工作顺利进行，学校成立以校长、书记为组长，以副书记、副校长为副组长，以有关部门和学院主要领导为成员的岗位聘任工作领导小组。本次竞聘上岗采取双向选择，在设定的岗位中分两轮进行，第一轮竞聘上岗被淘汰下来的参加第二轮竞聘上岗，有547人通过了第一轮竞聘，66人进入第二轮竞聘上岗，最终有5人待岗参与自费培训与进修，1人被清退。此次全员竞聘上岗，优化了人员结构，增强了专业教师队伍力量，理顺了教师的专业归属，促进了人员合理流动，警醒了混日子过人员，为实现学校跨越式的发展奠定了坚实的基础。

五、教职工考核与奖惩

常规工作考核与奖惩　2007年9月，学校出台《九江职业大学工作绩效考核暂行办法》，成立以校长卢志鹏为组长的考核领导小组，明确考核的指导思想与原则、内容与方法、操作细则与标准等。

学校工作考核分部门考核和个人考核两大类。

部门考核结果设优秀、达标、不达标三个等次。对考核部门依据考核结果，按行政职能和教学两大系列分别排出前三名予以表彰和奖励，并按部门年终绩效奖金总额的5%予以奖励，对不达标单位予以扣除奖金总额的5%，对连续两年不达标的部门，其主要领导应引咎辞职。

个人考核结果设优秀、称职、基本称职和不称职四个等次。对个人考核为优秀者作为年度“优秀教师”或“先进工作者”予以表彰和奖励，对连续两年为基本称职的视为不称职的个人，不发给第13个月的奖励工资。

2008年11月，学校出台《九江职业大学教职工考核暂行办法》，进一步细化各类人员考核内容和评分标准:

第一，专任教师考核内容及分值为：遵纪守法10分，为人师表15分，治学严谨20分，理论联系实际10分，完成工作任务45分。

第二，行政及工勤人员考核内容与分值为：参加政治业务学习8分，参加会议集体活动8分，遵规守纪服从分配20分，团结协作为人师表50分，廉洁奉献14分。

第三，辅导员考核内容及分值为：理想信念10分，深入班级与寝室32分，思想教育40分，奖优助学18分。

第四，班主任考核内容及分值为：按时参加例会10分，深入学生宿舍8分，按时完成工作计划4分，完成学期工作总结4分，按时完成学生综合素质测评及奖学金评定10分，学生成绩单和评语填写10分，班会的组织和利用12分，毕业鉴定和毕业登记表填写6分，班级干部调整及三好优秀评比推荐6分，下班级情况8分，主动参加学生活动10分，主动完成临时性工作任务12分。

其中，各项考核内容均有若干具体评分细则，对考核分数前五名的专任教师和行政及工勤人员分别予以表彰。考核分数采取百分制，对未达60分者，并且排名倒数第一位的专任教师和行政及工勤人员实行诫勉谈话或末位淘汰，调离原工作岗位，予以待岗。

教师教学工作考核与奖惩　2007年9月，学校决定成立教师教学工作年度考核领导小组，主要负责审定教师教学工作业绩考核方案和考核办法，研究处理考核工作中出现的重大问题。

2009年12月，学校出台《九江职业大学教职员工工作绩效考核实施办法》，对2009年自然年度的教育教学工作和行政工作进行考核，成立九江职业大学年度考核领导小组，下设中层干部年度考核、教职工年度考核和辅导员考核三个专项考核小组。在后，学校每年在年度考核的基础上，按照年度考核方案暴露出来的问题对年度考核方案逐年进行修改，已趋完善。

2013年12月，学校出台《九江职业大学教师教学工作年度考核暂行办法》，确定教师教学工作考核指标体系：设有教学规范与工作量、教学效果、科研工作和教学改革与研究3个一级指标，下设14个二级指标及若干个三级指标观测点。其中：第一，教学规范与工作量完成情况考核分值占55%，包括教师在日常教学过程中的基本规范，教师承担的（由学校安排的）按人才培养方案课程设置讲授相关课程，实践性教学任务（含实验实训、实习、学生竞赛、毕业设计、毕业论文等）的工作量；第二，教学效果情况考核分值占45%，包括教师在承担课程、实践性教学等方面所获得的教学质量评价、教书育人和为人师表、专业职称岗位任务完成等方面的综合情况；第三，对各院部、各部门还设立了单项奖励：在校生人数奖、招生工作奖、就业工作奖、学费收缴工作奖、综合治理工作奖、内涵建设工作奖（包括教师指导学生获奖项目、专业建设项目、课程建设项目、教材建设项目、实习实训基地建设项目、教学团队建设项目、教学成果奖、教学改革与研究项目、教学科研论文论著等）、争取上级项目奖、科研工作奖、获得上级表彰奖等。

教师工资绩效考核程序为每年考核一次（以自然年度的连续两个学期为考核单位进行考核），分两个阶段进行，即对教师课堂教学质量测评（含学生评教）和自然年度综合考核两个阶段。教师教学工作年度考核实行等级考核制，分为A级（优秀，90分以上）、B级（良好，80分—89分）、C级（合格，70分—79分）、D级（不合格，69分及以下）四个等级。年度考核的结果记入教师本人业务档案，并作为教师评优、岗位聘任、职称评定、津贴发放的重要依据。

《暂行办法》明确规定：破格申报高一级职称的教师，近三年教学工作绩效考核至少有一年为A级；科研成果、社会贡献特别突出者破格申报高一级职称的，其考核也必须连续三年为B级及以上；近五年来考核结果累计三年为A级的，优先晋升高一级职称。在最近三年中有一年考核为D者，不得申报高一级职称；教授、副教授、讲师教学年度考核结果为D者，下一年度下降一个等级聘用，直到合格为止；助教年度考核为D者，进入待聘程序，直到合格为止。对教学工作考核结果为D级的教师，由所属院（部）和教务处共同向其本人发出通知，提出改进要求。连续两年考核结果为D者，由学校教务处通知并停止其授课资格。被停止授课的教师，应通过学习进修等途径提高教学能力和水平，一年后可向本院（部）和教务处提出恢复授课资格的申请，经教务处组织校内专家听课后，报校长办公会议讨论决定。

附录：常规制度管理（2009年12月18日）

考勤制度

1. 各院、部、部门建立和完善考勤制度，明确考勤员，并逐日如实进行考勤，做到出满勤、干满点，考勤表在部门内张贴，以便于群众监督。

2. 每月5号前各院、部、部门将上个月的考勤情况汇总，并填写考勤汇总表报人事处。人事处依据院、系、部考勤情况核发工资和津贴等，未及时上交考勤汇总表而影响该部门的工资津贴发放的由部门领导负责。

3. 原始考勤表各院、部、部门必须保存一年以上备查。原始考勤表和考勤汇总表由人事处统一制定，各院、部从学校网站下载。

请假制度

1. 有事必须事先请假，应由职工本人按规定办理请假手续，填写书面请假条（人事处统一制订，见附件），并经相关领导批准后，方可离校，事先未按规定办理请假手续或请假未经批准而擅自离校的，应按旷工处理。

2. 因特殊情况（如患急病等）不能事先请假的，事后补办请假手续时，必须说明原因或出示事先不能请假的相关证明。

3. 中层干部请假程序：正职请假1天以上由分管校领导审批后，报校长审批，同时向党委书记报告。副职请假3天以内不离开九江，由分管领导审批，3天以上者还需报校长审批。

4. 教职工请假程序：请假3天以内由院、部行政领导审批，任课教师请假应经教务处备案；请假3天以上者，还需报分管校领导批准（行政干部应经人事处签署意见后，报分管校领导审批）。凡请假一个月以上还应报校长审批。所有请假单一律交组织人事处备案。

5. 行政人员无故迟到、早退15分钟至1小时每次扣发100元；迟到、早退一小时以上视为旷工半天，扣发当事人全月岗位津贴和考勤津贴。

6. 教师上课无故迟到、早退5分钟以上每次扣100元；超过10分钟视旷课处理。旷课1节扣发当事人全月职级和岗位津贴。

请假类别及期限

1. 病假：凭县以上医院证明，按医嘱的假期为准。

2. 工伤假：因公负伤者，以医疗单位确认的假期为准。

3. 婚假：教职工结婚给假三天，符合晚婚条件的初婚者（男满25周岁，女满23周岁）加假15天，再婚者，一般不予请婚假。

4. 丧假：教职工的配偶，直系亲属、父母，祖父母，岳父母，外祖父母死亡，给假不超过5天（往返时间除外）。

5. 产假：正产98天；第一次小产4个月以下孕期的15—30天，4个月以上孕期的42天；难产、双生105天；晚育（24周岁以上）120天，并给男方护理假7天。

6. 探亲假：夫妻两地分居又不能在公休假日团聚的，可享受探望配偶的待遇，每年给予一方探亲假一次，假期三十天。与父母都不住在一起，又不能在公休日团聚的，可享受探望父母的待遇。职工与父母能够在公休假日团聚的，不能享受探望父母亲的待遇。未婚职工因工作需要不能在公休假日（含寒暑假）探望父母的，每年给假一次，一次三十天。已婚职工因工作需要不能在公休假日（含寒暑假）探望父母的，每四年给假一次，假期为二十天。

教职工探亲均应在寒、暑假期间进行。如果寒暑假时间不足探亲假的假期，可由本单位适当安排，补足其假期天数。

销假制度

1. 假期期满后必须及时办理销假手续。销假的程序为：本人填写书面销假条，由院、系、部领导签字确认，请假3天以上者还需报人事处销假。其中请病假超过十五天以上销假的，还必须出具有县级以上医院开出的疾病证明书、医疗费收据和病历证明等。

2. 假期期满不能返校上班的，必须办理续假手续。续假手续与请假审批程序相同。

其他有关事项

1. 学校实行寒暑假制度，因本职工作需要加班加点，一般不再另计调休假，确因连续加班加点、又未享受加班费需要调休的，应由部门统一安排适当时间调休，不允许职工个人自主安排调休时间。

2. 实行教学工作量考核的专任教师，请假也应按本暂行规定办理相关请销假手续。

3. 不经请假或请假未获批准而擅自离岗或请假期限已满，不续假或续假未批准而逾期不到岗者均按旷工论处。

4. 教职工因病假、事假、探亲假、产假、婚假、丧假、函授学习假等均应扣发考勤奖和校内津贴，扣发标准按校字〔2006〕63号文件和〔2007〕第12次党政联席会议纪要执行。

5. 严格执行请、销假和考勤登记制度。各部门、单位的考勤不得弄虚作假，若发现此类现象扣发部门行政领导和当事人的当月考勤奖。

第三节 工资与福利

一、工资结构

合并重组后的九江职业大学为财政全额拨款的事业单位，教职工的工资结构分为财政拨款和学校自筹两部分。

2006 年 8 月，学校制订并试行绩效工资的计算和发放标准，其中，按层级不同设定职级津贴和岗位津贴的计算分值，按每分分值 20 元计算出相应的津贴金额，并对各类津贴的发放条件做出明确的规定。

考勤津贴：考勤奖依出勤情况按月发放。

职级津贴：行政人员完成工作职责，教学人员完成工作量，按相应的职级计发职级津贴；按照政策规定，到龄离职的学校县处级领导，按相应的职级计发职级津贴。

岗位津贴：行政人员完成本职工作量，专任教师完成额定课时量（10 节/周），服务系列和其他系列专业技术人员完成岗位工作量，工勤人员完成额定工作量，全额发给岗位津贴；第二课堂每小时按 0. 5 个课时量计算；讲座按每小时 2 个课时量计算。

超课时津贴：行政兼课按相应的职称超课时津贴标准计发津贴（行政兼课人员课时量原则上不得超过 4 节/周，院系行政人员每周兼课原则上不超过 6 节）；专职教师超过额定课时量的按超课时津贴标准计算。凡学校安排的各项教学任务，如公开课、见习实习、监考、命题、改卷等，教职工应服从学校安排，完成工作任务，不另计工作量。

特殊津贴：严格按照省厅有关文件执行。

2006 年底，学校制定《九江职业大学校内岗位津贴及考核实施方案》，调整教职工工资结构，教职工工资由财政工资和绩效工资两部分构成，明确规定绩效工资的发放与教职工的工作绩效考核挂钩。

2007 年，九江市行政事业单位职工工资改革，学校教职工（在职或退休的在编人员）财政工资结构调整为：岗位工资、薪级工资和其他补贴三个部分。其中，岗位工资随个人职级变动而增减，薪级工资随工龄逐年递增，其他补贴中除生活补贴为学校自筹外，其余为财政补贴。

绩效工资发放的资金完全由学校自筹解决。绩效工资包括职级津贴、岗位津贴、考勤津贴、课时津贴、第 13 个月奖励工资、年终绩效工资和其他奖励工资等。其中，考勤奖依出勤情况按月发放，职级津贴和岗位津贴依工作完成情况按月发放，课时津贴（教工完成额定工作量以外的课酬）按月发放，第 13 个月奖励工资和年终绩效工资按年终业绩考核情况发放。

2012 年，学校调整绩效工资的发放标准，考勤津贴由原来的每月 300 元，提高至

450元；将职级津贴和岗位津贴标准由原来的每分分值20元，提高至每分分值30元（从2011年10月1日起执行）。学校校内津贴总额提高50%。

2013年9月，学校调整提高超课时津贴标准，10月，调整增加校内津贴。

2015年5月23日，学校第九届教职工代表大会二次会议审议通过《九江职业大学绩效工资基础部分的考核实施方案》，对职级津贴标准、岗位津贴及特殊津贴部分做出相应调整。其中，将教辅及其他系列并入专业技术系列。

绩效工资标准和职工工资结构具体情况列表如下：

2006年9月至2015年5月九江职业大学职级津贴标准

表4－3－1

职级津贴金额标准调整情况	2006年9月	2012年
	按 每分值20元计	按 每分值30元计

各系列津贴分值调整情况

行政系列	津贴分值		教师系列（专技系列）	津贴分值		教辅及其他系列	津贴分值		工勤系列	津贴分值	
	2006年	2015年		2006年	2015年		2006年	2015年		2006年	2015年
副厅	50	50	教授	24	42	副高	16	无	高级技师	无	30
正处	40	40	副高级	18	32	中级	12	无	技师	12	23
副处	30	30	讲师	14	19	助理	10	无	高级工	11	19
正科	21	21	助理级	11	13	员级	8	无	中级工	9	12
副科	17	17							初级工普工	8	10
股级	14	14									
科员	11	13									
办事员	8	10									

2006年9月至2015年5月九江职业大学岗位津贴标准

表4－3－2

岗位津贴标准调整情况	2006年9月	2012年
	按每分值20元计	按每分值30元计

各系列津贴分值调整情况

行政管理系列	津贴分值		教师系列（专技系列）	津贴分值		教辅系列	津贴分值		工勤系列	津贴分值	
	2006年	2015年		2006年	2015年		2006年	2015年		2006年	2015年
正校级（书记、校长）	120	120	高级（教授）	54	54	高级	38	无	高级技师	无	40

续表 4－3－2

岗位津贴标准调整情况			2006 年 9 月					2012 年			
			按每分值 20 元计					按每分值 30 元计			
各系列津贴分值调整情况											
行政管理系列	津贴分值		教师系列（专技系列）	津贴分值		教辅系列	津贴分值		工勤系列	津贴分值	
	2006 年	2015 年		2006 年	2015 年		2006 年	2015 年		2006 年	2015 年
副校级（副书记、副校长）	90	90	副高（副教授高讲）	42	42	中级	29	无	技师	28	28
校长助理	60	60	中级（讲师）	31	31	助理	22	无	高级工	24	24
中层正职（处长、主任）	55	55	初级（助教）	24	24	员级	20	无	中级工	21	21
中层副职（副处长、副主任）	40	40	员级		20				初级工普工	17	17
内设科长	31	31									
干事	24	24									
办事员	20	20									

2006 年至 2013 年教师超课时津贴（课酬）标准

表 4－3－3

职称等次	超课时津贴标准（元/节）		外聘教师课酬标准（元/节）	
	2006 年 9 月	2013 年 9 月	2006 年 9 月	2013 年 9 月
教授	30	35	35	45
副教授（高讲）	25	30	30	40
讲师	20	25	25	35
助教（讲）	15	20	20	25
员级（见习）	10	15	无	无

2006 年 9 月至 2015 年 5 月九江职业大学特殊津贴标准

表 4－3－4

<table>
<tr><td colspan="4">特殊津贴</td></tr>
<tr><td rowspan="2">学位/岗位</td><td colspan="3">元/月</td></tr>
<tr><td>2006 年 9 月</td><td colspan="2">2015 年 5 月</td></tr>
<tr><td>双证博士</td><td>400</td><td colspan="2">800</td></tr>
<tr><td>单证博士</td><td>200</td><td colspan="2">600</td></tr>
<tr><td>双证硕士</td><td>80</td><td colspan="2" rowspan="2">2009 年 9 月以前享受，2009 年 9 月以后不享受</td></tr>
<tr><td>单证硕士</td><td>40</td></tr>
<tr><td>省名师</td><td rowspan="2">按省教育厅文件规定办理</td><td colspan="2" rowspan="2">按省教育厅文件规定办理</td></tr>
<tr><td>特级教师</td></tr>
<tr><td>省骨干教师</td><td></td><td colspan="2">300（文件标准）</td></tr>
<tr><td>纪委监察办案人员</td><td></td><td colspan="2">220（文件标准）</td></tr>
<tr><td>辅导员</td><td></td><td colspan="2">200</td></tr>
<tr><td rowspan="2">班主任</td><td rowspan="2"></td><td>大专班：学生数 ×4</td><td rowspan="2">由学工处考核后发放</td></tr>
<tr><td>中专班：学生数 ×6</td></tr>
<tr><td>教研室主任</td><td></td><td>300</td><td rowspan="2">由教务处考核后发放</td></tr>
<tr><td>教研室副主任</td><td></td><td>200</td></tr>
<tr><td>能工巧匠</td><td></td><td colspan="2">一事一议</td></tr>
</table>

2006 年至 2009 年九江职业大学教师系列职工工资结构

表 4－3－5

<table>
<tr><td rowspan="3">项目
职称</td><td colspan="3">财政工资</td><td colspan="5">绩效工资</td><td colspan="3">其他补贴</td></tr>
<tr><td colspan="2" rowspan="2">岗位工资</td><td rowspan="2">薪级工资</td><td colspan="3">津贴结构</td><td colspan="2">调整情况</td><td rowspan="2">保留津贴</td><td rowspan="2">其他津贴</td><td rowspan="2">生活补贴等</td></tr>
<tr><td>考勤奖</td><td>职级津贴</td><td>岗位津贴</td><td>2011 年调整增加</td><td>2013 年调整增加</td></tr>
<tr><td rowspan="4">正高</td><td>一级</td><td>2800</td><td rowspan="4">随工龄逐年递增</td><td rowspan="4">300</td><td rowspan="4">480</td><td rowspan="4">1080</td><td rowspan="4">930</td><td rowspan="4">860</td><td rowspan="4">40</td><td rowspan="4">248</td><td rowspan="4">315</td></tr>
<tr><td>二级</td><td>1900</td></tr>
<tr><td>三级</td><td>1630</td></tr>
<tr><td>四级</td><td>1420</td></tr>
<tr><td rowspan="3">副高</td><td>五级</td><td>1180</td><td rowspan="3">随工龄逐年递增</td><td rowspan="3">300</td><td rowspan="3">360</td><td rowspan="3">840</td><td rowspan="3">750</td><td rowspan="3">816</td><td rowspan="3">40</td><td rowspan="3">243</td><td rowspan="3">290</td></tr>
<tr><td>六级</td><td>1040</td></tr>
<tr><td>七级</td><td>930</td></tr>
</table>

续表 4－3－5

项目/职称	财政工资			绩效工资					其他补贴		
	岗位工资		薪级工资	津贴结构			调整情况		保留津贴	其他津贴	生活补贴等
				考勤奖	职级津贴	岗位津贴	2011 年调整增加	2013 年调整增加			
中级	八级	780	随工龄逐年递增	300	280	620	600	740	40	238	270
	九级	730									
	十级	680									
初级	十一级	620	随工龄逐年递增	300	220	480	500	626	40	238	270
	十二级	590									
员级	十三级	550	随工龄逐年递增	300	160	400	430	615	40	238	270

2006 年至 2013 年九江职业大学行政、工勤系列职工工资结构

表 4－3－6

项目/职级	财政工资		绩效工资					其他补贴		
	岗位工资	薪级工资	津贴结构			调整情况		保留津贴	其他津贴	生活补贴等
			考勤奖	职级津贴	岗位津贴	2011 年调整增加	2013 年调整增加			
副厅	1305	随工龄逐年递增	300	1000	2400	1850	990	40	248	325
正处	1045	随工龄逐年递增	300	800	1800	1450	850	40	243	305
副处	850	随工龄逐年递增	300	600	1100	1000	805	40	243	280
正科	720	随工龄逐年递增	300	420	800	760	730	40	238	270
副科	640	随工龄逐年递增	300	340	620	630	670	40	238	270
科员	590	随工龄逐年递增	300	220	480	500	615	40	238	270
办事员	550	随工龄逐年递增	300	160	400	430	585	40	238	270
技师	690	随工龄逐年递增	300	240	560	550	730	40	238	270
高级工	615	随工龄逐年递增	300	220	480	500	670	40	238	270
中级工	575	随工龄逐年递增	300	180	420	450	615	40	238	270
初级工	545	随工龄逐年递增	300	160	340	400	585	40	238	270
普工	540	随工龄逐年递增	300	160	340	400	580	40	238	270

二、校内绩效工资

合并重组后，学校坚持绩效工资发放与绩效考核挂钩，根据《江西省省直其他事业单位绩效工资实施意见》精神，结合学校实际，制订了一系列工作考核制度和津贴发放办法，并通过了市人社局的审核，规范学校的津贴发放工作。

随着学校升格为副厅级单位，学校不断改革校内分配制度，逐步扩大二级单位管理的自主权，逐步建立校院二级管理体系，学校在年终考核绩效奖励分配方面，坚持“按劳分配、多劳多得”“两级管理、总额包干”“向教学一线倾斜、兼顾公平”的原则。2009 年底，学校制定出台《九江职业大学年终绩效考核暂行办法》，明确学校年终绩效考核原则，考核分为四个等次，其中一等占部门总人数的 10%，津贴上浮 15%；二等占部门总人数的 40%，三等占部门总人数的 40%，四等占部门总人数的 10%。这一规定各考核等次比例的做法从 2010 年起不再执行，只规定优秀比例。

2012 年 1 月，学校制定出台《九江职业大学全员绩效考核暂行办法》，进一步细化了年终绩效考核分值的构成：一是对院部和行政部门的考核，其考核分值中校领导评议占 50%，中层干部评议占 30%，学生评议占 20%；二是对中层干部的考核，其考核分值中校领导评议占 50%，中层干部相互评议占 30%，本部门职工评议占 20%。

考核结果：院部、处室考核优秀的比例为院部自定总数的 30%，个人考核优秀的比例为本院部、部门教职工人数的 12%。对考核结果为优秀的部门和个人，年终进行一次性表彰和奖励。

考核津贴设置：分为校领导的考核与津贴发放、中层干部的考核与津贴发放和教职工考核与津贴发放等三个层次，每一层次由绩效津贴基数和绩效津贴奖励或扣发两部分构成，津贴基数由学校按层次不等统一发放，绩效津贴奖励或扣发由院部实行二次发放，奖优罚劣，不搞平均主义。

2013 年初，学校进一步调整和细化了考核方法和指标。由机关单位和教学教辅单位相互打分，按分值评出优秀单位。由校领导和所在单位的工作人员给中层干部打分，给全校中层干部排名次，评定优秀。由教务处牵头对教学人员进行考核，评出优秀。考核注重工作实绩，凡考核不合格人员不发年终考核奖励性绩效工资。

2014 年，出台《九江职业大学 2014 年度绩效工资方案》，对各部门、各层级的年终绩效工资基数作了调整。

绩效工资的实施推进了学校收入分配制度改革，规范了津贴、补贴发放，建立了科学的分配激励机制，提高了收入分配的公平性，调动了教职工的积极性，促进了学校各项事业的发展。

附录：九江职业大学 2014 年年度绩效工资方案

为进一步建立和完善校院二级管理体系，逐步建立考核与奖励机制，充分调动全体教职工的积极性和创造性，确保学校各项工作平稳有序，特制定本年度考核与绩效工资分配方案。

一、基本原则

年度绩效工资分配建立在严格的年度考核基础之上，遵循客观公正、民主公开、全面考核、注重实绩、业绩优先，有利于事业发展的原则。

二、考核办法

（一）考核方式

1. 教学院部的考核由胡春亮副校长、赵建大副校长牵头，由教务处、学工处为主进行考核（考核方案见附件1）；

2. 行政和教辅部门的考核由周兴龙副校长、余传忠副校长牵头，由监察室、办公室为主进行考核（考核方案见附件2）；

3. 中层干部的考核由周春明副书记、汪春莲副校长牵头，由组织人事处为主进行考核（考核方案见附件3），院（部）、部门中层干部的年度考核需要述职，述职方式由学校年度考核领导小组确定。

4. 教职工个人由所在院（部）、部门进行考核。

（二）考核分值的构成

1. 院部及教辅部门的考核分值校领导评议占40%，考核小组考核分值占60%（含学生评议）；

2. 行政部门考核分值校领导评议占40%，考核小组考核分值占60%；

3. 中层干部的考核分值校领导评议占40%，中层干部评议占30%，本部门评议占30%。

（三）考核内容

院部和部门的考核内容按照附件1、附件2，中层干部的考核按照附件3的考核要素进行考核。

（四）考核结果

1. 设立考核综合奖和单项工作奖。

（1）按照院部年度考核总分分值排序，设立三个院（部）综合奖（总分排序前三名），按照行政、教辅年度综合考核总分分值排序，设立三个部门综合奖（总分排序前三名）。获得综合奖的院部和部门按人均200元给予奖励。

（2）按照院（部）单项考核分值的高低，设教学工作、招生工作、就业工作、学生工作、安全稳定工作五个单项奖，奖金各3000元。

2. 按12%的比例确定年度考核的优秀个人，其中中层干部按中层正职（含主持工作）、中层副职分列，院部中层干部与机关中层干部分列，按各自比例确定优秀人选（见考核优秀指标分配表）。75—70分为基本合格，69分及以下为不合格。

3. 学校布置的中心工作、重大工作及日常管理工作，经各项检查、督查，发现有渎职行为、不作为行为、重大责任以及造成严重不良社会影响的，定为基本合格；情节特别严重的，定为不合格。部门人员受到党纪、政纪、法纪处理的，取消评优资格，情节严重的，定为基本合格或不合格。

三、年度考核绩效工资的设置

（一）校领导年度绩效工资的核拨

1. 基础部分：按人均10000元核拨。

2. 奖扣部分：参照下列标准执行：

（1）当年学生报到人数较上年每增加100人，奖励2000元。

（2）当年学校收支平衡的情况下，学校收入增减1000万元，奖扣5000元（按比例计发）。

（3）当年学校无重大事故的奖5000元，发生重大事故（火灾、致残、致死）的每起扣3000元。

（4）当年重大（要）工作取得成功每项奖5000元。

（5）当年学校科研工作成果获得省级以上表彰，省级一、二、三等奖分别奖3000、2000、1000元；国家级一、二、三等奖分别奖5000、4000、2000元。

（6）当年学校工作获得上级表彰的，国家级奖2000元，省级奖1000元，市级奖600元。

（7）正校级与副校级领导绩效工资之比为1.3∶1。

（8）考核为优秀的，按校领导下拨基数上浮10%。

（二）中层干部年度绩效工资的核拨

中层正职（含主持工作）按6000元标准核拨，副职按5200元标准核拨。

（三）教职工年度绩效工资的核拨

1. 教学院、部人员年度绩效工资的核拨

（1）基础部分：各教学院部按在岗人数，副教授及以上每人按4400元核拨，中级职称及以下每人按4000元核拨；公共课教学部、思政课部、承担公共课教学的院部公共课教师副教授及以上每人按4800元核拨，中级职称及以下每人按4400元核拨。

（2）奖扣部分，参照下列标准执行：

①在校生人数奖：按年终在校生人数每个学生20元标准核拨。

②招生工作奖：按年初安排的招生区域完成的招生数，按每名三年制大专生奖90元、五年制大专生奖40元、三年制中专生奖20元的标准核拨。学生报到注册后有流失的，扣除双倍的招生奖励金额（中专学生流失的按招生奖励标准扣发）。

③就业工作奖。大专学生就业率高于全省平均水平的（以省教育厅认定的为准），每超1个百分点奖励1000元，每降1个百分点扣500元。

④学费收缴工作奖：学生学杂费收缴金额达到95%的（基数含流失的学生，下同），奖2000元（1000人以内的学院奖1200元），每增加1个百分点增加奖励1500元（1000人以内的学院增加900元），100%收缴无欠费的奖10000元（1000人以内的学院奖6000元）；学生学杂费收缴率在95%以下的每降1个百分点扣500元（1000人以内的学院扣300元）。

⑤综合治理工作奖：无学生重大事故的奖励2000元（包括安全稳定、无火灾、打架斗殴、致伤、致残、致死的，无网上发布不利于学校安全稳定信息的），发生重大事故的每起扣1000元。

⑥内涵建设工作奖：

A. 特色专业建设奖：当年成功申报特色专业建设项目的，国家级奖15000元，省级奖5000元，校级奖1000元（验收通过享受同等奖励）；

B. 精品课程建设奖：当年成功申报国家级精品课程的拨5000元，省级2000元，校级500元（验收通过享受同等奖励）；

C. 教学团队建设奖：当年成功申报国家级教学团队建设项目的拨5000元，省级2000元，校级500元（验收通过享受同等奖励）；

D. 教学创新工作奖：当年成功申报创新实验区建设项目、教学改革项目的，国家级奖励8000元，省级奖励3000元；

E. 实训教学成果奖：实训教学开课率高，实训设备使用率高、完好率高，学生参加各项教育行政部门组织的国家级、省级技能比赛获奖（按人次计算）：国家级一等奖2000元，二等奖1500元，三等奖1000元，组织奖1000元；省级一等奖1000元，二等奖800元，三等奖500元。组织奖500元。同时获国家级与省级奖项的只取最高项，不重复计算。

F. 校园文化建设奖：按照《九江职业大学校园文化建设环境整治工作方案》要求，在教室文化建设、寝室文化建设、环境整治等方面成绩突出者，由校园文化建设环境整治工作领导小组进行考评，确定奖励单位和奖励金额；

G. 社会服务成果奖：参加社会技术服务或社会培训，按学校获得经济效益的5%给予奖励。

⑦争取上级项目奖：提升专业建设能力，争取到国培项目、社会培训项目、中央及省级财政支助项目的奖励办法另行制定。

⑧科研工作奖：按《九江职业大学教学科研工作业绩考核办法（2013年修订）》进行的考核，以院（部）为单位均分排名第一的奖励5000元，每降一名递减1000元（减完为止）。

⑨获得上级表彰奖：获得市级以上（含市级）表彰的集体荣誉，每项奖励按国家级2000元，省级1000元，市级600元。

⑩经教学行政检查、教学督导、监察检查等发现院部教学到课率不高（10%以上缺课或迟到）、教室脏乱、寝室卫生不佳、辅导员缺岗、教职工缺勤者，每发现一起（见学校纪检监察通报、教学通报、学工通报和校长办公会议决定），扣减1000元，如当时做出了扣发岗位津贴决定的，按500元标准扣发。

2. 继续教育学院绩效工资的核拨。按上交学校纯收入的5%核拨。

3. 机关、教辅部门绩效工资的核拨

机关和教辅部门绩效工资的核拨：

（1）副高以上职称（含25年工龄以上的主任科员、讲师、技师）按4800元标准核拨；讲师、内设科长、主任科员、技师及以下按4400元标准核拨。

（2）奖扣部分

①招生奖励按照院部招生奖励标准核拨，招生处的招生工作奖励另行确定。

②机关和教辅部门获得市级以上（含市级）表彰的集体荣誉，每项奖励按国家级2000元，省级1000元，市级600元标准核拨。

③院部扣罚项目与相应行政部门职责挂钩，如行政部门有失职的，应负连带责任，按学校纪检监察通报和校长办公会议决定负连带责任的，每起扣减500元。

④经行政检查、监察督查，领导视察，发现行政人员上班迟到早退的，乱收费、乱罚款、以权谋私、存在“门难进、脸难看、事难办”现象有举报并经查实的，对学校党政会议决定执行不力，不按时完成布置的工作任务的，部门工作无计划总结、工作推诿、弄虚作假、领导布置和检查工作找不到岗位人员的，每发现一起（见检查、监察通报及经查实的师生举报）扣减1000元，如当时做出了扣发岗位津贴决定的，按500元标准扣发。

4. 教职工个人获奖的奖励

教职工个人凡获市级、省级、国家级党政部门表彰的先进个人、优秀工作者等荣誉称号者，国家级奖励1000元，省级奖励500元，市级奖励300元。

5. 考核结果的运用

（1）按附件1和附件2对院（部）、部门进行考核，总分值在76分及其以上的视为合格，年度绩效工资按本方案确定的基础部分标准拨付；考核总分值在70—75分的视为基本合格，按本方案确定的年度绩效工资基础部分标准的50%拨付；考核总分为69分及其以下的视为不合格，无年度绩效工资的基础部分。

（2）根据教职工个人年度考核结果，确定教职工年度绩效工资。

（3）年度考核为优秀的按本院部、部门年度考核奖的下拨基数上浮10%。

（4）年度考核为基本合格者，发1/3的年度考核绩效工资。

（5）年度考核为不合格的无年度考核绩效工资。

6. 有下列情况之一的，参照下列标准扣发个人的年度绩效工资

（1）旷工1天（或旷课2节），按本条第⑷、第（5）款标准扣发当事人的绩效工资。

（2）事假每天扣发50元。

（3）病假按实际不在岗天数扣发。

（4）受学校通报批评者，每次扣1/5的年度绩效工资；受警告处分者，扣发1/2的年度绩效工资。

（5）被认定为教学事故的，一般教学事故扣发1/5的年度绩效工资；严重教学事故扣发1/4年度绩效工资；重大教学事故扣发三分之一年度绩效工资。

（6）本条第（4）、第（5）款所列项目，如果平时考核扣发了岗位津贴的，年度考

核按如下标准扣发：受通报批评或被认定为一般教学事故者扣300元，被认定为严重教学事故者扣600元，被认定为重大教学事故者扣800元。

（7）因公负伤人员（以学校或人保部门认定为准）在医疗和休养期间（以出院记录及医嘱为准），按在岗同类人员年度绩效工资的平均数发放。

7. 有下列情况之一的，参照下列标准扣发个人的年度绩效工资

（1）专任教师全年任课时数不足360课时的，按以下公式计算扣发年度考核奖：全勤绩效工资总额×（360－实际上课时数）/360；完成教学工作量不足180课时的，不能享受教师奖励性绩效工资（因特殊情况经学校批准的除外）。

（2）连续三年未完成《九江职业大学教学科研工作业绩考核办法》额定的科研工作任务的专业技术人员，须扣除按文件规定未完成的科研工作量部分所对应的金额（10元/1分），列入年度考核奖金中扣除。

（3）受记过及以上处分的，扣发全部年度绩效工资。

（4）受司法机关行政拘留的，扣发全部年度绩效工资。

（四）教职工年度考核绩效工资发放及要求

1. 各院（部）、各部门可根据自身实际情况并依据本方案制定本院部、本部门绩效工资分配方案和相应的量化奖罚细则，报经学校分管领导批准实施，实行二次发放。量化结果经公示无异议后，将发放明细表按时报送考核办公室。

2. 二次发放要严格遵照平时考核和年度考核结果，严禁平均发放。对无正当理由不参加年度考核，经教育后仍拒绝参加的人员，所在部门可直接将其确定为“不合格”等次。

3. 由学校派出参加非学历培训的，视为在岗，但必须提供进修单位或学校的考核结果或评价；时间一个月以上的，按所在部门同类人员的平均数发放。不属于学校派出，个人参加脱产培训进修的，按实际在校工作时间考核计发。

4. 新参加工作及新调入人员，按实际在校工作时间考核计发。

5. 凡是由学校统计的教职工因违纪或请假应扣罚的金额，学校在院（部）、各部门年度奖金总额中扣除，各院（部）、各部门视情扣罚当事人。

6. 考核合格以上，学校另按校内津贴标准增发一个月的平时绩效工资。

四、有关数据的统计与汇集

1. 学生学杂费收缴，继续教育学院上缴学校的纯收入情况由财务处提供；

2. 各院部、各部门招生入校人数由招生处提供；

3. 各院（部）毕业生就业情况由就业处提供；

4. 学生重大事故情况由保卫处提供；

5. 各院（部）学生数由学工处、教务处共同提供；

6. 特色专业、精品课程、教学团队、创新实验区情况由教务处提供；

7. 科研分数情况由科研处提供；

8. 工会小组工作情况由校工会提供；

9. 人才引进工作由组织人事处提供。

以上数据请相关部门于放假前20天内统计完毕并报送组织人事处。

五、组织领导

为加强对考核工作的领导，学校成立年度考核工作领导小组。

组长：校级主要领导。

副组长：副校级领导。

成员由组织人事处、办公室、教务处、纪委监察室、宣传部、财务处、学工处、招生处、就业处、后勤处、科研处、工会、团委等有关部门主要负责人组成。

考核领导小组下设办公室，考核办公室设在组织人事处，具体负责年度考核的组织、协调、汇总等有关工作。

年度考核实行当事人回避制度。

2014 年 12 月

三、福利保障和计划生育

中餐补贴 2006 年，两校合并后，学校结合教职工中午上下班时间紧张的实际，参照市行政事业单位及其他院校的做法，给教职工发放校食堂用餐卡，中餐补贴标准为 100 元/月，限校内食堂或小卖部使用，不可兑换现金。2010 年 10 月，因物价上涨，中餐补贴标准调整为 200 元/月。2014 年 9 月，参照市直机关食堂用餐标准，调整为 330 元/月。

劳动保障 2006 年起，学校严格按政策要求做好广大教职员工的劳动保障工作，至 2015 年，除养老金外，基本医疗保险、工伤保险、失业保险等都按政策要求交纳。学校与临时工作人员签订劳务合同，执行九江市最低工资标准。对后勤服务实行了业务及人员管理外包，由专门服务公司进行管理，减少了劳务纠纷，提高后勤服务质量和效率。

基本医疗保险、工伤保险、失业保险等都按政策要求交纳。

住房公积金按财政工资总额的 12% 缴纳。自 2013 年开始，住房工积金交缴基数增加了校内工资部分。2010 年 3 月校长办公会决定，从 2010 年起，三八妇女节福利由每人 50 元提高至 100 元。

计划生育 人口与计划生育管理纳入学校目标管理，实行“一票否决”。具体事务由后勤处医务室负责。学校建立适龄人员及其家属的档案，协同人事处、院、部完善结婚、生育登记制度，落实国家独生子女奖励政策到位和违反计划生育政策处理到位。对在学校从业的临时人员的计划生育实行监督管理，不留工作死角。

截至 2014 年年底，学校无一人违反国家计划生育政策。

第四节 离退休教职工

2006 年，九江职业大学与九江师范学校合并重组时，学校有离退休人员 60 人。2009 年庐山旅游中专并入后离退休人员增加至 194 人。到 2014 年年底，学校共有离退休人员 237 人（含原三校合并前已离退休人员）。其中，离休人员 2 人，退休人员 235 人；县（处）级干部 6 人，副县（处）级干部 13 人，高级职称（正、副教授级）88 人。

2008 年 1 月 15 日，学校第二十八次党政联席会议听取老干部工作汇报，会议指出：对于老干部要更多一点人文关怀，高看一等，厚待三分。第一，关于老龄工作，严格按照政策执行不打折扣；第二，进一步明确由学校工会进行管理；第三，已在两个校区各安排了一个活动场所，要求尽快添置必要的活动设施，尽早向老干部开放；第四，关于老干部的报刊订阅及信件收发，会议建议，报刊订阅由离退休支部牵头代办，信件收发则每周固定收取时间，提早告知，以方便老干部。

2008 年，学校按照党委分工，由一名党委委员、副校长分管老干部工作，具体工作由学校工会负责。2012 年，组织人事处专门设立离退休工作办公室，由一名组织部副部长兼任办公室主任，并配有工作人员，专门负责离退休人员工作，一方面是在执行老干部政策上熟悉业务，另一方面是使离退休人员有归属感、认同感，也为离退休人员反映情况、提出意见和建议提供方便。遵照“老有所养、老有所专、老有所为、老有所乐”的工作方针，充分发挥老同志的余热，从各方面关心离退休人员。

2008 年 3 月 18 日，学校党委办公室印发《2008 年老龄工作意见》，成立“九江职业大学老龄工作委员会”，下设老年体协，具体负责指导、协调老龄工作，工会参与老龄办活动，“实行自我管理、自我教育、自主活动”。明确离退休教职工活动安排：第一，“五一”节前后，组织一次以踏青为主题的近郊活动；第二，“重阳节”活动。这两项活动之后成为学校老年活动的惯例。

2008 年 9 月，学校建立离退休党支部组织，支部书肖湘元，副书记夏宝淦，组织委员张扬球，宣传委员张正治、熊永贵（女工委员），落实离退休支部的活动规章制度。每年组织离退休人员外出参观考察等活动，如重阳节登高、参观九江新城区的发展等。

2008 年起，学校每年划拨专门活动经费 2 万元，在离退休人员不断增加的情况下，于 2010 年又增加到每年 3 万元，确保在活动经费上的开支。

学校每逢重大节假日（如春节、教师节、重阳节等）、离退休人员家中的突发事件、家庭特殊困难等情况时，校领导都坚持走访慰问，在生活上关心爱护老干部，帮助他们解决生活中的困难，表达学校的关心和关爱。对身体有病的老干部，学校不仅帮助他们解决医疗费报销问题，而且还经常派专人看望并送上慰问金。关心老干部的身体健康，学校还每两年组织老干部参加一次健康体检。

2008 年起，学校对领取独生子女光荣证的教职工退休时一次性补助 2000 元。在

2012年每人每月平均增加600元生活补贴的文件下发以后，在职人员尚未落实支付的情况下，首先落实离退休人员的补贴发放。

学校坚持每个学期最少召开一次老干部座谈会，及时了解离退休人员的思想和生活状况，通报学校的工作情况，与老干部进行沟通，并听取他们的意见和建议，共建和谐校园，既为学校又好又快发展营造了良好环境，又能及时地征询到更多更好的意见和建议，更为学校决策提供了民情依据。

离退休党员能够正常开展离退休支部活动，参与学校的重大活动，参与学校的重大决策，发挥老干部在学校的主人翁作用。离退休人员在专业技术领域都有一定的造诣，为了让老干部老有所为，老有所用，充分利用老教师的育人功能优势。

2012年8月29日，学校成立九江职业大学“关心下一代工作委员会”，制订出台《九江职业大学关心下一代工作委员会章程》。工作委员会下设办公室，办公室设在党委组织部，负责关心下一代工作委员会的日常事务。

2014年9月，经党委研究，学校成立离退休党总支，下设3个支部。

2008年至2012年九江职业大学“老龄工作委员会”“关心下一代工作委员会”组成情况

表4-4-1

名称	职务	成员名单
2010年“老龄工作委员会”	主任	张正治
	副主任	宋之保、熊炳火
2012年“老龄工作委员会”	秘书长	肖湘元
	委员	邓思群、谭绪宝、余自立、夏宝淦
2012年“关心下一代工作委员会”	主任	肖厚建
	副主任	宋之保（常）、黄先梅、肖湘元、熊炳火
	成员	夏宝淦、谭绪宝

2012年九江职业大学退休党支部委员会组成名单

表4-4-2

职务	成员名单
支部书记	宋之保
副书记	肖湘元、熊炳火
组织委员	夏宝淦
宣传委员	谭绪宝

续表 4－4－2

职务	成员名单
第一党小组（共 52 人）	
组　长	肖湘元
副组长	夏宝淦
组　员	肖湘元、张正治、黄昌平、江民德、潘东辉、陶时英、夏宝淦、户华为、陈弈生、陈徽萍、张豫理、雷秀珍、何仁稀、彭璋甫、张玉荣、张文烈、陈泽兴、熊德基、郑尚志、陈元芬、王汉卿、毛像华、阙怀庆、金巧莲、陈　群、宋之保、梅巧风、张　冰、范积文、袁靖平、李春娣、张扬球、龚永烈、邹伟刚、李爱华、吴宜刚、石莉莉、赵敦煌、金正福、许昌球、罗来华、李明哲、姜雪娟、鲁聪发、沈　莹、涂海水、俞绍阳、赵小敏、邵德民、詹国珍、余清成、柳新民
第二党小组（共 19 人）	
组　长	熊炳火
副组长	谭绪宝
组　员	熊炳火、赵余才、包宗泽、单新民、冯尧森、刘富森、毛万樵、梅天健、舒文敏、孙申强、谭绪宝、张继衡、张守德、张秀华、张宗琏、郑光琴、钟　丞王康肇、钱静昆

2014 年九江职业大学退休党支部委员会组成名单

表 4－4－3

职务	成员名单
总支书记	宋之保
总支委员	陈新贵、吕天庆、伍国强、谭绪宝
一支部（40 人）	
支部书记	陈新贵
组织委员	刘师
宣传委员	邵德民
支部成员	蔡春祥、陈新贵、陈元芬、范积文、何仁稀、刘师、卢洪生、肖慧群、黄国强、姜雪娟、金巧莲、金正福、李爱华、李春娣、李明哲、柳新民、鲁聪发、毛像华、梅巧风、彭璋甫、邵德民、沈莹、石莉莉、宋之保、涂海水、王汉卿、吴宜刚、肖湘元、熊德基、许昌球、俞绍阳、袁靖平、张冰、张文烈、张玉荣、赵小敏、张扬球、郑尚志、邹伟刚、阙怀庆
二支部（24 人）	
支部书记	吕天庆
组织委员	夏宝淦
宣传委员	周庆流

续表 4-4-3

职务	成员名单
支部成员	陈徽萍、陈奕生、吕天庆、王国槟、龚永烈、户华为、黄昌平、江民德、肖允叔、马志峰、雷秀珍、罗来华、周庆流、潘东辉、詹平华、彭朝胜、陶时英、夏宝淦、余清成、詹国珍、张豫理、张政治、赵敦煌、汪国元
三支部（20 人）	
支部书记	伍国强
组织委员	谭绪宝
宣传委员	钟丞
支部成员	包宗泽、单新民、冯尧森、伍国强、周红、刘富森、毛万樵、梅天健、钱静昆、舒文敏、孙申强、谭绪宝、熊炳火、张继衡、张守德、张宗琏、赵余才、钟丞、王康肇、郑光琴

九江职业大学教职工名录

附表一

序号	部门	姓名	性别	出生年月	参加工作时间	进入单位时间	职务	职称	最高学历	最高学位	毕业学校
在　编											
1	校领导	卢志鹏	男	195510	197812	200604	校长	教授	本科	博士	北京师范大学
2	校领导	王原平	男	195605	198201	200807	党委书记	教授	本科	研究生课程班	中国人民大学
3	校领导	周春明	男	196303	198904	200412	党委副书记	教授	研究生	硕士	西北工业大学
4	校领导	肖厚建	男	195601	198001	200112	副校长	教授	本科	研究生课程班	中国人民大学
5	校领导	胡春亮	男	196402	198608	199308	副校长	教授	本科	硕士	厦门大学
6	校领导	汪春莲	女	195703	197901	197902	副校长	教授	本科	研究生课程班	北京师范大学
7	校领导	周兴龙	男	196311	198608	200804	副校长	副研究馆员	本科	硕士	江西农业大学
8	校领导	余传忠	男	196608	198808	201210	副校长		大专	硕士	
9	校领导	赵建夫	男	196502	198306	201202	副校长		本科	学士	空军蚌埠第十三飞行学院
10	办公室	戴永东	男	196212	198308	198608	主任	副教授	本科	学士	江西大学
11	办公室	田立淼	男	196506	198407	198407	副主任	副教授	本科		江西教育学院
12	办公室	陶　逸	男	198312	200608	200608	主任助理	助教	本科	学士	江西师大
13	办公室	王咏梅	女	196903	198711	200904	档案室主任	实验师	本科		江西理工

续附表一

序号	部门	姓名	性别	出生年月	参加工作时间	进入单位时间	职务	职称	最高学历	最高学位	毕业学校
14	办公室	周 峰	男	198101	200708	200708	秘书科科长	讲师	研究生	硕士	西华师范大学
15	办公室	舒生佐	男	197106	199012	200812	行政科科长		专科		中央党校
16	办公室	何志明	男	198307	200709	200908	综合科科长	助教	本科	学士	南昌大学
17	办公室	张先锁	男	196302	198607	198607	法律顾问	副教授	本科	学士	江西师范大学
18	办公室	梅 琴	女	198306	200511	200511	干事	讲师	本科	学士	九江学院
19	办公室	谢启达	男	196305	198011	200002	司机	高级工	高中		修水中学
20	办公室	梁 平	男	197208	199405	199601	司机	中级工	本科		江西理工大学
21	办公室	梅纪洪	男	197009	198801	199112	司机	高级工	高中		黄梅分路中学
22	办公室	汪 浔	男	196308	197402	196308	司机	高级工	初中		赛湖中学
23	办公室	石丙忠	男	197511	199302	200908	司机	初级工	高中		复兴中学
24	办公室	高文庆	男	198702	200708	201008	司机	初级工	专科		重庆大学
25	办公室	熊小军	男	197503	199312	200908	司机	初级工	高中		武宁县三中
26	办公室	张翠珍	女	196408	198208	201303	干事	中学一级	本科		江西财经大学
27	组织人事处	张 梅	女	196110	197708	200803	主持工作	教授	本科	研究生课程班	中国人民大学
28	组织人事处	黄先梅	女	197004	199407	199608	副处长	讲师	本科		南昌大学
29	组织人事处	蔡锦峰	男	197201	199408	199607	副处长	副教授	本科	学士	江西师大
30	组织人事处	周 婷	女	198511	200708	200708	人才职称科长	讲师	本科	硕士	华中师范大学
31	组织人事处	邹秀件	男	197910	200311	200208	工资福利科长	讲师	本科	硕士	电子科技大学
32	组织人事处	李 捷	女	198110	200311	200108	组织统战科长	讲师	研究生	硕士	华中农业大学
33	组织人事处	主福洋	男	198405	200708	200708	离退休办办公室主任	讲师	本科	学士	江苏工业学院
34	组织人事处	邓 超	男	198707	200412	200901	干事	初级工	专科		九江学院
35	组织人事处	郑 国	男	198701	201307	201307	干事	助教	本科	学士	南昌大学
36	宣传部	熊细滚	男	197305	199509	199509	部长	教授	本科	硕士	华中师范大学
37	宣传部	马 洺	男	198206	200507	200908	干事	助教	本科	学士	东华理工大学

续附表一

序号	部门	姓名	性别	出生年月	参加工作时间	进入单位时间	职务	职称	最高学历	最高学位	毕业学校
38	宣传部	张　文	女	198403	201010	201410	干事	科员	研究生	硕士	英国圣安德鲁斯大学
39	宣传部	夏彬斌	男	198710	200909	201109	干事	助教	本科	学士	江西财经大学
40	纪委监察	罗平西	男	196303	198409	198409	副书记	中学高级	本科		江西师大
41	纪委监察	胡泽辉	男	195711	197412	199307	副处级干部		本科		江西师范大学
42	纪委监察	涂冰艳	女	197303	199407	200701	主持工作	副教授	本科	硕士	武汉大学
43	纪委监察	应　亮	男	197905	200307	200307	干事	讲师	本科	学士	江西师范大学
44	工会	罗会珊	男	196309	198508	200311	主席	教授	本科	研究生课程班	复旦大学
45	工会	徐国泉	男	196309	198407	198407	副主席	中学高级	本科		北师大
46	工会	肖　译	女	198805	200808	200808	干事	科员	本科		江西师大
47	工会	蒋宗仁	男	198612	200609	200908	干事	助教	本科	硕士	武汉大学
48	国际交流中心	曹迁平	女	197102	199508	199508	主任	副教授	本科	硕士	江西师范大学
49	国际交流中心	刘　静	女	198312	200610	200608	副主任	讲师	本科	硕士	南昌大学
50	国际交流中心	孙莎莎	女	198206	200509	200708	干事	助教	本科	学士	江西科技师范大学
51	教务处	付义赣	男	196405	198508	198508	处长	副教授	本科	学士	江西师范大学
52	教务处	董先明	男	197203	199508	199508	副处长	副教授	本科	学士	江西师范大学
53	教务处	周演汇	男	198212	200408	200408	副处长	讲师	本科	硕士	江西师大
54	教务处	胡克勤	男	196902	199008	200109	处长助理	讲师	本科		九江学院
55	教务处	诸秋南	男	195712	198007	200208	督导	副教授	本科	学士	江西师大
56	教务处	王学兵	男	197604	199707	200808	师资科长	讲师	研究生	硕士	上海师范大学
57	教务处	郭　坤	男	198407	200609	200808	考务科长	讲师	本科	硕士	华中科技大学
58	教务处	胡勇兵	男	196905	199401	199401	学籍科长	讲师	本科	学士	中国农大
59	教务处	黄　媛	女	198507	201006	201108	干事	助教	本科	学士	九江学院
60	教务处	吴　明	男	198411	200708	200708	干事	讲师	本科	学士	南昌大学
61	教务处	诸晓毅	男	198412	200408	200508	干事	讲师	本科	学士	江西经济管理干部学院
62	教务处	王文靖	男	197807	199909	200708	干事	讲师	研究生	硕士	华中师范大学
63	教务处	史　飞	女	198508	200509	200803	干事	助教	本科	学士	武汉理工

续附表一

序号	部门	姓名	性别	出生年月	参加工作时间	进入单位时间	职务	职称	最高学历	最高学位	毕业学校
64	教务处	刘 坚	男	198210	200410	200708	干事	讲师	本科	硕士	电子科技大学
65	教务处	陈凤花	女	197208	198801	200708	干事	初级工	专科		中央党校
66	教务处	张 婷（小）	女	198501	200808	200808	干事	助教	本科	学士	江西师范大学
67	教务处	苏 婧	女	198711	201103	201103	干事	科员	本科	学士	九江学院
68	学工处	刘 皓	男	197406	199508	199508	处长	中学高级	本科	学士	南昌大学
69	学工处	威泽勇	男	197107	199309	199309	副处长	副教授	本科	硕士	江西师大
70	学工处	欧阳灿	男	198403	200312	200309	副处长	助教	本科		华东交通大学
71	学工处	汤 曼	女	197807	200107	200107	副处长	讲师	本科	硕士	江西农业大学
72	学工处	周伟珍	女	198203	200408	200408	助贷中心主任	讲师	研究生	硕士	苏州大学
73	学工处	欧阳春晖	男	198103	200012	200408	宿管中心主任	中级工	本科		华东交通大学
74	学工处	周鸽宝	男	197810	200201	200109	宿管科科长	助教	本科	学士	九江学院
75	学工处	陈光甲	男	197405	199308	200810	宿管科科长	讲师	本科	硕士	江西师范大学
76	学工处	袁 源	男	198402	200509	200708	干事	助教	本科	学士	江西理工
77	学工处	闵 捷	男	198404	200608	200608	干事	助教	本科	学士	集美大学
78	学工处	吴 婕	女	197208	199208	200905	干事	助教	本科	学士	北京大学
79	学工处	邱薪颖	女	198210	200012	200411	干事	讲师	本科	学士	九江师专
80	学工处	刘小贞	女	198309	200509	201103	干事	助教	本科	学士	华南师范
81	学工处	何毅钦	女	198606	200808	201108	干事	助教	研究生	硕士	南昌大学
82	学工处	史优伟	男	198302	200112	200502	宿管员	中级工	本科		井冈山大学
83	学工处	王 奕	女	198808	201109	201109	宿管员	助教	本科	学士	常州工学院
84	学工处	殷少华	男	196306	198006	19866	宿管员	高级工	高中		九江一中
85	学工处	江会成	男	195707	197908	19798	宿管员	高级工	初中		二厂子弟学校
86	学工处	熊亚平	男	195812	198012	198012	宿管员	高级工	高中		九江县二中
87	学工处	柯冬梅	女	197012	200103	200801	宿管员	中级工	专科		西安工业科技学院
88	学工处	梅文莲	女	196807	200202	201205	宿管员	初级工	高中		流泗中学
89	学工处	李 腾	男	198502	200803	200803	宿管员	科员	专科		九江职业大学

续附表一

序号	部门	姓名	性别	出生年月	参加工作时间	进入单位时间	职务	职称	最高学历	最高学位	毕业学校
90	团委	卢　涛	男	198412	200709	200708	主持工作	讲师	本科	硕士	武汉大学
91	团委	李俊楠	男	198408	200708	200708	综合科科长	助教	本科	学士	洛阳师院
92	团委	汪　琛	女	198806	200908	200908	干事	助教	本科	学士	九江学院
93	团委	叶　静	女	198806	200908	201208	干事	助教	本科	学士	江西教育学院
94	后勤处	张晓华	男	196408	198508	198508	处长	教授	本科		江西师大
95	后勤处	江鸿波	男	196608	198807	198807	副处长	副教授	本科		江西师大
96	后勤处	章　坚	男	196510	198402	198402	处长助理	高级工	中专		江西省农校
97	后勤处	刘东桥	男	197505	199710	201012	处长助理	讲师	本科		南昌大学
98	后勤处	刘　峰	男	197102	198704	200604	综合科科长	高级工	本科		江西师大
99	后勤处	黄胡屏	男	195705	197203	199807	维修科长	技师	初中		东风小学初中部
100	后勤处	曹清华	男	197610	199312	200709	干事	中级工	本科		江西经济管理专修学院
101	后勤处	王　荔	女	197101	199409	200909	干事	初级工	中专		九江师范
102	后勤处	曹帮仁	男	196908	199111	199111	干事	高级工	本科		北京大学
103	后勤处	章　强	男	196904	199611	199611	勤杂工	中级工	初中		马廻岭中学
104	后勤处	许高明	男	196601	198211	198211	水电工	高级工	初中		九江六中
105	后勤处	叶　昊	男	197601	199312	199706	勤杂工	中级工	本科		上海工商学院
106	后勤处	史秉忠	男	195705	197503	198103	主任科员		专科		江西师大
107	后勤处	胡登平	男	196107	198610	198610	干事	高级工	中专		九江师范
108	后勤处	龚永华	男	195508	197312	198601	主任科员		高中		新港中学
109	后勤处	胡晓明	女	197102	199308	199308	校医	主治医师	本科	学士	九江学院
110	后勤处	赵冬梅	女	196401	198111	198111	校医	主管护师	专科		江西医学院
111	后勤处	方石娣	女	197304	199307	201111	校医	主管护师	专科		九江电大
112	后勤处	万盛娥	女	196101	198308	198308	校医	主管护师	专科		九江电大
113	后勤处	张春芳	女	197603	199709	199709	校医	讲师	本科	硕士	江西师范大学
114	后勤处	黄庆丰	男	197407	199112	20038	干事	中级工	专科		九江电大
115	后勤处	张　薇	女	198410	200403	200403	校医	技术员	本科		九江学院
116	后勤处	倪荣彪	男	197805	199608	201008	专职教师	讲师	研究生	硕士	厦门大学
117	后勤处	孔德志	男	196509	198106	198106	电工	高级工	初中		建材子弟学校

续附表一

序号	部门	姓名	性别	出生年月	参加工作时间	进入单位时间	职务	职称	最高学历	最高学位	毕业学校
118	后勤处	何 镭	男	198101	200012	201408	干事	初级工			
119	校建办	张江明	男	197004	198910	199610	主持工作	中级工	本科		江西师大
120	校建办	谭兴铭	男	196312	198308	198308	副处长	中学高级	本科		东北师大
121	校建办	宋琪宏	男	196407	198707	201111	副处长	工程师	本科		武汉科技大学
122	校建办	蔡 琼	男	198309	200508	200508	工程管理科科长	助理工程师	本科		江西理工大学
123	校建办	邹 勋	男	198405	200708	200708	干事	助教	本科	学士	南昌大学
124	校建办	蒋剑霞	女	197811	200311	200209	干事	讲师	本科		中央电大
125	校建办	王 浔	男	198512	200708	200708	干事	助教	本科		华东交大
126	校建办	肖广达	男	198509	200808	201108	干事	助教	本科		合肥工业大学
127	校建办	龚 蕾	女	198903	200612	201307	干事	初级工	本科		军事经济学院
128	校建办	唐克勤	男	197903	199809	201212	干事		本科	学士	沈阳炮兵学院
129	校建办	郑 亮	女	197904	199812	199812	干事	实验员	本科		江西师大
130	校建办	王存荣	男	197202	199508	200808	干事	初级工	专科		江西师范大学
131	招生处	王红彬	男	197907	200308	200308	主持工作	讲师	本科	硕士	江西科技师范大学
132	招生处	陈义敏	男	197202	198903	199203	副处长		本科	学士	江西师范大学
133	招生处	李 丹	女	198004	200109	200605	高招科科长	助教	本科		江西理工大学
134	招生处	宋增龙	男	198412	200604	200604	干事	助教	本科		中央电大
135	招生处	陈 武	男	197005	199109	199109	干事	中学高级	本科		党校
136	招生处	张象成	男	197809	200307	200306	干事	讲师	本科	硕士	江西科技师范大学
137	就业处	黄报声	男	196706	198406	199406	主持工作		本科		江西师大
138	就业处	伍文斌	男	196405	198408	198404	副处长	中学高级	本科		华东交通大学
139	就业处	曾德愚	男	197904	200407	200407	网络党支办科长	讲师	本科		华中科大
140	就业处	高华清	男	197903	200110	200508	干事	讲师	本科		九江学院
141	就业处	徐 珍	女	198002	200311	200208	干事	助教	本科		江西师大
142	财务处	夏敏玲	女	196303	198208	199106	主持工作	教授	本科		江西师大

续附表一

序号	部门	姓名	性别	出生年月	参加工作时间	进入单位时间	职务	职称	最高学历	最高学位	毕业学校
143	财务处	段　炼	男	197203	199307	199307	财务科长	中学高级	本科	学士	江西农业大学
144	财务处	王　燕	女	197301	199107	200708	出纳	助理级	本科		华东师大
145	财务处	莫　丹	女	197801	201206	200810	会计	助理会计师	本科	学士	北京大学
146	财务处	周　艳	女	197510	199710	199710	会计	讲师	本科		北京师范大学
147	财务处	刘水平	女	197407	199209	200703	出纳	中级工	专科		江西省委党校
148	财务处	陈　岚	女	196611	198205	200903	出纳	助理会计师	本科		湖北工业学院
149	财务处	罗文婷	女	197111	200301	201212	出纳	会计员	专科		华中师范
150	财务处	唐红艳	女	196912	199205	200002	卡机员	中级工	中专		九江师范学校
151	财务处	胡燕仙	女	196106	198004	198004	卡机员		专科		九江电视大学
152	国资处	郑光明	男	196801	198711	198711	主持工作	讲师	本科		江西财经大学
153	国资处	李　宏	男	197705	199708	199708	干事	讲师	本科		江西师大
154	国资处	黄　敏	男	198708	200412	200901	干事	助理实验师	专科		北京师范
155	科研处	朱朝霞	女	196210	198408	199503	处长	教授	本科	硕士	江西师大
156	科研处	马思源	女	198401	200908	200908	干事	讲师	研究生	硕士	苏州大学
157	科研处	郭玉娟	女	196805	198608	200907	综合科科长	副教授	本科		江西师大
158	保卫处	唐　健	男	197309	199509	199509	主持工作	讲师	本科	学士	江西师范大学
159	保卫处	周　涛（大）	男	197307	199112	200811	副处长		本科	学士	海洋工程大学
160	保卫处	谢春文	男	197611	200212	200510	副处长		专科		江西电大
161	保卫处	勒绍华	女	197806	200201	200201	干事	中教一级	本科	学士	江西师大
162	保卫处	邹晓非	男	197103	198903	199103	干事	高级工	专科		九江教育学院
163	保卫处	颜席华	男	195806	197501	197501	干事	技师	中专		九江县共大
164	保卫处	付育辉	男	197103	199012	199311	干事	中级工	专科		江西师范大学
165	保卫处	邵志卿	男	197512	199311	199710	干事	中级工	专科		九江师专
166	保卫处	熊克勇	男	196307	198006	198006	干事	高级工	高中		九江三中
167	保卫处	李　足	男	198911	200512	201103	干事	初级工	本科	学士	军事经济学院
168	保卫处	刘　莉	女	198710	200908	200908	干事	助教	本科	学士	九江学院
169	保卫处	谢　军	男	198908	201109	201109	干事	科员	本科		江西师范大学

续附表一

序号	部门	姓名	性别	出生年月	参加工作时间	进入单位时间	职务	职称	最高学历	最高学位	毕业学校
170	保卫处	潘隆斌	男	196110	198102	198102	干事	高级工	中专		共大
171	保卫处	孔德选	男	196401	198001	198501	干事	高级工	初中		建材厂职工学校
172	保卫处	代图强	男	196502	198608	198608	干事	中教一级	专科		九江师专
173	图书馆	黄俊民	男	196303	198107	200001	馆长	副研究馆员	本科		北京大学
174	图书馆	蔡淑珍	女	196912	199508	200008	副馆长	副教授	本科		中央电大
175	图书馆	李云鹰	女	197801	200103	200103	图书管理员	助理馆员	本科		军事经济学院
176	图书馆	邹学茂	男	195708	198008	200411	图书管理员	中学一级	专科		南钢职大
177	图书馆	王存燕	女	196804	198702	198702	图书管理员	高级工	专科		中央广播电视大学
178	图书馆	汪丽萍	女	198112	200409	200409	图书管理员	馆员	本科	学士	华东交大
179	图书馆	吴文会	女	197806	200307	200307	图书管理员	馆员	本科	学士	江西财大
180	图书馆	金　炜	男	197606	199912	199912	图书管理员	助理馆员	本科		中央广播电视大学
181	图书馆	戴纯纯	女	198504	200708	200708	图书管理员	助理馆员	本科	学士	江西师大
182	图书馆	熊为群	女	197205	199508	201009	图书管理员	初级工	本科		江西中医学院
183	图书馆	余　凯	女	196905	199003	199003	图书管理员	高级工	高中		九江二中
184	图书馆	陈小红	女	197305	199508	199508	图书管理员	讲师	本科	硕士	江西财大
185	图书馆	赵　宇	男	198310	200609	200609	图书管理员	讲师	本科	硕士	北京理工大学
186	图书馆	卢奕文	男	197605	199612	200011	图书管理员	中级工	本科		北京科大
187	图书馆	陈七林	男	197008	199407	199407	图书管理员	助教	本科	学士	杭州商学院
188	图书馆	乔　治	女	198710	201108	201108	图书管理员	助教	本科	学士	天津美术学院
189	图书馆	黄宇鸿	女	197103	198810	200010	图书管理员	高级工	大专		江西大学
190	实训中心	蒋腾旭	男	197002	199308	199308	主任	教授	本科	硕士	江西师范大学

续附表一

序号	部门	姓名	性别	出生年月	参加工作时间	进入单位时间	职务	职称	最高学历	最高学位	毕业学校
192	实训中心	王晓军	男	196201	198407	198407	副主任	中学高级	本科		北京师范大学
193	实训中心	张建文	女	196604	198601	198601	干事	高级工	专科		华中农大
194	实训中心	梅丽红	女	197011	199309	199309	干事	讲师	本科		中国农大
195	实训中心	魏国秘	男	198403	200708	200708	干事	助理实验师	本科		北京经济管理函授学院
196	实训中心	潘　钧	男	198310	200508	200508	干事	助理实验师	本科		华东交通大学
197	实训中心	钱利剑	男	197906	199707	199707	干事	讲师	本科		北京理工大学
198	实训中心	张天国	男	196409	198707	198707	干事	讲师	本科		湛江水产学院
199	实训中心	李继柱	男	197707	200012	200012	干事	讲师	本科		九江学院
200	实训中心	万健安	男	197010	199108	199108	干事	讲师	本科		西南大学
201	实训中心	郭晓君	男	197902	200311	200209	干事	助教	本科		西南大学
202	实训中心	王　昌	男	196801	198808	200911	干事	副教授	本科		江西师大
203	实训中心	余绍敏	女	198305	200511	200511	干事	助教	本科		南昌大学
204	实训中心	吴富东	男	198002	200307	200307	干事	讲师	本科		江西师大
205	实训中心	曹建华	男	195709	198002	198605	干事	讲师	专科		江西电大
206	实训中心	张　毅（小）	男	198407	200908	200908	干事	助教	本科		武汉大学
207	实训中心	曹　欣	女	197310	199406	200603	干事	助理馆员	本科		江西理工大学
208	实训中心	张　丽	女	198301	200609	200909	干事	助理实验师	本科		江西师大
209	信息中心	殷　诚	男	197205	199607	199607	主持工作	副教授	本科	硕士	南昌大学
210	信息中心	张　律	男	197601	199708	199708	副主任	副教授	本科	学士	南昌大学
211	信息中心	雷丽娟	女	198612	200709	200908	干事	助教	本科	学士	南阳师范学院
212	信息中心	许　敏	男	198012	200408	200408	干事	讲师	本科	硕士	电子科技大学
213	信息中心	梅鹏飞	男	198205	200509	200509	干事	助教	本科	学士	成都理工大学
214	信息中心	周光俊	男	198011	200408	200601	干事	初级	本科	学士	长春大学
215	信息中心	韩　东	男	197810	200310	200310	干事	讲师	本科	学士	海军工程大学
216	信息中心	郑永彬	男	198008	199812	201011	干事	助理实验师	专科		中央广播电视大学
218	信息中心	张海龙	男	198710	201208	201308	干事	科员	研究生	硕士	哈尔滨工业大学
219	信息中心	曲　昊	男	198612	201201	201501	干事	科员	研究生	硕士	帝国理工大学

续附表一

序号	部门	姓名	性别	出生年月	参加工作时间	进入单位时间	职务	职称	最高学历	最高学位	毕业学校
220	学报编辑部	花传国	男	196308	198108	200902	主持工作	教授	本科	研究生课程班	中国人民大学
221	学报编辑部	曹树祥	男	196601	198708	199101	学术督导	教授	本科	学士	华东化工学院
222	学报编辑部	易水霞	女	196904	198808	200808	干事	副教授	研究生	硕士	广西师范大学
223	机关党总支	董麓超	男	196308	198308	198308	副书记	副教授	本科	学士	浙江大学
224	幼儿园	周燕勤	女	198408	199909	201109	副园长	助教	本科		江西师大
225	幼儿园	曹帮云	男	196308	198210	198210	干事	高级工	高中		马回岭中学
226	师范学院	何华松	男	196205	198508	200507	院长	副教授	本科	学士	江西师范大学
227	师范学院	方　波	男	196510	198811	198807	书记（主持工作）	副教授	本科	学士	江西师范大学
228	师范学院	孙宪刚	男	196311	198608	200311	副院长	副教授	本科	学士	江西师范大学
229	师范学院	江建民	男	198110	200307	200307	院长助理	讲师	本科	硕士	江西科技师范大学
230	师范学院	宗　铭	男	197811	200201	200109	教务科长	讲师	本科		九江学院
231	师范学院	余干龙	男	198209	200606	200606	院办主任	讲师	本科	学士	江西师大
232	师范学院	李　欢	女	198206	200509	200509	学工科科长	讲师	本科	学士	湖北师范学院
233	师范学院	余乃金	男	197807	200511	200511	教学干事	讲师	本科	学士	江西师大
234	师范学院	丁　璐	男	197905	200307	200511	学工干事	讲师	本科	学士	江西师大
235	师范学院	黄遇铭	女	198507	200808	200808	学工干事	助教	本科	学士	九江学院
236	师范学院	晁　锐	男	198603	200809	200908	辅导员	助教	本科	学士	天津体育学院
237	师范学院	曹　浩	男	198811	201009	201009	辅导员	助教	本科	学士	广西艺术学院
238	师范学院	龚　洁	女	198606	200708	201009	学工干事	助教	本科	学士	黄河科技学院
239	师范学院	欧阳莹	女	198606	200907	201009	辅导员	助教	本科	学士	江西农业大学
240	师范学院	张盛桥	男	196509	198806	198806	专职教师	副教授	本科	学士	华中师范大学
241	师范学院	张守兴	男	196311	198707	198707	专职教师	教授	本科	学士	江西大学
242	师范学院	吴小京	男	195709	197503	201108	专职教师	国家一级美术师	本科		中央党校
243	师范学院	陈晓凌	男	196510	198708	199003	专职教师	副教授	本科	学士	江西师范大学
244	师范学院	梁枝林	女	197404	199709	199709	专职教师	讲师	本科	研究生课程班	上海师范大学
245	师范学院	石舞潮	男	197312	199708	200510	专职教师	副教授	研究生	硕士	上海师范大学

续附表一

序号	部门	姓名	性别	出生年月	参加工作时间	进入单位时间	职务	职称	最高学历	最高学位	毕业学校
247	师范学院	熊十华	女	198111	200307	200307	专职教师	讲师	本科	硕士	江西师大
248	师范学院	宋　濂	女	197001	199508	199508	专职教师	讲师	本科	研究生课程班	江西财大
249	师范学院	易传保	男	197209	199607	199607	专职教师	讲师	本科	研究生课程班	上海师大
250	师范学院	许实年	男	197012	199507	200908	专职教师	讲师	研究生	硕士	安徽师大
251	师范学院	邓耀东	男	196411	198507	198507	专职教师	副教授	本科		江西教育学院
252	师范学院	杨苏立	女	198202	200407	200407	专职教师	讲师	本科	硕士	江西师大
253	师范学院	杨晓英	女	197909	200409	200409	专职教师	讲师	本科	学士	江西师范大学
254	师范学院	户才鸿	女	196305	198207	198207	专职教师	中学高级	本科		江西师大
255	师范学院	于　苗	女	198301	200509	200808	专职教师	助教	本科	学士	南昌大学
256	师范学院	张　璐	女	198106	200409	200509	专职教师	讲师	本科	学士	湖北黄冈师范学院
257	师范学院	胡青宇	女	197206	199409	199409	专职教师	副教授	研究生	硕士	江西师范大学
258	师范学院	凌从桂	女	198003	200409	200509	专职教师	讲师	本科		南昌大学
260	师范学院	刘慧玲	女	197408	199904	199904	专职教师	讲师	本科	硕士	江西师大
261	师范学院	陶幼明	男	195504	197812	197812	专职教师	教授	本科		江西师大
262	师范学院	谭淑英	女	197107	199309	199309	专职教师	中学高级	本科		江西师大
263	师范学院	周　萍	女	196608	198807	198807	专职教师	中学高级	本科		江西师范大学
264	师范学院	李建华	男	197109	199407	199407	专职教师	副教授	本科	学士	江西师范大学
265	师范学院	车　平	男	198508	200608	200708	专职教师	助教	本科	学士	南昌大学
266	师范学院	许　鹏	男	197904	200111	200511	专职教师	助教	本科	学士	江西财经大学
267	师范学院	王锦红	女	198508	201008	201008	专职教师	助教	研究生	硕士	长沙理工大学
268	师范学院	曹少卿	男	196708	198907	200409	专职教师	讲师	本科	硕士	江西师大
269	师范学院	詹丽芹	女	196401	198107	200510	专职教师	教授	本科	学士	浙江师大
270	师范学院	江茶英	女	198005	200410	200511	专职教师	讲师	本科	硕士	江西师范大学
271	师范学院	李　玲	女	198101	200709	201009	专职教师	讲师	研究生	硕士	南京林业大学
273	师范学院	邢海英	女	197010	199208	199208	专职教师	中学高级	本科		江西师大
274	师范学院	胡　恒	女	198804	200908	200908	专职教师	助教	研究生	硕士	广西师范学院
275	师范学院	周　楠	女	198308	200609	200808	专职教师	助教	本科	学士	师范大学
276	师范学院	杨劲雯	女	198411	200708	200708	专职教师	讲师	本科	学士	江西师范大学

续附表一

序号	部门	姓名	性别	出生年月	参加工作时间	进入单位时间	职务	职称	最高学历	最高学位	毕业学校
277	师范学院	柯桂珍	女	196512	198808	200301	专职教师	副教授	本科	硕士	江西师大
278	师范学院	熊群红	女	197801	200108	200810	专职教师	讲师	本科		江西师大
279	师范学院	刘思思	女	198510	200708	200708	专职教师	讲师	本科	学士	江西师大
280	师范学院	代寒芳	女	197312	199208	200908	专职教师	讲师	研究生	硕士	江西财经大学
281	师范学院	卢剑文	女	198004	200409	200409	专职教师	助教	本科	学士	华东师范大学
282	师范学院	黄银梅	女	197712	200311	200209	专职教师	讲师	本科		九江学院
283	师范学院	胡　林	女	196602	198907	200507	专职教师	教授	本科	学士	江西师范大学
284	师范学院	刘桂华	男	196305	198508	198601	专职教师	副教授	本科	学士	江西师范大学
285	师范学院	张友华	男	196507	198707	198707	专职教师	副教授	本科	学士	江西师大
286	师范学院	李召茂	男	196808	199109	199109	专职教师	讲师	本科	学士	江西师范大学
287	师范学院	左　芳	女	197209	199308	199308	专职教师	副教授	本科	硕士	江西师大
288	师范学院	熊庆秋	女	197610	199812	200808	专职教师	副教授	研究生	硕士	首都师范大学
289	师范学院	刘红燕	女	198008	199709	200908	专职教师	讲师	研究生	硕士	广西师范大学
290	师范学院	潘漫漫	女	198010	200208	200908	专职教师	讲师	研究生	硕士	西南大学
291	师范学院	李欣晏	女	198511	201008	201008	专职教师	讲师	研究生	硕士	湖北大学
292	师范学院	王　英	女	196302	198607	198607	专职教师	副教授	本科		江西师大
293	师范学院	涂　歆	女	196706	198508	200607	专职教师	讲师	本科	学士	湖北师范学院
294	师范学院	田立云	男	196511	198608	201208	专职教师	小高	专科		九江师范
295	师范学院	吴芳芳	女	198411	201108	201008	专职教师	助教	研究生	硕士	青岛大学
296	师范学院	李萍华	女	198003	200503	201209	教学干事	助教	本科	学士	昆明理工大学
297	学前学院	廖贵英	女	196411	198607	198607	院长	教授	本科	学士	江西师大
299	学前学院	吕红梅	女	197702	200004	200004	副院长	讲师	本科		江西师大
300	学前学院	杨　毅	男	198412	200708	200708	副院长	助教	本科	硕士	电子科技大学
301	学前学院	周　军（男）	男	196911	199008	199008	学工科长	中学高级	本科		九江电大
302	学前学院	雷　斑	男	197907	199908	199908	教务科长	中学一级	本科		江西师大
303	学前学院	陈　钊	男	198702	200808	200808	院办主任	助教	本科	学士	江西师范大学
304	学前学院	陈娉婷	女	198002	200309	200309	行政干事	助教	本科	硕士	湖北工业大学
305	学前学院	吴　静	男	197808	200201	200109	教务干事	助教	本科		九江学院

续附表一

序号	部门	姓名	性别	出生年月	参加工作时间	进入单位时间	职务	职称	最高学历	最高学位	毕业学校
306	学前学院	李媛芳	女	198004	200401	200511	实训室管理员	助教	本科	学士	江西科技师范学院
307	学前学院	李海喃	女	198104	200311	200311	团委干事	讲师	本科	硕士	江西师范大学
308	学前学院	曹　颖	女	198609	200708	200708	辅导员	助教	本科	学士	江西师范大学
309	学前学院	文其云	女	197306	199509	20001	专职教师	讲师	本科	学士	湖南科技大学
310	学前学院	方　方	女	197107	199407	199707	专职教师	讲师	本科	学士	江西师范大学
312	学前学院	郭雨欣	女	197907	200206	200908	专职教师	讲师	研究生	硕士	湖南师范大学
313	学前学院	雷　鸣	男	197303	200609	201008	专职教师	讲师	研究生	硕士	西北师范大学
314	学前学院	叶梓君	女	198708	201006	201109	专职教师	助教	本科	学士	江西财经大学
315	学前学院	叶　虹	女	196503	198607	200012	专职教师	中学高级	本科		清华大学
316	学前学院	鲁　奇	男	197507	199612	199911	专职教师	讲师	本科		江西师范大学
317	学前学院	邱黄辉	女	197910	200209	200209	专职教师	副教授	本科	硕士	江西师大
318	学前学院	陈彩娟	女	198007	199708	200311	专职教师	讲师	本科	学士	江西省教育学院
319	学前学院	陆　辉	女	197105	199207	199207	专职教师	中学高级	本科		南昌大学
320	学前学院	刘彩霞	女	197306	199509	199509	专职教师	中学高级	本科		南昌大学
321	学前学院	靳　红	女	196703	198903	199112	专职教师	副教授	本科		江西师大
322	学前学院	周　珉	男	197902	200001	200001	专职教师	讲师	本科		九江学院
323	学前学院	李丽珍	女	198209	200407	200810	专职教师	讲师	研究生	硕士	南昌大学
325	学前学院	廖珊珊	女	197912	200311	200311	专职教师	讲师	本科	学士	江西师大
326	学前学院	刘　倩	男	197406	199207	199207	专职教师	助教	本科		中共中央党校
327	学前学院	叶　萌	女	198912	201011	201011	专职教师	助教	本科	学士	江西师范大学
328	学前学院	罗　晶	女	198610	200708	200808	专职教师	助教	本科	学士	云南师范大学
329	学前学院	徐　倩	女	198412	200607	200708	专职教师	助教	本科	学士	江西科技师范大学
330	学前学院	王　晶	女	198608	200708	200708	专职教师	讲师	研究生	硕士	湖北工业大学
331	学前学院	张慧敏	女	198507	200708	200708	专职教师	讲师	本科	硕士	湖北工业大学
332	学前学院	王潇雨	男	198408	200609	200610	专职教师	助教	本科	学士	天津科技大学
333	学前学院	谌明霞	女	197611	200001	200001	专职教师	讲师	本科	硕士	湖北工业大学
334	学前学院	涂　骅	女	197811	200012	200012	专职教师	讲师	本科		江西师大
335	学前学院	柯朝颖	女	198101	200310	200310	专职教师	讲师	本科	学士	赣南师范学院

续附表一

序号	部门	姓名	性别	出生年月	参加工作时间	进入单位时间	职务	职称	最高学历	最高学位	毕业学校
336	学前学院	杨继慧	女	197408	199608	199901	专职教师	讲师	本科		九江学院
337	学前学院	李石岚	女	198401	200708	200708	专职教师	助教	本科	学士	青岛大学
338	学前学院	张爱珍	女	196303	198207	198207	专职教师	中学高级	本科		江西师大
339	学前学院	施根生	男	196107	198409	198407	专职教师	讲师	本科	学士	江西教育学院
340	学前学院	钱桃英	女	196603	198407	198407	专职教师	副教授	本科	学士	华中师大
341	学前学院	唐舒雯	女	198801	200807	201108	专职教师	助教	本科	学士	广东海洋大学
342	学前学院	文　静	女	198712	200908	200908	专职教师	助教	本科	硕士	武汉大学
343	学前学院	张子建	女	198710	201108	201108	专职教师	助教	研究生	硕士	北京师范大学
344	学前学院	余景丽	男	198602	201108	201108	专职教师	助教	研究生	硕士	北京师范大学
345	学前学院	史　懿	女	198212	200509	200509	专职教师	助教	本科	学士	襄樊学院
346	学前学院	蔡　慧	女	198908	201308	201308	专职教师	助教	研究生	硕士	广西师范学院
347	学前学院	陈丹丹	女	198707	201308	201308	专职教师	助教	研究生	硕士	南京师范大学
348	学前学院	杨修齐	男	198611	201308	201308	行政干事	科员	研究生	硕士	江西师范大学
349	学前学院	朱　丹	女	198904	201108	201108	专职教师	助教	本科	学士	贵州大学
351	学前学院	钟　华	男	197609	199910	199910	专职教师	讲师	本科	学士	江西师范大学
352	学前学院	崔慧玲	女	198811	201410	201410	专职教师	科员	研究生	硕士	南京大学
353	学前学院	周昕佚	女	198912	201107	201501	专职教师	科员	研究生	硕士	菲律宾雷蒙马赛科技大学
354	学前学院	欧阳梦莹	女	199205	201412	201501	专职教师	科员	研究生	硕士	白俄罗斯国立音乐学院
355	学前学院	曹滔滔	男	198707	201412	201501	专职教师	科员	研究生	硕士	江西师范大学
356	学前学院	姚　诚	女	198601	201306	201501	专职教师	科员	研究生	硕士	东南大学
357	学前学院	韩　俊	女	198912	201412	201501	专职教师	科员	研究生	硕士	江西师大
358	学前学院	张　琳	女	199001	201107	201503	专职教师	科员	本科	学士	江西师范大学科技学院
359	艺术学院	戴晓敏	男	196301	198102	199509	院长	副教授	本科		江西师范大学
360	艺术学院	杨　健	男	196407	198608	198608	书记	副教授	本科		江西师范大学
361	艺术学院	王爱春	男	196004	198101	198101	副院长	副教授	本科		江西师范大学
362	艺术学院	程　菲	男	197507	199708	199708	教务科科长	副教授	本科	学士	江西师范大学
363	艺术学院	张　毅（大）	男	198212	200608	200608	学工科科长	助教	本科	学士	江西师范大学

续附表一

序号	部门	姓名	性别	出生年月	参加工作时间	进入单位时间	职务	职称	最高学历	最高学位	毕业学校
365	艺术学院	汪子安	男	198004	200207	200508	辅导员	助教	本科		江西师范大学
366	艺术学院	袁　敏	女	198801	201009	201108	教学干事	助教	本科	学士	湖北工业大学
367	艺术学院	朱　洁	女	198901	201108	201108	专职教师	助教	本科	学士	星海音乐学院
368	艺术学院	陈南平	男	195801	197605	198712	专职教师	副教授	本科	学士	江西师范大学
369	艺术学院	刘长洪	男	197709	200008	200810	专职教师	讲师	本科		宁波大学
370	艺术学院	周　颖	女	197801	199910	199910	专职教师	副教授	本科	硕士	电子科技大学
371	艺术学院	马闻静	女	198106	200308	200609	专职教师	讲师	本科	学士	海南大学
372	艺术学院	刘　佳	男	198402	200609	200908	专职教师	助教	本科	硕士	湖北工业大学
373	艺术学院	胡　亮	男	198207	200509	200708	专职教师	助教	本科	学士	南京艺术学院
374	艺术学院	黄家晶	女	198401	200509	200609	专职教师	讲师	本科	学士	景德镇陶瓷学院
375	艺术学院	周亚东	男	195811	197805	199802	专职教师	讲师	本科	学士	江西师范大学
376	艺术学院	张　超	男	198108	200407	200407	专职教师	讲师	本科	硕士	云南大学
378	艺术学院	苏晓鸿	男	196012	19877	198709	专职教师	副教授	本科		江西师范大学
379	艺术学院	韩雪松	男	196410	198508	198508	专职教师	讲师	本科		江西师范大学
380	艺术学院	曾凡伟	男	197807	200309	200908	专职教师	助教	本科	学士	江西师范大学
381	艺术学院	周　墨	女	198611	200808	201009	专职教师	助教	本科	学士	北京城市学院
382	艺术学院	陈丽琴（大）	女	196206	198708	198909	专职教师	副教授	本科	学士	江西师范大学
383	艺术学院	张玉君	女	196107	198012	198012	专职教师	教授	本科		江西师范大学
384	艺术学院	杨　璇	女	198408	200508	200610	专职教师	助教	本科	学士	南京艺术学院
385	艺术学院	张　威	女	198110	200509	200509	专职教师	助教	本科	学士	哈尔滨师范大学
386	艺术学院	蒋　涛	男	198404	200806	200908	专职教师	助教	本科	学士	武汉音乐学院
387	艺术学院	郑　豪	男	198707	200709	201103	干事	助教	本科	学士	天津美术学院
388	艺术学院	汪会雯	女	198602	201108	201108	专职教师	助教	研究生	硕士	武汉理工大学
389	艺术学院	陈　璐	女	198903	201108	201108	专职教师	助教	本科	学士	西南交通大学
390	艺术学院	王　蕾	女	198709	200908	201308	干事	助教	研究生	硕士	西南民族大学
391	艺术学院	代　璐	女	198710	201308	201308	干事	助教	研究生	硕士	南昌大学
392	艺术学院	朱成梁	男	198109	200403	200403	专职教师	讲师	本科	硕士	湖北工业大学
393	艺术学院	何　文	女	198310	200008	200708	专职教师	助教	本科		军事管理学院
394	艺术学院	张　吟	女	199006	201208	201503	专职教师	科员	本科	学士	内蒙古科技大学

续附表一

序号	部门	姓名	性别	出生年月	参加工作时间	进入单位时间	职务	职称	最高学历	最高学位	毕业学校
395	艺术学院	岳　亚	女	198303	201207	201503	专职教师	科员	研究生	硕士	哈尔滨师范大学
396	机电学院	胡晓林	男	195912	198109	199009	院长	教授	研究生	硕士	中国科技大学
397	机电学院	周　军（女）	女	197107	199208	199201	书记（主持工作）	副教授	本科	硕士	浙江工业大学
399	机电学院	李　斌	男	197905	200207	200708	院办主任	讲师	本科	硕士	江西农业大学
400	机电学院	余　波	男	198012	200409	200409	教务科科长	讲师	本科	硕士	大连理工大学
401	机电学院	钟怡帆	男	196310	198708	200810	学工科科长	讲师	本科	学士	江西大学
402	机电学院	高燕玲	女	198407	200605	201108	行政干事	助教	本科	学士	南昌航空工业学院
403	机电学院	邹　昊	男	198502	200711	200808	教学干事	助教	本科	学士	华中科技大学武昌分校
404	机电学院	周　涛（小）	男	198207	200708	200708	实训干事	助教	本科	学士	江西农业大学
405	机电学院	朱　玮	男	198104	200508	200808	学工干事	助教	本科	学士	江西师大
406	机电学院	邓平尧	男	198302	200507	200908	专职教师	助教	本科	学士	沈阳工业大学
407	机电学院	赵珍珍	女	198502	200709	201008	专职教师	讲师	研究生	硕士	江西农业大学
408	机电学院	陈　娟	女	198404	200904	201008	专职教师	讲师	研究生	硕士	江西理工大学
409	机电学院	尹智龙	男	198204	200708	201008	专职教师	讲师	研究生	硕士	南昌大学
410	机电学院	王维昌	男	196302	198608	199208	专职教师	教授	本科	学士	南昌大学
412	机电学院	王　荣	男	195806	197701	197701	专职教师	教授	本科	学士	江西工学院
413	机电学院	代红菊	女	196808	199109	200510	专职教师	中学高级	本科	学士	陕西机械学院
414	机电学院	熊力维	男	198311	200609	200609	专职教师	讲师	本科	学士	华中科技大学
415	机电学院	刘诗文	男	196905	199308	199308	专职教师	讲师	本科	学士	西安公路学院
416	机电学院	王晓燕	女	196204	198211	200903	专职教师	副教授	本科	学士	华中农业大学
417	机电学院	赵红梅	女	197007	199207	19927	专职教师	副教授	本科	学士	杭州电子工业学院
418	机电学院	方　敏	女	198601	201009	201108	专职教师	助教	研究生	硕士	南昌航空大学
419	机电学院	彭　如	女	198508	201108	201108	专职教师	助教	研究生	硕士	南昌航空大学
420	机电学院	李绘英	女	198607	201208	201208	专职教师	助教	研究生	硕士	武汉理工大学
421	机电学院	肖　潇	男	198801	201308	201308	专职教师	助教	研究生	硕士	江西理工大学

续附表一

序号	部门	姓名	性别	出生年月	参加工作时间	进入单位时间	职务	职称	最高学历	最高学位	毕业学校
422	机电学院	王 强（大）	男	196006	197708	199101	专职教师	副教授	本科	学士	江西大学
423	机电学院	谭锦安	男	197801	199608	201408	专职教师	小教高级	研究生	硕士	电子科技大学
425	机电学院	裴 波	男	199009	201203	201503	专职教师	科员	本科	学士	江西蓝天学院
426	建筑学院	肖 燕	女	196905	199107	199605	书记	副教授	本科	学士	西南交通大学
427	建筑学院	吴训友	男	196211	198507	198507	副院长	副教授	本科	学士	江西农大
428	建筑学院	李 杰	男	198107	200402	200311	副院长	讲师	本科	硕士	华中农业大学
429	建筑学院	高邦栋	男	197301	199407	199407	学工科科长	讲师	本科		武汉工业大学
430	建筑学院	王华阳	男	198003	200708	201009	教务科科长	讲师	研究生	硕士	南京林业大学
431	建筑学院	桂崇文	男	198702	200704	200704	教学干事	助教	本科	学士	江西农大
432	建筑学院	陈玲琳	女	198701	200809	201108	学工干事	助教	本科	学士	天津科技大学
433	建筑学院	邵徽森	男	196401	198607	198607	实验管理员	副教授	本科	学士	江西农业大学
434	建筑学院	汪泽浔	男	198801	200908	200908	团委书记	助教	本科	学士	四川音乐学院
435	建筑学院	彭可威	男	198805	200908	200908	辅导员	助教	本科	学士	南昌大学
436	建筑学院	徐 徽	女	198705	201208	201208	辅导员	助教	研究生	硕士	北京理工大学
438	建筑学院	左文凯	男	196907	199107	199107	专职教师	副教授	本科	学士	华东交通大学
439	建筑学院	占美森	男	198206	200708	201009	专职教师	讲师	研究生	硕士	南昌大学
440	建筑学院	张伟喜	男	198210	200808	201009	专职教师	讲师	研究生	硕士	郑州大学
441	建筑学院	黄 琳	女	198109	200308	200808	专职教师	讲师	研究生	硕士	江西理工
442	建筑学院	江政俊	男	196510	198707	198707	专职教师	副教授	本科	学士	江西农业大学
443	建筑学院	刘茂盛	男	196611	198508	198508	专职教师	中学高级	本科		中国人民大学
444	建筑学院	尤莺燕	女	197910	200407	200708	专职教师	讲师	本科	硕士	湖北工业大学
445	建筑学院	洪康民	男	195612	197812	201106	专职教师	高级工艺美术师	本科		江西师大
446	建筑学院	高宗翔	女	198402	200608	200808	专职教师	讲师	本科	学士	江西农大
447	建筑学院	徐雪枫	女	198401	200511	200908	专职教师	讲师	本科	硕士	华中科技大学
448	建筑学院	吉中亮	男	198202	200808	201208	专职教师	讲师	研究生	硕士	西北农林科技大学

续附表一

序号	部门	姓名	性别	出生年月	参加工作时间	进入单位时间	职务	职称	最高学历	最高学位	毕业学校
449	建筑学院	蒋仓兰	女	198009	200808	201208	专职教师	讲师	研究生	硕士	西北农林科技大学
450	建筑学院	杜渭辉	男	198601	201209	201308	专职教师	助教	研究生	硕士	西南科技大学
451	建筑学院	张　凤	女	198811	201307	201408	专职教师	科员	研究生	硕士	广西科技大学
452	建筑学院	邓　雪	女	199002	201107	201501	专职教师	科员	研究生	硕士	香港理工大学
453	建筑学院	曹　洋	男	199007	201409	201409	专职教师	科员	研究生	硕士	河海大学
454	建筑学院	邓雨晨	女	199012	201107	201503	干事	科员	本科	学士	西安美术学院
455	建筑学院	张本珩	男	198908	201202	201208	行政干事	助教	本科	学士	武汉工程大学
456	建筑学院	戴梦军	男	198911	201207	201503	专职教师	科员	本科	学士	江西科技师范大学
457	经管学院	李辉秋	男	196101	198607	198607	院长	教授	本科		江西师大
458	经管学院	熊　巍	男	196912	199207	199207	书记（主持工作）	副教授	本科	硕士	华中师大
459	经管学院	张礼萍	女	197006	199408	199408	副院长	副教授	研究生	硕士	法国普瓦提爱大学
460	经管学院	阙红艳	女	197203	199804	199804	副院长	副教授	本科	硕士	江西财经大学
461	经管学院	湛　青	男	198302	200708	200708	学工科科长	助教	本科	学士	长春理工大学
462	经管学院	张纪元	男	197201	199307	199307	干事	讲师	本科		北京理工大学
463	经管学院	詹　超	女	198403	200609	201009	干事	助教	本科	学士	中原工学院
464	经管学院	程　婧	女	198304	200509	201108	专职教师	讲师	本科	硕士	西安交通大学
465	经管学院	刘有培	男	195711	198110	198110	专职教师	中一	本科		军事经济学院
466	经管学院	蔡　娟	女	198001	200307	200307	专职教师	讲师	本科	硕士	江西农业大学
467	经管学院	崔丽霞	女	197312	199508	199508	专职教师	中学高级	本科		中央广播电大
468	经管学院	陈勇华	女	198103	200307	200307	专职教师	讲师	本科	硕士	南昌大学
469	经管学院	沈　莉	女	198012	200307	200307	专职教师	讲师	本科	硕士	江西财经大学
470	经管学院	陈　铭	女	197712	199807	200109	专职教师	讲师	本科	学士	北京大学（远程）
471	经管学院	饶培培	女	197805	200407	200407	专职教师	讲师	本科	硕士	湖北工业大学
472	经管学院	程　俊	男	198409	200808	200808	专职教师	讲师	研究生	硕士	深圳大学
473	经管学院	段训峰	男	198510	200908	200908	专职教师	助教	本科	学士	九江学院
474	经管学院	盛　明	女	198108	200307	200307	专职教师	讲师	本科	学士	南方冶金学院

续附表一

序号	部门	姓名	性别	出生年月	参加工作时间	进入单位时间	职务	职称	最高学历	最高学位	毕业学校
475	经管学院	罗中星	男	196510	198907	201008	专职教师	讲师	本科	学士	上海对外贸易学院
476	经管学院	王田	男	196308	198307	198307	专职教师	副教授	本科	学士	江西大学
477	经管学院	夏　韧	女	197111	199610	199610	专职教师	副教授	本科		江西师大
478	经管学院	余育新	男	197607	199907	200810	专职教师	讲师	研究生	硕士	贵州大学
479	经管学院	夏　剑	男	196402	198507	198507	专职教师	讲师	本科		江西农大
480	经管学院	陶　群	女	197802	199903	199903	专职教师	讲师	本科	硕士	江西财经大学
481	经管学院	刘芸琦	女	198509	200803	200808	专职教师	助教	本科	硕士	电子科技大学
482	经管学院	熊　愫	女	196708	199109	199109	专职教师	讲师	本科		江西师大
483	经管学院	刘　洁	女	198601	200708	200708	专职教师	助教	本科	学士	长春理工大学
484	经管学院	何　玲	女	197911	199709	200610	专职教师	讲师	研究生	硕士	北京科技大学
485	经管学院	周　祥	男	196610	198509	200908	专职教师	讲师	研究生	硕士	江西财经大学
486	经管学院	张　芊	女	198512	200808	200808	专职教师	讲师	本科	硕士	北京理工大学
487	经管学院	彭贝樱	女	198112	200407	201011	专职教师	助教	研究生	硕士	天津财经大学
488	经管学院	胡　丹	女	198712	200707	200810	专职教师	助教	本科	硕士	电子科技大学
489	经管学院	唐雪凡	男	197301	199509	200908	专职教师	讲师	研究生	硕士	安徽财经大学
490	经管学院	雷　婷	女	198702	200809	200908	专职教师	助教	本科	硕士	湖北工业大学
491	经管学院	卢云志	女	198510	200807	200908	专职教师	助教	本科	学士	南昌农大商学院
492	经管学院	张善京	女	197812	199607	201108	专职教师	助教	研究生	硕士	江西财经大学
493	经管学院	曹　力	女	198802	201010	201010	专职教师	助教	本科	学士	西安交通大学
494	经管学院	宋明隆	男	198910	201302	201302	干事	助教	研究生	硕士	英国利物浦大学
495	经管学院	高　雅	女	198805	201308	201308	专职教师	助教	研究生	硕士	法国格勒诺布尔高等商学院
496	经管学院	刘　念	女	199001	201309	201309	专职教师	助教	研究生	硕士	江西农业大学
497	经管学院	贺红梅	女	198602	201206	201408	专职教师	科员	研究生	硕士	华中科技大学
498	经管学院	张靖威	男	198806	201410	201410	专职教师	科员	研究生	硕士	江西师范大学
499	经管学院	马　玲	女	198303	200808	200808	院办主任	讲师	本科	学士	九江学院
500	文旅学院	高坊洪	男	196407	198407	198407	院长	副教授	本科		江西教育学院
501	文旅学院	张　旭	男	197312	199408	199408	书记（主持工作）	助理会计师	本科		江西理工大学

续附表一

序号	部门	姓名	性别	出生年月	参加工作时间	进入单位时间	职务	职称	最高学历	最高学位	毕业学校
502	文旅学院	杨　文	男	196902	199109	199109	副院长	中学高级	本科		解放军军事经济管理学院
503	文旅学院	洪　皓	男	198502	200708	200708	学工科科长	助教	本科	学士	江西农业大学
504	文旅学院	金　伟	男	198408	200709	200808	辅导员	助教	本科	学士	江西师大
505	文旅学院	黄　丽	女	198406	200908	200908	专职教师	助教	本科	学士	九江学院
506	文旅学院	邓　睿	女	198404	200609	200708	教学干事	讲师	本科	学士	江西师范大学
507	文旅学院	姜　懿	女	198306	200508	200611	专职教师	讲师	本科	学士	江西农业大学
508	文旅学院	段园园	女	198506	200708	200808	专职教师	讲师	本科	学士	九江学院
509	文旅学院	彭明蓉	女	198309	200608	200708	专职教师	讲师	本科	学士	九江学院
510	文旅学院	邓莎莎	女	198406	200608	200608	专职教师	讲师	本科	学士	江西师范大学
511	文旅学院	刘　璐	女	198402	200611	200611	专职教师	讲师	本科	硕士	江西师范大学
512	文旅学院	陈　茜	女	198105	200307	200407	专职教师	讲师	本科	学士	江西师大
513	文旅学院	颜　霓	女	196604	198707	198707	专职教师	副教授	本科		江西师范大学
515	文旅学院	冯国华	男	198006	200409	200409	专职教师	讲师	本科	硕士	南昌大学
516	文旅学院	代　奕	男	198105	200307	200511	专职教师	讲师	本科	学士	南昌大学
517	文旅学院	涂雅玲	女	197502	199708	200610	专职教师	讲师	本科		中央广播电视大学
518	文旅学院	李　艳	女	197907	200707	200707	专职教师	讲师	本科	硕士	电子科技大学
519	文旅学院	胡　萍	女	196903	199009	200001	专职教师	讲师	本科		军事经济学院
520	文旅学院	姜雯馨	女	198206	200609	200609	专职教师	讲师	本科	学士	江西师范大学
521	文旅学院	陈丽琴（小）	女	198006	200308	200408	专职教师	讲师	本科	学士	南昌大学
522	文旅学院	邓薇薇	女	198102	200312	200908	专职教师	助教	本科	学士	中国地质大学
523	文旅学院	袁　超	女	198612	200808	200808	专职教师	讲师	本科	学士	武汉大学东湖分校
524	文旅学院	李　莹	女	198606	200708	200708	行政干事	讲师	本科	学士	华中师范大学
525	文旅学院	彭凤香	女	198310	200609	200609	专职教师	讲师	本科	学士	四川乐山师范学院
526	文旅学院	赵　静（大）	女	198702	200808	200808	专职教师	讲师	本科	学士	上海理工大学
527	文旅学院	代　静	女	198202	200408	200611	专职教师	讲师	本科	学士	武汉科技大学
528	文旅学院	李海涛	男	197901	200109	200808	专职教师	助教	本科	学士	南昌航空大学

续附表一

序号	部门	姓名	性别	出生年月	参加工作时间	进入单位时间	职务	职称	最高学历	最高学位	毕业学校
529	文旅学院	王丽君	女	198705	200908	200909	专职教师	助教	本科	学士	南开大学滨海学院
530	文旅学院	盛玉同	男	198112	200407	200407	专职教师	讲师	本科	学士	江西师大
531	信息学院	张先成	男	197003	199007	200810	主持工作	教授	本科	硕士	江西师大
532	信息学院	谢　枫	男	197410	199508	199508	书记	副教授	本科	硕士	浙江大学
533	信息学院	查玉祥	男	196204	198607	198607	副院长	副教授	本科		北京师范大学
534	信息学院	周建军	男	197707	201008	201008	教务科科长	讲师	研究生	硕士	南昌大学
535	信息学院	凌仕华	男	198008	200511	200511	实验室管理员	讲师	本科	学士	江西师范大学
536	信息学院	邓　珉	男	198603	200608	201008	团委书记	助教	本科	学士	合肥电子工程学院
537	信息学院	邓炬强	男	198803	200909	201009	辅导员	助教	本科	学士	西华师范大学
538	信息学院	陶雪琴	女	197702	200201	200201	专职教师	副教授	本科	硕士	南昌大学
539	信息学院	陈　燕	女	198208	200511	200511	专职教师	讲师	本科	学士	南昌大学
540	信息学院	何　琦	女	198106	200309	200611	专职教师	讲师	本科	学士	武汉科技学院
541	信息学院	钟园园	女	198112	200309	200611	专职教师	讲师	本科	学士	南昌航空学院
542	信息学院	马　菂	女	198209	200510	200510	专职教师	讲师	本科	硕士	华中科技大学
543	信息学院	李　微	女	198212	200509	200509	专职教师	讲师	本科	硕士	南昌大学
544	信息学院	何立富	男	197904	200310	200310	专职教师	讲师	本科	学士	江西师范大学
545	信息学院	舒　展	女	198201	200607	200909	专职教师	讲师	研究生	硕士	华中科技大学
546	信息学院	孙锦霞	女	198109	200808	200808	专职教师	讲师	研究生	硕士	北京科技大学
547	信息学院	刘　娅	女	198112	200307	200307	专职教师	讲师	本科	硕士	华东师范大学
548	信息学院	胡惠娟	女	198307	200507	201008	专职教师	讲师	本科	硕士	中山大学
549	信息学院	李美长	男	196608	199207	199207	专职教师	教授	本科	学士	中国农大
550	信息学院	金春花	女	198102	200307	200307	专职教师	讲师	本科	硕士	电子科技大学
551	信息学院	熊　凡	女	198810	200908	200908	专职教师	助教	本科	学士	南昌工程学院
552	信息学院	陶炎芬	女	198410	201008	201008	专职教师	讲师	研究生	硕士	吉林大学
553	信息学院	洪世勇	女	197607	199912	200410	专职教师	副教授	本科	硕士	兰州大学
554	信息学院	刘　超	女	198009	200109	200109	专职教师	讲师	本科	硕士	江西农业大学
555	信息学院	黄　燕	女	198202	200208	200508	专职教师	讲师	本科	学士	中央电大

续附表一

序号	部门	姓名	性别	出生年月	参加工作时间	进入单位时间	职务	职称	最高学历	最高学位	毕业学校
556	信息学院	程　珊	女	197906	200409	200409	专职教师	讲师	本科	硕士	南昌大学
558	信息学院	汪　琴	女	198502	200708	200708	专职教师	讲师	本科	硕士	南昌大学
559	信息学院	万权性	男	198208	200511	200511	专职教师	讲师	本科	学士	江西师范大学
560	信息学院	谭振赟	男	197909	200308	200606	专职教师	讲师	本科	硕士	南昌大学
561	信息学院	闵　洁	女	198607	200708	200708	专职教师	讲师	本科	硕士	电子科技大学
562	信息学院	胡卉颖	女	198601	200807	201308	行政干事	助教	研究生	硕士	广西师范学院
563	信息学院	李　婷	女	198410	200808	200808	专职教师	助教	本科	硕士	电子科技大学
564	信息学院	金晓军	男	198209	200910	201503	专职教师	科员	研究生	硕士	四川师范大学
565	信息学院	邹五英	女	198407	200707	201503	专职教师	科员	本科	学士	江西师范大学
566	中专部	徐　萍	女	196407	198408	199401	主任	副教授	本科		江西师大
567	中专部	邹桂元	男	196810	198807	198807	书记	副教授	本科		江西师范大学
568	中专部	熊小毛	男	196310	198607	198607	副主任	副教授	本科	学士	江西师大
569	中专部	余洋洲	男	196407	198507	198507	副主任	中学高级	本科		江西师大
570	中专部	郭　群	男	197909	200201	200109	学工科科长	讲师	本科	硕士	江西农大
571	中专部	付丽芸	女	198710	200807	200908	部办主任	助教	本科	学士	江西师大
572	中专部	纪丽华	女	196611	199301	199301	实训员	副教授	本科		中国农业大学
573	中专部	杨　晨	女	198810	200908	200908	学工干事	助教	本科	学士	江西师大
574	中专部	冯朝阳	女	196610	198703	198703	管理员	高级工	初中		
575	中专部	杨伟萍	女	197306	199411	199411	教务干事	讲师	本科	学士	华东政法学院
576	中专部	陈励生	男	195705	198003	199009	专职教师	讲师	中专		九江师范
577	中专部	黄志平	男	196909	199109	199109	专职教师	讲师	本科		江西师大
578	中专部	张琴华	女	197304	199509	199509	专职教师	中学高级	本科		南昌大学
579	中专部	陈启浔	男	196310	198308	198308	专职教师	中学高级	专科		九江师专
580	中专部	宋家煌	男	196504	198707	198707	专职教师	副教授	本科	学士	江西大学
581	中专部	吴建红	男	196902	198108	198108	专职教师	中学一级	专科		九江师专
582	中专部	张良胜	男	196111	198209	198209	专职教师	中学高级	专科		九江师专
583	中专部	杨　鹏	女	197907	200510	200208	专职教师	讲师	本科		江西师大
584	中专部	黄小平	女	197904	200307	200307	专职教师	讲师	本科	硕士	江西农大
585	中专部	黄　超	男	196602	198707	198707	专职教师	副教授	本科		江西农大

续附表一

序号	部门	姓名	性别	出生年月	参加工作时间	进入单位时间	职务	职称	最高学历	最高学位	毕业学校
586	中专部	胡志萍	女	197312	199609	199609	专职教师	中学高级	本科		九江学院
587	中专部	余定初	男	196307	198207	198207	专职教师	中学高级	本科		重庆大学
588	中专部	凌　莉	女	197310	199408	199809	专职教师	副教授	本科		九江学院
589	中专部	付玲玲	女	197109	198909	200311	专职教师	讲师	本科		中央广播大学
590	中专部	洪　磊	女	198403	200509	200509	专职教师	讲师	本科	硕士	南昌大学
591	中专部	廖继红	女	196711	198807	198807	专职教师	副教授	本科	学士	江西农业大学
592	中专部	秦　芸	女	196603	198708	198708	专职教师	中学高级	本科		江西师大
593	中专部	冷　江	男	197506	199708	199708	专职教师	讲师	本科	学士	北京师范大学
594	中专部	曹英萍	女	197612	197809	197809	专职教师	讲师	本科	学士	北京师范大学
595	中专部	胡俊昌	男	196207	198109	198709	专职教师	副教授	本科		江西师大
596	中专部	付跃峰	男	196001	197709	198308	专职教师	中学高级	专科		九江师专
597	中专部	占秋生	男	196307	198408	198408	专职教师	副教授	本科		江西师大
598	中专部	李　敏	女	198011	200409	200808	专职教师	讲师	研究生	硕士	南昌大学
599	中专部	聂海斌	男	197210	199407	199407	专职教师	副教授	本科	学士	江西师大
600	中专部	饶青华	男	196106	197912	197912	专职教师	主任科员	专科		江西教育学院
601	中专部	胡建华	男	196205	198307	198307	专职教师	副教授	本科	学士	江西农大
602	中专部	熊山清	男	196405	198507	198507	专职教师	副教授	本科	学士	江西农大
603	中专部	蔡德平	男	196408	198608	198608	专职教师	中学高级	本科		九江学院
604	中专部	何群慧	男	196103	198407	198407	专职教师	副教授	本科		江西农校
605	中专部	刘宏伟	男	197910	199806	201103	专职教师	助教	研究生	硕士	广西师范学院
606	中专部	熊　玮	男	198907	201209	201209	学工干事	助教	本科	学士	武汉体育学院
607	护理学院	朱慧芳	女	197507	199707	199707	院长（主持工作）	副教授	本科	硕士	江西财经大学
608	护理学院	鞠学庭	男	197206	199508	199508	书记	副教授	本科	学士	南昌大学
609	护理学院	邢宏峰	男	196812	198807	200609	副院长	讲师	本科		重庆大学
610	护理学院	杨　帆	男	198509	200708	201009	学工科科长	助教	本科	学士	武汉科技大学
611	护理学院	刘青青	女	198703	200808	200808	行政干事	助理实验师	本科		九江学院
612	护理学院	陈　曦	女	198506	200709	200803	教学干事	助教	本科	学士	九江学院
613	护理学院	肖　莹	女	198110	200407	200407	专职教师	讲师	本科	学士	中南林学院

续附表一

序号	部门	姓名	性别	出生年月	参加工作时间	进入单位时间	职务	职称	最高学历	最高学位	毕业学校
614	护理学院	汤传宏	男	198110	200109	201009	专职教师	讲师	研究生	硕士	安徽师范大学
615	护理学院	李吉慧	女	198511	200908	201202	专职教师	助教	本科	学士	郧阳医学院
616	护理学院	熊邦新	男	198701	200907	201202	专职教师	助教	本科	学士	南昌大学
617	护理学院	支　星	女	198605	201208	201208	专职教师	助教	研究生	硕士	南昌大学
618	护理学院	周　俊	女	198710	201208	201208	专职教师	助教	研究生	硕士	江西中医学院
619	护理学院	陈　雯	女	198705	201302	201302	专职教师	助教	研究生	硕士	广州医学院
620	护理学院	柳　柯	男	198707	201308	201308	专职教师	助教	研究生	硕士	南方医科大学
621	护理学院	邱玲玲	女	198710	201209	201410	专职教师	助教	研究生	硕士	江西中医学院
622	护理学院	吴翠薇	女	198812	201107	201308	专职教师	助教	本科	学士	江西中医学院
623	护理学院	曹　佳	女	198806	201108	201108	教务干事	助教	本科	学士	长春师范学院
624	护理学院	刘　玲	女	198408	200608	201503	专职教师	科员	本科	学士	南昌大学
625	护理学院	邹　弯	女	198809	201107	201503	专职教师	科员	本科	学士	南昌大学
626	护理学院	柯爱凤	女	198609	201107	201503	专职教师	科员	本科	学士	九江学院
627	护理学院	杨甜甜	女	198610	201007	201503	专职教师	科员	本科	学士	首都医科大学
628	护理学院	周金凤	女	198610	200909	201503	专职教师	科员	本科	学士	九江学院
629	护理学院	刘桂兰	女	198610	201009	201503	专职教师	科员	本科	学士	九江学院
630	护理学院	程莎静	女	198609	200909	201503	专职教师	科员	本科	学士	九江学院
631	护理学院	邓小琴	女	198607	201107	201503	辅导员	科员	研究生	硕士	中国石油大学
632	护理学院	贾　梅	女	197904	200208	201503	辅导员	中学一级	研究生	硕士	华南师范大学
633	公共部	温　明	男	196310	198707	198707	主任（主持工作）	副教授	本科	学士	江西大学
634	公共部	王　强（小）	男	197307	199508	199508	综合科科长	副教授	本科	学士	江西师大
635	公共部	王　江	男	197610	199509	201108	专职教师	助教	研究生	硕士	江西师大
636	公共部	柳世全	男	197211	199507	200311	专职教师	中学高级	本科		江西师大
637	公共部	刘颖贵	男	196409	198507	200009	专职教师	中学高级	本科	学士	江西教育学院
638	公共部	李红波	男	198010	200310	200310	专职教师	讲师	本科	学士	江西师大
639	公共部	袁美英	女	197908	200310	200310	专职教师	助教	本科	学士	江西师范大学
640	公共部	余任亮	男	196904	199508	199508	专职教师	讲师	本科	学士	江西师大
641	公共部	左冬根	男	196401	198707	198707	专职教师	副教授	本科	学士	江西农业大学

续附表一

序号	部门	姓名	性别	出生年月	参加工作时间	进入单位时间	职务	职称	最高学历	最高学位	毕业学校
642	公共部	颜淑琴	女	197902	200407	200609	专职教师	讲师	本科	硕士	武汉大学
643	公共部	郑中庆	男	195809	195809	198109	专职教师	中学高级	本科		江西师大
644	公共部	王为	男	198301	200407	200407	专职教师	助教	本科	硕士	湖北工大
645	公共部	熊晓康	男	197812	200109	200808	专职教师	助教	本科	学士	上海体院
646	公共部	吴月华	女	196509	198807	199603	专职教师	讲师	本科	学士	华东师大
647	公共部	马红丽	女	196501	198607	200302	专职教师	副教授	本科	学士	江西师大
648	公共部	毛　震	男	196702	198605	198605	专职教师	中学一级	本科		江西师大
649	公共部	李德胜	男	195611	197410	199009	专职教师	副教授	本科		江西师范大学
650	公共部	沈　芸	女	196808	198809	200510	专职教师	副教授	本科		江西师大
651	公共部	劳晓红	女	196312	198408	198408	专职教师	副教授	专科		九江师专
652	公共部	彭淑玲	女	196510	198807	198807	专职教师	副教授	本科		江西师大
653	公共部	廖先平	男	195707	197410	197901	专职教师	副教授	本科		江西师大
654	公共部	邓　勇	男	198009	200308	200408	专职教师	讲师	本科		赣南师院
655	公共部	孔继红	女	197610	199712	199712	专职教师	副教授	本科	硕士	江西科技师范大学
656	公共部	陈敏常	女	196405	198408	199609	专职教师	副教授	本科		江西师大
657	公共部	陈金根	女	196305	198307	198307	专职教师	副教授	本科		江西师大
658	公共部	陈　婵	女	196112	198109	198109	专职教师	中学高级	本科		井冈山大学
659	公共部	刘　娟	女	197902	200109	201108	专职教师	助教	研究生	硕士	南京体育学院
660	公共部	陶龙凤	女	198412	201101	201408	专职教师	科员	研究生	硕士	华东交通大学
661	公共部	魏稚岚	女	198806	201302	201302	行政干事	科员	本科	学士	武汉大学
662	思政部	胡火清	男	197212	199507	199507	主任	教授	本科	硕士	华中师范大学
663	思政部	黄　海	男	196802	199406	199406	书记（主持工作）		本科		北京工商学院
664	思政部	张成华	女	198103	200703	200908	专职教师	讲师	研究生	硕士	南昌大学
665	思政部	吴　涛	女	197502	199708	199708	专职教师	讲师	本科	学士	江西师大
666	思政部	施道荣	女	196411	198507	198507	专职教师	副教授	本科		华中农业大学
667	思政部	易冬瑛	女	196211	198109	198109	专职教师	中学高级	本科		江西师范大学
668	思政部	郭　君	男	198206	200710	200908	教学干事	讲师	研究生	硕士	江西师大
669	思政部	查滚金	男	197209	199507	199507	专职教师	讲师	本科	学士	南昌大学

续附表一

序号	部门	姓名	性别	出生年月	参加工作时间	进入单位时间	职务	职称	最高学历	最高学位	毕业学校
670	思政部	李永忠	男	196506	198808	198808	专职教师	中学高级	本科		北京师范大学
671	思政部	邓东波	女	197309	199809	200610	专职教师	副教授	研究生	硕士	武汉大学
672	思政部	罗　芒	女	198706	200808	200808	专职教师	讲师	本科	学士	空军工程大学
673	思政部	曹永琴	女	197803	199707	199707	专职教师	讲师	本科	硕士	江西师范大学
674	思政部	余金裘	男	196608	198607	198607	专职教师	讲师	本科		南昌大学
675	思政部	方　平	男	198309	201108	201108	专职教师	助教	研究生	硕士	中国矿业大学（北京）
676	思政部	林绍秋	男	198303	200607	201108	专职教师	助教	研究生	硕士	西华师范大学
677	思政部	徐丹华	女	198902	201412	201501	干事	科员	研究生	硕士	南京师范大学
678	思政部	王璨璨	女	198801	201209	201501	干事	科员	研究生	硕士	桂林理工大学
679	继教院	冷　晔	男	196810	198807	200809	院长（主持工作）	讲师	本科	学士	江西师大
680	继教院	石　宏	男	197011	199508	199508	书记（主持工作）	副教授	本科	学士	南昌大学
682	继教院	戴　宏	女	196712	198907	199712	院长助理	副教授	本科	学士	中国农业大学
683	继教院	雷　乐	男	198411	200709	200709	招生科科长	讲师	本科	硕士	江西农大
684	继教院	江　红	女	198603	200508	200808	中招科科长	助教	本科	学士	九江学院
685	继教院	余　敏	男	197606	200007	200608	干事	助教	本科		江西师大
686	继教院	孔丽萍	女	196610	199604	199604	干事	中级工	专科		汕头工贸
687	继教院	刘　琴	女	197804	199612	200012	干事	中级工	专科		九江师专
688	继教院	黄丽萍	女	196307	198112	198112	干事		专科		江西农大
689	继教院	桂顺义	男	196907	198511	198511	干事	中级工	专科		海南大学
690	继教院	林　锐	男	197702	200201	200109	干事	助教	本科		江西师范大学
691	继教院	郝红卫	女	196707	198405	200811	干事	初级工	中专		九江粮校
692	继教院	陈　晖	女	197704	199507	200810	专职教师	讲师	本科		中央广电
693	农学院	查启军	男	196308	198508	198508	总支书记	副教授	本科	学士	江西师范大学
694	农学院	冷　赟	男	196802	199009	199009	教务科科长	讲师	本科	学士	江西农大
695	农学院	朱肖锋	男	196303	198111	198111	干事	副教授	本科		江西农科院
696	农学院	王敏芳	女	197205	199407	199407	干事	副教授	本科	学士	清华大学

续附表一

序号	部门	姓名	性别	出生年月	参加工作时间	进入单位时间	职务	职称	最高学历	最高学位	毕业学校
697	农学院	吴　韡	男	198411	200906	201410	专职教师	科员	研究生	硕士	天津大学
698	农学院	陈振强	男	198910	201410	201410	专职教师	科员	研究生	硕士	武汉轻工大学
					内　聘						
1	办公室	王建林	男	196002	200708	200908	司机	中级工	高中		九江市六中
2	办公室	张　翔	男	198812	200912	201202	司机	科员	专科		江西司法警官学院
3	办公室	赵　静（小）	女	199104	201208	201208	借调人大	科员	大专		九江职业大学
4	办公室	张　蕾	女			201501	借调驻京办	科员	大专		九江职业大学
5	办公室	潘　飞	男	198411	200411	201209	司机	初级工	专科		九江职大
6	办公室	李野军	男	197611	199511	201212	司机	初级工	高中		市求知学校
7	财务处	黄凤桥	女	196811	198709	200810	会计	初级工	本科		江西财院
8	财务处	胡　冬	女	199112	201209	201209	干事	助教	本科	学士	广东海洋学
9	公共部	李　翔	男	198509	200708	200708	专职教师	助教	本科	学士	赣南师范学院
10	公共部	汤伟华	男	198512	200807	200908	专职教师	助教	本科	学士	江西师范大学
11	国资处	张　磊	女	198511	200711	200802	干事	助教	本科	学士	华侨大学福建音乐学院
12	护理学院	余启萍	女	198109	200503	201108	专职教师	助教	本科		九江学院
13	护理学院	黄恋玉	女	198806	200907	201202	专职教师	助教	本科	学士	赣南医学院
14	护理学院	袁淑琴	女	198307	200505	201208	实验室管理员	助教	本科	学士	九江学院
15	护理学院	张雯雯	女	198805	200903	201208	实验室管理员	助理实验师	专科		赣南医学院
16	护理学院	孙　蔚	女	199310	201408	201408	辅导员	科员			
17	机电学院	刘　俊	男	198409	200709	201009	辅导员	助教	本科	学士	湖南工程学院
18	机电学院	王宇恺	男	198501	200809	201108	专职教师	助教	本科	学士	西安邮电学院
19	继教院	曹敏芳	女	197804	199709	200912	干事	科员	本科		解放军军事经济学院
20	建筑学院	范远超	男	198406	200908	200908	辅导员	助教	本科	学士	北京工业大学
21	建筑学院	党曼丽	女	198210	200507	201009	专职教师	助教	本科	学士	郑州大学
22	建筑学院	吴新文	男	198508	200907	201108	专职教师	助教	本科	学士	兰州交通大学
23	建筑学院	李　燕	女	198804	200902	201209	教学干事	助教	本科	学士	江西教育学院

续附表一

序号	部门	姓名	性别	出生年月	参加工作时间	进入单位时间	职务	职称	最高学历	最高学位	毕业学校
24	教务处	王　磊	男	198608	200807	200908	干事	助教	研究生	硕士	华中农业大学
25	教务处	熊华芹	女	197812	200109	200908	干事	讲师	研究生	硕士	南昌大学
26	教务处	张　灵	女	198409	200709	200909	干事	助教	本科	学士	江西师范大学
33	就业处	沈斯洁	女	198809	200806	200908	干事	助教	本科		成都理工
27	经管学院	辛昭霞	女	198004	200307	200908	专职教师	助教	本科	学士	南昌大学
28	经管学院	何小杰	男	197607	199308	201108	干事	科员	研究生	硕士	江西财经大学
29	经管学院	段市霞	女	199110	201208	201208	辅导员	科员	专科		九江职业大学
30	经管学院	郑　甜	女	198505	200710	201308	专职教师	科员	本科	学士	北京交通大学
31	师范学院	杨　丹	女	198411	200607	200909	党务干事	助教	本科	学士	九江学院
32	师范学院	吕少勤	女	198405	200711	200808	专职教师	助教	本科	学士	江西师大
34	师范学院	赖　力	女	198410	200608	201009	教学干事	助教	本科	学士	中南财大
35	师范学院	黄　菁	女	199109	201208	201208	辅导员	科员	专科		九江职业大学
36	图书馆	孙斯文	女	198508	200609	201109	图书管理员	助理馆员	本科		华东交大
37	文旅学院	王正翔	女	197711	200308	200808	专职教师	助教	本科	学士	江西教育学院
38	校建办	王　武	男	196702	198512	200611	干事	科员	本科		南昌大学
39	信息学院	聂　犇	女	198610	200708	200708	专职教师	讲师	本科	硕士	电子科技大学
40	信息中心	程　鹏	男	197712	199909	200007	干事	助理实验师	本科	学士	九江学院
41	学前学院	王　奔	男	198503	200609	200708	辅导员	助教	本科	学士	江西师范大学
42	学前学院	胡文喆	女	198610	200908	200908	干事	助教	本科	学士	九江学院
43	学前学院	廖紫薇	女	198808	201108	201108	专职教师	助教	本科	学士	华南理工大学
44	学前学院	成珊珊	女	199007	201208	201208	辅导员	科员	本科		江西师范大学
45	艺术学院	郑佳宁	女	198708	200909	201010	专职教师	助教	本科	学士	华侨大学福建音乐学院
46	艺术学院	李素馨	女	198507	200608	200708	专职教师	助教	本科	学士	西南民族大学
47	艺术学院	吴　旦	女	198512	200608	200708	专职教师	助教	本科	学士	南昌大学
48	艺术学院	陈　晨	女	198302	200508	201209	专职教师	助教	本科	学士	南昌大学
49	中专部	马淑丹	女	198403	200506	200809	教务干事	科员	本科		武汉军事经济学院
50	中专部	饶　赟	女	198409	200508	200808	专职教师	助教	本科	学士	南昌大学
51	中专部	殷黄林	女	198310	200807	200908	专职教师	助教	本科	学士	长江师范学院

续附表一

序号	部门	姓名	性别	出生年月	参加工作时间	进入单位时间	职务	职称	最高学历	最高学位	毕业学校
52	中专部	詹子乐	女	198509	200809	201108	教务干事	助教	本科	学士	江西科技师范大学
其　他（人事编制在学校各种情况未上班人员）											
1		王　嵩	男	198110	200709	200803		助教	本科	学士	西南民族大学
2		石　米	女	197412	199608	199707		讲师	本科		江西师范大学
3		车红连	女	198303	200608	200608		讲师	本科	学士	江西师范大学
4		付莹莹	女	198402	200708	200708		讲师	本科	学士	哈尔滨师大
5		阎　芳	女	198108	200507	200507		讲师	本科	硕士	南京航空航天大学
6		慕　静	女	198103	199809	200908		助教	本科	学士	华中师范大学
7		刘　伟	男	197305	199208	199209		中教二级	专科		九江师专
8		袁亚兮	男	196804	198909	198909		中教二级	专科		九江师专
9		喻国扬	男	195411	197012	199608			高中		
10		郭　兮	男	195706	198101	200511		中教二级	大专		中央党校
11		陈全宁	男	195609	197001	198807			中专		河北炮兵学校
12		李叶青	女	197211	199512	199512		普工	高中		
13		胡良民	男	196704	198211	200611		高级工	大专		九江师专
14		康　宁	男	197710	199912	199912		讲师	本科		南昌大学
15		朱秀莲	女	197003	199407	199407		讲师	本科	学士	江西师范大学
16	信息学院	吴晓春	男	196608	198907	198907		讲师	本科	学士	江西大学
17	实训中心	胡颢琛	女	198802	200908	200908		助教	本科	学士	中央民族大学
18	机电学院	李思禾	女	199210		201402		科员	本科	学士	江西理工大学
19	学前学院	魏茜璐	女	198909		201501		科员	研究生	硕士	江南大学

注：表内所示各项数据截止时间为2015年4月。

九江职业大学离退休教职工名录

附表二

序号	姓名	性别	出生年月	参加工作时间	进入单位时间	退休时间	职务职称	最高学历	毕业学校
1	龚春生	男	195412	197203	198208	201501	教授（正科）	本科	江西农业大学
2	胡玉东	男	195411	197709	197709	201411	教授（正科）	本科	江西教育学院
3	汪国元	男	195409	197407	199603	201409	副教授（副处）	本科	江西工学院
4	罗筱福	男	195409	197001	197001	201409	副教授	本科	华中师大

续附表二

序号	姓名	性别	出生年月	参加工作时间	进入单位时间	退休时间	职务职称	最高学历	毕业学校
5	刘继华	女	196509	198111	200010	201409	高级工	本科	江西师大
6	罗　俊	男	195408	197303	198505	201408	讲师	本科	内蒙古师大
7	吴周彬	男	195405	197512	198006	201405	高级工	高中	九江三中
8	茅建新	男	195403	197001	198109	201403	中教一级	大专	九江师专
9	马志峰	男	195401	196810	200107	201401	中教高级	本科	江西教育学院
10	吕天庆	男	195310	196911	198701	201310	副教授	本科	江西大学
11	伍国强	男	195311	196808	196808	201311	教授	本科	江西农业大学
12	黄国强	男	195310	197004	198105	201310	技师	中专	九江师范学校
13	张晓慧	女	195810	197601	197601	201310	主任科员	高中	马回岭中心
14	肖慧群	女	195809	197510	197912	201309	副教授	本科	江西师范大学
15	张柚华	男	195308	197001	197712	201308	教授	本科	江西师范大学
16	涂红英	女	195807	201206	200406	201307	助理会计	专科	辽宁刊授党校
17	杨赛清	女	196806	198512	198512	201306	高级工	专科	华中农业大学
18	吴宜珍	女	196304	198111	198401	201304	高级工	本科	厦门大学
19	巢淑琴	女	196305	198105	198808	201305	高级工	本科	江西师范大学
20	李仁龙	男	195104	196810	197707	201304	正科级	本科	江西师大
21	周庆流	男	195012	197009	198608	201301	馆员（正科）	本科	江西师大
22	刘　师	男	195301	196810	198601	201301	正科	大专	江西电大
23	王　洁	女	195801	197008	199408	201301	副主任科员	大专	
24	蒋和平	男	195201	196810	198904	201212	高级工	初中	九江滨兴小学
25	谌丽新	女	195712	197510	199009	201212	科员	大专	江西农大
26	蔡春祥	男	195211	197509	200309	201211	教授（正科）	本科	华中师范大学
27	陈是明	男	195210	197312	197312	201210	主任科员	中专	九江师范学校
28	邓必炉	男	195210	197710	197710	201210	副教授	本科	江西师大
29	李重阳	男	195209	197007	199208	201209	正科	本科	昆明师院
30	周　红	女	195709	197409	198309	201209	中学高级	本科	江西师大
31	王　敏	女	195708	197409	197902	201208	副教授	本科	江西师大
32	胡楚泽	男	195208	196809	198207	201208	高级工	初中	九江港口中学
33	黄美琴	女	196208	198411	200411	201208	高级工	大专	桂林理工学院
34	蔡秋萍	女	196207	198006	198006	201207	高级工	高职	九江一中
35	殷凤翱	男	195207	196903	199601	201207	主治医师	大专	九江卫校

续附表二

序号	姓名	性别	出生年月	参加工作时间	进入单位时间	退休时间	职务职称	最高学历	毕业学校
36	肖允叔	男	195207	196810	198707	201207	正处	本科	江西师大
37	陈新贵	男	195206	197712	197712	201205	副教授	本科	江西师大
38	陈守寅	男	195204	196812	198705	201205	高级工	初中	赤湖共大
39	李锦华	男	195201	197307	198201	201201	中学高级	专科	九江师专
40	辜志强	男	195201	196811	199211	201201	教授	本科	江西教育学院
41	陈美蓉	女	195612	197402	197402	201212	主任科员	中专	九江县共大
42	彭朝胜	男	195109	196808	198808	201109	正科	中专	哈尔滨船舶工程学院
43	黄小芳	女	196109	198102	198102	201109	高级工	中专	江西农广校
44	蒋桂娥	女	196109	198006	198006	201109	高级工	高中	武穴小堡高中
45	肖碧霞	女	196109	198106	199607	201109	技师	高中	武穴一中
46	方秀云	女	196008	197812	198110	201108	高级工	初中	彭泽县中
47	李江东	男	195107	196810	198807	201107	技师	高中	九江二中
48	晏伶俐	女	195601	197110	197808	201101	副教授	本科	江西师大
49	柳新民	男	195012	196810	197902	201012	教授	本科	江西教育学院
50	余清成	男	195012	196808	196808	201012	馆员		
51	余爱梅	女	195510	197007	199101	201011	正科	大专	九江职业大学
52	张青青	女	195510	197310	197808	201010	副教授	本科	江西师大
53	邵德民	男	195009	197308	197309	201009	副教授	本科	江西师大
54	吴万红	男	195009	197409	197409	201009	副教授	本科	上海师大
55	钱静昆	男	195009	197403	197403	201009	工程师	专科	北京大学
56	俞绍阳	男	195008	196812	197807	201008	教授	本科	江西教育学院
57	包贻琴	女	196008	197808	197808	201008	技师	大专	华中农业大学
58	康　青	女	195009	196808	197309	201006	教授	本科	江西师范大学
59	喻松明	女	195203	196810	199707	201006	副教授	本科	江西师范大学
60	赵小敏	女	195210	197004	197902	201006	副教授	本科	江西教育学院
61	姜雪娟	女	195210	197004	197712	201006	副教授	本科	江西师范大学
62	竺玉芬	女	195211	197004	197004	201006	副教授	本科	江西师范大学
63	沈　莹	女	195408	197308	198004	201006	副研究馆员	本科	江西师范大学
64	黄淑秋	女	195407	197007	198208	201006	副教授	本科	江西师范大学
65	王国槟	男	195005	198208	198208	201005	教授	本科	中国地质大学
66	罗水秀	女	196111	197311	199901	201005	馆员（中级）	大专	中国电视师范大学

续附表二

序号	姓名	性别	出生年月	参加工作时间	进入单位时间	退休时间	职务职称	最高学历	毕业学校
67	涂海水	男	195007	196910	197712	201004	副教授	本科	江西教育学院
68	吴春霞	女	196003	197908	200608	201003	高级工	高中	九江一中
69	童春娥	女	195502	197401	198703	201002	主任科员	中专	江西共大
70	赵余才	男	195001	197609	197609	201001	副处级	大专	江西农业大学
71	李春娣	女	194912	196708	200003	200912	正处级	本科	江西农业大学
72	罗腊根	男	194912	196808	196808	200912	副教授	本科	
73	詹平华	男	194911	196810	196810	200911	教授级		
74	吕南莉	女	195910	197808	197808	200910	高级工		
75	詹国珍	女	195409	197008	197008	200909	科员		
76	潘留芳	男	194610	197008	197008	200906	教授	本科	南京大学
77	许昌球	男	194906	197612	197612	200906	副教授	本科	江西教育学院
78	李明哲	男	194905	196507	196507	200905	副教授		
79	程静华	女	195405	197003	197003	200905	助理级		
80	徐珍枝	女	195903	198209	198209	200903	高级工		
81	陈小莉	女	195402	196810	196810	200902	正科级		
82	李延庆	男	194810	196808	196808	200811	副教授		
83	郑业文	女	195211	197203	197203	200811	副教授		
84	俞利生	男	194808	196903	196903	200810	讲师		
85	罗来华	男	194810	196808	196808	200810	正科级		
86	吴丽娜	女	195309	197301	197301	200809	助理级	中专	
87	吴婉静	女	195303	197004	197004	200803	正科级	本科	江西师范大学
88	黄玉琴	女	195802	198010	198010	200802	高级工		
89	孔　德	男	194802	196808	196808	200802	副教授		
90	曹帮永	男	194802	196207	196207	200802	技师		
91	孙申强	女	195301	197001	197001	200801	高级讲师	大专	江西共大
92	龚永烈	男	194712	196808	196808	200712	正科级		
93	张继衡	男	194702	196808	196808	200710	副教授		
94	赵敦煌	男	194709	196808	196808	200709	教授		
95	张秀华	女	195209	197010	197010	200709	讲师		
96	梅巧凤	女	195111	197007	197007	200708	副教授		
97	金正福	男	194705	197008	197008	200705	副教授		
98	卢洪生	男	194704	196803	196803	200705	副教授		

续附表二

序号	姓名	性别	出生年月	参加工作时间	进入单位时间	退休时间	职务职称	最高学历	毕业学校
99	石莉莉	女	195704	197407	197407	200704	技师		
100	谭绪宝	男	194703	196808	196808	200703	副教授		
101	肖玉萍	女	195612	197203	197203	200612	技师		
102	金致铿	男	194612	197008	197008	200612	副教授级	本科	厦门大学
103	吴桂枝	女	195610	197203	197203	200610	高级工		
104	刘菊娥	女	195609	197603	197603	200609	高级工		
105	鲁聪发	男	194609	196801	196801	200609	正科级		
106	张豫理	女	195109	196810	196810	200609	正科级		
107	毛万樵	男	194609	196808	196808	200609	中教高级		
108	余冰心	女	195106	197012	197012	200608	讲师		
109	曹邦雨	女	196409	198710	198710	201409	初级工	高中	马回岭中心
110	户华为	男	194602	196908	196908	200603	副教授		
111	华雅言	女	194601	196908	196908	200602	副教授		
112	孙水娥	女	195511	197203	197203	200512	高级工		
113	马晓玲	女	195508	198505	198505	200509	助理级		
114	潘东辉	男	194506	196409	196409	200508	副教授		
115	沈克群	女	194908	196809	196809	200411	助理级		
116	黄秋萍	女	194910	196810	196810	200410	讲师		
117	李继华	女	195409	199407	199407	200410	高级工		
118	黄爱珍	女	195407	197203	197203	200408	高级工		
119	黄家霖	女	195304	197008	197008	200305	高级工		
120	戴祖怡	男	194212	196508	196508	200301	正科级		
121	雷秀珍	女	195110	196802	196802	200210	高级工		
122	石木桂	女	194712	196509	196509	200103	技师		
123	陈薇萍	女	194512	196908	196908	200012	讲师		
124	陶时英	男	194007	196508	196508	200008	副教授		
125	毛美荣	女	194808	196611	196611	199908	高级工		
126	赵淑琴	女	194907	196808	196808	199908	正科级		
127	李月英	女	194807	197909	197909	199907	高级工		
128	夏宝淦	男	193905	196208	196208	199904	副教授		
129	张正治	男	194001	195909	195909	199901	教授		
130	王月梅	女	194311	196403	196403	199812	正科级		

续附表二

序号	姓名	性别	出生年月	参加工作时间	进入单位时间	退休时间	职务职称	最高学历	毕业学校
131	袁玉流	男	193807	196108	196108	199808	副教授		
132	江民德	男	193707	195108	195108	199804	教授		
133	黄昌平	男	193711	196407	196407	199710	教授		
134	梓家雄	男	193712	195407	195407	199708	高级工		
135	谭鸿雪	男	193611	195810	195810	199612	正科级		
136	芦茼芗	女	194101	195908	195908	199609	讲师		
137	潘宝康	男	194311	196508	196508	199512	科员		
138	陈弈生	男	194005	195807	195807	199210	讲师		
139	邹伟刚	男	192710	194905	194905	198905	副教授（离休）		
140	吴锁照	男	193005	195911	195911	198701	高级工		
141	丹浩让	男	192109	194812	194812	198311	办事员（离休）		

注：1. 表内所示各项数据截止时间为 2015 年 4 月。2. 表内所列人员为合并重组后离退休，包括原九江职业大学离退休人员。

九江职业大学调出人员名录

附表三

序号	姓名	性别	调出时间	调入单位	备注
1	邱 耀	男	2015 年 2 月	宁波职业技术学院	
2	黄亚烈	男	2014 年 9 月	深圳洪涛装饰股份有限公司	
3	张建华	女	2014 年 8 月	江西外语外贸学院	
4	张红春	女	2014 年 6 月	赣南师范学院	
5	黄 芳	女	2014 年 5 月	九江市沿江开发办公室	
6	张鹏宇	男	2014 年 2 月	九江市特殊教育学校	
7	范 蕾	女	2012 年 10 月	南昌师范高等专科学校	
8	童晓霞	女	2011 年 7 月	九江市科技中专	
9	韩 湾	男	2011 年 7 月	九江市科技中专	
10	周薇薇	女	2011 年 7 月	九江市科技中专	
11	刘志杰	男	2010 年 5 月	九江市教育局	
12	兰 阳	男	2009 年 11 月	九江市人事局	
13	费 健	男	2009 年 10 月	江西药物研究所	
14	危柏云	男	2009 年 10 月	九江市科技中专	

注：表内所示各项数据截止时间为 2015 年 4 月。

第五章　教　学

九江职业大学教学工作，具体内容包括专业设置与建设、教研室建设、课程建设、师资队伍建设、教学管理、教学改革与成果。

专业指高等学校或中等专业学校根据社会专业分工的需要设立的学业类别。中国高等学校和中等专业学校，根据国家建设需要和学校性质设置各种专业。各专业都有独立的人才培养方案，以实现专业的培养目标和要求。

九江职业大学是一所综合性高职院校，专业涵盖了机械、电子、经济管理、建筑、文化旅游、信息技术等不同的专业领域。2006 年合并重组及 2009 年江西庐山旅游中专并入以后，学校结合原九江师范学校、庐山旅游中专的传统优势专业及社会需求，增加师范教育（含学前、艺术）、农林艺术等适应社会需求的专业。为适应经济社会发展的需要，自 2006 年至 2014 年，学校又增加了医学护理、汽车检测与维修、建筑工程预算、装潢艺术设计、计算机通信、人力资源管理等专业。2014 年招生专业 41 个，其中省级特色专业 5 个，省重点建设专业 4 个，教育部、财政部重点建设专业 2 个。

学校在课程体系建设上，建立“课程设置与岗位结合，课程内容与技能结合，课程考核与证书并举”的课程设置体系，形成以特色专业为引领，国家级和省级、校级精品课程为支撑的优质课程体系。

学校重视师资队伍建设，通过学校内部培养和引进以增加师资力量。内部培养通过教学团队建设、精品课程建设、集体教研活动、校外进修提高理论水平、到企事业单位实践锻炼提高操作能力、校内培训操作技能和“青蓝工程”以老带新活动打造专业团队，通过开展各项培训活动，提高教师专业技能，通过“师德师风”活动提高师资素质，着力打造出一支既适应高等职业教育发展要求，又具有本校特色的师德高尚、结构合理、业务精湛、素质优良的“双师型、双师素质型”教师队伍。

教研室是学校最基层的教学组织机构和教学研究机构。内容包括：教学组织、高等职业教育研究、教学科研、课程设置、师资队伍建设等。

学校将教学管理规范视为教学质量提高的重要保障，提出了“品质源于心境、品质源于规范、品质源于操作”的工作理念。在进一步规范教学管理、提高管理人员素质和业务水平、促进信息化管理、加强质量监控等方面不断创新实践，形成了一套较为完整、科学、行之有效的管理制度和保障体系，促进了教学质量的提高。

第一节 专业建设

一、专业建设沿革

2006 年，学校有大专招生专业 31 个，包括工商管理、国际贸易、模具设计与制造、计算机及应用技术、文秘与办公自动化、旅游管理、化学工程、电子信息工程、机械电子工程、工业与民用建筑工程、商务英语、旅游英语、数据库应用与管理、计算机网络工程与管理、市场营销等。

2007 年 7 月 30 日，学校申请新增学前教育、现代教育技术、工程造价、房地产经营与估价、建筑工程管理、建筑工程装饰技术、酒店管理、物流管理、公共事务管理、报关与国际货运、商务日语、涉外旅游（韩语方向）12 个专业。

2007 年 12 月，学校制定《九江职业大学专业建设管理暂行规定》，提出各院（系）应成立由院长（系主任）为组长的专业建设领导小组，负责本单位的专业建设工作。各院（系）根据学校制定的专业建设规划和年度专业建设计划制定本单位专业建设规划和年度专业建设计划，于每年 3 月初报学校教务处备案。《暂行规定》内容包括专业建设规划、专业设置与调整、专业建设工作总结、检查评估与附则。

2008 年 4 月，经校党政联席会研究决定成立“九江职业大学专业指导委员会”，同时出台《九江职业大学专业指导委员会章程（试行）》和《九江职业大学专业指导委员会有关问题的暂行规定》。章程中涉及专业指导委员会成立目的及任务、组织机构和工作制度、成员的权利和责任。专业指导委员会以教学为中心，树立以就业为导向、以服务为宗旨的办学思想，走产学研紧密结合的改革之路，认真研讨新时期高职教育中出现的新情况、新问题，指导专业改革及专业建设。专业指导委员会成员由 5 至 7 人组成。设主任 1 人，委员若干名，委员会日常工作由主任负责。专业指导委员会委员采用聘任制，每届聘期为 3 年，到期重新提名、推荐和聘请，可以连任。委员会每年召开全委会一次，根据实际需要可临时召开专题工作会议。参与专业建设和发展规划的制定，提出专业建设与改革的意见和建议。参与制定和审核专业教学计划，对专业的人才培养目标、人才培养规格、课程设置、校企合作办学等提出意见和建议，参与专业学生实习、毕业设计与答辩等实践教学环节计划的制定与实施。形成“社会调研、人才需求预测—专业指导委员会论证—教务处审核—学术委员会把关—校长办公会决定”的制度，克服专业申报、调整的随意性。

学校在迎接第一轮高职高专人才培养水平评估时，专业（含专业方向）数增至 36 个。这些专业分别是：机电一体化技术、建筑工程技术、工程监理、模具设计与制造、电子信息工程技术、应用化工技术、生物技术与应用、建筑装饰工程技术、数控技术、装潢艺术设计、文秘、旅游管理、酒店管理、物业管理、商务英语、旅游英语、国际贸易实务、报关与货运、涉外旅游（韩语方向）、市场营销、工商企业管理、电子商务、会计、计算机应用技术、网络系统管理、计算机信息管理、计算机控制技术、计算机通信、艺术设计、软件技术、图形图像制作、语文教育、数学教育、英语教育、音乐教育、学前教育。

2009 年，增加工程造价、物流管理、现代教育技术等 3 个专业。

2010 年，增加园林工程技术、电气自动化技术、软件技术等 3 个专业。

2010 年制订出台《九江职业大学专业建设“十二五”规划》，提出专业建设“三个主动适应”的指导思想，即专业发展要“主动与时代发展要求相适应、与国家发展战略相适应、与地方经济市场需求相适应”，遵循“人无我有，人有我特，人特我优”的专业设置思路，以专业建设为核心，以专业教学内容、课程体系改革、教学方法和教学手段改革为重点，分层次、分类别的开展专业建设。

2011 年，增加农业经济管理、应用电子技术、美术教育专业。

2012 年，增加医学护理、酒店管理（高尔夫球场服务与管理方向，校企合作专业）和人力资源管理等 3 个专业（含专业方向）。

2013 年，增设汽车检测与维修专业。

在主动适应的理念下，学校以专业的结构布局为主线进行两次院系部大调整，支持机电、师范、学前、经济管理、信息技术等传统优势专业，拓展设立建筑、农林、会计、护理等专业，淘汰过时的部分专业。随着国家对学前教育、新农村建设的力度不断加大，传统的师范、学前、经济管理等专业开始勃发生机，建筑、会计、护理等专业也正在不断地显示出发展潜力和优势。2013 年与九江远东海事学校合作开设国际游轮乘务、并开设校企合作专业航空乘务、3G 移动通信、计算机软件外包现代服务类专业，拓宽校企合作办学的新领域。

2014 年，增设观光农业、汽车技术服务与营销 2 个专业。2015 年申报航海技术、轮机工程技术 2 个专业。

至 2014 年秋季，学校有招生专业和专业方向总数为 41 个，形成师范教育类、建筑工程技术类、机电工程技术类、文化旅游类、经济管理类、医学护理类、农业经济类、现代服务类等专业综合发展的专业体系。

二、专业设置

根据国家的十大产业振兴计划和有关政策、国家经济结构调整、产品升级换代、科技进步的需要和基础教育事业尤其是农村教育发展的需要，围绕新兴工业尤其是九江六大支柱产业群和江西经济社会发展对机械制造、经济管理、工程建设、教育、文化和旅游行业专门人才的旺盛需求，学校在时有优势特色专业的基础上，以骨干专业为龙头延伸专业链，形成以学前教育、机电一体化、涉外旅游、语文教育、国际贸易实务、建筑工程技术等六个专业为龙头的专业群。

专业群分布表

表 5－1－1

专业群	重点专业	专业群相关专业
学前教育专业及专业群	学前教育	音乐教育、美术教育
机电一体化技术专业及专业群	机电一体化技术	数控技术、电子信息工程、模具设计与制造
旅游管理专业及专业群	旅游管理	酒店管理、涉外旅游（韩语方向）、旅游英语
语文教育专业及专业群	语文教育	数学教育、英语教育
国际贸易实务专业及专业群	国际贸易实务	报关与国际货运、市场营销、物流
建筑工程技术专业及专业群	建筑工程技术	建筑装饰工程技术、工程造价、工程监理

学校根据已有的强势专业和特色专业，进一步加强重点专业领域的拓宽和建设，继而带动专业群整体办学实力的提升。在建设期内，做强机电一体化、国际贸易实务、语文教育、旅游管理、学前教育、建筑工程技术等6个专业领域。在已有2个江西省特色专业（学前教育、机电一体化）的基础上，通过对重点专业的建设并通过重点专业的强力带动，使专业群的专业建设水平得到整体提升，形成办学条件好、产教结合紧密、人才培养质量高、特色鲜明的专业群。建设1—2个国家级示范专业，6个省级特色专业。其中要使学前教育达到国内领先水平，机电一体化、语文教育、国际贸易实务、建筑工程技术等6个专业达到省内同类院校的领先水平。建设教育资源共享平台，加强学前教育、机电一体化、语文教育、国际贸易实务、建筑工程技术等6个专业教学资源库建设，进一步提高学校为经济社会和教育事业发展的服务水平与支撑能力。

重点专业建设规划表

表 5－1－2

专业名称	国家重点专业	省级特色专业
学前教育专业及专业群	学前教育	
机电一体化专业及专业群	机电一体化技术	数控技术、电子信息工程
旅游管理专业及专业群		涉外旅游、酒店管理
语文教育专业及专业群		语文教育、英语教育
国际贸易实务专业及专业群		国际贸易实务、物流
建筑工程技术专业及专业群		建筑工程技术、工程造价

自2007年起，经过近十年来的建设工作，学校成功申报建设了学前教育、机电一体化技术、会计、建筑工程技术、语文教育5个省级特色专业，并通过了省教育厅的评估验收，被评为江西省高职高专特色专业。2007年，机电学院获得省级财政资助的实训基地项目，资助160万元。2008年，建筑工程学院获得中央财政资助的实训基地建设项目资助资金160万元。2010年，建筑工程学院获江西省高职实训中心建设项目250万元，用于专业实训基

地建设。2011 年，学校获得教育部、财政部支持各 305 万元的专业建设项目（机电一体化、建筑工程技术）2 个。2013 年经济管理学院工商管理专业获中央财政 160 万元实训基地建设专项补助。同年，信息学院计算机应用与软件技术专业获江西省财政 200 万元实训中心建设专项补助。学校获得人才培养模式创新实验区 2 个，省级教学团队 3 个，并建有 18 个校级特色专业。至 2014 年秋，学校在校学生达 15000 人，大部分专业招生已形成稳定的规模。

2014 年三年制大专招生专业及主干课程一览表

表 5－1－3

开设院系	序号	专业	主干课程	学制	备注
师范学院	1	语文教育	中国古代文学、中国现代文学、中国当代文学、外国文学、汉语基础、古代汉语、文学概论、美学、写作、中小学语文课程标准与教法、教育学、心理学、现代教育技术、现代教育制度与思想	三年	省级特色专业
	2	数学教育	数学分析、空间解析几何、线性代数、概率与统计、数学建模、常用数学软件、中小学数学课程标准与教法、教育学、心理学、现代教育技术、现代教育制度与思想	三年	
	3	英语教育	英语阅读、英语泛读、英语视听、英语写作、英美概况、英语翻译、中小学英语课程标准与教法、教育学、心理学、现代教育技术、现代教育制度与思想	三年	
学前教育学院	4	学前教育	幼儿心理学、幼儿教育学、幼儿卫生学、幼儿文学、幼儿教师口语、幼儿教育史、幼儿语言教育、幼儿健康教育、幼儿科学教育、幼儿社会教育、幼儿艺术教育、幼儿园环境创设、音乐、舞蹈、钢琴、美术、手工	三年	省级特色专业
艺术学院	5	音乐教育	电声乐队四大件、流行萨克斯、各类管乐、灯光音响、流行和说唱、基础舞蹈、电脑音乐制作、声乐、器乐、音乐理论基础、爵士舞、现代舞基训、成品舞、拉丁舞、民族舞、舞蹈教学法、编导、唱歌、民俗文化分析、民乐古筝	三年	
	6	美术教育	色彩、素描、中外美术史、艺术概论、中国画、油画、版画、漆画、书法、综合材料应用、艺术市场分析、艺术品鉴赏与市场评估、艺术区市场营销与策划	三年	
	7	艺术设计	娱乐主持、音响设置与操作、灯光配置与管理、化妆造型、摄影技术、会展概论、会展项目管理、会展流程管理基础、展台设计、公共礼仪基础、空间布局设计、会展策划、三大构成、网络展览、展示道具设计、AUTOCAD、PHOTOSHOP、3DMAX、CORELDRAW、VI 企业宣传系统设计、产品包装设计、微电影制作、动态广告编辑、广告市场数据分析、广告策划案设计	三年	
艺术学院	8	装潢艺术设计	AUTOCAD、PHOTOSHOP、3DMAX、CORELDRAW、建筑装饰、工程综合预算、装饰材料、室内外环境艺术设计、电脑效果图制作、手绘快速表达、透视学、家具构造与材料分析、人体工程学、中西家具风格分析、室内软装饰布置、创意家具制造、家具拆解与重构	三年	

续表 5－1－3

开设院系	序号	专业	主干课程	学制	备注
机电工程学院	9	机电一体化技术	机械制图与 CAD、机械制造基础、机械设计基础、机械制造技术、数控加工与编程、三维造型设计、液压与气动技术、电工电子技术、电机及拖动技术、单片机应用技术、电气控制与 PLC 技术、电气控制与 PLC 实训、数控加工与编程实训、单片机应用实训	三年	省级特色专业
	10	模具设计与制造	机械制图与 CAD、机械制造基础、机械设计基础、数控加工与编程、三维造型设计、液压与气动技术、特种加工技术、冲压工艺与模具设计、塑料成型工艺与模具设计、模具制造工艺学、计算机辅助制造、模具价格估算、模具拆绘实训、冲压模具课程设计、塑料模具课程设计计算机辅助制造实训、特种加工实训	三年	
机电工程学院	11	数控技术	机械制图与 CAD、机械制造基础、机械设计基础、机械制造技术、数控加工与编程、三维造型设计、液压与气动技术、电工电子技术、电机及拖动技术、单片机应用技术、电气控制与 PLC 技术、电气控制与 PLC 实训、数控加工与编程实训、单片机应用实训	三年	
	12	电气自动化技术	机械基础、液压与气动技术、电工电子技术、电机及拖动技术、单片机应用技术、电气控制与 PLC 技术、电气控制与 PLC 实训、单片机应用实训、电气测量技术、自动检测技术、工厂供配电技术、变频器应用技术、过程控制系统应用技术、机器人及柔性自动化生产线实训等	三年	
	13	汽车检测与维修技术	汽车驾驶技术、汽车制造与拆装、发动机系统诊断与修复、汽车传动系统的检查与修复、转向与制动系统检查与修复、汽车底盘控制系统诊断与修复、汽车电控系统诊断与修复、汽车舒适与安全系统诊断与检修、汽车保养及维护、汽车性能检测与评估、汽车综合性能故障分析与诊断、汽车维修经营与管理、汽车保险及理赔	三年	
建筑工程学院	14	建筑工程技术	建筑施工技术、建筑工程测量、建筑工程施工组织、建筑 CAD、建筑工程测量与计价、建筑识图与构造	三年	省级特色专业
	15	建筑装饰工程技术	装饰施工建筑装饰设计建筑工程测量与计价、建筑装饰工程招投标与合同管理室内陈设等制作与安装等	三年	
	16	工程造价	工程造价概论、建筑工程预算、工程量清单计价、工程结算、造价软件应用、工程造价综合实训	三年	
	17	工程监理	工程建设监理概论、工程制图及 CAD、工程测量、工程建设进度控制、工程建设投资控制、工程建设质量控制、合同管理、工程造价与招投标	三年	
	18	园林工程技术	园林植物、园林规划设计、园林工程施工组织与管理、园林工程造价、园林施工图设计	三年	
	19	工程造价（中丹合作 3＋1 本科班）	综合实训工程造价概论、建筑工程预算、工程量清单计价、工程结算、造价软件应用、工程造价	三年	

续表 5－1－3

开设院系	序号	专业	主干课程	学制	备注
护理学院	20	护理	人体解剖与组织胚胎学、生理学、病理学、病原生物与免疫、药理学、护理礼仪和人际沟通、基础护理、内科护理、外科护理、妇产科护理、儿科护理、老年护理、急救护理技术、社区护理	三年	
护理学院	20	护理（日语订单班）	人体解剖与组织胚胎学、生理学、病原生物与免疫、药理学、护理礼仪和人际沟通、基础护理、内科护理、外科护理、妇产科护理、儿科护理、老年护理、急救护理技术、社区护理、基础日本语、日语听说、日语会话	三年	
信息工程学院	21	计算机应用技术	三大构成、摄影摄像技术、PHOTOSHOP/CORELDRAW 平面设计、FLASH/3DMAX 动画制作与实训、网页设计与网站开发实训、影视剪辑与后期特效处理、数字创意与现代广告设计技巧、企业体验性生产实训、数字影视特效合成实训、多媒体作品制作员国家职业资格培训课程	三年	
	22	软件技术	C/C＋＋语言程序设计、面向对象程序设计、软件工程、SOL SEVER 数据库技术及应用、ORACLE 数据库应用、网页设计与网站开发、软件测试技术、桌面项目开发实训、WEB 应用程序设计、WEB 项目开发实训、网络安全技术，计算机程序设计员国家职业资格培训课程	三年	
	23	电子信息工程技术	模拟/数字电子技术、C 语言程序设计、单片机原理及应用、单片机仿真实训、电子线路 CAD、电子产品生产与检测、电气控制与 PLC、电子技能应用与制作、电子创新设计与实践、智能电子产品设计与制作、单片机专项能力国家标准培训	三年	
	24	计算机通信（3G 移动通信方向）	移动互联网智能平台游戏、软件、APP 开发、3G/4G 智能车载系统开发、信息系统设计开发	三年	
	25	现代教育技术（师范类）	教育学、心理学、摄影摄像技术、多媒体制作、课件设计、影视编辑、网页设计三剑客、动态网站开发、局域网组建、教育技术设备使用与管理、网络课件设计师国家职业资格培训课程	三年	
农业经济学院	26	农产品质量检测	食品生物化学、微生物学、食品卫生安全、仪器分析、农产品质量检测标准、农产品质量检测技术、农产品质量安全、企业经营管理	三年	
	27	农业经济管理	农村经济农业企业经营运作、农产品营销农村政策与法规、财务与农村金融基础会计统计学原理、经济学基础	三年	
经济管理学院	28	工商企业管理	企业 ERP 沙盘模拟经营、营销管理、项目管理、现代企业管理、生产与运作管理、资源与运营管理、个人与团队管理、电子商务、商务谈判、金融、国际贸易理论与实务、证券投资、商务礼仪、商业活动策划	三年	

续表 5－1－3

开设院系	序号	专业	主干课程	学制	备注
经济管理学院	29	物流管理	物流管理基础、采购管理实务、仓储与配送管理、物流市场营销学、国际货运代理、物流信息管理、物流成本管理、供应链管理、电子商务与物流管理	三年	
	30	国际贸易实务	国际贸易理论与实务、国际贸易实训、报关实训、报检实训、货代实训、国际商务单证、国际市场营销、商务谈判、电子商务、物流管理	三年	省级特色专业
	31	市场营销	公共关系学、统计学、财务管理、消费者行为学、商务谈判、营销管理、电子商务、市场研究与策划、市场调查与预测	三年	
	32	电子商务	电子商务实务、网店运营与管理、网络营销与策划、电子商务网站建设、外贸电子商务综合实训、电子商务网站建设与维护、PHOTOSHOP 图片处理技巧	三年	
	33	会计	会计基础与操作、工业企业会计实训、会计电算化综合实训、企业办税实务与税务管理、成本核算实务、财务会计实务、财务报告编制、EFRA 财务报表分析实训、审计、经济法	三年	
		报关与国际货运	报关原理与实务、国际货运代理实务、报关实训、货代实训、报检实训国际商务单证、国际贸易实训、国际贸易理论与实务、商品归类、物流管理、中国关税实务	三年	
	34	人力资源管理	企业资源计划、公共关系原理与实务、统计学、电子商务概论、人力资源管理、人力资源管理、劳动关系与劳动法、现代企业战略管理、绩效与薪酬管理、管理心理学、人力资源招聘与开发、工作分析与组织设计、组织行为学、商务谈判	三年	
文化旅游学院	35	商务英语	英语精读、英语听力、英语口语、商务英语、外贸函电、国际贸易理论与实务、国际金融、报关实务、电子商务、日语、外贸谈判	三年	
	36	酒店管理	酒店管理概论、酒店前台管理、餐饮服务与管理、酒店人力资源管理、食品卫生营养学、酒店旅游法规、酒店公共关系、酒店营销	三年	
	37	旅游管理	旅游地理、导游业务、旅行社经营管理、旅游经济学、旅游英语、旅游公共关系、市场营销、中国旅游文化、旅游文学作品赏析	三年	
	38	国际邮轮乘务	邮轮概论、邮轮乘务服务与管理、旅游英语、邮轮专业英语、英语听说、管理学基础、旅游学基础、顾客心理学、海事法规、邮轮餐饮、客服管理、形体训练、船员适任证书与海船基本安全证书培训	三年	

续表 5－1－3

开设院系	序号	专业	主干课程	学制	备注
文化旅游学院	39	旅游管理（航空服务方向）	乘务英语、英语听说、民航概论、民航服务心理学、民航服务礼仪、民航安检、民航订座系统操作、电子商务、办公自动化	三年	
	40	旅游管理（高铁乘务方向）	旅游概论、旅客运输、铁路基本安全常识、旅游心理学、形体训练、旅游英语、客运安检、列车乘务、礼仪化妆、普通话	三年	

2014 年五年制大专招生专业及主干课程一览表

表 5－1－4

开设院系	序号	专业	主干课程	学制	备注
学前学院	1	学前教育（师范类）	幼儿心理学、幼儿教育学、幼儿卫生学、幼儿文学、幼儿教师口语、幼儿教育史、幼儿语言教育、幼儿健康教育、幼儿科学教育、幼儿社会教育、幼儿艺术教育、幼儿园环境创设、音乐、舞蹈、钢琴、美术、手工	五年	本院学习五年
师范学院	2	语文教育	中国古代文学、中国现代文学、中国当代文学、外国文学、汉语基础、古代汉语、文学概论、美学、写作、中小学语文课程标准与教法、教育学、心理学、现代教育技术、现代教育制度与思想	五年	前二年在中专部学习基础文化课程，后三年在师范学院学习
师范学院	3	数学教育	数学分析、空间解析几何、线性代数、概率与统计、数学建模、常用数学软件、中小学数学课程标准与教法、教育学、心理学、现代教育技术、现代教育制度与思想	五年	
	4	英语教育	英语阅读、英语泛读、英语视听、英语写作、英美概况、英语翻译、中小学英语课程标准与教法、教育学、心理学、现代教育技术、现代教育制度与思想	五年	
艺术学院	5	美术教育	色彩、素描、中外美术史、艺术概论、中国画、油画、版画、漆画、书法、综合材料应用、艺术市场分析、艺术品鉴赏与市场评估、艺术区市场营销与策划	五年	本院学习五年
	6	音乐教育	电声乐队四大件、流行萨克斯、各类管乐、灯光音响、流行和说唱、基础舞蹈、电脑音乐制作、声乐、器乐、音乐理论基础	五年	
	7	音乐教育（艺体方向）	爵士舞、现代舞基训、成品舞、拉丁舞、民族舞、舞蹈教学法、编导、唱歌、民俗文化分析、民乐古筝	五年	
	8	艺术设计	电脑平面设计、广告招贴设计、包装设计、书籍装帧设计、商业摄影、VI 设计、展示设计	五年	
	9	装潢艺术设计		五年	

续表 5－1－4

开设院系	序号	专业	主干课程	学制	备注
信息工程学院	10	现代教育技术	教育学、心理学、摄影摄像技术、多媒体制作、课件设计、影视编辑、网页设计三剑客、动态网站开发、局域网组建、教育技术设备使用与管理、网络课件设计师国家职业资格培训课程	五年	
文化旅游学院	11	商务英语	英语精读、英语听力、英语口语、商务英语、外贸函电、国际贸易理论与实务、国际金融、报关实务、电子商务、日语、外贸谈判	五年	前两年在中专部学习基础文化课程，后三年在专业所在院学习
	12	酒店管理	酒店管理概论、酒店前台管理、餐饮服务与管理、酒店人力资源管理、食品卫生营养学、酒店旅游法规、酒店公共关系、酒店营销	五年	
	13	旅游管理	中国旅游地理、导游业务、旅行社经营管理、旅游英语、旅游公共关系、市场营销、中国旅游文化、旅游文学作品赏析	五年	
经济管理学院	14	市场营销	公共关系学、统计学、财务管理、消费者行为学、商务谈判、营销管理、电子商务、市场研究与策划、市场调查与预测	五年	
	15	会计	基础会计、管理会计、财务会计、税法、会计电算化、资产评估	五年	
机电工程学院	16	机电一体化技术	机械制图 CAD、电工电子技术、机械制造技术、数控加工与编程、电气控制与 PLC 实训、数控机床操作与编程实训	五年	
	17	模具设计与制造	机械制图、机械设计基础、工程材料与热处理、数控技术、模具制造技术、模具工艺与设计、冲压工艺与冲模设计、成型机械、模具 CAD/CAM、模具价格估算	五年	
建筑工程学院	18	建筑工程技术	建筑材料、工程测量、建筑施工技术和组织、建筑工程预算、建筑工程 CAD	五年	
	19	工程造价	见三年制专业主干课程	五年	
	20	园林工程技术	见三年制专业主干课程	五年	
护理学院	21	护理	见三年制专业主干课程	五年	本院学习五年

第二节　人才培养方案

一、沿革

高职教育人才培养模式的基本特征是人才的培养目标和培养规格以及实现这些培养目标的方法和手段。是以适应社会需要为目标，以培养职业应用能力为主线设计学生的知识、能力、素质素养结构和培养方案。因此，在设计和制定专业人才培养方案时，根据不同职业岗位（群）的需要，确定各专业培养目标，紧紧围绕职业岗位技术应用能力这一核心来构建学生的知识、能力、素质素养结构。

为培养学生的创新精神和实践能力，实现专业知识与专业技能的同步提高，参照同类院校的经验并结合学校实际，2008 年对原人才培养方案进行了全面修订，以各院系部所设专业为基础制定了新的课程计划，并配套出台了《学生成绩评定实施方案（试行）》。为配合专业课程教学，各院系部建立了相应的专业教研室，较好地推进了新方案的实施。

学校在 2008 年、2009 年、2011 年、2012 至 2014 年先后四次修订专业人才培养方案并汇编成册。目的是培养适应生产、建设、管理、服务第一线需要的，品德高尚、举止文雅、知识结构合理、操作技能高、适应能力强，有创新和创业精神的高素质技能型人才，并围绕人才培养目标进行课程设置。突出针对性、应用性和实践能力的培养，实行产学结合，突显人才和专业特色。对文化素质课、专业基础课、专业课、职业技能课都有明确的质量考核标准。学生的外语、计算机及专业技能必须参加社会考核，在取得毕业资格的同时，还须取得教育部或劳动部颁发的相应技能资格证书和技能等级证书。在人才培养的过程中，安排了基本技能训练、职业技能训练、综合能力训练、社会实践、毕业设计（论文）等，实行工学交替、产学结合，从时间上充分保证了学生实践能力的培养。

2012 年 2 月出台《九江职业大学 2012 人才培养工作评估方案》。

自 2012 年下半年开始，历时近 2 年，学校按照“三同行、三融合”（专业设置与企业、行业发展同行，培养质量与职业岗位要求同行，资源建设与技术发展同行；职业资格与培养目标融合，职业能力与课程体系融合，知识教学与技能训练融合）的要求，对涉及各二级院（部）的 45 个专业的人才培养方案启动了规模最大的一次修订工作，实现教学做一体化。从而形成具有九江职业大学特色的人才培养方案，以适应企业、行业及各项事业发展的需要，适应学生的健康成长与终身发展的需要，为学校的内涵发展奠定了坚实基础。

这次修订的各专业人才培养方案共分 13 个部分：

1. 招生对象、修业年限及学历层次
2. 人才培养目标——有明确的专业发展与就业岗位指向
3. 人才培养模式——各专业根据各自特点，提炼学院各专业自己的人才培养模式

4. 职业范围——就业方向、就业岗位及其相应的职业资格证书的获取

5. 人才规格——各专业人才培养，按照分项列举职业道德素质、身体素质、文化素质和能力素质的目标指向，统一确定为学生能力四级标准（按优劣分为一级、二级、三级、四级）

6. 基于工作岗位的职业能力分析描述——以就业所面向的岗位为对象，以职业岗位的工作顺序和每项工作的具体要求为标准，确定完成工作岗位所需要的能力及其支撑这些能力所需要的知识

7. 学习领域与课程内容——不强调学科知识的系统性，不追求内容的深广度，以能学够学、学以致用为原则。按照四大模块确定学习领域与课程内容（必修与选修）——“核心综合能力模块（思想与职业道德、文化、分析解决问题能力等）、岗位专业能力模块、拓展能力模块和动手实践能力模块”。同时，具体表述专业核心课程的内容与教学要求

8. 核心课程基本要求与专业课程标准

9. 教学手段与教学条件——分项阐述各支撑课程的教学方法与手段，应该具备的师资、设备、场地等条件

10. 教学目标及项目、任务与活动设计——包括以学期为单元的项目、任务与活动的主题，教学目标细化分解时段安排，主题推进的方式，教学效果的考核方式（教师的考核与学生的考核）

11. 教学安排与时间分配——教学安排包括教学总体时间安排、必修与选修课安排、实践教学安排（实践教学课时不少于总时数的 50%，体现教学做一体化的教学安排）、校内外实验、实训、实习基地建设总体安排意见

12. 毕业生条件

13. 毕业生跟踪调查设计

二、省级特色专业人才培养方案

人才培养方案是高等教育对人才培养的目标、要求、学制、课程设置、学程和课时安排和毕业要求所做的规范。自 2006 年两校合并之后，对原有的人才培养方案先后进行过 4 次大的修订的基础上，其中五个省级特色专业和一个会计专业人才培养方案的 2014 版如下：

【学前教育】

学前教育专业三年制大专人才培养方案

专业代码：660214

一、招生对象与学制

（一）招生对象：

高中毕业生以及其他符合江西省普通高校招生考试报名条件的学生

（二）修业年限：

全日制三年

（三）学历层次：

高职教育专科

二、人才培养目标

本专业培养具有良好的教师职业道德，先进的幼儿教育理念和较系统的专业知识与专业技能，有较强的保育能力、活动设计与组织能力、反思与自我发展等能力，善于沟通与合作，勇于创新，身心健康的幼儿教师。

三、人才培养模式

本专业以学生能力形成为核心，变“知识本位”为“能力本位”；通过学生专业认知能力、专业应用能力、专业发展能力的系统构建，凸显“学生能力结构”这一核心。以强化职业能力培养为切入点，实施“校园合作、学训交替、五环促进”培养模式。

四、职业范围

主要面向长三角、珠三角及江西省婴幼儿教育，重点是服务九江地区的幼儿园、托儿所、早教机构以及一些婴幼儿培训机构。

1. 其主要就业岗位为：

（1）城乡幼儿园、早教机构专职教师岗位

（2）城乡幼儿园保育员岗位

（3）婴幼儿教育培训机构培训者岗位

（4）儿童社会工作者

2. 职业资格证书要求

（1）幼儿园教师资格证

（2）育婴师资格证或早期教育从业培训资格证（鼓励持有）

五、人才培养规格

总体思路：重品行、宽知识、厚基础、强技能

（一）知识要求

1. 具有一定的自然科学和人文社会科学知识。

2. 掌握不同年龄段幼儿身心发展的特点、规律、个体差异和促进幼儿全面发展的策略方法。

3. 熟悉幼儿园教育的目标、任务、内容、要求和基本原则。

4. 掌握幼儿园环境创设、一日生活安排、游戏与教育活动、保育和班级管理的知识和方法。

5. 掌握幼儿安全防护与救助及观察、谈话、记录等了解幼儿的基本方法。

6. 掌握幼儿园各领域教育的特点与基本知识。

7. 具有相应的艺术欣赏与表现知识。

8. 具有一定的现代信息技术知识。

（二）能力要求

1. 具备观察和了解幼儿的能力。

2. 具备创设和利用有利于幼儿成长、学习、游戏的教育环境的能力。

3. 具备根据幼儿身心发展规律和学习特点，设计、实施教育活动及教育评价的能力。

4. 具备一日生活的组织和保育能力。

5. 具备幼儿游戏活动的支持和引导能力。

6. 具备沟通和合作能力。

7. 具备自主学习、反思和发展的能力。

8. 具备良好的语言表达能力。

9. 具备较好的现代化教育信息技术能力。

（三）情感与态度要求

1. 关爱儿童，尊重儿童的权利，平等地对待每一位儿童。

2. 热爱幼儿教育事业，注重保教结合。

3. 尊重其他教师和家长，愿意与他们进行沟通和合作。

4. 具有终身学习的意愿。

六、职业能力分析

幼儿园教师职业能力分析

表 1

能力类别	能力模块	对应课程设置	对应实训项目
专业理念与师德	职业理解与认识； 对幼儿的态度与行为； 幼儿保育和教育的态度与行为； 个人修养与行为	中外教育史 学前教育学 文化基础课程	实训基地见习实习 课堂模拟练习
专业知识	幼儿发展知识	学前卫生学 学前心理学	实训基地见习实习 课堂模拟练习
	幼儿保育和教育知识	学前教育学 五大领域教学法	
	通识性知识	文化基础课程	
专业能力	环境的创设与利用	幼儿园教育环境创设	校内实训室练习 校内模拟练习 校外实习基地见习实习 半年毕业实习
	一日生活的组织与保育	学前教育学 幼儿园组织与管理 婴幼儿营养与保健	
	游戏活动的支持与引导	学前游戏理论与设计	
	教育活动的计划与实施	幼儿园课程 五大领域教学法 艺术类课程	
	激励与评价、沟通与合作、反思与发展	学前教育科研方法 学前儿童家庭教育	

七、学习领域与课程设置

（一）学习领域课程体系构建

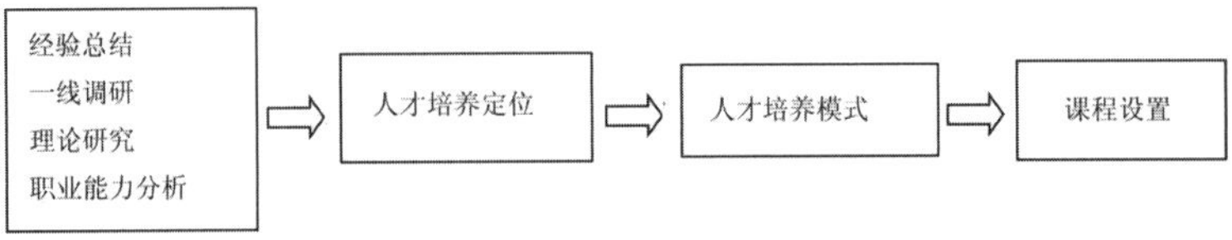

图 1　课程体系构建思路

课程体系的构建思路如上图所示，通过总结本专业三十多年的幼儿教师培养的经验、实地考察一线幼儿教师素质的实际需求、结合对前沿理论研究的了解，进行职业能力分析，提出人才培养目标定位与人才培养模式，并依此构建了课程设置。

（二）学习领域课程安排

结合幼儿教师应具备的素质，开设了基础综合能力模块、岗位专业能力模块、动手实践能力模块、拓展能力模块以及实践课共五个版块。具体安排见下表。

学习领域课程体系安排表

表 2

课程模块	课程代码	课程名称	学分	学时	学期教学周学时					
					一	二	三	四	五	六
基础综合能力模块	10001	军训与军事理论教程☆	1		2					
	10002	大学生心理健康教育☆	1	18		1				
	10003	就业与创业指导（1）☆	1	18		1				
	10004	就业与创业指导（2）☆	1	18					1	
	10005	思想道德修养与法律基础（1）（职业核心能力）★	1	30	2					
	10006	思想道德修养与法律基础（2）（职业核心能力）★	2	36		2				
	10007	毛泽东思想和中国特色社会主义理论体系（1）☆	2	36			2			
	10008	毛泽东思想和中国特色社会主义理论体系（2）☆	2	36				2		
	10009	形势与政策◆	1	18	1					
	10010	计算机基础（1）☆	2	30	2					
	10011	计算机基础（2）☆	2	36		2				
	10012	大学体育（1）☆	2	30	2					
	10013	大学体育（2）☆	2	36		2				
	10014	大学体育（3）☆	2	36			2			
	10015	大学体育（4）☆	2	36				2		

续表 2

课程模块	课程代码	课程名称	学分	学时	学期教学周学时					
					一	二	三	四	五	六
基础综合能力模块	10016	公共英语（1）★	2	30	2					
	10017	公共英语（2）★	2	36		2				
	10018	公共英语（3）☆	2	36			2			
	10019	公共英语（4）☆	2	36				2		
	10020	大学语文（1）☆	2	30	2					
	10021	大学语文（2）★	2	36		2				
	小计		36	600	11	12	6	6	1	
岗位专业能力模块	10201	▲学前卫生学（1）★	2	30	2					
	10202	▲学前卫生学（2）★	2	36		2				
	10203	▲学前心理学（1）★	2	30	2					
	10204	▲学前心理学（2）★	2	36		2				
	10205	▲学前教育学（1）★	2	30	2					
	10206	▲学前教育学（2）★	2	36		2				
	10207	▲学前教育心理学★	2	36			2			
	10208	幼儿园课程☆	2	36				2		
	10209	儿童文学（1）☆	2	36			2			
	10210	儿童文学（2）☆	2	36				2		
	10211	中外学前教育史☆	2	36					2	
	10212	幼儿园组织与管理☆	2	36					2	
	10213	学前游戏理论与设计☆	2	36				2		
	10214	学前教育科研方法☆	2	36					2	
	小计		28	486	6	6	6	4	6	
动手实践能力模块	10215	▲乐理与视唱练耳（1）☆	2	30	2					
	10216	▲乐理与视唱练耳（2）☆	2	36		2				
	10217	▲乐理与视唱练耳（3）☆	2	36			2			
	10218	▲乐理与视唱练耳（4）☆	2	36				2		
	10219	▲琴法（1）☆	2	30	2					
	10220	▲琴法（2）☆	2	36		2				
	10221	▲琴法（3）☆	2	36			2			

续表 2

<table>
<tr><th rowspan="2">课程模块</th><th rowspan="2">课程代码</th><th rowspan="2" colspan="2">课程名称</th><th rowspan="2">学分</th><th rowspan="2">学时</th><th colspan="6">学期教学周学时</th></tr>
<tr><th>一</th><th>二</th><th>三</th><th>四</th><th>五</th><th>六</th></tr>
<tr><td rowspan="19">动手实践能力模块</td><td>10222</td><td colspan="2">▲琴法（4）☆</td><td>2</td><td>36</td><td></td><td></td><td></td><td>2</td><td></td><td></td></tr>
<tr><td>10223</td><td colspan="2">▲舞蹈（1）☆</td><td>2</td><td>30</td><td>2</td><td></td><td></td><td></td><td></td><td></td></tr>
<tr><td>10224</td><td colspan="2">▲舞蹈（2）☆</td><td>2</td><td>36</td><td></td><td>2</td><td></td><td></td><td></td><td></td></tr>
<tr><td>10225</td><td colspan="2">▲舞蹈（3）☆</td><td>2</td><td>36</td><td></td><td></td><td>2</td><td></td><td></td><td></td></tr>
<tr><td>10226</td><td colspan="2">▲舞蹈（4）☆</td><td>2</td><td>36</td><td></td><td></td><td></td><td>2</td><td></td><td></td></tr>
<tr><td>10227</td><td colspan="2">▲美术（1）☆</td><td>2</td><td>30</td><td>2</td><td></td><td></td><td></td><td></td><td></td></tr>
<tr><td>10228</td><td colspan="2">▲美术（2）☆</td><td>2</td><td>36</td><td></td><td>2</td><td></td><td></td><td></td><td></td></tr>
<tr><td>10229</td><td colspan="2">▲美术（3）☆</td><td>2</td><td>36</td><td></td><td></td><td>2</td><td></td><td></td><td></td></tr>
<tr><td>10230</td><td colspan="2">▲美术（4）☆</td><td>2</td><td>36</td><td></td><td></td><td></td><td>2</td><td></td><td></td></tr>
<tr><td>10231</td><td colspan="2">学前儿童健康教育☆</td><td>2</td><td>36</td><td></td><td></td><td>2</td><td></td><td></td><td></td></tr>
<tr><td>10232</td><td colspan="2">学前儿童科学教育☆</td><td>2</td><td>36</td><td></td><td></td><td>2</td><td></td><td></td><td></td></tr>
<tr><td>10233</td><td colspan="2">学前儿童数学教育☆</td><td>2</td><td>36</td><td></td><td></td><td></td><td>2</td><td></td><td></td></tr>
<tr><td>10234</td><td colspan="2">学前儿童艺术教育（1）☆</td><td>2</td><td>36</td><td></td><td></td><td></td><td>2</td><td></td><td></td></tr>
<tr><td>10235</td><td colspan="2">学前儿童艺术教育 2）☆</td><td>2</td><td>36</td><td></td><td></td><td></td><td></td><td>2</td><td></td></tr>
<tr><td>10236</td><td colspan="2">▲学前儿童语言教育☆</td><td>2</td><td>36</td><td></td><td></td><td></td><td>2</td><td></td><td></td></tr>
<tr><td>10237</td><td colspan="2">学前儿童社会教育☆</td><td>2</td><td>36</td><td></td><td></td><td></td><td>2</td><td></td><td></td></tr>
<tr><td>10238</td><td colspan="2">幼儿教师口语☆</td><td>2</td><td>36</td><td></td><td>2</td><td></td><td></td><td></td><td></td></tr>
<tr><td>10239</td><td colspan="2">书法☆</td><td>1</td><td>15</td><td>1</td><td></td><td></td><td></td><td></td><td></td></tr>
<tr><td>10243</td><td colspan="2">普通话☆</td><td>2</td><td>30</td><td>2</td><td></td><td></td><td></td><td></td><td></td></tr>
<tr><td></td><td colspan="3">小计</td><td>51</td><td>885</td><td>11</td><td>10</td><td>14</td><td>14</td><td>2</td><td></td></tr>
<tr><td rowspan="6">拓展能力模块（选修）</td><td>10244</td><td>玩教具制作与幼儿园环境创设☆</td><td rowspan="6">模块一：学前艺术教育</td><td>2</td><td>36</td><td></td><td></td><td>2</td><td></td><td></td><td></td></tr>
<tr><td>10245</td><td>儿童歌舞创编</td><td>2</td><td>36</td><td></td><td></td><td></td><td></td><td></td><td></td></tr>
<tr><td>10246</td><td>奥尔夫音乐教育</td><td>2</td><td>36</td><td></td><td></td><td></td><td></td><td></td><td></td></tr>
<tr><td>10247</td><td>童话剧创作与表演</td><td>2</td><td>36</td><td></td><td></td><td></td><td></td><td></td><td></td></tr>
<tr><td>10248</td><td>化妆艺术</td><td>2</td><td>36</td><td></td><td></td><td></td><td></td><td></td><td></td></tr>
<tr><td>10249</td><td>舞美设计</td><td>2</td><td>36</td><td></td><td></td><td></td><td></td><td></td><td></td></tr>
</table>

续表 2

课程模块	课程代码	课程名称		学分	学时	学期教学周学时					
						一	二	三	四	五	六
拓展能力模块（选修）	10250	幼儿口语（含口语训练）	模块二：学前儿童双语教育	2	36						
	10251	双语整合教学法		2	36						
	10252	英美文化		2	36						
	10253	幼儿英语歌曲演唱		2	36						
	10254	英语阅读		2	36						
	10255	学前儿童家庭教育☆	模块三：社区与家庭教育指导	2	36					2	
	10256	婴幼儿营养与保健		2	36						
	10257	婴幼儿心理健康教育		2	36						
	10258	儿童不良行为矫正		2	36						
	10259	婴儿教育与护理		2	36						
	10260	特殊教育学	模块四：特殊儿童教育	2	36						
	10261	儿童心理测量与评估		2	36						
	10262	特殊儿童心理学		2	36						
	10263	特殊教育教材教法		2	36						
	10264	特殊儿童康复训练		2	36						
	10265	优生学导论		2	36						
	10266	婴儿教育学		2	36						
	10267	婴儿心理学		2	36						
	10268	家庭教育学		2	36						
	10269	学前儿童保育		2	36						
	10270	学前儿童心理健康教育		2	36						
	10271	幼儿园教育环境创设☆		2	36					2	
	10272	儿童行为观察与分析		2	36						
	10273	幼儿园课程资源开发		2	36						
	10274	园本课程开发		2	36						
	10275	蒙氏玩教具操作指导		2	36						
	10276	多媒体课件制作		2	36						
	10277	教师礼仪		2	36						
	10278	乐理与视唱练耳☆		2	36					2	

续表 2

课程模块	课程代码	课程名称	学分	学时	学期教学周学时					
					一	二	三	四	五	六
拓展能力模块（选修）	10280	琴法☆	2	36					2	
	10282	舞蹈☆	2	36					2	
	10286	美术☆	2	36					2	
	10288	英语☆	2	36					2	
	10289	幼儿教育政策与法规☆	2	36					2	
	小计		12	216			2		10	
实践课	10290	教育见习				1 周	1 周	1 周	4 周	
	10291	教育实习（教学技能训练）								16 周
	小计			644						
合计			总学分	总学时	分学期总学时数					
			127	2831	28	28	28	24	19	

注：1. 实践课不包括实验和实训课时；

2. ▲标示为专业核心课程，★标示为考试课程，☆标示为考查课程，◆标示为讲座、班会、讨论、竞赛等形式完成的课程

八、核心课程基本要求

专业核心课程教学实施要求

表 3

序号	课程名称	主要教学内容与要求	教学方式方法	主要考核方法	教学场所	参考学时
1	学前卫生学	主要教学内容：学前儿童解剖生理特点以及身体生长发育的规律、掌握营养学的基本知识、了解托幼机构的膳食管理、了解学前儿童常见疾病和基本急救措施等等知识和能力 教学要求：能进行一日生活安排，能胜任保育员工作，能进行常见疾病的预防与基本急救。	教、学、做一体化	理论与实践综合考核	实训室、幼儿园	66
2	学前心理学	主要教学内容：熟悉和掌握学前儿童心理发展的基本概念、一般过程、特点及其影响因素。在此基础上，学生能够根据学前儿童心理发展特征等基本原理设计出教学活动方案并给予组织实施。 教学要求：熟练掌握掌握学前儿童心理规律，并能据此开展教育教学活动。	教、学、做一体化	理论与实践综合考核	教室、儿童行为观察室、幼儿园	66

续表 3

序号	课程名称	主要教学内容与要求	教学方式方法	主要考核方法	教学场所	参考学时
3	学前教育学	主要教学内容：掌握学前教育基本理论，熟悉国家和地方学前教育的方针、政策和法规；掌握观察幼儿、分析幼儿的基本能力以及对幼儿实施保育和教育的技能等等实际工作能力。 教学要求：能组织学前教育教学活动、游戏活动、区域活动、日常活动等各项活动。	教、学、做一体化	理论与实践综合考核	教室、儿童行为观察室、幼儿园	66
4	学前教育心理学	主要教学内容：掌握学前教育中幼儿的心理特征，以及针对学前儿童教育心理采取的相应的教学方法；理解幼儿各种活动的心理，如幼儿活动的实质、动机、过程和条件等。 教学要求：根据这些理解能创设有效的教学情境，如学习资源的利用、学习活动的安排、师生互动过程的设计与学习过程的管理等，从而促进幼儿更好的学习与发展。	教、学、做一体化	理论与实践综合考核	教室、儿童行为观察室、幼儿园	36
5	学前儿童语言教育	主要教学内容：熟悉和掌握学前儿童语言发展的基本概念、一般过程、特点及其影响因素。在此基础上，学生能够根据学前儿童语言发展特征等基本原理设计出教学活动方案并给予组织实施。 教学要求：熟练掌握掌握学前儿童语言发展规律，并能据此开展教育教学活动。	教、学、做一体化	理论与实践综合考核	教室、幼儿园	36
6	音乐	主要教学内容：学习音乐欣赏、专业技能和评述的方法；丰富视觉、听觉和审美经验，体验音乐活动的乐趣，获得对音乐学习的持久兴趣；了解基本音乐语言的表达方式和方法，表达自己的情感和思想，实现文化传承价值。 教学要求：具备幼儿教师音乐教学的能力与素养。	教、学、做一体化	理论与实践综合考核	奥尔夫音乐教室、幼儿园	174
7	舞蹈	主要教学内容：通过教学及各种生动的舞蹈实践活动，培养学生爱好舞蹈的情趣，发展舞蹈感受与鉴赏能力、表现能力和创造能力，提高舞蹈文化素养，丰富情感体验，陶冶高尚情操。 教学要求：能够用舞蹈对儿童进行美育、德育教育。	教、学、做一体化	理论与实践综合考核	舞蹈房、幼儿园	174
8	钢琴	主要教学内容：学习钢琴弹奏、歌曲伴奏、独自弹唱的方法，丰富技能学习、听觉训练和审美经验，体验钢琴学习的乐趣，获得对钢琴、音乐乃至艺术学科的兴趣；了解用钢琴表达音乐的方式和方法，表达自己的情感和思想，实现文化传承价值。 教学要求：能胜任幼儿园的钢琴弹唱教学工作和艺术活动，成为合格的幼儿教师。	教、学、做一体化	理论与实践综合考核	钢琴房、幼儿园	174

续表 3

序号	课程名称	主要教学内容与要求	教学方式方法	主要考核方法	教学场所	参考学时
9	美术	主要教学内容：尝试各种工具、材料和制作过程，学习美术欣赏和评述的方法，丰富视觉、触觉和审美经验，体验美术活动的乐趣，获得对美术学习的持久兴趣；了解基本美术语言的表达方式和方法，表达自己的情感和思想，美化环境与生活。 教学要求：能胜任幼儿园的美术和手工的教学工作，成为合格的幼儿教师。	教、学、做一体化	理论与实践综合考核	美术实训室、幼儿园	210

九、教学手段与教学条件

（一）教学手段

为了满足学前教育专业岗位的需求，应遵循“校园合作、学训交替、五环促进”的人才培养模式，教学中推行五个环节：专业感知、录像观摩、活动设计、模拟教学和顶岗实习；相对应的三个层面是：学校、幼儿园、毕业生；这一培养模式可概括为：按照幼儿教师的工作岗位组织“课堂”教学，把教学过程变成“工作过程”，把知识传授与技能训练融合为“职业能力培养”，构建学校、幼儿园、毕业生“三位一体”的实训体系，使学生具有较高的职业能力和岗位适应能力。

（二）教学条件

1. 师资条件

本专业专职教师的学历应达到本科以上学历，研究生学历达到40%以上，师生比例控制在1：25以内。

专任教师高级、中级、初级职称结构需达到3.5:4:2.5。

兼职教师与专任教师的比例需达到4：6。

“双师型”教师或“双师”素质教师需达到90%以上。

2. 实训条件

为满足实践教学需求，本专业配套建设多功能儿童行为观察室、幼儿园活动模拟教室、儿童玩具馆、早期教育指导中心、学前儿童卫生保健实训室、基础手工实训室、应用手工实训室、数码钢琴教室、钢琴教室、奥尔夫音乐教室、舞蹈教室等专业实训场地和微格教室，并且建有一所附属幼儿园。

同时，学前教育学院与省内外30余所优秀示范幼儿园建立了校园合作关系，并通过聘请各园园长与教学骨干担任兼职教师，手把手指导学生见习、实习，切实实现学前教育专业与幼儿教师岗位的“无缝对接”。在学生三年的学习中，从幼儿园一日见习、一周见习、一月见习到一个学期的顶岗实习，实践教学和实习实训贯穿于学习的始终。

十、教学目标及项目、任务与活动设计

学前教育专业主干课程教学实施要求

表 4

课程	学前卫生学	学期	第（1—2）学期	学时【/学分】	66
教学目标	1. 全面掌握学前儿童解剖生理特点以及身体发展的规律，系统了解学前儿童常见心理卫生问题及教育对策。 2. 掌握营养学基础知识。 3. 了解托幼机构的膳食管理，熟悉教育环境创设及教育过程中的卫生要求。 4. 了解学前儿童常见疾病的有关知识及基本急救措施，能够对学前儿童的身心发展进行科学的评价。				
教学内容	1. 了解八大系统的组成与功能，掌握学前儿童的保育要点。 2. 熟练运用五等级评价法及衡量生长发育的三把尺子对儿童生长发育进行科学评估。 3. 能够结合幼儿园实际掌握学前儿童一日生活各环节的卫生要求。 4. 保障学前儿童健康成长的营养学基础知识。 5. 常见意外及疾病的简单护理与常见传染病的简单识别与防范。				
教学设计	教学思想：贯彻理论与实践相结合的方针，以学生为主体，教学内容紧扣幼儿园实际，并配备实训课，以提高学生的动手能力，使学生的学习与将来的实际工作“接轨”，提高教育教学的针对性。 教学方法：课堂讲授、学生讨论、实训基地观摩 资源建设：学前儿童卫生与保健实训室，卫生实训实验器材，各实训基地幼儿园。 考核评价：考核与评定的方法：平时成绩 40% 和期末综合考核 60% 相结合，以百分制为评分标准 教学团队：高级职称、中级职称、初级职称比例为 2:4:4				
课程	学前心理学	学期	第（1—2）学期	学时【/学分】	66
教学目标	1. 熟悉和掌握学前儿童心理发展的基本概念、一般过程、特点及其影响因素。 2. 能依据学前儿童身心特点设计教育教学活动，并能用以解决教育教学实践问题。				
教学内容	掌握学前儿童心理发展的特点，主要包括注意、感知觉、记忆、想象、语言、思维、情绪情感、意志、个性、社会性等方面，并用以指导自己的教育教学设计与实施。				
教学设计	教学思想：让学生熟悉和掌握学前儿童心理发展的基本概念、一般过程、特点及其影响因素。在此基础上，学生能够根据学前儿童心理发展特征等基本原理设计出教学活动方案并给予组织实施。围绕这个教学目标，提出课程改革与专业服务、与日常教育教学实践相适应，要求学生在“做中学”、在“做中求进步”，融理论与实践、教学为一体，提高学生的实践能力。 教学方法： 讲授法，教师运用口头语言向学生描绘情境、叙述事实、解释概念、论证原理和阐明学前儿童心理发展规律。 讨论法，在教师指导下，由全班或小组围绕某一种中心问题通过发表各自意见和看法，共同研讨，相互启发，集思广益地进行学习。 参观法，根据教学目的要求，组织学生到一定的校内外教育实践基地和其他社会活动场所，使学生通过对实际事物和现象的观察、研究获得新知识。 实习法，学生在教师指导下，利用校内外教育实践基地和其他社会活动场所，以掌握一定的技能和有关的直接知识，或验证间接知识，综合运用所学的知识。 资源建设：教学过程中，充分利用学前儿童心理软件、多媒体课件、教学视频、教学录像、实物教具演示、教学光碟等教育技术手段，提高教学效率，利用网络拓展学习的空间并创设师生互动、生生互动的平台。 考核评价： 1. 知识考试（占 50%）由平时成绩和考试成绩构成。 2. 实践考试（占 50%）由教育见习（见习报告）、教育实习（实习报告）、教育调查（调查报告）、教育观察（观察报告）构成。 3. 本课程学期成绩由基础知识考试和教学实践考试两部分构成。 4. 在考试形式上，基础知识考试以闭卷考试为主，但是能得到社会认可、认证的学生，比如参加市级以上的专业比赛获得一等奖的学生即可免除基础知识考试；实践考试以开放性的实践作业为主，比如各种见习实习报告。 5. 在评价结果上，把以分数为主的评价结果转变为以考查综合素质为主的等级制。 教学团队：高级职称、中级职称、初级职称比例为 2:5:3				

续表 4

课程	学前教育学	学期	第（1—2）学期	学时【/学分】	66
教学目标	掌握 1. 了解幼儿教育学的基本概念、基本理论和基本原理；了解中外幼儿教育思想的发展和基本观点。 2. 理解和运用幼儿园教育和教学原则的理论；理解和掌握幼儿园课程的编制；理解和熟悉幼儿园教学、幼儿园游戏、幼儿园一日活动和节日、娱乐、劳动活动的组织方法和指导策略；掌握幼小衔接工作、幼儿园评价的基本内容和方法等。 3. 形成学生热爱幼儿，热爱幼儿教育事业，献身幼教事业的理想和精神。				
教学内容	1. 了解本课程的研究方向、任务和体系，了解幼儿教育的产生和发展的基本历史，掌握幼儿教育学中的基本概念、基础知识和基本理论，初步形成现代学前教育的新观念，形成科学的教师观、儿童发展观、教育观、环境观、课程观、教育评价观。 2. 运用教育教学基本理论分析和评价幼儿园教育教学行为；具有在教学、游戏、日常生活等各种情境中观察分析幼儿身心发展状况的技能。 3. 初步具备幼儿园教学、游戏、生活、娱乐、节日等活动的设计和组织的能力。 4. 了解幼儿园教育现状及当前教改的热点、新经验、新趋势，激发学习的好奇心和求知欲，自我激励，培养职业素养，树立专业理想。				
教学设计	教学思想：通过理论讲授与见习，使学生了解学前教育在儿童的发展过程中及在整个教育系统中的地位与价值、掌握学前教育的先进思想及基本理论、领会科学的教育观念、认识学前儿童自身发展的特征及学前教育活动的基本特点。同时，注重促进学生自身学习能力的提高，为今后进入托幼机构从事教育和研究工作以及学前教育学本科专业的学习打下良好的基础。 教学方法：主要采取课堂讲授、讨论、案例（录像）分析、模拟教学、微格实验教学、课外实践、见习、小调查、知识竞赛等多种教学形式和方法，注重培养学生的发现问题、分析问题和创造性解决问题的能力；培养学生的创新意识和实践能力。 课程考核：考试采用闭卷式，以百分制评分。成绩采取综合评定：即期末考试成绩/平时成绩 =6：4［总评成绩 = 平时（含实训）成绩 ×40% + 期末卷面成绩 ×60%］。 教学团队：高级职称、中级职称、初级职称比例为 2:5:3				
课程	学前教育心理学	学期	第（3）学期	学时【/学分】	36
教学目标	通过本课程的学习，要求学生达到： 1. 掌握心理学的基础知识。 2. 掌握心理学在幼儿园这一具体领域中的运用，将心理学知识与幼儿园实际结合起来。				
教学内容	1. 幼儿心理发展规律，包括幼儿活动的动机规律、运动技能的形成规律与体育、社会规范的接受规律与德育、幼儿美感的形成规律与美育、幼儿活动的迁移规律。 2. 幼儿心理健康。 3. 幼儿教学心理与教师心理。				
教学设计	教学思想：通过学习使学生掌握学前教育中幼儿的心理特征，以及针对学前儿童教育心理采取的相应的教学方法，理解幼儿各种活动的心理，如幼儿活动的实质、动机、过程和条件等，以及根据这些理解创设有效的教学情境，如学习资源的利用、学习活动的安排、师生互动过程的设计与学习过程的管理等，从而促进幼儿更好地学习与发展。同时还能有效地提高学生的解决问题的能力，提升学生的问题意识与能力，将“心理学理论”与“幼儿园实际”结合起来，学会用心理学的知识解决幼儿园实际问题，提高学生的职业竞争力。 教学方法：主要采取运用课堂讲授、讨论、案例（录像）分析、模拟教学、微格实验教学、课外实践、见习、小调查、知识竞赛等多种教学形式和方法，注重培养学生的发现问题、分析问题和创造性解决问题的能力；培养学生的创新意识和实践能力。 课程考核：考试采用闭卷式，以百分制评分。成绩采取综合评定：即期末考试成绩/平时成绩 =6:4［总评成绩 = 平时（含实训）成绩 ×40% + 期末卷面成绩 ×60%］。 教学团队：高级职称、中级职称、初级职称比例为 2:5:3				

续表 4

课程	幼儿园课程论	学期	第（3）学期	学时【/学分】	36
教学目标	1. 正确认识《幼儿园课程论》在幼儿教育中的地位和作用；理解幼儿园课程的综合性和整合性；理解幼儿教育终生发展的教育理念；了解幼儿园的课程的教学目的和要求，教学内容的选择和编排，具有初步的独立钻研和分析预成课程，把握生成课程的能力。 2. 进行上课技能的初步训练，使学生掌握教育教学的基本知识，具有初步的教学能力和科研能力。 3. 在教学过程中对学生进行思想教育，培养热爱儿童、热爱教育的思想感情，培养健康的审美情趣，形成健全得人格。				
教学内容	使学生了解幼儿园课程的概念、编制、组织与实施及其课程评价，掌握“知识观”“课程整合观”“发展环境观”，了解幼儿园五大领域的教学目的和教学内容，初步了解根据幼儿生理、心理特点和学习特点与当地幼儿园教学实际，初步学会合理编制课程，制定学期计划和课时计划。学会选择教具、会制作教具，会使用直观教具进行教学。根据教学内容选择适当教学方法达到教育目的。初步学会对幼儿发展状况的评价，初步掌握幼儿科研方法。				
教学设计	教学思想：通过学习现代幼儿教育、课程理念，结合教学案例，使学生理解课程编制的原则，并通过实际见习与观摩，逐步学会编制课程，制定学期计划和课时计划，成长为一名自觉的幼儿教师。 教学方法：讲授、观摩、练习 课程考核：考试采用闭卷式，以百分制评分。成绩采取综合评定：即期末考试成绩/平时成绩＝6:4［总评成绩＝平时（含实训）成绩×40%＋期末卷面成绩×60%］。教学团队：高级职称、中级职称、初级职称比例为2:4:4				
课程	学前儿童文学	学期	第（3—4）学期	学时【/学分】	72
教学目标	1. 使学生掌握儿童文学的基本理论知识——儿童文学的特点、发展概况和改编创作的注意事项，以及儿童文学各种文体知识。 2. 基本的人际交往的技能，结合基本的语言素养，达到与人沟通的目的。 3. 了解掌握一定的文学知识；积累一定的儿童文学作品。 4. 学好专业知识，掌握专业技能，使每一个学生具有赏析、表达、表演、创编等能力。 A 说话能力——养成尊重他人发言的良好习惯，能耐心地倾听他人的发言，不插话，不打断他人的发言；能从他人的发言中捕捉到有效的语言信息，把握其发言的主要观点意图；并能在听他人发言过程中，适当地运用联通的技巧，让对方的发言得以充分地连贯地展开。 B 听说能力——通用普通话进行交流，表述思路清晰，有条理，观点明确，内容具体，能较好地把握说话语境和对象的需求。语音清晰，善于采用幼儿化的语言，语调自然，语速适中，姿态大方，措辞得体，态势语使用得当。 C 阅读能力—— 能比较熟练地品读儿歌、儿童诗、儿童故事、童话、寓言、儿童戏剧等文体，养成边读边想的阅读习惯，有一定阅读速度；具有一定的概括能力和欣赏能力、审美能力。 D 写作能力——能比较熟练地写作儿歌、儿童诗、童话故事等。善于运用比喻、拟人、描摹等手法，所写的文章能做到格式正确、语句通顺、条理较清晰、结构较完整、中心较明确。书写端正，标点符号基本使用正确，具有一定的写作速度。				
教学内容	学习儿童文学的基础知识，阅读一定数量的中外儿童文学作品，进行儿童文学写作训练和讲演训练，具有适应儿童教育需要的文学欣赏能力和改编、创作能力，培养良好的儿童文学素养，为将来从事学前教育工作、开展幼儿园教育活动特别是语言教育活动打好基础。				

续表 4

课程	学前儿童文学	学期	第（3—4）学期	学时【/学分】	72
教学设计	教学思路： 1. 全面提高学生的儿童文学素养 本课程要面向全体学生，贯彻《幼儿园教育指导纲要（试行）》指出的“引导幼儿接触优秀的儿童文学作品，使之感受语言的丰富和优美，并通过多种活动帮助幼儿加深对作品的体验和理解”精神，培养学前教育专业学生的儿童文学素养，陶冶学生的情操，激发学生的想象力和创造力，使之具有厚实的儿童文学理论功底和研究精神，有广阔的儿童文学视野，成为适应现代学前教育需要的合格教师。 2. 正确把握儿童文学教育的特点 本课程要重视儿童文学的熏陶感染作用，注意教学内容的价值取向，同时尊重学生在学习过程中的独特体验。着重培养学生的儿童文学作品鉴赏能力、讲演能力、创编能力和组织儿童文学教学活动能力，奠定其将来从事学前教育工作，开展幼儿园教育活动之基础。 3. 积极倡导自主、合作、探究的学习方式 本课程要根据学生身心发展和儿童文学学习的特点，关注学生的个体差异和不同的学习需求，爱护学生的好奇心、求知欲，充分激发学生的学习兴趣和进取精神，倡导自主、合作、探究的学习方式。教学内容的确定，教学方法的选择，评价方式的设计，都应有助于这种学习方式的形成。 4. 努力建设开放而有活力的儿童文学课程 本课程要面向现代化，面向世界，面向未来。积极拓宽儿童文学学习和运用的领域，并注重跨学科的学习和现代科技手段的运用，使学生在不同内容和方法的相互交叉、渗透与整合中开阔视野，提高学习效率。本课程应该是开放而富有创新活力的。应当密切关注学生的发展和社会现实生活的变化，尽可能满足不同地区、不同学校、不同学生的需求，确立适应时代需要的课程目标，开发与之相适应的课程资源，形成相对稳定而又灵活的实施机制，不断地自我调节、更新发展。 教学方法： 鉴于这门课程既是文化课又是专业课的特性，在实施教学过程中，要立足于所有学生，要让每一个学生都能掌握基本的理论知识，都能掌握读、说、讲、演各种儿童文学文体作品。课堂教学是语文教学的基本组织形式。教师要充分利用规定的教学时数，在有限的时间和空间里，有计划、求实效地组织教学，并使学生在课堂内“学得”的同时，还能到更广阔的阅读天地中，以及通过多种渠道的各种语言实践活动“习得”，从而学有所得，学有所长。 教师通过范文的教学，培养学生的读、讲等的能力。引导学生自己去读好更多的儿童文学作品。 要努力激发学生学习儿童文学的兴趣。教师在教学过程中，要从学生的专业实际出发，培养学生学习的自觉性。要精心备课，选取具有代表性的、典型的儿童文学典范作品。教师一定要从学生学习的实际出发，让学生获得跨越障碍、解决疑惑、获取知识、提高能力的成功感。要引导学生突破书本和课堂的局限，拓展学习渠道，重视课外阅读，在读写实践中增加文化积累、为今后的工作做好铺垫、丰富文化底蕴。 要努力改进教法，课堂上一定要以学生多练为宗旨。训练是提高学生语文能力的重要手段，要让学生上台多做练习，多模拟幼儿园教学实践。 要注重学习方法指导，提高学生学习能力。各种文体的处理、教法教给学生，尤其应培养他们的感受能力。 课程考核方式：考核方式分笔试和口试两种。考核办法：卷面笔试（闭卷）占 60%，平时成绩占 40%。笔试考理论知识，考学生儿童文学的创编能力；口试考学生读作品、讲故事、表演再现作品的能力。 要注重技能的验收，促进学生技能的提高，力争让每一个学生都过关。课堂上每一次课应该有当次课任务完成情况的验收，这种验收一抽查个别学生的形式进行，每一章之后有一次一个文体知识点的验收，一个学期至少要进行两次大型的技能验收考试。					

续表 4

课程	学前儿童文学	学期	第（3—4）学期	学时【/学分】	72
教学设计	课程资源利用和开发建议：课程资源的利用和开发是课程实施的重要组成部分，儿童文学课程的利用和开发要注意： （1）开发多样化的课程资源 学生、教师、学校的各种社团、幼教机构、社会人士及机构都是本课程的重要资源，此外本课程的资源还包括图书（包括教材和教辅）、报刊、图片、论文、研究案例等文本资源。影视节目、录音、录像、VCD、网络、软件等音像资源。 课程资源的利用应做到为教学服务，不求花样繁多，但求切合实际。 （2）利用现代化传媒手段 教师应尽可能使现代化教育技术与本课程教学有机结合，丰富课程资源，有条件的地方要尽量开发计算机网络资源，实现远程观摩教学。有条件的学校还可进行儿童图画书编创、制作和出版工作，促进幼教事业的产业开发。 教学团队：高级职称、中级职称、初级职称比例为 4:4:2				
课程	学前儿童教育活动设计与组织指导（五大领域）	学期	第（3—5）学期	学时【/学分】	216
教学目标	掌握五大领域活动目标、内容，能根据各领域的特点与幼儿身心发展规律和水平设计并实施教学活动。 增强学生专业意识，逐步树立热爱幼教事业的情感。				
教学内容	1. 结合幼儿卫生学、幼儿心理学、幼儿教育学的相应知识理解并掌握健康、社会、科学、艺术、语言等领域各年龄段幼儿的活动目标。 2. 结合目标，选择相应的教学内容。 3. 运用已学理论设计活动方案，并尝试实施。				
教学设计	教学思想：通过结合已学的专业理论，理解五大领域的教学目标与教学内容，并通过观摩课堂实录，运用所学设计教案，试讲等方式，使学生逐步学会各领域的教学设计与组织指导。 教学方法：讲解、示范、练习 资源建设：幼儿活动模拟教室，教师队伍的配备 考核评价方法：平时成绩 40% 和期末综合考核 60% 相结合，结构分四项，按优、良、及格和不及格四级评分 教学团队：高级职称、中级职称、初级职称比例为 3:4:3				
课程	乐理视唱	学期	第（1—4）学期	学时【/学分】	174
教学目标	了解基本音乐术语的表达方式和方法，尝试各种音乐形式和演唱方法，学习音乐欣赏和评述的方法，丰富视觉、触觉和审美经验，体验音乐活动的乐趣，获得对音乐学习的持久兴趣；在音乐学习过程中，激发创作精神，发展音乐实践能力，形成基本的音乐素养，陶冶高尚的审美情操，完善人格。				
教学内容	了解基本音乐术语的表达方式和方法，尝试各种音乐形式和演唱方法，学习音乐欣赏和评述的方法，主要包括乐理与视唱、音乐欣赏、合唱与指挥三部分。				

续表 4

课程	乐理视唱	学期	第（1—4）学期	学时【/学分】	174
教学设计	教学思想：通过让学生以个人或集体合作的方式参与各种音乐活动，尝试各种音乐形式和演唱方法，学习音乐欣赏和评述的方法，丰富视觉、触觉和审美经验，体验音乐活动的乐趣，获得对音乐学习的持久兴趣；了解基本音乐术语的表达方式和方法，表达自己的情感和思想。在音乐学习过程中，激发创造精神，发展音乐实践能力，形成基本的音乐素养，陶冶高尚的审美情操，完善人格。毕业后能胜任幼儿园的音乐课程的教学工作以及艺术活动，成为合格的幼儿教师。 教学方法：讲解、示范、练习、欣赏 资源建设：多媒体教室、音乐实训室、音响设备和音像视频资料 考核评价：考核与评定的方法：平时成绩 40% 和期末综合考核 60% 相结合，结构分四项，按优、良、及格和不及格四级评分 教学团队：高级职称、中级职称、初级职称比例为 2:5:3				
课程	钢琴	学期	第（1—4）学期	学时【/学分】	174
教学目标	1. 了解钢琴的理论基础，键盘的特点以及基本的五线谱、节拍节奏知识。 2. 学习基本的弹奏方法，如非连音、连奏、跳音弹奏等。 3. 能够进行识谱（五线谱）弹奏，根据阶段不同，由浅入深。 4. 掌握具有一定程度的儿童歌曲伴奏方法，能独立完成儿童歌曲的编配及弹奏。 5. 能够做到将儿童歌曲伴奏移调弹奏，根据程度，由浅入深。 6. 具备完整演奏一首儿童歌曲并进行边弹边唱的能力。				
教学内容	1. 钢琴的基本理论知识学习。 2. 钢琴的基本弹奏方法训练。 3. 简谱儿童歌曲的伴奏方法及弹唱训练。 4. 儿童歌曲常用调的移调弹唱训练。				
教学设计	教学思想：适应素质教育的要求，面向全体学生，以学生技能掌握为本，培养学生的音乐理论基础和实践演奏能力，促进他们全面发展奠定良好的基础。选择实用的、有利于学生接受与掌握的钢琴知识和技能组成课程的基本内容，并进行相应的方法训练。 教学方法：讲解、示范、练习、欣赏。 资源建设：多媒体教室、数码钢琴、钢琴、数码钢琴房和钢琴房。 考核评价：考核与评定的方法：平时成绩 40% 和期末综合考核 60% 相结合，结构分四项，按优、良、及格和不及格四级评分 教学团队：高级职称、中级职称、初级职称比例为 2:5:3				
课程	舞 蹈	学期	第（1—4）学期	学时【/学分】	174
教学目标	学生通过本课程的学习，掌握学前教育专业舞蹈技能、训练方法，提高舞蹈素养，毕业后能胜任幼儿园的舞蹈教学工作，成为合格的幼儿教师。				
教学内容	1. 掌握舞蹈的基础知识和基本技能。 2. 进行形体和舞蹈素质的基本训练。 3. 了解幼儿舞蹈的基础知识与方法，培养幼儿舞蹈的组织指导能力。				
教学设计	教学思想：舞蹈的内涵和音乐及表现形式，应反映丰富多彩的社会主义和现代生活的实际。舞蹈教学应以学生为主体，教学要适应学生的实际能力，不可太简或太繁杂；以理论—实践—顶岗实践为指导；以实用性为原则并与时俱进。通过舞蹈教学，提高学前教育专业学生的舞蹈素养和精神文明程度，使其具有担任幼儿园教师的职业能力。 教学方法：讲解、示范、练习、观摩、游戏。 资源建设：舞蹈实训室、音响设备和音像视频资料。 考核评价：考核与评定相结合，平时成绩占 40%，期末综合考核占 60%，结构分四项，按优、良、及格和不及格四级评分。 教学团队：高级职称、中级职称、初级职称比例为 2:3:5				

续表 4

课程	美术	学期	第（1—4）学期	学时【/学分】	210
教学目标	掌握平面画和素描、简笔画的练习、色彩的运用和装饰画的练习、中国画、纸工，布工，泥工，废弃物的手工制作。				
教学内容	1. 在美术游戏中体验各种绘画工具和不同材料的使用效果，认识常用的颜色。 2. 尝试使用各种线条、形状和色彩进行绘画表现活动。 3. 通过各种方式的实物拓印，产生肌理，获得视觉和触觉的感受。 4. 用黏土等可塑性材料，通过揉、搓、压、捏、切、挖和堆塑等方法进行简单器皿及动物形象的造型。 5. 用单色、彩色纸材以及废旧画报、挂历；采用折、剪、撕、拼贴等方法进行平面造型，表现生活中观察到的事物或想象中的事物。				
教学设计	教学思想：通过让学生以个人或集体合作的方式参与各种美术活动，尝试各种工具、材料和制作过程，学习美术欣赏和评述的方法，丰富视觉、触觉和审美经验，体验美术活动的乐趣，获得对美术学习的持久兴趣。通过了解基本美术语言的表达方式和方法，并运用它表达自己的情感和思想，美化环境与生活。另外，通过美术学习，激发学生创造精神，发展美术实践能力，形成基本的美术素养，陶冶高尚的审美情操，完善人格。使学生毕业后能胜任幼儿园的美术和手工的教学工作，成为合格的幼儿教师。 教学方法：讲解、示范、练习、欣赏 资源建设：美术基础手工实训室、应用手工实训室，师生手工工具、耗材，师生作品展示室。 考核评价：考核与评定的方法：平时成绩 40% 和期末综合考核 60% 相结合，结构分四项，按优、良、及格和不及格四级评分。 教学团队：高级职称、中级职称、初级职称比例为 2:4:4				
课程	学前儿童游戏理论与设计	学期	第（4）学期	学时【/学分】	36
教学目标	1. 探讨学前儿童游戏的一般概念和对儿童发展的价值，揭示儿童游戏发展的一般特点和规律，了解几种国内外对幼儿园游戏的分类。 2. 探讨如何为学前儿童的游戏创设更好的环境，并进行合理指导，以更好地推动儿童游戏的发展。 3. 进一步增强学生对幼教事业的认识与情感。				
教学内容	1. 了解幼儿游戏的基本理论、理论流派、分类与发展，地位与影响因素。 2. 学会创设幼儿园游戏环境，并学会指导幼儿进行主要类型的游戏活动。				
教学设计	教学思想：结合已有理论知识与见习经验学习游戏理论知识，并以之为指导，注重和幼儿园实践的联系，根据本课程实践性强的特点，注重指导学生学习幼儿园游戏的组织与指导，以期减少学生实践教学的盲目性，缩短学生适应幼教改革实践的时间，作更称职的现代幼儿教师。 教学方法：讲授法、实践教学法、教育见习、学生实践操作 考核评价：考核与评定的方法，平时成绩 40% 和期末综合考核 60% 相结合，结构分四项，按优、良、及格和不及格四级评分。考核中，可让学生自己创设游戏环境或创编游戏活动与组织指导。 教学团队：高级职称、中级职称、初级职称比例为 2:4:4				
课程	中外学前教育史	学期	第（5）学期	学时【/学分】	36
教学目标	1. 了解中外学前教育发展的基本脉络。 2. 了解并掌握中外著名教育家的教育思想。 3. 能将教育家的教育思想运用于实际。				

续表 4

课程	中外学前教育史	学期	第（5）学期	学时【/学分】	36
教学内容	了解中外学前教育发展的基本脉络，熟悉并掌握中外著名教育家的幼儿教育思想，比如夸美纽斯、洛克、卢梭、裴斯泰洛奇、福禄贝尔、蒙台梭利、陶行知、陈鹤琴、张雪门等。				
教学设计	教学思想：通过理论讲授与自学讨论等方法，使学生了解学前教育发展的脉络，预测学前教育发展的趋势，提高学生今后从事幼儿教育教学的自觉性。同时，能借鉴教育名家的教育经验指导自己的教育教学，使其成为一名有思想的幼儿教师。 教学方法：讲授、讨论、自学。 考核评价：考核与评定的方法以平时成绩 40% 和期末综合考核 60% 相结合，结构分四项，按优、良、及格和不及格四级评分。 教学团队：高级职称、中级职称、初级职称比例为 2:4:4				
课程	幼儿园组织与管理	学期	第（5）学期	学时【/学分】	36
教学目标	1. 了解管理学的基本知识，理解幼儿园管理是个立体、开放、动态有序的整体性系统，使学生初步掌握幼儿园管理工作所必需的管理学知识； 2. 了解幼儿园管理的具体内容，明确质量是办好幼儿园的生命线，也是幼儿园全部管理活动的归宿； 3. 学会运用现代管理知识，解决幼儿园教育教学管理实际问题的初步能力； 4. 逐步树立热爱幼教事业的专业思想，不断提高自身素质的自觉性。				
教学内容	学习幼儿园管理的意义；幼儿园管理内容、幼儿园管理内容的构成要素、管理原理与管理原则；幼儿园目标管理的含义、教育目标与管理目标的关系、幼儿园管理目标的实施；计划管理的地位和作用、幼儿园管理与市场体制接轨的意义；养护工作在幼儿园中的地位及要求、强化教养并举管理的两个管理环节；建立规章制度的意义、岗位责任制的含义、规章制度管理的核心内容；幼儿园工作质量管理的重要性、管理对象、质量是办好幼儿园的生命线、管理的标准化及其实施原则；教师业务素质建设、调动教职工“三性”的动力及基本方法；园长应具有的现代管理观念、园长的素质、领导方法与领导艺术的综合应用、为什么说园长的非职权影响力比职权影响力更重要。				
教学设计	教学思想：通过理论教学与幼儿园见习观摩，了解幼儿园管理的理论与实践，使学生不仅能当一名好幼儿教师，更能从管理者的角度来审视自己的教育教学行为，从而更好地促进学生今后的专业化成长。 教学方法：讲授、讨论、见习、自学。 考核评价：考核与评定的方法：平时成绩 40% 和期末综合考核 60% 相结合，结构分四项，按优、良、及格和不及格四级评分。 教学团队：高级职称、中级职称、初级职称比例为 2:4:4				
课程	学前教育科研方法	学期	第（5）学期	学时【/学分】	36
教学目标	1. 了解学前教育科研的基本过程与环节。 2. 了解学前教育科研的常用方法并能运用于实际。 3. 逐步形成研究意识和科学态度。				
教学内容	了解并掌握观察法、调查法、经验总结、行动研究等研究方法的基本特点与过程，并能运用于实际。				
教学设计	教学思想：通过学前教育研究的一些案例，结合研究理论的介绍，使学生了解一些常见学前教育研究方法，使学生能运用科学的方法观察、了解幼儿，审视自己的教育教学行为，从而不断提升自己的专业素养，增加教育教学的自觉性。 教学方法：讲授、讨论、练习、自学。 考核评价：考核与评定的方法：平时成绩 40% 和期末综合考核 60% 相结合，结构分四项，按优、良、及格和不及格四级评分。要求学生能设计运用某种研究方法收集资料的方案。 教学团队：高级职称、中级职称、初级职称比例为 2:4:4				

十一、教学安排与时间分配

（一）教学总体时间安排（周）

教学总体时间安排表

表5

学期	入学教育	军训	上课	社会调查	见习实训	社会实践	毕业实习	毕业设计	考试考查	毕业教育	机动
1	1	2	14		1				1		1
2			17		1				1		1
3			17		1				1		1
4			14		4				1		1
5			10		8				1		1
6				1			10	6		1	2
合计	1	2	72	1	15		10	6	5	1	7

课程类别与结构比例

表6

课程类别	课堂教学时数	所占百分比	学分数	所占百分比
基础综合能力模块	600	21.2%		
岗位专业能力模块	486	17.2%		
动手实践能力模块	885	31.3%		
拓展能力模块（选修）	216	7.6%		
实践课	644	22.7%		
合计	2831	100%		

注：实践课不包括实验和实训课时

十二、毕业条件

（一）课程学习成绩条件

必须在学校规定的修业年限内完成教育教学计划规定的通识教育课、专业基础课、专业技能课、专业拓展课、专业限选课、专业任选课的学习，且考查考试成绩合格，方予毕业。

（二）职业资格条件

1. 学前教育大专毕业证；

2. 幼儿园教师资格证；

3. 普通话二级乙等以上证书。

十三、毕业生跟踪调查设计

毕业生跟踪调查评价指标与评价方式

表 7

评价主体	评价项目	评价指标	评价方法
幼教专家	行业认可度	行业对毕业生的职业能力的评价	访谈
幼儿园园长	用人满意度	幼儿园对毕业生的职业能力，岗位适应能力的评价	问卷调查访谈
幼儿园教师	同行评价	幼儿园一线教师对毕业生的职业能力、岗位适应能力的评价	问卷调查访谈
毕业生	专业认可度	毕业生对自己在学校接受的能力培养与岗位要求的契合程度，对课程设置，教学方法的评价等。	问卷调查访谈

【语文教育】

《语文教育》专业（三年制）人才培养方案

专业代码　660201

一、招生对象与学制

（一）专业名称：语文教育

（二）招生对象：高中毕业生

（三）修业年限：全日制三年

（四）学历层次：高等教育专科

二、人才培养目标

语文教育专业旨在培养德、智、体、美、劳全面发展，具有良好的职业素养和敬业精神，具有扎实的语文教育的基本理论、基本知识和基本技能，具有初步语文教学研究能力和应用能力的小学语文教师。

三、人才培养模式

采取了“校校合作，教—学—练—教一体化”人才培养模式。大一观摩、大二见习、大三实习。以教促学、以学带练、以练促教。培养方式是“校校合作”，培养过程是“教—学—练—教一体化”。

四、就业面向

初始岗位：小学语文教学工作及其他相关工作岗位。

发展岗位：小学语文骨干教师及相关领域的管理岗位。

五、人才培养的能力和规格

（一）人才职业能力

本专业合格的毕业生应具有以下职业核心能力：汉语语言运用能力，组织教学活动的实践能力以及小学教育、组织、管理能力。具体表现为：

1. 语文教学能力

（1）能够运用所学的语文知识与方法和各种现代教育技术，独立地进行课堂教学设计、教学实施和教学反思。

（2）能够以先进的教育教学理念为指导，不断改进教学方法，针对小学学生特点，采用游戏、简笔画、唱歌等手段提升教学效果。

（3）能够通过语文教学对学生进行德育熏陶和情感教育。

（4）能够通过语文教学培养学生的初步语言文化意识。

（5）能够对学生的学习进行有效评价。

（5）能够创设课堂语文学习环境和校园语文学习环境。

2. 教学研究能力

（1）能够进行备课说课、听课、评课、教学研讨。

（2）能够进行教学反思。

（3）能够撰写教学心得和教育笔记。

（4）能够尝试新的教学方法。

（5）能够主动学习现代教育技术并有效利用多种教学资源。

（6）能够掌握基本的教课研究方法。

（7）能够撰写研究论文。

3. 日常管理及常见教育问题的指导能力

（1）能够建立规则，培养课堂常规。

（2）能够组织班级活动。

（3）能够与家长沟通并能够进行一般的家庭教育指导。

（4）能够对学生进行安全健康教育

（5）能够处理涉及学生人身安全的突发事件。

（二）人才培养规格

1. 素质结构

（1）思想素质：具备良好的政治思想素质和爱岗敬业、为人师表的职业道德素养。

（2）文化素质：具备较高的人文素养和必要的科学素养。

（3）专业素质：具备良好的汉语语言素质、较强的跨文化交际素质，以及英语教育工作者的职业素养。

（4）身心素养：具有良好的身体素质和健康的心理素质。

2. 能力结构

语文教育专业的核心能力为掌握教育的基本理论与方针政策，具有较丰富的语文知识和组织教学活动的技术能力。

（1）语文交流能力：具有较强的汉语听、说、读、写能力，尤其是教师口语能力和跨文化交际能力。发音准确，表达清晰流畅。

（2）语文教育业务能力：能够从事语文教学工作，具有教育教学活动组织能力、班级管理能力、常见家庭教育问题指导能力、初步的教育研究能力以及基本的中小学生保育能力。

（3）知识获取能力：具有较强的自主学习能力终身学习能力以及分析问题和信息处理能力。

（4）知识应用能力：具有良好的综合运用知识处理教学业务能力。

（5）社会交际能力：具有较强的人际沟通能力。

（6）改革创新能力：具有一定得创新思维能力和较强的创新意识。

3. 知识结构

（1）语言文化知识：具有比较扎实的汉语语言结构知识和西方文化背景知识。

（2）文理基础知识：具有必要的人文社科知识和自然科学常识。

（3）语文教育专业知识：具有语文教育专业必需的基础知识和常识，如教育学、心理学知识，教师法、学生权力保护法等法规，以及中小学和培训学校教学活动流程等常识。

（4）工具性知识：具有计算机、网络等信息技术应用知识和文献检索知识。

六、职业能力分析

以就业岗位能力为导向，完成工作岗位所需要的能力及其支撑这些能力所需要的知识。

教师职业技能考核项目与时间安排表

表 1

<table>
<tr><th colspan="3">考核项目</th><th>对应课程</th><th>考核时间</th><th>考核方式</th><th>备注</th></tr>
<tr><td rowspan="3">语言表达类</td><td colspan="2">朗读</td><td>教师口语</td><td>大一下</td><td>任课教师给出成绩，学院抽查</td><td></td></tr>
<tr><td colspan="2">普通话</td><td>教师口语</td><td>大二下</td><td>任课教师给出成绩，学院抽查</td><td></td></tr>
<tr><td colspan="2">演讲</td><td>教师口语</td><td>大二下</td><td>任课教师给出成绩，学院抽查</td><td></td></tr>
<tr><td rowspan="2">书面表达类</td><td colspan="2">教学总结</td><td>教育学</td><td>大二上</td><td rowspan="2">任课教师给出成绩，附带上交纸质稿，学院抽查（学生二者必选一）</td><td></td></tr>
<tr><td colspan="2">教案设计</td><td>教育学</td><td>大三上</td><td></td></tr>
<tr><td rowspan="4">音美素养类</td><td colspan="2">唱 歌</td><td rowspan="2">音乐</td><td rowspan="4">大一下</td><td rowspan="2">任课教师给出成绩，学院抽查</td><td rowspan="2"></td></tr>
<tr><td colspan="2">视 唱</td></tr>
<tr><td colspan="2">简笔画</td><td rowspan="2">美术</td><td rowspan="2">任课教师给出成绩，附带上交纸质稿，学院抽查</td><td rowspan="2"></td></tr>
<tr><td colspan="2">美术字</td></tr>
<tr><td rowspan="6">教学技能类</td><td rowspan="3">三笔字</td><td>毛笔字</td><td rowspan="3">习字</td><td>大一下</td><td rowspan="3">任课教师给出成绩，学院抽查</td><td rowspan="3"></td></tr>
<tr><td>钢笔字</td><td>大二下</td></tr>
<tr><td>粉笔字</td><td>大三上</td></tr>
<tr><td colspan="2">说课</td><td rowspan="2">教学法</td><td>大三上</td><td rowspan="2">任课教师给出成绩，附带上交说课稿和讲课稿，学院抽查</td><td></td></tr>
<tr><td colspan="2">讲课</td><td>大三上</td><td></td></tr>
<tr><td colspan="2">课件制作</td><td>现代教育技术</td><td>大二下</td><td>任课老师给出成绩，学院抽查</td><td></td></tr>
</table>

续表 1

考核项目		对应课程	考核时间	考核方式	备注
教育管理类	队列	体育	大二下	任课老师给出成绩，学院抽查	
	班级活动（方案）	班级管理	大二下	任课老师给出成绩，附交纸质稿，学院抽查	
	主题班队会	教育学	大三上	任课教师给出成绩，学院抽查	
语文教育	常用汉字	汉语基础	大一下	任课老师给出成绩，学院抽查	
	经典诗文（背诵）	文学史	大二下	任课老师给出成绩，学院抽查	
	应用文写作	写 作	大三上	任课老师给出成绩，学院抽查	
免考免试试件	1. 通过国家、省级项目考试者可免考相关项目，成绩可以记为“优秀”。 2. 在校级相关项目竞赛中获得个人优秀奖以上等次，可以免考相应项目，成绩可以记为“优秀”。 3. 在院级相关项目竞赛中获得个人优秀奖及团体三等奖以上等次，可免考相应项目，成绩可以记为“良好”以上。				

七、职业资格证书

语文教育专业毕业生须获得相应岗位的教师资格证书以及其他资格证书：小学语文教师资格证。

八、学习领域与课程设置

（一）学习领域课程体系构建

语文教育专业根据专业特点和就业取向建立学习领域课程体系。

学习领域课程体系构建

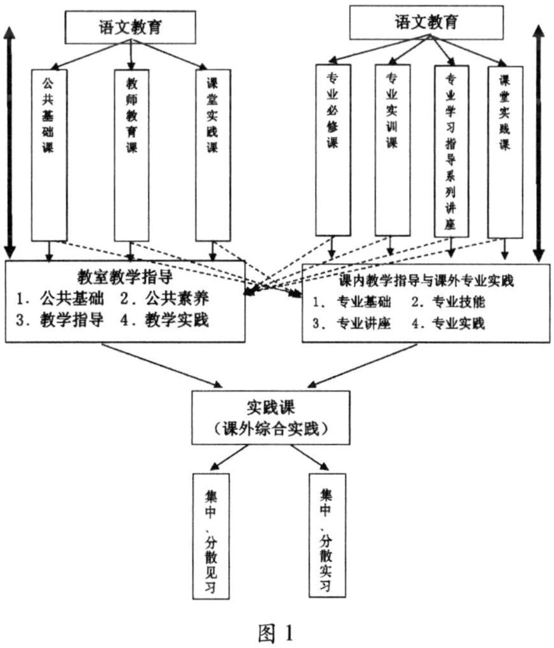

图 1

（二）学习领域课程安排

1. 课程设置

语文教育专业以培养技能型语文教育人才为根本任务，课程设置应服务社会经济发展需要，以突出应用性为原则。不同地区的院校在广泛开展社会人才市场需求调查的基础上，从实际出发，结合自身特色、办学定位、就业面向，组织各方面专家共同进行培养目标论证、课程开发、质量标准制定与考核评价等，办出特色。

2. 课程分类

语文教育专业课程分为公共基础课、教师教育课、专业必修课、专业实践课。

（1）公共基础课

公共基础课包括毛泽东思想和中国特色社会主义理论体系、思想道德修养与法律基础、军训与军事理论教程、大学生心理健康、就业与创业指导、大学英语、体育与健康、音乐、美术、计算机应用基础、数学（三年制非专业）、中国近现代史纲要。

（2）教师教育课

教师教育课包括心理学、教育学、教育心理学、班级管理、书法、教师口语、现代教育技术（课件制作）、语文课程与教学论、数学课程与教学论（非专业）、英语课程与教学论（非专业）。

（3）专业必修课

专业必修课包括汉语基础、写作、文学概论、中国古典文学、中国现当代文学、外国文学、儿童文学、实用语文。

（4）实践教学课

实践教学课包括入学教育、军训、教师礼仪、教师技能综合考核、教育见习、教育实习。

以上四个方面基本上包括了语文教育专业所有课程，但是语文教育专业特别重视专业能力拓展，目的是拓展学生综合能力与素质，为学生成为小学教育通才做准备，也为终生学习奠定基础。因此，语文教育还特意加强了学生教学技能项目：语言表达类（口头表达、书面表达）、音美素养类（音乐素养、美术素养）、教学技能类（三笔字、说课、讲课、课件制作）、教育管理类（队列、班级活动）、语文教育类（常用汉字、经典诗文背诵、应用文写作）等。

上述课程的教学安排可以有所侧重，但要将整个教学过程视为一个整体，自始至终以突出语文教学能力的培养和提高为主线，且上述课程中含有实践教学环节。

3. 学时安排

学习领域课程安排综合考虑学生职业核心能力、职业技能和可持续发展能力的培养，对语文教育专业的学习领域进行系统设计，将课程分为公共基础课、教师教育课、专业必修课、实践课。

三年制语文教育专业课程设置与学时分配

表2

课程类别	课程代码	课程名称	学分	学时	开课学期与周课时					
					一	二	三	四	五	六
公共基础课	10001	军训与军事理论教程☆	1		2 周					
	10002	大学生心理健康教育☆	1	18		1				
	10003	就业与创业指导（1）☆	1	18		1				
	10004	就业与创业指导（2）☆	1	18					1	
	10005	思想道德修养与法律基础（1）（职业核心能力）★	1	30	2					
	10006	思想道德修养与法律基础（2）（职业核心能力）★	2	36		2				
	10007	毛泽东思想和中国特色社会主义理论体系（1）☆	2	36			2			
	10008	毛泽东思想和中国特色社会主义理论体系（2）☆	2	36				2		
	10009	形势与政策◆	1		1	1	1	1	1	
	10012	计算机应用基础	4	60	2					
	10013	大学体育（1）	2	30	2					
	10014	大学体育（2）	2	36		2				
	10015	大学体育（3）	2	36			2			
	10016	大学体育（4）	2	36				2		
	10115	大学英语（4－1）☆	2	30	2					
	10116	大学英语（4－2）☆	2	36		2				
	10117	大学英语（4－3）☆	2	36			2			
	10118	大学英语（4－4）☆	2	36				2		
	10121	数学（三年制非专业）☆	2	36		2				
	10123	音乐（三年制）（2－1）☆	2	30	2					
	10125	音乐（三年制）（2－2）☆	2	36		2				
	10127	美术（三年制）（2－1）☆	2	30	2					
	10129	美术（三年制）（2－2）☆	2	36		2				
	10131	中国近现代史纲要（2－1）★	2	30	2					
	10132	中国近现代史纲要（2－2）★	2	36		2				
	小计				14	14	6	6	0	
教师教育课	10101	心理学☆	2	30	2					
	10102	教育学★	4	72		4				
	10103	教育心理学★	4	72			4			
	10104	班级管理☆	2	36				2		

续表 2

课程类别	课程代码	课程名称	学分	学时	开课学期与周课时					
					一	二	三	四	五	六
教师教育课	10105	书法（4－1）☆	1	15	1					
	10106	书法（4－2）☆	1	18		1				
	10107	书法（4－3）☆	1	18			1			
	10108	书法（4－4）☆	1	18				1		
	10109	教师口语（4－1）☆	1	15	1					
	10110	教师口语（4－2）☆	1	18		1				
	10111	教师口语（4－3）☆	1	18			1			
	10112	教师口语（4－4）☆	1	18				1		
	10113	现代教育技术（课件制作）（2－1）★	2	36			2			
	10114	现代教育技术（课件制作）（2－2）★	2	36				2		
	101124	语文课程与教学论（2－1）★	2	36				2		
	101125	语文课程与教学论（2－2）★	4	72					4	
	10134	数学课程与教学论（非专业）☆	1	18					1	
	10135	英语课程与教学论（非专业）☆	1	18					1	
	小计				4	6	8	8	6	
专业必修课	101101	汉语基础（大一现代汉语、大二古代汉语）（4－1）☆	2	30	2					
	101102	汉语基础（大一现代汉语、大二古代汉语）（4－2）★	2	36		2				
	101103	汉语基础（大一现代汉语、大二古代汉语）（4－3）☆	2	36			2			
	101104	汉语基础（大一现代汉语、大二古代汉语）（4－4）★	2	36				2		
	101105	写作（2－1）☆	2	30	2					
	101106	写作（2－2）★	2	36		2				
	101107	文学概论（2－1）☆	2	36			2			
	101108	文学概论（2－2）☆	2	36				2		
	101109	中国古典文学（5－1）★	2	30	2					
	101110	中国古典文学（5－2）☆	2	36		2				
	101111	中国古典文学（5－3）★	2	36			2			
	101112	中国古典文学（5－4）☆	2	36				2		

续表 2

课程类别	课程代码	课程名称	学分	学时	开课学期与周课时					
					一	二	三	四	五	六
专业必修课	101113	中国古典文学（5－5）★	4	72					4	
	101114	中国现当代文学（3－1）★	2	36			2			
	101115	中国现当代文学（3－2）☆	2	36				2		
	101116	中国现当代文学（3－3）☆	4	72					4	
	101117	外国文学（2－1）☆	2	36			2			
	101118	外国文学（2－2）★	2	36				2		
	101119	儿童文学（2－1）☆	2	36				2		
	101120	儿童文学（2－2）★	2	36					2	
	101121	实用语文☆	4	72					4	
	小计				6	6	10	12	14	
实践教学	10136	教师礼仪☆	1	18					1	
	10137	教师技能综合实践							4 周	
	10138	教育见习					1 周			
	10139	教育实习								18 周
总计			127	2190	24	26	24	26	20	

注：“★”表示考试科目，“☆”表示考查科目

九、专业课程基本要求

专业课程基本要求。

专业核心课程

表 3

序号	课程名称	教学基本要求	学分
1	汉语基础	要求掌握基础知识和基础理论，能够熟练地运用现代汉语的规律，正确地分析现代汉语各种语言现象，提高语言表达能力，为今后从事语文教学和汉语研究工作打下基础。通过对古代汉语基础知识和文选的学习，培养学生阅读与分析文言文的能力。	8
2	教师口语	以普通话学习为基础，培养和提高学生的口语表达技能和水平，使学生掌握教师职业技能。	4
3	中国古代文学	课程以史为经，以选为纬，以经纬结合、以点带面的方式梳理中国文学发展的脉络，使学生全面了解中国文学发展演变的历史。	10
4	中国现当代文学	掌握中国现当代文学重要作家及其代表性作品，概述现代重要的文学运动和文学思想论争，梳理中国现当代文学发展的基本脉络、总结现当代文学各个门类的基本成就。	8

续表 3

序号	课程名称	教学基本要求	学分
5	外国文学	掌握东西方文学发展史，重点分析有代表性的作家和作品，掌握外国文学的基本知识，提高分析和评论外国文学作品的能力。	4
6	儿童文学	引导学生掌握作为一个小学教师、必备的儿童文学理论知识，理解儿童文学的特点，扩大学生关于儿童文学的知识面和阅读面，提高他们的儿童文学素养。	4
7	小学语文课程与教学论	以理论教学为基础，以实践教学为重心。培养学生的专业技能，以便将来从事小学语文教学。	6

教师教育课程基本要求

序号	课程名称	教学基本要求	学分
1	心理学	通过学习，使学生掌握心理学的基本概念、基础知识和基本原理，为以后相关学科的学习打好基础；学会用心理学的观点认识和分析问题并能用有关的方法设计研究和解决实际问题。	2
2	教育心理学	通过学习，使学生正确识记和理解其基本理论；简单应用基本理论分析教学过程中的心理现象；能综合应用基本规律，提出切实可行的解决教学过程中实际问题的方案。	4
3	教育学	通过教学使学生掌握基本概念、基本理论，明确教育基本理论是教师的基本素质之一，树立正确的教育观念。	4
4	班级管理	通过教学使学生掌握基本知识，包括班级、班主任，班级管理对象、目标、过程、内容、研究方法等方面内容；初步具有班主任专业技能，促进班主任专业化成长。	2
5	大学生心理健康	通过学习，使学生了解大学生心理发展过程中存在的心理问题，学习并掌握基本的心理调节方法，树立寻求心理帮助的求助意识。	1

公共课程基本要求

序号	课程名称	教学基本要求	学分
1	思想道德修养与法律基础	讲授社会主义道德教育和法制教育，帮助学生增强社会主义法制观念，提高思想道德素质，解决成长过程中遇到的实际问题。	4
2	毛泽东思想和中国特色社会主义理论体系概论	着重讲授中国共产党把马克思主义基本原理与中国实际相结合的历史进程，毛泽东思想和中国特色社会主义理论体系。	4
3	音乐	提高音乐修养，掌握基本的音乐知识，学习正确的演唱及发声技巧，促进思维方式的灵活性与多样性，并在实践中能灵活运用音乐知识与演唱技巧开展多样性教学。	4
4	美术	学习和理解造型语言及基本的美术创作的过程与方法，学会描述、分析美术作品的方法，促进思维方式的灵活性与多样性，并在实践中能灵活运用美术知识与技巧开展多样性教学。	4

续表 3

序号	课程名称	教学基本要求	学分
5	中国近现代史纲要	学习和理解近现代时期中国人民反对外国侵略斗争，探索国家出路，改革浪潮中的大事变，中国革命的新道路，中华民族的抗体战争，与现代化建设新时期等内容。	4

十、教学手段与教学条件

（一）教学手段

依据全面发展、人人成才、终身教育等新的人才培养观念，遵循教育规律和人才成长规律，根据小学语文教师职业活动的特点，改革人才培养模式。

在教学中，根据课程目标和学生特点重视学习和实际工作的一致性，借助模拟或真实的工作场景有针对性地采取项目导向、任务驱动等“教—学—练—学一体化”教学模式，体现“以学生为中心”的教学理念。倡导启发式、探究式、讨论式、参与式教学，灵活运用各种有利于自主学习的教学方法，引导学生积极思考，乐于实践，切实提高教学效果。

应积极运用计算机、网络技术等现代化教学手段，构建适合学生个性化学习和自主学习的教学模式，满足学生的不同需求；借助虚拟现实技术构建仿真的教学场景，培养学生的语文教学能力。

（二）教学条件

1. 师资条件

语文教育专业师资配备的建议如下：

（1）专职教师

开设语文教育应有稳定的、结构合理的师资队伍，并严格执行教师资格准入制度。专任教师应具有高等学校教师任职资格，了解师范教育教学规律，掌握师范教育教学方法和教学技能，具备教学研究能力。应了解任职专业的人才培养目标和规格；专业课教师要跟踪了解行业、专业发展态势，掌握专业技能，取得相应的职业资格证书，能进行理论和实践一体化教学；实习指导教师应取得相应的职业资格证书，掌握专业实践教学技能。

除保证公共课程教学外，各门专业主要课程的教学基本组织（教研室、课程组）至少应配专任教师两人，主要课程主讲教师应具有中高级专业技术职称，师生比为 18:1；专任教师总数不得少于 20 人，应具有本科以上学历，具有“双师”素质的教师比例不低于 50%；专任教师中具有高级专业技术职称人数不低于 25%；专业课教师必须参加专业实践活动。

①专业带头人基本要求

具有扎实的专业知识和丰富的教学经验，以及较强的教学管理能力，能够把握本专业领域发展方向，在专业建设和人才培养模式改革方面起到领军作用；专业视野宽广，实践技能较强，富有改革和创新精神；主持或参与过本专业“教—学—练—学一体化”人才培养模式创新、课程体系和教学内容改革、人才培养方案制（修）订、课程开发与建设、实训基地建设、特色或品牌专业建设；具有较强团队合作精神，具有较强组织管理与协调能力。

②骨干教师队伍基本要求

具有较丰富的专业知识和教学经验，对师范教育有一定的研究，具有专业课程开发与实施教学改革的能力；具有丰富的专业实践能力，能够密切联系行业企业发展需要开展教学工作，能够组织实施“教—学—练—学一体化”教学，教学效果良好；在工学结合人才培养模式改革、课程体系和教学内容改革中成绩突出，获校级或校级以上优秀教学成果奖或教学质量奖。

（2）兼职教师

依据语文教育专业特点，应建设一支符合教学实际需要的专兼职教师队伍。外聘兼职教师不少于专业教学团队的10%，承担的专业课学时比例达到15%，主要承担专业实践教学任务。外聘专业教师至少应具有中级以上专业技术职称和丰富的从业经验有正式聘任手续且相对稳定。

（3）实训室管理人员

每个教学实训室应配备不少于一名实训室管理人员。

2. 实训条件

（1）校内实训场地

根据“校校合作，教—学—练—学一体化”人才培养模式和职业能力培养的要求，需要建立校内实训场地。教室分为普通教室、多媒体教室和专业实训教室。普通教室应该满足多种教学的基本要求，特别是每个教室应该配上多媒体，专业实训教室要有相应的设备和管理。

（2）校外实习基地

校外实习基地建设要依托行业，建立相对稳定，能满足学生顶岗实习半年以上的专业基地，促进顶岗实习制度的全面落实。

十一、教学目标及项目、任务与活动设计

根据语文教育专业人才培养目标，结合职业岗位工作任务要求，对专业课程领域的教学内容与要求，教学方法、考核方法教学等进行描述，部分专业课程教学实施要求。

专业课程描述

表4

课程	【大学英语】	四学期	第（一—四）学期	138学时【8学分】	
教学目标	本课程着重培养学生的外语综合应用能力，特别是语言交际能力，使他们在今后的工作和社会交往中能用外语有效地获取信息和进行交流，同时通过学习外语来提高学生的综合文化素养和促进学生的全面发展。				

续表 4

课程	【大学英语】	四学期	第（一—四）学期	138 学时【8 学分】	
教学内容	本课程主要分模块进行教学： 1. 英语国家文学赏析模块；2. 中国文化思想模块；3. 伦理与宗教思想模块；4. 科学文明模块；5. 语言与教育模块；6. 信息知识模块；7. 演讲名篇模块。				
课程	【数学】	一学期	第（二）学期	36 学时【2 学分】	
教学目标	培养学生的辩证唯物主义观点、逻辑思维能力、空间想象能力、分析判断能力、创新能力和应用能力等。它可以为学生的专业课、后继课学习及其毕业后的工作、深造奠定必要的数学基础，它能为培养高素质、强能力、适应现代社会文明和高科技发展要求的复合型人才提供强有力的课程保证。大学数学教育是大学生整体文化素质教育的一个重要组成部分。				
教学内容	本课程主要内容有微积分，空间解析几何，线性代数，微分方程，概率统计等。				
课程	【体育】	四学期	第（一—四）学期	144 学时【8 学分】	
教学目标	本课程向学生传授广泛的体育健身基本知识、原理和方法，让学生通过掌握更多、更新的知识，更有效地增强终生健身意识，指导自我和他人近期与远期的健身锻炼活动。培养具备体育教育的基本理论、基础知识和基本技能，具有较强的实践能力，能从事体育教学、课外体育活动和竞赛工作的中、小学体育教师或管理人员。了解教育的基本理论与方针政策，掌握体育活动的技能技巧和组织教学活动的能力。				
教学内容	本课程教学内容分为理论和实践两部分： 1. 理论教学内容：《基础健身理论篇》和《运动健身原理与方法篇》两部分，上述内容，大学一年级必修课全面系统学习，二年级选修课重点掌握。2. 实践教学内：24 式简化太极拳、五步拳、篮球、排球、足球、田径、体育舞蹈、健美操、街舞、形体、健美、瑜伽、轮滑、乒乓球、羽毛球、网球、游泳、散打、跆拳道、拳击、野外生存、定向运动、武术、空竹、手球、女子防身术等 30 余单项，其中第一、二学期采用规定教学内容教学：五步拳或 24 式太极拳 + 篮球或排球 + 体能训练，第三、四学期，选择了大学生既适应在校期间参与健身的多项内容，又利于将来步入社会后生活与工作进行健身的内容。学生通过相对集中的、能自主选择适合个体的有兴趣的健身技能与方法。整个内容体系充分体现了休闲性、趣味性、健身性的特点，同时，技能方法便于掌握，组合灵活多变，为大学生适应时代发展搭建了实用健身平台，增进了学生的终身健康。				
课程	【音乐】	二学期	第（一—二）学期	72 学时【4 学分】	
教学目标	使学生广泛接触各类音乐作品，在音乐实践中感受音乐、理解音乐；使学生积累中外音乐曲目，增长音乐知识；同时，通过训练使学生开阔艺术视野，提高艺术素养。培养具有较强的音乐表演和教学的基本技能，能在中小学从事音乐教学，组织课外文艺活动和竞赛工作的中小学音乐教师。了解教育的基本理论与方针政策，掌握音乐表演的技能技艺和组织教学活动的技术能力。				
教学内容	本课程主要包括四部分内容：第一部分是音乐欣赏基础知识，从音乐的本质属性与欣赏心理开始讲解，讲解音乐鉴赏的过程及方法、音乐表现手段、音乐的曲式结构及不同时期音乐的风格和流派；第二部分是声乐部分，从人声的分类、声乐演唱形式开始讲解，讲解常见声乐作品的体裁、民歌、创作歌曲、合唱与指挥及大型声乐套曲等内容；第三部分是乐器与器乐曲，介绍民族乐器、民族管弦乐队及西洋乐器和西洋管弦乐队，从中外优秀的器乐曲中领略音乐的魅力，另外还选取了一些奏鸣曲、协奏曲、交响乐等大型音乐体裁的乐曲欣赏；第四部分综合艺术形式，包含了歌剧、音乐剧、舞剧音乐、曲艺音乐及戏曲。				

续表 4

课程	【美术】	二学期	第（一—二）学期	72 学时【4 学分】	
教学目标	使学生广泛接触各类美术作品，在学习美术实践中感受美术作品的魅力、理解美术作品表达的内涵；使学生欣赏中外经典美术作品，增长美术知识开阔艺术视野，提高艺术素养。培养掌握美术教育的基本理论和基础知识，具有较强的美术绘画技能技法，能在中小学从事美术教学，组织课外活动和竞赛工作的中小学美术教师。了解教育的基本理论与方针政策，掌握美术绘画的技能技艺和组织教学活动的技术能力。				
教学内容	本书根据美术设计基础的要求和构成美术设计的基本要素入手。教材内容的组织突出模块化，分成平面构成、色彩构成、立体构成三大模块。平面构成部分的内容包括平面点、线、面的构成，平面构成的形式美法则，图形创意与表现技法，版面设计构成；色彩构成部分的内容包括色彩的现象和色彩体系、色彩的表现规律、色彩的心理效应与色彩搭配、色彩的运用；立体构成部分的内容包括立体构成概述、立体构成设计的形式规律、半立体构成技术、立体构成材料与技术等。				
课程	【计算机应用基础】	一学期	第（一）学期	72 学时【4 学分】	
教学目标	让学生学会 Windows XP 系列操作系统的基本操作，掌握 MS Office 软件的使用方法，形成使用办公软件进行文档、电子表格等日常事务处理的技能，同时也通过学习计算机软件的过程，提高数据的录入速度，学会一种以上的汉字输入方法，逐步掌握计算机操作基本技能，养成良好的职业习惯，形成面向应用的职业技能，同时为将来进一步深入学习计算机知识奠定良好基础。				
教学内容	主要内容包括：计算机基础知识，中文操作系统 Windows XP 使用，文字处理软件 Word 2003 的基本操作，表格处理软件 Excel 2003 的基本操作，多媒体演示文稿制作软件 PowerPoint 2003 的基本操作，计算机网络的基础知识，Internet 的使用，音频编辑软件 Cool Edit Pro 2.1 的基本操作，图片处理软件 Photoshop 的基本操作，视频编辑软件会声会影 X2 的基本操作，光盘编辑软件 Nero Vision Express SE 的基本操作，数据库应用软件 Access 2003 的基本操作等。				
课程	【大学生心理健康教育】	一学期	第（二）学期	18 学时【1 学分】	
教学目标	本课程的教学目标，从整体上看是要帮助大学生树立心理健康意识，预防和缓解心理问题，优化心理品质，增强心理调适能力和社会生活的适应能力，挖掘心理潜能，渐臻自我实现。从各阶段上看，低年级是帮助新生适应新的学习和生活环境；中年级是帮助他们在了解心理科学基础知识，在掌握心理调适技能的基础上，形成恰当的成就动机，具备人际交往的技能，确立健康的爱情观，自觉加强自身心理素质的训练与优化，形成健全的人格，促进自身的完善与发展，实现与环境、社会的积极适应；高年级则是帮助他们进行科学的职业生涯规划。				
教学内容	本课程教学内容分为八个部分： 人的心理与心理健康、自我意识及其培养、学习过程与潜能开发、情绪及其调节、人际交往与人际关系、恋爱心理、挫折心理、择业心理辅导				
课程	【就业指导】	一学期	第（五）学期	18 学时【1 学分】	
教学目标	激发大学生职业生涯发展的自主意识，树立正确的就业观，促使大学生理性地规划自身未来的发展，并努力在学习过程中自觉地提高就业能力和职业生涯管理能力。				
教学内容	本课程共分职业生涯规划指导、职业生涯开发指导、求职过程指导、职业适应与职业发展指导、创新与创业教育 5 个模块，包括职业与职业生涯、做好职业生涯规划、提高就业能力、情商提升与潜能开发、就业前期准备、掌握面试礼仪与技巧、就业权益保护与就业陷阱防范、适应从学生到职业人的角色转换、终身学习与职业发展、培养创新意识、培养创业意识与创业精神、创业准备及一般创业过程 12 个项目。课程项目后编有阅读与知识拓展，思考、互动、练习及测试，以增加课堂互动效果，帮助学生进一步思考问题、了解自我。				

续表 4

课程	【教师礼仪】	一学期	第（五）学期		讲座
教学目标	掌握基本的教师礼仪规范，适应日常工作场合的礼仪要求；全面掌握社会人际交往中的各种礼仪规范，细微之处体现个人素养；提高教师整体素质，塑造良好的个人职业形象，树立学校公众形象。				
教学内容	本课程教学内容包括教师的个人形象（教师的个人卫生、化妆、站姿坐姿、走姿、目光、微笑、手势）；教师的服饰（服饰着装的原则女教师的着装、男教师的着装、饰物的礼仪、特殊场合的服饰）；教师用语（课堂语言礼仪、谈话礼仪、电话礼仪）；师生关系礼仪（谈心的礼仪、批改作业礼仪、考试点评礼仪、班会的礼仪、课外活动礼仪、外出参观游览礼仪）；教师与家长沟通礼仪（家长会与接待家长礼仪、家访礼仪、与家长日常沟通礼仪）；同事共处礼仪（同事共处的礼仪原则、上级对下级的礼仪、下级对上级的礼仪、对手间的礼仪、拜访礼仪）；集会礼仪典礼升旗礼仪、表彰会礼仪、行政会礼仪、研讨活动礼仪）；社会交往礼仪（见面礼仪、馈赠礼仪、用餐礼仪、舞会礼仪，乘坐车、船、飞机的礼仪和国旗礼仪）。				
课程	【心理学】	一学期	第（一）学期	36 学时【2 学分】	
教学目标	在培养学生学习兴趣的基础上，通过课程的讲授使学生正确认识人的心理活动的一般规律，培养学生以辩证唯物的观点，科学地描述、解释、预测和调节人的心理和行为。在重点讲解基本理论和基础知识的基础上，可适当加强训练学生以科学的思维和态度去理解和解释生活中的常见心理现象，特别注重科学方法的训练，为其他学科的学习打基础。学生通过本课程的学习，必须掌握感觉、知觉、注意、记忆、思维和想象等认知心理；理解动机、情绪、意志和个性差异在心理活动中的意义和作用；正确认识心理和生理、心理和大脑、心理和环境、心理和健康的关系。				
教学内容	指导人们在实践中如何了解、预测、控制和调节人的心理。例如，可以根据智力、性格、气质、兴趣、态度等各种心理现象表现的情况，研制各种测试量表，借以了解人们的心理发展水平和特点，为因材施教和人职匹配提供依据。				
课程	【教育学】	一学期	第（二）学期	72 学时【4 学分】	
教学目标	通过教育学教学，使高师生掌握从事中学教育、教学工作必备的教育基础理论知识，逐步树立正确、科学的教育观，初步形成运用所学理论知识解决中学教育、教学实践问题的能力和研究中学教育、教学的能力。				
教学内容	通过教学，让学生掌握教育学的基本概念、基础知识和基本理论，帮助学生初步形成素质教育的思想，培养其热爱教育事业的情感，并使学生初步掌握教育科学研究的方法。				
课程	【现代教育技术】	二学期	第（三—四）学期	72 学时【4 学分】	
教学目标	“现代教育技术”课程的总目标是提升学生信息素养和现代教育技术应用能力。 本课程兼顾了教育技术传统与现代的发展延续性，既保持了教学内容的相对完整性与先进性，又较好地处理了理论与应用、知识与创新之间的关系。根据当前教育改革对教师教育技术应用能力的实际需求，本课程以提高信息化环境中未来教师教育技术应用能力为重点，以教学设计为主线，在学生对教育技术的内涵与外延、教与学理论、视听与传播理论等有一个概括性了解的基础上，掌握教育资源的获取、设计与开发技能，通过信息化环境下教学设计与评价典型案例的介绍与分析，促进学生教育技术知识与技能向应用环境的迁移。使学生能在实际背景中独立地分析问题和解决问题，全面提高学生现代教育技术与学科教学整合能力。				
教学内容	本课程内容分为三部分共十章： 一、教育技术基本理论。内容包括教育技术概述、学与教的理论、视听与传播理论。 二、教学资源开发与利用。内容包括视听媒体辅助教学、计算机辅助教学、Internet 教育资源利用、现代远程教育、学校现代教育技术环境。 三、教学过程设计与评价。内容包括教学设计、教学评价。				

续表 4

课程	【中国古代文学】	五学期	第（一—五）学期	180 学时【10 学分】	
教学目标	学习中国古代文学史，掌握本课程七个阶段每一时期重要文学现象、重要作家作品，并要求学生掌握文学史的基本理论、基本概念，培养和提高学生阅读、分析、鉴赏古代文学作品的能力。了解文化的多样性、丰富性，培养高尚的思想品质和道德情操，提高学生的文化修养，增强学生的人文素质，加深学生对民族文化与历史的认识，进一步把握民族文化发展的方向。				
教学内容	本课程教学主要按照文学史的时间顺序，分为七个阶段：分别是中国古代文学史（先唐文学部分）、中国古代文学史（秦汉文学部分）、中国古代文学史（魏晋南北朝文学部分）、中国古代文学史（隋唐文学部分）、中国古代文学史（宋代文学部分）、中国古代文学史（元明文学部分）、中国古代文学史（清代文学部分）。本课程按历史发展顺序讲述中国古代文学的发展概貌，分章节叙述各阶段的历史背景、文学活动、文学思潮和文学创作情况；讲清诗、文、赋、词、曲、戏剧、小说等主要文学体式的产生、发展、演变线索和某些类型作品的源与流；介绍各个阶段的重要作家及其代表性作品，对其作品的思想性和艺术性做出分析、评价，肯定其作品在本阶段或在整个中国文学史上的地位和影响。				
课程	【写作】	二学期	第（一—二）学期	72 学时【4 学分】	
教学目标	本课程通过传授写作基本理论知识和加强阅读分析，写作训练，注重培养学生的写作素养与写作能力，以逐渐提高学生的综合素质和创新能力为主要目标，为专业课的学习和将来的专业工作打下良好的基础。				
教学内容	本课程分为理论教学和实训教学两部分： 一、理论教学包括绪论、写作四体（写作主体，写作客体，写作载体，写作受体）、写作过程（感知，运思，行文三阶段）、表达方式与写作技法（五种表达方式——叙述，描写，抒情，议论，说明的含义，要求，方法；传统常用写作技法——聚焦，立骨，悬念等；现代常用写作技法——意识流，蒙太奇，反讽等）、新闻文体（新闻采访、常用的新闻文体——消息，通讯，报告文学的含义，特点，写作）、文学文体（认识四大文学体裁的含义，分类，审美特征；掌握散文，小说，诗歌的写作方法）、理论文体（社会评论，文艺评论，学术论文的含义，分类，特征写作）。 教学基本要求：了解理论文体的基本概念；掌握社会评论，文艺评论，学术论文的含义，分类，特征；学会写作社会评论，文艺评论，学术论文，应用文体（行政公文的含义，功能，种类，格式，写作；计划，总结，简报，调查报告的含义，功能，分类）写作。 二、实训项目与内容：采访，公文写作。				
课程	【文学概论】	二学期	第（三—四）学期	72 学时【4 学分】	
教学目标	本课程是语文教育专业的基础课，通过本课程的讲授，使学生能够掌握文学理论的基本术语、概念和知识，了解本学科的总体结构，理解文学理论的基本原理，并有辨析评述有关理论、观点的能力。同时，为学生勾勒出一条关于文学理论的内在逻辑思路，使之对这一理论的掌握具有系统性，并了解文学理论研究发现的现状和前沿成果，从而具有运用文学理论原理、知识分析文学现象、思潮、作家、作品的能力。				
教学内容	本课程是一门研究文学本质特征、描述文学形态、解释创作规律和接受规律的理论课程，主要有本质与特征论、发生发展论、构成形态论、创作规律论、接受规律论等五大部分构成。				

续表 4

课程	【中国现当代文学】	三学期	第（三—五）学期	108 学时【8 学分】	
教学目标	本课程促使学生了解“五四”文学革命以来的文学运动、思潮、社团流派和文学创作发展的基本情况；选读“五四”以来各个时期的优秀作品和具有代表性的作品。通过学习，扩大学生的知识面，提高学员的文学素养；重点培养学生分析和鉴赏中国现当代文学作品的能力，使其能独立分析优秀文学作品的思想艺术特色。				
教学内容	课程为汉语言文学专业的专业必修课。通过本课程的学习，要求学生全面了解、掌握中国现当代文学发生、发展的历史，能够正确地理解、评价作家的创作过程和艺术风格，能够客观地分析作品中的主体意象以及作品的思想价值和历史价值。				
课程	【外国文学】	二学期	第（三—四）学期	72 学时【4 学分】	
教学目标	通过本课程的学习，学生应能系统地掌握外国文学发展史，并能结合所学文学理论知识对外国文学史上的各类文学现象进行理论联系实际的、实事求是的分析，特别要掌握外国文学的发展规律，文学作品的基本内容与艺术特点，文学人物的性格特征等，提高学生分析问题和解决问题的能力，提高审美能力；培养学生的知识迁移和应用能力，使学生在未来的中小学语文教学实践中，创造性地运用既有学识，最大限度地实现本课程教学的价值和意义。通过实践教学，使学生直观了解重点作家的文学风格及特点、重点作品的思想内容和艺术特色；重点培养学生阅读、体悟、鉴赏、分析、评价文学作品的能力；培养学生正确的情感态度和价值观，提升学生的思想境界和审美素质。				
教学内容	课程所涉及的内容，涵盖上下数千年、纵横五大洲，包括作家、作品、思潮、流派、背景知识等，知识点异常丰富。既是一部外国文学史、同时也是外国文化史、甚至还是外国文学理论史。立足外国文学，融汇历史、哲学、美学、艺术等多方面内容，突出素质教育特色。由于目前的课时量很难涵盖教学的全部内容。在课程内容不变的情况下，在教学方法上大胆改革，将课堂教学和学生自学相结合，以克服教学时数不足所带来的困难。				
课程	【书法】	四学期	第（一—四）学期	72 学时【4 学分】	
教学目标	通过本课程的学习，掌握书法艺术的基本理论，学会如何进行执笔与用笔，掌握篆书、隶书、楷书、行书、草书的特点，并能很好地书写，懂得传统书法的现代设计应用，提高自己鉴赏书法作品的能力，全面提高自己的文化修养。为自己以后进行教学打好板书基础。				
教学内容	第一章　书法艺术的基本理论 第二章　书写的执笔与运笔 第三章　篆书、隶书、楷书、行书、草书的特点，以及书写练习 第四章　传统书法的现代设计应用				
课程	【教师口语】	四学期	第（一—四）学期	72 学时【4 学分】	
教学目标	教育学生热爱祖国语言，认真学习、积极贯彻国家语言文字工作方针政策，增强语言规范意识；能用标准或比较标准的普通话进行口语交际，以顺利通过普通话水平等级测试；初步掌握运用教师职业语言进行教学的基本技能，并能对学生口语进行指导，以利于提高全民族的语言素质。				
教学内容	第一章　教师口语概说　　第二章　一般口语交际及训练 第三章　教学口语教学及训练　　第四章　教育口语教学及训练 第五章　教师交际口语的教学及训练　　第六章　教师口语常见问题及分析纠正 第七章　教师口语的风格				

续表 4

课程	【小学语文课程与教学论】	两学期	第（四—五）学期	108 学时【6 学分】	
教学目标	使师范生掌握中学语文教育的基础理论和形成语文教学的基本技能。以便在实习时胜任中小学各种类型的语文课的教学。				
教学内容	绪论 第一章　语文学科的性质　　第二章　语文教学目标 第三章　语文教学内容　　第四章　语文教学原则 第五章　语文教学过程与方法　　第六章　语文教学媒体 第七章　语文学法指导　　第八章　阅读教学 第九章　作文教学　　第十章　口语交际训练 第十一章　语文综合性学习训练　　第十二章　语文教学方案设计 第十三章　语文课外实践活动指导策略　　第十章　语文教学研究 第十五章　语文教师				
学习领域	【教育观摩访谈】	一学期	第（三）学期	54 学时【3 学分】	
教学目标	初步了解小学的基本概况，认识小学教师工作的性质与作用，了解小学生的现状和特点。结合本专业课程的讲授和练习，促使理论与实践的联系，促进后续的专业学习与能力的培养。 具体要求：调查了解小学办学基本情况及条件；了解当前小学教师的工作情况；了解当前小学生的学习生活状况和心理特点；了解小学教学的一般过程、方法和实施情形；写好观摩访谈记录。				
教学内容	教育观摩内容如下： （一）校内：课堂教学观摩访谈。组织观看优秀小学教师的课堂教学片段以及小学校园生活情景资料片，举办访谈方法专题讲座。 （二）校外：参观小学校园环境及设施；访谈小学校领导（校长、教导处主任或教研组组长）；访谈 1—2 位小学教师；访谈 1—2 位小学生，可口问笔记，也可作问卷调查。 不同观摩访谈内容的侧重点可以不同。具体任务要求及标准见附表。				
学习领域	【职业技能训练】	一学期	第（五）学期	学时【/学分】	
教学目标	为加强对毕业班学生教师职业技能的训练、检查与展示，使学生能顺利参加及适应毕业实习工作，培养其独立从事义务教育阶段教育教学工作的实际能力，增强其从事人民教育事业的光荣感和责任感，为学生毕业后从事教学工作打下坚实基础，每位同学需完成并达到五个一：（1）一篇教案及讲课达标。（2）一篇说课稿及说课达标。（3）一个课件并评优。（4）一次主题班会策划方案及评优。（5）一次宣传栏设计方案并评优。				
教学内容	教学内容：备课、编写教案、试讲、说课、评课、课件、主题班会及板报、宣传栏设计方案及评比等。				
学习领域	【语文教育实习】	一学期	第（六）学期	学时 18 周【/学分】	
教学目标	语文教育实习，是师范学院语文教育专业学生在本校带队教师和中小学指导老师的指导下，运用已经获得的专业知识、教育理论和技能，在中小学从事一段时间的语文教育实践活动。其目的在于：让学生将所学基础理论、专业知识和基本技能，综合运用于中小学教育教学实践，由此了解中小学语文教学实际，获得教师职业的初步实际知识和能力，进而树立热爱教育事业的责任感和事业心，为今后走上工作岗位打下良好的基础；与此同时，检验师范学院语文教育专业的办学质量，收取反馈信息，扬长补短，改进教学，提高教学质量，以更好地适应中小学素质教育和语文教学改革的需要。				
教学内容	语文教育实习主要由语文教学实习、班主任工作实习和语文教育调查三部分组成。				

十二、毕业条件

（一）学分规定

学生在规定的学习年限内，必须修得所有公共基础课46学分，教师教育课32学分，专业必修课48学分，实践课29学分，共计155学分后方可毕业。

（二）证书规定

1. 毕业证书

国家教育部普通高等学校毕业证书（大专）

2. 基本技能证书

该专业学生必须取得：

（1）教师资格证；

（2）计算机等级证

（3）英语等级证

（4）普通话达二级甲等证

十三、毕业生跟踪调查设计

毕业生跟踪调查结果实行周期性评价（针对不同的评价项目确定评价周期），具体由专业团队负责毕业生职业跟踪网络信息平台构建与管理、问卷的设计，由专业团队教师分工完成各项信息收集并交由团队汇总。专业指导委员会负责对来自社会、学校、毕业生的质量评价结果进行分析，对人才培养方案进行整改与完善并用于新一轮人才培养过程。

毕业生跟踪调查评价指标与评价方式

表5

评价主体	评价项目	评价指标	评价方法
单位	用人满意度	单位对专业人才在职业工作过程中的工作态度、专业技能、团队合作精神等的认可度	1. 单位走访 2. 问卷调查
毕业生	初次就业率	应届毕业生毕业时正式就业的比率	1. 就业率统计、对口就业率统计 2. 问卷调查 3. 毕业生座谈会 4. 建立毕业生职业跟踪网络信息平台，定期对毕业生进行跟踪
	对口就业率	毕业生选择与自己专业相符的职业的比率	
	专业认可度	毕业生对自己在学校接受的能力培养与职业岗位要求的吻合度的评价、培养模式	
	职业发展力	对毕业生的职业适应能力、职业创新能力及职业成绩的评价	1. 建立毕业生职业跟踪网络信息平台，定期对毕业生进行跟踪 2. 学校走访 3. 座谈会

【机电一体化技术】

《机电一体化技术》人才培养方案

专业代码：580201

一、招生对象与学制

（一）招生对象：高中阶段教育毕业生或同等学力人员

（二）修业年限：全日制三年

（三）学历层次：高职教育专科

二、人才培养目标

本专业培养具有良好职业道德，能适应生产、建设、管理、服务第一线需要的，具备机电一体化技术基础理论基本技能，能掌握机械制造的加工工艺，从事普通机床操作、数控机床操作与编程、机电产品设计与工艺设计、车间现场管理、机电产品销售与售后服务以及机电设备的维修、安装、操作等高素质、高技能型人才。

三、人才培养模式

实施“工学结合”的人才培养模式，建立以服务为宗旨，以就业为导向，紧贴岗位设课程，紧贴能力设教学的机制。将职业资格标准和行业认证融入教学，面向汽车制造、机械制造、模具制造、船舶制造等行业企业培养与之相适应的具有文化素质、良好的职业道德和创新精神的高端技能型人才。

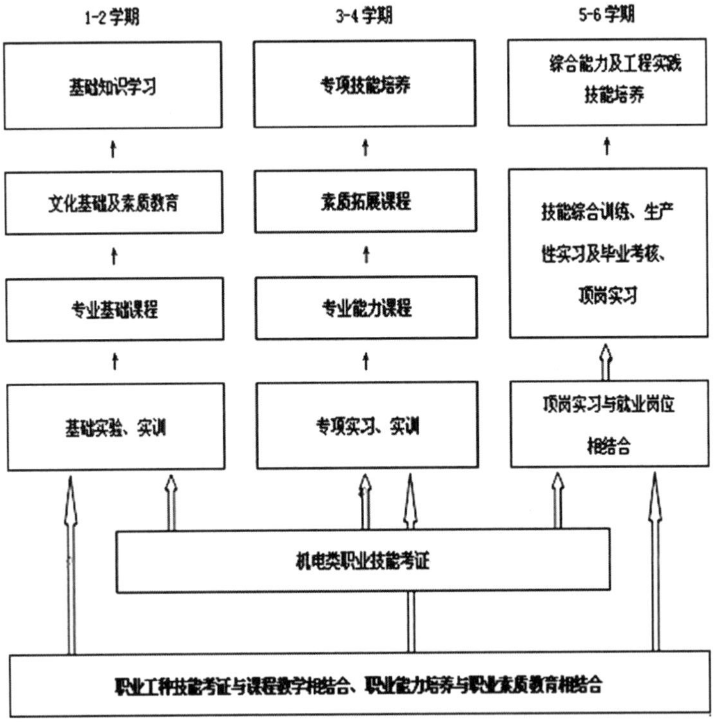

图1 “工学结合、课证融通”人才培养模式框图

四、职业范围

主要面向长三角、珠三角及江西省制造业，重点是服务九江地区汽车制造业、机械制造业、船舶制造业、钢铁冶炼业、光伏、能源及风能设备制造业等产业。

1. 其主要就业岗位为：

（1）机电产品的设计、开发、安装、调试、技术改造和管理等岗位；

（2）机电设备的安装、调试、操作、维修及生产技术管理等岗位；

（3）自动化生产线及设备的运行、安装、维修、调试和管理等岗位；

（4）机电设备营销及售后服务等岗位。

2. 职业资格证书要求

本专业学习内容的选取参照了国家职业技术标准，行业资格考证要求的相关知识和技能。要求毕业生除获得专业学历毕业证外，还必须取得维修电工（中级）、机修钳工（中级）、制图员（中级）、机电设备安装维修工（中级）等职业资格证书中的一种。

五、人才培养规格

1. 基础知识与能力

（1）具有计算机应用基本能力；

（2）具有初步的英语交流能力；

（3）具有按科学方法不断获得新知识、新技术能力；

（4）具有正确处理工作和生活中出现各种问题的能力；

（5）具有较强的自主学习能力。

2. 职业技能

（1）具有较强的机械识图能力和绘图能力；

（2）具有较强的运用计算机辅助绘图、设计能力；

（3）具有较强的机电产品安装、调试和维修的能力；

（4）具有机械产品与工艺的设计能力；

（5）具备普通机床的操作能力；

（6）具备数控机床的编程与操作能力。

3. 综合素质

（1）具有良好的职业道德和职业素质；

（2）具备独立工作的能力和积极的开拓精神；

（3）具有良好的人际沟通能力和团队合作精神；

（4）具有良好的心理素质和克服困难与挫折的能力；

（5）具备较好的语言表达与文字写作能力；

六、职业能力分析

岗位对应典型工作任务

表 1

岗位	典型工作任务
制图员	①制图国家标准及基础理论知识；②一次变换投影面的相关知识；③截交线和相贯线的知识；④螺栓连接的规定画法；⑤零件图的绘制及尺寸标注；⑥组合体三视图的绘制。
普通机床操作工	①图纸识读和简单零件手工加工；②零件材料性能及力学分析；③尺寸误差和形位误差的测量；④加工工艺编制及零件定位与装卸；⑤刀具准备和零件加工；⑥机械结构分析与调整；⑦机床清洁、整理与保养。
数控机床操作工	①图纸识读；②机械结构分析与调整；③阅读加工工艺文件；④零件定位与装卸；⑤程序编辑、输入、输出及试运行；⑥典型零件数控加工；⑦数控机床清洁、整理与保养。
电气设备安装工	①识图、绘图基本知识；②电气、机械基础知识；③常见电气设备、器件、材料知识；④电气设备的安装；⑤安全用电常识和触电急救方法；⑥有关电气设备安装规程。
电机维修工	①电工及电子的基础知识；②识图、绘图的基本知识；③直流电机的维护检修；④异步电机的检修；⑤常用电工测量仪表、器具的使用；⑥一定的消防常识及触电急救方法。

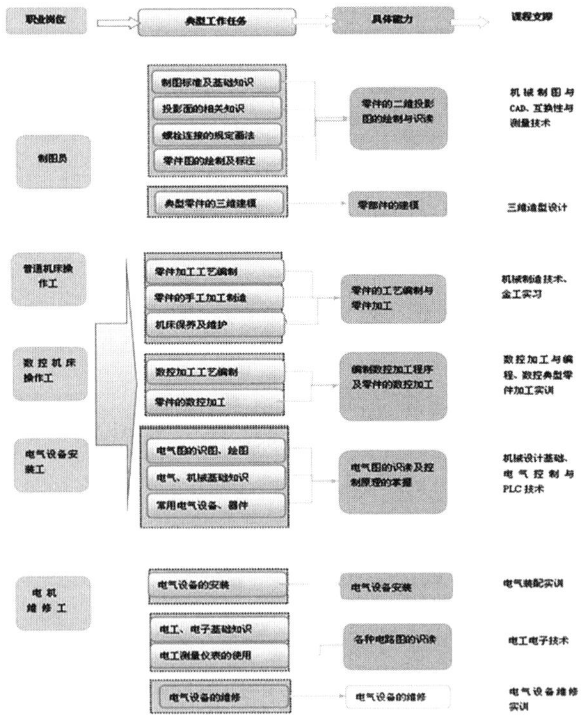

图 2　基于工作岗位的能力分析分解图

七、学习领域与课程设置

（一）学习领域课程体系构建

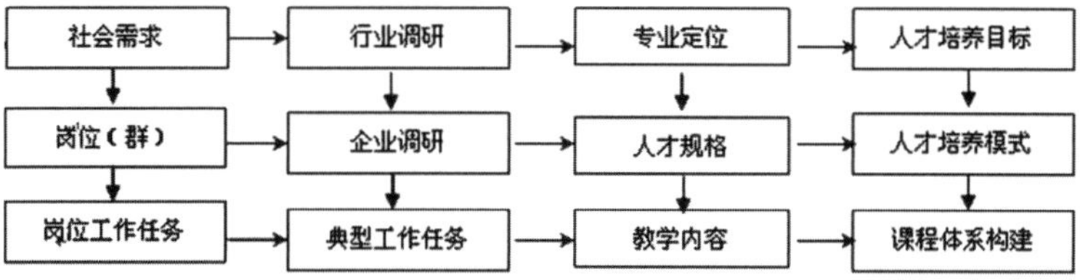

图 3　课程体系构建思路

课程体系的构建思路见图 3 所示，依据专业调研情况及相关职业标准，以实现机电一体化设备的安装调试、运行和维护维修岗位的职业能力培养为切入点，通过与企业开展“产、学、研”校企融入式合作，共同剖析专业岗位工作任务，确定岗位的典型工作任务，对典型工作任务进行整合和序化，根据完成典型工作任务所需求的能力，以职业能力培养为主线、将专业核心技能培养贯穿始终，融入相关职业技能标准，构建了“工作过程系统化”的课程体系。

（二）学习领域课程安排

学习领域课程安排综合考虑学生职业核心能力、职业技能和可持续发展能力的培养，对机电一体化专业的学习领域进行系统设计，将课程分为基础综合能力模块、岗位专业能力模块、动手实践能力模块、拓展能力模块等四大模块，机电一体化技术专业课程设置与教学进度安排表见表 2。

机电一体化技术专业课程设置与教学进度安排表

表 2

课程模块	课程代码	课程名称	学分	学时			学期教学安排（周学时数）						考核方式	
				合计	理论学时	实训学时	一	二	三	四	五	六	理论考核	实践考核
基础综合能力模块	10001	军训与军事理论教程☆	2	52	13	39	2 周							√
	10002	大学生心理健康教育☆	1	16	12	4	1							√
	10003	就业与创业指导(1)☆	1	16	12	4		1						√
	10004	就业与创业指导(2)☆	1	16	12	4					1			√
	10005	思想道德修养与法律基础(1)(职业核心能力)★	2	32	32		2						√	
	10006	思想道德修养与法律基础(2)(职业核心能力)★	2	32	32			2					√	
	10007	毛泽东思想和中国特色社会主义理论体系(1)☆	2	32	32				2				√	
	10008	毛泽东思想和中国特色社会主义理论体系(2)☆	2	32	32					2			√	
	10009	形势与政策◆	1	16	12	4	1	1	1	1	1	1		√

续表 2

课程模块	课程代码	课程名称	学分	学时			学期教学安排(周学时数)						考核方式	
				合计	理论学时	实训学时	一	二	三	四	五	六	理论考核	实践考核
基础综合能力模块	10012	计算机应用基础☆	4	64	32	32	4							√
	10013	大学体育(1)☆	2	32		32	2							√
	10014	大学体育(2)☆	2	32		32		2						√
	10015	大学体育(3)☆	2	32		32			2					√
	10016	大学体育(4)☆	2	32		32				2				√
	10017	公共英语(1)★	4	64	64		4						√	
	10018	公共英语(2)★	4	64	64			4					√	
	10021	高等数学(1)☆	2	32	32		2						√	
	10022	高等数学(2)☆	2	32	32			2					√	
	10404	C 语言程序设计★	4	64	32	32		4					√	√
岗位专业能力模块	10426	机械制造基础★	4	64	54	10	4						√	
	10402	电工电子技术(1)★	4	64	32	32	4						√	√
	10403	电工电子技术(2)★	4	64	32	32		4					√	√
	10427	▲机械制图与 CAD(1)★	6	96	48	48	6						√	√
	10428	▲机械制图与 CAD(2)☆	4	64	32	32		4						√
	10429	机械设计基础★	4	64	54	10		4					√	
	10430	互换性与测量技术☆	2	32	26	6		2					√	
	10451	▲机械制造技术★	4	64	60	4			4				√	√
	10407	液压与气动技术☆	4	64	48	16			4				√	√
	10409	▲电机与拖动技术★	4	64	32	32			4				√	√
	10433	三维造型设计☆	4	64	32	32			4					√
	10435	数控加工与编程★	4	64	48	16			4				√	√
	10412	单片机应用技术★	4	64	32	32				4			√	√
	10411	▲电气控制与 PLC 技术★	6	96	48	48				6			√	√
	10405	电气 CAD☆	4	64	32	32				4				√
动手实践能力模块	10416	金工实习☆	2	52		52		2 周						√
	10442	测量与测绘综合实训☆	1	26		26				1 周				√
	10420	电气控制与 PLC 实训☆	1	26		26					1 周			√
	10449	数控典型零件加工实训☆	2	52		52					2 周			√

续表 2

课程模块	课程代码	课程名称		学分	学时			学期教学安排(周学时数)						考核方式	
					合计	理论学时	实训学时	一	二	三	四	五	六	理论考核	实践考核
动手实践能力模块	10422	单片机应用实训☆		1	26		26					1 周			√
	10423	电气装配实训☆		1	26		26					1 周			√
	10425	电气设备维修实训☆		1	26		26					1 周			√
	10463	生产性实习及毕业考核		6	156		156					6 周			√
	10465	顶岗实习(1)		3	156		156					6 周			√
	10466	顶岗实习(2)		9	468		468						18 周		√
拓展能力模块	10467	应用文写作☆	三选一	2	32	32					2				√
	10468	社交礼仪☆		2	32	32					2				√
	10469	信息检索☆		2	32	32					2				√
	10470	企业管理☆	二选一	2	32	32					2				√
	10471	市场营销☆		2	32	32					2				√
	10472	职业道德教育◆		1	16		16	*	*	*	*				√
	10473	社会实践◆	三选一	3	48		48		*	*	*				√
	10474	创新创业项目实践◆		3	48		48				*	*	*		√
	10475	专业技能竞赛◆		3	48		48			*	*	*			√
	10462	机电类职业工种技能考证◆		3	48		48			*	*	*			√
合计				总学分	总学时	理论学时	实训学时	分学期周学时数							
				142	2874	1119	1755	30	30	25	23				

注：1. ▲标示为专业核心课程，★标示为考试课程，☆标示为考查课程，◆标示为讲座、班会、讨论、竞赛等形式完成的课程

2. 从第五学期开始，学生可自愿选择在校内进行课程实践、毕业实践、职业技能考证等实训；到企事业单位进行生产性实习、顶岗实习。参加顶岗实习和创业项目实践及生产实习的学生，经过实践考试合格者，可替代相关课程学分，详细标准见学校有关实施细则

八、核心课程基本要求

专业核心课程教学实施要求如表所示。

专业核心课程教学实施要求

表 3

序号	课程及项目名称	主要教学内容与要求	教学方式方法	主要考核方法	教学场所	参考学时
1	机械制图与 CAD	●主要教学内容：着重介绍正投影法的基本原理，绘制、阅读机械图样的方法和计算机绘图的操作方法。重点讲解三视图、零件图、装配图及识图和国家标准知识。 ●教学要求：能够正确阅读零件图和中等复杂程度的装配图，绘制零件图和一定复杂程度的装配图。	教、学、做一体化	理论与实践综合考核	专业教室	160
2	机械制造技术	●主要教学内容：金属切削基本规律及控制措施、常用机械加工刀具、夹具、量具、机床的选用，机械加工和装配的基本理论及基本知识。 ●教学要求：熟练掌握典型零件加工的常规工艺及加工质量的检验技术；初步具有设计工艺规程和专用夹具的能力及分析和解决机械加工质量问题的能力。	教、学、做一体化	理论与实践综合考核	一体化教室	96
3	电机及拖动技术	●主要教学内容：交、直流电机及变压器的基本原理；电动机的机械特性、起动及各种点动、反接制动、能耗制动等运转状态的基本理论；电动机调速的基本原理、调速的技术指标。 ●教学要求：掌握常用交、直流电机、变压器的基本结构和工作原理，电力拖动系统的基本理论，计算方法；同时要求掌握基本的实验方法和操作技能以及常用电气仪表（器）的使用。	教、学、做一体化项目、任务驱动	理论与实践综合考核	一体化教室	64
4	电气控制与 PLC 技术	●主要教学内容：常用低压电器与 PLC 的基本结构原理、PLC 程序编制和程序操作及应用实例。 ●教学要求：综合应用低压电器控制线路与 PLC 控制原理、时序控制、计数控制、位置控制等功能。	教、学、做一体化项目、任务驱动	理论与实践综合考核	一体化教室	96

九、教学手段与教学条件

（一）教学手段

为了满足机电一体化技术专业职业岗位的需求，确实提高学生的职业能力，在教学过程中继续实践和推广“项目驱动，案例教学，一体化课堂”的教学模式，在一个教学单元时间内，将教学内容的多个知识点联系起来，通过具体案例的理论实践交叉，师生互动的教学过程，完成教学目标，坚持“教学做合一”的原则。

根据课程内容和学生特点，灵活运用项目驱动、任务式、案例教学、分组讨论、情景教学、讲练结合法等教学方法。同时，利用与合作企业建立的良好关系，在教学中大量引进真实任务，在教学内容上逐步实现“工学结合”。

（二）教学条件

1. 师资条件

机电一体化专业师资配备的建议如下：

本专业专任教师原则上按生师比16:1的标准配置；

专业带头人不少于1名，专业骨干教师不少于2名。其中双师素质教师比例不少于80%，，副高以上职称比例不小于30%；

企业兼职教师与专任教师比例不小于1:3；

要求学历为本科以上，其中研究生学历或硕士及以上学位比例达到40%以上。

（1）专业带头人基本要求

具有丰富的教学经验和教学管理经验，专业知识全面，对职业教育有深入研究，有较强的教育研究能力，能够把握本专业领域发展方向，在专业建设和人才培养模式改革方面起到领军作用；

专业知识扎实，专业视野宽广，实践技能较强，富有改革和创新精神；

主持或参与过本专业工学结合人才培养模式创新、课程体系和教学内容改革、人才培养方案制（修）订、课程开发与建设、实训基地建设、特色或品牌专业建设；

具有较强团队合作精神，具有较强组织管理与协调能力。

（2）骨干教师队伍基本要求

具有较丰富的专业知识和教学经验，对职业教育有一定的研究，具有职业课程开发与实施教学改革的能力；

具有丰富的专业实践能力，能够密切联系行业企业发展需要开展教学工作，能够组织实施理实一体化教学，教学效果良好；

在工学结合人才培养模式改革、课程体系和教学内容改革中成绩突出，获校级以上优秀教学成果奖或教学质量奖。

（3）兼职教师队伍基本要求

来自机电一体化技术工作的企业一线技术人员和管理人员；

具备中级以上技术职称，具有良好的与学生沟通和交流的能力，教学质量控制能力；

能够承担本专业核心课程、生产性实习、顶岗实习等教学任务。

2. 实训条件

（1）校内实训场地

根据机电一体化人才培养目标、职业能力培养的要求，从专业课程实施要求出发，按照“教学、生产、培训、鉴定和技术服务”五位一体的思路建设专业校内实训场地，实训场地名称、拟配设备数量和主要功能详见表4。

校内实训场地建设要求一览表

表 4

实训场地名称	主要设备配置要求	主要功能
现代制造工程中心	数控车床　14 台 数控铣床　3 台 加工中心　1 台 电火花　1 台 线切割　1 台 普通车床　16 台 普通铣床　2 台 刨床　2 台 钻床　3 台 冲床　2 台 磨床　1 台 互换性与测量技术检测仪器 20 台	面向《金工实习》《机械制造技术》《互换性与测量技术》《数控加工与编程》等课程，开设金工实习实训、互换性与测量技术实训等实训项目，培养学生机械加工实践动手能力。
仿真实训室	计算机　60 台 辅助设计与制造软件 60 套 VNUC 仿真软件　60 套 CAXA 数控车软件　30 套 CAXA 制造工程师软件 30 套	面向《数控编程与加工》《机械制图与 CAD》《三维造型设计》《电气 CAD》等课程，开设数控编程与加工实训、机械制图测绘实训等实训项目，培养学生软件使用、产品设计与自动编程等能力
液压与气动技术实训室	试验实训平台　24 台	面向《液压与气动》课程，开设液压与气动实训项目，培养设计操作等能力
PLC 与变频实训室	PLC 实训平台　一套 电机设备　13 套	面向《电气控制与 PLC》课程，开设电气控制与 PLC 实训项目，培养学生自主设计接线以及程序设计能力。
电力拖动与电气控制实训室	电力拖动与电气控制实训装置　32 套	面向《电机及拖动技术》课程，开设电机及拖动技术实训实训项目，培养学生等能力
单片机实训室	电子单片机综合实训装置	主要承担《单片机应用技术》等课程的实验实训。开设的实训项目有：单片机程序设计与仿真、单片机系统设计与制作等实训项目。
电气装配实训室	电气装配实训台	主要承担电子类专业的《电工电子技能实训》等课程的实验实训。开设的实训项目有：照明电路安装、点动与连续转动电路连接、电动机顺序启动控制电路连接等实训项目。

（2）校外实训场地

根据实训和顶岗实习的需求，选择行业特点突出、具有行业引领作用、经济增长势头强劲、人才需求量大的企业作为高效依托型、合作紧密型、动态遴选型校外实训基地，开展企业认知实习、跟岗实习、顶岗实习。具体要求如下：

①企业应具备一定的规模，能提供相关联的职业岗位，能提供学生岗位，学生最终能独立完成工作任务，达到职业素养养成、职业能力培养和独立上岗适应性锻炼的目的；

②结合学院需要，企业人员可参与专业建设与咨询；

③企业每两年接收相关专业实习学生不低于一批；

④双方可签订“订单培养”，学校为订单学生提供专门技术培训；

⑤学院结合需要，聘请企业高素质、高技能人员承担实践教学；

⑥企业结合实际情况，接纳学院教师现场实习，提供指导。

十、教学目标及项目、任务与活动设计

根据机电一体化专业人才培养目标，结合职业岗位工作任务要求，对专业课程领域的教学内容与要求，教学方法、考核方法教学等进行描述，部分专业课程教学实施要求如表 5 所示。

部分专业课程教学实施要求

表 5

课程	机械制图与 CAD	学期	1－2	学时/学分	160/10
教学目标	1. 掌握国家标准《机械制图》中的基本规定； 2. 正确使用常用绘图工具和仪器； 3. 掌握几何作图的方法； 4. 掌握平面图形的分析与作图方法； 5. 具有徒手绘图的基本能力。				
教学内容	1. 国家标准《机械制图》的基本规定； 2. 平面图形的尺寸注法及线段分析； 3. 几何作图方法； 4. 绘图工具和仪器的使用； 5. 画图的方法和步骤。				
教学设计	采用课堂讲授教学形式为主，以实践操作法和项目教学法相结合。课堂教学采用一体化教学，并辅之以课堂讨论及实验教学。通过实际操作，培养制图专业技能。				
考核方式	理论与实践综合考核				
课程	机械制造基础	学期	1	学时/学分	64/4
教学目标	1. 了解铁碳合金相图及晶体结构； 2. 掌握常用工程材料的热处理方法及应用； 3. 掌握碳素钢、合金钢、铸铁等材料的性能特点及在机械工程中的应用； 4. 锻造、铸造、焊接加工方法。				
教学内容	1. 金属材料的性能、铁碳合金相图、金属与合金的晶体结构和结晶； 2. 钢的正火、退火、淬火、回火等热处理方法； 3. 碳素钢、合金钢、铸铁、有色金属及粉末冶金材料的性能特点及止确选用； 4. 锻造、铸造、焊接加工方法。				
教学设计	用讲授法、分组讨论法、案例教学法，现场讲解演示法、多媒体形象教学法等多种教学方法，充分应用晶相组织图等教学资源，以学生为主体，教师为主导组织课程教学。				
考核方式	理论与实践综合考核				

续表 5

课程	机械设计基础	学期	2	学时/学分	64/4
教学目标	1. 掌握构件静力分析、内力计算方法、内力图的绘制、构件变形和强度计算方法； 2. 掌握常用机构的结构、工作原理、特点和标准； 3. 熟练掌握机械零件的设计、选用方法与步骤； 4. 掌握使用手册等技术资料设计通用机械零件和简单机械传动装置的能力。				
教学内容	1. 静力学基础、受力分析及平衡条件的应用； 2. 常用构件的内力计算、内力图的绘制以及构件基本变形形式和强度计算； 3. 四杆、凸轮机构的运动分析和类型判断； 4. 带、齿轮、蜗轮蜗杆、丝杆螺母副等传动机构的工作原理、选用和设计； 5. 轴承的类型、代号和选用，轴系的结构设计和强度计算。				
教学设计	采用讨论法、互动教学法、案例教学法、演示教学法等多种教学方法，通过多媒体教学手段，利用连杆机构、带传动机构、齿轮传动机构、蜗轮蜗杆等教学模型以及齿轮范成仪、拉伸试验机等教学仪器设备，让学生形象直观、通俗易懂地学会相关知识和技能				
考核方式	理论与实践综合考核				
课程	电工电子技术	学期	1－2	学时/学分	128/8
教学目标	1. 电工技术和电子技术的基本理论和基本知识； 2. 掌握电工技术和电子技术的基本技能； 3. 了解电工与电子技术的最新发展动态。				
教学内容	1. 直流电路、正弦交流电路、三相电路； 2. 磁路与变压器； 3. 三相异步电动机与控制电路； 4. 二极管和直流稳压电路、放大电路基础； 5. 集成运算放大器、数字电路基础。				
教学设计	采用课堂讲授教学形式为主，以实践操作法和项目教学法相结合。课堂教学采用一体化教学，并辅之以课堂讨论及实验教学。通过实际操作，培养基本电路组装等专业技能。				
考核方式	理论与实践综合考核				
课程	互换性与测量技术	学期	2	学时/学分	32/2
教学目标	1. 掌握公差与配合的基本知识，能借助国标对工程图中的技术要求进行分析； 2. 能够正确使用常用测量工具对标准件和常用件进行测量。				
教学内容	1. 极限与配合、形位公差、表面粗糙度的基础知识和测量； 2. 量规、环规、塞规等常用量具的使用； 3. 轴、孔的测量方法。				
教学设计	讲授法、分组讨论法、案例教学法，现场讲解演示法、多媒体形象教学法等多种教学方法，充分应用国家标准、形位误差测量视频等教学资源，以学生为主体，教师为主导组织课程教学。				
考核方式	理论与实践综合考核				

续表 5

课程	机械制造技术	学期	3	学时/学分	64/4
教学目标	通过本课程的学习，使学生了解和掌握机械制造技术的有关基本知识、基本理论、基本技能和科学思维方法。通过本课程的学习，使学生具有获取和综合运用机械制造技术的基本能力，为达到能够独立分析和解决工程实践问题打下基础。				
教学内容	金属切削基本规律及控制措施、常用机械加工刀具、夹具、量具、机床的选用，机械加工和装配的基本理论及基本知识。				
教学设计	讲授法、分组讨论法、案例教学法，现场讲解演示法、多媒体形象教学法等多种教学方法，以学生为主体，教师为主导组织课程教学。				
考核方式	理论与实践综合考核				
课程	三维造型设计	学期	3	学时/学分	64/4
教学目标	1. 熟练掌握二维图形、三维曲面的绘制与编辑以及三维实体建模方法； 2. 熟练掌握二维轮廓（凸廓、型腔）、孔、平面的刀位轨迹参数设置及路径生成； 3. 熟练掌握三维曲面的刀位轨迹参数设置及路径生成； 4. 掌握后置处理、程序优化方法并能联机加工； 5. 掌握工作记录填写、技术文件存档的方法。				
教学内容	1. 回转体类零件三维建模，内外圆粗精车等加工参数设定、程序生成和联机加工； 2. 平面类零件的建模，轮廓、挖槽、铣面等加工参数设定、程序生成和联机加工； 3. 曲面和实体建模方法，曲面粗、精加工参数设定、程序生成和联机加工； 4. 模具型腔类零件（凹模、凸模）刀具轨迹的设计，型芯和型腔铣削模块的功能； 5. 空间凸轮、叶轮叶片类零件多轴加工参数设定、刀具轨迹生成和虚拟加工。				
教学设计	根据零件结构特征，选取典型产品为载体，设计回转体、2D 轮廓、3D 实体、模具型腔和叶轮辅助编程与联机加工 5 个学习情境，采用“六步”教学法、讲授法、任务教学法、上机操作法、仿真实践操作法、现场讲解演示法等教学法，按照先模拟仿真后联机加工的顺序，组织教学。				
考核方式	理论与实践综合考核				
课程	液压与气动技术	学期	3	学时/学分	64/4
教学目标	1. 掌握液压与气动技术的基本概念、基本知识和基本理论； 2. 理解常用液压与气动元件的工作原理，掌握其结构、性能特点和图形符号； 3. 掌握液压与气动系统的基本分析方法，设计方法。使学生具有分析和解决液压技术问题的基本知识； 4. 能参照说明书正确阅读和分析各类机床、液压机及汽车的液压与气动系统图； 5. 具有分析、诊断和排除各类常用机床、液压机及汽车的液压与气动系统常见故障的初步能力。				
教学内容	1. 液压传动、气压传动的基础知识； 2. 液压动力元件、液压执行元件、液压控制元件、液压辅助元件、气动元件； 3. 液压基本回路、气动基本回路； 4. 液压传动系统、气压传动系统； 5. 液压、气动系统的安装调试、使用及维护的基本知识；				
教学设计	充分利用了现代化教学手段，包括：多媒体电子课件、PowerPoint 电子教案、动画演示、图片讲解等，结合液压与气压传动实训室实物操作，采用启发式教学、参与式教学、讨论式教学、质疑式教学等方法。				
考核方式	理论与实践综合考核				

续表5

课程	电机及拖动技术	学期	3	学时/学分	64/4
教学目标	通过讲述常用交、直流电机、变压器和电力拖动的相关知识，使学生掌握各种电机中的磁场情况；掌握常用电机和变压器的结构和原理、运行和工作性能；使学生具有必要的分析、计算和实践技能；使学生掌握交、直流电动机的机械特性；并使学生具有应用机械特性对电动机起动、制动、调速进行分析和计算的能力。通过本课程的学习，也为后续课程的学习做好理论与技术的准备。				
教学内容	1. 变压器； 2. 三相异步电动机的基本原理； 3. 三相异步电动机的运行分析； 4. 三相异步电动机的电力拖动； 5. 直流电动机基本原理； 6. 直流电机的电力拖动； 7. 控制电机。				
教学设计	在教学中宜采用启发式、研讨式、案例式等教学方法，使用多媒体课件等教学手段充分调动学生学习的主动性和积极性。				
考核方式	理论与实践综合考核				
课程	数控加工与编程	学期	3	学时/学分	64/4
教学目标	通过该门课程的学习，学生应掌握机械零部件的加工工艺，掌握数控加工的工艺路线，掌握数控编程的基本知识，具有编制和实施较复杂机械零件加工程序的能力，能对零件具体操作加工				
教学内容	数控机床的典型结构及工作原理；数控加工文件的制定，数控程序的编制。				
教学设计	在教学中宜采用启发式、研讨式、案例式等教学方法，使用多媒体课件、实操等教学手段充分调动学生学习的主动性和积极性。				
考核方式	理论与实践综合考核				
课程	单片机应用技术	学期	4	学时/学分	64/4
教学目标	1. 掌握单片机的原理和应用知识； 2. 掌握单片机扩展和组成应用系统的技术关键； 3. 熟悉计算机和外部设备的接口方法； 4. 熟练掌握单片机应用系统的开发、调试技能。				
教学内容	1. MCS－51 单片机基础知识与开发系统应用操作训练； 2. 指令系统与基本调试方法； 3. 程序的基本结构与调试方法； 4. 综合编程与调试； 5. 定时/计数器应用编程与调试； 6. 中断系统应用与编成调试、布置课程设计； 7. 键盘、显示接口应用与编程调试； 8. A/D、D/A 转换器的应用，串行口的应用与编程调试。				
教学设计	在教学中宜采用启发式、研讨式、案例式等教学方法，使用多媒体课件等教学手段充分调动学生学习的主动性和积极性。				
考核方式	理论与实践综合考核。				

续表 5

课程	电气控制与 PLC 技术	学期	4	学时/学分	64/4
教学目标	1. 能看懂常用机床电路图； 2. 熟悉常用机床电器及在电路中的作用； 3. 了解典型机械设备电气控制线路，能设计简单的机床电气控制线路； 4. 了解 PLC 的基本构成、原理与特点，掌握常用 PLC 的基本指令的使用与简单程序设计。				
教学内容	1. 主要讲授电气控制、常用电器及选择、电气控制电路基本环节； 2. 典型机床电气控制系统的分析和设计、交直流调速系统； 3. 常用 PLC 的原理、构成、特点与应用。				
教学设计	在教学中宜采用启发式、研讨式、案例式等教学方法，使用多媒体课件等教学手段充分调动学生学习的主动性和积极性。				
考核方式	理论与实践综合考核				
课程	电气 CAD	学期	4	学时/学分	64/4
教学目标	本课程目标是通过学习本门课程，熟练掌握用 CAD 软件绘制典型电气工程图，掌握电气制图与识图技能。正确理解和贯彻电气技术文件国家标准，应用计算机辅助设计软件进行电气 CAD 设计与绘制电路，并从中学会电路设置过程。				
教学内容	1. 机械轴零件图绘制与识图； 2. 调频电路图绘制与识图； 3. 继电器—接触器控制电路原理图绘制与识图； 4. 电气接线图的绘制与识图； 5. 电气平面布置图的绘制与识图； 6. 电气 CAD 工程实践实例。				
教学设计	采用课堂讲授教学形式为主，以实践操作法和项目教学法相结合。课堂教学采用一体化教学，并辅之以课堂讨论及实验教学。通过实际操作，培养识图绘图等专业技能。				
考核方式	理论与实践综合考核				

十一、教学安排与时间分配

（一）教学总体时间安排（周）

三年制大专机电一体化技术专业教学总体时间安排如表 6 所示。

三年制大专机电一体化技术专业教学总体时间安排表

表 6

学期	教学周数	实践专用周	考试	入学教育	毕业教育	公益劳动	运动会	机动	军训	其他	假期	合计
1	15		1	0.5			(0.5)	1.5	1.5		4	24
2	16	2	1					1			8	28
3	15	2	1				(0.5)	1.5			4	24
4	17	1	1					1			8	28
5		17	1				(0.5)	1.5			4	24
6		18	1					1				20
小计	63	40	6	0.5			1.5	7.5	1.5		28	148

（二）课程模块学时分配表

三年制大专机电一体化技术专业课程模块学时分配如表7所示。

三年制大专机电一体化技术专业教学总体时间安排表

表7

课程模块	学分	学时			备注
		小计	理论课时	实训学时	
基础综合能力模块	42	692	445	247	
岗位专业能力模块	62	992	610	382	
动手实践能力模块	27	1014	0	1014	
拓展能力模块	11	176	64	112	
合计	142	2874	1119	1755	
专业实践课时占专业总课时的比例			61%		

十二、毕业条件

（一）学分规定

学生在规定的学习年限内，必须修得所有必修课131学分，选修课11学分，共计142学分后方可毕业。

（二）证书规定

1. 毕业证书

教育部普通高等学校毕业证书（大专）

2. 基本技能证书

（1）高等学校英语应用能力考试A或B级证书。

（2）大学计算机一级及以上证书。

3. 职业资格证书

要求学生至少获得1种机电类职业资格证书（中级）。

十三、毕业生跟踪调查设计

毕业生跟踪调查结果实行周期性评价（针对不同的评价项目确定评价周期），具体由专业团队负责毕业生职业跟踪网络信息平台构建与管理、问卷的设计，由专业团队教师分工完成各项信息收集并交由团队汇总。专业指导委员会负责对来自社会、企业、毕业生的质量评价结果进行分析，对人才培养方案进行整改与完善并用于新一轮人才培养过程。评价指标与方法如表8所示。

毕业生跟踪调查评价指标与评价方式

表8

评价主体	评价项目	评价指标	评价方法
行业协会	行业认可度	行业对专业人才的职业能力、职业成绩、行业知名度的评价	1. 问卷调查 2. 行业信息跟踪

续表 8

评价主体	评价项目	评价指标	评价方法
企业	用人满意度	企业对专业人才在职业工作过程中的工作态度、专业技能、团队合作精神等的认可度	1. 企业走访 2. 问卷调查
毕业生	初次就业率	应届毕业生毕业时正式就业的比率	1. 就业率统计、对口就业率统计 2. 问卷调查 3. 毕业生座谈会 4. 建立毕业生职业跟踪网络信息平台，定期对毕业生进行跟踪
	对口就业率	毕业生选择与自己专业相符的职业的比率	
	专业认可度	毕业生对自己在学校接受的能力培养与职业岗位要求的吻合度的评价、培养模式	
企业、毕业生	职业发展力	对毕业生的职业适应能力、职业创新能力及职业成绩的评价	1. 建立毕业生职业跟踪网络信息平台，定期对毕业生进行跟踪 2. 企业走访 3. 座谈会

【建筑工程技术】

《建筑工程技术》人才培养方案

专业代码：560301

一、招生对象与学制

（一）招生对象：高中毕业生

（二）修业年限：全日制三年

（三）学历层次：高职教育专科

二、人才培养目标

以建筑业实际工作岗位对人才职业能力的需求为出发点，以能力培养为中心，以“精识图、能施工、懂预算、会管理”为培养目标，培养具有良好职业素养、职业技能和自我学习能力，掌握建筑施工企业生产一线施工员、质量员、资料员、安全员、测量员、材料员、造价员等岗位能力和专业技能，与社会主义现代化建设要求相适应的德、智、体、美等全面发展的高素质技能型人才。

三、人才培养模式

经过多年的教学改革实践，以建筑业实际工作岗位对人才职业能力的需求为出发点，构建高职建筑工程技术专业基于能力培养的“0123”人才培养模式。“0”即零距离就业；“1”即一个中心：以能力培养为中心；“2”即两个培养阶段：2 年校内培养，1 年校外顶岗实习；“3”即三个体系：职业素养培养体系、专业理论教学体系和专业实践教学体系。2 年的校内教学以理论课为主，辅之以实验、实训、课程设计等实践性教学环节，一年的校外教学以学生在企业的顶岗实习为主，结合生产实际选择毕业设计题目，完成毕业综合实践。密切联系工程实际，强化实践性教学环节，专业实践与就业紧密结合，努力实现“实习即顶岗”、“毕业即就业”。

四、职业范围

就业职业领域：建筑施工企业、建筑工程监理企业、建筑行业咨询、设计单位及其他相关的企事业单位。

初始就业岗位群：施工员、质量员、资料员、安全员、材料员、测量员、造价员等。

发展岗位群：建筑施工及施工管理工程师、注册建造师、监理工程师及相关技术管理岗位。

毕业后3年可获得助理工程师技术职称，7年可获得工程师技术职称。毕业后3年内可考取二级注册建造师，7年内可考取一级注册建造师。

五、人才培养规格

总体思路：重品行、宽知识、厚基础、强技能

1. 基础知识与能力

（1）具有计算机应用基本能力；

（2）具有初步的英语交流能力；

（3）具有按科学方法不断获得新知识、新技术能力；

（4）具有正确处理工作和生活中出现各种问题的能力；

（5）具有较强的自主学习能力。

2. 职业技能

（1）具有较强的安全生产、节省成本、团队协作、敬业勤业意识；

（2）具有正确识读土建专业施工图的基本能力；

（3）具有正确使用建筑材料并进行检测、保管的能力；

（4）具有一般建筑构件计算、设计和验算的能力；

（5）具有应用计算机进行专业工作的能力；

（6）具有较强的施工现场组织和管理的能力；

（7）具有较强的处理施工技术问题及事故的能力；

（8）具有参与施工图纸会审工作的能力；

（9）具有工程项目招投标和经营管理的基本能力。

3. 综合素质

（1）具有良好的职业道德和职业素质；

（2）具备独立工作的能力和积极的开拓精神；

（3）具有良好的人际沟通能力和团队合作精神；

（4）具有良好的心理素质和克服困难与挫折的能力；

（5）具备较好的语言表达与文字写作能力；

六、基于工作岗位的职业能力分析描述

以工作岗位能力为导向，完成工作岗位所需要的能力及其支撑这些能力所需要的知识见表1。

建筑工程技术专业职业能力与对应课程表

表1

岗位	综合能力	专项能力	对应课程设置
制图员	绘制与识读施工图的能力	1. 绘制建筑工程施工图、竣工图 2. 识读建筑工程施工图 3. 识读设备专业常用的施工图 4. 阅读和编制工程图技术说明 5. 应用CAD进行技术工作 6. 应用计算机辅助施工管理	建筑识图与构造 建筑CAD 房屋建筑学
材料员	常用建筑材料的应用能力	1. 常用建筑材料的性能及应用 2. 常用建筑材料的检验、存放及保管 3. 常用建筑材料的基本技术指标及检测 4. 建筑材料检验报告单的审查	建筑材料
测量员	建筑施工测量的能力	1. 定位及抄平放线、垂直度控制 2. 建筑变形观测	建设工程测量
施工员	施工管理能力	1. 编制一般建筑工程的施工组织设计 2. 施工现场的布置及施工方案的制定 3. 施工现场管理 4. 施工进度计划的编制 5. 施工内业文件的编制和归档 6. 参与图纸会审及技术交底	建筑施工技术与组织 建筑工程项目管理 建筑结构
造价员	编制和计算建筑工程造价的能力	1. 进行土建工程量的计算 2. 准确应用各种计量计价文件 3. 编制土建工程预算 4. 进行土建工程的工料分析 5. 参与竣工决算 6. 应用计算机编制工程预算和决算	建筑工程计量与计价 建筑结构
质检员	施工质量的检验能力	1. 掌握土建工程施工的质量标准 2. 掌握主要工种检验的程序和手段 3. 一般质量缺陷的处理 4. 工程质量检验及验收表格的填写	建筑工程管理与实务

七、学习领域与课程设置

（一）学习领域课程体系构建

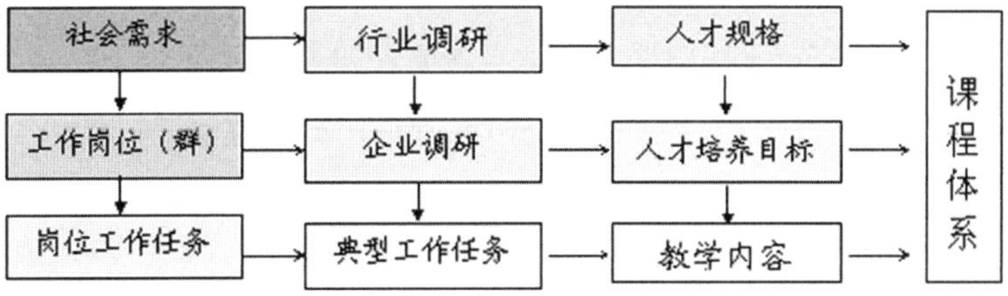

图1　课程体系构建思路

课程体系的构建思路见图1所示，依据专业调研情况及相关职业标准，以实现建筑工程技术专业就业工作岗位的职业能力培养为切入点，通过与企业开展“产、学、研”校企融入式合作，共同剖析专业岗位工作任务，确定岗位的典型工作任务，对典型工作任务进行整合和序化，根据完成典型工作任务所需求的能力，以职业能力培养为主线、将专业核心技能培养贯穿始终，融入相关职业技能标准，构建了“工作过程系统化”的课程体系。

（二）学习领域课程安排

学习领域课程安排综合考虑学生职业核心能力、职业技能和可持续发展能力的培养，对建筑工程技术专业的学习领域进行系统设计，将课程分为核心综合能力模块、岗位专业能力模块、动手实践能力模块、拓展能力模块等四大模块。

1. 核心综合能力学习领域：

培养职业道德和人生观、写作能力和协调沟通能力、身体素质、数理计算和计算机应用能力、外文技术资料阅读能力、创新能力。

主要课程见第十一项中“基础教学课程”

2. 岗位专业能力学习领域：

培养建筑施工图识读、建筑构造认知、力学基本计算、结构基本知识认知能力。

主要课程见第十一项中“专业方向教学课程”

3. 拓展能力学习领域：

培养建筑设备识图、建筑工程项目管理、建筑结构计算机辅助设计、工程监理、钢结构施工、招投标与合同管理等能力。

主要课程见第十一项中“限选课程”及“任选课程”

4. 动手实践能力学习领域：

（1）地形图测绘、建筑定位测量、工程放线、施工观测等能力；

（2）工程材料试验和检测、控制及验收、项目管理等能力；

（3）工程质量检查与验收、质量事故分析及处理等能力；

（4）工程安全技术、机械施工安全技术、工伤事故管理、施工安全管理等能力；

（5）工程施工技术指导、施工方案编制、现场组织与管理等能力；

（6）工程技术资料编制、竣工验收资料编制、竣工备案资料整理等能力；

（7）工程量计算、工程预结算、成本核算等能力。

八、核心课程基本要求与专业课程标准

专业核心课程与部分专业基础课程教学实施要求如表2所示。

建筑工程技术专业部分专业课程教学实施要求

表2

序号	课程名称	教学基本要求	教学方式、方法	学时学分
1	建筑制图与CAD	掌握点、线、面、形体正投影的基本理论及作图方法，掌握建筑施工图、结构施工图的绘制与识读方法。	教、学、做一体化，项目、任务驱动	128/8

续表 2

序号	课程名称	教学基本要求	教学方式、方法	学时学分
2	房屋建筑学	通过本课程的学习，使学生能够掌握房屋各部分的组合原理、构造方法及建筑空间环境设计原理。	教、学、做一体化	64/4
3	土力学与地基基础	通过本课程的学习，使学生能够掌握天然地基上浅基础设计原理、桩基础的设计原理和软弱土地基处理的方法。	教、学、做一体化 项目、任务驱动	64 /4
4	建筑结构	该课程由混凝土结构、砌体结构、钢结构等教学模块组成，讲授结构材料的力学性质，结构设计标准、钢筋混凝土结构、砌体结构、钢结构基本构件的受力特点。使学生掌握钢筋混凝土梁、板、柱、楼（屋）盖，砌体结构的墙、柱及钢结构的连接，梁、柱的设计计算方法和一般结构的构造知识；同时掌握与施工、工程质量控制有关的结构计算，熟练识读结构施工图，并能绘制结构施工图。	教、学、做一体化，项目、任务驱动	132 /8
5	施工技术和组织	课程介绍了建筑工程技术工程各分部工程施工的基本知识，主要工种的施工技术、工艺和方法，以及常用建筑施工机械的性能和选用；单位工程施工的流水施工及网络技术原理、单位工程施工设计的编制方法。	教、学、做一体化，项目、任务驱动	132/8
6	建筑工程测量	能熟练操作水准仪、经纬仪、全站仪等仪器设备，掌握建筑施工测量的方法。	教、学、做一体化，项目、任务驱动	64 /4
7	建筑设备	能识读室内水、暖、电施工图，掌握一般建筑设备安装质量标准。	教、学、做一体化	32/2
8	建筑工程计量及计价	了解建筑工程费用的构成，熟悉建筑工程定额的应用，掌握建筑工程施工图预算的编制。	教、学、做一体化，项目、任务驱动	64 /4
9	建筑材料	掌握常用建筑材料和一般装饰材料及其制品的主要技术性能、基本用途、常见规格、质量标准、实验、检测及验收方法、保管要求。能合理的应用建筑材料进行技术工作。	教、学、做一体化	36/2
10	建筑力学	具有对一般结构进行受力分析、内力分析和绘制内力图的能力；了解材料的主要力学性能并有测试强度指标和构件应力的初步能力；掌握构件强度、刚度、稳定计算的方法，具有建筑结构设计的一般能力。	教、学、做一体化	128/8
11	建设工程法律法规	本课程主要介绍工程类专业必须掌握的基本法律知识，具体包括三个部分：一是介绍工程建设法规的基本理论；二是介绍工程建设法的核心问题，主要涉及工程承发包与招投标法、工程质量管理法和工程安全生产法；三是介绍工程建设法中重要的法律问题。	教、学、做一体化	32/2

续表 2

序号	课程名称	教学基本要求	教学方式、方法	学时学分
12	建筑工程管理与实务	本课程针对毕业生以后的二级建造师考试，随着我国建设事业的迅速发展，为了加强建设工程项目管理，提高工程管理专业技术人员素质，规范施工管理行为，保证工程质量和施工安全，国家人事部、建设部联合颁发了《建造师执业资格制度暂行规定》，对从事建设工程项目总承包及施工管理的专业技术人员实行建造师执业资格制度。	教、学、做一体化	36/2

课程标准见建筑工程技术专业各课程标准。

九、教学手段与教学条件

（一）教学手段

为了满足建筑工程技术专业职业岗位的需求，确实提高学生的职业能力，在教学过程中继续实践和推广“项目驱动，案例教学，一体化课堂”的教学模式，在一个教学单元时间内，将教学内容的多个知识点联系起来，通过具体案例的理论实践交叉，师生互动的教学过程，完成教学目标，坚持“教学做合一”的原则。

根据课程内容和学生特点，灵活运用项目驱动、任务式、案例教学、分组讨论、情景教学、讲练结合法等教学方法。同时，利用与合作企业建立的良好关系，在教学中大量引进真实任务，在教学内容上逐步实现“工学结合”。

（二）教学条件

1. 师资条件

建筑工程技术专业师资配备的建议如下：

本专业专任教师原则上按生师比 16:1的标准配置；

专业带头人不少于 1 名，专业骨干教师不少于 2 名。其中双师素质教师比例不少于 80%，，副高以上职称比例不小于 30%；

企业兼职教师与专任教师比例不小于 1:1；

要求学历为本科以上，其中研究生学历或硕士及以上学位比例达到 50% 以上。

（1）专业带头人基本要求

具有丰富的教学经验和教学管理经验，专业知识全面，对职业教育有深入研究，有较强的教育研究能力，能够把握本专业领域发展方向，在专业建设和人才培养模式改革方面起到领军作用；

专业知识扎实，专业视野宽广，实践技能较强，富有改革和创新精神；

主持或参与过本专业工学结合人才培养模式创新、课程体系和教学内容改革、人才培养方案制（修）订、课程开发与建设、实训基地建设、特色或品牌专业建设；

具有较强团队合作精神，具有较强组织管理与协调能力。

（2）骨干教师队伍基本要求

具有较丰富的专业知识和教学经验，对职业教育有一定的研究，具有职业课程开发与实施教学改革的能力；

具有丰富的专业实践能力，能够密切联系行业企业发展需要开展教学工作，能够组织实施理实一体化教学，教学效果良好；

在工学结合人才培养模式改革、课程体系和教学内容改革中成绩突出，获校级以上优秀教学成果奖或教学质量奖。

（3）兼职教师队伍基本要求

来自建筑工程技术工作的企业一线技术人员和管理人员；

具备中级以上技术职称，具有良好的与学生沟通和交流的能力，教学质量控制能力；

能够承担本专业核心课程、生产性实习、顶岗实习等教学任务。

2. 实训条件

（1）校内实训场地

按照工学结合人才培养模式要求，通过营造既像企业的车间又便于开展实训教学的生产实训环境，按照“教学、生产、培训、鉴定和技术服务”五位一体的思路建设专业校内实训场地，实训场地名称、拟配设备和主要功能详见表3。

建筑工程技术实训中心实训室情况一览表

表3

序号	实训室名称	主要实训内容	使用设备名称	规模
1	施工测量实训室	1. 水准测量、角度测量及地面点的测设技能训练 2. 质量检查评定实训	GPS，精密水准仪，精密全站仪，激光准直仪，光学经纬仪（DJ6），数字求积仪，激光扫平垂直仪，南方成图软件cass6.1，花杆，水准尺，单棱镜组，自动安平水准仪	120平方米
2	建筑及结构模型室	1. 建筑构造模型识读训练 2. 结构构造模型识读训练	房屋整体模型、屋顶、楼梯等建筑构造模型；柱、梁、屋架结构模型；厂房整体模型	90平方米
3	土工实训室	1. 土的液、塑限测定试验 2. 土的直剪试验 3. 土的无侧限压缩试验	光电液、塑限仪、应变式直剪仪、应变式无侧限压缩仪、标准筛	120平方米
4	建筑材料检测技术实训室	1. 钢筋抗拉试验 2. 混凝土的配料、搅拌、浇注、振捣和养护操作技能训练 3. 混凝土试块抗压试验 4. 混凝土试块抗折试验 5. 砌块抗压试验	万能试验机，压力试验机，混凝土抗渗仪，标准养护室配套设备，水泥电动抗折试验机，水泥净浆搅拌机，水泥胶砂搅拌机，水泥胶砂振实台，水泥稠度测定仪，水泥恒温恒湿养护箱	60平方米
5	工程仿真模拟实训室	1. 工程绘图操作能力实训 2. 施工组织设计实训 3. 建筑结构设计实训 4. 预算操作能力实训	多媒体设备，计算机，CAD软件、天正建筑软件、PKPM系列软件、广厦结构软件、鲁班造价软件	120平方米
6	BIM实践中心	1. 工程绘图操作能力实训 2. 施工组织设计实训 3. 建筑结构设计实训 4. 招投标模拟实训	多媒体设备，计算机，CAD软件、天正建筑软件、PKPM系列软件、招投标管理软件，项目管理软件	60平方米

续表 3

序号	实训室名称	主要实训内容	使用设备名称	规模
7	砼结构检测实训项目	1. 回弹法检测混凝土强度操作实训 2. 钢筋扫描检查实训	电阻应变仪，混凝土电动贯入仪，混凝土保护层测定仪，混凝土超声波检测仪，小应变检测仪，数字化回弹仪	60平方米

（2）校外实训场地

根据实训和顶岗实习的需求，选择行业特点突出、具有行业引领作用、经济增长势头强劲、人才需求量大的企业作为高效依托型、合作紧密型、动态遴选型校外实训基地，开展企业认知实习、跟岗实习、顶岗实习。具体要求如下：

①企业应具备一定的规模，能提供相关联的职业岗位，能提供学生岗位，学生最终能独立完成工作任务，达到职业素养养成、职业能力培养和独立上岗适应性锻炼的目的；

②结合学院需要，企业人员可参与专业建设与咨询；

③企业每两年接收相关专业实习学生不低于一批；

④双方可签订“订单培养”，学校为订单学生提供专门技术培训；

⑤学院结合需要，聘请企业高素质、高技能人员承担实践教学；

⑥企业结合实际情况，接纳学院教师现场实习，提供指导。

十、教学目标及项目、任务与活动设计

根据建筑工程技术专业人才培养目标，结合职业岗位工作任务要求，对专业课程领域的教学内容与要求，教学方法、考核方法教学等进行描述，具体要求见建筑工程技术专业各课程标准。

十一、教学安排与时间分配

（一）教学总体时间安排（周）

三年制大专建筑工程技术专业教学总体时间安排表

表 4

学期	教学周数	实践专用周	考试	入学教育	毕业教育	运动会	机动	军训	其他	假期	合计
1	15	0	1	0.5		0.5	0.5	2		4	23.5
2	17	1	1				0.5		1	8	28.5
3	17	1	1			0.5	0.5			4	24
4	16	2	1				1		1	8	29
5（9.1—11.16）		10									10
5（11.16 以后）		8			1						9
6		22（含寒假）					1		1		24
小计	65	44	4	0.5	1	1	3.5	2	3	24	148

（二）实践专用周安排（周）

三年制大专建筑工程技术专业教学安排表

表5

序号	课程模块名称	学期						
		一	二	三	四	五 9.1—11.16	五 11.16后	六
1	房屋建筑学课程设计			1				
2	建筑结构课程设计				1			
3	建筑工程测量实实训		1					
4	建筑施工技术实习				1			
5	岗前综合实训					10		
6	毕业设计与论文						8	
7	顶岗实习							18
总计		1	1	2	10	8	18	

（三）专业教学进程安排

三年制大专建筑工程技术专业教学进程安排表

表6

课程模块	课程代码	课程名称	学分	学时	学期教学周学时					
					一	二	三	四	五	六
基础综合能力模块	10001	军训与军事理论教程☆	1		2w					
	10002	大学生心理健康教育☆	1	18	1					
	10003	就业与创业指导（1）☆	1	18		1				
	10004	就业与创业指导（2）☆	1	18					1	
	10005	思想道德修养与法律基础（1）（职业核心能力）★	1	30	2					
	10006	思想道德修养与法律基础（2）（职业核心能力）★	2	36		2				
	10007	毛泽东思想和中国特色社会主义理论体系（1）☆	2	36			2			
	10008	毛泽东思想和中国特色社会主义理论体系（2）☆	2	36				2		
	10009	形势与政策◆	1		1	1	1	1	1	1
	10010	大学体育（1）☆	1	36	2					
	10011	大学体育（2）☆	1	36		2				
	10012	大学体育（3）☆	1	36			2			
	10013	大学体育（4）☆	1	36				2		

续表 6

课程模块	课程代码	课程名称	学分	学时	学期教学周学时					
					一	二	三	四	五	六
基础综合能力模块	10014	高等数学★	4	60	2	2				
	10015	公共英语（1）★	4	60	4					
	10016	公共英语（2）★	4	72		4				
	10017	计算机应用基础★	4	60	4					
	10018	专业英语☆	2	32			2			
岗位专业能力模块	10501	▲建筑制图与 CAD★	8	128	4	4				
	10502	建筑力学★	8	128	4	4				
	10503	▲建筑工程测量☆	4	68		4				
	10504	土力学及地基基础★	4	68			4			
	10505	▲建筑工程计量及计价☆	4	68			4			
	10506	建筑材料★	2	34		2				
	10507	房屋建筑学☆	4	68			4			
	10508	建筑设备☆	2	32				2		
	10509	▲建筑施工技术与组织★	8	132			4	4		
	10510	房地产开发与经营☆	2	32				2		
	10511	▲建筑结构★	8	132			4	4		
	10512	建设工程法规与相关知识★	2	32				2		
	10513	建设工程施工管理★	2	36					4	
	10514	建筑工程管理与实务★	4	64				4		
动手实践能力模块	10515	建筑工程测量实训	1	1W		1W				
	10516	建筑结构课程设计	1	1W				1W		
	10517	建筑施工技术实习	1	1W				1W		
	10518	房屋建筑学课程设计	1	1W			1W			
	10519	测量综合实训	2	36					4	
	10520	工程管理综合实训	2	36					4	
	10521	建筑工程设计实训	2	36					4	
	10522	顶岗实习与毕业设计（论文）	24	30w					30w	

续表6

课程模块	课程代码	课程名称		学分	学时	学期教学周学时					
						一	二	三	四	五	六
拓展能力模块（选修）	10523	建筑美术	限选课	2	34		2				
	10524	监理概论		2	18					2	
	10525	应用文写作	任选课	2	32				2		
	10526	企业管理		2	32				2		
	10527	道路与桥梁施工		2	18					2	
合计				总学分	总学时	分学期总学时数					
				140	1880	24	28	27	27	22	

注：1. 标注★的课程为专业核心课程。2. 任选课为4选2。3. 实践教学周每周按20课时计

（四）课程模块学时分配表

三年制大专建筑工程技术专业教学总体时间安排表

表7

课程模块	学分	学时			备注
		小计	理论课时	实训学时	
核心综合能力模块	34	632	482	150	
岗位专业能力模块	62	1022	752	270	
动手实践能力模块	34	788	0	788	
拓展能力模块	8	52	29	23	
合计	138	2494	1263	1231	
实践课时占总课时的比例		49.4%			

（五）相关职业技能证书考证培训

三年制大专建筑工程技术专业职业技能证书考证培训安排表

表8

序号	课程模块名称	学时数	学期教学安排（学时数）					
			一	二	三	四	五	六
1	五大员培训	32				√	√	
2	测量员培训	36				√		
3	全国CAD技能证书培训	30			√	√		
4	造价员	32					√	

十二、毕业条件

（一）学分规定

学生在规定的学习年限内，必须修得所有必修课 130 学分，限选和选修课 8 学分，共计 138 学分后方可毕业。

（二）证书规定

1. 毕业证书

教育部普通高等学校毕业证书（大专）

2. 基本技能证书

（1）高等学校英语应用能力考试 A 或 B 级证书。

（2）大学计算机一级及以上证书。

3. 职业资格证书

要求学生至少获得 1 种土建类职业资格证书。

十三、毕业生跟踪调查设计

毕业生跟踪调查结果实行周期性评价（针对不同的评价项目确定评价周期），具体由专业团队负责毕业生职业跟踪网络信息平台构建与管理、问卷的设计，由专业团队教师分工完成各项信息收集并交由团队汇总。专业指导委员会负责对来自社会、企业、毕业生的质量评价结果进行分析，对人才培养方案进行整改与完善并用于新一轮人才培养过程。评价指标与方法如表 8 所示。

毕业生跟踪调查评价指标与评价方式

表 9

评价主体	评价项目	评价指标	评价方法
行业协会	行业认可度	行业对专业人才的职业能力、职业成绩、行业知名度的评价	1. 问卷调查 2. 行业信息跟踪
企业	用人满意度	企业对专业人才在职业工作过程中的工作态度、专业技能、团队合作精神等的认可度	1. 企业走访 2. 问卷调查
毕业生	初次就业率	应届毕业生毕业时正式就业的比率	1. 就业率统计、对口就业率统计 2. 问卷调查 3. 毕业生座谈会 4. 建立毕业生职业跟踪网络信息平台，定期对毕业生进行跟踪
	对口就业率	毕业生选择与自己专业相符的职业的比率	
	专业认可度	毕业生对自己在学校接受的能力培养与职业岗位要求的吻合度的评价、培养模式	
企业、毕业生	职业发展力	对毕业生的职业适应能力、职业创新能力及职业成绩的评价	1. 建立毕业生职业跟踪网络信息平台，定期对毕业生进行跟踪 2. 企业走访 3. 座谈会

【国际贸易实务】

国际贸易实务专业人才培养方案

专业代码：620304

一、招生对象及修业年限

（一）招生对象：高中及具有相同学历毕业生

（二）修业年限：全日制三年

（三）学历层次：高职教育专科

二、人才培养目标

本专业致力于培养拥护党的基本路线，具有良好职业素质和文化修养、具备较强的职业技能和实际工作能力，德、智、体、美等方面全面发展，具有全面素质和综合职业能力，直接在生产、服务、技术和管理第一线工作的国际贸易高素质技能型人才。

三、人才培养模式

按照“岗证结合”式人才培养模式的思路，以国际贸易岗位职业能力需求为主线，培养能够从事报关、单证、报检、货代、跟单、外贸业务等工作的应用型人才。

四、就业方向及岗位

（一）就业方向

本专业毕业生主要面向各类外经贸企业及其他具备进出口经营权的生产、经营企业，从事对外销售，进出口货物的运输、保险、报检和报关等业务工作或经营管理工作。

（二）就业岗位

1. 在外贸企业或有进出口经营权的企业从事对外贸易业务工作；
2. 在专业报关公司从事专职报关员工作；
3. 在代理报关公司从事报检、报关业务工作；
4. 在外贸企业从事跟单、制单、报检和自理报关业务；
5. 在外贸企业从事经营管理、运输、保险等环节的跟单业务；
6. 在外经贸企业从事专职制单的单证员工作；
7. 在外运公司或货运公司从事货物运输与管理、货运代理或船务代理等业务工作；
8. 在外经贸企业从事文员、市场营销策划及管理工作等。

（三）主要职业资格证书

职业资格证书考试时间表

表 1

序号	考试名称	考试时间	颁证单位
1	国际商务单证员证书	每年 6 月份	商务部中国外经贸企业协会
2	国际货运代理员证书	每年 9 月份	中国国际货运代理协会
3	外销员从业资格证书	每年 9 月份	国家对外贸易经济合作部

续表 1

序号	考试名称	考试时间	颁证单位
4	报关员资格证书	每年 11 月份	报关协会
5	报检员资格证书	每年 11 月份	国家进出口检验检疫局
6	外贸跟单员资格证书	每年 11 月份	商务部中国国际贸易学会

五、人才培养规格要求

人才培养素质目标

表 2

人才素质	目标指向
职业道德素质	1. 有高度的责任感，有严谨、认真、细致的工作作风； 2. 具有团队精神和合作意识，具有协调工作的能力和组织管理能力； 3. 有锐意改革、大胆创新精神； 4. 在金钱、利益面前不动心，保守商务秘密。
身体素质	1. 有健康的体魄，良好的卫生习惯； 2. 能吃苦耐劳，不畏辛苦； 3. 具备良好的心理素质。
文化素质	1. 拥护党的路线、方针、政策，热爱祖国； 2. 有为国家富强、民族昌盛而奋斗的志向和社会责任感； 3. 有一定的文化艺术修养，有良好的语言、文字表达能力；
能力素质	1. 具备从事本专业对口工作的基本技能； 2. 学习能力较好，对工作能迅速熟悉； 3. 具有较好的人际交往能力。

人才培养素质评价标准

表 3

目标 等级	职业道德素质	身体素质	文化素质	能力素质
一级	具有非常高的思想道德素质；非常优秀的职业道德；非常严谨认真的工作作风和行为习惯	具备非常健康的体魄，全面发展的身体耐力与适应性	社会责任感很强，语言表达能力突出	具有很强的人际交往能力和专业技能
二级	具有高的思想道德素质；优秀的职业道德；严谨认真的工作作风和行为习惯	具备健康的体魄，全面发展的身体耐力与适应性	社会责任感强，语言表达能力好	具有强的人际交往能力和专业技能
三级	具有比较高的思想道德素质；比较优秀的职业道德；比较严谨认真的工作作风和行为习惯	具备比较健康的体魄，比较全面发展的身体耐力与适应性	社会责任感很较强，语言表达能力较好	具有较强的人际交往能力和专业技能
四级	思想道德素质和职业道德表现一般；工作作风和行为习惯表现一般	体魄一般，身体耐力与适应性一般	社会责任感一般，语言表达能力一般	人际交往能力和专业技能掌握一般

六、基于工作岗位的职业能力分析描述

单证员岗位能力分析

表 4

能力名称	理论知识	实践技能	评价标准
合同阅读与审核能力	专业英语词汇；合同的基本条款	熟练阅读英文合同；能审核外销合同的各个条款	1. 符合业务工作的要求：如报关、报检等 2. 符合银行审核单据的要求，即符合 UCP600 3. 符合国家相关政策的要求
信用证阅读与审核能力	信用证的基本条款；UCP600 的一般内容；常用的国际贸易惯例	掌握信用证的内容，熟练阅读信用证；能熟练根据合同及 UCP600 审核信用证并提出修改意见	
各种国际贸易单证的阅读和制作能力	基本的专业英语知识，特别是专业英语词汇；各种单证的基本要素和构成；国际贸易单证的缮制要点	能熟练阅读各种业务单证；能根据信用证制作各种单据；能制作贸易过程中各环节所需要的单据；能检查出单据中的错误，并正确修改各种单据	

跟单员岗位能力分析

表 5

能力编号及能力名称	理论知识	实践技能	评价标准
沟通、确认样品能力	产品知识；物流配送知识；样品寄送的成本计算；商务英语知识；商务礼仪知识	能掌握产品特性；能掌握各物流公司的业务及报价，并挑选合适的物流公司；能就产品事项与客户沟通	1. 符合外销合同的要求 2. 符合国外客户的要求 3. 符合国际贸易的业务流程
阅读分析外销合同与信用证的能力	专业英语词汇；合同的基本条款；信用证的基本条款；UCP600 的一般内容；常用的国际贸易惯例	能熟练阅读英文合同；能熟练阅读信用证；能根据合同和信用证分析生产跟单工作内容	
安排产品生产能力	购货合同的内容及涉及的法律知识；企业的组织形式；企业生产管理；市场营销知识	寻找客户的技巧和能力；熟悉产品；商务谈判技巧；熟悉合同条款；人际沟通能力；	
原材料采购及协调、配合生产能力	产品的国际市场和国内市场行情；产品采购知识；企业生产管理知识；商务沟通技巧	能按需求完成原材料采购；能统筹规划，协调生产；能有效地与企业内、外部人员沟通，处理采购和生产过程中的突发事件	
跟踪生产进度能力	商务沟通技巧；企业生产管理；质量监控与检验；产品包装知识；	能按照要求检验产品质量；能计算产品包装成本并据此选择产品的包装；能有效地与企业内、外部人员沟通，处理突发事件	
客户管理能力	OFFICE 软件操作、商务英语沟通知识、商务礼仪知识、世界民俗风情	能熟练操作 OFFICE 软件进行客户信息管理；能撰写英语函电与客户沟通并礼貌回应客户的问题	

报关员岗位能力分析

表6

能力编号及能力名称	理论知识	实践技能	评价标准
操作国际货物运输的能力	进出口货物监管的规定；一般进出口货物的报关环节及注意事项；保税加工货物的基础知识；保税加工货物报关的流程；保税物流货物的基本知识；保税物流货物的报关流程；特定减免税货物的基础知识；特定减免税货物的报关流程；其他进出口货物的基础知识和报关流程	能掌握海关对不同进出口商品的报关规范；能把握一般进出口货物报关的四个环节，并把握每个环节的重点工作和注意事项；能把握保税加工和保税物流货物的报关流程，并掌握报关注意事项；把握特定减免税货物报关的流程和注意事项；把握其他进出口货物报关的流程和注意事项	1. 符合海关对报关员的职业要求和规范 2. 符合报关具体技能要求规范和标准
加工贸易登记手册的备案和核销处理能力	加工贸易登记手册的基本知识；海关对于加工贸易手册的管理规范，分别不同的监管方式；加工贸易手册的申领和备案；加工贸易手册的核销	能正确进行加工贸易登记手册的申领、备案和核销处理	
进出口报关单填制能力	进出口货物报关单的基础知识；进出口货物报关单的填制规范；进出口货物报关单的修改、撤销等	能根据海关的要求正确、快速的填制报关单	
进出口商品归类能力	进出口商品归类认知；进出口商品归类总规则；协调制度的内容和规定；进出口商品归类技巧	快速、正确的根据海关商品归类要求进行进出口商品的归类，确定正确的编码	
进出口税费核算能力	进出口税费的基础知识；进出口税费的计算；进出口税费的申报；原产地规则及原产地的确定	能正确计算进出口税费；能进行进出口税费的申报；能根据原产地规则确定进口商品的原产地	

货运代理人员岗位能力分析

表7

能力编号及能力名称	理论知识	实践技能	评价标准
操作国际货物运输的能力	各种运输方式的了解；货物属性的了解；国际货物运输法律法规的了解；各种运输方式的操作流程；所需单证的知识；国际货物运输相关当事人的了解	妥善处理货船的衔接；妥善处理相关单证；对货物运输的全过程进行监控；跟各个有关当事人保持联系	1. 客户满意 2. 符合岗位标准、行业标准、企业标准 3. 符合相关公约、法律、法规要求
与国际货物运输客户沟通的能力	对运输产品的了解；对相应的运输方式的了解；对货运市场的了解	对客户需求的把握与实现；全程监控，做好信息沟通	
国际货物运输应急处理能力	各方面国际货物运输的国际公约及相关法律法规；对于运输涉及各当事人的责任的了解；可能的应急措施的了解	对在各个环节可能发生的应急事件的把握；制作应急预案	

外贸业务员岗位能力分析

表 8

能力编号及能力名称	理论知识	实践技能	评价标准
谈判信息搜集能力	贸易磋商与谈判的基本原理；谈判的要素与类型；贸易的磋商的信息准备	能区分交易合约的磋商类型；能自测交易合约的磋商素质	1. 符合贸易磋商与谈判的一般规则 2. 符合国外客户的需求 3. 符合合同法的相关规定
谈判策划与能力	贸易的磋商的准备内容	能组建贸易磋商与谈判的团队；能制定贸易磋商与谈判的具体计划	
贸易谈判策略的应用能力	贸易磋商与谈判的具体策略；贸易磋商与谈判的技巧	能运用各种策略和技巧与客户进行贸易措施和谈判	
谈判沟通能力	商务沟通技巧；谈判技巧；商务礼仪知识	能与客户进行有效的沟通和谈判已达到目的	
交易合约拟定能力	合同内容和具体的条款；合同法相关知识	能根据贸易磋商和谈判内容拟定合同；能理解对方的异议；能根据双方谈判结果修改合同	

七、学习领域课程设置

课程模块与课程设置

表 9

课程模块	课程代码	课程名称	学分	学时	学期教学周学时					
					一	二	三	四	五	六
					22	22	24	22	23	
基础综合能力模块	10001	军训与军事理论教程☆	1		2w					
	10002	大学生心理健康教育☆	1	18		1				
	10003	就业与创业指导（1）☆	1	18		1				
	10004	就业与创业指导（2）☆	1	18					1	
	10005	思想道德修养与法律基础（1）（职业核心能力）★	1	30	2					
	10006	思想道德修养与法律基础（2）（职业核心能力）★	2	36		2				
	10007	毛泽东思想和中国特色社会主义理论体系（1）☆	2	36			2			
	10008	毛泽东思想和中国特色社会主义理论体系（2）☆	2	36				2		
	10009	形势与政策◆	1		1	1	1	1	1	1
	10012	计算机应用基础★	4	60	4					

续表 9

课程模块	课程代码	课程名称	学分	学时	学期教学周学时					
					一	二	三	四	五	六
					22	22	24	22	23	
基础综合能力模块	10013	大学体育（1）☆	2	30	2					
	10014	大学体育（2）☆	2	36		2				
	10015	大学体育（3）☆	2	36			2			
	10016	大学体育（4）☆	2	36				2		
	10017	公共英语（1）★	4	60	4					
	10018	公共英语（2）★	4	72		4				
	107001	经济数学☆	2	30	2					
	107301	管理学原理★	4	60	4					
	107401	国际贸易理论与实务★	4	60	4					
	107302	经济学基础★	4	72		4				
	107407	商务英语★	4	72				4		
	107014	商务谈判☆	2	36				2		
岗位专业能力模块	107402	国际商务单证▲★	4	72		4				
	107107	商品归类基础▲☆	4	72			4			
	107102	报检实务▲★	4	72			4			
	107404	外贸函电▲☆	4	72			4			
	107103	国际货运代理实务▲★	4	72			4			
	107101	报关原理与实务▲★	4	72				4		
动手实践能力模块	107403	单证实训☆	2	36		2				
	107104	报检实训☆	4	72				4		
	107105	货代实训☆	2	36				2		
	107106	报关实训☆	4	72					4	
	107036	顶岗实习☆	30	540						18w
拓展能力模块（选修）	107406	货币银行学	2	36			2			
	107405	世界经贸地理☆	2	36			2			
	107008	市场营销学☆	2	36				2		
	107025	国际商法☆	2	36		2				
	107024	国际金融★	4	72					4	

续表 9

课程模块	课程代码	课程名称	学分	学时	学期教学周学时					
					一	二	三	四	五	六
					22	22	24	22	23	
拓展能力模块（选修）	107525	基础会计☆	4	72					4	
	107006	财经应用文写作☆	2	36					2	
	107201	电子商务概论★	4	72					4	
	107701	物流管理基础★	4	72					4	
合计			总学分	总学时	分学期总学时数					
			144	2508	330	396	432	396	414	540

八、专业核心课程基本要求

核心课程教学基本要求

表 10

序号	课程名称	教学基本要求	学时/学分
1	国际贸易理论与实务	使学生全面了解国际贸易的基本理论常识，熟悉进出口业务专业知识，具备实际处理外贸业务的基础技能。	64/4
2	国际商务单证	使学生熟悉国际贸易过程中单证的种类、作用、流转与操作的程序及要求，掌握基本的单证知识，能够审单、制单。为使学生通过商务单证员考试打下基础。	72/4
3	报关原理与实务	使学生了解报关相关的理论知识，熟悉海关法的内容，熟练掌握进出口税费的计算及进出口货物报关单的填制，为使学生将来顺利通过报关员考试、从事报关工作打下良好基础。	108/6
4	外贸函电	使学生熟悉外贸业务中各类书信、电传、电报的写作格式，掌握外贸业务中英语术语、缩略语、惯用句型和表达方法，并培养学生较高的英语写作技能。	72/4
5	国际货运实务	使学生熟悉海运、铁运、空运的货运流程及单证使用情况以及多式联运和国际仓储业务等流程，为将来从事国际货运代理业务工作及通过货运代理职业资格考试打下基础。	72/4
6	商品归类基础	使学生掌握商品名称及编码协调制度、海关税则、商品归类的海关行政管理、商品归类的操作程序等知识。	72/4
7	报检实务	使学生系统掌握报检员职业资格与行为规范、报检业务相关专业知识，为使学生将来顺利通过报检员考试、从事报检工作打下良好基础。	72/4

九、教学手段与教学条件

（一）教学方法

1. 项目教学法

根据国际贸易行业的岗位特征，将学生需要掌握的知识和技能设计为具有可操作性的综合学习项目，通过教学项目把学生融入到有意义的任务完成的过程中，鼓励学生开展合作式和探究式学习，自主进行知识的构建，从而获得理解和解决实际问题或任务的知识与技能，充分发挥学生的积极性、主动性和创造性。

2. 小组工作法

将所有学生分为若干小组，要求学生利用自身知识和各种资源对问题进行分析和解决。以小组为单位拿出具体的解决方案，每组推举代表展示自己小组的工作成果。这样既培养了学生的设计能力，激发了团队意识，又提高了学生分析问题和解决问题的能力。

3. 模拟教学法

在校内实训教学中，根据学习内容和国际贸易过程中不同岗位的技能要求，模拟真实的工作场景，让学生在相对真实的环境和氛围中对自己的职业岗位有一个比较具体、全面的了解，以提高学生的行动能力和职业素质。

4. 案例分析法

在整个教学过程中，在理论教学的同时一直穿插案例分析，利用实际业务中出现的各种真实的案例，加深学生对合同条款、交易磋商过程的理解，通过对案例的分析，训练学生分析问题和解决问题的能力。

5. 任务驱动法

由教师创设情景，提供任务，学生小组成员紧紧围绕一个共同的任务活动中心，在强烈的问题动机的驱动下，通过对学习资源的积极主动应用，进行自主探索和互动协作的学习。

（二）教学条件

1. 师资条件

（1）所有任课教师第一学历必须为本科及以上，35 岁以下青年教师必须取得研究生学历；

（2）任课教师必须至少拥有一项职业资格证书，同时具有企业工作或实习经验；

（3）能够承担最少 3 门以上专业课程的教学能力；

（4）具备进行本专业相关的基础科研工作能力。

2. 基本实训条件要求

目前拥有校内国际贸易综合实训室一间，配备有单证实训、报检实训、报关实训、货代实训软件，基本能够满足校内实训的要求。

十、教学目标及项目设计

根据国际贸易实务专业人才培养目标，结合职业岗位工作任务要求，对专业课程领域的教学内容与要求，教学方法、考核方法教学等进行描述，部分专业课程教学实施要求如下：

专业课程教学目标与设计

表 11

课程	管理学原理	学期	第（一）学期	学时/学分	54/3
教学目标	本课程的教学目的在于让学生系统地掌握从事管理工作的基本理论、原理、方法和技术，为进一步学习有关专业课程打下必要的理论基础，同时为实际工作提供必要的理论指导。因此，本课程在教学过程中应注意两个层次：一是掌握管理学的基本概念、基本原理和基本方法；二是将基本理论和方法应用于实践，运用全面的、发展的和系统的观点以及所学理论，观察分析现实的管理问题。				
教学内容	1. 管理概述，包括管理的概念、思想史、管理原理和方法、管理模式等内容； 2. 管理职能，包括决策、计划、组织、领导、激励、控制等管理职能等内容； 3. 管理创新，包括信息管理、人员配置、团队管理、风险管理、创新管理、竞争管理、知识管理等内容。				
教学设计	1. 教学思想 本课程教学的总体指导思想是通过理论教学与实践教学训练相结合的方法提高学生运用所学知识分析和解决实际管理问题的能力。 2. 教学方法 本课程采用“启发式教学”为主、多种形式相结合的教学方法。在进行双向信息沟通过程中我们采取了讨论与辩论法；为了加深学生对抽象概念的理解，我们采用了诱导法，让他们先谈自己的看法，然后老师提示、讲解、总结；为了提高学生分析问题、解决问题的能力，我们使用了案例教学法。				
课程	经济学原理	学期	第（二）学期	学时/学分	72/4
教学目标	本课程的目的是使学生掌握经济学的基本概念和原理，并自觉地加以运用以更好地观察和解释现实世界，以及为自己的专业学习铺垫相关理论基础；此外，对于将来有志从事经济学研究的学生来说，本课程还将有助于培养其经济学视野和初步的研究方法。				
教学内容	1. 西方经济学的研究对象、研究方法、基本假设、基本内容以及经济学简史 2. 消费者行为理论 3. 生产者行为理论 4. 市场理论 5. 市场失灵和微观经济政策				
教学设计	1. 教学思想：以问题为导向，激发学生的学习兴趣，调动学生主动观察经济现象的积极性，培养学生的经济学直觉和运用经济学分析框架分析和解决问题的能力。 2. 教学方法：运用多媒体教学、将图像与文字相结合。目的是使学生有了更直观的认识和了解。 课堂讲授与课外练习相结合。考虑到经济学原理是利用数学方法来分析经济问题，必须通过大量的练习才能掌握理论知识的情况，任课教师在讲授的过程中，注重课外练习的布置、作业的批改与讲解。				
课程	报检实务	学期	第（三）学期	学时/学分	72/4
教学目标	通过本课程的学习，使学生初步掌握出入境检验检疫报检的基本理论和实务操作，全面掌握检验检疫工作的业务常识，从而为做好报检工作打下的基础。				
教学内容	1. 报检员的职业资格与行为规范　　2. 出入境检验与报检的一般规定 3. 出入境货物的报检流程　　4. 出入境检验检疫的签证与放行 5. 电子报检				

续表 11

课程	报检实务	学期	第（三）学期	学时/学分	72/4
教学设计	1. 教学思想 本课程采用了以项目导向、以报检员的实际工作任务为线索，融“教、学、做”为一体，注重岗位职业职能培养的项目教学法。项目教学法充分体现了工学结合，大大提高了课程教学的针对性和效率。 2. 教学方法 本课程采用边理论与实训相结合的教学方法，让师生都以职业人身份开展教与学，实施“课堂与校内实训一体化”教学组织形式，体现教学过程的实践性、开放性和职业性。				
课程	报关原理与实务	学期	第（四）学期	学时/学分	72/4
教学目标	通过学习学生能从事进出口业务中报关环节的具体工作，具体包括海关申报、陪同查验、缴纳税费、提取或装运货物等第一线的工作。				
教学内容	1. 报关专业知识　2. 报关专业技能　3. 进出口商品归类　4. 进出口税费计算　5. 报关单填制				
教学设计	1. 教学思想：本课程采用了以项目导向、以报关员的实际工作任务为线索，融“教、学、做”为一体，注重岗位职业职能培养的项目教学法。项目教学法充分体现了工学结合，大大提高了课程教学的针对性和效率。 2. 教学方法：本课程采用理论与实训相结合的教学方法，让师生都以职业人身份开展教与学，实施“课堂与校内实训一体化”教学组织形式，体现教学过程的实践性、开放性和职业性。				
课程	报关原理与实务	学期	第（四）学期	学时/学分	72/4
教学目标	系统掌握国际金融涉及的基本概念和基本原则，学会理论联系实际，掌握运用所学理论知识、原理、方法分析现实国际金融问题和具体案例的能力；能够规避国际贸易相关流程中有关于国际金融、国际结算环节潜在的外汇风险。				
教学内容	1. 外汇与外汇交易　2. 外汇风险管理国际收支与调节 3. 国际金融市场与国际融资　4. 国际资本流动与国际债务 5. 国际货币体系　6. 国际金融机构				
教学设计	1. 教学思想 以拓展学生的专业素养和培养学生专业应用能力为目的，学会理论联系实际，将理论知识运用到实际工作当中。 2. 教学方法 以培养能力为目标，以学生为主体，运用角色扮演等教学方法，使学生有明确的角色主体意识，自觉地将理论与实践有机地结合起来。教学做一体化的教学模式，保证实践教学质量的提高。				

十一、教学安排与时间分配

国际贸易实务专业教学计划表

表 12

（一）教学总安排（周）

学期	教学周数	实践专用周	考试	入学教育	毕业教育	公益劳动	运动会	机动	军训	其他	假期	合计
1	16	0	1	0. 5			0. 5	1	2		5	26
2	18	1	1								8	28

续表 12

学期	教学周数	实践专用周	考试	入学教育	毕业教育	公益劳动	运动会	机动	军训	其他	假期	合计
3	18	0	1				0.5	1.5			5	26
4	18	1	1								8	28
5	18	1	1				0.5	0.5			5	26
6	0	18			1			1				20
小计	88	21	5	0.5	1		1.5	4	2		31	154

（二）实践专用周安排（周）

序号	课程模块名称	学分	学期							开课部门
			一	二	三	四	五至11.15	五11.16后	六	
1	军事训练	2	2							学工处
2	单证实训	1		1						经管学院
3	报检实训					1				经管学院
4	货代实训	1				1				经管学院
5	报关实训	1					1			经管学院
6	顶岗实习	20						20		经管学院
7	毕业论文与毕业设计	18							18	经管学院
总计	44	2	1		2	1	20	18		

十二、毕业生条件

对于本专业符合以下所有条件的学生，可以准予毕业：

（一）具有良好的思想和身体素质，符合学校规定的德育和体育标准；

（二）在规定的学制内，完成本专业规定的全部教学环节学习，修满所有 144 学分；

（三）参加毕业实习全过程，毕业论文或实习报告符合规定要求；

（四）获得至少一项职业资格证书或职业技能证书。

十三、毕业生跟踪调查设计

毕业生跟踪调查结果实行周期性评价（针对不同的评价项目确定评价周期），具体由专业团队负责毕业生职业跟踪网络信息平台构建与管理、问卷的设计，由专业团队教师分工完成各项信息收集并交由团队汇总。专业指导委员会负责对来自社会、企业、毕业生的质量评价结果进行分析，对人才培养方案进行整改与完善并用于新一轮人才培养过程。评价指标与方法如表 13 所示。

毕业生跟踪调查评价指标与评价方式

表 13

评价主体	评价项目	评价指标	评价方法
行业协会	行业认可度	行业对专业人才的职业能力、职业成绩、行业知名度的评价	1. 问卷调查 2. 行业信息跟踪
企业	用人满意度	企业对专业人才在职业工作过程中的工作态度、专业技能、团队合作精神等的认可度	1. 企业走访 2. 问卷调查
毕业生	初次就业率	应届毕业生毕业时正式就业的比率	1. 就业率统计、对口就业率统计 2. 问卷调查 3. 毕业生座谈会 4. 建立毕业生职业跟踪网络信息平台，定期对毕业生进行跟踪
	对口就业率	毕业生选择与自己专业相符的职业的比率	
	专业认可度	毕业生对自己在学校接受的能力培养与职业岗位要求的吻合度的评价、培养模式	
企业、毕业生	职业发展力	对毕业生的职业适应能力、职业创新能力及职业成绩的评价	1. 建立毕业生职业跟踪网络信息平台，定期对毕业生进行跟踪 2. 企业走访 3. 座谈会

【会计】

会计专业人才培养方案

专业代码：620203

一、招生对象及修业年限

（一）招生对象：高中及具有相同学历毕业生

（二）修业年限：全日制三年

（三）学历层次：高职教育专科

二、人才培养目标

本专业致力于培养拥护党的基本路线，适应生产、建设、管理和服务第一线需要的，品德高尚，举止优雅，知识结构合理，操作技能高，上岗速度快，适应能力强，发展后劲足，具有创新能力的高技能人才，尤其在会计和审计方面具有扎实的理论和较强的动手能力，能在会计师事务所从事与会计相关的工作及各类企业、事业单位、金融机构、经济管理部门从事会计管理工作的德才兼备的高级技术应用型人才。

三、人才培养模式

在学校“两个结合、双证并举”的人才培养模式的基础上，根据会计职业成长规律，创新了三层双轨三融合的人才培养模式。

三层双轨三融合，是一种贯穿人才培养全过程的以综合素质为基础突出职业能力培养的专业技能培养模式。

“三层”是指按课程间内容的依存关系分为基础技能、专业技能、职业综合技能三个阶段；“双轨”是指会计手工处理能力训练和会计电算化处理能力训练同步进行；“三融合”是指课岗融合、课证融合、课赛融合。会计专业的课程设置因政策需要和企业需求设置，基于职业岗位分析和具体工作过程，以典型的真实工作任务为载体，再现真实工作过程，实施真实工作任务，实行专业课程和工作岗位的深度融合。在教学过程中，融合会计从业资格证、涉外会计资格证、用友 ERP 资格认证、助理会计师证等的考证要求，突出了学生的职业能力培训。同时为加强学生实践技能、激发学生职业技能训练的动力，结合会计专业的特点，推行了“课赛融合”机制，将课程与竞赛之间有机结合起来，调动了学生主动学习的兴趣，教学效果大大改善，最终提升学生的就业能力。

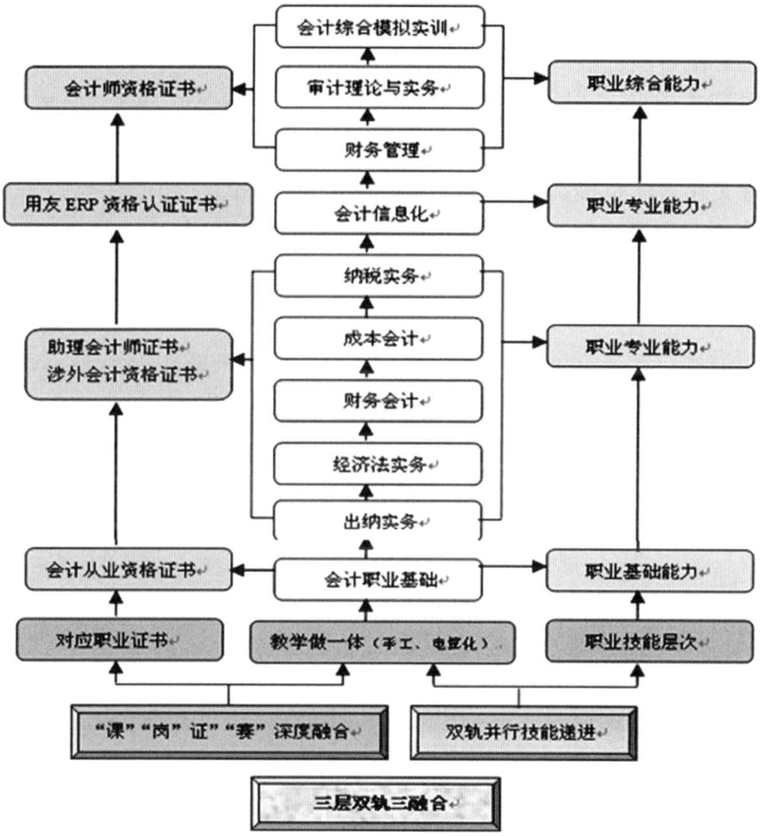

图 1　三层双规三融合人才培养模式

四、就业方向及岗位

本专业毕业生主要面向的职业岗位（群）为：

（一）主要就业岗位群

企事业等单位财务会计岗位：出纳、核算、记账、主管会计、资金管理、仓库核算等；企事业单位财务管理及财务分析岗位，企业事业单位内部审计岗位，会计师事务所、评估师事务所、税务师事务所、会计咨询服务公司审计助理工作岗位。

（二）其他就业岗位群

收银、仓库保管、经济信息收集、财经文秘、统计、工商管理等岗位。

（三）毕业时可获得证书

会计从业资格证、全国涉外会计岗位专业资格证、全国信息化工程师 ERP 应用资格证、金蝶 KIS 应用师资格证、办税员证、初级理财规划师资格证、会计初级（助理会计师）资格证书等。

五、人才培养规格要求

总体思路：重品行、宽知识、厚基础、强技能

（一）素质目标

1. 基本素质

（1）思想道德素质：提高学生的思想政治素质，有正确的政治方向；有坚定的政治信念；遵守国家法律和校规校纪；爱护环境，讲究卫生，文明礼貌；为人正直，诚实守信。

（2）科学文化素质：提高学生的人文素质，有科学的认知理念与认知方法和实事求是勇于实践的工作作风；自强、自立、自爱；有正确的审美观；爱好广泛，情趣高雅，有较高的文化修养。

2. 职业素质

（1）职业道德：增强学生的诚信品质、敬业精神、责任意识和遵纪守法意识，不谋私利，廉洁自律，坚持公平、公正的工作原则，保守职业秘密。

（2）职业行为：增强学生风险意识、责任意识、吃苦耐劳精神，有严谨、认真、细致的工作作风；文明生产，团结协作，热爱集体。

（3）职业态度：树立正确的择业观，健康的择业心态，正确的工作取向、独立决策能力与择业态度。

（二）知识目标

1. 具有从事会计工作所必需的相关财经法规方面的知识。

2. 具有大学英语、经济数学的知识。

3. 具有经济学、管理学、统计学基础知识，掌握一定会计知识和经济写作知识。

4. 具有会计核算、监督、会计报告方面的知识。

5. 具有各税种的计算与申报方面的知识。

6. 具有财务预测、决策、计划、管理、分析方面的知识。

7. 具有会计制度设计和审计方面知识。

8. 具有计算机操作和计算机网络知识。

9. 具有会计信息化知识、ERP 应用方面的知识。

（三）能力目标：

1. 专业能力

（1）能准确进行各种结算单据填制、传递并进行货币收付核算。

（2）能运用会计方法填制凭证、登记账簿、核算成本、编制会计报表，并能熟练地使用计算机进行会计信息处理。

（3）能够科学建账，执行相关会计制度。

（4）能进行税款的计算、申报、缴纳，能熟练开具增值税专用发票及普通发票，能办理全套纳税业务。

（5）能熟练地运用财务管理的基本方法进行企业资金筹集与运用，并进行财务分析。

（6）能正确运用审计技术方法进行企业内部审计并编写审计报告。

（7）能够熟练操作财务软件。

2. 社会能力

（1）能与工商、银行、税务、中介服务、客户等单位建立良好、持久的关系。

（2）能进行自我批评与检查，勇于承担责任。

3. 方法能力

（1）较强的计算机应用能力：能熟练使用 Windows 操作系统、Office 软件和财务软件。

（2）较强的外语应用能力：可借助字典阅读英文专业资料及说明书，具有初步的外语口头交际能力。

（3）较强的语言文字表达能力。

（4）较强的自主学习、自我提高能力。

（5）较强的职业沟通能力。

（6）自我控制、管理能力：具有自我教育和管理的意识和能力，确定符合实际的个人发展方向并制定切实可行的发展规划、安排并有效利用时间完成阶段工作任务和学习计划。

（7）具备一定的创新能力：在学习和工作中，勤于思考，积极发表自己的见解；在实习、实训和毕业设计中善于动脑，有一定的创新见解。

六、基于工作岗位的职业能力分析描述

基于工作岗位的职业能力分析描述

表 1

工作项目	工作任务	职业能力
1. 会计电算化	1-1 财务软件的使用	1-1-1 会使用总账系统处理相关业务； 1-1-2 会使用工资管理系统处理相关业务； 1-1-3 会使用固定资产管理系统处理相关业务； 1-1-4 会使用成本管理系统处理相关业务； 1-1-5 会使用报表系统、资金管理系统处理相关业务； 1-1-6 会使用应收、应付管理系统处理相关业务； 1-1-7 会使用进、销、存管理系统处理相关业务；
	1-2 财务软件的维护	1-2-1 财务软件的安装以及配套数据库的安装； 1-2-2 简单财务软件故障的排除；

续表 1

工作项目	工作任务	职业能力
2. 会计	2－1 主管会计	2－1－1 全面主管单位会计工作；
	2－2 财产物资会计	2－2－1 存货收入、发出、库存的核算； 2－2－2 掌握固定资产增加、折旧、处置的会计处理；
	2－3 工资核算会计	2－3－1 能进行工资的计算；　2－3－2 能进行工资的分配； 2－3－3 能进行工资的核算；
	2－4 资金管理会计	2－4－1 货币的整点、识别；　2－4－2 票据的填制、使用； 2－4－3 资金的筹集、调配；
	2－5 成本核算会计	2－5－1 能进行成本的分配；　2－5－2 能进行成本的计算； 2－5－3 能进行成本的核算；
	2－6 综合会计	2－6－1 往来结算业务的核算；　2－6－2 总账的汇总登记； 2－6－3 会计报表的编制；
	2－7 财务报表分析	2－7－1 财务指标的计算；　2－7－2 财务指标分析； 2－7－3 财务指标的评价；
	2－8 财务成果核算会计	2－8－1 销售业务的核算；　2－8－1 利润及其分配的核算；
	2－9 纳税申报	2－9－1 企业应纳税金的计算； 2－9－2 企业应纳税金的核算； 2－9－3 企业应纳税金的申报；
	2－10 审计	2－10－1 能根据管理层的认定确定审计目标； 2－10－2 能根据审计目标选择适当的审计程序； 2－10－3 能完成各项交易的控制测试及实质性程序； 2－10－4 能开展财务报表项目的审计； 2－10－5 能根据审计证据形成正确的审计意见，出具审计报告。

七、学习领域与课程设置

（一）学习领域课程体系构建

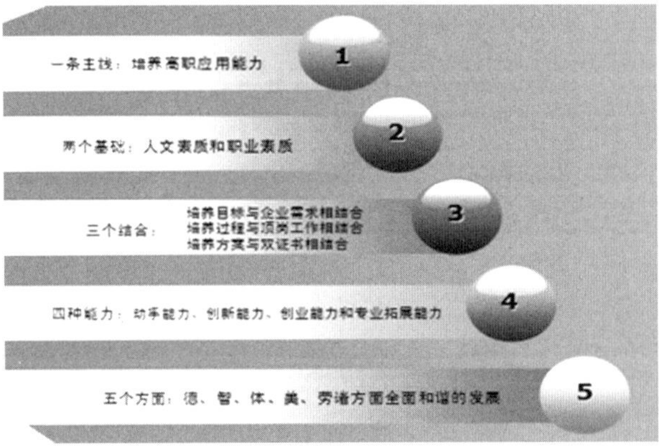

图 2　学习领域课程体系构建

围绕着一、二、三、四、五工程原则进行。一以培养高职应用能力为主线；二以人文素质和职业素质为基础；三以三个结合：培养目标与企业需求相结合、培养过程与顶岗工作相结合、培养方案与双证书相结合；四以最大限度提高学生的动手能力、创新能力、创业能力和专业拓展能力；五以实现受教育者在德、智、体、美、劳诸方面全面和谐的发展。

（二）学习领域课程安排

本专业课程学习从专业培养目标出发，以知识为主线、能力为本位、素质为核心，将素质教育贯彻到课程教学过程中。将课程分为核心综合能力模块、岗位专业能力模块、动手实践能力模块、拓展能力模块等四大模块，学习领域课程体系具体安排见表2。

学习领域课程体系安排表

表2

课程模块	课程代码	课程名称	学分	学时	学期教学周学时					
					一	二	三	四	五	六
					25	26	25	24	17	30
基础综合能力模块	10001	军训与军事理论教程☆	1		2w					
	10002	大学生心理健康教育☆	1	18						
	10003	就业与创业指导（1）☆	1	18		1				
	10004	就业与创业指导（2）☆	1	18					1	
	10005	思想道德修养与法律基础（1）（职业核心能力）★	1	30	2					
	10006	思想道德修养与法律基础（2）（职业核心能力）★	2	36		2				
	10007	毛泽东思想和中国特色社会主义理论体系（1）☆	2	36			2			
	10008	毛泽东思想和中国特色社会主义理论体系（2）☆	2	36				2		
	10009	形势与政策◆	1	·	1	1	1	1	1	1
	10017	公共英语（1）★	4	60	4					
	10018	公共英语（2）★	4	72		4				
	10013	大学体育（1）★	2	30	2					
	10014	大学体育（2）★	2	36		2				
	10015	大学体育（3）★	2	36			2			
	10016	大学体育（4）★	2	36				2		
	10010	计算机应用基础★	4	60	4					
	107001	经济数学☆	2	30	2					

续表 2

课程模块	课程代码	课程名称	学分	学时	学期教学周学时					
					一	二	三	四	五	六
					25	26	25	24	17	30
岗位专业能力模块	107524	▲会计基础★	6	90	6					
	107501	财经法规与职业道德★	3	45	3					
	107502	▲税法★	4	72		4				
	107503	税收申报与筹划★	4	72			4			
	107504	▲财务会计Ⅰ★	4	72		4				
	107505	财务会计Ⅱ★	4	72			4			
	107506	▲会计电算化☆	4	72		4				
	107507	▲成本会计★	4	72			4			
	107508	经济法基础☆	4	72			4			
	107509	▲财务管理★	4	72				4		
	107510	管理会计★	4	72					4	
	107303	统计学原理☆	2	36			2			
	107302	经济学基础☆	2	36		2				
	107511	审计实务☆	2	36					2	
	107512	资产评估★	2	36					2	
	107513	EXCEL 在会计中的应用☆	4	72					4	
动手实践能力模块	107518	出纳实训☆	2	30	2					
	107519	基础会计实训☆	2	36		6 天				
	107520	技能大赛◆	3	54		3 天		6 天		
	107521	工业会计实训☆	3	54			9 天			
	107522	商业会计实训☆	2	36				6 天		
	107523	电脑记账☆	2	36					6 天	
	107036	顶岗实习	30	540						18w

续表 2

课程模块	课程代码	课程名称	学分	学时	学期教学周学时					
					一	二	三	四	五	六
					25	26	25	24	17	30
拓展能力模块	107006	财经应用文写作☆	2	36				2		
	107401	国贸理论与实务☆	2	36				2		
	107514	常见行业会计☆	4	72				4		
	107515	会计英语☆	2	36				2		
	107516	涉外会计理论与实务★	2	36				2		
	107517	理财规划★	2	36					2	
合计			总学分	总学时	分学期总学时数					
			149	2571	375	468	450	432	306	540

注：带▲为专业核心课程

八、专业核心课程基本要求

专业核心课程教学实施要求如下表所示。

专业核心课程教学实施要求

表 3

序号	课程及项目名称	教学基本要求	教学方式方法	主要考核方法	教学场所	参考学时
1	会计基础	●教学要求：通过系统学习，学生能够了解会计学的基本概念和基本理论；掌握会计核算的基本方法；熟悉企业会计核算的基本内容；掌握会计工作的组织和主要的会计核算形式。	教、学、做一体化 项目、任务驱动	理论与实践综合考核	会计综合实训室	96
2	财务会计	●教学要求：培养学生分析问题与解决问题的能力，帮助学生养成思考研究的习惯，拓宽会计视野，为以后的职业判断奠定扎实的理论基础。	教、学、做一体化 项目、任务驱动	理论与实践综合考核	会计综合实训室	144
3	税法	●教学要求：使学生能掌握税法的基本原理，对企业的纳税理论和纳税计算方法有基本的掌握。本课程重点讲授税法基础理论、企业所得税法律制度、个人所得税法律制度等。	教、学、做一体化 项目、任务驱动	理论与实践综合考核	会计综合实训室	72

续表 3

序号	课程及项目名称	教学基本要求	教学方式方法	主要考核方法	教学场所	参考学时
4	会计电算化	●教学要求：掌握企业会计信息系统分析与设计的基本原理，通过本课程教学，使学生能熟练掌握常用财会软件的操作，同时达到江西省会计人员会计电算化上岗考核要求。	教、学、做一体化 项目、任务驱动	理论与实践综合考核	会计综合实训室	72
5	财务管理	●教学要求：要求学生了解财务管理的理论框架，理解筹资决策、投资决策、营运管理和利润管理主要内容，能够熟练掌握财务管理活动的各项职能和解决财务管理问题的方法。	教、学、做一体化 项目、任务驱动	理论与实践综合考核	会计综合实训室	72
6	成本会计	●教学要求：要求学生理解成本核算的基本原理；掌握制造业生产费用核算和产品成本计算的基本方法；掌握成本报表编制和产品成本分析等。	教、学、做一体化 项目、任务驱动	理论与实践综合考核	会计综合实训室	72

九、教学手段与教学条件

（一）教学手段

会计专业的课程设置因政策需要和企业需求设置，基于职业岗位分析和具体工作过程，以典型的真实工作任务为载体，再现真实工作过程，实施真实工作任务，实行专业课程和工作岗位的深度融合。“课岗融合”的方式显示了充分的动感，具体表现为“课中融岗、岗中融课、一课融多岗、一岗融多课”的交叉相溶方式。

实行理论与实践相渗透的“教中学，学中做，做中学，教学做一体化”的教学模式，让教室与工作间融为一体，使学生感受情景教学的氛围，在课题（或案例）教学中学习技能，把课程内容与实训内容组，获得能力，也能更好地激发学生的学习兴趣。

建立“教学与实训一体”的教学运行模式。“双轨”：即手工实训与电算实训两种方式，“三层”：即与理论教学同步的专业基础技能训练，独立进行的专业岗位技能训练，融入会计电算化全方位的专业综合技能训练。

（二）教学条件

1. 师资条件

（1）所有任课教师第一学历必须为本科及以上，35 岁以下青年教师必须取得研究生学历。

（2）任课教师必须至少拥有一项职业资格证书，同时具有企业工作或实习经验。

（3）能够承担最少 3 门以上专业课程的教学能力。

（4）具备进行本专业相关的基础科研工作能力。

2. 设备与场地条件

（1）校内实训条件

将校内实训基地定于开放型、多功能的综合实训基地，在满足基本教学需求的同时，实现行业培训、职业技能鉴定、文化交流、服务社会等多功能的中心平台。实训运转良好，我院积极推行职业化的实习、实训课程，模拟企业环境教学，实践实训课开出率达100%。

校内实训基地一览表

表4

实训室	实训内容	实训目标
会计手工账模拟实训室	手工账模拟实训、基本技能训练等	熟练掌握企业会计核算及成本计算的基本方法，熟悉会计账务处理程序，提高识别原始凭证，编制记账凭证，登记会计账簿和编制会计报表的操作技能
会计综合实训室一（会计技能鉴定中心）	对会计基本技能进行考核、鉴定，发放校级技能等级证书	熟练掌握会计九项基本技能：珠算等级合格证、数字小键盘输入、点钞考核、编制会计凭证考核、手工账簿登记考核、数字书写考核、财务报表分析考核、会计从业资格证书、会计电算化合格证。
会计综合实训室二（会计综合仿真模拟实训室）	仿真综合模拟实训、会计金融基本技能训练等。	熟练掌握加工制造企业的会计核算过程，达到对会计理论和技能运用融会贯通的境界。同时熟练操作电子收银机，票据打印机，工商、税务、银行模拟系统，电子开票与纳税申报模拟系统等。
会计综合实训室三（企业经营管理沙盘实训室）	企业经营管理环境体验、ERP系统学习	熟悉企业经营管理沙盘（电子盘与物理盘）、掌握用友ERP系统软件、金蝶财务软件等。
会计综合实训室四（会计金融综合信息中心）	会计信息化技术训练、会计从业资格考试培训	熟悉各种常用财务软件、模拟证券交易平台、会计从业资格考试（初级会计）软件等。
会计综合实训室五（校企共建财务咨询公司）	业务承接、代理记账、税务代理、会计咨询、会计制度设计等业务	熟悉财务软件（企业版）、业务流程、管理制度等

（2）校外实训基地

学院现有江西中审会计师事务所、九江市金桥税务师事务所、宁波香苑大酒店、九江昌河汽车有限公司、九江财怡五金制品有限公司、江西华声电器总厂、江西华夏会计师事务所、上海或顿财务咨询公司、九江市庐山新华电子设备厂、九江志诚五金制品有限公司等十多家运行稳定的校外实训基地，这些实训基地可随时接收学生实习，为学生的校外实训提供了良好的保障。现有的校外实训基地涵盖制造业、商业、会计事务所等多种行业领域。校外实习基地为学生提供包括基本技能和综合能力两方面的实践环境，使学生在真实环境下进行岗位实践，培养学生解决实际问题的技术及管理能力，取得实际工作经验，培养团队协作精神、群体沟通技巧、组织管理能力和领导艺术才能等个人综合素质，为学生今后从事各项工作打下了坚实的基础。

十、教学目标及项目、任务与活动设计

根据会计专业人才培养目标，结合职业岗位工作任务要求，对专业课程领域的教学内容与要求，教学方法、考核方法教学等进行描述，专业核心课程教学实施要求如表5。

（一）核心课程实施要求

会计专业核心课程教学实施要求

表5

课程	会计基础	学期	1	学时/学分	96/6
教学目标	通过本课程的学习，使学生能够比较全面地了解、掌握会计的基本原理、基本方法和基本技能，并使学生具备进行会计核算的初步能力，为后续专业课程的学习打下基础。				
教学内容	1. 会计的产生和发展　2. 会计要素的意义和分类 3. 会计科目和账户的设置 4. 掌握资金筹集、采购过程、生产过程、销售过程、利润形成和分配、资金退出等业务的会计处理及简单的成本计算方法 5. 会计凭证的意义和分类　6. 账簿的意义和分类 7. 财产清查的种类和程序　8. 财务会计报告的意义和种类 9. 账务处理程序的意义和种类　10. 会计工作组织的形式				
教学设计	采用课堂讲授教学形式为主，运用项目教学法、任务型教学法等多种教学方法帮助学生理解和掌握相关学习内容。				
考核方式	理论和实践综合考核				
课程	税法	学期	2	学时/学分	72/4
教学目标	要求学生掌握和了解国家的税收政策、税法理论和税法的基本内容。学生通过学习，做到知法、懂法，并能灵活地运用于实践，服务于实践，并指导实践。				
教学内容	该课程的主要内容包括：税法概论以及我国税法体系中的实体税种。具体包括：增值税、消费税、营业税、关税、企业所得税、个人所得税、资源税、土地增值税、城镇土地使用税、耕地占用税、房产税、车船使用税、契税、印花税、车辆购置税和城市维护建设税等。				
教学设计	采用课堂讲授教学形式为主，运用项目教学法、任务型教学法等多种教学方法帮助学生理解和掌握相关学习内容。 1. 充分利用多种教学手段。开展现场教学（办税大厅），多媒体教学、案例教学等。 2. 采用小班制、分组制训练方法，保证实训课的成效。 3. 加强课后作业管理，包括个人作业、小组作业、实训作业的布置、指导和评估，提高学生课后自觉学习的意识和能力。 4. 利用财税一体化软件进行实训教学。				
考核方式	理论和实践综合考核				
课程	财务会计	学期	2－3	学时/学分	144/8
教学目标	通过本课程的教与学，一方面使学生掌握企业会计信息制作的基本规则及基本方法，另一方面使学生掌握不同的会计政策制作出的会计信息将会出现不同的结果。				
教学内容	本课程讲授企业货币资金、存货、对外投资、固定资产、负债、所有者权益、收入、费用、财务成果、利润分配方面主要经济业务的确认、计量、计算与账务处理方法和企业主要会计报表的编制等内容；使学生了解企业结算方式、存货的核算、固定资产投资、固定资产租赁业务、对外投资方式、收入确认条件，掌握企业各种经济业务的账务处理、会计报表的编制方法。能利用财务会计知识，熟练地进行会计核算及财务会计报告的编制。				

续表 5

课程	财务会计	学期	2－3	学时/学分	144/8
教学设计	前期课堂讲授教学形式为主，运用案例教学和模块教学等方式帮助学生掌握所学内容，后期以实训为主，采用情景模拟法让学生了解相关知识。				
考核方式	理论与实践综合考核				
课程	会计电算化	学期	2	学时/学分	72/4
教学目标	使学生系统全面把握会计电算化的产生、发展，会计电算化信息系统的构成、初步培养学生掌握财务软件的维护方法与技巧，比较熟练地掌握财务软件的应用能力，特别是财务软件各个模块的使用方法与步骤。同时，也是培养学生职业岗位能力、社会适应能力和全面综合素质。				
教学内容	本课程讲授电算化会计软件的初始化设置、总账系统、报表系统以及工资核算、固定资产核算等业务核算子系统的操作方法；使学生理解会计信息系统的数据流程、模块构建；了解企业实行会计电算化的操作方法、管理要求与制度规范，能进行电算化操作。				
教学设计	采用课堂讲授教学形式为主，以项目教学法和案例教学相结合，帮助学生掌握所学知识；运用用友、金蝶财务软件进行实训教学。				
考核方式	理论与实践综合考核				
课程	财务管理	学期	4	学时/学分	72/4
教学目标	理解并掌握财务管理的基础理论；掌握财务分析、预测、计划、预算、决策、资金营运、证券投资评价、利润分配的原理及方法；				
教学内容	主要包括货币的时间价值、企业的主要筹资渠道与方式、项目投资管理、流动资金管理中的应收账款及存货管理、收入分配管理、财务报告分析、主要财务指标体系与分析；现代企业财务管理的目标及其基本因素、财务指标体系；财务管理中的风险价值、证券投资管理等内容。				
教学设计	采用课堂讲授教学形式为主，以项目教学法和案例教学相结合，帮助学生掌握所学知识；运用财务报表分析软件进行实训教学。				
考核方式	理论与实践综合考核				
课程	成本会计	学期	5	学时/学分	72/4
教学目标	在课程教学过程中，以职业能力培养为重点，以会计从业资格证和会计职称等级证考试为目标，以制造业产品成本核算为主线，既注重理论讲授，理解基本概念和基本方法；又注重学生仿真模拟操作，培养学生基本技能和实践能力，并为以后学习管理会计、财务管理和审计学等后续课程奠定基础。				
教学内容	在内容的组织上，为突出培养学生的实践动手能力，使学生能够解决企业的实际问题，根据成本会计岗位工作过程与任务来安排教学内容：即成本会计基本理论→各种要素费用的归集与分配→生产费用在完工产品与月末在产品之间进行分配→产品成本的计算方法→成本报表的编制与分析五大模块，充分体现职业性、实践性和开放性。				
教学设计	采用课堂讲授教学形式为主，以项目教学法和案例教学相结合，帮助学生掌握所学知识；运用财务报表分析软件进行实训教学。				
考核方式	理论与实践综合考核				

（二）教学效果考核

1. 专业课考核方式

专业课考核方式见表6。

会计专业课考核方式

表6

评价层面	评价内容	评价方法	评价主体	评价时间
反映层面	到课率	考勤记录访谈法观察法	教师、辅导员、学生	课堂上或学期结束后
	参与程度			
	学习态度			
	学习主动性			
	学习满意程度			
学习层面	实践知识	考试、讨论、实训等	教师、企业专家	学期结束后
	技能水平			
	认知能力			
	分析能力			
行为层面	学生工作态度	观察法、访谈法	辅导员、社团成员、同学、评委	学期结束后
	人际关系			
	参加比赛情况			
结果层面	知识掌握程度	期末考试	教师、企业专家	学期结束后或实习结束后
	知识应用能力	论文、实训、实习		

2. 实训考核方式

实训考核方式见表7。

会计专业实训课考核标准

表7

实训科目	考评项目	分项评价标准
（一）基础会计实训	独立操作能力	紧跟指导进度　独立循序操作　登账记号完整　能解释财务指标来源出处
	银行票据填写	碳素水笔　书写工整　项目齐全　印鉴清晰　手续完备　无改痕迹
	发票填制	字体工整　复写清晰　钩稽准确　各联相符　印鉴清准　无改痕迹
	内部单据填制	项目完整　手续齐备　钩稽准确　各联相符
	会计书写	适量倾斜　规范清晰　占行六分　数字无连笔
（二）工业主办会计实训	附件粘贴	粘贴牢固　分布均匀　主要内容必显　小票背靠背　大票面顺上（不使用凭证粘贴纸时）　大票托小票　硬票托软票
	处理凭证	能识单据　会用科目　填写规范　项目齐全　编号合理　签章完备

续表 7

实训科目	考评项目	分项评价标准
（三）商业主办会计实训	登记账簿	库存现金日记账：逐笔登记　日清日结　每天对账　账款相符 银行存款日记账：逐笔登记　日清期结　定期对账　账单相符 存货类明细账：逐笔登记　日清月结　定期盘点　账物相符 往来类明细账：逐笔登记　日清月结　每月对账　账账相符 费用成本明细账：逐笔登记　逐行合计　黑借红贷　月末结转 损益类明细账：逐笔登记　日清月结　月末结转　收支配比 总账（一次汇总）：月末汇总　试算平衡　按月登账　年终结账
（四）电脑记账	错账更正	原始凭证：不允许更正，错填盖“误填作废”章并保留在原本册上； 记账凭证：装订前不允许更正，错填后废弃重填； 账簿记录：根据错账类型选择相应的错账更正法。一般情况下：红笔画线，黑笔更正。不准涂、描、擦、揭、挖、补、盖。
	成本计算	费用归集分配凭证内容完整　费用成本账户记录符合要求
	试算平衡	T 型账户齐全　汇总方法正确　三段试算平衡　必须亲力亲为 *
（五）技能大赛	财务报表	账表相符、表表相符； 表内各项目钩稽关系成立；表表之间钩稽关系成立； 现金流量表项目与资产负债表、利润表有关项目的钩稽关系严密
	纳税申报	国、地两税申报表齐全；各税种申报金额计算准确； 相关申报指标与账簿记录和财务报表相符；
（六）出纳实训	装订归档	凭证：分类订成册　钉包左上角　角脊 90 度　封面封脊填写必备内容 账簿：明细账编填目录　总账年底封账 报表：财务报表和纳税申报表按月装订成册并填写封面，年报附注单订一本

十一、教学安排与时间分配

会计专业教学计划表

培养目标：高素质技能型人才　　　　招生对象：高中毕业生

制定单位：会计教研室　　　　制表日期：2013 年 3 月

（一）教学总安排（周）

教学总安排表

表 8

学期	教学周数	实践专用周	考试	入学教育	毕业教育	公益劳动	运动会	机动	军训	其他	假期	合计
1	16	0	1	0.5			(0.5)	0.5	1.5		4	24
2	17	1	1			1		1			8	29
3	16	2	1				(0.5)	0.5			4	24
4	17	1	1			1		1			8	29

续表 8

学期	教学周数	实践专用周	考试	入学教育	毕业教育	公益劳动	运动会	机动	军训	其他	假期	合计
5	17	1	1				(0.5)	0.5			4	24
6		18			1			1				20
小计	83	23	5	0.5	1	2	1.5	4.5	1.5		28	150

（二）实践专用周安排（周）

实践专用周安排表

表 9

序号	实践内容	学期						隶属部门
		一	二	三	四	五	六	
1	入学教育及军训	2 周						学工处
2	基础会计实训		1 周					经管学院
3	技能大赛		1 周					经管学院
4	工业会计实训			9 天				经管学院
5	商业会计实训				1 周			经管学院
6	电脑记账					7 天		经管学院
7	顶岗实习						16 周	经管学院

十二、毕业生条件

完成以下两项内容方可毕业：

（一）学生在规定的学习年限内，必须修完成所有课程（包括实践专用周），且经考核鉴定成绩为“合格”以上。

（二）必须完成教学实习和顶岗实习，且经鉴定实习成绩为“合格”以上。

（三）必须取得本专业技能考核证书、会计从业资格证书等相关职业资格证书。

十三、毕业生跟踪调查设计

毕业生跟踪调查由用人单位对毕业生满意度调查和毕业生对于工作满意度调查以及毕业生对专业教学模式调查三部分组成，具体由专业教师团队分工完成各项调查设计和信息收集工作，并交由团队汇总，相关调查的分析结果作为人才培养方案整改与完善的依据。

毕业生跟踪调查评价指标与评价方式

表 10

评价主体	评价项目	评价指标	评价方法
用人单位	用人满意度	企业对专业人才在职业工作过程中的工作态度、专业技能、团队合作精神等的认可度	1. 企业走访 2. 问卷调查
毕业生	对口就业率	应届毕业生毕业时正式就业的比率	1. 就业率统计、对口就业率统计 2. 问卷调查 3. 毕业生座谈会 4. 建立毕业生职业跟踪网络信息平台，定期对毕业生进行跟踪
	工作满意度	毕业生选择与自己专业相符的职业的比率	
	专业认可度	毕业生对自己在学校接受的能力培养与职业岗位要求的吻合度的评价、培养模式	
	教学模式	毕业生对于学校专业教学模式的要求及建议	
企业、毕业生	职业发展力	对毕业生的职业适应能力、职业创新能力及职业成绩的评价	1. 建立毕业生职业跟踪网络信息平台，定期对毕业生进行跟踪 2. 企业走访 3. 座谈会

【骨干专业人才培养方案】

计算机应用技术专业人才培养方案

专业代码：590101

一、招生对象与学制

1、招生对象：高中毕业生

2、修业年限：全日制三年

3、学历层次：高职教育专科

二、人才培养目标

1、培养目标

本专业培养目标是与我国社会主义现代化建设要求相适应的德、智、体、美全面发展，具有良好的职业素质、实践能力和创新意识，具有职业生涯发展基础的计算机应用型、技术型、复合型专门人才。

2、就业面向

毕业生主要面向广告公司、室内装潢设计公司、建筑设计院、新闻媒介广告部门、出版社、电视台、网络科技公司等企事业单位从事广告策划、创意设计制作、室内装饰设计、效果图设计制作、平面宣传设计、数字媒体设计、网站设计制作等工作。

三、人才培养模式

本专业采用“岗·课·证相融通，教·学·做一体化”的工学结合人才培养模式。

人才培养模式充分体现产业、行业、企业、职业和实践五要素。

“岗·课·证相融通”就是按照岗位技能需要设置专业核心技能课程和职业拓展课程，参照职业资格标准设计教学内容，课程的考核评价要求学生取得相应的职业资格证书。

“教·学·做一体化”就是在专业核心技能课程和职业拓展课程教学中，将课堂设在实训室，以实际工作岗位的典型项目为载体，按项目的实施过程开展教学，通过边教边学、边学边练、学做合一的“教、学、做”一体化教学方式对学生进行职业技能训练。

四、职业范围

根据本专业的人才培养目标和模式，确定相应的就业岗位和就业方向，如表1所示。本专业的职业资格证书，如表2所示。

计算机应用技术专业岗位定位

表1

服务面向	动漫设计、数字媒体技术、多媒体网站应用开发
就业部门	影视公司、互联网企业、学校等事业单位
就业岗位	1. 在出版、印刷、广告、影视等行业从事平面设计、广告制作、动画制作、多媒体产品设计与制作等工作。 2. 在计算机的生产和销售领域，可以从事计算机软、硬件的安装、调试、经营管理、技术咨询等工作。 3. 在影视制作中心、广告公司、各级企事业单位的宣传部门，各类大中专院校、中小学从事视音频媒体加工制作工作。 4. 在电影、电视等媒体的制作岗位，从事动漫设计、网站建设与网页设计工作。

计算机应用技术化专业职业资格证书

表2

序号	职业资格（证书）名称	发证单位	等级
1	Adobe 认证产品专家（Photoshop）	Adobe 国际企业认证	初、中级
2	Adobe 认证产品专家（Flash）	Adobe 国际企业认证	初、中级
3	Adobe 认证产品专家（Dreamweaver）	Adobe 国际企业认证	初、中级
4	Adobe 中国认证产品专家（网络设计师）	Adobe 国际企业认证	初、中级
5	Adobe 中国认证产品专家（影视后期特效师）	Adobe 国际企业认证	初、中级
6	3ds Max 动画工程师（一级）	Autodesk 国际企业认证	初、中级
7	3ds Max 动画工程师（二级）	Autodesk 国际企业认证	中级
8	Autodesk 影视动画设计师	Autodesk 国际企业认证	初、中级

五、人才规格

总体要求：重品行、宽知识、厚基础、强技能

（一）素质结构及标准

1. 思想政治素质

具有科学的世界观、人生观和价值观，践行社会主义荣辱观；具有爱国主义精神；

具有责任心和社会责任感；具有法律意识。

2. 文化科技素质

具有合理的知识结构和一定的知识储备；具有不断更新知识和自我完善的能力；具有持续学习和终身学习的能力；具有一定的创新意识、创新精神及创新能力，具有一定的人文和艺术修养；具有良好的人际沟通能力。

3. 专业素质

掌握从事三维模型构建、网站建设、界面美工设计、影视后期特效制作、高级行政办公助理等工作所必需的专业知识；具有一定的数理与逻辑思维；具有一定的工程意识和效益意识。

4. 职业素质

具有良好的职业道德与职业操守；具备较强的组织观念和集体意识。

5. 身心素质

具有健康的体魄和良好的身体素质；拥有积极的人生态度和良好的心理调试能力。

（二）知识结构及标准

1. 工具性知识

外语、计算机基础等。

2. 人文社会科学知识

政治学、社会学、法学、思想道德、职业道德、就业与指导、沟通与演讲等。

3. 自然科学知识

数学等。

4. 专业技术基础知识

（1）策划、组织和专业技术报告及文档写作技巧与方法；

（2）本专业技术资料的阅读；

（3）基本的编程思想、程序设计基础知识及编程规范；

（4）计算机组装与维护，计算机硬件故障的检测与维护，服务器架设；

（5）产品推销的方式和技巧，基本的市场营销知识。

5. 专业知识

（1）视频剪辑、音频特效、后期特效与后期合成；

（2）界面美工设计；

（3）建筑 CAD 识图；

（4）三维模型构建；

（5）二维动态媒体设计；

（6）网站建设与开发。

（三）专业能力及标准

1. 职业基本能力

（1）良好的沟通表达能力；

（2）计算机软硬件系统的安装、调试、操作与维护能力；

（3）利用 Office 工具进行项目开发文档的整理、报告的演示、表格的绘制与数据的处理。

（4）阅读本专业相关中英文技术文献、资料的能力；

（5）熟练查阅各种资料，并加以整理、分析与处理，进行文档管理的能力；

（6）通过系统帮助、网络搜索、专业书籍等途径获取专业技术帮助的能力。

2. 专业核心能力

（1）模型构建师

能设置软件环境，分析建模思路，进行模型制作，绘制贴图，设置模型材质和灯光，最终渲染烘焙和输出模型。

（2）网页设计师

能理解需求，设计网页界面，处理或制作网页静态、动态素材，制作网站。

（3）影视后期编辑

能根据客户要求撰写文案及分镜头脚本，根据脚本完成影视剪辑与编辑，合成与制作影视后期特效。

（四）其他能力

（1）方法能力：分析问题与解决问题的能力、应用知识能力、创新能力；

（2）工程实践能力：人员管理、时间管理、技术管理、流程管理等能力；

（3）组织管理能力。

六、基于工作岗位的职业能力分析描述

通过对工作岗位的主要职责、具体任务、工作流程、所需的知识与能力等方面的分析，明确岗位职业能力，进行能力的组合或分解；基于认知规律和职业成长规律，开发计算机应用技术专业的核心课程。

本专业确定了 5 个工作领域，如表 3 所示。对应每个工作领域确定了若干门专业课程知识，如表 4 所示。

计算机应用技术化专业毕业生的工作领域

表 3

工作岗位	业务范围	工作领域
FLASH 动画设计师	从事 FLASH 动画创意、设计制作；Action Script 脚本编写作等工作	FLASH 动画设计
平面设计师	从事平面广告创意、设计及制作等工作	平面广告
数字媒体设计师	掌握影视编辑与合成的方法、技巧；音视频后期制作、特效等工作	音视频编辑
数据库管理员	从事计算机软、硬件的安装与维护、掌握数据库的原理及基本知识、从事主流数据库软件基本操作等工作	熟悉数据库的原理及基本知识 熟练使用主流数据库软件

续表 3

工作岗位	业务范围	工作领域
网页设计师	从事静态网页制作；JavaScript 脚本、网页特效的设计制作	静态网页制作
		JavaScript 脚本设计

计算机应用技术专业的课程设置

表 4

工作领域	工作任务	职业能力	课程设置
Flash 动画设计	Flash 作品创意	掌握基本的 flash 作品创作过程	素描色彩，三大构成，Flash 动画设计制作
	素材的处理	掌握常见图片格式的编辑处理方法	
	Flash 动画的设计制作	掌握 Flash 动画制作的常用技术及方法	
		简单的 Action Script 脚本编程	
平面广告	数字图形图像格式处理	掌握常用图形图像的格式及转换处理方法	素描色彩，三大构成，Auto CAD，Photoshop，Coreldraw
	图像图形的编辑、特效处理	掌握图形图像的特效处理方法	
	常用工具和技巧	掌握常用工具用法及技巧	
数据库管理与操作	计算机软、硬件的安装与维护	掌握计算机软、硬件基础知识	计算机组装与维护，数据库技术
	主流数据库软件基本操作	掌握数据库的原理及基本知识	
影视后期特效编辑	音频、视频信号采集	掌握音频视频信号采集的方法	摄影摄像基础，Pr ，AE
	影视后期制作合成以及输出	掌握影视后期的制作与合成输出	
	影视编辑与合成技术	掌握影视编辑与合成的方法、技巧	
静态网页制作	HTML 语言	掌握网页的基本结构、html 代码的书写	素描色彩，三大构成，Photoshop，网页设计与制作，Html + CSS 格式
	网页的布局	掌握表格布局和 css 布局的方法及其对应的 htnl 代码	
	静态网页的制作流程	掌握 photoshop 网页模板的制作，切片转换为网页的方法	
	Dreamweaver 的使用	掌握利用 Dreamweaver 制作编辑网页的方法	

七、学习领域与课程内容

计算机应用技术专业课程体系的总体目标是以就业为导向，瞄准人才市场需求，使课程知识内容与职业资格要求“零差异”，学生的专业技能与岗位规范“零差距”，从而实现毕业就业“零时间”，课程设置也围绕这个目标不断地进行改革。

所构建的课程体系，设置了核心综合能力模块、岗位专业能力模块、拓展能力模块和动手实践能力模块 4 个模块。岗位专业能力模块引入了原劳动和社会保障部职业技能鉴定中心《职业核心能力培训测评标准》，岗位专业能力模块和拓展能力模块引入了相关的职业资格标准，如表5所示。

计算机应用技术专业课程设置及引入标准

表5

课程类别	课程名称	职业资格证书（标准）	课程相关的实习实训项目
核心综合能力模块	军事理论与训练	合格	
	思想道德修养与法律基础	合格	
	毛泽东思想和中国特色社会主义理论体系	合格	
	计算机基础	全国计算机等级考试	Office 办公软件的使用
	大学英语	高校英语应用能力三级	
	高等数学	合格	数学建模
	形势与政策	合格	
	体育	合格	
	职业发展与就业指导	合格	
岗位专业能力模块	平面色彩与立体构成	合格	素描
	素描和色彩	平面设计师	三大构成
	计算机组装与维修	计算机维修工	组装维修
	C 语言程序设计	全国计算机等级考试	程序设计实训
	Coreldraw	Adobe 设计师	图形设计
	AE/Premiere/Maya	合格	音视频编辑、特效处理
	HTML + CSS 应用	网页设计师	布局设计、脚本设计
	网页设计与制作	网页设计师	网页制作
	Photoshop/flash 应用	平面设计师、flash 动画设计师	Flash 动画案例实训
	Auto CAD	制图员	
	数据库技术	数据库管理员	
	局域网组建与维护	合格	局域网组建
拓展能力模块	计算机专业英语	合格	
	网络教育学习	合格	
	演讲与口才或应用文写作	合格	
动手实践能力模块	军事训练		
	入学教育		
	毕业论文（设计）		

续表 5

课程类别	课程名称	职业资格证书（标准）	课程相关的实习实训项目
动手实践能力模块	毕业顶岗实习		
	网站设计综合实训	网页设计师	网站相关综合实训项目
	平面设计实训	平面设计师	平面综合实训项目
	数学媒体实训	数字媒体设计师	影视后期特效综合实训项目

为了进一步强化学生动手能力的培养，突出以实践为重点，实现培训高端技能型专门人才的目标，应建立相对独立的实践教学体系，计算机应用技术专业实践教学体系如表 6 所示。

计算机应用技术专业的实践教学体系

表 6

实践名称	设计目的	开始时间	主要培养能力
入学军训	培养吃苦耐劳的精神、锻炼健康的体魄	第 1 学期	社会能力
社会实践	尽早接触社会，坚定为社会主义服务的理想，培养沟通和表达的能力	第一学年暑假	社会能力
企业生产性实训	承接商用项目或外包项目，提升学生的社会实践能力	第 2 学期	专业能力、社会能力
中小型项目实训	针对课程内容进行学期实训，进一步提升学生的实践能力	第 1、3、4 学期	专业能力
省级赛事技能实训（平面类）	提高学生的平面设计能力	第 5 学期	专业能力
省级赛事技能实训（影视类）	提高学生的数字媒体特效制作能力	第 5 学期	专业能力
省级赛事技能实训（网页类）	提高学生的网页设计能力	第 5 学期	专业能力
职业技能考核鉴定	获得相关的职业技能	一年一期	专业能力
毕业设计	培养团队项目协作，锻炼分析问题和解决问题的能力	第 5 学期	专业能力
顶岗实习	锻炼意志，感受企业文化，进一步培养良好的职业习惯，并遵循良好的规范	第 5、6 学期	专业能力、社会能力

八、核心课程基本要求与专业课程标准

根据专业职业岗位所需关键能力，我们确定了《PhotoShop 平面设计》《Flash 动画制作技术》《HTML + CSS 网页设计》《C 语言程序设计》《AE 影视特效》《3ds Max 动画制作》等六门专业核心课程，专业核心课程教学内容与教学要求如表 7 所示。

专业核心课程教学内容与教学要求

表 7

课程名称	教学内容与要求	教学目标	学时
3ds Max 动画制作	(1) 掌握图形图像处理的理论基础知识; (2) 掌握图形图像的采集及输入方法; (3)掌握抠取图像的方法与技巧; (4) 掌握三维建模的方法及技巧; (5) 掌握贴图和材质的使用及技巧; (6) 掌握校正图像的方法; (7)掌握图像的合成与特效制作技巧; (8) 掌握灯光的打法; (9) 掌握图像的各种输出方式; (10) 掌握动画的基本制作方法和技巧。	通过所学的知识,让学生掌握具体的、实用的室内外创作方法和设计流程,帮助学生获取创造性思维方式,加强团队协作意识和交流沟通能力。	72
Flash 动画制作技术	(1) 掌握 Flash CS4 基本操作; (2) 掌握舞台中对象的基本操作; (3) 掌握 Flash 动画测试及发布设置; (4) 掌握库、元件、实例的应用; (5) 掌握场景和时间轴的应用; (6) 掌握绘图工具的使用; (7) 掌握对象的选取、排列、对齐等编辑; (8) 掌握 Flash 文本的创建和编辑方法; (9) 掌握逐帧动画的制作; (10) 掌握补间动画的制作; (11) 掌握引导动画的制作; (12) 掌握遮罩动画的制作; (13) 掌握 Action Script 基本语法	通过所学的知识,自身归纳总结,融会贯通,能够发挥想象力创作不同形式的网页动画作品,能灵活运用 FLASH 技术制作动画特效。	72
HTML + CSS 网页设计	(1) 掌握 Dreamweaver 网页制作基础; (2) 掌握站点的创建与管理; (3) 掌握插入文本与使用列表; (4) 掌握插入图像与多媒体元素; (5) 掌握创建超级链接; (6) 掌握网站需求分析的内容; (7) 掌握网页的色彩搭配; (8) 掌握表格布局设计; (9) 掌握层布局设计; (10) 掌握框架布局设计; (11) 掌握 CSS 基本语法; (12) 掌握 CSS 对文字、图片、超链接样式控制; (13) 掌握 CSS 设置网页中的列表结构和样式; (14) 掌握 CSS 设置表格和表单的结构和样式; (15) 掌握 CSS 盒子模型; (16) 掌握 CSS 对网页元素的定位方法; (17) 掌握 CSS 的布局模型; (18) 掌握 CSS 控制网页背景图片	通过所学的知识,自身归纳总结,能够理解 CSS 核心原理,掌握 CSS 布局技巧,熟练使用 CSS 进行网页设计,发挥想象力创作不同形式的网页作品。	72

续表 7

课程名称	教学内容与要求	教学目标	学时
C 语言程序设计	(1) 掌握 C 程序的一般书写形式; (2) 掌握 C 语言的基本数据类型; (3) 掌握 C 语言的运算符体系; (4) 掌握表达式基本知识; (5) 掌握数据输入、输出的语句和规则; (6) 掌握选择结构语句的基本应用; (7) 掌握循环结构语句的基本应用; (8) 掌握数组的概念和应用; (9) 掌握函数定义、声明、调用基本方法; (10) 掌握预处理命令;	通过课程的学习，使学生初步了解计算机，建立起程序设计的概念，掌握 C 语言程序设计的基础知识和基本技能，树立结构化程序设计的基本思想，养成良好的编程习惯，培养严谨务实的分析问题与解决问题能力。	72
AE 影视特效	(1) 掌握数字合成的基本概念; (2) 掌握 AE 工作空间和基本工作流程; (3) 掌握各种类型素材的导入和管理方法; (4) 掌握几种常用的层的建立方法; (5) 掌握层的剪辑与组织操作; (6) 掌握 3D 层的建立; (7) 掌握三维中使用摄像机、灯光等设置方法; (8) 掌握关键帧动画的创建方法; (9) 掌握基本的遮罩与抠像; (10) 掌握创建文字动画; (11) 掌握各种不同效果的技巧; (12) 掌握几种点追踪的操作方式; (13) 掌握使用表达式的各种操作方法; (14) 掌握渲染输出流程	通过课程的学习，了解影视视频特效制作的原理，能够运用 AE 进行影视特效编辑，能够将 AE 与其他计算机绘图及动画片制作软件结合应用，理解动画片的后期合成流程，能够独立完成一部完成的动画片创作。	72
PhotoShop 平面设计	(1) 掌握 Photoshop 的基本操作、基本概念; (2) 掌握文件操作与颜色设置; (3) 掌握图像的绘图与编辑; (4) 掌握路径与图形绘制; (5) 掌握图层、蒙板与通道的运用; (6) 掌握色彩校正; (7) 掌握文字输入与特效制作; (8) 掌握滤镜的运用;	通过课程的学习，学生能够掌握 Photoshop 软件课程中的各个知识点，能够把所有的知识内容相融合，能独立的对图片进行简单的处理，能够进行平面的相关创意设计。	72

九、教学手段与教学条件

1. 教学手段

在教学过程中，教师要依据以行动为导向的教学方法，在课程教学过程中，实现由“教师本位”向“学生本位”的转变，实现由“一堂好课”向“一门好课”的转变，加强创建真实的企业情境，强调探究性学习、互动学习、协助学习等多种学习策略，充分运用行动导向教学法，采用任务驱动教学法、项目教学法、案例教学法、自主学习法等多种教学方法，突出“学生本位”教学理念，促进学生职业能力的培养，培养学生解决问题及可持续发展的能力。

2. 教学条件

办学条件以本专业在校生每届1—2个班，每班50人为标准，以满足“岗·课·证相融通，教·学·做一体化”工学结合的人才培养模式和课程体系为要求进行配备。

3、师资条件

师资队伍整体结构合理，发展趋势良好，符合专业目标定位要求，适应学科、专业长远发展需要和教学需要。

(1) 年龄结构合理

计算机应用技术专业是一个发展迅速的应用型专业，需要教师具有较强的获取、吸收、应用新知识、新技术的能力。计算机应用技术专业专职教师的平均年龄在35岁，学科带头人和骨干教师年龄都在50岁以下。

(2)、学历（学位）和职称结合理

具有研究生学历、硕士以上学位和讲师以上职称的教师占专职教师比例的80%以上。

(3)、双师比例结构合理

积极鼓励专职教师参加科研项目研发、到企业挂职锻炼，并获取计算机应用技术相关的职业资格证书，逐步提高“双师型”教师的比例。

(4)、专兼比例结构合理

聘请企业主管或者技术骨干担任兼职教师，承担专业的实训课程，以提高学生的实际动手能力，同时改善师资队伍的知识结构和人员结构。

4、实训条件

计算机应用技术专业实训条件配置及要求

表8

专业技能课程	主要设备配置及要求		专业技能课程	主要设备配置及要求	
	设备名称	台套数		设备名称	台套数
Flash动画设计	多媒体计算机	60	平面设计	苹果多媒体计算机	60
	数码相机	2		数码相机	2
	Flash软件	60		扫描仪	1
三维动设计师	多媒体计算机	60		Photoshop软件	60
	摄像机	2	影视特效制作	多媒体计算机	60
	数码相机	2		AE/Premiere软件	60
	3Dmax软件	60		数码相机	2
网页设计制作	多媒体计算机	60			
	数码相机	2			
	扫描仪	1			
	Dreamweaver软件	60			

十、教学目标及项目、任务与活动设计

根据计算机应用技术专业人才培养目标，结合职业岗位工作任务要求，对专业学习领域课程的教学目标、教学内容、教学方法、考核方法教学等进行了描述，详见表9所示。

专业学习领域课程教学活动设计

表9

课程	素描与色彩	学期	一	学时/学分	64/4
教学目标	（一）知识目标 1. 熟知素描的历史轨迹以及现状； 2. 掌握基础素描的分类与造型表现手法； 3. 了解创意素描与抽象素描的概念以及设计方法； 4. 掌握色彩的基础理论知识以及合理搭配色彩的方法。 （二）技能目标 1. 提高观察力，把所看到的、理解的对象主观地进入练习中，开拓空间的思考能力； 2. 构图的更合理化，能熟练掌握课程中涉及的绘画工具，能灵活表达效果。 3. 具有强烈的色彩感，能合理化或创新搭配色彩关系 4. 能独立完成素描与色彩的创作 （三）态度目标 1. 着重在潜移默化中提高学生审美品位和大胆创新能力； 2. 陶冶学生的情操； 3. 培养学生的文化艺术修养； 4. 锻炼学生独立学习，自主解决造型因素的难题的认知。				
教学内容	1. 设计素描的概念　2. 结构素描的概念　3. 素描的表现形式 4. 素描的构成形式　5. 具象写实素描的表现步骤　6. 创意素描要求 7. 抽象素描要求　8. 风景速写　9. 色彩基础知识 10、色彩归纳法　11、静物组合色彩写生				
教学设计	采用了理论与实践一体化教学方法，通过讲授式、多媒体演示式、实践活动相结合的手段教学，并区分专业间的差异，对不同专业的学生教学侧重点不同，真正达到提高学生的绘画能力、激发其学习兴趣的效果。				
考核方式	以过程考核为基础、以能力考核为中心、多种考核方式结合方式				
课程	三大构成	学期	一	学时/学分	64/4
教学目标	（一）能力（技能）目标 能够按照设计项目的要求对具体设计内容进行从二维平面形象到三维空间形态的全面创新设计；能够对设计项目进行色彩设计；手脑灵活，高度协调，动手能力强。 （二）知识目标 1. 平面构成基本概念与造型要素　2. 平面构成的形式表现 3. 平面构成在平面设计中的应用　4. 色彩构成基本概念 5. 色彩的情感与象征　6. 色彩的对比与调和 7. 影响色彩配置的其他因素　8. 立体构成基本概念与造型要素 9. 立体构成的造型表现　10. 立体构成在专业设计中的应用 （三）素质目标 1. 养成诚实、守信、吃苦耐劳的品德； 2. 养成善于动脑，勤于思考，及时发现问题的学习习惯； 3. 具有善于和客户沟通，能进行良好的团队合作。				

续表 9

课程	三大构成	学期	一	学时/学分	64/4
教学内容	平面构成的形态要素 平面构成的形式表现 平面构成中的形式美法则 色彩构成基本概念 色彩的情感与象征 影响色彩配置的其他因素 立体构成基本概念与造型要素 立体构成的造型表现				
教学设计	理论与实践相结合，并以实践为主，培养动手制作能力，以及在创造与制作过程中不断对形态、结构、材质、工艺及艺术表现进行修正的能力。				
考核方式	以过程考核为基础、以能力考核为中心、多种考核方式结合方式				
课程	CorelDRAW 图形制作	学期	三	学时/学分	64/4
教学目标	知识目标： 掌握 CorelDRAW 知识 掌握 CorelDRAW 的基础操作及图形操作工具 掌握工具箱中各种工具的使用方法 掌握使用 CorelDRAW 进行包装设计、刀板制作及菲林片制作的方法。 （二）能力目标： 通过项目的学习与练习，具有利用本软件进行平面广告设计、企业形象设计、插图绘制、工业造型设计、建筑平面图绘制、Web 图形设计、包装设计、技术表现插图等图形的制作能力。 （三）素质目标： 培养学生吃苦耐劳、爱岗敬业、团队协作的职业精神和诚实、守信、善于沟通与合作的良好品质，为发展职业能力奠定良好的基础。				
教学内容	1. 掌握 CorelDRAW 的工作界面； 2. 掌握 coreldraw 各种工具的使用； 3. 掌握绘制几何图形的画法 4. 掌握手绘工具 5. 形状工具配合切割的方法、裁切工具的使用 6. 复制、再制以及旋转、缩放等变换功能 7. 图形轮廓线的设置 8. 掌握贝塞尔工具的使用 9. 掌握文本的创建方法 10. 掌握图文混排的应用级版面设计的方法 11. 掌握对象的一系列操作方法 12. 掌握交互式工具的使用方法和技巧 13. 掌握斜角和透镜的应用 14. 掌握位图颜色的调整方法 15. 掌握滤镜特效命令的应用				
教学设计	以项目式教学为目标，以提高实际操作能力为宗旨，以多媒体机房为基础，运用信息技术手段组织课堂教学，努力做到以完成项目为重点，实施教、学、做相结合课堂与实习地点一体化的教学模式，强化学生能力培养。				
考核方式	以过程考核为基础、以能力考核为中心、多种考核方式结合方式				

续表 9

课程	AutoCAD 制图	学期	四	学时/学分	64/4
教学目标	(一) 能力目标： 1. 掌握阅读分析零件图 2. AutoCAD 绘制零件各个视角的二维及三维图形 3. 绘制出符合行业规范的图纸并能在打印机或绘图仪出图 使用不同材料对零件进行渲染与材质表达。 (二) 知识目标： 掌握基本线、圆弧等操作，学会文字与表格、尺寸标注、图块使用，能进行零件图绘制、装配图绘制、图形输出等。 (三) 素质目标： 通过学习完本课程，达到培养学生独立分析问题，解决问题的能力；拥有实事求是的学风和创新精神；具有培养良好的协作精神。				
教学内容	AutoCAD 系统工作环境的设置 绘制二维（投影图）工程图形 编辑工程图中对象 对图形中的图层与对象特性设置 绘制机械图样中的剖视图、剖面图及装备图 对图形进行文字说明与创建明细栏 三维图与投影图基本尺寸及公差的标注 创建及编辑三维实体部件模型				
教学设计	教学过程中灵活运用案例分析、分组讨论等方式，增加 CAD 综合实训环节，突出对学生进行综合的应用教学，启发引导等教学方法，引导学生积极思考、乐于实践，提高教学效果。				
考核方式	以过程考核为基础、以能力考核为中心、多种考核方式结合方式				
课程	Premiere 影视制作	学期	三	学时/学分	64/4
教学目标	(一) 知识目标： 掌握对素材的采集，并进行处理，能为影片添加转场、特技、字幕和音乐根据作品的使用要求输出适当的视频格式。 (二) 能力目标： 养成良好的影视后期编辑习惯，能够灵活运用 premiere 进行音视频的编辑。 (三) 素质目标： 培养学生热爱影视制作艺术，对待工作精益求精，具有吃苦耐劳的精神，具有较好的团队合作精神，严于律己，宽以待人，善于交流沟通。 (四) 技能目标： 1. 学生能掌握制作简单音视频的基本方法与能力。 2. 能独立完成编辑合成、字幕制作、片头制作、电子相册及专题片制作。				
教学内容	1. Premiere 软件的基本知识和操作　2. 掌握素材的采集、导入与管理 3. 掌握轨道的创建与编辑　4. 掌握转场的基本原理和设置 5. 掌握字幕的创建和技巧　6. 掌握关键帧动画 7. 掌握效果的分类与设置　8. 掌握合成的应用 9. 掌握抠像的方法　10. 掌握音频处理的方法 11. 掌握视频的输出方法				
教学设计	要采取项目教学法，以工作任务为出发点激发学生的学习兴趣，教学过程中要注重创设教育情境，采取理论、实践一体化教学模式，要充分利用图片、投影、多媒体等教学手段。				
考核方式	以过程考核为基础、以能力考核为中心、多种考核方式结合方式				

续表 9

课程	作品排版与输出	学期	五	学时/学分	64/4
教学目标	（一）知识目标： 1. 掌握 InDesign 知识 2. 掌握 InDesign 的基础操作及图形操作工具 3. 掌握文本工具的应用与文本编辑 4. 掌握图像的置入及编辑 5. 掌握表格的基础知识 6. 掌握页面操作、建立目录及索引 7. 掌握超链接及文件导出。 （二）能力目标： 使学生具备能够利用图形操作工具进行简单排版制作、能够利用图文排版知识进行版面设计、能够利用图文排版及表格知识进行排版、能够利用书籍制作知识，进行书籍排版创作。 （三）素质目标： 培养学生吃苦耐劳、爱岗敬业、团队协作的职业精神和诚实、守信、善于沟通与合作的良好品质，为发展职业能力奠定良好的基础。 （四）技能目标 1. 能够利用 InDesign 设计制作杂志、广告设计、目录等。 2. 能够利用 InDesign 从事零售商设计和报纸出版方案等工作。				
教学内容	1. 掌握 InDesign 的基础操作及图形操作工具 2. 掌握文本框的编辑及应用 3. 掌握文本工具的应用与文本编辑 4. 掌握图像的置入及编辑 5. 掌握常用版面排版方式 5. 掌握表格的基础知识 6. 掌握页面操作、建立目录及索引 7. 掌握超链接及文件导出。				
教学设计	采取项目教学法，以工作任务为出发点激发学生的学习兴趣，教学过程中要注重创设教育情境，采取理论、实践一体化教学模式，要充分利用图片、投影、多媒体等教学手段。				
考核方式	以过程考核为基础、以能力考核为中心、多种考核方式结合方式				

按照课程类型的不同，采用不同的考核方法。职业核心能力课程和专业基本技能课程由校内教师考核；单列实习实训由校内外指导教师共同考核，以校内为主；顶岗实习由校内外指导教师共同考核，以校外为主；专业核心技能课程采用“课程考核+职业技能认证”的方式进行考核。

职业核心能力课程和专业基本技能课程　采用过程考核与期终考试相结合的方式进行考核。过程考核主要考察学生的知识积累和素质养成，依据是作业、课堂表现、考勤记录等方面。期终考试以笔试、机试、答辩、论文、总结、报告等形式进行，重点在于考核学生的知识运用能力。《英语》《计算机文化基础》等课程学习结束后，统一组织学生参加“全国高职高专英语应用能力（A 级或 B 级）测试”、全国计算机等级考试（一级）或全国高等学校计算机等级考试（二级文管）认证考试。

课程实习实训　由校内指导教师和企业指导教师共同评定，以校内评价为主。主要根据学生完成实训成果、平时表现、操作能力、技术报告和态度综合评定，按“优、良、中、及格、不及格”五个等级给出考核成绩。

专业核心技能课程和职业拓展课程　专业核心技能课程和专业拓展采用项目化教学，考核与评价采用“课程考核+技能认证”的方式。课程整体成绩由课程考核成绩和技能认证成绩两部分汇总得出。课程考核时按照项目分别考核，课程考核成绩是项目考核成绩的累计。每个项目成绩都是从知识、技能、态度3方面考核，考核主要依据提交的成果、论文、作业、平常表现及小组互评的结果进行，考核方式可采用笔试、机试、答辩和实操等。技能认证分2种情况：一是国家职业资格证书对应的课程，在课程结束后可直接参加证书的认证考核，通过国家职业资格认证的；二是课程结束后，参照国家职业资格证书考核标准进行学校专业技能考核，成绩分为合格、不合格。不合格者必须重新考核，直至合格为止。

顶岗实习　顶岗实习成绩由企业指导教师和校内指导教师共同评定，以企业评价为主。校内指导教师主要根据学生的顶岗实习周记、对学生的指导记录进行评定，并填写《顶岗实习鉴定表》，企业指导教师主要根据学生在顶岗实习期间运用所学专业知识解决生产实际问题的能力以及职业素质提高情况进行评定，并填写《顶岗实习鉴定表》，校内和校外指导教师的评价各占一定比重。

十一、教学安排与时间分配

1. 教学总体时间安排安排

学期	教学周数	入学教育	军训	毕业设计	顶岗实习	实训周	考试	运动会/节假日	总周数
1	10	0.5	1.5			1	1	1	15
2	14					2	1	1	18
3	14					1	1	2	18
4	14					2	1	1	18
5	5			2	5	4	1	1	18
6	0				18				18
小计	57	0.5	1.5	2	23	10	5	6	105

2. 教学课程安排表

课程模块	课程代码	课程名称	学分	学时	学期教学周学时					
					一	二	三	四	五	六
					15	18	18	18	18	18
基础综合能力模块	10001	军训与军事理论教程☆	1		2w					
	10002	大学生心理健康教育☆	1	15	1					
	10003	就业与创业指导（1）☆	1	18		1				
	10004	就业与创业指导（2）☆	1	18					1	

续表

课程模块	课程代码	课程名称	学分	学时	学期教学周学时					
					一	二	三	四	五	六
					15	18	18	18	18	18
基础综合能力模块	10005	思想道德修养与法律基础（职业核心能力）（1）★	1	30	2					
	10006	思想道德修养与法律基础（职业核心能力）（2）★	2	36		2				
	10007	毛泽东思想和中国特色社会主义理论体系（1）☆	2	36			2			
	10008	毛泽东思想和中国特色社会主义理论体系（2）☆	2	36				2		
	10009	形势与政策◆	1		1	1	1	1	1	1
	10012	计算机应用基础☆	4	60	4					
	10013	大学体育（1）★	2	30	2					
	10014	大学体育（2）★	2	36		2				
	10015	大学体育（3）★	2	36			2			
	10016	大学体育（4）★	2	36				2		
	10017	公共英语（1）★	4	60	4					
	10018	公共英语（2）★	4	72		4				
	106001	高等数学（1）★	2	30	2					
	106002	高等数学（2）★	2	36		2				
岗位专业能力模块	106301	平面色彩与立体构成★	4	60	4					
	106302	素描和色彩★	4	60	4					
	106102	计算机组装与维护☆	2	30	2					
	106104	PHOTOSHOP 图形图像处理★	4	72		4				
	106303	摄影摄像基础☆	4	72		4				
	106101	C 语言程序设计★	4	72		4				
	106103	局域网组建与维护☆	2	36		2				
	106304	Premiere 影视特效★	4	72			4			
	106305	Flash 动画设计☆	4	72			4			
	106307	HTML + CSS 网页布局★	4	72			4			
	106106	Coredraw★	4	72			4			
	106107	数据库技术☆	4	72			4			

续表

课程模块	课程代码	课程名称		学分	学时	学期教学周学时					
						一	二	三	四	五	六
						15	18	18	18	18	18
岗位专业能力模块	106306	AE影视特效★		4	72				4		
岗位专业能力模块	106124	动态网站开发★		4	72				4		
岗位专业能力模块	106308	AUTO CAD★		4	72				4		
岗位专业能力模块	106408	网络服务器配置与管理☆		4	72				4		
岗位专业能力模块	106310	作品排版与输出☆		4	72				4		
岗位专业能力模块	106309	3Dmax★		4						6	
动手实践能力模块	106311	计算机组装与维护实训☆		2		1w					
动手实践能力模块	106312	局域网组建与维护实训☆		2				1w			
动手实践能力模块	106313	省级赛事技能实训（平面类）☆		4	72					4	
动手实践能力模块	106314	省级赛事技能实训（网页类）☆		4	72					4	
动手实践能力模块	106315	省级赛事技能实训（影视类）☆		4	72					4	
动手实践能力模块	106317	职业能力认证培训☆		4	72					4	
动手实践能力模块	106110	毕业设计☆		4						2w	
动手实践能力模块	106111	顶岗实习☆		10						4w	18w
拓展能力模块（选修）	106108	计算机专业英语☆	三选一	2	36			2			
拓展能力模块（选修）	106401	数据结构☆	三选一	2	36			2			
拓展能力模块（选修）	106316	电子商务☆	三选一	2	36			2			
拓展能力模块（选修）	106133	演讲与口才☆	二选一	2	36				2		
拓展能力模块（选修）	106109	应用文写作☆	二选一	2	36				2		
拓展能力模块（选修）	106134	网络自主学习☆	二选一	2	36					2	
拓展能力模块（选修）	106135	远程教育学☆	二选一	2	36					2	
合计				总学分	总学时	分学期总学时数					
合计				144	2211	375	450	468	468	450	

十二、毕业生条件

1. 学分

获得本专业培养方案所规定的学分。

2. 职业资格（证书）

至少取得1项初级或中级职业资格（证书）。

3. 外语

通过高等学校英语应用能力等级考试，获得 B 级或以上证书。

4. 顶岗实习

参加半年以上的顶岗实习并成绩合格。

十三、毕业生跟踪调查设计

毕业生跟踪调查结果实行周期性评价（针对不同的评价项目确定评价周期），具体由专业团队负责毕业生职业跟踪网络信息平台构建与管理、问卷的设计，由专业团队教师分工完成各项信息收集并交由团队汇总。专业指导委员会负责对来自社会、企业、毕业生的质量评价结果进行分析，对人才培养方案进行整改与完善并用于新一轮人才培养过程。评价指标与方法如表 10 所示。

毕业生跟踪调查评价指标与评价方式

表 10

<table>
<tr><th>评价主体</th><th>评价项目</th><th>评价指标</th><th>评价方法</th></tr>
<tr><td>行业协会</td><td>行业认可度</td><td>行业对专业人才的职业能力、职业成绩、行业知名度的评价</td><td>1. 问卷调查；
2. 行业信息跟踪</td></tr>
<tr><td>企业</td><td>用人满意度</td><td>企业对专业人才在职业工作过程中的工作态度、专业技能、团队合作精神等的认可度</td><td>1. 企业走访；
2. 问卷调查</td></tr>
<tr><td rowspan="3">毕业生</td><td>初次就业率</td><td>应届毕业生毕业时正式就业的比率</td><td rowspan="3">1. 就业率统计、对口就业率统计；
2. 问卷调查
3. 毕业生座谈会；
4. 建立毕业生职业跟踪网络信息平台，定期对毕业生进行跟踪</td></tr>
<tr><td>对口就业率</td><td>毕业生选择与自己专业相符的职业的比率</td></tr>
<tr><td>专业认可度</td><td>毕业生对自己在学校接受的能力培养与职业岗位要求的吻合度的评价、培养模式</td></tr>
<tr><td>毕业生、企业</td><td>职业发展力</td><td>对毕业生的职业适应能力、职业创新能力及职业成绩的评价</td><td>1. 建立毕业生职业跟踪网络信息平台，定期对毕业生进行跟踪；
2. 企业走访；
3. 座谈会</td></tr>
</table>

艺术设计专业人才培养方案

专业代码：580103

一、招生对象与学制

（一）招生对象：高中毕业生

（二）修业年限：全日制三年

（三）学历层次：高职教育专科

二、人才培养目标

本专业是培养拥护党的基本路线，适应生产、建设、管理、服务第一线需要的德、智、体、美等方面全面发展的高等技术型应用人才；学生在具有必备的基础理论知识和专门知识的基础上，重点掌握从事本专业领域实际工作的基本能力和基本技能，熟悉国家的政策和法规，具有良好的职业道德、敬业与创新精神。

本专业培养拥护党的基本路线，德、智、体、美等方面全面发展，具有良好的职业素质和文化修养的装饰设计与施工技术应用型专门人才。具有设计施工专业基础理论，掌握艺术设计实践技能。面向艺术设计、施工等行业，从事艺术设计、施工的高技能专门人才。

毕业生能面向广告设计和服务业的相关公司以及国家机关和事业单位就业。本专业毕业生主要从事平面广告设计，效果图表现图制作，艺术设计施工与管理等岗位的工作。

三、人才培养模式

总体思路：课程分块，方向分流；强化学科专业基础，加强实践能力和创新素质培养，增强特色专业应用优势和就业竞争力为理念，进一步优化培养方案，强化校内外实践基地建设，把“理论课堂”“市场课堂”“实验室课堂”和“企业生产课堂”这四类课堂贯穿在整个人才培养全过程，形成“循环研习，创产联动”的人才培养机制，完善“学研产一体化”的人才培养模式，全面提升人才培养质量。

四、职业范围

（一）专业前景展望

主要就业单位	广告设计公司、装饰工程公司、文化传播公司、报纸杂志社、彩色印刷公司、摄影公司、影楼、文化馆、青少年宫等中小型企事业单位。
主要就业部门	策划部、设计部、制作部、美术编辑部、客服部等部门。
可从事的工作岗位	平面设计策划、设计制作、图形表现和图像处理、摄影、网页设计、包装设计与制作、品牌设计等岗位。

（二）核心岗位资格证书

序号	资格证书名称	颁证单位	等级	要求
1	全国计算机高新技术图形图像制作员	省职业技能鉴定中心	高级	选考
2	广告设计师	国家职业资格证书	三级	选考
3	网页设计师	Adobe 公司	中级	选考

五、人才培养规格

（一）思想道德素质

1. 掌握马克思主义的科学世界观和方法论，运用马克思主义的立场、观点、方法分析和认识现实问题，逐步树立正确的世界观、人生观、价值观、道德观和法制观。

2. 学习中国特色社会主义理论，了解中国的历史和国情，继承和发扬中华民族优秀文化传统和中国共产党领导下的革命斗争传统，爱祖国，爱人民，拥护党的基本路线，坚定社会主义信念，具有为振兴中华、建设有中国特色社会主义的献身精神。

3. 践行社会主义核心价值体系，学会做人、学会做事、学会思维、学会与人共处，提高思想道德修养，具备良好的职业素质和较强的职业能力，实现德智体美全面发展。

（二）文化素质

应用语言文字，清晰地进行信息、思想、感情的传递、表达和交流；具有文学艺术美学修养；能够正确认识和分析当今时代有关问题。

（三）业务素质

1. 具有良好职业道德和专业素质，具有团队精神和组织纪律性，能够团结同事，协力工作；掌握装潢艺术设计设计的基础理论、基本知识，有一定造型能力和艺术修养；能独立或协作完成设计、制作任务，能熟练操作电脑；

2. 具备一定设计和创新能力，能够理论联系实际，善于处理工作中的问题，敢于应对挑战性工作；敬岗爱业，热爱本职工作，能够遵章守纪，具有踏实的工作作风。

（四）身心素质

1. 身心健康，人格健全，具有完整的生理、心理状态和较强的社会适应能力；具有体育卫生和运动保健素养；

2. 树立自觉锻炼、终生锻炼身体的意识；体魄良好，体能达到规定标准。

六、职业能力分析

（一）职业素质与能力

序号	核心工作岗位及相关工作岗位	岗位任务描述	职业能力要求与素质
1	广告设计 （核心岗位）	1. 图形创意设计 2. 标志设计 3. 版式设计 4. 包装设计 5. 书籍装帧设计 6. 平面广告设计 7. VI 视觉识别设计 8. 图形表现和图像处理 9. 商业展示设计	1. 能够根据设计对象特点，完成图形创意。 2. 能够根据要求完成标志设计。 3. 能够合理选择印刷材料和工艺，能够完成版式整体设计。 4. 能够根据企业要求完成平面广告设计和 VI 视觉识别设计。 5. 能够按要求设计招贴广告、报刊广告、书籍装帧设计等。 6. 能够根据商品的特性与消费者群体的消费心理，确定设计定位与表现。
2	广告制作 （核心岗位）	1. 图形制作 2. 图像处理 3. 网页制作 4. 包装打板 5. 印刷制版	1. 能够用相机和摄像机采集素材，会采集、处理各种图像素材。 2. 能够运用图形制作软件，完成平面图形制作。 3. 能够运用图像制作软件，完成平面图像制作。 4. 能够运用排版制作软件，完成平面广告版式制作。 5. 能够利用网页制作软件，完成互联网网页页面制作、广告制作。 6. 具备良好的构图能力和色彩素养，熟悉网页配色与排版。

续表

序号	核心工作岗位及相关工作岗位	岗位任务描述	职业能力要求与素质
3	设计策划（相关岗位）	1. 设计策划 2. 文案创意 3. 视觉形象设计创意	1. 能够撰写表现设计主题的设计策划书。 2. 能够撰写表现设计主题的文案创意。 3. 能够根据设计要求，进行视觉形象设计创意。
4	商业摄影（相关岗位）	1. 人像证件拍照 2. 婚纱摄影摄像 3. 商业广告摄影	1. 能够进行人像证件拍照、书画翻拍。 2. 能够进行婚纱摄影摄像、会议活动拍摄。 3. 能够进行进行商业广告摄影。

（二）专业职业能力与对应课程表

能力类别		能力要素	课程设置
通用能力	英语应用能力	具备实用英语听说能力、具备实用英语阅读翻译能力、具备实用英语写作和自主学习能力	大学体育（1） 大学体育（2） 大学体育（3） 大学体育（4）
	计算机应用能力	①具备熟练地应用计算机操作系统的能力，加强计算机应用能力的训练，要求能够熟练使用计算机进行学习和工作； ②具有利用计算机网络搜集信息、处理信息的能力。	计算机操作与应用、Internet应用
	语文应用能力	具备较强的口语交际能力、阅读能力、书面语言表达能力、视像能力和发布能力，会常用应用文体的写作。	大学语文、应用文写作
专业基本技能	造型能力	①掌握素描基本造型规律和能力，具有正确的观察、感受和表现的方法能力； ②具备色彩造型能力及色彩的艺术表现能力	设计素描 设计色彩
	计算机辅助设计能力	具备熟练地操作辅助设计软件如photoshop、coreldraw、3DMAX、Auto cad等的能力，并掌握一定的操作技巧。	计算机辅助设计（Potoshop、Coreldraw 、3DMAX）
	基础设计能力	①掌握基础构成理论、原理、形式美法则，具备一定的抽象思维能力和形态构成能力。 ②具有设计思维能力和表现能力； ③具有应用图形语言表达设计主题的能力	三大构成
专业综合能力	策划组织能力	①具有进行市场调研、对信息收集、分析处理能力 ②具有文献检索、资料查询和网络信息资源的收集整理的基本能力。 ③具有进行方案策划组织能力	毕业设计
	平面设计能力	①具有设计的表现能力 ②具有独立进行艺术设计设计和标志设计、商品包装、广告设计、展示设计、书籍装帧设计、企业形象设计等的基本能力。	包装设计 网页设计 Cis视觉传达 毕业设计

七、学习领域与课程设置

课程模块	课程代码	课程名称	学分	学时	学期教学周学时					
					一	二	三	四	五	六
基础综合能力模块	10001	军训与军事理论教程☆	1	30	2					
	10002	大学生心理健康教育☆	1	18		1				
	10003	就业与创业指导（1）☆	1	18		1				
	10004	就业与创业指导（2）☆	1	18					1	
	10005	思想道德修养与法律基础（1）（职业核心能力）★	1	30	2					
	10006	思想道德修养与法律基础（2）（职业核心能力）★	2	36		2				
	10007	毛泽东思想和中国特色社会主义理论体系（1）☆	2	36			2			
	10008	毛泽东思想和中国特色社会主义理论体系（2）☆	2	36				2		
	10009	形势与政策◆	5		1	1	1	1	1	1
	10012	计算机应用基础★	4	60	4					
	10013	大学体育（1）☆	2	30	2					
	10014	大学体育（2）☆	2	36		2				
	10015	大学体育（3）☆	2	36			2			
	10016	大学体育（4）☆	2	36				2		
	10017	公共英语（1）★	2	30	2					
	10018	公共英语（2）★	2	36		2				
	10019	公共英语（3）★	2	36			2			
	10020	公共英语（4）★	2	36				2		
		礼仪与修养	1	3			讲			
		心理咨询	1	3				讲		
		文献检索与利用	1	3				讲		
岗位专业能力模块	103201	设计素描（1）☆	4	60	4					
	103202	设计素描（2）☆	4	72		4				
	103205	设计色彩（1）☆	4	60	4					
	103206	设计色彩（2）☆	4	72		4				
	103212	三大构成（1）☆	6	108		6				

续表

课程模块	课程代码	课程名称	学分	学时	学期教学周学时					
					一	二	三	四	五	六
岗位专业能力模块	103211	中外设计史★	2	36					2	
	103216	字体设计与图形创意▲	4	72	4					
	103218	广告营销学☆	2	36					2	
动手实践能力模块	103215	Coreldraw▲	4	60		4				
	103219	Pop 手绘▲	2	36		2				
	103214	Photoshop▲	6	108			6			
	103220	Iiiustrator▲	4	72			4			
	103221	广告设计\ 海报设计▲	6	72			4			
	103222	包装设计▲	8	108			6			
	103223	Cis 视觉传达（书籍装帧设计/、制版与印刷）▲	6	108				6		
	103241	毕业设计（展示设计）▲	12	216					12	
拓展能力模块（选修）	103209	艺术概论☆	2	30	2					
	103240	摄影☆	2	36	2					
	103239	Auto cad☆	4	36				2		
	103236	3dmax（1）☆	12	216				6	6	
	103285	Flash 动画制作☆	4	72				4		
合计			总学分	总学时	分学期总学时数					
			141	2244	29	29	27	25	24	0

八、核心课程基本要求

序号	课程及项目名称	主要教学内容与要求	教学方式方法	主要考核方法	教学场所	参考学时
1	photoshop	强化学生的图形图像编辑与制作技巧，进一步提高学生基础软件实践能力，各知识点适当交叉，互为补充，培养学生在制图过程中通过本软件辅助实现目标效果的能力。	指导实践结合	随堂考核	电脑机房	108

续表

序号	课程及项目名称	主要教学内容与要求	教学方式方法	主要考核方法	教学场所	参考学时
2	Coreldraw	掌握矢量图的绘制及运用，进一步提高学生基础软件掌握和实践能力。懂得各基础软件的相互配合运用。	指导实践结合	随堂考核	电脑机房	72
3	Pop 手绘	通过学习理论知识，学生对 POP 设计的概念有所了解，提升审美意识和设计意识，通过课题作业的练习检验学生对 POP 中各方面的设计与制作的方法的掌握。	指导实践结合	随堂考核	教室	36
4	包装设计	主要要求学生掌握包装初级概念和一般技能，要求学生有动手动脑的一般能力，创作思维和创作方法等方面的基础知识。	指导实践结合（制作成品展示）	随堂考核	电脑机房 教室	108
5	Cis 视觉传达	掌握 CIS 的含义，构成要素，历史发展演变。掌握并分析 CIS 设计制作程序，制作规范与设计特点。	指导实践结合（制作成品展示）	随堂考核	电脑机房 教室	108
6	Iiiustrator	通过对 Iiiustrator 课程的学习，使学生掌握本课程的一些基本工具及相关图形设计和插画设计的方法，并通过一定的上机实践，加深对本课程的理解，提高对 Iiius-trator 软件的应用能力。	指导实践结合	随堂考核	电脑机房	72
7	广告设计/海报设计	通过学习，明白广告设计创意资料的搜集方法，了解广告设计的创意方法以及原则。掌握海报设计原理，分类和步骤。	指导实践结合	随堂考核	电脑机房	72

九、教学手段与教学条件

（一）教学手段

为了满足广告设计专业职业岗位的需求，确实提高学生的职业能力，在教学过程中继续实践和推广“学研产一体化”的教学模式，在一个教学单元时间内，将教学内容的多个知识点联系起来，通过具体案例的理论实践交叉，师生互动的教学过程，完成教学目标，坚持“学研产一体化”的原则。

根据课程内容和学生特点，灵活运用案例教学、分组讨论、情景教学、讲练结合法等教学方法。同时，利用与合作企业建立的良好关系，在教学中大量引进现实案例任务，在教学内容上逐步实现教学走出校园，接轨市场需求的现实要求。

（二）教学条件

艺术设计专业是一门实践性很强的应用型专业，办学条件的好坏是影响该专业建设与发展的重要因素。学校非常重视实习基地和实验室建设，理论教学和实践教学各占一半。而江西省能够具备这样优越办学条件的高职院校却没有，与校外实习基地的合作常常又会因为各自利益的协调问题出现一些无形的障碍，从而影响到学生实习的效果。

艺术设计专业师资配备的建议如下：

本专业专任教师原则上按生师比 18:1的标准配置；

专业带头人不少于 1 名，专业骨干教师不少于 2 名。其中双师素质教师比例不少于60%

要求学历为本科以上，其中研究生学历或硕士及以上学位比例达到60%以上。

（1）专业带头人基本要求

具有丰富的教学经验和教学管理经验，专业知识全面，对职业教育有深入研究，有较强的教育研究能力，能够把握本专业领域发展方向，在专业建设和人才培养模式改革方面起到领军作用；

专业知识扎实，专业视野宽广，实践技能较强，富有改革和创新精神；

主持或参与过本专业以“专业知识 + 职业技能 + 素质 + 特长”的人才培养模式创新、课程体系和教学内容改革、人才培养方案制（修）订、课程开发与建设、实训基地建设、特色或品牌专业建设；

具有较强团队合作精神，具有较强组织管理与协调能力。

（2）骨干教师队伍基本要求

具有较丰富的专业知识和教学经验，对职业教育有一定的研究，具有职业课程开发与实施教学改革的能力；

具有丰富的专业实践能力，能够密切联系行业企业发展需要开展教学工作，能够组织实施教学，教学效果良好；

在专业知识 + 职业技能 + 素质 + 特长人才培养模式改革、课程体系和教学内容改革中成绩突出，获校级以上优秀教学成果奖或教学质量奖。

（3）兼职教师队伍基本要求

来自本专业的企业一线教育人员和管理人员；

具备中级以上技术职称，具有良好的与学生沟通和交流的能力，教学质量控制能力；

能够承担本专业核心课程、顶岗实习等教学任务。

十、教学目标及项目、任务与活动设计

根据广告设计与制作专业人才培养目标，结合职业岗位工作任务要求，对专业课程领域的教学内容与要求，教学方法、考核方法教学等进行描述，部分专业课程教学实施要求如下：

部分专业课程教学实施要求

课程	Iiiustrator	学期	3	学时/学分	72/4
教学目标	认识 llustrator 的界面风格，其中包括界面的总体布局，工具箱、设置栏以及各种不同的调板；能够熟练地了解 llustrator 的各个组成部分。 掌握路径的基本概念；掌握路径的应用技巧，绘制各种不同的路径及对路径进行调整修改；学会运用各种不同的路径进行描边．填充颜色或图案等效果处理。 学会使用矩形工具组、吸管工具组、实时上色工具、实时上色选择工具。 掌握将图形或图片进行旋转、比例缩放、变形、自由变换、橡皮擦、剪刀、美工刀的运用。 掌握渐变、网格和混合的应用技巧。 掌握文字的属性设置；学会文字特效处理。 掌握图层、对齐、路径查找器等面板的使用方法与技巧。 掌握色彩、画笔、外观、符号面板的使用方法。 掌握调整类面板的使用方法与技巧。 掌握路径的调整、实时描摹、剪切蒙版的使用方法。 掌握创建滤镜组、扭曲滤镜组、颜色命令组的使用。 掌握效果菜单中的常用命令。				
教学内容	选取类工具（缩放工具、抓手工具、选择工具、直接选择工具组、魔棒工具、套索工具） 路径类工具（钢笔工具组、直线段工具组、铅笔工具组、画笔工具） 图形与填充颜色类工具（矩形工具组、吸管工具组、实时上色工具、实时上色选择工具） 调整类工具（旋转工具组、比例缩放工具组、形工具组、自由变换工具、橡皮擦工具、剪刀工具、美工刀工具） 渐变网格和混合（渐变工具、网格工具、混合工具） 符号和文字工具（符号喷枪工具、文字工具、裁切区域工具、互换填色和描边） 常用面板介绍（图层面板、对齐面板、路径查找器面板、导航器面板） 辅助绘画类面板（色板面板、画笔面板、外观面板、符号面板 ） 调整类面板（颜色参考面板、描边面板、透明度面板） 对象菜单常用命令（路径的调整、实时描摹、剪切蒙版） 滤镜菜单常用命令（创建滤镜组、扭曲滤镜组、颜色命令组） 效果菜单常用命令（3D 命令组、变形命令组、风格化命令组、模糊命令组）				
教学设计	采用课堂讲授教学形式为主，以实践操作法和案例教学法相结合。课堂教学采用示范教学，学生随后进行实践上机操作。				
考核方式	实践考核				
课程	包装设计	学期	3	学时/学分	108/6
教学目标	1. 了解包装设计基本概念、发展史。 2. 掌握包装设计的基本方法与基本程序。 3. 了解市场营销学、消费心理学、广告学等相关的理论知识，能够正确地进行社会市场调查，确定设计定位。 4. 掌握包装材料用途、特性和包装设计策划案的制定方法。				
教学内容	1. 包装设计概论：包装设计基本概念、发展史，包装设计的构成要素，基本常识及色彩、材料的应用。 2. 包装容器设计：包装容器设计的基本要求，包装容器的功能和结构设计要素。 3. 包装结构设计：包装形态的结构类型、成型特点，包装结构设计要素。 4. 包装艺术设计：包装图形的设计要点，包装艺术设计的创意及其视觉表达，平面构成、色彩构成、文字构成与包装艺术设计的联系。 5. 包装印刷设计：包装印刷概念、分类，印刷术发展史、包装印刷技术。 6. 包装标准规范：包装设计原则，包装设计尺寸结构、使用材料的标准规范。 7. 包装法律法规：基于安全、卫生、环境、流通和经济等要求的包装法律法规。				

续表

课程	包装设计	学期	3	学时/学分	108/6
教学设计	用讲授法、分组讨论法、案例教学法，多媒体形象教学法等多种教学方法，教师为主组织，学生上机实践操作制图为辅课程教学。				
考核方式	实践考核				
课程	Coreldraw	学期	2	学时/学分	60/4
教学目标	初始 Coreldraw 界面。 了解矢量图形与位图的基本概念。 掌握设置页面、颜色模型与调色板。 掌握绘制直线、曲线和标准形状及对象的基本编辑技术。 学会绘图曲线的控制和处理。 掌握单色填充与轮廓编辑方法。 学会渐变填充、图案填充、纹理填充方法和对象的基本编辑技术。 掌握文本处理方法，学会制作文本效果。 掌握调和效果、透明效果、立体化、轮廓图制作方法。学会对象的变形、应用封套。 掌握阴影、透镜、图框效果制作方法。 掌握位图的导入与编辑方法，学会利作滤镜制作们图效果，了解位图色彩模式及转换。				
教学内容	矢量图形与位图 绘图前的准备工作：设置页面、颜色模型与调色板 绘制直线和曲线 标准形状的绘制 绘图曲线的控制和处理 编辑轮廓、单色填充、渐变填充、图案填充 纹理（材质）填充、PostScropt 材质填充、交互式填充工具 基本文本处理、制作文本效果 调和效果、透明效果、立体化、对象的变形、编辑轮廓图、应用封套 制作阴影、透镜效果 、透视和图框效 群组与结合、控制绘图对象、图层和对象的排序、使用对象管理器和应用样式 位图的颜色和色彩模式、位图的滤镜效果、添加和删除处挂式滤器				
教学设计	采用课堂讲授教学形式为主，以实践操作法和案例教学法相结合。课堂教学采用示范教学，学生随后进行实践上机操作。				
考核方式	上机案例考核				
课程	Photoshop	学期	3	学时/学分	108/6
教学目标	理解位图与矢量图的概念、特点及应用；理解图像分辨率的概念 ；能够根据后端输出的需要正确地设置图像分辨率；了解 Photoshop 中常用的图像存储格式； 掌握创建选区的基本方法；熟悉选区加减、移动、修改、变换等选区的编辑操作；掌握选区的移动与图像的移动；掌握如何对图层、图像、路径、选区及 Alpha 通道等进行缩放、旋转、斜切和透视操作； 熟练掌握各种基本绘图工具的用法以及属性栏内的参数设置；掌握在【画笔】面板中进行画笔设置；掌握应用图像修复工具来修复图像中的污点、划痕、破损以及多余的部分；掌握应用图像修饰工具来调整图像局部的亮度、暗度、色彩饱和度及清晰模糊程度等；熟练掌握颜色的填充与描边； 能够灵活地运用钢笔工具创建各种路径形状；能够在路径面板中进行路径的各种编辑；掌握文字的输入与编辑；掌握字符面板与段落面板的用法； 了解图层的创建及基本功能；了解图层蒙版的概念，能通过图层蒙版控制图像的合成效果；掌握填充图层与调整图层；能够应用图层样式来添加特殊效果；了解常用的图层混合模式原理并能控制图层间的融合效果。				

续表

课程	Photoshop	学期	3	学时/学分	108/6
教学目标	理解通道与蒙版的概念；掌握 Alpha 通道与选区之间的关系；理解通道的编辑与运算；掌握蒙版的编辑与应用； 了解图像的色彩模式及特点；掌握图像阶调层次的调整方法；掌握常用的色相及饱和度的调节方法，纠正色偏；能够利用一些特殊色彩处理的命令来制作戏剧化的图像色彩效果； 了解滤镜功能的使用常识；熟悉各种不同类型滤镜的功能特色；能够在图像设计中灵活地运用各种滤镜特效。				
教学内容	数字图像处理基本概念 图像的选取移动与变形 图像的绘制与修复 矢量图形的绘制与编辑 图层 通道与蒙版 图像色彩的调整 滤镜特效				
教学设计	采用课堂讲授教学形式为主，以实践操作法和案例教学法相结合。课堂教学采用示范教学，学生随后进行实践上机操作。				
考核方式	实践考核				
课程	Pop 手绘	学期	2	学时/学分	36/2
教学目标	了解手绘 POP 精致海报概述、工具介绍、分类及报制作流程图 掌握手绘 POP 的尺寸与相对比例 、基本手法 和创意与设计 掌握通过插画、背景营造视觉冲击较强氛围 标题与主题内容的比例 掌握手绘 POP 中立体感的表现 掌握手绘 POP 中光线感的表现 掌握手绘 POP 精致海报的表现方 掌握标题字制作在 POP 设计中的应用 掌握在铜纸板上书写、设计标题字并制作出立体效果 掌握马克笔制作插图 掌握剪影制作插图 掌握纸张边缘和内部背景制作 掌握 KT 板材特殊造型制作				
教学内容	手绘 POP 海报设计的基础 POP 实现精致海报的条件 标题字制作 正文制作 插图制作 背景制作 特殊造型制作				
教学设计	讲授法、案例教学法，现场演示法、多媒体形象教学法等多种教学方法，以学生为主体，教师为主导组织课程教学。				
考核方式	实践考核				

续表

课程	广告设计\海报设计	学期	3	学时/学分	72/4
教学目标	1. 了解广告设计基础概念 2. 掌握艺术字体设计 3. 掌握商业广告、公益广告设计原理 4. 独立设计广告海报				
教学内容	平面构成：规律性构成方式与非规律性构成方式、平面构成方法与技巧练习； 色彩构成：色彩对比与色彩调和、色彩构成方法与技巧练习； 平面广告基础设计系统：广告插图设计与制作、文字设计与制作、标志设计与制作、编排设计的方法与技巧及在平面广告设计中的应用； 平面广告设计：招贴广告设计与制作、报纸与杂志广告设计与制作、户外广告设计与制作、DM 与 POP 广告设计与制作； 综合设计：某企业综合平面广告设计方案与制作。				
教学设计	用讲授法、分组讨论法、案例教学法，多媒体形象教学法等多种教学方法，教师为主组织，学生上机实践操作制图为辅课程教学。				
考核方式	实践考核				
课程	CI 设计	学期	4	学时/学分	108/6
教学目标	理解 CI 的概念与缘起； 了解 CI 导入、兴起、整合； 理解 CI 的系统与特征； 了解调查体系和方法； 掌握形象的定位和设计概念提炼； 掌握名称设定的原则、理据； 了解实施品牌策略的模式； 熟悉行为识别系统的内容等； 掌握标志设计原则，标准字含义，企事业标准色原理； 掌握企事业造型（吉祥物）分类，辅助图形的补充性； 掌握应用系统的分类，形式美的法则，VI 手册编制原则； 掌握印刷手册与电子手册的输出原理。				
教学内容	撰写 CI 导入提案：CI 的概念与导入、CI 的系统与特征调查体系和方法、设计概念提炼、撰写 CI 导入提案； 提炼设计概念：名称设定的原则理据、形象的定位、办学理念、设计概念内涵、实施品牌策略的模式、设计概念的提炼； 设计 VI 基础系统：标志设计原则与方法、标准字含义与设计、色彩原理、吉祥物分类与设计、辅助图形的补充性、造型方法、辅助色设计、辅助图形设计； 设计 VI 应用系统：应用系统的分类、形式美的法则、人体工程学常识、视觉流程、服饰搭配原理、立体构成美学、办公文具类设计、证件类设计、名片设计、环境设计、标识类设计、宣传品类设计、交通工具类设计、服饰类设计、包装用品类设计； 编制视觉形象识别 VI 手册：印刷常识、电子手册的输出、编制 VI 手册。				
教学设计	用讲授法、分组讨论法、案例教学法，多媒体形象教学法等多种教学方法，教师为主组织，学生上机实践操作制图为辅课程教学。				
考核方式	实践考核				

十一、教学安排与时间分配

（一）教学总安排（周）

学期	教学周数	实践专用周	考试	入学教育	毕业教育	公益劳动	运动会	机动	军训	其他	假期	合计
1	16		1	0.5		1	(0.5)		1.5		2	21.5
2	17	3	1			1					1.5	21
3	18	6	1			1	(0.5)				2	25.5
4	18	1	1			1					1.5	21.5
5	18	1	1			1					2	22
6		20			1							19
小计	87	31	5	0.5	1	5	1		1.5		9	141

（二）实践课专用周安排（周）

序号	课程模块名称	总学时	学分	学期						隶属部门
				一	二	三	四	五	六	
1	见习	一周					一周			艺术
2	风景写生	三周			三周					艺术
3	艺术考察	一周						一周		艺术

（三）实习内容及要求

时间：第六学期

<table>
<tr><th>序号</th><th>项目</th><th>完成形式</th><th>备注</th></tr>
<tr><td>1</td><td>了解平面设计现状及前景</td><td>书面报告（500字左右）</td><td rowspan="5">1. 填入实习手册
2. 用人单位评语作为实习表现重要参考标准</td></tr>
<tr><td>2</td><td>进一步掌握相关软件的运用</td><td>实习期间本人独立完成或参与完成案例（最少3例、电子档）</td></tr>
<tr><td>3</td><td>向有经验的设计师学习从他们身上学习优点</td><td>日常工作笔记（手抄文本）</td></tr>
<tr><td>4</td><td>初探做好平面设计师的方法熟悉平面设计的方法和程序步骤</td><td>心得体会（书面报告1000字左右）</td></tr>
<tr><td>5</td><td>培养人际交往能力</td><td>心得体会（书面报告300字左右）</td></tr>
</table>

十二、毕业条件

1. 在学制规定的年限内按规定修完所有课程，成绩合格。
2. 通过江西省高等学校英语应用能力考试。

3. 在校学习期间（含校外顶岗实习期间）无违法或严重违纪行为，思想品德鉴定合格。

十三、毕业生跟踪调查设计

毕业生跟踪调查结果实行周期性评价（针对不同的评价项目确定评价周期），具体由专业团队负责毕业生职业跟踪网络信息平台构建与管理、问卷的设计，由专业团队教师分工完成各项信息收集并交由团队汇总。专业指导委员会负责对来自社会、企业、毕业生的质量评价结果进行分析，对人才培养方案进行整改与完善并用于新一轮人才培养过程。

毕业生跟踪调查评价指标与评价方式

评价主体	评价项目	评价指标	评价方法
行业协会	行业认可度	行业对专业人才的职业能力、职业成绩、行业知名度的评价	1. 问卷调查 2. 行业信息跟踪
企业	用人满意度	企业对专业人才在职业工作过程中的工作态度、专业技能、团队合作精神等的认可度	1. 企业走访 2. 问卷调查
毕业生	初次就业率	应届毕业生毕业时正式就业的比率	1. 就业率统计、对口就业率统计 2. 问卷调查 3. 毕业生座谈会 4. 建立毕业生职业跟踪网络信息平台，定期对毕业生进行跟踪
	对口就业率	毕业生选择与自己专业相符的职业的比率	
	专业认可度	毕业生对自己在学校接受的能力培养与职业岗位要求的吻合度的评价、培养模式	
企业、毕业生	职业发展力	对毕业生的职业适应能力、职业创新能力及职业成绩的评价	1. 建立毕业生职业跟踪网络信息平台，定期对毕业生进行跟踪 2. 企业走访 3. 座谈会

旅游管理专业人才培养方案

专业代码：640101

一、招生对象及修业年限

（一）招生对象　高中毕业生

（二）修业年限　全日制三年

（三）学历层次　高职教育专科

二、人才培养目标

本专业培养拥护党的基本路线，德、智、体、美全面发展，具有良好职业道德和敬业精神，掌握岗位基本理论和知识，拥有较强语言表达能力、导游服务技能和经营管理能力，面向旅行社、旅游景区的服务技能型和中高级管理人才。

三、人才培养模式

旅游管理专业实行“校企融合、证练一体、以赛促学”的人才培养模式。

第一、二、三学期为“基础知识和导游技能学习”阶段。学生除了完成校内公共基础课和专业基础课学习外，第二和第三学期主要进行导游证相关课程学习；通过校内实训室和景区实景模拟讲解以及组织学生参加导游技能大赛，从而完成导游岗位技能学习；通过到企业观摩、听取行业专家讲座等形式，进行行业认知教学。

第四学期和第五学期前期为“教学实习”阶段。为了与旅游企业淡旺季结合，教学实习遵循“旺出淡进”的原则，将实习时间安排在第四学期－第五学期的4月15日－10月15日，组织学生到校企合作单位进行为期半年的准员工式教学实习，实行学校、企业双重管理和教学模式。

第五学期后期为“能力提升与专业拓展”阶段。学生主要通过校内的学习，实现专业知识的拓展和管理能力的提高。

第六学期为“顶岗实习”阶段。学生到顶岗实习单位或校企合作单位进行集中顶岗实习，同时完成毕业设计。

四、主要就业方向

（一）主要就业企业

（1）旅行社

（2）旅游景区

（3）其他旅游企业

（二）主要就业面向岗位群

就业范围	初始岗位群	发展岗位群（毕业3年以上）
旅行社	导游、领队、门市接待、计调、外联等岗位	旅行社中、高级导游； 旅行社部门经理或门市经理 分社经理、副总经理或总经理
旅游景区	景区客服、咨询、讲解岗位；景区营销与策划岗位；行政管理文员岗位	景区对客服务中级管理岗位 景区营销与策划部门主管岗位 景区行政管理岗位
其他旅游企业	旅游接待服务工作 旅游营销与策划工作 企业行政后勤文职工作	
旅游电子商务相关工作	旅游接待部门主管岗位 旅游营销与策划部门主管岗位 旅游企业行政管理岗位 旅游电子商务师岗位	

（三）相应职业资格证书

本专业毕业生将取得普通话国家二级乙等以上证书（含二级乙等）、全国导游人员资格证书、中级茶艺师资格证书等相关的职业技能资格证书。

五、人才规格

（一）职业道德素质

具有良好的思想道德素质，具有正确的世界观、人生观、价值观和良好的职业道德；有严谨认真的工作作风和行为习惯；有团队协作精神、吃苦精神、奉献精神和创新精神。

（二）身体素质

应具备健康的体魄，全面发展的身体耐力与适应性，身体状况达到国家《大学生体育合格标准》。

（三）文化素质

1. 基础知识

（1）语言文字、交流表达等相关知识

（2）英语或其他外语知识

（3）思想道德和相关法律知识

（4）计算机基本操作知识

2. 专业知识

（1）导游业务等导游岗位基本知识

（2）旅行社基本业务和经营管理知识

（3）旅游景区服务及管理相关知识

（4）其他旅游岗位基础知识

（四）能力素质

1. 通识能力

有较强的语言表达、计算机应用、人际沟通等基本能力；具有积极向上和健康的体魄；有较强的分析问题、解决问题的能力。

2. 专业核心能力

有较强的导游讲解能力，要求具备良好的口语表的能力、一定的中英文语言水平；有较好的导游服务能力，要求熟练的接待服务能力、良好的组织协调能力以及良好的旅游团队管理能力；有良好的灵活应变能力，要求具备较为灵活的处事能力、良好的耐挫能力、心理适应能力和一定的旅游危机处理能力；有良好的旅行社服务与管理能力，要求具备较好的旅行社门市接待服务能力、计调业务能力、旅游电子商务操作能力、旅行社市场营销能力；有较好的景区服务与管理能力，要求具备较好的景区接待、策划及营销能力。

六、职业能力分析

序号	职业核心能力	核心能力分解	相关课程
1	导游带团能力	导游讲解能力	全国导游基础知识、江西导游基础知识、导游业务、导游实训、旅游心理学、旅游市场营销
		导游服务能力	
		组织协调能力	
2	旅行社经营管理能力	旅行社管理能力	旅行社运营实务、旅行社计调业务、旅行社市场营销、旅游电子商务
		旅行社业务操作能力	
3	旅游景区管理能力	旅游景区服务	景区服务与管理、旅游心理学、旅游市场营销
		旅游景区管理	
4	旅游政策法规运用能力	依法履行职责能力	旅游政策与法规

七、教学计划表

旅游管理专业教学计划表

培养目标：高素质技能型人才　　招生对象：高中毕业生

制定单位：旅游文化教研室　　制表日期：2014 年 3 月

（一）教学总安排（周）

学期	教学周数	实践专用周	考试	入学教育	毕业教育	公益劳动	运动会	机动	军训	其他	假期	合计
1	15	0	1	1			(0.5)	0.5	2		4	24
2	18	0	1			1		1			8	29
3	18	0	1				(0.5)	0.5			4	24
4	10	18	1					1			0	30
5	10	6	1				(0.5)	0.5			4	22
6	0	18			1			1				20
小计	71	42	5	1	1	1	1.5	4.5	2		20	149

（二）实践专用周安排（周）

序号	课程模块名称	学分	学期						隶属部门
			一	二	三	四	五	六	
1	教学顶岗实习	24				√	√		文旅学院
2	毕业实习（含毕业设计）	20						√	文旅学院
总结		44							

（三）教学安排表（含实验课程、课程实验和非专用周的理论实践一体化教学）

课程模块	课程代码	课程名称	学分	学时	学期教学周学时					
					一	二	三	四	五	六
					23	25	23	21	24	1
基础综合能力模块	10001	军训与军事理论教程☆	1		2w					
	10002	大学生心理健康教育☆	1	18		1				
	10003	就业与创业指导（1）☆	1	18		1				
	10004	就业与创业指导（2）☆	1	18					1	
	10005	思想道德修养与法律基础（1）（职业核心能力）★	1	30	2					
	10006	思想道德修养与法律基础（2）（职业核心能力）★	2	36		2				
	10007	毛泽东思想和中国特色社会主义理论体系（1）☆	2	36			2			
	10008	毛泽东思想和中国特色社会主义理论体系（2）☆	2	36				2		
	10009	形势与政策◆	1		1	1	1	1	1	1
	10012	计算机应用基础★	4	60	4					
	10013	大学体育1☆	2	30	2					
	10014	大学体育2☆	2	36		2				
	10015	大学体育3☆	2	36			2			
	10016	大学体育4☆	2	36				2		
	10017	公共英语1★	4	60	4					
	10018	公共英语2★	4	72		4				
	10801	普通话☆	2	30	2					
岗位专业能力模块	10802	旅游概论★	4	60	4					
	10803	九江历史文化☆	2	30	2					
	10804	旅游社交礼仪☆	2	30	2					
	10805	▲旅游政策法规（1）☆	4	36		2				
	10806	▲旅游政策法规（2）☆	4	40			2			
	10807	▲导游业务（1）☆	4	36		2				
	10808	▲导游业务（2）☆	4	40			2			
	10809	▲全国导游基础知识★	4	72		4				
	10810	▲江西导游基础知识★	4	72		4				
	10811	▲导游实训☆	4	72			4			

续表

课程模块	课程代码	课程名称		学分	学时	学期教学周学时					
						一	二	三	四	五	六
						23	25	23	21	24	1
岗位专业能力模块	10812	旅游电子商务★		4	72			4			
	10813	旅游英语★		4	72			4			
	10814	旅游心理学☆		2	32			2			
	10815	▲旅行社运营实务★		3	40				4		
	10816	▲旅游景区服务与管理★		3	40				4		
	10817	旅游市场营销☆		3	40				4		
	10818	交际英语☆		3	40				4		
	10819	旅行社计调业务★		3	40					4	
	10820	客源国概论☆		3	40					4	
	10821	旅游规划★		3	40					4	
	10822	茶艺☆		3	40					4	
	10823	二外（日语）☆		3	40					4	
动手实践能力模块	10824	模拟导游踩线☆		1				1w			
	10825	教学实习☆		24					18w	6w	
	10826	毕业顶岗实习及考核☆		20							18w
拓展能力模块（选修）	10827	会展服务与管理☆	三选一	1.5	20					2	
	10828	酒店服务流程控制与认知☆		1.5	20					2	
	10829	领队业务☆		1.5	20					2	
	10830	手工课☆	二选一	0.5	18		1				
	10831	声乐课☆		0.5	18		1				
	10832	专业技能竞赛◆		1			1				
合计				总学分	总学时	分学期总学时数					
				147	1614	330	414	400	234	236	0

注：1. 为配合导游证考试时间（每年11月中旬左右）安排，第三学期专业课程除旅游英语、导游实训、旅游电子商务整学期开设，其余课程分两阶段开课，1—10周（9—11月中旬）开设导游证考试相关课程（旅游政策法规、导游业务），11－18周开设新的专业课程：旅游心理学。2. 为了与旅游企业淡旺季结合，教学实习遵循“旺出淡进”的原则，将实习时间安排在第四学期—第五学期的4月15日—10月15日，共6个月，24周，10月15日学生返校上课至第五学期结束

（四）专业任选课开设情况

序号	课程模块名称	考试学期	学时数	学分	学期教学安排（学时数）						隶属部门
					一	二	三	四	五	六	
1	应用文写作	2、3	36	2		2	2				学校统一协调安排
2	演讲与口才	2、3	36	2		2	2				
3	摄影基础	2、3	36	2		2	2				
4	卫生与急救知识	2、3	36	2		2	2				
5	会计学基础	2、3	36	2		2	2				
6	瑜伽	5	36	2		2	2				
7	美容养生保健	2、3		2		2	2				
8	交际舞	2、3		2		2	2				
9	跆拳道	2、3		2		2	2				
10	演讲与口才	5	36	2					2		

八、课程教学基本要求

序号	课程名称	教学基本要求（限80字以内）	学时与学分
1	军训与军事理论教程	通过军训培养学生吃苦耐劳的精神。同时帮助学生了解基本军事理论。	2周/1
2	大学生心理健康教育	帮助学生了解心理学基本知识，从而更好地调整心理状态，适应大学生活。	18/1
3	就业与创业指导	引导大学毕业生顺利地实现从学生向社会劳动者的转变，帮助学生更好地适应就业岗位，并培养其创业精神和能力。	32/2
4	思想道德修养与法律基础	讲授社会主义道德教育和法制教育，帮助学生增强社会主义法制观念，提高思想道德素质，解决成长过程中遇到的实际问题。	66/3
5	毛泽东思想和中国特色社会主义理论体系	着重讲授中国共产党把马克思主义基本原则与中国实际相结合的历史进程，马克思主义中国化得三大理论成果；毛泽东思想和中国特色社会主义理论体系	72/4
6	形势与政策	通过讲座的方式帮助学生更好更快完成从高中生到大学生、从学生到社会人的转变，提高其对于时势政治内涵和价值的理解。	讲座/1
7	计算机应用基础	掌握计算机基本操作系统和办公处理软件知识。	60/4
8	大学体育	讲授：体育卫生的一般常识，进行田径、球类、体操、游泳的教学与训练。要求：掌握体育的基本知识和基本技能；达到国家规定的体育锻炼标准。	138/8

续表

序号	课程名称	教学基本要求（限80字以内）	学时与学分
9	公共英语	掌握基础英语的基本词汇3000个，能进行简单的会话；能阅读并理解一般短文；为今后的学习和工作打好基础。	132/8
10	普通话	让学生掌握普通话语音、语调等基本知识，提高自己的普通话水平，同时为普通话等级考试做准备	30/2
11	旅游概论	通过本课程的学习，学生应该掌握有关旅游学的基本概念，能够用旅游学基本理论解释旅游发展过程中发生的问题，具备一定的分析旅游现象，解决旅游问题的基本能力。	60/4
12	九江历史文化	掌握九江地方导游中必需的历史、自然和人文景观、宗教、少数民族等基础知识，为从事旅游一线工作打下牢固的知识基础。	30/2
13	旅游社交礼仪	使学生了解并掌握导游服务工作中的礼貌用语、基本礼节及各工作岗位上的礼貌服务基本知识及具体要求，着重培养学生人际交往的能力和良好的职业习惯。	30/2
14	全国导游基础知识	掌握导游过程中必需的关于我国历史文化、自然和人文景观、宗教、民族民俗文化以及各地区的风物特产等基础知识。同时通过教学，使学生能够顺利通过全国导游人员资格考试	72/4
15	江西导游基础知识	掌握江西省历史文化、自然和人文景观、江西的宗教文化和江西的民族、民俗文化以及江西的风物特产等基础知识。同时通过教学，使学生能够顺利通过全国导游人员资格考试。	72/4
16	导游业务	掌握从事导游工作必备的导游业务知识和导游服务技能。同时通过学习，使学生能够顺利通过全国导游人员资格考试。	76/4
17	旅游法规	要求学生重点掌握旅行社管理条例、导游人员管理条例等相关法律、法规知识，同时使学生能够顺利通过全国导游人员资格考试。	76/4
18	旅游英语	通过本课程的学习，使学生扩大旅游专业词汇量，掌握旅游英语基本会话。	36/2
19	导游实训	本课程前期教学主要帮助学生通过导游证面试，通过讲解让学生掌握模拟导游基本程序、方法和技巧，熟悉导游过程中的所有环节；后期教学主要利用校内导游实训室及校外景区，充分锻炼学生的导游实际讲解和服务技能，为学生到旅行社进行跟团实习做好准备。	72/4
20	旅游电子商务	利用计算机技术、网络技术，通过专业的网络商务平台等现代信息技术，帮助旅游企业与顾客或旅游企业之间从事各类商务活动或相关工作。	72/4
21	旅游心理学	掌握心理学的基础知识和旅游服务中各个环节的心理规律，学会分析旅游服务工作过程中的心理问题，有针对性地开展旅游服务工作。	32/2

续表

序号	课程名称	教学基本要求（限80字以内）	学时与学分
22	会展服务与管理	本课程要求学生掌握基本原理和操作规程、综合各要素策划会展项目，使学生系统而有效地掌握现代会展策划的各种专业技术。	32/2
23	旅行社运营实务	本课程帮助学生了解中国旅行社业的发展现状和趋势，特别是从旅行社的经营管理角度帮助学生了解旅行社内部运营过程。	40/4
24	旅游景区服务与管理	掌握现代旅游景区经营管理过程中的基本策略和运作技巧，培养参与现代旅游景区规划设计和市场营销能力，从而为学生将来从事旅游景区的经营管理工作奠定良好基础。	40/4
25	旅游市场营销	要求能够掌握现代旅游市场营销的基本理论和基本知识，能够通过对旅游市场营销实际案例分析，培养学生分析问题和解决实际问题的能力。	40/4
26	交际英语	通过本课程学习让学生掌握英语中常用词汇及句型，通过训练，提高学生英语运用能力。	40/4
27	日语	让学生掌握日语的基础知识（包括假名的发音、基础语法）；基本的日常用语，能进行简单的会话；具有基本的听、说能力；具有与本专业基本用语相关的实际运用能力。	40/4
28	旅行社计调业务	掌握外联旅游线路设计、促销、销售策略，计调工作的计价、报价等操作知识，能够运用所学知识设计与分析旅游线路、合理报价、准确规范地执行旅行社发团和接团业务工作。	40/4
29	客源国概况	本课程主要帮助同学了解世界旅游客源市场的概况和发展趋势以及基本国情、人文习俗、旅游业状况。	40/4
30	旅游规划	本课程主要帮助学生了解旅游规划方面的基本理论和方法，为从事相关工作打下基础。	40/4
31	茶艺	了解茶叶专业知识、中国茶文化、茶叶保健应用，茶艺操作技术、茶艺礼仪接待、民族茶文化。	40/4
32	教学实习	通过教学实习，让学生深入了解旅游企业基本情况，同时将课堂所学运用于实践之中，提高自己的服务技能。	24周/24
33	毕业顶岗实习	通过顶岗实习，了解旅游行业的特点，组织结构、规章制度以及主要业务流程，把学校所学知识运用到工作中去，切实提高自己的工作能力和职业道德修养。完成毕业实习报告	18周/20

九、教学手段和条件

（一）校内实训室

该实训室提供学生模拟导游带团过程中的所有环节，增加学生对景区景点实际情况的了解，达到“不出实训室，游遍中国”的效果。

（二）校外实训室

与旅行社和相关旅游服务企业（3—6 家），景区（4—8 家）合作，依托企业建立校外实习基地，满足学生教学顶岗实训任务，该实训基地提供学生了解旅行社或旅游服务企业的工作流程，掌握导游服务过程，在实习期间为学生提供相应数量的实习岗位。

（三）网络教学条件

能够联网的多媒体教室，供学生上网的计算机机房。

十、教学方法、手段与教学组织设计

（一）教学方法

旅游管理专业既需要有广博的专业知识，也需要丰富的专业知识。根据不同课程所强调知识或技能的不同，在教学中应采取不同的使用方法，除讲授法外，主要方法有：

1. 示范教学法

主要适合旅游接待礼仪、导游业务、领队业务等课程教学。

2. 模拟教学法

主要适合导游实训、旅行社计调业务等课程教学。

3. 项目教学法

主要适合集中实训课程教学。

4. 案例教学法

主要适合旅游政策法规、旅行社经营实务等课程教学。

（二）教学手段

旅游管理专业既重视理论教学，也重视实践技能教学，其教学手段主要有：

1. 多媒体教学

2. 实地踩线训练

3. 模拟现实教学

4. 网络教学

（三）教学组织设计

1. 项目小组学习形式和活动化课程

根据旅行社工作岗位特点，开发和设置有针对性的活动化课程，组织学生以小组形式完成学习任务，使学生在学习过程中不断提高处理问题和解决问题的能力，不断获取成功体验，实现快乐学习。

2. 校企合作课程开发

教师与旅游行业保持紧密联系，根据旅行社发展动态，优化课程整体结构和单元设计，使学习情境仿真，学习内容来源于旅行社岗位实际工作任务，引导学生反复开展“做中学、学中做”，熟悉掌握各项服务技能。

3. 将教师挂职锻炼与学生顶岗实习相结合

奖励关系密切的校外实训基地，使教师挂职锻炼与学生顶岗实习相结合，既有利于提升教师专业水平，丰富教师行业经验，也有利于对校外顶岗实习实施精细化管理，提高学生对旅行社行业的认知度和忠诚度，培养其职业能力。

十一 教学安排与时间分配（见七）

十二、毕业生条件

必须修得所有课程（包括实践专用周）学分，共计147学分后方可毕业。

十三、毕业生跟踪调查设计

毕业生跟踪调查具体由专业教师团队分工完成各项调查设计和信息收集工作，并交由团队汇总，相关调查的分析结果作为人才培养方案整改与完善的依据。评价指标与方法如下表。

评价主体	评价项目	评价指标	评价方法
行业协会	行业认可度	行业对专业人才的职业能力、职业成绩、行业知名度的评价	调查问卷 行业信息跟踪
企业	用人满意度	企业对专业人才在职业工作过程中的工作态度、专业技能、团队合作精神等的认可度	1. 企业走访 2. 问卷调查
毕业生	初次就业率	应届毕业生毕业时正式就业的比率	1. 就业率统计、对口就业率统计 2. 问卷调查 3. 毕业生座谈会 4. 建立毕业生职业跟踪网络信息平台，定期对毕业生进行跟踪
	对口就业率	毕业生选择与自己专业相符的职业的比率	
	工作满意度	毕业生对自己就业的满意度	
	专业认可度	毕业生对自己在学校接受的能力培养与职业岗位要求的吻合度的评价、培养模式	
企业和毕业生	职业发展力	对毕业生的职业适应能力、职业创新能力及职业成绩的评价。	建立毕业生职业跟踪网络信息平台，定期对毕业生进行跟踪 企业走访 座谈会

五年制护理专业人才培养方案

专业代码：630201

一、招生对象与学制

（一）招生对象：

初中阶段教育毕业生

（二）学制：

全日制五年

二、培养目标

培养适应社会主义现代化建设和护理事业发展需要的，德、智、体、美全面发展，较系统地掌握护理专业必需的基本理论知识和专业技能，具有良好的职业道德、人文素养、实践能力和创新精神，毕业后能在各级医疗、预防、保健机构从事临床护理、社区护理和健康保健等工作的高素质技能型护理人才。

三、培养模式

以护理职业能力培养为核心的工学结合人才培养模式。特色是在课程教学、实训实习和毕业实习等教学过程中，教学做一体化，在学做中不断提高临床护理技能，从而培养高素质技能型护理人才。

四、职业范围

毕业后可在各级各类医疗卫生机构（医院、门诊部、保健院等）和社区卫生和社区护理服务机构（社区卫生服务中心、养老院、敬老院、老年公寓、社会福利院等）从事临床护理、社区护理、老年护理、预防保健、健康教育等工作。

通过全国统一考试获取护士执业资格证书。

五、人才规格

通过五年学习，毕业生应具备以下要求 ，并能顺利通过国家执业护士资格考试。

1. 职业道德素质

具有良好的职业道德，自觉遵守护理职业道德规范；

具有热爱护理专业、愿为祖国护理事业献身的精神；

具有爱心与耐心，能关心、体贴、爱护病人；

具有较强的法律意识和医疗安全意识；

2. 身心素质

有健康的体魄，能胜任临床护理工作；

具有良好的心理调节能力和社会适应能力；

3. 文化素质

掌握一定的人文社会科学和自然科学基础知识；

掌握毛泽东思想、中国特色社会主义理论的基本知识；

掌握英语、计算机操作的基础知识，具有较熟练的计算机操作能力和一定的英语应用能力；

掌握相关的法律、法规知识，自觉遵守社会公德；

具有良好的人文素养，仪态端庄；

具有一定的人际沟通及团队协作能力；

具有较强的自学和终生学习的能力，能继续学习新知识、新技能。

4. 能力素质

掌握本专业必需的人文社会科学、基础医学、临床医学、预防保健及护理学的基本理论和基本知识，并能有效地应用于护理工作中。

具有对护理对象进行健康评估，分析和解决临床常见护理问题的综合能力；

具有观察护理对象病情变化、心理反应和药物疗效的能力；

具有规范的基础护理和专科护理技术操作技能；

具有对急、危、重症病人初步应急处理、配合抢救和监护的能力；

掌握社区卫生服务的基本知识、方法，具有对个体、家庭、社区开展健康教育、提供整体护理和卫生保健服务的能力。

能力分级标准：

学生能力	一级	二级	三级	四级
具有计算机操作能力	熟练	较熟练	一般	不熟练
具有英语应用能力	熟练	较熟练	一般	不熟练
具有对护理对象进行健康评估，分析和解决临床常见护理问题的综合能力	强，临床带教老师评价高，病人满意	较强，临床带教老师评价较高，病人较满意	一般，临床带教老师、病人评价一般	差，临床带教老师、病人评价低
具有基础护理技术操作技能	规范、熟练，各项操作技术考核90分及以上	较规范、熟练，各项操作技术考核80分及以上	一般，各项操作技术考核70分及以上	差，各项操作技术考核70分以下
具有专科护理技术操作技能	规范、熟练，各项操作技术考核90分及以上	较规范、熟练，各项操作技术考核80分及以上	一般，各项操作技术考核70分及以上	差，各项操作技术考核70分以下
具有观察护理对象病情变化、心理反应和药物疗效的能力	强，能主动、及时发现和判断	较强，经提示发现和判断	一般，较少发现和判断	差，不能发现
具有对急、危、重症病人初步应急处理、配合抢救和监护的能力	强，能主动、及时配合医生处理，独立监护病人	较强，能及时配合医生处理，独立监护病人	一般，能配合医生处理，独立监护病人	差，能配合医生处理，不能独立监护病人
具有对个体、家庭、社区开展健康教育、提供整体护理和卫生保健服务的能力	强，能独立进行，效果好	较强，在老师指导下进行，效果好	一般，在指导下进行，效果一般	差，不能进行
具有人际沟通及团队协作能力	强	较强	一般	差
具有心理调节能力和社会适应能力	优良	良好	一般	差
具有自学和终生学习的能力	强	较强	一般	差

六、基于工作岗位的职业能力分析

护理专业主要就业工作岗位与职业能力要求

序号	工作岗位及工作任务	职业能力
1	工作岗位：医院内科病房 工作任务：内科疾病病人的护理	能收集病人的健康资料，对内科常见疾病病人进行护理评估，并正确书写内科护理病历。
		能规范地进行各种常用护理技术、内科护埋技术操作。
		能运用护理程序，对内科常见疾病病人实施整体护理。
		能对内科常见疾病病人的病情变化、心理变化和治疗反应进行观察和做出初步分析、处理。
		能配合医生实施内科常用诊疗技术操作。

续表

序号	工作岗位及工作任务	职业能力
1		能对常见内科急危重症病人进行初步应急处理和配合抢救。
		能向个人、家庭、社区提供内科相关保健服务和开展健康教育。
		能在内科护理实践中关心、爱护、尊重病人。
2	工作岗位： 医院外科病房 工作任务： 外科疾病病人的护理	能收集病人的健康资料，对外科常见疾病病人进行护理评估，并正确填写外科护理病历。
		能规范地进行各种常用护理技术、外科护理技术操作。
		能应用护理程序，对常见外科疾病病人实施整体护理。
		能对外科常见疾病病人的病情变化、治疗反应进行观察和初步处理。
		能配合医生完成手术前、手术中及手术后的操作及护理。
		能对外科常见急危重症病人进行初步应急处理和配合抢救。
		能遵循无菌技术原则，对手术室进行初步管理，预防和控制院内感染。
		能为皮肤科病人提供整体护理。
		能运用外科疾病预防保健知识和人际沟通技巧，向个人、家庭及社区人群提供健康促进服务。
3	工作岗位： 医院妇产科病房 工作任务： 孕产妇及妇科病人的护理	能正确识别女性生殖系统的解剖结构。
		能收集病人的健康资料，对妇产科常见疾病病人进行护理评估，并正确填写妇产科护理病历。
		能规范地进行各种常用护理技术、妇产科护理技术操作。
		能对正常孕、产妇及新生儿实施整体护理。
		能对异常孕、产妇和异常胎儿、新生儿实施整体护理。
		能对妇科常见疾病病人实施整体护理。
		能对妇产科手术病人实施术前准备和术后护理。
		能对妇产科常见疾病病人的病情变化和治疗反应进行观察和分析处理。
		能对妇产科急危重症病人进行初步应急处理和配合抢救。
		能进行计划生育技术的术前准备、术中配合和术后护理。
		能向个人、家庭和社区提供妇科及产科保健服务，开展健康教育，协助妇女进行肿瘤普查和随访。
4	工作岗位： 医院儿科病房 工作任务：儿科疾病病人的护理	能规范进行各种常用护理技术、儿科护理技术操作。
		能应用护理程序对对儿科常见疾病病人进行护理评估和实施整体护理。
		能对儿科常见疾病病人的病情变化和治疗反应进行观察和分析处理。
		能对儿科急危重症病人进行初步应急处理和配合抢救。
		能向个人、家庭和社区提供儿童保健服务，开展健康教育。

续表

序号	工作岗位及工作任务	职业能力
5	工作岗位： 医院各科室病房 重症监护病房 工作任务： 急危重症病人的护理	能对急危重症病人做出正确判断和初步应急处理，并能配合医生抢救。
		能正确使用除颤仪、监护仪、呼吸机、洗胃机等急救仪器设备并进行保养。
		能正确应用急救药品并观察治疗反应。
		能进行院前急救、初步创伤处理、初级心肺复苏术。
		能向个体、家庭和社区提供急救知识和技能的宣教。
		能较好地进行团队协作和人际沟通。
6	工作岗位： 社区卫生服务中心 工作任务： 社区人群健康管理与服务	能采集个人、家庭、社区健康资料并建立健康档案，实施社区卫生服务与管理。
		能进行有关社区卫生状况的调查，对社区常见病、多发病、慢性病进行识别、监测，并提供连续的护理、预防、康复和保健服务。
		能提供以家庭为单位的护理服务和初步的院外急救。
		能在个人、家庭、社区中开展健康教育和健康促进。
		能为社区特殊人群（包括儿童、妇女、老年人、慢性疾病病人和残疾人）提供健康照顾和保健服务。
		能及时发现和初步处理重大传染病、公共卫生突发事件
		能向个体、家庭和社区人群提供疾病预防、消毒隔离服务和指导。
7	工作岗位： 医院及社区卫生机构 老年护理机构 工作任务： 老年人护理	能对老年人居住环境的舒适、安全进行评估和提出改进建议。
		能向老年人提供生活照顾和服务、心理护理。
		能对老年人开展健康教育和健康促进，提供健康照顾和保健服务。
		能对患病老年人进行护理评估和实施整体护理。
		能对患病老年人进行服药指导。
		能对患病老年人的病情变化和治疗反应进行观察、分析、及时报告和处理。

七、学习领域与课程内容

1. 核心综合能力模块

课程包括：德育、体育、语文、英语、计算机基础等。

2. 岗位专业能力模块

课程包括医学基础课程和护理专业课程。

医学基础课程：医学生物学、人体解剖学与组织胚胎学、生理学、生物化学、病理学、病原生物与免疫学、药理学。

护理专业课程：护理伦理、人际沟通、心理护理、基础护理、健康评估、中医护理、五官科护理、内科护理、外科护理、妇产科护理、儿科护理、社区护理、急救护理、精神科护理、老年护理、护理管理、护理技能综合实训等。

3. 拓展能力模块

开设选修课，课程主要包括：护士礼仪、形体训练、音乐欣赏、美术与书法、社会学基础、卫生法律法规、营养与膳食、护理文献检索、康复护理、执业护士资格考试指导等。

4. 动手实践能力模块

包括专业基础课的实验室实验、专业临床课的实验室实训和临床见习；另安排第5—7学期到有关社区和医院综合教学实习各一周；第8学期6月到综合性医院主要科室毕业实习40周。

八、核心课程基本要求

1. 健康评估

课程（学习领域）		健康评估					
实施学期	第四学期	总学时	96	讲授学时	76	实训学时	20
教学方法和手段	理论讲授、操作演示、操作实训、小组讨论、角色扮演、多媒体教学、综合训练、教学医院见习和实习等。						
教学组织	教学过程中以学生为主体，教师为主导进行教学。课堂教学以班为单位、实验实训以小组为单位，充分发挥学生的主观能动性，教师进行引导与督促。						
学习重点	1. 健康史的评估方法和内容。 2. 身体评估的方法、内容及临床意义。 3. 常用实验室检查的标本采集方法、正常参考值及异常结果的临床意义。 4. 心电图的基本知识及正常、常见异常心电图知识。						
职业能力	1. 能运用交谈、身体评估等方法对病人进行健康评估，收集病人的健康资料，并正确书写护理病历。 2. 能采集常见检查的标本，对特殊检查患者提供标本采集前后的护理，并能分析判断检查报告单。 3. 能独立操作心电图机，并分析判断正常及常见异常的心电图报告单。						
课程内容	1. 健康资料采集。 2. 常见症状评估。 3. 心理社会评估。 4. 身体评估。 5. 实验室、影像及心电图检查。 6. 资料分析与护理诊断。 7. 护理病历书写。						
教学基本条件	1. 多媒体教室，配备有护理教学示教反示教系统、开放式护理辅助教学系统、医教多媒体素材库及课件平台系统和生物信号采集系统。 2. 校内健康评估实训室，配备有各种实训器材（如数字体温计、智能电子血压计、电子体重秤、心电图机、电解质分析仪等）；可供仿真训练的多功能模型（如电子心肺触听诊模型、着装式乳房自检模型等）。 3. 教学医院及校外实训基地。						

2. 基础护理

课程		基础护理					
实施学期	第五、六学期	总学时	176	讲授学时	96	实训学时	80
教学方法和手段	理论讲授、操作演示、操作实训、小组讨论、角色扮演、多媒体教学、综合训练、教学医院见习和实习等。						
教学组织	教学过程中以学生为主体，教师为主导进行教学。课堂教学以班为单位、实验实训以小组为单位，充分发挥学生的主观能动性，教师进行引导与督促。						
学习重点	1. 护理的基本概念、基本理论。 2. 各项基础护理操作。 3. 护患沟通。 4. 护理病历的书写。						
职业能力	1. 能树立以护理对象为中心的护理理念，应用护理程序理论指导临床实践。 2. 能分析和解决临床常见护理问题。 3. 能规范、熟练的进行基础护理操作，具备初步的护理工作职业能力。						
课程内容	1. 护理基本理论和知识。 2. 护士职业素养。 3. 入院护理技术。 4. 晨晚间护理技术。 5. 用药护理技术。 6. 单项护理技术。 7. 出院护理技术。 8. 护理病历书写。						
教学基本条件	1. 多媒体教室，配备有护理教学示教回示教系统、开放式护理辅助教学系统、医教多媒体素材库及课件平台系统。 2. 校内基础护理实训室，配备有各种实训器材（如体温计、电子血压计、洗胃机、无菌物品、氧气筒等）；可供仿真训练的多功能模型（如心肺复苏模型人、高级静脉输液手臂等）。 3. 教学医院及校外实训基地。						

3. 内科护理

课程		内科护理					
实施学期	第六、七学期	总学时	192	讲授学时	156	实训学时	36
教学方法和手段	理论讲授、情景教学、病案分析、小组讨论、角色扮演、操作演示、操作实训、多媒体教学、教学医院见习和实习等。						
教学组织	教学过程中以学生为主体，教师为主导进行教学。课堂教学以班为单位、实验实训以小组为单位，充分发挥学生的主观能动性，教师进行引导与督促。						
学习重点	1. 内科各系统常见疾病病人的护理评估及护理措施的主要内容。 2. 常见护理诊断及合作性问题。 3. 内科常见急危重症病人的救护原则。 4. 内科病人的病例分析方法和步骤。						
职业能力	1. 能收集病人的健康资料，对内科常见疾病病人进行护理评估，并正确书写内科护理病历。 2. 能运用护理程序，对内科常见疾病病人实施整体护理。 3. 能规范地进行常用护理技术、内科主要护理技术操作。 4. 能对内科常见病病人的病情变化、心理变化和治疗反应进行观察和初步临床分析、判断及处理，并能正确书写内科护理病历。 5. 能配合医生实施内科常用诊疗技术操作。 6. 能对内科急危重症病人进行初步应急处理和配合抢救。 7. 能向个人、家庭、社区提供内科相关保健服务和开展健康教育。						

续表

课程		内科护理					
实施学期	第六、七学期	总学时	192	讲授学时	156	实训学时	36
课程内容	1. 呼吸系统疾病病人的护理。 2. 循环系统疾病病人的护理。 3. 消化系统疾病病人的护理。 4. 泌尿系统疾病病人的护理。 5. 血液系统疾病病人的护理。 6. 内分泌代谢性疾病病人的护理。 7. 风湿性疾病病人的护理。 8. 神经系统疾病病人的护理。 9. 传染病病人的护理。						
教学基本条件	1. 多媒体教室，配备有护理教学示教回示教系统、开放式护理辅助教学系统、医教多媒体素材库及课件平台系统和生物信号采集系统。 2. 校内模拟内科实训室，配备有可以进行常规护理操作和专科护理操作训练的各种实训器械（如心肺复苏仪、全能呼吸机、多参数心电监护仪、人工呼吸机、电动吸引器、电动洗胃机、超声雾化吸入器、诊疗穿刺包等）；可供仿真训练的多功能模型（如肌肉注射模型、吸痰练习模型、全功能诊疗穿刺术模拟病人、心肺复苏模型、多功能透明洗胃训练模型）。 3. 教学医院及校外实训基地。						

4. 外科护理

课程		外科护理					
实施学期	第六、七学期	总学时	176	讲授学时	146	实训学时	30
教学方法和手段	理论讲授、情景教学、病案分析、小组讨论、角色扮演、操作演示、操作实训、多媒体教学、教学医院见习和实习等。						
教学组织	教学过程中以学生为主体，教师为主导进行教学。课堂教学以班为单位、实验实训以小组为单位，充分发挥学生的主观能动性，教师进行引导与督促。						
学习重点	1. 外科常见疾病病人的护理评估、护理措施的主要内容。 2. 外科常见疾病病人常用的护理诊断及合作性问题。 3. 外科常用的操作技术。 4. 手术室的基本工作内容，无菌操作技术原则。 5. 外科常见急危重症病人的救护。						
职业能力	1. 能收集病人的健康资料，对外科常见疾病病人进行护理评估，并正确填写外科护理病历。 2. 能规范地进行各种常用护理技术、外科护理技术操作。 3. 能应用护理程序对常见外科疾病病人实施整体护理。 4. 能对外科常见疾病病人的病情变化、治疗反应进行观察和初步处理。 5. 能配合医生完成手术前、手术中及手术后的操作及护理。 6. 能对外科常见急危重症病人进行初步应急处理和配合抢救。 7. 能遵循无菌技术原则，对手术室进行初步管理，预防和控制院内感染。 8. 能为皮肤科病人提供整体护理。 9. 能向个人、家庭及社区人群提供健康促进服务。						
课程内容	1. 外科疾病常见病理征象的护理。 2. 外科常用护理技术。 3. 颅脑外科病人的护理。 4. 普通外科病人的护理。 5. 胸外科病人的护理。 6. 泌尿外科病人的护理。 7. 骨外科病人的护理。						

续表

课程		外科护理					
实施学期	第六、七学期	总学时	176	讲授学时	146	实训学时	30
教学基本条件	1. 多媒体教室，配备有护理教学示教回示教系统、开放式护理辅助教学系统、医教多媒体素材库及课件平台系统和生物信号采集系统。 2. 校内模拟外科实训室，配备有可以进行常规护理操作和专科护理操作训练的各种实训器械（如综合手术床、常用手术器械、高压蒸汽灭菌器、心肺复苏仪、多参数心电监护仪、人工呼吸机、紫外线消毒灯等）；可供仿真训练的多功能模型（如全功能急救模拟人、全功能护理人、全功能创伤护理人、成人缝合练习手臂、心肺复苏模型、环状软骨切开术训练模型、气管插管模型、瘘管造口术护理模型等）。 3. 教学医院及校外实训基地。						

5. 妇产科护理

课程		妇产科护理					
实施学期	第七学期	总学时	96	讲授学时	86	实训学时	10
教学方法和手段	理论讲授、情景教学、病案分析、小组讨论、角色扮演、操作演示、操作实训、多媒体教学、教学医院见习和实习等。						
教学组织	教学过程中以学生为主体，教师为主导进行教学。课堂教学以班为单位、实验实训以小组为单位，充分发挥学生的主观能动性，教师进行引导与督促。						
学习重点	1. 女性生殖器系统的解剖和生理；正常妊娠孕妇的护理和非正常孕产妇新生儿的护理。 2. 妇科病疾病病人护理。 3. 妇产科主要护理技术操作、常用诊疗技术操作、计划生育技术操作及护理配合。						
职业能力	1. 能正确识别女性生殖系统的解剖结构。 2. 能规范地进行各种常用护理技术、妇产科护理技术操作。 3. 能对正常和异常孕、产妇及新生儿进行护理评估，并实施整体护理。 4. 能对妇科常见疾病病人进行护理评估，并实施整体护理。 5. 能对正常和异常孕、产妇及妇科常见疾病病人进行病情变化和治疗效果的观察和分析处理。 6. 能对妇产科手术病人实施术前准备和术后护理。 7. 能进行计划生育技术的术前准备、术中配合和术后护理。 8. 能对妇产科常见危重症病人进行初步应急处理和配合医生抢救。 9. 能向个人、家庭和社区提供妇科及产科保健服务，开展健康教育，协助妇女进行肿瘤普查和随访。						
课程内容	1. 女性生殖系统解剖及生理。　2. 正常孕、产妇的护理。 3. 围生期母儿的护理。　4. 异常孕、产妇的护理。 5. 异常胎儿及新生儿的护理。　6. 妇科常见疾病病人的护理。 7. 妇科常用局部诊疗技术。　8. 妇产科手术病人的护理。 9. 计划生育与妇女保健。						
教学基本条件	1. 多媒体教室，配备有护理教学示教回示教系统、开放式护理辅助教学系统、医教多媒体素材库及课件平台系统和生物信号采集系统。 2. 校内模拟妇产科实训室，配备有可以进行常规护理操作和专科护理操作训练的各种实训器械（如胎心电子监护仪、多普勒胎心仪、妇科检查床、妇产接生包、产床等）；可供仿真训练的多功能模型（如胎儿分娩机转模型、妇科检查模型、多功能母子模型等）。 3. 教学医院及校外实训基地。						

6. 儿科护理

课程		儿科护理					
实施学期	第八学期	总学时	84	讲授学时	74	实训学时	10
教学方法和手段	理论讲授、情景教学、病案分析、小组讨论、角色扮演、操作演示、操作实训、多媒体教学、教学医院见习和实习等。						
教学组织	教学过程中以学生为主体，教师为主导进行教学。课堂教学以班为单位、实验实训以小组为单位，充分发挥学生的主观能动性，教师进行引导与督促。						
学习重点	1. 小儿生长发育规律、营养与喂养、计划免疫知识。 2. 儿科常见疾病的护理评估、护理诊断及护理措施。 3. 儿科常见急危重症病人的急救原则。						
职业能力	1. 能规范地进行各种常用护理技术操作、儿科护理技术操作。 2. 能对儿科常见病病人进行护理评估和实施整体护理。 3. 能对儿科急危重症病人进行初步应急处理和配合抢救。 4. 能对儿科常见病病人的病情变化和治疗反应进行观察和分析。 5. 能向个体、家庭和社区提供儿童保健服务和开展健康教育。						
课程内容	1. 社区、家庭儿童护理及保健。 2. 儿科常用护理技术。 3. 新生儿与患病新生儿的护理。 4. 营养性疾病患儿的护理。 5. 各系统疾病患儿的护理。 6. 急性传染病患儿的护理。 7. 结核病患儿的护理。 8. 急症患儿的护理。						
教学基本条件	1. 多媒体教室，配备有护理教学示教反示教系统、开放式护理辅助教学系统、医教多媒体素材库及课件平台系统和生物信号采集系统。 2. 校内模拟内科实训室，配备有可以进行常规护理操作和专科护理操作训练的各种实训器械（如婴儿床、新生儿保温箱、辐射式新生儿抢救台、电子婴儿秤、婴儿无接触氧气罩等）、可供仿真训练的多功能模型（如婴儿模型、婴儿头皮静脉穿刺模型等）。 3. 教学医院及校外实训基地。						

九、教学手段和教学条件

护理专业为新办专业，教学手段和教学条件尚在完善中。

1. 教学手段

护理示教室、部分实验室配备了多媒体教学设备，能开展计算机多媒体辅助教学；教师基本掌握了课件的制作方法。

2. 教学条件

（1）师资队伍

初步建立了一支专兼职结合的护理师资队伍。一是通过招聘、引进等途径建立了护理专业专任教师队伍，包括基础医学课程和护理专业课程的教师，其中硕士研究生学历 6 人；二是聘请九江市具有丰富护理教育教学经验的高职称退休教师为专任教师；三是聘请九江市各医院具有教学能力的临床护士为兼职教师。成立了医院临床护理教研室和专科护理教研室，兼职教师队伍初步建立，现有兼职教师 16 人，其中高级职称 4 人，中级职 12 人。

（2）实验（实训）教学中心

建有基础医学实验室，包括人体解剖学和组织胚胎学、生物化学、生理学、病理学、病原微生物和免疫学、药理学等实验室；护理专业实训中心有健康评估、基础护理、临床护理、急救护理、社区和老年护理实训室等，还建有模拟手术室、护士站等。实验实训室面积共2255平方米，配备先进的医学设备和护理设备。

（3）校外教学基地

已在省内外25家医院建立教学基地，其中九江市6家，能开展教学见习、实习以及毕业实习工作。教学基地均是二级甲等以上的综合性医院，能满足教学需要。

（4）图书资料

学校图书馆建有中国知网等多个数据库，已馆藏新版医学护理类图书、医药卫生类期刊，其中护理类期刊14种。护理学院已建立护理类图书资料室，购置教学资料和教学光盘等。

十、教育活动设计

学期	活动主题	要求	考核方法	备注
一	入学专业教育、德育教育	熟悉护理专业的特点，培养严谨认真的工作作风、具有良好的思想品德	思想心得体会	
二	形体、礼仪训练	具有良好的气质、形象	项目考核	
三	音乐修养、兴趣培养	具有一定的综合才艺	才艺展示	
四	国际护士节授帽仪式	培养热爱护理的专业精神，巩固专业思想	心得体会	
五	“天使风采”演讲比赛	具有良好的语言表达能力	演讲比赛	
六	“5·12”国际护士节“护理技能操作能手”竞赛	具有良好专业操作技能	操作竞赛	
七	护理专业知识竞赛	具有较扎实的专业知识	知识竞赛	
八	实习指导、职业道德教育	熟悉护理实习程序与实习纪律；培养良好的护理职业道德	实习单位的反馈	
	就业指导	对就业有一定的认识，能设计自己的就业方向	就业设计书	
十	护士执业资格考试辅导	能顺利通过护士执业资格考试	护士执业资格证书	

十一、教学安排与时间分配

见后页

十二、毕业生条件

学生在学期间必须完成培养方案规定的各门课程的学习，成绩合格；完成10个月的毕业实习，成绩合格；并通过毕业考试者方可毕业，学校颁发毕业证。

十三、毕业生跟踪调查设计

建立毕业生质量跟踪调查制度和体系。建立毕业生档案库；利用召开医院教学联席会、毕业实习检查等机会，采用问卷、访谈、座谈会等形式调查用人单位对毕业生职业素质、职业能力的评价。分析调查结果，用以指导课程设置、教学过程、教学方法和学生管理等环节的改进。

农业经济管理专业人才培养方案

专业代码：510501

一、招生对象与学制

招生对象：高中毕业生

修业年限：三年

学历层次：高职教育专科

二、人才培养目标

培养拥护党的基本路线，德、智、体、美、劳诸方面全面发展，掌握农村经济管理和农业企业经营管理基本知识和技能，具有职业岗位需要的管理能力和基本素质，能在农村和农业经济管理第一线从事产前策划、产中管理、产后营销等工作，适应社会主义新农村建设需要的高素质技能型经济管理人才。

三、人才培养模式

以“重品行、宽知识、厚基础、强技能”为育人理念，在校企深度融合基础上，依托行业，融入企业，按照“走出教室练，进入项目干，跟着企业走，按着标准做”的教学方式，构建以行动为导向，学校课堂教学与校内外实训基地实训互补的工学结合教学模式。

四、就业方向与职业岗位分析

（一）就业方向

毕业生主要面向县、乡两级政府的公务员、合作经济组织经营管理、各类农业企业、事业单位和家庭农场经营管理、农村社区和公共事务管理和国民经济其他部门的经济管理、农产品营销和经纪代理等工作。

（二）职业岗位分析

职业范围	职业岗位	典型工作任务
农村合作经济管理人员	农村政策与法规咨询	宣传、解释党和国家农村政策法规
	农村财务审计	农村合作经济财务收支、违纪案件和领导离任审计
	农村经济核算	乡村会计核算、统计核算和业务核算
	农村专业协会管理	专业协会组织、协调和日常事务处理
农业企业经营管理人员	职能管理	企业规划、计划、策划，人事或财务等事务管理
	生产管理	车间（班组）管理、质量监控或生产统计等
	要素管理	劳动、资金、土地等生产要素组合与管理

续表

职业范围	职业岗位	典型工作任务
农村社区服务管理人员	农村社区行政管理	农村经济调查、行政执法、社区综合服务、机关事务
	农村社区财务管理	农村乡镇财政收支、财政预算、财政决算等
	农村社区经济管理	农村社区经济预测、经济策划、经济分析与评价等
农产品营销与经纪人员	农产品营销管理	营销策划、市场开发、产品促销、产品储运等
	农产品经纪与代理	农产品购销代理、销售信息服务和客户管理
	农产品对外贸易	农产品期货服务、外销服务、国际物流服务

五、人才业务规格要求

（一）基本要求

1. 思想道德素质：具有坚持马克思主义指导、以马克思主义四观两论和社会主义核心价值体系武装头脑的过硬的政治素质；具有较强道德法制观念、政治立场坚定、职业道德良好的公民素质；具有爱岗敬业、靠得住、用得上、留得下的素质。

2. 文化素质：具有能自觉利用正确的世界观、人生观、价值观指导个人行为，具备良好道德情操、良好养成习惯的素质；具有以较为全面的社会知识体系为支撑的关心社会、了解历史、热爱祖国、品格高尚、作风正派的人文素质；具有学无止境、学而不厌的不断探索的素质。

3. 职业素质：能运用农业统计方法开展农村社会和农业生产要素、农产品、农民收入结构、农村家庭等调查；能运用农业经济理论进行农产品市场供求关系、农业生产要素、农业家庭经营、农业产业化发展、农业结构调整的分析；能运用基本会计、财务管理、人力资源管理、企业管理技能，进行企业内部资金、人力资源、财务、行政管理；能够运用种养殖基本技术开展农牧业生产情况调查、数据统计、总体评价等；能够运用掌握的法律法规和合作社运行规律开展农村专业合作社调查、基层组织建设参与、农村公共物品供给等活动；能够运用农业项目管理技能和农业推广技能，开展农业项目建设服务与管理、农业技术推广、新农村建设等。

4. 身心素质：掌握一定的运动技能和心理健康知识，具有健康的体魄，能够经受艰苦环境的考验和逆境的磨炼；具有为社会尽责的社会责任感，踏实勤奋精神，团队合作精神，生产安全意识，劳动纪律意识，环境保护意识观念；具有强烈的事业心，高度的责任感，正直的人格，诚信的人品，顾客至上的服务意识；具有良好的职业道德，沟通交流，社交与礼仪等素养。

（二）基础知识与能力

1. 具有必备的文化基础知识

2. 具有良好的思想品德、敬业与团队精神及协调人际关系的能力。具有宽容心，良好的心理承受能力；参与意识强，有自信心、成功欲。

3. 具有一定的人文艺术、社会科学知识，对自然、社会生活和艺术具有一定的鉴赏能力和高尚的生活情操与美的心灵。

4. 具有从事专业工作安全生产、环保、职业道德等意识，能遵守相关的法律法规。

（三）职业能力

1. 能运用农业统计方法开展农村社会和农业生产要素、农产品、农民收入结构、农村家庭等调查；

2. 能运用农业经济理论进行农产品市场供求关系、农业生产要素、农业家庭经营、农业产业化发展、农业结构调整分析；

3. 能运用基本会计、财务管理、人力资源管理、企业管理技能，进行企业内部资金、人力资源、财务、行政管理；

4. 能够运用种养殖基本技术开展农牧渔业生产情况调查、数据统计、总体评价等

5. 能够运用掌握的法律法规和合作社运行规律开展农民专业合作社调查、基层组织建设参与、农村公共品供给等活动；

5. 能够运用农业项目管理技能和农业推广技能，开展农业项目建设服务与管理、农业技术推广、新农村建设等。

六、基于工作岗位的职业能力分析

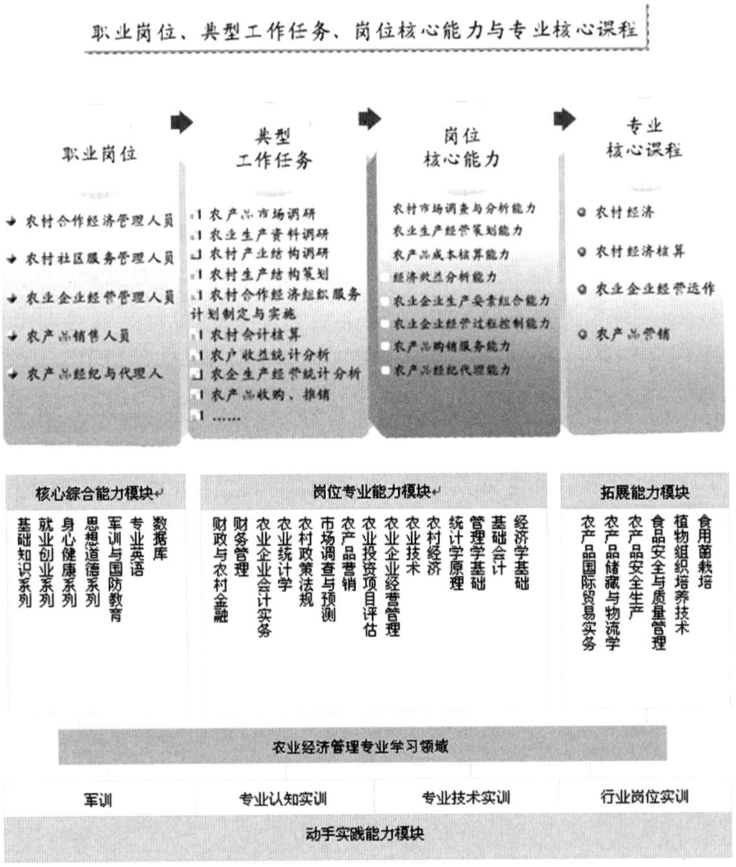

七、主干课程基本要求

序号	课程名称	教学基本要求	主要能力
1	经济学基础	分析居民的经济行为、厂商的经济行为、市场结构及其运行、要素市场和收入分配、市场失灵、宏观经济水平的度量及其决定、物价和就业、宏观经济政策、开放经济。	能够参与常规经济社会调研、市场预测等活动。
2	统计学原理	本课程主要讲授统计学产生和发展、统计学基本原理、经济活动的基本调查方法、统计设计与统计调查、统计资料的整理、归纳、分析和统计报告的编写。使学生掌握统计的数学依据及其在社会经济工作中的运用，提高学生分析问题、解决问题能力。	掌握统计的数学依据及其在社会经济工作中的运用，提高学生分析问题、解决问题能力。
3	基础会计	会计的概念、对象、职能、任务及核算方法；会计科目与账户；复式记账原理、借贷记账法、账户对照关系和会计分录；会计确认与计量、会计六大要素的确认与计量；会计凭证的意义与作用；会计账簿的设置和登记、账簿的试算与记账错误的更正；账簿的结账与对账；财产清查的意义、种类和盘存制度、方法以及财产清查结果的处理；会计报表的正报送和审批；会计循环、会计核算形式；会计规范体系、会计法律、会计准则、会计制度；会计机构、会计人员、会计电算化等。	能够参与行政部门、企事业单位基本会计核算、报表编制、财务管理活动。
4	农村经济	掌握农业经济的基本理论和知识，以及分析解决农业经济问题的基本方法，明确党的有关农业经济的方针、政策及其所依据的客观规律。要求学生把所学的书本知识和实际问题结合起来，总结我国农业经济建设和发展的历史经验，研究农业发展中的新情况、新问题，结合分析国外发展农业经济的经验，探索适合我国国情的农业现代化道路。	能运用农业统计方法开展农村社会和农业生产要素、农产品、农民收入结构、农村家庭等调查；能运用农业经济理论进行农产品市场供求关系、农业生产要素、农业家庭经营、农业产业化发展、农业结构调整分析。
5	农业企业经营运作	按市场经济的要求，科学建立健全农业企业经营组织，正确确定经营组织形式，合理编制经营计划，运用计划、组织、指挥、协调、控制等职能，合理开发农业企业资源，搞好农业企业产、供、销诸环节经营活动，并实行科学的财务核算和环境管理，达到经济效益、社会效益与生态效益相统一的目的。	能够运用企业管理基本理论参与企业经营组织，合理编制经营计划，运用计划、组织、指挥、协调、控制，农业企业产供销诸环节经营活动，并实行科学的财务核算和环境管理工作。
6	农产品营销	熟悉市场环境、消费者心理和购买行为及其影响因素，认识市场机会和威胁，正确运用市场细分、目标市场选择、市场调研和市场预测等市场研究方法，并据此制定企业战略和市场营销策略。掌握企业营销活动和营销决策，主要是以4P为核心内容的市场营销组合策略。了解市场营销的管理，即市场营销计划、组织和控制及市场营销效益。了解经纪人的含义、应该具备的业务基础、法律基础、商品知识等基本理论，掌握寻找市场信息、进行市场预测、进行产品定价、进行产品促销等营销知识和手段，适应社会主义市场经济体制的要求，积极有效地参与市场竞争。	能够参与寻找市场信息、进行市场预测、进行产品定价、进行产品促销等营销知识和手段等工作。

续表

序号	课程名称	教学基本要求	主要能力
7	农村政策与法规	理解农业政策和法规的含义以及他们的意义，把握农业政策和法规制订，了解我国农业政策和农业法制建设历程，理解加强我国农业政策和法规建设的途径和方法。	运用掌握的法律法规和合作社运行规律开展农村专业合作社调查、基层组织建设参与、农村公共品供给等活动。
8	财务管理	了解企业财务、财务活动以及财务管理目标的基本概念，掌握财务管理的价值基础和财务管理的基本方法，通过对筹资、投资、营运资金以及收益分配的基本理论和方法的学习，能够熟练应用掌握的管理企业财务活动以及进行财务分析所需要的有关技能，从而解决企业实际财务活动的问题。	能运用基本会计、财务管理、人力资源管理、企业管理技能，进行企业内部资金、人力资源、财务、行政管理。
9	农业统计	运用统计指标反映和研究农业经济现象的数量方面，如何调查整理和分析农业统计资料，研究农业经济的发展规律，具体内容包括：农业生产条件统计、农业生产统计、农业产值统计、农业生产增长和农业产业结构的分析、农业经济效益统计、农产品供需和价格统计、农村经济收入分配和农村居民消费统计、农村合作经济组织统计等。	能够开展农业生产条件统计、农业生产统计、农业产值统计、农业生产增长和农业产业结构的分析、农业经济效益统计、农产品供需和价格统计、农村经济收入分配和农村居民消费统计、农村合作经济组织统计等活动。
10	财政与农村金融	本课程主要讲授社会主义市场经济条件下的财政与金融的基本理论、财政金融体系和税收知识及国家进行宏观经济调控的财政政策手段。本课程是一门政策性很强的课程，教学过程中应密切结合国家财政金融政策，及时调整变动相关内容。	通达这门课程的学习，使学生熟悉有关财政学、金融学的基础理论以及财政、金融作为政府的两大宏观调控手段在促进国民经济稳定与增长方面的作用，从而为学生将来的实际工作奠定相应的财经理论基础。

八、教学手段与教学条件

（一）教学手段

农业经济管理专业构建行动导向教学方法体系，通过案例教学法、项目教学法、实践教学法、任务设计法等教学手段，培养学生就业能力、工作能力、职业转换能力。让学生学会求知、学会做事、学会共处、学会生存和学会学习。

对于理论性较强的基础课和专业基础课，如管理学基础、经济学基础、农业企业运作、农业投资项目评估等课程，以案例教学法为主。对于实操性较强的专业核心课程，采用实践教学法为主。实习实训采用项目教学法、任务设计法为主。

管理评价体系

（二）教学条件

1. 师资条件

建设知识、职称、年龄结构合理的师资队伍，形成良好的合作精神和梯队结构，生师比为 15:1—20:1。

教师应具有本科以上学历，具有硕士学位的教师占专任教师的 50% 以上；专业课教师中具有行业企业经历的“双师”素质教师的比例在80%以上；来自行业企业的兼职教师职称为工程师（农艺师、技师等），任课时数应占专业课总课时数的30%以上。

专业带头人应具备副教授以上技术职称，善于整合与利用社会资源，能及时跟踪产业发展趋势和行业动态，准确把握专业建设与教学改革方向，保持专业课程建设的领先水平。

2. 实训条件

实验实训室是农产品质量检测专业教学必备的辅助条件，学生通过实施具体检测项目，锻炼检测基本能力，为实践教学和专业能力培养奠定坚实基础。计划建设实验（实训）室六间：微生物实验室、理化实验室、高温实验室、农残实验室、前处理实验室、显微镜实验室。满足校内实训需要，开展校内学生实训。

以校企共建方式建设50亩校内实训基地（含温室和联栋大棚及标准大棚），为学生专业认知实训和教师科研提供条件。

与江西仙客来生物科技有限公司、九江博莱农业集团等九江当地农业龙头企业合作，建设种养殖业生产技术实训基地。

主动与国内大型农业企业合作，建立顶岗实习基地，逐步实现以企业为主导，专业共建、课程共建和人才共育，校企共同制订专业人才培养方案，共同确定课程教学目标、共同开发课程项目载体、共同制定课程教学标准、共同开发课程教学内容和课程教材，积极试行多学期、分段式等灵活多样的教学组织形式，将学校的教学过程和企业的生产过程紧密结合，校企共同完成教学任务，实现合作发展、订单育人、共同提升。

3. 图书资料

学校图书馆要丰富农产品检测专业的图书和中外专业设计丛书，订购国内外较重要的学术期刊和本学科相关的前沿性图书资料。

九、教学活动计划表

（一）教学活动进程表

周数 学期	1	2	3	4	5	6	7	8	9	10	11	12	13	14	15	16	17	18	19	20
一	◇	☆	☆	▲	▲	▲	▲	▲	▲	▲	▲	▲	▲	▲	▲	▲	▲	▲	◇	★
二	▲	▲	▲	▲	▲	▲	▲	▲	▲	▲	▲	▲	▲	▲	▲	△	△	△	◇	★
三	▲	▲	▲	▲	▲	▲	▲	▲	▲	▲	▲	▲	▲	▲	△	△	△	△	◇	★
四	▲	▲	▲	▲	▲	▲	▲	▲	▲	▲	▲	▲	▲	▲	△	△	△	△	◇	★
五	▲	▲	▲	▲	▲	▲	▲	▲	▲	▲	▲	▲	▲	▲	△	△	△	△	◇	★
六	△	△	△	△	△	△	△	△	△	△	△	△	△	△	△	△	△	△	□	□

注：符号含义说明：☆入学教育（军训） ▲理论教学 △实习、实训 ◇机动 ★考试、考查 □毕业论文、毕业设计

（二）实践专业周安排

序号	课程	学期（周）					
		1	2	3	4	5	6
1	军事理论课	2					
2	农村社会调查		1				
3	基层会计实训		1				
4	农业技术实践		1	2			
5	农村经济与管理实践			1			
6	农村经济核算			1			
7	农村品营销策划				2		
	农业企业经营运作				2		
	农产品贮藏与物流					1	
8	农产品市场调查预测					1	
9	ERP 沙盘实训					2	
10	毕业设计						2
11	顶岗实习						18
	合计	2	3	4	4	4	20

（三）教学安排表

课程模块	课程代码	课程名称	学分	学时	学期教学周学时					
					一	二	三	四	五	六
					27	27	27	25	22	
基础综合能力模块	10001	军训与军事理论教程☆	1		2w					
	10002	大学生心理健康教育☆	1	18		1				
	10003	就业与创业指导（1）☆	1	18		1				
	10004	就业与创业指导（2）☆	1	18					1	
	10005	思想道德修养与法律基础（1）（职业核心能力）★	1	30	2					
	10006	思想道德修养与法律基础（2）（职业核心能力）★	2	36		2				
	10007	毛泽东思想和中国特色社会主义理论体系（1）☆	2	36			2			
	10008	毛泽东思想和中国特色社会主义理论体系（2）☆	2	36				2		

续表

课程模块	课程代码	课程名称	学分	学时	学期教学周学时					
					一	二	三	四	五	六
					27	27	27	25	22	
基础综合能力模块	10009	形势与政策◆	1		1	1	1	1	1	
	10012	计算机应用基础	4	60	4					
	10013	大学体育（1）	2	30	2					
	10014	大学体育（2）	2	36		2				
	10015	大学体育（3）	2	36			2			
	10016	大学体育（4）	2	36				2		
	10017	公共英语（1）	4	60	4					
	10018	公共英语（2）	4	72		4				
	11420	专业英语	2	36			2			
	11439	应用文写作	2						2	
	11440	数据库	4	72		4				
岗位专业能力模块	11401	经济学基础▲	4	60	4					
	11402	基础会计☆	6	90	6					
	11403	管理学基础▲	4	60	4					
	11404	统计学原理☆	4	72		4				
	11405	农村经济★	4	72		4				
	11406	农业技术▲	6	108			6			
	11407	农业企业经营运作▲	6	108			6			
	11408	农业投资项目评估▲	4	72			4			
	11409	农产品营销▲	4	72				4		
	11410	市场调查与预测☆	4	72				4		
	11411	农村政策与法规▲	4	72				4		
	11412	农业统计学★	4	72				4		
	11413	农业企业会计实务▲	4	72					4	
	11414	财务管理▲	4	72					4	
	11415	财政与农村金融▲	6	108					6	

续表

课程模块	课程代码	课程名称	学分	学时	学期教学周学时					
					一	二	三	四	五	六
					27	27	27	25	22	
拓展能力模块（选修）	11416	农产品国际贸易实务☆	4	72			4			
	11417	农产品贮藏与物流学★	4	72				4		
	11424	农产品安全生产★	4	72		4				
	11425	食品安全与质量管理★								
	11418	植物组织培养技术☆	4	72					4	
	11419	食用菌栽培☆								
动手实践能力模块		专业综合实训	1			3W				
		专业综合实训	2				4W			
		专业综合实训	2					4W		
		专业综合实训	2						4W	
		企业顶岗实习	8							16W
		毕业论文	2							2W
合计			总学分	总学时	分学期总学时数					
			141	2136	405	486	486	450	396	

十、毕业资格与要求

1. 学生毕业必须取得 141 学分。

2. 英语达到高等学校英语应用能力 B 级证书或相应水平英语证书。

3. 计算机取得国家一级等级证书。

4. 获得国家劳动和社会保障部颁发或专业技术认证部门的 1 个或 1 个以上的职业资格证书。

学生应取得的职业资格证书各类及基本要求

证书名称		基本要求
基本素质资格证书	全国计算机等级考试一级	必须获得
	高校英语应用能力考试 A、B 级证书	必须获得其一
职业资格证书	助理物流师	必须获得其中一项以上
	农产品经纪人	
	会计从业资格证书	
	推销员资格证书	

学生取得上表所列的相应职业资格证书可获得相应的学分奖励。具体奖励办法是，通过省高等学校计算机一级考核取得合格证书，或取得相应的省级初级证书得 2 学分；通过国家外语应用能力二级考核，获得相应的等级证书得 2 学分；通过国家劳动部门或行业部门组织的各种职业资格证书，每获得一个职业资格证书得 2 学分。

十一、毕业生跟踪调查设计

为了解农业经济管理专业毕业生在实际工作中所表现出来的基本素质和工作能力，进一步提高教学水平，客观的反映我院毕业生质量和社会声誉，并及时发现课程设置、技能培养等方面存在的不足，对级毕业生跟踪调查做如下设计。

（一）调查方式：

1. 问卷调查：发放调查表、调查问卷、就业单位反馈函等。

2. 组织座谈、现场交流方式实地访谈毕业生和就业企业。

3. 网上联系调查。

4. 电话联系调查等多种形式。

（二）调查内容：

1. 毕业生就业状况调查。

2. 用人单位对毕业生的满意度调查。

3. 毕业生对在校期间学习和生活满意度调查。

（三）调查范围

每届毕业生跟踪调查三年，每年调查一次，第一次调查覆盖率要达到毕业生人数 90% 以上，第二次调查覆盖率要达到毕业生人数 70% 以上，第三次调查覆盖率要达到毕业生人数 50% 以上。

（四）评价项目

1. 就业市场评价

毕业生就业单位情况分析；

毕业生工作环境、工作岗位、工作内容分析；

毕业生工作职称情况分析；

毕业生待遇及各种福利情况分析。

2. 用人单位综合评价

对毕业生的政治思想表现和职业道德评价；

对毕业生在工作岗位的工作技能和素质评价；

对毕业生创新精神、创新能力与综合协调能力评价；

了解企业目前和未来五年急需的专业人才情况；

征求企业对相关专业人才培养知识结构的意见和建议；

毕业生对学校教学工作的评价；

毕业生对学校的总体教学工作评价，包括教师师德、学校学习秩序和学生管理等；

毕业生对学校的专业设置、教学内容、方法和手段的评价；

毕业生对学校教学管理制度评价；

毕业生对学校实验实训工作评价；

毕业生对学校的教学仪器设备、图书资料评价；

毕业生对学校综合能力培养和教学改革等方面评价；

毕业生对学校业余文化生活的评价；

征求毕业生对所学知识结构、内容的意见和建议。

（五）组织实施

学院每年组织一次外联调查组，走访毕业生比较集中的地区和行业的人事部门、单位主管部门和用人单位；

对毕业生分散地区，可用网上联系和电话联系方式不定期地进行抽样调查；

采取相应的措施，把毕业生质量跟踪调查工作列入议事日程，并使之制度化。

三年制护理专业培养方案

一、专业名称及代码

护理（630201）

二、招收对象、修业年限及学历层次

招生对象：高中毕业生

修业年限：全日制三年

学历层次：高职

三、培养目标

培养适应我国医疗护理事业发展需要的、德智体美全面发展，具有良好的职业道德、人文素养和现代护理理念，掌握基本护理专业知识，具备较强的护理操作技能，能从事临床护理、社区护理、保健康复、健康教育等工作的高素质技能型护理人才。

四、培养模式

以护理职业能力培养为核心的工学结合人才培养模式。特色是在课程教学、实训实习和毕业实习等教学过程中，教学做一体化，在学做中不断提高临床护理技能，从而培养高素质技能型护理人才。

五、职业范围

本专业学生主要在各级医院、社区卫生服务中心、疾病控制中心、养老院从事临床护理、社区护理、老年护理、预防保健等工作。

通过全国统一考试获取护士执业资格证书。

六、人才规格

通过三年学习，毕业生应具备以下要求，并能顺利通过国家执业护士资格考试。

1. 职业道德素质

具有良好的职业道德，自觉遵守护理职业道德规范；

具有热爱护理专业、愿为祖国护理事业献身的精神；

具有爱心与耐心，能关心、体贴、爱护病人；

2. 身心素质

有健康的体魄，能胜任临床护理工作；

具有良好的心理调节能力和社会适应能力；

3. 文化素质

掌握一定的人文社会科学和自然科学基础知识；

掌握毛泽东思想、邓小平理论、“三个代表”重要思想的基本知识；

掌握英语、计算机操作的基础知识；

具有较熟练的计算机操作能力和一定的英语应用能力；

掌握相关的法律、法规知识，自觉遵守社会公德；

具有良好的人文素养，仪态端庄；

具有一定的人际沟通及团队协作能力；

具有较强的自学和终生学习的能力，能继续学习新知识、新技能。

4. 能力素质

掌握护理专业所必需的基础医学、临床医学知识；

掌握基础护理、健康评估及健康教育、专科护理等知识；

具有熟练、规范的基础护理和专科护理操作技能；

具有对常见病、多发病病人进行整体护理、病情观察的能力和对常用药物疗效及药物反应进行观察的能力；

具有对急危重症病人的初步应急处理和配合抢救的能力；

掌握一定的社区护理、康复护理和预防保健知识；

熟悉社区卫生保健机构的功能及社区护理工作的基本程序；

具有开展社区卫生服务、健康教育、卫生保健指导的能力，

具有对一定的公共卫生突发事件进行初步处理的能力；

具有基本的护理管理能力，能科学地计划和安排护理工作。

能力分级标准

表 1

学生能力	一级	二级	三级	四级
具有计算机操作能力	熟练	较熟练	一般	不熟练
具有英语应用能力	熟练	较熟练	一般	不熟练
具有对护理对象进行健康评估，分析和解决临床常见护理问题的综合能力	强，临床带教老师评价高，病人满意	较强，临床带教老师评价较高，病人较满意	一般，临床带教老师、病人评价一般	差，临床带教老师、病人评价低

续表 1

学生能力	一级	二级	三级	四级
具有基础护理技术操作技能	规范、熟练，各项操作技术考核90分及以上	较规范、熟练，各项操作技术考核80分及以上	一般，各项操作技术考核70分及以上	差，各项操作技术考核70分以下
具有专科护理技术操作技能	规范、熟练，各项操作技术考核90分及以上	较规范、熟练，各项操作技术考核80分及以上	一般，各项操作技术考核70分及以上	差，各项操作技术考核70分以下
具有观察护理对象病情变化、心理反应和药物疗效的能力	强，能主动、及时发现和判断	较强，经提示发现和判断	一般，较少发现和判断	差，不能发现
具有对急、危、重症病人初步应急处理、配合抢救和监护的能力	强，能主动、及时配合医生处理，独立监护病人	较强，能及时配合医生处理，独立监护病人	一般，能配合医生处理，独立监护病人	差，能配合医生处理，不能独立监护病人
具有对个体、家庭、社区开展健康教育、提供整体护理和卫生保健服务的能力	强，能独立进行，效果好	较强，在老师指导下进行，效果好	一般，在指导下进行，效果一般	差，不能进行
具有人际沟通及团队协作能力	强	较强	一般	差
具有心理调节能力和社会适应能力；	优良	良好	一般	差
具有自学和终生学习的能力	强	较强	一般	差

七、基于工作岗位的职业能力分析

护理专业主要就业工作岗位与职业能力要求

表 2

序号	工作岗位及工作任务	职业能力
1	工作岗位：医院内科病房 工作任务：内科疾病病人的护理	能收集病人的健康资料，对内科常见疾病病人进行护理评估，并正确书写内科护理病历。
		能规范地进行各种常用护理技术、内科护理技术操作。
		能运用护理程序，对内科常见疾病病人实施整体护理。
		能对内科常见疾病病人的病情变化、心理变化和治疗反应进行观察和做出初步分析、处理。
		能配合医生实施内科常用诊疗技术操作。
		能对常见内科急危重症病人进行初步应急处理和配合抢救。
		能向个人、家庭、社区提供内科相关保健服务和开展健康教育。
		能在内科护理实践中关心、爱护、尊重病人。

续表 2

序号	工作岗位及工作任务	职业能力
2	工作岗位： 医院外科病房 工作任务： 外科疾病病人的护理	能收集病人的健康资料，对外科常见疾病病人进行护理评估，并正确填写外科护理病历。
		能规范地进行各种常用护理技术、外科护理技术操作。
		能应用护理程序，对常见外科疾病病人实施整体护理。
		能对外科常见疾病病人的病情变化、治疗反应进行观察和初步处理。
		能配合医生完成手术前、手术中及手术后的操作及护理。
		能对外科常见急危重症病人进行初步应急处理和配合抢救。
		能遵循无菌技术原则，对手术室进行初步管理，预防和控制院内感染。
		能为皮肤科病人提供整体护理。
		能运用外科疾病预防保健知识和人际沟通技巧，向个人、家庭及社区人群提供健康促进服务。
3	工作岗位： 医院妇产科病房 工作任务： 妇产科孕产妇及病人的护理	能正确识别女性生殖系统的解剖结构。
		能收集病人的健康资料，对妇产科常见疾病病人进行护理评估，并正确填写妇产科护理病历。
		能规范地进行各种常用护理技术、妇产科护理技术操作。
		能对正常孕、产妇及新生儿实施整体护理。
		能对异常孕、产妇和异常胎儿、新生儿实施整体护理。
		能对妇科常见疾病病人实施整体护理。
		能对妇产科手术病人实施术前准备和术后护理。
		能对妇产科常见疾病病人的病情变化和治疗反应进行观察和分析处理。
		能对妇产科急危重症病人进行初步应急处理和配合抢救。
		能进行计划生育技术的术前准备、术中配合和术后护理。
		能向个人、家庭和社区提供妇科及产科保健服务，开展健康教育，协助妇女进行肿瘤普查和随访。
4	工作岗位： 医院儿科病房 工作任务： 儿科疾病病人的护理	能规范进行各种常用护理技术、儿科护理技术操作。
		能应用护理程序对对儿科常见疾病病人进行护理评估和实施整体护理。
		能对儿科常见疾病病人的病情变化和治疗反应进行观察和分析处理。
		能对儿科急危重症病人进行初步应急处埋和配合抢救。
		能向个人、家庭和社区提供儿童保健服务，开展健康教育。

续表 2

序号	工作岗位及工作任务	职业能力
5	工作岗位： 医院各科室病房 重症监护病房 工作任务： 急危重症病人的护理	能对急危重症病人做出正确判断和初步应急处理，并能配合医生抢救。
		能正确使用除颤仪、监护仪、呼吸机、洗胃机等急救仪器设备并进行保养。
		能正确应用急救药品并观察治疗反应。
		能进行院前急救、初步创伤处理、初级心肺复苏术。
		能向个体、家庭和社区提供急救知识和技能的宣教。
		能较好地进行团队协作和人际沟通。
6	工作岗位： 社区卫生服务中心 工作任务： 社区人群 健康管理与服务	能采集个人、家庭、社区健康资料并建立健康档案，实施社区卫生服务与管理。
		能进行有关社区卫生状况的调查，对社区常见病、多发病、慢性病进行识别、监测，并提供连续的护理、预防、康复和保健服务。
		能提供以家庭为单位的护理服务和初步的院外急救。
		能在个人、家庭、社区中开展健康教育和健康促进。
		能为社区特殊人群（包括儿童、妇女、老年人、慢性疾病病人和残疾人）提供健康照顾和保健服务。
		能及时发现和初步处理重大传染病、公共卫生突发事件
		能向个体、家庭和社区人群提供疾病预防、消毒隔离服务和指导。
7	工作岗位： 老年护理机构 工作任务： 老年人护理	能对老年人居住环境的舒适、安全进行评估和提出改进建议。
		能向老年人提供生活照顾和服务、心理护理。
		能对老年人开展健康教育和健康促进，提供健康照顾和保健服务。
		能对患病老年人进行护理评估和实施整体护理。
		能对患病老年人进行服药指导。
		能对患病老年人的病情变化和治疗反应进行观察、分析、及时报告和处理。

八、学习领域与课程内容

1. 核心综合能力模块

课程包括：思想道德修养与法律基础、毛泽东思想和中国特色社会主义理论体系概论、大学语文、大学英语、大学体育、计算机应用基础德育、体育、语文、英语、计算机基础等。

2. 岗位专业能力模块

课程包括医学基础课程和护理专业课程。

医学基础课程：医学生物学、人体解剖学与组织胚胎学、生理学、生物化学、病理学、病原生物与免疫学、药理学。

护理专业课程：护士礼仪、人际沟通、护理伦理、心理护理、基础护理、健康评估、中医护理、五官科护理、内科护理、外科护理、儿科护理、妇产科护理、社区护理、急救护理、老年护理、康复护理、护理技能综合实训等。

3. 拓展能力模块

开设选修课，课程包括：当代世界与经济、英语口语、护理伦理、护理美学、营养与膳食、文献检索、护理管理、卫生法规、康复护理、精神科护理等。

如学校开展公选课，护理专业学生每学年可任选文学鉴赏、音乐欣赏、影视欣赏、美学基础、书法与应用文写作、演讲与口才、普通话训练、计算机应用能力训练、网页制作等选修课程 1—2 门。

4. 动手实践能力模块

包括专业基础课的实验室实验、专业临床课的实验室实训和临床见习；另安排第2—3 学期到有关医院和社区综合教学实习各一周；第4 学期末下到各级各类医院主要科室毕业实习 40 周。

九、核心课程基本要求

1. 健康评估

表 3

课程（学习领域）		健康评估					
实施学期	第二学期	总学时	80	讲授学时	50	实训学时	30
教学方法和手段	理论讲授、操作演示、操作实训、小组讨论、角色扮演、多媒体教学、综合训练、教学医院见习和实习等。						
教学组织	教学过程中以学生为主体，教师为主导进行教学。课堂教学以班为单位、实验实训以小组为单位，充分发挥学生的主观能动性，教师进行引导与督促。						
学习重点	1. 健康史的评估方法和内容。 2. 身体评估的方法、内容及临床意义。 3. 常用实验室检查的标本采集方法、正常参考值及异常结果的临床意义。 4. 心电图的基本知识及正常、常见异常心电图知识。						
职业能力	1. 能运用交谈、身体评估等方法对病人进行健康评估，收集病人的健康资料，并正确书写护理病历。 2. 能采集常见检查的标本，对特殊检查患者提供标本采集前后的护理，并能分析判断检查报告单。 3. 能独立操作心电图机，并分析判断正常及常见异常的心电图报告单。						
课程内容	1. 健康资料采集。 2. 常见症状评估。 3. 心理社会评估。 4. 身体评估。 5. 实验室、影像及心电图检查。 6. 资料分析与护理诊断。 7. 护理病历书写。						
教学基本条件	1. 多媒体教室，配备有护理教学示教反示教系统、开放式护理辅助教学系统、医教多媒体素材库及课件平台系统和生物信号采集系统。 2. 校内健康评估实训室，配备有各种实训器材（如数字体温计、智能电子血压计、电子体重秤、心电图机、电解质分析仪等）；可供仿真训练的多功能模型（如电子心肺触听诊模型、着装式乳房自检模型等）。 3. 教学附属医院及校外实训基地。						

2. 基础护理

表 4

课程		基础护理					
实施学期	第二、三学期	总学时	148	讲授学时	88	实训学时	60
教学方法和手段	理论讲授、操作演示、操作实训、小组讨论、角色扮演、多媒体教学、综合训练、教学医院见习和实习等。						
教学组织	教学过程中以学生为主体，教师为主导进行教学。课堂教学以班为单位、实验实训以小组为单位，充分发挥学生的主观能动性，教师进行引导与督促。						
学习重点	1. 护理的基本概念、基本理论。 2. 各项基础护理操作。 3. 护患沟通。 4. 护理病历的书写。						
职业能力	1. 能树立以护理对象为中心的护理理念，应用护理程序理论指导临床实践。 2. 能分析和解决临床常见护理问题。 3. 能规范、熟练的进行基础护理操作，具备初步的护理工作职业能力。						
课程内容	1. 护士职业素养。 2. 入院护理技术。 3. 晨晚间护理技术。 4. 用药护理技术。 5. 单项护理技术。 6. 出院护理技术。 7. 护理病历书写。						
教学基本条件	1. 多媒体教室，配备有护理教学示教回示教系统、开放式护理辅助教学系统、医教多媒体素材库及课件平台系统。 2. 校内基础护理实训室，配备有各种实训器材（如体温计、电子血压计、洗胃机、无菌物品、氧气筒等）；可供仿真训练的多功能模型（如心肺复苏模型人、高级静脉输液手臂等）。 3. 教学医院及校外实训基地。						

3. 内科护理

表 5

课程		内科护理					
实施学期	第三、四学期	总学时	128	讲授学时	100	实训学时	28
教学方法和手段	理论讲授、情景教学、病案分析、小组讨论、角色扮演、操作演示、操作实训、、多媒体教学、教学医院见习和实习等。						
教学组织	教学过程中以学生为主体，教师为主导进行教学。课堂教学以班为单位、实验实训以小组为单位，充分发挥学生的主观能动性，教师进行引导与督促。						
学习重点	1. 内科各系统常见疾病病人的护理评估及护理措施的主要内容。 2. 常见护理诊断及合作性问题。 3. 内科常见急危重症病人的救护原则。 4. 内科病人的病例分析方法和步骤。						
职业能力	1. 能收集病人的健康资料，对内科常见疾病病人进行护理评估，并正确书写内科护理病历。 2. 能运用护理程序，对内科常见疾病病人实施整体护理。 3. 能规范地进行常用护理技术、内科主要护理技术操作。 4. 能对内科常见病病人的病情变化、心理变化和治疗反应进行观察和初步临床分析、判断及处理，并能正确书写内科护理病历。 5. 能配合医生实施内科常用诊疗技术操作。 6. 能对内科急危重症病人进行初步应急处理和配合抢救。 7. 能向个人、家庭、社区提供内科相关保健服务和开展健康教育。						

续表 5

课程		内科护理					
实施学期	第三、四学期	总学时	128	讲授学时	100	实训学时	28
课程内容	1. 呼吸系统疾病病人的护理。　2. 循环系统疾病病人的护理。 3. 消化系统疾病病人的护理。　4. 泌尿系统疾病病人的护理。 5. 血液系统疾病病人的护理。　6. 内分泌代谢性疾病病人的护理。 7. 风湿性疾病病人的护理。　8. 神经系统疾病病人的护理。 9. 传染病病人的护理。						
教学基本条件	1. 多媒体教室，配备有护理教学示教回示教系统、开放式护理辅助教学系统、医教多媒体素材库及课件平台系统和生物信号采集系统。 2. 校内模拟内科实训室，配备有可以进行常规护理操作和专科护理操作训练的各种实训器械（如心肺复苏仪、全能呼吸机、多参数心电监护仪、人工呼吸机、电动吸引器、电动洗胃机、超声雾化吸入器、诊疗穿刺包等）；可供仿真训练的多功能模型（如肌肉注射模型、吸痰练习模型、全功能诊疗穿刺术模拟病人、心肺复苏模型、多功能透明洗胃训练模型）。 3. 教学医院及校外实训基地。						

4. 外科护理

表 6

课程		外科护理					
实施学期	第三、四学期	总学时	112	讲授学时	92	实训学时	20
教学方法和手段	理论讲授、情景教学、病案分析、小组讨论、角色扮演、操作演示、操作实训、、多媒体教学、教学医院见习和实习等。						
教学组织	教学过程中以学生为主体，教师为主导进行教学。课堂教学以班为单位、实验实训以小组为单位，充分发挥学生的主观能动性，教师进行引导与督促。						
学习重点	1. 外科常见疾病病人的护理评估、护理措施的主要内容。 2. 外科常见疾病病人常用的护理诊断及合作性问题。 3. 外科常用的操作技术。 4. 手术室的基本工作内容，无菌操作技术原则。 5. 外科常见急危重症病人的救护。						
职业能力	1. 能收集病人的健康资料，对外科常见疾病病人进行护理评估，并正确填写外科护理病历。 2. 能规范地进行各种常用护理技术、外科护理技术操作。 3. 能应用护理程序对常见外科疾病病人实施整体护理。 4. 能对外科常见疾病病人的病情变化、治疗反应进行观察和初步处理。 5. 能配合医生完成手术前、手术中及手术后的操作及护理。 6. 能对外科常见急危重症病人进行初步应急处理和配合抢救。 7. 能遵循无菌技术原则，对手术室进行初步管理，预防和控制院内感染。 8. 能为皮肤科病人提供整体护理。 9. 能向个人、家庭及社区人群提供健康促进服务。						
课程内容	1. 外科疾病常见病理征象的护理。　2. 外科常用护理技术。 3. 颅脑外科病人的护理。　4. 普通外科病人的护理。 5. 胸外科病人的护理。　6. 泌尿外科病人的护理。 7. 骨外科病人的护理。						

续表 6

课程		外科护理					
实施学期	第三、四学期	总学时	112	讲授学时	92	实训学时	20
教学基本条件	1. 多媒体教室，配备有护理教学示教回示教系统、开放式护理辅助教学系统、医教多媒体素材库及课件平台系统和生物信号采集系统。 2. 校内模拟外科实训室，配备有可以进行常规护理操作和专科护理操作训练的各种实训器械（如综合手术床、常用手术器械、高压蒸汽灭菌器、心肺复苏仪、多参数心电监护仪、人工呼吸机、紫外线消毒灯等）；可供仿真训练的多功能模型（如全功能急救模拟人、全功能护理人、全功能创伤护理人、成人缝合练习手臂、心肺复苏模型、环状软骨切开术训练模型、气管插管模型、瘘管造口术护理模型等）。 3. 教学医院及校外实训基地。						

5. 妇产科护理

表 7

课程		妇产科护理					
实施学期	第三学期	总学时	64	讲授学时	52	实训学时	12
教学方法和手段	理论讲授、情景教学、病案分析、小组讨论、角色扮演、操作演示、操作实训、、多媒体教学、教学医院见习和实习等。						
教学组织	教学过程中以学生为主体，教师为主导进行教学。课堂教学以班为单位、实验实训以小组为单位，充分发挥学生的主观能动性，教师进行引导与督促。						
学习重点	1. 女性生殖器系统的解剖和生理；正常妊娠孕妇的护理和非正常孕产妇新生儿的护理。 2. 妇科病疾病病人护理。 3. 妇产科主要护理技术操作、常用诊疗技术操作、计划生育技术操作及护理配合。						
职业能力	1. 能正确识别女性生殖系统的解剖结构。 2. 能规范地进行各种常用护理技术、妇产科护理技术操作。 3. 能对正常和异常孕、产妇及新生儿进行护理评估，并实施整体护理。 4. 能对妇科常见疾病病人进行护理评估，并实施整体护理。 5. 能对正常和异常孕、产妇及妇科常见疾病病人进行病情变化和治疗效果的观察和分析处理。 6. 能对妇产科手术病人实施术前准备和术后护理。 7. 能进行计划生育技术的术前准备、术中配合和术后护理。 8. 能对妇产科常见危重症病人进行初步应急处理和配合医生抢救。 9. 能向个人、家庭和社区提供妇科及产科保健服务，开展健康教育，协助妇女进行肿瘤普查和随访。						
课程内容	1. 女性生殖系统解剖及生理。 2. 正常孕、产妇的护理。 3. 围生期母儿的护理。 4. 异常孕、产妇的护理。 5. 异常胎儿及新生儿的护理。 6. 妇科常见疾病病人的护理。 7. 妇科常用局部诊疗技术。 8. 妇产科手术病人的护理。 9. 计划生育与妇女保健。						
教学基本条件	1. 多媒体教室，配备有护理教学示教回示教系统、开放式护理辅助教学系统、医教多媒体素材库及课件平台系统和生物信号采集系统。 2. 校内模拟妇产科实训室，配备有可以进行常规护理操作和专科护理操作训练的各种实训器械（如胎心电子监护仪、多普勒胎心仪、妇科检查床、妇产接生包、产床等）；可供仿真训练的多功能模型（如胎儿分娩机转模型、妇科检查模型、多功能母子模型等）。 3. 教学医院及校外实训基地。						

6. 儿科护理

表 8

课程		儿科护理					
实施学期	第四学期	总学时	64	讲授学时	56	实训学时	8
教学方法和手段	理论讲授、情景教学、病案分析、小组讨论、角色扮演、操作演示、操作实训、多媒体教学、教学医院见习和实习等。						
教学组织	教学过程中以学生为主体，教师为主导进行教学。课堂教学以班为单位、实验实训以小组为单位，充分发挥学生的主观能动性，教师进行引导与督促。						
学习重点	1. 小儿生长发育规律、营养与喂养、计划免疫知识。 2. 儿科常见疾病的护理评估、护理诊断及护理措施。 3. 儿科常见急危重症病人的急救原则。						
职业能力	1. 能规范地进行各种常用护理技术操作、儿科护理技术操作。 2. 能对儿科常见病病人进行护理评估和实施整体护理。 3. 能对儿科急危重症病人进行初步应急处理和配合抢救。 4. 能对儿科常见病病人的病情变化和治疗反应进行观察和分析。 5. 能向个体、家庭和社区提供儿童保健服务和开展健康教育。						
课程内容	1. 社区、家庭儿童护理及保健。 2. 儿科常用护理技术。 3. 新生儿与患病新生儿的护理。 4. 营养性疾病患儿的护理。 5. 各系统疾病患儿的护理。 6. 急性传染病患儿的护理。 7. 结核病患儿的护理。 8. 急症患儿的护理。						
教学基本条件	1. 多媒体教室，配备有护理教学示教反示教系统、开放式护理辅助教学系统、医教多媒体素材库及课件平台系统和生物信号采集系统。 2. 校内模拟内科实训室，配备有可以进行常规护理操作和专科护理操作训练的各种实训器械（如婴儿床、新生儿保温箱、辐射式新生儿抢救台、电子婴儿秤、婴儿无接触氧气罩等）、可供仿真训练的多功能模型（如婴儿模型、婴儿头皮静脉穿刺模型等）。 3. 教学医院及校外实训基地。						

第三节 教研室建设

一、教研室组织建设沿革

专业教研室是学校教学和科研得以顺利开展的基层组织，它担负着学校教研、专业发展及师资队伍建设等任务。教研室按专业及课程特点归属于各院（部），由各院（部）建设管理。专业教研室建设以贯彻党的教育方针和政策、立德树人、教书育人、提高人才培养质量为核心，落实课堂教学、推进专业、课程、师资队伍及实验实训基地建设等重要任务。教研室设主任 1 人，副主任 1 人。

2008 年 11 月，出台《九江职业大学教研室管理办法》和《九江职业大学教学研究室考核办法》。

2009 年 10 月，对学校教研室做出调整，设有 29 个教研室：

2009 年九江职业大学教研室设置情况表

表 5－3－1

院（系、部）		教研室设置
师范学院	基础教育系（4）	语文教育教研室、数学教育教研室、英语教育教研室、教育心理教研室
	学前教育系（2）	艺术素养教研室、学前教育基础理论教研室
	艺术系（3）	美术教研室、舞蹈教研室、音乐教研室
机电工程学院（3）		机电教研室、数控教研室、模具教研室
建筑工程学院（2）		建筑工程技术与造价教研室、建筑装饰工程技术教研室
经济管理学院（3）		会计教研室、国贸教研室、经管教研室
文化旅游学院（3）		旅游文化教研室、汉语言文学教研室、外语教研室
信息工程学院（2）		计算机教研室、电子信息工程教研室
继续教育学院（1）		自学考试教研室
中　专　部（3）		文科教研室、理科教研室、专业综合教研室
公共课教学部（3）		思政课教研室、体育教研室、数学教研室

2013 年 5 月，学校出台《九江职业大学专业教研室主任、副主任聘任意见》。设有 39 个教研室：

2013 年九江职业大学教研室设置情况表

表 5－3－2

院（部）名称	序号	专业教研室名称
师范学院	1	数学教育教研室
	2	英语教育教研室
	3	语文教育教研室
	4	教育心理教研室
学前学院	5	艺术素养教研室
	6	学前教育基础理论教研室
	7	儿童发展教研室
艺术学院	8	美术教研室
	9	公共艺术教研室
	10	音乐教研室
经管学院	11	会计教研室
	12	国际贸易教研室
	13	工商管理教研室
	14	经济管理教研室

续表 5-3-2

院（部）名称	序号	专业教研室名称
建工学院	15	建筑设计教研室
	16	工程管理教研室
	17	土建施工教研室
机电学院	18	数控教研室
	19	模具教研室
	20	机电教研室
	21	自动化教研室
信工学院	22	计算机应用及基础教研室
	23	电子通信教研室
	24	软件技术教研室
文旅学院	25	旅游文化教研室
	26	外语教研室
护理学院	27	护理学教研室
	28	基础医学教研室
	29	三院临床护理教研室
	30	护理实验（实训）教学中心
	31	中医护理教研室
	32	附院临床护理教研室
中专部	33	文科教研室
	34	理科教研室
	35	专业综合教研室
公共课部	36	体育教研室
	37	数学教研室
思政教研部	38	思政课教研室
就业处	39	就业指导教研室

2013 年 11 月，出台《九江职业大学专业教研室管理暂行办法》。

二、教研室工作制度

《会议与活动制度》：每学期初，教研室召开工作计划会议，对教学、科研、学术活动及教学改革等工作做出具体安排；每学期末，召开学期总结会；每月至少开展 2 次教学研究活动，学习教学理论、交流教学经验、探讨教学方法，集体讨论处理教研室工作中亟须解决的问题。每次教研室会议都必须做到会前有准备、会中有议题、有布置、有记录，会后有落实、有总结。

《年度考核制度》：每年度结束时，专业教研室召开考核述职会，由教师介绍年度工作和业绩情况，填好教师年度考核登记表。

《教学检查制度》：除做好学校专项检查外，专业教研室须定期自查教师的授课计划、教案、学生作业、学生实习报告、毕业设计、试卷等教学档案材料；每学期收集学生反馈意见2次，分析和评价教学环节中存在的问题，及时提出改进意见和建议。

《听课制度》：教研室主任、副主任应深入课堂听课，及时了解教师的教学情况，提出改进意见；组织教师集体听课和相互听课。教研室主任每学期应随堂听课至少8次，教研室成员随堂听课至少5次。教研室每学期至少组织1次教学观摩活动。积极推进“学生本位”课堂教学改革，向课堂要质量，向课堂要技能，探索高效课堂的建设。

《考勤制度》：教研室要建立教师在校、院（部）会议、教研室会议等会议的考勤制度，要求教师严格履行学校及学院规定的各项管理制度，严格劳动纪律，对无故缺席的教师要记录在册，并作为年终考核依据。

《教学档案制度》：专业教研室要注重收集、整理、归档教学资料，做好档案保存、管理工作。教研室主任或副主任负责教研室的会议记录，具体记载教研室的重要工作和内容。会议记录学期末交学院存档，作为教研室及教研室主任的考评依据。

三、教研室设置及构成

专业教研室的设置要有利于教学、科研工作的开展。教研室名称一般以专业命名，含多个专业的教研室根据专业特征组合命名或以主专业命名。专业教研室主任、副主任设置：本专业专职、兼职教师总人数在9人及以上的，设主任、副主任岗位，9人以下的只设主任或副主任岗（按专业教师的职称情况确定，专业教师无副高职称以上教师的只任命副主任）。根据专业发展需要并经校长办公会认定的教研室不受以上限制。

教研室主任的任职资格为副高级以上职称，副主任至少中级以上职称。专业教研室主任、副主任的聘任，原则上要求专业对口。因专业建设的需要，如非对口专业但现担任的是本专业的课程教学，符合聘任条件的可以聘为主任或副主任。专业教研室的组建、调整、撤销，教研室主任、副主任聘任、更换、撤销，由各院（部）向教务处提出申请，教务处、组织人事处共同审核，经校长办公会审批后，在组织人事处备案。各专业教研室至少应有一名副高以上的专业技术职称教师，并确保教研室成员在年龄、职称、学历等方面搭配合理。凡具有高校教师资格证书和教师系列专业技术职称的都应按专业归属不同的教研室。专业教研室主任、副主任实行考核聘任制，以自然年度一年一聘。每年寒假之前，由教务处牵头、人事处协助对专业教研室主任、副主任进行年度工作考核，考核结果报校长办公会审定，最终确定是否续聘，新聘岗位按规定程序办理。

教研室主任、副主任岗位津贴标准分别为300元/月和200/月由教务处按程序每月发放。院（部）领导兼任主任、副主任的，按津贴标准的50%发放。对工作没有完成的，扣除当月岗位津贴。

教研室正、副主任享受二级学院内设中层正副职政治待遇。

2008 年 11 月，任命 23 名教研室主任：

胡　林任师范学院教育心理教研室主任；

柯桂珍任师范学院英语教育教研室主任；

俞绍阳任师范学院语文教育教研室主任；

姜雪娟任师范学院数学教育教研室主任；

王国槟任工程技术学院机电教研室主任；

唐业茂任工程学院建筑工程技术教研室主任；

鞠学庭兼任工程学院电子电工教研室主任；

李辉秋兼任经济管理学院经济教研室主任；

阙红艳任经济管理学院管理学教研室主任；

张守兴任文传系汉语言文学教研室主任；

罗会珊兼任文传系旅游管理教研室主任；

曹迁萍兼任外语系专业外语教研室主任；

张先成任计算机系计算机基础教研室主任；

董先明任计算机系计算机专业教研室主任；

匡全龙任艺术系美术教研室主任；

陈南平任艺术系音乐教研室主任；

冷　江任中专部理化教研室主任；

聂海斌任中专部史地教研室主任；

方　方任学前教育系基本理论教研室主任；

王　敏任艺术素养教研室主任；

刘慧玲任公共教学部数学教研室主任；

温　明兼任公共教学部思政教研室主任；

王　强任公共教学部体育教研室主任。

2009 年 11 月，任命 29 名教研室主任：

张盛桥任师范学院基础教育系语文教育教研室主任；

姜雪娟任师范学院基础教育系数学教育教研室主任；

王敏芳任师范学院基础教育系英语教育教研室主任；

胡林任师范学院基础教育系教育心理教研室主任；

王敏任师范学院基础教育系艺术素养教研室主任；

钱桃英任师范学院基础教育系学前教育基础理论教研室主任；

匡全农任师范学院艺术系美术教研室主任；

杨继慧任师范学院艺术系舞蹈教研室主任；

陈南平任师范学院艺术系音乐教研室主任；

钟怡帆任机电工程学院机电教研室主任；
王国槟任机电工程学院数控教研室主任；
王晓燕任机电工程学院模具教研室主任；
唐业茂任建筑工程学院建筑工程技术与造价教研室主任；
朱肖峰任建筑工程学院建筑装饰工程技术教研室主任；
张礼萍任经济管理学院会计教研室主任；
朱慧芳任经济管理学院国贸教研室主任；
钟无涯任经济管理学院经管教研室主任；
涂雅玲任文化旅游学院旅游文化教研室负责人；
唐雪凡任文化旅游学院汉语言文学教研室负责人；
鲁奇任文化旅游学院外语教研室主任；
何立富任信息工程学院计算机教研室主任；
陶雪琴任信息工程学院计算机教研室副主任；
李美长任信息工程学院电子信息工程教研室主任；
聂海斌任中专部文科教研室主任；
冷江任中专部理科教研室主任；
纪丽华任中专部专业综合教研室负责人；
温明任公共教学部思政课教研室主任；
王强（小）任公共课教学部体育教研室主任；
左冬根任公共课教学部数学教研室主任。

2013 年 5 月，聘任各院（部）推荐上报的 61 人为 38 个专业教研室和 1 个就业指导教研室的主任、副主任，名单如下。

九江职业大学聘任的教研室主任名单

表 5－3－3

院（部）名称	序号	专业教研室名称	教研室主任	教研室副主任
师范学院	1	数学教育		刘慧玲
	2	英语教育		曹少卿
	3	语文教育	张盛桥	
	4	教育心理	胡林	
学前学院	5	艺术素养	肖慧群	周珉
	6	学前教育基础理论	靳红	陈晖
	7	儿童发展	廖贵英	方方
艺术学院	8	美术	苏晓鸿	张超
	9	公共艺术	王爱春	周颖

续表 5－3－3

院（部）名称	序号	专业教研室名称	教研室主任	教研室副主任
艺术学院	10	音乐	戴晓敏	刘长洪
经管学院	11	会计	阙红艳	蔡娟
	12	国际贸易	李辉秋	程俊
	13	工商管理		陶群
	14	经济管理	张礼萍	余育新
建工学院	15	建筑设计	江政俊	尤莺燕
	16	工程管理	高邦栋	蒋仓兰
	17	土建施工	唐业茂	王华阳
机电学院	18	数控	赵红梅	
	19	模具	王维昌	刘诗文
	20	机电	钟怡帆	曾文瑜
	21	自动化	胡晓林	余波
信工学院	22	计算机应用及基础	张先成	陶雪琴
	23	电子通信	李美长	金春花
	24	软件技术	查玉祥	何立富
文旅学院	25	旅游文化	杨文	倪荣彪
	26	外语	曹迁平	姜懿
护理学院	27	护理学	汪婉南	
	28	基础医学	陈波	
	29	三院临床护理	吴惠芳	
	30	护理实验（实训）教学中心	陈丽华	
	31	中医护理	徐晓红	
	32	附院临床护理	曾等娣	
中专部	33	文科	张琴华	聂海斌
	34	理科		冷江
	35	专业综合		纪丽华
公共课部	36	体育		王强
	37	数学	左冬根	
思政教研部	38	思政课	胡火清	邓东波
就业处	39	就业指导	伍文斌	
总 计			33 人	28 人

九江职业大学聘任的教研室成员名单

表5－3－4

<table>
<tr><th>院（系、部）</th><th>教研室名称</th><th>教研室主任</th><th>岗位类别</th><th>成员名单</th><th>人数</th></tr>
<tr><td rowspan="8">师范学院基础教育系（79人）</td><td rowspan="2">语文教育教研室</td><td rowspan="2">张盛桥</td><td>专职</td><td>张盛桥、俞绍阳、康　青、张守兴、辜志强、陈晓凌、朱秀莲、石舞潮、梁枝林、胡青宇、宋　濂、易传保、杨苏立、张　璐、熊十华、胡　英、杨晓英、于　苗、邓耀东、户才鸿、凌从桂、许实年</td><td rowspan="2">32</td></tr>
<tr><td>兼职</td><td>肖厚建、熊细滚、蔡淑珍、何华松、付义赣、付莹莹、杨　丹、蔡景峰、易水霞、田立森</td></tr>
<tr><td rowspan="2">数学教育教研室</td><td rowspan="2">姜雪娟</td><td>专职</td><td>姜雪娟、邓必炉、陶幼明、吴万红、刘慧玲、车　平</td><td rowspan="2">9</td></tr>
<tr><td>兼职</td><td>蔡春祥、冯　琪、宗　铭</td></tr>
<tr><td rowspan="2">英语教育教研室</td><td rowspan="2">王敏芳</td><td>专职</td><td>王敏芳、李　欢、詹丽琴、柯桂珍、廖晓燕、余干龙、江茶英、卢剑文、刘思思、熊群红、吕少勤、周　楠、胡　恒、代寒芳、邢海英、张婷大、曹少卿、王　英、黄银梅</td><td rowspan="2">22</td></tr>
<tr><td>兼职</td><td>王　浔、杨劲雯、张婷小</td></tr>
<tr><td rowspan="2">教育心理教研室</td><td rowspan="2">胡　林</td><td>专职</td><td>胡　林、刘桂华、张友华、李召茂、左　芳、熊庆秋</td><td rowspan="2">16</td></tr>
<tr><td>兼职</td><td>柳新民、胡玉东、潘留芳、杨　健、张　梅、刘红燕、潘漫漫、周　婷、马思源、周伟珍</td></tr>
<tr><td rowspan="4">师范学院学前教育系（39人）</td><td rowspan="2">艺术素养教研室</td><td rowspan="2">王　敏</td><td>专职</td><td>王　敏、李丽珍、周　珉、陈　钊、肖慧群、廖珊珊、刘　倩、王　晶、谌明霞、陈娉婷、张慧敏</td><td rowspan="2">16</td></tr>
<tr><td>兼职</td><td>吕红梅、王潇雨、曹　颖、徐　倩、汪泽浔</td></tr>
<tr><td rowspan="2">基础理论教研室</td><td rowspan="2">钱桃英</td><td>专职</td><td>钱桃英、郭雨欣、文其云、黄淑秋、李永忠、靳　红、陆　辉、刘彩霞、黄　芳、陈　晖、叶　虹、勒绍华</td><td rowspan="2">23</td></tr>
<tr><td>兼职</td><td>王原平、廖贵英、胡晓明、周　红、汪　琴、吴　静、雷　廷、沈　莹、张春芳、钟　华、崔小斌</td></tr>
<tr><td rowspan="6">经济管理学院（47人）</td><td rowspan="2">会计教研室</td><td rowspan="2">张礼萍</td><td>专职</td><td>陈勇华、刘有培、蔡　娟、陈　铭、沈　莉、张建华、辛昭霞</td><td rowspan="2">12</td></tr>
<tr><td>兼职</td><td>张礼萍、阙红艳、夏敏玲、饶培培、张　灵</td></tr>
<tr><td rowspan="2">国贸教研室</td><td rowspan="2">朱慧芳</td><td>专职</td><td>卢云志、张鹏宇、段训峰</td><td rowspan="2">8</td></tr>
<tr><td>兼职</td><td>朱慧芳、阎　芳、程　俊、湛　青、马　玲</td></tr>
<tr><td rowspan="2">经管教研室</td><td rowspan="2">钟无涯</td><td>专职</td><td>钟无涯、王　田、周　祥、盛　明、汪丽萍、张纪元、刘芸琦、涂　歆、夏　韧、陶　群、何　玲、吴文会、余育新、夏　剑、余金裘、冷　赟、熊　愫、雷　婷</td><td rowspan="2">27</td></tr>
<tr><td>兼职</td><td>胡春亮、李辉秋、王文靖、张　芊、汤　曼、刘　洁、胡　丹、何文章、慕　静</td></tr>
</table>

续表 5－3－4

院（系、部）	教研室名称	教研室主任	岗位类别	成员名单	人数
文化旅游学院（55人）	旅游文化教研室	涂雅玲	专职	涂雅玲、代　奕、李媛芳、蔡德平、高　霞、颜　霓、冯国华、孙莎莎、李　艳	11
			兼职	杨　文、黄遇铭	
	汉语言文学教研室	唐雪凡	专职	包贻文、张爱珍	9
			兼职	马志峰、吕天庆、罗会珊、唐雪凡、洪　皓、周　峰、余乃金	
	外语教研室	鲁　奇	专职	鲁　奇、陈丽琴（小）、陈　茜、彭明蓉、彭凤香、邱黄　辉、余　莉、张象成、盛玉同、胡　萍、陈彩娟、梅　琴、李海涛、邓莎莎、王正翔、姜文馨、代　静、陈　曦、李　莹、袁　超、姜　懿、赵　静、李海喃、熊华芹、邓薇薇、王丽君	35
			兼职	曹迁萍、王红彬、刘　静、江建民、段园园、黄　丽、刘　璐、邓　睿、林　锐	
信息工程学院（82人）	电子信息工程教研室	李美长	专职	李美长、胡晓林、王　强、熊　凡、金春花、熊力维、吴富东	18
			兼职	董麓超、查玉祥、周军女、王晓君、余绍敏、曹英萍、程　鹏、郭　坤、卢　涛、秦　芸、殷　超	
	计算机教研室	何立富（正）陶雪琴（副）	专职	何立富、陶雪琴、谭振赟、刘　超、洪世勇、陈　燕、李　微、何　琦、聂　犇、吴晓春、程　珊、刘　娅、凌仕华、黄　燕、陈　健、闵　洁、舒　展、范远超、彭可威	64
			兼职	张先成、蒋腾旭、谢　枫、董先明、周演汇、张天国、曾德愚、韩东、张　律、雷丽娟、吴　明、史　飞、诸晓毅、宋增龙、应　亮、杨　毅、袁　源、赵　宇、朱朝霞、殷　诚、李　宏、郭晓君、李　捷、李　婷、许　敏、曹建华、钟圆圆、孙锦霞、主福洋、段　炼、雷　乐、万权性、韩　湾、梅鹏飞、马　药、诸秋南、张　毅、张　丽、万健安、魏国秘、潘　钧、钱利剑、李　杰、马　洺、欧阳灿	
中专部（53人）	文科教研室	聂海斌	专职	聂海斌、张琴华、吴建红、宋家煌、饶　赟、黄志平、阮晚英、陈启浔、张良胜、洪　磊、涂海水、饶青华、邵德民、胡建华、熊山清、廖继红、李锦华、付玲玲、郑　亮	24
			兼职	查启军、卢洪生、郭　群、邱薪颖、童晓霞	

续表 5－3－4

院（系、部）	教研室名称	教研室主任	岗位类别	成员名单	人数
中专部（53 人）	理科教研室	冷　江	专职	冷　江、凌　莉、秦　芸、罗筱福、何群慧、杨　鹏、胡俊昌、晏伶俐、赵小敏、李　敏、占秋生、余定初、胡志平、黄小平、曹英萍	21
			兼职	罗平西、易承平、徐国泉、李君文、陈　武、陈励生	
	专业综合教研室	纪丽华	专职		8
			兼职	纪丽华、胡勇斌、付丽芸、马淑丹、杨　晨、文　静、殷黄林、汤伟华	
公共课教学部（85 人）	思政课教研室	温　明	专职	邓东波、何志明、查滚金、胡克勤、张成华、易冬瑛、施道荣、付跃峰、曹永琴、吴　涛	23
			兼职	卢志鹏、温　明、周庆流、曹树祥、徐　萍、冷　晔、邹桂元、熊　巍、花传国、邢宏峰、郑光明、黄先梅、张先锁、戴　宏、胡火清、崔小斌、王学兵、罗　芒、郭　君、郭玉娟、陈新贵、李永忠、陈小红	
	体育教研室	王强小	专职	王　为、王强小、马红丽、吴月华、廖先平、张柚华、陈敏常、李德胜、劳晓红、颜淑琴、熊晓康、金　伟、李　翔、王　奔、陈　婵、陈金根、孔继红、毛　震、邓　勇、彭淑玲、沈　芸、郑中庆	34
			兼职	威泽勇、唐　健、江鸿波、熊小毛、方　波、陶　逸、李俊楠、朱　玮、刘　莉、晁　锐、高华清、周军男	
	数学教研室	左冬根	专职	左冬根、袁美英、李红波、李建华、余任亮、谭淑英、周　萍、刘颖贵、黄　超、江政俊	18
			兼职	汪春莲、詹平华、孙宪刚、冯　琪、许　鹏、柳世全、龚春生、伍文斌、邵徽森	

九江职业大学聘任的各教研室成员名单

表 5－3－5

院（系、部）	教研室名称	教研室主任	岗位类别	成员名单	人数
师范学院（100 人）	语文教育教研室	张盛桥	专职	张盛桥、张守兴、陈晓凌、朱秀莲、石舞潮、梁枝林、胡青宇、宋　濂、易传保、杨苏立、张　璐、熊十华、胡　英、杨晓英、于　苗、邓耀东、户才鸿、凌从桂、许实年、吴小京、涂　歆、付莹莹、包贻文、张爱珍、唐雪凡	47
			兼职	熊细滚、蔡淑珍、何华松、付义赣、罗会珊、杨　丹、蔡景峰、易水霞、田立森、余洋洲、邱薪颖、江　红、苏玉玺、余乃金、洪　皓、周　峰、马志峰、吕天庆、梅丽红、陈光甲、卢　勤（客）、王一民（客）	
	数学教育教研室	刘慧玲	专职	邓必炉、陶幼明、刘慧玲、车　平、王锦红、李建华、许　鹏	9
			兼职	蔡春祥、宗　铭	
	英语教育教研室	曹少卿	专职	王敏芳、李　欢、詹丽芹、柯桂珍、余干龙、江茶英、卢剑文、刘思思、熊群红、吕少勤、周　楠、胡　恒、代寒芳、邢海英、张婷（大）、曹少卿、王　英、黄银梅、吴芳芳、李　玲、杨劲雯、王　浔	25
			兼职	张　婷（小）、徐　珍、赖　力	
	教育心理教研室	胡　林	专职	胡　林、刘桂华、张友华、李召茂、左　芳、熊庆秋、李欣晏、刘红燕、潘漫漫	19
			兼职	胡玉东、朱朝霞、刘　皓、杨　健、张　梅、周　婷、冯　琪、马思源、周伟珍、何毅钦	
学前学院（50 人）	艺术素养教研室	王　敏	专职	李丽珍、周　珉、汪泽浔、陈　钊、肖慧群、廖珊珊、刘　倩、王　晶、谌明霞、张慧敏、王潇雨、徐　倩、叶　萌、汪　超、罗　晶	20
			兼职	吕红梅、廖紫薇、曹　颖、胡文喆、陈娉婷	
	学前教育基础理论教研室	方　方	专职	郭雨欣、文其云、靳　红、雷　鸣、龚　雪、张子建、余景丽、钱桃英、吴　婕、段展华、鲁　奇、叶　虹、陆　辉、刘彩霞、黄　芳、陈　晖、李海喃、廖晓燕	30
			兼职	王原平、周　红、吴　静、雷　廷、张春芳、胡晓明、廖贵英、钟　华、崔小斌、叶梓君、霍力岩（客）、鞠萍（客）	
艺术学院（57 人）	美术教研室	匡全农	专职	匡全农、周亚东、黄家晶、张　超、罗　骏、韩雪松、施根生、苏晓鸿、蒋剑霞、胡　亮、程　菲、郑　豪、乔　治、袁　敏	18
			兼职	刘　佳、曾凡伟、张　伟、韩　芳	

续表 5－3－5

院（系、部）	教研室名称	教研室主任	岗位类别	成员名单	人数
艺术学院（57人）	艺术教研室	刘长洪	专职	刘长洪、周　颖、陈南平、张玉君、陈丽琴（大）、李石岚、石　米、涂　骅、柯朝颖、马闻静、吴　旦、陈　璐、汪子安、杨继慧、李素馨、车红连、史　懿、杨　璇	39
			兼职	戴晓敏、王爱春、张　毅、张　威、朱　洁、蒋　涛、郑佳宁、戴纯纯、丁　璐、刘　坚、朱成梁、王　磊、曹　浩、闵　捷、张　磊、王　嵩、蒋宗仁、汪　琛、沈斯洁、黄　媛、朱　丹、邝美云（客）	
机电工程学院（31人）	机电教研室	钟怡帆	专职	钟怡帆、王　荣、代红菊、曾文瑜、陈　娟、王宇恺、彭　如	14
			兼职	胡晓林、戴永东、汪国元、石　宏、黎　苇、余　波、程水生（外聘）	
	数控教研室	赵红梅	专职	王国槟、赵红梅、李　斌、尹智龙、赵珍珍、方　敏	8
			兼职	鞠学庭、邹　昊	
	模具教研室	王晓燕	专职	王晓燕、王维昌、刘诗文、邓平尧、卢　玮	9
			兼职	周春明、周　涛（小）、叶向阳（外聘）、王文霞（外聘）	
建筑工程学院（26人）	建筑工程技术与造价教研室	唐业茂	专职	唐业茂、左文凯、高邦栋、刘茂盛、黄　琳、占美森、张伟喜、徐雪枫、王华阳	14
			兼职	肖　燕、邱　耀、邹　勋、党曼丽、蔡　琼	
	建筑装饰工程技术教研室	吴训友	专职	尤莺燕、江政俊、高宗翔、洪康民	12
			兼职	吴训友、桂崇文、陈琳琳、汪惠雯、周　墨、肖广达、康　宁、张本桁	
经济管理学院（57人）	会计教研室	蔡　娟	专职	陈勇华、刘有培、蔡　娟、陈　铭、沈　莉、张建华、辛昭霞、崔丽霞	16
			兼职	张礼萍、阙红艳、夏敏玲、涂冰艳、张　旭、张纪元、饶培培、张　灵	
	国贸教研室	程　俊	专职	卢云志、段训峰、盛　明、罗中星、张善京、程　俊	11
			兼职	朱慧芳、阎　芳、湛　青、张鹏宇、马　玲	
	经管教研室	余育新	专职	王　田、周　祥、刘芸琦、夏　韧、陶　群、何　玲、余育新、夏　剑、余金裘、熊　愫、王文靖、刘静（小）、张晓华、刘洁、彭贝樱、曹　力、胡　丹、张　芊、刘宏伟	30
			兼职	胡春亮、李辉秋、汤　曼、詹　超、汪丽萍、程　婧、冷　赟、何小杰、李　丹、吴文会、雷　婷	

续表 5－3－5

院（系、部）	教研室名称	教研室主任	岗位类别	成员名单	人数
文化旅游学院（48 人）	旅游文化教研室	杨 文	专职	涂雅玲、代 奕、李媛芳、蔡德平、高 霞、颜 霓、冯国华、孙莎莎、李 艳、倪荣彪、胡 萍	16
			兼职	杨 文、黄遇铭、李 捷、刘小贞、伍国强	
	外语教研室	曹迁平	专职	陈丽琴（小）、陈 茜、彭明蓉、彭凤香、邱黄辉、张象成、盛玉同、陈彩娟、李海涛、邓莎莎、王正翔、姜文馨、代 静、陈 曦、李 莹、袁 超、姜 懿、赵 静、熊华芹、邓薇薇、王丽君、刘 璐	32
			兼职	段园园、黄 丽、曹迁平、王红彬、刘静（大）、江建民、邓 睿、刘 俊、梅 琴、曹 佳	
信息工程学院（87 人）	计算机基础教研室	陶雪琴	专职	陶雪琴、钟园园、陈 燕、洪世勇、李 微、何 琦、聂 犇、闵 洁、刘 超、黄 燕、李 婷、陈 健	46
			兼职	张先成、董麓超、马 药、范远超、彭可威、汪 琴、邓炬强、周 军、郭 坤、吴 明、史 飞、诸晓毅、卢 涛、欧阳灿、袁 源、宋增龙、诸秋南、杨 毅、赵 宇、李 宏、邹秀件、段 炼、马 洛、曾德愚、郭晓君、张 毅、张 丽、万健安、魏国秘、潘 钧、钱利剑、李继柱、雷 乐、韩 东	
	计算机专业教研室	何立富	专职	何立富、孙锦霞、周建军、程 珊、主福洋、万权性、刘 娅、凌仕华、谭振赟、胡惠娟	21
			兼职	董先明、谢 枫、周演汇、应 亮、殷 诚、张 律、许 敏、梅鹏飞、雷丽娟、程 鹏	
	电子信息工程教研室	李美长	专职	李美长、胡晓林、王 强、熊 凡、金春花、熊力维、吴富东、陶炎芬	
			兼职	赵建夫、查玉祥、金春花、熊 凡、蒋腾旭、李 杰、张天国、余绍敏、胡颢琛、王 昌、陈 武、曹英萍、曹建华	
中专部（48 人）	文科教研室	聂海斌	专职	聂海斌、张琴华、吴建红、宋家煌、黄志平、饶 赟、陈启浔、张良胜、饶青华、胡建华、熊山清、洪 磊、廖继红、李锦华、付玲玲	20
			兼职	查启军、卢洪生、郭 群、周鸽宝	
	理科教研室	冷 江	专职	冷 江、凌 莉、秦 芸、罗筱福、何群慧、胡俊昌、李 敏、占秋生、杨 鹏、余定初、胡志平、黄小平、曹英萍、付跃峰	19
			兼职	罗平西、易承平、徐国泉、陈励生、陈 武	

续表 5－3－5

院（系、部）	教研室名称	教研室主任	岗位类别	成员名单	人数
中专部（48 人）	专业综合教研室	纪丽华	专职		9
			兼职	纪丽华、胡勇斌、付丽芸、马淑丹、杨　晨、文　静、殷黄林、詹子乐、郑　亮	
公共课教学部（88 人）	思政课教研室	胡火清	专职	吴　涛、邓东波、何志明、查滚金、张成华、易冬瑛、施道荣、曹永琴、方　平、林绍秋、李永忠	36
			兼职	卢志鹏、肖厚建、温　明、周庆流、曹树祥、徐　萍、冷　晔、邹桂元、熊　巍、花传国、邢宏峰、郑光明、黄先梅、张先锁、戴　宏、胡火清、崔小斌、王学兵、罗　芒、郭　君、郭玉娟、陈新贵、陈小红、高坊洪、胡克勤	
	体育教研室	王强小	专职	王　强（小）、马红丽、吴月华、王　为、廖先平、陈敏常、李德胜、劳晓红、颜淑琴、熊晓康、金　伟、李　翔、王　奔、陈　婵、陈金根、孔继红、毛　震、邓　勇、彭淑玲、沈　芸、郑中庆、刘　娟、王　江	36
			兼职	威泽勇、唐　健、江鸿波、熊小毛、方　波、陶　逸、李俊楠、朱　玮、刘　莉、晁　锐、高华清、周　军（男）、张柚华	
	数学教研室	左冬根	专职	柳世全、左冬根、袁美英、李红波、余任亮、谭淑英、周　萍、刘颖贵	16
			兼职	汪春莲、詹平华、孙宪刚、龚春生、伍文斌、邵徽森、吴　静、李继柱	
护理学院（12 人）	护理学教研室	李吉慧	专职	李吉慧、黄恋玉	
			兼职	余启萍、杨　帆、刘青青	
	基础医学教研室	肖　莹	专职	肖　莹、熊邦新、汤传宏	
			兼职	周兴龙	
	临床护理教研室	吴惠芳	专职		
			兼职	吴惠芳（外）、殷　艳（外）、卢敏娜（外）	

第四节　课程建设

一、课程建设规划

学校经过多年的探索和改革，逐步打破专业体系界限，按岗位职业能力的需要，构建了在一个基础平台下多个专业方向模块的灵活应对市场人才需求的“基础课程 + 专业课程 + 实践课程”的课程教学体系。即基础课程主要是培养学生思想品德和文化素养，使高职学生在将来的工作岗位上能有较高的公民道德素养和文化基础知识，体现高职人才的素养水平。专业基础及专业课程形成高职人才所从事的岗位工作所必须掌握的专业基础知识和专业素养，课程设置以必需、够用为原则。实践课程是职业教育的重心，是培养学生实际动手能力的关键所在。根据学校对教学工作的要求，制订和完善了理论与实践课程教学大纲、实习指导书、毕业设计（论文）指导书等教学文件，并将教学计划、理论课程教学大纲、实践课程教学大纲汇编成册。

2006 年学校合并重组后，学校制定出台《课程体系和教学内容改革指导意见》，明确学校的课程建设规划目标，由各院（系）具体组织课程改革，并按照经过教务处和分管校长批准的实施方案组织实施。

2007 年学校出台《关于进一步加强教学工作的若干意见》，提出：“加强课程建设是深化教学改革，提高教学质量的重要措施。学校继续采取措施加强课程建设。经过努力，建成一批校级优质课程，积极争取省级精品课程建设。各院（系部）根据学校课程建设的要求，对所承担的课程，按课程的地位和条件，制定课程规划，分期进行建设。学校每年进行课程评鉴，并作为院（系部）年终教学工作考核的重要部分。”

2007 年出台《九江职业大学课程体系与教学内容改革指导意见（试行）》，提出“积极与行业企业合作开发课程，根据技术领域和职业岗位（群）的任职要求，参照相关的职业资格标准，改革教学内容、教学方法、教学手段和评价方式，在重点建设专业中遴选 10 门体现岗位技能要求、促进学生实践操作能力培养的优质核心课程进行重点建设，形成一套有较强指导性的高职特色课程建设思路、方案和较强操作性的评价标准。整个课程建设中要求企业全程参与，建有交互式的课程资源库，并形成持续改进课程内容和教学方法机制，并与相关企业和院校实现共享”。

2008 年 7 月制定《九江职业大学思想政治理论课新课程教学改革实施方案》并加以实施。

2008 年 7 月，出台《关于启动思政课课题教学“五个一”工程建设的实施意见》和《九江职业大学思想政治理论课新课程教学改革实施方案》。

2008 年，学校立项建设校级精品课程 15 门，2009 年，增加 3 门校级精品课程。2012 年 12 月，学校组织验收了第一批校级精品课程，其中 15 门课程达标结项。2009 年，3 门精品课程申报成为省级精品课，分别是教师口语、幼儿心理学、机械制造技术。

2009 年出台《九江职业大学校级精品课程评选办法》并附有《精品课程评审指标（高职，2008）》。

2011 年学校根据省教育厅《关于开展省级精品课程评选工作的通知》要求，在 2009 年、2010 年的校级精品课程中，由各院（部）申报，经组织校学术委员会评审，推荐《手工制作》《电气控制与 PLC 技术》《液压与气动技术》《国际贸易理论实务》《C 语言程序设计》《基础会计》《古代汉语》《合唱与指挥》《外贸函电》《建筑结构》《教育心理学》等十一门课程申报，其中6门经评审通过成为省级精品课程。这六门精品课程是：《手工制作》《电气控制与PLC技术》《液压与气动技术》《国际贸易理论实务》《C语言程序设计》《基础会计》。同时申报立项了2个省级创新实验区。学校把精品课程挂在校园网上，在不断对其建设的同时又作为示范课供全校教师学习参考，把精品课程建设与高水平教师队伍建设相结合，促进课程建设不断深化、拓展，从而提高课程教学质量。课程体系也得到了进一步优化。

2011年学校先后制订了《九江职业大学课程建设管理办法》《九江职业大学关于进一步加强课程建设与改革的意见（试行）》《九江职业大学优质课程评选标准及评选办法》，优化课程结构，规范课程标准，整合教学内容。按照专业人才培养目标并对接职业岗位要求设置课程。注重课程的针对性、应用性。以学生对将来就业岗位的适应性为基本原则，以四大模块确定学习领域与课程内容（必修与选修）——“核心综合能力模块（思想与职业道德、文化、分析解决问题能力等）、岗位专业能力模块、拓展能力模块和动手实践能力模块”，制定课程标准。

2012年5月《九江职业大学关于进一步加强课程建设与改革的意见（试行）》提出目标：课程理念先进，课程标准明确，课程设计科学，课程体系优化，课程条件优良，课程实施有效，课程质量较高，课程资源共享，以精品课程为龙头的优质课程群基本建成，工学结合的课程教学模式改革取得突破性进展。

2012年下半年，教务处又提出“实现一个目标，构建两个体系，促进三个转变”的教学管理与改革思路。在课程建设上，按照能力本位、项目导向、任务驱动的思路，以职业岗位项目和任务驱动为导向，以职业岗位能力培养为目标，构建了新的理论课教学体系和实践课教学体系，强化了理论与实践紧密结合的教学。各专业在课程设置中，实践课与理论课的比例达到1：1。形成九江职业大学特色鲜明的职业教育课程体系。

2014年，学校出台《九江职业大学关于推进校企、校校、校园、校院等深度融合工作的实施意见》，提出“在现有省级精品课程基础上，2014年加大建设力度，实现国家级精品课程零的突破”。

二、精品课程建设

2008年，根据《江西省教育厅关于开展高等学校精品课程建设工作的通知》精神，学校启动精品课程建设。经过各院部申报和学术委员会评审，校长办公会研究，确立15门课程为校级精品课程，并以学校下发《校级精品课程建设立项的通知》，以文件的方式予以确定：

2008年度九江职业大学校级精品课程立项建设一览表

表5-4-1

序号	课程名称	所属院（系部）	负责人	编号
1	多媒体课件制作技术	师范学院	朱朝霞	08jpkclx01

续表 5-4-1

序号	课程名称	所属院（系部）	负责人	编号
2	大学英语	师范学院	柯桂珍	08jpkclx02
3	设计色彩	艺术系	匡全农	08jpkclx03
4	合唱与指挥	艺术系	戴晓敏	08jpkclx04
5	古代汉语	师范学院	张盛桥	08jpkclx05
6	思想道德修养与法律基础	公共教学部	温明	08jpkclx06
7	大学数学	师范学院	陶幼明	08jpkclx07
8	经济学原理	经管学院	钟无涯	08jpkclx08
9	基础会计	经管学院	阙红艳	08jpkclx09
10	FLASH 制作	信息工程学院	陶雪琴	08jpkclx10
11	C 语言程序设计	信息工程学院	周军	08jpkclx11
12	外贸函电	文化旅游学院	曹迁平	08jpkclx12
13	教育心理学	师范学院	胡林	08jpkclx13
14	液压传动与气动技术	机电工程学院	王国槟	08jpkclx14
15	电气控制与 PLC 技术	机电工程学院	胡晓林	08jpkclx15

2009 年，增加了 3 门校级精品课程，分别是教师口语、幼儿心理学、机械制造技术。

2009 年九江职业大学校级精品课程立项建设一览表

表 5-4-2

序号	课程名称	所属院（系部）	负责人	编号
1	教师口语	师范学院		
2	幼儿心理学	学前学院		
3	机械制造技术	机电学院		

校级精品课程建设期为一至两年，每门课程学校每年资助课程建设经费 0.1 万元。由课程建设负责人积极做好课程建设的各项工作，把握好课程建设的进度，定时对网上的课程资源进行更新、完善，统筹安排课程建设经费的使用，确保课程建设的质量。学校对精品课程建设进行年度检查与评估，年度检查不合格的将撤销其立项，并停止经费资助。在下达校级精品课程建设项目的同时，学校下发了精品课程建设的要求、建设标准的文件《九江职业大学校级精品课程评选办法》，作为精品课程建设期满的进行验收的标准和依据。建设期满验收合格者，学校将授予“九江职业大学校级精品课程”称号。

2012 年 12 月下旬，由教务处牵头，实训中心、信息中心等部门协助，学校组织有关专家，对 2008 年、2009 年立项建设的 18 门校级精品课程进行验收。本次精品课程验收依据《九江职业大学关于进一步加强课程建设与改革的意见（试行）》及《精品课程评审指标（高职，2008）》进行，经过专家组严格认真评审，下列15门课程通过验收：

2012年九江职业大学通过验收校级精品课程课程一览

表5－4－3

序号	院（部）	课程名称	主持人
1	经济管理学院	基础会计	阙红艳
2	信息工程学院	多媒体课件制作技术	朱朝霞
3	信息工程学院	计算机应用基础	张先成
4	信息工程学院	FLASH 制作	陶雪琴
5	信息工程学院	C 语言程序设计	周　军
6	师范学院	大学英语	王敏芳
7	师范学院	教育心理学	胡　林
8	学前教育学院	学前儿童语言教育	廖贵英
9	艺术学院	合唱与指挥	戴晓敏
10	公共教学部	思想道德修养与法律基础	温　明
11	文化旅游学院	外贸函电	曹迁平
12	机电工程学院	液压传动与气压技术	王晓燕
13	机电工程学院	电气控制与 PLC 技术	胡晓林
14	建筑工程学院	建筑结构	邱耀
15	建筑工程学院	建筑工程测量	吴训友

2008—2013年九江职业大学省级和校级精品课程一览

表5－4－4

级别	精品课程名称	所属院系	评审年份	级别	负责人
校级	外贸函电	文化旅游学院	2008	校级	曹迁平
校级	大学英语	师范学院	2008	校级	王敏芳
校级	多媒体课件制作技术	师范学院	2008	校级	朱朝霞
校级	FLASH 动画设计与制作	信息工程学院	2008	校级	陶雪琴
校级	教育心理学	师范学院	2008	校级	胡林
省级	学前心理学	学前教育	2009	省级	钱桃英
省级	教师口语	师范学院	2009	省级	康青
省级	机械制作术	机电工程学院	2009	省级	王荣
校级	建筑工程测量	建筑工程学院	2009	校级	吴训友
校级	建筑结构	建筑工程学院	2009	校级	邱耀
校级	学前儿童语言教育活动指导	学前教育	2009	校级	廖贵英

续表 5－4－4

级别	精品课程名称	所属院系	评审年份	级别	负责人
省级	基础会计	经济管理学院	2011	省级	阙红艳
省级	C 语言程序设计	信息工程学院	2011	省级	周军
省级	国际贸易理论实务	经济管理学院	2011	省级	朱慧芳
省级	液压与气压传动	机电工程学院	2011	省级	王晓燕
省级	电气控制与 PLC 技术	机电工程学院	2011	省级	胡晓林
省级	手工制作	学前教育	2011	省级	王敏
省级	合唱与指挥	艺术学院	2013	省级	戴晓敏
省级	思想品德修养与法律基础	思政课部	2013	省级	温明
省级	计算机应用基础	信息工程学院	2013	省级	张先成
校级	班级管理	师范学院	2013	校级	胡林
校级	地基与基础	建筑工程学院	2013	校级	唐业茂
校级	税法	经济管理学院	2013	校级	阙红艳
校级	冲压工艺与模具设计	机电工程学院	2013	校级	王维昌
校级	财务会计	经济管理学院	2013	校级	蔡娟
校级	小学英语教学法	师范学院	2013	校级	张婷
校级	数据库技术	信息工程学院	2013	校级	周建军
校级	模拟电子技术	信息工程学院	2013	校级	李美长
校级	导游业务实训	文化旅游学院	2013	校级	胡萍
校级	建筑力学	建筑工程学院	2013	校级	肖燕

三、教材建设

2006 年 4 月，九江职业大学与九江师范学校合并之初采用普通高专教材作为学生教材使用。

2007 年，对人才培养方案进行了全面修订，制定了新的课程计划，根据新的教学实施方案和各学科专业需要，及时进行教材征订调整，基本保证教材使用的规范，按要求完成教材征订任务。11 月，《九江职业大学申请建设计算机专业实验室的报告》中提到，“尽可能选用国家高职规划教材，在教学方法、技巧与创新等内容上进行大胆探索，突出职业教育特色。同时，一些实验和实训课程的教材，则结合计算机网络技术的社会需求和当地企业的实际情况，由本校教师自行编写。通过改革，使毕业生具有从事信息搜集、组织、分析、利用与服务；以及管理信息系统设计开发与维护等能力。”12 月，《九江职业大学专业建设管理暂行规定》提到“在建设期内，根据重点专业的专业教学标准，在工学结合人才培养模式、课程体系和教学内容、教学方式、教学方法和现代化的多媒体教学手段改革的基础上，与企业合作，按照企业岗位能力和素质要求，制定教材编写大纲，编写具有显著职教特色的教材和课件。教材要达到理论与实践有机融合，专业教学、职业培训、技能鉴定三位一体、有机融合”。

自编教材是课程建设的重要成果。2007 年学校制定《九江职业大学教材建设与管理暂行规定》，提出：“教材建设工作是学校的一项基本建设工作。各院（系、部）要高度重视国家规划教材的选用和编写工作。结合教学科研成果，编写反映学校教学科研水平和专业优势特色的教材。提高学校在全省乃至全国高等职业院校的地位。”

2008 年 7 月，制定《九江职业大学思想政治理论课新课程教学改革实施方案》，组织思政课老师编写适合校情的校本教材，用于教学，促进学科建设，提高思政课教学水平。

2009 年 5 月，制订《九江职业大学评估整改方案》，制订出台专业教材建设规划，与合作办学单位一道，组织力量开发建设 2 种国家级高职高专教育专业实训规划教材和 8—10 种省级规划专业教材和一批具有办学特色的校本教材，开发 15—20 个具有自主知识产权的优质课件。

6 月，成立教材工作委员会。同月，出台《九江职业大学自编教材管理办法》。

2012 年 8 月，出台《九江职业大学关于创建高职人才培养新模式的实施意见》，提出适应专业人才培养需要、对应人才培养方案编写适用教材（出版教材与校本教材），自编教材按学校规定的程序审定办理。

2013 年 9 月，出台《九江职业大学 2013—2014 学年度师德师风建设实施方案》，提出推进校本教材建设。建立适应高职人才培养需要的校本教材开发制度，与企业、行业、国内外高等院校等密切交流合作，建立激励机制，逐年增加列入国家“十二五”规划的教材数量，使校本教材成为学校办学特色和亮点的强力支撑点，以教材研究与开发应用为基础，打造校本教材建设的高水平教师队伍。

2013 年 12 月，制定《九江职业大学内涵建设专项资金使用暂行办法》，规定对由本校教师担任主编的校本教材开发、编写给予奖励。

2007—2014 年九江职业大学教师编写教材一览表

表 5－4－5

书　名	出版社	主　编	出版时间
VB	北京交通大学出版社	蒋腾旭	2007
大学音乐与艺术语言教程	上海音乐出版社	戴晓敏（参编）	2007
教师口语训练教程	江西高校出版社	康青、舒磊	2007
经贸英语阅读与翻译	江西高校出版社	曹迁萍	2007
社会科学基础知识	江西高校出版社	黄福康、易传保	2007
多媒体课件制作技术教程	北京航空航天出版社	朱朝霞、蒋腾旭	2008

续表 5-4-5

书 名	出版社	主 编	出版时间
赣北打鼓歌	校本自编教材	戴晓敏	2008
教育实习指导	江西科学出版社	熊细滚、胡林（参编）	2008
小学数学教材教学法	云南大学出版社	邓必炉、刘慧玲（参编）	2008
小学语文教学法	江西高校出版社	张盛桥（副主编）	2008
职业生涯规划与就业指导	经济科学出版社	卢志鹏	2008
中国历史（上册）	东北师范大学出版社	肖厚建、宋长友	2008
中国历史（下册）	东北师范大学出版社	宋长友、肖厚建	2008
C 语言程序设计教程	北京航空航天出版社	蒋腾旭、黄怡旋	2009
大学生军事理论教程	北京理工大学出版社	周春明、徐萍	2009
大学生心理健康	北京理工大学出版社	周春明、徐萍	2009
计算机应用基础	中国铁道出版社	王云峰、蒋腾旭、韩国华	2009
计算机应用基础实验指导与习题集	铁道出版社	王云峰、蒋腾旭	2009
计算机应用技术案例教程	北京航空航天出版社	张先成、朱朝霞	2009
计算机应用技术实验指导与习题集	北京航空航天出版社	董先明、查玉祥	2009
琴法	江西高校出版社	王爱春	2009
体育教程	河海大学出版社	熊晓康（副主编）	2009
新编大学生实用礼仪教程	北京理工大学出版社	卢志鹏、康青	2009
新编高等数学	北京理工大学出版社	李建华、余任亮	2009
教师职业技能实训教程	江西科技	胡玉东	2010
班级管理	江西科学技术出版社	胡林	2010
《C 语言程序设计教程》	北京航空航天大学出版社	蒋腾旭 黄怡旋	2010
Visual Basic 程序设计案例教程	北京交通大学出版社	赵井文、蒋腾旭等	2010
班级管理 2010-8	江西科技	胡 林	2010
步入大学—师范生入学教育教程		胡玉东	2010
财经应用文写作	南京大学出版社	王田	2010
财务管理	河北大学出版社	李辉秋	2010
财务管理习题集	河北大学出版社	陈铭	2010
财政与金融基础知识	河北大学出版社	钟无涯	2010
电气控制与 PLC 应用技术	北京理工大学出版社	胡晓林	2010
多媒体课件制作	中国铁道出版社	陶雪琴、蒋腾旭等	2010

续表 5－4－5

书　名	出版社	主　编	出版时间
会计电算化	河北大学出版社	陈勇华	2010
机械制造技术	北京理工大学出版社	王 荣	2010
计算机应用基础案例教程	北京航空航天大学出版社	张先成 朱朝霞	2010
计算机应用基础实验指导与习题集	北京航空航天大学出版社	张先成 朱朝霞	2010
计算机应用基础实验指导与习题解答	中国铁道出版社	王云峰、蒋腾旭、韩国华	2010
教师职业技能实训教程	江西科技	胡玉东	2010
经济数学	南京大学出版社	左冬根	2010
魅力九江经典导游词	经济日报出版社	卢志鹏、杜少华	2010
普通话学习训练与测试教程	北京理工大学出版社	卢志鹏康青	2010
普通话训练与测试教程	中国传媒大学	卢志鹏	2010
企业财务会计	河北大学出版社	蔡　娟	2010
琴法	江西高校出版社	王爱春	2010
税收基础	河北大学出版社	阙红艳	2010
税收基础习题集	河北大学出版社	阙红艳	2010
统计基础知识	河北大学出版社	张礼萍	2010
统计基础知识习题集	河北大学出版社	汪丽萍	2010
习字	江西高校出版社	付义赣、施根生	2010
新编大学实用英语综合教程 2	北京理工大学出版社	余小春	2010
应用文写作教程	南京大学出版社	王　田	2010
证券投资学	南京大学出版社	马鸿宾	2010
职业生涯规划	北京理工大学出版社	卢志鹏	2010
大学生心理健康	中国建材工业出版社	胡玉东	2011
大学语文	北京大学出版社	胡玉东	2011
PRO/E 三维数字化设计教程	江西高教出版社	曾文瑜	2011
大学生创业指导	武汉理工大学出版社	汪春莲、石舞潮	2011
大学生就业与创业指导	北京理工大学出版社	卢志鹏	2011
儿童歌曲弹唱曲选	江西高校	陈南平	2011
房屋建筑学	南京大学出版社	徐猛勇、桂崇文	2011
钢结构基本理论与施工技术	中国水利水电出版社	邱耀，秦继平	2011
钢琴基础	江西高校	张玉君	2011

续表 5-4-5

书 名	出版社	主 编	出版时间
古代汉语	北京大学出版社	张盛桥熊细滚	2011
管理学原理	河北大学出版社	李辉秋	2011
机械制图与计算机绘图	北京理工大学出版社	王维昌 胡春亮	2011
基础会计	河北大学出版社	夏敏玲	2011
基础会计（高职）	河北大学出版	夏敏玲	2011
基础会计习题集	河北大学出版社	夏敏玲	2011
建筑 CAD	南京大学出版社	任安忠、黄琳	2011
建筑 CAD	中国地质大学出版社	吴晓燕、吴训友、王华阳、徐雪枫	2011
建筑工程测量	南京大学出版社	王先茹、唐业茂	2011
建筑力学	中国水利水电出版社	肖燕	2011
经济法	南京大学出版社	李辉秋	2011
旅游学概论	哈尔滨工程大学	胡勇兵、杨文	2011
企业财务会计（高职）	河北大学出版社	张礼萍	2011
企业财务会计（中职）	河北大学出版社	张礼萍	2011
企业财务会计习题集（中职）	河北大学出版社	朱慧芳	2011
商务英语阅读与翻译	江西高校	曹迁平副主编	2011
市场营销学	南京大学出版社	夏韧	2011
税法	南京大学出版社	蔡娟（副主编）	2011
税收基础	河北大学出版社	阙红艳	2011
税收基础习题集	河北大学出版社	张礼萍	2011
统计基础知识，第 1 版	河北大学出版社	汪丽萍	2011
统计基础知识习题集，第 1 版	河北大学出版社	张礼萍	2011
现代应用文写作教程	南京大学出版社	王田	2011
新编体育与健康	北京大学出版社	张柚华	2011
幼儿舞蹈教学与创编	江西高校	肖慧群	2011
财务管理实务	中国商务	阙红艳	2012
大学生军事理论与技能教程	北京理工	周春明	2012
大学生心理健康教育教程	北京理工	周春明	2012
电机与拖动基础	合肥工业大学	代红菊	2012

续表 5-4-5

书　名	出版社	主　编	出版时间
电机与拖动实训教材	合肥工业大学	代红菊	2012
高等数学	东北师范大学	孙宪刚	2012
化学	中国财经	徐萍	2012
基础会计学	中国商务	张礼萍	2012
计算机基础	北京理工	谢枫	2012
计算机应用基础案例教程	浙江大学	张先成	2012
计算机应用基础实验指导与习题集	浙江大学	查玉祥	2012
建筑工程计量与计价	哈尔滨工业大学	邱耀	2012
建筑工程教学与实训图籍	西南交大	邱耀	2012
三笔字书写教程	江西高校	付义赣	2012
声乐	江西高校	陈丽琴	2012
数学	中国财经	余定初	2012
体育	北京理工	威泽勇	2012
物理	中国财经	徐萍	2012
小学英语课程与教学论	北京大学	詹丽芹	2012
形势与政策	武汉理工大学	胡火清	2012
英语	中国财经	廖继红	2012
语文	中国财经	陈启浔	2012
中国茶艺教程	旅游教育	杨文	2012
字帖	江西高校	付义赣	2012
Excel 在财务中的应用	人民邮电	查玉祥	2013
PhotoshopCS5 中文版实例教程	浙江大学	张先成	2013
当代文学作品选	北京大学	张守兴	2013
社会主义荣辱观与大学生品行教育	北京理工大学	卢志鹏	2013
体育与健康	东北师范大学	马红丽 王强	2013
现代文学作品选	北京大学	张守兴	2013
学前儿童语言教育	江西高校	廖贵英	2013
液压与气动技术	化学工业	王晓燕	2013
地理（上、下）	西北工业	蔡德平	2014
管理学原理	首都经济贸易	夏韧	2014

续表 5－4－5

书　名	出版社	主　编	出版时间
经济应用文写作	南京大学	王田	2014
生物（上、下）	西北工业	何群慧	2014
师范生楷书字帖	华东师大	付义赣	2014
师范生书写教程	华东师大	付义赣	2014
音乐（上）（大专）	江西高校	戴晓敏	2014
音乐（下）（大专）	江西高校	王爱春	2014

第五节　师资队伍建设

一、教师队伍建设

2006 年，学校合并重组后，新一届党政班子多次召开师资培训工作专题研究会，并成立工作领导小组，各院部相应成立专门工作班子，具体负责教师队伍的建设工作。

学校先后出台《九江职业大学教师队伍建设五年规划》《九江职业大学“双师型”师资队伍建设实施办法》（2008 年 3 月）、《九江职业大学三年师资队伍建设规划（2010—2012 年）》（2009 年年底）和《九江职业大学“十二五”师资队伍建设规划》（2011 年）等文件，着力打造出一支既适应高等职业教育发展要求，又具有本校特色的师德高尚、结构合理、业务精湛、素质优良的“双师型、双师素质型”教师队伍。

2012 年 8 月学校下发《九江职业大学关于创建高职人才培养新模式的实施意见》，解决专业发展研究、专业对接岗位和岗位群的研究与实践问题。

在人才引进方面，学校以培养和引进高层次人才为重点，紧紧抓住师资队伍的引进、培养和使用三个重要环节，出台了一系列的政策措施，不断加大对师资队伍建设的投入力度，优化引进人才的工作环境。到 2014 年年底，学校引进教师 357 名，其中硕士研究生 100 名，博士研究生 1 名。

2009 制定了《九江职业大学青年教师导师制实施办法》《九江职业大学教师基本功考核实施方案》等一系列有关教师教学能力培养提升方案体系、教师教学质量评价体系、教师教学质量监控体系的相关文件，从机制体系上为提升教师队伍素质作了制度上的规范。

2010 年，出台《九江职业大学教职工进修学习管理暂行办法》，制订“学位提升工程”计划，支持教师进修以提高职业技能水平，鼓励教师在职进修取得硕士学位，并派出教师赴美国、英国及我国香港地区、北京、上海等境内外知名高校访学。

2011 年制定《九江职业大学教师参加社会实践实施办法》，派遣教师到企业和基层一线参与实践锻炼，增强教师实践能力，提升教师的“双师”素质。

到2014年年底，学校有4名教师被评为江西省教学名师，11名教师被评为江西省中青年骨干教师。2012年至2014年，有131名教师下企业实践，有320名教师获得了技能等级证书，其中47名教师经过学校审批成为“双师型”教师。至2014年年底，有63名教师参加“国培”。

在学校现有教师的基础上，为尽快适应职业教育对学生技能教学的需要，学校聘请了兼职教师。在教学过程中，通过产学合作、校外实训基地建设，与企业建立稳固的合作关系，从中选聘符合兼职教师任职条件的高级技术人员、管理人员、能工巧匠来学校任教。“十一五”期间，学校共聘请了100名经验丰富，实践能力强的校外兼职教师来学校任教，进一步优化了专兼职教师的知识和能力结构，强化了学校的师资力量，较好地满足了职业教育对实践教学和学生职业化培养的需要。

二、教学团队

2009年5月出台《关于申报2009年校级特色专业及专业群建设项目的通知》附有《九江职业大学校级教学团队建设标准》。同年，学校出台了《九江职业大学青年教师导师制实施办法》。学校组织开展“青蓝工程”活动。聘请一批德高望重，教学水平高、实践能力强的教师担任导师，与青年教师结成对子。指导青年教师设计教学方案，坚持听青年教师的授课和评课。

2013年1月授予师范学院语文教育专业教学团队、学前教育学院学前教育专业教学团队、机电工程学院机电一体化专业教学团队、经济管理学院国际贸易实务专业教学团队四个教学团队“优秀教学改革团队”荣誉称号。

2014年6月出台《九江职业大学2013—2014学年“优秀教学改革团队”评选方案》。

2014年9月学校授予电子通信等六个教学团队“优秀教学改革团队”荣誉称号。

2013—2014学年“优秀教学改革团队”名单

表5－5－1

序号	院部	优秀教学改革团队名称
1	信息工程学院	电子通信教学团队
2	学前教育学院	儿童发展教学团队
3	机电工程学院	电气自动化技术教学团队
4	信息工程学院	计算机应用与基础教学团队
5	文化旅游学院	商务英语教学团队
6	经济管理学院	会计教学团队

三、教师进修与培训

2008年3月，学校出台《关于“双师型”教师队伍建设的意见》，在安排教师到企事业单位实习期间，对实习教师加强管理：实习时间由各院（系部）根据工作需要安排。各院（系部）对实习教师要明确目标、任务、要求，实习教师要制定实习计划，实习完成后要有详细的实习总结和实习所在企事业单位的鉴定意见。实习教师要严格遵守实习单位的各项规章制度，严格考勤并确保自身安全。教务处、各院（系部）定期对实习单位进行走访。了解实习教师工作情况，对其考勤进行抽查，对缺勤的按学校有关规定处理。各院（系部）制定考核方案，对实习教师的工作进行认真的考核，达到考核要求，认定为双师型教师。未达到考核要求，按未完成工作任务处理。实习期间教师工作量参照行政坐班计算。

3 月，出台《九江职业大学“双师型”教师队伍建设实施办法（试行)》

6 月，出台《九江职业大学校级学科（专业）带头人、骨干教师选拔暂行办法》。

2010 年 2 月，出台《九江职业大学教职工进修学习管理暂行办法》，规定了进修原则、类型、程序和进修待遇。

2011 年 1 月，认定 47 人具备“双师型”“双师素质型”教师资格。名单如下。

资格类型	教师名单
双师型	蔡春祥、胡林、张梅、詹丽芹、柯桂珍、花传国、胡晓林、王荣、王晓燕、赵红梅、钟怡帆、邱　耀、张晓华、夏敏玲、阙红艳、朱朝霞、张先成、王强、颜霓
双师素质型	朱慧芳、夏韧、汤曼、廖贵英、李丽珍、陈　晖、刘桂华、易水霞、周伟珍、劳晓红、张柚华、张先锁、吴涛、高霞、王爱春、李美长、周军（女）、董先明、张律、金春花、韩东、邹秀件、王田、高坊洪、左文凯、唐业茂、曾文瑜、刘诗文

2012 年 7 月 2 日至 13 日，利用放暑假后的前 2 周时间，举行了教师技能培训，并成立了“教师技能培训考核”活动领导小组，下设“教师技能培训考核办公室”，办公室设在教务处，具体负责培训考核的日常工作。各院（部）分别成立“教师技能培训考核小组”，院（部）院长（主任）任组长，具体负责本院（部）教师的培训考核工作。

2012 年九江职业大学暑期教师专业技能培训情况统计表

表 5－5－2

院部	计划培训的专业技能	参加培训的教师名单
学前教育学院	儿童音乐教学技能	胡文喆
	少儿舞蹈、体育舞蹈教学技能	叶　萌、廖紫薇、廖珊珊、周　军、刘　倩
	数学教法	吴　静
	音乐教学法、钢琴教学法	吕红梅、周　珉、汪　超、徐　倩、曹　颖、李丽珍
	混音	陈　钊
	手工、图画、电脑动画制作	雷　颋、张　珂、谌明霞、王潇雨、王　晶、王　敏
	幼儿英语、少儿英语教学技能	鲁　奇、李海喃、廖晓燕、叶　虹、叶梓君
	幼儿作品初读教学技能	陆　辉、陈　晖、靳　红、刘彩霞、黄　芳

续表 5-5-2

院部	计划培训的专业技能	参加培训的教师名单
学前教育学院	幼儿舞蹈及创编	唐舒雯、罗　晶、肖慧群
	音乐教学法	李丽珍
	幼儿心理发展评估与实践指导技能	文其云、钱桃英、段展华、龚雪、张子建、方方、雷鸣、郭雨欣、余景丽
	学前教育教学法	吕红梅
	课件制作	廖贵英、周　红、崔小斌、雷　颋、张　珂
	手工、电脑制作技能	张慧敏、陈娉婷
艺术学院	视觉传达	张　伟
	歌曲创作	陈南平、张玉君、刘长洪
	奥尔夫、声乐教学技能	涂　骅、柯朝颖、石　米、周　颖、车红连、刘长洪、杨　璇、张　毅、张　威、王子安、陈　璐
	少儿音乐舞蹈教育教学技能	杨继慧
	AutoCAD、3D、AI 教学技能	张　超、刘　佳、曾凡伟、袁　敏、郑　豪、韩　芳
	油画、国画、水彩实践技能	罗　骏、程　菲、韩雪松、周亚东、苏晓鸿、蒋剑霞、胡　亮、匡全农
	长笛	史　懿、李石岚
	钢琴	蒋涛、郑佳宁、吴旦、马闻静、周颖、陈璐、陈丽琴、汪子安、朱洁
	透视学、手绘效果图教学技能	袁　敏、乔　治、韩　芳
建筑工程学院	建筑施工培训	徐雪枫、吴新文
	建筑装饰施工培训	肖广达、尤莺燕、周墨、汪会雯
	园林施工培训	高宗翔、张本桁、陈玲琳

2012 年暑期教师专业技能培训情况统计表（续 1）

院部	计划培训的专业技能	参加培训的教师名单
师范学院	三笔字	李召茂、张友华、许　鹏、朱秀莲、陈晓凌、熊十华
	数字语音室、微格教学技能	车　平、宋　濂、江茶英、柯桂珍、余干龙
	课件制作	胡　恒、刘思思、黄银梅、王　浔、张婷（大）、李玲、詹丽芹、王敏芳、王　英、杨劲雯、卢剑文、熊群红、邢海英、周　楠、吴芳芳、李　欢、吕少勤、代寒芳、曹少卿、胡　英、易传保、石舞潮、张盛桥、杨苏立、邓耀东、涂　歆、张守兴、付莹莹、杨晓英、许实年、张　璐、于　苗、凌从桂、梁枝林、户才鸿、刘慧玲、王锦红、李建华、李欣晏、刘红燕、潘漫漫、熊庆秋、左　芳、胡　林、刘桂华

续表

院部	计划培训的专业技能	参加培训的教师名单
文化旅游学院	各专业实验实训室实践教学技能	文旅学院全体教师
经济管理学院	会计技能综合实训	张礼萍、阙红艳、蔡　娟、刘有培、崔丽霞、张纪元、陈勇华、张建华、沈莉、陈铭、辛昭霞、饶培培、夏敏玲、涂冰艳、张　灵
	外贸单证的缮制与操作，审核及翻译信用证，缮制进出口单证	程　俊、段训峰、卢云志、罗中星、马　玲、盛　明、阎　芳、湛　青、张鹏宇、张善京
	物流管理专业、市场营销专业、工商管理专业、电子商务专业综合实训	李辉秋、雷婷、熊　愫、夏　韧、冷　赟、詹　超、陶　群、何　玲、周　祥、夏　剑、彭贝樱、余金裘、王田、刘　洁、程　婧、胡　丹、何小杰、余育新、刘芸琦、张芊、王文靖、李　丹
机电工程学院	冷冲压模具设计	王晓燕
	数电综合实训	熊力维
	机加工中心操作技能	赵红梅
院部	计划培训的专业技能	参加培训的教师名单
机电工程学院	液压与气动实训	赵珍珍
	单片机综合实训	代红菊、陈　娟
	数车、数铣操作技能	李　斌
	机械 CAD 综合实训	王晓军
	平面磨床操作	王维昌
	铣床操作	刘诗文
	线切割技术	曾文瑜
	塑料模具设计	卢　苇
	互换性测量	方　敏
	PLC 综合实训	彭　如、王宇凯、邹昊、余　波
	数控机床维修、UG 建模（高级）	尹智龙
	三维造型设计、塑料成型工艺与模具设计	邓平尧

2012 年暑期教师专业技能培训情况统计表（续 2）

院部	计划培训的专业技能	参加培训的教师名单
信息工程学院	office 综合应用、多媒体制作	陶雪琴、张先成、董麓超、马酌、范远超、彭可威、钟园园、陈燕、洪世勇、李微、何琦、聂犇、闵洁、刘超、黄燕、李婷、陈健、汪琴、邓炬强
	基于桌面应用程序的开发	何立富、董先明、孙锦霞、周建军、程珊、主福洋、万权性、刘娅、凌仕华、谭振赟、胡惠娟
	调频、调幅收音机调试与维修	李美长、查玉祥、舒展、陶炎芬、金春花、熊凡、吴晓春、王强、邓珉
护理学院	显微镜使用及教学技能	肖莹、汤传宏、熊邦新
	心肺复苏基本生命支持技术	李吉慧、杨帆、余启萍
	国家公共营养师、药剂师培训	肖莹、汤传宏、熊邦新
	社交礼仪	刘青青
	日语翻译资格证	陈曦
	体格检查	黄恋玉
公共教学部	思政课课件制作	温明、胡火清、郭君、邓东波、何志明、吴涛、查滚金、易冬瑛、张成华、曹永琴、李永忠、施道荣、方平、林绍秋、张红春、张先锁
	数学特殊符号与电子出卷技能	左冬根、柳世全、刘颖贵、袁美英、李红波、余任亮、谭淑英、周萍
	网球、瑜伽培训	王强（小）、陈敏常、廖先平、李德胜、马红丽、吴月华、王为、陈婵、孔继红、邓勇、沈芸、毛震、彭淑玲、颜淑琴、熊晓康、金伟、李翔、王奔、郑中庆、王江、刘娟、劳晓红、陈金根
中专部	多媒体设备使用、课件制作	中专部全体教师

2013 年 7 月 1 日至 10 日，继续举行了为期 10 天的暑期教师技能培训，这次培训除以各院部为单位对各自的专业特点进行技能培训外，针对学校数字化校园建设的完成情况，由学校信息中心牵头和配合，邀请由清华大学教育技术研究所赵阳进行主讲和演示，对各院部以教研室为单位的教学人员进行了数字化校园“清华在线”网络教学平台使用培训和多媒体课件制作初级班和提高班培训。

校园数字化“清华在线”网络教学平台参训人数统计表

表 5－5－3　**经管学院实训机房（60 台用机）（一）**

培训批次	教研室名称	专职教师	兼职教师	参训人数	合计
第一批 7 月 4 日	电子通信教研室	7	6	13	60 人
	计算机应用及基础教研室	15	32	47	

续表 5－5－3

<table>
<tr><th>培训批次</th><th>教研室名称</th><th>专职教师</th><th>兼职教师</th><th>参训人数</th><th>合计</th></tr>
<tr><td rowspan="3">第二批
7 月 5 日</td><td>外语教研室</td><td>17</td><td>14</td><td>31</td><td rowspan="3">60 人</td></tr>
<tr><td>工程管理教研室</td><td>6</td><td>4</td><td>10</td></tr>
<tr><td>经济管理教研室</td><td>11</td><td>8</td><td>19</td></tr>
<tr><td rowspan="7">第三批
7 月 6 日</td><td>会计教研室</td><td>10</td><td>7</td><td>17</td><td rowspan="7">60 人</td></tr>
<tr><td>国际贸易教研室</td><td>6</td><td>7</td><td>13</td></tr>
<tr><td>工商管理教研室</td><td>5</td><td>3</td><td>8</td></tr>
<tr><td>护理学教研室</td><td>5</td><td>3</td><td>8</td></tr>
<tr><td>基础医学教研室</td><td>5</td><td>2</td><td>7</td></tr>
<tr><td>三院临床护理教研室</td><td>0</td><td>3</td><td>3</td></tr>
<tr><td>护理实验（实训）教学中心</td><td>0</td><td>4</td><td>4</td></tr>
<tr><td rowspan="3">第四批
7 月 7 日</td><td>文科教研室</td><td>15</td><td>3</td><td>18</td><td rowspan="3">60 人</td></tr>
<tr><td>体育教研室</td><td>23</td><td>13</td><td>36</td></tr>
<tr><td>数控教研室</td><td>5</td><td>1</td><td>6</td></tr>
</table>

实验与实训中心机房（鹤问湖校区 B501，50 台用机）（二）

<table>
<tr><th>培训批次</th><th>教研室名称</th><th>专职教师</th><th>兼职教师</th><th>参训人数</th><th>合计</th></tr>
<tr><td rowspan="2">第一批
7 月 4 日</td><td>软件技术教研室</td><td>7</td><td>8</td><td>15</td><td rowspan="2">50 人</td></tr>
<tr><td>思政课教研室</td><td>13</td><td>22</td><td>35</td></tr>
<tr><td rowspan="5">第二批
7 月 5 日</td><td>就业指导</td><td>1</td><td>7</td><td>8</td><td rowspan="5">50 人</td></tr>
<tr><td>专业综合教研室</td><td>1</td><td>7</td><td>8</td></tr>
<tr><td>机电教研室</td><td>7</td><td>6</td><td>13</td></tr>
<tr><td>旅游文化教研室</td><td>8</td><td>5</td><td>13</td></tr>
<tr><td>模具教研室</td><td>4</td><td>4</td><td>8</td></tr>
<tr><td rowspan="4">第三批
7 月 6 日</td><td>数学教研室</td><td>5</td><td>5</td><td>10</td><td rowspan="4">50 人</td></tr>
<tr><td>理科教研室</td><td>16</td><td>5</td><td>21</td></tr>
<tr><td>土建施工教研室</td><td>7</td><td>2</td><td>9</td></tr>
<tr><td>自动化教研室</td><td>4</td><td>6</td><td>10</td></tr>
<tr><td rowspan="4">第四批
7 月 7 日</td><td>英语教育教研室</td><td>20</td><td>5</td><td>25</td><td rowspan="4">45 人</td></tr>
<tr><td>建筑设计教研室</td><td>5</td><td>7</td><td>12</td></tr>
<tr><td>中医护理教研室</td><td>0</td><td>4</td><td>4</td></tr>
<tr><td>附院临床护理教研室</td><td>0</td><td>4</td><td>4</td></tr>
</table>

（三）实验与实训中心机房（长虹校区学前楼602，50台用机）

培训批次	教研室名称	专职教师	兼职教师	参训人数	合计
第一批 7月4日	教育心理教研室	9	11	20	48人
	艺术素养教研室	23	5	28	
第二批 7月5日	语文教育教研室	25	24	49	49人
第三批 7月6日	学前教育基础理论教研室	12	4	16	49人
	美术教研室	15	3	18	
	音乐教研室	11	4	15	
第一批 7月4日	数学教育教研室	9	2	11	47人
	儿童发展教研室	8	9	17	
	公共艺术教研室	4	15	19	

附件二

多媒体课件制作提高班培训安排（一）

主讲人：钟圆圆、主福洋　　实训辅导：2人　　时间安排：2013年7月8日—9日

时　间	内　容
2013年7月8日上午	1. PowerPoint 课件中图像处理技术与美化 2. PowerPoint 课件中多媒体插入及控制技巧 3. PowerPoint 课件优秀案例赏析（静态）
2013年7月8日下午	教师上机练习
2013年7月9日上午	1. PowerPoint 课件的典型自定义动画及应用 2. PowerPoint 课件模板分析及个性化设计 3. PowerPoint 课件优秀案例赏析（动态）
2013年7月9日下午	教师上机练习

多媒体课件制作提高班培训名单（二）

序号	院部人数	名　单
1	建筑工程学院8人	范远超、彭可威、陈玲琳、徐徽、张本桁、李燕、桂丛文、汪泽浔
2	机电工程学院11人	刘诗文、赵红梅、曾文瑜、余波、尹智龙、邓平尧、陈娟、王宇恺、赵珍珍、邹昊、彭如
3	文化旅游学院7人	段园园、陈丽琴、杨文、颜霓、冯国华、李艳、彭凤香
4	艺术学院6人	郑豪、乔治、吴旦、李素馨、朱洁、郑佳宁

续表

序号	院部人数	名 单
5	经济管理学院 10 人	段训峰、卢云志、蔡娟、饶培培、张芊、詹超、雷婷、何小杰、陶群、何玲
以上 42 人在鹤问湖校区 H－602（机房十）参与培训		
6	师范学院 10 人	张盛桥、胡青宇、梁枝林、石舞潮、柯桂珍、王英、胡恒、徐珍、胡林、马思源
8	学前教育学院 8 人	吕红梅、周珉、叶萌、鲁奇、陈晖、陆辉、文其云、余景丽、
9	护理学院 4 人	余启萍、黄恋玉、周俊、支星
10	思政教研部 2 人	方平、曹永琴
11	公共课教学部 6 人	袁美英、李红波、金伟、李翔、邓勇、王为
12	中专部 7 人	张琴华、聂海斌、饶赟、殷黄林、杨鹏、付丽芸、刘宏伟、
以上 37 人在鹤问湖校区 H－604（机房十一）参与培训		
总计	79 人	

附件三

多媒体课件制作初级班培训安排（一）

主讲人：诸秋南、陈健

日期	课时	序号	内 容	
			上午	下午
7 月 8 日	0102	1	导入（培训课中电脑基本操作……）	①完成操作报告（一） ②每位老师在已有的课件选一个进行自我完善，没有动作按钮的增加一个环节。
		2	PPT 辅助教学课件的评价要求	
		3	PPT 的简单操作，《自我介绍》为例	
		4	占位符与文本框输入、自定义动画	
	0304	5	多媒体插入	
		6	行距……表格单元格对齐……	
		7	超链接及动作按钮	
		8	幻灯片动画	
7 月 9 日	0102	9	作业点评	①完成操作报告（二） ②每位老师将自我完善的课件，更改为一个有个性化特色的课件
		10	母版与标题母版	
		11	隐藏、移动、复制	
		12	个性化 PPT 课件的制作	
	0304	13	放映 PPT 与其他文档的切换	
		14	PPT 打印，打包	

续表

日期	课时	序号	内容	
			上午	下午
7月10日	0102	15	作业点评	①完成操作报告（三）
		16	相关联内容：复制下载的文件处理	
		17	电子表格排版技巧	
		18	WORD 表格处理	
	0304	19	打印技巧：缩放打印、拼页打印	

多媒体课件制作初级班培训安排名单（二）

序号	院部人数	名单
1	建筑工程学院 3 人	邵徽森、刘茂盛、江政俊
2	机电工程学院 5 人	王荣、王晓燕、王维昌、钟怡帆、代红菊
3	文化旅游学院 1 人	邹桂元
4	艺术学院 9 人	戴晓敏、杨健、王爱春、苏晓鸿、罗骏、周亚东、陈丽琴、张玉君、陈南平
5	经济管理学院 8 人	李辉秋、王田、冷赟、罗中星、熊愫、周祥、刘有培、夏剑
6	师范学院 15 人	张守兴、吴小京、陈晓凌、邓耀东、包贻文、户才鸿、涂歆、田立云、余洋洲、易水霞、陶幼明、周萍、詹丽芹、张友华、刘桂华
以上 41 人在鹤问湖校区 H－605（机房八）参与培训		
7	学前教育学院 6 人	施根生、靳红、廖贵英、叶虹、张爱珍、崔小斌
8	护理学院	无
9	思政教研部 4 人	李永忠、施道荣、易冬瑛、余金裘
10	公共课教学部 13 人	罗平西、温明、田立森、刘颖贵、左冬根、廖先平、李德胜、陈婵、陈金根、劳晓红、陈敏常、马红丽、郑中庆
11	中专部 20 人	纪丽华、陈启浔、黄超、吴建红、宋家煌、张良胜、凌莉、余定初、胡志萍、廖继红、秦芸、罗筱福、何群慧、胡俊昌、占秋生、饶青华、胡建华、熊山清、蔡德平、陈励生
以上 43 人在鹤问湖校区 H－607（机房九）参与培训		
总计	84 人	

附件四

《实验实训教学能力培训方案》（各二级院部制定）

一、建筑工程学院2013年暑期教师培训安排表

培训内容	时间安排	培训对象	备注
职业教育理念培训	7月1—3日	全院教师	
校园数字化平台使用	7月4—7日	全院教师	
多媒体课件制作初级班	7月8—10日	邵徽森、刘茂盛、江政俊	
多媒体课件制作高级班	7月8—9日	范远超、彭可威、陈玲琳、徐　徽、张本桁、李　燕、桂崇文、汪泽浔	
BIM技术培训	7月4—10日	邱　耀、肖　燕、吴训友、唐业茂、高邦栋、左文凯、吉中亮、王华阳、张伟喜、占美森、党曼丽、黄　琳、蒋苍兰、吴新文、徐雪枫、尤莺燕	BIM软件培训，参数化设计的基本原理、Revit Architecture软件界面介绍、软件基础操作、以及小别墅案例详细讲解和剖析。

二、机电工程学院2013年暑期教师培训安排表

时间	计划培训专业技能	培训指导教师	参加培训名单	备注
7月1—10日	公共项目由学校安排	公共项目由学校安排		
7月4—10日	普通机加工实训	钟怡帆	王晓燕、王维昌、刘诗文	
	数控类机床加工实训	赵红梅	赵珍珍、尹智龙	数控车床、数控铣床
		尹智龙	赵红梅、赵珍珍	加工中心
	线切割、电火花实训	曾文瑜	邓平尧、卢　玮	
	PLC综合实训	陈娟、熊力维	彭如、代红菊、王宇恺、邹昊、余波	

三、文化旅游学院2013年暑期教师培训安排表

时间	地点	活动安排	组织部门
7月1—10日	公共项目由学校安排	公共项目由学校安排	公共项目由学校安排
7月9日上午	新实训楼907	论坛：如何享受教学 主持人：颜　霓 嘉宾发言人：李　艳、段园园、代　奕、代　静、陈丽琴 高　霞	文旅学院
7月10日上午	新实训楼907	论坛：教育国际化背景下文旅学院如何去做 主持人：李海涛 嘉宾发言人：姜　懿、刘　璐、姜文馨、冯国华、彭明蓉、倪荣彪	文旅学院

四、艺术学院2013年暑期教师培训安排表

时间	项目	地点	授课人	主持人	参与人
7月1—10日	公共项目 学校安排	公共项目 学校安排	公共项目 学校安排	公共项目 学校安排	公共项目 学校安排
音乐教研室					
7月4—5日上午，7月9—10日上午	钢琴、器乐、声乐	艺术楼	戴晓敏 刘长洪	戴晓敏	张毅、汪子安、刘长洪、车红连、张威、杨璇、马闻静
7月4—5日下午，7月9—10日下午	社会调研				
美术教研室					
7月4—5日上午，7月9—10日上午	国画、计算机软件辅助教学	艺术楼	苏晓鸿 张　超	戴晓敏	张伟、曾凡伟、张超、程菲、胡亮、刘佳、周墨、汪会雯、蒋剑霞
7月4—5日下午，7月9—10日下午	社会调研				
公共艺术教研室					
7月4—5日上午，7月9—10日上午	琴法、唱歌、绘画	艺术楼	王爱春 周　颖	王爱春	周颖、蒋涛、刘坚、蒋宗仁、汪琛、戴纯纯、闵捷、丁璐、朱丹、朱成梁、王磊、张磊、王嵩、曹浩、沈斯洁、黄媛
7月4—5日下午，7月9—10日下午	社会调研				

五、经济管理学院2013年暑期教师培训安排表：

（一）会计教研室暑期培训方案

培训时间	培训内容	培训目的	培训地点	培训对象
7月8日	学习财务软件——出纳实训	掌握出纳实训	H－904	会计教研室全体成员
7月8日	学习财务软件——增值税纳税与申报	掌握增值税纳税与申报	H－904	
7月8日	学习财务软件——基础会计实训	掌握基础会计实训	H－904	
7月8日	学习财务软件——财务报表分析	掌握财务报表分析	H－904	
7月10日	学习财务软件——小企业财务会计实训	掌握小企业财务会计实训	H－904	
7月9—10日	综合实训	提高综合技能	H－904	

（二）工商管理教研室暑期培训方案

培训时间	培训内容	培训目的	培训地点	培训对象
7月8日	学习软件——用友ERP沙盘模拟	掌握用友ERP沙盘	H－803	工商教研室全体成员
7月8日	上机操作（对抗赛）	掌握用友ERP沙盘	H－803	
7月9日	学习软件——人力资源管理	掌握人力资源管理软件	机房	
7月9日	上机操作	掌握人力资源管理软件	机房	
7月10日	学习课件制作	熟练应用PPT制作	H－803	
7月9—10日	综合实训	提高综合技能	机房	

（三）国贸教研室暑期培训方案

培训时间	培训内容	培训目的	培训地点	培训对象
7月8日	单证软件操作	掌握单证软件操作	H－904	国贸教研室全体成员
7月8日	报关软件操作	掌握单证软件操作	H－904	
7月9日	报检软件操作	掌握报检软件操作	H－904	
7月9日	货代软件操作	掌握货代软件操作	H－904	
7月10日	综合实训	提高综合技能	H－904	

（四—1）经济教研室电商专业暑期培训方案

培训时间	培训内容	培训目的	培训地点	培训对象
7月8日	支付宝使用流程	具有熟练使用支付宝的能力，对于支付宝的各项业务的办理了然于心。	教务处统一安排机房	经济教研室电商专业教师
7月8日	电子邮件收发流程	具有熟练使用电子邮件的能力，熟练掌握电子邮箱的基本知识。	教务处统一安排机房	
7月9日	淘宝网买方操作流程	具有良好的淘宝网买方能力，了解淘宝网的最新规则和最新动态。	教务处统一安排机房	
7月10日	综合实训	提高综合技能	教务处统一安排机房	

（四—2）经济教研室市场营销专业暑期培训方案

培训时间	培训内容	培训目的	培训地点	培训对象
7月8日	了解市场调查，掌握正确市场调查方法，能够实施生产调查。	1. 掌握计划市场调查的能力 2. 掌握实施市场调查的能力	C－502	经济教研室市场营销专业教师
7月8日	了解推销，掌握推销技巧和方法。	1. 掌握推销计划的能力 2. 掌握实施推销的能力	C－502	
7月9日	了解拜访客户，掌握拜访客户的技巧和方法。	1. 考核拜访客户的技巧和方法 2. 考核客户拜访的能力	C－502	
7月9日	了解和掌握营销策划案的制定。	考核营销策划案的制定	C－502	
7月10日	综合实训	提高综合技能	C－502	

（四—3）经济教研室物流专业暑期培训方案

培训时间	培训内容	培训目的	培训地点	培训对象
7月8日	1. 对入库作业流程的模拟操作 2. 对入库作业相关流程图的绘制	1. 货物入库检验的内容 2. 货物入库检查的方法	C－501	经济教研室物流专业教师
7月8日	对出库作业流程的模拟操作	1. 出库作业的基本内容 2. 出库作业的基本程序	C－501	
7月9日	对模拟签署仓储合同的操作	1. 仓储合同订立的主要程序 2. 仓储合同的主要内	C－501	
7月9日	对库存状况分析方法的掌握	1. 库存分析的内容 2. 库存分析的方法	C－501	
7月10日	综合实训	提高综合技能	C－501	

六、师范学院2013年暑期教师培训安排表

日期	培训项目	主持人	地点	备注
7月1—10日	公共项目由学校安排			
7月9日	微格教室使用培训	胡林	H705	
7月10日	教师礼仪培训	宋濂	H807	
7月10日	总结		A1105	

七、信息工程学院2013年暑期教师培训安排表

日期	培训项目	主讲人	参与人
7月1—10日	公共项目由学校安排		
7月5日	平面设计、数字媒体技术	钟园园、聂犇、闵洁	教研室教师
7月6日	网络技术、计算机应用技术、电子技术	孙锦霞、刘超、陶炎芬	教研室教师
7月7日	动漫设计、网站管理、单片机技术应用	刘娅、何琦、舒展	教研室教师
7月8—9日	1. 摄影器材介绍及摄影基本技能培训 2. 摄像器材介绍及摄像基本技能培训 3. 摄影、摄像素材的编辑处理	曹建华	教研室教师
7月10日	专业课程设计研讨	何立富、陶雪琴、金春花	教研室教师

八、学前教育学院2013年暑期教师培训安排表：

时间	地点	活动安排	组织部门
7月1—10日	公共项目由学校安排	公共项目由学校安排	公共项目由学校安排
7月8—10日	实训室	1. 早期教育实训室的应用 2. 奥尔夫音乐教室的应用	学前教育学院

九、护理学院2013年暑期教师培训安排表：

时　间	培训项目	负责部门	参与人员
7月1—10日	公共项目由学校安排	教务处	全院教师
7月8—10日	分光光度计的基本操作方法；配制100毫升9克/升的氯化钠溶液；血型测定。	基础医学教研室	基础医学教研室教师
	密闭式静脉输液法；氧气吸入法；导尿术；心电监护技术、快速血糖测定技术、体格检查－颈部检查。	护理学教研室	护理学教研室教师
	密闭式静脉输液法；氧气吸入法；导尿术。	实验实训中心	实验实训中心教师

十、思政课教研部2013年暑期教师培训安排表：

时 间	培训项目	负责部门	参与人员
7月1—10日	公共项目由学校安排	教务处	全体思政教师
7月8日	学习教育部和省厅最新思政文件精神并要求参与老师发言，谈谈学习心得体会。	思政部	全体思政教师
7月8日	思政课教学改革座谈会，提出具体工作中的问题，并集体探讨改进方法	思政部	全体思政教师
7月9日	集体备课。制作完善大专部两门思政课课件。	思政部	全体思政教师
7月10日	教育核心职业能力学习	思政部	全体思政教师
7月10日	暑期培训总结	思政部	全体思政教师

十一、公共课教学部2013年暑期教师培训安排表

时 间	培训项目	负责部门	参与人员
7月1—10日	公共项目由学校安排	教务处	全体公共课教师
7月8—10日	结合数学建模暑期学生培训工作进行跟班培训	数学教研室	数学教研室教师
	能力提升训练（拓展训练、足球、游泳）	体育教研室	体育教研室教师

十二、中专部2013年暑期教师培训安排表

时 间	培训项目	负责部门	参与人员
7月1日—10日	公共项目由学校安排	教务处	中专部教师
7月8日—10日	说课	中专部	中专部教师

2014年6月，经各院部评选推荐，教务处组织考评，经校长办公会讨论决定，确立并公布2014年校级专业带头人、骨干教师、课程主讲教师名单：

2014年校级专业带头人情况表（表一）

序号	院部	姓名	职称	所属专业
1	机电学院	胡晓林	教授	电气自动化技术
2	机电学院	王维昌	教授	模具设计与制造
3	机电学院	王晓燕	副教授	汽车检测与维修技术
4	机电学院	曾文瑜	副教授	机电一体化技术
5	机电学院	赵红梅	副教授	数控技术
6	建筑学院	邱耀	教授	工程造价
7	建筑学院	吴训友	副教授	园林工程技术
8	建筑学院	唐业茂	副教授	工程监理

续表

序号	院部	姓名	职称	所属专业
9	建筑学院	肖燕	副教授	建筑工程技术
10	信息学院	张先成	教授	现代教育技术
11	信息学院	蒋腾旭	副教授	计算机应用技术
12	信息学院	张律	副教授	软件技术
13	信息学院	李美长	教授	电子信息工程技术
14	信息学院	谢枫	副教授	软件技术（软件外包方向）
15	经管学院	李辉秋	教授	国际贸易实务
16	经管学院	张礼萍	副教授	工商企业管理
17	经管学院	阙红艳	副教授	会计
18	经管学院	夏韧	副教授	市场营销
19	师范学院	张盛桥	副教授	语文教育
20	师范学院	李建华	副教授	数学教育
21	学前学院	廖贵英	教授	学前教育
22	文旅学院	曹迁平	副教授	商务英语
23	文旅学院	杨文	副高	旅游管理
24	文旅学院	颜霓	副教授	酒店管理
25	护理学院	陈丽华	教授	护理
26	艺术学院	戴晓敏	副教授	音乐教育
27	艺术学院	程菲	副教授	美术教育
28	农经学院	朱肖峰	副教授	农业经济管理

2014 年校级骨干教师情况表（表二）

序号	院部	姓名	职称	所属专业
1	机电学院	余波	讲师	电气自动化技术
2	机电学院	尹智龙	讲师	数控技术
3	机电学院	陈娟	讲师	机电一体化技术
4	机电学院	代红菊	中级	机电一体化技术
5	建筑学院	王华阳	讲师	建筑工程技术
6	建筑学院	占美森	讲师	建筑工程技术
7	建筑学院	张伟喜	讲师	建筑装饰工程技术

续表

序号	院部	姓名	职称	所属专业
8	信息学院	钟园园	讲师	计算机应用技术
9	信息学院	金春花	讲师	计算机通信
10	信息学院	陶雪琴	副教授	现代教育技术
11	信息学院	马药	讲师	现代教育技术
12	信息学院	何立富	讲师	软件技术
13	信息学院	万权性	讲师	软件技术（软件外包方向）
14	信息学院	刘娅	讲师	软件技术（软件外包方向）
15	经管学院	程俊	讲师	国际贸易实务
16	经管学院	盛明	讲师	国际贸易实务
17	经管学院	陶群	讲师	工商企业管理
18	经管学院	周祥	讲师	工商企业管理
19	经管学院	蔡娟	讲师	会计
20	经管学院	余育新	讲师	市场营销
21	师范学院	江茶英	讲师	英语教育
22	师范学院	梁枝林	讲师	语文教育
23	师范学院	杨苏立	讲师	语文教育
24	师范学院	刘慧玲	讲师	数学教育
25	学前学院	方方	讲师	学前教育
26	学前学院	钱桃英	副教授	学前教育
27	文旅学院	段园园	讲师	商务英语
28	文旅学院	姜懿	讲师	商务英语
29	文旅学院	高霞	讲师	酒店管理
30	文旅学院	冯国华	讲师	酒店管理
31	文旅学院	涂雅玲	讲师	旅游管理
32	文旅学院	李艳	讲师	旅游管理
33	护理学院	肖莹	讲师	护理
34	艺术学院	黄家晶	讲师	艺术设计
35	艺术学院	周颖	讲师	音乐教育
36	艺术学院	刘长洪	讲师	音乐教育

2014 年校级课程主讲教师情况表（表三）

序号	院部	姓名	职称	主讲课程
1	信息学院	周建军	讲师	计算机通信
2	信息学院	主福洋	讲师	软件技术
3	经管学院	汤曼	讲师	人力资源管理
4	师范学院	潘漫漫	讲师	教育心理学
5	学前学院	靳红	副教授	学前语文
6	学前学院	柯朝颖	讲师	音乐教育
7	学前学院	汪超	讲师	音乐教育
8	学前学院	雷鸣	讲师	学前儿童心理学
9	学前学院	李海喃	讲师	英语教育
10	中专部	胡勇兵	讲师	酒店管理
11	中专部	纪丽华	讲师	旅游管理
12	中专部	罗平西	中学高级	物理
13	中专部	宋家煌	副教授	语文
14	公共课部	陈金根	副教授	体育
15	公共课部	左冬根	副教授	数学
16	思政课部	郭君	讲师	思政课
17	思政课部	邓东波	讲师	思政课

四、师德师风建设

（一）“师德师风”主题活动

2009 年在全校开展“以人为本、关爱学生，共创和谐校园”师德师风建设教育活动；

2010 年开展以“扬师德、铸师魂、正师风、强师能”为主题的师德师风建设活动；

2011 年开展以“学习孟二冬教授、方永刚教授，做一名新时期师德高尚的人民教师”为主题的师德师风教育活动；

2012 年开展以“师德承诺”为主题的师德建设活动，每个教师与所在院系部签订《教师师德承诺书》，承诺的内容向学生公布，接受监督。

在 2012 年的师德师风建设活动中，开展“十查十看”和“八个一”活动。

十查十看是：一查在思想政治方面，是否坚持依法执教，有没有传播危害学生身心健康的思想和言论；二查在爱岗敬业方面，有无学不求深、教不求精、心不思教的心态和行为；三查在关爱学生方面，有无讽刺、挖苦、歧视学生，侮辱、体罚或变相体罚学生；四查在严谨治教方面，有无只教书不育人，管教不管导，不认真备课，私自调课等问题存在；五查工作纪律方面，有无不按时到岗，中途离岗，上课接打手机，上班期间做与工作无关的事；六查在为人师表方面，有无不遵守社会公德，有无穿奇装异服和言谈举止不得体，有损学校及教师声誉的言行；七查在治学科研方面，有无弄虚作假、抄袭剽窃等违背学术规范、侵占他人劳动成果的不端行为；八查在团结协作方面，有无不合群、不合作、不团结尊重同事，甚至无理取闹、搬弄是非，有损构建和谐校园的行为；九查在有思想疑问和个人诉求时，是否采取合理合法的表达方式，有无不当言辞和过激行为；十查有无教育思想陈旧，工作萎靡不振、效率低下，工作渎职失职等行为。

通过“十查”，找准院系部和教师个人在教育教学工作和师德师风建设等方面存在的问题，深刻剖析问题产生的原因，有针对性地制定整改措施，并撰写出院系部和个人的师德师风自评报告。

“八个一”是：9 月份，举行一次新教师上岗宣誓仪式；举办一次优秀教案和教学课件评比与巡展；开展一次探索性教研活动；组织教师代表参加一次社会公益性服务活动。10 月份，开展教师“师德座右铭一句话”征集活动；评选一批优秀教师暨师德师风标兵；组织一次“濂溪思政暨网上师德论坛”；举办一场师德标兵事迹报告会。

（二）师德师风激励评价体系和制度

坚持师德师风考核与业务业绩考核并重，在教师岗位聘任、职务晋升、年度考核、职称评聘等方面实行“师德一票否决制”；建立奖罚机制，每年都开展“师德标兵”评选活动 。对师德优秀的教师进行表彰和奖励；对违反师德师风行为严重的，将按有关规定实行问责，三年内不得晋级、晋职和参加评优、评先；情节严重的，按有关规定撤销职务或解聘、辞退。

建立了教师师德师风档案制度；师德师风培训制度；对新入职教师、辅导员都要进行师德师风培训。

2008 年 5 月，出台《九江职业大学 2008 年“师德师风建设”实施方案》。

2009 年 9 月，出台《2009 年师德师风活动实施方案》。

2012 年 5 月，出台《九江职业大学 2012—2013 学年度师德师风“十大标兵”评选方案》。9 月，出台《九江职业大学 2012—2013 学年度师德师风建设实施方案》。

2013 年 7 月 1 日至 2 日，举行 2013 年暑期师德师风教育，学习教育部、中国教科文卫体工会《高等学校教师职业道德规范》，中共中央组织部、中共中央宣传部、中共教育部党组《关于加强和改进高校青年教师思想政治工作的若干意见》等文件。

2013 年 9 月，授予张盛桥等 10 名教师为 2012—2013 学年度师德师风“十大标兵”荣誉称号，王维昌等 10 名教师荣获 2012—2013 学年度师德师风“十大标兵”提名奖

2012—2013 学年度师德师风“十大标兵”名单

师范学院	张盛桥	教务处	王学兵
信息工程学院	李美长	机电工程学院	余　波
文化旅游学院	高　霞	思政课教研部	何志明

经济管理学院	马　玲	艺术学院	程　菲
建筑工程学院	占美森	学前教育学院	张爱珍

2012—2013 学年度师德师风“十大标兵”提名奖名单

机电工程学院	王维昌	经济管理学院	蔡　娟
办公室	钟　华	后勤处	王存荣
信息工程学院	马　药	中专部	凌　莉
文化旅游学院	李　艳	公共课教学部	李　翔
艺术学院	周　颖	建筑工程学院	陈玲琳

2013 年 9 月，出台《九江职业大学 2013—2014 学年度师德师风建设实施方案》。

第六节　教学管理

一、教学管理概况

学校分管教学工作的副校长协助校长负责学校的教学管理工作，具体事务由教务处负责安排落实。全校教学管理分为日常教务管理、考务管理、教材管理、学籍管理和师资管理等五部分。日常教务管理主要包括全校人才培养方案中课程和教学任务的落实与协调，教学设施的使用管理等；考务管理包括全校各类考试的组织协调、统计汇总工作；教材管理指学校的教材规划、建设和管理工作；学籍管理和证书管理工作等。各院、部设院长、主任，院部下设教研室，院长（主任）总抓本学院、部的教学工作，学校设有思政课教学部和公共课教学部，负责思政课、体育、数学等公共课的教学与管理。

2012 年学校开始建立“一级办学、二级管理、双向督导”的新机制，实行校、院（部）两级教学管理。校长是教学管理第一责任人，分管教学的副校长是直接责任人；教务处代表学校牵头并组织全校教学工作的运行和管理；13 个教学院（部）是教学管理的基本单位，院长（主任）对各教学单位负责，分管教学的副院长（副主任）具体负责院（部）的教学组织与管理。各院（部）下设有教研室，教研室是教学基层组织，对专业教学设计、课程设置、人才培养规格、教学组织实施等事项进行具体指导和管理。

二、教学管理文件和规章制度

学校在推进教学管理规范化进程中，专门出台《关于加强教学质量监控工作的若干意见》《教学质量测评实施办法》《教学质量评估指标》《九江职业大学教学事故处理意见》《九江职业大学优秀教案评选标准》《九江职业大学教师教学工作规范》《九江职业大学教师基本功考核实施方案》《九江职业大学双师型、双师素质型教师认定办法》《九江职业大学教学质量测评实施办法》《九江职业大学关于进一步加强课程建设与改革意见》等 70 余项教学管理制度，并编制成《教学管理制度汇编》，对人才培养方案、课程标准、日常教学组织与运行、教学质量监控、师资队伍建设、教材管理、考试成绩管理以及实验实训、课程实习、课程设计、毕业实习等实践教学环节等各个方面，都制定了明确的质量标准和较为科学的工作规范。这些规章制度在规范教学秩序方面发挥了重要作用，使教学管理有据可依，有章可循，保障了学校教学工作的有序开展。这些有关加强并规范教学工作管理文件的制定和出台，从制度上保证了教学质量的有效监控。

2006 年 12 月，出台《专业教学改革试点工作管理办法（试行）》。

2007 年 3 月，出台《关于进一步加强教学工作的若干意见》和《九江职业大学关于加强教学质量监控工作的若干意见》。

2008 年 11 月，出台《九江职业大学教学研究室考核办法》。

2008 年 12 月，出台《九江职业大学教学质量测评实施办法》《九江职业大学考试管理暂行办法》。

2009 年 6 月，成立校教材工作委员会，并出台《九江职业大学教材工作委员会章程》和《九江职业大学自编教材管理办法（暂行）》。10 月，出台《九江职业大学教研室调整方案》。

2010 年 3 月，出台《九江职业大学关于加强学生注册管理工作的补充规定（试行）的通知》。

6 月，出台《九江职业大学教学事故认定和处理办法》。

6 月，出台《九江职业大学双师型双师素质型教师认定办法（暂行）》。

12 月，出台《九江职业大学客座教授管理办法》，规定了客座教授聘用条件、职责、聘请程序、聘期与解聘、管理及其他事宜。

2011 年 5 月，出台《九江职业大学体育设施环境卫生管理规定》《九江职业大学多媒体教室（含阶梯教室）管理办法》。

2012 年 9 月，出台《九江职业大学学生学籍管理实施细则》。

9 月，出台《九江职业大学学生学籍预警暂行规定》。

2012 年 12 月，学校制定《九江职业大学二级院（部）目标管理考核实施意见》和《九江职业大学教师教学工作年度绩效考核暂行办法》两个规范性文件，对各主要教学环节都制定了相应的质量标准，对教学秩序、教学质量、考试、学籍、教学环境等实施目标管理，确保教学有序运行；对各主要教学岗位都制定了相应的岗位和工作规范，加强管理，确保质量。

从科研、企事业单位聘请专业人才和能工巧匠担任兼职教师，加大兼职教师的比例，逐步形成实践技能课程主要由具有相应高技能水平的兼职教师讲授的制度。学校制定了《九江职业大学兼职教师管理办法》，明确聘任原则、程序及兼职教师的管理与考核办法。加强教学督导和学生评价反馈，使兼职教师聘任和管理制度化、规范化，稳定了兼职教师队伍，保证了教学质量。

学校制定并实施教师教学质量考核方面的有关规定，建立教学质量监控体系。通过院系领导听课、督导组评教、学生评教、同行评教和教学观摩等措施，加强对教师教学工作质量、教研科研、实践教学能力等方面的综合考核。考核结果作为教师聘任、晋升、奖惩的依据。完善师德考核评价机制，每年教师节对表现突出的师德标兵、师德先进个人、优秀教育工作者、优秀教师进行表彰，营造了爱岗敬业、无私奉献的良好风气，激励了 教师全面发展，加快师资队伍建设步伐。

2013 年 9 月，出台《九江职业大学教学科研工作业绩考核办法（2013 年修订）》。

9 月，出台《九江职业大学外聘教师管理暂行办法》，规定外聘教师的基本条件、聘任和审批程序、教学要求、管理和考核以及续聘和解聘。

12 月，出台《九江职业大学二级院（部）年度教学工作目标管理与考核实施方案》，由教务处牵头成立考核组，以每年下半年寒假前的 10 天为规定考核时间，对各院（部）的自然年度教学工作进行一次综合考核。考核组的主要职责为：对照各院（部）的教学工作目标任务表，组织检查落实情况；核查提交材料的真实性；做出考核结果认定。

12 月，出台《九江职业大学专业教研室管理暂行办法》规定了教研室设置、工作制度和工作职责。

12 月，出台《九江职业大学教师教学工作量核算暂行办法（讨论稿）》，对教师的工作量做了详细的规定。

12 月，出台《九江职业大学教师教学工作年度考核暂行办法》，该办法指出学校成立教师教学工作年度考核领导小组，主要负责审定教师教学工作业绩考核方案和考核办法，研究处理考核工作中出现的重大问题。学校教师教学工作年度考核领导小组办公室设在教务处。各院（部）成立考核工作组，依据本办法制定考核实施细则并报教务处备案，对本部门所属教师的教学工作业绩进行考核。

2014 年 6 月，成立九江职业大学语言文字工作委员会，统筹领导和管理学校语言文字工作。工作委员会下设语言文字工作委员会办公室，办公室设在教务处，付义赣任办公室主任，普通话培训测试站工作人员为语言文字工作委员会办公室工作成员，负责学校语言文字日常工作。

三、教学质量监控体系

教学质量监控总体上分为日常性质量监督与集中性教学质量检查两类。2006 年学校教学督导机构由校、院（系、部）两级机构组成，校、院（系、部）督导共 27 人，职责明确。督导人员多数已从事教学与教学管理工作多年，受到教师的普遍尊重，督导工作取得了良好的效果。经常性监督主要由校、院（系、部）教学管理人员（含教学督导）进行，督导的主要内容是：学生到课率、课堂纪律与教师授课质量。校、院（部）督导听课范围涵盖学校每位教师，并开展教师之间相互听课，通过听课评估及时反馈信息，对被评教师提出改进意见，从而对每位教师的教学质量的提高起到了较好的促进作用。同时，学校定期召开教学工作例会，分析教学运行情况，及时发现问题、解决问题。每学期组织集中综合教学质量检查，检查内容包括教学计划的执行情况、教案展评、教学质量评价、作业批改、考试情况分析等。集中性检查每学期 1—2 次。重视学生对教师的评价，树立学生为主体的教学理念，督导与学生评价的优劣是优秀教师评选的重要指标，也是学期和年度考核的重要指标。

学校教学督导组，对规范教学管理、加强教师队伍建设、提高教学质量起到了有效的推动作用。教学督导组建立了学校领导巡课与听课制度，编写督导日志、发布督导信息等督导工作机制。通过听课、评课、作业检查、教学进度检查、院系部教学工作专题调研、推广好课、举办教学座谈会和教学讲座等不同形式的教学督导活动，推动了教学改革，提高了教学水平。

在教学管理过程中，摸索建立了实现质量有效监控的切实可行办法。主要为：

1. 领导听课巡课，实施动态监控。学校制订了《关于领导干部听课的暂行办法》，校级和各院（系、部）领导坚持听课和巡课，及时掌握教学情况，处理教学中出现的问题，对有情况的教师及时进行谈话，指出存在问题，认真改进教学。

2. 坚持督察督导，规范教学行为。学校督导机构制订并实施了《教学督导工作暂行规定》。督导组坚持听课、评课，尤其加强了对青年教师的教学指导工作。党委纪检组对党员教师随时进行跟踪检查，督导员每日对全校课堂教学情况进行巡视登记，定期编辑教学情况简报，供学校领导和各院（部）掌握。

3. 坚持信息登记，掌控教学情况。学校建立了班级学生信息员队伍，由各班学生信息员如实登记每个教师所上的每节课课堂教学情况，于每周末将收集到的教学信息和教学意见、建议，填写成“班级教学日志”，分别交教务处、学工处和各相关院（系、部）。

4. 开展评教评学，促进教学改进。学校制定了教师教学质量测评标准，教务处和各院系部定期组织开展评教评学会议，对提高人才培养工作水平起到了极为重要的促进作用。

5. 严格教学规范，确保人才质量。学校制订了《教学事故处理办法》等规章，一经查到私自调课、迟到早退、无故旷课、体罚或变相体罚学生等违纪行为时，坚持以事实为根据，及时予以处理，并与年终奖金、评先晋级、职称晋升直接挂钩。

6. 狠抓考试考核，确保教学质量。针对高职高师特点，学校强化实践实习教学管理，分别制订了《九江职业大学学生考试规程》《学生毕业设计（论文）管理办法》《毕业设计（论文）成绩的评定》等制度，严肃考场纪律，严格考务管理，严格学生实习实训和毕业设计（论文）审核与等级评定，对无故缺考和舞弊者进行严肃处理。

2012 年下半年，学校教学督导工作有所调整。教学督导组并入教务处。在此情况下，学校建立“一级办学、二级管理、双向督导”的质量监控机制，出台了《九江职业大学加强理论和实践教学督导工作实施意见》，建立了学校、院（部）两级教学督导队伍，建立了学生信息员队伍。教务处负责教学督导的日常工作。

教学督导以推进“学生本位”课堂教学改革为抓手，以督促教、以督促学、以督促管，督导结合，重在引导，进一步提高教学质量。建立了由教学组织管理、教学质量监控、教学质量评价、教学信息反馈等多个要素构成的教学质量监控与评价体系，坚持教学评价的“四个结合”，即“定量与定性结合、过程与结果结合、全面与重点结合、标准与创新结合”，使学校的教学组织工作有条不紊，井然有序，促进了优良校风、教风、学风和班风的形成。

第七节　教学改革与成果

一、教学改革实践

（一）教学模式探索与改革

学校在坚持“校企合作、工学交替、顶岗实习”的大模式前提下，各二级学院按照学校提出的“创建适合学生发展的教育模式，培养适应社会需要的技能人才”的方向，不断探索实践，逐步形成了具有各自专业特点的人才培养新模式：机电工程学院“产、学、研三位一体”模式；学前教育学院校、园合作、学训交替、五环（指学生由入校到毕业经过“专业感知”“录像观摩”“活动设计”“模拟教学”到“顶岗实习”五个阶段）促进”模式；师范学院“校校合作、教—学—练一体”、本土化“定向培养”模式；经济管理学院“两结合一并举”模式（课程设置与岗位结合、课程内容与技能结合、课程考试与资格证书并举）；建筑工程学院“三合一”模式（老师与师傅合一、教室与工地合一、作业与作品合一）；文化旅游学院“理实一体、校企一体、学做一体”模式，信息工程学院“项目设计、任务驱动、活学活用、学以致用”模式，艺术学院“以就业为导向、服务社会为需要、德艺双馨、自主就业创业”模式等。

2008 年 7 月，出台《计算机公共课程教学改革方案》，把应用能力的培养作为基点，改革计算机公共课程教学的教学方法和教学手段，依托校园网，建立开放的计算机公共课程教学平台。

2012 年学校进一步提出了“构建两个体系、实现三个转变”的方向（两个体系即理论和实践体系，三个转变即由教师本位向学生本位的转变，由一堂好课向一门好课的转变，由知识加训练向教学做一体化的转变），实施“两个结合”“双证并举”（即课程设置与岗位结合、课程内容与技能结合，毕业证与职业技能资格证并举）的新举措。

在技能培养方面，在校内采取“三引进、五阶段”运行模式（三引进：引进项目、引进企业、引进产品；五阶段：见习→基础实验→单项实训→综合实训→顶岗实习）。从帮助学生规划职业生涯开始，到“基本技能→单项技能→综合技能→就业能力”的渐进提升，形成学生的职业能力。在校外实习实训，实行“三合一”模式，即“实习教学与顶岗合一、毕业（设计）项目与顶岗岗位工作合一、教学指导与实习管理合一”，让学生学习掌握岗位生产技术技能，又积累了工作经验，提升了就业能力。

2012 年 8 月，出台《九江职业大学关于创建高职人才培养新模式的实施意见》。

2014 年 6 月，出台《九江职业大学 2013—2014 学年“优秀教学改革团队”评选方案》。

（二）教学方式、手段改革与创新

一是学校加大硬件建设力度，完善教学手段。2008 年学校拥有 8 个语音教室，17 个多媒体教室，12 个 150 座多媒体阶梯教室，1 个 400 座多媒体多功能报告厅，12 个 56 座以上联网计算机房，教学用计算机 1012 台。2012 年随着学校新实训楼的投入使用，各教学资源得到了极大的改善。

二是使用多种教学手段，改进教学方法。学校多次举办教师计算机知识培训、多媒体课件制作培训，鼓励教师编写电子教案。学校经常组织教师进行教学课件比赛和多媒体教学比赛，不断提升教师熟练掌握多媒体教学的水平，多媒体教学普及率得到了极大的提高。在全省高校优秀多媒体教学课件展示评比中有多人次获奖。

三是建设实验实训基地，提高实训教学能力。学校坚持“以就业为导向，以服务为宗旨，以社会需求为目标，以技术应用能力培养为主线”的方针。突出应用能力的培养，在构建以职业能力和综合素质培养为目标的实践教学体系的同时，注重学校实训基础设施的建设和实训设备的购置，实训教学模式发生了革命性的变化。学校建设电子电工及自动化实训室、机械加工实训室、会计模拟实训室等一系列实训设施设备和校外实训基地。在提高实验实训能力的同时，制定了课程实验、技能实训、毕业实践等一系列环节的教学管理制度。在保障学生实习实训需要的同时聘请有丰富实践经验的工程师进行教学，学校还有目的地选派教师进入企事业单位进修或在带领学生顶岗实习的同时与学生一道进修，提高了教师指导学生实验实训的能力。

二、教学改革成果

（一）教学管理信息化

2008 年在原有教学与学生管理平台基础上，与国内先进高校软件开发公司湖南强智科技发展有限公司合作，升级学校教务和学生管理网络系统（含教学计划子系统、教学资源子系统、网上选课子系统、课表编排子系统、学生成绩子系统、考试考核子系统、教学考评子系统、实践教学子系统、教学管理子系统等），学校教学和学生管理现代化程度得到较大提高。

（二）学业推行“双证”制

对学生学业成果认定推行“毕业证书 + 职业资格证书”的“双证书制”。学校积极为学生考证创造条件。现有普通话培训测试站、国际商务单证员考点和会计从业资格证考点，建立了英语等级考试、英语应用能力测试、计算机等级考试、计算机应用能力水平考试、中小学教师资格证考核、导游资格证、海关报关员、会计师、物流师等考证的组织系统。把职业技能培训与职业资格鉴定纳入教学计划，将实践教学内容及考核与技能培训及鉴定衔接起来，实现一专多能的适用型教育。

（三）学生职业能力培养

学校要求教师确立“以素质为基础、以能力为核心”的教学理念，将学生的技能培养融入每一个教学环节。制定《九江职业大学学生专业技能考核实施方案》。以“现代制造、建筑工程、电子电工、计算机、经贸商务、酒店管理、教师职业能力、幼教技能、护理”9个校内实训基地为平台，积极开展职业技能培训和鉴定工作。各二级学院在技能培养标准方面制定了具体的实施办法，将职业技能培养训练与职业资质融为一体，确保了学生职业技能的通过率。

2010学校可以进行的资质鉴定和培训的项目，可涵盖机械加工、建筑设计、师范教育、学前教育、电子信息、旅游管理等8大类43个专业75个工种。2010－2012年，累计开展鉴定16期，对全日制在校生完成鉴定8814人次，有8648名学生取得至少一项技能认证。同时学校积极组织参加国家、省级及各行各业的职业技能大赛。各二级学院根据专业特点，在校内积极开展职业技能训练和竞赛活动。学校大力推进“以赛练能、以赛提升”工作，建立了相对稳定的学生职业技能参赛队伍。

2013年9月，推进“学生本位”教学改革，学校表彰了段园园、吴旦、陈健、江茶英、杨帆、吴涛、方方、唐业茂、饶培培、赵珍珍10名教师。

2010—2013学校二级学院学生技能竞赛获奖名单

表5－7－1

荣誉名称	姓名	学院	时间	颁奖单位
江西省大中专院校第九届职业技能竞赛英语听说技能比赛三等奖	张　斌	文旅	2010	江西省教育厅
2010年“神州视景杯”全国旅游院校服务技能（导游服务）大赛高等院校普通话组竞赛中荣获二等奖，并授予“周庄古镇”全国旅游院校导游服务技能大赛优秀选手称号	胡　沙　王世宇	文旅	2010	江西省教育厅
江西2011年大学生科技创新与职业技能竞赛旅游专业技能赛（导游技能）专科组三等奖	董桂香 特日格乐	文旅	2011	江西省教育厅
江西2011年大学生科技创新与职业技能竞赛旅游专业技能赛总台问询及中式铺床三等奖	余辉云	文旅	2011	江西省教育厅
江西2011年大学生科技创新与职业技能竞赛中分别获得旅游专业技能赛西餐宴会摆台专科组三等奖	邱　露	文旅	2011	江西省教育厅
江西2011年大学生科技创新与职业技能竞赛中分别获得旅游专业技能赛中餐宴会摆台专科组三等奖	张文文	文旅	2011	江西省教育厅
“神州视景杯”第三届全国旅游院校服务技能（饭店服务）大赛中分别荣获高校组中式铺床三等奖	武晓娟	文旅	2011	江西省教育厅
“神州视景杯”第三届全国旅游院校服务技能（饭店服务）大赛中分别荣获高校组	曹颖芳	文旅	2011	江西省教育厅
2011年江西省“南昌理工学院杯”学生体育舞蹈（国标舞）比赛中取得第二名	何琳娜　贾　睿	文旅	2011	江西省教育厅
2011年江西“南昌理工学院杯”学生体育舞蹈（国标舞）比赛第四名	李姝骁	文旅	2011	江西省教育厅

续表 5-7-1

荣誉名称	姓名	学院	时间	颁奖单位
“千策杯”第五届全国旅游院校服务技能（饭店服务）大赛高职组西餐宴会摆台项目二等奖	胡诗琴	文旅	2013	全国旅游协会
“千策杯”第五届全国旅游院校服务技能（饭店服务）大赛中餐宴会摆台项目二等奖	张文文	文旅	2013	全国旅游协会
“千策杯”第五届全国旅游院校服务技能（饭店服务）大赛中式铺床及升夜床项目二等奖	左兴凯	文旅	2013	全国旅游协会
2013 年江西省大学生科技创新与职业技能竞赛基本职业技能赛英语听说能力非专业类专科组三等奖	王　群	文旅	2013	江西省教育厅
2013 年江西省大学生科技创新与职业技能竞赛旅游专业技能赛西餐主题宴会设计专科组二等奖	李　敏	文旅	2013	江西省教育厅
2013 年江西省大学生科技创新与职业技能竞赛旅游专业技能赛西餐主题宴会设计专科组三等奖	胡诗琴	文旅	2013	江西省教育厅
2013 年江西省大学生科技创新与职业技能竞赛中餐主题宴会设计三等奖	张文文	文旅	2013	江西省教育厅
2013 年江西省大学生科技创新与职业技能竞赛总台问询及中式铺床二等奖	余辉云	文旅	2013	江西省教育厅
2013 年江西省大学生科技创新与职业技能竞赛总台问询及中式铺床三等奖	左兴凯	文旅	2013	江西省教育厅
2013 年江西省大学生科技创新与职业技能竞赛导游技能二等奖	张　姝　何　钢	文旅	2013	江西省教育厅
2013 年江西省大学生科技创新与职业技能竞赛导游技能三等奖	陈雯洁	文旅	2013	江西省教育厅
中国教师报征文三等奖	武少安	师范		省教育厅
英语口语技能个人优秀	李书臻	师范		省教育厅
中国教师报征文三等奖	肖　素	师范		省教育厅
书信（书法）创作比赛一等奖	黄　红	师范		九江市作家协会
书信（书法）创作比赛二等奖	谭　娇	师范		九江市作家协会
书信（书法）创作比赛二等奖	鲍婉贞	师范		九江市作家协会
书信（书法）创作比赛二等奖	常海燕	师范		九江市作家协会
书信（书法）创作比赛三等奖	柯超楠	师范		九江市作家协会
中国教师报征文三等奖	周　珍	师范		省教育厅
书信（书法）创作比赛三等奖	李　莎	师范		九江市作家协会
诗歌朗诵比赛二等奖	李　莎	师范		九江市作家协会
江西省大学生“知荣明耻树新风”电视歌舞大奖赛三等奖　舞蹈节目：《新阿里郎》	冉小芳　李可桢	学前	2007	江西省教育厅

续表 5－7－1

荣誉名称	姓名	学院	时间	颁奖单位
江西省"现代杯"中小学生健美操比赛中师中专组大众四级项目第二名	辛　莹	学前	2008	江西省教育厅
江西省"蓝天学院杯"大学生健美操比赛中师中专组自选套路项目第一名	辛　莹　吕文静	学前	2008	江西省教育厅
江西省"蓝天学院杯"大学生健美操比赛中师中专组大众四级项目第二名	吴晏琦	学前	2008	江西省教育厅
江西省健美操竞标赛荣获中师专组大众五级第二名	辛　莹　吕文静 钱尼萍　吴晏琦	学前	2009	江西省教育厅 江西省体育局
江西省健美操竞标赛荣获中师专组大众四级第二名	辛　莹　吕文静 胡阿琪　熊梦颖 吴晏琦	学前	2009	江西省教育厅和江西省体育局
江西省大学生舞蹈大赛二等奖 舞蹈作品《中国妈妈》	学前教育学院团体	学前	2010	江西省教育厅和江西省文学艺术界联合会
江西省大学生舞蹈大赛二等奖、组织奖 舞蹈作品《在那遥远的地方》	学前教育学院团体	学前	2010	江西省教育厅和江西省文学艺术界联合会
江西省"南昌理工学院杯"学生体育舞蹈（国标）比赛获得拉丁舞大学生女子单人A组L二等奖	陈　甜	学前	2011	江西省教育厅
江西省"南昌理工学院杯"学生体育舞蹈（国标）比赛获得拉丁舞大学生女子单人B组三等奖	陈　甜	学前	2011	江西省教育厅
江西省"南昌理工学院杯"学生体育舞蹈（国标）比赛获得摩登舞大学生女子单人A组M一等奖	芳　芳	学前	2011	江西省教育厅
江西省"南昌理工学院杯"学生体育舞蹈（国标）比赛获得摩登舞大学生女子单人B组M一等奖	芳　芳	学前	2011	江西省教育厅
江西省"南昌理工学院杯"学生体育舞蹈（国标）比赛获得摩登舞大学生巾帼单项组T一等奖	李　红　周红玲	学前	2011	江西省教育厅
江西省"南昌理工学院杯"学生体育舞蹈（国标）比赛获得摩登舞大学生巾帼单项组T二等奖	何琳娜　贾　睿	文旅	2011	江西省教育厅
江西省"南昌理工学院杯"学生体育舞蹈（国标）比赛获得摩登舞大学生巾帼B组M一等奖	李　红　周红玲	学前	2011	江西省教育厅
江西省"南昌理工学院杯"学生体育舞蹈（国标）比赛获得拉丁舞大学生女子单人B组L四等奖	李姝骁	文旅	2011	江西省教育厅
江西省"南昌理工学院杯"学生体育舞蹈（国标）比赛获得拉丁舞大学生女子单人B组L六等奖	谭梦莹	学前	2011	江西省教育厅
江西省"南昌理工学院杯"学生体育舞蹈（国标）比赛获得拉丁舞大学生女子单人B组L八等奖	侯常存	学前	2011	江西省教育厅
江西省中等职业学校第八届技能竞赛节幼儿教育钢琴弹唱二等奖	张译文	学前	2011	江西省教育厅

续表 5－7－1

荣誉名称	姓名	学院	时间	颁奖单位
江西省中等职业学校第八届技能竞赛节幼儿教育钢琴弹唱三等奖	郑家慧	学前	2011	江西省教育厅
江西省中等职业学校第八届技能竞赛节幼儿教育绘画三等奖	江缘媛	学前	2011	江西省教育厅
江西省中等职业学校第八届技能竞赛节幼儿教育讲故事二等奖	沈　彤	学前	2011	江西省教育厅
江西省中等职业学校第八届技能竞赛节幼儿教育讲故事三等奖	熊梦颖	学前	2011	江西省教育厅
江西省中等职业学校第八届技能竞赛节幼儿教育舞蹈设计三等奖	李　远	学前	2011	江西省教育厅
蒲公英第十二届全国青少年优秀艺术新人选拔活动（江西赛区）大赛青年 B 组舞蹈专业一等奖	罗嘉莉	学前	2012	江西省赛区组委会
舞蹈作品：《八女投江》《单人拉丁舞》	杨　婧	学前		
建行“e 路通”杯第三届全国大学生网络商务创新应用大赛大陆赛区全国赛区商务创新应用大赛一等奖	张飘飘	经管	2011	中国互联网协会
全国首届涉外会计技能大赛全国三等奖	刘海琴	经管	2011.7	中国国际贸易协会、教育部高等学校高职高专经济类专业教学指导委员会
全国首届涉外会计技能大赛全国二等奖	郑园园	经管	2011.5	同上
建行“e 路通”杯第四届大陆地区大学生网络商务创新应用大赛大陆赛区专科组商务模式创新主题赛一等奖	许　创	经管	2011.6	中国互联网协会
建行“e 路通”杯第四届大陆地区大学生网络商务创新应用大赛大陆赛区专科组商务模式创新主题赛一等奖	邢秋勤	经管	2011.6	同上
建行“e 路通”杯第四届大陆地区大学生网络商务创新应用大赛大陆赛区专科组商务模式创新主题赛一等奖	霍　璐	经管	2011.6	同上
建行“e 路通”杯第四届大陆地区大学生网络商务创新应用大赛华南赛区专科组移动网络商务主题赛一等奖	徐　伟	经管	2011.6	同上
建行“e 路通”杯第四届大陆地区大学生网络商务创新应用大赛华南赛区专科组移动网络商务主题赛一等奖	刘冰霞	经管	2011.6	同上
建行“e 路通”杯第四届大陆地区大学生网络商务创新应用大赛华南赛区专科组网络零售主题赛一等奖	霍　璐	经管	2011.6	同上
建行“e 路通”杯第四届大陆地区大学生网络商务创新应用大赛华南赛区专科组商务模式创新主题赛一等奖	李　华	经管	2011.6	同上
建行“e 路通”杯第四届大陆地区大学生网络商务创新应用大赛华南赛区专科组网络零售主题赛一等奖	王建辉	经管	2011.6	同上
建行“e 路通”杯第四届大陆地区大学生网络商务创新应用大赛华南赛区专科组网络商务创新应用二等奖	刘　单	经管	2011.6	同上

续表 5－7－1

荣誉名称	姓名	学院	时间	颁奖单位
建行“e 路通”杯第四届大陆地区大学生网络商务创新应用大赛华南赛区专科组网络商务创新应用二等奖	吴德富	经管	2011.6	同上
2011—2012 全国大学生网络商务创新应用大赛全国总决赛网络商务创新应用一等奖	袁　涛 姚　鑫 付艳阳	经管	2012.9	中国互联网协会、全国大学生网络商务创新应用大赛组委会
2011—2012 全中大学生网络商务创新应用大赛全国总决赛网络商务创新应用二等奖	姚金艳　赵文娟 刘林霞　李婷婷	经管	2012.9	同上
2011—2012 全中大学生网络商务创新应用大赛华南赛区网络商务创新应用三等奖	张荷静　王　菊 孙梦飞　徐旭照 吴金生	经管	2012.9	同上
2011—2012 全中大学生网络商务创新应用大赛华南赛区网络商务创新应用三等奖	姚金艳　赵文娟 刘林霞　李婷婷	经管	2012.9	同上
2011—2012 全国大学生网络商务创新应用大赛华南赛区网络商务创新应用一等奖	袁　涛　姚　鑫 付艳阳	经管	2012.9	同上
2011—2012 全国大学生网络商务创新应用大赛华南赛区创新应用开发单项一等奖	杨亚萍　任德华 张智慧	经管	2012.9	同上
2011—2012 全国大学生网络商务创新应用大赛华南赛区商务模式创新单项一等奖	翁　皎　李　文 万伟冉　周　云 宋　杰	经管	2012.9	同上
江西省大学生科技创新与职业技能竞赛创意电子商务赛专科组二等奖	孙晨阳　姚金艳 李婷婷	经管	2012.11	江西省教育厅、江西省人力资源与社会保障厅、共青团江西省委员会
江西省大学生科技创新与职业技能竞赛会计专业技能赛（单项技能）专科组三等奖	产敏敏	经管	2012.11	同上
江西省大学生科技创新与职业技能竞赛会计专业技能赛（信息化处理）专科组三等奖	颜珍婷	经管	2012.11	同上
第七届全国信息技术应用水平大赛全国二等奖	张冬保　杨林山 查丽婷	经管	2012.12	教育部信息管理中心
九江职业大学第四届大学生数学竞赛校级二等奖	陈定煌	经管	2013.5	九江职大
九江职业大学第四届大学生数学竞赛校级二等奖	王元乾	经管	2013.5	同上

续表 5-7-1

荣誉名称	姓名	学院	时间	颁奖单位
第三届全国涉外会计岗位技能大赛全国三等奖	章 勇	经管	2013.7	中国国际贸易协会、教育部高等学校高职高专经济类专业教学指导委员会
第三届全国涉外会计岗位技能大赛全国三等奖	占玲霞	经管	2013.7	同上
第三届全国涉外会计岗位技能大赛全国二等奖	刘亚	经管	2013.7	同上
第三届全国涉外会计岗位技能大赛	易小飞	经管	2013.7	同上
第六届全国大学生网络商务创新应用大赛华南赛区网络商务创新应用大赛一等奖	易昌荣 刘 毅 吕海娜 贾小亮	经管	2013.10	中国互联网协会、全国大学生网络商务创新应用大赛组委会
第六届全国大学生网络商务创新应用大赛华南赛区综合三等奖	李凝慧 蔡炜宁	经管	2013.10	同上
第六届全国大学生网络商务创新应用大赛华南赛区网络商务创新应用一等奖	马韬君宇 江鹏来 张中炬 周 晴 于文宇	经管	2013.10	同上
第六届全国大学生网络商务创新应用大赛华南赛区综合一等奖	易昌荣 刘 毅 吕海娜 贾小亮	经管	2013.10	同上
第六届全国大学生网络商务创新应用大赛华南赛区综合二等奖	姚 鑫 钱 程 张智慧 徐旭照 范立庆	经管	2013.10	同上
第六届全国大学生网络商务创新应用大赛华南赛区综合三等奖	杨 震 吕梦杰 何 涛	经管	2013.10	同上
第六届全国大学生网络商务创新应用大赛华南赛区综合二等奖	吴 倩 谢 泉 赖子珍 韦小东	经管	2013.10	同上
第六届全国大学生网络商务创新应用大赛华南赛区单项一等奖	梁宁莉 李思远 陈文静 朱姗姗	经管	2013.10	同上
第八届全国信息技术应用水平大赛电子商务与互联网金融团体全国二等奖	袁 涛 吴 倩 谢 泉	经管	2013.10	教育部信息管理中心
第八届全国信息技术应用水平大赛电子商务与互联网金融团体全国三等奖	李 文 刘丽萍 李思远	经管	2013.10	同上
第八届全国信息技术应用水平大赛电子商务与互联网金融团体全国三等奖	黄秋浩 张晓阳 彭伟军	经管	2013.10	同上
江西省大学生科技创新与职业技能竞赛沙盘模拟经营技能赛专科组三等奖	崔 萍 章德昌 江鹏来 张 伟 罗 玉	经管	2013.12	同上

续表 5－7－1

荣誉名称	姓名	学院	时间	颁奖单位
江西省大学生科技创新与职业技能竞赛网络商务创新应用赛专科组三等奖	马韬君宇 江鹏来　张中炬 周　晴　于文宇	经管	2013	同上
江西省大学生科技创新与职业技能竞赛证券投资技能赛专科组三等奖	朱玲飞　陶金凤 黄倩瑶　崔艳梅 杨碗婉　李　玲	经管	2013	同上
江西省大学生科技创新与职业技能竞赛网络商务创新应用赛专科组三等奖	蔡炜宁　李凝慧	经管	2013	同上
江西省大学生科技创新与职业技能竞赛华南赛区单项一等奖	梁宁莉　李思远 陈文静　朱姗姗	经管	2013	同上
江西省大学生科技创新与职业技能竞赛网络商务创新应用赛专科组二等奖	韦小东　吴　倩 谢　泉　赖子珍	经管	2013	同上
江西省大学生科技创新与职业技能竞赛网络商务创新应用赛专科组二等奖	范立庆　姚　鑫 钱　程　张智慧 徐旭照	经管	2013	同上
江西省大学生科技创新与职业技能竞赛网络商务创新应用赛专科组三等奖	何　涛　杨　震 吕梦杰	经管	2013	同上
江西省大学生科技创新与职业技能竞赛网络商务创新应用赛专科组一等奖	易昌荣　刘　毅 吕海娜　贾小亮	经管	2013	同上
江西省大学生科技创新与职业技能竞赛网络商务创新应用赛专科组三等奖	黄秋浩　张晓阳 彭伟军	经管	2013	同上
江西省大学生科技创新与职业技能竞赛证券模拟操作专科组三等奖	杨婉婉	经管	2013	同上
第二届江西省大学生“三维数字建模”大赛二等奖	王麓凯苏 涛　龙　刘　新	机电 机电	2010	江西省教育厅
第二届江西省大学生“三维数字建模”大赛三等奖	樊　海　谢华安 胡亮亮　潘建兴 苏冠华　高云飞 王　喜　赖　斌 曹慰民	机电	2010	江西省教育厅
第三届江西省大学生“三维数字建模”大赛二等奖	向定雄　毛　安 肖常福	机电	2011	江西省教育厅
第三届江西省大学生“三维数字建模”大赛三等奖	李　浩　陈有志 郭峰源　李亚洲 黄粟彬　卢志强	机电	2011	江西省教育厅
全国大学生数学建模竞赛一等奖	苏冠华　张振辉	机电	2010	教育部
全国大学生数学建模竞赛三等奖	张　振　吴体海	机电	2010	教育部

续表 5－7－1

荣誉名称	姓名	学院	时间	颁奖单位
全国大学生数学建模竞赛二等奖	江国爱 杨云峰 李亚洲	机电	2012	教育部
全国大学生数学建模竞赛三等奖	卢志强	机电	2012	教育部
江西省第三届数控职业技能大赛优秀选手	温文英 王 喜 李鹏飞 苏冠华 蓝刘华 刘慧妹	机电	2010	江西省教育厅
江西省大学生科技创新与职业技能大赛三等奖	熊光华 杨 光	机电	2011	江西省教育厅
江西省大学生科技创新与职业技能大赛三等奖	李国华 刘 浩	机电	2012	江西省教育厅
	伍周建	机电		
全国三维数字化创新设计大赛江西赛区三等奖	卢志强 李亚洲	机电	2012 年	江西省教育厅
第四届江西省大学生三维数字建模大赛一等奖	刘 浩	机电	2012	江西省教育厅
第四届江西省大学生三维数字建模大赛二等奖	胡德忠 卢志强	机电	2012	江西省教育厅
	李亚洲 毛 安	机电		
第四届江西省大学生三维数字建模大赛三等奖	陈传勇 胡岩岩 吕 振 刘雪飞 杨云峰 李国华	机电	2012	江西省教育厅
第七届全国信息技术应用水平大赛二等奖	王 旭	机电	2012	教育部信息管理中心
第七届全国信息技术应用水平大赛江西赛区二等奖	杨云峰 刘 浩 李亚洲 卢志强 向定雄	机电	2012	江西省教育厅
2013 江西省大学生科技创新与职业技能竞赛工业设计赛三等奖	王 旭 刘雪飞 杨云峰	机电	2013 年	江西省教育厅
2013 第六届全国三维数字化创新设计大赛工业与工程设计大赛（江西赛区）二等奖	王 旭 刘雪飞 杨云峰	机电	2013 年	江西省教育厅
第五届江西省大学生“三维数字建模”大赛一等奖	刘 浩	机电	2013 年	江西省教育厅
第五届江西省大学生“三维数字建模”大赛二等奖	杨云峰 李鹏云 王 旭	机电	2013 年	江西省教育厅
第五届江西省大学生“三维数字建模”大赛三等奖	季文韬 唐沛一 周 鹏 王 荣 刘雪飞	机电	2013 年	江西省教育厅
2013 江西省大学生科技创新与职业技能竞赛机械设计与制造技能赛	刘雪飞 李金花 周 韦	机电	2013 年	江西省教育厅
第八届全国信息技术应用水平大赛三等奖	刘 浩 颜文彪 谢 琴	机电	2013 年	教育部信息管理中心

续表 5－7－1

荣誉名称	姓名	学院	时间	颁奖单位
江西省首届高职高专学生科技创新职业技能竞赛	周则丰　计晓凡　周梦聪	信息	2006.12	省教育厅、省劳动和社会保障厅
江西省高等学校大学生现场电子设计制作赛	肖文辉　谢　松　王　艺　陈明耀　汪　坚	信息	2010.11	江西省教育厅、共青团江西省委
“国信蓝点杯”第二届全国软件专业人才设计与开发大赛（江西赛区）	林廷湖　谭国军　陈旭辉　殷　鹏　杨　敏　罗红娟　蒋小龙　邓力佳　李　阳	信息	2011.06	工业和信息化部人才交流中心、教育部高等学校计算机科学与技术教学指导委员会
“国信蓝点杯”第二届全国软件专业人才设计与开发大赛	谭国军　林廷湖	信息	2011.07	同上
“国信蓝点杯”第三届全国软件专业人才设计与开发大赛（江西赛区）	谭国军　殷　鹏　乔　劼　邓力佳　陈旭辉　林廷湖　张凯凯　江　维　刘全亮　杨　敏　胡开淼　林　敏　龚　炫　武耀锋　任继连	信息	2012.04	工业和信息化部人才交流中心、教育部高等学校计算机科学与技术教学指导委员会
“国信蓝点杯”第三届全国软件专业人才设计与开发大赛	谭国军　殷　鹏　乔　劼　邓力佳	信息	2012.05	同上
江西省高等院校电子设计现场赛	谭迎锋	信息	2012.05	省教育厅
电子专业人才设计技能大赛（江西赛区）	谭迎锋　张　岩　蓝　星　邱德斌　邱碧辉	信息	2012.1	教育部
全国电子专业人才设计技能大赛	谭迎锋　张　岩	信息	2012.12	教育部
全国 ITAT 大赛决赛	张凯凯　林　敏	信息	2012.12	教育部
全国 ITAT 大赛（江西赛区）	杨　敏　谭国军　林廷湖　詹华昌　周　强	信息		
江西省首届普通高校音乐学专业基本功比赛	石　米	艺术	2010	
江西省高职专科院校首届社团文化艺术节优秀指导老师	匡全农	艺术	2010	
九江市庆“五四”首届青年行为艺术秀活动优秀指导教师	匡全农	艺术	2010	
全省高职专科院校首届学生社团文化艺术节优秀指导老师	陈南平	艺术	2010	
九江市庆“五四”首届青年行为艺术秀活动优秀指导教师	曾凡伟	艺术	2010	

续表 5－7－1

荣誉名称	姓名	学院	时间	颁奖单位
2009 年度九江市优秀青少年辅导教师	刘长洪	艺术	2010	
第五届“香港之星”青少年华人音乐界江西赛区决赛	刘长洪	艺术	2010	
九江市庆“五四”首届青年行为艺术秀活动优秀指导教师	苏晓鸿	艺术	2010	
九江市庆“五四”首届青年行为艺术秀活动优秀指导教师	程　菲	艺术	2010	
第四届香港国际青少年艺术节	张　毅	艺术	2010	
第十届蒲公英优秀艺术新人大赛	张　毅	艺术	2010	
2010 年世界华人艺术节	张　毅	艺术	2010	
香港之星第五届“紫荆花”杯江西赛区	张　毅	艺术	2010	
香港之星第五届“紫荆花”杯全国总决赛	张　毅	艺术	2010	
青年教师录像课竞赛（吕红梅）	王爱春	艺术	2010	
青年教师录像课竞赛（汪子安）	王爱春	艺术	2010	
首届普通高校音乐学专业学生基本功比赛（汪陈婷）	王爱春	艺术	2010	
首届普通高校音乐学专业学生基本功比赛（汪陈婷）	周　颖	艺术	2010	
观澜盛世杯	蒋剑霞	艺术	2010	
江西省大学生校园歌手大赛（学校 07 级学生）	马闻静	艺术	2010	
江西省大学生校园歌手大赛（学校 07 级学生）	马闻静	艺术	2010	
“紫荆花”杯青少年华人艺术节声乐类（学校 07 级学生）	马闻静	艺术	2010	
第十届“蒲公英”杯江西赛区声乐类（学校 07 级学生）	马闻静	艺术	2010	
“香港之星”全国总决赛声乐类（学校 07 级学生）	马闻静	艺术	2010	
“蒲公英”青少年声乐类全国总决赛（学校 07 级学生）	马闻静	艺术	2010	
江西省首届高校音乐学（音乐教育）专业学生基本功比赛	马闻静	艺术	2010	
2010 第四届世界华人艺术节江西赛区	吴　旦	艺术	2010	
“香港之星”全国总决赛	戴晓敏	艺术	2010	
江西省首届普通高校音乐学专业基本功比赛	戴晓敏	艺术	2010	
“大运河杯”全国第四届大中专院校师生书法大赛	施根生	艺术	2010	
江西省首届大学生合唱比赛	王爱春	艺术	2011	
摄影	朱成梁	艺术	2011	
摄影《痕迹》	匡全农	艺术	2011	

续表 5－7－1

荣誉名称	姓名	学院	时间	颁奖单位
油画《秋》	匡全农	艺术	2011	
关注弱势群体	刘　佳	艺术	2011	
江西省第三届职业院校艺术专业师生作品设计大赛三等奖	刘　坚	艺术	2011	
江西省第三届职业院校艺术专业师生作品设计大赛三等奖	刘　坚	艺术	2011	
摄影《绘春图》	曾凡伟	艺术	2011	
摄影《晨光雾影》	曾凡伟	艺术	2011	
摄影《荷》	曾凡伟	艺术	2011	
2011 年全国啦啦操联赛（南昌站）	杨璇	艺术	2011	
2011 年全国啦啦操联赛（南昌站）	车红连	艺术	2011	
江西省首届大学生合唱比赛	吴　旦	艺术	2011	
第五届香港国际青少年艺术节江西赛区	吴　旦	艺术	2011	
江西省第七届大学生艺术展演（证未发）	吴　旦	艺术	2011	
2011 年“李斯特纪念奖”香港—国际钢琴公开赛	李石岚	艺术	2011	
第七届“香港之星”艺术人才展演活动	李石岚	艺术	2011	
第十一届（2011）青少年优秀艺术新人选拔	李石岚	艺术	2011	
奥鹏教育之等待篇	张　超	艺术	2011	
2011 年 10 月，指导学生小合唱《阳光路上》参加江西省第七届大学生艺术展演，获声乐比赛三等奖。	陈南平	艺术	2011	
指导参加江西省第七届大学生艺术展演获二等奖。	胡　亮	艺术	2011	
江西省首届大学生合唱比赛	王爱春	艺术	2011	
江西省首届大学生合唱比赛	蒋　涛	艺术	2011	
江西省首届大学生合唱比赛	马闻静	艺术	2011	
指导参加江西省第七届大学生艺术展演获三等奖。	程　菲	艺术	2011	
指导参加江西省第七届大学生艺术展演获二等奖。	黄家晶	艺术	2011	
2011 年 10 月，指导学生小合唱《阳光路上》参加江西省第七届大学生艺术展演，获声乐比赛三等奖。	刘长洪	艺术	2011	
第七届“紫荆花”杯青少年华人国际音乐节	马闻静	艺术	2011	
第十一届蒲公英青少年艺术新人江西赛区	马闻静	艺术	2011	
指导参加江西省第七届大学生艺术展演获三等奖。	苏晓鸿	艺术	2011	
指导参加江西省第七届大学生艺术展演获三等奖。	苏晓鸿	艺术	2011	

续表 5－7－1

荣誉名称	姓名	学院	时间	颁奖单位
第三届职业院校作品展	张　伟	艺术	2011	
第三届职业院校作品展	张　伟	艺术	2011	
指导参加江西省第七届大学生艺术展演获一等奖。	戴晓敏	艺术	2011	
指导参加江西省第七届大学生艺术展演获一等奖。	张　毅	艺术	2011	
第七届香港之星艺术人才展演全国总决赛	张　毅	艺术	2011.08	
第七届香港之星艺术人才展演江西决赛	张　毅	艺术	2011.07	
第十一届蒲公英青少年优秀艺术江西选拔赛	张　毅	艺术	2011.05	
第五届香港国际青少年艺术江西选拔赛	张　毅	艺术	2011.01	
获节目《奇妙的和谐》教师指导奖	王爱春	艺术	2012	
第二届专业基本功比赛指导钢琴演奏获奖	王爱春	艺术	2012	
第六届香港国际青少年艺术节江西赛区	张　毅	艺术	2012	
2011 年度音乐考级江西考区	张　毅	艺术	2012	
全市共青团组织文艺进园区活动指导奖	张　毅	艺术	2012	
第十二届青少年优秀艺术新人江西赛区	张　毅	艺术	2012	
东方之星青少年艺术电视选拔江西赛区	张　毅	艺术	2012	
魅力香港青少年音乐节全国总决赛	张　毅	艺术	2012	
江西省第四届职业院校艺术专业作品展三等奖	张　超	艺术	2012	
江西省第四届职业院校艺术专业作品展优胜奖	张　超	艺术	2012	
首届大学生合唱比赛优秀指导教师奖	蒋　涛	艺术	2012	
东方之星青少年艺术电视选拔赛	刘长洪	艺术	2012	
东方之星青少年艺术电视选拔赛	戴晓敏	艺术	2012	
第二届专业基本功比赛指导钢琴演奏获奖	戴晓敏	艺术	2012	
第二届专业基本功比赛指导钢琴演奏获奖	马闻静	艺术	2012	
第十二届蒲公英青少年优秀艺术新人	马闻静	艺术	2012	
春晚英雄汇电视选拔江西赛区	马闻静	艺术	2012	
全国音乐考级	马闻静	艺术	2012	
第六届青少年艺术节	马闻静	艺术	2012	
第二届专业基本功比赛获奖	杨　璇	艺术	2012	
指导节目《花腰花》获十二届“蒲公英”一等奖	杨　璇	艺术	2012	
指导节目《红是红绿是绿》获十二届“蒲公英”一等奖	杨　璇	艺术	2012	

续表 5－7－1

荣誉名称	姓名	学院	时间	颁奖单位
指导节目《水韵》获十二届“蒲公英”一等奖	杨璇	艺术	2012	
指导节目《花腰花》获园丁之光指导教师奖	杨璇	艺术	2012	
江西省第五届职业院校艺术专业作品展动漫类一等奖	张伟	艺术	2013	
江西省第五届职业院校艺术专业作品展绘画基础类三等奖	张伟	艺术	2013	
江西省第五届职业院校艺术专业师生作品设计大赛	刘坚	艺术	2013. 1	
第五届全国大学生广告艺术大赛	刘坚	艺术	2013. 12	
少儿才艺大赛	马闻静	艺术	2013	
第六届华人艺术节	马闻静	艺术	2013	
第十三届“蒲公英”青少年艺术新人	马闻静	艺术	2013	
第五届全国大学生广告艺术大赛	黄家晶	艺术	2013. 12	
第六届华人艺术节	吴旦	艺术	2013	

（四）教学成果评选

2010 年 7 月，举行第一届校级教学成果评选活动。

2010 年九江职业大学第一届教学成果奖获奖项目名单

表 5－7－2

序号	成果名称	完成单位	获奖等级
1	新编大学生实用礼仪教程	师范学院	一等
2	多媒体课件制作课程教材开发及教学模式研究	信息工程学院	一等
3	高职建筑工程测量课程改革与实践	建筑工程学院	二等
4	高职高专模具设计与制造专业人才培养模式的研究	机电工程学院	二等
5	高职院校厂校教学资源建设与共享研究	机电工程学院	二等
6	语文教学应大力培养学生的自主创新学习能力	师范学院	三等
7	《数据结构算法》演示程序	中专部	三等
8	机电一体化示范性专业建设的研究	机电工程学院	三等
9	机械制造技术精品课程	机电工程学院	三等
10	“双证书”制创新人才培养模式	经济管理学院	三等

2012 年 12 月，举行第二届教学成果奖评选活动。

2012 年九江职业大学第二届教学成果奖获奖项目名单

表 5－7－3

序号	成果名称	完成单位	获奖等级
1	高师“全程渐进式实践教学模式”研究与应用	师范学院	一等

续表 5－7－3

序号	成果名称	完成单位	获奖等级
2	机电一体化特色专业建设研究与实践	机电工程学院	一等
3	魅力九江·经典导游词	师范学院	二等
4	电气控制与 PLC 应用技术	机电工程学院	二等
5	基于工作过程的建筑工程类高职院校综合实训项目的开发与优化	建筑工程学院	二等
6	基于“能力本位”的人才培养模式研究与实践	经济管理学院	三等
7	高职生就业创业能力综合培养与对策研究	师范学院	三等
8	大学语文	师范学院	三等
9	以“三维数字建模大赛”为契机培养素质创新人才研究	中专部	三等

一等奖

1. 高师“全程渐进式实践教学模式”研究与应用（申报人：胡玉东）

2. 机电一体化特色专业建设研究与实践（申报人：胡晓林）

二等奖

1. 《魅力九江·经典导游词》教材（申报人：罗会珊）

2. 《电气控制与 PLC 应用技术》教材（申报人：胡晓林）

3. 基于工作过程的建筑工程类高职院校综合实训项目的开发与优化（申报人：邱耀）

三等奖

1. 基于“能力本位”的人才培养模式研究与实践（申报人：李辉秋）

2. 高职生就业创业能力综合培养与对策研究（申报人：胡林）

3. 《大学语文》教材（申报人：张守兴）

4. 以“三维数字建模大赛”为契机培养素质创新人才研究（申报人：曾文瑜）

2014 年 10 月，举行第三届校级教学成果评选活动。

2014 年九江职业大学第三届教学成果获奖项目名单

表 5－7－4

等级	项目名称	申报人	所属院部
一等奖	“六创并举”创业型人才培养体系的构建与实践	胡晓林	机电学院
二等奖	高职会计专业行动导向教学模式应用研究	阙红艳	经管学院
二等奖	“教学做”在《班级管理》主题活动微格教学中的实践研究	胡 林	师范学院
三等奖	“学生本位”课堂教学模式在电信专业课程教学中的探索与实践	李美长	信息学院
三等奖	运用 C－R 教学活动提高非英语专业学生语言交际能力的研究	曹迁平	文旅学院

2015 年 4 月，由胡晓林主席早报的《“六创并举”创业型人才培养体系的构建和实践》荣获省级教学成果二等奖。

第六章　教学服务体系

教学服务体系包括实验实训、信息中心和图书馆。实验实训为学生培养基本技能、专业技能和综合职业能力提供了良好的实训条件。九江职业大学实训场所包括学校实验实训中心和校外实训基地。信息中心是负责学校网站建设和管理、校园网运行和维护、网络安全防护、网络文化规划与营造、信息化建设与推进、数字资源建设工作的教学辅助部门。图书馆是学校的文献信息中心，是为教学和科研服务的学术型机构。

第一节　实训中心

一、沿革

九江职业大学于1995年创建“实验中心”，2006年4月，九江职业大学和九江师范合并重组，“实验中心”更名为“实验实训与信息中心”，2009年9月，江西庐山旅游中专并入，“实验实训与信息中心”分设为“实验实训中心”和“信息中心”。2012年，学校整体升格为副厅级单位，“实验实训中心”作为教学辅助部门为学校副处级单位。实训中心设主任1人，副主任2人，干事1人，资产管理员1人，多媒体设备维护维修员2人，公共机房管理员8人，公共多媒体教室管理员4人，公共电子实训室管理员2人，现代教育技术实训室管理员1人。

2006年两校合并时，实验实训设备只有简易的实训场地和仪器设备。2009年学校投资2000多万元兴建新实训楼，于2010年竣工并投入使用，建筑面积16000平方米，主体地面13层，设有地下停车场。2010年学校制订《九江职业大学实验实训室建设三年规划（2010—2012年）》。同年，学校被省教育厅批准为江西省示范性高职院校建设单位，至2012年省示范性院校项目验收，先后投入资金1000多万元专门用于实验实训室建设。

2008年12月，机电工程学院申报获得“江西省财政资助电子电工实训基地”项目。

2010年12月，建筑工程学院申报获得“中央、省财政资助建筑工程技术实训基地”项目。

2011年9月，建筑工程学院申报获得省教育厅“建筑工程技术专业高职技能实训中心”建设项目。

2011 年 12 月，机电学院申报获得中央、省财政支持的机电一体化专业“高等职业学校提升专业服务产业发展能力”建设项目。

2013 年 8 月，信息学院申报获得省教育厅“计算机应用与软件技术高职专业技能实训中心”建设项目。

9 月，经管学院申报获得中央及省财政支持“工商管理综合实训基地”建设项目。

到 2014 年已建成校内实训基地（中心）10 个；实训室 137 个，其中新建实验实训室 93 个，改扩建实验实训室 44 个。

二、校内实训及校外实训

（一）校内实训

校内实训基地（中心）成为集基本技能训练和综合实训为一体的实践教学平台，可以满足各专业学生基本技能、专业技能和综合职业能力培养的需要，为学生学习提供实训教学条件。

实训室按实际职场环境设计布局，体现企业职业技术领域典型岗位的企业文化、生产规范、安全操作及真实工程背景要求，依据实训实习不同功能划分以及相近功能相对集中的原则进行实训职场环境设计。实训中心于 2007 年制定了《实验实训室档案管理办法》，对已建成投入使用的各实训室建立了比较完备的实验实训工作档案。

校内实训基地一览表

表 6－1－1

实训基地名称	实训（实验）室名称	实训基地所属院部
学前教育实训中心	幼儿手工设计制作室 3 间、儿童行为观察室 2 间、儿童卫生保健实验室、幼儿园活动模拟教室、儿童玩具馆、早期教育指导中心、奥尔夫音乐教室、舞蹈实训室 5 间、数码钢琴教室 6 间、附属幼儿园一所	学前教育学院
教师技能训练中心	多功能微格教室 3 间、书法实训室 3 间、多功能演播厅、数字化语音室 3 间、礼仪训练室 2 间、现代教育技术实训室 1 间、教室资料室 1 间	师范学院
现代制造工程中心	数控加工技术实训室、机电仿真技术实训室、网络制造编程实训室、机械制造技术实训室、数控维修实训室、机器人实训室、柔性自动化生产线实训室、机电一体化生产线实训室、机电产品制作实训室、互换性与测量技术实训室、液压与气动实训室、工程绘图实训室、模具精密制造实训室、检测与控制实训室、模具模型实训室、钳工实训室	机电工程学院
电子电工实训基地	电子工艺实训室、电力拖动与电气控制实训室、电气装配实训室、PLC 与变频实训室、电子电工及自动化实训室、单片机实训室、电工技师考核实训室	
建筑工程技术实训基地	艺术雕刻实训室、建筑装饰实训室、BIM 实践中心、建筑仿真综合实训室、建筑材料检测技术实训室、土工实验实训室、建筑及结构模型室、施工测量实训室、砼结构检测实训室、混凝土养护实训室	建筑工程学院

续表 6-1-1

实训基地名称	实训（实验）室名称	实训基地所属院部
计算机公共实训中心	计算机公共实训室 18 间、多媒体技术实训室、软件项目开发实训室、计算机网络实训室、计算机组装与维护实训室	信息工程学院
计算机应用与软件技术实训基地	电子综合实验实训室、电子设计自动化（EDA）实验实训室、电子基础实验实训室、多媒体技术实验实训室、软件项目开发实验实训室、计算机网络实验实训室、网络综合布线实验实训室	信息工程学院
国际贸易实务实训中心	电子商务实训室、物流综合实训室、会计手工模拟实训室、国际贸易仿真综合实训室、市场营销实训室、ERP 沙盘模拟经营综合实训室、会计专业学做一体化实训室 6 间	经济管理学院
酒店管理实训基地	中餐实训室、西餐实训室、涉外导游实训室、茶艺实训室、客房实训室、形体礼仪实训室、商务谈判模拟实训室	文化旅游学院
护理实训中心	大体标本实验室、人体解剖实验室、医学生物学遗传学实验室、病理学实验室、病原生物学实验室、生理学 CAI 实验室、基础化学实验室、生理学实验室、药理学 CAI 实验室、免疫学实验室、生物化学实验室、护理准备室、急救 ICU、基础护理实训室 2 间、健康评估实训室、老年、社区、康复实训室、临床护理实训室、器械准备室、模拟手术室	护理学院

实训教学设施、仪器设备情况统计表

表 6-1-2

统计分类 / 统计数字 / 统计时间	实训室间数	设备数［单位：台（套）］		设备总值（单位：万元）	备注
		设备总数	大型设备数（单价≥5 万元）		
2009 年	61	4868	39	2278.16	
2010 年	87	5819	75	3676.76	
2011 年	127	9844	92	5280.39	
2012 年	128	9901	92	5384.39	
2013 年	137	10339	122	5879.61	
2014 年	137	10381	122	6032	

校内主要大型设备名录

表 6-1-3

购置时间	名称	型号	单价（万元）	件数	备注
2011 年	普通车床	CD6140A * 1500	5.03	1	
2011 年	数控车床	HC-30	5.02	2	
2011 年	数控铣床	XK7132	12.528	1	

续表 6-1-3

购置时间	名称	型号	单价（万元）	件数	备注
2011 年	牛头刨床	B6065	5.08	1	
2011 年	万能卧式铣床	X6132	7.05	1	
2011 年	PLC 控制液压与气动实训装置	YL-224	6.8	12	
2011 年	光机电一体化实训考核装置	YL-235	15	1	
2011 年	自动生产线实训考核装置	YL-335A	25	1	
2011 年	精密全站仪	拓普康 GTS-751	11.43	1	
2011 年	GPS 双频 RTK 测量系统	采用 BD970 双频双星主板；动态平面精度：10 毫米 +1ppm 内置 GPRS/CDMA 通信模块；兼容 CORS 系统的接入	10.8	1	
2011 年	天正建筑 CAD 设计软件 V8.2 网络版		8	1	
2011 年	广厦建筑结构 CAD 软件网络版		6.8	1	
2011 年	PCB 小工业制板系统	AM-CB340；AM-3025；AM-DF4	11	1	
2011 年	三维导游教学系统		6	1	
2013 年	数控车床维修实训考核装置	YL-5580imateTD	7.25	4	
2013 年	数控铣床维修实训考核装置	YL-5580imateTD	8.5	4	
2013 年	加工中心实训考核装置	YL-5590imateTD	8.5	2	
2013 年	三轴立式加工中心	VDF-850D	26	3	
2013 年	创业模拟软件		10.5	1	
2013 年	三维导游教学系统		6	1	
2013 年	数控车床 FANUC-OTE 系统	CKA6136/1000（FANUC Oi-mate 系统）	10.3	2	
2013 年	数控车床　西门子系统	CKD616i/1000（西门子 802S 系统）	9.7	5	
2013 年	数控车床 广数 980TD 系统	CKD6136I/1000（广数 980TDB）	8	5	
2013 年	数控铣床 7132 FANUC-OM 系统	XF7132（FANUC OI mate-MD 系统）	14	1	
2013 年	数控铣床 7132 西门子系统	XK7132（西门子 802C 系统）	14	1	
2014 年	实验室综合管理平台		6	1	
2014 年	网络综合布线实训装置		16	1	

各学院校内实训室

师范学院校内实训室一览表

表 6－1－4

名　称	主要仪器设备	建设时间	面积（平方米）	造价（万元）
数字化语音室	教师电脑、媒体控制器、视频展示台、教师操作控制平台等	2011 年	2＊60	48
礼仪训练室	电视机、音响、DVD、镜子、实木地板、无线麦克风等	2011 年	90	8
多功能演播厅	二分频单 15 全音音箱、单 18 超低音音箱、多功能数字卡拉 OK 处理器、电脑点歌机、豪华型立式 17 寸触摸屏、电脑控制台、十六路控制台、各类灯具等	2012 年	300	20
教师资料室	投影仪、投影屏幕、海捷中控系统、专业功放、PC 计算机、主控教室讲桌等	2013 年	2＊60	20
书法训练室	投影仪、投影屏幕、海捷中控系统、水洗、笔洗、羊毛毡等	2013 年	2＊60	7
微格教学训练室	微格主控服务器、导播/直播服务器、微格通信控制器、视频数字控制平台、音频数字控制平台、图像自动跟踪平台、教师跟踪高清摄像机、学生跟踪高清摄像机等	2011 年	1＊90 3＊30 1＊30	43
现代教育技术实训室	调音台、专业音箱、各类录音笔、多通道组合音响、LED 电视、多媒体投影机、高清数码摄像机、标清硬盘摄像机、专业全幅数码套机、中档数码单反套机、入门单反相机、长焦普通相机、长焦普通相机、各类摄像用镜头等	2011 年	90	20

学前教育学院校内实训室一览表

表 6－1－5

名称	主要设备	建设时间	面积（平方米）	造价（万元）
儿童卫生保健实训室 长虹校区 512 教室	多媒体讲台、桌椅、柜子、体重秤、物品秤、人体骨骼模型、标本模型、视力表等。	2011. 12	100	20
儿童行为观察室 长虹校区 311 － 312 教室	由活动室、观察室和中控室三个部分组成，主体设备有主控服务器、音视频数字处理平台、信号控制平台、3D 光子白板等，还包括桌椅、空调等。	2011. 12	150	22. 5
幼儿园活动模拟教室 长虹校区 207 教室	多媒体教学设备、钢琴、摄像机、桌椅、区域玩具材料等。	2007. 10	100	20
儿童玩具馆 长虹校区 511 教室	内设科学探索区、自主学习区和游戏区等三个活动区域，设备包括课堂教学仪器、蒙台梭利教具、乐高玩具三类，共计 229 套。	2011. 12	100	7. 5

续表 6-1-5

名称	主要设备	建设时间	面积（平方米）	造价（万元）
早期教育实训室 长虹校区 314 教室	配有布类、木质类、塑料类等大、中、小型感觉统合器械近百件，如平衡脚踏车、88 轨道、圆筒吊缆、四脚晃动平衡木等。	2011.12	100	22
手工实训室 长虹校区 411、412、413 教室	包括 2 个教室及 1 个展览室，教室中配有多媒体设备及桌椅，展览室配有柜子、画板、泥工转台、手工锤、喷枪等手工用具。	2011.12	200	30
奥尔夫音乐教室 长虹校区 711 教室	非洲手鼓、邦戈鼓、钢片琴、沙锤等一百多种奥尔夫乐器，钢琴，多媒体等。	2011.12	100	8
舞蹈实训室 长虹校区 513、601、612、707、713 教室	落地镜、把杆、彩电、组合音响等教学设备。	2007.10 3 间 2011.12 2 间	100 （单间）	13
数码钢琴教室 长虹校区 607、608、609、701、705 教室	每间均配备现代化的数码钢琴全套设备，包括数码钢琴、电脑控制台、摄像机、投影仪等四部分。	2007.10 3 间 2011.12 2 间	100 （单间）	55

艺术学院校内音乐专业实训室一览表

表 6-1-6

序号	名称	所属类别	间数	备注
1	舞蹈房	普通教室	3	每一间舞蹈房对应有一间更衣室
2	合唱教室	实训室	1	可以容纳 100 人
3	管弦乐排练厅	实训室	1	可以容纳 60 人
4	民乐排练厅	实训室	1	可以容纳 30 人
5	录音室套间	实训室	2	一间录音室一间制作室
6	MIDI 教室	实训室	1	可以容纳 40 人
7	电钢教室	普通教室	1	
8	琴房	实训室	60	设计隔音设备
9	电声乐队教室	实训室	40	设计隔音设备
10	乐队排练厅	实训室	2	30 平方米一间
11	音乐教室	普通教室	9	
12	服装间、器乐、道具间	教辅	3	各一间

艺术学院校内美术类专业实训室一览表

表 6－1－7

序号	名称	所属类别	间数	备注
1	画室	普通教室	15	标准教室面积
2	绘图室	普通教室	3	标准教室面积
3	摄影工作室	实训室	1	
4	平面设计工作室	实训室	1	
5	家具设计与制作工作室	实训室	1	
6	静物的仓库	教辅教研	2	教室面积
7	高配专业机房	普通教室	3	配备 40 台电脑
8	专业打印室	教辅教研	60	设计隔音设备
9	作品展厅	实训室	1	
10	阶梯教室	普通教室	2	
11	播音主持专业工作室	实训室	1	
12	教师专业工作室	教辅教研	6	

文化旅游学院校内实训室一览表

表 6－1－8

实训室名称	主要仪器设备	建设时间	面积（平方米）	设备总值（万元）
商务谈判仿真实训室	索尼液晶投影仪、三星投影屏幕、海捷中控系统、迪奇专业人声扩声音箱迪奇专业功放、鹅颈话筒	2014 年	90	1.4
茶艺实训室	茶桌、茶凳、贮水缸、香炉等	2011 年	50	2.6
酒店综合实训室	中餐圆桌、西餐长台、工作台、烛台、单人床、橱柜等	2012 年	120	5.4
模拟导游实训室	120 度弧形金属幕、中档投影机、立体环形吊架、偏振镜头、立体偏振眼镜、环绕音箱、调音台、功放、液晶显示器、多通道多媒体图形融合一体机、美的柜式空调机等	2010 年	90	14.66

经济管理学院校内实训室

表 6－1－9

实训室名称	主要设备	建设时间	实训室使用面积	造价
会计手工模拟实训室	计算机、投影仪、专业功放、海捷中控系统、交换机、会计手工实训平台	2011 年	90 平方米	2.39 万元
国际贸易仿真综合实训室	计算机 55 台、投影仪、专业功放，软件有报关实训软件、报检实训软件和货代实训软件	2011 建设，2012 年 9 月使用	90 平方米	49.97 万元

续表 6－1－9

实训室名称	主要设备	建设时间	实训室使用面积	造价
市场营销实训室	计算机、投影仪、专业功放、海捷中控系统、24port 交换机，市场营销软件	2011 年	90 平方米	20 万元
物流综合实训室	硬件有全自动堆垛机、控制柜、入货台、出货台、入库辊筒输送机、出库辊筒输送机、分拣机、托盘货架、CTY 手动液压升高装卸叉车、手拉拖车、重力货架、流利式输送机、流利式输送链；软件有运输管理系统、保税仓储管理系统、3D 仓储配送模拟实训系统、3D 集装箱码头模拟实训系统以及 3D 集装箱码头与堆场管理系统等。	2012 年创建，2013 年验收完成	180 平方米	28 万元
ERP 沙盘模拟经营综合实训室	相应硬件设施齐全，有计算机、投影仪、海捷中控系统、交换机，配有用友 ERP 沙盘软件一套、沙盘盘面 6 张	2013	120 平方米	15.3 万元
会计专业学做一体化实训室	计算机、投影仪、海捷中控系统、交换机、会计学做一体化平台	2011	450 平方米	28.04 万元

机电工程学院校内实训室一览表

表 6－1－10

名称	主要设备	建筑时间	面积（平方米）	造价（万元）
现代制造工程中心	数控车床 14 台、数控铣床 3 台、三轴立式加工中心 1 台、快走丝线切割机 1 台、普通机床 16 台、普通铣床 2 台、刨床 2 台、电火花成型机 1 台、平面磨床 1 台、钻床 3 台、冲床 2 台	2011.11	1700	302
钳工实训室	钳工台 23 台、画线台 2 台、立式砂轮机 1 台、台虎钳 30 个、切割机 1 台、交流弧焊机 2 台、氩弧焊机 1 台	2008.8	300	2.1
绘图实训室	绘图木板 66 块、绘图台 60 台	2008.8	168	2.5
液压与气动实训室	YL－218－II 型 PCL 控制的液压与气动实验实训装置 12 台	2008.11	168	81.6
模具模型实训室	实测绘图组合装置 2 台 测绘用实物模具 8 套 模拟机 21 套 利用正弦分中夹具磨具凸模 1 套 标准套筒装夹 12 套 加工示意图 28 套 蜡模 13 件 涂料焊条的电弧焊过程 1 件 刀类型和结构形式 10 件 单缸四冲程柴油机 1 件 机械原理示教板 68 件 减速器实测绘图组合装置 BPJS－302（1 套） 齿轮泵实测绘图组合装置 BPCL－301（1 套）	2008.8	168	21.5

续表 6－1－10

名称	主要设备	建筑时间	面积（平方米）	造价（万元）
互换性与测量技术实训室	零件尺寸的测量与检验的组合装置 BPLJ－201 10 台 零件形位公差的测量与检验组合装置 BPLJ－202 10 台	2012. 3	168	10. 0
仿真技术实训室	教师机 1 台、学生机 60 台 长型电脑桌 21 台 投影机、投影屏幕、音响、网络设备 1 套	2012. 3	168	59
机器人与机电一体化生产线实训室	亚龙机电自动化生产线装置 YL－235A　1 台 亚龙机电自动化生产线装置 YL－335A　1 台 车轮式基础教育机器人 BS－RBT－05　10 套 履带式基础教育机器人 BS－RBT－06　10 套 爬虫式基础教育机器人 BS－RBT－4P　10 套 相扑式基础教育机器人 BS－RBT－2L　10 套 二足步行式基础教育机器人 BS－RBT－10　10 套 人形式高级教育机器人 BS－RBT－01R　2 套 机器人展示工作台 4 台	2008. 11 2012. 3	168	96. 5
柔性自动化生产线实训室	自动化立体仓库与码垛机单元 自动化输送线系统单元 三菱上下料搬运机器人单元 并联机器人加工单元 三轴直角坐标加工单元 检测与条码扫描分拣单元 六自由度串联机器人废品分拣及装配单元 装配上料旋转料库单元 系统总控及仓储管理单元 CCD 形状颜色尺寸检测单元	2012. 3	168	96. 5
电子电工与自动化实训室	YL－100A 型电子电工自动化综合实验实训装置 36 套	2008. 11	168	61. 2
电工技师考核实训室	YL－WXD－IV 型电工及技师技能实训考核装置 6 套	2008. 11	168	11. 4
电力拖动与电气控制实训室	YL－195 型电机、电力拖动及电气控制实训装置 32 套	2008. 11	168	76. 8
PLC 变频实训室	YL－110 型 PLC 与变频器综合实验实训装置 32 套	2008. 11	168	70. 4
电气装配实训室	YL－210－1 型电子装配实训台 20 台	2008. 11	168	35. 0
电子工艺实训室	YL－135 型电子工艺实训考核装置 10 套	2008. 11	168	20. 0
单片机实训室	YL－215A 型电子单片机综合实验实训装置 32 套	2008. 11	168	28. 8

信息工程学院校内实验实训室一览表

表 6－1－11

名称	主要设备	建设时间	面积（平方米）	造价（万元）
电子设计自动化（EDA）实验实训室	投影仪1台，计算机51台，交换机3台，FPGA/CPLD 实验箱 40 套，DP－51PRO 单片机实验箱 40 套，单片机开发板 2 套，桌椅 50 套，空调 2 台	2014.9	150	45.3
多媒体技术实验实训室	投影仪 1 台，计算机 51 台，交换机 3 台，DV 摄像机 4 台，普通数码相机 6 台，专业数码相机 1 台，摄影三脚架 3 套，多功能一体打印机 1 台，专业摄像机 2 台，桌椅 50 套，空调 2 台	2014.9	110	40.9
软件项目开发实验实训室	投影仪 1 台，计算机 51 台，交换机 3 台，桌椅 50 套，空调 2 台	2014.9	110	23.5
计算机网络实验实训室	投影仪 1 台，计算机 51 台，二层交换机 12 台，三层交换机 6 台，路由器及其模块、线缆 12 套，防火墙 2 套，无线接入点 2 套，无线适配器 2 套，无线控制器 1 套，网络机柜 5 个，桌椅 50 套，空调 2 台	2014.9	110	51.1
计算机网络综合布线实训室	多媒体教学设备 1 套，网络综合布线实训装置 1 套，光缆配线端接实训装置 2 套，综合布线工具箱 8 个，器材展示柜 1 个，光纤熔接机 2 台，光纤工具箱 2 套，网络布线验证测试仪 1 台，空调 2 台	2014.9	110	29.1
电子综合实验实训室		2012.3	110	
计算机组装与维护实验实训室		2012.3	110	

建筑工程学院校内实训室情况一览表

表 6－1－12

序号	实训室名称	主要实训内容	使用设备名称	规模
1	施工测量实训室	1. 水准测量、角度测量及地面点的测设技能训练 2. 质量检查评定实训	GPS，精密水准仪，精密全站仪，激光准直仪，光学经纬仪（DJ6），数字求积仪，激光扫平垂直仪，南方成图软件 cass6.1，花杆，水准尺，单棱镜组，自动安平水准仪	120平方米
2	建筑及结构模型室	1. 建筑构造模型识读训练 2. 结构构造模型识读训练	房屋整体模型、屋顶、楼梯等建筑构造模型；柱、梁、屋架结构模型；厂房整体模型	90平方米
3	土工实训室	1. 土的液、塑限测定试验 2. 土的直剪试验 3. 土的无侧限压缩试验	光电液、塑限仪、应变式直剪仪、应变式无侧限压缩仪、标准筛	120平方米

续表 6-1-12

序号	实训室名称	主要实训内容	使用设备名称	规模
4	建筑材料检测技术实训室	1. 钢筋抗拉试验 2. 混凝土的配料、搅拌、浇注 3. 振捣和养护操作技能训练 4. 混凝土试块抗压试验 5. 混凝土试块抗折试验 6. 砌块抗压试验	万能试验机，压力试验机，混凝土抗渗仪，标准养护室配套设备，水泥电动抗折试验机，水泥净浆搅拌机，水泥胶砂搅拌机，水泥胶砂振实台，水泥稠度测定仪，水泥恒温恒湿养护箱	60平方米
5	工程仿真模拟实训室	1. 工程绘图操作能力实训 2. 施工组织设计实训 3. 建筑结构设计实训 4. 预算操作能力实训	多媒体设备，计算机，CAD 软件、天正建筑软件、PKPM 系列软件、广厦结构软件、鲁班造价软件	120平方米
6	BIM 实践中心	1. 工程绘图操作能力实训 2. 施工组织设计实训 3. 建筑结构设计实训 4. 招投标模拟实训	多媒体设备，计算机，CAD 软件、天正建筑软件、PKPM 系列软件、招投标管理软件，项目管理软件	60平方米
7	建筑综合实训室	1. 回弹法检测混凝土强度操作实训 2. 钢筋扫描检查实训	电阻应变仪，混凝土电动贯入仪，混凝土保护层测定仪，混凝土超声波检测仪，小应变检测仪，数字化回弹仪	180平方米
8	建筑装饰实训室	1. 装饰材料构造实训 2. 装饰材料检测实训 3. 建筑装饰设计实训	多媒体设备，计算机，CAD 软件，房屋装饰整体模型，岩石切割机，刀具	60平方米
9	艺术雕刻实训室	1. 构件雕刻实训 2. 造型设计实训 3. 效果图设计实训	多媒体设备，计算机，CAD 软件，雕刻机，吊磨机、台磨机	60平方米

护理学院实验实训室总体上分两大类：护理学实训室、基础医学实验室，详见下表：

护理学实训室一览表

表 6-1-13

实训室名称	主要设备	建筑时间	面积	造价
临床护理实训室（F306）	多功能产床 4 张、婴儿光疗暖箱 1 件、不锈钢婴儿床 12 张、婴儿浴盆 5 个、分娩机转 4 个、婴儿模型 12 个、婴儿秤 1 个、玻璃柜 2 个、透明盒婴儿床 2 个	2011 年	80平方厘米	49400
老年、社区、康复实训室（F309）	方桌 2 张、手术圆凳 34 个、康复椅 3 个、方板凳 1 个、沙发 1 张、床 1 张、床头柜 2 个、玻璃柜 3 个、马桶 1 个、淋浴装置 1 套	2011 年	100平方厘米	6280
健康评估实训室（F501）	牵引床 1 张、手术圆凳 38 个、诊疗床 12 张、床头柜 13 个、心肺听诊模型 2 个、腹部触诊模型 2 个、黑板 1 个、讲台 1 个	2010 年	120平方厘米	51300
示教室 2（F502）	讲台 1 个、黑板 1 个、多媒体电教设备（全套）1 套、投影仪 1 个、普通床 1 张、床头柜 1 个、床旁椅 12 个	2010 年	80平方厘米	7800

续表 6－1－13

实训室名称	主要设备	建筑时间	面积	造价
基础护理实训室（1）（F503）	讲台1个、黑板1个、普通床10张、床头柜10个、床旁椅13个、手术圆凳7个、普通模型人10个、操作台2个、氧气筒5个、氧气筒推车5个、晨间护理车1个、电动吸引器1台、输液架5个	2010年	80平方厘米	56150
急救ICU（F504）	讲台1个、黑板1个、多功能床4张、床头柜4个、床旁椅4个、平车2辆、轮椅2个、高级模型人4个、呼吸机1台、氧气筒1个、抢救车2辆、心电监护仪2台、简易呼吸器（全套）4个、	2010年	80平方厘米	70980
基础护理实训室（2）（F505）	讲台1个、黑板1个、普通床9张、床头柜9个、床旁椅10个、手术圆凳19个、普通模型人9个、操作台2个、氧气筒5个、氧气筒推车5个、晨间护理车1个、电动吸引器1台、输液架5个	2010年	80平方厘米	56150
护理准备室（F506）	耗材包500件、低值器械包188件、玻璃柜3个、大木柜5个、操作台6个、病历车2个、发药车1个、紫外线消毒车1个、多功能洗发擦浴车（全套）1个、高压消毒器2个、超声波雾化吸入器9个、自动洗胃机1个、台式血压计40个、注射泵1台、输液泵1台、烤灯1个、鹅颈灯1个、紫外线消毒机1个、体重秤1个、不锈钢治疗车10辆、pp材质治疗车10辆	2010年	80平方厘米	237502
示教室1（F508）	讲台1个、黑板1个、多媒体电教设备（全套）1套、投影仪1个、普通床1张、床头柜1个、床旁椅12个	2010年	·80平方厘米	7800
总价：543362元				

基础医学实验室

表 6－1－14

实训室名称	主要设备	建筑时间	面积	造价
生物化学实验室101	分光光度计6台、电热恒温水浴箱5台、电热恒温水浴锅1台、台式低速离心机2台、电泳仪4台、多媒体系统1套	2012年4月	80平方米	48000
免疫学实验室102	超净工作台1台	2012年4月	80平方米	10000
药理学CAI实验室104	电子台秤1台、兔台8台、电子桌秤1台、电脑5台、多媒体系统1套	2012年4月	80平方米	42000

续表 6-1-14

实训室名称	主要设备	建筑时间	面积	造价
实验准备室 105	生物信号采集系统 12 台、精密电子天平 1 台、电热恒温水浴箱 3 台、电热恒温水浴锅 1 台、台式低速离心机 1 台、台式高速离心机 1 台、电子天平 1 台、纯水机 1 台、数显恒温鼓风干燥箱 1 台、电冰箱 1 台、冷柜 1 台、通风柜 1 台	2012 年 4 月	80 平方米	290000
生理学实验室 106	电子肺活量计 7 个、电子天平 8 台	2012. 4	80 平方米	25000
基础化学实验室 107	多媒体系统 1 套		80 平方米	20000
生理学 CAI 实验室 108	电子台秤 1 台、电子桌秤 1 台、电脑 6 台、多媒体系统 1 套	2012. 4	80 平方米	38000
病原生物学实验室 201	多媒体系统 1 套	2012. 4	80 平方米	15000
病理学实验室 202	双目显微镜 50 台、多媒体系统 1 套	2012. 4	80 平方米	148000
医学生物学遗传学实验室 204	多媒体系统 1 套	2012. 4	80 平方米	20000
实验准备室 205	超净工作台 1 台、电热恒温水浴箱 2 台、台式低速离心机 1 台、电子天平 1 台、数显恒温鼓风干燥箱 1 台、电冰箱 1 台、三用电热水浴箱 1 台、隔水式培养箱 1 台、高压蒸汽灭菌锅 1 台、无菌操作间 1 间	2010 年 12 月	80 平方米	80000
人体解剖实验室 206	散骨 10 套、骨盆妊娠婴儿九个月模型 1 个、女性骨盆附生殖器官与血管 N 型 2 个、卵巢放大模型 2 个、月经周期模型 2 个、肾与肾单位肾小球放大模型 2 个、卵子与受精初期放大模型 2 个、椎管内脊髓与 N 型 2 个、全身骨骼模型（女）1 套、两倍全口模型 1 个、胸腔解剖模型 2 个、交感神经系统模型 2 个、鼻口咽腔模型 2 个、眼球与眼眶附血管 N 放大模型 2 个、常见眼病模型 3 个、全身淋巴系统模型 2 个、受精卵早期胚胎发育过程模型 2 个、中枢神经传导电动模型 1 个、人体呼吸运动电动模型 1 个、下丘脑与垂体的激素对靶器官作用电动模型 1 个、大小循环电动模型 1 个、门静脉侧支电动模型 1 个、脑脊液循环电动模型 1 个、视觉传导瞳孔对光反射电动模型 1 个、点动脑干模型 1 个、半透明身躯干附内脏模型 1 个、足月胎儿分娩过程模型 2 个、多媒体系统 1 套	2010 年 12 月	80 平方米	100000
大体标本实验室 207	散骨 10 套、耳结构放大模型 2 个、全身骨骼模型（男）1 套、两倍全口模型 1 个、人体呼吸运动电动模型 1 个、半透明身躯干附内脏模型 1 个	2010 年 12 月	80 平方米	800000
合计：1636000 元				

中专部校内实训室一览表

表 6－1－15

实训室名称	主要设备	建筑时间	面积	造价
中餐摆台实训室（简易）	两张圆桌面、20 套个人的餐具	2006 年购置的	一间教室	
物理实训室	力学实验仪器、电学实验仪器 电磁学实验仪器、光学实验仪器	原师范购置	120 平方米	

（二）校外实训基地

截至 2014 年，学校与 138 家企业、中小学、幼儿园建立合作关系。有计划组织学生到合作单位顶岗实习。校外实习基地采用“生产管理模式”和“学校管理模式”两种形式。“生产管理模式”是指在实训过程中，学生直接参与并实施企事业（中小学、幼儿园、医院）单位的有关岗位工作任务，按照企事业（中小学、幼儿园、医院）单位的生产（教学、护理）管理制度进行管理；同时，学生工作任务完成之后，还要按照“学校管理模式”要求对学生在完成工作任务的过程中所学到的知识、技能、方法、手段加以思考，进行总结，与所学的知识相联系，以求在理论上有更深刻认识。

合作企业（中小学、幼儿园、医院）和学校每年都会组织各方面管理人员，共同研讨校外实习实训基地的管理办法、实训培养方案，安全生产管理制度建设等。学校先后制定《九江职业大学校外实习基地管理办法》，《九江职业大学学生实习管理办法》，《九江职业大学学生顶岗实习守则》《九江职业大学顶岗实习指导教师管理办法》《九江职业大学学生顶岗实习考核管理办法》，对校外实习的目的、管理模式、管理职责、纪律要求、实习安排以及成绩考核等都做作出了明确的规定。学生通过校外实习（实训）提高了职业素养和就业竞争力，实现人才培养与社会需求零距离对接。

2009—2014 年学校校外实习实训基地建设情况一览

表 6－1－16

建设内容	单位	2009 年前	2014 年	增长率（%）
校外实习实训基地	个	62	138	122.58
有合作协议的企业数	个	70	138	97.14
合作企业参与专业教学的比例	%	100	100	—
签订校企合作协议的专业比例数	%	100	100	—
合作企业接收实习实训学生	人月	3550	9873	178.11
合作企业接收就业学生数	人	350	1032	194.86

2014 学校校外实训基地名录

表 6－1－17

所属院部	校外实训基地名称	个数
师范学院	九江外国语小学、九江小学、双峰小学、长虹小学、湖滨小学、龙山小学、滨兴小学、港城小学、鹤湖小学、兴中学校、庐山区外国语学校、学洲小学、浔东小学、浔阳区外国语实验小学	14
学前学院	九江市中心幼儿园、市委幼儿园、石化幼儿园、市政府幼儿园（行署、长虹小区两个园区）、小金星幼儿园、快乐驿站幼儿园、青少年宫、九江市早校、柴桑春天新湖幼儿园、瑞昌市中心幼儿园、星子县中心幼儿园、武宁县中心幼儿园、永修县新城幼儿园、共青城中心幼儿园、德安县中心幼儿园、九江县中心幼儿园、湖口县中心幼儿园、彭泽县中心幼儿园、都昌县中心幼儿园	19
艺术学院	九江市中心幼儿园、东风小学、九江市青少年宫、宏村写生基地、虞家河乡中心小学少年宫	5
机电学院	九江昌河汽车有限责任公司、九江石化设备安装工程公司、中铁大桥局集团七公司、九江新联传动机械有限公司、江西新明机械有限公司、美的集团电冰箱（合肥）制造有限公司、奇瑞汽车股份有限公司、宝钢德盛不锈钢有限公司、九江财怡五金制品有限公司、上海通领汽车饰件有限公司、江西靓凯广电科技有限公司、江西泰开成套电器有限公司、上海昌美精机有限公司、上海瀚氏模具成型有限公司、江西轻工机械股份有限公司热处理厂、九江市丰达机电设备有限公司、同方江新造船有限公司、江西旭阳雷迪高科技股份有限公司、苏州博实机器人技术有限公司、九江恒通自动控制器有限公司、九江铨讯电子有限公司	21
信息学院	思远 IT（实训）学院、共青赛龙通信技术有限责任公司、浙江兰溪电光源业有限公司、武汉思创人才服务有限公司	4
建工学院	九江市一建、九江市庐山区建设总公司、九江建设监理有限公司、九江务实监理有限公司、信华集团、九江市建筑质量检测中心、九江建设工程造价管理站、九江建设工程质量监督检查站、江西建工集团、江西亚华建筑有限公司、广厦集团、十方建筑公司、星艺装饰公司	13
经管学院	江西美庐乳业、浙江宁波香苑大酒店、浙江余姚君豪大酒店、中国分众传媒（九江）有限公司、江西中审会计师事务所、江西华夏会计师事务所、上海大河泵业、九江沃尔玛、九江联盛、上港集团九江港运、江西仙客来、杭州乐园有限公司、浙江银桥旅业有限公司、九江远洲置业有限公司、江西美庐乳业集团、上海名贵投资咨询有限公司、用友软件股份有限公司九江分公司	17
文旅学院	九江远洲大酒店杭州乐园有限公司、杭州宋城旅游发展股份有限公司、江西庐山龙湾温泉度假村、九江中国旅行社有限公司、九江中国国际旅行社、绍兴海港大酒店、深圳大中华喜来登大酒店、绍兴东方御花园大酒店、浙江台州香溢大酒店、宁波雯达工艺有限公司、北京从然数码科技有限公司、浙江银桥旅业有限公司	13

续表 6-1-17

所属院部	校外实训基地名称	个数
护理学院	九江市第一人民医院、九江学院附属医院、九江市第三人民医院、九江市肿瘤医院、九江市中医院、九江市妇幼保健院、九江市第五人民医院、江西省瑞昌市人民医院、江西省都昌县人民医院、江西省星子县人民医院、江西省九江县人民医院、江西省修水县第一人民医院、江西省永修县人民医院、江西省彭泽县人民医院、江西省湖口县人民医院、江西省武宁县人民医院、江西省德安县人民医院、南昌大学第四附属医院、浙江省江山市人民医院、浙江省建德市人民医院、江苏省淮安市淮阴区中医院、江苏省淮安市中医院、江苏省淮安市第一人民医院、广东省江门市人民医院、深圳广兴新区中心医院、深圳市光明新区妇幼保健院、深圳市宝安区石岩人民医院、	27
中专部	九江宾馆、浙江诸暨大酒店、苏州饭店、江苏丹阳水中仙大酒店、丹阳太平洋饭店	5

三、实验实训室相关管理制度

为使实验实训设施设备使用、管理规范化，提高实验实训设施设备的使用效益，自2006年以后至2014年年底，实训中心修订、制订了一系列实验实训室管理规章制度，共有178项。其中学校层面上的通用规章制度26项；公共基础类实验实训室管理制度9项；公共电子电工类实验实训室管理制度16项；学前教育学院、艺术学院专业实验实训室管理制度30项；师范学院专业实验实训室管理制度20项；经济管理学院专业实验实训室管理制度15项；文化旅游学院专业实验实训室管理制度9项；机电工程学院专业实验实训室管理制度34项；信息工程学院专业实验实训室管理制度4项；建筑工程学院专业实验实训室管理制度4项；护理学院专业实验实训室管理制度8项；学校并制定实验实训室工作考核评价指标体系1套。这一系列规章制度的建立及实施对学校各实验实训室仪器设备的规范管理、对学校实训教学工作正常进行起到了促进作用、提供了规范有效的保障机制。以上制度于2013年4月经校长办公会审核通过，并汇编成册发至各院部、各相关职能部门。

第二节 信息中心

一、信息中心的建设和发展

2006，信息中心隶属学校“实验实训与信息中心”，2009年，学校决定，信息中心从校“实验实训与信息中心”分列出来。作为学校二级管理单位，独立承担教育信息化规划和建设、网络建设、运行和维护，由殷诚主持全面工作。

2006年至2012年，信息中心建设共投入资金800余万元，用于软硬件及网络环境建设。

2008 年 4 月，成立数字化校园建设工作小组。人员组成：组　长：胡春亮

成员：周兴龙、周庆流、吕天庆、付义赣、汪国元、蔡春祥、徐萍、戴永东、李重阳、余爱梅、胡泽辉、黄俊民、谢　枫、胡玉东、胡晓林、李辉秋、马志峰、胡火清、曹迁萍、蒋腾旭、戴晓敏、邹桂元、曹树祥、罗来华、查启军、查玉祥、廖贵英、肖燕、朱朝霞、王红彬、张　旭

下设技术小组组长：谢　枫

副组长：蒋腾旭、殷　诚

技术人员：余育新、张　律、曾德愚、韩　东、许　敏、程　鹏

2008 年 4 月，校园数字化平台投资 219.7 万元，与湖南强智科技发展有限公司签订开发合同并进行软件开发。数字化平台主要功能包括：公共数据基础平台、单点登录、校园门户、迎新系统、就业系统、教务系统（含学籍管理、教材管理、排课管理、考试管理）、账务管理、资产管理、学工管理、共青团工作、教师管理等多个子系统。同年 8 月，教务管理系统启用并完成排课等主体功能的使用；12 月底完成剩余应用系统，全部启用，并调试运行。有效地提高了学校教学和对师生的信息管理工作效率。

2009 年 7 月，精品课程建设与管理平台正式在校园网站上落户，切实推进教育创新，深化教学改革，促进现代信息技术在教学中的应用，共享优质教学资源，进一步促进了优秀教师公开课在全校教师中的示范作用，全面提高教育教学质量，提升学校教师的整体教育教学水平，提升学校教育的综合实力和社会竞争能力。

2011 年 4 月，信息中心与锐捷公司合作对校园网络进行改造，从硬件上实现了双机热备，即一套网络设备中有部分出现故障了，另一套设备即时智能补上欠缺，有效地降低了学校网络故障而导致中断的概率。

2012 年 9 月，与江西先行公司合作的校园一卡通项目正式投入运行。校园卡成功地将师生的个人信息、财务信息合并于一卡上，做到校园内用餐、消费、用电、图书借阅等都使用一张卡，加强了学校的信息管理，简化了师生在校园里吃饭和借书等生活上的步骤，提高了效率。

2014 年上半年开始建设新校园的信息化工程，投资 4888.1 万元，建设有 15 个子系统，这些系统的建成为学校的信息化建设提供了强有力的硬件支撑。15 个子系统包括：

1. 综合布线系统（校园网、监控网、一卡通网）
2. 计算机网络系统（校园网、监控网、一卡通网）
3. 安全防范系统（视频安防监控系统、入侵报警系统）
4. 一卡通系统
5. 有线电视系统
6. 公共广播系统
7. 多媒体会议系统
8. 多媒体教学系统
9. 预付费电表集抄系统

10. LED 大屏幕显示系统
11. 机房工程
12. 防雷系统
13. 接地系统
14. 综合管路系统
15. 无线网络系统

在校园信息的日常维护中，信息中心的人员也贯彻着“高度警惕，强化专业，全天值班，微笑服务”的十六字方针，做到了哪里有故障，哪里就有排查，小毛病当时就解决，大问题十二小时内解决，有效的支持了学校其他部门的正常运行。

二、信息中心的配套规章制度

《校园网网络控制室管理制度》《校园网网管机房管理制度》《信息技术中心办公室管理制度》《信息技术中心保密制度》。

第三节 图书馆

一、机构与馆舍

2006 年，学校图书馆在鹤问湖校区和长虹校区分别设立馆舍，实行统一管理，统一布局。学校图书馆有馆长 1 人，副馆长 1 人，馆长助理 1 人，工作人员 16 人。其中，大专以上 17 人，高级职称 2 人，中级职称 15 人，初级职称 2 人。

图书馆内设机构有 1 室 3 部，即：综合办公室、阅览部、流通部和技术部。内部机构的主要职能列表如下：

学校图书馆内设机构及其职责分列

表 6 - 3 - 1

机构名称	工作职责
办公室	行政事务、图书的编目、内外联络与协调、办公用品采购、财产管理及其他庶务
流通部	图书的外借、修补、指导与辅助读者检索和借阅图书资料、基本大库管理、文献检索
阅览部	现刊阅览、工具书阅览、过刊装订与阅览气、报纸、期刊的编目和文献保管、修复工作
信息部	计算机设备、图书馆管理系统、监控系统、电子图书系统等软件的安装、调试、管理、维护和维修，图书馆网页的开发制作、提供信息技术服务等

2006—2014年九江职业大学图书馆馆舍使用情况

表6-3-2

校区	项目	使用面积（平方米）	间数	座位
长虹校区	办公室	80	3	
	书库	500	2	30
	阅览室	450	2	200
鹤问湖校区	办公室	110	5	
	书库	500	3	50
	阅览室	600	3	300
	工具书室	150	1	15
合计		2170	19	595

二、建设

（一）每年递增杂志种类和馆藏图书状况

杂志种类和馆藏图书状况

表6-3-3

年份	期刊种类	馆藏图书	过刊合订本	备注
2006	761			
2007	905			
2008	897	92216	34522	
2009	897	159491	36873	
2010	897	228987	42503	
2011	897	241312	44929	
2012	897	247198	48268	
2013	670	255904	49441	图书：255904
2014	656	268086	52690	图书：268086

2006年两校合并时馆藏情况统计

表6-3-4

项目		数量（册）	备注
总计		187699	
长虹馆区	馆藏数据库收录的纸质图书	34406	
	登记簿收录的纸质图书	74473	
	过刊装订本	23500	
	报纸装订本	2931	
	光盘及磁带	189	

续表 6-3-4

项目		数量（册）	备注
鹤问湖馆区	纸质图书	31957	
	过刊装订本	11022	
	报纸装订本	3880	
	电子图书	4207	
	光盘及磁带	1134	

（二）电子图书馆建设。2008 年，图书馆装配 260 座位的电子阅览室，配备自创的 3 万余册共 100 余 G 的数据库，购置方正阿帕比和超星电子图书、CNKI 等数据库，由单一的纸质图书服务转变为纸质和电子阅览式的综合型服务，图书馆的电子信息服务工作也开始起步。2009 年，运行图书馆网站，开通读者咨询、流通管理、阅览管理、多个数字资源（包括中国知网、超星电子图书、超星学术视频、读秀学术搜索、万方数据库、网上报告厅、就业培训库以及自建数据库等网络服务），网络阅读的期刊达 7900 余种，开馆时间短昼期为 82 小时/周和长昼期为 83 小时/周。

2009 年，图书馆购置妙思自动化管理系统，图书的流通、采编等环节开始自动化操作，各室配齐电脑、网络，实现电脑化办公。

（三）图书馆坚持“读者第一，服务育人”的宗旨。围绕“读者与知识”这个核心，开展研究性的服务和服务性的研究，先后在省级以上刊物发表图书类和图书馆建设类论文 20 余篇，参编教材 2 部，专利发明 2 项。

三、图书馆相关管理制度

2008 年 5 月，学校出台《图书采购实施方案》，加强对鹤问湖校区图书馆的建设，图书向大专层次倾斜，要拿出购书经费的 10% 用于师范类图书的采购。

2008 年 12 月，成立了“九江职业大学图书馆工作委员会”，出台《九江职业大学图书馆工作委员会章程》。章程规定，图书馆工作委员会的成员由校长、分管图书馆工作的副校长、各院系（部）及有关职能处室负责人、学生代表组成。图书馆工作委员会的主要任务：

（一）帮助规划图书馆工作，研究讨论学校文献信息资源建设工作中的重大问题，反映师生意见和要求，向学校和图书馆提出改进图书馆工作的建议。

（二）审议图书馆的发展规划、工作计划以及经费预算等，听取图书馆馆长的年度工作报告。

（三）加强图书馆工作委员会与师生之间的联系和沟通。

（四）对学校文献信息资源建设中的重要问题进行专项调查研究，提出咨询报告。制定（审议）学校文献信息资源建设方案。

（五）制定（审议）馆用设备采购方案并按规定组织采购。

随着图书馆规模的扩大，基础设施建设的完善，馆员队伍的增加，图书馆狠抓内部管理工作，制订了一系列规章制度，有《图书馆岗位职责》《图书馆管理制度》《图书馆读者守则》《图书馆业务规范》《九江职大图书情报委员会章程》《部主任岗位职责》《图书馆办公室岗位职责》《采编部岗位职责》《流通部岗位职责》《图书采购工作细则》《典藏工作细则入馆须知》《图书借阅须知》《流通库借阅规则》《自修室守则》《图书馆工作人员行为规范》等。

四、新馆建设

新校园中的图书馆新馆舍建筑面积约2.4万平方米，包括地下1层，地上6层（部分空间为其他部门所用）。

2015年2月2日，校长办公会议研究通过了《九江职业大学图书馆建设规划（2015—2020)》（以下简称《规划》）。规划对新馆舍面向读者的服务空间进行了划分，拟暂设总服务台（1个）、普通图书阅览室（2个）、工具资料书与特藏书阅览室暨参考服务工作站（1个）、专题文献典藏暨研究中心（1个）、储藏书库（1个）、现期报刊阅览室（1个）、过期报刊阅览室（1个）、电子阅览室（1个）、信息素养教学室（1个）、学术报告厅（1个）、小讲堂（1个）、讨论室（1个）、教师研究室（多个）、学生自修室（1个）、读者休息厅暨书吧（多个）等。新校园图书馆馆舍计划于2015年秋季开学时投入使用。

《规划》安排新馆舍的使用分为两个阶段。第一阶段为入驻阶段。此阶段确保顺利搬迁和正常开馆。包括搬迁工作组织和设备、用品用具采购安装。这一阶段的通用家具类和机械电子类设备设施按正常开馆最基本的（最低限度的）需要配备，包括足够的通用书架和阅览桌椅、门禁系统、电子书借阅机、数图触摸屏一体机、自助借还书机。第二阶段为文化环境建设和服务品质跃升阶段。这个阶段着力要做的，一是馆内文化艺术环境设计、装饰和配套的个性化别致化家具及用品用具的补充（此项工作委托专业公司一揽子解决）。总原则是充分体现学校的办学特色和光明前景，展示厚重的文化底蕴和书城的温馨。

《规划》提出每年投入一定资金用于现代服务设备的补充及维护。其中包括电子书报刊阅读机、自助打印复印机等，建设移动图书馆。实现藏、借、阅、网、管一体化，传统服务与现代服务一体化。在做好纸质图书流通阅览、纸质报刊阅览等基本的传统服务工作的同时开展现代文献信息服务，包括原文传递、馆际互借、查新服务、查收查引、读者培训、专业馆员对口服务、自助借还服务、移动图书馆服务等。加强阅读辅导，利用自身的资源优势开展丰富多彩的读书活动和其他校园文化活动。每学期举办1—2次大型专题讲座、展览，不定期举办教师和学生广泛参与的读者沙龙，吸引更多师生参与进来，让他们在活动中感受文化、体味文化，提升校园文化的品质，使读者在舒适、便捷、雅静、活泼的环境之中，神清气爽、身心愉悦，从而提高学习效率。根据需要，协助有关部门组织相关的文化、学术活动，参与先进的校园文化建设和科学文化普及工作。建设新的图书馆主页，使其成为集知识、信息、咨询、导航于一体，界面友好的信息媒体。《规划》还提出设置专业馆员服务项目，尝试建设一支专兼职结合的专业馆员队。

第七章 办学水平评估与省级示范校的创建

2007 年，学校以《江西省高职高专院校人才培养工作水平迎评指标体系（试行）》为依据，结合学校合并重组后融合发展的需要，决定启动评建工作，接受教育部高职高专人才培养工作水平评估。学校专门成立了评建办公室，解读国家教育部和省教育厅关于高职高专人才培养工作水平评估的有关文件，收集迎接评估的相关数据，对照评估指标体系，以评促改，以评促建，评建结合，重在建设。

通过评估，发现问题、找出不足、寻找解决办法，使学校的迎评工作向纵深整体推进，全面提升学校办学水平。同时，通过评估，营造浓厚的迎评氛围，做到全校人人重视，人人参与，人人迎评，确保学校迎评工作达到优秀标准。

2008 年 12 月底，经省评估专家组实地考察评估，确认九江职业大学人才培养工作水平达标，同时肯定了学校人才培养模式和专业教学改革方面所做的尝试和探索。

2010 年初，省教育厅开展第二轮高职高专人才培养工作水平评估。同年 6 月，学校以第二轮迎评为契机，同时启动创建省级示范性的第二次申报工作。7 月 15 日，学校被批准为江西省示范性高职院校立项建设单位。

经过 3 年的建设，2012 年中旬，学校通过了省示范性高职院校建设项目专家组的中期评估验收。经过整改，2013 年 1 月 10 日，学校通过了省示范性高职院校建设项目专家组的终期验收，1 月 18 日，学校被批准为江西省省级示范性高职院校。

第一节 教育部高职高专人才培养工作水平评估

一、宣传动员与自评

2007 年上半年，根据《江西省高职高专院校人才培养工作水平评估指标体系（试行)》，按照“以评促建，以评促改，评建结合，重在建设”的指导思想，5 月初，学校利用校园网站、横幅、宣传橱窗、广播等形式宣传评估工作的重要性和对学校长远发展的意义。各院（系、部）、部门分别召开教职工及学生动员大会，邀请专家讲座，认真领会人才培养水平评估指标体系的内涵，熟悉评估工作的目标和任务，并派专人到兄弟院校学习迎评经验。

2007 年 4 月 24 日，学校第五次党政联席会议审议迎接 2008 年人才培养工作水平评估方案，决定成立迎评工作办公室，安排专人严格按照评估细则，仔细研究，认真解码，分块包干，责任到人。强调当年的工作目标、工作思路和工作举措都要围绕“以教学为中心，以迎评为契机”来展开工作。

2007 年 5 月 8 日，学校出台《九江职业大学人才培养工作迎评方案》，要求以此次评估工作为契机，全校动员，真抓实干，进一步促进学校教学基本建设和高职教育教学质量的提高。成立迎评工作领导小组，校长卢志鹏任组长，副校长胡春亮兼任迎评工作办公室主任。

2007 年 6 月 18 日，学校出台《九江职业大学以评促建工作方案》，并制订详细的《九江职业大学以评促建任务分解方案表》。6 月至 9 月，各部门按照评估指标体系要求，先后制定出本部门详细的工作进程和实施方案，进行自查自评，按分解方案表内容要求，收集整理材料，摸家底，找差距，制定出整改方案。9 月至 12 月底，各部门边评边改，先后完成学校特色材料、学校定位、规划等重点材料的提炼和完善工作。

11 月，学校对迎评办分管领导及迎评办主任进行了调整，由党委副书记周春明分管迎评工作，抽调工程技术学院副院长肖燕任迎评办主任。

2008 年 1 月至 4 月，各院（系、部）在自评的基础上整改和复查，查缺补漏，完成学校自评报告、特色材料、十五规划、十年规划、学校定位、人才培养目标定位等一系列材料。同时，学校出台《关于重点专业建设的意见》《专业建设管理暂行规定》《课程体系与教学内容改革建设方案》《专业指导委员会章程》等一系列与教学评估有关的文件。

2008 年 5 月至 6 月底，根据学校迎评方案的安排，结合自评和整改情况，学校聘请校内和校外专家进行试评，并将有关材料整理、存放在指定位置。

2008 年 11 月，学校评建办公室收到各部门材料共有 36 个观测点 308 项共计 1274 份，评建材料大部分到位，还有小部分材料未完成或需要整改，主要是教学方面的材料；11 月 15 日，因评建工作分管校领导周春明赴澳大利亚学习，评建工作由副校长肖厚建分管；11 月 18 日，学校召开全体中层干部、副高以上职称教师和各院部、各部门全体参与评建工作的人员会议，会议的中心主题是查找差距、明确任务、鼓足士气、对照指标体系进行整改。评建办发布评建工作情况通报及后阶段工作安排，印发九江职业大学迎评宣传手册，制订《九江职业大学自评方案》。

2008 年 11 月 22 日，学校邀请校外评建专家对学校的评建工作进行分项目自评并形成分项自评结果报告。内容主要有：专业剖析、自评报告、特色报告、分项自评报告、各类支撑材料。分项自评结果具体如下：

2008 年九江职业大学人才培养工作水平自评结果一览表（一）

二级指标序号及名称	1.1 学校定位与办学思路			自评等级
自评结果				A
主要观测点	赋分	权重	自评得分	
1.1.1 学校定位与发展规划	4.9	0.4	1.95	
1.1.2 教育思想观念	4.9	0.3	1.47	
1.1.3 教学中心地位	4.8	0.3	1.44	
合计			4.86	

2008 年九江职业大学人才培养工作水平自评结果一览表（二）

二级指标序号及名称	1.2 产学研结合			自评等级
自评结果				A
主要观测点	赋分	权重	自评得分	
1.2.1 产学研结合	4.8	1	4.8	
合计			4.8	

2008 年九江职业大学人才培养工作水平自评结果一览表（三）

二级指标序号及名称		2.1 结构			自评等级
自评结果					A
主要观测点		赋分	权重	自评得分	
2.1.1 学生与教师比例		4.8	0.2	0.96	
2.1.2 专任教师结构	青年教师中研究生比例	4.5	0.1	2.64	
	高级职称比例	4.5	0.2		
	双师素质教师比例	4.3	0.3		
2.1.3 兼职教师数量与结构		4.5	0.2	0.9	
合计				4.5	

2008 年九江职业大学人才培养工作水平自评结果一览表（四）

二级指标序号及名称	2.2 质量与建设			自评等级
自评结果				A
主要观测点	赋分	权重	自评得分	
2.2.1 质量	4.5	0.5	2.25	
2.2.2 建设与发展	4.5	0.5	2.25	
合计			4.5	

2008 年九江职业大学人才培养工作水平自评结果一览表（五）

<table>
<tr><td>二级指标序号及名称</td><td colspan="4">3.1　教学基础设施</td><td>自评等级</td></tr>
<tr><td colspan="5">自评结果</td><td rowspan="10">A</td></tr>
<tr><td colspan="2">主要观测点</td><td>赋分</td><td>权重</td><td>自评得分</td></tr>
<tr><td colspan="2">3.1.1　教学行政用房</td><td>5</td><td>0.2</td><td>1</td></tr>
<tr><td rowspan="3">3.1.2　教学仪器设备</td><td>生均教学仪器设备值</td><td>5</td><td>0.3</td><td>1.5</td></tr>
<tr><td>百名学生配教学用计算机台数</td><td>5</td><td>0.1</td><td>0.5</td></tr>
<tr><td>百名学生配多媒体教室和语音室座位数</td><td>5</td><td>0.1</td><td>0.5</td></tr>
<tr><td colspan="2">3.1.3 图书馆与校园网</td><td>4.5</td><td>0.2</td><td>0.9</td></tr>
<tr><td colspan="2">3.1.4　体育运动设施</td><td>4.6</td><td>0.1</td><td>0.46</td></tr>
<tr><td colspan="4">合计</td><td>4.86</td></tr>
</table>

2008 年九江职业大学人才培养工作水平自评结果一览表（六）

<table>
<tr><td>二级指标序号及名称</td><td colspan="3">3.2　实践教学条件</td><td>自评等级</td></tr>
<tr><td colspan="4">自评结果</td><td rowspan="6">B</td></tr>
<tr><td>主要观测点</td><td>赋分</td><td>权重</td><td>自评得分</td></tr>
<tr><td>3.2.1　校内实训条件</td><td>4.2</td><td>0.5</td><td>2.1</td></tr>
<tr><td>3.2.2　校外实训基地</td><td>4.9</td><td>0.3</td><td>1.47</td></tr>
<tr><td>3.2.3　职业技能鉴定</td><td>4.0</td><td>0.2</td><td>0.8</td></tr>
<tr><td colspan="3">合计</td><td>4.37</td></tr>
</table>

2008 年九江职业大学人才培养工作水平自评结果一览表（七）

<table>
<tr><td>二级指标序号及名称</td><td colspan="3">3.3　教学经费</td><td>自评等级</td></tr>
<tr><td colspan="4">自评结果</td><td rowspan="5">A</td></tr>
<tr><td>主要观测点</td><td>赋分</td><td>权重</td><td>自评得分</td></tr>
<tr><td>3.3.1　经费保证情况</td><td>4.7</td><td>0.5</td><td>2.35</td></tr>
<tr><td>3.3.2　学费收入用于教学经费的比例</td><td>4.9</td><td>0.5</td><td>2.465</td></tr>
<tr><td colspan="3">合计</td><td>4.8</td></tr>
</table>

2008 年九江职业大学人才培养工作水平自评结果一览表（八）

二级指标序号及名称	4.1 专业			自评等级
自评结果				A
主要观测点	赋分	权重	自评得分	
4.1.1 专业设置	4.8	0.3	1.44	
4.1.2 教学计划	4.9	0.4	1.96	
4.1.3 专业教学改革试点工作	4.7	0.3	1.41	
合计			4.81	

2008 年九江职业大学人才培养工作水平自评结果一览表（九）

二级指标序号及名称	4.2 课程			自评等级
自评结果				A
主要观测点	赋分	权重	自评得分	
4.2.1 教学内容与课程体系改革	4.9	0.5	2.45	
4.2.2 教材建设	4.8	0.2	0.96	
4.2.3 教学方法与手段改革	4.8	0.3	1.44	
合计			4.85	

2008 年九江职业大学人才培养工作水平自评结果一览表（十）

二级指标序号及名称	4.3 职业能力训练				自评等级
自评结果					A
4.3.1 实践训练体系	实践教学体系	4.7	0.3	1.41	
	必修实践实训课开出率	4.8	0.3	1.44	
4.3.2 职业能力考试		4.4	0.4	1.76	
合计				4.61	

2008 年九江职业大学人才培养工作水平自评结果一览表（十一）

二级指标序号及名称	4.4 素质教育			自评等级
自评结果				A
主要观测点	赋分	权重	自评得分	
4.4.1 全面推进素质教育的工作状态和效果	4.6	1	4.6	
合计			4.6	

2008年九江职业大学人才培养工作水平自评结果一览表（十二）

二级指标序号及名称	5.1　管理队伍			自评等级
自评结果				A
主要观测点	赋分	权重	自评得分	
5.1.1　教学管理、学生管理情况	4.8	0.5	2.4	
	4.7	0.5	2.35	
合计			4.75	

2008年九江职业大学人才培养工作水平自评结果一览表（十三）

二级指标序号及名称	5.2　质量控制			自评等级
自评结果				A
主要观测点	赋分	权重	自评得分	
5.2.1　教学规章制度的建设与执行		0.3		
5.2.2　各主要教学环节的质量标准		0.3		
5.2.3　教学质量监控与学生质量调查		0.2		
		0.2		
合计				

人才培养工作水平自评结果一览表（十四）

二级指标序号及名称	6.1　知识能力素质			自评等级
自评结果				A
主要观测点	赋分	权重	自评得分	
6.1.1　职业能力	4.7	0.3	1.41	
	4.6	0.2	0.92	
	4.4	0.1	0.44	
6.1.2　必备知识	4.5	0.2	0.90	
6.1.3　基本素质	4.6	0.1	0.46	
	4.6	0.1	0.46	
合计			4.59	

2008 年九江职业大学人才培养工作水平自评结果一览表（十五）

<table>
<tr><td>二级指标序号及名称</td><td colspan="4">6.2　就业与社会声誉</td><td>自评等级</td></tr>
<tr><td colspan="5">自评结果</td><td rowspan="6">A</td></tr>
<tr><td colspan="2">主要观测点</td><td>赋分</td><td>权重</td><td>自评得分</td></tr>
<tr><td rowspan="2">6.2.1　录取新生报到率及毕业生就业率</td><td>报到率</td><td>4.9</td><td>0.1</td><td>0.49</td></tr>
<tr><td>就业率</td><td>5</td><td>0.6</td><td>3</td></tr>
<tr><td colspan="2">6.2.2　社会对毕业生的综合评价</td><td>4.9</td><td>0.3</td><td>1.47</td></tr>
<tr><td colspan="4">合计</td><td>4.96</td></tr>
</table>

2008 年 11 月 23 日，召开专题研讨会。24 日至 27 日，各院系准备专家访谈汇报材料和教师上汇报课，并将各项规章制度、岗位职责汇编上墙；学校各项规章制度汇编成册。教务处、各院系组织开展基本技能、职业技能及学生研讨会的培训工作。宣传部、团委、各院系通过横幅、广播、宣传栏、校园网站进行评估宣传，对学生及教职工进行迎评知识培训，组织学生社团开展主题校园文化活动，营造评估氛围。28 日，教务处组织检查各院系完成专业剖析的自评报告以及相应的支撑材料。29 日至 30 日，按照正式评估要求进行，邀请校外专家预评。

2008 年 12 月 2 日，评建工作进入倒计时，校评建办列出月度评建工作时间表，明确各牵头部门的工作要求并做出时间安排。

12 月学校各责任部门评建工作时间安排

表 7-1-1

时间	内容	要求	牵头单位
2008.12.6	所缺材料及整改材料到位；查遗补漏	符合评估要求	评建办
2008.12.6	分项自评报告整改到位	按 16 号文，完善内容，核实数据，尤其是重要指标	各观测点责任人
2008.12.8	迎评服务指南初稿	内容详细	评建办
2008.12.9	校长报告、自评报告、特色报告完成第四稿	符合评估要求和学校实际	各撰写人
2008.12.12	校长报告、自评报告、特色报告、分项自评报告定稿	符合评估要求和学校实际	校领导、各撰写人
2008.12.15	印制校长报告、自评报告、特色报告、分项自评报告	符合评估要求 校长报告做好 PPT	评建办
2008.12.20	评建材料完成印制	规范	评建办
2008.12.20	学校宣传片定稿	汇报演示	宣传部
2008.12.21 前	专业剖析	向分管领导汇报并演示	教务处
2008.12.21 前	学生专题研讨会	汇报预演	教务处

续表 7-1-1

时间	内容	要求	牵头单位
2008. 12. 21 前	教师培训　学生培训	汇报预演	教务处　学工处
2008. 12. 21 前	职业技能测试	汇报预演	教务处
2008. 12. 21 前	听课	汇报预演	教务处
2008. 12. 22 晚	文艺晚会彩排并审查节目 画展布置到位	校领导审查	艺术系
2008. 12. 23	网站、橱窗、宣传等	内容新、氛围浓	宣传部
2008. 12. 23	校园环境	整洁亮丽	后勤处
2008. 12. 26	接专家，评估接待方案	内容翔实	评建办
2008. 12. 27— 2008. 12. 30	组织学生社团活动	活跃、有序	团委
2008. 12. 27— 2008. 12. 30	专家进校评估	接待人员、联络员、各处室各部门人员各就各位	评建接待组

2008 年 12 月 8 日，制作专家服务指南，选定接待人员并对接待人员进行培训，完善迎接省评估专家组评估检查的各项前期准备工作。

2008 年 12 月 20 日，在综合楼十六楼会议室，校评建办召开第四次工作会，会议主题是讨论如何迎接评估，如何对接已经上报的材料。分管副校长肖厚建就消化解读三个报告、对接实施三个报告、制作充实支撑材料、准备接受专家访谈、优化校园迎评环境等 7 个方面作了具体工作要求。

二、评估验收与整改

2008 年 12 月 25 日上午，在校综合楼 16 楼会议室，学校召开临评前中层干部会，主要讨论评估工作期间的工作安排和需要注意的事项，以便统一行动，且各就各位。

校评建办印制发放“江西省专家组赴九江职业大学高职高专院校人才培养工作水平评估服务指南”。

2008 年 12 月 26 日，省专家组到达学校，对学校的人才培养工作水平进行实地评估。本次评估专家组成员有：江西省教育厅副厅长洪三国，江西省教育厅高教处处长聂威，华东交通大学原副校长、教授沙国平，江西应用技术职业学院副院长、教授陈伟胜，江西服装职业学院教务处长、教授刘九生，江西现代职业技术学院教务处长、教授钱泉森，江西护理职业技术学院教务处长、教授胡敏，萍乡高等专科学校教务处长、教授肖文福。27 日上午，九江职业大学人才培养工作水平评估汇报会在综合楼 2 号会议室召开，出席会议的有评估组全体成员，市政府副市长吴锦萍、九江市教育局局长欧阳礼彬、副局长黄福林、学校党政班子全体成员、学校各院系部、各部门主要负责人。会议由党委书记王原平主持，省教育厅副厅长洪三国出席会议并讲话，九江市政府副市长吴锦萍致欢迎辞，校长卢志鹏作自评报告。

2008 年 12 月 27 日，省评估专家组观看了学校发展专题片和校歌 MTV；察看综合楼、图书馆、实验实训中心、运动场、学生宿舍、食堂、学生活动中心等教学、生活设施以及规划建设的实训楼、图书馆等工地；考察了数字化校园平台、多功能报告厅、多媒体教室、语音自主学习中心、计算机房及校内实验实训室等；随机听取了 6 名教师说课；召开了由院系部主任（书记）、教研室主任、教学督导组成员及教师代表等 11 人参加的座谈会；重点剖析机电一体化技术、语文教育两个专业，考察了学前教育系；抽取了 16 名三年级机电一体化技术专业的学生进行职业技能测试；27 日晚，学校在鹤问湖校区大礼堂举办了“九江职业大学迎新年文艺晚会”，省教育厅评估专家组参加了“迎新年文艺晚会”；28 日，继续访谈学校领导、人事处、教务处、招生就业处、学工处、财务处、实验实训与信息中心、总务处、图书馆、教学督导组等部门负责人，以及部分教研室主任和骨干教师共 17 人；审阅学校人才培养工作自评报告、分项自评报告、特色报告和支撑材料，并调阅 491 份学生试卷、11 份试卷分析报告、4 份毕业设计（论文）、14 份教案和教研室教研活动记录等大量佐证材料；组织了由 10 组 30 名学生参加的“九江职业大学的昨天、今天、明天”专题研讨会。

2008 年 12 月 29 日下午，在学校综合楼 16 楼第二会议室，听取省评估专家组意见反馈。专家组一致认为九江职业大学的人才培养工作水平达标。省专家组沈国平等肯定了学校人才培养模式和专业教学改革方面所做的尝试和探索，并就学校的基础设施配套、专业建设、精品课程建设力度、教学团队建设等方面提出相关整改建议。

2009 年 1 月 5 日，省评估专家组提交《九江职业大学人才培养工作水平评估考察报告》（详见附录二）。

2009 年 1 月 8 日，校评建办提交评建工作总结。学校通过评估达到“以评促建、以评促改、以评促管、评建结合、重在建设”的目的。1 月 15 日，学校根据省评估专家组意见，形成了九江职业大学评估整改意见。

为将学校打造成为“技师培养基地、教师成长摇篮”，达到创建省级示范校的目标，2009 年 5 月 15 日，学校印发《九江职业大学评估整改方案》。根据专家组的意见，学校继续改善办学条件，计划投资 3500 万元人民币，建设完成 20000 平方米的综合实训大楼和 12000 平方米的图书馆；安排 1000 万元资金，购置实验实训设备和教学仪器，完善配套基础设施，满足学生实验实训需要；加大校企合作办学力度，建成以昌河汽车制造集团公司、瑞昌江州造船有限公司、湖口新鑫造船厂、6354 研究所、铁道部大桥局等大型骨干企业和九江市财政税收、经贸商务、文化教育、交通旅游等重点行业及九江小学、双峰小学、田家炳中学、外国语学校、实验小学、中心幼儿园等各名校名园为深度合作伙伴的校外学生实训实习基地；启动数字校园建设二期工程，充分利用现代教育技术平台，整合利用各类社会资源，建设图书信息资料查阅库，优质或精品课程教学资源库，重点专业、特色专业、新专业建设资源信息库，项目开发建设与课题研究资源库等。同时，继续争取地方政府的支持，依托地方资源优势，深化教学改革，创新人才培养模式，走内涵发展之路。

三、第二轮人才培养工作水平评估

继第一轮高职高专人才培养工作水平评估之后，2010 年，江西省教育厅开展第二轮高职高专人才培养工作水平评估。2010 年 6 月，学校第一轮评估达标后，在此基础上，准备迎接省教育厅第二轮人才培养工作水平评估，同时启动创建省级示范性高职院校的二次申报工作。

2009 年至 2012 年，经过近 3 年的整改建设，学校在基础设施配套、专业建设、精品课程建设力度、教学团队建设等方面进一步提高和完善。

2012 年 2 月 8 日，学校印发《九江职业大学 2012 人才培养工作评估方案》，成立以校长卢志鹏、党委书记王原平为组长的校迎评领导小组，组建迎评办公室、督察组和校内自评专家组等机构；明确分项目标和具体任务，实施分工负责制和首问责任制；工作任务分五个阶段进行，即动员、学习培训与自查自评阶段（2 月 12 日—2 月 28 日），整改与建设阶段（3 月 1 日—8 月 31 日），预评估与巩固提高阶段（9 月 1 日—11 月 15 日），迎接专家组进校评估阶段（11 月 16 日—12 月 1 日），评估后整改阶段（2012 年 12 月—2013 年 11 月）。

2012 年 11 月 26 日，学校在综合楼 1 号会议室召开的校长办公会上，研究并原则通过迎接人才培养工作评估准材料准备方案，要求各有关部门负责人树立与加强全局意识和责任意识，各负其责，通力合作，迎接专家组进校考察，保证以优异的成绩通过人才培养工作评估。

2012 年 12 月 6 日至 12 月 8 日，省教育厅对学校进行了第二轮高职高专人才培养工作水平评估。省教育厅评估小组成员有：省教育厅副厅长洪三国、高教处处长胡永红，省教育厅评估专家组组长单津辉（江西现代职业技术学院书记、院长）、副组长付春生（江西工业工程职业技术学院院长）、专家组成员杨耀防教授（九江学院院长助理）、张孝金（江西环境工程职业学院副院长）、邹建华（江西外语外贸职业学院副院长）、唐星（江西司法警官职业学院副院长）6 位专家。

12 月 6 日上午，评估工作汇报会在综合楼 16 楼大会议室进行，学校党委书记王原平致欢迎辞，九江市人民政府副秘书长詹耀祥讲话，王原平代表学校作《创建适合学生的发展模式，培养适应社会需要的技能型人才》的人才培养工作自评汇报，汇报会由校党委副书记周春明主持。

经过三天的评估和实地察看，12 月 8 日下午，评估意见反馈会在学校综合楼 16 楼大会议室召开。参加会议的有省教育厅评估专家组全体成员，九江市人民政府副秘书长詹耀祥，在校全体校领导以及各二级学院（部）、各处室负责人。反馈会由评估专家组组长单津辉主持。

单津辉教授宣布，经专家组一致议定，九江职业大学人才培养工作顺利通过评估。评估专家组副组长付春生代表专家组宣读对九江职业大学人才培养工作考察评估意见。充分肯定学校人才培养工作的成绩和特色，帮助学校分析存在的问题及原因，并提出了针对性强的对策建议。

九江市人民政府副秘书长詹耀祥代表九江市政府作了讲话：对专家组的辛勤工作和悉心指导表示衷心感谢，强调九江市委、市政府高度重视学校此次人才培养工作评估，祝贺学校人才培养工作顺利通过评估，并代表九江市委、市政府表示将一如既往支持和关心学校发展。要求学校深刻领会专家组的指导意见，积极整改提高，充分发挥评估的指导和推动作用，使学校的综合办学实力再上一个新的台阶。

学校顺利通过省教育厅2012年第二轮高职高专人才培养工作评估。

附录一：

九江职业大学自评方案

（2008年11月）

一、目的

高职高专人才培养工作水平的评估能否顺利通过，关系到九江职业大学的未来前途和命运。通过自评，发现问题、找出不足、寻找解决办法，以评促改、以评促建，使学校的迎评工作向纵深整体推进，不留死角，把各项工作真正做到位，全面提升学校办学水平；通过自评，营造浓厚的迎评氛围，确实做到全校人人重视，人人参与，人人迎评，确保学校迎评工作达到优秀标准。

二、时间：2008年11月23—24日

三、组织领导

自评领导小组：

组　长：卢志鹏

副组长：肖厚建　胡春亮　汪春莲

自评工作组：校内专家，评建办，教务处、科研处、宣传部、实验中心、团委有关人员

四、内容与要求

（一）查阅评建材料（11月23日上午）

1. 内容与要求：查阅各类支撑材料、留存院系、部门的原始材料等是否齐全、规范、数据是否准确统一；分项自评报告是否符合要求。十五个二级指标中有八个重要指标，可重点查阅重要指标材料。

2. 方法：按一级指标分组工作，重点抽看。查阅材料时发现问题或发现材料有失实倾向时，可要求有关部门或院系做出解释。

分组名单：

（1）办学指导思想　　卢志鹏　罗来华

（2）师资队伍建设　　王原平　詹平华

（3）教学条件与利用　　肖厚建　汪国元

（4）教学建设与改革　　　胡春亮　潘留芳 吕天庆
（5）教学管理　　　　　　蔡春祥　陈新贵
（6）教学效果　　　　　　汪春莲　柳新民

（二）校内现场考察（11 月 23 日上午）

1. 内容与要求：现场考察学校的基础设施、实验实训条件、图书馆、各院系部和职能部门工作与管理情况等。要求实验实训场所挂牌、各项规章制度挂置、各实验操作设备制贴、张贴指导教师名单、实验实训课程表等；办公场所张贴规章制度、岗位职责等。

2. 方法：分组考察，现场验收

（1）分组及人员名单：

第一组：负责鹤问湖校区实验实训场所、图书馆检查

组长：卢志鹏　副组长：胡春亮

成员：詹平华、汪国元、柳新民　摄影：何琦　记录：江红

第二组：负责鹤问湖校区各院系部、各行政职能部门办公场所检查

组长：王原平　副组长：汪春莲

成员：罗来华、陈新贵　摄影：潘钧　记录：万权性

第三组：负责长虹校区艺术系办公场所、实训场所、图书馆检查

组长：肖厚建　副组长：蔡春祥

成员：吕天庆、潘留芳　摄影：曹建华　记录：胡亮

考察路线见附件

（三）学生专题研讨会与个别访谈（11 月 23 日下午）

1. 学生专题研讨会

（1）内容与要求：专家确定学生专题研讨题目，听取每组学生的发言，围绕研讨内容进行提问，考查学生主题把握、分工合作、信息采集与处理、综合分析、语言表达、探索创新等方面的能力与素质。

（2）方法：抽取 27 名学生，院系推荐与专家组随机抽取相结合。专家确定专题研讨题目和选取学生，提前 24 小时通知与会人员，每 3 名学生一组，就专家组给出的研讨题目进行分工和准备，写出 2000 字左右的发言稿；组织专题研讨。

模拟专家组：胡春亮　潘留芳　施根生　付义赣　胡青宇

摄影：何琦

学生研讨会的具体流程见附件

2. 个别访谈

（1）内容与要求：被抽问访谈的人员是否能较准确地说出学校办学的一些重要数据、迎评工作的认识是否到位、学校的办学特色、职业教育的基本思想和理念等是否了解等。通过访谈进一步判断二级指标的等级，从另一方面映证材料的真伪。形成访谈记录。

（2）方法：分学生、教师、干部三组分别进行访谈，可采取约请和随机等形式，每位专家访谈人数约 4 人，访谈对象具有代表性。

访谈专家组：

学生组：校领导　　汪国元　吕天庆　　记录：江　红

教师组：校领导　　詹平华　罗来华　　记录：胡　亮

干部组：校领导　　陈新贵　柳新民　　记录：胡克勤

（四）专业剖析与技能测试、座谈会（11月24日上午）

1. 专业剖析与职业技能测试

（1）内容与要求：剖析专业的自评报告和专业剖析材料是否合格齐全、院系主任汇报材料是否准备好；对剖析专业的一个毕业班的学生进行职业技能测试，试题从院系职业技能试题库中抽取，由院系和自评工作组各派一名教师监考，考后判卷分析统计并将情况报专家组。

（2）方法：分组听汇报、查阅材料、现场测试。

五个重点剖析专业分为三组，专家分三组进行专业剖析，分组及人员名单如下：

语文教育、文秘专业：校领导　詹平华　吕天庆

计算机应用、国际贸易专业：校领导　柳新民　罗来华

机电一体化专业：校领导　汪国元　潘留芳

2. 基本技能测试

（1）内容与要求：测试学生计算机基本技能水平

（2）方法：提前一天由专家组在全校非计算机专业的二年级学生选定一个班级于下班前由相应院系通知学生，并从计算机系现有测试题库中随机抽选一套试题。

现场进行测试：计算机系和自评工作组各派一名教师监考，考后判卷分析统计并将情况报专家组。

职业技能测试：基本技能测试由校内专家陈新贵组织，监考人员名单如下：

职业技能测试：语文教育　　王学兵和一名师范学院教师

文秘　　张婷和一名文传系教师

计算机应用　　郭坤和一名计算机系教师

国际贸易　　周楠和一名经管学院教师

机电一体化　　史飞和一名工程学院教师

基本技能测试：万权性和一名计算机系教师

3. 座谈会

（1）内容与要求：教师座谈会：教师代表认真做好准备、对所担任的课程有关教材使用、教学大纲、教学计划、教学改革创新的具体做法与体会、实验实训课的教学实施工作是否熟悉；学风情况、学生基本素质情况、教学管理及学校对教师的基本要求、教师每年完成的工作量、开展科研活动或校外兼职；重点是剖析专业的教学改革创新、特色、培养学生职业技能和素质的做法、成效；对评估的认识、对学校迎接评估工作的情况、对学校今后人才培养工作的建议或意见等。

学生座谈会：学校基本情况、学生管理工作、校风建设、教师教学水平和教学态度、

实验实训课程的教学情况、学校学生工作、后勤服务、迎评工作的基本认识、学生的形象礼仪等.

(2) 方法：由专家组分别组织教师、学生代表进行面对面交谈，专家提出问题代表围绕所提问题发言，指定专人做会议记录。

学生座谈会人数在20人左右，由专家在全校各年级学生中选定；教师座谈会人数在15人左右，由专家组确定。座谈对象应具有代表性。

教师座谈会：校领导　　詹平华　吕天庆　罗来华　　记录：江　红

学生座谈会：校领导　　潘留芳　柳新民　汪国元　　记录：胡　亮

(五) 听课 (11月24日下午)

1. 内容与要求：随堂听取教师的讲课（重点是实验实训课）；要求所抽取课程的教师准备好教案及教学辅助条件、突出以训练学生职业技能和动手操作能力为核心组织实施教学、是否体现“教师为主导、学生为主体”的教学思想、教师的现场操作、示范是否熟练规范等；

2、方法：每个专家从学校提供的五个剖析专业的当天总课表中抽1节课随堂听课。

五、信息集中与反馈

经过一天半的自评，校内专家组将自评情况进行汇总。肖厚建校长进行反馈，参加反馈会人员为全校教职工。

附件一：

学生访谈参考提纲

1. 介绍你所学专业课程体系、理论课与实训、实践课的比重。

2. 你认为专业教学有哪些需要改进？对本专业教师队伍有何评价？

3. 你学习和掌握了哪些专业理论和实践技能？对未来就业信心如何？

4. 结合你的亲身体验谈谈学校在教育教学中是如何贯彻“以人为本”“学生是主体”的教育思想和理念？

5. 选《评估宣传手册》中1—2个问题提问。

附件二：

教师访谈参考提纲

1. 谈谈你任教班级和课程基本情况，现在从事的教学工作是否发挥了你的优势，有利于你的进步和成长？

2. 谈谈学校的培养目标、办学指导思想和办学特色，你认为你所在院系的专业、课程设置与人才培养目标是否吻合？

3. 你在教学中是如何培养学生的实践技能与动手能力的？谈谈你对“双师型”教师

素质的认识与自己打算。

4. 介绍你的教研、科研情况，谈谈对学校教师队伍整体评价。

5. 选《评估宣传手册》中1—2个问题提问。

附件三：

干部访谈参考提纲

1. 介绍本部门的工作职责，本部门在人才培养工作中的地位、作用？（部门）

介绍本院（系）的人才培养目标，本院系在学校人才培养工作中的特色？（院系）

2. 谈谈本单位是如何贯彻科学发展观，为人才培养工作服务。

3. 本次评建工作你单位有哪些工作任务？评建指标中哪些指标涉及你单位？你单位评建材料完成如何？

4. 谈谈你对学校评建工作的认识、看法和建议。

5. 选《评估宣传手册》中1—2个问题提问。

附件四：

校内现场考察路线

第一组：语音室、综合楼的机房、多媒体梯教室、学术报告厅→实验实训楼→教学楼→图书馆

第二组：综合楼的办公室、人事处、财务处、国资处、宣传部、科研处、文化传播系、工程学院、师范学院、计算机系、外语系→招生就业办公室、实验中心（实验实训大楼）→教务处、经济管理学院（教学楼）→后勤处（第二食堂）

第三组 ：长虹校区艺术系→继续教育学院→图书馆

各部门、院系负责人做好接待及介绍

附件五：

学生专题研讨会的具体流程

一、时间：11月23日下午2：30—4：45

二、地点：多功能报告厅（实验中心准备好多媒体设备）

三、会场布置：施根生、王红彬

四、内容：

1. 学生专题研讨会主题的确定：

施根生于21日上午8：10将学生专题研讨会的主题提交校内专家组审定后，组织有关人员将学生专题研讨主题分解为9个子题目（议题），并于21日上午11：30前将子题

目（议题）和专家所抽取的学生名单通知院系进行准备。

2. 学生专题研讨会学生名单确定：

师范学院、工程学院、经管学院：各2组学生（学院推荐一组，校内专家抽一组）

计算机系、外语系、文传系：各一组学生（系推荐2人，校内专家抽1人）

3. 23日下午2：00各院系将学生的发言稿的打印稿及各组学生名单交评建办。

4. 23日下午2：30学生研讨会开始。学生分成三人一组，其中：一人主讲，二人补充，原则上主讲不超过5分钟，补充各3分钟，专家提问3分钟。每组时间控制在15分钟之内。

五、组织观摩人员（教务处负责）

各院系负责学生培训工作的领导、指导教师、班主任、06级及07级各班的学生干部参加。

九江职业大学评建办公室

（2008年11月）

附录二：

九江职业大学人才培养工作水平评估考察报告

一、考察评估工作概况

根据江西省教育厅关于开展高职高专院校人才培养工作水平评估工作的部署，受教育厅委托，以沙国平（华东交通大学原副校长、教授）为组长，陈传胜（江西应用技术职业副院长、教授）为副组长，刘九生（江西服装职业技术学校处长、教授）、钱泉森（江西现代职业技术学校教务处处长、教授）、胡敏（江西护理职业技术学校教务处处长、教授）和肖文福（萍乡高等专科学校机电系主任、副教授）为组员的评估专家组，于2008年12月26—30日对九江职业大学进行了人才培养工作水平评估。

专家组听取了学校校长卢志鹏关于九江职业大学人才培养水平的自评工作汇报；观看了学校发展专题片和校歌MTV；察看了综合楼、图书馆、实验实训中心、运动场、学生宿舍、食堂、学生活动中心等教学、生活设施以及规划建设的实训楼、图书馆等工地；考察了数字化校园平台、多功能报告厅、多媒体教室、语言自主学习中心、计算机房及校内实验实训室等；随机听取了6名教师说课；召开了11人由院系部主任（书记）、教研室主任、教学督导组成员及教师代表参加的座谈会；重点剖析了机电一体化技术、语文教育两个专业，并考察了学前教育系；抽取了16名三年级机电一体化技术专业的学生，进行了职业技能测试；观看了学校组织的“迎新年”文艺晚会；访谈了学校领导、人事处、教务处、招生就业处、学工处、财务处、实验实训与信息中心、总务处、图书馆、督导组等部门负责人，以及部分教研室主任和骨干教师共17人；审阅了学校人才培养工作自评报告、分项自评报告、特色报告和支撑材料，并调阅了491份学生试卷、11份试卷分析报告、4份毕业设计（论文）、14份教案和教研室教研活动记录等大量佐证材料；组织了由10组30名学生参加的“九江职业大学的昨天、今天、明天”专题研讨会。

专家组以教育部2004年《高职高专院校人才培养工作水平评估方案（试行）》为依据，以教育部教高〔2006〕16号、〔2008〕5号文件为指导，结合省教育厅2008年高职院校人才培养工作水平评估的具体要求，坚持标准，实事求是，坚持全面评价与重点评价相结合，定性评价与定量评价相结合，经专家组全体成员认真讨论和分析，形成考察评价意见。

二、考察评估工作的总体印象

1. 学校充满朝气和活力，具有极大的发展潜力。九江职业大学是1985年经江西省人民政府批准、原国家教委备案的全日制普通高等学校，隶属于九江市政府。2006年4月，百年老校九江师范学校成建制并入九江职业大学，重组新的九江职业大学。2008年8月，江西庐山旅游中专整体划入九江职业大学。学校在九江市委、市政府和省教育厅的正确领导与关心支持下，在短短两年多时间里，学校领导班子思谋发展，破解难题，带领全校教职员工，团结一心，艰苦创业，以大讨论统一思想、凝聚力量、明确方向；以强烈的事业心和责任感，大气谋事、潜心干事、志于成事，形成了无缝快速融合、和谐跨越发展的良好局面，学校的各项建设取得了显著成绩。全校上下充满朝气和活力，给专家组留下了深刻的印象，这是学校发展的宝贵精神财富。

2. 高度重视评建工作。2007年学校启动评建工作，市委、市政府和学校高度重视评建工作，专门成立了调研小组到发达地区进行考察。学校成立了评建工作领导小组，各院系部也相应成立了迎评机构，安排专人负责迎评工作；市委、市政府领导多次听取学校评建工作情况汇报，对评建工作给予了及时指导和大力支持。学校通过全面部署、层层发动、签订责任状、专家讲座、学习讨论、培训考核和参观考察等措施，营造了浓厚的“人人参与评估”的“迎评促建”氛围。

3. 建改管并重，增量变化明显。按照教育部、省教育厅关于开展高职高专院校人才培养工作水平评估的有关文件精神和要求，学校坚持“以评促建、以评促改、以评促管、评建结合、重在建设”的指导方针，两年多来，学校加大投入，加强并规范了管理。在软硬件建设、办学规模、教师队伍建设、实验实训基地建设、教学仪器设备、图书资料等方面，实现了增量的明显变化。按照九江市政府王萍市长对学校发展的评价，即是“两年多的发展超过了合并前20年的发展”，令人瞩目，显示了九江职业大学良好的发展态势，这也是在“二十字”评建方针指导下带来的办学成果。

4. 人才培养工作水平整体提升。学校以评建工作为契机，进一步凝聚了人心，规范了管理，各项工作乘势而上，实现了跨越式发展。在“硬件”和“软件”建设方面都跃上了一个新的台阶，办学指导思想与发展定位进一步明确，教学条件大为改善，教学中心地位进一步落实，人才培养质量不断提高，办学综合实力显著增强，学校各项工作整体推进，基本实现了学校招生就业的良性循环。

三、人才培养工作的主要成绩

1. 办学定位准确，思路清晰，特色鲜明。学校合并重组以来，坚持以教学为中心，以“就业为导向，以改革求发展，以特色创品牌”的方针，提出“博学多能、厚德笃行”的校训，着力打造小学师资和高技能人才的培养基地，努力将学校建设成为“技师培养基地，教师培养摇篮”，成为“九江职业教育的旗舰”。学校主动服务九江地区地方经济和社会发展，服务企业、行业和教育事业，以普通全日制高职学历教育为主，兼顾职业继续教育、行业培训和各种职业资格培训与鉴定，为经济社会发展提供人才支撑和智力支持，培养了一批动手能力强，综合素质较高，适应企业生产、管理、服务一线需要的高技能人才和幼儿学前教育人才，赢得了良好的社会声誉。

2. 学校领导班子的领导力、执行力、事业心强，充满朝气和活力。卢志鹏任校长后，依靠一班人，按照“步入新起点，迎接新挑战，开创新历程，实现新跨越”的思路，带领广大教职员工克服了过去学校校园面积偏小、基础薄弱、投入不足、待遇不高等困难，艰苦创业，融合、发展、跨越。凝聚了人心，教职工的精神面貌也发生了深刻的变化，爱校敬业，讲求奉献，不求索取，这些为学校当前和将来的发展奠定了良好的基础和发展后劲。

3. 学校艰苦创业，勤俭办学，通过多渠道筹措资金，不断加大教学基础设施的投资力度，学校近年来共投资8000多万元，完成了7栋学生公寓、综合大楼、塑胶田径运动场、学生第二食堂、网球场、篮球场、学校大门、校园景观、校园数字化工程以及校内的校园网、水网、电网和路网建设，新增校舍建筑面积8万多平方米。创造了三个月建起一栋学生公寓、11个月建成23000平方米综合大楼的神奇速度。办学条件明显改善，跨越发展成效明显，综合实力明显增强。

4. 学校探索了人才培养模式，教学改革不断深入。学校对校内实验实训设备进行了快速的新建或改建，建成了校内实训室61个，校外实训基地71个，满足了实践教学的基本需要。学校加强与九江工业园区、开发区及省内外各类企业和行业的联合，采取“工学结合”“顶岗实习”“生产实习”及“订单培养”等不同模式，与中石化、中铁大桥局、昌河汽车公司、江西绿冬丝科实业有限责任公司、江西博来制药厂、九江信华集团和江西美庐乳业等企业建立了校企合作关系。同时与九江小学、柴桑小学等20所一流小学和九江市中心幼儿园等5所幼儿园建立了师范类教育专业学生的见习实习基地，保证了不同人才的职业培养需要。

5. 学校高度重视校园文化建设，重视学生综合素质的培养，素质教育成果明显。学校加强学生的思想政治教育，以理想信念教育为核心，管理“以人为本”，建立了学生思想政治工作网络体系。学校重视学生的职业道德教育、法制教育；重视培养学生的诚信品质、敬业精神、责任意识和遵纪守法意识；重视以九江历史文化和红色资源引领校园文化建设，并探索校园文化与企业文化的对接，积极打造学校、企业、社会联系交流的良好平台；形成了以校训、校徽、校歌为核心的校园文化；注重关心关爱学生，提出了构建和谐校园，关心关爱学生，从“每一堂课、每一餐饭、每一瓶水入手”的服务学生新理念，推行后勤服务的“零距离办公”制度，体现了以人为本。学校文化氛围浓厚，通过丰富多彩的校园文化活动，锻炼了学生的能力，全面提高了学生的综合素质。校长经常与学生沟通，重视校园稳定和平安和谐校园建设，综合治理成效显著。

6. 学校以专业建设为核心，坚持形成了夯实专业基础、打造特色专业（机电一体化、学前教育等）、探索了学校品牌专业（商贸、旅游、工程技术、师范教育、外语等）建设的新思路。“机电一体化”和“学前教育”已被批准为省特色专业。学校紧贴专业建设实际，改革创新课程设置，基本建立了“厚基础、重实践、强技能”的职业教育新观念，按照“对接市场设置专业、对接专业设置课程、对接职业岗位培养职业技能”的方向，努力建立“教、学、做”一体化的教学模式。

四、希望和建议

1. 建议学校继续加大投入，加快实训楼、图书馆的动工建设，进一步完善配套基础设施，优化专业实训基地建设，充分利用现代教育技术平台，整合利用各类社会资源，进一步彰显学校办学特色。

2. 为适应新形势下高等职业教育的办学要求，建议学校聘请更多的社会实践经验丰富的名师专家、高级技术人员和能工巧匠作为兼职教师，参与学校教学和人才培养，以增强学生的职业适应性、提升就业竞争力。

3. 学校要进一步巩固评建成果，以教育部教高〔2006〕16号、〔2008〕5号文件为指导，依托九江的区位及资源优势，继续创新实践人才培养模式，深化教学改革，建立人才培养质量保障和监控运行机制。在快速发展后建立新平台基础上，进一步加强教学管理，加强专业、课程等内涵建设，提升教学质量，争取建成一批省级以上特色专业和精品课程。

4. 建议学校主管部门一如既往，支持九江职业大学的发展，加大经费投入和政策扶持，使其在现有基础上越办越好。

专家组相信，九江职业大学在校党委、行政的正确领导下，坚持质量立校，特色发展，加大内涵建设力度，巩固评建成果，学校的“十一五”规划发展目标一定能够实现。

评估专家级成员签字：

第二节　“省级示范性高职院校”创建

2009年1月，学校决定启动创省级示范校建设项目内各项基础设施、专业、师资和课程建设，计划完成原有教学资源整合，并报请九江市政府。以此为契机，促进学校的融合发展。

2009年1月，学校制订《九江职业大学江西省示范性高职院校建设计划项目建设方案》，并报请九江市人民政府。

2009 年 1 月 15 日，九江市人民政府向省教育厅致《关于推荐九江职业大学申报江西省示范性高等职业院校的函》（详见附录一），并附江西省示范性高职院校建设推荐书（详见附录二）

2009 年 4 月 18 日，由副校长肖厚建、胡春亮代表校长卢志鹏赴南昌向省专家组陈述“关于加强内涵建设创建江西省示范性高等职业院校”的申报材料。

由于该项工作启动较晚，第一次申报工作未能成功。但学校自此正式启动省级示范性高职院校的创建工作，计划于 2010 年再次申报。

一、创建内容

加强重点专业建设　学校在已有强势专业和特色专业的基础上，加强重点专业建设，其中学前教育、机电一体化技术 2 个专业建成省内同类院校的领先专业，并力争将其建设成为国家示范性专业；语文教育、国际贸易实务专业建设成为省内一流的专业；数控技术、电子信息技术、涉外导游（韩语方向）等专业建设成为省级特色专业，新增农林水、医护、家政等民生领域一批专业，进一步提升学校办学综合实力。

优化课程体系建设　与企业、学校合作，参照职业资格标准，对课程进行系统设计。精心设计与职业岗位工作、学校、幼儿园教学过程相一致的任务驱动课程或项目导向课程，建设 30 门校级以上的工学结合、教学结合优质核心课程，其中达国家精品课程标准的课程 2 门，达省级优质课程 15 门；制作 30 个具有自主知识产权、水平较高的教学课件；新编写 30 本国家级、省级规划教材及校本特色教材。

深化师资队伍建设　建设期内，培养和引进 6 名省级名师或专业带头人、26 名专业骨干教师、100 名双师型教师，聘请 150 名企业行业一线技术人员、中小学及幼儿园特级教师或名师为兼职教师，建设一支结构合理、师德高尚、水平高超、能力高强的师资团队。

强化实训基地建设　在现有基础上，整合已有资源，建设现代制造、模具制造、商务、学前教育、教师职业和应用外语 6 个实训中心，使之成为示范性综合基地。整合社会资源，拓展合作渠道，使每个重点建设专业拥有 6 个以上稳定的学生顶岗实训实习基地，逐步形成校外实训基地网络，覆盖专业群相关专业，满足学生半年高质量顶岗实习需要。

提高社会服务能力　发挥学校背景优势、区位优势、资源优势和技术优势，服务九江经济社会建设，成为推进九江经济社会发展人才库和智力库、职业人才培训基地，形成较强的社会服务能力，并在职业技能培训、师资培训、农民技术技能培训、带动和引领省内高职教育发展等方面发挥示范和辐射作用。

二、项目保障

政策保障　为确保项目建设顺利实施，市政府已将学校作为重点建设单位，加大领导和支持力度，政策上给予倾斜和优惠；省教育厅和财政厅的关心与支持是学校示范性院校建设的有力保证。

组织保障 2010 年 12 月成立项目建设领导小组，设立创建工作办公室负责日常工作，并设立相应项目组负责组织实施。

管理保障 学校将根据省厅要求，制定相应管理办法，对项目资金统一规划、单独核算、专款专用。严格执行预算、全过程监控和结算审计制度，确保专项资金使用的规范、安全和高效。

资金保障 学校项目建设预算 5348 万元：其中省财政 1000 万元，市财政 1000 万元，学校自筹 3348 万元。

三、建设规划

按照“分期建设、分步达标、责任落实、质量控制”的要求实施项目建设，整个建设分三个阶段完成。

第一阶段：从 2009 年 3 月至 2009 年 12 月，启动基础设施建设、专业、师资和课程建设，完成对现有教学场地的资源整合。

第二阶段：从 2010 年 1 月至 2010 年 12 月，完成基础设施建设，完成专业实验实训设备的购置；同时全面启动各项教学改革与建设，通过探索实践，树立典型，总结经验，推广应用，完成大部分示范性项目建设工作。

第三阶段：从 2011 年 1 月至 2011 年 12 月，全面完善各项建设工作，各建设项目全部达到规划要求，准备接受验收，使学校进入江西省示范性高职院校行列。

四、实施过程

建设与提高 2010 年，学校计划完成基础设施建设，专业实验实训设备购置；全面深化教学改革与课程建设，基本完成各示范性项目建设。

2010 年，围绕省级示范校建设工作，以专业化发展为引领，以职教能力提高为抓手，扎实抓好优秀人才引进和青年教师培养等工作，建立起了一支老、中、青相结合的专任教师队伍。

2010 年 6 月，校长卢志鹏赴南昌进行第二次申报，向省专家小组作学校省级示范性创建工作情况汇报并进行答辩，从学校概况、办学优势与特色、创建思路与规划、建设进度与保障等方面作全面介绍，强调从组织、制度、资金和管理四个方面全方位保障示范性院校建设项目顺利完成。

2010 年 7 月 15 日，省财政厅、教育厅发布《关于公布 2010 年江西省示范性高等职业院校立项建设院校名单的通知》，九江职业大学等 5 所高职院校被批准成为江西省省级示范性高职院校立项建设单位（详见附录三）。

2010 年 8 月 4 日下午，受省教育厅、省财政厅委托由省教育厅副厅长洪三国、省财政厅科教文处处长夏建刚、省教育厅高教处处长聂威、副处长胡永红、九江职业技术学院院长魏寒柏、江西应用技术职业学院院长高怀世、江西交通职业技术学院院长朱隆亮 7 人组成的省厅领导及专家组学校创建省级示范性高职院校的项目建设方案进行了论证。

九江市副市长吴锦萍，九江职业大学校长卢志鹏、书记王原平、副书记周春明，副校长肖厚建、周兴龙，学校各院（部）主要领导出席会议。副厅长洪三国作了讲话，会议由党委书记王原平主持，副市长吴锦萍致辞。会上，校长卢志鹏就建设目标、资金的分配使用、项目建设进度和如何建设保障体系，向专家组汇报学校省级示范性院校创建工作任务。学校部分学院负责人分别就各自专业的建设方案作汇报。

经过专家组讨论，通过学校省级示范性高职院校立项建设项目专家组论证的意见。同时，专家组对学校建设方案的部分内容提出进一步修改的建议。学校正式成为江西省示范性高等职业院校立项建设单位。

2010 年 10 月，学校制订九江职业大学“十二五”重点建设项目目录。

2010 年 12 月 17 日，学校印发《九江职业大学省级示范性高等职业院校建设项目管理机构与职责》。成立建设项目领导小组，卢志鹏、王原平任组长，胡春亮兼任项目建设办公室主任；成立机电一体化技术、学前教育、语文教育和国际贸易实务 4 个重点专业及专业群建设项目建设小组，及其他 7 个专项工作小组。明确各级项目小组及组长的工作职责。

2010 年 12 月 24 日上午，在学校综合楼 16 楼大会议室，召开“省级示范性高等职业院校建设项目”推进会。学校领导、各部门、各院（部）负责人等 40 余人参加了会议。副校长胡春亮主持会议，校长卢志鹏以“立足新起点、再谱新篇章，全面推进省级示范校建设”为题作讲话，提出三点意见：一是抓住机遇、增强紧迫感，充分认识建好省级示范校的重要意义，为实现新的跨越再立新功；二是振奋精神、增强主动性，扎扎实实落实好示范性建设方案，为完成建设任务打好攻坚战；三是团结协作、增强凝聚力，全力以赴共同推进示范校建设，为建设上水平做好有力保障。

2011 年 3 月 16 日，学校转发江西省示范性高等职业院校建设评审标准和普通高等学校基本办学条件指标（试行）。出台“九江职业大学江西省示范性高等职业院校建设方案”。

2011 年 4 月 18 日，为迎接省教育厅、省财政厅考察组示范性院校中期检查验收，学校教务处印发“关于开展示范院校建设项目 4 月份检查的通知”，示范校项目领导小组负责对各项目建设单位进行第一阶段建设中期检查。检查内容：项目建设资金的使用情况；项目建设点分解执行落实情况；人才培养模式改革，推进工学结合、生产性实训和半年顶岗实习和课程改革等实施情况；建设工作的创新点和亮点。具体工作安排：4 月 19 日前为自查阶段，各重点专业对照《江西省示范性高等职业院校建设项目和经费安排汇总表》进行自查，详细填报自查材料；4 月 20 日前将电子稿报至教务处汇总，研究部署下阶段工作；各重点专业完善各项建设工作，撰写项目实施阶段性总结报告，汇报材料，并准备附件证明材料；4 月 21 日、22 日为检查阶段，学校组织对各重点建设专业自查情况进行检查。检查采用听取重点专业负责人汇报和实地实物查看两种形式进行；4 月 25 日前为反馈阶段，学校结合各院部自查情况和现场检查情况对各专业建设的绩效进行评定，并提出整改反馈意见。

2011 年 4 月 21 日至 22 日，由教务处牵头，学校对“江西省示范性高等职业院校立项建设计划”重点专业开展中期检查。检查内容包括项目建设资金的使用情况；项目建设点分解执行落实情况；人才培养模式改革，推进工学结合、生产性实训和半年顶岗实习和课程改革等实施情况；建设工作的创新点和亮点。

2011 年 8 月 15 日，学校全体领导班子成员和相关部门负责同志一起到长虹校区检查校园改造和迎新准备工作。暑假期间，为进一步改善办学条件，推进示范校建设，学校决定对各校区教学楼、学生宿舍、图书馆、礼堂等建设设施进行改造翻新和水电维修，新建长虹校区塑胶田径运动场、铺设柏油路、更新教学和生活设施，作为此次改善办学条件的重点，也是创建省级示范性高职院校的举措之一。学校在长虹校区一次性投入 500 余万元。

整改与完善

2012 年 3 月，为确保省示范性高职院校建设工作高质高效的进行，根据创建工作专题会议精神，学校将对“江西省示范性高等职业院校立项建设项目”重点专业开展定期检查。检查内容包括：项目建设资金的使用情况；项目建设点分解执行落实情况；人才培养模式改革，推进工学结合、生产性实训、半年顶岗实习和课程改革等实施情况；建设工作的创新点和亮点。具体工作安排为：3 月 14 日前为自查阶段，各重点专业对照《江西省示范性高等职业院校建设项目和经费安排汇总表》进行自查，详细填报自查材料。

3 月 16 日前将电子稿报至教务处汇总，各重点专业完善各项建设工作，撰写项目实施阶段性总结报告，汇报材料，并准备附件证明材料。总结报告主要包括项目建设的基本情况，主要成绩、收获与经验、存在的问题、改进措施与建议等，着重总结人才培养模式改革，推进工学结合、生产性实训、半年顶岗实习和课程改革等实施情况以及专业建设工作创新点和亮点。

3 月 19 日至 20 日为检查阶段，学校组织对各重点建设专业自查情况进行检查。检查采用听取重点专业负责人汇报和实地实物查看两种形式进行。

3 月 22 日前为反馈阶段，学校结合各院部自查情况和现场检查情况对各专业建设的绩效进行评定，并提出整改反馈意见。

2012 年 6 月 27 日，国际贸易专业群、语文教育专业群、学前教育专业群、机电一体化专业群向示范校建设项目组提交中期总结报告。

2012 年 7 月 4 日下午，学校在鹤问湖校区综合楼 16 楼大会议室召开了迎接省级示范性院校验收工作推进会。项目建设领导小组副组长、副校长肖厚建、胡春亮，项目建设办公室副主任、教务处处长付义赣出席推进会。同时项目建设四大专业群负责人，各项目建设小组的组长、副组长参加会议。会议由胡春亮副校长主持。会议宣读《九江职业大学迎接省级示范性高职院校项目建设验收工作推进时间安排》，布置迎检工作所要准备的重点工作和任务事项，并强调各项目建设单位要按照《江西省示范性高等职业院校项目建设任务书》要求，严格根据验收推进时间安排中规定的项目任务推进时间节点，提交相关项目的总结报告以及详细的支撑材料，项目建设办公室的汇总工作将会在7月31号前全部完成。

2012年7月15日，学校示范性院校项目建设小组对机电一体化、学前教育、语文教育、国际贸易实务四大专业群的实验实训室建设情况进行专项检查。项目建设小组在鹤问湖校区及长虹校区对示范性院校项目建设单位涉及30余间实验实训室逐一检查，检查过程中，建设小组的成员对每一个实训室的细节建设逐一检查，强调突出实验实训场所的文化氛围及各实训室自己的专业特色，实训室建设不是为迎接示范性院校验收的临时性工作，而是一个增强学校品位，提升学校水平的长期工作。同时，项目建设小组对于现场发现的问题也进行了现场办公，尽量予以现场解决，不能立即解决的问题也由专人做好记录，汇总至学校统一协调处理。

验收与提升　2013年1月10日，受江西省教育厅、财政厅委托，以江西外语外贸职业学院党委书记饶贵生为组长、江西财经职业学院党委书记何桑为副组长、江西省教育厅高等教育处处长胡永红、江西省财政厅教科文处调研员曾永林、江西经济管理职业学院副院长肖鸿晶、江西工业贸易职业技术学院院长邓小红、江西生物科技职业学院党委书记、院长刘碧堂等为成员的省级示范性高职院校建设项目验收专家组一行七人到九江，对学校省级示范性高职院校建设项目进行验收。

上午9点，在学校综合楼16楼大会议室，举行九江职业大学省级示范性高职院校建设项目验收汇报会。江西省教育厅副厅长洪三国到会议并讲话，九江市政府副秘书长詹耀祥代表市政府致欢迎辞，全体专家组成员及校领导、各院（部）相关负责人参加汇报会。汇报会由党委书记王原平主持。

经审核，专家组一致同意九江职业大学省级示范性高等职业院校建设项目通过省级验收。并希望学校在已经取得的建设成果基础上，按照既定建设思路，立足体制机制创新，在师资队伍结构上进一步优化，在工学结合人才培养模式上进一步深化，在人才培养质量评价体系上进一步完善。努力提高为区域经济社会发展服务的能力，进一步提升学校的办学水平和综合实力，为江西高职教育的发展做出新的更大贡献。

2013年1月18日，学校被批准为江西省省级示范性高职院校。

至此，九江职业大学进入全省高职高专院校第一方阵，成为全国双新人才计划培训基地 、全国志愿助残示范基地、全国模范职工之家、中央财政支持的实训基地建设院校、国家级“幼儿园教师培训计划”项目实施高校、江西省文明单位、全省高校就业评估优秀单位、江西省高职单独招生院校、江西省定向培养农村中小学（幼儿园）教师及农村劳动力转移培训基地、江西省园林化单位、江西省高校后勤及公寓管理工作优秀单位、江西省档案工作规范化管理单位。

附录一：

关于推荐九江职业大学申报江西省示范性高等职业院校的函

省教育厅：

九江职业大学是我市唯一一所市属高等职业院校，承担着为我市经济社会和基础教育事业持续发展，培养输送高素质技能性人才和高素质师资的任务，是“技师培养基地和教师成长摇篮”，九江职业大学始终坚持服务九江，面向江西，按照高等职业教育和师范教育发展客观规律，为经济社会和教育事业建设发展培养输送了大批优秀人才。市委、市政府高度重视，将建设九江职业大学列入九江经济社会发展规划，直接领导，重点规划，大力建设，近年来学校实现了办学规模与基本条件的跨越发展。

近年来，在省教育厅的关心与支持下。九江职业大学得到了较快发展。在2008年教育部开展的人才培养工作水平评估工作中受到专家的充分肯定和高度评价。根据江西省教育厅和财政厅《关于重点建设江西省示范性高职院校的通知》（赣教高字〔2008〕99号）文件精神，根据我市今后经济社会发展和教育事业发展需要，经研究决定：同意推荐九江职业大学申报江西省示范性高等职业院校。

我市政府将继续加强对九江职业大学的领导，关心并支持九江职业大学的建设和发展，做好九江职业大学省级示范性高等职业院校的创建工作。

九江市人民政府（印章）
二〇〇九年一月十五日

附录二：

加强内涵建设、创建江西省示范性高等职业院校

——九江职业大学校长陈述材料（10分钟陈述时间）

2009. 4. 18

一、申报基础

（一）学校概况

九江职业大学建于1985年，坐落于九江经济技术开发区。2006年，百年老校九江师范学校并入，组建了新的九江职业大学。学校占地面积共为409亩。建筑面积20. 8万平方米。学校设有36个专业。在校全日制大专生数5484人。

学校现有教师417名，其中专任教师347名。专任教师中教授、副教授82名。博士、硕士生42名。国务院特殊津贴专家1名，“曾宪梓教育基金一等奖”教师1名，“省劳模”“江西省高校名师”“江西省高校中青年骨干教师”15名。国家级普通话测试员2名，省级普通话测试员12名。

学校连续十年被评为九江市文明单位、全市思想政治工作先进单位、九江市高校党建工作先进单位、九江市创业先进单位、九江市职业教育工作先进单位。

（二）特色与优势

1. 专业特色与优势

学校积极推进专业建设改革，凸显专业特色，打造专业品牌，形成以工科和教师教育为主，以学前教育、教师教育、机械电子、经贸为主要特色的专业体系。学校拥有机电一体化和学前教育两个省级特色专业。机电一体化专业省级教学团队和机电与自动化省级实训基地。61个校内实验实训场地和71个校外实训实习基地，满足了专业教学和职业技能培养要求。

学校先后与九江昌河汽车有限责任公司、中铁大桥局、江西美庐乳业等企业单位、九江地区十个县市区签订合作办学协议，以“订单式”为企业和学校培养专门人才。

3. 人才培养特色与优势

学校坚持质量立校、特色兴校，坚持以服务为宗旨，以就业为导向，以育人为根本，以教学为中心，以管理为保障，以社会认同为标准，走校企合作、工学交替、产学研结合的道路，不断创新人才培养模式，为社会培养高素质技能性人才和教师。

学校制定130多个管理规章制度，成立了督导室、监察组、学工处，构建学校、院系部二级教学管理组织系统和教学质量监控体系，全方位实行质量监控。

学校高度重视校园文化的建设，征集选定了新校训、新校歌和新校徽，创办了学报《九江职业大学论坛》，设立了“廉溪讲坛”，倡导组建了春晖文学社、市场营销协会、计算机协会、科学发展观研究会等43个社团。

学校坚持科研兴教，三年来承担省级以上课题34项，其中获奖3项。省级以上刊物发表论文190篇，文学、艺术等获奖作品40件。

学校注重教材建设，主编、副主编公开出版47本教材，其中1本列入全国高校规划教材、13本高职高专规划教材、3本省高校优秀教材。

三年来，毕业生职业技能通过率和获证率达90%以上。146人次学生的作品、研究成果、比赛项目获市级以上奖励。81名学生获省级表彰，100名学生获市级表彰。12个省级先进集体，4个市级先进集体。

三年来，毕业生就业率分别为：2005年93.4%，2006为94.1%，2007年95.10%。学生就业满意率92%以上。

4. 社会服务特色与优势

学校坚持以服务社会为宗旨，面向行业、企业，开展培训服务。学校每年为企业员工、部队官兵进行培训，人数达1000多人次；学校承担企业急需解决的攻关项目，取得了显著成效。

近三年，学校培训小学校长、农村小学骨干教师、幼儿园园长2000余人次。为九江全市普通话培训测试教师2万余名。组织指导六所学校顺利完成了教育部十五重点科研课题《学科“四结合”教学改革实验研究》工作。

二、建设思路与目标

全面落实科学发展观，以服务社会为宗旨，以学生就业为导向，以重点专业建设为龙头，以优质课程建设为核心，加强师资队伍和实训基地建设，创新人才培养模式，大力提升社会服务能力，通过三年努力，把学校建设成为“技师培养基地、教师成长摇篮”，成为江西省示范性高等职业院校。

四、建设内容

（一）建设内容

1. 加强重点专业建设

在已有强势专业和特色专业的基础上，加强重点专业建设，其中学前教育、机电一体化专业建成省内同类院校的领先专业，并力争将其建设成为国家示范性专业；语文教育、国际贸易实务专业建设成为省内一流的专业，数控技术、电子信息技术、涉外导游（韩语方向）等专业建设成为省级特色专业，新增农林水、医护、家政等民生领域一批专业，进一步提升学校办学综合实力。

2. 优化课程体系建设

与企业、学校合作，参照职业资格标准，对课程进行系统设计。精心设计与职业岗位工作、学校、幼儿园教学过程相一致的任务驱动课程或项目导向课程，建设30门校级以上的工学结合、教学结合优质核心课程，其中达国家精品课程标准的课程2门，达省级优质课程15门；制作30个具有自主知识产权、水平较高的教学课件；新编写30本国家、省级规划教材及校本特色教材。

3. 深化师资队伍建设

建设期内，培养和引进6名省级名师或专业带头人、26名专业骨干教师、100名双师型教师，聘请150名企业行业一线技术人员、中小学及幼儿园特级教师或名师为兼职教师，建设一支结构合理、师德高尚、水平高超、能力高强的师资团队。

4. 强化实训基地建设

在现有基础上，整合已有资源，建设现代制造、模具制造、商务、学前教育、教师职业和应用外语6个实训中心，使之成为示范性综合基地。

整合社会资源，拓展合作渠道，使每个重点建设专业拥有6个以上稳定的学生顶岗实训实习基地，逐步形成校外实训基地网络，覆盖专业群相关专业，满足学生半年高质量顶岗实习需要。

5. 提高社会服务能力

充分发挥学校背景优势、区位优势、资源优势和技术优势，主动服务九江经济社会建设，成为推进九江经济社会发展人才库和智力库、职业人才培训基地，形成较强的社会服务能力，并在职业技能培训、师资培训、农民技术技能培训、带动和引领省内高职教育发展等方面发挥示范和辐射作用。

（二）建设进度

第一阶段：从2009年3月至2009年12月，启动基础设施建设、专业、师资和课程建设，完成对现有教学场地的资源整合。

第二阶段：从2010年1月至2010年12月，完成基础设施建设，完成专业实验实训设备购置；同时全面启动各项教学改革与建设，完成大部分示范性项目建设工作。

第三阶段：从2011年1月至2011年12月，全面完善各项建设工作，各建设项目全部达到规划要求，学校进入江西省示范性高职院校行列。

五、建设保障

1. 政策保障

为了确保建设项目顺利实施，市政府已将九江职业大学作为全市十一五重点规划建设单位，加大对学校的领导和支持力度，并在政策上对学校给予重点支持、倾斜和优惠；省教育厅一直十分关心与支持九江职业大学的建设与发展，在招生计划指标、新增专业审批、项目开发建设等方面给予政策倾斜。

2. 组织保障

成立以校长为组长的项目建设领导小组，设立创建工作办公室负责日常管理工作，并设立相应的工作机构具体负责项目实施。

3. 资金保障

整个项目建设资金5348万元，其中申请省级财政投入1000万元，市财政投入1000万元，学校自筹资金3248万元。

4. 管理保障

学校将根据教育厅、财政厅要求，制定相应管理办法，对项目资金统一规划、单独核算、专款专用。严格执行建设项目预算，对建设项目的实施、资金投向及年度资金调度安排、固定资产购置（建设）实行全程管理，确保如期完成建设目标。坚持突出重点、资源共享、勤俭节约、讲究实效原则，确保专项资金的使用规范和安全。

九江是江西的北大门，建设省级师范性高职院校意义重大，我们将紧紧依靠省市两级政府，举全校之力，将学校办成全省师范性高职院校。

附录三：

关于公布2010年江西省示范性高等职业院校立项建设院校名单的通知

赣教高字〔2010〕59号

各高等职业技术学院：

由省教育厅、省财政厅组织专家评审确定的2010年江西省示范性高等职业院校立项建设院校，已经过异议审理，现确定江西旅游商贸职业学院、江西陶瓷工艺美术职业技术学院、江西环境工程职业学院、江西电力职业技术学院和九江职业大学为2010年江西省示范性高等职业院校立项建设院校。省财政对每所省示范性高等职业院校建设补助1000万元，2010—2012年分别拨付300万元、400万元、300万元。

重点建设江西省示范性高等职业院校，是促进高等职业教育与我省经济社会发展紧密结合，提高高等职业教育人才培养质量的重要举措。各立项建设院校要以创建示范性高职院校为动力，按照省教育厅、省财政厅《关于重点建设江西省示范性高等职业院校的通知》（赣教高字〔2008〕99号）要求，加大投入，改善办学条件，改革人才培养模式，提高人才培养质量，为我省经济社会发展做出更大的贡献。

江西省财政厅　江西省教育厅

二〇一〇年七月十五

第八章　科　研

九江职业大学的科研管理工作包括科研管理与高等教育研究、科研成果、《九江职业大学校报》。

第一节　科研管理与高等教育研究

一、历史沿革

九江师范学校科教处成立于2003年，承担的科研项目主要有两项：一项是由北京师范大学承研的教育部课题子课题“全国学科教学‘四结合’教改试验研究项目”和一项中国教育学会教育科学研究“十五”规划课题《提高全面素质与发展个性特长研究》。合并前原九江师范科教处的主要任务是为适应师范教育对小学教育师资的培养，从事小学教育与中师培养教育的研究工作。合并前原九江职业大学教师主要申报的科研项目是省级教育教学改革课题，由教务处承担该课题的管理工作。

2006年，两校合并后，科教处更名为科研处。学校加强对科研工作的管理，逐步形成一系列行之有效的管理制度，促进学校科研工作向前发展。2006年结合九江经济与社会发展实际及学校自身发展的特点，向省教育厅申报了9个新开设专业。在科研建设方面，申报3个全国重点专业和3个省级精品专业，并同时启动了10个校级优质课程建设工作。逐步形成了以科研带动教学，以科研提高教学质量，以科研加强教师队伍建设的优良局面。

2007年，学校成立九江职业大学学术委员会，通过了学术委员会章程。组成成员如下：主任卢志鹏、副主任胡春亮、秘书长朱朝霞；社会科学成员有卢志鹏、肖厚建、朱朝霞、黄俊民、李辉秋、董丽超、何华松、张守兴、戴晓敏、曹迁平、温明、邹桂元；自然科学成员有周春明、胡春亮、蔡春祥、胡玉东、汪春莲、胡晓林、王荣、蒋腾旭、马红丽、潘留芳、谢枫。2007 年出台包括《九江职业大学科研管理办法》在内的科研制度四项，逐步健全完善了学校的科研管理制度体系。成立了学校首届学术委员会，学术委员会积极开展了审议学校课程设置方案、校级课题实施方案、校级立项课题及优秀人才推荐等工作。在课题申报及科研成果方面，经认真组织，在《2008 年江西省高校人文社会科学研究项目》和《2007 年江西省高等学校教学研究省级立项课题》两个课题申报的 11 项中，立项课题 6 项，并全部通过专家鉴定，其中一项评定为优秀成果。2007 年通过了省级教改课题 3 项，《“即学即练制”人才培养模式研究》获江西省高等学校科技成果三等奖；有 14 人次参编著作出版发行，其中主编 5 人次；论文在省级以上刊物发表 51 篇，核心期刊 8 篇，其中 15 篇获奖，2007 年学校的科研工作取得了长足的进步。

2009 年学校制定了《关于教科研的暂行规定》和《科研工作的量化考核办法》，进一步完善了科研项目管理和评价体系。本年度通过立项省级教改课题 9 项、省级高校人文社科研究课题 2 项。学校研发的《无线自动防伪系统》科研成果经省教育厅专家评审，荣获江西省年度科技成果三等奖。《幼儿养成教育师资培训教材及教育模式研究》课题被列为全国教育科学“十一五”规划课题，实现了学校国家级课题申报“零”的突破。《新时期高等院校“导师制”的研究与实践——以职业技术学院“德育导师制”为例》课题被列为 2009 年度的招标课题，实现了学校省级教改立项招标课题“零”的突破。学校采取了请进来，走出去的模式，举办了多种形式的学术交流活动，素有九江的“百家讲坛”之称的九江知名文化品牌“寻庐讲坛”走进学校。这也是“寻庐讲坛”第一次走进大学校园。由各院（系部）轮流外请了包括工程院院士黄旭华、著名国画家傅梅影、中国少儿首席教育专家卢勤女士在内的知名专家学者开展了多场学术讲座。

2012 年学校将科研处、高职教育研究室合并，成立“科研与高职教育研究处”（简称“科研处”）。

二、科研管理

2006 年合并重组后，学校为加强和规范科研管理工作，陆续出台了《九江职业大学校级课题管理办法》《九江职业大学学术委员会章程》等文件，有效激发了广大教师投身教研科研工作的热情，截至 2014 年，教师承担的省级以上各类教研科研课题共 166 项，校级课题 87 项，教研科研工作渐显成效。

2008 年，学校陆续出台了《九江职业大学教学科研工作业绩考核办法》《九江职业大学科研经费管理办法》，办法施行后，有效提高了教师发表学术期刊论文、申请专利、参与教研科研课题的热情。2008 年至 2014 年，教师在全国中文核心期刊上发表论文百余篇，成功申请专利六十余项。

2009 年开始，学校每年与九江市图书馆签订协议，共同举办“寻庐讲坛”公益系列讲座，卢勤、于丹、纪连海、葛剑雄等知名学者先后到学校开展讲座，在学校乃至社会上引起强烈反响，直接受益听众达到万余人次，得到了各界的高度评价和赞扬。

为规范九江职业大学校级课题的管理，建立健全科研成果的评价机制，提高学校科研成果的质量和效益，2012 年学校出台《九江职业大学校级课题成果鉴定结题细则》。

在加强科研管理工作同时，学校也加强了科研成果转化工作。2007 年至 2014 年学校获得科研优秀成果奖 5 项，其中 2007 年获得江西省高等学校科技成果奖三等奖 1 项；2009 年获得江西省高等学校科技成果奖三等奖 1 项；2010 年在江西省高校科学研究优秀成果奖评选中，学校获得人文社会科学类三等奖 1 项。2011 年，学校再度获得江西高校科学研究优秀成果奖人文社会科学类三等奖 1 项；2013 年，获得九江市社会科学研究优秀成果奖一等奖 1 项。

九江职业大学教学科研工作业绩考核办法（2013 年修订）

为规范学校教学科研工作业绩管理，鼓励广大专业技术人员积极从事教学科学研究工作，促进其教学科研能力与水平的不断提高，结合学校实际特制定本办法。

一、考核对象

（一）具有教师系列职称的在职在岗的学校专业技术人员（专、兼职教师）；

（二）具有非教师系列职称的在职在岗的学校专业技术人员。

二、教学科研工作业绩定额

教学科研工作业绩计算按分值（累计）。个人年度教学科研工作业绩标准分值见下表。列入考核范围的对象必须完成规定的最低教学科研工作业绩（即达到标准分值）。

职称	标准分值
正高职称	60
副高职称	40
中级职称	20
初级职称	10

注：1. 行政坐班人员的教学科研工作业绩按上述标准的 1/2 执行。

2. 超学校基本教学工作量 1/3 的教师，教学科研工作业绩按上述标准的 2/3 执行；超学校基本教学工作量 2/3 的教师，按上述标准的 1/2 执行。

3. 担任班主任工作的教师教学科研工作业绩按上述标准的 2/3 执行；担任辅导员工作科研量按上述标准的 1/3 执行。

4. 中专部的教师（按教师行政隶属部门）教学科研工作业绩按上述标准的 1/2 执行。

三、教学科研工作业绩的考核

（一）教学科研工作业绩考核等级分为优秀、良好、合格、不合格。具体标准为：达到额定教学科研工作业绩200%为优秀；达到额定教学科研工作业绩150%为良好；达到额定教学科研工作业绩为合格；未达到额定教学科研工作业绩为不合格。

（二）教学科研工作业绩考核每年度进行一次，先由本人填写《年度教学科研工作业绩统计表》并提供原始材料，交所在院系（部）审查，报科研处和教务处复核审定。成果统计为当年成果，逾期概不受理。

（三）科研处和教务处在全校教学科研工作业绩考核工作结束后，将每人的业绩得分按高低次序排列（业绩分排序 = 个人业绩分 - 个人相应额定业绩分）。未达到教学科研工作业绩将向全校公布。

（四）教学科研工作业绩考核结果移交人事处，作为各级各类专业技术人员聘任、晋职、评优等工作的重要依据。

（五）考核过程中如出现较大争议，由校学术委员会裁定。

四、奖惩办法

（一）设置表彰必须达到的最低分数值（即奖励分值），方能参加学校“年度科研工作先进个人”评选，每年评选5名科研工作先进个人。拥有5名以上专业技术人员的院系（部），可以参加全校教学科研先进单位的评选。单位人均教学科研业绩考核分列前三名，授予“年度教学科研工作先进单位”称号［单位教学科研工作业绩人均分 = 本院（系）部个人业绩分总和 ÷ 本院系（部）业绩计分总人数］。

（二）科研奖励津贴的发放，每年1次。教学科研奖励津贴（元） = （个人业绩分 - 教学科研工作业绩标准分值 - 30） × 业绩津贴（20元/分），其中教学科研工作业绩标准分值是原始标准分值。奖金金额超过8000元，须通过学术委员会评审通过。

（三）D专任教师和兼任教授、副教授未完成当年额定业绩考核分者，在当年的综合考核评比中，不能评为“优”。连续三年未完成额定业绩考核分者，将扣除未完成的额定业绩考核分值（10元/分）。

五、其他

（一）2013年1月1日以后的教学、科研业绩按本办法实施。

（二）本办法解释权归学校学术委员会。

附件：一、九江职业大学教学科研工作业绩的计分标准

二、九江职业大学教学科研成果级别认定说明

附件一

九江职业大学教学科研工作业绩计分标准

一、教学科研工作业绩的计分范围

（一）学术论文；

（二）著作；

（三）科研课题；

（四）科研成果获奖；

（五）专利；

（六）学术讲座；

（七）专业课程（示范性专业和优质课程）；

（八）教学成果获奖；

（九）教学、专业技能、艺术、体育等参赛获奖；

（十）指导学生参赛获奖。

二、科研工作业绩的计分标准

（一）学术论文

学校鼓励教师技术员发表与自己专业或研究方向相关的论文，具体计分如下：

类　别		计分（分/篇）
国际权威论文	自然科学	500
	人文社科	250
国内权威论文		120
“中文核心期刊”论文		80
学报类期刊发表的论文		40
其他综合期刊发表论文		30
校刊论文		20
省级以上的报刊发表的文章或文学作品		20

1. 论文按本办法认定登载刊物级别计分后又被更高级别刊物转载或收录的，按高级别刊物计分，但要扣除原所计分值。属摘要收录的，按相应标准的50%计分。原计分与二次计分只认一端，就高不就低。

2. 以学校为第二署名单位发表的论文，不计分。

3. 作者单位所署非本校的，一律不计分。

4. 若论文有抄袭现象，以零分计分。

（二）著作

著作包括责任基础分和字数配套分。

著作类别	主编基础分		字数配套分（万字）
	独著	第一主编	
学术著作	100	30	15×字数
译著	70	20	10×字数
长篇作品/原创文艺作品集/普及读物	35	20	5×字数
教材	35	20	5×字数

1. 主编基础分：少于10万字的著作按上述标准减半；多位参与者完成的著作教材，各参与者承担的字数按书中说明的计算；书中未标明分工的，按总字数÷参编总人数（主编、副主编、参编）计算。出版社或主编出具的分工证明无效。

2. 是否为学术著作如有争议由校学术委员会裁定。

3. 学校教师出版的著作必须标明九江职业大学，否则不予以计分。

4. 教材计分必须满足下述三个条件：Ⅰ. 教材的主编必须是九江职业大学教师；Ⅱ. 教材必须在九江职业大学使用；Ⅲ. 教材必须是经校教材委员会审核，并经校长办公会批准。

（三）科研课题

科研项目分包括项目类别分和资助经费分。

类 别	计分	类 别		计分
国家级	400	市级课题		100
省（部）级一类	300	校级课题	重点	60
省（部）级二类	150		一般（自筹）	50

1. 获准立项的当年计入分值的30%作为立项分，其余70%作为结题分，记入完成项目的当年；

2. 资助经费分：每千元（包括学校配套经费）2分；

3. 横向项目认定范围：由科研处代表学校与委托单位签订协议，且自然科学类项目实际到账经费不少于1万元，社会科学类项目不少于0.5万元的委托研究项目；

4. 逾期结题的项目（按规定申请了延期的时间除外），按相应标准的1/2计分；

5. 申报国家资助相关项目。若未成功，但申报材料完整、规范，将作为校级（自筹）课题计分。

（四）科研成果获奖

级别	科研成果奖			
	一等奖	二等奖	三等奖	其他
国家级	500	400	300	200
省（部）级一类	300	200	100	50
省（部）级二类	200	100	70	30
校（市）级	60	40	20	10

说明：“其他”指奖项设置中有除一、二、三等奖以外的奖项，如优秀奖等。

（五）专利

专利成果应具有国家专利审批单位颁发的专利证书，方可计分。

类 别	计分（分/项）
发明专利	300
实用新型专利	200
外观设计专利	100
软件著作权登记	100

说明：以学校名义申请的专利按上述标准计分。以个人名义申请的专利按上述标准的二分之一计分，即发明专利 150 分；实用新型专利 100 分；外观设计专利 50 分；软件著作权登记 50 分。

（六）学术讲座

1. 学校教师应邀到校外（省级单位或本科院校）进行学术讲学，每次记 30 分；

2. 学校教师应邀在校（市）级进行学术讲学，每次记 20 分；

3. 学校教师应邀在院系（部）级进行学术讲学，每次记 10 分；

说明：学校教师应邀外单位讲学，一是需外单位给学校科研处发出邀请函，事先在科研处登记，凡事先未在科研处登记的，不计教学科研业绩分；二是学术讲座不包括培训讲座和政策宣传性巡回演讲。各行政部门组织的讲座，开学时报科研处备案，方能计为教学科研业绩分。

三、教学工作业绩的计分标准

（一）专业建设类

被评为特色专业、人才培养模式创新实验区、实验室或实验基地、精品课程、教学团队，按以下标准计分。

类　别	特色专业（分/门）	人才培养模式创新实验区（分/项）	实验室或实验基地	教学团队（分/队）	精品课程（分/门）
国家级	500	300	300	300	300
省　级	200	200	200	100	100
校　级	100	100	100	60	60

说明：获准立项的当年计入分值的30%作为立项分，其余70%作为结题分，记入完成项目的当年。

特色专业、人才培养模式创新实验区、实验室或实验基地、教学团队、精品课程的总分值由负责人分解到各参与人员。

（二）教学成果获奖

级别	教学成果奖			
	一等奖	二等奖	三等奖	其他
国家级	500	300	200	100
省（部）级一类	250	100	50	30
校（市）级	60	40	20	10

说明：1.“其他”指奖项设置中有除一、二、三等奖以外的奖项，如优秀奖等。

2. 教学成果奖必须在获奖证书中有“教学成果奖”这五个字，则认定相应等级教学成果奖。

（三）教学、专业技能、艺术、体育等参赛获奖

教师参加行政部门或国家一级学（协）会组织的教学、专业技能比赛、文艺演出、美术作品展出和体育竞赛，按以下标准计分。(参加其他类型的比赛均不计分)

级别	一等奖	二等奖	三等奖	其他
一类	200	150	100	70
二类	150	100	70	40
三类	100	70	40	20
四类	50	30	10	5

说明：“其他”指奖项设置中有除一、二、三等奖以外的奖项（如优秀奖）及参赛、入展、入选作品等。在同一类（次）比赛中获多项奖时，仅按最高奖计分，不重复记分。级别参照九江职业大学教学科研成果级别认定说明。

（四）指导学生参赛获奖

教师指导学校学生行政部门或国家一级学（协）会组织的专业技能比赛、文艺演出、美术作品展出和体育竞赛，按以下标准计分。(参加其他类型的比赛均不计分)

级别	一等奖	二等奖	三等奖	其他
一类	150	100	50	30
二类	100	50	30	20
三类	50	30	20	10
四类	30	20	10	5

说明：1. “其他”指奖项设置中有除一、二、三等奖以外的奖项（如优秀奖）及参赛、入展、入选作品等。在同一类（次）比赛中教师指导学生获多项奖或多名学生获奖时，仅按最高奖计分，不重复记分。级别参照九江职业大学教学科研成果级别认定说明。

2. 指导学生参赛获奖，获奖证书没有具体指明指导老师的，按学生获奖人数、等级计分，所得分数由指导教师集体内部进行分配，并将分配结果反馈给科研处，计入教师个人业绩。组织者不能排名第一，并且其教学科研业绩分不得超过指导教师奖励总分的20%。

四、多位参与者完成的科研工作业绩分解办法

（一）为鼓励学校专业技术人员积极与其他院校和科研院所的专业技术人员合作，参照政府有关职能部门和社会评价机构对知识产权认定的做法，只要学校为第一研究单位的科研工作，分值可全额计入在学校人员名下。

（二）学校多位参与者完成的教学科研工作，可选取如下两种方法之一分解到各成员，成果负责人为校外的只能按第2种方法分解。

1. 合作成果的总分值由成果负责人分解到各成员，但第一完成人的比例不能低于1/2。

2. 按如下比例分解到各成员

	1	2	3	4	5
1	1				
2	0.6	0.4			
3	0.6	0.2	0.2		
4	0.6	0.2	0.1	0.1	
5	0.6	0.1	0.1	0.1	0.1
6	0.6	0.1	0.1	0.1	0.1

附件二

九江职业大学教学科研成果级别认定说明

一、科研论文级别的认定

（一）国际权威论文：在《科学》（Science）、《自然》（Nature）上发表的论文；被SCI（科学引文索引）、SSCI（社会科学引文索引）、A&HCI（人文与艺术引文索引）；被ISTP（科学会议录索引）、ISR（科学评论索引）、ISSHP（社会科学与人文科学会议录索引）收录的论文；

（二）国内权威论文：被EI（工程索引）收录的论文；在《中国科学》《中国社会科学》以及中国科学院、中国社会科学院直属研究院所（中心）主办的学报和研究类学术期刊，国家级科研院所"如中国农业科学院、中国医学科学院"主办的学报和研究类学术期刊，C9院校主办的学报和研究类学术期刊，国家一级学会（如中国法学会、中国医学会）主办的研究类学术期刊上发表的论文；被《中国人民大学复印报刊资料》《新华文摘》《中国社会科学文摘》《高等学校文科学术文摘》转载或摘录的论文；同时被国内七大核心期刊或来源期刊遴选体系［中文核心期刊、中文社会科学引文索引（CSSCI）来源期刊、中国科技论文统计源期刊（即中国科技核心期刊）、中国人文社会科学核心期刊、中国科学引文数据库（CSCD）来源期刊、中国人文社科学报核心期刊、中国核心期刊遴选数据库］中的三家收录学术技术期刊上发表的论文；在《人民日报》《光明日报》《中国教育报》理论版或学术版刊登或转载的论文；

（三）"中文核心期刊"论文：由北京大学图书馆认定的中文核心期刊发表的论文。

（四）学报类刊物发表的论文：各大专院校主办的学术刊物发表的论文。

（五）其他综合期刊发表的论文：上述以外的正式刊物发表的论文。

（六）省级以上的报刊发表的文章：指理论版文章（不包括新闻报道）。

二、科研项目级别的认定

（一）国家级项目：指国家科技计划项目（包括973计划项目、国家科技支撑计划、863计划、国家科技攻关项目、国家自然科学基金项目、科技基础条件平台计划、国家科技重大专项等）、国家社会科学基金项目、国家教育科学规划项目、国家艺术科学规划项目等。其他部委重点项目及课题经费文科单项达5万元、理科达20万元的横向课题等，视同国家级科研项目；

（二）省（部）级项目：指国务院各部委及省政府、省科技厅、省教育厅、省自然科学基金办公室、省社科规划领导小组、省政府决策咨询委员会、省教育科学规划领导小组等立项的各类研究项目。省（部）级项目分为两类：第一类包括国务院各部委立项的其他各类研究项目及省社科重大招标项目、省科技厅重大专项项目、省自然科学基金项目、省软科学项目等；第二类包括省社科规划项目、省教育厅人文社科项目、科技项目、高等学校教学改革研究项目、省教育科学规划项目及省科技厅其他研究项目等。课题经费文科单项达3万元、理科达12万元的横向课题等，视同省级科研项目；

（三）国家级学（协）会课题按省（部）级课题计分，省级学（协）会课题按校（市）级课题计分；

（四）市（校）级项目：指市政府、市级主管部门（市社联、市科学技术局等）和学校立项的科研项目等；

（五）某一项目的子课题按该项目所属级别的下一级别看待。

三、获奖科研成果级别的认定

（一）国家级成果奖：由国务院、科技部、中宣部、国家新闻出版总署、国家哲学社会科学规划办等在全国范围内正式评定并以其名义颁发的科研成果奖项。教育部优秀教学成果奖视国家级奖励；

（二）省（部）级成果奖：由国家各部委以其名义颁发的科研成果奖项（已确认为国家级奖项的除外）及以省政府或省级主管部门主持评定并以其名义颁发的科研成果奖项。省（部）级成果奖分为两类：第一类包括部级奖项、省社会科学优秀成果奖、省科学技术特别贡献奖、省自然科学奖、省技术发明奖、省科技进步奖、国际科技合作奖、省委宣传部“五个一工程”奖、省高校优秀教学成果奖、省高校人文社科研究优秀成果一等奖等；第二类包括省青年社科优秀成果奖、省高校人文社科研究优秀成果二、三等奖等；

（三）市（校）级成果：以市委、市政府和学校主持评定并以其名义颁发的科研成果奖项。

四、教学成果认定

国家级：教育部评选的教学成果奖；

省级：江西省教育厅评选的教学成果奖；

校级：由学校评选的教学成果奖

五、技能级别的认定

一类：教育部和国家一级学（协）会主办的高校技能比赛；

二类：国家一级学（协）会下属部门主办的高校技能比赛；

三类：省教育厅和省级学（协会）主办的高校技能比赛；

四类：市（校）级主办的技能比赛。

说明：凡参与国家部委行政主办的各类比赛，属国家级比赛，所获奖项按一类计分；凡参与国家部委所属学会、协会主办的比赛，属全国性比赛，所获奖项按二类计分，均以主办方颁发的获奖证书公章为准。

六、文艺作品级别的认定

（一）凡在非文艺刊物、非党报党刊文艺副刊上发表的文艺作品，按该刊物性质视同科研成果分值的1/2计分。在文艺刊物、党报党刊文艺副刊上发表的文艺作品，计分标准类比学术论文。

（二）一类：由文化部、教育部、中宣部、中国艺术家协会、中国文联及下属的中国作家协会、中国音乐家协会、中国美术家协会、中国书法家协会、中国舞蹈家协会、中国摄影家协会等国家一级协会每若干年举办一次的全国性文艺作品评选获奖作品。

（三）二类：由中国艺术家协会、中国文联及下属的中国作家协会、中国音乐家协会、中国美术家协会、中国书法家协会、中国舞蹈家协会、中国摄影家协会等国家一级协会举办的能代表本领域全国水平的文艺作品评选获奖作品。

（四）三类：由省委宣传部、教育厅、文化厅、省文联及下属协会举办的文艺作品评选获奖作品。

（五）四类：由市委宣传部、市文化局、市文联等单位举办的全市性文艺作品评选获奖作品。

七、体育竞赛获奖级别认定

一类、二类、三类、四类分别指由国家体育总局、教育部、省体育局（省教育厅）、市体育局（市教育局）主办的体育竞赛获奖项目。一类（国家体育总局）：第1—2名为一等奖，第3—5名为二等奖，6—8名为三等奖。二类（教育部）：第1名为一等奖，第2名为二等奖，第3名为三等奖。三类［省体育局（省教育厅）］：第1名为一等奖，第2为二等奖，第3名为三等奖。四类［市体育局（市教育局）］：第1名为一等奖，第2为二等奖，第3名为三等奖。

八、规章制度

学校为加强和规范科研管理工作，制定《九江职业大学学术委员会章程》《九江职业大学科研项目管理办法》。

2009年12月，出台《九江职业大学2009年度校级课题申报工作方案》《九江职业大学科研工作量统计实施细则》。

2010年6月，出台《九江职业大学教学成果评选与奖励办法（试行）》。

12月，出台《九江职业大学教学科研工作业绩考核办法（修订）》。

2011年6月出台《九江职业大学科研经费管理办法》。

2012年1月，出台《九江职业大学教学科研工作业绩考核办法（暂定）》。

2013年9月，出台《九江职业大学校级课题成果鉴定结题细则》和《九江职业大学教学科研工作业绩考核办法（2013年修订）》。

第二节　科研成果

一、课题研究与成果

2006年学校合并重组后至2014年底，省级立项课题总计166项，校级课题64项。省级立项课题目录列表如下：

2006—2011 年学校省级以上立项课题

表 8-2-1

序号	主持人	课题名称	立项/结题时间	成果出处
1	胡晓林	“即学即练制”人才培养模式研究	2003 年立项　2006 年结题	江西省教改课题
2	张律	高校管理系统开发与研究	2003 年立项　2007 年结题	江西省教改课题
3	曹迁平	交际教学法在高职高专英语教学中的应用研究	2004 年立项　2007 年结题	江西省教改课题
4	谢枫	计算机应用专业多媒体课程建设的系统研究	2004 年立项　2007 年结题	江西省教改课题
5	金春花	基于因特网教育模式的研究与实践	2004 年立项　2008 结题	江西省教改课题
6	曹树祥	高职院校“双师素质”队伍培养体系构建的研究	2005 年立项　2007 年结题	江西省教改课题
7	胡春亮	高职生创业心理与创业教学模式研究	2005 年立项　2008 年结题	江西省教改课题
8	詹平华	高职院校高等数学教学改革研究	2005 年立项　2009 年结题	江西省教改课题
9	王荣	高职高专模具设计与制造专业人才培养模式的研究	2005 年立项　2009 年结题	江西省教改课题
10	蒋腾旭	基于遗传算法的排课系统的研究	2005 年立项　2007 年结题	江西省教改课题
11	董先明	高职多媒体教学常见误区的研究及矫治策略	2005 年立项　2008 年结题	江西省教改课题
12	马志峰	高职院校心理健康案例教学初探	2005 年立项　2009 年结题	江西省教改课题
13	肖厚建	校园文化与阳光网吧建设	2005 年立项　2008 年结题	江西省教育科学“十一五”规划课题
14	卢志鹏	九江地区农村成人教育发展的研究	2005 年立项　2008 年结题	江西省高校人文社科研究项目
15	潘留芳	《自然科学基础》教材开发研究	2006 年立项　2009 年结题	江西省高校教改课题
16	周春明	社会实践活动与全面提高学生素质的研究	2006 年立项　2009 年结题	中国教育学会“十一五”重点课题
17	康青	未来我国幼儿教育发展需求对学前教育的影响研究	2006 年立项　2009 年结题	江西省教改课题
18	辜志强	五年制学前教育专业学生职业能力培养研究	2006 年立项　2008 年结题	江西省教改课题
19	张盛桥	大学生创新能力和创业教育的研究与实践	2006 年立项　2008 年结题	江西省教改课题
20	胡晓林	构建高等职业教育教学质量管理体系的研究	2007 年立项　2009 年结题	江西省教改课题

续表 8-2-1

序号	主持人	课题名称	立项/结题时间	成果出处
21	朱朝霞	多媒体课件制作技术课程的教材开发及教学	2007 年立项　2009 年结题	江西省教改课题
22	姜雪娟	数学教学中人文精神和创新能力培养的研究	2007 年立项　2009 年结题	江西省教改课题
23	胡玉东	“高校教师教学科研档案网络化管理系统的开发与研究”	2007 年立项　2009 年结题	江西省教改课题
24	廖晓燕	高职院校英语学习焦虑及应对策略的研究和实践	2007 年立项　2009 年结题	江西省教改课题
25	王国槟	高职院校厂校教学资源建设与共享研究——学校兼具技师培训基地的对策研究	2007 年立项　2009 年结题	江西省教改课题
26	胡火清	高职院校科学定位	2008 年立项　2010 年结题	江西省高校人文社科研究项目
27	王荣	碳纳米管改性抗静电塑料制备与研究	2008 年立项　2010 年结题	江西省教育厅科技研究项目
28	李辉秋	高职院校“校企合作”人才培养模式的应用研究	2008 年立项　2010 年结题	江西省高校教改课题（重点）
29	汪春莲	“案例教学”模式在高职院校创业人才培养中的应用研究	2008 年立项　2010 年结题	江西省教改课题
30	廖贵英	高职高专学前教育省级特色专业研究	2008 年立项　2010 年结题	江西省教改课题
31	黎苇	高职教育“工学结合”人才培养模式的研究与实践	2008 年立项　2011 年结题	江西省教改课题
32	王田	区域经济发展与高职院校专业设置的关系研究	2008 年立项	江西省教改课题
33	王荣	碳纳米管改性抗静电塑料制备与研究	2008 年立项　2011 年结题	江西省高校自然科学项目（一般）
34	王维昌	高职毕业生就业心理及指导方法研究	2008 年立项　2010 年结题	江西省教育科学“十一五”规划课题
35	熊细滚	近代九江开埠与当代九江经济发展借鉴作用研究	2008 年立项　2010 年结题	2009 年江西省高校人文社科研究项目
36	卢志鹏	新时期高等院校“导师制”的研究与实践——以 J 职业学院“德育导师制”为例	2009 年立项　2011 年结题	江西省高校教改课题（招标）
37	卢志鹏	高职院校《形势与政策》课教育教学实效性研究	2009 年立项　2011 年结题	江西省高校人文社科项目（规划）
38	王原平	幼儿养成教育师资培训教材开发及教育模式研究	2009 年立项	全国教育科学“十一五”规划课题

续表 8-2-1

序号	主持人	课题名称	立项/结题时间	成果出处
39	胡晓林	无线防伪系统	2009 年立项　2011 年结题	江西省科技厅支撑项目（待立项）
40	蔡春祥	高职学生创业实践的校园支持体系研究与应用	2009 年立项　2011 年结题	江西省教改课题
41	罗会珈	地域文化与旅游专业校本课程的开发	2009 年立项　2011 年结题	江西省教改课题
42	夏敏玲	基于工作任务的高职会计专业实训教学研究	2009 年立项　2011 年结题	江西省教改课题
43	胡林	小学教育专业人才培养模式创新研究与实践	2009 年立项　2011 年结题	江西省教改课题
44	陶幼明	高职数学精神与人文素养的应用与研究	2009 年立项　2011 年结题	江西省教改课题
45	詹丽芹	形成性评价在高职英语阅读中的应用研究	2009 年立项　2011 年结题	江西省教改课题
46	戴晓敏	通过大学音乐教育传承与发展赣北打鼓歌的研究	2009 年立项　2011 年结题	江西省人文社科研究项目
47	张玉君	湖口青阳腔对赣北戏曲文化发展影响	2009 年立项　2011 年结题	江西省人文社科研究项目
48	王爱春	高职“合唱与指挥”课程教学改革实践研究	2009 年立项　2011 年结题	江西省教改课题
49	朱慧芳	新形势下高职院校大学生就业模式的创新与实践研究	2009 年立项　2011 年结题	江西省教改课题
50	花传国	农村留守妇女的宗教信仰问题研究	2009 年立项　2011 年结题	江西省人文社科研究项目
51	王原平	幼儿养成教育课程建设研究	2009 年立项	江西省“十一五”教育规划课题
52	胡玉东	高师实践教学模式创新研究	2009 年立项　2011 年结题	江西省“十一五”教育规划课题
53	胡林	新形势下高职生就业能力培养研究	2009 年立项　2011 年结题	江西省教育科学“十一五”规划课题
54	张晓华	构建中等农业学校职业指导体系，拓宽毕业生就业渠道的实践与探索	2008 年结题　2011 年结题	全国农业职业技术教育研究会
55	颜霓	酒店管理专业“1+1+1”教学模式实践探究	2008 年立项	江西省中等职业学校教育教学研究课题
56	易承平	构建中职学校 ISO 9000 质量管理体系的若干问题研究	2008 年结题	全国农业职业技术教育研究会
57	胡晓林	高速铁路大型架桥机自动控制系统的设计与研制	2009 年立项　2012 年结题	江西省教育厅 2010 年度一般科技项目
58	朱朝霞	教育科研促进高职院校教师专业发展实证研究	2010 年立项	江西省教改课题

续表 8－2－1

序号	主持人	课题名称	立项/结题时间	成果出处
59	伍国强	鄱阳湖生态经济区农产品经纪人培养模式研究	2010 年立项　2011 年结题	江西省教改课题
60	肖燕	基于能力培养的“0123”模式研究与实践—以建筑工程技术专业为例	2010 年立项　2012 年结题	江西省教改课题
61	孙宪刚	团体辅导对提升主观幸福感的干预研究—以九江职业大学为例	2010 年立项　2012 年结题	江西省教改课题
62	张晓华	信息化环境中旅游高职学生信息素养教育方法探究	2010 年立项	江西省教改课题
63	蒋腾旭	高职软件开发类课程“TESE”实践教学模式的研究与开发	2010 年立项	江西省教改课题
64	张守兴	创新高职大学语文教学模式研究	2010 年立项　2012 年结题	江西省教改课题
65	董先明	高职院校多媒体辅助教学质量保障机制的探索与实践	2010 年立项　2012 年结题	江西省教改课题
66	张柚华	发展中高职院校体育课程与劳动准备素质的对接研究—以九江职业大学为例	2010 年立项　2011 年结题	江西省教改课题
67	靳红	高职学前教育专业“模拟实习”教学研究	2010 年立项	江西省教改课题
68	张律	面向基础教育的 Linux 系统的研究与开发	2011 年立项	省教育厅科技青年项目
69	卢志鹏	90 后大学生核心价值观培养状况及对策研究	2011 年立项	省高校人文社会科学研究 2011 年度规划项目
70	周春明	高职院校学生宿舍党组织建设研究	2011 年立项	省高校人文社会科学研究 2011 年度规划项目
71	温明	当代大学生群体思想特点与规律变化研究——以 J 职业学院为例	2011 年立项	省高校人文社会科学研究 2011 年度规划项目
72	李美长	鄱阳湖生态经济发展与农民工回流研究	2011 年立项　2012 年结题	省高校人文社会科学研究 2011 年度规划项目

2011—2012 年学校省级以上立项课题

表 8－2－2

序号	主持人	课题名称	立项时间	成果出处
1	唐业茂	建筑工程技术专业“分岗位实训”教学研究	2011 年立项	江西省教改课题

续表 8-2-2

序号	主持人	课题名称	立项时间	成果出处
2	周 军	基于工作过程系统化的高职课程体系创新研究与实践——以计算机应用专业为例	2011 年立项	江西省教改课题
3	阙红艳	行动导向教学模式在高职会计专业教学中的研究与应用	2011 年立项	江西省教改课题
4	周演汇	多课程协作“项目驱动式”教学方法研究与实践——以高职软件技术专业为例	2011 年立项	江西省教改课题
5	陈丽琴	高师声乐立体化教材建设研究与实践	2011 年立项	江西省教改课题
6	胡晓林	“六创模式”创业型高端人才培养的研究	2011 年立项	江西省教改课题
7	邱 耀	基于工作过程的建筑工程技术专业综合实训课程开发与研究	2011 年立项	江西省教改课题
8	张先成	运用数据挖掘技术提升高职“C 语言程序设计”公共课教学质量的应用研究	2011 年立项	江西省教改课题
9	李 捷	与旅游专业相衔接的茶艺课程开发与研究	2011 年立项	江西省教改课题
10	曾文瑜	基于能力培养的 CAD/CAM 课程项目化教学的研究与实践	2011 年立项	江西省教改课题
11	钱桃英	初中毕业起点五年制学前教育专科学历教师培养模式研究	2011 年立项	江西省教改课题
12	伍文斌	高校毕业生创业教育研究	2011 年立项	江西省教改课题
13	蒋腾旭	基于创业教育理念的高职软件技术专业实践教学改革研究	2010 年立项	江西省教育科学“十一五”规划课题项目
14	朱朝霞	农村全科型小学教师培养模式创新研究	2010 年立项	江西省教育科学“十一五”规划课题项目
15	王原平	建设学习型政党与加强改进高校党委中心组学习问题研究	2010 年立项	江西省社会科学“十一五”（2010 年）规划项目
16	花传国	农村妇女的宗教信仰研究—以赣北三村为例	2010 年立项	江西省社会科学“十一五”（2010 年）规划项目
17	温明	当代资本主义新变化与我国国家发展战略选择研究	2010 年立项	江西省社会科学“十一五”（2010 年）规划项目
18	王原平	新时期高职高专学生党员党组织生活网络化建设研究	2011 年立项	2011 年省高校党建研究项目

续表 8－2－2

序号	主持人	课题名称	立项时间	成果出处
19	胡晓林	生产安全无线自动传信监控系统的研究与应用	2011 年立项	2011 年江西省科技厅科技支撑计划立项项目
20	张先锁	高校网络思想政治教育新特征及变化规律研究	2011 年立项	2011 年省社科规划项目
21	夏敏玲	培养高职院校大学生创业与就业能力的实践研究	2011 年立项	省教育科学规划项目
22	熊庆秋	随班就读轻度智障儿童行为适应性提升的干预研究—以 J 地区公办小学为例	2012 年立项	省教育科学规划项目
23	汪春莲	江西省农村学前儿童入学准备的现状研究	2012 年立项	省教育科学规划项目
24	胡勇兵	高职学校“双景”教学模式研究—以《前厅与客房管理》课程为例	2012 年立项	江西省教改课题
25	黄　琳	高职《建筑制图》与《建筑 CAD》课程整合的研究与实践	2012 年立项	江西省教改课题
26	张建华	高职院校会计专业“双师型”教学团队建设研究	2012 年立项	江西省教改课题
27	胡　林	基于工作任务的微格教学与实训研究	2012 年立项	江西省教改课题
28	李　杰	高职网络类课程虚拟实训模式的实践与研究	2012 年立项	江西省教改课题
29	曾文瑜	机电一体化专业技能培养模块化课程的开发研究	2012 年立项	江西省中等职业学校省级教育教学研究课题
30	徐萍	中职德育工作应重在培养学生幸福生活习惯	2012 年立项	江西省中等职业学校省级教育教学研究课题
31	威泽勇	对中职与高职教育有效衔接的研究	2012 年立项	江西省中等职业学校省级教育教学研究课题
32	曹少卿	中职学生英语学习动机调查研究	2012 年立项	江西省中等职业学校省级教育教学研究课题
33	周伟珍	中职生坚韧性人格的培养策略研究	2012 年立项	江西省中等职业学校省级教育教学研究课题

续表 8－2－2

序号	主持人	课题名称	立项时间	成果出处
34	郭群	培养五年制师范生环保意识和环保行为的研究	2012 年立项	江西省中等职业学校省级教育教学研究课题
12	伍文斌	高校毕业生创业教育研究	2011 年立项	江西省教改课题
35	李杰	高职中专部计算机教学创新实践研究－以护理专业为例	2012 年立项	江西省中等职业学校省级教育教学研究课题
36	张子建	专科学前教育专业男生专业情感现状与对策研究	2012 年立项	江西省中等职业学校省级教育教学研究课题
37	胡火清	中职学生的心理健康问题及教育对策研究	2012 年立项	江西省中等职业学校省级教育教学研究课题
38	马思源	中职院校校园文化建设途径实践研究	2012 年立项	江西省中等职业学校省级教育教学研究课题
39	胡勇兵	中职学校酒店管理专业校内实训教学的研究	2012 年立项	江西省中等职业学校省级教育教学研究课题
40	蒋腾旭	激励视角下的高职生网络英语阅读环境建构研究	2012 年立项	江西省社科规划高校外国语言教学研究专项课题项目
41	熊细滚	高职院校绩效性与发展性相融合的教师评价体系研究	2012 年立项	省高校人文社科立项项目
42	邱耀	鄱阳湖生态经济区祠堂保护及文化功能研究	2012 年立项	省高校人文社科立项项目
43	卢涛	地方高校与农村共青团组织间的共建研究	2012 年立项	省高校人文社科立项项目
44	郭君	高职教师职业倦怠与主观幸福感的关系研究— 以 J 职业院校为例	2012 年立项	省高校人文社科立项项目
45	江建民	思想政治教育与大学生素质教育的统一性研究	2012 年立项	省高校人文社科立项项目
46	伍国强	鄱阳湖生态经济区发展与村民理事会的作用研究	2012 年立项	省高校人文社科立项项目
47	胡勇兵	心理认同视角下九江地区红色旅游文化建设研究	2012 年立项	省艺术规划立项项目

2013—2014 年学校省级以上立项课题

表 8-2-3

序号	主持人	课题名称	立项时间	成果出处
1	付义赣	基于构建“两个体系”，实现“三个转变”理念的高职院校人才培养模式改革与研究	2013 年立项	江西省教改课题
2	熊群红	视频案例教学在师范生英语课堂技能培养中的应用研究	2013 年立项	江西省教改课题
3	金春花	“以赛促学、以学促赛、赛教结合”教学模式在电子 CAD 课程中的研究与实践	2013 年立项	江西省教改课题
4	郭玉娟	潜在成功创业者的甄选技术与培养路径研究	2013 年立项	江西省教育科学规划课题
5	花传国	高职院校二级院（部）党政共同负责制研究	2013 年立项	江西省党建研究课题
6	余传忠	新形势下高校加强学习型、服务型、创新型党组织建设问题研究	2013 年立项	江西省党建研究课题
7	朱慧芳	高职院校学生入党动机及其教育引导机制的实证研究	2013 年立项	江西省党建研究课题
8	卢志鹏	现代职业教育发展战略研究	2013 年立项	江西省社科规划课题
9	高坊洪	鄱阳湖生态经济区农村新型城镇化发展道路研究—现实可能、动力机制、政策选择	2013 年立项	江西省社科规划课题
10	阙红艳	基于微博载体的高职院校思想政治教育研究	2013 年立项	江西省社科规划课题
11	曹迁平	基于行动导向的高职英语 EGP 与 ESP 教学整合的实践研究	2013 年立项	江西省社科规划课题
12	张礼萍	环鄱阳湖生态经济区旅游产业集群形成机理与构建研究	2013 年立项	省高校人文项目
13	董先明	儒家茶礼对高职学生人文素质培养的价值研究	2013 年立项	省高校人文项目
14	王红彬	地方高职院校内涵建设与发展研究	2013 年立项	省高校人文项目
15	肖厚建	社会转型时期学校传统道德教育问题研究	2013 年立项	省高校人文项目
16	李欣晏	大学生学习拖延现状及团体行为干预研究——以 J 地区高校为例	2013 年立项	省高校人文项目
17	花传国	县域汉传佛教寺庙调查研究——以江西省九江县为例	2013 年立项	省高校人文项目
18	龚春生	鄱阳湖水利枢纽工程对区域生态农业经济的发展研究	2013 年立项	省高校人文项目
19	曾文瑜	大学生职业生涯规划视角下的全程化就业指导模式研究	2013 年立项	省高校人文项目
20	付义赣	高校“五位一体”生态文化建设研究	2013 年立项	省高校人文项目

续表 8-2-3

序号	主持人	课题名称	立项时间	成果出处
21	沈芸	城市文化建设中城市体育的作用研究——九江市为例	2013 年立项	省高校人文项目
22	阙红艳	高等职业院校生态伦理教育创新研究	2013 年立项	省高校人文项目
23	诸秋南	鄱阳湖生态经济区建设与农民专业合作社的作用研究	2013 年立项	省高校人文项目
24	周伟珍	鄱阳湖生生态经济区建设与农民专业合作社的作用研究	2013 年立项	省艺术规划课题
25	唐业茂	工程技术专业课程对接岗位的教学特点研究	2014 年立项	江西省教育科学规划
26	胡春亮	职业院校青年教师发展平台建设研究与实践	2014 年立项	江西省教学改革课题
27	蒋腾旭	中高职程序设计课程衔接研究与实践	2014 年立项	江西省教学改革课题
28	王荣	汽车检测与维修专业工学结合人才培养模式研究与实践	2014 年立项	江西省教学改革课题
29	李辉秋	高职院校会计专业财务管理课程研究与实践	2014 年立项	江西省教学改革课题
30	段园园	影视字幕对非英语专业学生词汇习得能力提高的实证研究	2014 年立项	江西省教学改革课题
31	周伟珍	微视频技术植入《学前心理学》课程教学的探索与实践	2014 年立项	江西省教学改革课题
32	方波	新时期高职生时间管理倾向对其学业成绩影响的动态研究—基于 xx 学院的实证研究	2014 年立项	省高校人文项目
33	占美森	“昌九一体化”背景下九江市新型城镇化建设研究	2014 年立项	省高校人文项目
34	李美长	城乡一体化新格局下农村职业教育的适应性研究	2014 年立项	省高校人文项目
35	颜霓	实践视角下城乡文化旅游创意产业发展研究—以九江市为例	2014 年立项	省高校人文项目
36	潘漫漫	小学教师胜任力及其提升策略研究	2014 年立项	省高校人文项目
37	查玉祥	立足人本理念强化高职学生职业技能培训问题的研究——以计算机专业学生为例	2014 年立项	省高校人文项目
38	威泽勇	江西省高职院校心理健康教育现状及对策研究	2014 年立项	省高校人文项目
39	易水霞	宋元小说话本的女性意识研究	2014 年立项	省高校人文项目
40	刘皓	高校学生党员后期教育系统化创新研究—以 J 校为例	2014 年立项	省高校党建研究项目

续表 8－2－3

序号	主持人	课题名称	立项时间	成果出处
41	罗平西	新形势下毕业生党员网络支部建设与科学化管理模式研究	2014 年立项	省高校党建研究项目
42	熊凡	高校青年党员队伍建设研究	2014 年立项	省高校党建研究项目
43	李美长	城乡一体化新格局下农村职业教育的适应性研究	2014 年立项	省社科规划项目
44	周祥	职业院校教师专业发展实证研究	2014 年立项	省社科规划项目
45	周兴龙	中国梦与大学生理想信念教育一致性研究	2014 年立项	省高校人文重点研究基地项目
46	胡勇兵	电影产业与旅游产业耦合发展研究	2014 年立项	省艺术规划项目
47	段园园	3P 与 TBLT 教学模式融合下的高职英语教学研究及实践	2014 年立项	省社科外语专项

二、著作、论文

2006 年至今，学校教师公开发表的论文总计 1773 篇，其中在中文核心期刊上发表的论文 93 篇。公开出版的著作、教材 162 部。在中文核心期刊上发表的论文列表如下：

2008—2012 年九江职业大学教师发表核心期刊目录

表 8－2－4

序号	姓名	核心期刊	论文名称	完成时间
1	夏敏玲	《会计之友》	论注册会计师责任风险形成与对策	2009. 11
2	石舞潮	《电影评介》	想象的异邦	2008. 8
3	周颖	《教学与管理》	《音乐差异教学中的分组策略和评价原则》	2009、11
4	石宏	《教学与管理》	《基于三导教学模式的教学管理研究》	2009. 12
5	温明	《南昌大学学报》	《公正的规则性与品质性的统一》	2008
6	王原平	当代世界与社会主义	技术政治视角下的科学执政	2009
7	黎苇	《化工环保》	粉煤灰的改性及其吸附性能	2010. 4
8	罗会珊	省级报刊	龙舟文化符号与乡村旅游	2010. 2
9	汪春莲	《中国青年研究》	创新教育研究与学生个性特长的培养	2010
10	李辉秋	《中国经贸导刊》	城乡一体化背景下村镇空间结构理论探析	2010. 7
11	李辉秋	《中国成人教育》	高职院校校企合作人才培养模式现状调查	2010. 9
12	涂冰艳	《会计之友》	公允价值会计在当前的难题及应对措施	2010
13	温明	《系统科学学报》	《社会系统哲学与唯物史观》	2010. 2

续表 8-2-4

序号	姓名	核心期刊	论文名称	完成时间
14	胡火清	《职教论坛》	九江职业大学师资队伍建设的实践	2010
15	胡火清	《长城》	孔子文学思想对当代文学教育的启示	2010
16	王强	《中国成人教育》	法国国家成人体育健康课题开展研究	2010
17	唐业茂	《力学与实践》	河道施工降水引起的邻近建筑物沉降分析	2010
18	肖燕	《四川建筑科学研究》	《混凝土双向受弯梁斜截面受剪承载力的计算》	2010
19	胡勇兵	《中国商贸》	《试析员工满意度与酒店服务质量关系》	2010.12
20	蔡锦峰	《中国成人教育》	《高职院校实施德育导师制的思考》	2010.9
21	王荣	塑料国内权威	制备工艺对聚合物基碳纳米管复合材料导电性能的影响	2010.1
22	罗会珊	省级报刊	一坛猪油：迟子建温情叙事立场	2010
23	周春明	《大家》	大学生社会实践与综合素质关系研究	2010
24	胡林	《中国成人教育》	基于市场需求下的高职生就业能力培养	2010
25	詹丽芹	《中国职业技术教》	优化管理创建奋发向上的班集体	2010
26	张梅	《当代教育科学》	学校教学管理制度改革的实践与思考	2010
27	冷晔	《安徽农业科学》	农业水利调配问题的算法研究	2010 年 20 旬刊
28	张玉君	《四川戏剧》	青阳腔目连戏与赣北“七日斋”	2011
29	曹少卿	《教学与管理》	词块教学法在英语词汇教学中的应用	2011
30	胡林	《中国成人教育》	高职就业教育与市场需求对接研究	2011
31	胡勇兵	《中国商贸》	《江西旅游人力资源开发研究》	2011.17
32	纪丽华	《中国商贸》	《江西旅行社人才需求与构建》	2011.4
33	蒋腾旭	《教育与职业》	以就业为导向的高职计算机应用技术专业教学改革与创新	2011
34	卢志鹏	《中国职业教育》	“90 后”学生荣辱观教育的路径探析	2011
35	陶幼明	《继续教育研究》	一题多解培养学生创新思维能力	2011
36	伍国强	《农业考古》	中国古代植棉技术浅究	2011
37	易冬瑛	《农业考古》	鄱阳湖生态经济区发展生态农业研究	2011
38	易水霞	《农业考古》	从茶诗词看宋代茶文化中的女性角色	2011
39	詹丽芹	中国职业技术教育	提高学生英语应用能力的实践研究	2011
40	张婷（大）	《教学与管理》	任务型教学模式在英语阅读教学中的应用	2011
41	张玉君	《教学与管理》	音乐教学中学生联觉能力的培养研究	2011

续表 8－2－4

序号	姓名	核心期刊	论文名称	完成时间
42	赵红梅	《教学与管理》	提高课堂教学管理有效性的积极策略	2011
43	董先明	《煤炭技术》	基于 MPLS 技术的交换路由网络设计	2011
44	胡勇兵	《中国商贸》	《深度开发红色旅游的对策探讨》	2011. 12
45	匡全农	《长城》	油画《徽州印象》	2011
46	廖贵英	《大家》	学前儿童攻击性行为的调查研究	2011
47	伍国强	《农业考古》	试论中国古代茶文化的研究	2011
48	熊细滚	《长城》	作家丁玲的女性主义解读	2011 年第 5 期
49	曾文瑜	《制造业自动化》	《基于 CPD 系统的研发管理体系的构建思路》	2011
50	詹丽芹	《中国职业技术教育》	高职英语阅读教学形成性评价研究	2011
51	詹丽芹	《教学与管理》	高中起始阶段的英语教学实践研究	2011
52	张柚华	《教育学术月刊》	试论高职院校体育教学与劳动准备素质培养的对接	2012
53	钟怡帆	《热加工工艺》	用 YF40MnV 钢替代 45 钢制造刀轴零件的可行性分析	2012
54	张先锁	《作家》	从《边城》看沈从文的理想人生形式	2012. 6
55	张先成	《煤炭技术》	基于蜜罐技术煤矿企业 计算机网络防御策略研究	2012
56	夏敏玲	《中国成人教育》	高职院校大学生就业现状分析及能力培养研究	2012. 1
57	邱黄辉	《教育学术月刊》	《高师学生英语阅读现状分析及对策》	2012. 1
58	卢志鹏	《中国职业技术教育》	《90 后大学生荣辱观教育的路径探析》	2012. 12
59	郭玉娟	《中国高等教育》	高职院校德育导师制的运行机制及途径研究	2012
60	郭君	《湖南社会科学》	行业不公正现象及原因分析	2012
61	龚春生	《农机化研究》	南方油菜免耕机械化精量播种技术优化研究	2012
62	龚春生	《农业考古》	中国古代农机具的探讨	2012
63	诸秋南	《安徽农业科学》	“校会”联合的农产品经纪人培训模式的构建	2012
64	王英	《电影文学》	试论英语文化中的原罪论	2012. 11
65	王维昌	《制造业自动化》	《设计冲压模具时如何对工艺方案进行优选》	2012、9
66	阙红艳	《会计之友》	对中山公用内幕交易案的思考	2012. 01
67	李美长	《安徽农业科学》	鄱阳湖生态经济区农民工回流决策与回流农民工职业选择的经济分析	2012
68	李美长	《安徽农业科学》	鄱阳湖生态经济发展与分层农民工回流的关系	2012
69	李美长	《安徽农业科学》	鄱阳湖生态经济区多功能 农业区域布局与发展研究	2012

续表 8－2－4

序号	姓名	核心期刊	论文名称	完成时间
70	胡火清	《农业考古》	《思想政治教育新资源开发探讨》	2012. 8
71	龚春生	《中国农机化》	油菜免耕机播质量及节本效益对比试验与分析	2012
72	程珊	《煤矿机械》	基于遗传算法的桥式起重机故障诊断研究	2012. 2

2013—2014 年九江职业大学教师发表核心期刊目录

表 8－2－5

序号	姓名	核心期刊	论文名称	完成时间
1	戴永东	《煤炭技术》	《钙元素对褐煤热解和气化过程中产物的影响》	2013—02—05
2	夏敏玲	中国成人教育	《高职院校大学生就业现状分析及能力培养研究》	2012—12—15
3	涂冰艳	会计之友	论企业社会责任会计信息的披露——以南航公司为例	2013—02—01
4	黄俊民	思想理论教育导刊	高职院校学生学习马克思主义经典著作刍议	2013—12
5	蔡淑珍	《前沿》	网络环境下构建高校新型师生关系的思考	2012—12—01
6	江建民	《电影文学》	浅析当代英美电影翻译中的中国英语元素	2013—10
7	江建民	《长城》	浅析托妮·莫里森作品中黑人女性人物自我意识的转变	2013—12
8	李美长	安徽农业科学	鄱阳湖生态经济区返乡农民工创业优势分析	2013—7
9	李美长	安徽农业科学	新型农民素质培养与创新发展研究	2013—8
10	李美长	安徽农业科学	基于“木桶效应”的职业农民培训市场取向研究	2013—9
11	陶雪琴	《煤炭技术》	基于 B/S 模式的煤矿设备管理系统的设计与实践	2012—12
12	张律	科技风	Linux 服务器安全强化策略	2014—04
13	蒋腾旭	职教论坛	高职创业教育与专业教育相互渗透探析	2014 年第 29 期
14	许敏	煤矿机械	绕线式异步电机双馈调速系统控制研究	2014—09
15	李美长	安徽农业科学	基于内涵发展的高职院校教学团队优化建设的思考	2013—12—20
16	夏韧	中国职业技术教育	团队式创业教育模式研究与实践	2014—9
17	张春芳	职教论坛	案例教学在高职院校“学前卫生学”教学中的实验研究	2014 年第 32 期
18	付义赣	职教论坛	构建高职院校学生生态意识教育新模式	2014/29
19	付义赣	职业技术教育	能力素质并重导向下 高职教育生态课堂的构建	2014/12
20	周伟珍	中国成人教育	职业性别刻板印象形成原因探析	2013—12—01
21	钟怡帆	《热加工工艺》	《不同配方对灰铸铁浇铸过程中渗硼的影响》	2014—05
22	戴永东	《煤炭技术》	《煤炭废弃物制备微晶玻璃研究及成分优化》	2013—12

第三节　《九江职业大学学报》

一、创刊与历史沿革

《九江职业大学学报》前身为九江师范学校主办的《九江师范校刊》。《九江师范校刊》创办于1985年，由李高第任主编，袁靖平为创刊号撰写了发刊词。校刊为不定期的内部交流刊物，由九江师范学校校刊编印室编印，当年出版了两期。1986年出版了总第3期。1987年校庆特辑版（袁靖平主编）之后中断了两年，1990年复刊，为打印本，之后又停刊。2003年再次复刊，更名为《九师教育》（肖厚建主编），由《九师教育》编辑部编辑出版，且定期出版，每年四期，一直持续到2006年两校合并。

2006年4月，九江师范学校与九江职业大学合并重组。学报编辑部也随之成立，与科教处合署办公。2007年1月起，校刊更名为《九江职业大学论坛》，由校长卢志鹏任主编，胡春亮、潘留芳任副主编。每年出版4期。刊号为内部刊物临时性刊号，2007年准印证号：赣新出内准字第0005193号，2008年准印证号：赣新出内准字第0005546号。

2009年1月，《九江职业大学论坛》更名为《九江职业大学学报》。获得了江西省连续性内部资料性出版物准印证，准印证号为：赣内资字第G22号。刊物为综合性季刊，每季季末出版。

2009年8月，学报编辑部独立办公，组成编辑委员会，由校长卢志鹏担任编委会主任，党委书记王原平担任编委会副主任，编委15人；设立学报编辑部，设副主任1名，由副主任担任执行主编；设专职编辑1名。

二、办刊宗旨

创办优秀期刊　服务教学科研　促进学术交流

三、栏目设置及特色

栏目设置为："政治社会""语言文学""经济管理""教育教学""应用科学""学术动态"等主要栏目。此外，根据学校的工作实际情况，随时作些调整，2010年学报开设"'创特色，扩规模，上水平，争创示范性高职院校'笔谈"栏目，2011年又开设"教授论坛"，以更好地促进学校示范性高职院校的建设。2011年开设"工程研究"栏目。实行主持人制，既解决应用技术稿源不足的问题，又解决了无自然科学编辑问题。编辑部高度重视学报的学术性，对原《九江职业大学论坛》的栏目设置进行改革，减少教育教学方面的论文，而增加了学术理论研究论文的刊登量。

《九江职业大学学报》由九江学院印刷厂承印，采用国际标准16开本，内页为92页码，用80克双胶纸（大度）黑白印刷；封面、封底及封二、封三均用200克铜版纸四色印刷，无线胶订。2010年，学报印数由6000余册减少至4000余册，2011年，学报不再发给学生，印数减为850册。

第九章　继续教育与对外交流

学校的继续教育工作，一方面，承担提升学历层次的教育（以在校生为主），形成了成人函授、全日制脱产、自学助考、远程教育和联合办学形式的教育培养体系，专业门类覆盖理、工、农、医、文、经、法、管、教等学科，办学层次有以初中为起点的中专教育，高中为起点达专科、本科的教育，专科为起点达本科的教育等。另一方面，承担各类社会服务培训，包括农村小学骨干教师培训、幼师国培、农技员培训、普通话测试、教师资格证考证前培训、驾驶员培训、保育员培训、人力资源培训、劳动力再就业人员培训等。

学校国际交流合作工作包括国家及地区之间的院校合作交流、师资培训、合作办学及聘请外籍教师。2006年合并重组之初，学校没有设立专门的外事工作机构，聘请外教等相关外事工作均由教务处承担。学校于2009年8月成立“国际交流中心”。

第一节　继续教育

一、成人函授教育

成人函授教育主要是分为高中起点达专科，专科起点达本科。其中，学校作为函授教学点，成人函授教育高中起点达专科层次的学校主要有九江职业大学、江西师范大学、赣南师范学院、华东交通大学、重庆大学、北京语言大学。成人函授教育专科起点达本科的学校主要有江西师范大学、赣南师范学院、江西理工大学、江西农业大学、华东交通大学、重庆大学、北京语言大学。

2007—2015年学校函授教育专业及在校生人数一览表

表9-1-1

年度	层次	专业名称	人数
2007	专、本科	小学教育、学前教育、会计、计算机及应用、市场营销、机电一体化	73
2008	专、本科	建筑工程、市场营销、工商企业管理、会计等	156
2009	专、本科	建筑工程、市场营销、工商企业管理、会计等	202
2010	专、本科	学前教育、英语、会计、机电一体化等	158
2011	专、本科	学前教育、英语、工商管理、机电一体化等	126
2012	专、本科	工商管理、会计、机电一体化等	132
2013	专、本科	学前教育、英语、会计、机电一体化等	183
2014	专、本科	工商管理、机电一体化、土木工程等	123
2015（截至5月底）	专、本科	工商管理、机电一体化、土木工程等	93

二、网络远程教育

2008年，继续教育学院和重庆大学网络教育学院合作开展网络远程教育。学院作为重庆大学网络教育学院九江校外学习中心，负责招收学员、进行学籍管理并组织课程考试。招收对象主要是面向社会招收在职人士，学员报考资格必须具备普通高中、中专、技校及以上学历。

办学层次有高中起点达专科，高中起点达本科，专科起点达本科三个层次。招生专业主要是工科类，包括土木工程（含工民建方向、安装工程方向、道路与桥梁方向）、工程管理、机电一体化、经济与工商管理、会计学、计算机科学与技术等。学员面试入学，采取基于互联网学分制教育教学方式。学生可以根据自己的业余时间自主安排学习计划，只要在规定的学习期限内修完并获得该专业的最低毕业学分即可毕业。

专科层次所有课程均参加九江职业大学自主组织的课程考试。专升本有两门公共课需参加全国统考（学生统考合格成绩作为教育部高等教育学历证书电子注册资格的条件之一）。其他课程参加由联合办学的本科高校命题并由九江职业大学组织考试。

学校的网络远程教育从2008年起开始招生，到2014年共招收各专业学员近500人。

三、高等教育自考助学

2007年上半年，九江市教育局批准学校为高等教育自学助考单位，设立“江西省九江职业大学自学考试考点”。继续教育学院承担自考科目报名、考试组织等工作，开始进行自考助学招生，主要有全日制和业余两种形式。

2008年6月，学校决定：继续教育学院负责自考助学学生的招生宣传，并做好此类学生的学籍管理、考试安排及毕业证的发放工作；院系部作为自考助学学生的管理主体，将该类学生单独建制、独立成班，按照统招学生的管理规范，纳入正常的教学管理系列；教务处负责自考助学学生的教学、教务、教师安排，学工处承担相应的学生管理职责。

学校自2007年上半年经市自考办批准成立自学考试考点和自学助考学校后。学校开始进行自考助学招生，主要是全日制形式和业余形式的自考助学。全日制形式的自考助学主要是招收高考落榜生，圆其大学梦。其层次是大专，开设的专业有小学教育、学前教育、会计、计算机及应用、市场营销、机电一体化等。日常管理教学安排按普通在校生模式进行，并设有班主任进行班级管理，安排寝室住宿，学院根据自考科目提供教学计划，由教务处安排教师授课。

2007—2010 学校全日制自考助学专业及招生人数一览表

表 9－1－2

年度	层次	专业名称	人数
2007	专科	小学教育、学前教育、会计、计算机及应用、市场营销、机电一体化	65
2008	专科	会计、学前教育	168
2009	专科	建筑工程、市场营销、工商企业管理、会计、销售管理等	56
2010	专科	学前教育、英语、会计、机电一体化等	22

业余形式的自考助学主要是针对学校在校生，帮助他们提升学历。专业开设分为两个层次，即大专和本科；开设的专业有小学教育、学前教育、英语、教育管理、汉语言文学、机电一体化、计算机及应用等。其教学管理模式是继续教育学院设立专业班级，设有班主任进行班级管理，并根据自考科目提供教学计划，由教务处安排教师授课。授课时间均安排在周一至周五的晚上，周六和周日的白天。

2008—2013 学校业余自考助学专业及招生人数一览表

表 9－1－3

年度	层次	专业名称	人数
2008	专、本科	会计、学前教育	143
2009	专、本科	建筑工程、市场营销、工商企业管理、会计、汉语言文学、物流管理等	731
2010	专、本科	学前教育、英语、会计、教育管理等	239
2011	专、本科	学前教育	138
2012	本科	学前教育	156
2013	本科	学前教育	112

四、普通话培训测试

两校合并后，学校继续履行九江市语委办普通话测试站的工作职能，除了对本校全体师生进行普通话培训测试外，继续承担着九江市所有中小学教师和面向社会办理教师资格人员的普通话培训测试工作。2008 年 5 月经省教育厅语工处批准，“九江职业大学普通话培训测试站”成立。主要负责本校师生的普通话培训测试工作。

2008 年 6 月，出台《九江职业大学普通话培训测试工作实施办法（试行）》

2010 年 11 月，接受江西省二类城市语言文字工作评估。

2012 年，接受省教育厅对普通话培训测试站的检查评估。

2008—2015 年九江职业大学普通话培训测试人数一览表

表 9－1－4

年度	培训人数	测试人数	年度	培训人数	测试人数
2008	1623	1836	2011	2863	3012
2009	2321	2569	2012	3212	3388
2010	2563	2693	2013	3378	3523

五、社会服务培训

1. 九江市农村小学骨干教师培训　培训科目，主要是语文、英语、数学。自 2007 年至 2009 年共进行 3 期培训，均在暑期进行，培训人数共计 1013 人。具体情况列表如下：

2007—2009 年九江市农村小学骨干教师培训专业及人数一览表

表 9－1－5

年份	专业	人数	年份	专业	人数	年份	专业	人数
2007 年	小学数学	105	2008 年	小学数学	120	2009 年	小学语文	112
	小学语文	103		小学语文	110		小学数学	113
	小学英语	110		小学英语	120		小学英语	120
合计		318	合计		350	合计		345

2. 教师资格考证前培训　从 2008 年开始，共进行了各级各类教师资格培训达百余人次。

3. 保育员培训　2007 年进行一期保育员培训主要对象是瑞昌市幼儿园保育员，培训达 200 人次。

4. 茶艺师培训　2013 开展一期茶艺师培训，共 32 人，全部通过考试并获得了中级茶艺师资格证。

5. 汽车驾驶员培训　2006 年学校申办驾校，于 2007 年下半年获批准。由承包人经营，共进行了 3000 人次培训，近 1000 人获得驾照。

6. 幼师国培项目　2011 年学校经国家教育部批准，确定学校为江西省幼师国培项目基地。共培训幼儿园教师 400 多人。

2011 年 7 月，学校与北京师范大学教育学院联合主办“2011 中国 · 庐山学前教育高峰论坛”，来自全国各高校学者、教师、全国各地幼儿园团长、教师 400 余人参加了论坛。

2011 年 12 月，由中央财政专项资金支持，教育部、财政部组织实施的“幼儿教师国家级培训计划”开始启动，九江职业大学成为赣北唯一的一所承担“国培计划”项目的高职院校。

2012 年 3 月，举行“国培计划”江西省幼儿教师培训启动和首届学员开班典礼。共承担“农村幼儿骨干教师置换脱产研修”“农村幼儿教师短期集中培训”“农村幼儿园转岗教师培训”和“在校大学生辅修培训”4 个项目的培训，学校成立了国培项目实施小组，聘请国家级培训教学专家队伍，组建高水平、专业化的项目管理团队。培训主要采取理论学习与参观考察相结合、学科专家与一线教师相结合、本地培训与外地培训相结合、现场培训与远程培训相结合等方式，培训重点包括教育理论、教学技能、教学研究、视野拓展等内容。

7. 农技员培训　2012 年开始，进行农技员培训，到 2015 年共进行了 5 期培训，参训者 140 多人。

8. 人力资源培训　人力资源培训主要是为市公交公司、开发区企业等多家单位开展的培训项目。参训者 1000 多人。

9. 劳动力再就业人员培训　受市扶贫办委托，在市扶贫办的指导下，针对失业人群开展的劳动力再就业培训。组织师资为他们开展免费再就业培训，培训 100 多人次。

六、联合办学

联合办学主要是指学校和九江市所属县市区的进修学校或职业中专联合办学。有中专和大专两个办学层次。中专层次的联合办学由联合办学学校进行自主招生，按照九江职业大学的人才培养方案和教学计划，委托联合办学学校组织教学，由九江职业大学进行督查和考核，学生毕业后发九江职业大学中专毕业证书。大专办学层次又分三年制成人大专与五年制全日制大专。五年制大专的联合办学由联合办学学校以九江职业大学名义和招生条件进行自主招生，前二年由联合办学学校按照九江职业大学的人才培养方案和教学计划组织教学，由九江职业大学对其教学质量进行督查和考核，后三年转入九江职业大学就读大专课程。三年制成人大专由联合办学学校以九江职业大学名义进行招生并按九江职业大学的教学计划组织教学，九江职业大学的教学管理采用函授集中面授的教学形式，学校主要是进行教育教学监督和指导。学员在经过相关考试合格，可获得九江职业大学颁发的大专毕业证、普通话水平等级证、教师资格证。联合办学的专业有学前教育专业和护理专业。

2007 年至 2014 年 12 月份，学校共设有 16 个联合办学点，分别是：都昌教师进修学校、都昌职业技术学校、彭泽职教中心、九江县教师进修学校、庐山区教师进修学校、武宁教师进修学校、武宁职业中专、修水教师进修学校、永修职教中心、瑞昌幼教科、共青职业高中、德安教师进修学校、湖口教师进修学校、星子教师进修学校、星子职业高中、九江技校等。

联合办学招生人数从 2007 年至 2014 年共计 3485 人。

2007—2014 年九江职业大学联合办学招生情况表

表 9-1-6

联合学校 \ 人数 \ 招生年份	2007	2008	2009	2010	2011	2012	2013	2014
都昌县教师进修学校			70	48	158	76	178	
都昌县职业技术学校					54	28	69	
彭泽县职业教育中心		42	64	75	84	100	161	
九江县教师进修候学校				43	47	37	60	
庐山区教师进修学校						26	26	
武宁县教师进修学校				64	30	55	72	
武宁县职业中专	35	45	48	34	76	71	95	54
修水县教师进修学校				123	77	58	77	
永修县职教中心	141	145	77	72	0	69	89	51
瑞昌市幼教科	78	78	70	64	37	80	204	
共青城市职业高中						11	265	
德安县教师进修学校						33	15	
湖口县教师进修学校				60	66	45	33	
星子县教师进修学校	97	36	33	15	17	44	35	
星子职业高中							21	
九江技校等				177	75	71	81	61
合　计	351	346	362	775	721	804	1486	166

第二节　对外交流与合作

一、对外交流制度建设

2009 年 9 月，学校出台《九江职业大学外国专家在校工作突发事件应急预案》，2009 年 11 月，学校出台《九江职业大学涉外人员守则》。

二、合作办学

中外合作办学是学校对外交流与合作工作的重要组成部分。2011 年，经过与澳大利亚北墨尔本职业技术学院、丹麦 VIA 大学的多轮洽谈，在省教育厅的指导和支持下，中外合作取得了质与量的双突破。

中澳合作办学。与澳大利亚北墨尔本职业技术学院合作项目于2011年5月获得省教育厅批准。该合作项目的专业为建筑工程技术，招生对象为国家统招生。项目开设双方互认的课程，澳方派教师来校授课，承担40%的英语及专业课程的教学任务。学生毕业后颁发双方专科毕业证书。

中丹合作办学。2011年1月10日，与丹麦VIA大学签署了联合学位合作协议，共同开办工程造价专业本科专业项目。该项目考生以专科线录取后采用“2+2”教学模式，前两年丹麦教师到校承担40%的课程教学，后两年学生赴丹麦学习。毕业后颁发九江职业大学专科毕业证书和丹麦VIA大学本科毕业证书、学士学位、“结构建筑师”的资格证书。同时，可从事对外的建筑项目，成绩优秀者可留在丹麦就业。

首届中丹工程造价专业本科班2012年秋季正式开学。截至2014年年底，本专业合计招生31人。

根据学校与日本京进株式会社签订的护理专业学生赴日就职协议，护理学院于2013年、2014年招收了两届日语班学生；通过了日本护士资格考试及取得护士资格证后，学生将可赴日就业。截至2014年年底，本专业合计招生38人。

三、外籍教师

2006年合并重组以后，学校通过政府组织、中介机构、校际交流等多种途径，积极开辟引进外籍教师的渠道，在力争满足外籍教师教学需要的同时，着重考察外籍教师的专业水平，教学经验和能力。

2008—2009年学校聘请兼职外教情况表

表9-2-1

姓名	国别	语种	聘请期限	外聘来源
Dorothy Golden	新西兰	英语	2008.9—2009.6	九江学院
Valenie King	英国	英语	2008.9—2009.1	九江学院
Evans	澳大利亚	英语	2007.9—2008.1	九江学院
OwsleyChadStuand	美国	英语	2008.2—2008.6	九江学院

2009年3月至6月，聘请了英籍教师Gerard King到校从事英语教学。

2009年9月至2010年6月，聘请韩籍教师郑俊彦到校担任文化旅游学院旅游管理专业韩语方向班的韩语课程教学。

2010年9月至2011年6月，聘请了韩籍教师安枝英来校担任韩语课程教学。

美国杰弗逊社区职业技术学院经常性为学校免费提供英语口语教学师资。2009年12月至2010年6月，美籍教授Fran在学校从事一学期的英语口语教学工作。

2010年10月，丹麦VIA大学决定每年派2名英语教师免费到校担任英语课程教学，学校每月提供2000元的生活补助。

2011年10月丹麦VIA大学教师教育专业应届毕业生Annemtee和Trine到校开展两个

月的教育实习活动。

2012 年 11 月丹麦 VIA 大学教师 Robert 教授和 Hansen 教授先后到校为建筑工程学院学生进行英语和专业课的教学。

2014 年 9 月，聘请了外语教师 Michael Kofie 到校担任英语口语课的教学。

四、对外交流活动

美国路易维尔市与九江市建立了姐妹城市的国际交流与合作关系，2005 年 10 月，九江市教育代表团成功访问美国肯塔基洲路易维尔市，九江职业大学校长赵敦煌、原九江师范学校校长肖厚建随团访问，就九江职业大学与路易维尔杰弗逊社区职业学院的校际交流与合作达成了合作意向。姐妹城市协会主席、路易维尔大学教授曾唯斌先生先后于 2010 年 6 月 15 日、2011 年 6 月 13 日、2011 年 11 月 25 日、2012 年 12 月 17 日前到学校进行友好访问和教育交流，取得了一系列访问和交流成果，主要体现在以下几个方面：（1）在学校学前教育学院宣传和推行奥尔夫音乐教育法；（2）建立起了两校友好信任关系，为学校师生赴美交流学习搭建了平台；（3）促进了学校与肯塔基州杰弗逊社区职业学院的教育交流与合作。

2008 年 4 月 16 日至 29 日，应美国肯塔基州路易维尔市杰弗逊社区职业学院院长纽伯利先生的邀请，卢志鹏校长率领学校赴美教育考察团对杰弗逊社区职业学院进行访问考察，并就双方合作办学事宜进行商谈，签署意向性合作协议。同时，还考察了美国洛杉矶、华盛顿、纽约、夏威夷、拉斯维加斯等城市的建设与管理。

根据与美国杰弗逊社区职业学院达成的合作协议，学校师范学院李欢老师于 2009 年 12 月至 2010 年 6 月赴美国杰弗逊社区职业学院进行为期半年的工作访问。李欢的工作表现得到美方的肯定。

2009 年 12 月至 2010 年 6 月，学校选派了文化旅游学院的冷曙春、张斌两位同学赴美国杰弗逊社区职业技术学院进行了学习交流。

2010 年 2 月 17 日至 2 月 26 日，师范学院副院长胡玉东（主持工作）、建筑工程学院副院长邱耀（主持工作）外派参加了新加坡南洋理工学院的学习培训活动。通过学习培训，院长们深刻认识到新加坡南洋理工学院成功的办学经验对我们发展高等职业教育，建设高水平、有特色的示范性高职院校，具有重要的启迪意义。

2010 年 3 月 27 日至 4 月 7 日，以校长卢志鹏为团长的教育代表团赴法国、德国、意大利三国进行高职教育合作与交流的考察。考察期间，代表团与比利时新鲁汶（法语）大学、德国依赛特环境技术咨询有限公司、意大利罗马艾坡莱沃尔（高级）管理培训机构等，就职业教育师资及资格证培训、师生互派学习、专家互访交流及专业建设与发展进行了洽谈，并达成部分合作交流项目的意向性框架协议。

2010 年 6 月 17 日至 24 日，校长卢志鹏、副校长周兴龙随九江市职业教育考察团赴台湾考察访问。考察团一行先后考察了台湾科学技术学院、万能科技大学、台湾观光学院等高校。卢志鹏代表九江职业大学与台湾万能科技大学签署学校交流协议。

2010 年 7 月 13 日上午，韩国鲜文大学国际交流处处长吉永焕、国际协力部部长卢相槿一行到学校访问交流。交流双方通过播放宣传片、领导陈述，相互介绍各自学校的基本情况，加深了解和信任，夯实交流与合作基础。同时，双方还就学校高职类专科学生赴鲜文大学接受本科教育的合作办学事宜，达成共识。

2010 年 9 月 4 日，西班牙公立卡斯蒂利亚拉曼查大学校长 Ernesto Martinez Ataz 先生参观访问学校。双方就教学、科研、联合办学等方面进行友好交流，并建立了前期合作意向。

2010 年 9 月 25 日上午，德国沃尔泽伦市代表团一行 6 人到校进行友好访问。校长卢志鹏，副书记周春明，副校长肖厚建、胡春亮、周兴龙在综合楼十六楼大会议室与德国来宾进行会谈，国际交流中心、教务处及相关学院负责人参加会谈。

会谈中双方领导一致认为沃尔泽伦市和九江职业大学在师生互派、教学科研与企业联姻等方面的合作交流空间很大、机遇很多。

2010 年 10 月 21 日上午，丹麦 VIA 大学经济技术学院院长劳瑞兹·格林一行到校进行交流访问，校党委书记王原平会见客人，副校长胡春亮及办公室、宣传部、国际交流中心、建筑工程学院相关负责人与 VIA 大学代表团成员进行了亲切友好的交流，并就两校开展合作办学广泛交换了意见。

2010 年 12 月至 2011 年 5 月学校选派了师范学院的王丹、付燕两位同学赴美国杰弗逊社区职业学院进行了学习交流。

2011 年 1 月 17 日至 23 日，副校长肖厚建、招生就业处处长高坊红随“2011 年海峡两岸高等院校招生交流与合作论坛”高等院校组委会访问团赴台参加了两岸高等院校招生交流与合作活动。期间，副校长肖厚建代表学校与台湾明德财经科技大学、元培科技大学、岭东科技大学分别签署了合作意向书。

2011 年 4 月 25 日下午，台湾树德科技大学李福芃董事一行到校考察访问。校长卢志鹏会见客人。双方希望加强两校的合作与交流并希望两校能够结成姊妹学校。

2011 年 5 月 6 日上午，澳大利亚北墨尔本职业技术学院迪诺先生一行到校考察访问。迪诺是澳大利亚北墨尔本职业技术学院国际办公室项目执行人，本次访问与校建筑工程学院就合作项目的报批及具体实施等事宜进行交流与洽谈。

学校中澳合作项目的专业为建筑工程技术，招生对象为国家统招生。该项目旨在培养国际化建筑技术人才，开设双方互认的课程，澳方派教师到校任教，承担 40% 的英语及专业课程的教学任务。学生毕业后颁发学校专科证书和澳方专科证书，并可从事国际建筑工程项目。

2011 年 5 月 26 日至 27 日，丹麦 VIA 大学经济技术学院主任 Wolff 先生一行 6 人访问学校。学校胡春亮副校长及宣传部、招生就业处、国际交流中心、建筑工程学院、实训中心等部门负责人与代表团一行举行工作会谈。双方就建筑工程技术专业合作项目的前期申报工作、教学计划等方面进行了深入交流。对已经开展的中丹建筑工程技术合作交流项目相关情况交换了意见，双方还就该项目培养模式、教学计划、费用等具体情况进行了商定，并将中丹师生交流互派项目提上了日程。丹方将于每年 9 月派出 20 余名师生到院开展校际间的交流及课题探讨。同时，为学校建筑工程学院师生提供一定名额前往VIA大学学习交流的机会。

2011年9月28日，澳大利亚墨尔本职业技术学院建筑系课程协调员、建筑专业教授比尔先生到校进行交流访问。比尔先生同校建筑工程学院领导和老师就合作专业的人才培养模式、课程开设、教材选用等事项开展交流与商讨，达成一致。

2011年11月至2012年1月，学校选派了信息学院教师谢枫前往德国马格德堡大学进行任务教学法专题学习培训。

2012年5月17日，副校长汪春莲率领九江职业大学教育交流考察团赴台进行为期7天的职业教育考察和交流。在台期间，考察团先后考察了台北海洋技术学院、台中弘光科技大学，参观了阳明山公园、太鲁阁公园、台湾故宫博物院，与两家餐饮旅游企业代表进行座谈。考察团重点就专业建设、毕业生就业、师资培训、学生交流等方面与台北海洋技术学院、台中弘光科技大学进行了一对一的交流，双方经过友好的交流，达成共识，达成了合作意向。

2012年6月18日上午，丹麦VIA大学经济技术学院院长劳瑞兹·格林先生一行莅临学校交流访问。学校副校长胡春亮及教务处、国际交流与合作处、建筑工程学院等部门领导同劳瑞兹·格林先生一行举行了工作会谈。双方就工程造价专业本科合作项目的实施进行了洽谈，尤其是在课程方案、丹方师资选派、学生专业实习等诸多环节深入交换了意见，达成了广泛共识。同时，两校还就师生互访、工作和学习交流开展了磋商和沟通。学校与丹麦VIA大学开办的工程造价专业本科合作项目，考生以专科线录取后采用“2+2”教学模式，前两年丹麦教师到学校承担40%的课程教学，后两年学生赴丹麦学习。毕业后颁发学校专科证书和丹麦VIA大学本科证书、学士学位、“结构建筑师”的资格证书。同时，可从事对外的建筑项目，成绩优秀者可留在丹麦就业。按照以上合作方案，学校于2012年招收了第一届中丹合作培养的学生。

2012年7月1日上午，马来西亚王子国际学院董事Lydia Luo和陈纪和一行到校进行友好访问，省教育厅国际处留学服务中心领导胡泽伟、九江学院国际合作交流处处长帅式毅陪同来访。两校就教育交流与合作开展了广泛深入地沟通和洽谈，在合作办学、师生互派交流、教师培训等项目内容上取得一致意见，达成了合作意愿。

以九江市人大常委会副主任、九江职业大学校长卢志鹏教授为团长的九江市农业、教育考察团一行六人，于2012年3月17—29日赴南美古巴、巴西、秘鲁三国进行考察交流。九江市农业局局长魏立平、武宁县人大常委会主任杨叶青及学校师范学院院长胡玉东、工会主席汪国元、纪委副书记诸秋南随团同行。

2012年8月至2012年12月学校选派了师范学院的张晓慧、孙晶两位同学赴美国杰弗逊社区职业学院进行了学习交流。

2012年9月25日，由国务院台湾事务办公室、江西省人民政府共同举办，九江市政府承办的2012赣台（九江）职业院校交流活动在学校隆重举行。学校负责该项活动的会务工作。活动取得了圆满成功。会议期间，分别与台湾中州科技大学、亚太创意技术学院签订学术交流及项目合作意向书。

2013 年 3 月至 4 月学前教育学院吕红梅老师和吴婕老师赴美国杰弗逊社区职业技术学院开展专业教学交流活动。

2013 年 12 月，王原平书记率教育合作交流团赴丹麦、英国、德国进行教育合作交流。交流期间进一步落实了学校与丹麦 VIA 大学关于工程造价本科专业的合作办学项目，深化两校业已开展的师生互派交流，发展两校的友好合作关系；同时，与英国哈克尼学院洽谈开展护理专业合作、与德国亚琛工业大学拟开展联合办学项目。

2014 年 6 月至 2015 年 5 月，学校选派石舞潮、施根生两位老师赴菲律宾支教。

2014 年 9 月至 2015 年 1 月，学校选派了涂雅玲、靳红、汪琴、黄家晶四位老师以及焦阳等 22 名学生赴台湾亚太创意技术学院学习交流。

2014 年 12 月至 2015 年 5 月，学校选派了师范学院的柳思、熊民、孙雨鸥以及经济管理学院的徐庆颖四位同学赴美国杰弗逊社区职业技术学院进行了学习交流。

2014 年 12 月，赵建夫副校长率教育合作交流团赴台湾执行教育合作交流任务。考察期间，交流团了解了学校已赴台师生在台期间的学习生活情况，增进了两岸职业教育界的相互沟通，同时进一步加强了学校与台湾其他高校间的合作与交流，并签订了友好合作协议。

第十章　学　生

学生管理的概念在我国萌芽于 20 世纪 80 年代，此前的学生工作重点侧重于思想政治教育，80 年代后期，学生管理逐步成为学生工作中的正式术语。1990 年，国家教委颁布了《普通高等学校学生管理规定》，对学生从入校到毕业期间的学习、生活、行为进行了规范。

第一节　学生思想政治教育

学生思想政治教育是指教育者按照一定的社会或阶级要求，有目的、有计划、有系统地对受教育者施加思想、政治和道德等方面的影响，并通过受教育者积极的认识、体验与践行，形成一定社会与阶级所需要的品德的教育活动。其实施途径主要包括理论灌输、实践锻炼和个人修养等三个方面。社会主义学校的根本任务是培养合格的建设者和可靠的接班人，其中可靠接班人的培养任务则主要依靠思想政治教育来完成。

一、政治理论教育

2004年，《中共中央国务院关于进一步加强和改进大学生思想政治教育的意见》下发，《中共中央宣传部、教育部关于进一步加强高等学校学生形势与政策教育的通知》下发，各高等院校将形势与政策课列入教学计划，进入课堂，开设8—16课时，由思政部进行日常的教学管理工作。

形势与政策教育的主要任务是：着重进行党的基本理论、基本路线、基本纲领和基于经验教育；进行中国改革开放和社会主义现代化建设的形势、任务和发展成就教育；进行党和国家重大方针、重大活动和重大改革措施教育；进行当前国际形势与国际关系的状况、发展趋势和中国的对外政策、世界重大事件以及中国政府的原则立场教育；进行马克思主义形势观、政策观教育。

2004年，中宣部、教育部根据《中共中央国务院关于进一步加强和改进大学生思想政治教育的意见》（中发〔2004〕16号）精神，下发了《关于进一步加强和改进高等学校思想政治理论课的意见》（以下简称《意见》）。《意见》提出了新的课程设置方案。

2005年《中共中央宣传部、教育部关于进一步加强和改进高等学校思想政治理论课的意见》，明确了三年制专科的课程设置，把《毛泽东思想、邓小平理论和“三个代表”重要思想概论》《思想道德修养与法律基础》规定为必修课。学校从2006年9月开始在2006级新生中实施“05方案”，大一开设《思想道德修养与法律基础》，大二开设《毛泽东思想、邓小平理论和“三个代表”重要思想概论》，2007年党的十七大召开后，为贯彻落实中央关于切实抓好党的十七大精神进教材、进课堂、进学生头脑的工作要求，根据中央领导的指示精神，中宣部、教育部组织专家学者对《毛泽东思想、邓小平理论和“三个代表”重要思想概论》《思想道德修养与法律基础》教材进行了修订。教育部2008年下发《关于高校思想政治理论课2008修订版教材使用的通知》要求：全国普通高等学校从2008年春季开学起，要统一使用由中宣部、教育部组织编写并由高等教育出版社出版的马克思主义理论研究和建设工程重点教材，2013年，中宣部、教育部对《毛泽东思想和中国社会主义理论体系概论》《思想道德修养与法律基础》进行了修订。

2008年5月，学校出台《九江职业大学关于全员育人学生德育导师制的实施意见》，在全校试行“导师制”，即“每一个教育工作者首先是德育工作者”。一方面，动员教师全员参与，成立以班主任为核心，任课老师为成员的导师组，在思想、学习、生活、品德和心理方面为学生提供全方位、个性化的指导和帮助。另一方面，把学生品行教育和思想政治理论课教育教学有机结合，开展思政课课外“品行教育”系列活动，如举办系列知识讲座，成立思政课课外兴趣小组，开展主题月活动，开发和利用九江红色资源，推荐励志修行好书，开展社会调查，开辟思政课网络教育新课堂等等活动，形成学校全员育人、全过程育人、全方位育人的教育教学新模式。

2010年，在推进省级示范性高职院校建设的过程中，学校加强了学生的道德文明养成教育，使学生树立正确的世界观、人生观、价值观和荣辱观，增强学生的文明素养、责任意识、诚信理念和感恩情怀，促进学生身心健康和综合素质，以良好的校园形象展示九江职业大学学生风采。2010 年 9 月，经校长办公会研究决定，依据《九江职业大学教研室管理办法》，自 2010 年起，每年以新学年新生入学教育为契机，在全校学生中开展一学期的“四讲”（讲文明、讲责任、讲诚信、讲感恩）系列教育活动。学校成立专门领导小组，校党委副书记周春明任组长，学工处、教务处、宣传部、思政部等主要负责人为副组长，各院部书记为小组成员，下设学生“四讲”办公室，挂靠学工处，具体负责“四讲”教育活动。

“四讲”教育活动以“文明礼貌、责任立人、诚信守约、不忘感恩”为主要内容，广泛开展形式多样的活动。整个活动分宣传发动、主题教育、总结表彰三个阶段进行，每月一个教育主题，即 9 月份“讲文明”教育活动，包括举止文明、课堂课间文明、宿舍文明等；10 月份“讲责任”教育活动，包括尽子女之责（努力学习）、尽学生之责（恪守校规）、尽公民之责（遵纪守法）、尽青年之责（报效社会）等；11 月份“讲诚信”教育活动，包括真诚做人、诚实守信、诚信誓言等；12 月份“讲感恩”教育活动，包括感恩党和国家、感恩社会、感恩父母、感恩学校和师长、感恩同学、感恩自然等。

二、艺术教育与国防教育

从 2006 年三校合并开始，学校立足国情、结合校情，本着传承文明、启发学生、培养新人的原则，在艺术教育与国防教育的道路上，不断探索。

1. 艺术教育

学校的艺术教育主要表现在两方面：一方面是每学期举办美育讲座或专场演出，内容以音乐欣赏和美术欣赏为主，如 2013 年 11 月 1 日由教育部、文化部和财政部共同举办的“2013 高雅艺术进校园”活动，中央歌剧院到校作专场演出，整个演出过程在一千多人的大礼堂没有使用扩音设备，全场鸦雀无声，秩序井然；另一方面，是由校团委学生会负责组织青年社团开展的各类校园艺术活动，包括主持人风采大赛、摄影大赛、书法竞赛、吉他弹唱、健美操等，陶冶了学生的身心。

2010 年 5 月，共青团江西省委举办全省高职高专院校、中专学校学生社团文化艺术节，学校获优秀社团。

2010 年 11 月，共青团江西省委举办江西省大中专院校中文演讲比赛，简文婷获一等奖。

2011 年 5 月，校团委获共青团九江市委五四红旗团委称号。

2012 年 10 月，江西省硬笔书法家协会举办江西省第三届大学生书画大赛，魏安俊获软笔组二等奖。

2. 国防教育

学校十分重视学生的国防教育，为加强对学生的国防意识和国防知识教育，学校每年都要制定“新生军训实施方案”，进行为期近两周的新生入学军训，目的在使学生树立爱国主义精神，增强国防观念，军训主要是与九江市军分区合作，训练科目主要包括队列练习、喊口号、叠被子、拉歌、半夜拉练等内容，队列练习是军训主要科目，它包括：立正、稍息、停止间转法、行进、齐步走、正步、跑步、踏步、立定、蹲下、起立、整理着装、整齐报数、敬礼、礼毕、跨立等。每年军训首日，学校会召开军训动员大会，鼓励学生积极参与，增加士气。

（2）学校与军分区共建项目

为进一步增强大学生的国防观念和国家安全意识，普及国防知识，提高新生的综合素质，学校在军训过程中，会穿插3—4场国防知识讲座。合作单位九江市军分区会指派政委或专家人员作专题报告，全体军训学员必须参加讲座。各种题材的专题讲座，详细解读了中国的周边环境形势以及强化国家软实力建设的重要性，介绍了从古到今、从外到中、从上到下国防教育情况，对学校的国防教育提出了自己的认识和思考。干部领导们生动的经典实例、缜密而富有逻辑的语言，使学生更加了解了中国国家安全的严峻形势，进一步认识到了军训对大学生的意义。

三、心理健康教育

学校专门成立了心理健康教育工作领导小组，在学工处设立“心理健康教育中心”。“心理健康教育中心”的前身为原九江职业大学的“心理咨询中心”（设在综合系）。2009年9月学校将“心理咨询中心”更名为“心理健康教育中心”，并配有3名专职教师，8名兼职教师。其中国家心理咨询师7人；教授1人，副教授3人，讲师2人，助教5人；硕士4人。各学院（部）设立了相应的学生心理健康教育辅导站。

心理健康教育工作队伍由三个方面组成：专（兼）职心理学教师，心理辅导员，班级心理委员与宿舍心理健康信息员。

为提高心理健康教育工作队伍专业水平，学校不定期组织心理健康教育中心专（兼）职教师，参加国家、省、市有关心理健康教育会议和观摩活动，以及江西省高校心理研究会年会，邀请专家到校作学术讲座，开展专业培训。“心理健康教育中心”经常召开工作研讨和案例分析会，组织班主任、辅导员互相学习，互相启发，互相促进，通过多种形式的学习培训。学校有8位专（兼）职教师通过取得了国家心理咨询师职业资格。

（一）心理健康教育的重要活动

第一，开设心理健康课程和专题讲座。开展心理行为训练，传授心理调适方法，引导和帮助学生树立心理健康意识。

第二，开展心理咨询活动。2006年开通了心理电话热线，建立了心理咨询室，打造学生可信赖的心灵港湾。现有心理测量室1间，个别咨询室4间（鹤问湖校区2间，长虹校区1间，中专部1间），团体辅导活动室2间（鹤问湖校区1间，长虹校区1间）。办公室1间，电脑2台，打印机1部，电话1部，档案柜3组等必备办公用品。

咨询方式采取面谈咨询、电话咨询、书信咨询、网络咨询等方式。学生的咨询要求一般在3天内得到答复，及时帮助学生处理好环境适应、自我管理、人际交往、学习成才、交友恋爱、求职择业、人格发展和情绪调节等方面的困惑，及时进行危机干预。

建立心理咨询档案，确保心理健康咨询工作效果。作为学生心理健康发展的动态监测手段，学校在定期开放心理咨询室的同时，规定值班心理咨询教师必须对咨询情况及时进行规范的登记、整理和归档。2006 年至 2014 年共接待学生个体各种咨询 1360 人次。

第三，开展心理健康普查与心理测量。自 2006 年开始，学校坚持每年对大专新生进行心理健康普查。2009 年引进心理健康教育测试软件，实现网络测评。2010 年设立了心理测量室，团体心理辅导等专用教室，建立心理档案，帮助学生更好地认识自己，做出正确的自我评价和自我期望。

2006 年至 2014 年心理健康普查建档人数及约谈人数如下表

表 10－1－1

年份	2006	2007	2008	2009	2010	2011	2012	2013	2014
建档人数	995	1670	1800	1825	2455	2175	2167	2989	3979
约谈人数	61	68	125	93	87	72	69	110	137

第四，校园网上开设“心理健康教育中心”网页，宣传普及心理健康知识。

第五，学校广播开设“心灵部落”广播节目，每周播出三次，内容为学生心灵困惑解答、心理健康知识介绍、师生心灵访谈等。

第六，定期对学生进行心理筛查。实行《班级心理健康月报表》制度，对行为、情态、语言有异样的学生重点关注。及时发现学生中存在的心理危机情况。2006 年至 2014 年，共对 43 人进行了心理危机干预，帮助他们缓解了紧张、焦虑、抑郁情绪和心理压力，克制了心理冲动，克服了心理障碍。

（二）心理健康教育工作有特色

第一，建立“一二三四”工作机制。

所谓“一二三四”工作机制，即：夯实一个阵地（心理咨询室）、坚持二项保障（制度、经费）、建设三支队伍（心理健康教育教师队伍、心理健康教育辅导站队伍、学生骨干队伍）、构建四大体系（日常宣传教育体系、咨询辅导体系、教育科研体系、危机干预体系）。

所谓“四大体系”包括：

（1）日常宣传教育体系。即以“一台、一板、一栏、一网”为四大心育载体：

一台：依托学校广播站，开设“心灵部落”广播节目，每周播出三次，内容为学生心灵困惑解答、心理健康知识介绍、师生心灵访谈等。

一板：每学期由心理健康教育专职老师负责，学生心理健康教育骨干参与开展心理健康知识板报展览。

一栏：在每栋学生公寓张贴附有中心简介和求助热线的公告栏，方便学生及时获取专业心理咨询的渠道。

一网：校园网上开设“心理健康教育中心”网页，同时开通电子信箱，提供在线咨询功能。

（2）咨询辅导体系。即以“尊重、理解、热情、保密”原则，坚持发展性咨询与障碍性咨询相结合，团体辅导与个别咨询相结合，面谈咨询、电话咨询、书信咨询与网络咨询相结合的心理咨询与心理辅导。缓解学生心理压力，预防学生心理问题，改善社会适应性，发掘个人潜能，促进健全的人格成长。

（3）教育科研体系。即学校在大一年级中开设“大学生心理健康”必修课程，将团体心理辅导引入课堂，通过案例教学、体验活动、行为训练等方式将心理课程形象化、生动化。同时，学校鼓励心理健康教师结合实际工作开展心理健康课题研究。已完成包括省教育科学规划课题“新形势下高职生就业能力培养研究”、省高等学校思想政治教育研究会课题“大学生心理调适与心理素质问题研究”、省教育改革课题“案例教学法在高职学校心理健康教育课程中的应用研究”等在内的心理健康教育课题 7 项，公开发表心理健康教育相关论文 12 篇，出版心理健康教育教材 3 部。

（4）危机干预体系。即学校着力构建预防、干预、辅导与治疗“四位一体”的心理危机干预系统，强调“五早”，即早发现、早报告、早评估、早预防、早干预，做到危机前积极预防，危机中及时干预和危机后跟进治疗，及时化解和干预了一批学生心理危机事件，促进了学生健康成长成才，具体包括：

①做好新生心理普查工作，了解新生的实际心理状况。每年 10 月对全体新生进行心理应急、心理健康、心理适应和人格等方面的测试，在数据处理的基础上写出心理测查分析报告，并建立学生心理测查档案。对筛查结果显示有问题的学生进行约谈，并对约谈后的重点学生进行追踪。

②定期对在校学生进行心理筛查。通过每月“班级心理健康月报表”制度，主动、及时发现学生中存在的心理危机情况，对行为、情态、语言有异样的学生重点关注。通过对新生、应届毕业生、家庭贫困学生、学习困难学生、失恋学生、违纪学生进行的心理疏导，缓解了他们紧张、焦虑、抑郁情绪和心理压力，克制了心理冲动，克服了心理障碍。

③制定心理危机干预工作方案，应对心理危机事件。心理健康教育工作领导小组全面布局心理危机监控体系，推行分类监管的工作制度，明确心理危机干预对象、原则、工作程序以及工作要求，制定心理危机干预方案和转介及善后事件应对制度。五年来有效预防和妥善处理了心理危机突发事件 7 起，排除了多种心理危机隐患，减少和避免了对学生自己、他人及学校的危害与影响。

④建立较为完善的咨询档案，确保心理健康咨询工作效果。作为学生心理健康发展的动态监测手段，学院在定期开放心理咨询室的同时，规定值班心理咨询教师必须对约谈和咨询情况及时进行规范的登记、整理和归档。目前，心理咨询中心已建立了包括新生心理测试、普通类心理咨询、重点学生追踪三大类别档案。

第二，发挥学生的主体作用。

（1）成立大学生心理成长营。指导并支持他们开展丰富多彩的活动。自 2007 年心理成长营成立，先后主办和承办了各类大小型活动，如校园心理情景剧大赛、校园心理运动会、“5·25”大学生心理健康日宣传等，多次协助心理健康教育中心开展新生心理测试工作。在一定程度上缓解了大学生的一些心理困扰和心理问题的发生。

（2）2007 年开始，在学生会设立心理发展部、在班委设班级心理委员。将学生会心理发展部和班级心理委员纳入学校心理健康教育的组织体系。印发《心理委员工作手册》，对心理委员进行业务培训，对考核合格的班级心理委员发给聘书。

（3）设立宿舍心理健康信息员，构建心理健康监控网络，防患于未然。

学校心理健康教育工作总体上构成了相对闭合、齐抓共管、四级联动的心理健康教育工作体系和局面。

2011 年 10 月 25 日，江西省高校心理健康教育与咨询工作检查评估专家组一行六人对心理健康教育中心的工作进行评估。在反馈时给予的评价是：九江职大心理健康教育工作很有特色，一是指导思想，目标定位明确，“四个一”和“两个一切”的人文关怀理念保证了“全覆盖、全过程、全员”开展心理健康教育工作；二是在制度、经费和队伍等方面的心理健康教育工作保障体系基本形成；三是心理健康教育工作建立了完善的日常宣传教育体系、咨询辅导体系、教育科研体系、危机干预体系；四是心理危机干预工作细致规范，干预措施有力，工作方法科学，效果明显。

第二节 常规管理

一、入学教育与行为规范

学校每年都要制定“新生入学教育方案”和“新生军训实施方案”，进行为期近两周的新生入学集中教育和军训，主要包括理想教育、市情校情教育、专业思想教育、行为规范教育、心理健康教育、安全与生活指导教育和职业教育、国防观念和国家安全意识教育、基本军事知识和技能教育等内容。引导学生学习或熟悉学校学习与生活设施的基本功能及使用相关规定（包括教室、运动场地、实验室、各类机房、图书馆、食堂、学生公寓、学生用水用电等），组织参观市区相关文化场馆、风景名胜等活动。让新生尽快了解和熟悉学校、所在院（系、部）、所学专业的基本情况，相关的学习、生活设施，学校有关制度、各部门工作职责及工作人员。帮助学生尽快转变学习方法，适应大学学习和生活，培养学生自尊、自爱、自立、自律、自强的人生观。

2006 年合并重组以后，学校经过多年的实践摸索，形成了集中教育和分散教育结合的新生入学教育工作思路：第一，采取“校—院—班—寝”四级开展的模式，即以寝室为基本单位，以班级为核心，以院部为主体，以学校为主导开展；第二，围绕“立志、精业、诚信、健体、感恩”五个主题，结合学校“重品行、宽知识、厚基础、强技能”的人才培养目标，以“适应—融入—体验—规划”为新生培养阶段性目标，开展新生入学主题教育活动。

学校层面的入学教育主要集中在爱国荣校、理想信念、校风校纪等宏观层面的思想政治教育，为期两周，学校统一安排。包括新生军训，大学学习生活系列讲座，心理健康普查与辅导等内容。

院系自主开展的教育活动贯穿整个学期。其内容包括针对新生家长开展“三个一”活动（一封信、一张卡、一份表）、专业思想教育、行为规范教育、党团教育与指导、安全与生活指导教育等等。教育活动的组织形式，主要以各院系为单位讲大课和以班为单位组织讨论相结合。院系根据学校要求，结合自身实际，认真规划，积极实施，采取丰富多样的形式，扎实深入地开展工作。授课人员以各院系党政班子成员为主，也可根据教育内容在全校范围内聘请，学工处负责协调各院系外的授课人员的聘请工作。各院系还充分调动班主任、辅导员、专业教师、高年级优秀学生的积极性和主动性，通过班会、主题活动、深入宿舍个别谈心等方式，让新生充分感受到学校老师和同学的关心，帮助新生尽快融入校园生活，增进新生之间、新生和老生之间、新生和老师之间的了解。

班级层面入学教育的关键是班集体建设和良好班风学风的养成，重点是帮助学生树立目标，养成良好的学习、生活、纪律习惯。教育活动由班主任与辅导员负责，通过主题班会等形式完成，内容包括“立志、精业、诚信、健体、感恩”主题活动、学业生涯规划指导、心理适应与生活指导、校园文化活动与课外学术科技创新指导等。

寝室是新生入学教育的基本单位，对学生影响最大最直接的是同寝室同学，寝室教育由班主任与辅导员指导，通过“老生带新生”寝风建设活动，寝室骨干（寝室长）的培养，寝室“一帮一”互动等教育活动，促成新生优良寝风的形成，帮助新生更快地熟悉学校和大学生活。

二、班主任与辅导员队伍

学校推行辅导员、班主任“双重”管理。班主任、辅导员有针对性地进行工作，根据不同的对象采取不同的方法，善于观察大学生内心世界的变化，了解每个大学生不同的情况，机敏、灵活地采取措施而不拘泥于既定的想法。

班主任、辅导员队伍一般要求应具有硕士研究生以上学历，掌握一定的教育学、教育心理学、管理学等方面的知识，同时学校鼓励高级职称的教师和学科带头人、骨干教师兼任班主任、辅导员。班主任任期一般为3—5年，辅导员任期一般为6年。学生工作处和系党总支分别建立辅导员档案，规范辅导员的工作管理。

2010年年初，学工处推出班主任、辅导员队伍建设新方案，重点加强学校学生班集体建设和学生的教育管理工作，明确班主任、辅导员的工作职责，调动班主任、辅导员的工作积极性，提高班主任、辅导员工作质量与效率，力求打造出一支“政治强、业务精、纪律严、作风正”的班辅队伍。专职辅导员总体上按1∶200的比例配备，以保证每个院系的每个年级都有一定数量的专职辅导员，同时，大专部的每个班级要配备一名兼职班主任，中专部原则上不设辅导员岗位，依据1∶200的比例配备专职班主任。学生工作处每学年定期对班主任、辅导员进行培训与考核。学校每年召开学生思想政治教育工作会议，表彰优秀辅导员和优秀班主任。

同时，担任班主任、辅导员岗位的老师，优先享受评聘职称的资格，优秀班主任、优秀辅导员在年终考核时，可以依据相关规定加分。

第二节　奖学与助学

合并重组以后，学校重视贫困大学生的资助工作，先后出台《九江职业大学贫困家庭学生资助实施办法（试行）》等系列文件，设置减免学费、特困生补助、国家助学贷款、勤工俭学和开辟“绿色通道”等各种类型的困难资助项目，帮助家庭贫困的大学生顺利完成学业。

自2007年以后，学校每年开展“奖、贷、助、补、减”五位一体的帮贫助困工作。形成了学费减免、学费缓交、临时困难补助、国家助学贷款、勤工助学、社会团体及个人资助、政府拨款等七个方面资助体系，切实帮助了许多家庭经济特别困难的学生顺利完成学业。

2010年，学校修订出台《九江职业大学学生校级奖学金评定办法》，设立了学生综合奖学金、学习单项奖学金、学习进步奖学金、竞赛单项奖学金、学生突出贡献奖学金等五个奖学金项目。2012年，又修订出台《九江职业大学国家奖学金、国家励志奖学金、国家助学金评定办法》，对品学兼优的学生予以奖励，以激励学生学习的积极性。并且还制定了“九江职业大学学生综合素质测评办法”，对学生考评做到“科学化、规范化、制度化、人性化”。

一、奖学金项目（含受奖人数、奖励金额）

奖学金项目有：国家奖学金、国家励志奖学金、学校自设奖学金。

国家级奖学金。2007—2008学年国家奖学金4名，共计3.2万元；2008—2009学年国家奖学金4名，共计3.2万元；2009—2010学年国家奖学金5名，共计4万元；2010—2011学年国家奖学金5名，共计4万元；2011—2012学年国家奖学金6名，共计4.8万元；2012—2013学年国家奖学金5名，共计4万元；2013—2014学年国家奖学金5名，共计4万元。

国家励志奖学金。2007—2008学年国家励志奖学金91名，共计45.5万元；2008—2009学年国家励志奖学金127名，共计63.5万元；2009—2010学年国家励志奖学金188名，共计94万元；2010—2011学年国家励志奖学金214名，共计107万元；2011—2012学年国家励志奖学金236名，共计118万元；2012—2013学年国家励志奖学金234名，共计117万元；2013—2014学年国家励志奖学金239名，共计119.5万元。

学校自设的奖学金。2006—2007学年974人，共计22.035万元；2007—2008学年

1401 人，共计 39.192 万元；2008—2009 学年 1223 人，共计 29.822 万元；2009—2010 学年 1010 人，共计 25.608 万元；2010—2011 学年 1228 人，共计 32.328 万元；2011—2012 学年 1357 人，共计 35.45 万元；2012—2013 学年 1272 人，共计 32.618 万元；2013—2014 学年 1306 人，共计 34.9063 万元。

二、大专生助学方式与受助人数（含受助金额）

学费减免。学校对家庭经济困难学生以及有关法律法规和政策规定应当减免学费的在籍在读学生给予学费减免。其中，对父母双亡的孤儿学费全免，对其他家庭经济困难学生可给予 400 至 1200 元不等的学杂费减免。2009 年，给予 31 名学生减免学费 17.59 万元的；2010 年，给予 32 名学生减免学费 18.04 万元；2011 年，给予 53 名学生减免学费 28.89 万元；2012 年，给予 50 名学生减免学费 27.16 万元；2013 年，给予 35 名学生减免学费 18.3 万元；2014 年，给予 16 名学生减免学费 8.82 万元。

以上减免学费人数和金额不包括 2009 年免费招收的贵州大方县 30 名国家统招生，2011 年免费招收的四川、青海、甘肃三省共计 20 名国家统招生所减免的学杂费。

学费缓交。学校对由于特殊原因导致暂时无法按时正常缴纳学费的学生实行绿色通道，先入学后缴费。2009 年对 311 名新生、2010 年对 315 名新生、2011 年对 443 名新生、2012 年对 465 名新生、2013 年对 881 名、2014 年对 1536 名新生实施了绿色通道政策，保证贫困家庭学生按时入学。

临时困难补助。临时困难资助是学校为帮助学生家庭因突发性事件而造成生活特别困难的学生所采取的资助措施。一般学生可申请到一次不超过 500 元，一学期总额不超过 1000 元的临时困难资助。2009 年，给予 7 名学生每人 1000 元的临时困难补助；2010 年，给予 5 名学生每人 1100 元的临时生活补助，另给 310 名家庭经济困难学生发放共计 19 万元的临时困难补助；2011 年，给予 6 名学生每人 1000 元的临时困难补助；2012 年，给予 6 名学生每人 1000 元的临时困难补助；2013 年，给予 6 名学生共 7000 元的临时困难补助。

国家生源地信用助学贷款。2009 年，江西省全面实施国家生源地助学贷款政策，学校积极配合各方做好学生生源地贷款工作。一方面，宣传政策并为学生提供相应证明材料办理相关事宜和信息确认工作；另一方面，积极向银行提供贷款风险补偿金及后续工作。2007 年有 26 名学生、2008 年有 44 名学生、2009 年有 158 名学生、2010 年有 414 名学生、2011 年有 581 名学生、2012 年有 743 名学生办理了生源地信用助学贷款；2013 年有 973 名学生办理了生源地信用助学贷款。2014 年有 1124 名学生办理了生源地信用助学贷款。

勤工助学。学校在图书馆、学生宿舍、食堂、操场等场所为学生提供勤工助学岗位 200 余个，帮助家庭经济困难学生参与勤工助学活动，解决生活困难。

中职生助学金。国家从 2007 年开始，给予每个在校就读一、二年级的中职生每年 1500 元的助学金。受助学生人数：2007—2008 学年上学期 2725 人，共计 203.195 万元，下学期3028人，共计227.1万元；2008—2009学年上学期2296人，共计172.2万元，下学期2481人，共计186.075万元；2009—2010学年上学期2881人，共计216.075万元，下学期3027人，共计227.025万元；2010—2011学年上学期3091人，共计231.825万无，下学期2960人，共计222万元；2011—2012学年上学期2612人，共计195.9万元，下学期2590人，共计194.25万元；2012—2013学年上学期1747人，共计131.025万元，下学期1612人，共计120.09万元；2013—2014学年上学期525人，共计39.375万元。2013—2014学年下学期519人，共计38.925万元。

学校给中职生减免学费情况。2009年秋季，482人，共计62.66万元；2010年春季，525人，共计68.25万元；2010年秋季，511人，共计55.8万元；2011年春季，530人，共计57.8万元；2011年秋季，723人，共计77.57万元；2012年春季，710人，共计71万元；2012年秋季，3450人，共计305.25万元；2013年春季，3341人，共计317.15万元；2013年秋季，4002人，共计373.3975万元。2014年春季，3851人，共计359.8475万元。

应征入伍义务兵学费补偿、贷款代偿及学费资助。从2009年起，国家对应征入伍服义务兵役的高等学校毕业生在校期间缴纳的学费或获得的国家助学贷款及其产生的利息实施一次性补偿或代偿。从2011秋季学期起，国家对应征入伍服义务兵役的高等学校在校生在校期间缴纳的学费或获得的国家助学贷款实施一次性补偿或代偿；对退役后复学的原高校在校生实施学费资助。2010年，为2名入伍毕业生办理了学费补偿；2011年，为19名入伍应届毕业生办理了学费补偿；2012年为16名入伍毕业生、7名入伍在校生、1名退役复学生办理了学费补偿和学费资助；2013年为13名入伍毕业生、16名入伍在校生、2名退役复学生办理了学费补偿和学费资助。2014年年底为19名入伍毕业生、15名入伍在校生、1名退役复学生办理了学费补偿和学费资助。

三、奖、助学金资金来源

政府拨款。2007—2008国家助学金132.3万元；2008—2009学年国家助学金184.4万元；2009—2010学年国家助学金408.9万元；2010—2011学年国家助学金464.7万元；2011—2012学年国家助学金513.3万元；2012—2013学年国家助学金509.1万元。2013—2014学年国家助学金520.2万元。

社会团体、个人的无偿资助。2007年，争取到香港憨生讲堂助学金给予50名学生每人1000元的助学金；2009年，争取到“管飞”基金给予27名大方县贫困学生每人每年3000元的助学金；2010年争取到“民进九江市委会1%工程”捐助在校十名家庭贫困学生每人1000元；2011年招收甘肃、四川、青海等地学生20名，争取到九江民生集团资助他们每人每年3000元的生活费；2012年，争取到香港邝美云基金给予五十名贫困学生每人1000元的助学金等；2013年，争取到“美庐”基金资助地震灾区和孤儿共21名免费生每人每年3000元的生活费等。2014年，争取到九江市慈善总会给予五名贫困学生每人2000元的资助金等。这些都加大了学校对贫困学生的资助力度，拓宽了资助面，是对国家和学校各项资助的有力补充。

四、奖助学工作管理

学校注重奖、助学金管理的制度建设，保证奖、助学公平公正。学校根据国家奖、助学政策，先后下发一系列文件，制订了一系列规章制度：《九江职业大学学生综合素质测评办法》《九江职业大学学生校级奖学金评定办法》《九江职业大学国家奖学金国家励志奖学金国家助学金评定办法》《九江职业大学中职助学金、免学费评定流程》《九江职业大学校内勤工助学管理办法》等。以此来规范助学金和奖学金评定和发放，并将资助工作制度汇编成册，使得学校的奖、助工作有章可循，有制度可依。

每年秋季开学之初对刚入校的新生进行贫困认定和对在校贫困生进行家庭经济情况变动的摸底。将贫困家庭学生情况输入电脑，建立贫困家庭学生档案，对贫困家庭学生实行动态管理。根据贫困学生人数和情况制定资助工作计划和目标。保证贫困家庭学生能按时入学和顺利完成学业。

第十一章　共青团、学生联合会

高校共青团组织的职责范围是：①根据校党委、行政和上级团组织的工作要求，结合学校实际，制定每学期团的工作计划，定期召开团总支负责人例会，研究团内重大事项，讨论、布置团的日常工作；②积极发挥党的助手作用，经常向党组织请示和汇报工作，及时向上级党团组织反映团员青年的思想、学习、生活等方面情况，积极做好“推优”工作；③组织对全校团员青年的思想教育，组织团员青年学习马克思列宁主义、毛泽东思想和邓小平理论，深入开展爱国主义、集体主义和社会主义教育；④抓好团的组织建设，做好发展新团员工作；做好团员证的管理和团组织情况的统计工作；负责全校团员团费的收缴、管理和使用；加强团纪教育，检查团纪执行情况，做好团内奖惩工作；⑤抓好团的宣传工作，搞好黑板报，配合做好广播站及政治思想网站的宣传工作；⑥帮助和指导校学生会开展工作，管理好各种学生社团，做好学生干部的思想建设工作和组织工作，拓展第二课堂，活跃校园文化；⑦组织团员青年积极开展青年志愿者活动和社会实践活动；⑧关心团员青年的政治权益，向上级和有关部门及时反映团员青年在学习、生活等方面的意见要求，协同学校有关部门加以改进；⑨完成校领导和上级团组织布置的其他任务。

第一节 团组织建设

九江职业大学团委在校党委和团市委的领导下，密切结合素质教育的根本要求，紧紧围绕学校工作的中心任务，切实推进示范群体的全面建设，积极服务团员青年的成长成才，力践“育人为本、服务为基、创新为魂”的工作宗旨。学校团委在党的要求和青年需求的结合上寻找工作的着立点，自学校2006年合并重组以来，学校各级团组织在学校和各院、系党委、上级团组织的领导下扎实开展工作，组织机构建设不断完善，具体情况如下：

一、九江职业大学各院部团委设置

2006—2009 年

师范学院、经管学院、学前学院、中转部、外语系、计算机系、工程学院、艺术系、文传系；

2009—2014 年

师范学院、经管学院、学前学院、机电学院、建工学院、信息学院、文旅学院、护理学院、中转部、艺术学院、农经学院。

二、校团委人员配置

2006—2007 年

团委副书记 1 名、团委干事 1 名；

2007—2009 年

团委副书记 1 名、团委干事 1 名；

2009—2012 年

团委书记 1 名、团委副书记 1 名、团委干事 2 名；

2012—2013 年

团委副书记 1 名、团委干事 3 名；

2013—2014 年

团委副书记 1 名、团委综合科长 1 名、团委干事 2 名。

三、各院部团委人员配置：

师范学院，副书记 1 名（主持工作）

学前教育学院，副书记 1 名（主持工作）

经济管理学院，团委书记 1 名

建筑工程学院，团委书记 1 名

信息工程学院，团委书记1名
艺术学院，团委书记1名
护理学院，团委书记1名
中专部，团委书记1名
农经学院，副书记1名（主持工作）
文化旅游学院，副书记1名（主持工作）
机电工程学院，副书记1名（主持工作）

第二节　团员教育活动

在学校党政和上级团组织的领导下，紧紧围绕学校的中心，服务大局。牢固树立“以人为本、服务同学、锻炼自我、积极创新”的思想政治工作理念，努力构建和谐校园。大力推进共青团工作的常规化、科学化建设；构建完善的校园文化体系；稳定团员青年思想，以开展丰富多彩的文化活动为手段，培养他们刻苦学习、锐意进取的精神。

校团委自2006年始至2014年，每年团员日常教育活动安排表如下：

表11－2－1

月份	活动内容
3月	1. 举行“和谐杯”女子排球联赛。 2. 3月5日启动校园大型志愿服务活动，组织青年志愿者在校园、进福利院、社区提供服务项目，继续做好“向东班”爱心家教协会志愿服务品牌工作。 3. 组织学生参加“百万青年林 绿化新九江”义务植树造林活动。
4月	1. 组织开展社团文化活动月，组织校园各社团策划精品文化、开展广场文艺会演活动。 2. 举行“青春杯”男子篮球联赛。 3. 举办大学生骨干培训班（青年马克思培养工程）。
5月	1. 大力弘扬“爱国、民主、科学、进步”的“五四”精神，人人参与和谐平安校园的构建。 2. 积极推进宿舍“三进”模式，加强宿舍文明建设，学生宿管委员会组织开展文明寝室的创建活动。 3. 进行“五四”表彰，对一学年以来的工作中涌现先进单位、先进个人进行表彰，积极构建和谐校园。
6月	1. 积极向党组织推荐一批优秀团员青年向党组织靠拢。 2. 组织开展大学生演讲比赛。
7月	1. 认真开展大学生暑期“三下乡”志愿服务活动，拓展大学生的社会实践能力和综合素质。
9月	1. 安排部署迎接新生活动，组织好新生的接站工作。 2. 做好新生的团组织关系转接工作。 3. 组织“我与社团共成长”为主题的社团文化月各项活动。 4. 积极帮助贫困学生联系一定的勤工俭学岗位。 5. 开展“我的梦 中国梦”摄影比赛 6. 学生会新成员招聘工作。

续表 11－2－1

月份	活动内容
10 月	1. 举行校女子篮球联赛。 2. 指导学生会完成换届工作。 3. 九江职业大学主持人风采大赛（初赛） 4. 联合九江市中心血站组织开展无偿献血宣传活动。 5. 配合学校做好运动会的相关组织工作。
11 月	1. 九江职业大学主持人风采大赛（复赛） 2. 依托青年志愿者协会开展“校园节约示范行动”倡议活动。 3. 举行男子足球联赛。 4. 举办大学生骨干培训班（青年马克思培养工程）。
12 月	1. 举行九江职业大学大学生主题辩论赛。 2. 九江职业大学主持人风采大赛（决赛） 3. 集中各院部团委的意见，积极推荐一批优秀青年向党组织靠拢。 4. 指导各院部团委、学生分会做好本学期工作总结及下学期工作计划。

第三节 学生联合会

学生会是在校党委领导下，学工处、团委指导下工作的服务于广大学生的学生群众性组织。学生会宗旨是“服务同学，锤炼自我”。学生会干部来源于学生，是为了更好地服务于同学，充分体现高校学生“自我教育，自我服务”的宗旨。学生会的工作在学工处、团委指导监督下自主开展。

一、机构简介

学生会由主席团、办公室、纪检部、宣传部、学习部、保卫部、社团部、女生部、外联部、礼仪队、国旗班、文艺部、体育部、宿管委员会、膳食委员会共 16 个部门组成。

1. 主席团：全面负责学生会的工作，副主席：协助学生会主席分管好各部的工作；

2. 办公室：负责学生会日常管理工作，及文件、档案、设备的管理并协助学生会主席协调各部门之间的工作；

3. 学习部：协助教务处等有关职能部门做好工作、开展辩论赛、演讲比赛等大型活动；

4. 纪检部：负责全校学生的晚自习秩序，并在校园广泛宣传学生的自律意识；

5. 社团部：组织各协会举办各类讲座，以及各类社团活动来丰富同学课余生活，协调其他学生社团工作，指导、帮助他们创建优秀社团；

6. 创业实践部：组织学生进行社会实践调查、勤工俭学、爱心家教等工作，以及配合好学生会做好重要文体活动的支撑；

7. 保卫部：积极配合保卫处做好校内的安全工作，并负责协助学校大型文体活动、会议的安全保卫工作；

8. 宣传部：积极宣传党的路线、方针、政策及学校的各项改革措施，配合学校做好学生的思想政治教育工作，负责学生的思想调研和信息反馈工作；

9. 文艺部：独立或协助学校组织开展丰富多彩，健康向上的文娱活动，丰富学生的课余文化生活，活跃校园气氛；

10. 体育部：独立组织开展适合学生特点的各类体育活动和比赛。积极配合和支持其他各部工作并指导各院系体育部开展工作；

11. 礼仪队：负责学校大型活动的礼仪接待工作；

12. 国旗班：负责每周升旗和学校大型活动的升旗仪式；

13. 宿管委员会：配合宿管中心做好寝室的日常管理工作、并开展寝室文化活动，丰富同学的寝室生活；

14. 膳食委员会：积极配合后勤部门做好伙食和服务工作；

15. 志愿者工作部：组织协调各院部志愿者队伍，定期开展志愿服务活动；

16. 心理发展部：配合学工处心理咨询中心开展心理委员培训，心理运动会等活动。

二、学生会的换届与学代会的召开

1. 学生会的换届工作一般在每年的 10 月份。其招聘工作在新生开学后一个月内进行，由上一届学生会主席团、各部长组成换届组委会，组织安排换届工作。采取招聘形式招聘新成员，新招聘的成员考察期为 3 个月，考察期间表现不突出的换届时不纳入学生会正式成员。

2. 学生代表大会每三年召开一次，选举产生新一届学生委员会，由各院部按比例选出代表，参加学生代表大会。学代会在团委、学工处、教务处等指导部门的监督下召开，大会由上一届学生会主席团做工作总结，大会选举产生新一届学生会主席及部长、副部长，会后举行换届交接仪式。

3. 换届交接时各部门的办公用品由原来的负责人转交给新一届负责人，转交办公用品时要有相应的书面材料，并且书面材料中要有证明人签字。

三、学生会管理条例

（一）日常工作管理条例

1. 为了维护学生会组织正常高效运作，促进其健康发展。同时，也为了增强本组织的凝聚力、号召力、向心力及其纪律性和组织性，使之更好地为全校广大师生服务，特制定本条例。

2. 对学生会全体成员从以下各方面进行考核并实施奖励与处分办法：个人的思想品质、学习成绩、工作能力及工作态度、平时表现、活动出勤，例会出勤。通过对以上各方面的考核，实施相应的奖惩办法：

（1）实施精神奖励和物质奖励相结合，以精神奖励为主的办法。表扬和奖励的方式有：口头表扬，通报表扬，发给证书及奖品及年终评优等。

（2）对于工作中，违反条例规定，造成不良影响，视情节轻重，通过例会，依据条例规定给予批评教育或纪律处分。处分方式有：警告，严重警告，记过，记大过，取消年终评优资格，停止工作，开除学生会组织等。

3. 全体学生会成员必须协调好工作和学习的关系，不得以学生会工作的名义旷课等不良现象的发生，如有此类情况出现，根据情节轻重，给予相应的处分。

4. 在各类活动中，学生会各部门协调配合工作，充分体现“除非团体赢了，否则每个人都等于输”的团体协作意识，以增强我们团体的凝聚力和号召力。如各部门在活动或工作中，不积极协作，产生分裂冲突，将对各部进行整体处分以及个人处分；各部成员之间产生个人问题，应妥善处理，严重者则给予记过，记大过等处分。

5. 在各类大型活动中，各部配合共同维持秩序。工作中，不徇私舞弊，不以权谋私，不摆姿态。如因此类现象而造成不良影响者，则给予记大过等处分。

6. 学生会干部如果在工作中不积极参与或工作态度散漫，则直接辞职。

7. 学生会干部在工作中如严重背离学生会主题和思想，即搞个人主义，不服从管理，同有关人员争执，由此而造成不良影响，则根据情况给予相应的记过，记大过，开除学生会组织等处分。

8. 如在工作中政令不通，工作失职，任务分配不到位，应追究负责人的责任，给予记过处分。

9. 在各类活动中，各部如不能按时完成任务（即失职），根据情况给予记过，记大过处分；如两次不能按时完成任务（即严重失职），则召开部长会议，对其进行表决处理。

10. 学生会各部及其成员不按时交计划或其他，则按不按时完成任务处理。

11. 学生会成员如有处犯学校条例者，根据实际情况给予学生会内部处分或开除学生会组织等处分。

12. 学生会成员由于酗酒，吸烟，打架以及不文明恋爱引起不良影响，造成严重后果有损学生会集体形象者，则直接开除学生会组织，再由有关部门进行处理。

13. 学生会成员如中途退出该组织，必须写辞职报告交由部长签字，再送交办公室由主席团审议批准。否则将对该成员给予通报等处分。

14. 学生会成员在生活和工作中，注重自身仪表，装饰举止得体，不着奇装异服。

15. 学生会成员必须注意个人品德修养，诚实守信，乐于助人，勇于同不良行为做斗争。

16. 学生会成员在工作中必须佩戴胸卡，否则给予警告处分。

（二）例会活动出勤及请假制度

1. 主席团根据实际情况安排部长级会议、校系两级主席会议等，互相探讨、互相学习，以便及时掌握校园动态。凡接到通知的，如两次无故不到会，将给予警告处分。要求副部长也参加的会议将另行通知。

2. 各部根据本部门自行安排内部会议并做好会议记录工作。

3. 在各类活动中，如三次无故不参加者给予警告处分。

4. 各部对于请假的成员，须由部长签字，然后送交办公室，记录存档，作为年终考核的依据。学生会对于成员请病假、事假两次者按一次不到会处理。

（三）奖励制度

奖励条件：

1. 在活动过程中，根据该部集体表现以及办公室记录，年终评出集体奖，给予适当的精神、物质奖励。

2. 在工作中，有突出表现，符合评优标准，在办公室的监督下，先由各部在本部门内进行民主评优再参加集体评优。

3. 年终被评为优秀学生干部的成员将授予荣誉证书并由各部推荐作为下一届学生会面试，竞聘学生会干部的候选人。

4. 在举办大型活动时如能提出可行性宝贵意见或有特殊贡献的部门或个人给予适当加分。

第四节　学生社团

一、社团的组建

校团委对学生发起组织的社团实施登记制度。

（一）社团发起应具备下列条件：

有 10 名以上学生发起成立；

有筹备组专门负责筹建事宜；

完成制定章程等准备工作，章程应包括社团的名称、宗旨、主要任务、活动内容 和范围、组织机构、经费来源及物质条件和其他应说明的事项；

有以社团形式开展活动之必要。

（二）社团成立应履行下列手续：

由筹备组主要负责人持所在院（系、部）团总支介绍信到校团委提交申请报告、章程草案、负责人简历和发起人名单。

经校团委初步审核后，由筹备组到校团委领取并填写《九江职业大学学生社团登记表》和《社团负责人情况登记表》一式两份，履行正式审批手续。

经校团委全面审核批准后，社团方可正式成立。《社团登记表》和《社团负责人情况登记表》存校团委两份。

社团应尽快以公告或公开会议形式宣布成立。

（三）社团组织方式和机构设置由各社团自由决定，社团组成人员情况（包括系别、年级、专业班级、政治面貌、住址等）须报校团委备案。

（四）社团负责人从本社团中选举并报经所在院（系、部）团总支、社团挂靠单位、社团指导老师、负责人班主任同意，由校团委认可产生。社团负责人必须具备下列条件：

在学校正式注册的学生；

坚持四项基本原则，拥护改革开放，遵守校规校纪。热心于社会工作，乐于为同学服务；

尊敬师长，团结同学，成绩优良，德智体全面发展，在班级有一定威信。

有下列情况之一者，不得担任社团负责人：

有两门以上功课不及格者；

受到警告或警告以上处分者；

曾因违反有关规定，被归口指导单位撤职的社团负责人；

曾因违反有关规定被宣布解散的社团中原负责人或主要成员；

有其他违反校纪行为者。

（五）社团名称必须体现社团宗旨，不得使用对国家、社会或者公共利益有损害的名称及其他不宜使用的名称。

（六）社团可聘请若干政策水平较高、学术造诣较深或在某些方面有专长、关心学生社团活动的专家、学者或教师，担任指导教师、顾问或名誉社长（或会长），但必须事先征得校团委同意。

（七）社团在征得校团委同意后，可自备各种形状的艺术图章或其他标志，以便开展工作。但不得刻制任何公章。

二、主要社团

学生社团在校团委和各院部团委的指导下，组织开展各种类型的社团活动，并接受学校共青团委的监督和管理。学生依据个人兴趣、爱好、特长，或自身需要志愿参加学生社团，自主开展活动。学生社团是校园文化建设的重要载体，具有自我服务、自我教育、自我管理、自我发展和重要的社会教化功能。学校经过多年的发展，目前已有28个不同类型的社团。各社团以其具有思想性、艺术性、知识性、趣味性、多样性的社团生活吸引广大学生积极参与其中，对大学生起到了思想政治教育、文化知识技能教育、心理健康教育等多种教育辅助作用。

学校学生社团情况一览表

表11－4－1

序号	协会名称	成立时间	序号	协会名称	成立时间
1	计算机协会	2000年4月1日	15	羽毛球协会	2008年9月21日

续表 11-4-1

序号	协会名称	成立时间	序号	协会名称	成立时间
2	快乐发展读书会	2001年5月15日	16	华龄书法协会	2009年3月22日
3	青年志愿者协会	2003年9月9日	17	政法历史协会	2009年5月22日
4	武术协会	2004年3月9日	18	旅游协会	2009年6月15日
5	向东班爱心家教协会	2004年5月20日	19	奕轩棋社	2009年9月20日
6	吉他协会	2005年10月15日	20	E—show英语协会	2009年12月17日
7	晨燕文学社	2006年9月1日	21	乒乓球协会	2010年10月10日
8	桃李DV协会	2006年9月28日	22	竞攀跆拳道协会	2012年9月1日
9	足球协会	2007年4月9日	23	Dance bus舞蹈协会	2012年9月12日
10	环保协会	2007年4月22日	24	网球协会	2012年9月15日
11	明月协会	2007年10月2日	25	308剧组	2013年1月4号
12	AND轮滑社	2007年10月11日	26	舞岸话剧社	2013年6月25日
13	V舞社	2007年11月26日	27	电声乐队	2013年10月20日
14	口才演说协会	2008年8月12日	28	COSplay时光夜华	2013年11月16日

三、社团活动机制

学校为规范各社团行为，对学生社团的活动内容、财务情况和组织管理等方面进行严格的监管和考核。

凡学生社团举办活动（包括一切以社团名义进行的校内外的活动、创意活动、社团聚会等），均需要提前5至7天向社团部提交活动申请书。活动申请书应包括以下内容：第一，活动的目的宗旨、内容形式、预计人数、时间、地点、主办单位和负责人；第二，涉外人员和被邀请人的基本情况；第三，挂靠单位或指导教师的意见、签名；第四，活动经费的数目（包括需要物品名称数目、经费总计）和组织方式；第五，其他需要说明的问题。申请活动需经指导老师签字，社团部签字，校团委签字盖章三级审核之后方可执行；社团举办有学校外籍教师参加的活动，必须经校外事部门同意并报校团委批准后方可进行。

学生社团活动内容应健康积极，不得违背校规校纪，不得损害校团委和社团部形象，不得进行任何以盈利为目的的商业性活动，不得开展超出其宗旨的活动，否则情节严重的将给予该社团警告、通报批评、停止活动等处分。如若两个以上（含两个）社团联合举办活动，必须事先向校团委提交社团联合活动申请，经批准后，方可着手进行准备工作。准备工作完成后，由主办活动的社团负责人向校团委提交联合活动方案并经审查批准后方可进行活动。每次活动结束后，社团负责人必须向校团委进行口头或书面的总结汇报。

学生社团收取会费除新会员入会时需向社团缴纳 15 元会费外，社团不得以任何名义向会员强制收取费用，购买社团共同用品时可征求会员意见自愿缴费；社团每学期招新后将所收会费交由校团委代为管理，活动后将活动所用资金的原始票据交到社团部，由社团部统一拿到团委报销；社团自成立之始即应建立经费收支账目，账目由专人负责以备校团委审查；社团活动经费不足时可自行募集赞助费，但要上报到社团部并在社团内部公开；社团负责人有贪污，乱收会费，挪用会费等行为，需交由评议小组进行评议，视情节轻重给予相应处分；评议小组由社团部、校级社团负责人、该社团内部干部三方组成，每方推举两人，投票产生。

学生社团活动必须奉行公开原则，出具广告、公告等必须署名，并注明张贴日期及联系方式以示负责，任何社团不得盗用指导部门或其他组织的名义开展活动；社团活动需要张贴海报、悬挂横幅等，需提前 5 至 7 天向社团部递交申请，海报、横幅内容不得与国家法律及校规、校纪相悖，不得涉及任何宗教内容，未经校团委批准的张贴物社团部将对其进行摘除；社团活动若需要占用学校晚自习时间的，需提前拟好请假条，提前三天递交社团部，经校团委批准后方可进行活动，请假条范本由社团部统一制定、统一发放，各社团应严格按照范本标准书写请假条，不得谎报请假人数；各社团以社团名义为其他组织或个人组织的活动出节目，需由申请单位提前递交申请书，经申请单位盖章，受邀社团签字，校团委签字盖章三方审核；各社团迎新、换届等工作要在社团部的指导下，按照校团委要求进行。届时社团部会按校团委要求公告迎新、换届工作的标准流程，各社团务必严格执行；社团聘请指导教师、顾问或名誉会长，须事先征得校团委同意。

学生社团活动的考核在校团委的指导和监督下，由社团部具体负责，考核结果将作为社团表彰和推优入党的依据，并计入九江职业大学社团负责人量化考核总分。

第十二章　招生与就业

第一节　招　生

2006 年合并重组后，学校成立了以校长卢志鹏为组长的招生工作领导小组，统筹解决和协调招生过程中遇见的问题，明确执行“阳光招生”的策略。同年 5 月，成立招生就业处，岗位设置处长 1 名，副处长 2 名，干事 8 名。

2009 年 3 月，江西庐山旅游中专整体并入九江职业大学，招生就业处岗位调整为处长 1 名，副处长 2 名，干事 9 名。

2012 年 6 月，为进一步加强招生就业工作，学校决定原招生就业处进行职能分离，成立“就业处”专门负责学生就业工作，原招生就业处改为“招生处”，专门负责学校招生工作。招生处岗位设置处长 1 名，副处长 2 名，干事 4 名。

截至 2014 年 9 月，在校全日制学生总人数已达到 13636 人。

一、招生工作

学校自合并重组以后，面临的招生形势复杂多变。2006 年至 2008 年，全国高考报考人数从 950 万人增加到 1050 万人，国家为防止盲目扩招，开始限制招生计划。学校三年制高职招生计划在 2006 年为 1340 人。尔后几年，随着学校办学规模的扩大，招生计划数逐年增加，至 2012 年学校招生计划增加到 2440 人，同时每年生源又在逐年递减，到 2012 年全国考生人数已由 2008 年的 1050 万人降至 900 万人。江西省考生人数也由 2008 年高峰的 38.4 万降至 2012 年的 26.9 万人，其后两年略有回升，录取率由 2006 年 58.3% 增加到 2012 年的 82.7%，学校招生面临激烈竞争的局面。

招生方式与措施 2007 年是新组建后的九江职业大学加速发展至关重要的一年，按照 2006 年合并之初提出的“步入新起点、迎接新挑战、开创新历程、实现新跨越”的“四新”办学思路，实现学校 3—4 年内达到 10000 在校生规模的发展规划，学校编制出台《2007 年招生工作方案》，在国家对高职高专招生计划实行宏观控制下，面对竞争激烈的招生形势，学校认真执行教育部“五公开，四监督”要求，坚持“阳光招生”，以主流媒体为宣传主阵地，宣传学校的办学特色，按照“扎根九江，立足本省，面向全国，精心组织，扩大宣传，不留死角，分片负责”的工作方针，组织各方面力量，实施全员招生策略。当年入校新生达 4215 人，其中，高招入校三年制大专 1671 人，中招入校（含五年制大专）2439 人，农村中小学师资定向生 105 人。

学校自 2007 年起，每年根据招生形势的变化，制定年度招生工作方案，明确高招和中招具体工作步骤和宣传措施，其中包括：

第一，结合市场需求，精心调整专业，合理编制各省分专业招生计划。三年制大专招生专业 2006 年 22 个，至 2012 年增加至 33 个，至 2014 年增加到 41 个。

第二，扩大招生省份。2006 年 14 个，至 2014 年扩大到 26 个。

第三，落实好江西省定向培养农村中小学教师的指导性计划。2006 年至 2012 年共计招收三年制中师、五年制高师、三年制高师 1198 人。其中 2014 年录取中师 57 人、五年制高师 328 人。

第四，为大力推进学校高等职业教育协调发展，促进现代职业教育体系建设，提高技术技能人才培养水平，贯彻落实和《江西省中长期教育改革和发展规划纲要（2010—2020 年）》和《江西省教育厅关于推进中高职教育对接培养模式改革的意见》的精神，加大中招工作宣传力度，积极和中等职业学校共同实施五年连贯式培养联合办学，做好生源储备。中招录取人数2006年1368人，至2014年增加到2235人。

第五，充分利用《中国青年报》《中国教师报》《江西日报》《九江日报》、江西电视台、九江电视台等主流媒体宣传学校的办学特色、品牌专业、招生就业等情况，扩大学校影响力。

第六，做好人性化服务。对已被录取的考生主动电话通知，核对通知书邮政快递投放地址，便于考生快速便捷拿到录取通知书。新生报到期间，热情接待每一位前来报到的学生与家长，充分体现学校的人文关怀。为方便考生和家长了解学校招生信息，分别在长虹和鹤问湖二个校区设立咨询点，负责解答考生疑难问题，对咨询的学生做好登记。为满足外省考生到学校就读的强烈要求，及时调剂招生计划予以录取。

根据教育部以及省政府有关开辟高校新生入学“绿色通道”和做好高校贫困生资助工作的文件精神，为保证全日制普通大专学生顺利入学，学校先后出台《关于2007—2008学年度开辟新生入学“绿色通道”的通知》和《关于为2008级新入学贫困生开辟报到注册“绿色通道”的通知》等两个文件，开辟新生入学“绿色通道”（指新生先报到入学，再办理银行助学贷款，银行贷款直接进入学校账户的新生入学报到通道），对被录取的新生，经核实家庭确实贫困的，一律先办理入学手续。然后由学生资助管理中心把经过“绿色通道”办理入学手续的贫困学生的相关资料进行整理，再根据核实后的情况，分别采取不同的方式予以资助。一方面，学校加强同信用合作社及商业银行联系与合作，做好贫困生助学贷款的各项前期准备工作，另一方面通过设立奖学金以及勤工助学活动，帮助贫困生完成学业。截至2014年年底，共有3951名贫困学生通过“绿色通道”顺利入学，4063人次通过助学贷款和勤工俭学完成学业。

为支持西部大开发战略，承担更多社会责任，2009年，学校面向贵州大方县招收30名国家统招免费生，2011年又面向四川、青海、甘肃三省招收20名国家统招免费生。2013年，面向甘肃省与“中央苏区”所在县区招收20名国家统招免费生，学校并积极联系爱心企业（管飞江西扶贫基金，江西民生集团，九江美庐乳业集团），给以上免费生提供3000元/年的基本生活费。

单独招生　2012年，为贯彻国家和江西省中长期教育改革和发展规划纲要精神，深化高校招生录取（由学校直接组织生源，通过由学校自己命题进行入学考试，由省教育考试院办理入学录取手续）制度改革，进一步探索多样化选拔人才途径，学校成为江西省首批单独招生试点工作的高职院校。

2012年4月，学校成立单独招生工作领导小组，校长卢志鹏任组长，副校长汪春莲（常务副组长）、党委副书记周春明、副校长肖厚健、胡春亮、周兴龙、赵建夫任副组长，成员由学校各部门、各学院主要领导组成，下设办公室、招生组、考务组、宣传组、监察组、后勤组、保卫组、信息组、财务组等。

单独招生工作领导小组在省教育厅领导和省教育考试院的指导下，负责研究、制定单独招生工作总体部署和招生计划，组织单招考试命题和安排考试，确定录取原则和投档控制线，指导、组织和协调各工作小组具体开展工作。2012年，首次单独招生涉及专业23个（其中中丹合作办学专业1个），招生计划240名，实际入学89人。2013年，学校加大单独招生宣传工作力度，招生专业增至28个，其中校企合作定向就业专业增至6个，包括工程造价（中丹合作2+2本科班）、酒店管理（国际海乘方向）、物流管理（国际海员方向）、软件技术（软件外包方向）、计数机通信（3G移动通信方向）、旅游管理（航空服务方向），招生计划数增至800名。通过审核报考人数达1025名，实际录取692人。2014年，单独招生专业增至41个，审核报考人数593名，实际录取525人。

招生工作流程

1. 编制年度招生计划工作流程

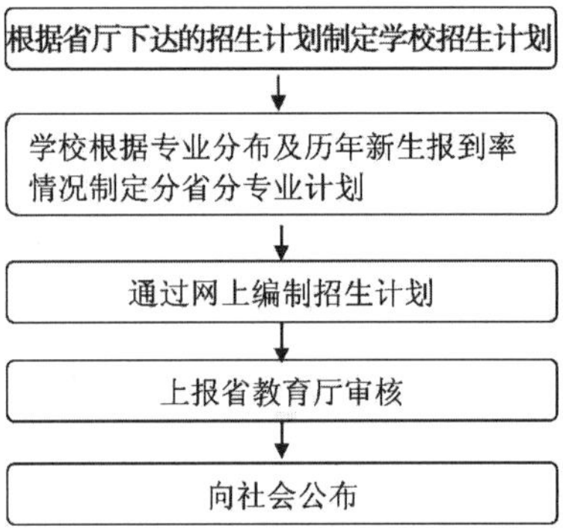

2. 制定招生宣传措施工作流程图

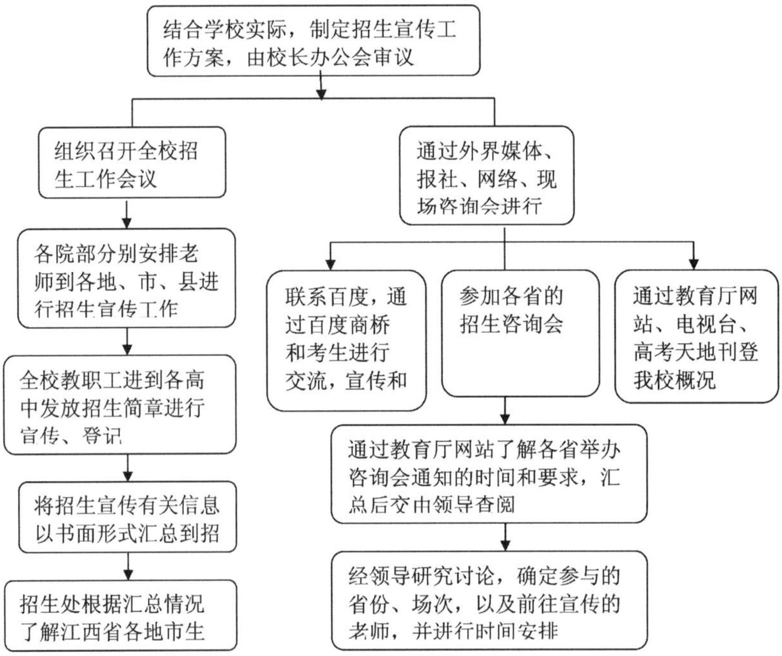

3. 咨询接待工作流程

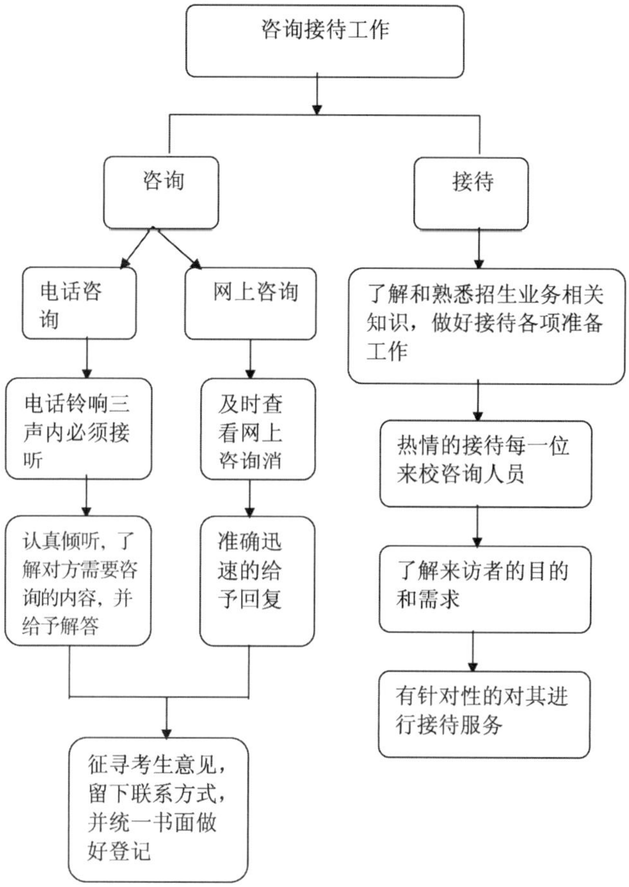

二、合并重组以后历年招生专业与人数

2006 年至 2010 年三年制大专新生报到人数

表 12－1－1

院系	招生专业	年度报到人数				
		2006 年	2007 年	2008 年	2009 年	2010 年
经济管理学院	工商企业管理	63	59	64	69	52
	工商企业管理（港口管理方向）				7	
	国际贸易实务	67	76	50	15	35
	国际贸易实务（集装箱运输管理）				8	
	市场营销	36	40	52	64	50
	电子商务	57	48	43	29	28
	会计	106	177	190	212	240

续表 12－1－1

院系	招生专业	年度报到人数				
		2006 年	2007 年	2008 年	2009 年	2010 年
经济管理学院	报关与国际货运			56	35	34
	物流管理					81
文化传播系	文秘	34	17	16		
	旅游管理	61	22	24		
	酒店管理			25		
外语系	商务英语	112	114	88		
	旅游英语	29	11	5		
	涉外旅游（韩语方向）			24		
文化旅游学院	文秘				16	11
	旅游管理				26	26
	商务英语				64	54
	旅游英语				2	
	涉外旅游（韩语方向）				11	
	酒店管理				42	27
师范学院	语文教育	75	183	231	341	274
	数学教育	30	79	92	96	116
	英语教育	157	284	232	255	174
	现代教育技术					18
艺术系	音乐教育	35				
艺术学院	艺术设计		7	18	18	88
	装潢艺术设计		21	17	25	59
	音乐教育		5	8	14	18
	音乐教育（艺体方向）				2	
学前教育学院	学前教育			43	82	
学前教育学院	学前教育					200
工程技术学院	机电一体化技术	53	70	116		
	电子信息工程技术	39	26	35		
	模具设计与制造	85	122	103		
	建筑工程技术	38	72	88		

续表 12－1－1

院系	招生专业	年度报到人数				
		2006 年	2007 年	2008 年	2009 年	2010 年
工程技术学院	建筑装修工程技术			20		
	数控技术	81	109	92		
	物业管理		33	23		
	工程监理			14		
	图形图像制作		25	12		
	计算机信息管理		16	6		
	软件技术			18		
	计算机控制技术		16			
	计算机通信（3G 移动通信方向）		5			
	计算机应用技术		34	44		
计算机系	网络系统管理	13				
	图形图像制作	31				
	计算机应用技术	25				
	计算机信息管理	32				
机电工程学院	机电一体化技术				142	167
	机电一体化技术（船舶制造方向）				37	
	应用化工技术（精细化工方向）				1	
	模具设计与制造				79	67
	数控技术				64	44
建筑工程学院	建筑工程技术				136	159
	建筑装饰工程技术				16	40
	物业管理				9	
	建筑装饰工程技术（乡村建筑设计方向）					16
	工程造价					147
	工程监理					31
信息工程学院	图形图像制作				23	
	计算机信息管理				9	
	计算机控制技术				3	
	网络系统管理				10	

续表 12－1－1

院系	招生专业	年度报到人数				
		2006 年	2007 年	2008 年	2009 年	2010 年
信息工程学院	计算机应用技术				36	53
	软件技术				23	118
	电子信息工程技术				45	32
	电子信息工程技术（光伏电子方向）				16	
	计算机通信（3G 移动通信方向）					37
外校转入		12				
合计		1271	1671	1849	2082	2496

2011 年至 2014 年三年制大专新生报到人数

表 12－1－2

学院	招生专业	年度报到人数			
		2011 年	2012 年	2013 年	2014 年
师范学院	语文教育（师范类）	247	243	260	431
	数学教育（师范类）	86	62	87	123
	英语教育（师范类）	99	76	72	73
	文秘		8		
学前教育学院	学前教育（师范类）	261	327	399	525
艺术学院	音乐教育（师范类）	40	15	38	43
	美术教育（师范类）		18	28	45
	艺术设计	34	20	21	37
	装潢艺术设计	42	14	23	22
机电工程学院	机电一体化技术	90	120	103	159
	模具设计与制造	53	31	25	31
	数控技术	38	24	23	24
	电气自动化技术	21	38	31	40
	汽车检测与维修				106
建筑工程学院	建筑工程技术	259	184	215	192
	建筑装饰工程技术	39	43	47	55
	建筑装工程技术（乡村建筑设计方向）	24	8		
	工程造价	235	188	236	224

续表 12－1－2

学院	招生专业	年度报到人数			
		2011 年	2012 年	2013 年	2014 年
建筑工程学院	工程监理	37	32	25	19
	园林工程技术	19	24	38	30
	工程造价（中丹合作班）		10	6	16
信息工程学院	计算机应用技术	27	30	44	38
	软件技术	39	34	47	70
	软件技术（软件外包方向）	7	10	24	64
	电子信息工程技术	15	18	25	27
	计算机通信（3G 移动通信方向）	18	19	29	41
	图形图像制作	13	9		
	应用电子技术		6		
	现代教育技术（师范类）	13	7	9	5
经济管理学院	工商企业管理	64	77	64	51
	物流管理	47	45	251	60
	国际贸易实务	13	18	21	16
	市场营销	54	57	52	65
	电子商务（移动、电信客服订单班）				14
	电子商务（网店营销订单班）				15
	电子商务	20	21	48	57
	会计（银行服务岗位订单班）				158
	会计	175	176	204	254
	报关与国际货运	16	14	15	10
	人力资源管理			24	25
文化旅游学院	商务英语	25	19	15	18
	旅游管理（高铁乘务订单班）				73
	旅游管理（航空服务岗位订单班）				17
	旅游管理	23	16	16	11
	旅游管理（高尔夫球场服务与管理方向）			2	
	酒店管理	28	33	130	30
	国际邮轮乘务				4

续表 12－1－2

学院	招生专业	年度报到人数			
		2011 年	2012 年	2013 年	2014 年
护理学院	护理			215	244
	护理（日语订单班）				11
农业经济技术学院	农产品质量检测				14
	农业经济管理		8	23	19
合　计		2221	2102	2935	3606

2006—2014 年中招录取人数统计一览表

表 12－1－3

年份	2006 年	2007 年	2008 年	2009 年	2010 年	2011 年	2012 年	2013 年	2014 年
1＋2 高转	171	530		61	37	41			
一年制中专	467	683	26	30	13	8	3	3	454
二年制中专			211	608	433	539	639	1242	25
三年制中专	340	481	360	873	2004	547	607	649	520
五年制大专	390	495	657	503	585	698	1172	1246	1236
春季中招		250	260		310	171	45	36	
合计	1368	2439	1514	2075	3382	2004	2466	3176	2235

2006—2014 年各县区农村中小学师资定向生完成人数情况表

表 12－1－4

县区	2006 年	2007 年		2008 年		2009 年		2010 年		2011 年		2012 年		2013 年		2014 年	
	五年制大专	五年制大专	三年制大专	五年制大专	三年制大专	五年制大专	五年制大专	五年制大专	三年制中专	三年制大专	五年制大专	三年制中专	三年制大专	五年制大专	三年制中专	五年制大专	三年制中专
九江县		10		10				9			10			12		9	5
德安县		20		20	10	10	20	12		5	22		6	27		28	2
共青城				2		3	4	3		1	3		1	5		3	
永修县				30	10	41	19	30	10		15		13	34		25	
星子县	21	40		40			10	13	6		20	10		22		22	9
湖口县		16		23	12	21	14	10	5		22			20	10	31	5
彭泽县		4	5	10	7	10		15			3		6	15		14	6
瑞昌市				21				27			10			10		20	

续表 12－1－4

县区	2006 年	2007 年		2008 年		2009 年		2010 年		2011 年		2012 年		2013 年		2014 年	
	五年制大专	五年制大专	三年制大专	五年制大专	三年制大专	五年制大专	五年制大专	五年制大专	三年制中专	三年制大专	五年制大专	三年制中专	三年制大专	五年制大专	三年制中专	五年制大专	三年制中专
武宁县		10		15				23	15	10	25			30	15	25	15
修水县					20		30	39			59			65		75	
都昌县							20	40			81	29		79		65	15
开发区								3			2			2		1	
庐山局								5			4			3			
庐山区										8	10			12		10	
合计	21	100	5	171	59	85	117	229	36	24	286	39	26	336	25	328	57

2015年高招三年制大专招生计划一览表

表12-1-5

学院	招生专业	合计	江西		安徽	河北	河南	内蒙古	山东	陕西	青海	海南	新疆	福建	甘肃	贵州	山西	四川	吉林	广东	浙江	宁夏	广西	湖北	黑龙江	北京	湖南	云南	江苏	重庆	辽宁
			文理	三校																											
		2613	1132	108	180	30	30	110	10	10	30	20	28	100	370	100	20	100	20	30	10	20	20	20	10	5	20	40	10	20	10
师范学院	语文教育（师范类）	152	64	2	4	2	2	10			2		2	8	26	4	2	6	2	2		2		2	2		2	2		2	2
	数学教育（师范类）	78	40	2	4		2	2			2			4	10	4		6		2											
	英语教育（师范类）	70	34	2	4			2			2			2	10	4	4	4		2											
学前教育学院	学前教育（师范类）	295	147	2	10		2	10	2	2	4	2	2	40	20	8	2	8	2	4	4	2	4	2	2	2	4	4		2	2
艺术学院	音乐教育（师范类）	48	12	2	6	2	2					4	2	2	6	2	2	4										2			
	美术教育（师范类）	40	6	2	8	2	2	8			2			2	4	4															
	艺术设计	50	16	2	4	2	2	6				2	2		6	4		4													
	装潢艺术设计	30	18	2	4		2								4																
机电工程学院	机电一体化技术	80	46	2	4	2		8			2				6	4	2	2						2							
	模具设计与制造	50	36	2	4										6	2															
	数控技术	40	18	2	2			4					2		4	4			2									2			
	电气自动化技术	50	20	2	4			6			2				4	2		4	2									2		2	
	汽车检测与维修技术	100	52	2	4	2	2	6			2				4	4		4	2	2			2	2	2			2	2	2	2
	汽车技术服务与营销	40	14	2	2	2		4							4	4	2	2										2	2		

续表 12-1-5

学院	招生专业	合计	江西		安徽	河北	河南	内蒙古	山东	陕西	青海	海南	新疆	福建	甘肃	贵州	山西	四川	吉林	广东	浙江	宁夏	广西	湖北	黑龙江	北京	湖南	云南	江苏	重庆	辽宁
			文理	三校																											
		2613	1132	108	180	30	30	110	10	10	30	20	28	100	370	100	20	100	20	30	10	20	20	20	10	5	20	40	10	20	10
建筑工程学院	建筑工程技术	90	54	2	4		2	4	2	2				6	2	2		2			2		2				2	2			
	建筑装饰工程技术	40	20	2	4								4	2	4							2								2	
	工程造价	70	15	2	6	2		5			2			8	10	2	2	4	2	2		2						2	2		2
	工程监理	30	14	2	2		2							2	4	2												2			
	园林工程技术	40	10	2	4							2			20			2													
	工程造价（中丹合作班）	30	13	2	4			5							6																
信息工程学院	现代教育技术（师范类）	30	14	2	4						2	2			4	2															
	计算机应用技术	30	12	2	4										4			4				2								2	
	软件技术	30	6	2	4	2				2					4	2			2	2				2				2			
	软件技术（手机软件开发岗位订单班）	30	20	2	4										4																
	软件技术（软件开发与测试岗位订单班）	30	22	2	2										4																
	电子信息工程技术	30	4	2	4	2									8	2		4				2								2	
	计算机通信	30	18	2	2										8																
	计算机通信（华为认证工程师岗位订单班）	30	16	2	2										4					2			2					2			

续表 12－1－5

学院	招生专业	合计	江西		安徽	河北	河南	内蒙古	山东	陕西	青海	海南	新疆	福建	甘肃	贵州	山西	四川	吉林	广东	浙江	宁夏	广西	湖北	黑龙江	北京	湖南	云南	江苏	重庆	辽宁
			文理	三校																											
		2613	1132	108	180	30	30	110	10	10	30	20	28	100	370	100	20	100	20	30	10	20	20	20	10	5	20	40	10	20	10
经济管理学院	工商企业管理	30	10	2	4	2							2		4	2							2					2			
	物流管理	30	6	2	4									2	6	2		2	2	2				2							
	国际贸易实务	30	4	2	4			2			2			4	4	2		4										2			
	市场营销	30	16	2	4										6	2															
	电子商务	30	8	2	2	2		2					2		8	2		2				2									
	电子商务（移动、电信客服订单班）	30	18	2	2										6			2													
	电子商务（网店营销订单班）	30	16	2	2			2							6																
	会计	80	12	2	4	2	2	4	2	2	2		2	10	6	4		4		4	2		4		2		2	2	2	2	2
	会计（银行服务岗位订单班）	30	12	2	2							2			10			2													
	报关与国际货运	30	12	2	2										4	2	2	2				2		2							
	人力资源管理	30	12	2	2			6							4	2		2													
文化旅游学院	商务英语	30	16	2	2										4	2	2											2			
	酒店管理	30	6	2	2				2			2			10	2												2	2		
	旅游管理	30	12	2	2							2	2		6	2						2									
	旅游管理（航空服务岗位订单班）	30	8	2	2		2	4							6	2		4													
	旅游管理（高铁乘务订单班）	30	8	2	2										6	2		2	2	4				2							
	酒店管理（远洲订单班）	30	20	2	2										6																

续表 12-1-5

学院	招生专业	合计	江西		安徽	河北	河南	内蒙古	山东	陕西	青海	海南	新疆	福建	甘肃	贵州	山西	四川	吉林	广东	浙江	宁夏	广西	湖北	黑龙江	北京	湖南	云南	江苏	重庆	辽宁
			文理	三校																											
		2613	1132	108	180	30	30	110	10	10	30	20	28	100	370	100	20	100	20	30	10	20	20	20	10	5	20	40	10	20	10
护理学院	护理	130	45	2	6	2	2	10	2	2	2	2	4	8	10	4		6		2	2	2	2	2	2	3	4	2		2	
	护理（日语订单班）	30	18	2	2										6			2													
农业经济技术学院	农业经济管理	30	6	2	2	2	2								12	2												2			
	农产品质量检测	30	10	2	2						2		2		8	2			2												
	农产品质量检测（食品安全检测订单班）	30	12	2	2										10			4													
	观光农业	30	14	2	2										10								2								
航海学院	物流管理（航海技术订单班）	40	26	2	2		2								4												2			2	
	机电一体化技术（轮机工程技术订单班）	40	28	2	2										4									2			2				
	国际邮轮乘务	30	16	2	2										4	2		2									2				

第二节　就　业

学校把毕业生就业工作当作最大的民生工程，把就业工作摆在招生工作的同样位置，坚持以就业为导向、以服务为宗旨、以创新促发展的办学理念，实行招生与就业联动、培养与就业互动、指导与服务齐动，有效提高了毕业生就业率和就业质量，推进了学校各项工作良性发展。2012 年，为进一步强化就业工作，将就业工作与招生工作分开，单独设立就业处。就业处岗位设置处长 1 名，副处长 1 名，科长 1 名，干事 3 名。

一、就业工作机制

（一）组织机构与毕业生工作。确立了就业工作“一把手”责任制，学校成立了卢志鹏校长任组长、分管就业的汪春莲副校长任副组长、各二级学院和就业处负责人为成员的“九江职业大学毕业生就业工作领导小组”。各二级学院也相应成立了党政主要负责人任组长，就业干事、辅导员（班主任）为成员的二级学院毕业生就业工作领导小组，建立了“党政齐抓、部门牵头、二级学院为基础、全员参与”的就业工作网络，明确了以学校领导为核心、就业处为指导、二级学院为主体的就业工作运行机制，将毕业生就业重心下移。学校党政领导将毕业生就业工作列入年度工作要点，定期研究、部署就业工作。全过程的就业指导教育使“先就业，后择业，再创业”的就业观较为深入。创新人才培养新理念，优化教育结构，提高毕业生就业能力，注重由校长卢志鹏提出的教育教学与毕业生就业的“三个适应”：人才培养与时代发展相适应，与国家发展战略相适应，与人才需求相适应。注重特色办学为核心，畅通两头，即“出口畅进口旺”，实行订单培养，校企合作。

每学年学校都组织由校领导带队，二级学院领导、干事为考察组到学校实习基地、就业基地进行考察、调研，关心毕业生后续跟踪服务工作，考察已就业学生思想、工作和生活状况，为学校制定毕业生就业方案、分专业招生计划、教育教学改革提供可行性依据，为毕业生就业提供强有力的保障。2012 年 5 月 2 日正式成立九江职业大学毕业生党员网络党总支，利用网络化平台进一步做好毕业生党员的教育管理工作，真正做到跟踪服务到位。

（二）建立毕业生就业管理规范。学校建立健全了毕业生就业工作目标责任制和考核制，将毕业生就业任务分解到部门，一级抓一级、层层抓落实。规范毕业生就业协议书的发放，管理和汇总制度，就业政策咨询制度，毕业生招聘反馈制度，顶岗实习和教学实践制度，用人单位“走访制度”，制定了《九江职业大学工作绩效考评暂行办法》《九江职业大学学生德育导师制实施意见》《九江职业大学毕业生就业工作目标管理责任状》等文件，明确了学校各部门、各岗位的职责和考核办法，将毕业生就业工作考核结果纳入年度考评。完善了毕业生就业指导与服务工作制度体系，做到有章可循、按章办事、各司其职、团结协作，推动毕业生就业工作制度化、规范化。

（三）加强就业处室内部建设。就业处就业工作专职人员 6 人，各二级学院共有兼职干事 10 人，学历层次均在本科或中级以上职称，校级专职就业人员都具有国家和教育部认可的就业指导师资格，为提高就业工作人员专业化和职业化水平，学校制定《九江职业大学就业工作人员培训制度》，定期组织各种形式培训，组织和选派教师参加高级和中级就业指导师培训，逐步建立专职就业人员持证上岗制度。查玉祥老师参加 2011 年全省高校教师“安博杯”就业指导大赛获三等奖，李欣晏、胡林老师撰写的论文《江西省高职院校毕业生就业心理调查及影响因素研究》荣获教育部全国高等学校学生信息咨询与就业指导中心开展的“大学生就业创业优秀论文”评比二等奖，同时获“江西省首届大学生就业创业优秀论文评比活动”特等奖。学校《大学生就业与创业指导》课程被评为 2013 年度江西省高校职业发展与就业指导示范课程，胡林教授参加江西省首届高校创业指导课程教学大赛获得三等奖，查玉祥老师获 2007—2009 年度江西省高校毕业生就业工作先进个人，伍文斌老师获 2010—2013 年度江西省高校毕业生就业工作先进个人。

二、就业基地与校园招聘

（一）以生为本、多形式做好就业指导。为提高毕业生的就业适应能力，就业指导从新生入学时开始，贯穿于在校学习的全过程。一是加强就业指导课程的建设。为加强就业指导课的教学，根据高职生实际情况，编写了由校长卢志鹏任主编，副校长汪春莲任副主编的《大学生就业与创业指导》校本教材，并将就业指导课纳入必修课教学，成立就业指导教研室，统一组织实施备课。二是定期举办就业指导讲座。邀请校内外就业导师、企业家及校友来校介绍各类成功就业的经验、案例，卢志鹏校长为 2009 届毕业生进行了一场《金融危机背景下大学生就业形势及对策分析》的讲座，帮助广大毕业生认清形势，调整心态，树立正确就业观，2011 年邀请华东师范大学王大犇副教授到学校作当代青年的就业与创业讲座，2012 年邀请学校毕业生上海交大朱相鹏博士回母校作讲座，2013 年九江市优秀青年就业、创业事迹报告团，2014 年星艺装饰老总余静赣到学校做报告，介绍本人就业与创业成长经历，帮助毕业生认清就业形势，积极调整就业心态和期望值，树立正确就业观念。三是积极开展就业咨询，个性化指导服务。建立就业指导咨询室，安排专职人员开展定期咨询，帮助学生进行职业生涯规划设计，引导毕业生面向基层就业。四是开展了提升大学生就业能力的校园文化建设活动，学校各级团委以社团组织为载体，开展了职业生涯规划大赛、主持人风采大赛、素质拓展训练等丰富多彩的校园活动，提高学生基本素养和综合素质。2009 年学校荣获全省大学生职业生涯规划大赛优秀组织奖，经济管理学院张晴同学荣获优秀奖，学校学生乔菲菲、单秀纷、洪碧贤组成团队参加的 2013 年江西省大学生“箐英杯”创业大赛中获团体三等奖。

（二）就业网站建设。九江职业大学就业网集信息搜索和查询、就业政策法规宣传、毕业生教育指导各项功能于一体，通过网络平台加强与用人单位联系，把毕业生资源信息进行网上公布，根据用人单位需求，及时在就业网站、就业公示栏或宣传橱窗等校内外媒体上发布，确保就业渠道畅通。

（三）毕业生就业基地建设，开发就业市场。各二级学院根据各专业特点，结合培养目标与社会发展趋势，通过市场调研，找准市场定位，立足江西、面向全国，以珠三角、长三角、沿海经济发达城市为基地，搞好校企对接，通过实习和其他业务来往，建立了一批相对稳定的客户群，形成较稳定的就业市场。目前已经拥有校外实习就业基地180个，固定用人单位300家。机电工程学院通过与福建宝钢、山东泰开电器、上海翰氏模具、上海通岭机械、江西新明机械厂、清华同方湖口造船厂、九江新联传动等大型国有及民营企业开展合作。经济管理学院先后与上海或顿计算机信息公司、九江中审会计师事务所、浙江宁波香苑大酒店、浙江台州香苑大酒店、江西美庐乳业等十多家企业建立起长期人才供求关系。自2010年来，师范学院、学前学院确立了40多所中小学、幼儿园为学院的实习基地，分布在九江市区和各区县，从2006年起，学校开始定向为农村中小学幼儿园培养“进得去、留得住、教得好”的高素质教师，把引导毕业生面向基层就业作为促进毕业生就业的有效途径。

（四）组织毕业生供需洽谈会。校园招聘是就业推荐工作的主阵地之一，把不同行业企业负责人“请进来”与毕业生面对面交流，搭建用人平台，每年举办1—2次全校性大型招聘会。各二级院根据毕业生和用人单位需要，根据“小型化、专业化、经常化和信息化”的要求，组织专场招聘会。2007年举办专场37场次，提供就业岗位5000个，2008年举办专场50场次，提供就业岗位4000多个，2009年举办专场61场次，提供就业岗位4000多个，2010年举办专场45场次，提供就业岗位5000个，2011年举办专场65场次，提供就业岗位7000多个，2012年举办专场80场次，提供就业岗位8000多个，2012年举办专场94场次，提供就业岗位11060多个，绝大部分毕业生在这些招聘会上落实了实习和就业岗位。对来校招聘的单位，我们对他们的资质进行严格审查，建立用人单位信息库，构建就业网络，为日后的毕业生跟踪调查提供方便。

（五）积极培养学生的创新、创业意识。创业教育是就业指导工作的重要组成部分，学校创业教育的指导思想是“教育+孵化”，在“教育”方面，通过就业指导课及各类讲座对毕业生进行创业意识教育和个性化创业教育。在“孵化”方面，通过自我孵化和项目带动孵化，实施创业孵化工作。为此学校为10个二级学院搭建了创业孵化基地。在创业孵化基地里，学生可以根据自己的兴趣爱好和专业特长开展不同类型的创业活动，进行自我孵化。2010届毕业生刘星参加九江市首届“恒盛杯”青年创业设计大赛，荣获全市十佳，如今的他已在家乡开设三家连锁“巴黎印象”茶餐厅，社会声誉和经济效益双佳！

三、就业工作研究

（一）研究论文

2007年吕天庆在《九江职业大学论坛》2007年第4期发表题为《浅议“创业教育”对“就业教育”的创新与超越》论文。

2008 年 8 月王维昌在《现代企业文化》总第 100 期上发表题为《浅谈影响高职生自主创业的因素》

2010. 4《校友创业案例的应用》《江西教育》。

2010. 9《高职院校就业指导课的新形式》《知识窗·教师版》。

2010. 11《基于市场需求下的高职生就业能力培养》《中国成人教育》。

2010. 12《案例教学法对高职开展创业教育的途径及其应用》《职业教育研究》。

2011. 9《高职就业教育与市场需求对接研究—以台湾屏东科技大学为例》《中国成人教育》。

2012. 4《高职创业教育课程体系与实践教学研究》《中国科技创新》。

2014. 7《创业课程体系及其课程教学刍议》《江西教育》。

（二）著作类

2010. 8《大学生就业与创业指导》卢志鹏主编，汪春莲、查玉祥、胡林副主编，北京理工大学出版社。

2008 年由卢志鹏主编、周春明和汪春莲担任副主编的《职业生涯就业指导》在经济出版社出版。

（三）课题类

2007 年 12 月由胡春亮主持的江西省教改立项课题《高职生创业心理与创业教学模式研究》结题；

2008 年 12 月由王维昌主持的江西省教育科学“十一五”规划课题《高职毕业生就业心理及指导方法研究》结题；

汪春莲主持，2008 年江西省教改课题《“案例教学”模式在高职院校创业人才培养中的应用研究》，2010 年结题；

胡林主持，2009 年江西省教育规划课题《新形势下高职生就业能力培养研究》，2011 年结题；

朱慧芳主持，2009 年江西省教改课题《新形势下高职院校大学生就业模式的创新与实践研究》，2011 年结题；

伍文斌主持，2011 年江西省教改课题《高校毕业生创业教育研究》，在研；

王为参与，2012 年江西省高校人文课题《地方高校大学生创业技能培养对象研究》，在研；

王原平主持，2012 年江西省高校课题《基于网络平台新形势下高校学生党员实习期间及毕后思想政治教育与党组织建设的实践探索》。

（四）媒体报道

《工商时报》2007 年 1 月 19 日刊登《九江职业大学：技师培养基地、教师成长摇篮》。

《九江日报》2007 年 7 月 19 日刊登《技师培养基地、教师成长摇篮》。

《人民代表报》2008 年 3 月 1 日刊登《卢志鹏：职教开路先锋》。

《九江日报》2008 年 6 月 4 日刊登《1 +1 是怎样大于 2—九江职业大学成功重组两周年纪实》。

《中国青年报》2009 年 3 月 7 日刊登《百年中师文化风雨飘摇》。

《香港文汇报》2009 年 3 月 9 日刊登《九江职业大学凸现文化创新》。

《中国教师报》2009 年 6 月 10 日刊登为《九江职业大学：彰显百年师范传统》。

《江西日报》2009 年 6 月 16 日刊登《人才培养与市场无缝对接，九江职业大学毕业生不愁“嫁”》报道。

《中国青年报》6 月 23 日刊登《提高学生就业竞争力，从职业生涯规划开始——记九江职业大学开启学生就业创新之路》。

《江西日报》2009 年 6 月 23 日至 6 月 26 日，连续四天刊登《这里的毕业生不愁“嫁”》《花儿为什么这样红》《以生为本促成长》《让每位学子都骄傲》剖析九江职业大学高就业率的现象系列报道。

大江网——卢志鹏：金融危机大学生就业对策分析 2010—3—2。

大江网——九江职大 2010 届毕业生就业洽谈会举行 2010—3—2。

江西教育网——九江职业大学校长卢志鹏为学生作“就业形势及对策分析”专题报告 2010—3—2。

江西教育网——九江职业大学举行 2010 届毕业生大型就业供需洽谈会 2010—3—2。

大江网——九江职大开启学生就业创新之路 2010—3—2。

中国大学生信息网——毕业生就业工作评估组莅临职大指导工作 2010—5—5。

大江网——就业关口前移 学生出路畅通 2010—6—7。

中国大学生网——就业关口前移 学生出路畅通 2010—6—9。

《中国教育报》——就业关口前移 学生出路畅通——九江职业大学面向市场创新人才培养模式 2010—6—6。

中华人民共和国教育部网——就业关口前移 学生出路畅通——九江职业大学面向市场创新人才培养模式 2010—6—7。

江西高教网——就业关口前移 学生出路畅通——九江职业大学面向市场创新人才培养模式 2010—6—9。

大江网——九江职业大学 2011 届毕业生就业洽谈会举行 2010—11—23。

大江网——以卢校长讲话精神为指引，扎实做好就业工作 2011—02—24。

大江网——九江职业大学参加厦门 2011 年校企合作对接会 2011—04—01。

中国教育网——九江职业大学召开 2011 年就业工作总结研讨会 2011—9—30。

大江网——九江职业大学召开 2011 年就业工作总结研讨会 2011—9—30。

《中国教育报》——农村大学生就业能力从哪里来 2012—6—15。

凤凰网——农村大学生就业能力从哪里来 2012—6—15。

中国教育网——农村大学生就业能力从哪里来 2012—6—15。

附：毕业生信息表

2008 届毕业生信息表

表 12－2－1

院系名称	专业名称	人数	男	女	院系人数
工程学院	模具设计与制造	80	72	8	321
	机电一体化技术	85	75	10	
	建筑工程技术	58	52	6	
	电子信息工程	47	33	14	
	数控技术	51	42	9	
师范学院	03 级信息技术	37	16	21	167
	03 级英语教育	88	6	82	
	03 级小学教育	42	2	40	
经管学院	国际贸易实务	55	16	39	202
	市场营销	55	37	18	
	工商企业管理	92	47	45	
计算机系	计算机信息管理	63	33	30	112
	图形图像制作	23	12	11	
	计算机网络技术	26	20	6	
外语系	商务英语	70	9	61	89
	旅游英语	19	3	16	
文传系	旅游管理	50	20	30	71
	文秘	21	0	21	
艺术系	美术	11	3	8	21
	音乐	5	0	5	
	05 级艺美	5	0	5	
学前教育系	03 级学前教育	54	0	54	188
	05 级幼师	134	0	134	
中专部	05 级小学教育	53	11	42	110
	05 级信息技术	9	2	7	
	05 级英语	23	0	23	
	05 级博莱班	25	9	16	
	高中一年制中专	311			
毕业生总人数		1404			

2009 届毕业生信息表

表 12-2-2

院系名称	专业名称	班级人数	女	男	院系人数
工程学院	电子信息工程技术	39	9	30	323
	机电一体化技术	60	3	57	
	建筑工程技术	41	5	36	
	模具设计与制造	96	10	86	
	数控技术	87	7	80	
经管学院	电子商务	66	35	31	370
	市场营销	40	16	24	
	会计	120	107	13	
	工商企业管理	72	27	45	
	国际贸易实务	72	51	21	
师范学院	小教（五年制）	46	43	3	370
	英语教育（五年制）	64	61	3	
	英语教育	156	144	12	
	语文教育	76	63	13	
	数学教育	28	14	14	
计算机系	计算机信息管理	45	12	33	105
	计算机图形图像	30	8	22	
	计算机应用技术	30	12	18	
外语系	商务英语	119	110	9	145
	旅游英语	26	20	6	
文传系	旅游管理	64	54	10	97
	文秘	33	27	6	
艺术系	美术教育（五年制）	6	6		39
	音乐教育（五年制）	4	3	1	
	音乐教育	5	2	3	
	06 美术（中专）	9	7	2	
	06 音乐（中专）	15	15		
学前系	04 幼师（五年制）	54	54		182
	06 幼师（中专）	128	128		

续表 12-2-2

院系名称	专业名称	班级人数	女	男	院系人数
中专部	06 小教（中专）	50	48	2	80
	06 英语（中专）	17	15	2	
	06 信息（中专）	13	7	6	
毕业生总人数：		1711	1123	588	1711
大专：1479 人　　中专：232 人					

2010 届毕业生信息表

表 12-2-3

院系名称	专业名称	人数	男	女	院系人数
建筑工程学院	建筑工程技术	68	63	5	108
	物业管理	40	22	18	
机电工程学院	模具设计与制造	119	108	11	296
	数控技术	109	99	10	
	机电一体化技术	68	64	4	
经济管理学院	国际贸易实务	78	30	48	401
	电子商务	49	25	24	
	会计	175	39	136	
	市场营销	41	22	19	
	工商企业管理	58	34	24	
信息工程学院	计算机应用技术	38	29	9	119
	图形图像制作	26	13	13	
	计算机控制技术	16	15	1	
	计算机信息管理	17	7	10	
	电子信息工程技术	22	18	4	
文化旅游学院	旅游英语	15		15	193
	商务英语	133	14	119	
	旅游管理	24	6	18	
	文秘	21	2	19	
初等教育系	数学教育	89	27	62	843
	英语教育	311	19	292	
	语文教育	216	44	172	

续表 12-2-3

院系名称	专业名称	人数	男	女	院系人数
初等教育系	小学教育（五年制）	88	8	80	843
	信息技术教育（五年制）	35	23	12	
	英语教育（五年制）	104	7	97	
学前教育系	05 学前教育（五年制）	60		60	424
	07 学前教育（中专）	151		151	
	联合办班（中专）	213	2	211	
艺术系	音乐（五年制）	3		3	78
	音乐	5	1	4	
	艺术设计（五年制）	2	1	1	
	艺术设计	8	6	2	
	装潢艺术设计	18	8	10	
	电脑艺术设计（中专）	29	19	10	
	双向　音乐（中专）	7		7	
	双向　美术（中专）	6	2	4	
中专部	07 英语	28		28	800
	07 会计	16		16	
	07 信息	18	16	2	
	07 小教	109	12	97	
	08 高转	91	21	70	
	08 酒店	64	46	18	
	08 财会	48	39	9	
	08 幼师	40		40	
	08 文秘	56		56	
	08 旅管	38	30	8	
	08 服装	16	8	8	
	08 网络	65	27	38	
	08 数模	116	4	112	
	08 电子	39	12	27	
	08 速录	19	11	8	
	小教（联合班）	37	8	29	

续表 12-2-3

院系名称	专业名称	人数	男	女	院系人数
大专生		2056	754	1302	
中专生		1206	257	949	
毕业生总人数		3262	1011	2251	

2011 届毕业生信息表

表 12-2-4

院部	专业	人数	男	女	院部人数
师范学院	语文教育	241	42	199	852
	数学教育	92	43	49	
	英语教育	231	10	221	
	小学教育	127	25	102	
	现代教育技术	28	9	19	
	英语教育（五年制大专）	133	3	130	
学前教育学院	学前教育	44		44	245
	学前教育（五年制大专）	39		39	
	幼师（中专生）	162	1	161	
艺术学院	音乐教育	15	5	10	70
	艺术设计	22	10	12	
	装潢艺术设计	17	6	11	
	音美双向班（中专）	16	12	4	
机电工程学院	模具设计与制造	95	82	13	284
	数控技术	82	72	10	
	机电一体化技术	107	101	6	
建筑工程学院	建筑工程技术	82	75	7	138
	建筑装饰工程技术	22	5	17	
	工程监理	14	8	6	
	物业管理	20	12	8	
信息工程学院	计算机应用技术	44	27	17	117
	图形图像制作	13	4	9	
	计算机控制技术	1	1		
	计算机信息管理	1	1		

续表 12－2－4

院部	专业	人数	男	女	院部人数
信息工程学院	软件技术	22	17	5	117
	电子信息工程技术	36	30	6	
经济管理学院	报关与国际货运	59	21	38	434
	国际贸易实务	41	19	22	
	电子商务	35	14	21	
	会计	183	29	154	
	市场营销	54	17	37	
	工商企业管理	62	36	26	
文化旅游学院	涉外旅游（韩语方向）	23	4	19	141
	商务英语	71	5	66	
	旅游管理	23	3	20	
	酒店管理	24	6	18	
中专部	08 数模	161	154	7	707
	08 信息	18	14	4	
	08 英语	4	2	2	
	08 酒店	73	52	21	
	08 财会	51	11	40	
	08 网络	57	33	24	
	08 文秘	57	0	57	
	08 旅馆	43	9	34	
	08 服装	22	9	13	
	08 电子	40	28	12	
	08 小教	125	21	104	
	08 综合	38	36	2	
	08 速录	18	6	12	
分类合计	大专	2103	742	1361	
	中专	885	388	497	
毕业生总人数		2988	1130	1858	

2012 届毕业生信息表

表 12－2－5

院系名称	专业名称	人数	男	女	院部人数
建筑工程学院	建筑装饰工程技术	15	12	3	159
	建筑工程技术	135	120	15	
	物业管理	9	3	6	
机电工程学院	模具设计与制造	74	72	2	322
	数控技术	60	57	3	
	机电一体化技术	150	146	4	
	机电一体化技术（船舶制造方向）	38	36	2	
经济管理学院	国际贸易实务	27	15	12	442
	报关与国际货运	35	13	22	
	电子商务	30	12	18	
	会计	212	41	171	
	市场营销	64	42	22	
	工商企业管理	74	39	35	
信息工程学院	计算机应用技术	37	31	6	163
	图形图像制作	24	16	8	
	网络系统管理	12	7	5	
	软件技术	32	29	3	
	电子信息工程技术	39	30	9	
	电子信息工程技术（光伏电子方向）	19	14	5	
文化旅游学院	商务英语	69	7	62	162
	旅游管理	27	7	20	
	涉外旅游（韩语方向）	11	2	9	
	酒店管理	43	11	32	
	文秘	12	0	12	
师范学院	数学教育	155	59	96	1059
	英语教育	382	22	360	
	语文教育	488	86	402	
	现代教育技术	21	14	7	
	现代教育技术（美术）	13	6	7	

续表 12-2-5

院系名称	专业名称	人数	男	女	院部人数
学前教育学院	学前教育	84	0	84	247
	学前教育（五年制）	52	1	51	
	09 幼师（中专）	102	0	102	
	10 幼师（中专）	9	0	9	
艺术学院	音乐教育	20	6	14	77
	艺术设计	17	10	7	
	装潢艺术设计	26	17	9	
	音美双向班（中专）	14	8	6	
中专部	09 计算机	35	23	12	1054
	09 小教	23	1	22	
	09 财会	9	2	7	
	09 旅管	26	6	20	
	09 数模	42	42	0	
	09 联合（三年制）	446	171	275	
	10 联合（二年制）	473	12	461	
大专生		2506	983	1523	
中专生		1179	265	914	
毕业生总人数		3685	1248	2437	

2013 届毕业生信息表

表 12-2-6

院部	专业	人数	男	女	院部人数
师范学院	数学教育	183	65	118	981
	英语教育	320	19	301	
	语文教育	437	51	386	
	现代教育技术	41	28	13	
学前教育学院	学前教育	294	4	290	395
	幼师（中专）	101		101	
艺术学院	艺术设计	86	33	53	202
	装潢艺术设计	59	24	35	
	现代教育技术（美术教育方向）	17	17		
	音乐教育	32	8	24	
	艺术双向（中专）	8	3	5	

续表 12-2-6

院部	专业	人数	男	女	院部人数
机电工程学院	机电一体化技术	171	165	6	276
	模具设计与制造	65	61	4	
	数控技术应用	40	37	3	
建筑工程学院	建筑工程技术	157	149	8	391
	工程造价	146	97	49	
	建筑装饰工程技术	58	46	12	
	工程监理	30	22	8	
信息工程学院	电子信息工程技术	30	29	1	236
	计算机通信（3G 移动通信方向）	37	28	9	
	计算机应用技术	53	38	15	
	软件技术	50	15	35	
	软件技术（软件外包方向）	66	46	20	
经济管理学院	会计	247	49	198	542
	电子商务	27	7	20	
	工商企业管理	51	26	25	
	市场营销	56	35	21	
	报关与国际货运	43	15	28	
	国际贸易实务	36	12	24	
	物流管理	82	46	36	
文化旅游学院	旅游管理	34	6	28	124
	酒店管理	26	6	20	
	文秘	11	2	9	
	商务英语	53	6	47	
中专部	小学教育	9	3	6	891
	会计	17	3	14	
	机电技术应用	32	32		
	模具数控技术	17	17		
	旅游酒店管理	18	10	8	
	10 联合（三年制）	286	36	250	
	11 联合（二年制）	512	14	498	

续表 12－2－6

院部	专业	人数	男	女	院部人数
大专		3038	1192	1846	4038
中专		1000	118	882	
毕业生总人数		4038	1310	2728	

2014 届毕业生信息表

表 12－2－7

院部	专业	人数	男	女	院部人数
机电工程学院	机电一体化技术	110	108	2	217
	模具设计与制造	51	46	5	
	数控技术应用	35	30	5	
	电气自动化	21	19	2	
建筑工程	建筑工程技术	268	259	9	630
	工程造价	240	161	79	
	建筑装饰工程技术	40	33	7	
	建筑装饰工程技术（乡村）	24	22	2	
	工程监理	39	34	5	
	园林设计	19	14	5	
文化旅游学院	酒店管理	30	12	18	86
	旅游管理	29	8	21	
	商务英语	27	3	24	
学前教育学院	学前教育	519	7	512	519
护理学院	护理（五年制）	26		26	26
艺术学院	音乐教育	43	5	38	125
	艺术设计	29	15	14	
	装潢设计	53	27	26	
信息工程学院	计算机应用	56	41	15	144
	电子信息工程技术	32	28	4	
	软件技术	42	37	5	
	现代教育技术	14	7	7	
经济管理学院	市场营销	57	22	35	415
	报关与国际货运	31	7	24	

续表 12－2－7

院部	专业	人数	男	女	院部人数
经济管理学院	电子商务	23	12	11	415
	会计	196	39	157	
	工商企业管理	62	29	33	
	物流管理	46	31	15	
师范学院	数学教育	123	36	87	630
	英语教育	179	4	175	
	语文教育	328	52	276	
中专部	数控技术应用	58	40	18	
	计算机应用	60	38	22	
	酒店服务与管理	55	20	35	
	会计	60	19	41	
	学前教育	80	33	47	
中专部	11 级联合二年制	599	380	219	1131
	12 级联合三年制	219	119	100	
大专		2792	1148	1644	3923
中专		1131	649	482	
毕业生总人数		3923	1797	2126	

2015 届毕业生信息表

表 12－2－8

院部	专业	人数	男	女	院部人数
师范学院	数学教育	82	28	54	494
	英语教育	129	8	121	
	语文教育	277	47	230	
	文秘	6	4	2	
学前教育学院	学前教育	416	8	408	588
	幼师（中专）	172	1	171	
艺术学院	艺术设计	16	5	11	83
	装潢艺术设计	22	15	7	
	美术教育	18	6	12	
	音乐教育	19	3	16	
	艺术双向（中专）	8	5	3	

续表 12－2－8

院部	专业	人数	男	女	院部人数
机电工程学院	机电一体化技术	111	109	2	194
	模具设计与制造	27	26	1	
	数控技术应用	21	19	2	
	电气自动化技术	35	34	1	
建筑工程学院	建筑工程技术	161	161		461
	工程造价	203	140	63	
	建筑装饰工程技术	44	34	10	
	工程监理	33	27	6	
	园林工程技术	20	11	9	
信息工程学院	电子信息工程技术	16	16		122
	计算机通信（3G 移动通信方向）	11	9	2	
	计算机应用技术	28	23	5	
	软件技术	40	37	3	
	图形图像制作	9	3	6	
	现代教育技术	13	5	8	
	应用电子技术	5	3	2	
经济管理学院	会计	175	52	123	387
	电子商务	15	7	8	
	工商企业管理	68	37	31	
	市场营销	52	33	19	
	报关与国际货运	12	4	8	
	国际贸易实务	17	7	10	
	物流管理	48	24	24	
文化旅游学院	旅游管理	20	5	15	72
	酒店管理	27	8	19	
	农业经济管理	7	3	4	
	商务英语	18	3	15	
护理学院	护理	135	2	133	135
中专部	计算机应用	95	72	23	1550
	建筑工程施工	22	22		

续表 12－2－8

院部	专业	人数	男	女	院部人数
中专部	会计	26	6	20	1550
	机电技术应用	12	12		
	模具数控技术	8	8		
	旅游酒店管理	16	8	8	
	2012 联合（三年制）	184		184	
	2013 联合（二年制）	1187	26	1161	
大专		2356	966	1390	4086
中专		1730	160	1570	
毕业生总人数		4086	1126	2960	

第十三章　后勤服务

第一节　行政服务

一、行政管理

学校党办（校办）是学校党委和行政的综合职能部门和办事机构，是学校承上启下、协调左右、联系内外的枢纽，履行行政服务职能。2007 年 7 月，党办与校办实行合署办公。负责督促、协调部门和院系落实上级文件、学校领导班子会议精神，负责校级内外会务与对外接待，负责学校公文处理，印鉴管理，群众来信、来访，学校节假日值班和教职工日常考勤、档案管理、车辆管理。

为建立校内二级机构行政管理规范，提高行政服务效率，由党办（校办）出台了《九江职业大学党政公文处理办法（暂行）》《九江职业大学会务工作规范》《九江职业大学公务接待暂行规定》《九江职业大学关于印章管理的若干规定》《九江职业大学信访工作条例》《九江职业大学关于值班制度的有关规定》《九江职业大学档案管理办法》《九江职业大学车辆使用暂行管理规定》。

2006 年校办被评为全省高校办公室工作先进集体。

（一）会务管理：学校实行党委会会议议事制度与校长办公会会议议事制度。党委会由党委书记召集并主持，原则上半月召开一次；校长办公会会议由校长召集并主持，原则上每周召开一次。两会主要程序为征集议题、确定上会议题、准备材料、通知与会人员、召开会议、议题汇报、讨论研究、表决决定、记录存档、下发纪要、督促执行。出台的具体文件有《九江职业大学党委会议议事规则》《九江职业大学校长办公会会议议事规则》。

除两会外，办公室协助组织部、教务处、宣传部、学工处等相关部门组织筹备召开全校性会议。一是“七一”表彰大会，对每年党建工作先进个人、优秀集体进行表彰；二是教师节表彰大会，对全校优秀教学工作者、教学团队、科研成果进行表彰；三是年终总结大会，对全年工作进行总结，并对来年工作作出部署；四是毕业典礼大会；五是全校中层干部大会（培训、研讨、工作动员）。

（二）公文处理：处理公文是办公室主要工作之一。处理工作主要是发文办理、收文办理、公文管理等几个方面。

1. 发文办理：以学校党委、学校行政名义或党委行政联合行文制发公文的过程，按以下程序进行：草拟、审核、签发、复核、用印、登记、分发、存档。起草教代会校长工作报告。

2. 收文办理：学校来自上级公文主要出自以下四个系统：一是江西省高校育软电子政务平台；二是九江市政府电子公文传输系统；三是九江市人民政府公文交换箱；四是通过机要员到九江市委机要局领取的文件。

办公室收文后，首先进行分类登记，登记收文日期、文号、文件名、来文单位。然后填写九江职业大学阅文处理笺，送给办公室主任审签，再按文件内容呈交校长、党委书记及其他校领导审阅，领导审批后传送到承办部门，承办部门按公文办结后，将公文送交办公室归档，重要文件一年后转交档案室存档。

（三）信息公开：以学校名义对外公开的信息统一由办公室负责对外公布。一是上级教育主管部门（教育部、省教育厅、市委市政府）要求上报的各类数据报告，教育部《高等教育基层统计报表》、九江市《高等教育有关情况统计表》、年度质量分析报告、总结报告等。二是每学期教职工必须知晓的有关学校工作安排、重大决策、重要活动、法定节假时间、作息时间调整等情况。信息公开的渠道有：校园网、校园公示、会议公示、教代会公示等。

（四）公车管理：截至 2015 年 6 月，学校有车辆 15 台，其中校车 2 台，其他 13 台为一般公务用车（9 台校领导公务用车、2 台商务车、2 台桑塔纳车）。车辆实行定人、定车、定卡管理，统一定点加油，定点维修（维修点 2 个以上，由办公室考察协商确定），根据车辆里程申请加油、维修保养，填写报告单领导审批后再送维修。其中 9 台校领导车主要用接送领导上下班和出差公务使用，2 台机动车和商务车如需使用，先写好用车报告单，经审批后再安排车辆。严禁公车私用，严禁公车私驾。法定节假日、双休日学校车辆一律按规定时间停放在指定地点。出台的相应文件有《九江职业大学车辆使用暂时管理规定》。

（五）公务接待：为规范学校公务接待活动，出台的相应文件有《九江职业大学公务接待暂行规定》。

三、档案室建设

原九江职业大学档案室成立于1985年，隶属校长办公室，设有1名专职档案员。档案办公室、库房面积50平方米。建校后的档案分别由党办（校办）管理，经过收集、整理、鉴定、装卷、归档，学校文书档案、教学档案等全部组卷入库上架。

2006年5月，并校后成立综合档案室，隶属学校办公室，学校校长主管，档案室共有三个全宗（九江职业大学、九江师范学校、江西庐山旅游中等专业学校）。总计库存档案3000多卷。其中包括教学管理类、财务管理类、学生管理类、校舍建设类等。

2008—2009年度九江职业大学被评为江西省高校档案工作先进集体，2010—2011年度全省高校档案工作先进集体。2010年被评为九江市档案工作先进单位，2011年被评为九江市档案工作先进单位。2012年度全市档案工作先进单位。2012年11月成功晋升为档案工作规范化管理省一级单位，从而使九江职业大学成为九江市高校当中首家也是唯一的一家档案工作规范化管理省一级单位。

第二节　后勤服务与管理

一、组建及历史沿革

2006年4月30日，随着两校合并重组，“九江职业大学后勤处”与“九江师范学校总务处”正式合署办公，部门名称延用“九江职业大学后勤管理处”。两个校区的后勤服务与管理暂时保持合并前的状态，原“九江职业大学后勤处”服务管理人员，负责鹤问湖校区的后勤保障与服务工作；原“九江师范学校总务处”服务管理人员除部分调整，其他人员负责长虹校区的后勤保障与服务工作。

后勤管理处由学校指派一名负责人主持全面工作，部门其他副职暂时职位不变，分别负责所分管的工作。所有后勤工作人员的岗位暂时保留未作调整。

后勤管理处合并之初，原九江师范总务处财务室及人员就划归到学校财务处。后勤管理处调整前的主要职能及工作性质：协助学校分管后勤校领导，履行全校后勤保障与服务工作职责。其基本工作范围有，校园基本建设：主要负责校园的建设规划；校园环境布局和校园绿化、美化、亮化建设；建设项目方案的制定；建设项目招投标、报审；工程技术质量监督及竣工验收结算；学校教育 、生活设施的改造、维修和维护。财产物资购置与管理：定制学校各院、系、部、室教学和办公设备及用品等物资的购置计划；学生宿舍生活设施配备计划；按照学校采购物资的规定和要求招标并实施采购行为；负责物资入库验收、保管和分配；负责学校财产的清点、登记、维修、报损等工作。水电管理及维修：负责全校用水用电的正常供应；负责学校教工宿舍、学生宿舍、食堂等部门及场所使用水电情况的统计和结算；负责全校水电网管的维护和维修。食堂服务与管理：保障师生在食堂的用膳供应和生活需求；督促食堂、超市、浴室等各服务网点按照国家法律、法规及行业标准认真做好各项服务工作；指导和督促各服务网点认真做好食品安全工作；控制食堂食品的供应价格；做好食堂运营成本的核算；负责食堂大型设施设备添置申购计划；服务场所的维护、维修；负责各服务网点的营业收入结算。医务室服务与管理：接受学生日常疾病诊治、处理与卫生健康咨询；负责学校公共卫生知识的宣传、教育工作；预防和控制学校范围内传染、流行性疾病的蔓延；协助后勤处做好食堂饮食卫生安全的监督管理；实施学校公共场所及人员密集场所的消毒和监管；负责学校每年新生入学的体检工作；协助学校做好公共卫生突发事故应急处置工作。劳动服务公司：负责原九江师范学校城镇集体工和土地征收代入的农工的管理；负责学生生活用品配备计划和方案定制，招标、采购、验收、发放工作；负责长虹校区南大门“明裕酒楼”的管理。长虹校区负责食堂管理人员承担长虹校区学生宿舍的管理工作。

2006 年暑期，学校为了加快两校融合的步伐，对相关职能机构及部门编制进行了调整。后勤管理处的工作职能和人员配置也相应作了新的调整。基建职能从后勤管理处划出，成立了新的基建处；校产管理和购置职能从后勤处划出，成立了新的国资处；长虹校区宿舍管理从后勤处划出，包括部分人员划入学生工作处；原劳动服务公司城镇集体工、土地征收带入农工的人事管理移交学校行政办公室。后勤管理处第一次定岗人数 33 人，确定负责后勤处全面工作 1 人，分管副职 3 人。全处保留 5 个方面的职能工作范围，膳食及商业服务管理、水电管理及维修、环境卫生管理、医务室和后勤服务中心（原劳动服务公司），承担学校后勤服务及管理工作。

2012 年暑期，随着学校建制恢复为副厅级单位，后勤管理处建制同时升为副处级，与此同时，学校进行了第二轮全员竞聘上岗，后勤管理处定编岗位 26 个，处长职位 1 人，副处长职位 3 人，处长助理职位 1 人，干事 2 人，膳食管理定编 3 人，水电管理及维修定编 6 人，校园管理定编 4 人，医务室定编 6 人。原食堂卡机充值岗及人员划归学校财务处。

二、学生食堂

鹤问湖校区第一、二食堂包括食堂二楼大礼堂为重组前的九江职业大学所建，由“江西福田房地产开发有限公司”投资，并于 2005 年建成投入使用。该公司与前九江职业大学签订的合同中约定投资方拥有 20 年的经营权。这给学生食堂安全管理带来难度。由于建设方“江西福田房地产开发有限公司”与合作伙伴“盛源公司”，施工方“南昌第五建筑工程安装公司”因 工程设计费与桩基础施工工程款拖欠问题，经九江市中级人民法院裁定拍卖食堂—礼堂工程食堂部分的 19 年经营权。学校通过应对食堂礼堂使用权拍卖参与竞买的方式连同食堂 19 年经营权和礼堂部分工程款 571 万元从原投资方江西福田房地产开发有限公司收回了鹤问湖校区食堂的经营权（包括礼堂工程款、食堂经营权、浴室和开水房，总建筑面积 5100 平方米）。学校在收回鹤问湖校区食堂经营权之后，决定将各经营服务项目及场所向社会招标承租，引进社会上有资质和实力的餐饮服务等业主入驻学校。2006 年秋季开学之前，学校完成了鹤问湖校区第一、二食堂和长虹校区第一、二食堂及超市的招标工作，两校区食堂分别由“江西省武宁县餐饮服务公司”等餐饮单位承包经营。

2006 年，鹤问湖校区、长虹校区学生食堂有效经营面积 4300 平方米，就餐座位 1630 个。2007 年，学校在鹤问湖校区新建一栋五层膳食大楼，第一、二层楼设为学校第三食堂快餐，第三层楼设为风味小吃城，新增加了营业面积 3600 平方米，就餐座位 1400 个，大大缓解了学生的就餐压力。新食堂（第三食堂）经招标后由“深圳市晨曦餐饮管理有限公司”承包经营。第三层楼风味小吃城由鹤问湖校区第二食堂业主承包经营。2009 年 9 月，中专部（原江西庐山旅游中专）食堂、超市纳入后勤处统一管理，经招投标由九江“信华大酒店”承包经营，超市由个体业主承包经营。食堂营业面积 800 平方米，就餐座位 200 个。

建立健全食堂卫生安全责任制。后勤处长是食堂卫生安全第一责任人。每年与校长签订《安全卫生责任状》，负责建立、健全食堂运行质量管理体系，食品安全管理制度，做好学校公共卫生管理和防控工作，协助学校应对和处置突发公共卫生事件，积极配合维护学校的安全稳定工作。加强对食堂承包经营者的制度化监管，要求其严格执行《食品安全管理制度》《食堂设备电器安全操作制度》《食堂内部管理制度》《强化学校食堂进货管理措施》《食堂饮食卫生检查评分细则》《九江职业大学食堂经常性监督项目及管理细则》。明确食堂负责人岗位职责、管理人员岗位职责、购销人员岗位职责，制订《从业人员卫生管理制度》《仓库管理制度》《除虫灭害制度》《卫生检查及奖惩制度》。在食堂卫生安全管理中，严把“三关”：食品采购关、食品加工关、食品出售关。各食堂与供应商签订供货采购合同，确保货源渠道的安全性。食堂内部建立食物购进验收登记制度，由专人负责把控第一道检验关。食材加工熟食重点要求食品加工熟透，剩余熟食保管及二次加工前检查食品的质量情况。食品出售之前，把控方法有闻、看、尝。不出售隔夜饭菜，不出售不符合标准的食品。学校食堂不允许加工凉菜出售，所有熟食按要求留样被查。做好营业场所和仓库的清洁卫生工作，督促检查食堂就餐用具的消毒工作确保食品的经营条件和食品存放保管设施安全、无害、无污染。监督经营单位建立完整的员工健康档案，每年负责安排从业人员的健康检查，监督检查员工保持日常个人卫生。

为避免学生大量浪费粮食和倾倒剩饭的现象，经后勤处建议，学校各食堂采取了“免费加饭”措施。即第一次按照大多数人的饭量，0.5 元钱打饭，当有部分同学不能满足食量需要时，各食堂免费加饭，而不是让食量大的人一次打饭都能吃饱，让大多数食量不大的人吃不完而将剩饭倒入剩饭桶浪费。这一措施的实施既节约了粮食，又满足了食量大的学生吃饱的需要。

2007年，学校提出坚持从每一个学生的“每一节课、每一餐饭、每一瓶水的细节着手，决不让一个学生因贫困而辍学”的“四个一”的人本举措，后勤处从每一餐饭、每一瓶水入手，以人为本、关爱师生，努力提供优质服务。一是食品摊点、花色品种多样化，满足不同民族、不同地域、不同口味学生的饮食要求。二是稳定饭菜价格，确保学生吃饱、有营养。即使在2008年之后，市场物价上涨比较快，学校保持供应的米饭不涨价，每份菜分量必须在150克以上（无汤汁），最高菜价不得超过4元/份，各食堂经营毛利率必须控制在25%—30%以内。菜的品种供应面向大多数人群，高、中、低档菜供应的比例为20:60:20。三是关心家庭困难学生，对特困生由学校实施生活补贴，食堂、摊点、超市也为学生提供勤工俭学岗位。四是管理监督常态化。膳食专职管理员实行渗透式的管理制度，每天进入食堂进行督促和检查，跟踪监督食堂操作流程。主要检查食堂上岗人员情况，采购食品材料情况，熟食留样情况，餐、用具消毒情况，生、熟食品分开存放及质量情况，仓储食品材料情况，个人卫生、服装整洁情况，环境卫生达标情况和食堂工作人员体检准入情况。学生膳食委员会利用周二下午时间由后勤处组织，对食堂进行全面检查。五是倡导文明经营，礼貌服务。学生膳食委员会承担每天就餐的值日工作，维护各食堂的就餐次序，协助学校及时化解和处理就餐时学生与食堂的矛盾，避免矛盾扩大产生不稳定事态。食堂从业人员积极参加各项教育和培训工作，努力提高服务意识和文明素养。营建卫生就餐、文明就餐、和谐就餐环境，以及勤俭节约、爱惜粮食、尊重劳动的文化氛围。

2008年至2014年同期消费餐标准对照表

表13-2-1

月份	天数	总营业额（元）	总人次	餐标准
2008年9月	30	904205.9元	362589	2.49元
2009年9月	30	796395.1	316242	2.52元
2010年9月	30	623249.6	225883	2.76元
2011年9月	30	770972.7	230871	3.34元
2012年9月	30	373022.04	106527	3.50元
2013年9月	30	375856.90	96558	3.89元
2014年9月	30	570359.43	142740	3.99元

学校于2009年成立了学生膳食委员会参与食堂管理，学生膳食委员会的主要职责是：协助后勤管理处做好食堂管理工作；及时了解和反映学生对食堂提出的意见和建议；接受学生的投诉，及时与食堂管理人员协调和处理有关投诉事宜；监督和检查食堂的安全卫生情况；及时反映可能发生的食品卫生安全隐患情况；协助学校做好公共卫生安全事故应急处理工作；维护食堂就餐秩序；推荐安排贫困学生参加食堂勤工俭学工作。

学生膳食委员会成员名单

表 13-2-2

年限	膳食委员会
2009—2010	大专部　部　长：何兰合　副部长：柳　超 成　员：黄洋洋　邱燕妹　张　振　刘　晓　杨　阳　陈春言 中专部　部　长：瞿　策　副部长：胡佳勤 成　员：李明天　吕思思　林陆霏　蔡璐霞　胡东东　艾昭娣
2010—2011	部　长：白艳慧　副部长：李红梅 成　员：张启硕　石小芳　颜丽萍　杨　宗　冯　玲　陈勇强　秦洪燕
2011—2012	部　长：颜丽萍　副部长：石小芳 成　员：安清阳　曹小成　陈明宇　李海凤　汪海贝　王　静　许晶娟　袁星星 钟灵玲
2012—2013	部　长：颜丽萍　副部长：石小芳 成　员：安清阳　曹小成　陈明宇　李海凤　汪海贝　王　静　许晶娟　袁星星 钟灵玲
2013—2014	分管主席：李海凤　主　任：安清阳（外联）　陈明宇（内管） 成　员：吴蒙蒙　曾仲淋　龙艳平　张萌萌　鲁芬芬　时　楠　吕婉华　张艳凤 徐世民　刘　鑫
2014—2015	分管主席：徐世民　主　任：龙艳平　魏　彦 成　员：李泽华　陈　涛　王军军　陶思思　严　娇　邱　昊　代海霞　刘　念 徐小红　陈际琳　陈寒雪　钟淑淑

新校区食堂于 2014 年 9 月启用，总营业面积：14000 平方米；就餐座位：4200 个；新食堂设备：学校投资 400 万元，更新了食堂全部设备。大大改变了服务窗口形象，为广大师生提供了一个舒适、优雅、卫生的就餐环境。食堂内部运行流程按照食品安全要求设计定位，达到了规范标准。

新校区共建设三个三层楼食堂。第一食堂一、二楼为学生食堂（大伙），三楼为超市，超市营业面积 2000 平方米；第二食堂一楼为学生食堂（大伙），二楼为特色小吃城，共有 14 个滩点；第三食堂一为学生食堂（大伙），二楼部分为特色餐饮，三楼为教职工食堂。截止 2015 年 5 月份，除第三食堂二楼学生食堂外，其他食堂、超市等全部正常营业。

新校区学生宿舍 A、B、C、D 区沿主干道共有商业门店 50 余个，营业总面积 2300 多平方米。根据学校发展要求，学校已正式聘请专业从事高校商业街综合服务的公司为学校统一规划打造精品商业服务，商业街服务项目齐全、特色突出，能够较好地满足学生日常学习生活所需，经营项目涵盖精品书店、移动通讯、电脑网络、眼镜服务、美容美发、水果副食、精品饰品、校园超市等，其中在一食堂三楼引进世纪华联超市，更是极大丰富了校内商业服务的项目与范围。

三、学生生活服务

（一）学生宿舍

2006 年 8 月，随着新生数量猛增，学生宿舍和生活设施面临困境。学校只得采取租赁和新建同步，缓解学生住宿的压力。在学校附近租赁九江市妇联下属的妇女儿童活动中心二楼和三楼，改造成学生临时宿舍作过渡，配备生活设施设备，保障了学生正常报到入学。2007 年 2 月，鹤问湖校区 5 号学生宿舍建成，新学期开学前夕学生全部迁入校内新宿舍。2006 年 9 月，学校启动鹤问湖校区综合教学楼建设，2007 年 4 月学校启动鹤问湖 6 号公寓建设，8 月招生录取人数猛增，又面临着学生住宿困境。为解决学生入住问题，一方面，学校着手租用原开发区华强房地产开发公司闲置的房屋，进行简单的水电安装，安排 200 余名新生入住。另一方面，由于综合教学楼 8 月底竣工，可以容纳学生教学需要，未能入住的学生将原职业大学教学楼（后改为经管楼）作了简单的生活设施安装和改造后全部用于新生入住的宿舍。

（二）浴室和开水房社会化服务管理

由于市政修筑环湖东路的需要，2007 年 7 月，学校拆除了鹤问湖校区一食堂西侧位于环湖东路路基的浴室和开水房、锅炉房，学校启动在 5 号学生学生宿舍西侧新建一栋浴室和开水房，采取承包经营的方式经营，于 2008 年元月投入使用。长虹校区也将原浴室及开水房进行了改造和承包。2011 年 4 月，学校决定进一步改善学生宿舍生活条件。为学生提供方便，将浴室搬入学生宿舍。由“九江燚和新能源科技发展有限公司”投资太阳—空气能热水设备，改善学生洗浴条件。商家投资的回收采取有尝使用的办法，按学生使用热水流量（0.05 元/升）计价回收，学校与投资商签订 20 年有效经营权的合同，原洗浴中心未满的服务期由九江燚和新能源科技发展有限公司进行经济补偿。2012 年，鹤问湖校区学生宿舍太阳空气能洗浴设备全部安装到位并正常投入使用。中专部新建公共浴室，太阳空气能洗浴设备安装到位并投入使用。

（三）学生生活用品采购监管

学生生活用品质量安全直接关系到学生的健康和学校的稳定。坚持以人为本，对学生健康负责的原则，后勤人员认真做好市场调查工作，严格按照国家质监总局、教育部《关于进一步加强学校学生床上用品质量监督管理工作的通知》的精神，按招标程序，由后勤处牵头，校纪委、工会、学工处等部门参与的集体采购小组实施采购，产品必须是有信誉有资质的正规生产供应厂商，确保质量，杜绝床上用品“黑心棉”现象。

（四）校园一卡通（食堂用餐卡）

2006 年两校合并时，鹤问湖校区第一、二食堂延用的是“江西福田房地产开发公司”留下的销售刷卡系统；长虹校区延用原“九江师范学校”老系统。两校区销售刷卡系统均使用的是 IC 卡，使用初始卡时收取购卡及押金 20 元，学生毕业离校时回收旧卡同时退还押金 10 元。

2007 年，鹤问湖校区更换旧刷卡系统，经学校核准选用“九江赛盟办公自动化设备有限公司”提供的 IP 卡刷卡系统。学校投资 5 万余元购置并安装使用。初始卡收取购卡及押金 10 元，学生离校时收回旧卡同时退还 5 元押金。

2008 年，由于“九江赛盟办公自动化设备有限公司”提供的 IP 卡系统自身的缺陷，不能保证在停电的状态下有效使用刷卡功能，影响到正常的就餐秩序，学校决定再次更换刷卡系统。经考察选择使用“九江进达办公设备有限公司”提供的食品销售IP卡刷卡系统。学校投资8万余元购置系统，更新了鹤问湖校区和长虹校区销售刷卡系统。IP卡正面印有“九江职业大学”标志及校园大门图案。初始卡使用取消了收取购卡和押金，补卡时收取5元工本费。新系统进一步完善了学生用电充值功能。

2009年“九江市旅游中专”并入时，学校追加投资5万余元，完善了学校中专部食堂食品销售刷卡系统，并入鹤问湖校区联网通用。长虹校区仍保持独立使用系统。

2012年，后勤处食堂、商业服务网点，并入校园网一卡通，同时停止使用旧的销售刷卡系统。

2014年8月新校区第三食堂应学校招生报到和新生入学安排要求启用，同时启用了新校区一卡通系统。随后，在9月22日启动一食堂一楼，12月25日启动一食堂二楼，2015年3月5日启动二食堂一楼，鹤问湖校区保留原三食堂继续经营。

（五）水电供应与维修

2006年学校合并后，鹤问湖、长虹两个校区的用电总容量为900千伏安，鹤问湖校区进行过两次增容改造，第一次是2007年学校新综合大楼竣工后的电力增容800千伏安，第二次是2009年学校新实训大楼竣工后的电力增容800千伏安，增容后鹤问湖、长虹、中专部三个校区用电总容量达到2900千伏安，基本保障了学校用电的需求。水电使用提倡厉行节约，杜绝浪费。2008年以前，学校向供电公司交缴的电费分两种价格：一是学生生活用电，按居民用电每千瓦时0.6元电价计费（2010年调升为每千瓦时0.62元），占用电总量的70%；二是教学办公用电，按每千瓦时0.965元电价计费，占用电总量的30%。国家发展改革委、教育部于2007年9月24日发出《关于学校水电气价格有关问题的通知》，规定对学校教学和学生生活用电、用水、用气价格分别按居民用电、用水、用气价格执行。自2008年1月以后，学校向供电公司交缴的电缆均按居民用电价格计费。

学校按国家规定价格计量收费是节约管理的重要环节，学校水电收费的价格分四类：第一类，办公、教学及公共场所使用水电，包含办公室、教室、楼道、公共卫生间、道路、大礼堂公用场所用电学校不收费，但办公场所有空调用电须限量使用，超过限量部分由部门办公经费中支付；第二类，普通生活使用水电，包含教工宿舍、学生宿舍、外来务工人员生活用水电，教工宿舍按交给供电公司和水务公司的价格标准计量收取水电费；学生宿舍：学校按寝室照明、电风扇不收取电费，所有插座按电表计量收取电费，学生使用非饮用水免费；第三类，营业性单位使用水电，包含食堂、超市、洗浴、电子阅览室、门点摊位，水费按实际使用量和学校上缴水务公司的价格计量收费，用电按学校交给供电公司的电价1.2比例计量收取费用，0.2为变损和自然电损耗。第四类，外来临时水电用户，包含施工工地、临时搭建活动场所水电使用按实际用量计价收取费用。

“零距离服务”项目包括水电、公私物品维修。将维修人员办公室移至学生宿舍内，让学生随时都可以找到维修人员反映情况；建立各楼栋管理员检查报告制度，每天都可以及时发现各楼栋财产损坏情况；在学生宿舍区内公布后勤维修人员、后勤主要管理干部、分管校长、校长的电话号码，学生有不满意或有需求，可以随时联系和反映到相关人员，加强维修服务的监督，增加维修人员工作的透明度，强化服务意识。较大维修改造，分管校领导到现场办公，及时制定方案解决问题，有效保证了维修工作及时快捷。

（六）新校区学生宿舍生活设施配套情况

开水、热水服务：截止2015年3月底，除未交付使用的楼栋外，学生洗浴热水全部安装到位并正常投入使用。设备由“九江燚和新能源科技发展有限公司”和“浙江三菱日特新能源有限公司 ”二家公司投资。饮用开水已进入宿舍，D区每层楼都安装了一台开水供应设备，A、B、C区隔层安装了一台开水供应设备，由“九江燚和新能源科技发展有限公司”和“浙江三菱日特新能源有限公司 ”二家公司投资投资，刷卡按量计价使用。

自动投币洗衣机服务：学生公寓投币洗衣机服务由专业公司提供，公司根据学校要求，在学生公寓每层购置一台自助式智能投币洗衣机，并保证提供洗衣机的安全性能符合国家产品标准，同时对自助式智能投币洗衣机使用期间因安装和质量问题引发的安全事故承担全部责任。公司设立24小时免费服务热线，并设立3－5人的专门维修维护队伍。当学生使用投币洗衣机出现任何故障时，乙方保障维修人员小修1小时内完成，中修在3小时内完成，大修在24小时内完成，若无法解决时，必须提供同类产品，确保学生正常使用。投币式全自动洗衣机按每次投币3元一次收取，做到一洗二漂，未经甲方许可，乙方不得单方面提高价格。

自动售货服务：江西友宝科贸有限公司九江分公司为学校提供自动售货机服务，该公司在学校图书馆、体育场、教学楼、宿舍楼等指定地点布设自动售货机，销售饮料、矿泉水、方便面等小食品，所售食品以本地饮料为主，价格不得超过食品市场价，友宝公司负责对所售食品安全负责。

校园游览观光车服务：新校区校园电动车服务由九江悉帝物业服务有限公司，该公司在新校区购置4台全新电动车，校园服务车上设置刷卡器或投币箱，师生上车投币1元/次，刷卡0.8元/次，采用随时招手随时停车的站点服务方式；校园电动车在校园的运营时间为早7：00至晚上11：00。

四、学生卫生保健与流行病、传染病防控

学校认真贯彻国家教育委员会、卫生部1990年颁布的《学校卫生工作条例》，监测学生健康状况，对学生进行健康教育，培养学生良好的卫生习惯，改善学校卫生环境和教学卫生条件，加强对传染病、学生常见病的预防和治疗。

（一）开展健康教育和体检服务

由校医务室组织开展卫生保健宣传工作。加强对学生生理卫生、青春期、传染病等卫生知识的宣传教育及其指导，配合做好学生个人卫生行为检查，引导学生养成良好的卫生习惯；普及防病知识，促进学生身体健康。每年要组织入学新生体检一次。凡体检

不合格和学生需因病休学、退学者，均及时通知学生管理部门。掌握卫生健康状况及生长发育情况，掌握学生常见病及传染病的动态，建立学生体质健康卡。

后勤处负责对学校食堂饮食卫生的监督管理工作，防止发生食物中毒事故和肠道传染疾病，发现疫情及时上报，采取有效措施，切断传播途径。2009 年冬至次年 3 月，甲型 H1N1 流感在全国蔓延，死亡率很高，按照卫生部的防控要求，学校成立了以校长卢志鹏为组长的防控体系，并制定了防控预案，采取对学生进行甲型 H1N1 流感预防知识宣传，出了一期 H1N1 预防知识专栏，每个寝室发放一支体温表进行晨检和夜检，对校园室外环境和教室寝室进行消毒处理，控制学生外出、接种 H1N1 疫苗一千余支，制定 H1N1 突发事件紧急预案等措施，学校没有发现一起感染现象。

（二）校园卫生保洁管理

校园卫生保洁工作采取了划分区域、明确任务的工作制度。日常公共环境卫生方面，露天场所划片包干给各院系，由各院系安排值日学生每天在 8 点以前进行清扫。2008 年以前，校园环境卫生由后勤处负责聘请人员管理，学生宿舍卫生清扫由学工处负责聘请人员管理，教学区域的公共卫生（含多媒体教室、阶梯教室室内）由教务处负责聘请人员管理，行政部门办公室的清洁卫生由学校办公室负责聘请人员清扫管理。2010 年 8 月开始，学校所有的卫生清扫工作全部外包给红日保洁公司负责管理和清扫，由红日公司工作人员全天候进行保洁。室内环境卫生由所辖部门、班级负责保洁，室内通道、楼梯等公共部分由保洁公司保洁。食堂及各服务网点内部和周边环境由本单位负责保洁，学生宿舍卫生清洁由红日保洁公司负责管理。教工宿舍、公共区域由住户自己清理保洁。建筑工地由各施工单位负责保洁管理。

五、人口与计划生育

人口与计划生育管理纳入学校目标管理，实行“一票否决”。具体事务由医务室负责。建立适龄人员及其家属的档案，协同人事处、院、部完善结婚、生育登记制度，落实国家独生子女奖励政策到位和违反计划生育政策处理到位。对在学校从业的临时人员的计划生育实行监督管理，不留工作死角。

六、成果及荣誉

2010 年 6 月江西教育厅授予“全省高等学校后勤管理工作‘先进集体’光荣称号”。

2010 年 6 月江西教育厅授予张江明同志“全省高等学校后勤管理工作‘先进个人’光荣称号”。

2010 年度江西省住房和城市建没厅命名为“园林绿化单位”。

2012 年度江西省教育系统“创先争优活动评为‘群众满意窗口单位’”。

2014 年 12 月江西高校后勤协会授予“全省高等学校后勤管理工作‘先进单位’光荣称号”。

第三节　财务管理

原九江师范学校财务工作归后勤处管理，2006 年 5 月九江职业大学与师范合并重组后，原师范学校财务并入到财务处。2007 年 1 月，学校成立国有资产管理处，与财务处合署办公，两块牌子一套人马。2009 年 3 月，原江西庐山旅游中专财务科并入学校财务处。财务处在 2009 年被市直工委授予“巾帼文明岗”称号，2010 年 5 月又获得九江市妇联授予的“巾帼文明岗”称号。

财务管理包括全校行政事业经费和预算外资金管理。遵守《会计法》，坚持财务制度，贯彻勤俭办学方针，厉行节约，反对浪费，为学校管好家，理好财。根据上级和学校规定，向学生合理收取各项费用，并催缴落实学生、各经营承包单位及有关部门应向学校交缴的各项收入；根据人事处制定的工资、津贴表，按时发放各类工资、津贴；依据有关规定做好财务支出审核报销工作，做到日清月结；根据国家规定，准确及时计算并代扣代缴个人所得税、工会会费、住房公积金、医保、社保、失业保险、代扣住校家属职工个人水电费等；按照有关规定，办理职工医疗保险及相关医疗费的报销；负责编制学校年度综合预算、年度决算、各院部各部门办公经费包干指标；负责各项收费项目和收费标准的申报、审批；负责会计凭证的整理、归档，并定期向校档案室移交会计凭证。

一、预算管理

坚持“量入为出、统筹兼顾、保证重点、收支平衡”的原则，合理编制预算。每年 11 月份编制下年度经费预算，各院部按上年预算执行数作为基准，考虑下年度发展因素，各院部、部门向财务处填报下年度预计经费支出数，由财务处汇总、审核、调整、综合平衡，纳入学校预算后报学校校长办公会批准，再经过法定程序批复后执行。

二、收入管理

收入是指本单位为开展业务及其他活动依法取得的非偿还性资金。学校收入包括：财政补助收入，是指学校从政府财政部门取得的补助款项。包括基本支出补助、基本建设支出补助。学校所收学生的学费（大专生学费标准 5000 元/生・年，中专生学费标准 2000—3000 元/生・年）、住宿费（大专生住宿费标准 800—1000 元/生・年，中专生住宿费标准 600 元/生・年）等全部上缴财政专户，实行“收支两条线”管理。代收费用管理，指学校收取的学生教材购买费用，学生毕业时采取多退少补的方式进行结算。专项拨款包括学生的国家奖学金、励志奖学金、助学金等。

附：财政专项拨款情况（2009—2013 年）

2009 年财政专项拨款共计 544.43 万元，其中化解高校债务风险专项经费 289.28 万元，其他业务及课题科研经费 30.5 万元，银行贷款政府贴息 169.65 万元，实训楼专项工程经费 20 万元，教育费附加 30 万元，专项汽车购置费 5 万元。

2010 年财政专项拨款共计 1343.53 万元，其中示范性高校建设资金 300 万元、综合实训楼工程 250 万元、高校化解债务资金 158 万元、教改专项资金 38 万元、科研专项资金 87.7 万元、建筑工程实训基地 160 万元、银行贷款政府贴息 339.33、教师培训 10.5 万元。

2011 年财政专项拨款共计 1704.95 万元，其中高校化解债务资金 734 万元、示范性高校建设资金 400 万元、银行贷款政府贴息 169.65 万元、教改经费 40 万元，科研经费 5 万元、车辆购置 25 万元、幼儿、小学教师国培经费 81.3 万元，建工实训中心 250 万元。

2012 年财政专项拨款共计 3333.7 万元，其中高校化解债务资金 2072 万元（中央财政 728 万元，市财政 1344 万元）、机电、建工专业实训基地（中心）建设资金 610 万元，示范性高校建设资金 300 万元，幼儿、小学教师国培经费 302 万元，实训楼拨款 30 万，科研经费 10.7 万元，教师培训费 9 万元。

2013 年财政专项拨款共计 2855.1 万元，其中高校化解债务资金 2017 万元、工商企业管理专业实训基地建设资金 160 万元、信息工程实训中心建设资金 200 万元、幼儿教师国培经费 397.9 万元、省市各级科研经费 25.1 万元，骨干教师国培经费 46.1 万元，助学贷款补助 9 万元。

2014 年上级专项拨款共计 2055.91 万元，其中中央财政高职专项资金 730 万元，省、市提高生均经费 1123.21 万元，幼儿教师国培经费 165 万元，省、市各级科研经费 23.1 万元，农学院专项 10 万元，中职骨干教师国培经费 3.6 万元，大平台专项 1 万元。

三、经费支出管理

学校的各项支出严格执行国家有关财务规章制度规定的开支范围及开支标准，按预算执行，严格审批手续。对所有公用经费、人员经费严格按有关规定执行。

2008 年开始，二级机构经费实行包干。分配原则：院部学生数 500 人以上按每生每年 6 元、500 人以下按每生每年 7 元划拨，其中 1 元作为院部团委、学生会活动专项经费。教职工人员经费和办公经费：教师及工作人员按每人每年 100 元、院部按办公经费 3000 元划拨。2013 年，学生人头费由每人每年 6 元增加到每人每年 8 元，教师科研经费为 2013 年增加项目，每人每年 300 元；行政经费增加工作业务经费每人每年 200 元。

专项资金坚持专款专用原则，项目支出严格按政府采购招标条例执行。2011 年 4 月，学校出台了《九江职业大学省级示范性高等职业院校建设项目专项资金管理实施办法》，对省财政专项资金、市财政配套资金、学校自筹资金以及外来行业企业的专项资金——按照“统一规划，专账核算，专款专用，结余留用”的原则，实行项目管理。2014 年 5

月，为了加强学校内涵建设，学校印发了《九江职业大学内涵建设专项资金使用暂行办法》，内涵建设专项资金每年按项目由学校列入预算计划，包括10个项目：1. 校长奖励资金10万元/年。2. 合作发展资金15万元/年。3. 专业发展资金10万元/年。4. 教师发展资金100万元/年。5. 教材建设资金10万元。6. 课程建设奖金10万元/年。7. 教学科研资金10万元/年。8. 基地建设资金15万元/年。9. 技能竞赛资金15万元/年。10. 社会服务资金10万元/年，共计200万元/年。

四、2006—2012年财务状况

（一）2006—2008年财务状况

2006年共计收入2637.4万元，财政拨款共计801.5万元，2010年预算外学杂费收入1795.5万元，其他收入40.4万元。

2006年事业支出总额4172.6万元，其中：人员经费支出1295.5万元，公用经费支出230.6万元，奖学金、助学金支出193.5万元，业务经费支出295万元，修缮费支出97.6万元，设备购置费支出122.9万元，自筹基本建设支出1937.5万元。

2006年年底学校固定资产3675.76万元。2010年新增贷款1500万元，年底负债余额1720万元。

合并后学校财务工作运行正常，确保了正常教学工作和学校发展的经费需要。在合并时总体财务资金处于负数的情况下，经过两年的发展，改善了办学条件，提升了学校形象，教职工的工作条件、工资福利都明显地得到了改善和提高，新增固定资产1.2亿元。

2006—2008年共计收入17152.75万元，其中政拨款4687.43万元，占收入的27.33%；学杂费收入13065.32万元，占收入的72.67%；3年收入分别以不同程度的递增。

2006—2008年共计支出17152.75万元，其中人员工资福利支出5392.66万元，占支出的31.44%；社会保障支出127.14万元，占支出的0.74%；助学金支出1400.73万元，占支出的8.17%；公务费支出699.92万元，占支出的4.08%；购置费支出1748.98万元，占支出的10.2%；维修费支出317.49万元，占支出的1.85%；教学业务费支出1011.25万元，占支出的5.9%；自筹基建费支出4539.33万元，占支出的36.46%；消化原两校债务1815.25万元，占支出的11.17%。三年用于基本建设支出9529.33万元，贷款利息支出1040万元。

（二）2009—2012年财务状况

2009年至2012年学校收入稳步增长，2009年总收入9398.9万元，2010年首次突破1亿元，达到1.12亿元，2011年总收入1.16亿元，2012年总收入达1.36亿元，四年增长了44.9%。

2009年教育事业支出8070.5万元，2010年支出9911.3万元，2011年支出11030万元，2012年支出10830.9万元。四年间财务收支平衡，2009年收支结余1328.4万元（当年新增2000万元贷款），2010年收支结余194.7万元，2011年收支结余589.5万元，2012年收支结余2788.6万元。

2009 年财政拨款 3939.3 万元（其中事业拨款 2582 万元，专项拨款 1357.3 万元）；2010 年财政拨款 5505.3 万元（其中事业拨款 2897 万元，专项拨款 2608.3 万元）；2011 年财政拨款 6314.7 万元（其中事业拨款 3374.9 万元，专项拨款 2939.8 万元）；2012 年财政拨款 7945.3 万元（其中事业拨款 3733.1 万元，专项拨款 4212.2 万元）。

在 2009 年到 2012 年期间，学校共争取到高校化解债务和贷款贴息资金 3762 万元，示范性高职院校建设资金 1000 万元，建工、机电等专业建设资金 1020 万元，幼儿、小学教师国培经费 383.3 万元。学生助学、奖学金、困难补助金共计 4190 万元。利用这些专项资金，改善了学校的办学条件，提高了办学水平。

2009 年预算外收入 4995.6 万元（不包括财政返还基建规费 464 万元），2010 年预算外收入 5289.8 万元，2011 年预算外收入 5616.5 万元，2012 年预算外收入 5674.5 万元。

2009 年人员经费支出 3152 万元，占当年总支出 39.1%，2012 年人员经费支出 4212 万元，占当年总支出 45.5%。人员经费四年增长了 1060 万元，增幅达 33.6%。增长的原因有三个方面：一是教职工人员的增加，二是财政每年调整了薪级工资，2012 年提高了部分岗位工资，三是学校增加了绩效工资和公积金缴纳的基数，2012 年人均收入增加 8000 元以上。

对比 2009 年和 2012 年教职工年收入，中级职称年工资津贴收入增加 11535 元，公积金提高 3348 元，共提高 14883 万元，高级职称年工资津贴收入增加 16070 元，公积金提高 4344 元，共提高 20414 元。

2009—2012 年学校仍处在发展期，四年累计投入 8258 万元用于基本建设，占总支出的 20.7%。主要投入有：综合实训楼工程 2573 万元，1 号学生公寓工程 700 万元，9 号学生公寓工程 562.3 万元，7、8 号学生公寓工程 340 万元，长虹校区塑胶运动场工程 331.3 万元，高压线下地工程 283 万元，食堂工程 215.3 万元，长虹校区改造 196 万元，6 号学生公寓及续建工程 185 万元，数字化校园 183 万元，浴室工程 171.3 万元，机电实训车间 99.5 万元，中专部学生宿舍改造工程 40.1 万元等。

为了建设示范性高职院校，改善实训条件，四年来共投入 2825 万元用于图书、教学设备购置，2009 年 583.9 万元，2010 年 260.9 万元，2011 年 713.9 万元，2012 年 1265.7 万元。

2009 年学校招收了贵州大方县 27 名贫困学生，减免三年的学费、住宿费，2011 年招收了青海、甘肃、四川三省共 20 名贫困学生，减免三年的学费，同时学校又接受了管飞基金、王翔基金，资助这 47 名同学每年生活费 3000 元，接受邝美云助学金，资助了 50 名学生。同时学校对父母双亡的孤儿学杂费全免，校图书馆、实训中心为学生提供了勤工俭学岗位，四年来除了财政拨款 4190 万元全部用于奖学金、助学金、中职免学费和贫困生补助以外，学校还投入了 75 万元减免学费，每年发放 30 多万元的校内奖学金，鼓励困难学生办理生源地贷款，近几年学校每年向银行支付 6.5 万元学生助学贷款风险补偿金。从 2012 年开始学校提取食堂平抑物价基金 45 万元，用于补贴由于物价上涨带来的食堂成本的增加。

2009 年年末学校负债共计 9119.1 万元，其中银行贷款 7000 万元（2009 年新增 2000 万元），教职工借款 1422.7 万元，社会融资 676.4 万元。2010 年 1 月将教职工借款全部还清，2010年至2012年共偿还银行贷款3400万元，社会融资676.4万元，2009年至2012年累计支付贷款、借款和融资利息2121.6万元，平均每年支付530.4万元。至2012年年底学校银行贷款总额降至3600万元，2012年年底银行存款余额962.5万元（不含新校区建设资金），财政预算内余额27.7万元，预算外专户余额3300万元，共计4290.2万元。

2012年学校开始新校区建设，市政府预拨学校建设资金1亿元，实际支出总额为8877万元。

2012年年底学校固定资产已经达到3.7亿元。2012年年底银行贷款总额3600万元。预算外专户结余3300万元。

（三）2013—2014年财务状况

2013—2014年是学校新校区建设的关键之年。2013年学校财务运转情况良好，可支配收入达到1.546亿元，教育事业支出1.065亿元，收支结余1875.7万元。2014年学校财务运转情况良好，可支配收入达到1.54亿元，教育事业支出1.3亿元，新增贷款4200万元，主要用于新校区搬迁、设备购置，收支结余2325万元。

收入情况：2013年共计收入15462.1万元，比2012年增加1842.5万元。2014年共计收入15411.17万元，在2013年的基础上财政事业费增补887.7万元。其中，2013年财政事业拨款共计4485.3万元，2014年财政事业拨款共计4892.61万元。2013年上级专项拨款共计4959.5万元，占当年收入的32.1%。2014年上级专项拨款共计3530.56万元，占当年收入的22.9%。2013年预算外学杂费收入实际收入6017.3万元，首次突破6000万元，比2012年增加342.8万元，占当年总收入的38.9%。2014年预算外学杂费收入实际收入6988万元，比2013年增加970.7万元，占当年总收入的45.4%。

支出情况：2013年教育事业支出总额为10647万元。其中，人员经费支出6507万元，占支出总数的61.1%；公用经费支出439.8万元，占支出总额的4.1%，比2012年减少173.4万元；教学业务费支出1294万元，占当年支出总额的12.2%；学生奖学金助学金支出1340.6万元，占当年支出总额的12.6%；维修绿化费支出373.3万元，占当年支出总额的3.5%；设备购置费支出467.2万元，占当年支出的4.4%；付银行贷款利息225.1万元，占当年支出2.1%。2012至2013年市政府共预拨学校建设资金1.3亿元，实际支出总额为1.835亿元，缺口部分由学校行政资金和部分工程保证金先行垫付。2014年教育事业支出总额为13054.2万元。其中，人员经费支出7566.7万元，占支出总数的58%，比2013年增加1059.7万元，增长率16.3%；公用经费支出446.9万元，占支出总额的3.4%；教学业务费支出1283.1万元，占当年支出总额的9.8%；学生奖学金助学金支出2026.5万元，占当年支出总额的15.5%；维修、绿化、保洁及部分实训室装修费支出264万元，占当年支出总额的2%；设备购置费支出1277.1万元，占当年支出的9.8%（尚有2800万元已转入政府采购办，为新校区搬迁购置设备）；付银行贷款利息189.9万元，占当年支出1.5%。2014年市政府预拨学校新校区建设资金5亿元，

2012 至 2014 年共预拨 6.3 亿元，实际支出总额为 6.15 亿元（到 2015 年 4 月 30 日政府已拨新校区建设资金 7.8 亿元，已使用 7.8 亿元）。

负债情况：2013 年初银行贷款总额 3600 万元，本年共归还银行贷款 1900 万元，截至 2013 年年底学校银行贷款总额 1700 万元。2014 年初银行贷款总额 1700 万元，本年新增银行贷款 4200 万元，截至 2014 年底学校银行贷款总额 5900 万元（到 2015 年 4 月 30 日银行贷款 5700 万元）。

结余情况：2013 年年底学校共有结余资金 6059.8 万元。其中银行存款结余 1546.2 万元，财政补助收入结余 212 万元，预算外专户结余 1094 万元，为新校区建设垫付资金 3207.6 万元。2014 年年底学校共有结余资金（扣除银行贷款 5900 万元）4784.5 万元。其中银行存款结余 695.5 万元，财政补助收入结余 989 万元，预算外专户结余 3100 万元。到 2015 年 4 月 30 日，学校实有资金 6456 万元，银行贷款 5700 万元，结余资金 756 万元。

第四节 国有资产管理

2006 年九江职业大学与九江师范学校合并之初，学校的国有资产管理工作职能在学校后勤处。2007 年 6 月，学校成立国有资产管理处，国次处与学校财务处合署。2009 年 9 月，学校成立独立办公的国资处。明确了行政、后勤、专项物资系统及学校房产由国有资产管理处管理，各院、部教学实训设备由实验实训中心管理。国有资产管理，主要包括：制定学校国有资产管理实施办法和规章制度，参与基建工程、大型维修的招标与竣工验收，搞好学校资产产权界定、产权登记、产权转让、资产评估、清产核资工作，对学校闲置资产统一调剂、处置，组织有关部门开发利用，促进资产有效使用与优化配置。

一、规章制度

2009 年以后，学校出台了一系列规章制度，包括：《九江职业大学办公教学家具管理暂行办法》《九江职业大学公用房管理暂行办法》《九江职业大学固定资产管理实施细则（试行）》《九江职业大学国有资产管理办法（暂行）》《九江职业大学捐赠资产管理暂行办法》《九江职业大学土地及房产管理暂行办法》《九江职业大学仪器设备管理暂行办法》《九江职业大学仪器设备损坏丢失被盗赔偿暂行办法》《九江职业大学大宗物资采购和基建、维修等项目招、投标管理规定》。

物资采购一次性满 5000 元、维修费用一次性满 5000 元、基建费用一次性满 50000 元，先由部门或经办人提出书面报告，经主管校长审核，校长办公会（或党政联席会）批准立项。

加强大宗物资（含教材）购置和基建维修民主监督。凡涉及大宗物资采购，基建、维修项目招投标由纪委、工会、财务及使用部门组成的招标采购小组按规范程序操作，并将招（议）标、验收、预算情况予以公示，接受教职工监督。

二、固定资产历年状况

历年固定资产状况表

表 13－4－1　　　　单位：万元

年份	固定资产余额	房产	办公后勤	教学实训	其他
2008	16468	13688	616	1208	956
2009	17530	13688	795	1860	1187
2010	20758	16562	998	1986	1212
2011	21522	16638	1022	2571	1291
2012	22341	16638	1164	3145	1394
2013	26419	20089	1238	3496	1596
2014	26228	20089	1385	3650	1104

九江职业大学校舍建筑面积统计表（截至 2013 年 6 月）

表 13－4－2　　　　面积：平方米

校区	楼名	面积	校区	楼名	面积	校区	楼名	面积	校区	楼名	面积
鹤问湖校区	综合楼	21500	长虹校区	老教学楼	4736	中专部	老办公楼	2203	北司	A 栋学生公寓	1256
	教学楼	4135		综合楼	8300		老教学楼	2352.39		B 栋学生公寓	878
	实验楼	3960		科教楼	1880		老实验楼	2583.83		办公楼	1000
	图书馆	3533		图书馆	4160		综合楼	4980		教学楼	3220
	礼堂	2000		艺术楼	1800		食堂开水房	811.43		图书馆	1650
	校大门	150		礼堂	2770		A 栋公寓	1749.45		实验娄	1914
	运动场	0		校大门	500		B 栋公寓	2578.12			
	看台	511		1 号公寓	1160		C 栋公寓	2600			
	新 1 号公寓	11779		2 号公寓	1450		浴室	156.78			
	2 号学生公寓	2600		3 号公寓	1940		车库	139			
	3 号公寓	0		4 号公寓	6200		配电房 1、2	95.45			
	4 号学生公寓	5400		5 号公寓	7490		综合楼开水房	24.85			
	5 号学生公寓	6470		浴室	400						
	6 号学生公寓	9256		食堂	1300						
	7 号学生公寓	4890		食堂	2000						
	8 号学生公寓	5465		小红楼	346						
	9 号学生公寓	0									
	食堂 1	2500									
	食堂 2	6750									
	浴室	1940									
	配电房	50									
	车库	300									
	实训楼	16700									

续表 13－4－2

校区	楼名	面积	校区	楼名	面积	校区	楼名	面积	校区	楼名	面积
已建合计	鹤问校区	109889	长虹校区		46432	中专部		20274.3	北司校区		9918
拟建工程	学前楼	0									
	钢结构	1200									
	第一教学楼	0									
	9 号学生公寓	5000									
鹤问湖校区合计		116089	长虹校区合计		46432	中专部合计		20274.3			9918
全校合计		192713.3									

说明：此表截至统计时间为 2013 年 6 月，按照市政府教育资源整合的要求，2011 年 12 月，市政府启动九江职业大学新校区建设，长虹校区（原九江师范学校所在校区）整体移交给九江市十一中学，十一中学校区整体移交给湖滨小学，以扩大湖滨小区、人民路及周边区域中小学容量。长虹校区于 2014 年 8 月 28 日整体移交给九江市十一中使用。

2006—2012 年实训室数量及其设备情况一览表

表 13－4－3

统计分类 / 统计数字 / 统计时间	实训室间数	设备数［单位：台（套）］		设备总值（单位：万元）	备注
		设备总数	大型设备数（单价≥5 万元）		
2006 年					
2007 年					
2008 年					
2009 年	61	4868	39	2278.16	
2010 年	87	5819	75	3676.76	
2011 年	127	9844	92	5280.39	
2012 年	128	9850	97	5384.39	
2013 年	137	10339	122	5879.61	
2014 年	137	10381	122	6032	

第十四章　校园基本建设

自2006年学校重组后，校园基本建设经历了两个历史阶段。第一阶段，着力于改善基本办学条件，满足日益扩大的办学规模和创建省级示范性高职院校需要；第二阶段，通过置换土地，重新规划、建设新校园。

第一节　重组后各校区基本建设

一、合并初期校建

2006年学校合并重组之初，办学条件无法满足办学需要。鹤问湖、长虹两校区行政机构占用图书馆办公，鹤问湖校区靠租借周边单位用房来解决学生住宿难题。为解决逐年增长的在校生规模，校建工作职能从后勤处单列，成立独立的基建处。学校提出“步入新起点、迎接新挑战、开创新历程、实现新跨越”的“四新”办学思路，按10000—12000人在校生规模（包括长虹校区）启动了合并后的校建工作。

2006年学校重组时校舍建筑面积统计表

表14-1-1

鹤问湖校区		长虹校区	
楼宇名	面积（平方米）	楼宇名	面积（平方米）
教学楼	4135	老教学楼	4736
实验楼	3960	综合楼	8300
图书馆	3533	科教楼	1880
礼堂	2000	图书馆	4160
1号学生公寓	2370	艺术楼	1800
2号学生公寓	2600	礼堂	2770
3与学生公寓	2100	校大门	500
4号学生公寓	5400	1号学生公寓	1160
食堂1	2500	2号学生公寓	1450

续表 14－1－1

鹤问湖校区		长虹校区	
楼宇名	面积（平方米）	楼宇名	面积（平方米）
		3 与学生公寓	1940
		4 号学生公寓	6200
		浴室	400
		食堂 2	1300
		食堂 1	2000
		小红楼	346
合计	28598		38942
总计	67540		

（一）优先建设制约学校发展的项目

从 2006 年 5 月起，学校工作重心就是解决制约学校发展的两大瓶颈，一是两校文化融合，二是项目建设。在解决项目建设问题上，学校不等不靠，打破常规，加紧谋划筹建，在建设资金不足的情况下，教职工自发借款给学校计 760 万元，确保一批优先项目如期启动开工。2006 年 7 月至 2007 年年底，仅一年半的时间，学校基本办学条件有了改善。

学生宿舍建设项目

表 14－1－2

楼宇名称 / 项目资料	鹤问湖 5#学生公寓	长虹 5#学生公寓	鹤问湖 6#学生公寓
建筑面积（平方米）	6385	7490	10500
结构	砖混 6 层，单体	砖混 6 层，单体	砖混 6 层，单体
设计单位	九江市工业建筑设计院	九江市建筑设计院	深圳市艺恒建筑设计有限公司
代理施工招投标单位	江西恒实建设监理咨询有限公司 2006 年 8 月	九江常鑫工程招标咨询有限公司 2006 年 12 月	九江常鑫工程招标咨询有限公司 2007 年 4 月
中标施工单位	南昌对外工程总公司	九江市水利电力建筑公司	中国南昌对外工程总公司
监理单位	江西恒实建设监理咨询有限公司九江分公司	江西恒实建设监理咨询有限公司九江分公司	九江市建设监理有限公司
造价审计单位	江西鑫华建工程造价事务所有限公司	江西鑫华建工程造价事务所有限公司	江西鑫华建工程造价事务所有限公司
开工日期	2006 年 9 月	2007 年 1 月	2007 年 7 月
竣工日期	2007 年元月	2007 年 8 月	2008 年 5 月
工程造价（万元）	470. 34	536. 74	640. 65

学生食堂建设项目（2006—2007）

表 14－1－3

楼宇名称 项目资料	鹤问湖校区一食堂	鹤问湖校区二食堂
建筑面积（平方米）	2500	5600
结构		砖混 6 层，单体
设计单位		深圳市艺恒建筑设计有限公司设计
代理施工招投标单位		九江常鑫工程招标咨询有限公司 2007 年 6 月
中标施工单位		洪宇建设集团
监理单位		九江市建设监理有限公司
造价审计单位		江西鑫华建工程造价事务所有限公司
开工日期		2007 年 6 月
竣工日期	2006 年 8 月依法从福田公司购回经营管理权	2007 年 10 月
工程造价（万元）	回购成本：351	603.37

鹤问湖校区学生运动场项目（2006—2007）

表 14－1－4

名称及资料	田径运动场	田径运动场主看台	小看台、围网	网球场	篮球场	简易足球场
建筑面积（平方米）	7000	300		1520	3260	4370
规格或数量	300 米塑胶跑道、人造草皮			2 个	8 片	
工期	2006 年 10 月—2007 年 1 月	2006 年 9 月	2006 年 10 月	2007 年 7 月—8 月	2007 年 7—8 月	2007 年 7—8 月
工程造价（万元）	193	102	40	9.5	35	18

鹤问湖校区综合楼建设项目（2006.09—2007.08）

表 14－1－5

项目资料		设备	使用功能划分
建筑面积（平方米）	21500 平方米	奥迪斯电梯二台：2007 年 6 月，投资 72 万元	1－7 楼：教室（含阶梯教室） 8－11 楼、－1 楼：实训室 15 － 12 楼：行政办公
结构	框架地面 15 层地下 1 层，单体建筑		
设计单位	九江市建筑设计院		
代理施工招投标单位	九江常鑫工程招标咨询有限公司 2006 年 11 月		
中标施工单位	九江信华（集团）建筑工程有限公司		
监理单位	九江市建设监理有限公司		
造价审计单位	江西鑫华建工程造价事务所有限公司		
开工日期	2006 年 09 月		
竣工日期	2007 年 8 月		
工程造价（万元）	2292.42		

鹤问湖校区校门、道路、广场及排污工程项目（2006—2007）

表 14－1－6

项目	项目资料	工程造价（万元）
校大门	建筑面积 300 平方米，砖混 2 层，单体建筑，由修水县建筑设计院设计，2006 年 7 月开工建设，2006 年 8 月竣工交付使用。施工单位是九江市长虹建筑工程有限公司，监理单位为九江市建设监理有限公司，造价审计部门为江西浔城工程咨询有限公司。	42.82
寝室大门及道路	面积 40 平方米，建设时间 2007 年 7 月	6
垃圾屋	面积 30 平方米，建设时间 2007 年 10 月	2.4
西侧道路	总长 700 米，建设时间 2007 年 7 月—2007 年 10 月	193
校园其他道路	2007 年 7 月建设。	30
综合楼前广场	面积 4000 平方米，建设时间 2007 年 7 月—2007 年 10 月	193
排污管道	2007 年 7 月	24

鹤问湖校区景观及绿化、亮化工程（2006—2007）

表 14－1－7

项目	项目资料	造价（万元）
大门外广场、大门内外景观及绿化	景观区面积 4000 平方米，由江西省开橡景观设计工程有限公司设计，2006 年 11 月由九江常鑫工程招标咨询有限公司代理施工招投标，2006 年 11 月开工建设，2007 年 2 月竣工交付使用。中标施工单位是江西宏基市政园林工程有限公司，监理单位为九江市建设监理有限公司，造价审计部门为江西鑫华建工程造价事务所有限公司。	279.92
不锈钢雕塑	2007 年 9 月	8
灯塔及霓虹灯	2007 年 10 月建设	33
广播系统及路灯	2007 年 7 月建设	13.6

（二）迎接教育部办学水平评估，对照基本办学条件指标补差

教育部 2004 年开始正式启动高职高专院校人才培养工作水平评估工作，五年内完成第一轮评估，达到各省（自治区、直辖市）组织的评估中原则上达到“优秀”水平的，有资格申报省级示范性高职院校。其中，办学条件未达到教育部《普通高等学校基本办学条件指标（试行）》“合格”要求的，列入“限制招生”对象。2008 年是第一轮评估的最后一年，尽管学校经过 2006 年至 2007 年间共一年半时间的快速建设，办学条件有了改善，但是，截至 2007 年年底，对照《普通高等学校基本办学条件指标（试行）》，办学条件仍属于“不合格”情况。

现有办学条件与“合格”标准对照表

表 14－1－8

在校生规模		占地（亩）54 平方米/生	教学行政用房（16 平方米/生）	学生宿舍（6.5 平方米/生）	生活用房（1.3 平方米/生）
合格要求	10000 人	809.6 亩	14 万平方米	6.5 万平方米	1.3 万平方米
	12000	972 亩	16.8 万平方米	7.8 万平方米	1.56 万平方米
现有条件		321 亩	6.79 万平方米	5.2 万平方米	1.3 万平方米
差距	10000 人	484.6 亩	8.79 万平方米	1.3 万平方米	—
	12000 人	674 亩	12.41 万平方米	2.6 万平方米	0.26 万平方米

为进一步改善办学条件，学校制订了五年建设规划。市委、市政府及相关部门为学校建设给予了大力支持。2008 年 1 月，市发改委以《关于九江职业大学新建综合实训楼项目立项的批复》，同意学校新建综合实训楼项目立项。项目拟建总面积 16000 平方米，投资 2000 万元。2008 年 3 月起，学校规划报建的 2008 年建设项目启动兴建。同时为达到教育部的办学条件要求，学校同时启动变化坐落于礼堂北侧的机电楼 13000 平方米，总投资 1500 万元；坐落于图书馆背面的学前楼 14000 平方米，总投资 1700 万元的前期论证和规划设计工作。由于机电楼和学前楼涉及市政规划绿线的限制，工程建设未能如愿。

鹤问湖校区 7 号学生公寓。建筑面积 4934.7 平方米，砖混 6 层，单体建筑。由深圳市艺恒建筑设计有限公司设计，2008 年 3 月由九江常鑫工程招标咨询有限公司代理施工招投标，2008 年 3 月开工建设，2008 年 6 月竣工交付使用。中标施工单位是南昌市第一建筑工程公司，监理单位为九江市建设监理有限公司，造价审计部门为江西鑫华建工程造价事务所有限公司。工程造价为 425.55 万元。

鹤问湖校区 8 号学生公寓。建筑面积 5346.8 平方米，砖混 6 层，单体建筑由深圳市艺恒建筑设计有限公司设计，2008 年 3 月由九江常鑫工程招标咨询有限公司代理施工招投标，2008 年 3 月开工建设，2008 年 6 月竣工交付使用。中标施工单位是南昌市第五建筑工程公司，监理单位为九江市建设监理有限公司，造价审计部门为江西鑫华建工程造价事务所有限公司。工程造价为 413.73 万元。

鹤问湖校区附属设施及美化。车库及广场项目，面积 200 平方米，建设时间 2008 年 5 月—2008 年 8 月，工程造价为 44 万元；铁艺围墙，建设时间 2008 年 7 月—2008 年 9 月，工程造价为 41 万元。校园自行车棚，面积 150 平方米，建成时间 2008 年 7 月，实际投资 9 万元；教学楼、实训楼外墙漆翻新及附属维修项目，面积 6700 平方米，建设时间 2008 年 7 月—8 月，实际投资 105 万元。

2008 年 12 月，学校通过全省高职高专办学水平评估，被评为“优秀”。但建设项目尚须进一步完善达标。2009 年 3 月江西庐山旅游中专整体划归九江职业大学，土地仅增加 74 亩，建筑面积增加 20274.3 平方米，但学校办学规模随之扩大到 10000 人，其中大专在校生规模6000人，办学规模的扩大，办学容量的不足，严重影响着学校的正常运转。因此，校建工作仍然是学校工作的重心。

在推进校建工作中，兼顾危房改造项目。早在2008年初，建于20世纪90年代的鹤问湖校区1号公寓、3号公寓由于1998年的特大洪水淹没了整个校园长达一个月之久，出现沉降不一而发生墙体开裂严重，经专家分析，为1998年受洪水浸泡所致，已鉴定为危房，如不拆除重建则存在严重安全隐患。因此，2008年学校按程序完成报批报废和立项重建手续，拟合二为一重建为一号学生公寓。

2009—2011年鹤问湖校区建设项目

表 14－1－9

项目资料＼项目名称	1#学生公寓	综合实训楼	9#学生公寓	机电工程学院加工实训车间
建筑面积（平方米）	11778.8	15000	4986.36	1100
结构	砖混6层单体	框架16层单体	砖混6层单体	钢构
设计单位	深圳市艺恒建筑设计有限公司	九江市建筑设计院	九江市工民建筑设计事务所	
代理施工招投标单位	九江常鑫工程招标咨询有限公司2009年3月	九江常鑫工程招标咨询有限公司2009年10月	九江常鑫工程招标咨询有限公司2011年8月	
中标施工单位	洪宇建设集团	江西亚华建筑工程有限公司	新余市珠珊建筑工程有限责任公司	九江县第二建筑工程公司承建
监理单位	九江市建设监理有限公司	九江市建设监理有限公司	九江市建设监理有限公司	
造价审计单位	江西鑫华建工程造价事务所有限公司	江西鑫华建工程造价事务所有限公司	江西鑫华建工程造价事务所有限公司	
开工日期	2009年3月	2009年11月	2011年8月	2011年9月
竣工日期	2009年8月	2010年11月	2011年12月	2011年9月
工程造价（万元）	1180.53	2130.9	512.42	97.05

其他项目有：

长虹校区幼儿园改造。长虹校区南门原有2层楼门面，后因需要学校决定将其改造为幼儿园。建设面积800平方米，2009年10月建成，投资63万元。

中专部大门铁艺围墙。总长度80米，建设时间2009年7月，投资5万元。

长虹校区田径运动场。为改善校园面貌，更好的引接新生，留住新生，学校决定改造长虹校区运动场及校园环境，运动场总面积11000平方米，基础由九江市庐山区建筑工程公司承建，建设时间2011年7月—8月，造价为167万元。运动场塑胶面层由南京宇博工程建设有限公司承建，建设时间为2011年9月—10月，工程造价为140万元。

美化、绿化项目。运动场老看台改造、运动场周边围网、挡土墙刷乳胶漆，以及在运动场西侧种植灌木、移植树木及铺种草皮等共计投入40万元；在实训楼前广场铺装8

厘米厚花岗岩面层，面积约1300平方米。北侧及东侧道路、土方及停车位。北侧及西侧铺种草皮、种植灌木、乔木等共计投入85万元，建设时间为2011年10月—12月。

二、创省级示范校期间的校建

2008年3月，学校为拓展办学空间，减少办学成本，方便管理，扩大校园规模，提出了第一个思路：将长虹校区112亩土地与鹤问湖校区周边单位进行土地置换，地价增值部分再在周边购置土地。2008年8月，学校与鹤问湖校区西侧相邻的澳门高氏置业发展集团有限公司商洽，因长虹校区部分住户强烈反对与澳门高氏置业发展集团有限公司置换并以土地置换成本过高及学校要求原地还房、地产业不景气等原因，放弃此置换方案。江西庐山旅游中专划归后，为创建省级示范性高职院校，学校于2010年4月提出第二个思路，向市政府提出书面申请，将学校南侧联泰实业有限公司约288亩土地调整为教育用地，待该宗土地收回后按程序划拨给学校使用，并且将龙开明渠（职业大学区段）及胜利公园名义上划归学校作为学生实习基地。由于该宗土地已列入开发并已出让土地使用权，无法由政府收回，此方案最终没有实现。

随着九江城区路网建设的推进，2010年秋，市政规划中的西三路准备动工建设。该路按市政规划横穿鹤问湖校区校园，横穿校园部分路长270米、宽30米，占用学校土地12.15亩，既挤占了学校土地，把一个完整的校园一分为二也影响了学生安全，因此学校具文向市政府说明情况，市政府暂停了这些路段的建设。

第二节　新校园建设和校园整体搬迁

一、前期准备工作

新的九江职业大学为三所学校合并而成，有四个自然校区：即九江职业大学老校区，原九江农业学校校区，原九江师范校区，原九江财贸职业高级中学校区，办学分散，管理力量分散。

为了解决办学用地问题，经市政府报请省政府批准，2009年3月，江西庐山旅游中专成建制划归九江职业大学，增加了75亩办学用地，但随着学校规模的不断扩大，校园土地受原有建筑和外侧道路红线、绿化绿线的限制，设想中的机电建工楼、学前楼、新图书馆都无法实现规划批准建设。

九江市老城区人口密集快速增加，而中小学办学容量达到70名学生一个班的规模，特别是新建的湖滨小区还是30年前的学校办学规模。为使湖滨小区的中小学容量得到增加，市教育局提出原九江师范校区转给九江市十一中学，十一中学的办学空间转给湖滨小学，九江职业大学另择新址建设新校园。

2011年7月至8月，学校与庐山区委、区政府进行了接洽沟通，初步达成共识，拟在庐山区划拨1000亩土地用于建设新校园，并就此向市委、市政府汇报。

2011年9月，中共九江市第十次党代会和九江市第十四届人大第一次会议上，正式作出九江职业大学进行整体搬迁的决策。2011年10月20日，学校具文《关于土地置换建设新校区的请示》呈送市人民政府，请求市政府在原规划的庐山区职教园（九莲南路以东、濂溪大道以南）范围内以成本价划拨土地1000亩，用于九江职业大学新校园建设，将九江职业大学现有办学用地中的鹤问湖校区284亩（含原九江农业学校校园）、长虹校区112亩、北司校区7.9亩、莲花池2.1亩，共计406亩转商出让，所得收益按《江西省人民政府办公厅关于切实做好我省公办高校老校区置换工作的意见》规定，在扣除国家规定的有关规费和上缴国家的部分资金后，全部返还学校用于新校园建设；长虹校区按市政府城区教育资源整合的要求，除保留学校幼儿园房舍和用地外（约20亩），由学校向市政府移交土地和地面附着物，地面附着物按重置价进行核算，重置金额由市政府一次拨付给学校。

2011年11月2日，由市长殷美根主持召开了第一次由市建设规划局、国土资源局、财政局、庐山区、开发区等单位领导参加的“九江职业大学土地置换建设新校区工作协调会”。会上，经过各参加部门领导充分发表意见后，殷市长讲了6点意见：一是同意九江职业大学实行土地置换建设新校区，选址为廉溪大道职教园区，由建设规划局做好省里的规划沟通工作；二是校园面积请市国土局、庐山区政府进行协调，向省申报；三是土地划拨经费请市财政局、国土局、庐山区政府负责，按成本价进行划拨；四是老校区土地出让问题，请市国土局、财政局负责按照文件规定除上交国家部分外全额返还九江职业大学用于新校区建设；五是九江职业大学新校区建设的规费待工程竣工后，学校部分给予免交，施工单位的规费进行补交；六是九江职业大学长虹校区除保留九江职业大学附属幼儿园用地外，其余土地交给市政府。

市政府协调会议确定由市人大常委会副主任、九江职业大学校长卢志鹏、市政府副巡视员吴锦萍（原分管教育工作的副市长）为项目责任领导，并指定九江职业大学党委书记王原平、庐山区政府区长钟好立、市教育局局长欧阳礼彬为项目责任人。学校成立新校区建设办公室，由余传忠负责，办公地点在鹤问湖校区校图书馆，后搬至职大鹤问湖校区第三食堂四楼。

2011年11月9日，市政府主持召开了界址协调会。副市长卢天锡，市政府副巡视员吴锦萍，市人大常委会副主任、九江职业大学校长卢志鹏，以及市建设规划局、国土资源局、庐山区、市规划局等领导到九江职业大学新校园校址进行现场办公，确定了新校园界址。新校园位于濂溪大道南侧，离十里大道约700米处，占地面积912亩（估测）。协调会后，由市政府副巡视员吴锦萍和校长卢志鹏一同向省政府相关领导做了汇报，请求将九江职业大学新校园建设列入省重大建设项目调试和争取省项目用地计划指标，得到了省政府领导的认同。

2011年12月13日，学校为政府主持召开新校区建设调度会理出要提交解决的问题：政府关于土地面积及界址批文尚未下发；土地指界尚未进行；需要落实向省国土资源厅土地报批的单位；土地征收费问题；拆（搬）迁工作涉及：二根高压线，一根输油管道，一根输气管道，三座宗教寺院，一座化学危险品仓库，一所庐山区生活垃圾中转站，民房约20000平方米，需要落实责任单位和协作部门。上述工作如能得到落实，学校将尽快启动土地测量和校园规划工作。待校园规划初稿得到认可后，即启动校园平整动土开工。

2011年12月14日，市政府副巡视员吴锦萍在庐山区政府二楼会议室主持召开了九江职业大学新校区建设推进会议，专题研究九江职业大学新校区按照时间节点开工建设的问题。九江职业大学校长卢志鹏、书记王原平，庐山区政府区长钟好立、副区长周小琳，市国土资源局副局长尹冬林以及市规划局市发改委领导参加了会议。议定事项如下：

1. 根据市政府市长殷美根11月2日关于九江职业大学新校区建设专题协调会议精神，副市长卢天锡11月9日专题边界议定意见，请市规划局、庐山区政府会同九江职业大学，在保持面积不变但有利于项目建筑布局的前提下，对职教园区内土地规划再做适度调整。

2. 关于项目用地问题确立了如下意见：①新校区用地计划指标争取列入省重点项目调度，使用省土地计划指标，庐山区政府和九江职大负责整理上报资料，以市政府名义向省政府行文请求支持。②九江职大要立即开始做好用地报批和相关资金准备工作，市发改委按照“特事快办”的原则完成项目立项，市国土资源局本着“成熟一块划拨一块”的原则分段审批项目用地，并分别负责指导帮助项目在省发改委、省国土资源厅的报批。③庐山区政府会同市国土资源局，解决新校区土地占补平衡指标问题。

3. 关于项目建设中拆迁的问题，会议认为，项目用地涉及的拆迁和管线迁移下埋工作量大，九江职大要在12月底以前以每亩10万元供地价格与庐山区政府签订征地拆迁协议，早日启动拆迁工作。

2011年12月，学校与庐山区人民政府签订《征地拆迁协议》。新校园征地912亩（具体征收面积以地籍测量数据和市规划局确定的地籍红线图为准），具体协议条款如下：

1. 乙方（庐山区人民政府）为征地拆迁主体，全权负责九江职业大学新校区内的土地征收和拆迁工作。

2. 土地征收、办证及拆迁补偿费用按每亩壹拾万元（100000元）包干，由甲方向乙方整体支付。

3. 征地拆迁补偿费用包括：土地征收费、青苗补助费、林木补偿费、土地过户办证费用、被征收土地范围内地面附着物的拆迁费用（含长江化工厂化学品仓库、民居房屋拆迁安置、寺庙搬迁、庐山区生活垃圾中转站、坟墓迁移、高压线路改造、地下输油管道改迁等）。

4. 征地拆迁时限为2012年3月30日以前完成。

至此，新校园的建设进入实质性运作阶段。

二、新校园建设进度

（一）立项

2012年2月8日，九江市发改委以九发改社会字〔2012〕53号文批复原则同意九江职业大学新校园建设项目申请立项。具体意见为："建设拟建地址：该项目拟建于庐山区濂溪大道南侧、九莲南路东侧、学府一路以北。拟建规模及主要建设内容：该项目拟建总面积 330000 平方米，主要建设内容为新建校内的师范学院、学前教育学院、经济管理学院、机电工程学院等学院的教学楼、学生宿舍、行政管理楼、礼堂、图书馆、培训中心大楼、机电实训车间等。估算总投资及资金来源：该项目估算总投资 80000 万元，资金来源为学校自筹等多渠道解决。请接此批复后，抓紧办理项目的前期有关手续。并委托有资质的咨询机构编制可行性研究报告报我委审批。"

2012 年 3 月 22 日，省政府将九江职业大学新校园建设项目列为省重点调度项目。

2012 年 12 月，市发改委就学校编制的新校区建设项目可行性研究报告下达批复，对拟建规模及主要建设内容作了微调，该项目拟建总面积 325900 平方米，主要建设内容包括教学楼、实训楼、图书馆、学生宿舍、学生食堂、风雨操场、其他生活附属用房及配套设施等。项目估算总投资 84000 万元。

（二）征地拆迁

2012 年 3 月，征地拆迁工作启动。在庐山区和莲花镇两级党委、政府的大力支持下，工作人员付出了艰辛的努力，本着坚持底线、主动化解矛盾的原则，在坚持政府与学校利益不受大的损害前提下，不与老百姓斤斤计较，该让的则让，该给予方便的给予方便，该强行推进则强行推进，整个征地拆迁工作未发生一起老百姓上访等不良事件。共拆迁民房 126 栋，面积 5.6 万平方米，迁坟 2300 多座，至 2012 年 9 月中旬，征地拆迁工作基本完成。

（三）规划设计和开工仪式

新校园建设用地 901 亩，南北长约 1180 米，东西最大宽约 660 米。建筑用地 703.5 亩，保留中部山体 197.5 亩，总建筑面积 38.3 万平方米。根据九江市规划局关于建筑设计方案的批复（规建 2012B 第 085 号）和九江市发改委关于新校区建设项目立项的批复（〔2012〕第 53 号），共建有文科楼、理工科楼、行政楼、学生宿舍、食堂、礼堂、图书馆、体育馆等各项单体建筑 43 栋，可容纳 15000 名学生和 1000 名教职员工的正常教学。其中，实训楼、图书馆、文科楼的招标要求为省优建设工程。

2012 年 4 月 7 日，新校区整体规划设计研讨会在鹤问湖校区召开。参加会议的有：五家设计招投标单位，5 名建筑专家，市政府副巡视员吴锦萍以及庐山区政府、市教育局、市建设局、市发改委、市国土局、市规划局等部门的领导，学校领导班子成员。会议听取了五家双资质建筑设计单位关于新校区规划设计的理念，并观看了设计效果视频，国内著名建筑专家陈秉钊教授对此进行逐一点评。南昌市政协主席卢小健作为特邀嘉宾与会，提出了很好的建议：一要保持特色鲜明，建筑简洁，二要色彩协调，三要结构合理，四要功能完善，五要尽量保持低碳，环保，六要保证浓重的文化氛围，七要管网设计一次性到位，八要保证校内交通设计完整性。

2012 年 5 月 6 日，通过公开招标，确定了由广东建筑设计院为规划设计中标单位。同年 5 月底完成了项目可行性报告、环评、地质灾害评估、压覆矿产、水土保持方案编制和论证。

2012 年 10 月 30 日上午，中共九江市委、市人民政府隆重举行了新校园建设项目开工奠基仪式。江西省政协副主席、九江市委书记钟利贵下达开工令，九江市委副书记、市长殷美根，省政府办公厅巡视员蔡玉峰，省教育厅总督学杨慧文，九江市领导冯静、华金国、程来安、朱建国、汪泽宇、董金寿等出席开工奠基仪式。九江市人大常委会副主任、九江职业大学校长卢志鹏致欢迎辞，市长殷美根作讲话。

（四）项目招标

1. 土方招标与土地平整

土方工程分两个标段公开招标，总土石方约 120 万立方米。2012 年 7 月 26 日，招标工作完成，中标单位一标段为江西中盛建筑工程有限公司，二标段为江西顶峰园林建设有限公司。

2012 年 7 月 28 日，开始土方平整。在前期房屋拆迁、坟墓迁移和树木移栽未到位，以及后期秋冬季寒冷多雨的情况下，学校要求施工方合理安排工期，抢晴天，拼晚上，艰苦作战，边平整边建设。实际完成土石方 147.73 万立方米，其中内填 101.22 万立方米，外运 46.51 万立方米。

2. 前期建设项目招标

2013 年 3 月起，启动项目招标工作。市发改委核准了如下招标事项：

新校园道路及排水工程专项设计，总面积约 4 万平方米，总投资约 3000 万元；

新校区项目三、四、五标段，总建筑面积约 245466.57 平方米，总投资约 36000 万元；

新校区项目一、二标段，总建筑面积约 138731.35 平方米，总投资约 23000 万元；

电力工程设计，用电负荷约 18000 千伏安，投资约 100 万元；

新校区大门工程约 400 万元；

校内道路、管网、部分土方、挡土墙、护坡及围墙工程，约 4500 万元。

3. 后期建设项目招标

2013 年 12 月—2015 年 1 月，市发改委核准了如下招标事项：

运动场地工程，建筑面积 57605 平方米，总投资约 1500 万元；

弱电智能化工程，总投资约 5000 万元；

室外管网工程，总投资约 850 万元；

礼堂、音乐厅、室内体育馆声学装修及舞美工程，总投资约 1750 万元；

景观工程，校园内山下景观面积约 22 万平方米，校园山上景观面积约 12 万平方米，总投资约 5800 万元。

实体建筑模型工程，建筑面积 1171.01 平方米，地下一层、地上两层，建筑高度 7.5 米，投资约 250 万元；

钢结构用房工程，最大跨度 22 米，高度约 6 米，投资约 370 万。

（五）项目开工

职大新校园自 2013 年 6 月 19 日第一批项目开工，至 2014 年 8 月底，共 15 个月时间，完成单体建筑 43 栋。截至 2014 年年底，整个工程项目已完成规划建设的 90%。截止到2015年5月底，除四标段和五标段因天然气管和输油管改道延误致部分工程未扫尾外，其余工程皆基本完成并交付使用。

序号	工程名称	建筑项目	建筑面积	承建单位	开工时间	招标代理	
1	房建工程一标段			江西建工第四建筑有限责任公司	2013. 6. 19	九江市建设监理有限公司	
2	房建工程二标段			江西省发达建筑有限公司	2013. 6. 19	九江市建设监理有限公司	
3	房建工程三标段			江西建工第二建筑有限责任公司	2013. 6. 19	九江石化工程建设监理公司	
4	房建工程四标段			江西中贤集团有限公司	2013. 6. 19	九江石化工程建设监理公司	
5	房建工程五标段			江西中盛建筑工程有限公司	2013. 6. 19	九江石化工程建设监理公司	
6	边坡维护工程			星子县白鹿建筑工程有限公司	2013. 8	九江常鑫工程招标咨询有限公司	
7	新校区大门工程			江西国新建设工程有限公司	2014. 2	九江市建设监理有限公司	
8	道路、排水管网、部分土方、挡土墙、护坡、围墙及运动场工程			江西中煤建设集团有限公司	2014. 3	九江市建设监理有限公司	
9	园林景观工程一标段			江西省金庐园林有限公司	2014. 4	九江常鑫工程招标咨询有限公司	
10	室外供水管网工程			江西省海龙建设工程有限公司	2014. 5	九江市建设监理有限公司	
11	新校区电力工程			江西科力电力有限公司	2014. 7	九江市建设监理有限公司	
12	园林景观工程二标段			江西强隆建筑工程有限公司	2014. 5	九江常鑫工程招标咨询有限公司	
13	弱电智能化工程			银江股份有限公司	2014. 6	九江市建设监理有限公司	
14	新校区运动场地工程			江西锦宇建设集团有限公司	2014. 6	九江市建设监理有限公司	

（六）“两管一线”和危化仓库、寺庙的迁移排障

在推进新校区施工过程中，需要迁移输油管道、燃气管道、高压线即“两管一线”以及国营五七二七工厂的危化仓库和6座寺庙。迁移这些项目，需按项目管辖权限履行报批手续。但迁移“两管一线”属于高危作业，报批手续繁琐。为做好这些迁移排障工作，2013年10月11日，市政府副巡视员吴锦萍在工地项目部会议室主持召开了由学校和市发改委、市教育局、市供电公司、房产局、庐山区政府等部门负责人参加的工作协调会。会上，九江市人大常委会副主任、校长卢志鹏传达了市委书记殷美根对新校区建

设的重要指示。会议就学校建设面临的亟待解决的问题逐一进行了讨论研究，明确了各单位的责任。由于在施工过程中雨水天气过多，影响了工程进度，导致土方工程不能按期推进。至2014年7月前，“两管一线”和危化仓库、寺庙的迁移排障工程才正式完工，前后花费了近两年时间。

（七）项目资金的筹措使用

2014年1月17日，市长钟志生到新校园建设工地视察调研，现场办公，对用地、资金等进行调度，协调解决工程建设过程中的相关问题。新校园项目建设申报概算10.72亿元，市发改委核定概算9.61亿元。项目建设资金采取施工单位进行带资建设，每个标段带资30%，按招标文件和合同约定，项目封顶，拨付工程款20%，完工拨付至50%。2013年10月8日，学校长虹校区出让土地42亩，以每亩548万元成交，土地出让收入2.3亿元，按评估价溢价率高达50%。出让土地所得收入由市政府投入职大新校园建设。截至2015年2月，市政府共拨付新校园建设资金7.8亿元，其中，前期用于征地拆迁9010万元；付“两管”一线迁移费6000万元，付各标段工程款5.62亿元，中标价8.124亿元，报财政评审控制价及跟标价8.592亿元，此外，已做了预算未能报送的约2000万元。由于项目实施过程中，因概算出现缺项，以及概算与实际中标价产生差距，资金缺口1.29亿元。缺项有校园供水工程、弱电工程、预算缝制费、招标代理费、图审费、前期咨询及项目论证费；概算与实际中标价存在差距的项目有绿化项目、土方工程、设计勘探、道路管网工程；上述资金缺口项目，由学校按程序报请发改委和政府重新核定。

三、校园整体搬迁

按照计划，在2014年8月底以前学校整体搬迁到新校园，但因新校园工程项目施工地形复杂，排障困难（主要是“两管一线”），加之雨水天气过多等不确定因素，使扫尾工程无法跟上计划进度。2014年7月15日，为切实保障市区重大民生工程——湖滨片区教育资源整合项目如期完成，确保市十一中和湖滨小学如期开学，将长虹校区移交给市十一中，兑现了一个大学对社会的承诺。鉴于现实情况，学调整搬迁方案，分批次进行搬迁。第一批，2014年8月28日，在新校园尚未完全竣工的情况下，学校顶着巨大压力，将两个学院近5000名学生，迁进新校园开学。学前学院和师范学院搬迁；第二批，2014年10月25日，机电学院和信息学院搬迁；第三批，2015年1月中旬至月底，艺术学院、建工学院、文化旅游学院、经济管理学院以及学校行政办公机构相继完成搬迁。中专部、护理学院、继续教育学院、图书馆待后续扫尾工程完工后搬迁。

学校在进行第一批搬迁的同时，按照市委市政府“苦战100天，实现整体搬迁”的要求，加快推进各标段工程建设进度，完善新校园各项教学生活设施。截至2014年年底，整个工程项目已完成规划建设的90%，除中专部、护理学院未搬迁外，所有院部、行政职能部门全部搬迁完毕，基本实现了搬迁新校园办学的目标。

2014年12月16日省委书记强卫莅临学校新校园视察。他参观了机电一体化实训室、建筑工程实训室，在听取学校发展和新校园工程建设情况汇报后，给予了充分肯定。

第三节　新校区国有资产采购

2014 年 1 月起，学校根据新校区建设进度，分步通过公开招标程序采购，充实功能用房设备，以满足教学与生活需要。截至 2015 年新生入学前，完成 3211. 32 万元国有资产采购，其中学生寝室设备 1673. 65 万元，教室通用设备 271. 16 万元，实训教学设备 1266. 51 万元。采购项目如下表：

学生寝室设备采购清单

表 14－3－1

序号	支付项目	采购金额（万元）
1	寝室床柜（9600 人位）	1326. 3
2	寝室方凳 6000 张	36
3	寝室床柜增补采购 1000 人位	149. 75
4	学生寝室床柜（1200 人位）	145. 8
5	学生寝室方凳 2700 张	15. 795
合计		1673. 65

教室通用设备采购清单

表 14－3－2

序号	支付项目	采购金额（万元）
1	课桌椅 10000 人位	168
2	教室黑板 285 块	34. 513
3	教室黑板根标采购 130 块	14. 235
4	机房电脑桌椅	11. 7
5	机房桌椅	6. 925
6	报告厅座椅	27. 76
7	学前艺术楼阶梯教室座椅	8. 0304
合计		271. 16

实训教学设备采购清单

表 14－3－3

序号	支付项目	采购金额（万元）
1	艺术学院实训室	31. 6641
2	护理学院实训室	23. 7982

续表 14-3-3

序号	支付项目	采购金额（万元）
3	信息学院实训室 1 包	101.219
4	信息学院实训室 2 包	92.097
5	经管学院工商管理实训室	316
6	实训中心机房电脑 2 间	33.508
7	学前学院电钢琴	46.5
8	6 间机房 6 间语音室 1 包	137.697
9	6 间机房 6 间语音室 2 包	73.86
10	农产品检测实验室	103.78
11	装潢设计实训室	29.25
12	汽车检测与维修实训中心 1 包	128.58
13	汽车检测与维修实训中心 2 包	28.9265
14	塔式服务器等实训中心	24.2
15	继续教育学院电脑、服务器	23.498
16	多媒体投影设备护理学院	14.995
17	会计实训软件	9.9
18	鹤问湖多媒体 27 套	47.034
合计		1266.51

附录 1：

在九江职业大学新校园建设奠基开工仪式上的讲话

九江市人民政府市长　殷美根

（2012 年 10 月 30 日）

各位领导、各位来宾、同志们：

今天，我们在这里举行九江职业大学新校区建设工程奠基开工仪式。这既是九江职业大学发展史上具有里程碑意义的一件大事，也是我市教育事业发展史上的一件盛事，更是我市经济社会全面协调发展的重要标志。在此，我谨代表九江市委、市政府对工程的开工表示热烈的祝贺！向出席奠基仪式的各位领导、来宾表示热烈的欢迎！

近年来，市委、市政府以科学发展观为指导，在省委、省政府的正确领导下，坚持把教育摆在优先发展的位置，进一步优化结构、调整布局、使全市教育资源配置更趋合理，全市教育事业取得了长足发展。尤其是九江职业大学在合并重组后六年的发展，取得了社会公认的成绩，市委、市政府给予了充分的肯定，这既是九江职业大学全体教职员工积极努力的结果，也是全市上下大力支持的结果。

就是在这短短的六年里，九江职业大学坚持办好职业教育、服务区域经济和社会发展的办学宗旨，办学规模不断扩大，办学实力和社会影响不断增强，人才培养质量明显提高，已呈现出快速发展的良好势头，在实施科教兴市、人才强市战略中发挥了重要作用，取得了显著的成绩，赢得了社会的赞誉。随着学校办学规模的扩大，办学空间已经成为制约学校发展的一大难题，市委、市政府做出实施九江职业大学整体搬迁，以优化城区教育资源的重大决策，这是为发展我市的高等职业教育，并使之为九江的经济与社会发展提供智力支持与人才支撑的有力举措，这对加快我市高等教育发展，促进经济社会全面进步具有十分重要的意义。

九江职业大学新校区建设不仅列为九江市重大规划建设项目，而且列入了江西省重点调度建设项目。新校区按照“高起点规划，开放式办学”的理念规划建设，一定会成为我市又一个标志性民生工程。市委、市政府将对九江职业大学的建设给予更大的支持，为九江职业大学创造良好的发展环境。

希望九江职业大学和工程施工单位坚持“质量第一、安全第一”的建设理念，强化质量监督，落实工作责任，把新校区建设成为优质工程、精品工程和亮点工程；希望教育、财政、建设、国土等相关职能部门和九江职业大学加强协调，通力合作，全力以赴帮助学校解决新校区建设中的困难和问题，确保九江职业大学新校区建设按照市委市政府确定的建设时间节点顺利施工，于2014年9月1日以前实现搬迁。

同志们，教育是民族振兴的基石，办人民满意的教育是我们光荣而神圣的使命。我们相信，在省委、省政府的正确领导下，在市委、市政府的重视、支持下，通过学校和各职能部门的共同努力，把九江职业大学打造成为“长江沿岸、中部地区一流高职院校”的既定目标一定能够早日实现！九江职业大学一定要秉承过去的优良传统，办好人民满意的职业教育，为九江的赶超发展和绿色崛起做出新的更大的贡献！

谢谢大家！

附录2：

在新校区奠基仪式上的致辞

九江职业大学校长　卢志鹏

（2012年10月30日）

尊敬的钟书记、殷市长、尊敬的虞国庆厅长，各位领导、各位来宾、各位朋友：

大家好！

金秋十月，硕果飘香。在这美好的日子里，市委、市政府在这里隆重举行九江职业大学新校区建设项目奠基暨开工仪式。在这具有里程碑意义的美好时刻，我谨代表九江职业大学全体教职员工，向长期以来关心、支持学校发展的各级领导和各界朋友表示衷心的感谢！向莅临本次奠基仪式的各位来宾表示热烈的欢迎！

九江职业大学自2006年合并重组以来，已经走过了六年的发展历程。这六年，是学校实现融合、发展、跨越的六年，是改革、创新、创业的六年。六年来，在省市各级党政部门、各级领导及社会各界的大力支持下，全校师生员工众志成城，凝心聚力，奋起赶超，学校发生了巨大的变化：校园建筑面积由合并前的12万平方米增加到25万多平方米；固定资产净值增加1.8亿元；在校生由不足4000人增加到13000余人；办学规模迅速扩大，内涵建设不断加强，办学质量不断提升，办学特色日益彰显，并于2010年7月正式成为省级示范性高职院校立项建设单位；经教育部批准，学校已经成为国家级“幼儿园教师培训计划”项目实施高校、国家级服务产业发展能力立项建设专业院校、中央财政支持的实训基地建设院校、全国双新人才计划培训基地、全国模范职工之家、江西省文明单位、全省高校就业评估优秀单位、江西省高职自主招生院校、江西省定向培养农村中小学（幼儿园）教师及农村劳动力转移培训基地。

为了进一步整合城区教育资源，拓宽九江职业大学的发展空间，解决多校区办学的实际困难，支持九江职业大学的发展，市委、市政府领导高瞻远瞩，在中共九江市第十次党代会和九江市第十四届人代会第一次会议上，做出了九江职业大学进行整体搬迁的科学决策，并将新校区建设项目列入九江市政府的重点工程和江西省重点调度建设项目。这是省市领导和党政部门支持九江职业大学做大做强的又一重大举措，也为学校的发展提供了一个历史性的机遇。就九江职业大学新校区建设问题，市委钟利贵书记多次指示，并亲自审定建设规划，市政府殷美根市长多次召开市长办公会，就建设用地、启动资金、融资贷款等问题进行专项研究，并要求政府各相关部门全力支持九江职业大学新校区建设。项目责任领导吴锦萍同志亲自调度和协调相关事宜，确保项目的快速推进。这充分体现了市委、市政府对学校建设发展的关心与支持，成为我们加倍努力工作的巨大动力。在新校区建设的筹建过程中，各级领导多次到工地现场办公，解决各种实际困难，为新校区的建设付出了辛勤的劳动。在这里，我谨代表九江职业大学全体师生员工，向支持与帮助学校发展的各位领导、各界朋友再次表示衷心感谢！

九江职业大学新校区占地面积901亩，总建筑总面积36万多平方米，总投资约10亿元，按照15000名在校生的完善功能设计。新校区建成后，将从根本上改善学校的办学条件、扩展办学空间、增强办学能力、提高办学水平，对我市经济社会的发展必将起到积极的推动作用。作为九江唯一的市属高校，我们将以此为契机，全面深化内涵建设，加快发展，全面提升学校的整体实力和办学水平，为九江“强工兴城”和沿江大开发战略的实施做出更大的贡献。

今天，我们感动的不仅仅是一份关怀和支持，更是一份期盼和希望；我们接受的不仅仅是一份深情和祝福，更是一份使命与责任。请大家相信，九江职业大学的全体教职员工一定会以感恩之心，创业之志，科学之举，把握机遇，趁势而上，勇创第一，办人民满意的教育，以此来回报各级领导的关怀，回报所有关心支持九江职业大学发展的领导和社会各界人士！

最后，衷心地祝愿各位领导、各位嘉宾工作顺利、事业有成、身体健康！

谢谢大家！

第十五章　二级学院简介

第一节　师范学院

师范学院是九江职业大学最大的二级教学院部之一，历史悠久。从历史沿革来看，她的前身是清光绪二十九年（1903 年）在濂溪书院旧址上创办的“九江府立中学堂”。民国 16 年（1927 年）秋，在九江中学堂女生部的基础上成立省立第三女子中学，民国 22 年（1933 年）更名为省立九江女子师范学校。1949 年更名为江西省九江师范学校。2001 年，为拓宽办学途径、提升办学层次，原九江师范学校与原九江师范专科学校（后与九江医学专科学校、九江军输财经高专、九江教育学院合并组建现为九江学院）达成联合办学的合作协议，招收培养五年制专科学历层次的小学教师。

2005 年 4 月 15 日，省政府办公厅下发《关于同意将九江师范并入九江职业大学的函》文件，同意将九江师范学校并入九江职业大学。按照省教育厅《关于开展小学和幼儿园教师培养工作专项评估的通知》精神，原九江师范学校以九江职业大学名义于 2005 年 9 月向省教育厅申报了师范类语文教育、数学教育、英语教育、现代教育技术、音乐教育、美术教育 6 个大专招生专业，同年 12 月通过了省教育厅组织的专家评估，2006 年 3 月省教育厅批复同意新增语文教育、数学教育、英语教育、音乐教育 4 个大专招生专业。

2006 年 4 月 30 日九江师范学校与九江职业大学合并重组，2006 年 8 月师范学院在原九江师范学校（改称为长虹校区）正式挂牌。长虹校区设校区管委会，协调驻长虹校区的师范学院、艺术系及中专部的日常管理工作。原九江师范学校 2400 余名在校生改为院系管理，其中五年制大专生的 4—5 年级学生属师范学院，音乐、美术类学生属艺术系，其余学生属中专部。原九江师范学校的专业教师分别归属于师范学院（教育、心理专业）；艺术系（音乐、美术专业）；文传系（语文专业）；外语系（英语专业）；中专部（理化生、历史、地理等）；公共教学部（政治、数学、体育课程）。

2006 年 8 月，师范学院招收首届高中起点三年制大专学生，招生专业为语文教育、数学教育和英语教育三个专业，共招新生 6 个教学班（英语 3、语文 2、数学 1）287 人。加上五年制 4、5 年级大专生共有在校生 575 人。

2007 年 8 月，学前教育专业从师范学院划出，单独成立学前教育系。

2007 年 9 月，师范学院整体搬迁至鹤问湖校区。共有三年制、五年制大专生 1405 人。

2008 年 8 月，因教学工作的实际需要，师范学院正式组建了语文教育、数学教育、英语教育及教育心理教研室，有专职教师 38 人，在校生 2073 人。

2009 年 8 月，因庐山旅游中专并入九江职业大学，学校对学院班子进行调整，教师队伍因全员聘任而得以扩充。同时，为做大做强师范品牌，学校拟组建大师范学院，下辖基础教育系（即原师范学院）、学前教育系、艺术系，各系教师队伍、办学专业、在校生不变。后因各种原因大师范学院设想未能正式实施，仅将原师范学院更名为“基础教育系”。2010 年 1 月，根据办学及扩大社会影响的需要，恢复原师范学院名称，教师队伍由原来 38 人扩大到 69 人，并增加了现代教育技术招生专业（此专业学生后于 2011 年划归信息工程学院）。仅在 2009 年 9 月—2009 年 12 月期间，师范学院曾使用过“基础教育系”的名称。

2013 年上学期，学校批准院部正式设置二级机构，师范学院下设办公室、教务科、学工科。

至 2014 年年底，学院有专任教师有 63 人，研究生学历 23 人，享受国务院特殊津贴者 2 人，省高校中青年骨干教师 2 人；教授 12 人、副教授 13 人，讲师 28 人。学院现有院党总支、院行政，下辖办公室、教务科、学工科、院团委等二级机构以及语文、数学、英语、教育心理四个专业教研室。2014 年 12 月，有五年制（三年级至五年级）、三年制大专在校生 50 个班级，2300 人。有三年制和五年制的语文教育、英语教育和数学教育三个专业（注：原现代教育技术专业于 2011 年调整到信息工程学院；文秘专业曾于 2011 年由文化旅游学院调整到师范学院，2012 年招生，2013 年经学校批准停止招生）。2006 年 3 月省教育厅批复同意新增语文教育、数学教育、英语教育、音乐教育四个师范类大专招生专业，其申报材料中附有各专业的人才培养方案。2006 年 4 月，二校进行实质性合并，同年 8 月，师范学院开始招收语文教育、数学教育、英语教育专业学生，执行以上人才培养方案。

语文教育开设的主要专业课程：中国古代文学、中国现代文学、中国当代文学、外国文学、汉语基础、古代汉语、文学概论、美学、写作、中小学语文课程标准与教法、教育学、心理学、现代教育技术、现代教育制度与思想。

数学教育开设的主要专业课程：数学分析、空间解析几何、线性代数、概率与统计、数学建模、常用数学软件、中小学数学课程标准与教法、教育学、心理学、现代教育技术、现代教育制度与思想。

英语教育开设的主要专业课程：英语阅读、英语泛读、英语视听、英语写作、英美概况、英语翻译、中小学英语课程标准与教法、教育学、心理学、现代教育技术、现代教育制度与思想。

现有四个专业教学团队（语文、数学、英语及教育、心理），其中语文教学团队是省级教学团队；学院有省级精品课程一门（教师口语），校级精品课程 5 门；省级特色专业一个（语文教育专业）。主要制度和条例有：《师范学院教师教学常规管理的若干规定》《师范学院教研活动制度》《师范学院教学常规检查方案》《师范学院大一学生教育观摩实施方案》《师范学院大二学生教育见习实施方案》《师范学院大三学生教育实习实施方案》《师范学院师范生基本技能考核条例》《师范学院毕业生就业工作考评制度》等。师范生基本技能训练与教育见习、实习是师范教育的重要环节，为提高学生的综合实践能力，结合省“人才创新实验区”项目及部分省级科研课题的研究成果，提出并实施“全程渐进式实践教学模式”，即将基本技能训练与考核、教育观摩、教育见习、教育实习、毕业设计等教学环节进行一体化、全程渐进式安排，发挥其教育的综合效能。师范生基本技能：将语言文字（普通话、三笔字）、音乐（视唱、器乐）、美术（简笔画、板报设计）、体育（队列）、计算机（课件制作）等技能的学习、训练、考核工作自大一至大三系列化、全程化，并制定考核实施方案，出版教材《教师职业技能实训教程》。

教育观摩：在大一下学期进行（2010 年开始实施），组织学生用一周的时间到小学进行教育观摩，主要内容是观摩及考察一所小学的基本情况，访谈小学教师、学生及家长，建立对小学的基本情况感性认识。方式有到学生原就读的母校或市内的定点学校。学院制定有“师范学院教育观摩实施方案”。教育见习：在大二上学期进行（2007 年起实施），利用国庆节长假后一周的时间，组织学生到小学进行见习，主要内容是听课、批改作业、参与班会及板报制作，撰写见习小结。学院制定有“师范学院教育见习实施方案”。教育实习：在大三下学期进行，时间为一学期（前 8 周为毕业实习，后 8 周为顶岗实习）。主要内容是听课、授课、板报、主题班会等。学院制定有“师范学院教育观摩实施方案”。实习方式同上。毕业设计：2007—2009 年要求学生在毕业前提交毕业论文，学院组织教师对毕业论文进行评审和论文答辩，2010 年起，将毕业论文改为毕业设计，毕业设计的内容是提交“五个一”，即一节说课及说课稿、一节授课及教案、一个课件、一次主题班会方案、一个板报设计方案。“五个一”纸质材料装订成册，进入学生档案。该五项内容，在大三学年（五年制大专为第五学年）上学期的 11—12 月中旬进行，在教师的指导下，各班级组织评审，并推选出优胜者参加学院的竞赛与表彰。学院制定有实施方案。

有各种专业实训室：微格教室四间、录播教室一间、多媒体教室八间、书法训练室二间、数字化语音教室三间、现代教育技术实训室二间、礼仪训练室、心理咨询室、舞蹈教室各一间，能满足各专业教学、实验及实训的需要。

2013 年年底，师范学院专兼职教师参加研究的国家级课题 5 项，省部级课题 116 项（主持 20 项）；编辑出版学术专著、教材 98 部（其中主编 23 部，副主编 32 部），在各级各类学术刊物上发表论文 412 篇，发明专利 4 项。

学院先后有 2007 语文教育（3）班（班主任石舞潮）和 2009 语文教育（3）班（班主任黄遇铭）荣获团省委、省教育厅、省学联授予的“江西省先进班集体”荣誉称号。学院教师（李欢）和学生（王丹、傅燕，张晓慧、孙晶）先后赴美国路易维尔市杰弗逊社区职业学院交流学习。组织参加全省数学建模大赛、大学生职业技能竞赛及征文活动，有近百人次获省级以上奖励（其中获全国大学生数学建模竞赛专科组一等奖的有：苏冠华、刘美娟、孙金波，指导教师：李建华）。有多位同学先后出版自己的文学专著，如 2007 语教（1）班邵尉在校期间出版个人诗集——《浔迹》，毕业后又主编《80 后文学选文集》二卷（诗歌卷）（散文卷）；2009 语教（3）班黄存平在校期间出版个人文学作品集——《脚步》等。

由2007数学（1）班简文婷等同学于2010年暑假创办的“蜗牛”义务教育辅导班，每年利用寒暑假期，组织学院同学，在德安、鹰潭等地的农村山区面向社会贫困家庭及留守儿童，开展爱心家教活动。《九江一周》《鹰潭日报》、“鹰潭电视台”和《赣东都市报》《光明日报》《中国青年报》记者都曾专程前往支教点进行采访并做专版报道。“蜗牛”义务辅导班成为省教育厅“创先争优”优秀案例。

师范学院成立后，共招收九届三年制大专学生，计3451人（2006—2012级）；五年制大专学生，总计1727人（2004—2010级），已培养语文、数学、英语及现代教育技术等专业毕业生3014人。经过多年的积极探索，逐步形成了“一专多能、综合培养”的人才培养模式，毕业生“下得去、留得住、用得上、教得好”，呈现出基础扎实、作风朴素、敬业奉献的特点，在平凡的工作岗位上默默耕耘，成为支撑广大农村基础教育事业发展的重要力量。

学院共有学生社团组织多个，组织开展了丰富多彩的课外活动。坚持开展朗诵、征文、辩论、书法、讲课、讲故事、心理剧、寝室文化节、教室文化节等系列活动。其中春晖文学社、“蜗牛”义务辅导班、蒲公英口才协会、Raindew英语社团、教师希望之星社团和雄云书法协会等，成绩突出。先后编印《春晖》刊物12期，举办了十届智慧杯辩论赛、六届“春晖杯”诗歌朗诵大赛、六届心理剧大赛、五届寝室文化节、五届社团文化月、三届蒲公英杯讲故事大赛及心理剧展演、英语演讲比赛，英语话剧表演等。

2007年1月，学院党总支成立，下设教工党支部，熊细滚担任学院首任书记，总支委员由熊细滚，钱桃英和刘慧玲组成。2008年9月，经学校党委批准，学院党总支内增设学生党支部，冯祺和丁璐分别担任教工和学生支部书记。2012年6月，因工作调整，方波接任党总支副书记（主持学院党总支工作）。组织委员为熊十华，宣传委员为江茶英。2013年11月，因学校中层干部内部轮岗，教工党支部书记为江建民，学生党支部书记丁璐。总支共有党员105人（其中教工党支部正式党员30人，学生党支部正式党员33人，预备党员42人），入党积极分子87人。2012年度学院党总支被评为市直工委先进基层党组织。

学院的目标定位是：将学院建设成为义务教育师资培养基地、培训基地和教学科研基地，为建设九江一流的义务教育提供强大的人才和智力支撑！

教育理念：唯有一流的教育，才有一流的国家；唯有一流的教师，才有一流的教育。规范管理、以德育人、强化实践、突出能力、彰显个性、全面发展。教育科研兴教、改革创新强院。立足课堂、延伸课外、融入社会、追求个性多元化、人格高尚化、知识专业化、能力职业化。教师兢兢业业教书、勤勤恳恳育人，学生认认真真读书、扎扎实实训练。

第二节　学前教育学院

学前教育学院的前身是1903年在濂溪书院旧址上创办的“九江府立中学堂”。1927

年秋，在九江中学堂女生部的基础上成立省立第三女子中学，1933 年为省立九江女子师范学校，1949 年更名为省立九江师范学校。1979 年九江师范学校创办幼师专业，是新中国成立后江西省最早创办的幼师专业的学校，学制为三年制中专。2001 年，原九江师范学校挂靠原九江师范专科学校在原有三年制中专幼师的基础上开办五年制学前教育大专专业。2006 年 4 月，九江师范学校与九江职业大学合并重组，学前教育专业隶属师范学院。2007 年 8 月，学校单独成立学前教育系，2008 年 3 月，江西省教育厅批准九江职业大学招收三年制大专学前教育专业。形成既招收高中毕业起点三年制大专又招收初中毕业起点三年制中专和初中起点五年制大专的三个不同学制的学前教育体系。2010 年学前教育系更名为学前教育学院。

学院内设机构有办公室、教务科、学工科、团委，下设三个教研室。

截至 2014 年底，学院共有教师（包括教学人员和行政人员）58 人。教师队伍从职称构成看，教授 1 人、副教授 8 人、讲师 21 人、助教及以下 28 人；从学历构成看，全日制硕士研究生教师 8 人，已取得在职硕士学位证书的教师 8 人，在职在读硕士学位证书的教师 10 人，研究生学历教师占总人数的 44.8%；从性别构成看，学院有男教师 15 人，女教师 43 人；从实践能力看，学院拥有双师型和双师素质型教师 27 人。

2014 年，学前教育学院下设 3 个教研室，分别为儿童发展教研室、基础理论教研室和艺术素养教研室。

儿童发展教研室共有 12 名教师，其中全日制研究生 8 名，研究生学历比例为 67%。教研室的主要任务是：承担学前卫生学、学前心理学、学前教育学、幼儿园领域教学等专业核心课程和基础课程的教学工作；设计学前教育专业人才培养方案，整合专业教学大纲；申报和组织江西省幼儿园教师国家级培训项目；申报、设计、筹建、管理专业实训室，如幼儿园模拟教室、幼儿行为观察室、早期教育实训室、儿童玩具馆、儿童卫生保健实训室；参与国家级学前教育专业教学资源库建设等。

基础理论教研室共 19 名教师，其中副教授 6 名，所占比例为 32%。该教研室的主要任务是：承担语文、英语、数学、思想政治、计算机、体育等基础课程的教学工作；语文组 6 名教师承担儿童文学、教师口语等专业课程的教学工作，培养学生掌握讲故事的基本技能，并进行考核；英语组 6 名教师承担大学英语等级考试的相关培训工作。

艺术素养教研室共 27 名教师，分乐理、钢琴、舞蹈、美术四个组，负责人分别为周珉、陈钊、刘倩、张慧敏。该教研室的主要任务是：承担学前教育专业艺术类课程、幼儿园艺术教育（音乐和美术）的教学工作；制定艺术技能考核标准并进行考核；组织学生参加各类艺术比赛或技能竞赛；筹备和组织各类演出、画展；管理数码钢琴实训室、舞蹈实训室、手工实训室等。

通过不断加强专业团队建设，自 2006 年以后，学院教师在教师专业技能竞赛和指导学生参加省级比赛，有 24 人至少获得 1 项省级奖励，占全院教师人数的 40%。

学前教育专业在学制上包括高中毕业起点三年制大专、初中毕业起点的三年制中专和五年制大专三类。

学前教育专业开设的主要专业课程有：幼儿心理学、幼儿教育学、幼儿卫生学、幼儿文学、幼儿教师口语、幼儿教育史、幼儿语言教育、幼儿健康教育、幼儿科学教育、幼儿社会教育、幼儿艺术教育、幼儿园环境创设、音乐、舞蹈、钢琴、美术、手工等。

学前教育学院立足于“重视儿童早期健康教育、人格养成、潜能开发”的理念，在“校企合作、工学结合”的职业培训模式的基础上，结合幼师生培养的特点，提出了一种具有示范引领作用的学前教育人才培养模式——“校园合作，学训交替，五环促进”。“校园合作”指学校和幼儿园深度合作，共同组建专业指导委员会，指导合作活动的开展，幼儿园参与人才培养全过程，共同制定人才培养方案、共同培养幼教人才，定期不定期开展教研活动，形成校园互动的长效运行机制。“学训交替”指学生从进校到毕业，形成一个理论学习与实习实训交替进行、专业培养环环相扣、课堂教学与基地实习梯级推进的教学体系，实习实训包括幼儿园一日观摩、一周见习、一月实习和半年顶岗实习。“五环促进”是指学生由入校到毕业经过“专业感知”“录像观摩”“活动设计”“模拟教学”到“顶岗实习”五个阶段。该培养模式具有“师范性”和“职业性”的双重特点，提升了学院人才培养质量。

作为江西省示范性院校建设财政重点支持专业项目，自 2010 年至 2012 年，学前教育学院新建或扩建了多间实训室，目前已建成体系比较完备的校内实验实训中心，拥有儿童卫生保健实训室 1 间、儿童行为观察室 1 间、幼儿园活动模拟教室 1 间、儿童玩具馆 1 间、早期教育实训室 1 间、手工实训室 2 间、奥尔夫音乐教室 1 间、舞蹈实训室 5 间、数码钢琴教室 5 间。除实训室外，学前教育学院还注重建设校内实习基地。2008 年由九江职业大学独立投资兴建并承办的全日制公办幼儿园——九江职业大学附属幼儿园成立。截至 2013 年 7 月幼儿园有 6 个教学班，其中宝宝班 1 个、小班 2 个、中班 2 个、大班 1 个，幼儿 190 人。幼儿园教职工 23 人，其中园长 1 人、园长助理 1 人、专职教师 12 人、保育员 7 人、厨房后勤人员 2 人。

学前教育学院教师自建院后已经独立完成 2 门省级精品课程、1 门校级精品课程的建设工作；2008 年学前教育系成功申报省级特色专业；2010 年学前教育学院成功申报省级示范性高职院校建设专业、省级教学团队。学院教师近年来共主持 5 项省级以上科研课题，其中 3 项已结题［皆为江西省高等学校教学改革研究（一般课题），项目名称为《高职院校学前教育特色专业建设研究》《高职学前教育专业“模拟实习”教学研究》《初中毕业起点五年制学前教育专科学历教师培养模式研究》］；主持 7 项校级科研课题，其中 5 项已结题；参与 1 项国家级科研课题并已结题；参与 11 项省级科研课题，其中 6 项已结题。学院教师自 2006 年来积极参与教材和专著建设工作，已完成 17 册教材或专著的撰写。其中，由学院教师担任主编的有 3 册，即《学前儿童语言教育》《实用儿童弹唱曲选》《幼儿舞蹈教学与创编》，担任副主编的有 9 册。学院教师近年来在省级以上刊物发表论文 132 篇，核心刊物发表 4 篇，各级学会年会上获奖论文 3 篇。自主研发新型实用专利 11 项，如多功能钢琴指法训练器、美术作品展架、舞蹈用钢管等。

学院自有社团包括舞蹈协会（民族舞、街舞、爵士舞、拉丁舞、现代舞、健美操）、球类协会（羽毛球、排球、篮球）、手工协会、书法协会、动漫协会，自主开展特色活动。由院团委和各学生社团组织的活动丰富多彩，主要为：演出活动，包括元旦晚会、迎新晚会、中秋晚会、毕业晚会、时装表演等；比赛类活动，包括长虹校区趣味运动会、五项全能大赛（弹唱、教案设计、跳、画、讲）、钢琴大赛、舞蹈大赛、十佳歌手大赛、合唱大赛、儿童话剧比赛、大学生心理情景剧大赛、演讲比赛、“三笔字”大赛、小能手比赛、寝室文化大赛、羽毛球赛、辩论赛、创意海报大赛、五子棋比赛等；展览类活动，包括美术作品展、手工作品展等；志愿服务活动，包括卫生保洁、看望留守儿童等。

2010 年 5 月 17 日，学前教育学院协助复旦大学出版社在九江主办第三届全国学前教育高峰论坛。2011 年 7 月 10 日至 11 日，学前教育学院代表学校联合北京师范大学教育学部主办“2011 中国 · 庐山学前教育高峰论坛”。2011、2012、2013 年学院连续 3 年获得“教育部、财政部‘国培计划’幼儿教师”培训项目，并已顺利完成此三年的农村幼儿园教师短期集中培训项目、农村幼儿园转岗教师培训项目、农村幼儿园骨干教师置换脱产研修项目和非学前教育专业毕业生适应性项目，共计培训江西省九江地区学前教育师资 1415 人，培训天数累计 345 天。目前，学前教育学院拥有多门省级和校级精品课程，建成体系比较完备的校内实验实训中心、1 个校内实习基地（九江职业大学幼儿园）、30 多个优质校外实习基地。

2007 年学前教育系成立时招生总人数 297 人，2013 年招生总人数达到 888 人，增长率为 199%。不同学制招生人数增长方面，尤其体现为三年制大专生数量的增长，五年制大专生招生数量自 2011 年起增长迅速，三年制中专生数量则保持在比较稳定的水平。学院在校学生规模已近三千人。学生培养质量获得社会肯定，招收学生覆盖内蒙古、青海、甘肃、河南、江西、福建、贵州、云南等地。作为学校的优势特色专业，学前教育学院在学校 2012 年 12 月“江西省教育厅 2012 年人才培养工作评估”（第二轮）、2013 年 1 月“江西省示范性高职院校建设”项目验收两项工作中，承担了重要任务。

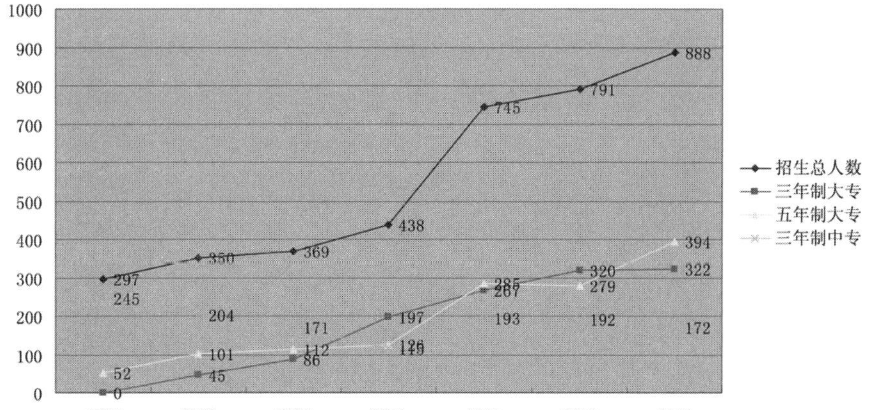

图 1　学前教育学院 2007—2013 年招生人数

学前教育专业是省级特色专业，也是就业率高的专业，自三年制大专首届毕业生离校后的就业率高达 100% 。

2010—2014 年学前教育学院各班级班主任任职情况一览表

表 15 -2 -1

毕业时间	班主任	学制
2010.7	吴静、吕红梅	五年制大专
	周珉、陈敏常、劳晓红、黄淑秋、周红	三年制中专
2011.7	方方	三年制大专
	胡文喆	五年制大专
	曹颖、张慧敏、刘彩霞、陈聘婷	三年制中专
2012.7	陆辉、王晶	三年制大专
	徐倩	五年制大专
	雷颋、闵洁、李永忠、涂骅	三年制中专
2013.7	文其云、黄芳、汪琴、肖译	三年制大专
	陈钊、李丽珍	五年制大专
	段展华、孔继红、雷鸣	三年制中专

2007 年 8 月伴随学前教育系单独成立，学前教育系党总支诞生。2010 年，学前教育系更名为学前教育学院，党总支也更名为学前教育学院党总支。目前党总支书记为崔小斌，副书记吕红梅。学院党总支下设教工党支部和学生党支部。教工党支部书记为余景丽，组织委员胡文喆，宣传委员徐倩。学生党支部书记为陈钊，组织委员成珊珊，宣传委员洪碧贤。截至 2013 年 6 月，学院共有教师党员 22 人，学生党员 32 人。党组织开展了民主生活会、集中学习、参观爱国主义教育基地、关心贫困生献爱心、“学雷锋”服务社区、义务献血等活动，在党的组织建设上扎实推进。

第三节　艺术学院

艺术学院的前身是原九江师范学校艺术专业，2006 年 4 月，九江师范学校与九江职业大学合并重组，为了便于组织教学，原九江师范学校艺术教研组独立设置九江职业大学艺术系。2009 年 9 月，随着江西庐山旅游中专并入九江职业大学后的专业及院系调整，同时学校为做大师范教育品牌，设想设置一个大师范学院，下设基础教育系、学前教育系、艺术系。由于管理层次的增加，给教育教学工作带来诸多不便，但没有建立实质性的大师范学院的管理体系，依旧实行的各系的自主管理。于 2011 年 1 月撤销师范学院下设系的建制，单独成立艺术学院。

学院内设机构有办公室、教务科、学工科、团委，下设三个教研室。

艺术学院 2014 年年底，有教职工 37 人，其中专任教师 29 人，教师中副教授 8 人，讲师 10 人，助教 16 人，并外聘客座教授 2 人。在校学生共 450 人。设有：音乐、美术、舞蹈等三个教研室。开设 20 余门公共必修和专业必修、选修课程，并面向全校开设多门公共选修课程。

合并前的九江师范学校艺术教研组下设有音乐教育、美术教育 2 个三年制中专专业。2005 年 4 月 15 日，省政府办公厅下发《关于同意将九江师范并入九江职业大学的函》，批复九江师范学校并入九江职业大学，按照省教育厅《关于开展小学和幼儿园教师培养工作专项评估的通知》精神，原九江师范学校以九江职业大学名义于 2005 年 9 月向省教育厅申报了师范类音乐教育、美术教育大专招生专业，同年 12 月通过了省教育厅组织的专家评估，2006 年 3 月省教育厅批复同意新增音乐教育三年制大专招生专业，2008 年增设艺术设计专业，2011 年增设美术教育专业。

美术教育专业主干课程：色彩、素描、中外美术史、艺术概论、中国画、油画、版画、漆画、书法、综合材料应用、艺术市场分析、艺术品鉴赏与市场评估、艺术区市场营销与策划。

音乐教育专业主干课程：电声乐队四大件、流行萨克斯、各类管乐、灯光音响、流行和说唱、基础舞蹈、电脑音乐制作、声乐、器乐、音乐理论基础。

音乐教育专业主干课程（艺体方向）：爵士舞、现代舞基训、成品舞、拉丁舞、民族舞、舞蹈教学法、编导、唱歌、民俗文化分析、民乐古筝。

艺术设计专业主干课程：脑平面设计、广告招贴设计、包装设计、书籍装帧设计、商业摄影、VI 设计、展示设计。

随着高等教育大众化进程的不断加大，自 2006 年至 2012 年，艺术学院在校生已由最初的 100 名增至 550 余名，由最初的一个三年制音乐教育大专专业扩大到现在的音乐教育、艺术设计、美术教育、装潢设计 4 个专业共计 15 个教学班级。2014 所招收三年制大专生 162 人，五年制大专生 36 人，三年制中专生 169 人（其中美术设计与制作 22 人，学前教育 144 人，音乐教育 3 人），合计 367 人。

特色创新是艺术学院新的高等教育模式的本质，也是最核心的主题。因而结合艺术学院的学生实际，结合艺术学院的专业教学及管理现状的特殊性，艺术学院着重加强了对专业人才培养及培养体系的研究与实践，在理念和实践上都得到了创新，实现了从“小艺术”到“大教育”，从“小而稳”到“大而强”的观念转变。把扩大规模，提高质量，在竞争中求生存、在发展中显特色的办学思想，把艺术特色教育作为全面发展教育的突破口来抓，争取办学效益最大化，办学模式最优化。

艺术学院主要分为音乐与美术两大类专业。教师与学生代表学校参加各级各类音乐、舞蹈、美术比赛、演出、展览，同样取得了优异的成绩，展现了学校精神风貌，提高了学生的社会实践能力，增强了学校的社会影响力。2010 年至 2014 年年底，喻松明老师指导的学生崔丽及学前学生谭梦莹创作的作品《小丫》《春韵》参加全国第二届大学生艺术作品展，获一等奖、二等奖的好成绩。2011 年初，07 级音乐班韩涛涛获香港青少年艺术节萨克斯组冠军。2013 年年初，由江西省职业教育学会主办、省职教学会艺术专业委员会承办的“江西省第五届职业院校艺术专业师生作品设计大赛”，教师组曾凡伟、程菲、郑豪等老师的作品分获各类的一、二、三等奖。学生组 2012 级美术教育班金海乐和 2011 级装潢艺术（2）班米润翔双获一等奖。6 月，由江西省教育厅举办、学校教务处组织艺术学院、学前教育学院师生参加的《“园丁之光”——全省中小学教师暨教师教育院校师生才艺比赛》，由杨璇老师指导的学生舞蹈作品《花腰花》获得二等奖。12 月份举行的江西省第六届教学成果奖中，程菲、苏晓鸿老师双双摘得金奖，张伟、曾凡伟等老师获得银奖。学生组金海乐、徐挺翔等同学也分别获得了银奖和铜奖的好成绩。

按照《教育部关于进一步加强中小学艺术教育的意见》精神，强调指出要加大中小学音乐、舞蹈、美术教师的培养力度，保证艺术教育质量。制定了相关的学校公共艺术教育指导方案。为全面实施校园公共艺术课程做了大量的准备工作。多年来，在学前教育学院、师范学院、护理学院、中专部等非艺术类专业学生中开设了一定数量的艺术类公共课，对提高学生的艺术素养，充分激发学生的自信心和创造力，促进德智体美全面和谐发展发挥了积极的作用。学院积极整合校内外资源和力量、齐心协力全面实施学校公共艺术教育工作。要充分发挥学校艺术教师的特长和研究成果，在开足开齐教育部《课程教学大纲》中提出的艺术限定性课程的基础上，开设独具学校特色和九江文化特色的艺术任意课程和系列专题讲座，以满足学生的不同兴趣和需求；同时，学校积极做强做好大学生群众性文艺活动的系统化、规范化、制度化建设工作，特别是进一步加强学生团队文艺演出、艺术类实践课程和艺术类社团的指导和开展，大力营造校园公共艺术教育工作氛围，丰富校园文化生活。

由艺术学院牵头成立的九江职业大学艺术团负责指导全校学生艺术活动。艺术团目前组建的铜管乐队、舞蹈队、健美操队、合唱团、电声乐队等，适时地为学生提供了更多的学习实践的机会。长期以来，艺术团坚持大力开展各类主题突出、思想性强、极具教育意义、内容丰富和形式多样的学生文化艺术活动，这些活动使更多大学生投身到校园艺术实践活动中去。艺术团努力拓展高雅艺术教育渠道，积极承接国内的著名艺术团队和在海内外享有盛誉的著名艺术家到校举办演出、讲座，使广大学生感受高雅、贴近艺术，与名家大师零距离。2013 年，中央歌剧院组织了高雅艺术走进了我们的校园活动，水彩画艺术家李杏先生，香港著名歌手邝美云等国内外享有盛誉名人到校进行演出讲学。在美术专业方面，2010 年 4 月份邀请了来自中国建筑学会室内设计分会 27（江西）专委会专家巡讲团的三名著名室内设计师徐乐城、李海林、闫京从实践案例分析、徒手画技法、学习技巧等方面与师生进行互动交流。同年 6 月又邀请中央美术学院陈开民教授进行关于国画的讲座，通过现场挥笔作画，给广大教师展示了著名画家的风采。音乐方面，为加快艺术学院的内涵建设，更好地引领专业化发展，扩大社会的美誉度和影响力，学院特邀请了著名音乐人卞留念先生做客学院，对学院的工作给予指导。通过专家学术讲座，不断提高教师分析和反思的水平，提高专业能力。

实践教学是整个艺术设计专业教学过程的一个重要环节。为了保证本专业学生的实践实训，艺术系继续加大教学设施投入力度，所购设备坚持以生产型为主，加强校内实训基地建设，同时在校内建一批实训、就业一体化实践基地。为保证学生在动手设计等方面的练习，提高学生的专业创作能力和技巧，为将来学生从事就业和专业创作奠定一个坚实的基础。设施有舞蹈实验实训室、音乐教室实验实训室和美术教室实验实训室。

2006—2011 年艺术学院各班级班主任任职情况

表 15－3－1

年级	班级	班主任	学制
2006	音乐教育班	周颖	三年制
2007	装潢艺术设计班	黄家晶	三年制
2007	艺术设计班	匡全农	三年制
2007	音乐教育班	周颖	三年制
2008	装潢艺术设计班	张伟	三年制
2008	艺术设计班	王潇雨	三年制
2008	音乐教育班	李素馨	三年制
2009	装潢艺术设计班	程菲	三年制
2009	艺术设计班	蒋剑霞	三年制
2009	音乐教育班	张毅	三年制
2010	装潢艺术设计 1 班	张超	三年制
2010	装潢艺术设计 2 班	韩芳	三年制
2010	艺术设计 1 班	唐健	三年制
2010	艺术设计 2 班	曾凡伟	三年制
2010	艺术设计 3 班	袁敏	三年制
2010	音乐教育班	刘长洪	三年制
2011	装潢艺术设计 1 班	胡亮	三年制
2011	装潢艺术设计 2 班	张伟	三年制
2011	艺术设计班	刘佳	三年制
2011	音乐教育 1 班	朱洁	三年制
2011	音乐教育 2 班	郑佳宁	三年制

2008 至 2010 年，艺术学院学院员工 42 人，行政人员 7 人，专职教师 34 人，琴房管理员 1 人，副教授 9 人，讲师 11 人，主要承担专业艺术教育、公共艺术教育教学、学校整体艺术活动的组织开展；学院设党总支委员会，支委 5 人，设有教工支部、学生支部各一个，教工支部支委 4 人，党员 11 人，学生支部支委 4 人（教师党员兼）学生预备党

员5人，入党积极分子25人。2011至2012年，学院员工43人，行政人员7人，专职教师34人，琴房管理员1人，副教授9人，讲师11人，主要承担专业艺术教育、公共艺术教育教学、学校整体艺术活动的组织开展；学院设党总支委员会，支委5人，设有教工支部、学生支部各一个，教工支部支委4人，党员10人，学生支部支委4人（教师党员兼）学生党员6人，预备党员5人，入党积极分子19人。2013年，全院学生递交入党申请书216人次，转预备党员8人，转正二批次6人，确定入党积极分子50人。院有党员10人，教工党员8人，在校学生党员2人，占全院学生比例3.7%，设教工和学生两个党支部，教工支部正式党员8人，学生支部在校正式党员2人，预备党员6人。

第四节　文化旅游学院

文化旅游学院的前身为1996年原九江职业大学创立的文秘法律系。2003年学校进行专业整合，文秘法律系拆分为综合教学系和外语系。2006年九江师范学校与九江职业大学合并重组，12月，综合教学系更名为文化传播系。随着在校生人数逐年增加，文化传播系（兼任全校大学语文公共课教学）和外语系（兼任全校大学英语公共课）的师资力量也得以充实。2009年江西庐山旅游中专整体并入九江职业大学，学校进行院系专业整合，将文化传播系与外语系进行整合，正式组建文化旅游学院，同时撤销原文化传播系、外语系。当时学院设有中文教研室，外语教研室，旅游文化教研室，招收文秘、商务英语、涉外旅游（韩语方向）、涉外旅游（英语方向）、酒店管理、旅游管理6个专业学生。2012年7月，学校根据市场人才的需求，经过反复论证增设旅游管理（国际海乘方向）和旅游管理（航空服务方向）两个专业。同年8月学校进行院系结构调整，原中文教研室以及文秘专业并入师范学院。调整后学院保留外语教研室、旅游文化教研室两个教研室，招生专业为商务英语，酒店管理，旅游管理，旅游管理（航空服务方向），国际邮轮乘务，旅游管理（高铁乘务方向）6个专业，其中国际邮轮乘务、旅游管理（航空服务方向）、旅游管理（高铁乘务方向）为校企合作定向就业专业或专业方向。

商务英语专业主干课程：英语精读、英语听力、英语口语、商务英语、外贸函电、国际贸易理论与实务、国际金融、报关实务、电子商务、日语、外贸谈判。

酒店管理专业主干课程：酒店管理概论、酒店前台管理、餐饮服务与管理、酒店人力资源管理、食品卫生营养学、酒店旅游法规、酒店公共关系、酒店营销。

旅游管理专业主干课程：旅游地理、导游业务、旅行社经营管理、旅游经济学、旅游英语、旅游公共关系、市场营销、中国旅游文化、旅游文学作品赏析。

国际邮轮乘务专业主干课程：邮轮概论、邮轮乘务服务与管理、旅游英语、邮轮专业英语、英语听说、管理学基础、旅游学基础、顾客心理学、海事法规、邮轮餐饮、客服管理、形体训练、船员适任证书与海船基本安全证书培训。

旅游管理（航空服务方向，校企合作专业）专业主干课程：乘务英语、英语听说、民航概论、民航服务心理学、民航服务礼仪、民航客运销售实务、民航货运销售实务、民航安检、民航订座系统操作、旅游概论、旅游文化、旅游地理、电子商务、办公自动化。

旅游管理（高铁乘务方向校企合作定向就业专业）专业主干课程：旅游概论、旅客运输、铁路基本安全常识、旅游心理学、形体训练、旅游英语、客运安检、列车乘务、计算机基础、劳动安全卫生、礼仪化妆、旅游地理、普通话。

截至2014年年底，学院共有教职人员（包括教学人员和行政双肩挑人员）34名。其中副高职称4人，中级职称20人，初级职称10人。具有硕士学位教师占教师总数的41%，省级中青年骨干教师1名，市级学科带头人2名，双师型和双师素质行教师17人。学院下设教研室两个：外语教研室主要承担本学院商务英语专业的英语教学及各学院的专业英语、公共外语的课程教学，教研室主任为曹迁平。旅游文化教研室主要承担旅游管理专业和酒店管理专业的课程教学，教研室主任为杨文。

学院内设机构有办公室、教务科、学工科、团委，下设二个教研室，院党总支现有教师党员19人，学生党员（含预备党员）8人，设有教工和学生2个支部，学院党总支先后获得“九江职业大学优秀基层党组织”荣誉称号。

学院有校级特色专业1个，校级精品课程1门，建成体系比较完备的校内实验实训中心和10余个优质的校外实习基地。招收学生覆盖全国大部分省、市、自治区，近三年的就业率达90%。作为学校特色专业的旅游管理专业在2012年“江西省教育厅高职院校人才培养质量水平评估”中进行专业示范剖析。

文化旅游学院各专业在课内教学阶段采取“理论教学+实践教学”的模式，以实际工作岗位职责及流程对应设计实训单元，将学生分成小组形式进行校内模拟实训和校外实训。学院对各专业的实训实习都制定了一系列的管理规章制度。有《实践教学管理规定》《实习生管理规定》《实训技能考核评分细则》《专业技能考核标准》《毕业生实习大纲》等教学手册，为实习、实训提供了保障。校内实训基地定位于教学与培训相结合的多功能综合实训室，除满足基本的教学需求外，还可实现行业培训、职业技能鉴定等服务功能。已建成商务谈判仿真实训室、茶艺实训室、酒店综合实训室、模拟导游实训室。加强技能训练，培养专业实操能力，不断完善实训条件，全面实现理论课与实践课的1:1教学，组织学生赴企业参观、二年级学生赴企业进行教学实习，三年级学生进企业顶岗实习，定期组织学生赴景点进行导游实景讲解，提高学生的专业技能水平和实操能力。

在强化对学生的专业技能教育的同时，学院也切实加强学生的思想政治教育，扎实推进校园文化建设，举办符合学生发展的各类竞赛活动，如大学生辩论大赛、主持人风采大赛，主题班会，组织、辅导学生参加全国CCTV杯大学生英语演讲比赛，高职高专英语演讲比赛，九江蓝格杯演讲比赛等，丰富学生校园活动，为学生成长成才搭建平台，促进学生在其中得到更多领悟，全面发展，适应社会竞争力的能力得到提高，并在各类竞赛活动中为学院争得荣誉。2011年58名学生参加考试，其中21名学生顺利通过了导游证面试和笔试，获得国家导游员证书。2012级旅游管理班毕业生董桂香、田强均被九江市旅游局表彰为金牌导游员。

在教学管理上，学院成立以来全院师生齐心协力，围绕着“重品行，宽知识，厚基础，强技能”的人才培养目标推进各项工作，成立了院教学督导小组，建立完善巡课制度，达到管理促进教学，管理提升质量的目的。为提高教学水平，学院重视师资队伍建设，建立了专业教学团队，开展教学教改活动，积极做好青年教师“传、帮、带”的工作，实行年轻讲师导师制，以老带新，定期举办青年教师赛课活动，每年都选派骨干教师进修相关专业的课程，有效提高青年教师的教学技能。部分青年教师已成长为骨干教师和学科带头人。全院教师所教课程深受学生好评。学院教师对科研高度重视，积极参加校级科研课题的申报工作，学院老师主持和参与的省级课题5项，有35篇论文发展在省级学术刊物和核心刊物上，申报了《外贸函电》《导游资格证教学团队》《旅游管理》校级精品课程。

在学生工作管理上，文化旅游学院在班级管理方面实行班主任责任制，每个班都配有1名班主任负责学生的日常学习，生活等活动。在宿舍管理方面实行辅导员负责制，辅导员老师实行寝室夜间值班制度，每个寝室设有寝室长，形成分工明确又相互结合的组织机构。

院团委主要负责学生活动的管理，团委下设学生会，主要负责学生活动的组织，教室、寝室卫生的检查与考勤工作。学院自有的社团包括旅游协会，E－SHOW英语协会按照协会章程，在指导老师的参与下，自主开展社团活动。由院团委组织的活动也彰显学生的需要，主要有：青年志愿者活动，迎新晚会，中秋晚会，元旦晚会，毕业晚会，新年晚会，合唱比赛，趣味运动会等。历年来学生活动得到了学院领导的大力支持，学生先后荣获校女子排球联赛冠军，男子足球联赛冠军，大学生辩论赛冠军。2013年荣获“九江市五四红旗团委”荣誉称号。张庆龙、肖芳勤、张影先后荣获“大学生和谐春运志愿者”“九江市学习雷锋先进个人”等省市荣誉称号。在2014年的校运会上，学院以120分的优异成绩，荣获团体总分第二名，创下文化旅游学院参加校运会的历史最佳成绩。院团委的工作得到了上级组织的肯定。

在社会培训方面，学院与九江市旅游局联合组织了6期九江市导游员培训。

2007—2011年各班级班主任任职情况一览表

表15－4－1

年级	班级	班主任	学制
2007级	文秘	张守兴	三年
2007级	旅游管理	唐雪凡	三年
2007级	旅游英语	彭凤香	三年
2007级	商务英语1	彭明蓉	三年

续表 15－4－1

年级	班级	班主任	学制
2007 级	商务英语 2	邓莎莎	三年
2008 级	商务英语 1	姜雯馨	三年
2008 级	商务英语 2	陈曦	三年
2008 级	涉外旅游（韩语）	胡萍	三年
2008 级	酒店管理	涂雅玲	三年
2008 级	旅游管理	蔡德平	三年
2009 级	商务英语	黄丽	三年
2009 级	涉外旅游（韩语）	李海涛	三年
2009 级	文秘	赵静	三年
2009 级	酒店管理	李媛芳	三年
2009 级	旅游管理	李莹	三年
2010 级	文秘	王丽君	三年
2010 级	商务英语	邱黄辉	三年
2010 级	酒店管理	高霞	三年
2010 级	旅游管理	代奕	三年
2011 级	酒店管理	曹佳	三年
2011 级	旅游管理	李艳	三年
2011 级	商务英语	熊华芹	三年

第五节 经济管理学院

经济管理学院前身为 1995 年 03 月组建的九江职业大学经济管理系，当时由胡春亮担任系负责人，1996 年 09 月李辉秋由文法系负责人调任经管系担任负责人，直至 2000 年。户华为 1995—1997 年担任文法系和经管系书记。罗来华 1997 年 09 月担任经管系主任兼书记，直至 2001 年退休。2001 年 09 月—2006 年 12 月，彭朝胜担任书记，董麓超担任副主任（主持工作）。2006 年与九江师范合并后，在原九江职业大学经济管理系的基础上成立经济管理学院。2006 年 12 月李辉秋任院长。2007—2013 年底经管学院党总支（支部）书记由董麓超、朱慧芳、高坊洪先后担任。2013 年 11 月熊巍由校办公室副主任调任经管学院党总支副书记（主持工作）。合并之时，教师 8 人，行政领导 3 人。

2006 年经管学院开设会计、市场营销、工商管理、电子商务和国际贸易五个专业，共计 6 个教学班。到 2007 年上半年经济管理学院领导和教师有李辉秋、董麗超、朱慧芳、王田、夏韧、钟无涯、盛明、阎芳、汤曼、陈勇华、陶群、汪丽萍、吴文会、董先明、蔡娟、姜文馨、何玲等 17 人。2007 年学院开始设立经济教研室和管理教研室。并批准建设会计模拟实验室、综合实验室。暑期，学校同意学院设定 26 个教师和行政岗位。

2008 年 9 月底，学院新进学生 500 人，加上 06 级、07 级学生，在校生人数达 1074 人，第一次突破千人大关。师资力量也得到进一步充实。2007 年，新进教师湛青、刘洁、王文静、邱欣鋆 4 人。2008 年新进教师马玲、刘芸琦、程俊、张芊 4 人。2008 年 2 月份，随着在校生人数的增加，学校将原职业大学的教学楼改称经管楼，全部交付给经管学院作为教学和办公场所。办公室设在三楼。

2011 年 9 月，学院启动了校园文化建设，经全院教师共同参与、提炼，总结出学院文化建设体系，院风、教风、学风，办学定位、办学愿景以及价值观念——重德崇商，出现了学院卫生免检好现象。2012 年 7 月，学校批准学院 42 个教学岗，加上 4 个行政岗，共 46 人。

2012 年经济管理学院新增人力资源管理专业。2013 年，与海事学校合作的物流管理国际海员专业开始招生。2013 年经济管理学院新生报到人数达到 726 人，本年度经济管理学院在校生人数总计 1758 人，成为九江职业大学的最大学院之一。

2013 年 11 月，经济管理学院开始与江西师范大学和江西财经大学合作，拓展办学空间，开设自考综合改革试点业余助学辅导班，为升本积累教学和管理经验。

学院内设机构有办公室、教务科、学工科、团委，下设四个教研室。

2014 年年底，经济管理学院有专业教师 47 人，其中教授 1 人，副教授 6 人，讲师 14 人。已逐步形成以专业带头人和骨干教师为中心的结构体系。学院设有经济管理教研室、国际贸易教研室、会计教研室和工商管理教研室等四个教研室，含物流管理、电子商务、市场营销、国际贸易、报关与国际货运、会计、工商企业管理以及人力资源管理 8 个专业。专业带头人分别为刘洁、刘芸琦、夏韧、程俊、马玲、蔡娟和陶群。

学院 2014 年开设的招生专业有 8 个，各专业开设的专业主干课程如下：

工商企业管理：企业 ERP 沙盘模拟经营、营销管理、项目管理、现代企业管理、生产与运作管理、资源与运营管理、个人与团队管理、电子商务、商务谈判、金融、国际贸易理论与实务、证券投资、商务礼仪、商业活动策划。

物流管理：物流管理基础、采购管理实务、仓储与配送管理、物流市场营销学、国际货运代理、物流信息管理、物流成本管理、供应链管理、电子商务与物流管理。

国际贸易实务：国际贸易理论与实务、国际贸易实训、报关实训、报检实训、货代实训、国际商务单证、国际市场营销、商务谈判、电子商务、物流管理。

市场营销：公共关系学、统计学、财务管理、消费者行为学、商务谈判、营销管理、电子商务、市场研究与策划、市场调查与预测。

电子商务：电子商务实务、网店运营与管理、网络营销与策划、电子商务网站建设、外贸电子商务综合实训、电子商务网站建设与维护、PHOTOSHOP 图片处理技巧。

会计：会计基础与操作、工业企业会计实训、会计电算化综合实训、企业办税实务与税务管理、成本核算实务、财务会计实务、财务报告编制、EFRA 财务报表分析实训、审计、经济法。

报关与国际货运：报关原理与实务、国际货运代理实务、报关实训、货代实训、报检实训国际商务单证、国际贸易实训、国际贸易理论与实务、商品归类、物流管理、中国关税实务。

人力资源管理：企业资源计划、公共关系原理与实务、统计学、电子商务概论、人力资源管理、人力资源管理、劳动关系与劳动法、现代企业战略管理、绩效与薪酬管理、管理心理学、人力资源招聘与开发、工作分析与组织设计、组织行为学、商务谈判。

经济管理学院教学经过多年摸索创新，深化教改，狠抓常规，初步形成以下几个特征：

创新教学模式，凸显职业技能，推行“双证书”制创新人才培养模式。根据各专业的学科特点，以专项能力、专业能力和综合能力培养为板块，实施“模块化”分段教学，实现课岗融合；以国家部门或行业对职业技能要求项目为参照，实施针对性的职业技能教学，如会计职业的 9 大技能考核，这不仅能够提升学生职业技能水平，达到“零距离”就业，而且还为学生未来的职业生涯发展打下扎实的基础。

深度校企合作，“零距离”就业。学院积极探索与校外企业进行合作，拓展校外实训基地，丰富院企合作的内容。与上海或顿财务资源公司合作，开展会计专业岗前技能培训，实施“准订单式”培养，负责推荐就业；与物通天下九江物流有限公司上海分公司合作以达成共识，并借此构建上海地区物流管理、市场营销、电子商务等专业的技能实训和岗前培训平台，实施 3 + 1 或 2. 5 + 1. 5 式教学模式，增加岗位磨合，提升学生就业能力；增强教师的实训教学水平，丰富教学手段，校企合作深度，优化校外教学资源。

打造专业集群，整合优势资源。将现有 9 个专业总的看作一个大模块，即经济管理专业集群，按照各专业学科的不同特点，分成三个子群：即市场营销、工商管理、物流管理、电子商务四个专业组成一个群，叫经营管理群；国际贸易实务、报关与国际货运组成一个群，即贸易物流群；行业会计、会计电算化、税收筹划以及金融与理财组成一个群，即财税金融群。通过实施专业群建设，积极推进我院课程建设和专业建设的纵深发展，促进现有的教学设备、师资队伍以及实训室资源的高效利用。

构建创业平台，实践精英培养。学院学生参加社会各类职业技能大赛，提升学生自主创新能力，增强团队合作意识。学院通过把创新精神与学生的综合素质、职业技能培养有机结合起来，如为电子商务专业的学生开展网上开店专题培训；为市场营销和工商管理专业同学开展网络营销策划大赛，并派遣专业老师和具有创业经验的老师进行现场指导。学院将利用学校和校外的社会资源，构建经济管理学院学子创业园，为学生积极搭建创业平台，把专业作为创业载体，实现以创业带动就业，实践精英培养。

经济管理学院拥有省级特色专业一个——会计专业。该特色专业由李辉秋院长负责，张礼萍、阙红艳、刘有培、张建华、陈铭、陈勇华、张纪元、饶培培、辛昭霞等参与建设。另外还拥有省级示范专业——国际贸易专业。该专业由程俊、李辉秋、张礼萍等参与建设。国际贸易实务专业在2010年被确定为江西省示范性高职院校重点建设项目。2011年，《基础会计》被评为省级精品课程，2013年该课程被评为省级精品资源共享课程。《基础会计》为会计专业的核心课程，其他经济类专业的基础课。课程由阙红艳负责，主讲教师校内有李辉秋、朱慧芳、张礼萍、夏敏玲、陈勇华、沈莉、蔡娟、张建华等。《国际贸易理论与实务》在2011年被评为省级精品课程。课程由朱慧芳负责。主讲教师有程俊、曹迁萍、李辉秋、钟无涯、董先明、罗中星、姚梅琳、王田、阎芳等。由蔡娟负责和主讲的《财务会计》2013年被评为校级精品课程。学院还有校级特色专业——市场营销专业。另外学院拥有一个中央财政支持的工商管理综合实训基地建设项目。

经济管理学院的科研工作。自2008年以来，获得省级批准立项课题10个，校级课题立项和结题1多个，教师主编或参编的教材近30部，专利十余项，指导学生获省级以上奖项60多个，在校报和省级以上报刊上共发表论文240多篇。

学生社团组织有营销协会、会计协会、ERP协会、物流协会等。经济管理学院学生在校运动会上五年蝉联团体总分第一。学院还举办了多项主题活动，提高学生的修养素质水平：2011年9月发起的“学院文化建设活动”，2013年发起的“经邦济世，需从修身开始”为主题的教育活动等。组织学生参加课外学校和院内活动，有学校女篮比赛、学校运动会、学校男足比赛、学院迎新晚会、学院院男篮比赛、学校女排比赛、学校男篮比赛、学院十佳歌手比赛、学校辩论赛、学院征文比赛等等。另外，学院学生在本院教师的指导下积极参加国家、省市举办的技能竞赛，成绩名列前茅，为学校争得荣誉。

2006年12月学校合并重组后，在原九江职业大学经济管理系党支部的基础上成立经济管理学院学党支部，2007—2013年年底经管系书记由董麓超、朱慧芳、高坊洪等先后担任。2013年11月熊巍由校办公室副主任调整到经管学院担任党总支副书记（主持工作）。院党总支下设教师党支部和学生党支部。教师党总支书记为夏韧，宣传委员张芊，组织委员刘洁。学生党总支书记由湛清担任。教师党支部有19名正式党员。2012年度院团委组织的“雷锋志愿服务队”在开展志愿活动过程中，积极主动的配合对接点各项志愿活动，得到一致好评，同时获得九江多家媒体的报道。学院党总支曾获得2012年度江西省思想政治教育先进集体和2013年度九江市市级先进基层党组织。

学院在学生学习期间采取分散实习和集中实习结合的模式，毕业实习采取集中实习的形式，统一安排在第6学期进行。各专业在第二学年度采取以不同专业不同时段采取集中或分散形式，进行实习。其中有技能实习、认识实习和专业实习等内容。对订单培养的学生，按照学习大纲，由委培方安排不同时段的技能实习和专业实习。在学院内建立创业园，为学生提供充足的实习实训岗位。与当地经济开发区和沿海发达地区建立“校企合作”关系，打造学校和企业良好互动的平台，为学生创造更多的实习实训机会。

2006—2014 年经济管理学院各班级班主任任职情况一览表

表 15－5－1

年级	班级数	班主任	备注
2006	6	董先明 盛明 吴文会 陈勇华 蔡娟 韩东	三年制
2007	7	朱慧芳 何玲 王文靖 阙红艳 陶群 余敏 汪丽萍	三年制
2008	7	汤曼 余育新 刘芸琦 王强 李翔 赵宇	三年制
2009	8	饶培培 夏韧 湛青 张鹏宇 钟无涯 罗晶	三年制
2010	12	蔡娟 沈莉 张建华 辛朝霞 陈勇华 张芊 周祥 熊愫 马玲 程俊 刘洁 王田	三年制
2011	9	刘有培 陈铭 崔丽霞 张纪元 陶群 王文靖 彭贝樱 盛明 夏韧	三年制
2012	11	饶培培 曹力 刘洁 何玲 张善京 刘芸琦 夏韧 段训峰 余育新	三年制
2013	15	陈勇华 沈莉 辛朝霞 蔡娟 宋明隆 郑甜 张芊 雷婷 程俊 余育新 周祥 张善京 何小杰 卢云志 胡丹	三年制
2014	18	马玲 陈铭 张纪元 张毅 唐雪凡 陶龙凤 蔡娟 饶培培 崔丽霞 夏韧 彭贝樱 刘芸琦 韩东 何小杰 段市霞 盛明 程婧 高雅	三年制

愿景：发展成为具有相当实力又充满活力，既和谐又幸福的品牌。经管学院定位：培养企业家的学院和打造职业经理人的摇篮。

第六节 机电工程学院

九江职业大学机电工程学院是在原九江职业大学工程系的基础上发展而来的，1994 年 7 月九江职业大学成立工程系，设置了化学工程和机械电子工程两个专业，招收高中毕业起点三年制大专生。随着办学规模的不断扩大，逐渐具备了完善的管理体制和招生专业，先后增设了工业与民用建筑、电子信息工程技术、物流管理 3 个专业。2002 年之后又增设了模具设计与制造、数控技术 2 个专业，2009 年 8 月，学校院系设置调整，建筑工程技术专业单列，成立建筑工程学院，电子信息工程专业划入信息工程学院，物流专业划入经济管理学院。机电工程学院主要由机电一体化、模具设计与制造、数控技术等专业组成，2011 新增了电气自动化技术专业，2013 年新增汽车检测与维修专业。2014 年新增汽车技术服务与营销专业。

学院内设机构有办公室、教务科、学工科、团委，下设四个教研室。

机电一体化技术教研室主要承担机械制造技术、电气控制与 PLC 等课程的教学工作；

模具设计与制造教研室主要承担机械制图与CAD、冲压工艺与模具设计等课程的教学工作；数控技术教研室主要承担数控车削加工与编程、计算机辅助制造等课程的教学工作；电气自动化技术教研室主要承担工厂供配电技术、自动检测技术等课程的教学工作。

学院共有专职教师（包括教学人员和行政人员）32人。专职教师队伍从职称构成上看，正高职称4人、副高职称5人、中级职称10人、初级职称及以下13人；从学历构成上看，引进全日制硕士研究生7人，培养在职硕士研究生11人，研究生学历（硕士学位）教师占总人数的50.3%；双师素质教师占90%，其中包括享受江西省政府特殊津贴专家1任，获江西省“五一劳动奖章”1人，江西省高校省级教学名师2人，江西省高校中青年骨干教师4人等一批功底深厚的专业带头人，学院建有机电、汽车检测与维修、数控、模具、电气自动化等专业教学团队，其中，机电一体化技术专业教学团队为江西省高校省级优秀教学团队。

学院招生规模保持在比较稳定的水平。2007年，工程技术学院成立时（含建工、电子信息工程等）招生总人数530人，2014年招生总人数达444人，目前，学院在校学生规模已接近千人。

机电一体化技术专业主干课程：机械制图与CAD、机械制造基础、机械设计基础、机械制造技术、数控加工与编程、三维造型设计、液压与气动技术、电工电子技术、电机及拖动技术、单片机应用技术、电气控制与PLC技术、电气控制与PLC实训、数控加工与编程实训、单片机应用实训。

模具设计与制造专业主干课程：机械制图与CAD、机械制造基础、机械设计基础、数控加工与编程、三维造型设计、液压与气动技术、特种加工技术、冲压工艺与模具设计、塑料成型工艺与模具设计、模具制造工艺学、计算机辅助制造、模具价格估算、模具拆绘实训、冲压模具课程设计、塑料模具课程设计计算机辅助制造实训、特种加工实训。

数控技术专业主干课程：机械制图与CAD、机械制造基础、机械设计基础、机械制造技术、数控加工与编程、三维造型设计、液压与气动技术、电工电子技术、电机及拖动技术、单片机应用技术、电气控制与PLC技术、电气控制与PLC实训、数控加工与编程实训、单片机应用实训。

电气自动化技术专业主干课程：机械基础、液压与气动技术、电工电子技术、电机及拖动技术、单片机应用技术、电气控制与PLC技术、电气控制与PLC实训、单片机应用实训、电气测量技术、自动检测技术、工厂供配电技术、变频器应用技术、过程控制系统应用技术、机器人及柔性自动化生产线实训等。

汽车检测与维修技术专业主干课程：汽车驾驶技术、汽车制造与拆装、发动机系统诊断与修复、汽车传动系统的检查与修复、转向与制动系统检查与修复、汽车底盘控制系统诊断与修复、汽车电控系统诊断与修复、汽车舒适与安全系统诊断与检修、汽车保养及维护、汽车性能检测与评估、汽车综合性能故障分析与诊断、汽车维修经营与管理、汽车保险及理赔。

2008 年 12 月，机电一体化技术专业教学团队被评为省级优秀教学团队。2008 年 12 月机电一体化技术专业成功获批为省级特色专业，2010 年机电一体化技术专业被确定为江西省示范性高职院校建设项目省财政重点支持建设专业。2011 年机电一体化技术专业成功获批为中央财政支持建设的提升专业服务产业发展能力项目。2009 年《机械制造技术》成功获批为省级精品课程；2011 年《电气控制与 PLC 技术》《液压与气动技术》成功获批为省级精品课程。2013 年《冲压工艺与模具设计》成功获批为校级精品课程。机电工程学院教师共完成省级以上教研科研课题 10 项，获得省部级科技进步奖一等奖 2 项、二等奖 1 项，获得省级教研科研成果二等奖 1 项，获得省级科研成果三等奖 2 项。公开主编出版教育部“十二五”职业教育国家规划教材 1 本，公开主编出版高职项目化精品教材 8 本，参编高职教材 9 本，其中获省高校优秀教材二等奖 1 项。发表论文 100 余篇。同时，建设了工学结合课程 10 门，其中省级以上精品课程 3 门，校级精品课程 7 门。

2010 年开始，学校加大了对机电工程学院实践实训基地建设的投入，添置了大量先进的实验实训设备，实训条件得到很好的改善与加强，重点加强生产性教学工厂的建设，实验实训室建设经费累计投入 1000 余万元。截至 2014 年，机电工程学院已拥有先进的教学技术手段和完备的实践、实训设施，现已建有现代制造工程中心、电子电工与自动化 2 个实训中心。拥有机器人与机电一体化生产线实训室、仿真技术实训室、模具模型实训室、钳工制作实训室、互换性与测量技术实训室、电子电工与自动化实训室、柔性自动化生产线实训室、电力拖动与电气控制实训室、液压与气动实训室、PLC 与变频实训室、单片机实训室、电气装配实训室、电子工艺实训室、机电产品制作实训室、中高级电工技师考核实训室、工程绘图实训室等 16 个教学做一体化专业实训室，为培养优秀的机电一体化市场专门人才提供了极好的实践教学、实习的场所，同时为学生的就业提供了练兵的场所。机电工程学院一直坚持通过实践培养高技能人才的教学理念，在人才培养过程中，充分利用学院优越的实践教学条件，采用“课堂与实训基地相结合、学习与生产相结合”的“学做合一”教学形式，通过各种真实项目制作，培养学生专业能力；充分利用学校与企业的长期合作关系，安排学生分阶段到企业进行生产实习，培养学生实际工作能力，实现“校内项目制作—校外生产实习”的工学结合人才培养。校内实训基地已建有涵盖各专业的各类实训室 16 个，2014 年学校又拨出专款 250 万元，新建于 2013 年申报成功的汽车维修专业教学所需要的“汽车检测与维修实训室”，截至 2014 年年底，机电工程学院共有校内教学用实训室（实训基地或实训中心）17 个，为“学做一体”教学模式的推进提供了条件。在校外实训基地建设方面，坚持“校企结合、产学互动”的办学特色，多年来非常重视校外实习基地的建设。逐步形成生产见习、顶岗实训和就业相结合的校外实训基地网络；立足长远发展，建立校企双方参与管理的长效运行机制，形成稳固的校企合作关系；建立一系列的校外实习管理及人员配备制度，保证校外实习的时间和质量。

机电工程学院成立的“春芽队”及“春风队”学雷锋志愿小组开展了一系列学雷锋活动，延续和传承机电工程学院“志愿服务、快乐奉献”的服务精神。荣获“九江职业大学先进学生党支部”、“九江职业大学‘五四’红旗团支部”等光荣称号。学院学生在三维数字建模、机械创新设计、机械加工、工业设计等技能方面表现突出，多人获得省级大奖。

2006—2015 **机电工程学院毕业生人数一览表**

表 15－6－1

毕业时间	专业	班主任	学制
2006.7	机电	赵红梅	三年制大专
	模具	姜君	三年制大专
2007.7	机电	石宏	三年制大专
	模具	马红丽、余波	三年制大专
2008.7	机电	刘诗文、王荣	三年制大专
	模具	鞠学庭、曾文瑜	三年制大专
	数控	汤曼	三年制大专
2009.7	机电	赵红梅	三年制大专
	模具	颜淑琴、黎苇	三年制大专
	数控	刘静、金春花	三年制大专
2010.7	机电	肖莹、卢涛	三年制大专
	模具	石宏、邓东波、李斌	三年制大专
	数控	余波、钟怡帆	三年制大专
2011.7	机电	刘坚、曾文瑜	三年制大专
	模具	王维昌、邹昊	三年制大专
	数控	王荣、高宗翔	三年制大专
2012.7	机电	张婷、曾德愚、黎苇	三年制大专
	模具	刘诗文、孙宪刚	三年制大专
	数控	赵红梅	三年制大专
2013.7	机电	陈娟、高燕玲、尹智龙	三年制大专
	模具	方敏	三年制大专
	数控	李斌	三年制大专
2014.7	机电	曾文瑜、彭如	三年制大专
	模具	王晓燕	三年制大专
	数控	钟怡帆	三年制大专
	自动化	潘钧	三年制大专

续表 15-6-1

毕业时间	专业	班主任	学制
2015.7	机电	周涛、代红菊	三年制大专
	模具	刘诗文	三年制大专
	数控	赵珍珍	三年制大专
	自动化	余波	三年制大专

第七节 信息工程学院

九江职业大学信息工程学院于2009年8月由原九江职业大学计算机系、九江师范学校和庐山旅游中专的相关专业整合组建而成。

原九江职业大学计算机专业源于九江职业大学计算机教研室。1992年起招收计算机应用技术专业大专生（电大），同年筹备申报本校计算机应用技术专业，1993年经批准开始招生。1995年9月学校正式成立计算机系。1997年计算机网络与管理专业获得批准并开始招生。2004年新增数据库管理专业，2005年开设计算机信息管理专业和图形图像制作专业。2006年7月，原九江师范学校计算机教研组并入，同年筹备申报计算机通信专业、计算机控制技术专业，2007年批准招生。2007年申报软件技术专业，2008年批准招生。

原九江师范学校计算机教研室成立于1999年，同年开设信息技术教育专业并招生。原九江师范学校的信息技术教育专业在两校合并时归属于九江职业大学师范学院，该专业更名为现代教育技术后，为便于专业群的建设和组织教学，该专业于2011年重新划归至新成立的九江职业大学信息工程学院。

2009年8月，原庐山旅游中专计算机教研组、原隶属九江职业大学机电工程学院的电子信息工程技术专业与原九江职业大学计算机系的各专业重组，成立九江职业大学信息工程学院。下设计算机应用与基础专业、软件技术专业、电子通信专业三个教研室。2010年批准增设计算机通信专业（3G移动通信方向），2011年增设软件技术专业（软件外包方向），2012年增设应用电子技术专业。

学院内设机构有办公室、教务科、学工科、团委，下设三个教研室。

学院共有教师（包括教学人员和行政人员）36人。教师队伍从职称构成上来看，正高职称2人、副高职称4人、中级职称21人、初级职称9人；从学历构成上看，引进全日制硕士研究生4人，培养在职硕士研究生20人，研究生学历（硕士学位）教师占总人数的68%；从性别构成上来看，学院有男教师13人，女教师23人；从实践能力上来看，学院拥有双师型（含双师素质型）教师17人。学院的师资构成年轻化、高学历化。

学院建有高职高专省级计算机应用与软件技术专业技能实训中心，并建成体系比较完备的校内实验实训中心和20多个优质校外实习基地；推进校企深度融合，与武汉思远云技术顾问有限公司合作共建软件外包及3G通信人才培养体系。

信息学院立足于“用明天的技术 培养今天的学生”的理念，在2012年7月修订的《九江职业大学信息工程学院人才培养方案》明确规定人才培养目标是“做有思想的信息人”。在“校企合作、工学结合”的职业培训模式的基础上，学院与武汉思远IT学院深度合作，共同制定人才培养方案、共同培养软件人才，定期不定期开展教研活动，形成校企互动的长效运行机制。形成了理论学习与实习实训交替进行、课堂教学与基地实习相促进的教学体系，提升了学院人才培养质量。信息工程学院下设3个教研室：计算机软件教研室，主要承担软件工程、软件测试、软件项目管理、Linux程序设计等专业核心课程的教学工作，教研室主任为何立富；计算机应用基础教研室，主要承担计算机基础、VF程序设计、Flash等基础课程的教学工作，教研室主任为陶雪琴、副主任钟园园；电子信息技术教研室，主要承担单片机、电子信息、移动通信原理等专业核心课程的教学工作，教研室主任为李美长、副主任金春花。

学院拥有现代教育技术、软件技术、计算机应用技术、电子信息工程技术、软件技术（软件外包方向）和计算机通信（3G移动方向）等招生专业。学制为高中毕业起点三年制大专和初中起点五年制大专。

计算机应用技术专业主干课程：三大构成、摄影摄像技术、PHOTOSHOP/CORELDRAW平面设计、FLASH/3DMAX动画制作与实训、网页设计与网站开发实训、影视剪辑与后期特效处理、数字创意与现代广告设计技巧、企业体验性生产实训、数字影视特效合成实训、多媒体作品制作员国家职业资格培训课程。

软件技术专业主干课程：C/C + + 语言程序设计、面向对象程序设计、软件工程、SOL SEVER数据库技术及应用、ORACLE数据库应用、网页设计与网站开发、软件测试技术、桌面项目开发实训、WEB应用程序设计、WEB项目开发实训、网络安全技术，计算机程序设计员国家。

电子信息工程技术专业主干课程：模拟/数字电子技术、C语言程序设计、单片机原理及应用、单片机仿真实训、电子线路CAD、电子产品生产与检测、电气控制与PLC、电子技能应用与制作、电子创新设计与实践、智能电子产品设计与制作、单片机专项能力国家标准培训。

计算机通信（3G移动通信方向）专业主干课程：移动互联网智能平台游戏、软件、APP开发、3G/4G智能车载系统开发、信息系统设计开发。

现代教育技术（师范类）专业主干课程：教育学、心理学、摄影摄像技术、多媒体制作、课件设计、影视编辑、网页设计三剑客、动态网站开发、局域网组建、教育技术设备使用与管理、网络课件设计师国家职业资格培训课程。

学院2013年申报并获得省财政厅、教育厅实训中心建设专项200万元经费支持，建有江西省高职高专计算机应用与软件技术专业技能实训中心。下设电子设计自动化（EDA）实验实训室、多媒体技术实验实训室、软件项目开发实验实训室、机电产品制作实验实训室、计算机网络实验实训室、电子综合实验实训室、计算机组装与维护实验实训室等7个校内实验实训室。2010年，武汉思远教育集团推出高校合作培养计划，联手九江职业大学合作共建软件外包及3G程序设计人才培养体系，当年合作招生两个班，企业培训课程植入高校人才培养计划，思远IT学院负责学生企业级项目实训及就业安置；2013年携手武汉思远教育科技有限公司共建国家软件人才培训（武汉思远—九江）基地。2014年12月，与武汉思远云技术顾问有限公司共建“九江职业大学－武汉思远云技术企业集群人才孵化基地”。2014年7—8月，与武汉思远共同承办高职高专“软件技术”专业骨干教师（企业顶岗）国培项目。

在完善课程设置的基础上，信息工程学院鼓励教师申报各级精品课程建设项目和主编、参编教材，进一步夯实学院专业基础。目前已经独立完成3门省级精品课程，1门校级精品课程的建设工作。在教材建设方面，信息工程学院教师近年来在主编或参编精品教材21部。学院在计算机应用技术、软件技术、现代教育技术、多媒体信息处理与信息传输技术、电子信息技术、移动通信技术等研究方向上承担了包括教育部国家社科基金、江西省教改及江西省教育厅项目共11项。学院教师积极参与实用新型专利的研发和申报工作，近3年共获得国家发明专利9项（获授权7项）。学院教师在国内外重要学术期刊和各大学报上发表学术论文160余篇。

学院建有学生社团组织，包括舞蹈协会、信息技术协会、SOS动漫协会等，自主开展特色活动。由院团委和各学生社团组织的活动丰富多彩，主要为各类晚会、文体竞赛、志愿服务活动等。学院以学生科技创新活动为主线，全面提高学生素质，一批学习成绩优异、全面发展的优秀学生脱颖而出。2006年至2013年间，共有53人次获得国家级和省级竞赛奖项。

历届毕业生人数统计一览表

表15－7－1

年级	班级数	班主任	辅导员	备注
2006	2	应亮 刘娅		三年制
2007	3	肖莹 周演汇 曾德愚		三年制
2008	3	余任亮 李禄波 马药 周演汇		三年制
2009	3	程珊 凌仕华 刘娅 聂犇		三年制
2010	4	主福洋 许敏 余绍敏		三年制
2011	4	何立富 陶雪琴 黄燕 胡丹	主福洋 孙锦霞	二年制
2012	4	熊凡 魏国秘 陶雪琴 何立富	彭可威 范远超	三年制
2013	6	马药 舒展 主福洋 周建军 万权性 金春花	邓炬强	三年制
2014	5	何琦 李美长 洪世勇 胡惠娟 熊力维	邓炬强	三年制
2015	5	程珊 吴晓春 谭振赟 陈健 万权性	邓炬强	三年制

第八节　建筑工程学院

九江职业大学建筑工程学院成立于2009年8月，成立之初有专业4个（建筑工程技术、工程监理、建筑装饰工程技术、物业管理），两个教研室（建筑工程技术教研室、建筑装饰工程技术教研室），学院教师15人。建筑工程技术、工程监理、物业管理专业由原工程技术学院分出，建筑装饰工程技术由原师范学院艺术系分出。学院内设机构有办公室、教务科、学工科、团委，下设三个教研室。肖燕任书记，主持学院党总支的全面工作；邱耀任副院长（主持工作），主持学院的全面工作，负责学院教学、科研、学科建设和行政管理工作（邱耀于2015年2月调往浙江宁波职业学院，之后的院行政工作由肖燕主持）；吴训友任副院长，协助院长分管学院的教学科研、项目建设管理等工作（李杰2013年10由实训中心调入建筑工程学院，任副院长，分管学生工作）。

学院至2014年有教职工35人。从职称构成上看，现有正高职称1人、副高职称8人、中级职称8人、初级职称及以下14人；从学历构成上看，现有硕士研究生10人，大学本科21人，研究生学历教师占总人数的32.3%；从实践能力上来看，现有省级中青年骨干教师1人，注册造价工程师3人，一级注册结构工程师1人，一级注册建造工程师5人，江西省工艺美术大师1人，双师型和双师素质型教师27人，占87.1%。学院的师资构成合理，呈年轻化、高学历化及技能化。

学院自成立以后，规模不断扩大，至2014年年底，有在校学生1753人。2011年建筑工程技术专业成功申报省级特色专业，并确定为教育部、财政部专业提升产业服务能力立项建设专业，该建设项目于2013年11月顺利通过国家平台项目专家验收。2012年工程造价专业开始和丹麦开展国际合作办学，2013年12月建筑装饰工程技术专业成功申报为国家教育部高职院校教师“国培计划”培训资质。目前，学院拥有多门省级和校级精品课程，建成体系比较完备的校内实验实训中心和30多个优质校外实习基地。学生培养质量获得社会肯定，招收学生覆盖江西、甘肃、内蒙古、青海、河南、福建、贵州等地，近三年就业率高达98%以上。学院于2012年12月顺利通过“江西省教育厅2012年人才培养工作评估”，2013年1月顺利通过“江西省示范性高职院校建设”项目验收。

通过专业建设和整合，学院现设有工程管理教研室、土建施工教研室、建筑设计教研室等3个教研室，开设有建筑工程技术、建筑装饰工程技术（乡村建筑设计方向）、工程监理、工程造价、建筑装饰工程技术、园林工程技术、工程造价中丹合作本科等7个专业。建有教育部、财政部批准的职业技能实训中心、省教育厅批准建设的省级技能实训中心和乡村建筑创新应用型人才实践教学创新实验区。

各专业开设的专业主干课程如下：

建筑工程技术：专业主干课程有建筑施工技术、建筑工程测量、建筑工程施工组织、建筑CAD、建筑工程测量与计价、房屋建筑学工程造价：建筑制图与CAD、建筑识图与构造、建筑测量、平法与钢筋算量、工程造价概论、建筑工程预算、工程量清单计价、工程结算、造价软件应用、工程造价综合实训

工程监理：工程建设监理概论、工程制图及CAD、工程测量、工程建设进度控制、工程建设投资控制、工程建设质量控制、合同管理、工程造价与招投标

园林工程技术：园林植物、园林规划设计、园林工程施工组织与管理、园林工程造价、园林施工图设计

工程造价（中丹合作3+1本科班）：工程造价概论、建筑工程预算、工程量清单计价、工程结算、造价软件应用、建筑识图与构造、Building English、Revit

建筑工程学院全面贯彻“岗位育人”职业教学思想，深化“工学结合”培养模式改革，将理论知识学习、实践能力培养、综合素质塑造三者紧密结合起来，主动与产业发展适应，与区域经济社会发展相适应，与建筑工程企业密切合作，拓宽订单培养渠道，使订单培养规模化，制度化。适应各大中小建筑工程企业不同的用人周期，灵活采用多种订单方式；根据企业用人计划及企业对人才的素质、能力与知识要求，校企共同制定与实施人才培养方案，按时按质培养企业需要的专门人才。在强化“学用结合”循序递进的实践教学体系的实施过程中，深化“2+0.5+0.5”学习与相结合就业模式，即4个学期在校内学习（中间阶段开展校内外生产性实训），0.5个学期根据学生自选方向，在校内进行专业强化实训，0.5个学期在校外实训基地进行预就业顶岗实习，聘请企业技术人员为导师加强指导，安排专业教师分区域开展技术指导和管理。积极探索并推进“三阶段两能力”学用递进式实践能力培养模式。

学院开展教学资源库与专业教学质量保障体系建设。对深化课程体系改革与教学内容进行了深入的探讨，制定了课程建设目标。根据工学结合要求深化了课程体系改革，构建工学结合的课程体系建设，打造具有工学结合特色的优质核心课程、课件和教材，形成具备网络教学和自主学习功能的课程网络。在学院现有2门校级精品课程的基础上，实施课程建设“126工程”，即：1门达到国家级标准精品课程，2门达到省级标准精品课程，6门校级精品课程（配套6个满足教学与学生自主学习需要的精品课件，6部精品教材）。在详细制订课程建设规划的基础上，不断加强课程建设，革新教学手段，提高教学质量，建设了一批优质课程。其中：《建筑结构》《建筑工程测量》《地基与基础》《建筑力学》为校级精品课程，且《建筑结构》为省级建设精品课程。

学院一直重视教学管理工作，出台了一系列教育教学管理文件，规范了管理程序，提升了管理水平。学院在教学改革上坚持以就业为导向，以服务为宗旨，以岗位能力需求为目标，构建活模块、多方向、双证合一的课程体系。在专业课程中，实行多模块教学，根据学生就业方向，设置建筑施工、建筑经济、建筑结构设计课程等模块，由学生结合自身情况进行选择；在人才培养模式改革中突出以职业岗位能力培养主线构建“三阶段两能力”学用递进实践教学体系，打破“重理论轻实践”的培养方式，实践教学已达到总学时数的50%。经过这几年的改革与建设，教学管理日益规范化、科学化、现代

化，形成“领导重视教学，教师倾心教学，管理服务教学”的良好育人氛围。

2010年10月，经学院申请并获立项，由国家投资340.2万元，获得教育部和财政部资助建设的建筑工程技术职业实训基地。2011年9月初步建成并正式投入使用。实训基地分设九个实训室，即施工测量实训室、BIM实践中心、土工实训室、工程综合仿真模拟实训室、建筑装饰实训室、建筑及结构模型实训室、建筑材料检测技术实训室、艺术雕刻实训室和建筑综合实训室。它主要面向的专业是建筑工程技术专业、建筑工程造价专业、工程监理专业、建筑装饰工程技术专业及园林工程技术专业。

与企业共同开展实训基地管理与运行长效机制的探索与研究，将市场规律和教育教学规律有机结合起来，营造既像企业车间又便于开展实训教学的实训氛围，增加体验性和阶段性岗位实训安排。聘用具有丰富实践经验的行业企业技术人员担任实践教学指导教师，满足学生职业能力训练需要。积极推进工学结合、校企合作、资源共享的实训教学运行体制创新，增强社会服务功能。使学生在具有真实职业情境的生产性实训基地接受锻炼，培养学生职业技能、职业意识和职业道德。

依托学校国家职业技能鉴定所，与职业技能鉴定站建设相结合，配合双证书制度的实施，建设实现职业资格培训和鉴定的各工种实训场，引入国家职业资格考核标准，将职业资格考核内容融入实践教学过程中，并积极拓展社会化培训和考核。建筑工程学院密切与行业企业的联系，建立与企业合作的长效机制，加强校外实训基地建设力度。截至2013年，共与五十多家企事业单位建立了深度合作关系，签订校企合作协议。合作单位接收实习实训学生300人/月，接收就业学生数约200人/年，合作企业对专业投入设备价值25万元。使每位学生在校学习期间有半年以上的顶岗实习，参与一项以上的建筑工程施工全过程的实践锻炼，并安排专业学生分散到多个地域的多家企业进行实习，实现真正的顶岗，提高专业人才培养质量和适应社会的能力，为学生就业和发展奠定基础。

建筑工程学院教师积极申报科研课题，取得了诸多科研成果。自2009年以来：学院教师主持的省级以上科研课题7项，目前已有3项结题；主持的校级科研课题4项；论文102篇（包括非第一作者）：主编（含副主编）或参编出版的教材计12本；申报省级精品课程1门，已建成2门校级精品课程，在建2门。

第九节　护理学院

2009年5月8日，聘请九江学院基础医学系主任（已退休）张国有教授到护理学院参加护理专业筹备工作。

2009年9月，第一次招生，护理五年一贯制专业新生共计37名。

2010年7月8日，经校长办公会决定，邢宏峰到护理学院参与筹备小组工作，协助周兴龙副校长负责日常工作及向省教育厅、省卫生厅的申报工作。

2010年9月，第二次招生，共计招生84人，2个班。

2010 年 9 月，开始对护理实训室设备实行招标，并对室内装修开始进场施工。12 月底之前，完成室内装修并对采供的物品按教学要求摆放。

2011 年 3 月经与九江学院商议，并签订合作办学协议，将 09 级、10 级后两年的学籍转到九江学院，由九江职业大学负责学生的教学、考核与管理，学籍挂靠到九江学院，学生毕业后发九江学院毕业证书。

2011 年 5 月 4 日，由校党委书记王原平带队，周兴龙副校长、邢宏峰副院长随同，赴省卫生厅科教处，汇报学校申办护理专业教育的工作，请求取得卫生厅领导的支持。

2011 年 5 月 26 日，市政府副市长吴锦萍在市政府三楼会议室召开九江职业大学增设大专层次护理专业的协调会。九江学院院长助理杨耀防、市卫生局副局长吴磊军、市卫生学校原校长兰世春、九江职业大学党委书记王原平、副校长周兴龙、护理学院筹建负责人邢宏峰等参加了会议。

2011 年 7 月向省教育厅、卫生厅呈报申办护理专业报告。经专家评审，因基础医学实验室未建设到位，未能通过专家评审。

2011 年 9 月经学校校长办公会批准，委派朱慧芳主持护理学院工作，同时聘任九江学院汪婉南教授为护理学院校外院长，负责护理学院筹建的各项专业与技术工作。

2011 年，与护理专业联合办学点修水职业中专就护理中职教育实行教考分离，与修水教学点进行统一出卷、交叉监考、集体阅卷。

2012 年 3 月 18 日，校长卢志鹏带队，副校长周兴龙、副院长邢宏峰陪同，赴省卫生厅拜访李利厅长与章丽莎副巡视员，就学校护理专业申报与教学工作进行交流探讨，取得了领导的支持。

为促进九江经济社会又快又好地发展，满足地方经济社会发展对人才的需求，九江职业大学提出了举办高职类护理专业的申请。九江市政府考虑到老年护理、涉外护理和社区护理等护理专业人才紧缺的实际，通过借鉴外省高职院校的办学经验，在经过充分的调研和论证之后，同意九江职业大学开办护理专业的申请，并决定予以支持。邀请省卫生厅章丽莎副巡视员一行到九江职业大学视察调研，对九江职业大学护理学院的筹备工作进行检查指导。

2012 年 4 月 23 日上午，省卫生厅章丽莎副巡视员一行莅临学校就筹办护理学院工作进行专项视察调研。在市政府副秘书长詹耀祥、校长卢志鹏、党委书记王原平等校领导、有关二级学院及部门负责人等陪同下，视察了护理学院教学实训大楼实训室，之后在鹤问湖校区综合楼大会议室进行护理学院筹办工作汇报会。

章丽莎副巡视员在汇报会上表示：“九江职业大学在护理专业筹建方面所取得的实际成效，即在意料之中、又在意料之外。一是体现了九江市委市政府和学校领导的重视与高度的社会责任感，学校办好护理专业的目标明确，又有高起点的视野，表现出布局的创新和贴近社会需求办学理念，各项条件基本到位，这是学校领导班子齐心协力、共识共为的结果，也看出了学校领导想干事、会干事、干成事的信心和能力。二是思路清晰力求创新。学校办学定位高，适应并充分考虑了医改的社会性需求，布局科学合理，非常到位。三是统筹推进。学校在教师队伍建设、教学及实训基地建设、课程建设、人才模式及方向定位等方面基本到位，学校办好护理专业也是为全省卫生事业的发展做好了基础性的工作。”她要求学校有重点的做好基础材料的补充、收集工作，可以通过邀请专家实地指导的方式，进一步完善资料，使各项工作达标。同时，要高起点建设，制定规划目标，实现教学研一体化，她希望学校要把护理专业办成示范性专业。

2012 年 12 月 21 日，由省教育厅、省卫生厅组成的联合专家组对学校申报的护理专业进行现场评估验收。本次专家组一行 6 人，由省卫生厅科教处处长李志刚担任专家组组长，专家组成员为：省卫生厅科教处邹平凡、省教育厅高教处王景定、南昌大学医学院继续教育学院院长孔江联教授、江西省护理职业技术学院原书记卢省花教授、省人民医院护理部主任朱海萍主任护师。专家组组长李志刚在评估会总结时说：“通过查看实地、听取汇报，感受到学校是一所历史悠久，综合性强、学科门类齐全的高职院校，学校办学特点突出、市场竞争力强、发展后劲足。在护理专业的筹建过程中，各级领导十分重视，学校办学决心大、工作积极性高、护理专业办学基础条件变化明显、开办护理专业意识清楚，尤其是注重学生的人文素质方面成效明显。同时专家组也对护理专业的后续发展提出建议：希望进一步完善基础医学和专业的实训条件；希望进一步加强师资队伍建设，充分利用好兼职教师队伍，希望办出有特色的护理专业。”

2013 年 1 月 21 日，省教育厅，省卫生厅联合下发《关于同意九江职业大学新增护理专业的批复》，同意九江职业大学新增护理专业。至此护理专业申报工作取得成功。2013 年 4 月 18 日，护理学院正式挂牌。

2013 年 9 月，学校任命朱慧芳任护理学院院长，主持学院全面工作，鞠学庭任护理学院党总支书记，邢宏峰任副院长。同年，经学校竞聘上岗，学校任命杨帆为学工科长。

九江职业大学护理学院是九江职业大学重点建设学院之一，学院在发展建设中坚持“重品行，宽知识，厚基础，强技能”的人才培养理念，注重品行教育、转变教育理念、创新培养模式、提升人文素养、加强实践能力、凝练专业特色，为服务地方经济社会的发展提供智力支持和人才支撑。面向全国招收全日制大学专科学生，同时开办五年一贯制护理高职教育，填补九江地区五年一贯制高职教育的空白。护理学院有教职工 31 人，硕士研究生学历 11 人，兼职教师 20 人。学院制定了专业教师配备方案并加强师资培养，聘有一批具有丰富临床经验的专家授课，已建有一支专兼结合的护理师资队伍。

学院内设机构有办公室、教务科、学工科、团委，下设四个教研室。学院教学结构合理，设有基础医学教研室、护理学教研室和临床护理教研室、中医护理教研室，其中临床护理教研室设置在九江学院附属医院、九江市第三人民医院，中医护理教研室设在九江市中医医院，由临床护理人员组成，以密切学校和医院的协作办学。教师们积极开展现场教学、情景教学、项目教学等“理—实—体”“教—学—做”一体化的教学探索，全面提高教育教学质量。2013 年，与日本京进株式会社合作启动赴日护士就职项目。2014 年开始组建护理（日语订单班）项目。

学院开高有三年制大专和五年制大专两种学制的高护专业。

学院规模发展迅猛。现有在籍学生近 1500 人。学院重视学生的护理职业素质教育，开展了形式多样的活动，如演讲比赛、知识竞赛、护理操作能手比赛、文艺表演等，注重培养学生的临床护理能力、健康教育能力和人际沟通能力等。

教学理念——注重品行教育
　　　　　　注重办学理念
　　　　　　注重培养模式
　　　　　　注重人文素质
　　　　　　注重实践能力

教学模式——理论教学与实践教学相结合
　　　　　　学校教学与医院临床实训相结合

护理专业开设的专业主干课程如下：

护理：人体解剖与组织胚胎学、生理学、病理学、病原生物与免疫、药理学、护理礼仪和人际沟通、基础护理、内科护理、外科护理、妇产科护理、儿科护理、老年护理、急救护理技术、社区护理

护理（日语订单班）：人体解剖与组织胚胎学、生理学、病原生物与免疫、药理学、护理礼仪和人际沟通、基础护理、内科护理、外科护理、妇产科护理、儿科护理、老年护理、急救护理技术、社区护理、基础日本语、日语听说、日语会话

学生实习模式为："实习—就业一体化"模式，该模式对于护理人力资源供求双方来说意义较大，"实习—就业一体化"模式能够实现无成本的护理人力的定向培养、选拔和聘用，不同层次的护理实习生可称为该医院固定的护理人力资源的储备。按照国家的有关标准，建有理念先进、管理规范、设备现代环境优美的基础医学实验室和护理技能实训中心，包括生物化学、人体解剖学、生理学、病理学、病原微生物和免疫学、药理学等基础医学实验室，护理技能实训中心有健康评估实训室、基础护理实训室、临床护理实训室、急救护理实训室、社区和老年实训室、护理示教室、模拟手术室、模拟护士站等。实验实训室面积共 2255 平方米，配备先进的医学设备和护理设备，能满足学生的实习实训需求。学院在省内外建有 35 家校外实训基地，包括综合性医院、妇幼儿童医院、精神科医院、传染病医院、社区、老年院等，实行校院合作办学的模式。

学院主题活动：操作技能大赛、护士授帽仪式、元旦晚会、五四演讲比赛、爱心捐赠、舞动青春舞动大赛 、各种志愿者以及义工活动，心理拓展训练、团日活动、主题班会、我爱我家寝室文化节、我的教室我做主教室文化节等学院活动。社团主要有 B – Youth 舞社和乐翼队。

2009—2014 年护理学院各班级班主任任职情况一览表

表 15-9-1

年级	班主任	备注
2009	余启萍	五年制
2010	刘青青　杨　帆　李吉慧　黄恋玉	五年制
2011	汤传宏　肖　莹　吴翠微	五年制
2012	熊邦新　支　星　袁淑琴	五年制
	陈　雯	三年制
2013	周　俊　柳　珂	五年制
	林绍秋　肖　莹　余启萍　曹　佳	三年制
2014	张雯雯	五年制
	邹秀件　方　平　吴文会　张　薇　林绍秋　孙　蔚　邱玲玲	三年制

第十节　中专部

2006 年 4 月 30 日九江师范学校与原九江职业大学合并重组成新的九江职业大学，同年 8 月，在原九江师范学校三年制中专和五年一贯制大专各专业前 2 年教学的基础上成立中专部。邹桂元任中专部党总支书记、主任，负责全面工作；易传宝任副主任，分管教学；韩雪松任副主任，分管学工；廖贵英任副主任负责女生工作和校园文化活动。中专部成立时，中专部党群管理机构设中专部党总支（教师党员 13 人）、中专部行政机构、中专部团委、07 级年级组（李洪波任组长），教研组 2 个（理化生教研组，冷江任组长。政史地教研组，邵德民任组长）。有专业教师 23 人，其中副高专业技术人员 11 人，讲师 5 人，助教 7 人。有教学班 35 个，专业涵盖小学教育（英语教育、信息技术教育、语文教育、数学教育）、幼师、高中转录（高中毕业）就读师范一年，经考核合格颁发一年制师范类中专毕业证，学历属于中师。非师范类专业（会计、数控、模具、机电、酒店旅游），学生人数最多时达到 1907 人。

2007 年 6 月，根据学校发展的需要和总体布局，学校决定成立学前教育系，9 月幼师专业从中专部分离，到新成立的学前教育系，幼师改为学前教育专业。

2009 年 9 月原江西庐山旅游中专成建制并入九江职业大学后，教学区由长虹校区（原九江师范学校）搬迁到鹤问湖原江西庐山旅游中专校区。通过全员聘任，中专部共设 46 个人员编制岗位。其中 13 个行政岗位，33 个教师岗位。徐萍任主任，负责全面工作；谢枫任中专部党总支书记（邹桂元调任文旅学院党总支书记）；威泽勇任副主任，分管教学；熊小毛任副主任，分管学工；陶逸任教学科长。

2013 年 9 月由于学校中层干部交流，邹桂元任中专部党总支书记，余洋洲任分管教学的副主任。同年，学校批准院部正式设置办公室、教务科、学工科等内设机构；经竞聘上岗，学校任命郭群担任学工科长，同年 11 月，付丽芸担任办公室主任。

2014 年年底，中专部有教职工 46 人，其中研究生学历 8 人，副教授 22 人，讲师 14 人，助教 8 人，科员 1 人，职工 1 人。拥有一批市级以上的骨干教师、先进个人、优秀教师、优秀班主任。2009 年，增设了 4 个教研组（语文教研组，张琴华任组长；数学教研组，余定初任组长；英语教研组，廖继红任组长；综合教研组，纪丽华任组长；政史地教研组，聂海斌任组长；理化生教研组，冷江任组长）。2013 年 10 月，在原有教研组的基础上进行重新整合，组建成 3 个教研室（文科教研室，张琴华任主任，聂海斌任副主任；理科教研室，冷江任副主任；综合教研室，纪丽华任副主任）。

中专部自成立后，连续 6 年被评为校先进单位，2008 年被评为全省就业先进单位，2009 年被评为综合治理先进单位，2012 年九江市总工会授予中专部“巾帼文明岗”荣誉称号。

中专部的专业设置共有 2 种类型，分别为三年制中专、五年一贯制大专前二年基础课程教学。三年制中专招收以初中毕业为起点的学生，在中专部就读 3 年后，颁发九江职业大学的中专毕业证书；五年一贯制大专招收以初中毕业为起点的学生，在中专部学习 2 年基础课程后，转入大专部相应的专业院系进行专业课的学习，期满颁发九江职业大学大专文凭。三年制中专开设的专业主要有：机电技术及应用、数控技术应用、模具制造技术、建筑工程施工、计算机应用、电子技术应用、旅游管理、酒店管理、会计等。五年一贯制大专前二年的教学主要有师范类和非师范类两种：师范类包括初等教育专业（语文教育、数学教育、英语教育、现代教育技术）等；非师范类包括旅游、酒店管理、会计、机电、模具、数控等。五年一贯制主要是对初中毕业为起点的学生进行公共基础课程的教学，相于完成大专各专业教学所需要的高中课程知识，在中专部学习 2 年后，再转入大专部其他专业院系进行系统的专业学习。

中专部采取实验实训、工学交替、顶岗生产实习等形式，强化学生技能，实现课堂、实验实训场所、企业环境相结合，每个专业的顶岗生产实习期限为 1 学年，原则上安排在第三学年；实行工学交替培养模式的专业可从第一学年的第二学期起分阶段（1—2 次）组织学生到企业等用人单位进行顶岗生产实习。实习基地有九江宾馆、浙江诸暨大酒店、苏州饭店、江苏丹阳水中仙大酒店、丹阳太平洋饭店。

中专部教育教学成果显著，指导学生多次在全国及省市系列大赛中获奖，共获各类奖项 100 余项；近年来承担并完成国家、省、市科研课题近 30 项，专利 16 项；主参编著作、教材 20 多本；发表学术论文 100 多篇；荣获市级以上荣誉 30 余项。

有学生社团 8 个，参与人数近 600 人，学生参与率达 40%。同时，各社团每学期都会结合自身特点举办一系列活动，诸如说课比赛、演讲、辩论赛、书画展等。优秀社团有：英语协会、口琴社、声优协会、静心阁书法社、梦弦吉他社、温馨口语协会、数学协会、C 舞社。中专部的青年志愿者在团委的带领下，开展了一系列的“立足校园、服务社区”的活动。活动围绕扶贫济困、尊老敬老、帮孤助残、环境保护等社会急需和群众关心的问题，2009 年中专部组织近 300 名学生进入九江国家级出口加工区参加社会实践活动，2011 年中专部青年志愿者服务队到九江市福利院进行慰问演出，获得社会一致好评，浔阳晚报对其进行了新闻报道，2012 年 10 月和护理学院到开发区敬老院慰问，2012 年 12 月份和师范学院第一分队志愿者走进向阳闸西宛小区开展了“清洁环保”活动。同时积极做好“只要在九江就业创业，就能在九江安居乐业”公租房的宣传活动。

2006—2014 年中专各班级班主任任职情况一览表

表 15 - 10 - 1

年级	学制	班主任
06 级	中专	饶培培　戴　宏　夏　芸　李　艳　李　捷
		胡勇兵　张琴华　卢洪生　洪　磊
	五年制大专	江茶英　李　欢　卢洪生　陈光甲　唐　健　查滚金
		胡克勤　张　威　张　璐　陈　燕　车红莲　卢洪生
07 级	中专	洪　皓　冷　江　汪　琴　尤莺燕　陈　晖
	五年制大专	李　宏　李云鹰　张春芳　余乃金　马文静
08 级	中专	金　伟　王　奔　纪丽华　郭　坤　陈　晖
	五年制大专	尤莺燕　郭　群　张琴华　洪　皓　陶　逸
		鲁　奇　许　鹏　熊世华　罗　晶　熊晓康
09 级	中专	周　军　蒋宗仁　吴建红　罗筱福
	五年制大专	聂海滨　廖继红　勒绍华　杨　鹏　曹英萍
		宋家煌　胡俊昌　阮晚英
10 级	中专	纪丽华　胡建华　慕宏斌　汤伟华
	五年制大专	付玲玲　饶　赟　郑　亮　黄志平　文　静
		付丽芸　熊山清
11 级	中专	周鸽宝　詹子乐　纪丽华　刘宏伟
	五年制大专	黄小平　郭　群　李　敏　张琴华　陈启浔　秦　芸　余定初 凌　丽　张良圣
12 级	中专	付丽芸　慕宏斌　洪　磊
	五年制大专	宋家煌　蒋宗仁　曹英萍　勒绍华　付跃峰　何群慧　杨　鹏 占秋生　蔡德平　熊　玮　洪　磊　付丽芸　慕宏斌
13 级	中专 五年制大专	付玲玲　郭　群　廖继红　杨伟萍　冷　江　吴建红　胡志萍 聂海斌　饶　赟　马　洺　纪丽华　刘宏伟
14 级	中专 五年制大专	黄　超　梅丽红　黄小平　张良胜　张琴华　胡俊昌　黄志平 李　敏　刘宏伟　熊　玮　熊山青　詹子乐　马淑丹　慕宏斌

第十一节　公共课教学部

九江职业大学公共课教学部是学校的二级教学管理单位。其前身为九江职业大学综合系，2006 年 8 月九江职业大学与九江师范学校合并之初，重组更名为公共课教学部，2009 年九江旅游中专并入九江职业大学之后，再次重组，并增设公共课教学部党总支。

公共课教学部下设三个教研室：思政教研室、体育教研室和数学教研室。2012 年 9 月思政课教研室从公共课教学部分离单列。

公共课教学部师资队伍：部门共有专职教师 26 人，兼职教师 25 人。教师队伍从职称构成上来看，正高职称 2 人、副高职称 20 人、中级职称 12 人、初级职称及以下 17 人；从学历构成上看，引进全日制硕士研究生 2 人，培养在职硕士研究生 3 人，双学位 1 人；从性别构成上来看，部门有男教师 36 人，女教师 15 人。

公共课教学部以打造“学习型公共课教学部”为基本工作目标，充分发挥了体育和数学两个教研室平台，建立和完善了一套行之有效的工作运行机制和工作模式。一是加强学习型公共课部建设，积极开展政治理论学习和开展各类科研活动以提升教师的职业素质、理论水平和科研能力；二是“以赛促教，以赛评教”积极组织教师参加各类教学、科技文化和体育竞赛活动，提高教师教学水平和职业素质；三是开展学生本位教学，服务全校师生；四是加强师资队伍建设。

在合并之初，公共课教学部下设两个教研室：体育教研室和数学教研室。体育教研室承担了全校的体育课教学任务，组织协调每年一度的学校田径运动会，组织开展全校各类运动队的训练和比赛工作，并取得一系列好成绩。自 2005 年起，体育教研室负责全校学生的体能测试工作。截至 2013 年，每年都进行了全校学生的体测工作，每年合格率都达到了 90% 以上，符合国家的相关要求。并且为每位学生建立了体质健康卡，学生可以通过健康卡登录国家学生体质健康网，了解自己的体质相关情况，并获得相关建议。体育教研室现有专兼职教师 36 人，其中副教授 14 人，讲师 9 人，助教 13 人。数学教研室承担了全校数学课的教学任务（不包括师范学院的专业数学课及中专部的数学课），组织开展全校的数学训练和竞赛工作并取得一系列好成绩，包括组织全国大学生数学建模竞赛、江西省大学生数学竞赛、九江职业大学大学生数学竞赛及其辅导等工作。数学教研室现有专兼职教师 10 人，其中教授 2 人，副教授 4 人，讲师 3 人，助教 1 人。

自 2006 年以来，公共课部教师共在校级、市级、省级及国家级刊物上发表论文 205 篇，其中国家级（含国内权威及北图核心）核心刊物 25 篇，省级刊物 149 篇，市级刊物 5 篇，校级刊物 26 篇。6 年来，公共课部教师共主持、参与完成省级、市级和校级课题 97 项，其中省级以上课题 79 项，市级课题 3 项，校级课题 15 项；公共课部教师主编、参编专著、教材 11 本，其中校本教材 9 本，其他类型专著 2 部。

公共课教学部负责的校园公共体育、学生体质测评、校运会等工作、参加省、市级体育比赛、数学建模比赛等。

第十二节 思政教研部

思想政治理论教学科研部（简称思政教研部），承担学校大学生思想政治教育工作和思想政治理论课的教学任务。2006 年学校合并重组后，成立“两课”教研室，2009 年成立思想政治理论课教学科研部（挂靠在公共课部），按照省厅文件要求，思政教研部于 2012 年 9 月作为学校二级部门从公共课教学部分离单列出来，并设立思政教研室。2013 年 11 月，增设思政教研部党总支。

思政教研部师资队伍：部门现有专职教师 16 人，兼职教师 22 人。教师队伍从职称构成上来看，正高职称 5 人、副高职称 9 人、中级职称 17 人、初级职称及以下 5 人；其中专职教师（包括 3 名部门行政人员）学历构成为，博士 1 人，全日制硕士研究生 6 人，培养在职硕士研究生 2 人，本科学位 7 人。部门教师从年龄到职称，结构合理，有高级、中级和初级职称，老中青教师相结合。

思政教研部目前拥有的教学设施主要有用于思政课课堂教学的多媒体教室 201、202。同时还有一批“思想政治理论课实践教学研究基地”。为了让更多学生参与社会实践，与九江新四军研究会、九江市中级人民法院、街道办事处、九江市敬老院、九江市党史办等单位合作建立了 10 多个不同层次的“思想政治理论课实践教学研究基地”，并构建了长效共建机制，为学生搭建了广阔而稳定的实践平台，每年我们根据具体情况组织学生前往基地做调研、体验、支教、走访等实践活动，进一步培养学生的实践能力。

自 2012 年思政教研部单列以来，两年时间，思政教研部教师共在校级、市级、省级及国家级刊物上发表论文 105 篇，其中国家级（含国内权威及北图核心）核心刊物 18 篇，省级刊物 72 篇，市级刊物 5 篇，校级刊物 10 篇。教师共主持、参与完成省级、市级和校级课题 47 项，其中省级以上课题 36 项，校级课题 11 项；主编、参编专著、教材 5 本。

思政教研部党总支成立于 2013 年 11 月。部门党总支下设教工党支部。截至 2014 年 6 月，思政教研部共有教师党员 7 人。党组织开展了民主生活会、集中学习、参观爱国主义教育基地、关心贫困生献爱心、“学雷锋”服务社区、义务献血等活动。

第十三节 农业经济技术学院

九江职业大学农业经济技术学院是在原九江市农业学校的基础上发展而来，2009 年 3 月庐山旅游中专（2005 年原九江财贸职高升格为江西庐山旅游中专后与原九江农业学校合并而成）整体划归九江职业大学，原九江市农业学校有100余年的办学历史，曾为九江地区培养遍及全市的农业科技带头人及乡镇基层管理干部，有较丰富的办学经验和师资力量。

考虑到现代科技农业的发展及新农村城镇化的建设有大量的农业人才需求空间，2011年5月经校长办公会决定成立农业经济技术学院筹备小组。校纪委副书记诸秋南任筹备组组长，冷赟任筹备组组员。筹备小组具体负责农业经济技术学院专业申报、师资筹备、实验实训室建设及项目申报等主要工作。

筹备小组于2011年9月向省教育厅成功申报《农业经济管理》专业，该专业2012年正式招生，首届农业经济管理专业共招生7名。2012年5月筹备小组成功申报省发改委项目《九江市休闲农业科技示范园》，争取项目资金10万元。

2013年8月农业经济技术学院正式成立，查启军任院党总支书记，冷赟任院教务科科长。

2013年9月成功申报《农产品质量检测》专业，并于2014年9月正式招生，首届农产品质量检测专业共招生17名，2014年9月成功申报《观光农业》专业，计划2015年正式招生。

农业经济技术学院设有《农业经济管理》《农产品质量检测》《观光农业》三个专业，有专职教师8人，其中副教授4人、讲师2人、助教2人，学生66名。学院建有投资110万元的农产品检测试验室一个，2000余亩金麦农生态农业和养殖基地一个，并在校外建立了一批教学实习基地，是江西省农村劳动力转移培训和九江地区农业人才培训的基地。

各专业开设的专业主干课程如下：

农业经济管理：农业经济基础、农业经济技术、农产品加工概论、管理学原理、市场营销、财务管理、经济法、农村社会经济统计、农村财政与金融、农业经济调查等。

农产品质量检测：食品生物化学、微生物学、食品卫生安全、仪器分析、农产品质量检测标准、农产品质量检测技术、农产品质量安全、企业经营管理等。

观光农业：农业观光概论、园林规划设计、观光农业园区设计、现代观光园管理、园艺设施学、室内植物装饰与应用等。

学院在发展建设中坚持“重品行、宽知识、厚基础、强技能”的人才培养模式，以“引领现代农业发展、培养农业创新人才”为宗旨，坚持为区域经济社会发展服务，为学生职业发展服务，坚持教学、科研、生产相结合，引领现代农业发展，注重实践技能的培养，提高学生就业创业竞争力，努力使毕业生成为农村基层管理干部、服务三农科技带头人和现代农业的农产主及职业经理人。

2012—2014 农业经济技术学院各班级班主任任职情况一览表

表 15－13－1

专业	年级	班主任	学制
农业经济管理	2012	冷　赟	三年制大专
农业经济管理	2013	冷　赟	三年制大专
农业经济管理	2014	段　炼	三年制大专
农产品质量检测	2014	段　炼	三年制大专

第十四节　继续教育学院

继续教育学院是 2006 年 5 月由原九江职业大学成教科、原九江师范学校培训处合并组建而成。当时有教职工 5 名，年底又调入 2 名，共 7 名教职工，其中，3 名负责人，4 名干事。最初开展的业务主要分为成人函授教育、普通话培训测试，驾校、联合办学等。

成人函授教育主要是分为高中起点达专科，专科起点达本科。其中，成人函授教育高中起点达专科层次的招生主体学校主要有九江职业大学、江西师范大学、赣南师范学院、华东交通大学。成人函授教育专科起点达本科的招生主体学校主要有江西师范大学、赣南师范学院、华东交通大学。以上这些招生主体学校都是与九江职业大学联合办学，并由九江职业大学承担课程教学任务，接受招生主体学校的单科结业考试。

普通话培训测试工作是 2001 年由原九江师范学校代表九江市语委办向省语委办申报成立九江市普通话培训测试站，受九江市语委办委托，作为九江市普通话培训测试站站点，并代行其职能。从学院成立起，2006 年共进行普通话培训测试总人数达 3000 人，2007 年共进行普通话培训测试总人数达 3500 人。

2008 年 5 月经省教育厅语工处批准，“九江职业大学普通话培训测试站”成立。主要负责本校师生的普通话培训测试工作。

2006 年起，学院一直在进行驾校申报工作，于 2007 年下半年批准，正式开展驾驶员培训工作。同时，由刘茜承包，签订了承包协议，根据承包协议，每年上交学院 5 万元。

联合办学主要是指九江职业大学和九江市所属县市区的进修学校或职业中专联合办学，由他们进行代为培养，进行自主教育教学，采用集中面授、全日制两种学习形式；我院主要是进行教育教学监督和指导。学员在经过相关考试合格，可获得九江职业大学颁发的中专毕业证、派遣证、普通话水平等级证、教师资格证。联合办学的专业主要由小学教育专业、学前教育专业共两个专业。

2007 年 2 月，学校对继续教育学院干部人事进行了调整，学院的业务范围除了原来的成人函授教育、普通话培训测试，驾校、联合办学外，增加了自考助学、社会培训等。

成人函授教育主要是分为高中起点达专科，专科起点达本科。其中，成人函授教育高中起点达专科层次的学校主要有九江职业大学、江西师范大学、赣南师范学院、华东交通大学，成人函授教育专科起点达本科的学校主要有江西师范大学、赣南师范学院、江西理工大学、江西农业大学、华东交通大学。

普通话培训测试工作除了对本校全体师生进行普通话培训测试外，还继续承担着九江市所有中小学教师和社会办理教师资格证人员的普通话培训测试工作，此项工作一直承担到2008年暑期，在九江职业大学普通话培训测试站于2008年5月经省教育厅语工处批准成立后，九江市普通话培训测试站就不再委托学校而是单独承办全市所有中小学教师和社会办理教师资格证人员的普通话培训测试工作，学校普通话培训测试站的工作就主要是承担本校全体师生的普通话培训测试工作。

2007年上半年经市自考办批准，成立九江职业大学自学考试考点和自学助考学校。学院开始进行自考助学招生，主要是全日制形式和业余形式的自考助学。全日制形式的自考助学主要是招收高考落榜生。其层次是大专，开设的专业有小学教育、学前教育、会计、计算机及应用、市场营销、机电一体化等。日常管理教学安排按普通在校生模式进行，并设有班主任进行班级管理，安排寝室住宿，学院根据自考科目提供教学计划，由教务处安排教师授课。业余形式的自考助学主要是针对学校在校生，帮助他们提升学历。分为大学专科和本科两个层次；开设的专业有小学教育、学前教育、英语、教育管理、汉语言文学、机电一体化、计算机及应用等。其教学管理模式是继续教育学院设立专业班级，设有班主任进行班级管理，并根据自考科目提供教学计划，由教务处安排教师授课。授课时间均安排在周一至周五的晚上，周六和周日的白天。

社会培训主要是教师资格证的培训、九江市小学农村骨干教师培训等。2007年、2008年、2009年连续三年的暑期都进行了九江市小学农村骨干教师培训。共有小学数学、小学语文、小学英语三个班，共有300余人。

随着庐山旅游中专学校2009年6月整体并入学校，学校的部门人事也再一次进行了调整。庐山旅游中专学校培训处并入继续教育学院。教职工人数达到了16人。学校2009年暑期进行了全校教职工竞聘上岗。继续教育学院领导也进行了重新调整。教职工人数达到了19人。

截至2013年3月，学院共有教职工15人，职能科室4个，分别为学院办公室、招生科、普通话测试站、培训科。具体负责成人学历教育、普通话测试、岗位培训、自学考试等的生源开发、招生录取、学籍管理、教学管理、学生管理等工作。学院办学形式多样，形成了以学历教育为主，函授、全日制脱产、培训等相结合的人才培养模式；专业门类覆盖理、工、农、文、经、法、管、教等学科；办学层次有以初中为起点的中专教育，以高中为起点的专科、本科教育，以专科为起点的本科教育。同时，还承担了学校申请的省教育厅批准的幼师国培和九江市共同组织的农技员培训工作。幼师国培工作共进行了两年，共培400多人，九江农技员的培训共培训140多人。

目前，江西师大、华东交通大学、华中师范大学、重庆大学、江西农大、赣南师范学院等高校在学校设立了成人教育函授站，开展专科、本科成人教育。武汉大学继续教育学院与学院开展了在职研究生教育；学院中专层次教育覆盖了九江市（区）、县，共有教学站 14 个。从 2006 年 5 月—2013 年 3 月，学院为社会培养了一大批实用型人才，其中，成人专科、本科学历教育人数 2200 余人；远程网络专、本科成人教育 400 余人；中专层次教育 3000 人；组织自学考试人数达 1 万余人，普通话培训测试人数 3 万余人；九江市小学农村骨干教师培训人数 1000 多人。

第十六章　人物简介

一、学校领导

● **卢志鹏**　男，1955 年 10 月出生，江西武宁人，农工民主党党员，教授，博士。农工党九江市委主委，江西省政协常委，九江市人大常委会副主任，九江职业大学校长。

1978 年 12 月参加工作，先后任武宁县罗坪、甫田卫生院医师；1985 年 12 月至 1992 年 12 月，先后任武宁县爱卫办副主任、主任，县文明办副主任；1992 年 12 月任武宁县政协常委、秘书长；1995 年 12 月任武宁县人大常委会副主任；1997 年 1 月至 2002 年 9 月，任武宁县政府副县长（期间：1999 年 9 月至 2001 年 12 月，中央党校法律专业学习并毕业）；2002 年 9 月任九江市工商联会长；2003 年 11 月任九江医专副校长；2003 年 12 月任农工党九江市委会主委，2004 年 3 月任九江市政协副主席；2005 年 1 月任九江学院副院长，2006 年 2 月增补为第九届省政协常委；2006 年 4 月任九江职业大学校长兼九江学院副院长（2011 年 1 月不再兼任）；2011 年 9 月任九江市人大常委会副主任。2013 年 1 月获北京师范大学教育经济与管理专业博士学力证书，2013 年 4 月获加利福尼亚加州大学教育管理专业管理学博士学位。2013 年北京大学访问学者。

2011 年 7 月，在由中国教育家协会、中国教育网、江西省广播电视“今视网”网站联合主办的“首届中国网民最尊敬的（江西）十大高校暨十大高校校长”大型调查评选活动中，被评为“首届中国网民最尊敬的（江西）十大高校校长”；2015 年 9 月，在由中国江西新闻网、江西手机报、江西日报社大江网共同主办的“适应新常态点赞人民满意教育”大型互动调查活动中被评为“人民满意的十大名校长”。

主要科研成果：先后主持完成江西省高校人文社会科学研究项目“九江地区农村成人教育发展的研究”，江西省高校省级教改课题“新时期高等院校‘导师制’的研究与实践—以 J 职业院校‘德育导师制’为例”，江西省高校人文社会科学研究项目“90 后大学生核心价值观的培养状况及对策研究—以J市职业学院为例”，2013年江西省社会科学规划项目“现代职业教育发展战略研究”等，并出版专著《现代职业教育新论》（北京大学出版社2015年1月版）。2012年，领衔的“卢志鹏创新工作室”创办，工作室立足于现代教育的实践，致力于促进技能型人才培养与产业层面的有机衔接，一人领衔，协同攻关，2015年被市总工会评为全市十大示范性创新工作室之一。

先后主编并出版教材《大学生就业与创业指导》（北京理工大学出版社2010年8月版），《普通话学习训练与测试教程》（北京理工大学出版社2010年10月版），《新编大学生实用礼仪教程》（北京理工大学出版社2009年8月版）（该书为国家十二五规划教材，被评为全国优秀教材一等奖，）等。撰写的主要论文有《略谈渗透式人文教育》（《中国成人教育》2005年第8期 核心期刊），《增强大学生思想政治理论教育的实效性》（《当代江西》2009年第10期），《突出重点 稳步推进 高度重视民主党派基层组织建设—农工党九江市基层组织建设状况调查》（《江西统一战线》2009年第1期），《职业教育在特色中精彩》（《教育高地》2010年第7期），《人本自和谐 情真天地宽》（《理论导报》2007年第1期）等数十篇。其中论文《农村成人教育发展的思考——江西省九江市农村劳动力转移培训现状与对策》评为江西高校科学研究优秀成果三等奖（《人文社会科学》2007—2008）等。

● **王原平** 男，1956年5月出生，安徽宿松人，中共党员，教授。1982年1月毕业于安庆师范大学化学专业本科，获学士学位。九江市人大常委会党组成员、九江职业大学党委书记。

1982年1月至1987年8月在安庆宿松中学任团委书记，化学教研组组长，1987年至1993年，在江西九江市第一中学任团委书记，教务处副主任；1993年至1995年，在江西省九江市任团委书记；1995年至2002年，在江西省九江市浔阳区任区委副书记、政协主席（其中，1998年至2001年，在中国人民大学科学技术哲学硕士研究生班学习）；2002年至2008年，任九江市人大常委会秘书长党组成员；2008年8月调任九江职业大学党委书记（兼任九江市人大常委会党组成员至2012年4月）。

主要科研成果：先后主持完成中央编译局课题“科学执政与执政体制”（并发表《科学执政与执政体制》论文），江西省教育厅党建课题“新时期高职高专学生党员党组织生活网络化建设研究”，江西省社会科学“十一五”计划项目“建设学习型政党与加强改进高校党委中心组学习问题研究”，全国教育科学“十一五”计划项目“幼儿养成教育课程模式研究”，并与胡青合著出版《幼儿养成教育课程理念与设计》（社会科学文献出版社2013年12月版），2011年江西省高校党建研究项目“新时期高职高专学生党员党组织生活网络化建设研究”等。

先后发表学术论文《技术政治视角下的科学执政》（《当代世界与社会主义》2009年第2期，该论文获江西省高校人文社会科学优秀三等奖），《学习是成就事业的源泉》（《人才开发》2007年第3期），《网上课程——冲击·定位·培训》（《网络财富》2008年第12期）等。研制完成的《无线自动防伪系统》获实用新型专利权，并获江西省高校科技成果三等奖；《技术政治视角下的科学执政》获江西省高校科学研究优秀成果三等奖（人文社会科学）。

● **周春明**　男，1963 年 3 月出生，江西南昌人，中共党员，教授。1986 年 7 月毕业于哈乐滨工业大学铸造专业本科，1989 年 4 月于西北工业大学铸造专业全日制研究生毕业，获硕士学位。九江职业大学党委副书记、纪委书记。

1989 年 4 月参加工作，1989 年 4 月至 2006 年 4 月，先后任南昌航空大学教师（副教授），彭泽县人民政府副县长，中共彭泽县委副书记、纪委书记，九江师范学校党委书记；2006 年 4 月起，任九江职业大学党委副书记、纪委书记，2011 年 12 月提为正处级。

主要科研成果：先后主持参与完成课题“社会实践与全面提高学生素质的研究”，“提供全面素质与发展个性特长的研究”（第二主持），“高职院校学生宿舍党组织建设研究”（江西省高校人文社会科学研究 2011 年度规划项目）。

主编、副主编出版教材《大学生心理健康》（ISBN978 －7 －5640 －2785 －8），《大学生军事理论教程》（ISBN978 －7 －5640 －2786 －5），《职业生涯规划与就业指导》（ISBN978 －7 －5058 －7437 －4 副主编）。

先后发表学术论文：《水玻璃覆膜砂转移涂料的试验研究》（《热加工工艺》1994（03）），《转移涂料制芯法研究》（《铸造技术》1995（03）），《悬浮浇注对铝铜合金组织遗传性的影响》（《南昌航空工业学院学报》1998（04）），《遗传因素对铝铜合金热裂倾向性的影响》（《铸造技术》1999（02）），《悬浮浇注对铝铜合金组织性能的影响》（《热加工工艺》1999（02）），《大学生社会实践与综合素质关系研究》（《大家》2010），《思想政治课堂教学的生活化研究》（《教学与管理》2010（21）），《社会实践应当成为大学生的必修课程》（《魅力中国》ISSN1672 －0992），《社会实践课程的模式意义》（《大科技》ISSN1004 －7334）。

● **肖厚建**　男，1956 年 1 月出生，江西武宁人，中共党员，教授。1980 年 1 月于九江师范学校物理专业毕业，1985 年 12 月中共九江市委党校大专班毕业，1999 年 7 月在江西师范大学教育管理专业本科毕业，2000 年 12 月中国人民大学研究生班毕业并获同等学力证书。九江职业大学党委委员、副校长。

1980 年 1 月至 1987 年 1 月任九江地区教育局干部，1987 年 2 月至 1988 年 2 月在修水县新湾乡挂职任乡党委副书记；1988 年 2 月至 2001 年 11 月先后任九江市教育局人事科副科长、科长（1999 年获江西省人事工作先进个人称号）；2001 年 11 月至 2006 年 4 月先后任九江师范学校副校长（主持工作）、校长；2006 年 4 月起任九江职业大学党委委员、副校长（副处级）；2011 年 12 月提为正处级。2014 年 5 月退二线。

主要科研成果：先后主持完成中国教育学会下达的课题“提高全面素质与发展个性特长的研究”，教育部基础教育司下达的全国中小学课题“学科‘四结合’教学改革试验研究”，江西省教育科学“十一五”计划课题“校园文化与阳光网吧建设研究”，江西省人文社科课题“社会转型时期学校传统道德教育问题研究”4 项。

主编出版教材《中小学教师素养概论》（江西高校出版社 1999 年 5 月版），主编

《中国历史》（上、下册）（东北师范大学出版社 2008 年 12 月版）2 部。

先后在各类学术刊物发表学术论文《试论邓小平人事人才思想与人事人才管理与改革》（《江西人事》1997 年第 1 期），《中小学组织人事工作的系统思考》（《江西人事》2000 年第 4 期），《加强职校寝室文化建设的思考》（《中国培训》2008 第 10 期），《“天人合一”与和谐社会建设》（《科学教育家》2009 第 7 期），《校训对校园文化建设的作用》（《九江学院学报》2009 第 1 期），《〈周易〉与乾乾坤厚的民族精神》，《〈周易〉时义管窥》等 20 余篇。

● **肖允叔** 男，1952 年 7 月出生，江西吉安人，中共党员。1985 年 12 月中共九江市委党校大专班毕业，1999 年 7 月江西师范大学教育管理专业本科毕业。1996 年 12 月江西师范大学思想政治教育专业硕士研究生课程班学习结业。讲师职称。1987 年 8 月至 2008 年 5 月，任九江职业大学副校长。

1968 年 10 月江西师大附中初中毕业后，作为知青下放至武宁县清江公社，期间先后担任生产队革委会副主任、主任；生产大队革委会副主任、党总支书记兼革委会主任。1971 年 3 月调九江市，先后在双峰小学、柴桑小学、小学党总支、共大工作，任小学副校长、小教团总支书记、共大党委委员办公室主任兼团委书记、共青团九江市教育局委员会委员。1979 年 3 月调共青团九江市委，任宣传部副部长、部长、团市委副书记（期间 1986 年 1 月至 1987 年 1 月在修水县沙湾乡挂职乡党委副书记）。1987 年 8 月调九江职业大学工作，先后任校党支部副书记、副校长。1993 年 10 月至 1994 年 8 月主持学校全面工作；1995 年 8 月，校党委成立后，一直任党委委员、副校长；2008 年 5 月提为正县级干部，退居二线；2012 年 11 月退休。

曾任全国高等职业院校德育教学研究会第一届理事会理事；江西省高校思想政治教育研究会第一、二、三、四、五届理事会理事；九江市第一届秘书学会常务副会长兼秘书长；九江市教育学会常务理事；九江市教育志编委。

系政协九江市第七届委员会委员，共青团江西省第九次代表大会代表，共青团九江市第十、十一、十二次代表大会代表，第十、十一届团市委委员，第十一届团市委常务委员。

长期从事学校管理和青少年教育工作。在从事共青团工作期间曾撰写《青年与青年运动》、《共青团干部的修养》、《文明与道德》、《恋爱·婚姻·家庭》等十余篇团课教材和青少年思想教育教材，分别被团内刊物发表或被采用为共青团培训教材。从事高校工作以后，参加高校教材《社会主义职业道德概论》的编写，并发表《深化校园教育改革、推进社会环境优化》等多篇论文。

● **胡春亮** 男，1964 年 2 月出生，江西南昌人，中共党员，教授。1986 年 7 月毕业于中国纺织大学机械制造专业本科，2003 年 12 月于厦门大学高等教育专业研究生班毕业，获硕士学位。九江职业大学党委委员、副校长。

1986 年 8 月参加工作，1986 年 7 月至 1989 年 12 月在江西省纺织职工大学任教，1989 年 12 月至 1995 年 8 月任九江市纺织中专教师、教务处主任，1995 年 8 月至 1996 年

11 月九江职业大学讲师、经济管理系主任，1996 年 11 月至 2003 年 5 月先后任九江职业大学办公室副主任、主任、校长助理，2003 年 6 月至 2006 年 4 月任九江职业大学党委委员、副校长，2006 年 4 月起任新九江职业大学党委委员、副校长（副处级）。2011 年 12 月提为正处级。

曾获得 2001—2003 年度，2004—2006 年度，2006—2009 年度江西省高等学校中青年骨干教师称号。

主要科研成果：先后主持并完成江西省教改课题“高职教育培养有创新能力的应用型人才研究”，江西省教改课题“高职学生创业素质心理构成机制和教育模式研究”，江西省教改课题“高职院校青年教师发展平台建设研究与实践”3 项。

出版专著《高职创新教育探索》（中国文联出版社 2005 年 5 月版），主编教材《机械制图》（北京理工大学出版社 2011 年 8 月），参编教材《机械制图》（李业农主编，上海交通大学出版社 2002 年 3 月版）。

先后在各类刊物上发表学术论文《创设有利于创新人才培养的社会环境》（《黑龙江高教研究》2004 年第 6 期），《科研是建设创新型教师队伍的有效途径》（《黑龙江高教研究》2004 年第 2 期），《应用型工科教育呼唤创新型师资队伍》（《航空教育》2004 年第 1 期），《利用 AutoCAD 进行板材优化排样的探讨》（《南昌大学学报》1999 年第 4 期），《浅谈“情感认同”在教学中的运用》（《纺织教育》1996 年第 1 期），《对高职教材的几点思考》（《中国科技博览》2004 年第 11 期）等 30 余篇。

● **汪春莲** 女，1957 年 3 月出生，江苏南京人，中共党员，教授。1978 年 7 月毕业于九江师范学校数学专业，1991 年 7 月毕业于江西教育学院数学专业本科，2003 年 7 月于北京师范大学教育管理专业毕业，获同等学力证书、教育学硕士。九江职业大学党委委员、副校长。

1978 年 7 月至 1996 年 7 月在九江师范学校任教，1996 年 7 月至 2006 年 4 月先后任九江师范学校学工处副处长、教务处副主任、教务处主任、副校长，2006 年 4 月起先后任九江职业大学校长助理兼招生就业处处长，2008 年任党委委员，2009 年任副校长（副处级），2011 年 12 月提为正处级。

任职期间，兼任数学课教学工作。1990 年获江西省教育厅中等师范学校“教坛新秀”称号且获“教学能手”比赛一等奖，1996 年获全国“迎香港回归”读书活动优秀辅导教师奖，1997 年获中共九江市委、市政府授予的九江市“十佳教师”称号，2001 年获江西省“工会先进工作者”称号，2004 年被九江市教育局、人事局评为“学科带头人”。

主要科研成果：先后主持完成省级课题“‘案例教学’模式在高职院校创业培养中的应用研究”（2008 年结题），省级重点课题“江西省农村学前儿童入学准备现状调查与对策研究”（2015 年结题）；参与中国教育学会课题《提高全面素质与发展个性特长的研究》（2005 年结题）。

先后任副主编出版普通高校“十一五”计划教材《文科高等数学》，普通高校“十二五”创新型规划教材《大学生就业与创业指导》等五部。

公开发表学术论文《创新教育研究与学生个性发展》(《中国青年研究》)、《论数学教学中的创新教育》[《中国成人教育》2009（04）] 等4篇。

● **周兴龙** 男，1963年11月出生，江西彭泽人，中共党员。1986年7月于九江医专临床医学专业毕业，2013年获江西农业大学作物栽培与耕作专业硕士学位。九江职业大学党委委员、副校长。

1986年7月参加工作，1986年7月至2004年7月先后任九江医专工部团总支书记、临床医学教学秘书、图书馆采编室副主任、教务处成教科长、成教部学生管理科科长、成教部教务科科长、图书馆副馆长等职务；2004年7月至2007年3月任九江学院继续教育学院办公室主任；2007年3月起调任九江职业大学办公室负责人，党委办公室、校长办公室主任、校长助理；2009年10月起任九江职业大学党委委员、副校长兼办公室主任(副处级)；2011年12月提为正处级。

● **余传忠** 男，1966年8月出生，江西武宁人，中共党员。1988年7月于江西省第二林业学校林业专业毕业。九江职业大学党委委员、副校长。

1988年8月至1999年11月，先后任武宁县石门楼乡政府干部、乡党委委员（期间兼任炉山村村民委员会主任、党支部书记、石门楼镇治安联防队队长、公安特派员)、乡党委副书记(其间：1994年1月至1995年12月在辽宁刊授党校经济管理专业读大专)；1999年11月至2001年1月任武宁县石门楼镇镇长；2001年1月至2006年6月调任武宁县杨洲乡党委书记、镇人大常委会主任（期间2005年8月至2007年12月在中央党校法律专业读本科)；2006年6月至2011年6月调任都昌县任副县长；2011年6月至2011年8月任九江市人防办党委委员、副主任、民防局副局长；2012年8月调任九江职业大学党委委员、副校长（正处级)，分管校建工作。

1999年获武宁县十佳人民卫士，2005年获九江市“抗台”先进个人，2004年获江西省林改试点先进个人，多次获武宁县先进个人称号。

● **赵建夫** 男，1965年2月出生，河北河间人，中共党员。1988年7月于空军蚌埠第十三飞行学院机械设计专业本科毕业。九江职业大学党委委员、副校长。

1983年6月参加中国人民解放军空军。1983年6月至1988年6月任空军第十三飞行学院学员，1988年7月至1989年6月任空军航空兵第十四师四十二团飞行员，1989年6月至1992年6月任空军航空兵第四十九师一四七团飞行员。1992年6月至2003年3月先后担任空军航空兵第十四师四十一团飞行二大队飞行员、中队长、副大队长、大队长等职务，2003年3月至2006年6月调任空军航空兵第十四师司令部飞行技术检查主任；2006年6月至2010年3月调任空军航空兵第十四师四十一团飞行二大队飞行员；2010年3月至2012年1月任空军航空兵第十四师副师长。在部队立三等功4次，二等功1次。

2012年1月，调任九江职业大学党委委员、副校长。

二、教授

●**黄昌平** 男，1936年11月出生，江西九江人，中共党员。1964年毕业于江西大学中文系。毕业后留校工作年余，此后在中学任语文教员 20 余年。1986 年 2 月调任创办九江职业大学筹备组成员。历任九江二中教导处主任、九江职业大学副校长。其社会兼职有中国高等职业教育研究会理事，九江教育学会学术委员，九江职业技术教育研究会理事长，九江高等学校中级专业技术职称评审委员会委员兼综合评审组组长。1996 年晋升为中文专业教授。1997 年 10 月退休。

在长期的教育教学工作中坚持教学和科研结合。中学任教期间，著有《课余散记》一书文稿，有 32 篇共 8 万余字；在九江职业大学工作期间，参加了国家教委“七五”规划两个课题的研究，其研究和实施的教学实践环节管理的改革，获得江西省首次优秀教学成果奖。先后在各类学术刊物上公开发表《对青年教师导职导教的思考与实践》（《九江师专学报》1997 年第一期）等教育教学论文 23 篇，在省级以上各种专题研讨会上交流沦文 7 篇，刊发史志类文章 5 万余字。

●**江民德**　男，1937 年 8 月出生，江西九江人。1964 年毕业于北京钢铁学院（现北京科技大学）金属学系粉末冶金专业。江西省政协委员，国家著名新材料专家，享受国务院特殊津贴专家、全国优秀科技工作者、全国五一劳动奖章获得者、全国有色金属行业劳动模范、江西省劳动模范。曾任九江波德新材料研究所所长，九江波德新材料有限公司董事长，九江职业大学教授。1993 年 6 月晋升为研究员。1998 年 4 月退休。

长期从事金属铍等稀有金属陶瓷方面的科研工作。作为第一发明人发明了氧化铌坩埚、氧化钽坩埚，为研究纯度在 5 个 9 以上的高纯氧化铌、氧化钽做出了贡献；在电容器钽（铌）粉方面，发明了球形钽粉，取得了发明专利，为制作出高压、高可靠性钽粉，做出了杰出的贡献，对高比容钽粉进一步发展起到重大作用；在钽、铌加工材方面，首先采用粉末冶金方法，此方法已成为钽铌金属加工的主导工艺；在铌三锡超导材料方面，独自研制成功千米长带（1000m × 宽 5mm × 厚 40μm），一次生产 20 根，这项成果在世界上至今仍是先进的独有的；对硬质合金碳管炉推舟氢气保护老工艺方法进行了改良，采取用真空法生产各种碳化物，通过了国家有色金属协会组织的高级别鉴定，产品及工艺达到了国内外领先水平；其在科学研究方面取得显著成绩，多项科研成果获得了学术奖励。其中，研究项目陶瓷法制作高纯氧化铌坩埚、氧化钽坩埚分别获得了 1983 年和 1987 年国家发明奖，产生了较大反响。

坚持走“产学研”相结合之路，在其职业生涯的后期，创办了九江波德新材料研究所，成立了九江波德新材料研究有限公司，走出一条“以科研开发为基础，产品产业化为重点，营销是关键”的全方位的新型产业化道路。

● **张正治**　男，1938 年 9 月出生，湖南南县人，中共党员。1959 年毕业于兰州大学中文系，2001 年晋升为中文专业教授。原九江职业大学党委书记，1999 年退休。

大学毕业后先后在兰州大学，兰州艺术学院、九江大学任教。文化大革命后，在九江师专中文系任教多年，曾任该校中文系副主任党支部书记；因工作需要，后调九江市社会科学联合会任专职副主席，中共九江市委党史研究室副主任；1995 年 9 月，任九江职业大学党委书记。

在大专院校任教多年，曾担任中文专业及文秘专业教学，承担专业课程主要有：文学概论、应用写作、现当代文学史、秘书学、电影电视学基础、口才学等。

先后发表学术论文30多篇，其中中文核心期刊2篇。专著1部，参编教材6部，获省高校社会科学优秀成果三等奖。

● **张守兴** 男，1963年11月出生，江西九江人，中共党员。1987年7月毕业于江西大学汉语言文学专业获文学学士学位。江西省高等学校中青年骨干教师，九江职业大学师范学院专职教师。2004年10月晋升为中文专业教授。

2006年起，先后承担文化传播系和师范学院的基础写作、大学语文、商务谈判、公共关系学、涉外秘书学、文秘写作、社交礼仪、现代汉语、古代汉语、旅游公共关系学、中国现代文学、中国当代文学、中国现当代作家作品研究等课程的教学工作。1997年9月荣获江西省教育委员会授予的“全省优秀班主任”称号。2001年8月，论文《“思想道德修养”课重在探究问题和解决问题》被江西省委宣传部和江西省教育厅评为江西省高校“两课”优秀教改论文三等奖。2004年7月被江西省教育厅批准为“江西省高等学校中青年骨干教师”。2004年12月，论文《面向市场 充分利用社会资源办好高等职业教育》在江西省高等教育学会年会上被评为江西省2004年高教科研论文三等奖。2009年担任汉语言文学教研室主任。

主要科研成果：2005年至2012年，先后完成省级教改课题“高职创新创业教育与高职毕业生就业工作研究”（2005年6月），“成人高等职业教育的研究与探索”（2005年6月），“创新高职大学语文教学模式研究”（2012年6月）。

先后在各类刊物发表科研学术论文《公文写作使用模糊语言探因》（《应用文写作》1999年12月）、《加强人文教育是高等职业教育的内在要求》（《高等职业教育》2000年2月）、《面向市场 充分利用社会资源办好高等职业教育》（《黑龙江高教研究》2001年5月）、《文化素质教育的背景分析及其实施途径》（《江西社会科学》2003年4月）等30多篇。

● **赵敦煌** 男，1947年9月出生，江西湖口人，中共党员。1981年毕业于九江师专中文专业，后毕业于江西师大思政教育专业。中国高职技术教育研究会理事，江西高教学会理事，江西省高校思政教育研究会理事。2006年11月晋升为思政教育专业教授。先后任九江师专宣传部长、九江职业大学校长，2007年9月退休。

从事高专高职教育25年，承担的专业课程主要有：形势与政策、人生哲理、法律常识等。1994年被评为九江市德育先进个人，1999年被九江市委授予坚持多党合作、政治协商制度先进个人，2005年获中国教育科学院、全国高职高专授予“中国高等教育贡献奖”。

主持完成江西省教学改革课题“高职高专教育要培养有创新能力应用型人才”研究项目。先后发表论文2篇，主编著作1部，副主编2部，参编2部。

● **潘留芳** 男，1946年10月出生，江苏丹阳人，民盟盟员。1970年毕业于南京大学。九江市政协委员，享受国务院特殊津贴专家、九江市教学明星、九江市优秀技术拔尖人才。曾任全国化学教育专业委员会理事，九江职业大学高教研究室研究员。2006 年 11 月晋升为教授。

长期从事师范教育及职业教育教学和研究工作，担任参与《学科“四结合”教学改革实验研究》的市、县中小学课题研究指导工作。应邀为省内外中小学进行新课程改革讲座和校长、骨干教师培训。参与学校 2008 年、2012 年教育部办学水平评估和创建江西省示范性高等职业院校规化工作。负责《九江职业大学学刊》创办工作并任执行副主编 3 年。获曾宪梓教育基金一等奖、全国化学教育先进工作者、教育部重点课题研究先进个人。任九江市政协委员期间，多次被评为优秀政协委员。

先后承担教育部十五重点课题“学科‘四结合’教学改革实验研究”，中国教育学会“学生素质全面发展与个性特长关系研究”重点课题“学生社会实践与素质发展研究”，省重点教育科研课题“师范生综合实践活动课程改革实验”“我国学前教育事业发展对高等院校学前教育专业影响研究”等多项课题的研究工作。

先后撰写出版《小学自然教学法》《怎样上好自然课》《化学实验中的逻辑艺术》，作为江西省小学教师和示范学生的培训教材；主编《小学自然科学实验》作为江西省小学教师培训教材，参加全国示范新课程大纲和教材的调研、审定工作；参加《化学研究性学习》《师范生科技活动指南》《生活与化学》等专业书籍撰写出版工作，研发校本教材《综合实践活动课——面向未来的新课程》、参与制订《中小学综合实践活动设计》《自然科学基础》课程标准。

先后在《化学教育》《化学教学》《中国人民大学报刊复印资料》等核心刊物上发表《论优选法教学》等文章 40 多篇。其撰写的《师资均衡是城乡教育一体化发展的关键》调研文章入选全国 2010 年基础教育论坛（绍兴）做大会专题发言。

● **俞绍阳**　男，1950 年 8 月出生，江西九江人，中共党员。60 年代曾插队务农，1979 年 7 月毕业于江西师范学院中文系，1992 年 7 月毕业于江西教育学院汉语言文学本科专业。九江市学科带头人，江西省语言学会、九江市语文教研学会和九江市作家协会会员，九江市企业文化研究会研究员。2007 年 11 月晋升为中文专业教授。2010 年 8 月退休。

从教 30 余年，先后承担九江师范学校和九江职业大学师范学院语文教育专业的阅读与文选、写作、现当代文学等课程教学任务。曾任语文组长、语文教育教研室主任。

1984 年开始发表文学作品，著有中短篇小说集《寡妇从军》，发表各类文章 90 余篇，其发表的学术论文多次获奖。参加编辑《简明汉字教学字典》《初中文言举要》等五本图书，组织参编学校语文练习册 20 余本，编辑《九师校报》25 期。参加过市、省级课题的科研工作。

曾辅导学生创作长篇小说 1 部、诗集 1 本；辅导学生参加市、省、全国竞赛，获优秀教师指导奖 10 余次；辅导教师参加全国师范院校讲（说）课比赛，获特等奖 1 次、一等奖 2 次。

● **柳新民**　男，1950 年 12 月出生，江西井冈山人，中共党员。1988 年江西教育学院教育管理专业毕业，获学士学位。教育部国家基础教育第八次课程改革骨干培训者，九江市基础教育新课程师资培训领导小组副组长和专家组长。2007 年 11 月晋升为教育心理学专业教授。2010 年 12 月退休。

长期从事师范教育教学和管理工作，曾任江西省九江师范学校数学教师、教育心理学教研组长、图书馆长、教务处主任和主管教学副校长。2002 年至 2006 年曾在全国各地培训班授课讲学。多次荣获省、市优秀教育工作者等称号。

主持完成中国教育学会十五重点课题“素质教育与发展个性特长的研究”和中国体育科学学会科研课题“21 世纪小学和幼儿体育师资的培养”研究；主持起草《江西省 3+2 高师课程计划》。

2002 年至 2005 年参加由诺贝尔奖获得者著名心理学家 H·A·西蒙教授和中科院心理所朱新明教授联合主持的“人类自适应学习”课题研究。先后在《中国教育报》《中国校园文学》等报刊发表文章多篇。

2005 年至 2010 年先后主编并由国家级出版社正式出版的教材和文集《新绿如蓝》（作家出版社 2005. 10）、《心理健康》（中国书籍出版社 2010. 04）、《心理健康自测与指导》（中国书籍出版社 2010. 04）、《教育理论》（中国工商出版社 2010. 03）、《教育理论模拟试卷》（中国工商出版社 2010. 03）、《数学 理工医农类》（中国工商出版社 2010. 03）、《数学 文史财经类》（中国工商出版社 2010. 03）等 36 部（册）。

与张定远合作主编《基础教育课程改革教学论文集》（作家出版社 2005. 10），与周详合作主编《首度阳光》《届时花开》《人沐春风》《征帆点点》《文香脉脉》（作家出版社 2005. 10），与王宝祥合作主编《小学学生家长读本》（中国人口出版社 2007. 08），参与编写《心理学漫谈》（教育科学出版社 1992. 01）。

● **康　青**　女，满族，1950 年 9 月出生，江西南昌人，农工民主党党员。1968 年参加工作，1990 年 7 月毕业于江西师范大学汉语言文学本科专业。江西省高校名师、九江市劳动模范、九江职业教育先进个人、九江市优秀班主任。江西省首位国家级普通话测试员，国家高级礼仪培训师、高级司仪培训师。曾任全国高师语文教育研究会常务理事，江西省师范教育研究会语文中心组副组长。2007 年 11 月晋升为中文专业教授。2010 年 9 月退休。

长期从事师范教育教学和科研工作。曾负责创建九江师范教育第一个综合性艺术教育专业，负责在江西省率先创办学前教育专业，参与组建九江市普通话测试站并高质量完成了全市中小学教师的普通话测试工作。多年来指导学生代表学校参加全国、全省大中专学生的演讲、朗诵、讲故事、辩论及作文写作等赛事并获奖。辅导多名学生考取南京艺术学院、广州大学、广州海洋大学、西华大学、江西师范大学的播音主持专业，为高校播音主持专业教育输送了优秀生源。曾获九江市职业教育先进个人、先进班主任荣誉称号。

20 世纪 80 年代起，先后编写有《新编大学生实用礼仪教程》《汉语言文学》《教师口语》《普通话学习·训练与测试教程》《幼儿语言教学法》等学术专著多部。其中《新编大学生实用礼仪教程》荣获北京理工大学出版社2010年度全国优秀高等教材一等奖、成为全国高等职业教育规划教材，《普通话学习·训练与测试教程》和《新编大学生实用礼仪教程》两部教材被北京理工大学出版社上报教育部，申报为国家“十二五”高等教育规划教材。参与全国幼师专业教材《幼儿语言教学法》《儿童文学》《汉语基础知识》编写。

先后负责承担教育部三个“十一五”重点课题：“分享阅读对孩子情感影响的实践研究”“学科四结合与学生素质全面发展研究”“社会实践与学生综合素质发展、个性张扬研究”；4个省级课题：“我国农村学前教育事业发展对高等师范院校学前教育专业的影响研究”“湖口青阳腔戏曲继承、发展及时代创新研究”等；主持完成国家十五重点课题“儿童分享阅读”子课题“分享阅读对幼儿阅读能力发展的研究”；参与国家“十五”重点课题“全国学科‘四结合’教改试验研究”子课题“语文学科‘四结合’教改试验”研究工作；主持江西省“十一五”高教课题“未来我国幼儿教育发展需求对学前教育的影响研究”。

先后在《学前教育》《江西教育研究》等国家级核心期刊上发表《幼儿语言发展最佳时机》《语文课程教育的出路在于创新》《我国学前教育事业发展对高等师范学前教育专业影响研究》等学术论文近30篇。

● **王国槟**　男，1950年出生，汉族，湖北人，中共党员。1982年毕业于中国地质大学。获江西省普通高校1995—2000年中青年骨干教师，九江市优秀教师，九江市十佳教师。江西省两项新产品技术主持人，江西省“双新”优秀企业工作者，“双师型”教员。2007年11月晋升为工程技术专业教授。2010年退休。

先后任化学工程专业、工民建专业、电子信息专业、数控专业、模具专业、机电一体化专业、经济管理专业的课程。2006年教学课件获江西省教学成果三等奖。

曾创办电光源研究所及特种灯泡厂并由此成为江西省两项省级新产品的研发人，“TEC系列卤钨灯”及“管形溴钨灯”两项省级新产品奖，获省级“双星”优秀管理人员的表彰。曾任中日合资企业星海真空镀膜有限公司技术董事，星光新技术有限公司任电器部经理。参与过单晶硅直拉法生产、卫星复合隔热骨料石英棉研制、光导玻纤拉制、500W二氧化碳激光焊机开发利用等工程。发表《探索我国数控高级技师培训之路》《红外辐射反射膜制备的研究》《自适应加权中值滤波图像去噪算法》等论文几十篇。

● **胡晓林**　男，1960年1月生，湖北武穴市人，九三学社社员。1990年于中国科技大学自动控制理论及应用专业研究生毕业，获工学硕士学位。中国自动化学会会员，中国电工技术学会自控专委会委员、江西省政协委员、九江市政协常委、九三学社九江市委常委，九江职业大学机电工程学院院长。2007年11月晋升为教授。

主要承担机电工程学院的微机原理及应用、单片机原理及接口技术、电工电子技术、电气控制与PLC技术等课程的教学工作。1995年以来，长期从事产、学、研结合的教学与人才培养模式的探索研究。提出“一班一厂制”、“即学即练制”人才培养的创新方法和理念，先后被《江南都市报》《九江日报》、九江电视台等新闻媒体进行过专访报道。

2006年以来，先后荣获江西省高校省级教学名师、江西省高校中青年骨干教师、九江市优秀专业技术人才、九江市职业教育先进个人、享受江西省政府特殊津贴等省、市、校级荣誉称号26项。

1992年下海创办了九江海隆科技产业有限公司和大学生创业实践科技园，并纳入九江市委、市政府领导挂点扶持的科技型企业。2000年以来，先后主持完成省部级教科研课题“即学即练制人才培养模式研究”“构建高职教育教学质量管理体系的研究”“高速铁路大型架桥机自动控制系统的设计与应用”“机电一体化技术特色专业建设”“六创并举创业型人才培养的研究”，江西省科技支撑计划项目“安全生产无线自动传信监控系统的研究”“无线自动防伪系统的研究”等12项，完成国家级重大工程应用项目10项。2005年参与编制了九江市“十一五”工业发展规划起草工作。先后获省部级科技进步一、二等奖三项，江西省教学成果二等奖一项，江西省高校科技成果三等奖二项，江西省高校优秀教材二等奖一项，国家专利一项；主持完成江西省高校省级精品课程一门。在《电气自动化》《电气传动》《自动化及仪器仪表》《自动化技术》《低压电器》等学术刊物发表论文27篇，主编出版教育部“十二五”国家规划教材《电气控制与PLC应用技术》一部。主审出版高校精品教材二部。

● **朱朝霞** 女，1962年10月出生，江苏无锡人，农工民主党党员。1984年7月毕业于湖北江汉石油学院，获工学学士学位，2002年2月获江西师范大学教育学硕士学位。市政协委员，2007年江西省高校中青年骨干教师，九江职业大学科研处处长。2008年11月晋升为物理专业教授。

1984年8月参加工作，在江汉石油管理局测井工程处被评聘为工程师。曾主持完成科技项目《复杂地层的解释方法及数字处理研究与应用》和《复杂地层人工智能专家解释方法研究》分别获江汉局科技进步二、三等奖，研制的《江汉潭口地区声波图版》荣获青年五小成果一等奖。曾荣获江汉石油管理局“三八红旗手”称号和江汉测井工程处“双先锋”称号。1995年，调入江西省九江师范学校，担任教学和管理工作，曾任九江师范学校科教处处长。2006年起，担任九江职业大学计算机教学和科研管理工作。

曾主持和参与完成国家、省级科研课题十余项：全国教育科学课题“幼儿养成教育课程模式研究”，教育部重点课题“学科‘四结合’教改试验研究”，教育部课题“分享阅读在幼儿园和小学教学中的研究与应用”，江西省教育科学规划课题“农村全科型小学教师培养模式创新研究”，江西省教改课题“教育科研促进高职院校教师专业发展实证研究”，江西省教改课题“多媒体课件制作技术课程的教材开发及教学模式研究”，江西省教育科学规划课题“基于创业教育理念的高职软件技术专业实践教学改革研究”等。

在中文核心期刊及学术期刊上发表教育教学论文10余篇。主编高校教材2部，参编专著1部。

● **曹树祥** 男，1966年1月出生，江西瑞昌人，中共党员。1987年7月毕业于华东化工学院生物化学工程系生物化学工程专业，并获工学士学位。现任九江职业大学学报编辑部学术督导。2008年11月晋升为生物化工专业教授。

在校先后承担过大学英语、商务英语、精细化工产品合成及应用、民法学、民事诉讼法、刑法学、刑事诉讼法、法律基础、思想道德修养与法律基础等课程。2004 年获江西省教育厅批准的 2004—2006 年度江西省高等学校中青年骨干教师称号，2005 年获省教育厅批准的 2003—2004 年度江西省高等学校师资培训工作先进个人称号，2007 年获省教育厅批准的 2006 年度江西省高等学校教务工作先进个人称号。

1999 年起，先后在国内学术期刊上公开发布表学术论文 13 篇：《固定化酶制备方法研究进展》（《化工环保》1999 年第 5 期），《叔胺作为 HCL 吸收剂对间苯二胺与间苯二甲酰氯缩聚反应的影响》［《江西师范大学学报（自然科学版）》2002 年第 2 期］，《纳米材料的特性及其在建筑涂料中的应用》（《九江职业技术学院学报》2007 年第 3 期），《浅谈高职院校双师素质教师队伍体系的构建》（《九江职业技术学院学报》2007 年第 4 期），《阳离子蓝 GLS 生产工艺改进》（《染料与染色》2007 年第 6 期），《应用固定化 D－氨基酸氧化酶转化头孢菌素 C 为 7－ACA》（《中国医药工业》2007 年第 12 期），《“双师型”教师队伍建设的思考》（《九江职业技术学院学报》2008 年第 1 期），《林可霉素高产菌的筛选》（《中国抗生素杂志》2008 年第 8 期），《粉煤灰的改性及其吸附性能》（《化工环保》2010 年第 4 期），《农药生产建设项目环境影响评价》（《化工环保》2010 年第 5 期），《浅谈数学解题中的逆境突破》（《老区建设》2010 年第 6 期），《环境保护是一项基本国策》（《化工环保》2011 年第 1 期），《高职院校学生行为习惯养成教育的探讨》（《九江职业技术学院学报》2013 年第 3 期）。

● **王　荣**　男，1958 年 6 月出生，江西南城人，中共党员。1982 年毕业于江西工学院机械系，获工学学士学位。江西省铸造协会理事，2007 年江西省教学名师，机电工程学院专职教师。2008 年 11 月晋升为机械专业教授。2014 年获江西省五一劳动奖章、九江市劳动模范称号。

主要担任机电工程学院机械制造基础、机械设计基础、工程材料与热处理、机械制造技术、工程材料与热处理、工程力学等课程的教育教学工作。

主要研究方向为材料成型和机械设计制造。主持省教育厅教改课题“高职高专模具设计与制造专业人才培养模式的研究”等 3 项，开发研制的新产品“硅油风扇离合器”获江西省机械工业厅优秀新产品二等奖、江西省优秀新产品奖和国家科技成果证书；主持完成江西省教育厅科技研究课题“碳纳米管改性抗静电塑料制备研究”1 项；主持和参与江西省教改科研课题“高职高专模具设计与制造专业人才培养模式的研究”等 3 项；主持和参与江西省省级精品课程“机械制造技术”等 2 门。

先后在各类学术刊物上发表论文《利用淬火连续得到奥—贝球铁的研究》（《现代铸铁》1998 年第 4 期）、《关于在高职院校机械类教学中应用现场教学的研究》（《教育与职业》2007 年第 30 期等二十余篇；主编（副主编）教材《机械制造技术》（北京理工大学出版社 2010 年 7 月版）等四部。

● **胡玉东**　男，1954 年 11 月出生，江西九江人，中共党员。1977 年 7 月于九江师范学校化学班毕业，1987 年 7 月毕业于江西教育学院化学专业本科。2008 年 11 月晋升为化学教育专业教授。2014 年 11 月退休。

1977 年 8 月参加工作以来，一直在九江师范学、九江职业大学从事化学专业课程教学及行政管理工作。先后担任九江师范校长办公室主任、副校长、九江职业大学师范学院院长等行政职务。曾获江西省“优秀教师”称号、九江市“学科带头人”。

先后主持并完成省部级科研课题三项，参与省部级课题五项。如：2009 年 12 月主持完成省高校教改课题“高校教师教学科研档案网络化管理系统开发研究”；2011 年 12 月主持完成江西省教育科学“十一五”规划重点课题“高师实践教学模式创新研究”；2014 年 6 月主持完成中国教育学会“十二五”规划重点课题“小学教师职前培养实践教学与支持系统研究”等。

2009 年 11 月主持江西省首批人才培养模式创新实验区“小学教育专业人才培养模式创新实验区”项目；2012 年 12 月，主持“高师‘全程渐进式实践教学模式’研究与应用”项目获校教学成果一等奖。

曾主编教材三部，参编四部。如：主编教材《教师职业技能实训教程》于 2008 年 8 月由江西科技出版社出版等，先后在中文核心及省级刊物发表专业论文 10 多篇。如《中师化学教学中的创新教育》（2004 年 8 期《职业技术教育》）；《大学生自主学习能力与信息素养教育》（2007 年 7 期《中国校外教育》）等。

● **蔡春祥** 男，1956 年 11 月出生，湖北武穴人，中共党员。1981 年 7 月毕业于华中师范学院数学专业。中学数学特级教师，曾任九江数学学会理事长。2008 年 11 月晋升为教授。2012 年 11 月退休。

1990 年至 1994 年任湖北黄梅一中副校长，1994 年至 1999 年任湖北黄梅一中校长兼书记，1995 年评为全国优秀教师、湖北省教育系统劳动模范，1997 年评为中学数学特级教师；2000 年至 2003 年任江西九江二中副校长，2001 年评为九江市学科带头人；2004 年至 2006 年任江西九江师范学校副校长；2007 年至 2012 年任九江职业大学教务处长。

长期从事教学与科研工作。先后主持完成国家级课题“全国学科‘四结合’教改实验研究项目”（课题组副组长，2006 年 6 月），参与研究国家“十五”规划课题“提高全民素质与发展个性特长的研究”（2005 年 5 月），主持完成省级课题“高职学生创业实践的校园支持体系研究与应用”（2011 年 6 月）。

先后主编教材有：高中新教材目标与检测《数学》（高等教育出版社），江西省教师教育专业教材《数学》（江西高校出版社），高等专科学校教师教育专业教材《数学》（江西高校出版社）。

先后在各类刊物上公开发表论文《巧用对称点 解题快又便》（《中学数学》1993 年第 6 期）、《新课程标准理念下的教学反思》（《九江学院报》（自然科学版）2004 年第 3 期），《从无理不等式的解法看方法的本质》（《中学数学》教学参考）、《新课程理念下的生成性教学及其实施策略》（《中学数学》教学参考）、《教学反思：教师成长的必由之路》（《九江学院学报》）等。

● **辜志强** 男，出 1952 年 1 月出生，江西南昌市人。1990 年 7 月毕业于江西教育学院中文专业，获学士学位。政协九江市浔阳区第六届委员会委员，江西省省级普通话水平测试员，江西省高等学校精品课程《教师口语》主讲教师。2009 年 10 月晋升为汉语言文学专业教授。原任师范学院专职教师，2012 年 1 月退休。

2002 年起，长期开展九江市中小学教师、师范专业学生普通话培训和测试工作。在职期间主讲过《现代汉语》《汉语基础》《教师口语》《管理学》《普通话训练教程》等专业基础课程。曾为九江电视台《市民议事厅》栏目特约嘉宾。

2006 年至 2008 年，主持完成江西省高等学校教学研究省级课题“五年制学前教育专业学生职业能力培养研究”。

2002 年起，先后在各类学术刊物发表《诗句如画　诗意盎然》（《读写月报》2002 年第十期）、《普通话水平测试的一般应试技巧》［九江师专学报（哲学社会科学版）2002 年第四期］、《中国原始农业对汉字“象形”结构的影响》（《农业考古》2007 年第六期）、《接纳与融入：城市化进程中农民工的必然归宿》（《特区实践与理论》2007 年第五期）、《描述语的“内心视像”生成与外化》（《科学时代》2007 年第十二期）、《农民工城市认同问题分析》（《老区建设》2007 年第十期）、《师生冲突的文化原因及其积极意义》［九江学院学报（社会科学版）2008 年第五期］、《五年制学前教育专业学生职业能力结构探讨（课题研究阶段性成果）》（《科学时代》2008 年第七期）等学术论文。

● **张　梅**　女，1961 年 10 月出生，福建连江人，中共党员。1980 年毕业于九江师范学校英语专业，先后取得江西师大“小学教育”大专学历、“教育管理”本科学历，2000 年攻读完中国人民大学研究生课程班“科技哲学”专业的全部课程。九江市第十次党代会代表，九江市教育学会、心理学会理事，九江市专家联谊会理事。2010 年 11 月晋升为教育管理专业教授。

长期担任中小学教育教学和职业教育管理工作。主要任教语文、英语、思政、教育心理学等课程，曾担任班主任、辅导员、教务主任、中小学校长。2009 年起任九江职业大学组织（统战）人事部（处）副部（处）长、部（处）长。在 30 多年的教育生涯中，曾荣获九江市“优秀教师”，江西省“优秀外语教师”，江西省“素质达标学习成才”标兵，江西省“三八”红旗手，江西省工会工作“先进个人”，江西省人事人才工作管理“先进个人”等荣誉。

任职期间，参与完成 2002—2004 年国家“十一五”重点课题“心理健康教育”的研究并负责子课题“小学生心理健康教育”的研究，负责承担完成 2004—2007 年教育部课程教材研究所“十二五”重点课题“新课程中学生主体性和教师角色的研究”。独立撰写论文 40 余篇在全国、省、市刊物上发表和获奖。其中，在国家核心期刊上发表 9 篇，主编教材 2 部，副主编教材 2 部；指导多名青年教师参加九江市中小学语文、数学、英语、音乐等各学科优质课竞赛荣获“一等奖”，2004 年，获九江市中小学校长优质课竞赛“一等奖”。

● **花传国**　男，1963 年 8 月出生，江西省九江县人，中共党员。1981 年毕业于九江师范学校，1994 年江西师范大学本科毕业，获教育学学士学位，2001 年中国人民大学国际政治研究生班结业。中国社会学会会员，江西省社会学会理事，江西省政治学会会员，江西人口与计生学会会员，江西妇女研究会会员，江西民俗学会会员。曾任九江县二中政教处负责人、教务处主任、副校长，江西人口与计划生育委员会客座教授，江西省委党校研究生班导师。现为湖南农村发展研究院客座研究员，九江市人民政府督学，九江市婚姻家庭协会名誉副会长，九江职业大学学报执行主编，校历届学术委员会委员。2010 年 11 月晋升为政治学专业教授。

任职期间主要讲授政治学，社会学，毛泽东思想、邓小平理论、“三个代表”重要思想概论，世界政治与经济，思想道德修养与法律基础等课程。2005 年起参加各类学术研究年会 9 次，2010 年应邀赴台湾的清华等大学进行学术交流。

长期从事政治学和社会学专业的教学和研究工作，主攻中国政治与乡村治理领域，对乡村组织及农村女性的宗教信仰有较长而深入的研究。先后主持（实际主持）完成“发挥农民工在新农村建设中的作用研究”（江西社科基金项目）、“社会主义新农村建设中的村落社区组织研究”（党校系统社科基金项目）、“农村‘留守妇女’的宗教信仰研究”（2009 年江西省教育厅人文社科项目）、农村妇女的宗教信仰研究（江西社科基金项目）等 7 项省社会科学基金项目。参与完成“中国新时期农村贫困状况与扶贫政策研究”（世行项目）、“关爱女孩的社会性别分析及建设：以江西为例”（联合国中国社会性别倡导基金项目）、“地方政府治理与农村留守妇女权益保护”（2008 年加拿大国际开发署公民社会项目）3 项国际基金项目。参与“社会学概论品牌课教学与实践”（江西省教育厅精品课程，JXJG07 -69 -3，2008 -2009）、“江西农村社会稳定问题研究”（江西社科基金项目）、“政府在江西民营经济发展中的作用”（江西社科基金项目）等 9 项国家、省社会科学基金。

发表“毛泽东与中国传统文化”（《求实》2003. 11）、“从茶诗词看宋代茶文化中的女性角色”（《农业考古》2011. 2）、“农村社会保障制度探析”（《社会工作》2003. 12）、“企业跨文化冲突的碰撞与协同”（改革与理论，2003. 12）等学术论文 30 余篇。研究成果获省级一等奖 1 次、二等奖 2 次。

● **吴小京** 男，1957 年 9 月出生，江西临川人，民盟盟员。1980 年 7 月毕业于九江师专艺术系，1986 年加入中国书法家协会。2008 年中国美术家协会会员，中国书法家协会会员，江西省美术家协会理事，江西省美术家协会理事，九江市美术家协会顾问，江西省艺术系列高级职称评定委员会评审委员，九江市第十二、十三、十四届政协常委。2008 年获人事部授予国家一级美术师（正高），2011 年调入九江职业大学任教授；2015 年 4 月当选为九江市书法家协会主席。

1975 年作为知识青年下放德安林泉公社，1977 年考入九江师专艺术系，1980 年分配到九江市群艺馆，担任书法、美术创作；1986 年加入中国书法家协会，1987 年担任九江书协副秘书长，1988 年担任中国书协江西省分会理事；1991 年获九江市人民政府创作二等奖，1995 年赴日举办书画联展，1999 年加入民盟，任民盟九江市委委员。2000 年担任九江市文艺创作室副主任，2004 年出任市美协秘书长和市书法家协会常务副主席兼秘书长，2007 年任九江市文艺创作室主任；2008 年加入中国美术家协会并出席江西省第七次文学艺术工作者代表大会，被特聘为九江学院艺术学院教授，出任九江市文学艺术院院长；2010 年当选为江西省美协理事，2011 年调入九江职业大学任教。

1984 年，其书法作品参加“全国第三届书法篆刻展览”，获全国“银牛”书法比赛二等奖；1985 年，书法作品获全国“青藤杯”书法比赛二等奖，参加“国际书法展览”，获全国兰亭书法比赛优秀奖；1988 年书法作品刻碑于黄河碑林，1989 年作品入选“全国第四届书法篆刻展览”；2000 年，出版个人美术专著《吴小京速写作品选集》，书法作品入选中国文联《中华魂》全国书画艺术大展五百家，获铜奖，2003 年，《人民日报·海报版》授予“中华艺苑名家”称号；2005 年至 2007 年，国画《观音桥》《山水》分别参加江西省第五届、第六届山水画展，国画《群鸭图》参加“江西省首届花鸟人物画展”，国画《春江水暖》入选“全国花鸟画邀请展”，国画《春光明媚》参加江西省改革开放三十年优秀美术作品成就展，书法作品参加“赣粤高速杯”全国书画展览获优秀奖；2008 年，国画《路口》200 厘米×220 厘米，参加“江西省第十三届美术作品展览”获优秀作品奖；2009 年，香港《商务·旅游》介绍其书画艺术；2010 年省政协《光华时报》全版刊登和介绍其书画艺术；2011 年当选江西省第三届书法家协会常务理事；2013 年 9 月底，应美国路易维尔大学等院校邀请赴美国讲学，2013 年 12 月赴日本举办个人作品展览。

● **詹丽芹**　女，1964 年 1 月出生，江西都昌人，中共党员。1993 年 6 月毕业于江西师范大学化学专业，2004 年至 2006 年于浙江师范大学英语专业进修学习，获文学学士学位。现任师范学院专职教师。2011 年 11 月晋升为英语专业教授。

1981 年 7 月参加工作，一直从事教育教学工作，先后担任综合英语、英语视听、英语语法、英语教学法、大学英语等课程的教学工作和班主任工作。2006 年度、2010 年度学校“优秀教师”2008—2009 学年度、2010—2011 学年度被评为学校“优秀班主任”，2005 年度、2010 年度均被聘为青年教师“导师”。2009 年度被评为江西省“高校思政工作先进个人”，2010 年指导青年教师参加江西省教师教育院校“曙光杯”录像课竞赛获三等奖，2011 年度指导学生参加江西省高校学生基本职业技能竞赛获三等奖。

主编教材《小学英语课程与教学论》，参编教材《高中英语（素质教育新同步·讲与练）》。主持完成江西省高校教改课题“形成性评价在高职英语阅读中的应用研究”1 项、九江职业大学教改课题 1 项，公开发表学术论文《优化管理创建奋发向上的班集体》（《中国职业技术教育》2010）、《高职英语阅读教学形成性评价研究》（《中国职业技术教育》2011）、《高中起始阶段的英语教学实践研究》（《教学与管理》2011）等 20 余篇。

● **廖贵英**　女，1964 年 11 月出生，江西九江人，民进会员。1986 年毕业于九江师专中文专业，1994 年毕业于江西师范大学汉语言文学专业，获得学士学位。中国语文报刊协会理事，中国学前教育研究会会员，九江市浔阳区政协委员，国家级普通话水平测试员，学前教育学院院长。2011 年 11 月晋升为学前教育专业教授。

任教课程为大学语文，幼儿教师口语，学前儿童文学，学前儿童语言活动设计与指导。

主要研究方向为学前儿童语言教育、儿童文学。主持和参与国家级课题2项：教育部2009年规划课题“幼儿养成教育课程模式研究”（第三参与人，2013年结题），中国教育学会“十二五”课题“以分享阅读为载体的综合性阅读教学模式研究”（主持人，2012年立项）；主持和参与省级课题2项：江西省2006年高等学校教学改革研究（一般课题），“五年制学前教育专业学生职业能力培养研究”（第二参与人，2008年结题），江西省2008年高等学校教学改革研究（一般课题）“高职院校学前教育特色专业建设研究”（主持人，2010年结题）。

先后发表学术论文《我教〈雷雨〉》（刊于《语文学刊》基教版2005年第12期，获中国语文报刊协会课堂教学分会语文教学科研成果一等奖），《为国家培养高素质的学前教育人才》［刊于《江西教育》（中文核心）C版2011年第6期］等7篇。

主编教材《学前儿童语言教育》（江西高校出版社2013年出版）等2部，任副主编和参编教材《学前儿童科学教育活动指导》（复旦大学出版社2009年版）等3部。主持和参与省级、校级精品课程《学前心理学》和《学前儿童语言教育活动指导》建设2门。获“江西省中小学、幼儿园教师职业语言竞赛‘指导教师’奖”等市级以上竞赛指导和论文评比奖项6次，获省、市优秀民进会员等奖励8次。

● **胡　林**　女，1966年2月出生，江西高安人。1989年7月毕业于江西师范大学教育系心理学专业。国家二级心理咨询师，江西省中小学心理健康专业委员会理事，2011年度江西省中青年骨干教师，九江市宣教系统优秀拔尖人才。2011年11月晋升为教育学专业教授。

长期从事教育教学工作，先后担任教育学、心理学、班级管理、教育心理学、课程与教学论、大学生心理健康等课程的教学工作和心理咨询工作，并担任班主任工作。现任师范学院教育心理教研室主任、专职教师。2010年被学校聘为青年教师“导师”，2006年至2013年度学校优秀教师、科研工作先进个人、思政工作先进个人等称号。

主要研究领域为基础教育和大学生创业教育。先后主持完成江西省教改课题“小学教育专业人才培养模式创新研究与实践”，江西省教育规划课题“新形势下高职生就业能力培养”，江西省教改课题“基于工作任务的微格教学与实训研究”。参与完成江西省重点规划课题“高师实践教学模式创新研究”，中国教育学会重点规划课题“小学教师职前培养实践教学与支持系统研究”，江西省社会科学规划项目“教育转型期的农村教师专业发展研究”等10余项。

2014年主持省级精品课资源共享课程《教育心理学》1门，主讲省级精品资源课程《大学生创业就业教育》1门，主持完成学校精品课程《班级管理》建设和微格教室建设。先后获江西省首届创业教学大赛三等奖，江西省教育厅创业论文特等奖，教育部论文二等奖，江西省高校科学研究成果奖等多项奖励。

公开发表论文《瑞昌农村成人教育现状的调查与思考》（《九江学院学报》2008（06））、《基于市场需求的高职生就业能力培养》（《中国成人教育》2010（11））、《案例教学法对高职开展创业教育的意义及其应用》（《职业教育研究》2010（12））、《高职就业教育与市场需求对接研究——以台湾屏东科技大学为例》（《中国成人教育》2011（17））等20余篇，主编教材4部，参编教材6部。

● **张玉君** 女，1961年7月出生，江西都昌人，民盟盟员。1980年12月毕业于江西师范大学艺术学院音乐专业，本科学历。九江市政协委员，九江市非物质文化遗产专家组成员，江西音乐家协会会员，九江市音乐家协会会员，九江市专家联谊会会员，九江职业大学艺术学院专职教师。2011年11月晋升为音乐专业教授。

从教30余年，长期工作在教学第一线，主要担任钢琴和音乐理论等教学工作，曾被评为九江职业大学科研工作先进个人，多次被评为学校优秀教师和优秀班主任。多次被评为江西省先进盟员、九江市先进盟员和优秀盟务工作者。

主要研究方向：民族民间音乐、音乐理论和钢琴的音乐教学和研究。

主持完成省级立项课题“湖口青阳腔对赣北戏曲文化发展的影响”（2011年6月结题），参与完成省级立项课题“通过大学音乐教育传承与发展赣北打鼓歌的研究”和“保护和建设环鄱阳湖区生态文化园的调研”。

主编教材《钢琴基础》荣获江西省第五届高校教材评选二等奖，该教材已成为江西省学前教育专业的通用教材。2012年12月，论文获得“晨报杯”江西省非物质文化比赛一等奖。

在国家级核心刊物和其它各类刊物上发表《青阳腔目连戏与赣北“七日斋“》（《四川戏剧》2009年第6期）、《音乐教学中学生联觉能力的培养研究》（《教学与管理》2011年第4期）、《加快发展音乐艺术教育之我见《（《江西教育》2011年1、2期）、《大学生美育的重要手段——音乐教育》（《信息教育》2011年第3期）等学术论文20余篇。

● **张柚华** 男，1953年8月出生，江西九江人，民盟盟员。1993年7月毕业于江西师大体育系本科专业。现任九江市篮协裁委会副主任。2011年11月晋升为体育专业教授。原为长虹校区管委会干事、体育教师，2013年8月退休。

长期担任体育课程教育教学工作。2001年至2004年度被评为江西省先进盟员（民盟江西省委），2010年5月课件《篮球规则入门》获江西省教育厅举办的第四届普通高校多媒体教学体育课件比赛一等奖。

2010年9月，主持完成江西省教育厅课题“发展中高职院校体育课程与劳动准备素质的对接研究”，先后主编教材《新编体育与健康教程》（2011年6月北京大学出版社），副主编教材《大学体育》（2010年8月中央民族大学出版社）。

先后在各类刊物上发表学术论文：《对高职院校体育课程与劳动准备素质关系的分析》（《科技信息》2010年第34期），《以专业建设为先导　深化院系内涵建设》（九江职业技术学院学2010年第二期），《高职院校体育课程改革的探索》（《科技信息》2011年第6期），《试论高职院校体育教学与劳动准备素质培养的对接》（《教育学术月刊》2011年第五期）。

● **熊细滚** 男，1973年5月出生，江西星子人，中共党员。1995年7月毕业于江西师范大学中文系，2001年就读于华中师范大学在职研究生，获教育硕士学位。学校宣传部部长。2012 年 12 月晋升为中文专业教授。

自参加工作以来，长期担任教育教学和行政管理工作。先后荣获“江西省大中专学生志愿者暑期‘三下乡’社会实践活动先进个人”“九江市优秀团干”“江西省高校思想政治工作先进个人”“九江市优秀共产党员”“九江市优秀党务工作者”等荣誉称号。

在教学的同时，坚持教研和科研工作，先后主持“近代九江开埠与当代九江经济发展借鉴作用研究”“高职院校绩效性与发展性相融合的教师评价体系研究”省级人文社科课题 2 项，主编或参与编写《古代汉语》《教育实习指导》等教材 4 部，在省级以上刊物上发表《智慧：人文主义的内涵——鲍细娅形象（浅析）》（《语文学刊》2002. 03）、《〈现代汉语〉句式辨析教学举隅》（《语文学刊》2005. 03）、《浅析诗歌朗读》（《现代语文》2006. 05）、《畸形的近代化——近代开埠经历对九江的多重影响》［《中国商界（下半月）2009. 12》］、《文源於道——浅析“道”与中国电影》《问题情境与启发式教学》《作家丁玲的女性主义解读》（《长城》2011. 10）等论文 10 余篇。

● **罗会珊** 男，出生于 1962 年 11 月，江西九江县人，中共党员。1985 年毕业于九江师专中文专业，1991 年毕业于江西教育学院高师中文专业本科，2000 年复旦大学在职研究生结业。江西省作家协会会员，第七届江西省作协理事，九江市作家协会副主席兼秘书长，校工会主席，兼职教学。2012 年 12 月晋升为中文专业教授。

1985 年 7 月至 2000 年 2 月，在九江市教育局工作，先后任主任科员、综合教育科副科长，获省教育厅 1997—1998 年全省扫盲工作先进个人；2000 年 3 月至 2003 年 8 月，任九江市第三中学副校长；2003 年 9 月任九江师范工会主席、党委委员；2006 年 5 月起，先后任九江职业大学工会负责人、文化传播系党总支书记、机关党总支专职副书记、工会主席（兼任校史办副主任）。

承担的主要教学课程有：写作、美学、企业文化。长期指导学生社团活动，2011 年获江西省第二届学生社团文化艺术节优秀指导老师。

主持省教育厅中小学教学研究课题 1 项，省教育厅教改课题 1 项，参与中国教育学会“十一五”规划课题 1 项；发表论文 13 篇，其中中文核心期刊 3 篇；参与编著 6 部（其中参编教材 3 部，乡土文化读物 3 部）。2008 年获九江市社会科学研究先进个人。

1984 年开始发表文学作品，出版中短篇小说集《雁湖》（作家出版社，2010 年版），文学研究论著《小说物事伦理启示录》（光明日报出版社，2011 年版）。1988 年主创的广播文学《浔阳江上竞风流》获江西人民广播电台文学专题展播一等奖，1992 年创作的报告文学《魂系赣西北》获江西人民广播电台城市台站文学节目展播特等奖，2007 年创作的短篇小说《麻畲花屋》获《中国作家》杂志金秋笔会三等奖，2011 年报告文学《雪地突围》获江西作协“全省抗灾题材”作品评比二等奖。2015 年，长篇小说《城门里》列入江西省长篇小说重点扶持工程项目。

● **陶幼明** 男，1955 年 4 月出生，江西湖口人。1987 年 7 月毕业于江西师范大学数学系高等数学本科专业。师范学院专职教师。2012 年 12 月晋升为数学专业教授。

一直工作在教学一线，担任九江师范学校和九江职业大学的数学专业类课程教学，先后担任过6届班主任工作，所带班级先后被评为江西省和本校先进集体，多次评为优秀班主任和优秀教师。主要承担师范学院数学专业班（大专）的数学专业课程的教学。先后指导学生《数学小报》《数学图形商标》的设计和数学教具的制作。先后做过全校性的题为“拟柱体”“普通测量”“生活中的数学”“说课的方法与技巧”等专业讲座。

研究方向为数学教育。主持江西省高校教改课题“高职数学教学中培养学生人文素养的研究与实践”，主持编写江西省教育厅组织“江西省教师教育（专科）课程标准”——《高等代数》的课程标准（江西高校出版社出版），主持校级精品课程《大学数学》的建设，编写九江职业大学《线性代数》《空间解析几何》《代数与初等函数》的教学大纲。

先后在各类刊物发表学术论文“一题多解培养学生创造思维能力”（哈尔滨师范大学《继续教育研究》），“请走出实施素质教育的误区”（《青春岁月》，获2000年江西省中师数学教研论文二等奖），“案例教学：不等式$\frac{a+b}{2}\geqslant\sqrt{ab}$的妙用”（《科技致富向导》），“极限运算的教学札记”（《才智》）等。

● **李辉秋**　男，1961年1月出生，江西武宁人，农工民主党党员。1986年7月毕业于江西师范大学政治教育专业。农工民主党九江职业大学支部副主委，上海艺迈泵业驻九江职业大学经济管理学院研究所所长，国家级市场营销大赛评委，经济管理学院院长。2012年12月晋升为经济管理专业教授。

1986年分配到学校任教，主要任教课程为政治经济学、企业管理、市场营销学、经济合同。1994年至2000年任经济管理系副主任，2007年起，任经济管理学院院长。期间，先后创办九江兰园五交化公司、九江市“浪漫恋人”婚纱影楼、建材公司、江西爱心喜来健医疗器械有限公司等多家企业，现仍担任三家公司的营销顾问。

主要研究方向：市场营销、政治经济学、企业管理。主持完成省级重点课题“高等职业院校‘校企合作’人才培养模式的应用研究”，主持社科课题“中国房地产调控政策的分析研究”，参与研究并完成的课题有“高职院校教师实践能力及其提升的校企合作策略研究”、“高等职业院校生态伦理教育创新研究”、“高职院校会计专业‘双师型’教学研究”等7项，主持并参与精品课程《税法》等建设3门，指导学生参加省级以上技能竞赛获优秀指导教师奖6次。

主编教材《管理学原理》（河北大学出版社2011年01月版）、《经济法概论》（南京大学出版社2010年7月版）、《市场营销基础与实务》、《财务管理》、《市场营销学》、《现代物流企业管理》、《现代物流基础》等10余部。

先后公开发表论文《城镇一体化背景下村镇空间结构理论探析》（《中国经贸导刊》2010年第3期）、《高职院校校企合作人才培养模式现状调查》（中国成人教育》2010年第9期）、《校企合作双赢、工学结合互利》、《“岗前训练、顶岗实习、就业”三位一体校企合作模式之实践》、《高职校企合作教学模式思考》、《在高新技术企业中知识型人才管理对策研究》等15篇。

● **胡火清** 男，1972 年 12 月出生，江西星子人，中共党员。1995 年 7 月毕业于江西师范大学历史教育专业本科，2004 年华中师范大学在职研究生毕业，获教育经济管理专业硕士学位。2010 年 3 月任思想政治理论课教学部主任。2012 年 11 月晋升为历史学专业教授。

主要承担思想政治理论课教学部行政管理和政治课的教学工作。2007 年获江西省教育厅“江西省高等学校中青年骨干教师”荣誉称号。2013 年获入选江西省高校优秀中青年思想政治理论课教师择优资助计划，2014 年入选九江市委宣传部“五名人才”专项基金资助。在学校多次获得优秀教师和先进个人荣誉。

主要研究方向为历史学及思想政治理论课教学与研究。主持和参与省部级社科基金项目 10 项，主编《形势与政策》及《中国历史》教材 2 部，参与学术著作 1 部。在《职教论坛》《农业考古》《长城》《时代文学》《思想政治教育导刊》等中文核心刊物及省级刊物上发表有质量的论文 30 余篇，有 3 篇获得优秀成果奖。

● **伍国强** 男，1953 年 11 月出生，江西九江人，中共党员。1982 年 7 月毕业于江西农业大学农学系并获学士学位。中国农学会、江西农学会会员、江西省省棉麻学会常务理事。2012 年 11 月晋升为农业推广专业教授。原为江西旅游中专副校长，九江职业大学文化旅游学院兼职教师，2013 年 11 月退休。

长期担任教学和教育行政管理工作。承担的专业课程主要有农作物栽培、农业气象、植物保护、园林植物、观赏植物栽培、花卉、酒店管理、民族民俗等。曾任九江农业学校团委书记、政治处主任、教务处长，副校长，多次聘为九江市科技成果评选专家组成员、副组长，连续 10 年聘为省中专系列高评会成员、多次任主任委员。1993 年被评为九江市优秀教育工作者，1994 年农业部授予的全国优秀教师，2001 年被评为九江市首届学科带头人。

先后主持完成江西省高校教学改革课题“鄱阳湖生态经济区农产品经纪人培养模式的研究”（2011 年 12 月结题），主持江西省高校人文社会科学“鄱阳湖生态经济区发展与村民理事会作用的研究”项目（2012 年 12 月结题），参与江西省科技厅省级科研课题“油菜免耕机械精量播种的优化研究”（2012 年 5 月结题，第一参加人）。

主编教材《主要作物栽培技术》，参编《江西高等教育十七年》。

先后发表学术论文 29 篇。其中中文核心 4 篇：《中国古代植棉技术的浅究》（《农业考古》2011. 1 期）、《试论中国古代茶与茶文化》（《农业考古》2011. 2 期）、《鄱阳湖生态经济区发展生态农业研究》（《农业考古》2011. 3 期）、《中国古代农机具的研究》（《农业考古》2012. 1 期）。

● **张晓华** 男，1964 年 8 月出生，江西九江人，中共党员。1989 年 7 月毕业于西南农业大学农经系农业经济管理专业。九江职业大学后勤管理处处长，经济管理学院兼职教师。2013 年 10 月晋升为农业经济管理专业教授。

长期从事教学和教育行政管理工作。曾担任经济学基础、经济法、农业经济管理学、财务管理学、审计学、统计学、财政与金融、市场营销学、人力资源管理学等多门课程的教学。2003年开始担任学校行政管理工作，先后担任过九江农业学校招生就业处主任、江西庐山旅游中专财务处长、副校长（主管财务与后勤），2009年任九江职业大学任国资处处长，2012年任后勤管理处处长。2012获江西省后勤协会“先进个人”称号。

坚持科研工作，先后主持完成“构建中等农业学校职业指导体系，拓宽毕业生就业渠道的实践与探索”（国家级重点课题），“创设教学情境，突显合作学习教学模式的探究”（省级重点级课题），“探究激励理论对中职学生教育的影响”（省级课题），“信息化环境中高职院校学生信息素养教育模式的研究与实践”（江西省教改课题），“探究教学中研究性学习——学生授课的构想”（市级课题）课题5项。

主编、参编高职规划教材《经济学基础》（机械工业出版社、主编），《中级财务会计实训教程》（人民邮电出版社、主编），《基础会计》（河北大学出版社、参编）3部。

在各类省级刊物上发表学术论文“略论农业职业教育与农业产业化的衔接”（《江西农业经济》2001第3期），“刍议绿色食品及我省的发展策略”（《江西农业科技》2001第2期），“谈终课教育”（《职教论坛》2001第7期），“城市行道树首选——鹅掌楸”（《现代园艺》2006第1期），“试论农村大学生逐年减少的原因及对策”（《九江学院学报》2010第4期），“高职院校国有资产管理新探”（《九江学院学报》2012第2期），“论社区文化建设与居民身心健康”（《九江学院学报》2011第4期），以及2012届IEEE国际会议论文全文数据库《An Empirical Study on Educational Software Evaluation》（译文《论教育软件评价的实证研究》）EI会议论文8篇。

● **夏敏玲** 女，1963年3月出生，江西修水人，中共党员。1982年7月毕业于江西省财务会计学校，1999年毕业于江西师范大学教育管理专业，2002年结业于首都经济贸易大学工商管理研究方向专业。现任学校财务处负责人，兼任经管学院会计专业老师。2013年10月晋升为会计专业教授。

主要承担会经管学院计专业基础会计、财务会计、管理会计、税法等课程的教学工作，指导学生会计模拟手工实训，参与学校建立和完善财务会计制度。2011年荣获九江市直工委机关妇女工作先进个人，2012年度，被评为“九江市大中专学生志愿者寒假‘春运’社会实践活动‘优秀指导教师’”，2012年荣获校级“迎评及示范性院校创建工作”先进个人。

2011年12月，主持完成江西省高等学校教学研究省级课题“基于工作任务的高职会计专业实训教学研究”（JXJG－2011－565），2013年12月主持完成江西省教育科学“十二五”规划课题“培养高职院校大学生创业与就业能力的实践研究”（12511YB320）。参与经济管理学院《基础会计》省级精品课程建设［赣教高字〔2011〕74号，第三主讲教师，该课程2012年被评为省高职教育省级精品资源共享课（赣教高字〔2013〕1号）］。主编教材《基础会计》（河北大学出版社2010.5）、《基础会计习题集》（河北大学出版社2010.5）、《经济法基础》（河北大学出版社2010.4）3部，副主编教材《现代企业管理概论》（河北大学出版社2010.12）、《基础会计实务》（南京大学出版社2010.8）2部。

先后发表学术论文《前导式营销的内涵及运作方法》（《商业时代》第二作者2007.10核心期刊）、《浅谈风险导向审计》（《九江学院学报》第一作者2010.4）、《后营销时代的“4W”基点浅论》（《中国商贸》第二作者2010.5核心期刊）、《高职院校大学生就业现状分析及能力培养研究》（《中国成人教育》第一作者2012.10核心期刊）、《财务会计中采用公允价值的分析》（《CEIM2012》第一作者2012.12月）等9篇，其中核心期刊4篇（包括一篇EI）。

● **黎　苇**　女，1973年2月出生，江西九江人，中共党员。1995年毕业于南昌大学食品工程专业，获学士学位，2002年毕业于江西师范大学有机化学专业，获得硕士学位。江西省中青年骨干教师，2009年任九江职业大学机电工程学院副院长。2013年10月晋升为化学工程专业教授。

主讲课程为有机化学、化工设备机械基础、工程力学、互换性与测量技术基础、机械制造基础等。2013年带领学生参加江西省大学生科技创新与职业技能竞赛获“优秀指导教师”奖。2011年至2013年先后获得校“优秀共产党员”“师德师风教育活动先进个人”等8次学校表彰。

主持并完成江西省高校教学改革课题“高职教育‘工学结合’人才培养模式的研究与实践”1项，参与并完成省级教改课题“构建高职院校教育教学质量管理体系的研究”等3项，主持完成校思政专项课题“新媒体视域下高校辅导员工作的创新研究”，参与校级课题2项；参与省级教学团队《机电专业教学团队》建设；副主编出版教材《工程力学》（哈尔滨工程大学出版社2009年版）1本。

先后以第一、第二作者发表学术论文《4，4′-二苯氧基二苯砜、4，4′-二苯氧基二苯酮、对苯二甲酰氯三元共聚物的合成》（《应用化学》2002年7月第19卷第七期）、《粉煤灰的改性及其吸附性能》（《化工环保》2010年第四期）等18篇。

● **王维昌**　男，1963年2月出生，江西省九江市人，民建会员。1986年毕业于南昌大学机械系锻压专业，工学学士。国家职业技能鉴定考评员、江西省工程图学学会常务理事、江西省高职高专教育教材建设专业委员会委员、九江市政府采购评审专家库评审专家、模具专业带头人。现任机电工程学院专职教师。2013年10月晋升为机械专业教授。

任教课程有机械制图与AutoCAD、模具材料与热处理、冲压工艺与模具设计、冲压模具课程设计等。2010至2014年指导学生参加“江西省大学生三维数字建模大赛，获省教育厅表彰的优秀指导教师7次，先后获江西省教育厅组织的江西省第二、第四、第五届三维数字建模大赛优秀指导老师，第七届全国信息技术应用水平大赛二维CAD机械设计省级二等奖的指导老师，第八届全国信息技术应用水平大赛“国教华腾杯”机械装备制造综合技能团体赛全国三等奖优秀指导老师，2012年江西省教育厅和江西省人力资源和社会保障厅颁发的江西省大学生科技创新与职业技能竞赛优秀指导老师，2014年江西省大学生科技创新与职业技能展示（竞赛）中获工业设计赛项本科组金奖的指导老师，2012年度学校优秀教师和2012—2013学年度师德师风“十大标兵”提名奖等荣誉称号。

主要研究方向为模具设计与制造。主持和参与省级课题“高职毕业生就业心理及指导方法研究”等3项；主编出版国家教育部“十二五”规划教材《机械制造技术》（2010年北京理工大学出版社出版）等3部，任副主编出版教材《AutoCAD 2010实用教程》（中国建材工业出版社2012年版）等3部；主持并参与《机械制造技术》等省、校级精品课程2门，拥有国家使用新型专利2项。

先后发表学术论文《浅谈影响高职生自主创业的因素》（《现代企业文化》2008年第8期）《设计冲压模具时如何对工艺方案进行优选》（《制造业自动化》2012年第18期）《冲压模具设计与制造项目课程的实施探讨》（《九江职业技术学院学报》2012年第2期）《冲裁模单边毛刺产生的原因及防止措施》（《金属加工》2013年第7期）《齿轮泵侧板平面精密磨削夹具设计》（《金属加工》2014年第5期）等12篇。

● **张先成**　男，1970年3月出生，江西省九江县人，中共党员。1999年12月毕业于南昌大学法学本科专业，获学士学位，2006年12月毕业于江西师范大学现代教育技术专业获教育硕士学位。九江市电子商务行业协会理事，九江科技创业服务中心专家组专家，九江市电子政务专家委员会副主任委员。2013年任信息工程学院副院长（主持工作）、教师。2013年10月晋升为计算机专业教授。

2008年起，主要承担信息工程学院计算机应用基础、corelDRAW平面设计、Flash课件制作等课程教学。2009年4月，参与开发的《多媒体素材制作》网络课件获江西省教育厅优秀教学成果三等奖。2012年获教育部高职高专计算机类专业教学指导委员会、工信部人才交流中心、中国软件行业协会授予全国软件专业人才设计与创业大赛“优秀指导教师”，其指导学生谭国军荣获高职高专组C/C++程序设计全国总决赛一等奖。

2011年起，主持完成江西省2011年度省教改课题“运用数据挖掘技术提升高职‘C语言程序设计’公共课教学质量的应用研究”，参与完成江西省2011年度省教改课题“基于工作过程系统化的高职课程体系创新研究与实践—以计算机应用专业为例”，参与完成江西省高校人文社会科学研究项目“农村‘留守妇女’的宗教信仰问题探析”，参与完成江西省社会科学研究规划项目“充分发挥农民工在新农村建设中的作用研究”，参与建设2011年江西省立项精品课程“C语言程序设计”，主持建设2012年江西省立项精品课程《计算机应用基础》。

2009年8月，主编教材《计算机应用基础案例教程》（北京航空航天大学出版社）。

2008年起，先后在《科技信息》《煤炭技术》《法制与社会》等核心期刊和省级刊物上发表论文《基于蜜罐技术煤矿企业计算机网络防御策略研究》《以教学改革为切入点引领学校内涵建设》《基于B/S模式的煤矿设备管理系统的设计与实现》等9篇。

● **李美长**　男，1966年8月出生，江西省九江县人。1992年毕业于西北农业大学农业经济管理本科专业，获学士学位。九江市专家联谊会会员，九江市“一二三”优秀园丁工程“教学明星”。现任信息工程学院专职教师。2013年10月晋升为农业经济管理专业教授。

任教课程有电子通信、电子信息技术、农业经济管理等。2005年至2012年先后指导学生参加全省、全国“电子应用技能大赛”“电子电路制作大赛”“电子产品装配与调试大赛”等技能大赛，获得一等奖2项，二等奖4项，三等奖16项，优秀奖18项；曾被市委指定为全市社会主义新农村建设副县长、乡镇党委书记培训班授课。

主要研究方向农业经济管理和应用电子技术。先后主持完成省高校人文社科课题“鄱阳湖生态经济发展与农民工回流研究”1项、江西省教育教学课题“职业教育和农村剩余劳动力转移相互促进、协调发展的研究”1项、校级课题“基于学生创新能力培养的校内电子实训基地建设研究”1项，参与省社会科学规划项目研究1项、校级科研项目1项。

先后发表学术论文《高职电子专业创新能力培养的研究与探索》《基于高技能应用人才培养的模拟电子技术课程改革的探索》《基于“3+技术”高考改革的高职电子专业发展趋势的探索》《鄱阳湖生态经济农民工回流决策与回流农民工职业选择》《鄱阳湖生态经济发展与分层农民工回流的关系》《我国现阶段农产品价格上涨原因及综合治理》《城乡一体化发展农村职业教育培养目标的适应性》等24篇。

● **邱 耀** 男，1972年5月出生，江西东乡人，中共党员。1995年7月毕业于南昌大学工业与民用建筑专业，2005年7月毕业于江西师范大学教育经济与管理专业，获硕士学位。中国教育学会会员，江西省造价协会理事，江西省土木协会会员，九江市专家联谊会会员，江西省第七批中青年骨干教师，教育部专业提升产业服务能力立项建设专业主持人，省级特色专业主持人，国家注册造价工程师。建筑工程学院副院长。2013年11月晋升为工程造价专业教授。

长期从事教育教学与管理工作，指导学生参赛并获奖，指导学生参加2011年中国建设教育协会举办的专业技能大赛，分别获“全能奖”“建筑设计”“结构设计与结构分析”三等奖；2011年江西省土木建筑学会举办的测量大赛，分别获三等奖，优胜奖，优秀组织奖各1个。

先后主持完成江西省人文社科课题：“鄱阳湖生态经济区祠堂保护及文化功能研究”（2012年结题），江西省教改课题“基于工作过程的建筑工程技术专业综合实训课程开发与研究”（2012年结题）；参与完成江西省教改重点课题“建筑工程技术专业‘分岗位实训’研究与实践”（第二主持人）等课题。

主编出版教材：《钢结构基本理论与施工技术》（中国水利水电出版社）、《建筑工程计量与计价》（哈尔滨工业大学出版社）、《建筑工程教学与实训图集》（西南交通大学出版社）。

主持专业课程建设3项：《建筑工程技术》（省级特色专业，主持人，2010年立项）、《乡村建筑应用型人才实践教学创新实验区》（省级创新实验区，第二主持人，2011年立项）、《建筑工程技术》（教育部专业提升产业服务能力立项建设专业，主持人）

在各类刊物上公开发表学术论文：《走向校长专业化》（《江西教育》2008.4），《布鲁纳及杜威教育思想对职业教育课程改革的启示》（《科技信息》2009.5），《鄱阳湖生态经济区低碳建筑研究》（《科技信息》2011.11），《公共事业建设工程项目全面造价管理探析》（《基建管理优化》2012.4），《新农村建设背景下祠堂文化功能的演变》（《科技信息》2012.29），《建筑工程类高职院校综合实训项目的开发与优化—基于九江职业大学建筑工程技术专业综合实训的实践》(《职教论坛》2012.12),《创新难在哪里》(《博览群书》2012)等12篇。

● **龚春生** 男,1954年12月出生,江西九江县人,中共党员。1982年7月毕业于江西农业大学农业机械化系并获学士学位。2013年10月晋升为农业推广专业教授。

主要承担教学课程有电工学、机械基础、机械制图、农业机械学、农业技术推广、物理、数学、数学教学法等。指导学生毕业论文、毕业设计,曾经参与校内《学生毕业论文(设计)指导书》的编写。1984年8月起,先后任九江农业学校副校长、江西庐山旅游中专副校长、九江职业大学教育教学督导。1986年在九江农业学校被江西省农业厅评为江西省中等农业学校先进工作者,1999年因分管思想教育工作突出,"校园亚文化与思想政治工作"获中国职业技术教育学会、职业技术教育中心研究所联合颁发的全国职教教学成果三等奖。2009年至2013年受聘于江西农业大学研究生处指定的硕士研究生的指导教师。

2010年10月至2012年6月,主持完成江西省科技厅2010年科技支撑计划项目"油菜免耕机械化精量播种技术的优化研究"(通过省级科技成果鉴定),2013年1月至2014年12月主持完成江西省教育厅2013年高校人文社科规划基金项目"鄱阳湖水利枢纽工程对区域生态农业经济的发展研究"。

先后发表学术论文:《中国古代植棉技术浅析》(《农业考古》2011.01),《中国古代农机具的探讨》(《农业考古》2012.01),《油菜免耕机播质量及节本效益对比试验与分析》(《中国农机化》2012.02),《南方油菜免耕机械化精量播种技术优化研究》(《农机化研究》2012.11)等。

● **蒋腾旭** 男,1970年2月出生,江西南昌人,中共党员。1993年6月毕业于南昌大学化学系本科专业,获学士学位,2006年6月江西师大计数机应用专业在职研究生毕业,获硕士学位。江西省计算机协会理事,九江市计算机行业协会常务理事,2009年任实验实训中心主任。2014年10月晋升为计算机专业教授。

先后承担"汇编语言程序设计"、"C语言程序设计"、"Java语言程序设计"、"数据库技术与应用"、"软件工程"等专业核心课程的教学。

主要研究方向为软件技术、智能优化算法、计算机教育。先后主持完成国家社会科学基金"十一五"计划课题子课题"以就业为导向的高等职业教育计算机应用技术专业教学整体解决方案设计与实践研究"(课题编号:BJA060049-GZKT028,2012年2月结题);江西省教育厅教改课题"高职软件开发类课程'TESE'实践教学模式的研究与开发"(课题编号:JXJG-10-29-6,2013年12月结题);江西省教育科学规划办课题"基于创业教育理念的软件技术专业实践教学改革研究"(课题编号:10YB385,2014年12月结题);江西省社会科学规划办课题"激励视角下的高职生网络英语阅读环境构建研究"(课题编号:12WW333,2014年12月结题)。先后参与省教育厅教改课题"多媒体课件制作技术课程的教材开发及教学模式研究"(课程编号:JXJG-07-28-2,2009年12月结题)、"高职中专部计算机教学创新实践研究——以护理专业为例"(课程编号:JXJJG-11-048)、省科技厅"生产安全无线自动传信监控系统的研究与应用"(课程编号：2011BBES50044)，参与省级科技项目“无线自动防伪系统”的研究，并获省教育厅高校科技成果三等奖。

先后在省级以上刊物发表论文《以就业为导向的高等职业教育计算机应用技术专业教学改革与创新》(《教育与职业》2011.12)、《高职创业教育与专业教育相互渗透探析》(《职教论坛》2013.12)、《改进的遗传蚁群混合算法在TSP中的应用》(《计算机与现代化》2013.12)、《一种基于ZigBee和GPRS的生产安全无线自动传信控制器的设计》(《九江职业技术学院报》2013.9) 等近20篇。

主编教材《C语言程序设计教程》(北京航空航天大学出版社)、《电子商务数据库技术》(河北大学出版社)、《电子商务网站建设与维护》(河北大学出版社)、《中文Flash cs4案例教程》(中国铁道出版社) 等10部。

2011年获“江西省第七批中青年骨干教师”称号。

三、部分毕业生

● **姚雪雪** 女，1969年出生，九江职业大学88届文秘专业毕业生。百花洲文艺出版社社长和总编辑，国家一级作家。多年从事文学创作，其散文创作成绩在散文界引人关注，形成了独具审美价值的创作风格。2013年1月入选全国新闻出版行业第三批领军人才（业务类)，2014年获江西省委宣传部“江西省中青年文化名家”荣誉称号，同年享受江西省政府特殊津贴。

先后出版有《夏都绘影》《雪地》等散文集，其作品大量刊载于全国重要文学期刊，数十次入选国内各类权威选本；国内众多报刊《光明日报》《文艺报》《青年作家》《江西日报》等对其创作成绩和特色进行专题评论和推介；2003年获第五届谷雨文学奖；2008年获第三届冰心散文奖。2009年获第三届中国西柏坡散文节一等奖，2009年获江西省优秀文学艺术奖。

其担任责任编辑的图书《千古一梦》获2009年度中宣部第十一届“五个一工程”优秀图书奖；其担任责任编辑的图书《沉静的山歌》获2010年度“中华优秀出版物”奖；其担任责任编辑的图书《社会主义核心价值观100例》入选中宣部第四届通俗理论读物推荐书目；其担任责任编辑的图书《红药》入选国家广电新闻出版总局第四届“三个一百”原创作品图书并获江西省“五个一工程”奖。

在担任百花洲文艺出版社社长和总编辑期间，策划和实施了《致我们终将逝去的青春》《爱情公寓》《纸牌屋》等一系列影响巨大的超级畅销书，其中《致我们终将逝去的青春》和《纸牌屋》连续两年荣获新华网、《中国出版传媒商报》联合评选的“2013年中国影响力图书”和“2014年中国影响力图书”。其组织实施的《二十世纪中国学术论辨》书系四十册获2015年第五届“中华优秀出版物”奖。其组织实施的国家出版基金项目《中国文化丛书》共计六个语种78册，在2013年全部341个基金项目中以第一名的成绩完成结项，同时百花洲文艺出版社国家出版基金管理使用的先进经验由国家广电新闻出版总局发文推广。

● **向　东**　男，1970年出生，中共党员。2004年就读于华东交通大学计算机科学与技术专业九江职业大学本科班。1992年退伍后在九江市邮电局从事机线员工作。2004年起任中国电信股份限公司九江分公司向东班班长、中国电信股份限公司九江分公司高级经理。2005年，他荣获全国劳动模范称号；2006年，荣获全国"知识型职工"称号；2008年，被评为江西省"十大井冈之子"、中国电信十大"感动人物"。2007年，入选中宣部《劳动者之歌》。系中共十七大、十八大代表。

2004年7月30日，中国电信股份限公司九江分公司以他的名字成立了"向东班"，他作为班长，带领向东班实现了"一个劳模带动一个班组，一个班组影响一个企业，一个企业唱响一座城市"的目标。自2004年起，"向东班"先后被评为全国工人先锋号、全国青年文明号、全国模范职工小家、全国用户满意服务明星班组、全国创新示范岗。2014年，向东劳模创新工作室荣获中华全国总工会授予的第一批全国创新工作室。

2006年3月，向东和九江职业大学团委联合创办了向东班爱心家教协会，为九江市贫困家庭的中小学生提供爱心家教服务。2010年7月，中央文明办、民政部、中国残联联合授予向东班爱心家教协会2010—2015年度"全国志愿助残示范基地"称号。

● **黎　飞**　男，江西武宁人。1998年6月毕业于九江职业大学经济管理系95管工班，现任深圳市誉勤电子有限公司（自主创业）总经理。1998年5月至1999年3月就职于正凌精密工业股份有限公司；1999年3月至2002年12月就职于挺晖工业股份有限公司；2002年12月起，独立创业。先后创办企业三家，主要业务分二块：一块是电子连接产品的生产和销售，二是半导体的代理和销售。目前国内很多知名品牌如：好记星，诺亚舟，步步高均主要使用该司的产品，另外业务涉及到欧洲，美洲及亚洲的韩国和日本，年产值过亿人民币，公司员工500人以上。

● **涂安楠**　江西南昌人，中共党员。1995年7月毕业于九江职业大学经管系财会专业，现任九江市烟草专卖局办公室副主任。1995年1999年任抚州市烟草专卖局办公室秘书、宜黄县烟草专卖局人秘科长；1999年至2001年任湖口县烟草专卖局人秘科长；2001年2005年任九江市烟草专卖局办公室专职秘书；2005起任九江市烟草专卖局办公室副主任。毕业至今，先后在各类新闻媒体发稿2400余篇，其中头版头条11个。

● **杜　欢**　湖北黄冈人，中共党员。1997年6月毕业于九江职业大学经管系管理工程专业，现就职于中石化九江分公司党委宣传部。1997年——1999年九江石化化工公司工作，1999年至今就职于九江石化党委宣传部。曾先后荣获九江石化最佳青年岗位能手称号，江西省首届龟峰杯播音员主持人大赛一等奖。多次成功担任大型晚会及庆典活动撰稿及主持，创作的节目多次获省部级奖励。

● **万长峰**　男，1975年12月出生，江西南昌人。1998年7月毕业于九江职业大学工业与民用建筑专业。现任南昌市第二建筑工程公司副总经理。1998年毕业分配到南昌市第二建筑工程公司工作。1998年7月至1999年12月在江西省农业发展银行高层公寓从事施工管理工作，该工程获省文明样板工地、省级优良工程、省级新技术标准示范工地。2000年1月月至2002年12月在红谷滩会展中心从事施工管理工作，该工程为市政府重点工程，获市结构优良工程。2003 年 1 月至 2004 年 12 月担任红谷滩丰和花园项目经理，该工程获市级优良。2005 年 1 月至 2008 年 2 月担任公司九江分公司经理。2006 年 1 月获工程师职称，2008 年 3 月任南昌市第二建筑工程公司副总经理。2008 年 5 月至 7 月，受南昌市政府指派担任四川汶川特大地震灾后重建工程项目经理。在救灾工作中，发扬了党员模范先锋带头作用，带领项目部提前完成了重建任务，完成产值 310 万余元，并荣获南昌市抗震救灾先进工作者。2008 年 8 月起担任湾里茂山庄和南昌市朝阳农场还建房工程项目经理。万长峰从事建筑施工技术管理工作十多年来，在工作中积累了丰富的施工管理经验，具有处理施工中出现的较复杂技术难题的能力，能够把理论知识和实践经验有机地结合起来。是从生产一线逐步走向企业领导岗位的学有所长的技术型、复合型人才。

● **蔡灿喜** 男，1974 年 5 月出生，江西瑞昌人。1998 年 7 月毕业于九江职业大学计算机应用专业。1998 年 7 月至今 在海军黄埔军械修理厂工作，2004 年 7 月前从事技术工作，在此期间主持研发过多个海军科研项目，其中一项获得海军科技进步三等奖，广州基地科研先进个人，两次被工厂评为十大杰出青年，并多次被工厂评为优秀共产党员、先进工作者。2004 年 7 月起先后担任车间主任、生产办公室主任，现任工厂生产计划部部长，主管工厂的生产、计划、材料供应、仓库等业务。2005 年取得华南师范大学学士学位，2008 年考取华南理工大学研究生，就读 MBA 专业企业管理方向。

● **余静元** 男，江西德安人。1999 年 7 月毕业于九江职大经管系贸易经济专业，现任德安县蒲亭镇人民政府副镇长。2000 年 4 月至 2002 年 3 月就职于深圳南精机电有限公司工程部；2002 年 4 月至 2004 年 4 月就职于东莞大东—骏通电子有限公司资材部；2004 年 6 月至 2006 年 2 月任德安县丰林镇人民政府办公室主任、人大秘书；2006 年 3 月起任德安县蒲亭镇人民政府副镇长。

● **张莲香** 女，江西彭泽人，中共党员。1999 年 7 月毕业于九江职业大学 经管系经济贸易专业，现任彭泽县委宣传部副部长。1999 年 10 月至 2003 年 7 月在彭泽县龙城镇人民政府工作；2003 年 7 月起，在彭泽县委宣传部工作。2000 年获九江市“三八”红旗手、九江市“十佳妇女干部”称号。

● **张新华** 男，1977 年 8 月出生。2001 年 7 月毕业于九江职业大学 98 经济贸易 1 班。2001 年 2 月至 2001 年 9 月任南昌百事可乐公司九江办事处业务员；2001 年 9 月至 2002 年 12 月任职于江西润田天然饮料有限公司洛阳主管；2002 年 12 月至 2005 年 6 月在江西润田天然饮料有限公司驻山东烟台办事处任区域经理，负责烟台、威海地区业务；2004 年 6 月至 2007 年 10 月服务于九江美庐乳业有限公司，担任区域经理职务，负责南昌地区全面工作；2007 年 12 月起，在江西南昌德泰生物医药有限公司服务，担任城市经理职务，负责江西省九江、抚州地区市场开发维护和经销商的管理，主要是从事婴幼儿食品的销售和管理。

● **戴祥付** 男，1978 年 8 月出生。2001 年 7 月毕业于九江职业大学 98 经贸 1 班。2001 年 1 月至 2003 年 11 月就任北京汇源果汁九江直销公司部门经理；2003 年 11 月 2007 年 3 月任江西润田天然饮料食品有限公司沈阳分公司省级经理/区域经。现任内蒙古蒙牛乳业（集团）股份有限公司九江分公司副总经理。

● **陈　晖**　男，江西都昌人，中共党员。2002 年毕业于九江职业大学 99 级工民建专业，现任江西省公路机械工程局瑞寻高速公路 A10 项目经理部总工程师兼副总经理。毕业后一直从事我省的高速公路建设，先后参与黎温高速公路、昌金高速公路、乐温高速公路、武吉高速公路、鹰瑞高速公路以及现正在建的瑞寻高速公路的建设。从基层做起，先后做过现场施工技术员、试验检测工程师、工程测量工程师，并从事过现场监理工程师、总监理工程师办公室检测及测量工程师等不同工作。在工作中先后通过了 2006 年交通部的“公路桥梁监理工程师”资格考试、2007 年交通部的“公路桥梁试验检测工程师”资格考试并取得工程师中级职称。因负责建设和管理的项目都是超过一亿的国家重点投资项目，所以受到各级领导的关注，先后被江西省交通厅评为“乐温高速公路建设先进工作者”、“武吉高速公路建设先进工作者”、“鹰瑞高速公路建设先进工作者”，及江西省公路局“07 年度的先进工作者”、“09 年度的优秀共产党员”。陈晖在工作之中始终认真学习和实践，本着在平凡的工作岗位上极力做出不平凡业绩的信念，实现自己的人生价值。

● **张朝辉**　男，2002 年毕业于九江职业大学工业与民用建筑专业。毕业后在深圳一直从事钢结构行业。2007 年创办深圳市辉雪钢结构设计有限公司，主要承接国内外详图设计业务。近三年在公司员工的不懈努力下，已形成了一支技术性强、服务质量高的团队，与国内外多家钢结构公司及设计院进行了合作，并取得了客户的一致好评。主要工程业绩有：澳门梦幻之城（4.5 万吨）、迪拜地铁站项目、香港观音塔项目、香港黄大仙钢结构桥项目、香港搅拌站钢结构项目、挪威冷藏架项目、惠州壳牌码头钢支架项目、重庆江北机场项目，南昌音乐厅钢结构工程等等。2009 年 12 月成立深圳市汉荣钢结构有限公司，厂房面积约 2000M2。公司主要承接国内外钢结构、不锈钢、铝制品等制作安装业务。主要工程业绩有：香港通讯塔项目、香港不锈钢井盖项目、香港水郎学校铝制品及幕墙钢支架项目、深圳吊车梁项目等。

● **易　林**　男，1982 年 9 月出生，江西修水人，中共党员。2004 年 6 月毕业于九江职业大学计算机系网络工程与管理专业。现在浙江省温州市温州教育局下属的温州金鹰智能工程有限公司担任总经理助理兼市场部总监。在校期间一直担任班长职务，担任过计算机系学生会干事、纪检部部长、副主席等职；担任过学校学生会干事、校学生会纪检部部长、校学生会安全部第一任部长、校青年志愿者协会会长、校学生会副主席等职。2004 年 6 月至 2004 年 12 月在深圳日讯印刷厂任业务代表、小组组长；2005 年 3 月 2005 年 5 月在温州金鹰智能工程有限公司任业务代表；2005 年 5 月至 2005 年 12 月在温州金鹰智能工程有限公司任业务组长；

2005 年 12 月至 2006 年 6 月在温州金鹰智能工程有限公司任温州龙湾区区域经理；2006 年 6 月至 2007 年 6 月在温州金鹰智能工程有限公司任温州瑞安市大区域经理；2007 年 6 月任温州金鹰智能工程有限公司总经理助理；2007 年 7 月至 2010 年 3 月在温州金鹰智能工程有限公司任公司总经理助理，兼任浙江省宁波市办事处总经理，主持所有宁波的营销管理，人事管理，市场运作等全面工作；2010 年 3 月起任温州金鹰智能工程有限公司总经理助理兼市场部总监，负责整个浙江省的全面市场营销，市场管理，市场运作等工作。

● **吴小明** 男，汉族，1981 年 7 月出生，江西宁都人，2004 年 7 月毕业于九江职业大学外语系商务英语专业。毕业后在深圳的康大集团香港贸易有限公司工作，主要从事跟单工作，负责整个跟单的全过程。2006 年 6 月至今，在施华洛世奇香港（亚洲）有限公司，从事品质管理工作，担任品质部主任。

● **邓 歆** 现工作于新华实业集团有限公司。2004 年 7 月毕业于九江职业大学商务英语专业，毕业后一直在深圳从事日用陶瓷产品出口业务，曾多次参加国内外展会及产品推广会，2006 年底升任该外贸公司业务经理，2007 年公司外派荷兰办事处工作两年，直接面对面和国外客人洽谈订单，直控海外市场。

● **伍智英** 出生于 1982 年，2004 年毕业于九江职业大学外语系，毕业后工作于台资公司——深圳高盟机械有限公司，任总经理秘书。2006 年在深圳景佑电子有限公司担任外贸业务员。2008 年自己注册了香港公司开始的外贸生涯，做手机配件。

● **吴小明** 男，汉族，1981 年 7 月出生，江西宁都人，2004 年 7 月毕业于九江职业大学外语系商务英语专业。毕业后在深圳的康大集团香港贸易有限公司工作，主要从事跟单工作，负责整个跟单的全过程。2006 年 6 月至今，在施华洛世奇香港（亚洲）有限公司，从事品质管理工作，担任品质部主任。

● **邓 歆** 现工作于新华实业集团有限公司。2004 年 7 月毕业于九江职业大学商务英语专业，毕业后一直在深圳从事日用陶瓷产品出口业务，曾多次参加国内外展会及产品推广会，2006 年底升任该外贸公司业务经理，2007 年公司外派荷兰办事处工作两年，直接面对面和国外客人洽谈订单，直控海外市场。

● **伍智英** 出生于 1982 年，2004 年毕业于九江职业大学外语系，毕业后工作于台资公司——深圳高盟机械有限公司，任总经理秘书。2006 年在深圳景佑电子有限公司担任外贸业务员。2008 年自己注册了香港公司开始的外贸生涯，做手机配件。

● **邹胜铭** 男，福建龙岩人，中共党员。2006 年 6 月毕业于九江职业大学经管 03 级涉外专业。现为厦门市铭颖橡塑制品有限公司（自主创业）总经理。2006 年 12 月至 2007 年 12 月就职于江西九江铭颖橡塑五金商行，2007 年 1 月至 2008 年 8 月，就职于慈溪市洄嘉化工有限公司，2008 年 8 月至 2009 年 1 月，就职于慈溪市命硬橡胶制品有限公司，2009 年 1 月起，任厦门市铭颖橡塑制品有限公司总经理。该公司产品以优质、高端产品为广大汽车配件，水暖建材、电子元件等厂家提供配套元件，赢得客户的支持赞誉。

● **江文静** 女，2006 年 7 月毕业于九江职业大学师范学院英语专业（4）班。2006 年 8 月开始自主创业，创办金航道英语学校，校址位于宜春市中山中路国贸大楼四楼。目前学校在江西省内已有三所分校，每个校区都有 300 多名学生。其办学宗旨就是能让孩子快乐学习，趣味学习，让家长放心地把孩子放在学校学习。

● **王战涛** 男，河北邢台人。2007 年毕业于九江职业大学工业与民用建筑专业。同年创办了 BEC 少儿英语学校，2008 年得到了九江开发区文教局的支持颁发了民办教学许可证，2009年成立了BEC爱心教育基金。现任九江市BEC少儿英语学校校长。2005年7月王战涛结识了中国十大教育人物，北京奥运形象大使杜大卫教授，受其熏陶，对英语产生了浓厚兴趣，为了更好的和外教交流，开始了英语家教工作，也对自己的将来的工作有了更明确的定位，为今后办学奠定基础。

2006年4月份在开发区西苑小区筹办了滔滔英语课堂，同年5月份正式开班，2006年12月开始筹办BEC中小学英语中心，2007年4月1号正式开班。2008年上半年，王战涛到长沙、北京、南昌、景德镇、乐平等地交流与学习有关培训学校的管理与发展，综合有实力学校的成功经验，结合九江的实际情况，制定了自己学校发展的新方向。BEC少儿英语学校的办学理念和教学质量得到了教育局和家长的广泛认可和支持。目前BEC少儿英语学校已有全职教师15名，学员近500名，在九江已经是小有名气的少儿英语学校。

●**安　静**　女，2007年毕业于九江职业大学商务英语专业，在校期间任04级商务英语团总支书记、06级商务英语（1）班班主任助理、校学生会副主席。2009年7月考入兰州大学国际关系专业攻读硕士研究生，2011年9月进入南京大学—约翰斯？霍普金斯大学中美文化研究中心学习，2014年8月赴美开始在克莱蒙特大学攻读政治学博士学位。

●**陈　杰**　男，2008年7月毕业于九江职业大学师范学院03级英语专业。2009年10月与友人合伙创办南昌德普施教育集团迪士尼神奇英语学校，专门辅导3至12岁年龄段的学生，相继开办4所分校。2010年5月开始自主在九江县创立树人培训学校，学校占地面积300—400平方米，现准备在瑞昌，都昌，湖口，彭泽，星子，德安，武宁，修水等地开设分校。

●**汪　鹏**　男，2011届计算机应用技术专业的毕业生，2011年07月—2012年12月担任深圳市合泰文化发展有限公司运营主管，2013年03月—2014年06月担任深圳市朗科科技股份有限公司电商负责人，2014年7月至今成为努比亚技术有限公司（中兴通讯）电商运营总监。

●**汪　翔**　男，2013年7月毕业于信息工程学院计算机应用技术专业，九江职业大学与武汉思远合作培养的第一届软件外包专业的学生，大二年级做手游助手，获取第一桶创业资金5万多元，大三下学期开始自主创业，注册成立武汉百山网络科技有限公司，主营软件开发及系统集成，现如今公司有专兼职员工20多人，业务额每年几百万元。

●**占　伟**　男，1992年12月生，江西上饶人，中共党员。2013年7月毕业于九江职业大学经济管理学院2010级会计1班，在校期间荣获优秀学生党员，优秀学生干部，十佳青年提名奖等多个荣誉称号，并担任经济管理学院团委学生会主席。

2013年8月至今，任职于江西现代职业技术学院党委宣传部宣传干事，2014年8月荣获省建材集团公司“让我们感动的人和事”征文比赛二等奖；2014年9月荣获江西省高校校报好新闻消息类二等奖；2015年1月荣获江西现代职业技术学院教职工演讲比赛一等奖；2015年9月被评为江西现代职业技术学院2014—2015学年度先进工作者；2015年10月被团省委评为学生社团“优秀指导老师”；2015年11月荣获首届全省高校网络宣传思想教育优秀作品评一等奖一项，二等奖两项，三等奖一项。

录1：

江西省人民政府办公厅（复函）

赣府厅字〔1985〕602号

关于成立九江东方职业大学的复函

九江市人民政府：

你市《关于成立东方大学的请示报告》已悉。经省人民政府研究，同意成立九江东方职业大学。归你市领导，属自费走读，不包分配，择优录用的短期职业大学。学校规模暂定五百人，今年设管理工程（文科）和计算机应用（理科）专业（以后新增专业报教育厅审批），招生一百人，学制三年，参加国家统一考试，学生毕业后承认大专学历。

学校开办费，由省财政一次性拨款补助三十万元，从省教育厅职业教育经费中支付，办学所需经费由你市自行解决。

江西省人民政府办公厅

一九八五年十一月六日

录2：

江西省人民政府办公厅（复函）

赣府厅字〔1986〕110号

关于九江东方职业大学改名为九江职业大学的复函

九江市人民政府：

你市《关于九江东方职业大学更改校名和增开专业的报告》已悉。经省人民政府研究，同意将九江东方职业大学改名为“九江职业大学”，除原设专业外，增设文秘和政史专业。学校为县级建制。具体招生数，由省教育厅、省计委核定。

江西省人民政府办公厅

一九八六年三月八日

录 3：

九江市人民政府办公室（通知）

市府办字（1986）12 号

关于成立九江职业大学的通知

各县（区）人民政府、庐山风景名胜区管理局、市政府各部门、市直有关单位：

根据省人民政府办公厅赣府厅字（1985）602 号《关于成立九江东方职业大学的复函》和赣府厅字（1986）110 号《关于九江东方职业大学改名为九江职业大学的复函》称：经省人民政府研究，同意我市成立“九江职业大学”。

九江职业大学为县级建制，属自费走读，不包分配，择优录用的短期职业大学。学校规模暂定五百人，设管理工程（文科）、计算机应用（理科）、文秘和政史专业，今年只开办文秘、政史两个专业，招生一百五十名（其中春季招生一百名，秋季招生五十名），学制三年，参加国家统一考试，学生毕业后承认大专学历。

经市政府研究，九江职业大学由市教育局代为管理。

特此通知

一九八六年三月十四日

录 4：

九江市人民政府办公厅

九府厅字〔2005〕81 号

关于将九江师范学校并入九江职业大学的通知

市教育局：

按省政府办公厅《关于同意将九江师范学校并入九江职业大学的函》（赣府厅字〔2005〕42 号），省政府同意将九江师范学校成建制并入九江职业大学，同时撤销九江师范学校建制。有关事项通知如下：

一、九江师范学校并入后，九江职业大学管理体制不变。

二、九江职业大学暂不开设师范专业，市小学和幼儿园师资培养由你局根据发展需要与有关方面协调统筹合理安排。

三、为使原九江师范学校现在校生圆满完成学业，同意保留九江师范学校公章至 2007 年 7 月，原九江师范学校在校生毕业后继续颁发九江师范学校毕业证。

望你局尽快组织研究并入方案，报市政府审批。

二〇〇五年七月十九日

录5：

九江市人民政府办公厅

九府厅字〔2009〕30号

关于同意庐山旅游中专整体划归九江职业大学的批复

九江职业大学：

根据省政府办公厅《关于同意庐山旅游中专整体划归九江职业大学的函》（赣府厅字〔2009〕11号）精神，经市政府研究，同意庐山旅游中专整建制划归九江职业大学。现将有关事项批复如下：

一、庐山旅游中专校名不再保留。

二、九江职业大学现有级别、经费来源渠道、管理体制不变。

三、九江职业大学的招生计划由省发改委、省教育厅根据国家招生政策及九江职业大学办学条件统筹安排。

望你校认真细致做好划归有关工作，维护好稳定、确保划归工作顺利进行。

二〇〇九年三月十九日

合并前的江西省九江师范学校

概　述

九江师范学校是江西创建较早的几所师范学校之一，她的前身是清光绪二十九年（1903 年）在濂溪书院旧址上创办的“九江府立中学堂”。几经变迁，至 1949 年 9 月定名为“江西省立九江师范学校”，从此进入了新的历史发展时期。

1977 年，国家恢复高考制度，九江师范学校加快了改革发展的步伐。20 世纪 80 年代中期，九江师范学校成为江西省重点师范学校之一。1985 年经教育部批准，成为“中国、联合国儿童基金会合作培训小学、幼儿师资项目学校”，1997 年 6 月，学校通过国家教委办学水平与办学条件标准化评估达标。学校先后被评为江西省文明学校、江西省中师德育示范学校、江西省党建工作优秀单位、江西省校务公开先进单位等。

2005 年 4 月 15 日，按省政府办公厅下发《同意将九江师范学校整体并入九江职业大学的函》，同意将九江师范学校并入九江职业大学。2006 年 4 月 30 日，中共九江市委召集二校中层以上干部会议，宣布二校合并及其新班子组成，至此，九江师范学校与九江职业大学步入实质性合并。从此，九江师范学校的文脉在新的九江职业大学传承光大。

九江师范学校历史沿革列表如下：

学校名称	时间（年）	地址	备注
九江府中学堂	1903—1912	濂溪书院旧址	九江市莲花池
九江中学校	1912—1914	濂溪书院旧址	九江市莲花池
省立第三中学	1914—1927	濂溪书院旧址	九江市莲花池
省立第三女子中学	1927. 秋—1933	濂溪书院旧址	由女生部独立设校（男生部在文庙，为省立四中，即现九江一中）

续表

学校名称	时间（年）	地址	备注
九江女子师范学校	1933—1949	濂溪书院旧址	九江市莲花池
九江师范学校	1949—1968. 11	濂溪书院旧址	1968. 11 九江专员公署革委会第 258 号文宣布撤销
九江地区“五七”教育学校	1971. 秋—1972. 9	九江县马迴岭	
九江师范学校	1972. 9—1973. 冬	九江县马迴岭	
九江师范学校	1973. 冬—1981. 7	九江县马迴岭、九江市三里街两地同时办学	1977 年 8 月三里街校区创办九江师专，师范撤回马迴岭
九江师范学校	1981. 8—2006. 4	九江市长虹大道 91 号（女儿街 27 号）	2006. 4 与九江职业大学合并，原师范校址改称长虹校区

第一章　清末至中华民国时期
(1903—1949)

第一节　历史溯源

九江师范学校的前身是清光绪二十九年（1903 年）在九江府城庾亮南路“濂溪书院”旧址上创办的“九江府中学堂”（濂溪书院，原为宋代哲学家周敦颐先生游庐山而爱庐山之胜，遂建一书堂于莲花峰下之溪水河边而得名。此地之美勾起了他的思乡之情，于是以湖南道县老家“濂溪”之水名移植于此。该清泉流水便得“濂溪港”之名沿用至今。其所建书堂亦名为“濂溪书堂”，后称“濂溪书院”）。

清宣统三年（1911 年），辛亥革命推翻了封建帝制，废除了府制。翌年，民国政府教育部公布了《学校系统令》，对清末的“癸卯学制”进行了修改。修改后的学制，称“壬子学制”（1912 年为壬子年）。中学由原来的五年制改为四年制。“学堂”一律改为“学校”。此后，“九江府中学堂”易名为“九江中学校”。

民国 3 年（1914 年），省政府为加强对中学的管理与建设，将建于主要地区的中学校，统一收归省办，即学校的经费由省政府直接划拨，并将这些学校按序号统一编排，“九江中学校”被编为“江西省立第三中学”。

民国7年（1918年），江西省政府在九江创办省立第六师范学校。校址在“文庙”（“文庙”与“濂溪书院”相邻）。“六师”的创建，开创了九江正规师范教育的先河。

民国16年（1927年）2月，江西省政务委员会研究决定，将各地省立中学与省立师范合并。江西省立第三中学与省立第六师范学校合并后定名为“省立九江中学”。

第二节　省立第三女子中学

一、“三女中”成立

民国16年（1927年）10月，江西省教育厅又启动了中等学校新的改组，恢复按序号编排中学，并单独设立女子中学。于是，刚刚由省立第三中学和省立第六师范学校合并后的省立九江中学，仅半年时间又一分为二了：将驻濂溪书院的初中女生部（又称二部），改设为“江西省立第三女子中学”；将驻“试院”（考棚）的高中部与原在“文庙”的初中部男生（原称初中一部），改为“江西省立第四中学”［民国19年（1930年）“四中”迁往南门湖新址，即现在的九江一中］。三女中于11月16日开学。尔后“三女中”和“四中”都以11月16日为校庆纪念日，一直传承到“文化大革命”前。

二、艰苦创业

分设后的女中校舍仍为“濂溪书院”旧址。由于军阀混战，社会动荡，常用作驻军兼养马的场所。其时校舍破烂不堪，“窗户洞开，门壁全无，粪污满地，臭气熏天，俨如人间地狱”。首任校长熊恬，带领两个原在这里任职的教工和另雇请的两位工人进行清扫。经过一周的清理，省立女三中终于按指令，于11月16日正式开学。

开学之初，原有女生30余人，按通知报到者仅13人。初中一年级招收新生，仅有10人报名，经考试录取5名。就是这18名学生，载入了省立三女中开创的史册。

是年冬，省教育厅厅长陈礼江，专程到浔视察，见熊恬女士能在此艰难困苦的环境中，努力开创事业而予以嘉奖，临时拨款1000元，以作学校添置图书之用。民国17年（1928年）秋，开始招收高一新生。但在当时，读初中的女生本来就不多，能读到初中毕业而上高中者，更是寥寥。因此高中招生往往是七八人到十五人之间。

随着情况不断好转，社会人士和家长看到每个班三五个人，老师也在坚持认真地上课，学校的管理制度也井井有条，于是渐渐有老生进校了，也有新生补考报到。到学期结束时，在籍学生已增加到42人，到第二学期开学时，达65人。“三女中”有了好的开端。

经过三年的办学，三女中的面貌已有明显的改观。一是添修了两间教室，四间宿舍，七间浴室，条件改善了。二是学生班级、人数增加了，至民国19年（1930年）秋开学时，已有高中3个班，初中3个班（均为每年级各1班）。另设初中补习班一个，共7个班，学生已达到210余人。

民国20年（1931年）一场大洪水，整个浔城变成泽国。三女中浸水50余天，生活处处困难，新建的两间教室倒塌了。水退以后，两个班的学生只有在礼堂（濂溪书院的大厅）上课。省教育厅来视察灾情，给予临时拨款5357元，以解决危机。学校立即着手兴建两层楼房一幢。第二年，学校按发展需要，又申请到拨款5858元，购买了学校旁边的几亩空地基，首次修筑了篮球场两个，排球场、网球场各一个。自1903年以来第一次有这样的活动场地。同时还修建了学校的围墙，添修浴室与厕所各10间（单间）。至此、残缺不全的三女中，面貌大有改观。

三、教职员工

首任校长熊恬，名学义，江西樟树人，毕业于日本东京女子体专。回国后，受聘于省立女师（由江西女子师范学堂演变），任体育主任、女师附小主任（当时附小校长均为师范校长兼任，实际驻附小主持业务的称“主任”）。民国16年（1927年）11月初，受命为省立三女中校长。

学校教职员共9人。其中，校长和教员7人，职员2人。学历状况，国外大学或专门学校毕业4人，国内大学毕业1人，高等优级师范毕业1人，中等学校毕业2人，其他1人。当时的教务主任傅溥，江西新建人；训育主任杨仲英（女），江苏省人；事务主任黄学海，江西高安人。

班级与学生

年份	初中班数	高中班数	在校生总数	年份	初中班数	高中班数	在校生总数
1927年	3	/	18—42人	1931年	3	3	205人
1928年	4（含1补习班）	1	137人	1932年	3	3	206人
1929年	3	2	168人	1933年	3	3	201人
1930年	3	3	180人				

第三节　省立九江女子师范学校

民国20年（1933年）省教育厅对中学、师范进行新的调整，根据省教育厅1933年4167号训令，“省立三女中”改名为“江西省立九江女子师范学校”（10月11日启用新校印）。由普通中学转变为专业学校，进入了新的发展历程。

一、“女师”成立初期的几项重要工作

首先抓学习、研究师范教育　要求全体教师从思想上转到培养小学师资的目标上来。

"要做到学校与社会沟通，并造成教、学、做三合一的环境，使学生对于教育事业有改进的能力及终身服务的精神。"

在教师聘用和课程设置上注重师范学校特色 增加了心理学、教育学、小学各科教学法、手工、家事等，安排音乐、手工、家事等专用的"特别教室"。重视体育。民国26年（1937年）4月23日、24日，九江市在公共体育场（即现今的和中广场）举行中小学第二届联合运动会，九江女师派出了60余人的代表队，并夺取了中学组女子团体冠军。

在教育教学方式上突显师范性 提倡"生活即教育"，加强"教""学""做"三合一教学模式。要求学生轮流担任各种服务工作，培养学生自治精神和组织管理能力。

制定了校训、校歌 校训：诚毅勤俭（熊恬题写） 校歌：（略）

新盖教学大楼，打造学校形象 民国23年（1934年）学校向省教育厅申请拨款，修建教学用房。省厅拨款18000元。鉴于学校的基地狭窄，只得拆除"濂溪书院"的门首部分，盖上了一座三层的教学大楼，建筑面积1770平方米，共有大小房间28间，其中教室17间。从此，这座教学大楼为学校的发展奠定了良好的基础。民国25年（1936年）又获得拨款，购买了自来水公司的旧址，扩大了活动场地。建起两层楼房一幢（400平方米），作为自修室和教室。

设立附属小学 "女中"改为"女师"后不久，校长熊恬同九江乡师校长缪正多次协商达成协议，将九江乡师附小改为女师附小。

建立"初等教育委员会" 负责指导本校毕业生及赣北各县小学教员，研讨初等教育中所发生的实际问题及应改进之点。后改为"辅导地方教育委员会"，其具体任务是：举行各种专题讨论会；供给乡土教材及其他补充教材；介绍地方小学教员进修必读书刊；辅导实验；研究改进教学方法；组织安排示范教学；办理通讯研究。

建立"实习指导委员会" 由教导主任、附小校长组成，负责每年实习计划的制定与具体指导工作。

二、抗战时期流亡办学（1937—1945）

应对抗战新形势 民国26年（1937年）"七七"卢沟桥事变，日本发动了全面侵华战争。学校在校园内开始建筑简易的防空壕；组织防护团，进行防空、消防、救护等方面的操作训练；住校外的女教师（包括自己的儿女）一律搬进校内宿舍。

9月12日，第四后方医院迁到九江。当日上午未经校方同意，占据教学楼一楼教室。此举引起校长熊恬的质疑。当日下午，熊恬即向国民政府通电上诉。电文如下：

"军事委员会蒋委员长，军政部何部长，教育部王部长钧鉴：

本日突有军政部医务署第四后方医院抵此。院长陈敬湘不住警察局所指定之地址，强将属校占据，此刻正在布置，据云伤兵将迁入属校。特恳请钧长予制止，以维教育。江西省立九江女子师范学校校长熊学义叩文。12日。"

第二天（13日），教育部回电省教育厅，并通知学校。电文如下：

"南昌教育厅程厅长鉴：

据九江女师熊校长电称，该校被占为后方医院等情，应由厅速派员去会商，九江地方当局应另觅房屋，免用该校校舍，并督促该校开学上课为要。9月13日"。

9月15日，后方医院即撤出学校。

10月间，全市中等学校统一组织战时后方服务团。女师为第一分团（共有八个分团）。其组织成员及分工如下：

团长：熊恬

团副：黄育才（教务主任）

宣传组指导员周庆元、许秉周。组长蔡志清，组员25人

消防组指导员王国铨、刘仁兰。组长彭翠英，组员12人。

警卫组指导员查良佩、黄育才。组长吴淑贞，组员20人。

慰劳组指导员熊恬、梁家韶、熊学廉。组长陈作鸿，组员20人。

募集组指导员邓增绥、陈陶琥、郭佐乾、熊一悟、熊悌。组长凌凤英，组员46人。

救护组指导员樊鸣歧、张勋扬。组长蔡忠葆，组员16人。

以上组长、指导员均为教职员，共22人；组员均为学生，共139人。服务团成立后，开展了宣传、募集工作。宣传任务是分配了地段的，募集也是有具体任务的。

此外，学校要求各学科授课、处理教材可略有变动，适当增加"抗战救国"的内容。在接受借读生方面，学校也作出规定：凡在战区（或已被日军侵占地区）已立案之同性质学校肄业者，持有成绩单或借读证明书的均可接纳在本校借读。

撤离九江　12月初学校准备搬迁工作，对人、财、物的撤离做出具体安排：

学生，凡家长同意的随学校撤离，学校率领同行。不能随学校同走的，待学校抵达目的地后，在《民国日报》上刊登返校通知。

教职员有三种情况（当时学校教职员25人）。

1. 因特殊情况请假的4人：樊鸣歧（男，当时的初中部主任）、邓增绥（女，当时的副教导主任）、邹淑玫（女，音乐教员）、李海钦（男，当时的书记，负责文字抄写与记录工作）。

2. 留守九江照顾学校的7人：许秉周、熊悌、陈陶琥、郭佐乾、高凌云、刘宪章、蔡伯华。（九江沦陷前，学校开设了一个初中一、二年级的复式班，仍照常上课。）

3. 随学校撤离的除校长外，还有14人：黄育才（教导主任）、熊学廉（代副教导主任）、刘仁兰（师范科主任）、王国铨、周庆元、张勋扬、梁家韶、赵章瑄、查良佩、赵兢兴、熊一悟、赵祖陵、沈赓业、赵芳华。

附小随女师迁移，随行教员有钮君美、吴兰纯、赵邑群等5人。

栖身吉安老屋下　12月14日，女师撤离人员告别九江，开始了8年的流亡办学历程。一行七十多人登上几副竹木排和两条小木船，在鄱阳湖飘摇了一个多星期，终于在民国27年（1938年）的元旦到达吉安的横江渡老屋下。租借书香世家欧阳灿如的房屋。附小，就安在相距仅百余米的"馀山书院"里。

随迁到吉安的资产有：1. 图书5470册（占原有图书的1/3）；2. 理化仪器84种，化学药品235种，标本模型601种，挂图209幅，显微镜3架，地球仪1台；3. 课桌椅120套；4. 风琴4架，钢琴1架，收音机2台，缝纫机5台；5. 其他教具、器皿、童军用品等554件。所有这些财物（个人的被服用品不记在内），全部是本校师生（仅有男教职员10人）一件件从竹排上搬下来，然后又一件件扛到老屋下。没有请一个民工，也没有一个学生叫苦。

民国27年（1938年）1月19日，在《民国日报》上刊登了学生返校启事。九江的留守人员也张贴了启事。随后，几天之内，大部分学生都返校了。当时爱国读书仍是青年学生的主流。

在吉安两年，为适应抗战，对教育教学进行了调整。

在教学方面，师一增加了看护课，讲授抢救伤兵员方面的护理知识；师二增加了世界近代史，结合讲帝国主义对中国的侵略；师三增加民众教育，结合深入农村调查，办民众夜校；公民课中注意结合讲授领袖与政府有关抗战的言论与策略，及国内外政治、军事、经济方面的情况；化学课中结合讲毒气的制造与防护；国文课增选抗战文学；历史课，重视国家民族兴亡之史迹，及日本政治、经济、文化之推移；音乐多教抗战歌曲；体育加强田径球类，举行爬山越野竞赛等强身健体活动；开展军训，每年级编为一个中队，中队下分为小队。每天下课后，进行各项训练。

开展抗战的社会活动：继续履行战时后方服务团的职责，组织抗日宣传与劝募。每星期六下午，教师带领学生到附近村庄进行歌咏活动，演出抗战话剧（学校有歌咏、话剧等活动小组）；星期日轮派学生深入民间进行个别访问交谈或团体讲演，举行歌舞活动，教唱抗日歌曲；每日编写壁报，抗战画报，张贴于村庄路口墙头；劝募寒衣，民国27年（1938年）1、2月间，募得寒衣80余件，本校师生捐款，用来制作棉背心300件；5月16日，初中部一、二年级学生，分队出发，为难童宣传募捐款达数百元。

重视劳动教育与技能培养：在附近租借田地作为菜圃。学生分组各选一项，如养鸡、养猪、种植、酿酒、做豆腐等。手工业生产分为竹工、木工、藤工（制作学校所需之模型、仪器）以及缝纫、剪裁、刺绣、雕刻等。

社会教育方面：开办了民众学校和妇女识字班。

避难宁都石上圩　女师与附小在吉安老屋下平静地度过了两个年头。民国28年（1939年）5月，南昌失守，打破了赣中的宁静。因为是女校，她的安全更显重要。不久，女师又接上级指令准备再次搬迁。

女师及附小在老屋下时期，做了很多有益于当地民众的好事，如：开展抗日宣传；举行文艺演出；开办民众学校及妇女文化班等。尤其是附小，解决了当地乡里的子女入学问题，均为当地民众所赞誉，当民众得知女师及附小要搬迁，便急切进行挽留。最后，乡长、保长、族长、乡绅，联名提出书面报告，呈报省教育厅。报告附录如下：

“敬启者，窃本乡自江西省九江女子师范附属小学在老屋下开办后，已一年半矣。赖诸位老师之真诚训诲，慈祥教化，学生身心之改正，知识之增加，获益诚非浅鲜，民情风俗熏陶潜移者亦复不少。而卫生室之设立，匪特学生得蒙福利，即附近十余里之村巷，病痛亦多赖以解除。农夫村妇，有口皆碑。然近闻该校将迁宁都，备悉之下，殊为惊愕！窃思该校迁移，或以为本地接近战线，而近来我省战局已稳定此可勿迁者一。教育本无地界之分，该校又何必舍此间艰苦既树之规模，而搬迁至毫未开辟之异地，此可勿迁者二。敝地学童已由百余名而至二百七十余名矣，若该校一旦迁移，以敝地之贫瘠，人力财力，均万难接续维持如该校之原状。似此，则二百七十余名之学童，势必因此中断学业。敝地人士，实属有心无力。而该校各位老师，谅亦有难忍难弃之心。此可勿迁者三。纵该校有供女师实习之义务，可在宁都另设一分校，彼此兼顾，一举两德（注：此“德”字并非误用，其含义比“得”为深）。此可勿迁者四。基上四点，除分函该校外，谨恳请钧长迅饬江西省立九江女子师范学校附属小学，仍留老屋下，勿迁移宁都，以全数百儿童学业。实为德便！谨呈江西省教育厅长程。”（署名为吉安县第二区琼林乡乡长、保长、族长、乡绅等，人名略）

同时，附小也将上述请求呈报省厅，请示如何处理。最后省教育厅厅长程时奎批示“应随师范学校迁移”。

民国 28 年（1939 年）6 月下旬开始搬迁。附小在老屋下新添置的桌凳、黑板、教具等，全部免费留下。临走的日子，学生、家长挥泪送别，场面感人。

从吉安到宁都走的是水路，运输工具是竹木排。正逢炎炎夏日，干旱少雨，江河水落，竹排，木船，沿途搁浅，靠师生配合竹排工，拖纤推拉。200 余公里的路程，整整走了三个月，9 月末才到达宁都石上圩。

在石上圩，因房屋局限，校舍分为三处：原四区区署房产，安排为办公室、图书室、理化室、机械室、劳作室，还有师一、师三、初一、初三的教室；区立中心小学，安排作礼堂、师二、初二教室；租借民房五栋，安排为学生宿舍、教员宿舍、厨房、浴室。校长和教师分工管理。

学校各项工作有新的发展：

提出面向社会办学的指针　口号是：“全部民众为施教对象，整个社会为施教范围”。还制定了八字的训导目标：“清洁、整齐、朴素、简单”。坚持“德、智、体、美、劳”，加强“管、教、养、卫”。开展“师范教育周活动”。教育学生爱师范，爱小学教育，尊师爱生。要求学生加强自身修养，将来做一个受人尊敬的小学教师。

扩大招生，另建新房　民国 29 年（1940 年），增设幼师班一个［民国 32 年（1943 年）毕业后未再续招］。民国 30 年（1941 年），为第八行政区（宁都，瑞金，兴国，于都，广昌，石城，会昌）代办简师班 1 个（连续招了三届）。因学生人数增加，教室寝室均不敷应用，经申请得到拨款 5195 元，用来建平房一栋，增加了 3 间教室，4 间住房。

创办附小、幼儿园　原区立中心小学的校舍让给女师后，石上的小学生要去几里地外的乡小读书。女师经与乡政府协商后，决定双方出钱，合资兴建小学一所，也叫女师附小，由附小教师任课。另外，还办了一所幼儿园，有幼儿 200 余人。既解决群众的需要，也为幼师班学生提供见习实习场所。

重视抗日宣传 首先是组织学生到附近村庄宣传抗日，演出文艺节目。再就是本校每周末的文艺演出，都贴出通告，让群众来观看。群众都说：“喜欢看女师的文明戏”。同时，还专门排练抗日的文艺专场节目到县城进行公演（距石上约30华里）。影响比较大的是民国30年（1941年）11月16日的学校14周年校庆日，女师将校庆与为抗日前方将士捐募寒衣相结合，在宁都县城举行了连续三天的话剧公演（售票）。校长还亲自为商家及相关人士上门送票，进行劝募活动。演出的主要节目有：《牛头岭》《古城怒吼》《新县长》《蜕变》《抓壮丁》、器乐演奏及歌舞剧《天鹅》等，本次活动共筹得寒衣款2830元，深获各界人士的好评。

服务群众 学校的“卫生室”，只要群众有求，都来者不拒。校医有时还为百姓急病出诊。“缝纫组”为贫困百姓缝补，不收任何费用。

增订完善规章制度 根据新的情况，制订了师范毕业生服务细则；学生奖惩条例；图书借阅规则；办理社会教育细则；课外活动细则；新生入学规则（规定学生所带被单、包被为全白布，不带任何花色；行李不得超过3件；不得携带任何装饰品及华丽衣服到校，在校期间均穿着本校制服；一律齐耳短发）。

省教育厅指导组1942年到女师视导，评价记录如下：

1. 校务有序，有恒不怠，各种表册，记载翔实。
2. 教师教学尚努力，作文次数较多，学生重视学习。
3. 体育活动，能注意倡导，学生兴趣颇浓。
4. 对各种课外活动，分混合参加与单独参加两种，成绩甚佳。
5. 学生有劳动精神，自己种菜、洗菜、切菜、烧菜。
6. 社会方面，上门教识字，甚见努力；所办妇女班，出席均有30余人，有恒不怠。又曾往宁都县城举行话剧公演，为前方将士募得寒衣款2800余元。不足之处，会计与校长感情不和。近一年来，会计手续多未清理。

民国32年（1943年）上学期生源统计如下（共203人）：

籍贯	九江	临川	宁都	崇仁	南昌	瑞金	吉水	武宁	石城	宜春	泰和	金溪	南丰	丰城	余江	宜黄	奉新	安义	永修
人数	17	21	21	12	29	5	3	2	10	2	1	3	9	8	2	2	4	1	1
籍贯	广昌	乐安	清江	南城	靖安	进贤	贵溪	新建	兴国	余干	资溪	于都	萍乡	湖北	湖南	江苏	安徽	浙江	河北
人数	1	1	2	6	1	1	1	1	2	1	1	4	1	1	3	7	7	8	1

创办南丰分校以备万一 民国33年（1944年）年底，太平洋战争爆发，日军受挫，为避免主力在粤汉南端的决战，改为进攻赣南。学校处境又现危机。熊恬为学校之安全。决定另谋安身之所，民国34年（1945年）元旦前后，派出吴翼甫（教务主任）、朱克文、萧敦汤、宋教民等4位教员，奔赴南丰，创办分校。（1945年2月6日，即阴历十二月廿四日，赣州终于失守。）

吴翼甫等到南丰之后，先在县城附近的水南乡的“福主殿”立足，初一，初二各十来名学生，复式班上课。不久，即迁往稍远之瑶浦（距宁都约九十公里），租借曾云举、李石麟等人的私房。因条件尚可，初一、初二分开上课，并招收了插班生。此处安排就绪之后，熊恬即将部分贵重图书如《万有文库》《四库备要》等，与部分仪器、钢琴，移往南丰。分校的 4 位教师，除负担两个班的各科教学任务外，还经常到设在“吕祖庙”的一所中心小学进行辅导。该小学校长自称：“我们就是女师附小。”吴翼甫、萧敦汤、朱克文、宋教民等老师深受当地小学老师的欢迎与尊重。

（三）抗战胜利回迁九江（1945—1949）

要回原校舍 民国 34 年（1945 年）8 月 15 日，日本宣布无条件投降。八年抗战终于胜利。女师期盼早日返回九江。

10 月初，学校接到省教育厅可以安排回迁的指示。随后经教职员推荐，确定训育主任熊恺，为接收校舍专员，熊恺于 9 日启程赴浔。

当时，女师的大楼被甘棠小学占用，还有《赣北新报》社在此挂牌办公。熊恺找到这两个单位的负责人，要求他们一周之内迁出校门。并说：“凡女师的桌凳财产，一概留在原地不动。小学的课桌凳，是日伪的资产，我们也应该接收，你们搬迁时，要留下几十张。”经交涉校舍如期移交。

要回附小校舍（“文庙”）则经过一番周折。“文庙”被九江县中占用不肯退还。最后省长王陵基于民国 35 年（1946 年）5 月 13 日，亲临“文庙”，察看现场，召开附小与县中校长座谈，划定前厅中线与行道线的界限，禁止互相干扰，以求暂时安身。并要求九江县应立即筹款，择地新建校舍，一年后搬出“文庙”。至此，校舍纠纷才告一段落。

修复校舍与加强学校管理 女师离开九江后，校舍成为进出九江之日军暂栖之所，学校膳厅、教室等均为马房。未搬走之桌椅、橱柜，十之八九不复存在。原封存于夹墙内的几千册图书与部分仪器，空空如也。唯有跟随逃难之部分图书与仪器设备、桌椅等校具，均完璧归来，成为校宝。

面对这破残的局面，请求省教育厅拨款维修。省厅分几次共拨款九万余元。学校精打细算，终于在民国 35 年（1946 年）上半年，将整个校舍修葺一新，并新筑浴室一大间，女厕所一间，改造洗脸房一大间。另添置校具物品如下：新单人床 85 张，双人竹床 70 张，单人课桌椅 40 套，洗脸架 10 个，淋浴桶 10 个，图书箱 10 个，理化仪器橱 10 顶，长条凳 100 条，抽水机 1 台，旧钢琴 1 架，安装全校电灯电线及其他零星物品。由于经费不足，该添置的无法添置。最后凭教职员的自愿捐款，共购置五斗办公桌 10 张。

学校安顿后，在坚持、完善原有的工作制度基础上增加了两项新的措施：一是成立经济稽核委员会，审核学校经济收支。委员 5 人，由教职员票选。规定校长、会计以及与经济有关之人员不得当选。委员任期 1 年，得力者可连选连任。二是成立建筑委员会，委员 5—7 人，由教职员工推选。委员任期 1 年，得力者可连选连任。凡建筑工程与大规模之修理工程，均由该委员会设计安排及审核经费支出。

参与地方教育辅导工作 学校设有辅导地方教育委员会，由校长主持，另有 7 名委员。辅导地区主要是九江县。工作内容有指导小学教师的提高与进修，组织示范教学，调查统计有关情况，研究农村的复式教学。民国35年（1946年）、民国36年（1947年），在九江县开办小学教师训练班，九江县长任主任，熊恬校长为副主任。女师教员负责授课和训练工作。

重视学生的品德教育 使女师学生成为“国民之师，国民之母”。品格教育的总纲是：培养高尚坚定的志愿与良好的共信——自信信道；养成礼义廉耻的信守与组织管理的技能——自治治事；养成刻苦俭约的习性与造就服务的精神——自育育人；养成耐劳健美的体魄与保国卫民的能力——自卫卫国；培养尊师重道的情操与身心健全的师资——己达达人；发扬“诚毅勤俭”的精神与“敬业乐群”的美德——爱校爱国。

围绕品格教育总纲，着重抓了如下几个方面：

1. 礼节教育。八年抗战，九江地方大部分沦陷。抗战胜利了，招收的学生，有来自非沦陷区，来自日军占领区。学生的精神状况亟待恢复、振作、规范。首先从很普通的礼节教育抓起，以养成一种文明礼貌的行为。比如日间遇见老师应按时间早晚分别说“早安”“好”“晚安”，并鞠躬行礼。校外路遇师长，应肃立路旁鞠躬敬礼。与师长或年长者同行，应随后跟从。向师长问书，先轻叩门，师长命入则入；先向师长鞠躬问安，再申述来意。问书毕，向师长鞠躬并说“再会”；出门时，随手将门轻轻关上。向老师缴交练习本或试卷时，应双手恭敬。以及如何对待来宾，如何献茶，开会时如何进退会场等等。

2. 培养良好的生活习惯。如吃饭，只能在膳厅，值日生负责盛饭、分菜；吃饭以20分钟为限；除公共菜碗外，饮食用具自备自洗，用后存放指定的碗橱内。爱惜粮食，不抛掷饭菜，不笑谈敲碗，不移动膳厅座位。在寝室，床位排定后，不可自由移动。起床后，随即将衣物被服按规整理：如床单折叠与床沿相齐；被盖折成长方形，放于床之一端；各人床下，只能放鞋1双；室内不得随意悬挂衣物；不得擅离床与同学共寝；室内禁止存放任何食物等等。

3. 培养勤劳俭朴的精神。学生的被盖及床单，一律全白（不带任何花色）。枕套白色，可绣制学校统一规定的花边。洗脸巾均为白色。不能穿戴任何装饰品，包括不能戴帽与围巾，不能穿绒外衣。春秋，蓝色制服，左襟上用白线绣“九江女师”四字，下绣学号。夏季，白色短制服，用红线绣字（与前同）。冬季，蓝色制服与春秋同，外加青色大衣。四季均穿青色布鞋，栗褐色袜子。所有布料，一律使用国货。学生会客，不得以烟酒零食接待。此外，为培养学生的劳动习惯与家务技能，学生要轮流下厨房，负责采购伙食中的物品，还要负责洗菜、切菜、炒菜，打扫厨房的卫生。学校有缝纫室，有缝纫课，培养学生的技能，并提倡学生自己动手，做小件衣物。

民国36年（1947年）8月学校举办手工制作展览，在展出的近800件作品中，有钢笔画、铅笔画、水彩画；有竹工、泥工、废品做成的展品等；还有童衣、童鞋、布玩具、毯子、枕头等展品。展览对外开放，欢迎家长和社会人士参观。有的作品当场出售，有的还订购。参观者达千人以上。

4. 培养学生的组织能力与自治精神。成立学生自治会。理事由全校学生选举产生。

（理事会即学生自治会）理事会下设各部，如学艺部、健康部、风纪部、体育部、事务部等（各时期名称略有变动）。各部由学生独立地组织开展活动。请有关老师进行指导。

5. 童军训练。童子军是使少年儿童接受军事化训练的一种组织。始于英国，后流行于世界，并成立了童子军国际局。中国的童子军总部也隶属于国际局。参加年龄为 11—15 岁。主旨在发展生活与服务能力，有统一的基本教材（杨时勉老师就编写过《童军教材》），如结绳救人、捆绑物件、医务包扎、野营、游泳、徒步旅行之类的户外活动。口号为：“时刻准备着”。

女师的童子军，是九江市建立最早的，民国 23 年（1934 年）9 月在全国童子军总会登记，核定为中国童子军第 83 团。民国 36 年（1947 年），全校有 9 个中队，32 个小队。团内规定，中下级干部（中小队长）全由师范三年级学生担任。经常组织童子军露营活动，使毕业生在做中学习，做中解决困难，为将来担任小学教师时有所借鉴。

6. 培养法制精神。在民国 35 年（1946 年）、民国 36 年（1947 年）工作重点中，特别强调法制教育，培养法制精神。当时国民政府的主要法律（宪法、民法、商法、刑法、民事诉讼法、刑事诉讼法）已汇编为《六法全书》。学校教育学生要为人师表，首先要遵纪守法，要有法制思想，法制精神，依法办事。民国 36 年（1947 年）秋的童军露营活动中，均设有营地公安局、营地法庭，让学生亲身参与体会这些工作的重要性，以增强法制思想。

7. 举办“师范教育周”活动。教育学生关注社会，关注农村教育。如小学教师的薪金待遇问题，小学的校舍建设问题，私塾问题、扫盲、夜校问题等等，都曾是“师范周”活动中的主题，方式有请学者、名人做报告，组织学生座谈讨论等，培养加强学生对小学教育的热爱，养成对社会的责任感。

8. 充分利用课余时间，培养学生的才能。学校规定：每星期六晚上举行“同乐会”，可以是一个班的、一个年级的，也可以是全校性的。每周二下午的课后，则是各班的讲演、习字、歌咏、球类活动。当时学校的指导思想，就是要开展丰富多彩的活动，用活动和技能培养占领学生的课余时间。

1947 年 11 月中旬，学校举办 20 周年校庆。编印了《校庆特刊》。省长王陵基、教育厅长周邦道、前任厅长程时奎等，为女师 20 周年校庆题词。还有作为九江地方名人、曾任驻美大使的魏道明，也为女师题词。

熊恬到九江主持省三女中与九江女师工作 20 年，工作兢兢业业，表现不凡，为表彰她献身教育事业的精神，教育部于 11 月 5 日发出中字第 59578 号指令给江西省教育厅：“省立女子师范学校校长熊恬，准授予智字奖状，以资激励。”［此奖状是根据教育部民国 29 年（1940 年）公布的服务奖励规则执行的。即在同一学校服务 20 年以上，成绩优良，经审查合格者，授予“智”字奖状。此为服务规则中的最高奖状］。同时，国民政府为表彰其在抗战中艰苦奋斗、坚定不移地维护了学校的安全与发展，特授予“胜利”奖章一枚。

民国 37 年（1948 年），随着国内战争形势的变化，国民党政权摇摇欲坠，社会动荡，法币贬值，物价飞升。师生的吃饭也很紧张了。至10月间，师范生每人每月的膳食只有食米2斗3升（按时价拨钱，等领到钱时，可能就只能买到1斗8升—1斗5升），菜金4.2元。因物价涨幅太快，每日三餐只有改为吃两顿，每餐原三四个菜，改为一个菜。因此，学生的吃饭问题已成为学校的最大难题。为了维持学生的学习与生活，为了维护学校的生存，熊恬四处张罗，借贷。这时的校长、师生，唯一的希望是改变社会环境，让教育有生存之地。

第二章　中华人民共和国成立后至“文化大革命”时期（1949—1969）

第一节　“九江女师”更名为九江师范学校

1949年9月，九江市军管会遵循《江西省教育改革方案》，将武宁师范、湖口师范并入九江女师，定名为“江西省立九江师范学校”（1952年去掉“立”字）。

三校合并后的江西省立九江师范学校，教职员工40人，其中教员23人，行政人员6人，工人11人。在校生将近500人。校长仍为熊恬。

第二节　建国初期学校的主要工作

一、领导人员的变动

1951年2月，中央人民政府公布了《惩治反革命条例》，开始了“镇反”运动。熊恬因担任过国民党九江女师的区分部书记，于1951年春被拘捕审查。（熊恬被关押以后，通过审查，未发现其隐瞒历史与新的罪行，于1956年释放。此时已58岁。回南昌投靠亲友，开小文具店卖纸、笔、墨、砚，自力谋生。1968年病故。熊恬从省三女中到九江女师、九江师范连续担任22年校长）。

1951年春，熊恬被拘留之后，中共九江地委宣传部部长王纪明兼任九江师范校长［王纪明，河北省大名县人。民国16年（1927年）参加革命工作，民国17年（1928年）加入中国共产党。抗日战争时期担任过县委书记与地委秘书长，南下九江，先后任地委宣传部长、地委副书记、书记。〕学校的日常工作由副校长李克夫主持。1952 年秋，李克夫被任命为校长（李克夫，南下干部，辽宁大连人，文化程度中专。到九江后，先在军管会文教接管处。接管学校时，他负责接管浔阳镇的第一、二、三中心小学及九师附小。后为专署文教科科员兼督学。1950 年秋进九江师范任教导主任。1951 年，升任为副校长。同年 3 月，出席全省首届英模大会，当选为文教界甲等英模。1954 年 2 月，出席九江市人民代表大会，当选为市人民委员会委员）。

二、参加土地改革运动

1950 年第一期土改，根据上级的要求，学校安排了 230 名师生（其中学生 226 名）参加土改。分布在 6 个县（九江、瑞昌、武宁、德安、星子、湖口）18 个区内的 89 个乡。每个乡 2—3 人，都是分散深入到贫下中农的生活中去，宣传土改政策，发动群众参加斗争。土地改革运动是严酷的，师生经受了严峻的考验。李笑春还被反动势力捆绑，差一点被杀害。

三、投身抗美援朝

深入街道、农村搞宣传。抗美援朝开始后，九江市保卫和平委员会，组织了 1300 余人的宣传队伍，深入市区居民组进行宣传。九师派出了学生 350 余人，承担了市区人口最稠密的地段（公安二派出所辖区），负责 48 个居民组 2361 户（9269 人）的宣传任务。持续 20 天的夜晚（7 点—9 点），风雨无阻，到居民组讲时事，教唱歌，宣传抗美援朝，宣传城市的民主改革，帮助订立爱国公约等。1951 年，春假期间（清明前后），全校 570 余名师生，奔赴九江县农村，分布到 7 个区的 18 个乡，进行抗美援朝与春耕生产十大政策的宣传。

为抗美援朝捐献飞机大炮。教职员共捐款 19820350 元，学生捐款 11756525 元，提前完成任务。（以上数字为旧币，折合新币为 1982 元与 1175 元）。许多学生捐款之后，身无分文。

响应祖国召唤，踊跃报名参军参干。先后有 660 人报名参加体检，为抢先报名而深夜不眠，站在报名窗口等待天明。被录取参军和进入军干校学习的 29 人，被批准提前参加革命工作的近二十人。部分名单如下：杨玉清　杨玉洁　郭佩兰　周　奇　张鉴录　熊侣依　廖振翔　廖受斌　郑亚青　陈鹤鸣　汤耀华　周明高　韦宝南　邓英秀　张宝玉　张作孚　车世富　石奠民　程艳梅　张正钦　余国强　程业祺　黄家琼　徐仁镜　李德华　吕丽华　徐上桐　蔡　蓬　周中直　魏映红　程天升　梅华舒　陈国侯　邹国吾　瞿　尊　余昭汉　蔡正启　沈仁寿　占选楷　高懋侨　杜子桃　王韵华　石树仁　钱模策　王槐芳　金晶仙　吕宝珠　金水保　徐厚福

另有解放初期随军南下或赴西南的，有蔡文焱、张建元、钟慧贞、杨洪琳、王梅香等。

四、自己动手修建校园

解放前留下的三个问题：礼堂未完工，围墙未修复，操场要扩大。尽管解放初期，财政还比较困难，人民政府对九师的问题非常关注，于1950年除原调拨过水泥、石灰等物资外，另外还拨款装修礼堂。为了节省经费，政府调拨给学校修礼堂的水泥200袋，在十里铺；石灰2万斤，在江边。都是学生在两天之内，一车一车拉回来的。学校需用一批茅竹，为了节省开支，让高年级（中师）学生到庐山脚下马尾水去砍茅竹。来回四五十里，每人一根，女同学也不例外。

原女师有块菜园地，在现市外国语学校（原五中）出大门往东走100余米的地方（财政局宿舍对面）。每个班都有不大不小的几畦地，用来种菜。晚饭后，每个班都有人提水，抬粪，去园地施肥浇水。

全校师生吃的粮，烧的燃料（粗糠），都是同学们轮班用板车，从老火车站与江边一趟一趟拖回来的。

1950年4月，全校师生义务修筑两湖之间的甘棠堤（即李公堤），三天劳动。

五、思想政治工作

（一）突出反映两种思想，两种观点、两种立场的斗争。要求教职员加强自己的思想改造，转变看问题的立场、观点和方法。从1951年秋开始，学校教职员每周有4次集中政治学习，每次1到2小时。学习内容为《社会发展史》《中国革命和中国共产党》《中国共产党的三十年》等。从1952年开始，就学习《联共（布）党史》与苏联的《新经济政策》。举办政治报告会、每天固定时间读报。

（二）取消国民党、三青团的组织及其活动，建立新民主主义青年团，以及学生会、工会、中苏友好协会等组织。建于1949年的新民主主义青年团，对全校同学有极大的吸引力，都争取早日加入“青年团”。

（三）在学生中开展“创模”活动，鼓励学生争当各种模范，如学习模范、守纪模范、劳动模范、团结友爱模范等。

（四）1952年暑期，第一次开展思想改造运动。目的是要解决教师思想上的主要问题（即立场、观点），以肃清封建的、买办的、法西斯的思想，肃清亲美、崇美、恐美的思想，划清敌我界限，划清工人阶级与资产阶级的思想界限，树立工人阶级的思想。在思想改造中，结合批判胡风（当时在知识分子中开展批判胡风，也是全国性的一个运动），也批判自己。

六、教学工作改革

（一）取消童军训练与“公民”课，废除训育制度和查信制度（女师时期，学生的信件不能直接从收发室取走，要经过训育主任检查后，再分发）。相应地增设政治课，使用新教材，实行民主管理。

（二）1952 年开始学习苏联的教学经验，实行计划教学。要求每堂课都要有计划、有步骤地进行，成立了各学科教研组，试行五级记分，实行课代表制等。

（三）为使师范学校正规化，于 1951 年秋，撤销了初中部。在校的初二、初三学生，根据学生自愿与家庭远近，转入浔阳中学（现二中）与九江中学（现一中）。1953 年，停止招收初师生（即小学毕业进校读四年的“简师”）。

同时，从各县农村的实际需要出发，开始了短期培训工作。1951 年春，开设师资短训班一个（一年制至 1951 年冬毕业），学生 40 名。1952 年又举办了小学文娱教师培训班一期（4 个月）。同年 8 月，接收政府拨给的甘棠中学（原济世中学）校舍，即后来的九江小学北面船舶公司的整个范围，并立即安排师资速成班进校。速成班一年制，400 余人。因此，本年在校学生超过千人。

第三节　加强管理，努力提高教学质量（1953—1957）

一、认真贯彻全省中等学校教学会议精神

1953 年 3 月召开了全省中等学校教学工作会议。强调学习苏联教育经验，明确学校以教学为中心，努力提高教学质量。

从 1953 年起，大张旗鼓地学习《人民教育》有关论述苏联教育经验的文章和凯洛夫的《教育学》。用凯洛夫的教育思想来指导实践，促进了学校管理工作和教学工作朝着规范化的方向运转。

1956 年春，学校成立了教学研究室，加强教学研究工作。编辑《教学通讯》刊物，每学期出刊 3 次，发给本区各小学，以指导小学教学工作。

为加强教学研究与交流，有目的有计划地面向全地区举行公开教学，如语文公开教学、历史公开教学、化学公开教学。

二、加强各项规章制度建设

新建的规章制度有：《教师守则》《班主任职责》《值日教师职责》《宿舍管理与生活指导教师职责》《教研组长职责》，以及《学生守则》《学生操行评定标准》等。还有总务工作方面的各项管理制度及有关人员的职责。有章可循的事，一般不找校长、书记。

三、大力推行“劳卫制”

“劳卫制”的全称是“准备劳动与卫国”的体育锻炼制度。1954 年 5 月，国家体委、教育部等有关单位联合发出指示，要求中等以上学校推行“劳卫制”，以取代原有的体育锻炼标准。这也是当时学习苏联教育经验的一个重要内容。

“劳卫制”的锻炼标准较高，分为一级、二级、等级运动员、射手（指使用小口径

步枪的射击达标）等不同的档次标准。学校为争取好的成绩或能达标，举行了“劳卫制”誓师大会。虽经一年、两年的刻苦锻炼，能达标的比例不是很高。以1958年上半年的检查结果为例，师二达“劳卫制”一级标准的，占55.9%；师一达一级标准的，占29.2%（按要求，高中、中师毕业生应达二级标准）。

通过“劳卫制”的锻炼，增强了青年人的体质。以1958年九江市主办的十公里越野赛跑为例，录取优胜奖20名，九师学生占11名。参加市里的射击比赛，7人参加，2个第一名，1个第二名，2个第三名，获团体优胜奖。这也是参加“劳卫制”锻炼的结果。

为了进行国防教育，1955年组织了第一次野营活动。地点是市区东门外30余里的虞家河。在外住宿一晚，进行爬山活动与夜行军。

四、加强与“附小”的联系

学校做出了八条规定：1. 师范领导每周一次深入附小了解情况。2. 附小校长每两周一次向师范校长口头或书面汇报校务情况。3. 附小教导主任每两周一次向师范教导主任口头或书面汇报业务情况。4. 师范校长参加附小的校务会议；附小校长参加师范的校务会议。5. 师范教导主任参加附小教务会议；附小教导主任参加师范讨论与小学有关的会议。6. 师范教研组派人参加附小相关教研活动；附小教研组派人参加师范相关教研组教研会议。7. 师范领导关心与重视附小的工作；附小领导亦应加强对教师关于附小是师范的有机组成部分，理应承担密切配合师范学校搞好见习、实习，协助师范培养合格人才义务的教育。8. 附小工作中如遇有某种困难与问题，师范有责任参与研究，尽力帮助予以解决。

面向农村教育，将女儿街小学（现为湖滨小学，当时为农村小学），作为联系点。并立下了三条规矩：1. 加强与女儿街小学的联系。2. 学校行政、教育学教师，一学期应去女儿街小学了解情况，至少两次。3. 对女儿街小学教学中的问题，本校应尽快答复与解决，尽辅导的义务。

五、建立“九师函授部”，扩大学校工作面

1955年8月，成立了九江师范学校函授部，函授的主要对象是面对小学教师。函授部编制，开始5人。当年未招生，因需要作些筹备工作，要了解业务与熟悉教材。第二年才正式开展工作。首先在九江县开设数学科，在湖口县开设语文科。两科同时开设高级组、初级组。高级组相当于中师水平的教学；初级组为初师水平的教学。经考试合格录取。

此项工作，是新中国建立后，九江地区中师函授教育的开端。经九江、湖口两县试点后，发展很快，1957年函授部人员由5人增至7人，以后又增至9人。

六、增添教学用房和设施

1954年，新建了两层八个教室的教学楼一栋，866平方米。修建了一排琴房（平房）。

第四节　党组织建设与思想政治教育工作

一、1954 年 9 月学校成立党支部

以前，党的组织是九师、一中、二中、卫校的党员组成的联合支部。1954 年 9 月中共九江地委决定，四所学校分别建立党支部。任命吴翼鉴为九师党支部书记（吴翼鉴 1954 年 3 月由省政府任命为九师第二副校长）。

二、思想政治工作

在学生方面，主要开展共产主义世界观教育；革命传统教育；革命人生观教育。在教师方面，是继续深入贯彻党的知识分子政策，调动教师的工作积极性。

以体育课为例，“劳卫制”的训练任务繁重，平时还有各种运动队，当时是 19—20 班，学生八、九百人。而体育教师仅二人。1954 年夏，九江水灾，城区淹水 2 尺到 1 米多。有两个市内学生逾假未归。班主任仍淌水去家访。

1954 年学校被评为全国爱国卫生运动的先进单位。

三、反右斗争

1957 年 10 月，学校正式进入“反右”运动。每周平均抽出 15 小时，集中力量进行反右斗争。从 1957 年 10 月至 1958 年 1 月，教职员共出反右大字报 45 期，317 张；附小大字报 124 张。召开各种类型的会议。

11 月 11 日开始在学生中进行反右斗争，其中停课 8 天。在斗争中，学生共贴出大字报 5824 张，其中支援教师反右的大字报 753 张。召开各种不同类型的会议 1174 次。

师生共挖出教师右派 9 人（含附小 1 人），严重右派言行 5 人（含附小 1 人）。挖掘学生右派 16 人，其中极右 1 人。大会批判严重右派言行者 18 人，小会批判右派言行者 39 人。

除明确“右派”外，还对教职员工进行分类。类别为：左、中左、中、中右、右。目的是便于掌握人的思想变化，做好团结、争取、教育、改造工作。

第五节　“大跃进”时期的九江师范（1958—1962）

一、大办农场与校外义务劳动

1958 年开学后的第一项重要任务就是办农场。地点是三里街的荒山上（现九江学院

浔东校区运动场南面，由乡政府划拨给九师）。任务是垦荒35亩，并建小平房一幢和猪栏，种上蔬菜、马铃薯、豇豆等。从3月中旬至4月28日，学生平均每人劳动169个小时。另外还在校内积肥3500担，给十里铺送肥3000担。教职员劳动平均每人每月50个小时。

1960年确定的生产任务是：开荒90亩，争取60年上学期收蔬菜20万斤，要完成8千至1万棵的果树栽培任务，要大搞高产“卫星”实验活动，大抓实验田。各班必须培养1—2棵瓜果蔬菜王，生猪要达100头，要建立小型工厂，制造教具、玩具（有4部缝纫机投入使用），要有修配车辆与生产工具的小车间。

为了加强对生产的领导，保证任务的落实，学校专门成立了生产管理委员会，下设生产办公室。

为满足学校发展生产用地的需求，经过九江市委协调，［1959年起，由九江市（小市）管理］将沿九湖公路两边，北面直到白水湖西南山嘴（原为十里公社联成大队所有）。一次性划拨给九江师范荒山400余亩，再加荒地30余亩，五小队、六小队的熟地12亩，总共约500亩，师生一次就在农场劳动32天。种了桃、李、梨等果树与蔬菜。

1960年下学期，学校的主要领导人吃住在农场，全副精力抓生产，而且还在教职员工中抽出20人（占教职员工总数20%）专门在农场劳动。

1960年，参加校外的义务劳动有：修沙城铁路20天、修十里大道3天、马回岭插秧10天、港口公社摘棉花11天、城门冬耕冬种7天，以及参加开挖威家岭的山坡，使其变成通道；修十里大道挖土方等等。全年总共每个学生的劳动日，超过80天。

二、大炼钢铁

1958年8月，大炼钢铁运动一哄而起。九师在速成部院内（现船舶公司）建起了六座钢铁炉，名为“九江师范钢铁厂”。书记兼厂长，物理老师曹连峰任副厂长。上级分配的任务是：生产生铁11吨，钢18吨。为了超额完成任务，喊出的口号是：“寿可短，血可流，钢铁不能少一钱!”，在压倒一切的政治任务面前，学校采取部分上课，部分炼铁，轮流进行。一切为炼钢炉服务。最多的劳动力是用在到莲花洞山脚下，拉铁矿石和木炭。用十多部大板车（宽1.5米以上，长3米多），每部安排12—15人，日夜轮班，不停地拉。

此外，还有一个滚珠（钢珠）厂，身体稍弱点的，可坐下来，在模具上锤滚珠。九师的滚珠在南昌展览，获得好评。

为了完成11吨生铁，18吨钢的任务，发动全体师生献铁。学校里凡是当时不是非用不可的铁锅、铁铲、铁器具、可敲下来的铁窗子，以及校门也卸下来，送去炼了。老师们也都清理自己的钢铁家产，凡暂时不用的，也都无代价地贡献给铁厂。如副校长刘家泽新买一年的钢丝床，朱克文副校长小孩睡的钢丝床，卢校医小孩睡的钢丝摇床，江时云老师的比较讲究的大铁床架，谭训鹄老师的大、小钢丝床各一张……，都献给了炼钢炉。有的学生从老远的农村拿铁锅、铁铲、铁锄来。全校个人共献铁5956斤，学校4000

斤。10 月底学校（含附小），共上交生铁（实为铁石）36.28 吨。钢 36，99 吨。当时谁也不会去查核铁石与钢的真假，谁也不管上报数字有多大的虚夸，反正是超额完成了任务。

三、大搞文艺创作

1958 年，中共九江市委提出："政治挂帅插红旗，全民上阵办文艺。写出作品五十万，大放卫星看第一。"为了放卫星，学校专门成立了创作指导委员会和编写组，立即掀起了文艺创作高潮。

为了落实任务，学校采取"五定"：定人，定题，定时，定质，定量。并开展评比竞赛，看谁获第一。至 1959 年 1 月 10 日，已完成：

诗歌 1000 首，剧本 24 个，电影剧本 1 个，长篇小说 2 部，短篇小说 142 篇，散文童话故事 2780 篇，歌曲 380 首，歌剧 14 部，民间故事 2 集，舞蹈 4 个，大合唱 2 部，快板相声 1 集，美术作品 600 件，报道 680 篇。

四、教育革命和"拔白旗"运动

1958 年 11 月，学校按照上级部署，开展了教育革命和"拔白旗"运动。目的是"兴无灭资"，即大兴无产阶级思想，大灭资产阶级威风；要插红旗、拔白旗，批判资产阶级学术权威。从而树立起阶级观点，生产劳动观点，集体和群众观点，唯物辩证观点，简称"四大观点"。所谓"白旗"，是指只专不红，只求业务好，缺乏"四大观点"的典型人物。

运动分三个阶段进行：

第一阶段。学习文件，明确方向，批判错误认识。

第二阶段。开展大鸣大放，揭发教学中的问题，寻找批判对象，进行思想批判。共贴出大字报 710 张。重点批判的对象，又是几个骨干教师。如蔡君岑老师，毕业于武汉大学法学院，懂得英文，俄文，日文，知识根底好，知识面宽。他的课风趣幽默，联系实际，举例生动。但课时计划没有几个大字。于是他就成了学校批判的重点之一。不过，九师还没有一个正式确定为"白旗"而被拔掉。

第三阶段。改进工作，开展"双献"活动（献技术，献力量）。制定和修订工作方案与制度。至 1959 年 5 月，教育革命告一段落。

经过反右、"大办农场""大炼钢铁""千人大检查"与"教育革命"，学校工作整体上处于滑坡状态。

五、精简机构，压缩规模

1960 年，在校学生 25 个班，1031 人，教职员工 85 人。

1962 年，根据上级的部署，学校进行了精简机构和压缩办学规模。撤销 1960 年进校的初师二年级一个班，幼师二年级两个班，仅存中师二、三年级 5 个班，学生只有 241

人。学校教职员工编制由 75 人，压缩至 39 人。

第六节　九江师范改建九江师专

1958 年夏，九江地委、行署决定，在三所条件较好的学校建立专科学校。即于九江师范建立师范专科学校，一中建立工业专科学校，在医校建立医学专科学校。九江师专成立时，中共九江地委决定由吴翼鉴负责主持师专党政的领导工作。

九江师范师资状况：

语文科：王文清，无锡国学专修科；李步青，无锡国学专修科；黄显光，原四中师范科；郭佐乾，北平大学文学系；吴有恒，南昌大学中文系；贾福中，河南大学中文系。

数学科：夏承辙，金陵大学；蔡灼华，省高检合格；虞舜华，金陵大学，留美硕士生；张起熙，河北工学院；吴中枢，厦门大学；叶蔚春，南昌大学。

理、化、生物科：肖敦汤，厦门大学；赵恒键，重庆大学；李永玺，中华大学；刘昌言，中华大学；易善元，南昌大学；余昌根，南昌大学。

史地科：蔡君岑，武汉大学；姚隆甲，国立社会教育学院；裘先钧，浙江师院；周慈忠，中正大学；项艺生，中国学院。

教育、心理科：朱克文，贵阳师院（原上海大厦大学迁贵阳）；汪焰明　河南师院。

音体美科：杨时勉，东亚体专；郑宗濂，国立体专；张良安，福建音专；陈安勖，国立音乐学院；师延龄，江西师院；梁邦楚，南京大学；谭训鹄，国立艺专。

“九江师专”的牌子，只挂了半年。1959 年 2 月，又根据地委、行署的决定，三个专科学校合并为“九江大学”。

第七节　师范复办　规划另建校舍

一、校园规划

解放前后，有一个设想的蓝图，即四边齐路（东为濂溪路，南西为莲花池路巷，北为庾亮南路）。当时，千方百计争取政府将没收日伪汉奸房产拨给并收购私人和其他单位的房产（如大小里就是收购财政局的房产），以形成一个四边齐路的方形校园。至 1958 年，周边仅剩十一栋私人房产。按设想，收购完毕，再进行整体改造，建新楼，空出运动场地。

二、另择新址建校

1959 年下半年，新校舍建设方案上报九江专署审批并获得同意。同意确定建 24 间教室的大楼一栋，可容纳1200人的厨房、膳厅一栋，可住800人的宿舍两栋。其他零星建筑也都作了考虑，并写成预算计划。建校地点为原九师三里街农场（即现九江学院浔东校区的左前方）。1960年上半年，已在购进建筑材料，教学大楼已清基并打好了墙脚。但是，此时国家的困难，已初现端倪，于是，专署又撤销此计划，收回拨款，已购的材料被调走。新校园建设方案就此“流产”。

第八节　推出教学新措施（1963—1968）

生产劳动过多，教学计划无法完成，总结经验教训，推出教育教学新措施：

一、总结教学质量下降的原因

1963年上半年开始，学校领导动员全体教师对前期教育质量下降的原因，进行剖析总结，以便吸取教训，改进工作。通过老师的座谈总结，得出以下共识：

师资素质没有保证　“大跃进”以后，有能力、有经验的教师陆续走了些；留下来有能力的也无法发挥出来（这里指的就是有几个好老师，被右派、“反革命”的帽子压住了，不能发挥作用）。1960年以后进来的教师，要么刚刚大专毕业，要么是中专水平（含本校毕业留下的）。

社会活动搞过了头　如大搞文艺创作，学生普遍不做作业，不翻课本，专门去冥思苦想写诗歌、故事，写小说与电影剧本，争取放“卫星”。当时，每周还有两个晚上到居民组去扫盲。有一个班停课一个月，在江洲劳动兼扫盲。学校看起来轰轰烈烈，实际上是一种无绪状态，教学计划无法完成。

贯彻知识分子政策上存在问题　对教师批评、批判多，尊重、关心、帮助少；简单粗暴多，耐心细致少。因此，教师心情不舒畅，积极性不高，沉默寡言；不求有功，但求无过。管教不管学，下课各管各。

因为管教不严，学生读不读书，也无所谓。1958—1962年，没有一个留级的，没有一个不毕业的。反正到时候会及格，会分配工作。

学校领导力量削弱　1959—1963年，党支部书记换了三次，都各有各的思想问题。要么不大抓工作，要么只抓劳动，强调自己业务生疏。两个副校长，一个在党内受到右倾批评，工作情绪受到影响。另一副校长，丈夫是右派，她也跟着难抬头，思想包袱重。教导主任也背着历史问题的包袱。

二、制定教学新措施

针对上述情况，制定了以下新措施：

开展大学解放军，学大庆，学雷锋等活动。要求全体师生做到“三老”“四严”“四见”“四个一样”。即“当老实人，说老实话，办老事实”。“严格要求自己，严格遵守纪律，严格对待工作和学习，严格对待公与私”“见困难就上，见荣誉就让，见先进就学，见后进就帮”“有无领导在场一个样，有无检查一个样，平时和考试教学一个样，校内校外表现一个样。”并开展“优秀班集体”“三好学生”“五好团员”，以及教工中的“先进小组”（教研组）、“六好职工”等活动。

修订、完善各项工作制度，加强管理，严格检查，发现问题，及时处理。

加强体育训练　前一阶段的后两三年，因“大跃进”吃空了大小粮仓，最后，难以饱肚，体育活动只要求做两操。从1963年起，吃饭的问题又基本解决，体育训练也随之而上，抓严抓实。

通过以上这些途径，学校的面貌发生了大的变化，反映在：

1. 纪律与学风有明显的好转。集队、集会、行动迅速，秩序井然。早操两分钟站好队，做到快、齐、静；上课前，两分钟准备好要用的文具书籍，安静地等待上课；晚上熄灯钟一响，学生就寝。

2. 1963—1964年，市区先后发生了三次火灾，每次火警，青年老师和学生都前去扑火救灾。1963年冬，学校又组织学生参加修甘棠堤（即李公堤），按时完成所分配的任务，受到市有关部门的表彰。

3. 1964年5月，学校组织军事训练，到九江县长岭公社杨村进行野营活动。学生为军烈属、孤寡老人砍柴。晚上同社员联欢，演出文艺节目之后，再爬山夺红旗。

4. 1964年6月，师三两个班，分配到黄老门、马回岭公社的农村小学实习，一般是两三个人在一校。实习中，师生工作，普遍得到好评。

5. 体育成绩有较大提高。1964年，全校学生的跳绳成绩第一次平均每人跳了77.6次，第二次跳出102.8次，平均增长25.2次。徒手起蹲，男生第一次平均为93.3次，第二次平均为143.4次，平均增长50.1次；女生第一次平均为57次，第二次平均为100次。男子20公斤推举，第一次平均为37.7次，第二次平均为49.2次。女子俯卧撑第一次平均为2.3次，第二次平均为7.9次，平均增长5.6次。

第九节　开展社会主义教育运动，突出阶级教育的主题

组织师生参观兴中纱厂（即后来的九棉一厂）、九江飞机场（十里）、省阶级教育展览馆、革命烈士纪念堂等场所。为进行阶级与阶级斗争教育。

请火柴厂的老工人、瑞昌铁肩膀大桥的支部书记、九江市敬老院的一个老婆婆，先后到校作报告。还是突出阶级教育。

开展援越抗美的教育，战备防空的教育，并成立防空指挥小组，进行战备动员，以防“苏修”在中苏边境陈兵百万的突然袭击。并于1965年暑期组织50名民兵、干部参加九江市的民兵干部训练。随后，在全校民兵中进行“三防”（防原子弹、防化学武器、防空投）教育。

为加强对国内阶级斗争与国际阶级斗争的领导，特增设一个“政治处”。其具体任务是领导政治学习、掌握思想动态，抓好党建与民兵工作。

劳动与社会工作，也在增加其分量。相反，文化课的学习，又在逐步削弱。如劳动，除完成本校农场的任务外，1965 年，还组织学生到瑞昌大桥劳动一周。同年，组织 80 余名师生到九江县周岭公社去进行普及教育工作一个月，协助公社办耕读小学，搞夜校扫盲，办俱乐部，组织毛主席著作学习小组等。

1965 年下学期，取消了期中考试与平时测验，有的学科开始实行开卷考试。晚上的自修课由 2 节改为 1 节，也可以不上自修，让学生自由支配。

大量压缩教材，名曰：减轻学生负担。如在语文课中，减少古典文学的篇章，增加农村应用文。数学课，删减难度大一点的章节，增加珠算与农业会计。理、化、生物学科也删节教材，增加农业生产知识，如农药、化肥、土壤改良、栽培、灌溉等。开始把中等师范引向农业中学的架构上，并要求理化生物课，将学生带到茅山头垦殖场去上课一个月，让学生在劳动中学习，在学习中劳动。学校基本上转入到“半工（农）半读”的轨道上。

第十节 动议迁校

1965 年，想把已退还给公社的土地要回来，并另加 20 亩水田，以便迁移学校。结果未得到公社的满意答复。于是就产生了另一个想法：要搬迁就干脆迁远一点。1966 年 6 月，根据“四清”工作队的意见，派副校长方少萍等五人，前往永修县去作调查，看什么地方有山有水有田地，适合于九师迁移。经过实地考察，选中了永修的江益公社。

江益是丘陵地区，有山有水，特点是人少地多。全大队只有 4 个生产队，社员 358 人，男女劳动力 105 个。按劳力计算，平均每人有土地 13.9 亩，经社员开会讨论，一致同意九师迁往此地，愿意拨出水田 278 亩，旱地 62 亩，荒山 500 亩，让出大小水库 13 个。也就是说，生产基地完全可以解决。此处又在铁路线上，交通方便，地点适中，贫下中农支持。完全符合面向农村、为农业服务的要求，有利于实行“半耕半读”的教育制度。

考察后，向地区领导陈述的报告中提出：等“文化大革命”结束后，立即行动，组织学生分班轮流去江益，进行劳动建校。并要求 1966—1967 年，每年各拨款 9 万元，以便分期进行校舍建设。但九师还没有等“文化大革命”结束，就在“文化大革命”中被撤销。

第十一节 “文化大革命”中的九江师范

一、1966年6月中旬，学校党支部出台了关于参加“文化大革命”的意见，内容如下：

第一，认真学习毛主席的文艺理论与教育思想。

第二，工会、青年团、学生会、民兵营等各种组织成员，都要参加阶级斗争实践，要在实践中学会斗争。

第三，密切注意思想动向。

第四，分散阅读文件，准备集中讨论、批判。

二、1966年下半年，大字报贴满校园，矛头主要指向在教学中有影响力的教师。随后是抄家，以破“四旧”的名义，见古瓷、古玩就砸，见古书、字画就撕、就烧。金、银、珍珠首饰之类，一律没收交公。只要是被抄者，家中所有文书、资料、画册、书信、照片、金银首饰等，皆一扫而空。

三、为加强工人阶级对“文化大革命”的领导，“工宣队”（工人阶级毛泽东思想宣传队）进驻学校。学校“红卫兵”也成立了司令部，名为“九江师范红卫兵司令部”，后来易名为“红色造反司令部”，简称为“红造司”，是九江造反派的一大派别（另一大派为“井冈山红色造反司令部”，简称“井红司”）。学校党支部书记等人，也被打成“牛鬼蛇神”，与先期被自己认为有问题的人一起下跪挨斗。百分之八十五以上的教职员被揪出来，戴上了各种不同的帽子：“反动学术权威”“黑帮”“反革命”“地主资产阶级的孝子贤孙”“特务”“走狗”“资产阶级当权派”“保皇派”“反革命修正主义分子”等等。

1968年6月，又产生了一个新的掌权机构“江西省九江师范新九师公社”。后来更名为“九江师范革命委员会”，取代造反司令部。这是以学生的造反派为支柱的文化大革命期间特有的组织。主任是胡文政，地革委派下来的。第一副主任柯传煌，本校1966届毕业生，“红造司”的头头，“造反派”学生约占委员的1/2。

留在学校搞“文化大革命”的是三届学生。即66届、67届、68届，后称“老三届”。1966届、1967届本该毕业离校，上级通知，暂不毕业，不分配工作，留校参加“文化大革命”。

九师革委会成立后，立即按上级革委会的批示，迅速地开展“三查”运动，凡个人历史上稍有疑问或污点的教职员，又在“三查”运动中，遭受“逼、供、讯”的劫难。

四、教师、干部下放农村

1968年开始，学校百分之八十的教职工下放到农村，接受贫下中农再教育，走“五七”道路。户口、粮食指标、工资，统统迁移到下放的公社，被下放者，统称为“五七”大军。下放名单及地点如下：

下放到武宁的：曾宪林　吴宗范　熊大成　冯克敏　朱传尧　段荣生　陈劲松　李彪　赵　青　于德礼　鲍克惠　丁景南　夏钰明　龚秉钧；　九师附小的有王文珍　朱文贞　李佩贞　潘永屏。

下放到彭泽的：李永玺　郭频贞　顾月美　朱克文　刘圣远　张起熙　熊大叔　张月山　高炎标　张玉蓉　九师附小的有吴发秀　　郭　庆　余晓凤。

下放到九江沙河的：汤为柏　魏文鸳　刘永远　附小的有张孝祥　胡服珍。

下放德安的：许国志　余倩秋　附小的有周德珍　郭炎林　戴自强　聂训发　黄显汉。

下放到修水的有附小的傅行荷　刘书贤。

下放到都昌的，赵佩斌（附小教师）。

下放到星子的，汪道芬（附小教师）。

（共下放 47 人，其中九师 29 人，附小 18 人）

作为“三查”对象的，因问题“严重”，不能有太多的自由，都留校劳动、统一管理、继续审查。这些人是：冷占魁　刘家铎　吴中枢　聂　聪　黄宏才　卢天祥　黄显光　汪滔明　肖敦汤　蔡君岑　汪玉俦　姚隆甲　杨时勉　谭训鹄　陈克煊　叶竹安。

以上 16 人，在九师撤销时，按上级指示，送往本市茅山头垦殖场集中劳动。

当时学校在编人员 63 名，没有下放的有 16 名。这些人属于三种情况：一是厨工与勤杂工 9 名，属于工人阶级的，不会下放。二是家庭出身好，本身清白，政治可靠，无须下放。三是有问题，本应下放，但本人身体有病，不能劳动，无法下放。后来这些人有的调动了。无人接收的，就统归九江地委党校收编管理。

五、九江师范被撤销

1968 年 9 月，九江专区革命委员会动议并着手撤销九江师范。1969 年 1 月出台正式文件时，撤销工作已基本完成。在九师校园里成立了九江地区“毛泽东思想学习班”。这个“学习班”是地委党校与九师撤销后的一块新招牌。鉴于合在一起管理不便，但又因为都属“毛泽东思想学习班”，于是部分财产（包括房产）与无处安置的人员，后来又统归党校。此后，九师校产任何个人都可以去搬。房舍，经过地区革委会某人的一句话（或捎个口信），就可以去占。如京剧团。地区城建局的大批职工占领无人管理的房产。

（一）九江师范被撤销时的部分校内财产：

1. 图书 2 万余册，书橱 20 顶，书架 40 个。
2. 课桌椅 500 套（原有 1000 余套，1962 年调出大部分）。
3. 双人床 200 张，单人床 163 张（不含 62 年调出 300 张）。
4. 钢琴 2 架，风琴 38 架。
5. 三屉、五屉办公桌、椅 80 套（不含 1962 年调出 30 套）。
6. 办公室文件橱柜 56 顶。

据 1981 年原九师的会计许国治的回忆估计，动产至少在五百万元以上。

以上财产，除部分在地委党校外，大部分不知去向。如图书类，除部分精品（如《万有文库》全套、《四库全书》目录及部分单行本、各种大型词典等）在党校外，其余部分则由当时的“毛泽东思想学习班”领导人员指挥“三查”对象，用板车拖到废品收购站，送去化作纸浆。

7. 房地产被占用情况列表如下：

占用单位	房舍名称	图上标号	建筑面积（平方米）
A、京剧团	传达室	1	40
	风琴室	2	196
	校门口宿舍	3	353
	教工宿舍	4	211
	女生宿舍	5	519
	木工房	6	63
	托儿所	7	274
	红楼	8	346
	猪栏	9	104
	大厕所	10	121
	南门观宿舍①	11	280
	南门观宿舍②	12	93
	南门观旁小屋	13	93
	南门观旁教工宿舍	14 – 16	280
	大礼堂	17	427
	教学大楼	18	986
京剧团共占房屋大小 18 栋			4386
B、建工局	老传达室	19	43
	老教学楼（三屋）	20	1772
	老大厅	40	700
	小厕所	21	33
	办公楼旁小屋	22	23
	办公楼	23	398
	会议室	24	344
	毛泽东思想学习室	25	141
	台球室	26	99

续表

占用单位	房舍名称	图上标号	建筑面积（平方米）
	图书室	27	95
	图书馆旁小屋	28－29	60
	特别教室	33	326
	礼堂宿舍	34	125
	膳　厅	36	490
	大厨房	37	646
	浴室	38	187
建工局共占房屋大小 17 栋（校外创新小学未计在内），总计面积			5482
占房建筑面积总计			9868

还有新教学楼后面原为生物组的饲养房，编号 35，计 90 平方米，为不明单位的杂家占去改造为住房。

以上为校内房产，大小共 35 栋，总建筑面积为 9958 平方米。

（二）九师被撤销时的校外部分财产：

1. 九师速成部（也曾作为本部的男生宿舍），有大小房屋 7 栋，其中教室 15 间，学生宿舍 25 间。另有职工宿舍、传达室、浴室、厕所、厨房、储藏室等，共有建筑面积 1400 平方米，活动场 7000 平方米。另有天主堂对面的教职工住宅 2 栋（朝南、朝西各一），均为两层，共有房 12 间，建筑面积为 440 平方米。此处房产均为解放后连同“甘棠中学”校舍一并拨给九师的。

2. 复兴村（“文化大革命”时改名为“培红里”）。原为两栋两层的，共有房 36 间。解放前女师与附小实为一家，就给了附小一栋。解放后，也这样沿袭下来，九师与附小各一栋。一栋的建筑面积为 1050 平方米。“文化大革命”中，也为地委党校管理。

3. 大小里，在平面图中标在校内，实际是在校外，因未向校内开门进出。此处共有房屋 3 栋，建筑面积为 580 平方米。因“文化大革命”九师与地委党校并为毛泽东思想学习班，也由地委党校管理。

4. 创新小学（“文化大革命”中改为抗大小学），原名为湓浦民小，房屋建筑面积 280 平方米。另外活动场所地 200 平方米。此处房产原为日伪汉奸余惠臣的，两层楼房，抗战胜利后，政府没收，拨给女师。1956 年借给湓浦街道办事处主办的小学，“文化大革命”中由建工局接管。（注：一直未能收回此处房产。）

5. 三里街农场有土地 100 余亩，平房两栋，220 平方米，为九江军分区占用。

以上校外共五处，共有房屋建筑面积 3280 平方米。校内外房屋建筑面积共 13248 平方米。九师撤销，这些房产，统统被瓜分。

第三章　马回岭复校办学时期
(1971—1981)

第一节　九江地区教育学校的成立

1966 年，文化大革命运动席卷全国，各级大中专学校基本停课和停止招生，近百万的应届高中毕业生失去了参加高考的机会。就这样，我国的正常高考由此中断了 11 年。

1968 年 7 月 21 日，毛泽东在《人民日报》关于《从上海机床厂看培养工程技术人员的道路（调查报告)》的编者按清样中加写了这样一段话："大学还是要办的，我这里主要说的是理工科大学还要办，但学制要缩短，教育要革命，要无产阶级政治挂帅，走上海机床厂从工人中培养技术人员的道路。要从有实践经验的工人农民中间选拔学生，到学校学几年以后，又回到生产实践中去。"这段话后来被称为"七二一指示"。

同年 9 月，为了贯彻"七二一指示"。上海机床厂创办了"七二一工人大学"，规定学制为两年，学生毕业后仍回厂工作。此后，"七二一工人大学"的这种学制和教学模式逐步向全国的工矿企业推广。

1970 年 6 月 27 日，中共中央批转《北京大学、清华大学关于招生（试点）的请示报告》，决定废除考试制度，"实行群众推荐、领导批准、学校复审相结合的办法"，招收工农兵学员，并决定先在以上两校进行试点。文件确定工农兵学员的任务是"上大学、管大学、用毛泽东思想改造大学"（简称"上、管、改"）。以北大为例，当年共招收正式生（不含短训班）2392 人，其入学文化程度分别为：高中 171 人，初中 2142 人，小学 79 人。

1972 年春，北大、清华招生试点的经验在全国高校大面积推广。1973 年，国务院批转《关于高等学校一九七三年招生工作的意见》，文件指出："在政治条件合格的基础上，要重视文化程度，进行文化考查。"这种招生模式一直延续到 1976 年。资料显示，1970 至 1976 年全国总共招收工农兵大学生约 82 万人。

与自 1966 年因"文化大革命"全国大中专学校都停止招生不同的是，农村基础教育却得到大力发展，1971 年《全国教育工作会议纪要》提出争取在第四个五年计划期间，在农村普及小学五年教育，有条件的地区普及七年教育，要"大力提倡群众集体办学"。仅从湖北一省来看，到 1976 年，全省中学达 17949 所，为 1965 年 875 所的 20. 5 倍，其中高中 4029 所，为 1965 年 147 所的 27. 4 倍。农村基础教育的快速发展，由此带来教师的极度缺乏，培训新教师就显得非常迫切。于是，各地都出现短期师资培训班，但仍然不能解决根本问题。

1971 年秋，“九江地区‘五七’教育学校”在地处九江县马回岭的九江地区农科所内的“九江农业干部学校”挂牌，同年 11 月，又迁往相距 3 公里外的原九江农学院。

九江农学院，原为 1958 年在此地新建的九江农业专科学校，于 1960 年 6 月更名为九江农学院，1962 年 5 月撤销，改办为九江农业干部学校。九江农业专科学校和九江农学院办学高峰时期有在校生千余名，教职工 150 余名。

1968 年 12 月，南昌七中（既南昌豫章中学）整体下放在此办学，1970 年年底，南昌七中学生毕业后全部下放农村劳动锻炼。九江县共产主义劳动大学又迁入此地办学。1971 年底在此地创办“九江地区五七教育学校”，专门培养中小学教师。

九江地区五七教育学校办学初期基本情况：

校舍。原九江农学院在这里建设有近万平方米的校舍。教学楼、办公楼、学生宿舍、教师宿舍、礼堂、食堂、农场、仓库等设施基本齐全。另有水田 130 余亩，以及部分山地与水塘等原是农学院的实习、试验基地。

师资。一是农学院、七中、共大留下来的部分干部、教师、农场工人，食堂炊事员；二是调回一部分原九江师范下放的教师；三是接收了统一分配的 19 名大学毕业生，这些大学生是因“文化大革命”影响，毕业后到省军区农场劳动锻炼一年，再统一分配，其中有来自北大、清华、复旦、南京大学等名校的毕业生。

学生。原计划招 600 名。后各地不断要求增加，实际选送、报到为 662 名。学员构成：一是共大师训班学员，二是各县推荐选拔的民办教师，三是各县推荐选拔的知识青年。选拔审查工作于 1971 年年底完成，1972 年 2 月，正式开学。

当时开设四个学科：中文、数学、物理、化学。人数也平均分配。因选送时，文化程度为非主要因素，入校后，发现文化水准差距较大。有高中毕业的，有初中毕业的，也有小学文化程度的。为便于教学，就开设高级班、中级班与低级班。学员估量自己的程度，自行选择，然后由各科教师帮助调整。教学也根据高、中、低班的水平，有的放矢。但学制都是两年，实际在校学习一年半，留半年分下去实习，实习期满后，才正式分配工作。以后几届，实习分配都如此。

自 1972 年至 1976 年共招收了五届“工农兵学员”，其招生程序及标准：

一是学校的培养目标为初中教师。

二是学制两年，分专业班进行教学。

招生条件：

身体健康，具有两年以上在农场、农村和军队实践经验，年龄在 18—25 岁，具有高中文化程度的知识青年，对于有丰富实践经验的工人、贫下中农可以不受文化程度限制，即小学毕业就可以了。

政审合格，要求思想进步，历史清楚，家庭和主要社会关系无重大问题（社会关系系指主要亲戚）。

招生指标，分配到各县，其中要求：一是复员退伍军人（总数的20%）；二是下放或回乡的知识青年（总数的40%）；三是民办教师（总数的20%）；四是工矿农垦企业的工人（总数的20%）；五是女学员不少于1/3。

招生的程序：自愿报名，群众推荐，公社政治审查，县以上政治部门批准，最后学校复审。

学员的待遇：有五年以上工龄的学员（主要是工厂及农垦企业职工），带工资读书，其他学员每月由国家发给生活费用15元。其中伙食费12元（发饭菜票），医疗费1.5元，学杂费1.5元。费用由学校统一掌握使用。有固定工资收入的，伙食费自理，并缴纳相同数额的医疗费和学杂费。

毕业分配：实行“社来社去”（社—指人民公社，即后来的乡镇），学员毕业后，原则上回本县，由县统一安排到初中任教。少部分根据地直单位的需要，由地区计划委员会和教育局统一进行调配。

第二节　恢复“九江师范”的校名与新建校园

1972年9月，根据上级指示，地革委政治部决定，将“九江地区‘五七’教育学校”改名为“九江地区师范学校”。1973年冬，省革委文教办公室144号通知，明确规定：各地（市）教育学校、师范学校，一律称“江西省××师范学校”（冠以地名）。于是“九江地区师范学校”又更名为“江西省九江师范学校”。

1972年上半年，九江地区革命委员会对原九江师范的校舍与设备问题提出了意见：根据中共中央〔1972〕28号文件精神，占用九江师范校舍和调用学校设备的单位，应做出计划，于当年10月底以前，全部归还学校。

但在落实过程中遇到很大阻力。1972年冬，地革委感到要退还校舍，绝非易事。于是做出了另一个决定：择地新建九江师范。地址先考虑十里铺，后确定在三里街原九江师范农场。并以〔1972〕125号文发出通知，要求任何单位占用的原九江师范所属万家山、杉木地等处的农场基地（含山林、水面、农田），原则上都应收归地区师范学校所有。但对九师原有校舍、设备等，未作任何要求。1973年，在市区三里街原九江师范农场开始了新的建校工作。建校经费是省、地二级拨给的，加上本校行政经费的节余。

第三节　在九江县马回岭时期的基本情况

一、办学条件

马回岭地处九江市西南五十余公里，公路交通极不方便，师生外出要步行30多分钟赶乘一天只有两趟的火车。物资供应非常困难。饮用水仅靠一口水井，限量供应。洗菜、洗衣物，共用一口水塘。用一台柴油机发电供应全校，灯光昏黄、暗淡。夜晚9点半全部熄灯。地处偏僻，信息闭塞，文化生活单调。教工子女上学难，就业难。教职工不安心，师资力量薄弱。教学设施不完善。

二、专业设置

自1972年起，学员都是春季入学，两年制。按专业班进行教学。培养初中教师。专业设置如下：

专业＼班数＼年份	1972	1973	1974	1975	1976	1977	1978
政治	—	—	—	1	1	—	—
中文	3	1	3	2	3	2	2
数学	3	1	2	2	2	2	1
物理	3	1	1	1	1	1	—
化学	3	1	1	1	1	2	1
体育	—	—	—	1	1	—	—
美术	—	—	1	1	1	—	—
文艺	—	1	1	1	1	—	—
外语	—	1	1	1	—	1	1
合计	12	6	10	11	11	8	5

注：1979、1980、1981级均为招收高中毕业、学制二年的普师班学员。1981级学生在市区女儿街新校区入学，自1982级起停招高中毕业生，全部招收初中毕业生，学制三年普师班

三、以学为主，耕读结合

在马回岭的几年，始终坚持以学为主、耕读结合的原则。把劳动作为一门课列入教学计划，总的教学与劳动的比例是8:2。学校有100余亩土地，就在学校旁边。每年种植

水稻、小麦、油菜、红薯、花生、瓜菜之类。养鱼万尾，养猪几十头，既改善了生活、也保持了勤劳俭朴的传统。

四、政治活动频繁

1972年“批林整风”（批修整风）结合进行“斗、批、改”；1973年学习张铁生“反潮流英雄,”，批判教育战线上的“复辟”（把对推荐的学生进行文化测试也叫资产阶级复辟）；1974年“批林批孔”，开展教育革命，又进行革命大批判。并通过河南马振扶中学事件与黄帅的信，批判“师道尊严”；1975年评《水浒》，批宋江，开展“反击右倾翻案风”；1976年，批判、控诉江青反革命集团的罪恶。

第四节　诞生九江师专

一、新校园建设

1973年，九江师范在三里街的新校舍建设工程启动，到1974年年底，已竣工一栋教学楼、一栋教工宿舍、一栋学生宿舍、一栋学生食堂。1975年，又完成了学生宿舍两栋。1974年下半年已开始小搬迁，1975年进行大搬迁。学校的行政管理部门，都先后移往新校舍了。学生也大部分在新址就读。只有少部分班级学生还在马回岭。其图书及实验仪器也所剩无几。

二、整体转制为九江师专

1977年10月，省革委批准“江西师院九江分院”在九江师范三里街校园挂牌（1978年4月经国务院批准改为“九江师范高等专科学校”）。原九江师范的班子成员全部进入了“分院”的领导班子；中层干部及90%的教职员工都转入“分院”，三里街全部校舍、图书、仪器等教学设备都划归分院所用。

第五节　恢复全国高考后的办学情况

一、组织领导与师资状况

1977年8月，九江地区革委会指派九江县委宣传部副部长饶锡梁赴马回岭校区任九江师范的负责人。饶锡梁到校后，只有原九江师范留下的7名教师，10余名农工及家属，部分课桌椅、床、校舍和农田。为了应对首次高考的77级学生的进校，他指定一位干事为政工处负责人，一位教师临时负责教务处工作，一位干部临时负责总务处工作。

12 月份，从江西师范学院、赣南师专分配来 9 名大学毕业生，同时，从本校挑选了 12 名应届毕业生留校任教。加上原九师留下的 7 人，共有 28 名教师。几个月之后，从星子一中调来一位教导主任王义泳任教务处副主任，原临时负责的教师回到教研组。1978 年上半年，部队转业干部张文烈被正式任命为学校政治处副主任，这是当时学校唯一被地委组织部正式任命的干部。1979 年 5 月 31 日，新任命的校长蔡方奎到马回岭上任。

二、招生与教学

1977 年国家恢复高考，学校第一次招收参加高考的中专生。春季入学，学制两年。当年录取 407 名新生，分设语文、数学、英语、化学、物理等专业班组织教学。

1980 年，学校首次开设幼师班，招收学生 50 名。幼师生须经过面试才能录取（面试内容为体形、才艺）。

从 1980 年开始，学校开始强调要研究小学教材与教学法，要求老师到小学听课，并请有经验的小学教师到学校讲课，介绍经验。派出教师到南昌、吉安、泰和、赣州、宁都、抚州等师范学校参观学习。借鉴兄弟学校的经验，加快各项工作制度的建立和完善。

三、平反冤假错案

对在反右运动和“文化大革命”中受到极“左”路线迫害或处理不当的原九师教工，学校承担了大量的复查工作。对原划为右派、“反党分子”“反革命分子”的 11 名教职员以及部分学生，一一核查、上报。在 1980 年前后，全部完成了 26 件冤假错案的平反工作。为相关人员落实了政策，恢复工作或原工资。

四、收回市区莲花池老校舍

由于在九江三里街新建的校园划给新成立的“九江师专”，收回在“文化大革命”中被其他单位占用的九江市莲花池老校舍，使学校重返九江市，成为学校领导及教职工所期盼的热点问题。对此问题，学校进行了如下努力：

一是从 1978 年 5 月到 10 月，学校呈送九江地委的书面报告和信件有 5 次，未获答复。

二是派出代表赴省，直接找有关部门和领导，作口头和书面申诉。先后找了省委宣传部、省文教办公室、省教育厅、省政府等领导。向上级有关部门报告和向新闻媒体披露归还校舍问题。其中有以学校名义的；有部分教师联名的；有全体教师签名的。寄发的单位有：《人民日报》《光明日报》《文汇报》《解放军报》《江西日报》；还有国务院、中宣部、教育部、江西省委、省文教办公室、省“50 办”（省委 50 号文件贯彻落实办公室）等，以及中央和省委的部分领导人。内容都是反映马回岭的艰难，新生不能入校，不能回到九江市内自己的校舍，以及九江地委某些领导人对贯彻中央文件的消极态度。

三是主动找占用校舍的单位商谈。通过主动上门联系，取得一定的成效。地区建工局下属的建筑公司，是主动退还校舍的第一家。唯一不同意退还校舍的是地区京剧团。

四是于 1979 年 2 月 25 日（星期天）学校将 77 级的两个中文班学生，开进九师原校舍（即京剧团占用的部分）。当天就将木板床全部装好，不让学生睡地铺。第二天就正式上课，坚持正常作息。第三天就装好电话，保证通讯畅通，并向省“50办”汇报进校情况。

进驻原校舍的行动，京剧团立即报告地委领导，随后九江地区教育组负责人和地委宣传部的负责人传达地委领导的指示：“这种行动不对，明天就撤回马回岭去。”但学校方面，据理力争：“行动之前，向地委报告过的，一个多月，没有任何回复说不能这样做；既然默认了，我们就可以进来。现在进来了，要退也不是那么容易。退回马回岭的条件是什么，总得有个交代。”就这样僵持了四个月。其间：

九江地委几个常委在三月间单独召见饶锡梁，饶锡梁申明九师要还校舍的所有的报告及行动，都符合中央文件、国务院文件和江西省委关于要退还校舍的决定。

1979年3月30日，省革委又发出了《关于进一步做好退还校舍工作的通知》。要求各地要订出退还校舍的计划，并抓落实。

5月2日晚，地委领导又召见饶锡梁、张文烈，一是进行批评，二是要求撤回九江的两个班。

1979年5月31日，中共九江地委任命蔡方奎为九江师范校长，到马回岭上任。

6月11日上午，省政府“50办”的领导陪同教育部巡视员先到九江师范在市内的临时办公室视察，下午又到马回岭校本部视察，并举行座谈会，听取学校的情况汇报。

6月14日江西省委书记马继孔，到九江视察九江文卫口的工作，听取九江地委的汇报。对九江师范的校舍问题，提出意见：“九江师范的校舍问题不能再拖了，影响太大。退还校舍是不能动摇的，这是中央的政策，有困难也要设法解决，退还是首要的，要拿出解决问题的方案来。”

8月下旬归还校舍《方案》（草）出台。《方案》（草）以新建为主，部分退还。京剧团占用的主要部分，大小房屋18栋四千余平方米，五中占用的旧教学楼等不归还。

10月，建校《方案》正式出台，上报省政府审批。

1979年11月27日，九江行署正式下达《关于九江师范校舍归还和新建问题的决定》，经费来源中有地区京剧团的40万元，市五中的30万元，还有地区基建经费拨款与教育经费等。

五、选址建新校园

经过多次多处勘察，并经九江行署审定，新校址选定在九江市女儿街的孙家和缪家垅中间荒山坡上，俗称“猪婆嘴”。因荒山坡突出于二垅之间。现场考察人员把她称为“二龙珠”，意为二龙抢珠，吉祥之意。此后在有关协议、合同等文书中，均使用“二龙珠”之名。

按建校规划，拟征用土地120亩。由于财力不足，首次征用60亩。1980年2月下旬，同庐山区工农兵公社（即庐山区十里乡）正式签订“协议书”。60亩土地的各种补偿费人民币86000余元，带进农工10人。

1980 年 5 月 3 日，正式测量土地。5 月 6 日，同九江第一建筑公司商谈校园规划设计事项。5 月 29 日，第一台推土机进场平整土地。6 月 7 日，向地区文教局汇报学校总体规划蓝图。

1980 年 9 月下旬，教学大楼奠基。教学大楼建筑面积 4736 平方米，是建校的重点工程。设计时提出二三十年不落后，五六十年不担忧。

六、教育教学工作

1980 年下半年，新校园建设起步，领导的精力开始集中到思想政治工作与教学工作上。

认真贯彻党的知识分子政策　在工作安排上，不计较其家庭出身如何，或原先是否挨过“整”，只要有德有才，就可以成为学校依靠的骨干。在生活上，能照顾的尽可能照顾。如住房问题，子女上学问题，夫妻两地问题等，学校领导都予以关心和研究解决。特别是对知识分子政治上的进步，给予最大的关心。蔡方奎作为党的书记，主动找中年教师（“文化大革命”中都受到这样那样的牵连）谈心，让他们放下思想包袱，积极大胆地要求进步。1979 年秋，教师中有党员 4 人，至 1988 年，教师中有党员 14 人，发展的基本上是中年骨干教师。对青年教师来说，当时主要是婚姻问题与进修问题，也都摆到议事日程上。因此，全体教师心情都很舒畅，奋斗目标明确，工作积极性都比较高。学校的凝聚力也比较强。

加强教育教学研究　九师自 1972 年复办到 1978 年（72—76 级为推荐制的工农兵学员，以群众推荐和评议以及政审为主，对入学前的学历要求不严格），都是二年制专业班，培养初中教师。1979 年至 1981 年招收高中毕业生、二年制普师班，培养小学教师，1982 年秋季起，招收初中毕业生三年制普师班，培养小学教师。

为适应小学教学需要，学校派出小学教育调研组，在修水、彭泽等地开展调研，写出了小学教育现状的专题报告。为专业和课程设置提供依据。

在教学计划中重新安排了教育学、心理学、小学教学法等课程。

校牌、校歌、校刊　校名题字。1980 年上半年，学校给许德珩副委员长（早年毕业于九江师范的前身九江中学堂，时年已 90 岁高龄）写了一封信。请他为九江师范题写校名。许德珩委员长收信后，在一张宣纸上写了“江西省九江师范学校”。寄给中共九江市委转交（1980 年秋）。

校歌，创作于 1980 年冬。何仁烯作词，张翼作曲（原九江师范教师，曾任江西省音协副主席）。1992 年秋，江西省教委聘请专家和音乐界人士对全省重点中学、中专及重点小学的校歌进行评奖，九江师范校歌荣获一等奖。

第四章　回迁市区女儿街办学时期

(1981—2006)

第一节　乔迁新校园

一、新校园初步建成

1981 年 6 月份，新校园建设完成教学大楼一栋（4736 平方米）；学生宿舍一栋（1486 平方米）；教师宿舍一幢（1057 平方米）；车库、门房（北大门）300 平方米，临时厨房、膳厅、厕所等 300 余平方米，共 7600 平方米。教学大楼东西长度 90 米，部分 6 层共有 30 个教室，为当时九江市区最大的教学楼。还有行政办公室、会议室、舞蹈练功房等。学校规划、建设质量受到江西省计划委员会和教育厅到校视察领导的称赞。此时，基本具备从马回岭整体搬迁的条件。

二、1981 年暑期，学校组织大搬迁

从马回岭到市内新址近 100 华里，学校的运输工具仅有两辆货车，当时的路况又不好，车子一天来回只能跑 2 至 3 趟。共有两百多车家什，都是教职工自己动手装卸，在 20 天之内，所有该撤走的人与物，全部安全地离开了马回岭，未出意外事故，并妥善处理了许多复杂矛盾，如因是农工的户籍而不能进城的老职工，30 多户教工进城后的安置问题等。

从此，九江的历史名校——九江师范在市区又拥有自己的新校舍，结束了“文化大革命”后借居、流离的生活，进入一个新的发展时期。

第二节　80 年代的九江师范

一、80 年代的教学工作

（一）教学的创新与改革

灵活机动地处理教材　80 年代初期，师范学校没有全国的统编教材，使用的课本是

杂而乱的，有北京的，上海的，也有武汉的；有高中的，普通中专的，也有大专的。这给教师在教学上造成了很大的困难。对学生来说，不是深了，就是浅了；不是不足，就是重复了（当时的学生是高中毕业进校的）。为了使教学收到较好的效果，对教材采取“调（调整）、删、补、合（合并）”的四字方针，注意从培养师范生的角度出发，确定在复习、巩固基础知识的基础上，重视培养学生的能力。这种做法在省里受到兄弟学校的好评，并被普遍采用。理、化学科，还受省教育厅的委托，为全省师范学校拟定了教学大纲，由教育厅转发至全省师范学校试用。

提出“四有”“四会”“四能”的人才规格 学校在充分调查小学教师的现状后，提出了一个“四有”“四会”“四能”的人才培养规格。

1. “四有”即有高尚的道德情操和为农村教育事业做贡献的心愿；有热爱儿童的感情和热爱小学（幼儿）教育的事业心；有比较扎实的基础知识、教育心理知识和基本的农业生产知识；有健康的体魄和从事一般体育运动能力。

2. “四会”即会说较好的普通话；会写一手好字（毛笔、钢笔、粉笔）；会弹琴、唱歌、画画；会动手做些实验和制作简易教具。

3. “四能”即能服从组织分配，到工作需要的地方去；能适应艰苦的工作环境；能独当一面地组织好班级和少先队的教育活动；能教好一门主课（语、数）和兼教音、体、美中的一门。

这个“人才规格”在全省是一个创新。

制定各学科的教学规格 这个教学规格实际上也就是基本功的训练要求。如语文课，从听、说、读、写、教五个方面，分三个年级段提出不同的要求；数学从知识体系、阅读能力、口头表述能力、逻辑思维能力、计算能力、绘图能力等方面提出训练的基本要求。如美术的教学规格，全面掌握美术的基础知识，具有一定的鉴别、欣赏能力，能胜任小学各年级的美术教学，有组织辅导美术兴趣小组的能力，有在学校、班级办黑板报、节日专刊和布置教室、会场的常识与技能。教学规格的制定，使教师明确自己的教学目标，学生学习的方向。有力促进了教与学。

开设选修课和特色班 80 年代初期开设了音乐、体育、美术等选修课。在选修课的时间，同学可以分别去不同的地点上课。后来改为分设音、体、美、自然常识侧重班，由学生自主选择，学校协调。1996 年开始办体育、美术、艺术专业班。

开设书法与朗读课 突出师范生在语文方面的优越性，突出对学生书写能力与朗读能力的培养。书法教师自己动手，按笔画与部首的体系，集字编成字帖，影印发给学生，要求学生每天写毛笔字一张，每两周练好一张字帖，每学年进行一次始业与结业的对比展览与评比。为练好普通话，除一年级第一学期完成课本中的语音教学任务外，第二学期继续开设一节普通话朗读课，讲授有关朗读的知识。以小学教材为基本朗读材料。从第二学年开始，进行普通话等级“过关”验收，过关者发给“普通话合格证”。

面向农村，面向小学，紧密联系小学的实际来培养学生的能力

1. 派教师到附小兼课，到农村小学蹲点，还派老师兼任附小的副校长，目的是了解小学、研究小学的实际。

2. 多次请优秀的小学教师来给全校师生做报告，有市区的，也有农村的；多数是本校毕业的校友。

3. 要求各学科教师到小学听课（非毕业实习期间）。语文组 1982 年下学期，到小学听课累计达 144 节。

4. 以班级为单位，与附小、人民路小学的班级挂钩，结为对子班、友谊班，让学生经常参加小学的班会，少先队与课外活动，辅导课外兴趣小组。

5. 派出师生协助小学组织大型活动，让学生从中受到锻炼。如 1982 年“六一”节，幼师毕业班就全部投入到附小庆祝“六一”的活动中去。组织安排了“智力室”“游艺宫”“运动室”“爱好室”“水晶宫”“童话世界”“森林音乐会”等活动室，共有 60 余个活动项目。“六一”节当天，接待了 4000 余名儿童。晚上还开了营火晚会，跟小学生在一起演出文艺节目。

建立巩固的实习基地，制定毕业生的《实习规程》及实习成绩的评定标准 以保证毕业生在校练好本领与技能，走出九师校门，就能适应工作的需要。

从 1985 年起，征得九江市教育局的同意，在浔阳区确定几所小学，作为九师的固定实习点。这几所小学除附小外，还有双峰、柴桑、育新、人民路等 4 所小学。九江市教育局为此还正式行文，通知浔阳区教育局和双峰小学。

安排学生到农村小学实习，如九江县的狮子小学、住岭小学、瑞昌的桂林小学、高丰小学、码头小学等。

幼师的实习点有：市委幼儿园、市政府幼儿园、市商业局幼儿园、延支山民办幼儿园、港务局幼儿园、441 厂幼儿园、5727 厂幼儿园、二电厂幼儿园、炼油厂幼儿园、九棉一厂、二厂幼儿园等，这些幼儿园都对九师幼师毕业生的实习工作，给予了大力支持，实习生对他们的幼教工作，也起到了一定的启发和促进作用。

1987 年，在总结 80 年代前期实习工作经验的基础上，制定了《九江师范学校教育实习规程》。对实习中的有关问题，如教育实习的目的、要求，实习过程对本校指导教师的要求，对实习生的要求，对实习所在学校的建议，对实习生的成绩考核，实习工作的组织领导与实习时间的安排等等，在《规程》中，都有明确的规定。

加强课外活动 提出“课内打基础，课外出人才”的口号，把课外活动作为第二课堂。如古代诗歌小组、书法小组、自办语文小报、数学小报、美术小组、舞蹈小组、合唱队、乐器小组、航模小组、自然常识小组等。开展各种竞赛活动，如钢笔字、粉笔字的比赛，集体舞比赛、歌咏比赛、演讲比赛、语音验收过关，以及开展每周一舞、每月一舞的活动。每学期的球类、田径、团体操等比赛活动，以及读书报告会等等，还有学生自发组织的庐燕文学社，对文学爱好者起了积极的交流与促进作用，培养了不少青年文学爱好者。通过课外活动，培养了不少有特色的人才，如 1986 年学校团委向省推荐了创造性人才 35 名，特别突出的是语文组，当年参加全国及省（市）各类比赛获奖的有 10 名，其中全国的 3 个，全省的 2 个，获市级奖的 5 个。

进行教学方法与考试的改革 在教学方法上提出：将传授知识与发展智力、培养能力相统一。各学科根据自己课程特点，分别采用了单元教学、整体教学、程序教学、音像教学的形式，采用发现法、综合启发式、优选法等，使教学达到最好的效果。语文课普遍采用了“读读讲讲、议议练练”的方法，数学则在运用“六课型单元教学法”让学生走上讲台，进行单元小结，以及开展课堂讨论等。在理化生的教学中，增加现代科学技术的内容，使学生了解日新月异的现代科学技术的成就。80 年代增开了电子计算机和小学自然常识教学法。教师自编教材（讲义），扩展课本内容。生物教师编写的《生物练习实验册》一书，受到省教育厅的表彰与推荐，并公开出版发行全国。音乐组的教师，让学生练习谱写儿歌，自编儿童舞蹈，进行互相评比。

在考试方法上，也进行了一些改革的实践。各学科根据其特点，分别采用了开卷与闭卷相结合，口试与笔试相结合，考基础理论与实践能力相结合的方法，以切实检查与评定学生的实际水平和能力。如教育学的考试中，要求运用所学的教学原则编写教案。心理学要求学生观察分析某一特殊情况下的儿童心理。生物学讲了昆虫的视觉与听觉，要求幼师学生运用童话的方式，把昆虫的视觉与听觉编一段故事，音乐课不单只考乐理，也考视唱与弹琴的能力。理化课不仅考知识概念，也考实验与操作技能。

（二）招生

首次招收参加中考的初中毕业生 1982 年秋，第一次举办幼儿教师进修班。进修对象是幼儿园在岗教师，要求年龄在 17 至 25 岁之间，具初中毕业的文化水平。时间为一年，发结业证书。开设课程有语文（重在幼儿口语）、数学（重在幼儿计算教学法）、幼儿教育学、幼儿心理学、音乐（乐理、风琴、唱歌）、舞蹈、体育、常识、幼儿园生活管理等。首次招收 40 名。

开办幼儿教师代培班 幼儿教师代培班是经省教育厅批准备案，不包分配的成人学历教育。代培班学员入学，须通过统一考试和面试。学习时间两年，毕业考试各科及格者，发给中专（幼师）毕业证书，回原单位工作。

1985 年受新疆生产建设兵团的委托，为其代培幼儿教师。此后连续为新疆生产建设兵团培养了三届幼师生，每届培养 50 人。

代办电大脱产专科班一年（二年级） 1983 年秋，市电大因条件限制，将数学、物理、化学三个脱产班寄托于九师，教学与生活管理（住校）均由九师负责并承担。

主办了一期小学教师进修班 1984 年，招收学员 39 名，为“文化大革命”中初中毕业进入小学教师队伍的在职教师，一般有 3—5 年的教龄，在小学担任校长或教导主任职务。进校学习两年，经考试合格者，发给毕业证书。

二、思想政治教育工作

开展“五讲四美三热爱”活动，培养“四有”新人 五讲是：讲文明、讲礼貌、讲卫生、讲秩序、讲道德；四美是：心灵美、语言美、行为美、环境美；三热爱是：热爱祖国、热爱社会主义、热爱党；四有是：有理想、有道德、有知识、有纪律。

思想政治教育形式多样 有报告会、演讲会、故事会、诗歌朗读会、游乐性的游艺晚会、春游、游览名胜古迹；成立“为您服务小组”，组织各种服务活动，如缝补、洗衣服、摄影、慰问等；到火车站为旅客服务，到公众场所搞卫生；组织社会调查、小学教育调查、参观工厂等活动。还有侧重于专业思想教育的校友返校座谈会，报告会、参观校史室；侧重于纪律教育的军训。80 年代中期，学校就同九江市武警支队、武警消防支队结为“军民共建”的友好关系，每年新生入校，都由他们派出干部和战士，进行为期一周至十天的入学教育与军训。

劳动、卫生教育与制度 1981 年下半年开始，每周安排半天劳动。主要任务是平整校园、绿化、美化校园。班主任、科任教师都跟班劳动。校园内绿化的香樟、广玉兰都是师生亲手栽种的。

建立班级按周轮流卫生值日制度。值日班级负责整个校园的卫生清扫。同时组织学生干部检查学生个人卫生，将校园划片包干保洁。

坚持每周一早操前的升旗仪式，并选派一名学生代表在国旗下进行讲话 教导处每周在升旗之后对学生及各班级一周来的表现情况进行讲评，该表扬的表扬，该批评的批评，对学生的日常行为起到了规范和引领作用。

1985 年被省教育厅授予“文明学校”的光荣称号。

三、制度建设

学校迁回九江后，各项工作逐步走上正轨。首先是制定完善各项规章制度。到 80 年代末建立的规章制度有：工作量制度、《九江师范总体目标与管理方案》《教学目标管理与常规要求》《工作岗位责任制》《行政人员（职工）工作质量评估考核办法》《班主任工作职责及测评办法》《学生素质综合测评办法》《班级工作综合测评办法》《学生宿舍管理细则及检查奖励办法》《奖学金及各项奖励试行条例》《三好学生、优秀学生干部条件及评选奖励办法》，还有《学生日常行为规范》《学生守则》《学生学籍管理条例》。

1982 年春，省教育厅指定九师负责草拟全省中师学生学籍管理条例。学校在本校学生学籍管理条例的基础上，补充修订后上报。当年 9 月省教育厅将学校拟定的《江西省中等师范学校学生学籍管理条例》在全省颁布实行。

四、重要活动

召开首次教代会 1981 年 11 月，在第一届教代会上，副校长、党总支副书记凌乃鹏做了工作报告，题目是《提高质量，为把九师办成第一流的师范而努力》该报告共为四个部分。第一部分，回顾 1977—1980 年教学工作的基本成绩与存在的问题，提出了培养的学生是否合格，直接影响九江地区基础教育和下一代成长的重大课题。第二部分，要求明确培养目标、端正办学思想、培养合格人才，提出了“四有”“四会”“四能”总的训练要求。第三部分，提出既要严格训练，严格要求，又要改进教学方法，要贯彻启发式、废止注入式的教学原则。第四部分，要建立严格的管理制度，对教师进行考评、奖励、建立教师的业务档案，以促进与提高全体教职员工的工作效率。

此后，建设第一流的师范学校，成为九师人共同奋斗的目标。“四有”“四会”“四能”传播省内外，影响深远。

承办省中心教研组会议和华东地区教材编写协作会 1984年10月全省师范学校数学中心教研组在九师开展教研活动。参加教研活动的有本省28所师范学校数学中心教研组成员30人，另外还有福建省的福州师范、南平师范、宁德师范、云霄师范、建阳师范的数学教研组长到学校开展观摩教学和研讨活动。

1985年5月，接待华东地区教材编写协作会第二次研讨会。理、化、生、语文、舞蹈教研组参与幼儿教师进修教材《自然》（含物理、生物、化学部分）、《舞蹈》《语言教学法》等的编写。

创办校刊 1983年试办了几期油印的《教改通讯》。1985年正式向中共九江市委宣传部申报，经批准创办了《九江师范校刊》。

校刊为不定期的内部交流刊物，先后出版了四期，1985年创刊号、1985年第一期；1986年第一期；1987年校庆特刊，于1987年底停刊。校刊开辟有“教师论坛”“教学改革”“附小教育”“未来教师”“简讯”等栏目，1987年校庆特刊：共58页，设“祝贺与希望”“往事沧桑”“发展概述”“校庆抒怀”“贺信贺电”等栏目，刊登文章42篇，多写人抒怀与祝贺之作。

“项目学校建设” 1984年学校成为江西省第一所“中国——联合国儿童基金会合作培训小学、幼儿师资项目学校”（项目合作时间：1985—1989年）项目主任蔡秀枝（江西省教育厅师范处处长）、副主任蔡方奎（九江师范学校校长）。联络员张育（教育厅师范处工作人员）。从此，打开了对外合作的窗口，学校上了一个新的台阶。

承办“中国——联合国儿童基金会合作项目主任座谈会” 1986年教育部决定“中国——联合国儿童基金会合作项目主任座谈会”在九江师范召开，学校承担会务工作。

这次会议是相当于部长、大使级的会议（联合国儿童基金会的官员，相当国际间的大使与副大使级）。

中方出席会议的有：国家教委副主任柳斌、江西省副省长陈癸尊，以及教育部、经贸部有关司局长；人民教育出版社社长、全国妇联、全国儿童发展中心的代表；江西省教育厅厅长、四川省教育厅王厅长。

联合国儿童基金会方面，有基金会驻华代表泰勒博士、基金会协调处主任波斯泰切博士、高级项目官员霍夫曼先生、曼苏先生，以及教育项目官员和专家、学者。

会议的主要程序与内容：

会议时间为9月10日—16日。

10日下午在九师会议室举行开幕式。在开幕式上，国家教委副主任柳斌致开幕词，然后是联合国儿童基金会的官员泰勒博士讲话，曼苏先生讲话，江西省副省长陈癸尊先生讲话。

9月11日，上午大会经验交流，其中有四所幼师项目主任、四所师范大学学前教育项目主任发言。下午参观九江师范的展览室，看体育表演。晚上，与九江师范师生联欢，看文艺节目。

9 月 12 日，儿童基金会波斯特切先生，曼苏先生作关于制定儿童教育师资发展规划的报告。

中国方面由四川教育厅王厅长、国家教委师范司金司长作关于制定儿童教育师资发展规划的报告。

晚间，国家教委副主任柳斌召集各省市教育厅师范处处长，在南湖宾馆三楼会议室开座谈会。在会上除听取意见外，他作了长篇讲话，主要内容是师范教育的前景与培养目标，在普通教育中反对片面追求升学率以及民办教师的问题。

9 月 16 日上午，小组代表发言，下午总结、闭幕式。

会议期间，中共九江市委书记江国镇、九江市副市长贾福荣等参加了开幕式，并举行了招待酒会。市教育局的领导，也参加了会议。

九江师范成为全国 3000 所师范院校中的 50 个受援点之一。

与会代表，特别是外宾，对学校的两个展览室——字画展览与自制教具展览，很感兴趣。雪莉小姐在参观字画展览时，还风趣地说："能让我也来这里学习学习，该多好啊！"外宾观看了学校的大型团体操与文艺晚会，都兴趣盎然，点头称赞。雪莉小姐与波斯特切先生，还激动地走上舞台，为师生演唱，把晚会的热烈气氛推向高潮。霍夫曼先生在晚会结束时深情地说："你们有很好的老师，有很好的学生。"外宾在离开学校时，高兴地说："谢谢，谢谢！希望以后还能来这里。"

培训部的建立 为适应小学、幼儿园教师培训工作的需要，1987 年上半年成立培训部。负责成人自学考试辅导、脱产培训和函授学员、幼师代培班的教学与学籍管理，核发毕业证书等。

1987 年举办电视卫星教育班（秋季招生），在武宁、修水两县建立三级辅导网络，组织编写自学辅导资料，进行面授辅导。当年秋天，全市参加自考人数就达 3218 人，建立自考档案卡片 8474 人次，准确率高，曾受到主管部门的表扬。

举办六十周年校庆 1987 年 11 月，学校隆重举行了建校 60 周年的庆祝活动。

为 60 周年校庆，建立了教学成果展览室，字画展览室、校史展览室。校庆日，举行了文艺、体育表演。

全国人大常委会副委员长许德珩先生为九师六十周年题写了"育人"二字；蔡若虹题词："三千里外新桑梓，六十年前老战场；赢得红旗飘广宇，满园桃李更芬芳"。这两副题辞成为学校最珍贵的墨宝。

11 月 28 日，自发来校参加校庆活动的老校友三百多人（未发请柬，只在《九江日报》登了一则校庆启事）。年近古稀的张翼老师，从南昌赶来，在大会鸣炮后，登上主席台，指挥全场师生高唱校歌。

中共九江市委书记江国镇，到校作讲话，称赞九江师范复办后的业绩，鼓励全体教职员工在新的历史时期，更出色地完成所担负的培养接班人的光荣使命。

在校庆大会上，九师的老副校长朱克文，以及新老校友代表、教师代表、学生代表发了言。事后编印了《校庆特刊》。

学校基本建设　到80年代末，学校基本完成了千人规模的校舍建设。有教学大楼1幢、学生宿舍2幢、教工宿舍4幢，以及膳厅、厨房、浴室、锅炉房、简易琴房与音乐教室等，建筑面积共2万余平方米。接通了自来水，打了两口深井，添置了备用发电机，保证了教学与生活的用水用电。购置了交通车为住校外职工上下班，校内职工的子女上中小学提供了极大的方便，校领导和教师职工同车上下班，不另座小车。

对外交往　在80年代，学校经常分期分批组织教工轮流外出参观学习。经常接待全国各地师范学校的教师、领导。来访的学校有：本省的兄弟师范学校、上海四师、上海幼师、南通师范、安亭师范、杭州师范、金华师范、阳新师范、武穴师范、衡阳师范；泰安地区的几所师范组团；黑龙江省的师范语文教研会等。

第三节　九十年代的九江师范

一、领导班子调整

1990年4月，市委对学校领导班子进行了较大调整，党总支书记李国旺调出学校，校长袁靖平退居二线。市委调派市教育局综合科科长熊德基到校任书记；市二中校长李宏恩调任校长。

二、学校党组织由党总支改为党委

学校党总支是1983下半年成立的，（之前是党支部）隶属九江市直机关工委。到了1991年底，已有正式党员76名，分4个支部：行政支部、教工一支部、教工二支部、附小支部（领导作用）。1992年4月7日首届党委正式成立。熊德基任书记；李宏恩任副书记。委员：宋之保、金正福、王文轸、汤伦（附小支部书记）、陈新贵。同时成立纪委，熊德基兼任纪委书记；陈新贵任纪委副书记。

三、行政管理工作

改革、完善各项管理制度　进入90年代后，学校进一步加强了规范化管理，先后制定了三十多项工作、管理制度，主要的有：《九江师范总体目标和管理方案》《教学目标管理与常规要求》《九江师范学校人事管理工作的若干规定》《九江师范学校评定和发放津贴奖金的试行规定》《九江师范处室工作目标管理》《九江师范教学人员学期工作质量奖考核细则》《九江师范行政人员工作质量考核办法》《班主任工作职责及考评办法》《九江师范学校会议制度》《九江师范小车使用规定》等。编制了《九江师范学校职工手册》和《九江师范学校各部门岗位职责》。

在人事管理、班级管理、后勤服务管理等方面有新的举措：改革人事制度和内部分配制度，实行全员聘任制；将班主任的固定津贴制度改为班级工作逐月考核，分等级奖励的制度；坚持行政干部晚自习轮流下班督导制度；改学生助学金为奖学金，按学生的操行、成绩、出勤等综合表现，分等级奖励；行政管理人员实行坐班考勤与工作质量考核相结合的奖金发放制度；水电设施维修和课桌椅维修实行有偿服务等。

多措并举维护学校的安全稳定 1990 年成立保卫科。保卫科为学校内设机构，科长为中层副职。保卫科负责组织、管理护校队、义务消防队。组织人员对校园进行巡逻。

学校实行封闭式管理，学生自周一至周五下午一般不准外出，有特殊原因，经班主任同意，门房值班人员才放行。

开展法制安全教育。新生入学教育，安排法制和安全内容，平时有计划地在各年级举办法制讲座，宣传法律知识和安全常识。利用宣传栏、班会开展经常性的防火、防盗、防意外事故的宣传教育活动以及防火、防震的疏散演习。

四、教学工作

注重学生全面素质的提高 在开足必修课的同时，分年级开设选修课，以扩大学生的知识面。如一年级有《中国国情概论》；二年级有《复试教学简明教程》；三年级有《教师道德概论》等。同时在教学中强调“三个联系”“两个渗透”（联系国内外政治经济发展形势；联系地方改革与经济发展的形势；联系乡土教材，如赣北革命斗争史、九江的历史名胜、人文地理等；德育渗透、科技渗透）。

健全考试制度，严把考试关 教务处建立各科试题库，实行教考分离，按科集中阅卷。以检查教师教学和学生学习成绩的真实性。实行教学成绩与奖金挂钩；学生学习成绩与奖学金挂钩。使教与学都有一种动力。

加强了基本技能训练和考核 学校制定了《江西省九江师范学校基本功考核合格证》。规定要达标的项目有：说话、写字、弹琴、唱歌、绘画、课间操。到毕业时有不达标的项目，必须重修补考。

五、思想品德教育

建立了专门德育机构 1992 年学校增设了“政治处”，其主要职责是抓师生的政治思想工作。建立了一支以领导挂帅，以中层干部、班主任、党员骨干教师为主体的思想政治工作队伍。形成以政治处牵头，各处室协作共管的思想政治工作网络。

提出了德育工作新理念 强调学校各项工作要渗透德育。提出了教书育人、管理育人、服务育人、环境育人的口号。

德育工作的主要内容和形式 主要有以下几个方面：主题班会、主题演讲比赛、主题征文比赛、主题诗歌朗诵比赛、主题音乐会、举行先进模范人物报告会、组织观看先进人物事迹影视片和红色经典影视剧、开展学雷锋，做好事，做好人活动、举行“告别不良行为的宣誓仪式”、组织“青年志愿者协会”走出校门，参加德育实践锻炼。九十年代后期，每学期初开展“三比五赛”活动（比按时到校人数、比办理入学手续、比班级卫生；赛第一次晚自习、第一次出操、第一次早餐纪律、第一次上课、第一次就寝纪律）。系列教育月活动，如新生入学的“养成教育月”，以后的“修身教育月”“双学教育月”“讲五爱献五心教育月”（忠心给祖国、关心给集体、爱心给他人、孝心给父母、诚心给教育）、“勤奋学习月”“自尊自律月”等。周周有评比，月月有表彰。激发学生参加集体活动的热情，促进学生的身心健康。

六、招生与就业

1997年之前，由省市政府下达招生计划，统一招生，毕业后包分配工作。学生不缴学费，国家还每月发给生活费30余元。

1992年至1997年，每年招收一定比例的企业委托培养生，招生分数线下浮10%左右（每年招生人数见附表），录取时学生与学校及生源所在县区教育、人事部门签订合同，毕业时按合同就业。学生每年缴纳学费2400元，补充学校教育经费的不足。

1998年起，实行由省市政府下达招生计划，统一招生，毕业时不包分配，由用人单位和学生个人双向选择的就业政策。学生每年缴纳2000元学费，享受师范生助学金。

1991—2000年，招生专业有，普师，幼师，艺师（音乐、美术、体育）；2001年至2005年招生专业为：小教、英语、计算机信息、幼师、音乐、美术。

招生类别有：统招生，委培生（1992—1997年）、代培生（1991—2001年，该类学生属成人教育系列，政府下达招生计划，学生缴学费，发成人教育中师文凭，不分配工作）、民师（1997—1999年，指农业户口，不列入教育经费支出，而由生产队或生产大队支付工分或工资的农村中小学教师。江西省教育厅规定，凡1980年7月19日以前开始任教的民办教师才有此项通过就读中师而转为国编教师的待遇，二年制，不驻校学习，只发给教材自学，每学期末到校参加课程学习考试，建学籍档案，毕业时发“九师文凭”转编为国编教师）。

七、青年教师的培养工作

组织青年教师读书会，读马列著作、毛泽东选集、时事政治，学习教育理论和专业知识。

经常开展教学比赛活动。选送青年教师参加省、市教学比赛。搭建教师成长的平台。政治教师饶洁莹、数学教师汪春莲、音乐教师王爱春、体育教师劳晓红等曾获全省青年教师教学能手比赛一等奖。

鼓励中青年教师参加各种形式的学习进修，提高学历层次和专业水平。在二十世纪末，专任教师基本上取得本科学历。学校为使中青年教师掌握现代教育技术和媒体技术，开办了计算机培训班。为帮助教师通过职称英语考试，开办英语学习班。

八、基本建设

90 年底完成科教楼建设（6 层，1880 平方米）、新建艺术楼（7 层，1800 平方米）、3 号学生公寓（1940 平方米）、教师宿舍（1080 平方米）、逸夫图书馆（4159 平方米，由香港邵逸夫先生捐资 100 万元港币，总共花费 220 万元人民币）、修建了南大门（由北京建筑设计院院长兼总设计师熊明先生义务设计，大门造型寓意为群星灿烂，人才辈出）。1998 年投资 350 万元兴建大礼堂（下层为食堂 2000 平方米，上层为包括楼座在内能容纳 1500 人的大礼堂 2770 平方米），该项目由副市长陈晖牵头并落实投资资金，于 2000 年 5 月竣工，面积 4700 平方米。在南面和西边共扩展土地 1.3 公顷。

九、接受国检

1997 年春一开学，学校全员参与准备接受国家教委中师办学水平与标准化建设检查验收。准备事项有：校史与教学成果展览、教学论文集、校刊、画册、传统教育读本、大型团体操、九江名山名江名湖画展等。

1997 年 5 月 31 日，国家教委检查团一行 40 余人在国家教委师范司司长金长泽带领下到学校进行为期两天的中师办学水平与标准化建设检查验收。

陪同检查的有江西省教委副主任王文才、九江市副市长陈晖。

由于长期的积累和充分准备，顺利通过检查验收，并获得好评：

在标准化方面 学校占地面积近 7.5 公顷，基本达标；校舍建筑面积、图书馆藏书册数、教学设施达到了国家标准；教师学历基本达标；教师的年龄、职称结构基本合理。

在教育教学方面 全面发展，注重特色。科技教育与艺术教育相结合是特色；提出“三个适应”“三个面向”，办学方向明确；有丰富的教学科研成果，教学科研水平较高；找准了德育工作目标，坚持以德育人为根本；能把九江地方的文化精华收入校园，有浓郁的文化氛围。

在管理方面 严格有序，有章可循。

十、七十周年校庆

1997 年 10 月 26 日，举行建校七十周年庆祝活动。参加这次校庆的市领导有：市委副书记、市长戚善宏；市委副书记张影；市委副书记、纪委书记余松生；常务副市长徐明华；市委常委、宣传部长吴宣友；市人大常委会副主任康晋益、王文敬；副市长杜万安；市政协副主席段德虞，以及市委副秘书长和市委宣传部、计委、教委等主要领导。省里来的领导有：南昌大学党委副书记；省文联党组书记、副主席帅焕文；省教委师范处处长贾献文，以及省内各师范学校领导。

到会年龄最大的是在校工作过的老教师蔡君岑先生，时年 93 岁，家住九江市双峰路，步行来到学校。

原九江市委书记，时任省政协副主席江国镇发来贺电；本校女师时期的老教师熊恺女士，已 86 岁高龄，特从台北发来贺电，并寄来题词。

校庆活动有：举行了庆祝大会，市委副书记张影、省教委师范处长贾献文、老教师代表、校友代表、学生代表在会上作了讲话；举行了小型的学术讲座，请知名校友王一民、曹志成、吴清汀、包燊荣等作演讲；举办九江名山、名江、名湖书画展。

省教委主任黄定元、副主任王文才、副市长陈晖分别为七十周年校庆题词，他们的题词依次为："再创辉煌""庐山风景甲天下九师业绩更辉煌"、"发展师范教育争取一流学校"。

十一、国家教委领导到校视察

1998 年 2 月 26 日，国家教委副主任张天保在省教委主任黄定元陪同下到校视察。

十二、世行贷款

1998 年接受世界银行贷款 15 万美元。1999 年 10 月 6 日世界银行专家组一行六人到校检查贷款的使用情况。

十三、"九八"抗洪抢险

1998 年暑期，九江连遭暴雨，8 月 7 日九江市区长江大堤 4—5 号闸口决裂。学校教职员工全力以赴投入抗洪。先后在龙开河边和八里湖大堤上抢险，二十四小时轮流值班。8 月 8 日下午，接收安置九江县江洲破堤后的灾民 440 人在学生宿舍住宿，学校负责提供食宿一个星期，并捐助衣物 700 多件，人民币 5000 余元。灾民转移后，又接待抗洪部队（"硬骨头六连"所在部队）一个团的野战军 1000 余人在校宿营两星期。

十四、支教与扶贫

1998 年至 1999 年，在修水县水源乡中学建立对口支教点。学校书记、校长先后多次到支教点了解情况，做出支教计划。先后派出一名物理教师、一名美术兼计算机老师、一名有体育特长的美术教师驻点顶岗上课一年。资助经费 8500 元，捐赠图书 5000 册、计算机 2 台、打印机一台、风琴 2 架、电子琴 1 架。另捐赠新棉被 2 床、冬衣 400 多件。

十五、熊恺女士到校参观座谈

熊恺女士是原"女师"的训育主任，1949 年离开大陆去台湾。1991 受全国政协之邀一行 10 人到大陆访问。在她回九江探亲之时，学校邀请她到校参观座谈。6 月 24 日她带来一个大蛋糕，上面做的字是"大家团结　促成统一"。参加座谈的有她当年的同事、同学和学校领导。她还欣然接受提议，亲笔书写了题词："教育建国　促成统一"。

1990 年《九江师范校刊》复刊。设置"教学论文专辑"与"班主任工作经验专辑"两个栏目。采用小 16 开本，由安庆报社印刷厂印刷。1987 年校庆特刊改由九江第一印刷厂印刷。

第四节　21 世纪初的九江师范

2000 年有 8 名青年教师通过全国统考，分别进入华东师大和华中师大攻读教育硕士学位。取得学位者，学校给予报销学费。两年后 8 位青年教师都获得教育硕士学位（朱朝霞、何明、熊细滚、熊巍、何平滚、乔新虹、石舞潮）。

2001 年首次获得中国教育学会“十五”科研规划课题“全面提高素质与发展个性、特长研究”的正式立项。

学校以九江市教育局的名义申报建立九江市普通话测试站，经江西省语言文字委员会办公室批准成立，面对全市（各县区）的机关干部、中小学、幼儿园教师及社会开展普通话测试工作。

2001 年按江西省招生计划，学校首次招收五年制（3 +2）大专学生 250 人，前三年为中专层次，后二年为大专层次，挂靠在九江师专（2001—2005 级。九江师专与解放军军输财经高专、九江医专、九江教育学院合并组建为九江学院后，继续挂靠九江学院），由九江学院进行学籍管理，毕业时，颁发九江学院大专毕业文凭。招生专业为：语文教育、数学教育、英语教育、现代教育技术、学前教育、音乐教育。

2001 年开始，先与华中师大、后与江西师大联合办学，招收成人教育三年制大专生。由学校负责组织安排教学，对方负责部分课程科目的考试并发毕业证书。

2001 年 12 月，九江市委调派市教育局人事科长肖厚建担任副校长、党委副书记，主持行政工作。

2001 年 5 月国务院做出《国务院关于基础教育改革与发展的决定》。《决定》中提出，“推进师范教育结构调整，逐步实现三级师范向二级师范的过渡。有条件的地区要培养具有专科学历的小学教师和本科学历的初中教师”。2002 年学校工作计划中提出：提升一个层次（由中专办学层次升为大专办学层次）；实现两个适应（教师适应大专办学层次的需要，毕业生适应城乡小学教育的需要）；建设三个基地（小学、幼儿教师的培养基地；小学、幼儿园在职教师的培训基地；小学、幼儿园教育教学科研基地）。为学校升格作各种准备。

2002 年 6 月份对人事管理工作进行了改革，教职工和中层干部实行全员竞聘上岗。

2002 年通过银行贷款，新建了一幢学生公寓，建筑面积 6200 平方米。增添了一个微机教室、一个语音教室、一个电钢琴音乐教室；完善了多媒体制作设备；接通了校园网。

2003 年起，《九江师范校刊》更名为《九师教育》，栏目设置基本定型，固定的栏目有：“班主任工作”“教学改革与创新”“新课程教学与实践”“课题研究”“学习与探索”“学海指津”“教苑群英”等，文学作品已经很少见了。“学习与探索”栏目刊登的大多数是学生的作品。栏目的设置，正体现了《九师教育》的办刊宗旨：为师生提供探索与交流的园地，提供文化活动的空间。《九师教育》页数较为固定，为 50—60 页。开始有英文目录。定期出版，每年四期，采用小 16 开本，封面彩色印刷。一直持续到 2006 年。

2003 年学校成立了科教处。主要承担了两项北京师范大学承研的教育部课题子课题和一项中国教育学会课题的研究工作和实现“提升一个层次、实现两个适应、建设三个基地”的教学科研组织与引领工作。

2003 年围绕五年制大专的培养规格和目标，对教学计划和课程设置进行了深入探讨。重新制定了三年制和五年制各专业课程设置方案（即人才培养方案）。

2003—2004 年，学校自筹资金 500 多万元，兴建一幢综合楼。建筑面积 8320 平方米。有普通教室、阶梯（多媒体）教室、技能课教室。新装配计算机教室 4 个、语音教室 2 个、理化实验室 2 个。另筹集资金 400 多万元改造三栋学生公寓、老教学楼、改建篮球场、添置馆藏图书、美化校园等。

结合新一轮中小学课程改革加强对应性的教学改革研究。选派教师参加省教育厅举办的基础教育课程改革通识培训；购置小学课改的培训音像教材和系列丛书，《走进新课程》教师人手一册；在教师中开展小学课改通识研讨、讲座；组织部分教师到国家课改实验基地—南昌育才小学听课，到赣州观摩课改示范课。

邀请附小和双峰小学共同成立“课改教研协调小组”，三校协作互动，促进课改的深入开展。

结合课改，学业考核实行理论知识考试与技能考核并举，把获得相应技能证书作为毕业的必要条件。考证项目有：（1）普通话：小学教育、幼儿教育、英语教育、信息技术教育、艺术教育专业达到国家二级乙等。（2）英语：英语教育专业除外，其他专业学生达到大学英语应用能力等级考试三级。（3）计算机：信息技术教育专业达到全国高等学校计算机等级考试二级，其他各专业学生达到全国高等学校计算机等级考试一级。

2003 年上半年我国发生“非典”（严重急性传染性非典型肺炎，SARS）疫情，闹得人心惶惶。学校为预防“非典”，制定了“一封三查四落实”的预防管理方案，即：学校全封闭管理；检查所有在校人员的体温并实行晨检制度；每日检查校园卫生；检查登记进出校园的流动人员；落实校领导、处室、班级管理责任制；落实每日层层报告制度；落实防控的专项资金；落实公共场所的定期消毒制度。学校实现了“非典”病例为零的预防目标。

2004 年首次招收高转班。凭高中毕业证注册入学，一年制普通中师。经考试、考核合格发给中师文凭和小学教师资格证。

面对国家关于三级师范向二级师范过渡，“中师”办学体制即将撤销的局面，学校多方努力，争取升格为师专，由于硬件不够（主要是校园土地面积不达标），未能实现。2005 年 4 月 15 日，省政府办公厅以赣府厅〔2005〕42 号文，批复给九江市政府：同意将九江师范学校整体并入九江职业大学，同时撤销九江师范学校建制。2006 年 4 月 30 日，中共九江市委来校宣布新组建的九江职业大学党政领导班子，值此，九江师范学校正式并入九江职业大学。

1927年至2006年九江师范历任校领导成员名录

附表一

姓名	性别	职务	任职时间（年）
熊　恬	女	校长	1927—1951
王纪明	男	校长	1951—1953
李克夫	男	副校长、校长	1950—1954
王湘莲	女	校长	1955—1956
吴翼监	男	党支部书记	1954—1959
周玉青	女	副校长、校长	1956—1957
刘家铎	男	副校长	1956—1969
朱克文	女	副校长	1956—1969
朱宝育	男	党支部书记	1959—1962
李惠华	男	副校长、党支部书记	1961—1963
冷占魁	男	党支部书记	1963—1969
方少萍	男	副校长	1965—1969
余泽民	男	革委会副主任	1970—1972
孔祥钧	男	革委会副主任	1970—1977
茅兴棣	男	革委会主任、党委书记	1971—1973
翟　举	男	革委会副主任	1973—1977
张凤鸣	男	党支部书记	1973—1977
张化掌	男	革委会副主任	1973—1976
饶锡梁	男	党支部书记	1977—1979
蔡方奎	男	党总支书记、校长	1979.6—1987.7
凌乃鹏	男	副校长、党总支副书记	1979—1983
李高弟	男	副校长	1981—1985
张文烈	男	副校长	1981.4—1990.5
袁靖平	女	校长	1984.4—1990.4
李国旺	男	党总支书记	1987.12—1990.4
熊德基	男	党委书记	1990.4—1995.1
金正福	男	副校长	1991.12—2003.5
王文轸	男	副校长	1991.12—1993.7
李宏恩	男	校长	1994.4—1995.1
郑尚志	男	副校长（1994年）、书记（1996年）	1995.1—2000.2
宋之保	男	副校长（1985年始）校长（1996年始）	1985—2000.4
彭璋甫	男	副校长	1997—2000
许昌球	男	副校长	1997—2003.5
柳新民	男	副校长	2000—2003.5

续表

姓名	性别	职务	任职时间（年）
李春娣	女	党委书记	2000. 2—2004
肖厚建	男	校长	2001. 12—2006. 4
周春明	男	党委书记	2004—2006. 4
陈新贵	男	纪委书记、党委副书记	1995. 4—2006. 4 2003. 5—2006. 4
蔡春祥	男	副校长	2003. 5—2006. 4
胡玉东	男	副校长	2003. 5—2006. 4
汪春莲	女	副校长	2003. 5—2006. 4

1977 年 8 月至 2006 年 5 月九江师范学校部门领导名录

附表二

部门	任职时间（年）	主任	副主任	备注
政治处	1978—1981	张文烈		负责人事
办公室	1981—1984	毛象华		
	1984—1986	肖久保		主持工作
	1986—1988	陈新贵		主持工作
		余明生		
	1988—1991	陈新贵		
	1991—1995		胡玉东	主持工作
	1995—2003	胡玉东	吴婉静	
	2003—2004	付义赣（2004 年任校长助理）	杨　健	
	2004—2006. 4	杨　健	陈晓凌	
教务处	1977. 8—1978		李良铁（负责人）	主持工作
	1978—1979		王义泳	主持工作
	1979—1985	宋之保	何仁烯	王义泳
	1987—1989	钱场均	何仁烯	
	1989—	金正福	汤瑞琪	
	1989—	金振福	孙壁	
	1989—	金振福	许昌球	
	1989—	金振福	陈元芳	
	1997—	彭璋甫	柳新民	
	1997—2000	柳新民	李明哲	
	1998—2000		汪春莲	
	2000—2003	汪春莲	李明哲	
	2003—2006. 4	施根生	易传保　胡克勤	

续表

部门	任职时间（年）	主任	副主任	备注
政治处	1989—1991	金正福	余明生　孙　璧	
	1991—1997	许昌球	何　明	
	1997—2003	何　明	汪春莲	
	1997—1998	卢洪生	邹桂元	
学工处	2003.4—2004		邹桂元	主持工作
	2004—2006.4	邹桂元	韩雪松	
团委	1978—1983	游华新		
	1983—1985 1985—1987	汤瑞琪	蔡灿喜	主持工作
	1987—2002 2002—2003	付义赣	熊细滚	主持工作
	2003—2006.4	熊细滚		
总务处	1977.8—1980		陈泽兴	主持工作
	1980—1984	付绍皋	李仁龙	
	1984—1986 1986—1988	邵德民	李仁龙 鲁聪发	主持工作
	1988—1991	鲁聪发		
	1991—1992	肖久保		
	1992.2—1992.10	陈新贵		
	1992.10—1994	陈元芬	龚永华	
	1994—1999	付京湘	刘　师　龚永华	
	1999—2002	肖湘元	龚永华　刘　师	
	2002—2003	付义赣	龚永华	
	2003—2004		龚永华	主持工作
	2004—2006.4	方　波	吕红梅　冷　江	
工会	1978—1983	张玉蓉		
	1983—1986	金志铿		
	1986—1988	邵德民		
	1994—1995	陈元芬	施根生	
	1995—2001	鲁聪发		
	2001—2003	陈新贵		纪委书记兼
	2003—2006.4	罗会珊		党委委员

续表

部门	任职时间（年）	主任	副主任	备注
培训处	1984—1999	毛象华		
	1999—2002	涂海水		
	2002—2003	何华松		
	2003—006. 4	查启军	廖贵英	
科研处	2004—006. 4	朱朝霞		
信息中心	2003—2004	朱朝霞		
	2004—006. 4	殷　诚		
招生就业处	2002—006. 4	戴晓敏		
勤办	1991—1995	鲁聪发	龚永华	
	1995—2003	李仁龙		
	2003. 4—2004. 8	方　波		
	2004. 8—2006. 4	龚永华		
保卫处	1988—1990	龚永华		
	1990—2003	陈是明		
	2003—2006. 4	唐　健		

1927 年至 1949 年九江师范学校教职工名录

附表三

姓名	性别	籍贯	学历	职务
熊　恬	女	丰城	日本东京女子体专	校长
黄育才	男	崇仁	国立中央大学	教导主任
徐裕凤	女	安徽怀宁	国立中央大学	副教导主任
刘仁兰	男	江苏镇江	国立中央大学	师范科主任
樊鸣岐	男	修水	日本东京高师	初中部主任
王国铨	男	崇仁	国立北京大学	文史教员
周庆元	男	古水	武汉大学	文史教员
梁家韶	男	南昌	上海南方大学	数学教员
张勋扬	男	吉水	国立北京工专	理化教员
欧阳源	男	安福	武汉大学	英文教员
许秉周	男	瑞昌	上海艺术师大	图画劳作教员
汪　华	女	江苏高邮	上海两江女子体专	体育教员

续表

姓名	性别	籍贯	学历	职务
赵章宜	男	九江	上海光华大学	英语、音美教员
熊一悟	男	丰城	日本大学预科	历史教员
郭佐乾	女	九江	国立北平大学	附小校长、国文教员
邹淑玫	女	高安	上海新华艺术专科	音乐教员
宋辉霞	女	安福	江西省女子职校	家事教员
蔡德滋	男	南昌	日本东京女师	劳作教员
黄承泉	男	九江	江西医专	医务、救护教员
赵祖陵	男	丰城	南昌剑声中学	会计
沈赓业	男	浙江绍兴	浙江省女师	庶务（即事务员）
蔡伯华	男	九江	江西省三中	事务员、书记（文书记录）
高凌云	男	九江	上海中医专科	校医
赵芳华	男	高安	南昌剑声中学	书记（文书）
陈　勋	男	丰城	南昌剑声中学	书记（文书）
熊　悌	女	丰城	北平大学文理学院	英文教员
陈陶琥	女	浙江绍兴	武昌中华大学	数学教员
甘声镛	男	丰城	上海东亚体专	体育、童军教员
刘宪章	男	南昌	上海震旦大学医科	教护学教员
王靖民	男	丰城	江西剑声中学	书记（文书）
赵竞兴	女	丰城	省女师	音乐教员
邓增绥	女	福建	上海美专	国画教员、副教导主任
查良佩	女	浙江海宁	中央大学	童子军、体育教员
熊学廉	女	丰城	日本东京女高师	幼教、家事教员
李海钦	男	九江	省第六师范	书记（文书）
蒋承作	男	丰城	上海美专	国画、劳作
谌亚新	女	南昌	北平大学文理学院	音乐教员
熊　恺	女	丰城	日本早稻田大学	英文、训导主任
李　辉	女	贵溪	日本帝国医学部	校医、生理卫生教员
周毓秀	女	南昌	日本东洋音乐学院	音乐教员
王　成	男	丰城	上海东亚体专	体育教员
吴士桢	男	南城	北平师大	体育教员

续表

姓名	性别	籍贯	学历	职务
张耀德	女	南昌	上海大夏大学	幼师导师、教育学教员
李济人	男	安徽桐城	北平师大	文史教员
曾　铮	男	江西金溪	上海正风文学院	文史教员
李泽源	男	高安	江西剑声中学	事务员
张礼梅	女	九江	本校师范部	书记、事务员
薛先梅	女	山西临汾	山西教育学院	地理教师
张庆瑛	女	安徽合肥	上海两江女子体专	音乐、体育教员
戴　仁	男	江西永新	江西政法学院	公民、国文教员
黄　信	男	崇仁	福建南平中学	书记（文书）
胡启祥	男	江苏南京	（不明）	事务员
林若紫	男	广东蕉岭	中山大学	文史教员
赵清水	男	高安	江西樟树中学	事务员
杨　珍	男	宁都	宁都振民中学	书记、事务员
盛企度	男	武宁	上海文治大学	事务主任
郭宗瑛	女	江西赣县	中央大学	体育教员
胡毓馈	男	吉安	南昌商校	出纳
李　琦	男	南昌	南昌剑声中学	事务员
彭柏山	男	宁都	江西九中	书记、事务员
曾大中	男	新建	剑声中学	书记
贺耀宗	男	江西萍乡	湖南湘雅中学	会计
曾祖德	女	南丰	本校高师	出纳
邹瞻鲁	女	南昌	北平铁路管理学院	算术、地理教员
朱克文	女	九江	贵阳师院	教育学、心理学教员
符拔群	男	广昌	江西法政专科	文史教员、总务主任
熊　怡	男	南昌	暨南大学	理化教员
欧阳明玺	女	丰城	北平大学	史地教员
詹扬涛	男	奉新	江西医专	理化教员
缪海源	男	南昌	小学毕业	事务员
倪　魏	男	浙江杭州	浙江艺术专科	美术教员
赵明灿	男	南昌	上海大夏大学	数理教员

续表

姓名	性别	籍贯	学历	职务
温　理	男	宁教	上海圣约翰大学	英史、数理教员
刘祥铭	男	赣县	重庆大学	体育主任
吴平远	男	南昌	江西洪都中学	书记、事务员
宋士贤	男	浙江绍兴	江苏中山体专	体育教员
李佐唐	男	宁都	江西法专	公民、历史教员
温鸣和	男	宁教	江西高等师范学校	国文教员
郭宗璞	男	赣县	中央大学	数理教员
张仁钧	男	九江	上海艺术大学	美术、劳作教员
吴志屏	男	南城	江西工专	理化教员
汪仙俦	女	安徽旌德	本校高师	出纳
符子和	男	宁都	小学毕业	事务员
吴伯歆	男	浙江瑞安	国立体专	体育教员
凌式玉	女	安徽定远	国立体专	体育教员
朱振环	男	丰城	初中毕业	事务员
周　智	男	江西铅山	厦门大学	教育学
肖敦汤	男	九江	厦门大学	物理教员
程国英	女	江西新建	江西中等音教训练班	音乐教员
宋教民	女	瑞昌	本校高师	文史教员
余力行	男	进贤	福建协和大学	史理教员
邱哲儒	男	宁都	北平中国大学	文史教员
张宝光	男	宁都	省立工专	数学教员
黄楚生	男	九江	北平崇实中学	事务员
段九青	女	南昌	国立北平大学	英文、数学
杨时勉	男	江苏无锡	上海东亚体专	体育主任
方佩兰	女	江苏无锡	上海爱国女校	体育、唱游教员
刘亚珍	女	福建福州	江苏医学院	校医、救护学教员
徐衍仁	男	九江	日本大学研究员	文史教员
宋　邵	男	宁都	日本东京帝大	数理教员
万巧孙	男	南昌	杭州艺专	美、音教员
沈瑶珍	女	浙江	厦门大学	国文教员

续表

姓名	性别	籍贯	学历	职务
郑　华	女	吉安	中正大学	数理教员
杨晓初	男	湖北沔阳	武昌中华大学	数学教员
齐宪模	男	进贤	杭州艺专	音美教员
欧阳兴	男	遂川	中正大学	史地教员
刘玉珍	女	于都	厦门大学	教理教员
沈若娴	女	浙江绍兴	杭州女中	事务员
曹天桥	男	九江	武昌中华大学	现化教员
周之辉	男	浙江镇海	上海王瑞娴音乐学院	音乐教员
项艺生	男	湖北广济	国立社会学院	地理教员
曾力行	男	兴国	南京大学	数理教员
张遵宪	女	九江	国立女子师院	数理教员
汪延龄	男	安徽精德	大同大学	文史教员
刘士东	男	九江	江西法专	文史教员
曹运逵	男	九江	暨南大学	理化教员
胡一瑜	男	福建福州	江西省劳作师范	图画、劳作教员
熊廷璜	男	丰城	江西干训团	文书
黄师静	男	清江	东南体专	体育教员兼附小校长
许明惺	男	南昌	国立十九中	事务员
雷　俊	男	南昌	初中	事务员
卢天祥	男	浙江分水	浙江医专	校医
聂智斋	男	南丰	南昌剑声高师	事务员
黄金华	男	丰城	初中	事务员
刘国材	男	湖北崇阳	初中	事务员
周玉婧	女	九江	国立女子师院	语数教员
庄湛如	女	浙江杭州	国立女子专科	美术、劳作教员
戴凤兰	女	湖北汉川	国立女子师院	数学教员
李淑玉	女	湖北黄陂	国立女子师院	教育学教员
梁中杰	男	瑞昌	华中艺专	音乐教员
陈乃嘉	男	南昌	中正大学	文史教员
雷良玉	女	南昌	中正大学	算学教员

续表

姓名	性别	籍贯	学历	职务
熊树华	男	丰城	湖南专修肄业	文书
汪玉倚	女	安徽精德	中正大学	地理教员
何素梅	女	广东兴宁	中山大学	历史教员
黄序昆	男	萍乡	武昌艺专	图画劳作教员
沈业让	男	浙江绍兴	上海法政学院	文史教员
尹宝玉	女	九江	中正大学师专班	数学教员
罗光炳	男	江西上饶	江西南师	劳作教员
陈安勖	女	九江	国立音乐学院	音乐舞蹈教员
傅　溥	男	江西新建		教务主任
龙蕴化	男	江西万载		文史教员
杨仲英	女	江苏		训育主任
章斗航	男	江西丰城		国文教员
冯文锦	男	江西赣县		教务主任
周季澄	女	安徽宣城		体育教员
蔡震声	男	江西九江		校医
黄学海	男	江西高安		事务主任
赵祖瀛	男	江西丰城		文书
郭　巩	男	江西吉水		国文教员
吴温玉	女	广东		校医
许毓璋	女	江苏武进		家事教员
王　缴	男	江西赣州		事务主任
盛怀谷	男	江西武宁		教育学教员
张　帆	男	江西武宁		事务主任
吴志敏	男	江西南昌		体育教员
余唯君	女	浙江绍兴		体育教员
顾亦亮	男	江苏武进		生物教员
周于德	女	江西南昌		事务员
周必大	男	江西南昌		事务主任
王漱汝	男	江西南昌		国文教员
郭从周	女	江西九江		

续表

姓名	性别	籍贯	学历	职务
周汉京	男	江西丰城		教务主任
龙登云	女	江西宜丰		英文教员
程　理	女	江西新建		训育主任
杨承三	男	江西南昌		博物教员
章继南	男	江西余干		理化教员
余秋元	男	江西安义		英文教员
龚守中	男	江西九江		书记（文书）
刘湛霖	男	江西吉安		事务主任
胡邦干	男	江西吉安		文史教员
陈礼仪	男	江西九江		英文教员
王育才	女	江西崇仁		校医
周元鼎	男	江西东乡		教员
高绍孟	女	安徽		校医
李桌湘	男	湖南		文书
黎坤宏	男	上饶		事务主任
周梦莲	女	九江		英、算教员
梁九成	男	南昌		数学教员
曾金佛	男	新淦		国文教员
胡祖舜	男	修水		文书
王靖民	男	丰城		文书
郁树坤	男	安福		数、理教员
饶孟昭	女	南昌		宿舍主任
黄石生	男	瑞昌		公民教员
李海钦	男	丰城		文书
程孝莱	女	宜黄		国文教员
丁兆芙	男	彭泽		文书
沈瑄珍	女	浙江绍兴		事务员
吴翼甫	男	南城		教务主任
钮君美	女	九江		教员
左辉生	男	永新		文书
胡诚先	男	南昌		文书
傅廷彦	男	浙江		美术教员

续表

姓名	性别	籍贯	学历	职务
万祥藻	女	南昌		体育教员
宋应瓒	男	峡江		美术教员
胡启祥	男	江苏南京		事务员
欧阳兴	男	兴国		史地教员
饶　照	女	南昌		宿舍主任

1949 年 9 月至 1968 年九江师范学校教职工名录

附表四

姓名	性别	籍贯	学历	职务
熊　恬	女	江西丰城	日本东京女子体专	校长
刘仁兰	男	江苏镇江	国立中央大学	教导主任
朱克文	女	九江	贵阳师院	教育心理、教务主任、副校长
萧敦汤	男	九江	厦门大学	事务主任、物理教师
杨时勉	男	江苏无锡	上海东亚体专	事务主任兼体育课
熊学廉	女	丰城	日本东京女高师	家事教员
郭佐乾	女	九江	北平大学	语文、附小校长
周　智	男	江西铅山	厦门大学	教育学教员
段九青	女	南昌	北平大学	英文、数学教员
张遵宪	女	九江	国立女子师院	数理教员
方佩兰	女	江苏无锡	上海爱国女校	体育、唱游教员
何素梅	女	广东兴宁	中山大学	文史教员
汪玉倚	女	安徽旌德	中正大学	史地教员
沈业让	男	浙江绍兴	上海法政学院	文史教员
项艺生	男	湖北广济	国立社会学院	地理教员
贺耀宗	男	江西萍乡	湖南广雅中学	会计
沈娴若	女	浙江绍兴	初中	事务员
蔡伯华	男	九江	江西省三中	文书、事务员
曾大中	男	江西新建	江西剑声中学	书记员、教务干事
廖济夔	男	九江	初中	事务员
汪仙倚	女	安徽旌德	本校高师	出纳
卢天祥	男	浙江分水	浙江医专	校医
陈安勖	女	九江	国立音乐学院	音乐舞蹈教员
罗光炳	男	江西上饶	江西南师	劳作教员

续表

姓名	性别	籍贯	学历	职务
库象桂	男	湖北广济	广济县中	文牍
柳耀明	男	江西萍乡	中央大学	副教导主任
张孟仁	男	九江	安徽大学	文史教员
夏雨田	男	湖北黄梅	武昌艺专	音、美教员
邱开祥	男	江西永新	江西农专	生物教员、保管员
刘禹宪	男	山东东明	中央大学	政治教员、代理校长
程　骥	男	江西鄱阳	中正大学	教育学、教育概论
徐树仁	男	九江	国立十四中	出纳
吴中枢	男	九江	厦门大学	数学、副教务主任
黄讵尘	男	九江	南昌豫章法专	文史教员
汪士芬	男	湖北黄梅	上海美专	美术教员
汪梦锡	男	安徽旌德	上海大同大学	文史教员
陈　琳	女	九江	武昌中华大学	教学教员
刘嘉干	男	山东潍坊	山东商校	会计
栾汝栋	男	河南孟津	河南四师	事务主任
汪滔明	男	河南罗山	专科毕业	教育学教员
费成信	男	四川天全	南京师专	政治教员
李克夫	男	大连市	大连协和实业学校	副教导主任、副校长、校长
周慈忠	男	江西湖口	中正大学	政史教员
邓亚东	男	湖北黄梅	暨南大学	数学教员
朱贯西	男	湖北黄陂	浙江大学	历史教员
冯铁卿	男	湖南衡阳	航空学校、中原大学	政治、数学教员
赵恒健	男	江苏镇江	重庆大学	物理教员
刘昌言	男	九江	武昌中华大学	化学教员
龚映奎	男	江西瑞昌	九江乡师高中部	教导干事、算术教员
胡淑兰	女	九江	初中毕业	事务员
谭尚文	男	江西星子	中山大学	文史教员
张良安	男	九江	国立福建音专	音乐教员
周后云	女	四川安岳	中央干校	数学教员

续表

姓名	性别	籍贯	学历	职务
李中统（李芳）	男	江西赣县	南昌大学	体育教员
闵海涛	男	九江	无锡国学专科	文史教员
王纪明	男	河北大名	延安中央党校	地委宣传部长校长
夏承辙	男	江西新建	南京金陵大学	生物、数理教员
郭鞠华	女	九江	本校高师	唱游教员
廖日英	男	江西赣州	赣县大学先修班	音美教员
王心玲	女	九江	高小	事务员、教导干事
佘倩秋	女	上海	饶州芝阳联中初中毕业	出纳、管理员
姚祖舜	男	九江	九江行建中学	助理员
朱婉珍	女	江苏吴县	本校高师	代文史教员
胡　筠	男	湖北广济	汉阳高工	算术教员
蔡君岑	男	九江	武汉大学	史地教员
王维中	男	湖南临资	南昌大学	
丁景南	男	江西新余	南昌大学	教育学教员
周玉青	女	九江	国立女子师范学院	副校长、校长
黄学珍	男	九江县	同文中学高中	算术教员
汪时云	女	安徽芜明	安徽大学肄业	语文、地理教员
郑宗濂	男	江苏常州	日本体育专科	体育教员
蔡灼华	男	九江	特设赣县大学	数学教员
刘镜明	男	江西东乡	南昌大学肄业	政治、速成部副主任
梁邦楚	男	江西南昌	中央大学艺术系	美术教员
廖美蓉	女	九江	本校高师	语文教员
刘　芳	女	湖北	本校高师	语文教员
叶振兴	男	瑞昌	本校高师	算术教员
袁志诚	男	江西六合	本校简师	试用教员
张景业	男	河南扶沟	本校简师	事务干事、图书馆管理员
余凤麟	女	九江	华中师院肄业	历史教员
虞舜华	女	九江	金陵女大、留美	数学教员
张遇若	女	河南洛宁	河南大学	教育心理教员

续表

姓名	性别	籍贯	学历	职务
汪和忠	男	江西武宁	高中	政治教员
欧阳华	男	江西星子	江西中等师资进修学校	算术教员
张伯祥	男	江西南昌	上海光华大学	会计
张起熙	男	江西星子	河北工学院	数理教员
刘淑英	女	天津	本校毕业	教导干事、团委书记
龚秉钧	男	江西瑞昌	中师进修学校	数学教员
周美仙	女	九江	南昌大学师范科	化学教员
李永玺	女	湖北松滋	重庆中华大学	化学教员
李日初	男	江西宁都	中师进修学校	化学教员
易善元	男	江西进贤	南昌大学	生物教员
余昌根	男	江西修水	南昌大学一年	生物教员
吴有恒	男	江西临川	中正大学	语文教员
黄显光	男	九江	省立四中师范科	语文教员
张子英	女	安徽太湖	儒励高中	语文教员
裘先钧	男	浙江嵊县	浙江师范学院	历史教员
叶竹安	男	江西湖口	中正大学	生物教员
方诗忠	男	江西武宁	南昌大学	语文教员
谭训鹄	女	九江	国立艺术专科	美术教员
李敬华	男	广东番禺	东南商校	音乐、图画教员
吴翼鉴	男	江苏苏州	中正大学	党支部书记、副校长
周晓尘	女	湖北胜利	湖北省二师范	政史教员
胡其春	男	九江	金陵神学院	音乐教员
郭承东	男	九江	湖南大学	语文教员
陈映青	女	九江	本校高师	语文教员
曹连峰	男	江西瑞昌	江西师范	物理教员
邱　珊	女	江西宜春	湖南师范	
余恂干	男	江西景德镇	江西师范	
汪滔明	男	河南罗山	河南师院	教育学、心理学教员
廖济文	男	九江	高小	管理员、校务副主任
王湘廉	女	齐齐哈尔	中原大学	校长

续表

姓名	性别	籍贯	学历	职务
罗光祖	男	九江	北京朝阳大学	
王国华	男	江西吉安	华中师院	
董炎山	男	九江	本校毕业	政治教师、团委书记
勒　源	男	江西永修	暨南大学	函授部主任
许国治	女	九江	九江一中	会计
刘绪晋	男	河南新县	师院专科、本科	语文教员
师延龄	男	河南通许	江西师院艺术科	音乐教员
苏济民	男	河南新乡	江西师院专科	教员
高立霞	女	九江	江西师院专科	教员
陈克煊	男	江西靖安	本校高师	语文、函授教员
熊枝旺	男	九江	中等师资进修	语文、函授教员
傅寄徵	男	江西丰城	湖南蓝田师院	语文、函授教员
汤为柏	男	九江	中等师资进修	数学、函授教员
杨　范	男	广西上林	江西师院	数学、函授教员
黄学珍	男	九江	江西师院	数学、函授教员
张耘林	男	安徽宿松	本校高师	团委副书记
刘家铎	男	九江	江西工专	副校长
方少萍	男	广东	江西师范	美术教员、副校长
张　焕	女	江苏常州	湖南师范	教育学教员
李明调	男	九江	高中毕业	
赵华麟	男	山东招远	专科	语文、函授教员
何　珠	男	广东宝安	江西师院	语文、函授教员
张智力	男	湖北黄梅	中山大学肄业	语文、函授教员
彭志宝	女	汉口	江西师院	语文、函授教员
李　勋	男	九江	本校高师	团总支书记
魏文鸳	女	四川泸县	北京师范大学	政治、历史教师
王文清	男	九江	无锡国专	语文教员
李步青	男	九江	无锡国专	语文教员
蒋用中	男	铅山	大学	教育学教员
余心达	男	奉新	大学	历史教员

续表

姓名	性别	籍贯	学历	职务
姚隆甲	男	九江	国立社会教育学院	文史教员
叶蔚春	男	湖口	大学	数学教员
张敦楠	男	九江	江西师院	音美体、教研组组长
王竹茵	女	辽宁	辽宁中师训练班	语文教员
傅行荷	女	德安	本校中师	体育、算术教员
毛象华	男	九江	江西师院数学科	数学教员
张萍汝	男	南昌	本校中师	体育教员
刘荃惠	女	四川宜宾	高中	保管员
张耘林	男	安徽宿松	本校中师	团委副书记
陈安邦	男	武宁	本校中师	文书
罗运钟	男	万年		化学教员
俞灿身	男	浙江上虞	大学	语文教员
贾福申	男	河南南阳	河南师院	语文教员
朱宝育	男	辽宁大连	初中	党支书
丁娟娟	女	九江	江西师院	生物教员
孙久海	男	吉林	高小毕业	校务办公室副主任
邹育迟	男	永修	本校中师	团委副书记
虞新芳	男	九江	本校中师	人保干事、团委书记
陈献沅	男	永修	本校中师	农场副主任
夏学明	男	九江	九江医校	校医
曹树材	男	瑞昌	本校中师	职员
张剑飞	男	修水	本校中师	职员
杨能贝	男	瑞昌	本校中师	职员
高群华	女	湖北孝感	高中	人保干事、政治教员
潘驾山	男	九江	高中	团委书记
胡玲珍	女	九江	本校中师	办公室副主任
彭德发	男	河南罗山	本校中师	教员
李　彪	男	九江	江西师院	语文教员
肖章云	女	万安	江西师院	语文教员、语文组长
周祖荫	男	彭泽	本校中师	政治教员、附小校长

续表

姓名	性别	籍贯	学历	职务
黄金龙	女	都昌	本校中师	
陈美玉	女	九江		
周　文	男	九江	本校毕业	团委书记、代理过党支书记
伍程鹏	男	都昌	初中	职员
占金生	男	都昌	本校中师	团委书记
严耀普	男	瑞昌	本校中师	职员
傅梅影	男	修水	自学成才	美术教员
罗万钟	男	呼和浩特	北师大艺术系	音乐教员
高炎标	男	广东澄海	华东师大	生物教员
罗咏笙	男	湖南茶陵		
谢生梅	男	广东		
夏钰明	男	江西吉安	江西师院	数学教员
冯开敏	女	九江	江西师范	数学教员
曾贵芳	女	崇仁		
张起煌	男	九江	省体专	体育教员
陈家旺	男	湖北鄂城		
赵如炎	男	河南项城	武汉政法学院	政治教员
张念华	男	武宁	江西师院	政治教员
聂　聪	男	湖北黄梅	初中	总务主任
李惠华	男	湖口	高中	副校长、党支部书记
郭频贞	女		江西师范	音乐教师
周小琴	女	修水	初中	打字员
汤为柏	男	九江	中等师资进班	函授教员
熊大权	男	南昌	江西师范	函授教员
鲍克惠	女	上海	江西师院	数学教师
刘乡酒	男	波阳	江西师院	语文教师
陈国桢	男		厦门大学	物理教员
陈德华	男			
黄宏才	男	湖北黄梅	本校中师	辅导员
张选杰	男	湖北建始	华中师范	函授教员

续表

姓名	性别	籍贯	学历	职务
熊枝松	男	九江	高小	总务处职员
朱文贞	女	浙江绍兴	初中	总务处职员
冷占魁	男	武宁	初中	党支书
于德礼	男	江西萍乡	江西师院	语文教员
顾月美	女	上海	江西师院	政治教员
刘圣远	男	广昌	江西体院	体育教员
刘永远	男	九江	江西师院	函授教员
凌佐义	男	江西寻乌	江西师院	语文
方正荣	男	安徽巢县	合肥师院	政治教员
潘洪骏	男	九江	江西师院	语文教员
汪志球	男	湖南华容	江西师范	教员
雷勉煌	男	九江	中师进修学校	副教导主任
罗时叙	男	九江	江西师院	语文教员
熊大成	男	南昌	江西师院	物理教员
张玉荣	女	湖北黄梅	江西师院	数学教员
曾宪林	男		江西师院	语文教员
涂广儒	男		江西师院艺术系	美音教员
宋之保	男	安徽	合肥师资	政治教员
柯传煌	男	瑞昌	本校中师	
赵　青	男	都昌	本校中师	
陈劲松	男	都昌	本校中师	

1971 年至 1977 年 7 月九江师范学校教职工名录

附表五

姓名	性别	籍贯	学历	职务	任教科目
茅兴棣	男	靖安	高中	革委会主任	
余泽民	男	都昌	中学	革委副主任	
孔祥钧	男	九江	中学	革委副主任	
任祥钧	男	九江	中学	政工组织长	
吴　冰	男	南康	中专	政工干事	
朱　传	男	九江	大专	团委书记	

续表

姓名	性别	籍贯	学历	职务	任教科目
胡　冲	男	安徽		政工干事	
唐美莉	女	广东	大学	广播员	
刘石金	男	吉水		教改组组长	
徐绍庶	男	瑞昌	江西农专	教改组副组长	
卫长发	男	福州	大学	教改组干事	
正益瑞	男	萍乡	初中	科支部书记	
展　斌	男	山西	初中	科支部书记	
周启发	男	湖北	大学	科支部书记	
邓广田	男	南昌	初中	科支部书记	
林文庄	男	浙江	浙江大学	教师	语文
申家仁	男	湖北	北京大学	教师	语文
李家娣	女	江苏	大学	教师	语文
陈裕宝	男	抚州	大学	教师	语文
卢启元	男	安福	大学	教师	语文
赖心仪	男	上犹	大学	教师	语文
周毅如	男	丰城	大学	教师	语文
罗敬仙	男	安福	中专	教师	语文
吴振荣	男	湖北	江西师大	教师	数学
鲍克惠	男	江苏	江西师大	教师	数学
张尚志	男	广东	北京大学	教师	数学
董大亨	男	江苏	北京大学	教师	数学
邓迅青	男	清江	大学	教师	数学
赵志高	男	上海	大连海远学院	教师	数学
代行伟	男	浙江	清华大学	教师	数学
黄大贞	男	进贤	大学	教师	数学
熊大成	男	南昌	江西师大	物理教研组长	物理
王生贵	男	彭泽	江西大学	教师	物理
钱国泰	男	宁波	上海交通大学	教师	物理
陈庆康	男	苏州	无锡轻工业学院	教师	物理
翁光福	男	福州	厦门大学	教师	物理

续表

姓名	性别	籍贯	学历	职务	任教科目
钟哲夫	男	南康	大学	教师	物理
何明标	男	南康	大学	教师	物理
李享真	男	于都	大学	教师	物理
金正福	男	江苏	上海机械学院	教师	物理
蔡　硅	男	上海	南京大学	教师	化学
林敦亮	男	福建	南京大学	教师	化学
刘家喜	男	湖南		教师	化学
仇捷敏	男	上海	上海师范大学	教师	化学
潘留芳	男	江苏	南京大学	教师	化学
梁端全	男	安徽	北京化工学院	教师	化学
李秀英	女	上海	上海水产学院	教师	化学
孙瑞森	男	上海	上海化工学院	教师	化学
窦效颜	男	安徽	大学	教师	政治
葛庆钧	男	安徽	安徽师范学院	教师	政治
林作韵	男	广东	大学	教师	政治
张众恒	男	云南	大学	教师	历史
钱场均	男	上海	复旦大学	教师	历史
丰文进	男	瑞昌	中专	办公室干部	历史
谢　勇	男	宜春	大学	教师	地理
李德荣	男	上海	大学	教师	英语
邵倩芳	男	浙江	上海师范大学	教师	英语
翁星灿	男	宁波	上海师范大学	教师	英语
费海忠	男	上海	上海师范大学	教师	英语
邹　鲁	男	抚州	大学	教师	英语
肖云林	男	吉水	大学	教师	体育
黄　宪	男	临川	大学	教师	体育
程美兰	女	南昌	大学	行政干部	
郑步文	男	铅山	大学	教师	数学
李厚修	男	吉安	中学	后勤干部	
章焕金	男	浙江		收发	

续表

姓名	性别	籍贯	学历	职务	任教科目
涂　翱	男	高安		刻写	
张凤鸣	男	黑龙江	初中	党委书记	
翟　举	男	湖北	高中	革委副主任	
朱建荣	女	南昌	中专	团委书记	
于万林	男	辽宁	小学	后勤干部	
袁桂兰	女	萍乡	中专	行政干部	
周　毅	女	湖北	中师	行政干部	
张化掌	男	都昌	江西师大	革委副主任	
雷勉煌	男	九江	中等师资进修学校	行政干部	
周精达	男	浙江		基层干部	
陈劲松	男	都昌	九师	行政干部	
吴中枢	男	湖北	厦门大学	图书馆馆长	
姜新民	男	永修	九江师范	行政干部	
吴婉静	女	上海	九江师范	行政干部	
陈美林	男	湖北	九师	行政干部	
郭庆之	男	安徽	安徽大学	教师	政治
陈　盘	男	安徽	安徽大学	教师	政治
王义森	男	瑞昌	江西师范	教师	政治
余明生	男	都昌	江西大学	教师	政治
周　涛	男	安徽	赣南师专	教师	语文
刘　洪	男	南昌	赣南师专	教师	数学
刘寅芳	女	九江	江西师大	教师	语文
于德礼	男	广东	江西师大	教师	语文
江瑞娟	女	永修	北京大学	教师	语文
何绪坤	男	永修		教师	语文
张水川	男	星子	九江大学	教师	语文
杨振雄	男	九江	江西师大	教师	语文
李　彪	男	庐山	江西师大	教师	语文
卢文一	男	赣县	上海师范大学	教师	语文
凌左义	男	寻乌	江西师大	教师	语文

续表

姓名	性别	籍贯	学历	职务	任教科目
康　青	女	辽宁	江西师大	教师	语文
吴万红	男	九江	华东师大	教师	数学
赵森林	男	丰城	大学	教师	数学
刘大椿	男	南昌	江西师大	教师	数学
潘天骥	男	瑞昌	江西师大	教师	数学
程平孙	男	安徽	上饶师专	教师	数学
虞筱宁	女	安徽	江西师大	教师	数学
董　超	男	九江	江西师大	教师	数学
张玉荣	女	九江	江西师大	教师	数学
罗万钟	男	内蒙古	北京师大	文艺教师	文艺
代鹤年	男	武宁	中学	文艺教师	文艺
朱新尔	男	南昌	九师	文艺教师	文艺
徐新怡	女	湖南	九师	文艺教师	文艺
彭运南	男	江苏	九师	文艺教师	文艺
陈丽芳	女	福建	华东师大	教师	化学
温浔光	男	九江	九江大学	教师	化学
韦明新	男	江苏	华东师大	教师	化学
高炎标	男	广东	华东师大	教师	化学
查正祥	男	安徽	华东师大	教师	化学
钟思荣	男	江西	大学	教师	物理
包桑荣	男	九江	九江大学	教师	物理
卢书城	男	浙江	复旦大学	教师	物理
姚　烁	女	安徽	九江师范	教师	体育
张萍汝	男	九江	九江师范	教师	体育
舒晓山	男	进贤	江西师大	教师	体育
刘勤经	女	赣州	江西师大	教师	体育
潘功胜	男	南昌	九江师范	教师	体育
谭毓智	男	九江	赣南师专	教师	美术
方国桢	男	九江	江西师大	教师	美术
黄震九	男	九江	九江师范	教师	美术

续表

姓名	性别	籍贯	学历	职务	任教科目
李　融	男	上海	北京师大	教师	历史
邵德民	男	都昌	大专	教师	地理
王显恒	男	辽宁	中学	办事组负责人	
曹正志	男	庐山	初中	办事组干事	
罗雪扬	女	都昌	初中	干事	
曾宪林	男	兴国	江西大学	干事	
淦长田	男	永修	初中	干事	
王永贤	男	辽宁	中学	后勤组组长	
汪同俊	男	安徽		后勤副组长	
罗林楠	男	安徽	小学	公事员	
周敬伍	男	新赣	中专	会计	
扬文英	女	湖南	中学	出纳、保管	
郝振记	男	河北	初中	会计	
陈泽兴	男	星子	初中	财产管理员	
钟仁昌	男	浙江	中专	采购员	
代文河	女	安义		教村组组长	
吴天俊	男	九江		教村组干事	
刘学良	男	九江		教材组干事	
李巴生	女	湖北	中专	图书管理员	
喻忠安	男	南昌	赣南医专	校医	
饶丽娜	女	铅山	大专	校医	
代泽新	男	九江	九江卫校	校医	
熊凤如	女	新建	中专	校医	
蒋振鸣	男	江苏		校医	
李良铁	男	庐山	九江农学院	管理农场	
钟桂远	男	兴国	大学	管理农场	
聂道喜	男	武宁		后勤干部	
殷翠芸	女	湖北	中专	教务干事	
陈健民	男	九江	中专	后勤干部	
毛冲汉	男	浙江	大学	后勤干部	

续表

姓名	性别	籍贯	学历	职务	任教科目
何远扬	男	九江	初中	后勤干部	
郑干贞	女	九江	高中	保管员	
罗贵凤	女	彭泽	初中	出纳	
喻忠安	男	南昌	专科	校医	
艾秉和	男	东乡	高中	未落实政策	
王以群	女	江苏	初中	马回岭小学代课	
潘宝康	男	上海	专科	病休	
孙质彬	女	河北	专科	病休	
王德臣	男	河南	高小	厨房负责人	
曾桂云	女	吉安	中师	卖饭票	
朱绍荣	男	临川	大学	打杂	
廖宗潘	男	广东	大学	厨房会计	
靳应周	男	河南	初小	汽车司机	
杜春元	男	河南	高小	电工	
曹邦永	男	河南	初中	电工	
吴根生	男	丰城	小学	木工	
王玉年	男	江苏	小学	泥工	
孔昌祚	男	进贤	专科	打杂	
胡世兴	男	九江	初小	炊事员	
张冬善	男	太和	高小	炊事员	
尚银铣	女	南昌		炊事员	
何木成	男	湖北	高小	炊事员	
朱为珍	女	新干	初中	炊事员	
熊柳根	男	新建	文盲	炊事员	
唐丽云	女	河南	初小	炊事员	
冯秀英	女	都昌	初小	炊事员	
黄文金	男	九江	初中	炊事员	
邹火生	男	星子	初小	炊事员	
吴锁照	男	江苏	初小	炊事员	
石玉庆	男	安徽	初小	炊事员	

续表

姓名	性别	籍贯	学历	职务	任教科目
周运招	男	安徽	文盲	炊事员	
刘中兰	女	萍乡	初中	炊事员	
何雪和	女	瑞昌	初小	炊事员	
黄世录	男	九江	初小	炊事员	
梅天健	男	湖北	初中	农工	开拖拉机
纪凤林	男	江苏	高小	农工	开拖拉机
张子炎	男	河南	文盲	农工	
颜为火	男	九江	文盲	农工	
昌　敏	男	萍乡	高二	农工	托儿所
张秀美	女	河南	文盲	农工	
代水英	女	吉水	初小	农工、厨工	
赵腊梅	女	庐山	初小	农工	
王质洁	女	辽宁	文盲	农工	
曹安健	男	河南	文盲	农工	
黄作圣	男	湖北	高小	理发	
桂家雄	男	九江	初中	拖拉机手	
涂　斌	男	南昌	中专	电工	
吕龙位	男	九江	高小	汽车司机	
章焕金	男	高小		后勤工人	
赵政书	男	永修	中专	小车司机	

1978 年 8 月至 2006 年 4 月年九江师范学校教职工名录

附表六　　（含期间调出学校的教工）

姓名	性别	籍贯	学历	曾任职
饶锡梁	男	九江县	高中	党支部书记
姜新民	男	江西永修	九师	政工干部
钱场均	男	上海	复旦大学	历史老师教导主任
李秀英	女	上海	上海水产学院	化学教师
孙瑞淼	男	上海	华东化工学院	物理教师
钟福兰	女	九江	九师	干事

续表

姓名	性别	籍贯	学历	曾任职
凌乃鹏	男	九江县	大学	副校长
游华新	男	江西南昌	赣南师院	语文教师、团委书记
汤瑞琦	男	彭泽	省委党校	团委干部
肖久保	男	九江	江西师大	历史教师、办公室主任、总务主务
李德林	男	上海	北京体院	体育教研组长
季娟娟	女	上海	江西师大	体育教师
熊光辉	男	湖北	江西师大	体育教师
余明生	男	都昌	江西大学	政治教师
史美琪	男	上海	江西师大	化学教师
秦学渊	男	湖北	九师	语文教师
吴晓峰	男	修水	九师	外语教师
梅小裕	女	上海	九师	外语教师
柯昌胜	男	瑞昌	江西师大	语文教师
熊安家	男	瑞昌	江西师大	语文教师
颉家骆	男	彭泽	赣南师范学院	政治教师
杨春兰	女	江西抚州	江西师大	语文教师
汪德祺	男	上海	江西师院	语文教师
王佩玮	男	上海	江西大学	语文教师
蔡仲瑜	男	上海	九江师专	语文教师
董晓敏	女	九江	九江师专	语文教师
傅京湘	男	湖南	江西师大	语文教师、总务主任
彭小华	男	上海	九江师专	数学教师、学生科长
周丁生	男	上海	九江师专	数学教师
桂兴康	男	上海	九师	语文教师
周解愚	女	上海	九师	政治教师
熊文玲	女	黄梅	江西师大	政治教师
周亚东	男	九江	江西师大	美术教师
傅绍皋	男	临川	高中	总务主任
朱新尔	男	南昌	九师	音乐教师、教研组长
袁慧敏	女	上海	江西师大	音乐教师

续表

姓名	性别	籍贯	学历	曾任职
祝江涛	女	湖北	大专	团委书记
唐伟南	男	南昌	江西师大	音乐教师
马朋人	男	上海	华东师大	心里教研组长
方　园	女	九江	江西师院	音乐教师
赵全良	男	上海	九师	电教管理与教员
陈益夫	男	修水	九江师专	电教教师
袁睿华	女		江西师院	语文教师
黄明健	男	湖北黄梅	江西师院	语文教师
黄晓文	男	九江	华东师大	语文教师
刘俊发	男	九江	江西师院	教务干事
徐韦玲	女	上海	九师	化学教师
王囡玲	女	上海	九师	化学教师
饶洁莹	女	江西	江西师大	政治教师
田水平	男	九江	江西师大	政治教师
王少江	男	彭泽	九江师专	物理教师
方国桢	男	九江	江西师大	美术教研组长
李　萍	女	江西	江西大学	数学教师
梅秋生	男	德安	江西师大	数学教师
陈新华	男	永修	九江师专	物理实验室
蔡灿喜	男	九江	江西师大	地理教师
严连强	男	上海	江西师大	体育教师、教研组长
何　明	男	安庆	中央党校、本校	数学教师
鲍晓云	女	河北	江西师大	数学教师
但泉水	男	都昌	江西师大	数学教师
张胜军	男	黄梅	华中师大	教育学教师
严　明	男	黄梅	江西师大	美术教师
尹慧芬	女	彭泽	本校幼师	幼儿教师
吴　宪	女	上海	江西财校	主办会计
陈　婷	女	永修	武汉音乐学院	音乐舞蹈教师
乔新红	女	河北	南昌大学	生物教师

续表

姓名	性别	籍贯	学历	曾任职
期间离退休的教工				
姓名	性别	籍贯	学历	曾任职
蔡方奎	男	江西丰城	高中	总支书记、校长
李高第	男	湖北汉川	高中中原革大	副校长
张文烈	男	江西星子	高中“革大”	政治处主任、副校长
王义泳	男	赣县	江西教育学院	物理教师、教导主任
何仁烯	男	江西瑞昌	华东师大	副教导主任，主持工作
陈泽兴	男	江西星子	初中	总务工作负责人
刘志向	男	九江县	开封师院	语文教师
刘绪晋	男	河南	华东师大	语文教师
范积文	男	江西武宁	江西师大	语文教研组长
袁靖平	女	江西萍乡	江西师大	语文教研组长、校长
余汉东	男	湖北	华中师大	教育学教师
舒美蓉	女	星子	省卫校	校医室工作
丁景南	男	九江	南昌大学	心理学教师
张扬球	男	江西永修	江西师大	政史教师、教研组长
王汉卿	男	湖北黄梅	九江大学	物理教师、教研组长
阙怀庆	男	南昌	江西大学	教学教师、教研组长
方由仪	女	武宁	中专	数学教师
毛象华	男	九江	江西师大	教学教师、培训部主任
孙伯珍	女	山东	初中	出纳
彭璋甫	男	江西莲花	江西师大	教务主任、副校长
张玉荣	男	重庆	江西师大	数学教师、工会主席
叶家陵	女	九江	九江师专	语文教师
夏威夷	女	湖北	九师	教育学教师
张　冰	女	辽宁	中专	校医室负责人
陈　群	女	江苏	高中	图书馆馆员
金巧莲	女	九江	高中	图书馆馆员
蓝承源	男	重庆	中专	建筑维修工程师
方思钰	女	九江	高中	物理教师

续表

姓名	性别	籍贯	学历	曾任职
杨秀英	女	江苏	高中	财务工作
曾国祥	男	九江	江西教育学院	语文教师
宣辽根	男	上海	九江卫校	校医
凌家洪	男	九江	湖南师大	历史教师
熊永贵	女	九江	九江大学	语文教师
鲁聪发	男	东乡	高中	行政干部、总务主任
秦桂秋	男	湖口	江西师大	音乐教师
何淑云	女	九江	上海本院	体育教师
陈元芬	男	南康	江西教育学院	数学教师、副教务主任
肖湘元	男	吉安	江西农学院	生物教师、总务主任
熊德基	男	湖南	河南新乡师院	党委书记
李宏恩	男	余干	江西师大	校长
邓师群	女	湖北	景德镇陶瓷学院	数学教师
郑尚志	女	修水	宜春师专	党委书记
李爱华	女	修水	江西教育学院	数学教师
宋之保	男	安徽	安徽师大	教导主任、副校长、校长

至2006年4月在岗的教工

姓名	性别	籍贯	学历	曾任职
李春娣	女	上海	江西农大	党委书记
肖厚建	男	武宁	江西师大	校长
周春明	男	江西	哈尔滨工大	党委书记
陈新贵	男	瑞昌	江西师大	纪委副书记
金正福	男	江苏	上海机械学院	教研组长、副校长
蔡春祥	男	湖北	华中师大	副校长
胡玉东	男	九江	江西教育学院	副校长
汪春莲	女	江苏	江西师大	副校长
许昌球	男	都昌	江西教育学院	总务主任、副校长
柳新民	男	吉安	江西教育学院	教务主任、副校长
罗会珊	男	九江	九师师专	工会主席兼党委委员
付义赣	男	九江	江西师大	团委书记、办公室主任、校长助理

续表

姓名	性别	籍贯	学历	曾任职
杨　健	男	九江	江西师大	办公室主任
吴婉静	女	上海	江西师大	办公室副主任
潘留芳	男	江苏	南京大学	化学教研组长
康　青	女	辽宁	江西师大	语文教师
李良铁	男	九江	九江农院	生物教师
俞绍阳	男	浙江	江西师大	语文教研组长
李仁龙	男	上海	江西师大	体育教师、勤俭办主任
廖先平	男	九江	江西师大	体育教研组长
吴万红	男	九江	上海师大	数学教师
邵德民	男	都昌	上海师大	工会主席、总务处负责人
梅巧凤	女	上海	江西师大	外语教师
晏伶俐	女	修水	江西师大	化学教师
王爱春	男	重庆	江西师大	音乐教师、教研组长
张先锁	男	九江	江西师大	语文教师
张青青	女	黑龙江	江西师大	音乐教师
邓必炉	男	瑞昌	江西师大	数学教师、教研组长
陶幼明	男	湖口	江西师大	数学教师
姜雪娟	女	浙江	江西师大	数学教师
金致铿	男	福建	厦门大学	生物教研组长
张柚华	男	九江	江西师大	体育教师
竺余芬	女	浙江宁波	江西师大	语文教师
韩雪松	男	四川	江西师大	学工处副主任
史秉忠	男	南昌	江西师大	房产管理
陈是明	男	九江	中专	保卫科长
涂海水	男	丰城	江西师大	化学教师、培训处主任
赵小敏	女	上海	江西教育学院	化学教师
王　敏	女	都昌	江西师大	美术、教研组长
俞松明	女	新建	江西师大	美术教师
张玉君	女	都昌	江西师大	音乐教师
肖慧群	女	吉安	江西师大	舞蹈教师

续表

姓名	性别	籍贯	学历	曾任职
黄淑秋	女	湖南	江西师大	化学教师
吴丽娜	女	杭州	中专	校医
钱桃英	女	安徽	华中师大	教育学、心理学教师
施根生	男	彭泽	江西教育学院	教务干事、教务主任
劳晓红	女	九江	九江师专	体育教师
廖贵英	女	江西贵溪	江西师大	语文教师、培训处副主任
何华松	男	都昌	江西师大	语文教师、培训处副主任
曹建华	男	黄梅	电大专科	电教教师
查启军	男	星子	江西师大	教务处副主任、培训处主任
刘桂华	男	高安	江西师大	教育学教师
陈南平	男	九江	江西师大	音乐教师
李国和	男	武汉	江西师大	音乐教师
陈敏常	男	星子	江西师大	体育教师
龚永华	男	九江	高中	总务处副主任
刘　师	男	河南	电大专科	总务处副主任
沈克群	女	浙江	高中	生理卫生、生物教师
沈　莹	女	浙江	江西师大	图书馆编目、馆长
余冰心	女	都昌	电大	图书馆馆员
方　波	男	安徽	江西师大	体育教师、总务处主任
张友华	男	武宁	江西师大	教育学教师
罗　骏	男	星子	内蒙古师院	美术教师
苏晓鸿	男	黑龙江	江西师大	美术教师
邹桂元	男	星子	江西师大	学工处主任
李明哲	男	武汉	江西大学	教务处副主任
张盛桥	男	黄梅	华中师大	语文教师
陈丽琴	女	九江	江西师大	音乐教师
陈励生	男	九江	九江师范	物理教师
陈晓凌	男	湖口	江西师大	语文教师、办公室副主任
李德胜	男	湖北	江西师大	体育教师
阙红艳	女	南昌	杭州商学院	会计学教师

续表

姓名	性别	籍贯	学历	曾任职
廖晓燕	女	九江	江西师大	英语教师
吕红梅	女	九江	江西师大	音乐教师、总务处副主任
钟　华	男	九江	江西师大	语文教师
靳　红	女	河南	江西教育学院	语文教师
李召茂	男	九江	江西师大	心理学教师
熊　巍	男	九江	江西师大	历史教师、图书馆长
夏敏玲	女	修水	江西师大	财务会计
宰志强	男	南昌	江西教育学院	语文教师
何平滚	男	星子	华中师大	语文教师
朱秀莲	女	高安	江西师大	语文教师
聂海斌	男	九江	江西师大	历史教师
威泽勇	男	九江	江西师大	体育教师
沈明丽	女	湖南	北京舞蹈学院	舞蹈教师
朱朝霞	女	九江	江汉石油学院	信息中心主任、科教处主任
方　方	女	武汉	江西师大	心理教师
熊细滚	男	星子	华中师大	语文教师、团委书记
蔡锦峰	男	丰城	江西师大	语文教师
易传保	男	修水	江西师大	语文教师、教务处副主任
卢洪生	男	修水	电大专科	学工处副主任
卢奕文	男	修水	大专	图书馆工作
卢先群	女	修水	华东师大	政治教师
殷　诚	男	湖口	成都理工学院	计算机教师
郑光明	男	河南	江西财大	办公室干事
胡克勤	男	修水	九江师专	政治教师
金　炜	男	江苏	专科	工会干事
唐　健	男	安徽	江西师大	保卫科科长
王　洁	女	宁波	初中	行政干部
戴晓敏	男	湖北	江西师大	招生就业办主任
张春芳	女	江西余干	九江医专	生理卫生教师
李　宏	男	九江	江西师大	美术教师

续表

姓名	性别	籍贯	学历	曾任职
冷　江	男	修水	北京师大	总务处副主任
石　米	女	九江	江西师大	音乐教师
程　菲	男	安徽	江西师大	美术教师
匡全农	男	修水	江西师大	美术教师
梁枝林	女	武宁	江西师大	语文教师
吴　涛	女	修水	江西师大	政治教师
石舞潮	男	都昌	上海师大	语文教师
戴茵茵	女	九江	南昌大学	物理教师
刘慧玲	女	瑞昌	江西师大	数学教师
周　颖	女	九江	江西师大	音乐教师
杨继慧	女	九江	九江师专	舞蹈教师
康　宁	男	江苏	南昌大学	美术教师
涂　骅	女	丰城	九江师专	音乐教师
李云鹰	女	九江	电大	图书馆管理员
何立富	男	修水	江西师大	计算机教师
袁美英	女	都昌	江西师大	数学教师
陶雪琴	女	九江	西安电子科技大学	计算机教师
孙宪刚	男	武宁	江西师大	数学教师
詹丽琴	女	都昌	江西师大	英语教师
胡　林	男	高安	江西师大	政治教师
柯桂珍	女	瑞昌	海南大学	英语教师
许　鹏	男	都昌	江西财大	数学教师
朱成梁	男	湖北	苏州铁道师范	美术教师
余干龙	男	九江	江西师大	英语教师
谭振赞	男	都昌	赣南师院	计算机教师
余乃金	男	九江	江西师大	语文教师

1977 年至 2005 年九江师范学校班主任名单

附表七

学生级别	班主任
1977 级	中文 1－2 刘志向　秦学渊　数学 1－2 吴万红　姜雪娟　英语梅巧凤　物理李延祥 化学 1－2 陈新贵　涂海水

续表

学生级别	班主任
1978 级	中文 1－2 康青柯昌胜　数学陶幼民　英语吴晓峰　化学胡玉东
1979 级	邓必炉　汤瑞琪　许昌球　范积文　叶家陵　刘志向　涂海水
1980 级	晏伶俐（幼）民师 1－3 钱场均、孙瑞森、金致铿，普：柯昌胜、余明生、许昌球、范积文、叶家陵、刘志向
1981 级	陈新贵　柯昌胜　张柚华　黄淑秋　李秀英（初中幼）　民师 1－4 周丁生　邵德民　邓必炉　夏威夷
1982 级	孙壁　晏伶俐　许昌球　金志铿　竺余芬（幼）
1983 级	李良铁　胡玉东　陶幼明　张柚华　张玉荣　康青（幼）　余明生　邹德明（民）
1984 级	彭小华　王佩伟　黄淑秋　李秀英　张胜军　袁睿华（幼）
1985 级	张柚华　黄明健　王爱春　汤瑞琪　何华松　季娟娟
1986 级	张柚华　胡玉东　陶幼明　方由仪　张玉荣　廖贵英
1987 级	梅秋生　张友华　付京湘　张玉君　张青青　肖慧群
1988 级	但泉水　张扬球　方由仪　田水平　张先锁　康　青
1989 级	陶幼明　张玉荣　张柚华　俞绍阳　叶家陵　汪春莲
1990 级	何华松　黄淑秋　廖先平　邓必炉　邵德民　肖慧群
1991 级	饶洁莹　李德胜　张盛桥　张友华　叶家陵　康　青　陈南平
1992 级	钱桃英　熊　巍　许昌球　张玉荣　陈晓凌　劳晓红
1993 级	刘桂华　方　波　黄淑秋　邵德民　张胜军　辜志强　廖贵英
1994 级	何平滚　朱秀莲　威泽勇　廖先平　聂海斌　陈南平　王　敏
1995 级	卢洪生　张玉荣　邹桂元　肖湘元　韩雪松　施根生　钱桃英　肖慧群
1996 级	熊　巍　邵德民　张先锁　易传保　方　方　张玉君　戴小敏　方　波
1997 级	廖先平　石舞潮　蔡锦峰　张盛桥　熊细滚　吴　涛　黄淑秋　匡全农
1998 级	何华松　张友华　李召茂　张胜军　石　米　唐　健　李国和　韩雪松
1999 级	熊　巍　杨　健　易传保　钟　华　杨继慧　邹桂元　李德胜　周　颖
2000 级	查滚金　匡全农　威泽勇　陈晓凌　熊细滚　陈丽琴　陈敏常　戴小敏　苏晓鸿　方　波
2001 级	李召茂　鲁　奇　唐　健　陈彩娟　张友华　赵小敏　廖晓燕　程　菲　柯朝颖　殷　诚　冷　江　陶雪琴　卢洪生
2002 级	胡克勤　熊　巍　李　宏　杨　健　韩雪松　易传宝　何平滚　袁美英　邱黄辉　秦　娜
2003 级	查滚金　蔡景峰　何立富　陈丽琴　吕红梅　廖贵英　涂　骅　刘桂华　康　宁
2004 级	陶幼民　孙宪刚　柯朝颖　赵小敏　方　方　沈　莹　江建民　郑光明　谭振赞
2005 级	钟　华　卢剑文　李　薇　梅鹏飞　杨小英　梅　琴　史　懿　靳　红　威泽勇　黄淑秋

注：班主任因工作需要，中间有变动，表中所列班主任，有的是一年级的，有的是二年级的，还有的是三年级的

1928 年至 1949 年三女中、九江女师时期在校生、毕业生人数一览

附表八

年份	班级数		在校生数	毕业生数		说明
	高	初		高	初	
1928 年	1	3	134		初 11	1. 统计数均为一学年的下学期，即每年 5、6 月份。 2. “高”指当时的高中或高师（现今的中师）。从民国 17 年至民国 22 年（1928—1934 年），都有高中生，民国 22 年（1933 年）才开始招高师一年级。 3. “初”指当时的初中或初师（即简师）。 4. 从民国 17 年至民国 38 年（1928—1949 年）（上半年），22 年仅有高中与中师毕业生 321 人，初中与初师毕业生 390 人。说明，当时老百姓贫穷，加上内战、抗日战争，能送女孩上小学者寥寥无几。
1929 年	2	3	170		初 7	
1930 年	3	3	205	高 12	初 17	
1931 年	3	3	181		初 13	
1932 年	3	3	180	高 2	初 22	
1933 年	3	3	183	高 6	初 12	
1934 年	3	4	187	高 11	初 16	
1935 年	3	4	200		初 18	
1936 年	3	4	223	高 23	初 15	
1937 年	3	5	169	高 21	初 21	
1938 年	3	4	193	高 17	初 9	
1939 年	3	4	211	高 26	初 15	
1940 年	3	4	217	高 13	初 19	
1941 年	3	5	228	高 33	初 26	
1942 年	3	6	234	高 17	初 17	
1943 年	3	7	241	高 19	初 31	
1944 年	3	7	214	高 15	初 10	
1945 年	3	7	287	高 17	初 23	
1946 年	3	8	297	高 20	初 20	
1947 年	3	7	254	高 16	初 23	
1948 年	4	7	333	高 21	初 16	
1949 年	4	6	287	高 35	初 42	

1949 年秋至 1969 年夏九江师范学校在校生、毕业生人数一览

附表九

年份	班级			在校生数	毕业生			说明
	中师	初师	师训		中师	初师	师训	
1949 年（秋）				435				1. 1950 年起，停止招收初中生，但 1950 年、1951 年的初中毕业生中，仍有初中毕业生 39 名。 2. 1964 年的初师毕业生，指初幼师毕业生。此后就没有初师、初幼师了。 3. “师训”的学生，有高级班，初中毕业，训练一年，相当于中师。也有原小学文化程度，训练一年，相当于初师毕业。都发毕业证书。统计表中未标名高级班与初班级。 4. 1962 年、1963 年、1964 年，学生骤减是“大跃进”“大锅饭”的后果。
1950 年	6	7		496	42	48		
1951 年	7	7		537	62	19	43	
1952 年	6	8	1	1144	95	55	190	
1953 年	5	10	5	820	65	68	110	
1954 年	8	8	1	849	30	64	79	
1955 年	11	6	2	820	99	295	78	
1956 年	13	2	4	796	191	87	80	
1957 年	17	2		751	121			
1958 年	15			958	195			
1959 年	13	3		733	227			
1960 年	16	3		849	193			
1961 年	14	6		794	96			
1962 年	6	5		241	298			
1963 年	5	4	2	267	155		60	
1964 年	6	3	1	300	78	153	35	
1965 年	10	3	1	466	155		36	
1966 年	14		1	670	117		30	
1967 年	11			513	122			
1968 年	7			320	147			
1969 年					293			

1972 年至 2006 年九江师范学校在校生、毕业生人数一览

附表十

年份	在校班级数			在校学生数	毕业学生数			合计
	普师	幼师	民师		普	幼	良	
1972 年	12			644				
1973 年	21			1094				
1974 年	19			950	644			644
1975 年	21			1050	448			448
1976 年	22			1050	492			492
1977 年	19			910	549			549
1978 年	14			710	498			498
1979 年	13			654	407			407
1980 年	7	1	5	635	293			293
1981 年	4	2	9	684	361			361
1982 年	8	2	6	728		49	224	273
1983 年	9	4	4	815	187		173	360
1984 年	15	4	3	1020		40	97	137

续表

年份	在校班级数			在校学生数	毕业学生数			合计
	普师	幼师	民师		普	幼	良	
1985 年	16	5	1	1037	187	85	101	375
1986 年	16	5		933	251	50	39	340
1987 年	15	4		943	250	138		388
1988 年	15	4		944	251	50		301
1989 年	15	4		958	246	90		336
1990 年	15	4		990	250	49		299

年份	在校班级数	招生数	毕业生数	备注
1991	20	1010	341	1. 九十年代中期后，每年专业班不完全固定，年年有变化，不便一一列出。大体上是普师、幼师、小教、音乐、美术、体育、艺术班、信息技术、英语、代培、委培等。 2. 在校生人数，由于有非师范专业、委培、代培等，学生稳定性欠佳，因此统计人数，时有差别，但不会差距很大。 3. 毕业生数相对准确，2001 年的毕业生数，内含民师 748 人。2006 年的毕业生中有五年制（三、二分段）大专生 390 名。
1992	20	1024	332	
1993	20	1028	313	
1994	22	1075	311	
1995	25	1355	321	
1996	24	1401	366	
1997	24	1408	472	
1998	25	1411	510	
1999	25	1438	478	
2000	28	1317	883	
2001	34	1729	1154	
2002	34	1548	414	
2003	34	1620	434	
2004	38	1536	609	
2005	47	2267	500	
2006	47	2356	565	

关于毕业生总人数情况的说明：

1. 从 1927 年至 2006 年的 79 年中，有通过入校学习而毕业的学生 21300 余名，其中：中师（除幼师外的各专业班、普师班）毕业生 15784 名；大专毕业生 390 名；初师（简师）毕业生 1219 名；幼师毕业生 1942 名；民师毕业生 1382 名；师训班毕业生 706 名。另有函授毕业生（未列入表中）约 10000 名（“文化大革命”前 6000 余名）。九江师范共培养了 31000 余名毕业生（不含“分校”的毕业生数）。

2. 1970 年、1971 年、1972 年，因“文化大革命”中断，没有毕业生；1982 年，有幼师一年的短训班，学生 41 名，未列入统计表中；1983 年，有电大 3 个班学生 100 名。未列入统计表中；1986 年毕业的民师统计表中的 39 名学生，系 1984 年秋进校的公办小班学生。

1982 年级至 1997 年级九江师范学校学生获全日制硕士以上学历名单（部分）

附表十一

序号	姓　名	性别	县区	班级	学校、学位、单位	班主任
1	束学山	男	彭泽县	82（3）	硕士　南京	许昌球
2	陶柱国	男	九汀县	82（3）	硕士　苏州	许昌球
3	陈前瑞	男	瑞昌市	82（4）	北大博士后　北京语言大学	金志铿

续表

序号	姓　名	性别	县区	班级	学校、学位、单位	班主任
4	陈金海	男	彭泽县	82（4）	人民大学硕士　深圳市	金志铿
5	王经中	男	九江县	83（1）	硕士　九江学院	李良铁
6	蔡锦军	男	九江县	S3（2）	硕士　广西　南宁	胡玉东
7	余学明	男	彭泽县	83（2）	硕士　江西省政法委	胡玉东
8	董爱君	女	湖口县	83（3）	硕士　中央宣传部	陶幼明
9	周日丰	男	湖口县	85（1）	北京师范大学　博士	张柚华
10	王福来	男	彭泽县	85（1）	博士　浙江财经大学	张柚华
11	江　波	男	彭泽县	88（2）	硕士　苏州大学	张扬球
12	林　华	男	修水县	89（4）	硕士　江西公安武警学院	俞绍阳
13	张敬新	男	九江县	89（5）	复旦大学　硕士	姜雪娟
14	黎波涛	男	永修县	90（3）	博士　广州	黄淑秋
15	万　杰	女	九江	90（3）	山东大学　博士	黄淑秋
16	虞成敏	男	九江	90（5）	硕士　广州军区防化部队	邵德民
17	李　梁	男	九江县	90（5）	硕士　深圳南方日报记者	邵德民
18	戴建民	男	九江县	90（3）	硕士　宁波市外办	廖先平
19	黄丽萍	女	九江县	90（3）	硕士　广东	廖先平
20	何小杰	男	九江县	90（3）	江西财经大学　硕士	廖先平
21	淦家辉	男	永修县	91（3）	人民大学汉语言文学　博士	张盛桥
22	黄承伟	男	九江县	91（3）	上海大学　汉语方言学硕士	张盛桥
23	肖德雄	男	九江县	91（4）	硕士　国家宗教事务局	张友华
24	杜舒书	男	永修县	91（4）	硕士　天津体育学院	张友华
25	淦淑敏	男	永修县	91（5）	兰州大学法律硕士	叶家陵
26	李成威	男	星子县	92（1）	博士　财政部财经研究所	钱桃英
27	王　江	男	湖口县	92（1）	江西师大硕士　九江职大	钱桃英
28	孔小彬	男	九江县	92（1）	江西师大硕士　九江学院	钱桃英
29	黄玉华	女	九江县	92（1）	硕士　江西地矿局	钱桃英
30	凌学武	男	九江县	93（1）	南京大学　硕士	刘桂华
31	陈　翱	女	九江市	93（1）	华东师大硕士　上海	刘桂华
32	黄栋梁	男	九江县	93（1）	重庆大学　硕士	刘桂华
33	左剑峰	男	星子县	93（2）	南开大学硕士　江西师大	方波

续表

序号	姓　名	性别	县区	班级	学校、学位、单位	班主任
34	胡　艳	女	永修县	93（3）	英语　硕士	黄淑秋
35	方迎霞	男	九江县	93（3）	南昌大学　硕士	黄淑秋
36	叶云锋	男	九江县	93（3）	苏州大学　硕士	黄淑秋
37	黄红军	男	九江县	93（4）	南昌大学　硕士	邵德民
38	徐华云	男	九江县	93（4）	暨南大学　硕十	邵德民
39	倪荣彪	男	九江县	93（5）	厦门大学　硕士	张胜军
40	陶平国	男	九江县	93（5）	复旦大学　博士	张胜军
41	乐友华	男	共青城	93（5）	江西财经大学　硕士	张胜军
42	吴余淼	男	德安县	93（5）	江西师大　硕士	张胜军
43	李爱华	女	九江县	93	厦门门大学　硕士　北京	
44	钱　园	女	彭泽县	93 幼	中国政法大学　硕士	廖贵英
45	付小静	女	彭泽县	93 幼	中国传媒大学　硕士	廖贵英
46	彭　勇	男	九江县	94（1）	复旦大学行政管理　硕士	何平滚
47	刘为勇	男	九江县	94（1）	苏州大学法律专业　硕士	何平滚
48	熊再平	男	九江县	94（1）	东南大学经济管理　硕士	何平滚
49	董　毅	男	庐山区	94（1）	华中同济硕士　美国博士	何平滚
50	陈　明	男	九江县	94（1）	南昌大学新闻专业　硕士	何平滚
51	胡小安	男	德安县	94（1）	南昌大学新闻专业　硕士	何平滚
52	戴　勇	男	九江县	94（1）	华侨大学硕士　省教育学院	何平滚
53	段　亮	男	彭泽县	94（1）	深圳大学计算机　硕士	何平滚
54	龙昌黄	男	永修县	94（2）	北京师范大学　硕士	朱秀莲
55	曹礼平	男	九江县	94（2）	复旦博士　上海团市委	朱秀莲
56	陈国粱	男	九江县	94（4）	江西财大硕士	廖先平
57	陈尚秋	男	九江县	94（4）	苏州大学硕士	廖先平
58	周才云	男	九江县	94（4）	江西财经大学博士	廖先平
59	熊志军	男	九江县	94（6）	厦门大学　国际贸易硕士	陈南平
60	张光淼	男	九江县	94（6）	硕士　苏州大学　苏州	陈南平
61	潘石杰	男	九江县	94（6）	硕士　苏州大学	陈南平
62	刘红燕	女	彭泽县	94 幼	硕士　广西师大	王敏
63	高　维	女	彭泽县	94 幼	南昌大学　硕士	王敏

续表

序号	姓　名	性别	县区	班级	学校、学位、单位	班主任
64	李云霞	女	彭泽县	94 幼	首都师范大学　硕士	王敏
65	赵　超	男	星子县	95（1）	四川师范大学硕士　四川	卢洪生
66	黄云锋	男	星子县	95（1）	厦门大学　硕士　福建	卢洪生
67	张　蕾	女	彭泽县	95（3）	中山大学硕士　广东轻工职院	邹桂元
68	徐先智	男	星子县	95（3）	南京大学　博士	邹桂元
69	杜才明	男	共青城	95（3）	华中科技大学　硕士	邹桂元
70	段崇远	男	永修县	95（3）	广西师范大学　硕士	邹桂元
71	李　祥	男	九江县	95（4）	上海社会科学院　硕士	肖湘元
72	高　洁	女	九江县	95（5）	硕士　华东师大	韩雪松
73	周　萍	女	德安县	95（5）	硕士	韩雪松
74	陈里霞	女	庐山区	95 幼	硕士　西华师大　南昌师专	钱桃英
75	占丽云	女	瑞昌市	96（1）	华东师大　汉语文学　硕士	熊巍
76	吴　蔷	女	湖口县	96（1）	海南大学　硕士	熊巍
77	李炳灿	男	九江县	96（1）	硕士	熊巍
78	许丽丽	女	德安县	96（1）	硕士	熊巍
79	徐鸿海	男	浔阳区	97（1）	硕士　北京门头沟区	廖先平
80	罗梅吟	女	浔阳区	97（1）	中国传媒大学　硕士　北京	廖先平
81	江玉梅	女	星于县	97（1）	南京师大　硕士　深圳职院	廖先平
82	雷存进	男	九江县	97	苏州大学　硕士　南京	
83	曹亚廷	男	九江县	97（4）	上海财大　经济管理　硕士	张盛桥
84	陈　婧	女	九江县	97（5）	中国政法大学民法　硕士	熊细滚

1927 年至 1947 年学校经费收支一览

附表十二

年份	收入部分				支出部分					
	正常经费	基建维修	其他	合计	教职工薪俸	学生助学金	校产购置	办公费	基建维修	合计
1927	17338 元	1000 元								
1928	20853									
1929	27252									
1930	27252									
1931	26681	5357 元	5858							

续表

年份	收入部分				支出部分					
	正常经费	基建维修	其他	合计	教职工薪俸	学生助学金	校产购置	办公费	基建维修	合计
1932	29222									
1933	30154									
1934	30331	18000 元								
1935	30984									
1936	32874									
1937	33479									
1938	37958									
1939	27533									
1940	24810									
1941	36837	5195 元								
1942	90336									
1943	144648									
1944	193614									
1945	288286	90000 元								
1946	47380	3930000								
1947	1310000									

注：从 1948 年以后的五六十年代的会计账，都在“文化大革命”中被抄而损毁，在尚有的资料档案中，无经费收支记载，形成本统计表中的缺项

1972 年至 2002 年学校经费收支一览

附表十三

年份	收入部分(元)				支出部分(元)					
	正常经费	基建维修	其他	合计	教职工薪俸	学生助学金	校产购置	办公费	基建维修	合计
1972	303000	140000		443000	85856	85187	22105	3825	140000	336973
1973	402000	300000		702000	68751	119282	42377	7701	300000	538111
1974	492000	314000		806000	69803	159435	34852	15639	314000	593729
1975	484000	150000		634000	82070	158355	55317	14359	150000	460101
1976	395500	120000		518500	85571	180263	17472	11143	120000	414449
1977	406000	70000		476000	87606	184184	14939	12672	30000	369401
1979										

续表

年份	收入部分(元)				支出部分(元)					
	正常经费	基建维修	其他	合计	教职工薪俸	学生助学金	校产购置	办公费	基建维修	合计
1980	29640						64560		140000	
1981		200000		590000		168000			59000	
1982	482200	450000		932200	111612	163202	62380	84399	499131	920724.74
1983	737500	200000		937500	122991	174301	37701	10357	285170	723743.92
1984	793400			793400	140654	192272	53470	136513	125770	649127.07
1985	782300			782300	157158	221333	63220	131644	163695	737006.04
1986	858300	100000		958300	215957	180495	92526	202825	147693	837496.57
1987	838800			838800	221800	228552	39738	150437	102325	760854.27
1988	849800			849800	320592	235825	69467	212777	33543	872204.93
1989	885300			885300	333876	185383	46080	200339	86117	851796.39
1990	982560	290000		1272560	383351	241563	62751	217370	79622	984658.30
1991	993900	100000		1093900	390144	222742	42380	275125	65058	995450.16
1992	1199100		340695	1539795	470695	269212	67461	342900	388731	1539000
1993	1209900		232119	1442019	575567	324388	154940	331846	55278	1442019
1994	1855969		300000	2155969	958348	369696	228860	355862	245263	2158029
1995	2152669	200000	352096	2704766	1322833	422137	154705	339612	465477	2704765.67
1996	2037868		530000	2567868	1248198	457898	283455	326002	252315	2567868.44
1997	1984392	200000	680000	2864392	1432247	495557	164923	386135	385528	2864391.98
1998	1652230		1044864	2697095	1589590	498807	68922	400359	139416	2697094.6
1999	1781800		1760408	3542208	2256565	184184	229953	590012	65211	3507048
2000	2253200	150000	3250433	5653633	2987985	365305	119229	559609	1588619	5506032.87
2001	2584199	350000	3579138	6513339	3528632	250590	1167410	637458	926043	6513338.37
2002	3322300		3938810	7261110	3891374	301571		920169	1289449	7348811.7

1985 年后九江师范学校获奖项目（部分）

附表十四

荣誉称号	获奖时间	颁奖机构	备注
江西省文明学校	1985	江西省教育厅	
第一届全国中师健美操比赛团体二等奖	1994	第一届全国中师健美操比赛组委会	

续表

荣誉称号	获奖时间	颁奖机构	备注
邵逸夫先生第八批赠款工程（图书馆）评为二等奖	1997	国家教育委员会	
军民共建精神文明先进单位	1999	省委宣传部、省文明办、江西省教育厅	
全国第二届师范生化学科普知识竞赛先进单位	2001	中国教育学会化学委员会	
江西省首届中等专业学校学生艺术节师范组（乐器）二等奖	2002	江西省教育厅	
江西省首届中等专业学校学生艺术节师范组（声乐）二等奖	2002	江西省教育厅	
江西省校务公开先进单位	2003	江西省教育厅	
九江市文明单位	1997	中共九市委、市人民政府	
1998—1999 年度九江市文明单位	2000. 2	中共九市委、市人民政府	
2000—2001 度九江市文明单位	2002. 2	中共九市委、市人民政府	

1980 年以后九江师范学校校舍建筑一览

附表十五

序号	建筑名称	建筑面积（平方米）	造价（万元）	竣工时间（年）	备注
1	车库、临时办公室	262	2. 2	1980	已拆除
2	教学大楼	4735	68. 4	1981	
3	门房(北)	48	0. 76	1981	
4	学生宿舍(一)	1486	13. 5	1981	
5	教工宿舍(一)	1. 080	13. 6	1981	
6	水塔		2. 7	1982	
7	膳厅、厨房	1865	22	1982	
8	浴室、锅炉房	365	6	1982	
9	学生宿舍(二)	2100	22	1983	
10	教工宿舍(二)	1320	18	1983	
11	简易琴房(54 间)	120	1. 1	1983	
12	教工临时宿舍	200	1. 2	1984	已拆除
13	木工房	53	0. 67	1985	
14	老校长楼	350	5	1986	
15	(附小内)教工宿舍	750		1986	
16	零时仓库(平房)	80	1. 2	1988	

续表

序号	建筑名称	建筑面积（平方米）	造价（万元）	竣工时间（年）	备注
17	教工宿舍(二)	532	10.6	1989	加接的8套
18	电教(科技)楼	1870	54	1990	
19	简易音乐教室		2	1991	已拆除
20	花房	74	0.8	1992	
21	公共厕所	74	1	1992年	
22	莲花池教工宿舍	870	22	1993	
23	艺术楼	2450	95.4	1994	
24	大小里教工宿舍	580	拆迁还房	1994	
25	教工宿舍(三)	800	22	1994	
26	教工宿舍(四)	1160	41	1994	
27	逸夫图书馆	4159	260	1995	
28	南大门及附属门面	610	45	1996	
29	学生公寓(一)	1800	78	1996	
30	高讲楼	1080	40	1996	
31	车库	80	2.5	1997	
32	配电房	40	0.75	1997	
33	礼堂*食堂	3300	350	2000	
34	教工宿舍(五)	1160	45	2000	
35	学生公寓(四)	6200	256	2002	
36	综合楼	8320	600	2004	

附：

2006年4月二校合并时九江师范有关数据

一、校园面积：土地证面积为74211平方米（约112亩）。

二、校舍总面积：51900平方米。其中

1. 教学办公用房29800平方米；
2. 教师生活用房8900平方米；
3. 学生生活用房11600平方米；
4. 其他用房（澡堂锅炉户、门房、花房等）1600平方米。

三、学生人均（2003年）：地面38平方米，校舍26平方米。

四、教学仪器设备（2003年）总价值为1.5亿元。

五、馆藏图书 14 万册。

六、在校学生数：2451 人

七、在职教职工 151 人，其中：

高讲 56 人；讲师 30 人；助讲 20 人；

图书馆员 2 人；会计师 2 人；医师 1 人；护士 1 人；

主任科员 7 人；副主任科员 1 人；工人编制 27 人。

第五节　部分毕业生简介

● 朱克文

朱克文，女，江西九江人，生于民国七年（1918 年）。民国二十五年（1936 年）毕业于九江女子师范学校首届高师部。毕业后，由学校选送入上海大夏大学（华东师大前身）教育系学习。民国三十二年（1943 年）从该校毕业后，应九江女师校长熊恬要求回母校任教，执教的课程是心理学与教育学。

从 1950 年起，先后任副教导主任、教导主任、副校长，直到 1968 年九师停办。

曾任江西省政协委员、省妇女代表、地市妇联常委、市人大常委、市政协常委等职。1980 年，分别当选为九江市教育学会、心理学会理事长。受市教育局、教育学会的邀请，曾多次在全市教研组长以上的培训班讲授心理学与教育学，深得好评。

● 章丽曼

章丽曼，别名竹卿，生于民国十四年（1925 年）2 月，江西南昌岗上镇人。小学毕业后，考取九江女师幼师科，民国三十二年（1943 年）毕业。先后在江西铅山小学和重庆临江门小学任教，在重庆朝天门邮局做邮务员。抗日战争胜利后，曾任职于上海北站邮政局、上海邮政储金汇业局的财务员。在上海工作期间，经常写些文章，投稿，以弥补生活之不足。

1949 年上海解放后，考入上海华东新闻学院，毕业后曾任华东局铁路工人报记者。其丈夫原在国民党军队工作，随国民党败退到台湾。1950 年春，丽曼接受革命任务去台湾。到台湾后，开过杂货店，养过猪，也当过幼儿园的老师。1953 年 2 月被捕，同年 8 月 18 日就义于台北市青年公园外水源路之马场町，年仅 29 岁。

丽曼在台湾监狱中，深知自己肩负重任，备受酷刑，曾两次自杀以结束生命，但未遂。临刑前，执刑者要她喝高粱酒，她拒绝了。她说："我要做一个清清楚楚的鬼。"要她下跪，她也拒绝了，她说："我对得起国家，对得起民族；上对得起天，下对得起地，我是无罪的。"

章曼丽的骨灰已运回大陆。中华人民共和国民政部 2011 年 1 月 10 日，签发了《革命烈士证明书》："章丽曼同志因执行革命任务，壮烈牺牲，经批准为革命烈士……"骨灰安葬于南昌市革命烈士陵园。

● **周　奇**

周奇，又名麒，字若谷。民国二十年（1931 年）12 月 16 日出生于江西省瑞昌县湓城镇。1949 年 9 月经县人民政府保送入九江师范学校高师班就读。1950 年 12 月，赴湖口县参加土地改革。次年 2 月，第一期土改结束，被湖口县委留下参加工作，任团县委秘书。1952 年调青年团九江地委工作。1954 年加入中国共产党。同年 10 月，被选送至中央团校中南分校学习，次年 1 月结业后留校任教。同年 9 月，调到团中央，分配在中国青年出版社做编辑工作，先后任助理编辑、编辑、编辑室副主任。1981 年主持创办《青年文摘》，任主编。1985 年 11 月，调任中国工人出版社副总编辑。次年 1 月，任出版社党组副书记、副社长、总编辑，主持全社日常工作。1987 年，全国出版系统首次评定出版专业技术职称，被评定为编审（正高职称）。

1994 年 8 月退休。应中国出版工作者协会之邀，筹备“全国出版校对工作研究会”。会后主持组建“校对研究委员会”，并被选为主任。同年，应邀参加中国老教授协会，并当选为理事，主持组建编审委员会。2002 年在第四次全国出版工作者代表大会上当选为中国出版工作者协会常务理事。主持制订了《图书校对工作基本规程》《图书编校质量差错认定细则》，著作有：《图书编辑学概论》《成人大学编辑专业讲义》《实用图书编辑学》（合著）、《外国出版概况》（合著）、《现代校对学概论》《话说汉字》《现代编辑汉字识读用辨析》《编辑阅读与校对阅读之比较研究》。另主编《现代新闻出版编校实用手册》等，在报刊上发表专业论文 50 余编。审读并加工《中国特色社会主义理论体系研究》（中国社会科学院邓小平理论研究中心重点研究项目）、《西方马克思主义理论研究》（国家哲学社会科学“九五”规划重点项目）、《当代资本主义与世界社会主义》。前两部获国家“五个一工程”图书奖，后一部获国家图书奖。

● **郭佩兰**

郭佩兰，女，湖北黄梅人，生于民国二十二年（1933 年）。1949 年在九江女师初中部毕业后升入高师（后称中师）。1950 年冬，到星子县参加土地改革。1951 报名参军，成为中国人民解放军装甲部队中的一员。1953 年脱下军装，进入唐山铁道学院学习。毕业后一直在铁路建设战线上工作。1987 年评为铁道部高级工程师。1994 年退休。

● **谢天佑**

谢天佑，男，黄梅县小池人，民国二十一年（1932 年）3 月 5 日出生，1952 届校友，华东师范大学教授。解放后考入九江师范学校，1952 年毕业，同年考入武汉华中师范学院历史系。1955 年加入中国共产党。1956 年考入华东师大历史系中国通史研究班。1959 年 1 月留校任教师。历任教研室秘书、政治副主任、主任、古代史教研室主任、华东师范大学学术委员会委员、中国农民战争史研究会副理事长兼秘书长、上海市历史学会常务理事。

主要著作有《中国农民战争史》（上海人民出版社 1981 年）、《秦汉经济政策与经济思想史稿》（华东师大出版社 1989 年，1992 年获得高等学校出版优秀学术专著特等奖）、《专制主义统治下的臣民心理》（中华书局香港有限公司 1989 年、吉林文史出版社 1990 年）。

1988年4月26日病逝。他生前多次说过："我学业上的成就是植根于九江师范这块沃土之中。"他逝世之后，他的家人按照他的遗愿，将他的藏书与所获的各种荣誉证书，全部捐献给九江师范图书馆。

● **李会滨**

李会滨，男，江西都昌县人，民国二十三年（1934年）出生，1953届校友，华中师范学院教授。1950年秋考入九江师范学校。1953年中师毕业，被选送华中师范学院政治系深造。

1956年7月大学毕业后，留校任教。发表论文数十篇，主要的有：《论普遍贫穷的假社会主义的欺骗性和反动性》《我所理解的马克思关于共产主义社会的设想》《用科学的态度看待革命理论》《社会主义初级阶段和阶层分析》《工人阶级执政党建设的历史经验》《社会主义必将从低谷走上复兴之路》《二十世纪社会主义的基本经验》《二十一世纪社会主义前景瞻望》。主编著作有：《科学社会主义》《论有中国特色的社会主义》《中国社会主义建设》《中国政治体制改革的理论与实践》《中国社会主义10论》等。主持完成了国家社会科学"九五"重点规划项目的最终成果《社会主义：20世纪的回顾与前瞻》一书。该书荣获中宣部"五个一工程"的"一本好书"奖。

● **黄济华**

黄济华，湖北黄梅县人，民国二十三年（1934年）10月20日出生，1955届校友，华中师范学院教授。1951年春，到九江师范插班读书，1953年简师毕业，升入中师二年级续读。

1955年中师毕业被选拔参加高考，考入华中师范学院中文系。1959年毕业后，留校任教。相继出版的著作和参编的著作有《夏尊丰子恺作品欣赏》《文学名篇选读》《中国当代文学》《中国当代文学采英》《当代文学创作潮流》等十余部，发表论文数十篇。退休后仍笔耕不断，出版了著作《憨夫诗文选集》（长江文艺又出版）、《当代文学审鉴卮言》（华中师范大学出版社）。

● **余隆禧**

余隆禧，民国二十三年（1934年）2月生于江西九江，祖籍湖北黄梅。国家二级作曲家。任职于九江市文联文艺创作室。系中国音乐家协会会员、江西戏剧家协会会员、江西戏曲音乐学会理事、《赣北音乐报》副主编等。

1955年毕业于江西九江师范学校。先后任职于九江市双峰小学、九江专区采茶剧团、九江市歌舞团、九江市文联。从小爱好音乐，学习音乐，毕生工作亦是音乐。1956年调九江专区采茶剧团工作，其间，先后搜集、记录、整理了《武宁采茶戏》的传统音乐唱腔及大量民歌资料，并对该剧种音乐进行改革、创新，使濒临灭绝的武宁采茶戏获得新的发展。在剧团工作二十余年，为剧团日常演出编曲、作曲的剧目逾百部。主要剧目有古装戏《金印配》，历史戏《浔阳江涛》，现代戏《丰收之歌》，歌剧《捞草迎亲》，舞蹈音乐《打湖草》等。灌有《党的女儿》等戏曲音乐唱片及《庐山，可爱的家乡》等歌唱盒带及《浅析北腔的传统表现手法》等音乐论文。1982年调文联后，音乐创作由戏曲转向群众歌曲。曾在国家级、省级音乐刊物上发表新歌百件以上。其中：《祖国，我与你生死相依》《农家笑哪里来》等数十首分别获全国和省级征歌奖。《光荣属于新时代的改革者》《山里的春天》等歌被选编人《中外少年儿童歌曲大全》《中国优秀中小学生歌曲集》等三十多部音乐专辑。歌曲《山乡的彩云》《如今家乡山连山》《牛角弯弯》及《哈哈镜》被选编人全国中、小学音乐课本及钢琴考级教程作教材。出版有《武宁采茶戏》音乐及《余隆禧音乐作品选》。

● **金之昌**

金之昌，回族，江苏镇江人，民国二十四年（1935 年）9 月出生，1953 届校友。中学高级教师、国家田径二级裁判员，1992 年获“全国优秀体育教师”称号。

1950 年秋，考入九江师范学校。1955 年 4 月，在校加入中国共产主义青年团。师范毕业后一直在中学和九江师范学校执教体育课。1982 年成为中国体育科学学会会员。1992 年荣获国家体委、教育部等部门授予“全国优秀体育教师”的金质奖杯和证书。曾参加体操、田径十项全能运动员的国际邀请赛、受世界联合国国际老年人联合会主席 VaianeiaFomm 邀请参加国际老年人学术会、（九江）国际龙狮文化高层论坛、亚太地区“夕阳金辉”国际学术研讨会。

撰写论文、论著八十余万字。主要作品有：《知识经济时代与学校体育发展》《老年人爱美善长寿》《弘扬中华养生人文科学，树立老年人科学发展观》《中国（九江）长江龙狮与现代体育价值之光华》《退是夕阳人生的起点，休是善待生命的开端》。主持国家级课题《全脑型体育理论与实践》《中国大学生野外生存研究》的子课题，并荣获中央教育科研所、国务院的一、三等奖。这些科研成果，均为新中国成立后九江市学校体育首创的国家级课题。

先后多次获得市“先进个人”“优秀分子”“积极分子”等荣誉证书。业绩分别载人《中国当代教育教研成果概览》《中国当代体育教师大辞典》。个人先进事迹曾在《中国体育报》《中国教育报》《光明日报》等五家报刊上多次报道。

1995 年退休后，仍担任九江市体育科学学会常务副理事长、中国学校野外生存研究会理事、中国教育学会体育专业委员会十四城学校体育研究会理事、江西省《科普大使》，九江市老年体育科学学会理事、庐山风景区石门涧有限公司野外生存培训基地主任。

● **帅焕文**

帅焕文，男，庐山海会人，民国二十三年（1934 年）9 月出生，1956 届校友。1956 年九江师范毕业后，考入江西师范学院中文系。1960 年毕业，留校任教。1970 年后任江西人民广播电台编辑、记者、江西省委写作组成员。1983 年春调回母校江西师大，先后任党委委员、党办主任、副校长等职。1990 年，任江西省文学艺术界联合会党组书记兼文联常务副主席。1995 年任江西省人民政府决策咨询委员会常委。

一生爱好写作，发表有关美学、文艺理论、诗歌等方面的文学评论，以及新闻、旅游和政治等方面作品百余万字，有的被有关书籍收版。年届七十时出版专著《艺海偶拾》。

● **李　彪**

李彪，江西九江人，民国二十四年（1935 年）11 月出生，1956 届校友，九江学院教授。1956 年九江师范毕业。1960 年江西师范学院毕业。1960 年 7 月分配到九江师范学校任教。1977 年调九江师专任中文系主任，1988 年任学校高教研究室任主任。享受国务院政府特殊津贴，为国家级突出贡献专家。曾任江西现代文学研究会副会长、江西当代文学学会理事。长期从事师范教育与科研工作。发表鲁迅研究、文学评论和教育研究等论文 100 余篇。代表作有：《鲁迅悲剧艺术论稿》《论鲁迅小说的乡土色彩》《略论周作人的早期妇女观》等。专著《鲁迅悲剧艺术论稿》被列入中华社会科学基金项目，南京大学出版社出版。该书被中国现代文学馆、北京鲁迅博物馆、上海鲁迅纪念馆、江西文学研究文库珍藏。这部专著的出版，填补了鲁迅研究领域中的一个方面的空白。该书和《鲁迅的教育实践与教育思想论纲》等 8 篇论文，曾获江西省级二、三等优秀成果奖。主编《校县共育综合教育改革理论与实践》，被列入世行贷款“师范教育发展”项目改革课题，江西高校出版社出版，获国家教委二等奖，江西省教委一等奖。其传略被诸多名人辞典收入。

● **王一民**

王一民，江西湖口县人，民国二十七年（1938 年）出生，1957 届校友，国家一级编剧。1957 年毕业于九江师范学校，曾任教师、记者、文艺刊物编辑、专业剧团编剧、专区戏研室创作员、九江市文化局副局长、九江市影视艺术中心主任等职。系中国作家协会会员、中国电影家协会会员。1988 年评为江西省劳动模范，1991 年享受国务院津贴。

文学艺术创作硕果累累，主要作品有：诗集《鄱湖渔歌》；戏剧《捞草迎亲》《小姑与鼓郎》（歌剧）、《前赴后继》《红花草》（话剧）、《向前看》《光辉的道路》（戏曲）等；电影编剧并拍成影片五部：《乡情》（1981）获得 1982 年度文化部优秀影片，第五届大众电影百花奖最佳故事片奖，《乡音》1982 年拍摄发行，获得 1983 度年文化部优秀影片奖，第四届中国电影金鸡奖最佳故事片奖，《乡思》1983 年拍摄发行、《家庭琐事录》，1984 年拍摄发行。《果实》，2005 年拍摄发行（此剧与宜丰人合写）；电视剧编剧十六部：《不明来历的姑娘》《生活不是谜语》《背水一战》《聊斋》剧六部：《陆判》《阿绣》《荷花三娘子》《地府娘娘》《杀阴曹》《书痴》；《七星镇二妖》《情剑奇缘》，《李方哥卖酒》《人情恩怨》《县委书记》《魂牵柳桥镇》《云梦庐山》，均已拍摄播出。作为制片人拍摄了电视剧七部：《施耐庵梦断浔阳楼》《生活不是谜语》《背水一战》《满天风雪》《心里有阳光》《魂牵柳桥镇》《云梦庐山》共 46 集，均已在各级电视台播放。

● **曹志成**

曹志成，江西都昌人，民国二十六年（1937 年）1 月出生，1957 届校友，南昌陆军学院教授，享受国务院特殊津贴。1957 年毕业于九江师范。以后在省委党校、军政大学（国防大学前身）、中央党校进修过。入伍前任江西省湖口县文联秘书、宣传部干事、党校理论教员。入伍后任战士、班长、排长、师宣传科干事、副科长、教研室教学组长、副主任、主任、师职教员。1988 年破格评为全军首批哲学教授。

先后担任过中国军事辩证法学会理事、中国自然辩证法学会会员、中国生产力经济学会会员、全军政治教员高职评委会委员、南京军区人口中心主任、南京军区暨陆军学院高职评委会副主任、江西省社联理事、省经济学会暨生产力经济学会常务理事、省社科院特约研究员、福建省老子研究会顾问。

主编和参编教材多本，发表论文近200万字。主编的《中国一百个军事家》获全国、华东、省级三个一等奖。《论军事辩证法的基本问题》（论文）获江西省哲学会一等奖。《关于古典自由观与现代自由观对接的可能性－哲学之父老子自然无为自由论的包容度》（论文）获中国鹿邑老子学会颁发的“李耳文学晨光奖”一等奖。

曾荣获全国高校优秀思想政治工作者称号，评为全军优秀教员，记三等功一次。享受国务院特殊津贴。业绩被收入《中国专家大辞典》第三卷、《全军院校名师大典》《当代江西学人略传》等辞典。

● 包燊荣

包燊荣，江西泰和人，民国二十九年（1940年）出生，1958届校友，1956年九江二中毕业后保送九江师范学习。1958年提前毕业，保送九江大学。1960年九大毕业，被派送江西工学院进修两年。先后在九江师范、九江师专、九江电大执教。在国家级刊物发表论文《纹影技术》等20多篇，正式出版《物理实验简明教程》，被全国百所师范院校采用。发明“激光投影示波器”（中国专利）获全国发明展览银牌奖，国际发明展览铜牌奖，江西省政府颁发的科技进步三等奖。发明“塑膜充气飞龙”（中国专利）在北京、青岛、杭州、三亚、岳阳、九江等地重大庆典活动开幕式上放飞表演，获得中外友人一致好评，并被评为九江市首批科技拔尖人才，共获中国专利三项。

曾任九江师专科技开发办主任（法人）、九江市科委副主任、九江广播电视大学副校长、民盟九江市委会副主委、九江市政协常委、江西省人大代表、九江市人大常委。中国发明协会会员、江西省发明协会首批委员、全国师专物理实验学会副理事长，中科院大气物理研究所外聘研究员。

● 吴清汀

吴清汀，江西湖口人，民国三十四年（1945年）12月生，1966届校友，国家一级作家。1966年于九江师范毕业，先后在机关、工厂宣传部门工作过。1980年调九江市文联从事专业文学创作。现为中国作家协会会员、九江市文联副主席，九江市作家协会主席，省政协委员。

1981年开始在全国各地公开发表文学作品，迄今已出版文学作品集26部，电视文学剧本20集，代表作品有：《牛和尚接亲》《老表嫂子》《哭嫁》《天道皇皇》《早春的田园》《长城作证》《人间清浊》《她，失落在梦中》《催云追月》《玉蜻蜓》《人生旅途》《吴清汀故事集》《名城九江》《长河丰碑》（合著）、《人间奇迹》（合著）、《中围魅力城市—九江》（主编）、《春之梦》等，共计600余万字。

曾获江西省政府优秀文艺作品二等奖，华东首届优秀图书一等奖，上海故事一等奖。全国故事创作奖、江西省谷雨文学奖，九江市政府优秀文艺作品一等奖等多种奖项。被评为江西省先进文艺工作者，九江市政府“优秀专业技术拔尖人才”，享受省政府有突出贡献专家特殊津贴。1992 年享受国务院特殊专家津贴。

● 段火香

段火香，女，江西九江人，1955 年 10 月出生，1979 届校友。

曾获全国劳动模范、全国优秀教育工作者 称号。

1980 年 2 月毕业于九江师范英语专业，分配到九江市五中（现外语学校）任教。1995 年开始任副校长、校长。

在她任校长期间将一所普通薄弱完中发展为江西省重点建设中学，成为九江具有外语特色的名校。学校先后被评为市文明单位，省级Ⅷ代教育技术示范校，全国外语实验校，国家汉语国际推广中小学基地。学校先后与澳大利亚凯尔罗中学、贝尔格瑞中学和新加坡新华中学结为“友好学校”，定期互派师生访问留学，先后聘请 30 多位外籍教师到校任教，接收德国、意大利、挪威、马来西亚、哥伦比亚、澳大利亚等国留学生到校学习，使学校成为九江市对外交流的重要窗口和重要渠道。

段火香先后被评为九江市优秀共产党员，九江市劳动模范，2004 年省模范教师、2005 年全国劳动模范、2006 年省优秀校长、2007 年全国优秀教育工作者、2010 年省劳动模范。

● 陈前瑞

陈前瑞，男，1967 年出生，江西瑞昌市人，文学博士。1982 年至 1985 年在九江师范学校普通班就读，毕业后考取华中师范大学中文系语言学专业硕士研究生。2003 年在华中师范大学取得汉语言文字学专业的博士学位，并在北京大学中文系从事博士后研究（2006—2008）。

现为北京语言大学对外汉语研究中心研究员，硕士生导师，担任研究室主任及《世界汉语教学》杂志编辑等工作，主要研究汉语语法学与儿童语言习得，承担国家社科基金、中国博士后科学基金等多个研究课题，主要著作有《汉语体貌研究的类型学视野》《语言的理解与发生》（第二作者）。发表论文 30 余篇，有 4 篇论文获得北京语言大学科研报告会的奖励。先后在日本、新加坡、法国及我国香港地区出席学术会议、从事学术交流。

他曾感言，“三年师范教育塑造了自己的学术品位、激励了自己的上进心、磨砺了自己的意志，才有可能在日后的自学道路和学术研究上游刃有余，不断向上”。

● 李成威

李成威，1977 年 11 月出生，江西省星子县人，1992 年至 1995 年就读于九江师范学校。2004 年 7 月毕业于中央财经大学财政学专业，获经济学博士学位。2004 年 8 月至今在财政部财政科学研究所从事财政科研工作，主要研究方向为财政基础理论，同时参与财政政策研究。2004 年 8 月任助理研究员，2006 年晋升为副研究员。曾担任财政部世界银行技援项目《公共财政覆盖农村》的项目执行顾问和咨询专家。

2004 年以来，先后主持或参与国家级、省部级课题 30 多项。其中主要的有：全国人大预算工委中澳管理项目《社会保障预算及其对可持续财政管理的长期影响——中国社会保障预算研究》研究，并赴澳大利亚对其相关问题进行了考察、参与全国人大财经委《财政风险和财税体制》课题研究，研究成果得到吴邦国、温家宝等党和国家领导人的批示，参与财政部重点课题《公共产权收入与优化财政收入结构》课题研究，参与财政部重点课题《政府间事权配置》课题研究，参与国家开发银行《开发性金融》大型课题研究；主持财政部课题《城乡税制一体化》课题研究。出版个人专著1部，合作教材、著作和译著各1部。发表论文30余篇、发表《研究报告》20余篇。获财政部优秀成果一等奖1项，二等奖1项，鼓励奖2项。

● **王文敬**

王文敬，男，汉族，民国二十五年（1936年）9月出生，江西九江人，1954届校友。1951年9月—1954年7月在九江师范学校学习；1954—1957年，都昌实验小学任教；1957—1960年，都昌县委宣传部文教干事；1960—1962年，江西省委党校学习；1962—1966年，都昌县文教局局长；1966—1971年，下放劳动；1971—1973年，都昌县周溪乡党委书记；1973—1975年，都昌县革委会抓促部办公室主任；1975—1979年，九江地区京剧团副书记、团长；1979—1981年，中共九江市委办公室主任；1981—1989年，历任浔阳区区长、区委书记；1989—1994年，九江市副市长；1995—1999年，九江市人大常委会副主任。

● **张　影**

张影，男，汉族，民国二十七年（1938年）9月出生，湖北黄梅人，1958届校友。1952年9月—1958年7月在九江师范学校学习；1958—1960年，永修白槎小学、中学教师；1960—1964年，永修县委秘书；1965—1967年，任永修三角公社党委书记，县委常委；1968—1972年，下放劳动；1972—1979年，历任九江市劳动局科长、副局长；1979—1988年，任九江市劳动局局长；1988—1993年，任九江市政府副市长、市委常委；1993—1998年，任九江市委副书记。

● **段德虞**

段德虞，男，汉族，民国二十七年（1938年）11月出生，江西都昌人，1958届校友。1956—1958年，九江师范学校学习；1958—1960年，九江大学学习；1960—1962年，九江大学党委干事；1962—1968年，九江科委科员；1968—1971年，九江地区革委会内务组干部；1971—1980年，历任九江民政局科长、副局长；1980—1987年，星子县委副书记、县长；1987—1993年，九江市委宣传部部长；1993—2001年，历任九江市委统战部部长、市政协第一副主席。

● **张金林**

张金林，男，汉族，民国三十一年（1942年）6月出生，江西九江人，1959年8月于九江师范师训班毕业，同年参加工作。

1959年9月参加工作，历任九江县大桥中小学校教师、开天小学校长；九江县狮子公社雨淋小学校长；九江县大桥中学革委会副主任；九江县江洲公社人武部长；狮子公社党委副书记、人武部长；港口公社党委副书记、书记；中共九江县委副书记、县长；中共武宁县委书记，武宁县人民武装部第一政委；九江市副市长；九江市人大常委会副主任。

● **华金国**

华金国，男，汉族，1955 年 2 月出生，江西瑞昌人，1976 届校友。1972 年 9 月参加工作，中共党员，中央党校研究生毕业；1972 年 9 月，瑞昌洪一学区教师；1974 年 8 月—1976 年 8 月九江师范中文科学生；1976 年 8 月起，历任瑞昌县肇陈中学教师、副校长；1984 年 7 月起，历任瑞昌县委办公室秘书、副主任、机要科长、政研室主任；1990 年 4 月，任九江市委政研室经研科长；1991 年 10 月，任九江市委政研室副主任；1994 年 12 月，任九江市委副秘书长（正县级）；1999 年 3 月，任德安县委书记；2002 年 4 月，任九江市委常委、德安县委书记、共青城开放开发区党委书记；2002 年 6 月，任九江市委常委、共青城开放开发区党委书记；2004 年 11 月，任九江市委常委、农工部部长；2006 年 2 月，任九江市委常委；2006 年 11 月，任九江市委常委、秘书长；2006 年 12 月，任九江市委常委、秘书长、统战部长，市政协党组副书记；2009 年 4 月，任九江市委常委、秘书长、组织部长、统战部长，市政协党组副书记；2009 年 9 月，任九江市委常委、组织部长；2010 年 9 月，任九江市委常委；2011 年 9 月，任九江市人大常委会党组书记、主任。

● **汤瑞琪**

汤瑞琪，男，汉族，1955 年 10 月出生，安徽颍上人，1978 届校友。

1975 年 1 月参加工作，中共党员，大学毕业。

1975 年 1 月，彭泽县太泊湖乡一大队完小教师、校长。

1976 年 10 月—1978 年 7 月在九江师范学校政治专业学习。

1978 年 8 月起，历任九江师范政治教师，校团委书记，教导处副主任；

1985 年 9 月至 1987 年 7 月，江西省委党校理论班哲学专业学习；

1989 年 5 月起，历任九江市纪委副科级、正科级纪检员，宣教室副主任。

1995 年 9 月，任九江市纪委干部室主任；

1999 年 11 月，任九江市纪委常委、干部室主任；

2002 年 4 月，任九江市纪委副书记、干部室主任；

2004 年 2 月，任九江市纪委副书记，九江市政府党组成员、市监察局局长。

2011 年 9 月，任九江市人大常委会党组成员、副主任。

● **宋才火**

宋才火，男，汉族，1952 年 7 月出生，江西省星子人。1978 届校友。大学本科。

1976 年 11 月至 1978 年 7 月在九江师范学校政治班学习。

历任：

德安县二中校长；

德安县政府办公室主任；

中共德安县委常委、县纪委书记；
中共武宁县委副书记、县委书记；
九江市人民政府副市长；
中共新余市委常委、政府副市长；
中共新余市委副书记、政法委书记；
中共江西省委政法委副书记（正厅级）；
省人大常委会委员、法制委副主任委员。

● **陈　晖**

陈晖，男，汉族，1952 年 8 月出生，江西彭泽人，1973 届校友。

1972 年 2 月—1973 年 8 月在九江师范学校学习。

1973 年 9 月至 1987 年 4 月，任彭泽县和团公社团委书记、泉山公社党委副书记、棉船乡党委书记。

1987 年 4 月至 1990 年 4 月，任中共彭泽县委常委，政法委书记。

1990 年 4 月至 1992 年 9 月，任中共彭泽县委常委，副县长。

1992 年 9 月至 1994 年 10 月，任中共湖口县委副书记，县长。

1994 年 10 月至 1996 年 10 月，任中共湖口县委书记。

1996 年 10 月至 2006 年 12 月，任九江市人民政府副市长。

2006 年 12 月至 2011 年 8 月，任市政协副主席。

2011 年 8 月至 2012 年，九江市政协巡视员。

● **李　伟**

李伟，男，汉族，1953 年 10 月生，江西湖口县人，1973 届校友。

1972 年 2 月—1973 年 7 月 在九江师范学校学习；

1973 年 9 月参加工作，历任共青团九江市委副书记、书记，中共庐山区委副书记（正处），九江市人民政府副秘书长兼市文明办主任，九江市人民政府副秘书长（正处），九江市人民政府市长助理。2006 年 12 月，九江市人民政府副市长。

● **熊志杰**

熊志杰，男，1963 年 1 月出生，江西九江县人，高级工程师，1981 届校友。现任五七二七厂厂长、总经理、江西长江玻璃纤维有限公司董事长、九江福莱克斯公司董事长

1979 年 9 月—1981 年 7 月　九江师范学校学习

1981 年 9 月—1985 年 8 月　任五七二七厂宣传科干事

1985 年 8 月—1989 年 8 月　任五七二七厂团委书记

1989 年 8 月—1996 年 1 月　任五七二七厂引进分厂党支部书记、厂长

1996 年 1 月—2004 年 7 月　任五七二七厂副厂长

2004 年 7 月—2009 年 12 月　任五七二七厂副厂长、副总经理、江西长江玻璃纤维有限公司总经理

2009 年 12 月—至今　任五七二七厂厂长、总经理、江西长江玻璃纤维有限、公司董

事长、九江福莱克斯公司董事长

● **蔡锦军**

蔡锦军，男，汉族，1968年11月生，江西九江人，1986届校友。

1986年8月参加工作，研究生学历，文学硕士，记者。现任广西壮族自治区委副秘书长。

1983.09—1986.07　九江师范学校学习

1986.09—1988.07　江西九江县马回岭中学教师

1988.09—1990.07　江西教育学院中文本科班学习

1990.09—1993.07　广西师范大学中文系中国古代文学专业学习

1993.07—1996.01　广西北海市《北海日报》社记者、新闻部副主任

1996.01—2001.12　广西北海市委办公室综合科干部、科长、副主任

2001.12—2003.02　广西合浦县副县长

2003.02—2004.05　广西北海市科学技术局局长、党组书记

2005.06—2006.08　广西北海市科学技术局局长、党组书记，市工业园区管委会主任、工委书记，市高新技术产业园区管委会主任（兼）

2006.09—2008.12　广西贵港市委常委、统战部部长，市江南工业园管委工作委员会书记

2008.12—2011.08　广西贵港市委常委、政法委书记，市江南工业园管委工作委员会书记

2011.09—2013年9月，广西贵港市委常委、市人民政府党组副书记、副市长

2013年11月，广西壮族自治区党委副秘书长、办公厅副主任。

● **严柏林**

严柏林，男，汉族，1954年6月出生，福建省福州市人，1973届校友。本科毕业，江西省特级教师。

1972年2月至1973年7月在九江师范学校学习。

1973年起，先后在九江市发电厂子弟学校、庐山区十里学校、九江市一中任教。1979年进入九江市第六中学，先后担任年级组长、教研组长，中学物理高级教师。

1992年参加江西省第一届教师优质课比赛获得一等奖，并在华东六省一市的物理研讨会上展演一节优质课，受到与会同仁的高度赞扬。

1997—2000年主持世界银行贷款第二个贫困地区基础教育发展改革重点课题——初中物理边教边学边实验的课题研究工作（已结题），并获得省级优秀课题奖。他主编和编写教学用书，共17册。2000年和2002年他曾两度参加全省中考试题的命题工作。

2007年获江西省特级教师。

● **罗淑霞**

罗淑霞，女，江西九江人，1952年8月出生，1977届校友。全国优秀教师、省优秀教师、特级教师。

1972.9—1975.12　庐山区海会乡任民办教师

1976.2—1977.7　九江师范学校学习

1977.9—1981.7　庐山区海会中学教师

1981.9—2004.7　庐山小学教师、教导主任、副校长

2004.9—2007.9　庐山教育科学体育局工作

1993年评为“江西省优秀教师”；1995年评为“全国优秀教师并授予全国优秀教师奖章”；1999年评为江西省特级教师；2006年5月授予“中华社会各界先进工作者”。

● **黎杜玲**

黎杜玲，女，江西九江人，1954年3月出生，1978届校友。全国劳动模范、特级教师。

1977年3月—1979年7月在九江师范学习

1979年9月分配到九江市双峰小学任教，先后担任教导处主任、副校长，小学数学特高级教师职称。1989年获全国劳动模范，2007年获江西省特级教师称号。

● **李茂兰**

李茂兰，女，江西九江人，1957年4月出生，1979届校友。全国劳动模范、“全国十杰中小学中青年教师”提名奖。

1978年3月—1979年12月在九江师范学习；

1980年2月分配到九江市双峰小学任教，先后担任主任、副校长，小学数学特高级教师职称。1984年获全国优秀少先队辅导员（团中央、国家教委表彰），1991年获全国教育系统劳动模范并获及人民教师奖章。1996年获第二届“全国十杰中小学中青年教师”提名奖。

● **谢玉兰**

谢玉兰，女1956年出生，江西九江人。1980届校友，本科学历。江西省特级教师。

1978年3月—1979年12月在九江师范学习；

1980年分配到九江三中工作，先后评为江西省优秀班主任，获“果喜”奖，江西省优秀教师等称号。中学英语高级教师职称

2007年评为江西省特级教师。

● **涂俊珂**

涂俊珂，女，江西九江人，1976年2月出生，1993届校友。江西省特级教师。

1991.9—1993.7在九江师范学校学习；

1993年9月分配到九江市双峰小学从事数学教学工作，本科学历，小学数学特高级教师，2008年被评为江西省首批小学数学学科带头人，2011年被评为江西省特级教师。

● **汪保祥**

汪保祥，男，安徽人，1966年11月出生，1985届校友。本科，小学特高级教师，九江市十大杰出青年，全国优秀教师。

1982年9月至1985年7月在九江师范学校学习；

1985年8月参加工作，先后任九江小学（原九江师范附属小学）教师、副校长、校长。中共九江市第九届、第十届党代会代表，政协九江市第十四届委员。主持完成全国教育科学“十五”规划教育部重点课题2项、省级课题1项；参与编写修订教材、教辅多册；在《小学德育》《江西教育》等刊物发表论文10余篇。曾获九江市十大杰出青年、省优秀中小学校长、全国优秀教师称号。

● **赵　涌**

赵涌，女，江西九江人，1968年12月出生，1986届校友。本科，小学语文特高级教师，国家级普通话测试员、江西省特级教师。

1983年9月至1986年7月在九江师范学校学习；

1986年9月参加工作，先后任九江小学（原九江师范附属小学）教师、副校长。主持完成国家级课题两项，发表及获奖论文40余篇，多次为中央电教馆、省小学语文专业委员会等提供优秀课例，六节录像课在《江西教育资源网》上分享。

曾获市教学明星、省师德师风先进个人，江西省农村教师国培计划辅导教师、国家级普通话测试员、江西省特级教师称号。

● **彭　莹**

彭莹，女，江西九江人，1970年10月出生，1987届校友。本科，江西省特级教师。

1984年9月至1987年7月在九江师范学校学习；

1987年9月参加工作，先后在九江小学（原九江师范附属小学）任教，主持及参与国家、省市级课题5项。撰写的十余篇文章在《小学数学教育》《小学教学研究》等刊物发表，多次承担骨干教师“国培计划”的培训讲座任务。曾获市学科带头人、市优秀拔尖人才、省骨干教师、江西省特级教师等称号。

● **万里春**

万里春，女，江西九江人，1971年3月出生，1989届校友。小学特高级教师，江西省特级教师。

1986年9月至1989年7月在九江师范学校学习；

1989年9月参加工作，先后在九江小学（原九江师范附属小学）任教师、副校长。其执教的课例曾获国家级、省、市级一等奖，主持及参与国家级、省市级课题6项，论文、课例、课件40余次获奖，在国家、省市级刊物发表论文50余篇，教育期刊《小学教学 数学》杂志封面人物。

曾获全国“引探教学积极分子”“新世纪教材实验优秀教师”“课改杰出教师”“江西省特级教师”称号。

● **宋孝燕**

宋孝燕，女，1969年12月出生，江西九江人，1989届校友。本科，江西省特级教师。

1986年9月至1989年7月在九江师范学校学习；

1989年9月分配到九江市学洲小学任教，主持市级课题2项，发表论文十余篇，曾获九江市骨干教师、江西省模范教师、江西省特级教师称号。

合并前的江西庐山旅游中等专业学校

江西庐山旅游中等专业学校成立于2004年6月。

2005年10月9日，经中共九江市委常委会议研究决定，江西庐山旅游中专与九江农业学校合并，挂江西庐山旅游中等专业学校的牌子，隶属九江市教育局主管，保留九江农业学校建制，以原九江农业学校住址为主校区，原九江市财贸职业高级中学为东校区。

2009年3月，江西庐山旅游中等专业学校整体划归九江职业大学，3月至8月为整体并入过渡期。

第一节　江西庐山旅游中等专业学校

一、学校成立

江西省庐山旅游中等专业学校于2004年6月江西省人民政府办公厅批复九江市财贸职业高中升格更名，由职业高中教育转为中等职业教育。2005年5月9日，经九江市人民政府研究同意，将九江市农业学校与九江市财贸职业高中合并成立江西庐山旅游中等专业学校，并形成申报材料，由市政府向省政府报批。省政府经审查调研后，同意两校合并成立江西庐山旅游中等专业学校。

2005年8月18日，九江市教育局副局长胡建明在九江农业学校5楼大会议室召开两校合并的第一次全体教职工大会，宣布赵余才任书记，梅芳田主持行政工作，学校临时班子由赵余才、梅芳田、龚春生、伍国强、黄光福、诸秋南、罗平西、刘皓（援疆干部）组成。

2005年10月29日，根据2005年10月9日九江市委常委会议纪要第58号及2005年5月9日九江市人民政府常务会议纪要第15号的决定，九江农业学校与九江财贸职业高中合并，正式挂牌成立“江西庐山旅游中等专业学校”。新校为副处级市财政全额拨款事业单位，保留九江市农业学校建制，以原九江市农业学校住址为主校区，九江市财贸职业高级中学为北司路校区。学校隶属九江市教育局主管。

二、办学特色

2005 年 8 月 18 日，江西庐山旅游中等专业学校成立后，在市委、市政府亲切关怀下，在市教育局的领导下，创新工作思路，着重做了如下工工作。

校园环境的改善　学校充分利用九江市教育局下拨专款 300 多万元，对校园建筑的外墙及屋面整体进行装修，外墙漆整体出新，屋面加盖钢瓦，内墙重新粉刷，门窗、地面进行了维修。同时还争取到了省、市对学校的投入，新建了一栋 2853 平方米的实训楼，完成九江农业学校一栋 2600 平方米学生宿舍的扫尾工程，办学条件得到了改善。

加大招生宣传力度　学校发动全校师生开展招生工作，组成若干个招生小组赴全省各地和湖北黄梅、安徽宿松宣传招生，扩大生源来源，取到了较好的成效。到 2008 年秋季，学校实现三年制中专在校学生达 1900 余人。

适应市场需求　学校决定增开酒店管理、旅游管理、旅游英语、模具、数控、园艺花卉等专业，增强专业对经济社会发展的适应性，也增加了招生工作的社会适应性。

提高教师业务水平，加强学校内涵建设，提升学校办学水平　两校合并后到 2008 年底，先后派出 60 多人次到各高职院校进行专业学习，到企业学习技能。不断提高教师的业务水平。到 2009 年全校有教职工 200 人，高副职称 74 人（高级讲师 26 人，中学高级教师 48 人）。其中九江市教学明星一人，市级学科带头人 5 人，骨干教师 13 人。学校多次组织学生参加省、市电子、酒店，计算机等方面的技能竞赛，多次获得一、二、三奖，李美长八次获电子应用、电子电路制作、电子产品装配与调试技能竞赛优秀指导教师。2006 年 9 月被评为江西省重点中等专业学校。同年，学校被省扶贫办定为农村劳动力转移培训中心、市劳动局劳动技能培训基地、九江市供销社职业技能培训基地。

建全领导班子　学校对内设机构也进行调整。2007 年 2 月，学校新的领导班子成立，梅芳田任校长，诸秋南、刘皓、高坊洪、崔晓斌、张晓华任副校长，龚春生任副书记；邱耀、周红任校长助理。学校由 5 个处室增至 17 个处室。

三、整体划归九江职业大学

2009 年年初，随着教育改革的不断深入，为了适应职业教育发展的需要，根据省政府办公厅《关于同意庐山旅游中专整体划归九江职业大学的函》精神，2009 年 3 月 19 日经市政府研究，同意庐山旅游中专成建制划归九江职业大学，决定自 2009 年 3 月 19 日至 2009 年 8 月底为过渡期，学校设置江西庐山旅游中等专业学校过渡期管理委员会，由原江西庐山旅游中专校长梅芳田任管委会主任。

附：　　旅游中专教职工名录（2005年8月—2009年3月）

序号	姓名	性别	出生年月	最高学历毕业院校专业	最高学历	毕业时间	技术资格
1	梅芳田	男	1964.12	九江师专中文	专科	1985.07	中高
2	诸秋南	男	1957.02	江西师大政教	本科	2000.09	中高
3	刘　皓	男	1974.06	南昌大学法律	本科	1998.07	中高
4	高坊洪	男	1964.07	江西教育学院化学	本科	1991.06	高讲
5	崔小斌	男	1962.07	江西农大	本科	1984.07	高讲
6	张晓华	男	1964.08	江西师大教育管理	本科	1993.06	高讲
7	罗平西	男	1963.03	江西师大物理	本科	1993.07	中高
8	邱　耀	男	1974.05	江西师大教育经济管理	研究生	2005.02	中高
9	童晓霞	女	1962.12	江西师大中文	本科	1996.06	中高
10	戴　宏	女	1967.12	中国农大经济管理	本科	2006.01	讲师
11	刘志杰	男	1981.01	南昌大学中文	本科	2004.11	中二
12	雷　乐	男	1984.11	九江学院	本科	2006.07	中二
13	李　捷	女	1981.01	中央电大计算机科学与技术	本科	2007.07	中二
14	周薇薇	女	1982.05	俄罗斯国立师大	本科	2005.06	助理翻译
15	邹秀件	男	1979.01	华东交大计算机科学技术	本科	2007.07	中二
16	周　红	女	1957.09	江西师大政治	本科	1999.07	中高
17	徐国泉	男	1963.09	九江师专	专科	1984.07	中高
18	周　军	男	1969.11	中央电大教育管理	本科	2006.07	中高
19	危柏云	男	1976.08	华中交大计算机专业	本科	2005.07	中一
20	段　炼	男	1972.03	江西农大	本科	1993.07	讲师
21	易承平	男	1959.02	江西师大数学	专科	1990.07	中高
22	张爱珍	女	1963.03	江西师大中文	本科	1993.08	中高
23	桂宗文	男	1984.02	江西农大园艺设计	本科	2006.07	助理讲师
24	胡勇兵	男	1969.05	中国农大经济管理	本科	2006.01	助理讲师
25	余洋洲	男	1964.07	江西师大中文	本科	1993.07	中高
26	范　蕾	女	1980.12	俄罗斯友谊大学	硕士	2007.07	
27	韩　湾	男	1976.03	江西师大教育管理	本科	2001.07	中二
28	蔡淑贞	女	1969.12	九江电大汉语言	本科	2006.07	中高
29	雷　斑	男	1979.07	江西师大	本科	2000.07	中一
30	宗　铭	男	1978.11	九江学院数学教育	本科	2005.08	中二

续表

序号	姓名	性别	出生年月	最高学历毕业院校专业	最高学历	毕业时间	技术资格
31	林　锐	男	1977.02	解放军军事经济学院经济管理	大专	2001.07	中二
32	谭兴铭	男	1963.12	中央电大教育管理	本科	1983.07	中高
33	付跃峰	男	1960.1	九江师专	大专	1981.07	中高
34	欧阳灿	男	1984.3	华东交大计算机	本科	2007.07	中二
35	纪丽华	女	1966.11	中国农大远程教育经济管理	本科	2006.01	中一
36	钱利剑	男	1979.06	北京理工大学工商管理	本科	2004.07	助理讲师
37	李　杰	男	1981.07	中央广播电视大学教育管理	本科	2006.07	中二
38	万健安	男	1970.01	西南大学教育管理	大专	1991.07	中一
39	李继柱	男	1977.07	九江学院应用数学	本科	2000.07	中一
40	郭晓君	男	1979.02	西南大学教育管理	大专	2002.06	中二
41	吴训友	男	1962.11	江西农大植保系	本科	1985.07	高讲
42	周鸽宝	男	1978.01	九江学院英语系英语	大专	2001.07	中二
43	黄　超	男	1966.02	江西农大园艺	本科	1987.07	高讲
44	伍文斌	男	1964.05	华东交大计算机专业	本科	2005.07	中高
45	陈　武	男	1970.05	中央党校经济管理	本科	1997.08	中高
46	柳世全	男	1972.11	江西师大数学教育	本科	2004.07	中高
47	高华清	男	1979.03	湖北大学	本科	2003.007	中二
48	田立淼	男	1965.06	江西教育学院中文	本科	1991.06	高讲
49	杨　文	男	1969.02	解放军军事经济学院经济管理	本科	2007.07	中一
50	涂雅玲	女	1975.02	中央电大北外远程英语	本科	2006.05	助理讲师
51	王晓军	男	1963.01	北师大物理	本科	2005.07	中高
52	赵余才	男	1950.01	江西农大牧医	大专	1982.07	讲师
53	龚春生	男	1954.12	江西农大	本科	1982.07	高讲
54	伍国强	男	1953.11	江西农大	本科	1982.07	高讲
55	包贻文	男	1966.08	江西师大政治	本科	1999.07	高讲
56	蔡德平	男	1964.08	江西师大地理	大专	1986.07	中高
57	曹少卿	男	1967.08	江西教育学院英语	本科	2004.07	中一
58	陈　婵	女	1961.12	九江师专	大专	1981.07	中高
59	陈金根	女	1963.05	江西师大体育	本科	2001.06	高讲
60	陈启浔	男	1963.01	九江师专	大专	1983.07	中高

续表

序号	姓名	性别	出生年月	最高学历毕业院校专业	最高学历	毕业时间	技术资格
61	邓耀东	男	1964.11	江西教育学院汉语言文学	本科	1992.07	高讲
62	邓　勇	男	1980.09	赣南师范	本科	2003.07	中二
63	付玲玲	女	1971.09	中国人民解放军经济军事学院	本科	1992.07	中一
64	郭　群	男	1979.09	华中师大化学	本科	2004.07	中二
65	胡建华	男	1962.05	江西农大农学	本科	1983.07	高讲
66	胡俊昌	男	1962.07	江西师大化学	本科	1998.07	高讲
67	胡战英	女	1979.12	赣南师院体育教育	本科	2002.07	中二
68	胡志萍	女	1973.12	九江学院数学	本科	2007.01	中一
69	户才鸿	女	1963.05	江西师大中文	本科	1997.08	中高
70	黄　芳	女	1976.01	江西教育学院中文	本科	2004.07	中一
71	黄银梅	女	1977.12	九江学院英语教育	本科	2005.07	中二
72	黄志平	男	1969.09	江西师大政治	本科	1999.07	讲师
73	江政俊	男	1965.01	1987 江西农大园艺（本）	本科	1987.07	高讲
74	孔继红	女	1976.01	江西科技师范学院旅游管理	本科	2005.07	中一
75	勒绍华	女	1978.06	江西师大	本科	2001.07	中一
76	李锦华	男	1952.01	江西师范学院英语	大专	1973.06	中高
77	李永忠	男	1965.06	南职技术学院	大专	1988.07	中高
78	廖继红	女	1967.11	江西农大植保系	本科	1988.07	高讲
79	凌丛桂	女	1980.05	南昌大学汉语言文学	本科	2004.06	中二
80	凌　莉	女	1973.01	九江学院数学	本科	2002.07	中一
81	刘彩霞	女	1973.06	南昌大学汉语言文学	本科	1999.07	中高
82	刘茂盛	男	1966.11	江西大学生物专业	专科	1985.07	中高
83	刘　伟	男	1973.05	九江师专	大专	1992.07	中二
84	刘颖贵	男	1964.09	江西教育学院数学	本科	1989.06	中高
85	陆　辉	女	1971.05	南昌大学汉语言文学	本科	1997.07	中高
86	毛　震	男	1967.02	江西师大体育	本科	2001.07	中一
87	彭淑玲	女	1965.01	江西师大体育	本科	2002.07	高讲
88	邱薪颖	女	1982.01	九江学院中文	本科	2003.07	中二
89	饶青华	男	1961.06	江西教育学院中文	大专	1990.07	主任科员
90	邵徽森	男	1964.01	江西农大园艺	本科	1986.07	高讲

续表

序号	姓名	性别	出生年月	最高学历毕业院校专业	最高学历	毕业时间	技术资格
91	沈　芸	女	1968.08	江西师大体育管理	本科	1992.07	中高
92	施道荣	女	1964.11	华中农大农经	本科	1992.07	讲师
93	宋家煌	男	1965.01	江西大学汉语言文学	本科	1987.07	高讲
94	谭淑英	女	1971.07	江西师大数学	本科	1997.07	中高
95	王敏芳	女	1972.05	清华大学远程教育英语	本科	1994.07	讲师
96	王　英	女	1963.02	江西师大	本科	1998.06	中一
97	吴建红	男	1969.02	九江师专	大专	1991.7	中一
98	夏　剑	男	1964.02	1985 江西农大农学（本）	本科	1985.07	讲师
99	邢海英	女	1970.01	江西师大英语	本科	1997.07	中一
100	熊山清	男	1964.05	江西农大	本科	1985.07	高讲
101	徐　珍	女	1980.02	江西师大英语	本科	2002.07	中二
102	杨　鹏	男	1979.07	江西师大数学	本科	2004.07	中二
103	叶　虹	女	1965.03	清华大学英语	本科	2004.07	中高
104	易冬瑛	女	1962.11	江西师大政治	本科	2001.07	中高
105	余定初	男	1963.07	华东师大数学	大专	1982.07	中高
106	余金裘	男	1966.08	南昌大学法学院	本科	2003.07	讲师
107	张良胜	男	1961.11	九江师专中文	大专	1988.07	中高
108	张琴华	女	1973.04	南昌大学汉语言文学	本科	2006.07	中高
109	郑中庆	男	1958.09	江西师大	本科	1992.07	中高
110	周　萍	女	1966.08	江西师大政治	本科	1999.07	中高
111	曹永琴	女	1978.03	华中师大公共事业管理	本科	2003.07	助理讲师
112	陈　铭	女	1977.12	北京大学远程教育国际金融	本科	2003.07	中二
113	陈娉婷	女	1980.02	南昌大学	本科	2002.07	中二
114	谌明霞	女	1976.11	江西师大美教	本科	2002.07	中一
115	代　奕	男	1981.08	南昌大学法律专业	本科	2007.06	中二
116	高　霞	女	1974.01	江西教育学院英语	本科	2004.07	助理讲师
117	黄亚烈	男	1970.07	南职师院艺术	本科	1993.07	中二
118	蒋剑霞	女	1978.11	中央电大计算机科学与技术	本科	2001.07	中二
119	李　艳	女	1979.07	四川师范大学旅游管理	本科	2003.07	助理讲师
120	李媛芳	女	1980.04	科技师院旅游管理	本科	2003.07	中二

续表

序号	姓名	性别	出生年月	最高学历毕业院校专业	最高学历	毕业时间	技术资格
121	刘　倩	男	1974.08	中共中央党校法律	本科	1992.07	
122	刘有培	男	1957.11	解放军经济军事学院财务管理	本科	1987.06	讲师
123	梅丽红	女	1970.11	中国农大经济管理	本科	2006.01	实验师
124	饶培培	女	1978.5	空军雷达学院会计	本科	2004.07	中二
125	沈　莉	女	1980.12	江西科技师院会计	本科	2003.07	中二
126	涂　歆	女	1967.06	湖北师范学院中文	本科	1997.07	中一
127	汪子安	男	1980.04	江西师大	本科	2004.07	中二
128	熊　愫	女	1967.08	江西师大政治	本科	1999.09	助理讲师
129	颜　霓	女	1966.04	江西师大政治	本科	2000.07	高讲
130	张纪元	男	1972.01	北京理工大学会计	本科	2004.07	中一
131	张建华	女	1976.06	江西科技师院	本科	2002.06	中二
132	郑　亮	女	1979.04	江西师大英语教育	本科	2005.07	实验员
133	周　珉	男	1979.02	九江学院音乐	本科	2005.07	中一
134	邹学茂	男	1957.08	南钢职工大学机械专业	大专	1990.08	科员
135	费　健	男	1963.01	江西师大物理学	本科	1990.07	高讲
136	占秋生	男	1963.07	江西师大政治	本科	1999.07	高讲
137	何群慧	男	1961.03	江西农大农学	本科	1984.07	高讲
138	罗筱福	男	1954.09	华中师大生物教育	本科	1998.07	高讲
139	左冬根	男	1964.01	江西农大	本科	1987.07	高讲
140	李美长	男	1966.08	西北农业大学经济管理	本科	1992.07	高讲
141	秦　芸	女	1966.03	江西师大政教	本科	2000.01	中高
142	崔丽霞	女	1973.12	中央电大计算机科学与技术	本科	2006.07	中高
143	张天国	男	1964.09	湛江水产学院	本科	1987.07	讲师
144	代红菊	女	1968.08	陕西机械学院	本科	1991.07	中一
145	曹英萍	女	1976.12	北师大物理教育	本科	2001.06	中一
146	洪世勇	女	1976.07	九江学院	本科	2003.07	中一
147	吴晓春	男	1966.06	江西大学哲学系	本科	2003.07	讲师
148	兰　阳	男	1982.12	江西师大历史	本科	2004.07	助理讲师
149	吴　静	男	1978.08	九江学院数学与应用数学	大专	2001.06	中二
150	刘　超	女	1980.09	华东交大计算机应用	本科	2005.07	中二

续表

序号	姓名	性别	出生年月	最高学历毕业院校专业	最高学历	毕业时间	技术资格
151	黄　燕	女	1982.02	空军雷达学院	本科	2003.07	中二
152	诸晓毅	男	1984.12	江西经管工商管理	本科	2005.07	中二
153	曹帮仁	男	1969.08	中国农大经济管理	本科	2008.11	高级工
154	戴图强	男	1965.02	九江师专	大专	1983.09	中一
155	何　运	男	1970.09	九江师专	大专	1992.07	中一
156	袁亚兮	女	1968.04	九江师专体育系	大专	1989.07	助理讲师
157	朱肖锋	男	1963.03	华中农大农学专业	本科	1991.07	高讲
158	冷晓武	男	1968.02	江西农大经管专业	本科	1990.07	讲师
159	龚　文	女	1976.11	南昌师院	本科	1998.07	中二
160	宫海涛	男	1976.11	九江师专	大专	1998.07	中二
161	郭　兮	男	1957.06	中央党校	本科	2000.12	中二
162	冯朝阳	女	1966.01		初中		高级工
163	黄丽萍	女	1963.12	江西农大	大专	2000.01	科员
164	梅纪红	男	1970.09		高中		高级工
165	舒生佐	男	1976.09	中央党校	大专		初级工
166	汪　浔	男	1963.08		初中		高级工
167	张晓慧	女	1958.01	马迴岭中学	高中	1975.7	主任科员
168	谢春文	男	1976.11	电大	大专	2002.7	技术员
169	吴宜珍	女	1963.04	厦门大学	本科	1996.06	高级工
170	周　艳	女	1975.01	九江电大	大专	1995.07	中二
171	章　坚	男	1965.01	农干校	中专	1990.08	高级工
172	曹帮云	男	1963.08		初中		高级工
173	黄小芳	女	1961.09	农广校	中专	1996.09	高级工
174	孔丽萍	女	1966.1	汕头贸易大学	中专		中级工
175	万盛娥	女	1961.01	江西医学院	大专	1994.07	主管护师
176	许高明	男	1966.01		初中		高级工
177	颜席华	男	1958.06	云山共大	中专	1979.12	技师
178	章　强	男	1969.04		初中		中级工
179	赵冬梅	女	1964.01	江西医学院	大专	2000.07	主管护师
180	胡燕仙	女	1961.06	九江电大	大专	1998.07	

续表

序号	姓名	性别	出生年月	最高学历毕业院校专业	最高学历	毕业时间	技术资格
181	张建文	女	1966.04	华中农大	大专	2003.12	高级工
182	刘　琴	女	1978.04	九江教育学院	大专	2003.10	中级工
183	熊亚平	男	1958.12		初中		高级工
184	余　凯	女	1969.05		高中		高级工
185	吴春霞	女	1960.03		高中		高级工
186	包贻琴	女	1960.08	华中农大	大专	2004.06	技师
187	杨赛清	女	1963.6	华中农大	大专	2004.06	高级工
188	陈美蓉	女	1956.12	共大	中专	1973.02	主任科员
189	黄美琴	女	1962.08	桂林电子学院	大专	2004.07	高级工
190	叶　昊	男	1976.01		高中		中级工
191	胡良民	男	1967.4		高中		高级工
192	周光俊	男	1980.11	长春大学	本科	2004.07	中二
193	吴飞波	男	1978.05		高中		初级工
194	陈全宁	男	1956.03	炮兵学校	中专	1978.07	
195	童春娥	女	1955.02	江西共大	中专	1974.07	正科
196	谌丽新	女	1957.12	江西农大	大专	1997.03	科员
197	钱静昆	男	1950.09	北大	大专	1974.03	工程师
198	蒋和平	男	1952.01		初中		高级工
199	罗腊根	男	1949.12		本科	1987.03	中高
200	茅建新	男	1954.03	九江师专	大专	1981.07	中一
201	孙申强	女	1953.01	江西共大	大专	1970.01	高级讲师
202	曹邦永	男	1948.02				技师

江西庐山旅游中等专业学校离退休教职工名录

序号	姓名	性别	出生年月	退休前岗位	退休时间	技术职称	备注
1	包宗泽	男	1940.07	食堂管理员	2001.10	技师	
2	范祝民	女	1942.02	教师	1999.07	讲师	
3	刘富森	男	1938.11	教师	1998.11	高级农艺师	
4	沈家海	男	1930.08	炊事员	1980.12	中级工	
5	余致力	男	1938.03	教师	1998.03	高级讲师	

续表

序号	姓名	性别	出生年月	退休前岗位	退休时间	技术职称	备注
6	章普兴	男	1938.03	管理干部	1998.03	正科级	
7	蔡月华	女	1943.12	校医	1998.12	主治医师	
8	冯尧森	男	1936.08	管理干部	1996.08	主任科员	离休
9	纪风林	男	1942.04	司机	2002.05	高级工	
10	刘美英	女	1945.12	工勤	1996.07	高级工	
11	施文明	男	1938.10	教师	1998.10	高级讲师	
12	王益民	男	1945.04	农校校长	2005.04	副处级	
13	郑光芹	女	1950.02	工勤	2005.02	高级工	
14	曹巧云	女	1942.06	出纳	2001.10	主任科员	
15	蒋祥娟	女	1944.05	工勤	1994.07	普工	
16	王远碧	女	1937.12	工勤	1990.04	普工	
17	张　瑞	女	1935.10	工勤	1990.10	普工	
18	郑国辉	男	1942.10	教师	2002.10	高级讲师	
19	昌　敏	男	1942.01	出纳	2001.10	高级工	
20	郭杏连	女	1942.04	工勤	1995.05	普工	
21	陶阿娜	女	1954.02	工勤	2004.02	普工	
22	熊炳火	男	1934.12	农校党委书记	1994.12	副处级	
23	张守德	男	1942.12	管理干部	2002.12	主任科员	
24	郑榕卿	女	1946.02	校医	2001.04	主治医师	
25	陈秀珍	女	1948.12	管理干部	2006.12	统计师	
26	何木成	男	1936.02	工勤	1996.02	高级工	
27	李巧兰	女	1938.03	工勤	1990.10	高级工	
28	熊锦玉	女	1946.07	出纳	2001.07	高级工	
29	钟　丞	男	1937.07	教师	1997.07	高级讲师	
30	候淑联	女	1943.08	工勤	1993.08	供销五级	
31	李秀英	女	1930.12	工勤	1982.10	中级工	
32	梅天健	男	1940.06	司机	2000.06	高级工	
33	徐茂丰	女	1948.10	管理干部	2003.10	正科级	
34	胡荣花	女	1947.11	工勤	1997.11	高级工	
35	林大鹏	男	1932.02	教师	1992.03	高级讲师	

续表

序号	姓名	性别	出生年月	退休前岗位	退休时间	技术职称	备注
36	聂运雪	女	1941.06	工勤	1991.06	中级工	
37	张宗琏	男	1941.03	教师	2001.03	高级讲师	
38	周泽炯	男	1940.08	管理干部	2000.08	正科	
39	梅波芽	男	1932.10	工勤	1992.10	中级工	
40	孙申强	女	1953.01	教师	2008.01	高级讲师	
41	张志辉	男	1931.07	农校副校长	1991.07	高级讲师	
42	颜学为	男	1934.07	农校副校长	1994.07	高级讲师	
43	王军阳	男	1928.01	教师	1985.01	高级讲师	
44	汪林万	男	1933.12	会计	1987.01	会计师	病退
45	占述源	男	1932.08	教师	1992.08	高级讲师	
46	朱同金	男	1932.08	工勤	1992.08	中级工	
47	周运招	男	1933.09	工勤	1993.09	高级工	
48	黄奉先	女	1945.12	教师	2000.12	中教一级	
49	王尚惠	男	1941.07	教师	1992.07	中教一级	
50	龚治仁	男	1925.02	教师	1985.02	中教一级	
51	刘荣森	男	1931.12	副校长	1991.12	副处级	离休
52	舒文敏	男	1940.03	教师	2000.03	中教高级	
53	李锦珠	女	1944.02	教师	1992.10	中教一级	
54	罗　农	男	1947.08	教师	2007.08	中教一级	
55	张兴亚	男	1938.03	教师	1991.12	中教一级	病退
56	单新民	男	1934.04	教师	1994.02	中教高级	
57	王康肇	男	1938.07	教师	1998.07	中教高级	
58	谭绪宝	男	1947.03	教师	2007.03	中教高级	
59	毛万樵	男	1946.10	教师	2006.10	中教高级	
60	万年保	男	1946.01	管理干部	2006.01	正科级	
61	曹邦永	男	1948.02	电工	2008.02	技师	
62	陈小莉	女	1954.04	管理干部	2001.04	正科级	
63	龚永烈	男	1947.12	管理干部	2007.12	正科级	
64	孔　德	男	1948.02	教师	2008.02	中教高级	
65	李美荣	女	1950.06	教师	2005.07	中交一级	

续表

序号	姓名	性别	出生年月	退休前岗位	退休时间	技术职称	备注
66	李延庆	男	1948.10	教师	2008.10	中教高级	
67	张继衡	男	1947.10	教师	2007.10	中教高级	
68	张秀华	女	1952.09	教师	2007.09	中教一级	
69	郑业文	女	1953.11	教师	2008.11	中教高级	
70	程静华	女	1954.05	管理干部	2009.05	助理级	

第二节　九江农业学校

九江农业学校是省最早的一所农业职业学校之一，从民国四年（1915 年）的“浔阳道甲种农业学校”，到 1981 年恢复“九江农业学校”，1984 年与九江农业干部学校合并，改名为九江市农业学校，2005 年与江西庐山旅游中等专业学校合并。学校历经百年，几起几落，校名几经变更。

一、几办几停的历史变迁

民国四年（1915 年），自辛亥革命后，在新文化运动的蓬勃发展中，经国民政府批准，九江农业学校在古城九江贡院（考棚）诞生，当时称“浔阳道甲种农业学校”。学校当年招收新生 100 余人，设农艺、园艺专业，3 个教学班，学校的一切经费由省政府支拨，从此开启了九江农业职业教育。

民国六年（1917 年），在原浔阳道甲种农业学校的基础上，浔阳道充分利用九江、瑞昌、德安、湖口、彭泽五县公有学产（称五邑学产）创办浔阳郡公立甲种农业学校。

民国十四年（1925 年），学校改为“九江沙河农业学校”，民国十六年（1927 年）省教育厅将“九江沙河农业学校”收归省办，易名江西九江棉业学校，同年 10 月又更名为江西第四农业学校。

民国二十二年（1933 年）春，因全省中等专业学校调整，又将省立庐山林校并入江西第四农业学校，成立江西省立农林学校，合并后的江西省立农业学校校址在九江沙河，校舍是清代两广总督李鸿宾的故居，校长曾昭明。

民国二十三年（1934 年）春，因沙河校址地势低洼，经常遭遇水淹，学校师生难以进行正常的教学、生活，被迫搬迁另选校址，经省政府批准迁入永修县涂家埠近郊的桃岗山下泥村，改校名为江西省永修高级农林科职业学校，新校园建设由省教育厅临时拨款 1.5 万元银圆，建教室、学生宿舍、办公室等，大小房屋 13 栋，购农田旱地 130 亩，山地 1000 余亩，学校初见规模。同年四月，江西省永修高级农林科职业学校划归省农业院管辖称江西省农业院附设永修高级农林科学校，招收初中毕业生，学制改为 5 年，当时只有 4 个教学班，学生 103 人，教员 14 名，年经费 1.8 万元。

民国二十八年（1939 年），全校有教职员工 24 人，教学班 6 个，在校学生 200 余人，民国 29 年（1940 年）全校教职员 79 人，有农林科班级 16 个，学生 600 多人。学校开设作物栽培、园艺、林学、土壤、植物生理、国文、英文、物理、化学共 31 门课程。

民国二十七年（1938 年）5 月起，由于日寇大举入侵，彭泽、湖口、九江、德安相继沦陷，南京国民政府停止义务教育经费，学校办学艰难，临近沦陷时学校奉命迁往泰和县的枫山继续办学。民国三十三年（1944 年）泰和告急，学校又动员紧急疏散，校本部迁往浮梁县，泰和暂留两个班作为分校。

民国三十四年（1945 年），抗战胜利后，学校仍有教职员 48 人，教学班 9 个。

民国三十五年（1946 年），学校发展到学生 300 多人，同年秋泰和分校迁至本部合二为一。此时，学校又改为省教育厅直接管辖，校名随之改为江西省永修高级农林学校。原永修桃岗校舍，在战争中被日寇毁成一片废墟，学校返回有 11 个教学班，500 余名学生，40 多位教职工，始借东山小学驻足。据史料记载“省参议员贺维玉在省参议会第一届第二次会上提出议案时指出：该校师生 500 余人，在风雨飘摇中生活，教学无舍实习无地……拟请省政府即日设法筹拨该校建筑经费”。学校在十分困难的条件下边建设、边办学，同时也收回原校产，农田和山地 1000 多亩。

民国三十七年（1948 年），学校迁回原址永修桃岗继续办学。至 1950 年初撤销。

二、“文化大革命”前的几经起伏

1949 年 10 月，新中国成立后，全省学校布局进行调整。1950 年学校在调整中撤销，部分学生转到樟树农校学习，其余学生考进其他学校继续深造，还有一部分回乡就业。学校在历经沧桑中暂告一个段落。

1956 年春，经江西省人民政府批准，在采用原永修农高师资和设备的基础上，在永修南山开办江西九江农业学校。是年秋，学校参加本地统一招生，录取应届初中生 300 名，分设农学、园艺两个专业，6 个教学班，学校机构设置为两处一室（教务处、总务处、学校办公室），党委书记高文章，校长米永丰，全校教职员工 50 多人，学校隶属江西省农业厅和九江地区行署双重领导，由于当时仓促上马，办学条件差、校址偏僻、师资力量不足等原因，1957 年秋，省、地区决定学校停办，300 名学生分别转到樟树农校、上饶农校继续学习，学校本部则由永修迁往九江市浔阳区濂溪路，改名为九江地区农业合作干部学校，负责培训各县农业合作社干部和财务人员。

1958 年 1 月，在九江农业合作干校的基础上，筹建九江农业专科学校，学校党委书记由地委副书记王书枫兼任，校长陈富贵。学校设有农学、园艺、畜牧兽医、农业机械、水利水电 5 个专业。当年参加全国部分省市秋季招生，招收初中毕业生 300 名，农村大队青年干部和知识青年 60 名，7 个教学班，其中大专班 5 个，学制 5 年；中专班 2 个，学制 2 年。

1958 年 10 月，经九江地区行署决定，九江农业专科学校从九江市迁往九江县马回岭重新建校。由于当时办学条件较差，师资设备不足，有些专业开课困难1958年先后撤销了水电和农业机械两个专业，80多名学生转入江西农校农机科专业继续学习。九江农专保留农学、园艺、畜牧兽医三个专业，同年接受了武宁大学农学专业一个班20多名学生，到1960年在校学生500多人。

1958年秋，省政府决定，从江西农学院抽调一批教授、讲师到九江农专工作，10多位教师到马回岭，投入学校建设之中，500多名师生在马回岭颜家畈开始了艰苦的创业。学校搬迁到马回岭后，全校师生边生产、边教学，边建校，在建校过程中，同学们挑砖、抬木头自己动手修建干打垒宿舍。到1960年初，已建成可容纳近千人的苏式教学大楼和大礼堂。还有办公楼、学生宿舍、教职工宿舍等其他教学用房20余栋，图书8万余册。学校已初具规模。

1960年6月17日，经省人民政府批示，将九江农业专科学校改为九江农学院。学校隶属江西省教育厅、农业厅、九江地委（行政公署）三重领导。书记由地委副书记王书枫兼任，校长陈富贵。学校设四处一室五系三场，四处即政治处、教务处、学工处、总务处，院办公室，五系即农学系、园艺系、畜牧兽医系、农业经济系、农机系，三场即学生实习农场、实习畜牧场、实习园艺场。同年秋，学校面向全省统一招生，大专班招收高中毕业生，学制2年。中专班招收初中毕业生，学制三年。同时，还面向本市招收知识青年“社来社去班”2个，学生100名，学制1年，为农村基层培训干部，当年共计招收新生400人。学校在校学生1000多人，教职工150多人。

1961年，学校领导成员工作调整，地委副书记王书枫兼任九江农学院委员会主任委员，陈富贵任党委书记，高文章任校长。学院有教授1人，副教授7人，讲师36人，师资队伍不断增强，为了顺利度过国家三年经济困难时期，按照“教育必须为无产阶级政治服务，必须同生产劳动相结合”这一党的教育方针，学校实行半工半读的勤工俭学和教学、生产科研相结合的办学方针，力争经费自给或半自给，全校教职员工和学生一起，自己动手，结合开展实践教学，建成了千亩高产稳产水稻田，千亩山地也都种上了桃树、李树、柑橘、油桐、毛竹、杉树、葡萄等，畜牧场有生猪几百头，九江农学院在实践和教学中，形成了以余缨教授为主体的骨干教师和学术带头人的师资队伍。九江农学院在教学改革中不断前进，不断发展。

1962年，中共九江地委继续调整教育发展规模和布局。5月，九江农学院奉命撤销，改为九江地区农业干部学校，付誉茂任校长。学校隶属九江行署农业处领导。学校仅留编30人，主要任务是培训九江地区农业干部和公社、大队领导干部以及财务人员、拖拉机驾驶员，原有三场改为九江地区水稻原种场。

1965年，九江地区农业干部学校改名为江西共产主义劳动大学九江中心分校，秋季统一招收初中毕业生200名，开设农学、林学两个专业四个教学班，学制三年，中专学历，由国家统一分配工作。

1966年秋，恢复九江农业学校。当年秋季从人民公社录取学生160名，实行“社来社去”，国家不包分配。从此江西共产主义劳动大学九江中心分校、九江农业学校合为一体，两块牌子一套人马，学校隶属地委农工部领导。1965 年、1966 年两年招收的学生由于“文化大革命”运动而中断学习，下放到农村，接受贫下中农再教育。至此，学校人员四散，九江农业学校名存实亡。

1967 年后，学校在文化大革命中停办。

1978 年，党的十一届三中全会以后，中断十年之久的九江农业教育事业，又获得了恢复。恢复九江地区农干校，张志辉任副校长，主持工作。学校继续办学，开始以培训公社干部为主。

三、复校后的历程

1981 年 1 月 12 日，九江地区行政公署报请省政府批准同意恢复九江农业学校，校址暂定为九江县马回岭颜家畈原九江农业学校故址（1972—1981 年暑期，九江教育学校、九江师范学校在此办学，九江师范学校于 1981 年迁回九江市）。

（一）建设与发展

1981 年秋，学校正式恢复招生，招收高中毕业生 102 人，分为两个教学班，学制二年，为全日制普通中专，主要是农学专业。

1982 年 6 月 17 日，九江市人民政府决定将九江农业干部学校与九江农业学校合并更名为九江市农业学校，但仍保留九江农业干部学校编制、经费和培训工作，学校为一套班子两块牌子，负责中专统招生教育和九江地区乡村干部培训工作，学校隶属九江地区行署农业处。合并后，李文邵任校长兼党总支副书记，张志辉任副校长。学校设“三处一室”即政治处、教务处、总务处、校办公室。当年学校统招招生为 122 人。为了充实教师队伍，学校引进江西农业大学首届毕业生 5 人，以后每年都有一定数量的大学毕业生来校任教。

1983 年，学校增设植保专业招生，招收高中毕业生 206 人。

1984 年，学校领导工作调整，李文邵任党总支书记兼校长，张志辉任副校长。同年，学校增设土肥专业招生。当时学习风气很浓，学生学习十分刻苦，积极参加教学实践，教师教学十分严谨。1984 年，学校农学专业学生参加全省农业学校农学专业作物栽培学课程全省统考，荣获全省第二名。

在马回岭办学的过程中，困难重重，其中最大的困难有两件：一是水源紧缺，无法保证师生正常的生活用水；二是马回岭地处偏僻，教师队伍很难稳定。为了巩固和发展九江的农业教育事业，1985 年市政府决定将九江农业学校迁至九江市郊。

1986 年，学校增设园艺专业招生。

1987 年，学校领导工作调整，李文绍任党总支书记，付堂玉任校长。学校隶属九江市农业局。同年，学校增设水产专业招生。1987 年，学校青年教师陈勤、朱肖峰、徐建民、崔晓斌等教师自制教具获全省一等奖一项，二等奖一项，三等奖一项。

1988 年，学校增设农业经济管理专业和乡镇管理专业的招生，首次招收乡镇管理专业不包分配生 40 名。

经过三年的建设，学校于1988年10月6日由九江县马回岭搬迁到九江开发区九瑞大道南侧龙开河畔（原茅山头综合垦殖场八分场）。学校三面环水，地势平坦，交通便利。校园占地75亩，学校建成有教学大楼、实验大楼、办公大楼和标准的学生公寓、食堂、浴室、教工宿舍等，建筑面积2万多平方米。学习、生活设施配套齐全。

1988年，学校党总支书记李文绍退休。10月，九江市农业局科教科长熊炳火调任学校党总支书记。

1990年，校长付堂玉调走。9月，王益民任校长。同年，学校设有1个语音室和2个拥有100多台计算机的机房，此外还有农学、植保、园艺、组培、土肥、气象、化学、水产、农经等10多个实验室，实验开出率达85%以上，校图书馆藏书3万册，图书馆每年订各类专业杂志120余种，报纸30多种，并建立校外实习基地6个（茅山头园艺场、星子泽泉园艺场，周岭乡、省棉科所、市农科所）。

1991年，全省中等农业学校办学评估，九江农业学校办学总体水平3.45分名列全省9所农业学校第5位，为B等到二级学校。学校已初见规模，在校学生600多人，教职员工120人，其中教学人员63人，教学辅助人员20人，行政管理人员37人，在教学人员中有高级讲师8人，讲师18人，助教40人。学校机构设有教务处、总务处，校办公室、勤工俭学办公室、工会、团委。校舍建筑面积17554平方米（不含已经房改后的教职工宿舍），图书3万多册，教学仪器设备300万元。

1991年5月，经中共九江市委批准，九江农业学校党委成立，校党委由熊炳火、王益民、龚春生、陈勤、伍国强5人组成，熊炳火任书记，学校隶属市政府领导，由九江市农业局代管。1995年熊炳火退休后，赵余才任校党委书记，王益民任校长。

学校历来十分重视思想政治工作，在社会主义精神文民建设中，注重结合本校实际，大力提倡“尊师、守纪、勤学、进取”的八字校风，学校先后制定《九江农业学校学生手册》《班主任工作条例》等，创办九江农校业余党校，自复校后，校党委始终坚持全面贯彻党的教育方针，始终坚持社会主义办学方向。

1998年8月，九江遭受百年不遇的特大洪水，8月7日13时许，长江堤岸4至5号闸口因管涌扩大而决堤，江水泻入九江市开发区。学校党政领导带领部分职工在洪水中抢救实验设备，将主要仪器设备都转移到安全地方。洪水淹没整个校园，水深达2至3米。学校浸泡在洪水中，直至9月底10月初，洪水才经过排灌站漫漫排出，学校原有的绿化草地和树木全部被毁。10月4日洪水退后全校教职工克服种种困难，冲洗和打扫校园，擦洗水淹物品，学校推迟到10月16日正式开学。

随着社会事业的发展和对人才的需求的变化以及教育事业改革的不断深入和发展，学校的招生和就业陷入困境。2002年农业类的招生入校人数仅为17人，为理顺教育管理关系，寻求新的办学领域与空间，2002年开始，学校要求整体划归九江市教育局管理，拓展办学空间。经过时任九江市农业局局长汪泽宇的多方工作，得到市教育局的支持，学校开办普通高中。

2003年，校长王益民退休，万辉任校长。为适应市场经济的发展，学校在原中专办学的基础上，增加普通高中教育教学，挂九江综合高中的牌子，中专、高中同时招生。当年招收高中新生800多人。经过几年的灾后建设，学校基本恢复了洪水淹没前的面貌。

2005年，学校有教职工106人，其中教学人员73人（高级讲师23人、讲师28人、助教22人）、教辅人员33人，有市学科带头人2人、骨干教师4人。绝大多数教师为本科学历。

学校在改革和发展中不断前进，为了整合、优化市教育资源，发展壮大中等职业教育，2005年5月，经市委、市人民政府研究同意，将九江农业学校（九江综合高中）与九江财贸职高升格更名后的“江西庐山旅游中等专业学校”合并，成立新学校领导班子，仍保留九江农业学校建制。九江农业学校（九江市农业干部学校）由原隶属市农委主管更换为市教育局主管，继续承担着九江市农业干部及其技术人员的培训工作。

复校以来学校教师在各类省级及省级以上刊物上共发表学术论文500多篇，主编参编教材几十部。校团委两次获团中央宣传部表彰，1999年再获团省委社会实践先进单项位称号，1994年熊炳火获农业部优秀教育工作者，伍国强获农业部全国优秀教师称号。2005年5月李美长老师荣获江西省电子应用技能赛优秀指导教师。

1981年复校后发展历程及校舍建筑情况列表如下：

九江农业学校复校后历程（1981—2005年）

学校名称	起讫时间	校址	备注
九江农业学校	1981.1—1982.5	九江县马回岭	
九江市农业学校 九江市农业干部学校	1982.6	九江县马回岭	九江农业干部学校并入，保留农干校牌子
九江市农业学校 九江市农业干部学校	1988.10	九江市茅山头垦殖场八分场	
九江市农业学校 九江市综合高中 九江市农业干部学校	2003—2005.8	同上	增办普通高中
江西庐山旅游中专 九江市农业干部学校	2005.8	主校区同上 北司校区	两校合并组建新校

九江市农业学校校舍建筑面积一览

校舍名称	建筑面积	竣工时间	备注
办公楼	2203平方米	1998年	
教学楼	2352.39平方米	1988年8月	
实验楼	2583.83平方米	1989年	
综合楼	4980平方米		
食堂开水房	811.43平方米	1988年8月	

续表

校舍名称	建筑面积	竣工时间	备注
A 栋学生宿舍	1749.45 平方米	1988 年 8 月	
B 栋学生宿舍	2578.12 平方米	1995 年	
浴室	156.78 平方米		
车库	139 平方米		
合计	17554 平方米		

（二）领导与机构

1956 年，九江农业学校在永修县南山恢复办学，学校党委书记高文章，校长米永丰，学校机构设两处一室（教务处、总务处、学校办公室）

1958 年 10 月，经省人民政府批准成立九江农业专科学校，学校党委书记由地委副书记王书枫兼任，校长陈富贵。学校机构设校办公室，教务处、总务处，政治处、农学、农经、园艺、畜牧、兽医系

1960 年 6 月 17 日，经省人民政府批示将九江农专改名为九江农学院。校党委书记仍由地委副书记王树枫兼任，校长陈富贵。

1961 年，地委副书记王书枫兼任九江农学院委员会主任委员，陈富贵任党委书记，高文章任校长。

1962 年 5 月，九江农学院奉命撤销改为九江地区农业干部学校，陈富贵任党委书记，高文章任校长。学校机构设两处一室（教务处、总务处、学校办公室）。

1965 年，九江地区农业干部学校改名为江西共产主义劳动大学九江中心分校陈富贵任党委书记，高文章任校长。

1966 年秋，九江农业学校复名继续招生，陈富贵任党委书记，高文章任校长，“文化大革命”期间停止办学。

1978 年，九江地区农业干部学校恢复办学，副校长张志辉主持工作。

1981 年 1 月 12 日，经江西省人民政府批准同意恢九江农业学校，李文劭任校长，学校机构设三处一室（教务处、政治处、总务处、办公室）。

1982 年，经九江地区行署决定九江地区农业干部学校并入九江农业学校，李文劭任校长，张志辉任副校长。

1984 年 6 月，按照党中央提出的干部“革命化、年轻化、专业化、知识化”的要求，学校领导班子进行了充实，李文劭任校长，张志辉、颜学为、龚春生任副校长。学校机构设三处一室（教务处、政治处、总务处、办公室）。

1987 年，李文劭任党总支书记，付堂玉任校长。

1988 年 10 月，熊炳火任党总支书记，付堂玉任校长。

1990 年，王益民任校长。

1991年6月，中共九江市委批准九江农业学校党委成立，熊炳火任党委书记，王益民、龚春生、陈勤、伍国强为党委委员，颜学为任纪委书记，陈全宁、劳世吉为纪委委员。

1995年8月，熊炳火退休，赵余才任党委书记。

1996年11月，陈勤、伍国强任副校长

2003年3月，万辉任校长。学校党政领导班子成员为：党委书记赵余才，校长万辉，副校长龚春生、伍国强。

2004年10月，增补邱明科任副校长，徐建民任副书记。

2005年10月，经中共九江市委、九江市政府报省政府批准九江农业学校与九江财贸职高升格更名后的江西庐山旅游中等专业学校合并，成立江西庐山旅游中等专业学校。仍保留九江农业干部学校牌子。

附：九江市农业学校党群组织机构系统（合并前）

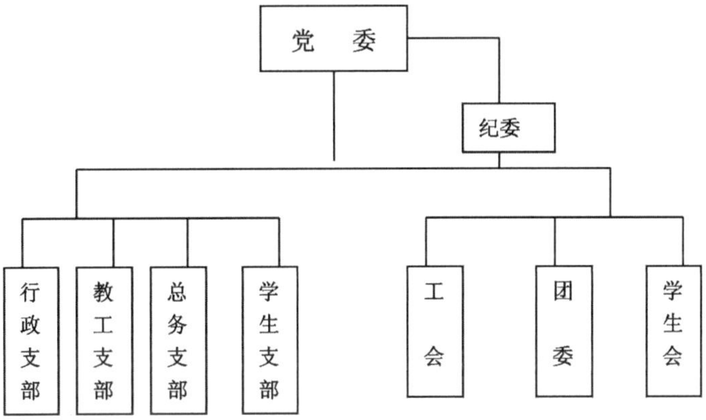

九江市农业学校行政机构系统表（合并前）

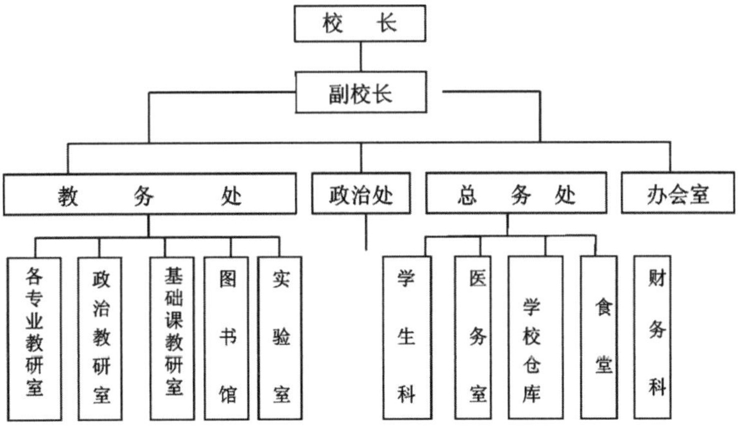

1981年复校后，至2005年合并前，九江农业学校中层职能部门负责人任职情况，具体列表如下：

1981—2005年九江市农业学校各处、室、部门负责人一览

单位	职务	姓名	任职时间（年、月）	备注
纪委	书记	颜学为	1991—1995	
	副书记	钱静昆	1997—2005	
团委	主持工作	宋玉芹	1981—1982. 10	
		伍国强	1982. 10—1983. 10	
	书记	宋玉芹	1983. 10—1985. 6	
		伍国强	1986. 1. 7—1990. 11	
		邹时华	1990. 11—1993	
		邱明科	2000—2004. 10	
	副书记	邹时华	1989—1991	
		崔晓斌	1991—1992	
		高坊洪	1992—2000	
		陈　燕	2005—2005. 8	
工会	主席	龚春生	1984—1990	（兼）
		陈全宁	1996—2003	
		崔晓斌	2004—2005. 8	
	副主席	钟丞	1981—1984	
		余致力	1987—1994	
		占述源	1984—1994	
		王代宇	1989—1995	
		王春娥	1995—2003	
教务处	主任	贺熊	1984—1990. 10	
		伍国强	1990. 11—1996. 11	
		徐建民	200. 11—2004	
		高坊洪	2004—2005. 8	
	副主任	贺熊	1981—1984	
		宋玉芹	1984—1985	
		张宗琏	1987—1990	
		钟　丞	1999—1990	
		陈齐信	1990—1995	
		胡建华	1990—1996	
		徐建民	1993—1996	
		孙申强	1997—2005. 8	
		朱肖锋	1997	
		占秋生	2002—2004	

续表

单位	职务	姓名	任职时间（年、月）	备注
督导室	主任	卢洪信	2000—2003	
政治处	主任	龚春生	1984—1989	兼
		伍国强	1989—1991	
		贺　熊	1991—1993	
		劳士吉	1993—1996	
		高坊洪	2000—2003	
		邱明科	2003—2004	
		吴训友	2004	
	副主任	蔡岭梅	1991—1994	
		伍国强	1986—1989	兼
		邹时华	1989—1992	
		劳士吉	1991—1993	
		崔晓斌	1994—1997	
		高坊洪	1997—2000	
		卢洪信	1997—2000	
		邱明科	2000—2003	
招就处	主任	朱肖锋	2000—2002	
		邱明科	2002—3003	
办公室	主任	颜学为	1986—1988（兼）	
		胡清泉	1988—1990	
		陈全宁	1997—2004	
		崔晓斌	2000—2005.8	
	副主任	劳士吉	1986—1991	
		章普兴	1986—1991	
		王代宇	1989—1997	
		陈全宁	1990—1996	
		崔晓斌	1997—2000	
		戴　宏	2001—2005	

续表

单位	职务	姓名	任职时间（年、月）	备注
总务处	主任	熊炳火	1981—1984	
		龚春生	1992—	兼
		胡建华	2000—2003	
		章　坚	2003—2005.8	
	副主任	章普兴	1984—1991	
		张宗琏	1984—1986	
		钟　丞	1990—1992	
		胡建华	1997—2000	
		占秋生	1997—2002	
		钱静昆	1993—1997	

附：

九江农校教职工名录（1981—2005.8 年）

序号	姓名	性别	出生日期	最高学历毕业院校专业	最高学历	毕业时间	技术职称
1	高坊洪	男	1964.07	江西教育学院化学	本科	1991.06	高讲
2	崔小斌	男	1962.07	江西农大	本科	1984.07	高讲
3	张晓华	男	1964.08	江西师大教育管理	本科	1993.06	高讲
4	戴　宏	女	1967.12	中国农大经济管理	本科	2006.01	讲师
5	段　炼	男	1972.03	江西农大	本科	1993.07	讲师
6	胡勇兵	男	1969.05	中国农大经济管理	本科	2006.01	助讲
7	纪丽华	女	1966.11	中国农大远程教育经济管理	本科	2006.01	中一
8	钱利剑	男	1979.06	北京理工大学工商管理	本科	2004.07	助讲
9	吴训友	男	1962.11	江西农大植保系	本科	1985.07	高讲
10	黄　超	男	1966.02	江西农大园艺	本科	1987.07	高讲
11	王晓军	男	1963.01	北师大物理	本科	2005.07	中高
12	赵余才	男	1950.01	江西农大牧医	大专	1982.07	讲师
13	龚春生	男	1954.12	江西农大	本科	1982.07	高讲
14	伍国强	男	1953.11	江西农大	本科	1982.07	高讲
15	包贻文	男	1966.08	江西师大政治	本科	1999.07	高讲
16	曹少卿	男	1967.008	江西教育学院英语	本科	2004.07	中一
17	陈金根	女	1963.05	江西师大体育	本科	2001.06	高讲

续表

序号	姓名	性别	出生日期	最高学历毕业院校专业	最高学历	毕业时间	技术职称
18	邓耀东	男	1964. 11	江西教育学院汉语言文学	本科	1992. 07	高讲
19	胡建华	男	1962. 05	江西农大农学	本科	1983. 07	高讲
20	胡俊昌	男	1962. 07	江西师大化学	本科	1998. 07	高讲
21	黄志平	男	1969. 09	江西师大政治	本科	1999. 07	讲师
22	江政俊	男	1965. 01	1987 江西农大园艺（本）	本科	1987. 07	高讲
23	李锦华	男	1952. 01	江西师范学院英语	大专	1973. 06	中高
24	廖继红	女	1967. 11	江西农大植保系	本科	1988. 07	高讲
25	凌　莉	女	1973. 01	九江学院数学	本科	2002. 07	中一
26	刘颖贵	男	1964. 09	江西教育学院数学	本科	1989. 06	中高
27	毛　震	男	1967. 02	江西师大体育	本科	2001. 07	中一
28	彭淑玲	女	1965. 01	江西师大体育	本科	2002. 07	高讲
29	饶青华	男	1961. 06	江西教育学院中文	大专	1990. 07	主任科员
30	邵徽森	男	1964. 01	江西农大园艺	本科	1986. 07	高讲
31	施道荣	女	1964. 11	华中农大农经	本科	1992. 07	讲师
32	宋家煌	男	1965. 01	江西大学汉语言文学	本科	1987. 07	高讲
33	王敏芳	女	1972. 05	清华大学远程教育英语	本科	1994. 07	讲师
34	王　英	女	1963. 02	江西师大	本科	1998. 06	中一
35	吴建红	男	1969. 02	九江师专	大专	1991. 07	中一
36	夏　剑	男	1964. 02	1985 江西农大农学（本）	本科	1985. 07	讲师
27	熊山清	男	1964. 05	江西农大	本科	1985. 07	高讲
38	易冬瑛	女	1962. 11	江西师大政治	本科	2001. 07	中高
39	余金裘	男	1966. 08	南昌大学法学院	本科	2003. 07	讲师
40	周　泮	女	1966. 08	江西师大政治	本科	1999. 07	中高
41	曹永琴	女	1978. 03	华中师大公共事业管理	本科	2003. 07	助理讲师
42	陈娉婷	女	1980. 02	南昌大学	本科	2002. 07	中二
43	高　霞	女	1974. 01	江西教育学院英语	本科	2004. 07	助讲
44	刘　倩	男	1974. 08	中共中央党校法律	本科	1992. 07	
45	刘有培	男	1957. 11	解放军经济军事学院财务管理	本科	1987. 06	讲师
46	梅丽红	女	1970. 11	中国农大经济管理	本科	2006. 01	实验师
47	熊　愫	女	1967. 08	江西师大政治	本科	1999. 09	助讲

续表

序号	姓名	性别	出生日期	最高学历毕业院校专业	最高学历	毕业时间	技术职称
48	颜　霓	女	1966.004	江西师大政治	本科	2000.07	高讲
49	张纪元	男	1972.01	北京理工大学会计	本科	2004.07	中一
50	郑　亮	女	1979.04	江西师大英语教育	本科	2005.07	实验员
51	费　健	男	1963.01	江西师大物理学	本科	1990.07	高讲
52	占秋生	男	1963.07	江西师大政治	本科	1999.07	高讲
53	何群慧	男	1961.03	江西农大农学	本科	1984.07	高讲
54	罗筱福	男	1954.09	华中师大生物教育	本科	1998.07	高讲
55	左冬根	男	1964.01	江西农大	本科	1987.07	高讲
56	李美长	男	1966.08	西北农业大学经济管理	本科	1992.07	高讲
57	张天国	男	1964.09	湛江水产学院	本科	1987.07	讲师
58	代红菊	女	1968.08	陕西机械学院	本科	1991.07	中一
59	曹英萍	女	1976.12	北师大物理教育	本科	2001.06	中一
60	吴晓春	男	1966.06	江西大学哲学系	本科	2003.07	讲师
61	曹帮仁	男	1969.08	中国农大经济管理	本科	2008.11	高级工
62	袁亚兮	女	1968.004	九江师专体育系	大专	1989.07	助讲
63	朱肖锋	男	1963.03	华中农大农学专业	本科	1991.07	高讲
64	田立淼	男	1965.06	江西教育学院中文	本科	1991.06	高讲
65	冷　斌	男	1968.02	江西农大经管专业	本科	1990.07	讲师
66	冯朝阳	女	1966.01		初中		高级工
67	黄丽萍	女	1963.12	江西农大	大专	2000.01	科员
68	汪　浔	男	1963.08		初中		高级工
69	张晓慧	女	1958.01	马迴岭中学	高中	1975.7	主任科员
70	谢春文	男	1976.11	电大	大专	2002.07	技术员
71	吴宜珍	女	1963.04	厦门大学	本科	1996.06	高级工
72	章　坚	男	1965.01	农干校	中专	1990.08	高级工
73	曹帮云	男	1963.08		初中		高级工
74	黄小芳	女	1961.09	农广校	中专	1996.09	高级工
75	孔丽萍	女	1966.01	汕头贸易大学	中专		中级工
76	万盛娥	女	1961.01	江西医学院	大专	1994.07	主管护师
77	许高明	男	1966.01		初中		高级工

续表

序号	姓名	性别	出生日期	最高学历毕业院校专业	最高学历	毕业时间	技术职称
78	颜席华	男	1958.06	云山共大	中专	1979.12	技师
79	章　强	男	1969.04		初中		中级工
80	赵冬梅	女	1964.01	江西医学院	大专	2000.07	主管护师
81	胡燕仙	女	1961.06	九江电大	大专	1998.07	
82	张建文	女	1966.04	江西农大	大专	2003.12	高级工
83	余　凯	女	1969.05		高中		高级工
84	钱静昆	男	1950.09	北大	大专	1974.03	工程师
85	包贻琴	女	1960.08	华中农大	大专	2004.06	技师
86	杨赛清	女	1963.06	华中农大	大专	2004.06	高级工
87	陈美蓉	女	1956.12	共大	中专	1973.02	主任科员
88	黄美琴	女	1962.08	桂林电子学院	大专	2004.07	高级工
89	陈全宁	男	1956.03	炮兵学校	中专	1978.07	
90	童春娥	女	1955.02	江西共大	中专	1974.07	
91	谌丽新	女	1957.12	江西农大	大专	1997.03	
92	朱乙花	女	1954.02	修水师范	中专		讲师
93	张艳霞	女	1955.05		高中		普工
94	邱吉华	男		湛江水大	本科		1993 调水产局
95	万　辉	男		江西农大	本科		2005 支疆
96	陈　艳	女		江西农大	本科		2005 调市农业局
97	王晓瑗	女		华中农大	大专		2005 年调南昌
98	兰　阳	男		华中农大	大专		2005 调教育局
99	张友信	男		江西农大	本科		1993 调市政府
100	陈齐信	男		江西农大	本科		1994 调市农业局
101	徐建民	男		江西农大	本科		2005 年调市农业局
102	劳世吉	男		江西农大	本科		1996 年调 市农业局
103	曾爱华	女		江西农大	本科		2003 年调市农业局
104	邱明科	男		江西农大	本科		2005 年调市农业局
105	徐敏峰	男		师专	本科		2001 年调医专
106	余红英	女		水产	大专		调市农业局
107	王春娥	女		江西农大	本科		2004 年调省生物学院

续表

序号	姓名	性别	出生日期	最高学历毕业院校专业	最高学历	毕业时间	技术职称
108	陈　勤	男		江大	本科		2004 调广东
109	王建军	男		九江师专	大专		1984 考研华南师大
110	陈永勤	男		江西农大	本科		1985 考研
111	周正来	男		江西农大	本科		1986 考研
112	聂国兴	男		江大	本科		1987 考研
113	张金艳	男		江西农大	本科		1992 年考研
114	柯亨龙	男		财大	本科		1988 年调市委
115	胡晓明	男		江大	本科		1986 年调师专
116	周玉华	女		师专	大专		1986 调财干校
117	陈齐炼	男		江西农大	本科		1986 调都昌农业局
118	邹时华	男		江西师大	本科		1992 年调市委
119	刘玉平	男		江西农大	本科		1991 年调外贸
120	胡金泉	男		农学院	本科		1991 调农业局
121	宋玉芹	男		江西农大	本科		1994 调团市委
122	赵　华	女		江西农大	本科		1992 年调师专
123	罗新发	男		江西农大	本科		1984 年调瑞昌
124	张元昊	男		江西农大	本科		1985 年调南昌
125	邱荣平	男		江西农大	本科		1986 年调都昌党校
126	钟孝梅	男		江西农大	本科		1989 调农业局
127	孙申强	女	1953.01	江西共大	大专	1970.01	高级讲师
128	曹邦永	男	1948.02				技师

九江农业学校离退休人员（截至 2005.8）

序号	姓名	性别	出生日期	退休前岗位	退休时间	技术职称	备注
1	包宗泽	男	1940.07	食堂管理员	2001.10	技师	
2	范祝民	女	1942.02	教师	1999.07	讲师	
3	刘富森	男	1938.11	教师	1998.11	高级农艺师	
4	沈家海	男	1930.08	炊事员	1980.12	普工	
5	余致力	男	1938.03	教师	1998.03	高级讲师	
6	章普兴	男	1938.03	办公室副主任	1998.03	副主任科员	

续表

序号	姓名	性别	出生日期	退休前岗位	退休时间	技术职称	备注
7	蔡月华	女	1943.12	校医	1998.12	主治医师	
8	冯尧森	男	1936.08	管理干部	1996.08	主任科员	离休
9	纪风林	男	1942.04	司机	2002.05	高级工	
10	刘美英	女	1945.12	工勤	1996.07	高级工	
11	施文明	男	1938.10	教师	1998.10	高级讲师	
12	王益民	男	1945.04	校长	2005.04	副处级	
13	郑光芹	女	1950.02	工勤	2005.02	高级工	
14	曹巧云	女	1942.06	出纳	1997.06	主任科员	
15	蒋祥娟	女	1944.05	工勤	1994.07	普工	
16	王远碧	女	1937.12	工勤	1990.04	普工	
17	张　瑞	女	1935.10	工勤	1990.10	普工	
18	郑国辉	男	1942.10	教师	2002.10	高级讲师	
19	昌　敏	男	1942.01	会计	2001.10	高级工	
20	郭杏连	女	1942.04	工勤	1995.05	普工	
21	陶阿娜	女	1954.02	工勤	2004.02	普工	
22	熊炳火	男	1934.12	校党委书记	1994.12	副处级	
23	张守德	男	1942.12	管理干部	2002.12	主任科员	
24	郑榕卿	女	1946.02	校医	2001.04	主治医师	
25	陈秀珍	女	1948.12	管理干部	2006.12	统计师	
26	何木成	男	1936.02	工勤	1996.02	高级工	
27	李巧兰	女	1938.03	工勤	1990.10	高级工	
28	熊锦玉	女	1946.07	出纳	2001.07	科员	
29	钟　丞	男	1937.07	教师	1997.07	高级讲师	
30	候淑联	女	1943.08	工勤	1998.08	供销五级	
31	李秀英	女	1930.12	工勤	1982.10	高级工	
32	梅天健	男	1940.06	司机	2000.06	技师	
33	徐茂丰	女	1948.10	管理干部	2003.10	正科级	
34	胡荣花	女	1947.11	工勤	1997.11	高级工	
35	林大鹏	男	1932.02	教师	1992.02	高级讲师	
36	聂运雪	女	1941.06	工勤	1991.06	中级工	

续表

序号	姓名	性别	出生日期	退休前岗位	退休时间	技术职称	备注
37	张宗琏	男	1941.03	培训班主任	2001.03	高级讲师	
38	周泽炯	男	1940.08	会计	2000.08	主任科员	
39	梅波芽	男	1932.10	工勤	1992.10	普工	
40	李文劭	男	1927.11	校党总支书记	1987.11	副处级	
41	张志辉	男	1931.07	副校长	1991.07	高级讲师	
42	颜学为	男	1934.07	校纪委书记	1994.07	高级讲师	
43	王代宇	男	1938.12	工会主席	1998.12	高级农艺师	
44	王军阳	男	1928.01	教师	1988.01	高级讲师	
45	汪林万	男	1933.12	会计	1987.01	会计师	
46	占述源	男	1932.08	教师	1992.08	高级讲师	
47	朱同金	男	1932.08	工勤	1992.08	普工	
48	周运招	男	1933.09	工勤	1993.09	高级工	
49	贺　熊	男	1937.11	培训部主任	1997.11	高级讲师	

四、党组织建设

1981 年，复校后九江农业学校经中共九江市委批准成立九江农校总支委员会，李文劭任校长兼支部副书记，熊炳火为支部委员；1984 年，学校新班子成立，李文劭任总支书记，总支委员有张志辉、颜学为、龚春生。1988 年 8 月，李文劭退休，1988 年 10 月，熊炳火任党总支书记；1989 年，陈勤为党总支委员；1990 年，伍国强为党总支委员。1991 年 4 月 2 日，市委组织部批准成立九江农业学校党委，6 月 23 日，学校召开党员大会，以无记名投票的方式，差额选举产生熊炳火、王益民、龚春生、陈勤、伍国强 5 人组成的第一届党委班子，熊炳火任书记。选举产生了颜学为、劳士吉、陈全宁 3 人组成的纪律检查委员会，颜学为任纪委书记；1994 年，颜学为退休，钱静昆任校纪委书记；1995 年熊炳火退休，赵余才任党委书记。

学校党委始终注重抓住党的思想、组织、作风建设。加强党员的思想政治工作和管理，充分发挥党的战斗堡垒作用以及党员的先锋模范作用。自 1981 年复校至庐山旅游中专成立的二十多年时间里，在教职员工中发展党员 25 名，学生党员 97 名。

组织政治理论学习，成立了党委成员和中层干部为主体的党委中心学习小组，坚持按计划集中学习。党员的日常政治理论学习由各支部组织实施。学校党委结合党中央和上级指示精神与学校的实际情况，组织全校教职工和学生学习马克思列宁主义、毛泽东思想、邓小平建设有中国特色社会主义理论和“三个代表”重要思想、科学发展观，及党的十一届三中全会以后的方针、政策。

狠抓党风党纪，积极组织广大党员学习普法知识，充分利用党校，电化教育手段对党员进行反腐倡廉的教育。进行形势政策教育和专题报告会，党委成员每人每学期都要进行一次形势政策教育或专题报告会，也邀请上级有关领导、专家进行廉政教育。校纪委还制定了《九江农业学校党员干部加强廉政建设的若干意见》等。校纪委参与学校的基建 、招生、职称评聘工作和加强校务工作的审计与监督工作。

统战工作是推动学校做好各项工作的重要环节，学校是知识分子比较集中的地方，为了加强统战工作，党委安排一位党委委员（副校长）具体抓统战工作。学校有九三学社、农工民主党成员各 1 名，大多数教师为无党派人士，校党委对民主党派和无党派人士在政治上充分信任，生活上关心，业务上大力培养。党委先后推荐 2 名教师为浔阳区政协委员，4 名无党派教师任中干部和工会副主席。2000 年学校被评为九江市统战工作先进单位。

1981 年下半年，学校成立了工会组织，钟丞为工会负责人。

1983 年 12 月，学校召开第一次工会会员大会。大会选举产生了第一届九江农业学校工会委员，龚春生当选工会主席（兼），占述源为副主席。

1990 年 6 月，学校召开第二届教职工代表大会。出席会议的正式代表 32 人，列席代表 3 人，代表全校 121 名教职工，大会听取审议了校领导所做的《工作报告》《财务工作报告》，讨论通过《九江农业学校分房方案》。大会选举产生第二届九江农业学校工会委员，王代宇为专职副主席。

1995 年 6 月，学校召开第三届教职工代表大会。大会听取审议了校长王益民所做的《工作报告》《财务工作报告》，讨论通过《九江农业学校实行校长奖励基金暂行办法》《九江农业学校九五发展规划》。

1999 年 6 月，学校召开第四届教职工代表大会，大会听取审议了校领导所做的《工作报告》《财务工作报告》，讨论通过了《九江农业学校人事管理制度的改革方案》《九江农业学校全员聘任制教职员工竞争上岗的实施意见》。大会选举产生了新的九江农业学校工会委员会，陈全宁任校工会主席。

2004 年 6 月，学校召开第五届教职工代表大会，大会选举崔晓斌为工会主席，讨论通过了《九江农业学校划归市教育局管理的报告》。在学校每 2 届教代会期间一般都要进行 2—3 次会议，讨论研究学校的重大事项，充分体现了广大教职工参政议政，为学校的建设、改革、发展所进行的民主管理。

校工会自成立以来充分发挥了自身的职能作用和联系党与群众的桥梁与纽带作用，积极参与学校的民主管理，关心广大教职工的生活福利，组织教职工开展丰富多彩的文化体育活动。

五、教学与管理

（一）专业设置

1981 年，九江农业学校恢复办学之初主要是农学专业。

1982 年，增设植保专业。

1984 年增设土肥专业。

1986 年增设园艺专业。

1987 年增设水产专业。

1988 年增设了农业经济专业和乡镇企业管理专业（不包分配班）

1981 年至 1988 年，学校共开设了农学、园艺、植保、水产、土肥、农业经济、乡镇企业管理专业等 7 个专业。

（二）招生对象与学制（学历）

1981 年至 1988 年，招收高中应届、历届毕业生（高招录取），2 年制中专学历。

1993 年至 1996 年，招收高中应届、历届毕业生（高招录取），2 年制中专学历；招收应届初中毕业生（中招录取），4 年制中专学历。

1997 年至 2001 年，招收应届初中毕业生（中招录取），3 年制中专学历。

2002 年至 2005 年，招收应届初中毕业生（中招录取），3 年制中专学历和 3 年制高中学历。

（三）主要专业培养目标

农学专业

1. 培养目标

根据党和国家的教育方针，培养德、智、体全面发展的中级农业技术人才。可以从事农业技术、管理、生产和经营服务工作。

掌握主要农作物生产所需的基础理论、基本知识和基本操作技能。学会本省主要农作物的栽培技术、良种繁育、农作物病虫防治方法。学会一般的科学实验方法，能够因地制宜普及和推广先进的农业科学技术，总结群众生产管理等方面的经验，分析和解决生产实际中的问题，并有一定的群众工作能力。

2. 课程设置

文化基础课：政治、化学、体育、语文、英语。

专业基础课：植物及植物生理、土壤肥料学、农业气象、土地测量学。

专业课：作物遗传育种学、作物栽培学、农作物病虫害防治学、农业机械化、农业经营管理、农产品加工贮藏学、畜牧基本知识、果蔬茶生产技术、花卉学。

专题讲座：本地区农业生产形势，先进农业技术应用。

农业经经专业

1. 培养目标

根据党和国家的教育方针，培养德、智、体全面发展的中级农业经营管理人才。可以从事农业技术、管理、生产和经营服务工作。

掌握农业经济经营管理工作所需的基础理论，基本知识和基本操作技能。懂得党在农村的经济工作政策，掌握农村经济的经营管理，经济核算，经济分析方法。具有一定的分析和解决经济工作中实际问题的能力。

2. 课程设置

文化基础课：政治、体育、农业应用文、数学、计算机、英语。

专业基础课：政治经济学、计算技术、农业基础知识。

专业课：会计原理、统计原理、农业经济管理、乡镇企业管理、农村集体企业会计、农村经济统计、农业技术经济学、农业经济活动分析、市场学、农业经济政策经济法基础知识、农产品贸易与价格。

淡水渔业专业

1. 培养目标

根据党和国家的教育方针，培养德、智、体全面发展的中级水产经营管理人才。可以从事水产技术、管理、生产和水产经营服务工作。掌握淡水养鱼生产所必需的基础理论，基本知识和基本操作技能。掌握池塘及湖泊、水库鱼类养殖措施，捕鱼技术，渔业管理和常见鱼病的防治技术。按照经济规律，因地制宜地组织管理生产，具有总结、示范、推广、普及淡水养殖生产先进经验的能力。

2. 课程设置

文化基础课：政治、化学、体育、语文、英语。

专业基础课：普通生物学、淡水生物学、鱼类学、水化学、微生物学、鱼类遗传育种学。

专业课：池塘养鱼学、内陆水域增养饵料学、鱼病学、淡水捕捞、养殖工程、渔业经济与管理。

植保专业

1. 培养目标

根据党和国家的教育方针，培养德、智、体全面发展的中级农业植物保护技术人才。可以从事农业技术、植物保护、防虫、防病、管理、生产和经营服务工作。

掌握植物保护所需的基础理论，基本知识和基本操作技能。学会农作物主要病虫鉴别方法、预测预报技术、综合防治措施。学会一般的科学实验，能够因地制宜和普及推广先进的植保科学技术。能总结群众病虫害防治方面的经验、分析和解决生产中的实际问题，并有一定的群众工作能力。

2. 课程设置

文化基础课：政治、化学、体育、语文、英语。

专业基础课：植物及植物生理、土壤肥料学、农业气象、土地测量学、农业微生物学。

专业课：作物遗传育种学、作物栽培学、农作物病虫害防治学、农业机械化、农业经营管理，农业昆虫、植物病理学、植物检疫、预测预报。

专题讲座：本地区农业生产形势，先进农业技术应用。

土壤肥料专业

1. 培养目标

根据党和国家的教育方针，培养德、智、体全面发展的中级土地管理、肥料管理的专业技术人才。可以从事农业技术、土地管理、生产和经营服务工作。

掌握土壤肥料专业所需的基础理论，基本知识和基本操作技能，掌握本地区主要土壤类型预测，以及利用和培肥措施，学会各类肥料的加工生产、性质和施用技术，学会一般的科学试验方法，能熟练掌握农化分析的原理和操作技能。能总结群众经验、分析和解决生产中的实际问题，并有一定的群众工作能力。

2. 课程设置

文化基础课：政治、化学、体育、语文、英语。

专业基础课：植物及植物生理、农业气象、土地测量学、农业微生物学。

专业课：作物遗传育种学、作物栽培学、农作物病虫害防治学、农业机械化、农业经营管理，植物保护、土壤学、农业化学、农化分析。

园艺专业（高中毕业二年制培养方案）

1. 培养目标

根据党和国家的教育方针，培养德、智、体全面发展的中级农业技术人才。可以从事农业技术、管理、生产和经营服务工作。

2. 具体要求

具有马克思列宁主义、毛泽东思想基础理论知识，坚持四项基本原则，讲文明，有道德，热爱劳动，热爱农业，具有为国家富强和人民富裕而艰苦奋斗的开拓精神和献身精神。

具有中级农业各项专业技术，掌握本专业所需的基础知识，基本理论和基本技能，掌握本地区主要园艺植物苗木、蔬菜培育、规划设计、高产优质栽培技术，病虫害防治，良种选育，有关产品简易加工贮藏等专业技能，有一定分析问题解决问题的能力，能总结和推广先进技术，能因地制宜指导生产。

具有一定的体育、卫生知识，达到《国家体育锻炼标准》，体魄健全，具有健康的审美能力。

3. 园艺专业（高中毕业二年制）课程设置及学时分配情况列表如下：

课序	课程名称	课程学时数			
		合计	课堂教学	实验实习	习题讨论
1	政治	90	80		10
2	体育	90	10	80	
3	化学	120	90	30	
4	植物及植物生理学	150	100	50	
5	土壤肥料学	130	90	40	
6	农业气象学	60	50	10	
7	土地测量学	60	40	20	
8	果树栽培学	180	130	50	

续表

课序	课程名称	课程学时数			
		合计	课堂教学	实验实习	习题讨论
9	园艺植物遗传育种学	150	120	30	
10	园艺植物病虫防治学	150	110	40	
11	园艺植物试验统计学	50	40	10	
12	农业经济管理学	60	50	10	
13	果蔬贮藏加工	60	40	20	
14	农业微生物学	60	40	20	
15	蔬菜栽培学	50	34	16	
16	茶树栽培学	50	34	16	
17	观赏植物栽培学	60	40	20	
	合计	1570	1100	460	10

（四）各专业课程设置

1981 年至 2005 年，学校开设的招生专业有农学、水产、园艺、植保、农业经济、土肥、旅游管理、酒店管理，各专业主要课程设置情况列表如下：

专业	主要课程名称	备注
1. 农学	基础生物化学、植物与植物生理、土壤肥料学、农业微生物学、农业气象学、田间试验与生物统计、农业经济管理、作物栽培学、作物遗传育种学、作物病虫害防治学、特种作物栽培学。	
2. 淡水养殖	生物化学、水化学、鱼类学、池塘养鱼学、饵料学、养殖工程学、鱼病学、特种水产养殖学等。	
3. 园艺	观赏植物栽培学、茶树栽学、蔬菜栽培学、农业微生物学、果蔬贮藏加工、农业经济管理学、园艺植物试验统计学、园艺植物病虫防治学、园艺植物遗传育种学、果树栽培学、植物有植物生理学、土壤肥料学、农业气象学。	
4. 农业经济	农业基础、会计原理与农业会计、会计电算化、农业经济学、市场学、统计原理与农业统计、农村审计学、农业经济法等	
5. 土壤肥料	土地统计，土地规划、土壤学、肥料学、农业生态与环境保护、土地资源学、土地经济学、建设用地管理土壤地理学、土地统计土地管理法等。	
6. 旅游管理	中国旅游地理、导游业务、旅行社经营管理、旅游英语、旅游公共关系、市场营销、中国旅游文化、旅游文学作品赏析等。	
7. 酒店管理	酒店管理概论、酒店前台管理、餐饮服务及管理、酒店人力资源管理、食品卫生营养学、社交礼仪、酒店公共关系、酒店营销等。	
8. 植保	植物及植物生理、土壤肥料学、农业气象、土地测量学、农业微生物学、作物遗传育种学、作物栽培学、农作物病虫害防治学、农业机械化、农业经营管理，农业昆虫、植物病理学、植物检疫、预测预报。	

（五）教育教学

教学计划　根据江西省农业厅颁布的教学大纲和教学计划要求（1995 年 8 月江西省农业厅组织修改后的新教学计划），高中毕业的二年制中专，共开设 17 门课程总共 1570 学时，其中普通课 300 学时占总学时 20%，专业课 1270 学时占 80%。在二年总学时中课堂讲授 1100 学时，实验实习与课堂讨论 470 学时两者之比为 7:3。全学程的理论课（课堂讲授）与实践课（含实验实习、课堂讨论、生产劳动、教学实习、生产实习、社会实践）总比例为 1:1。每周课堂教学时间 26—28 学时，每学期开设课程 6—8 门，每门课程周学时一般不超过 6 学时。

高中毕业二年制中专总共 97 周，具体分配如下：

（1）教学 61.5 周、寒暑假 14 周、机动 2 周；

（2）教学实习、生产实习、集中生产劳动 17 周；

（3）入学、毕业教育 1 周；

（4）军事训练 1.5 周。

招收初中毕业生的中专，学三年制。三年共开设课程 23 门，总共 2400 学时，其中普通课 960 学时，占总学时的 40%，专业基础课和专业课 140 学时，占总学时的 60%，在三年总学时中课堂讲授 1700 学时，实验实习与课堂讨论 700 学时，两者之比为 7:3。全学程的理论课（课堂讲授）与实践课（含实验实习、课堂讨论、生产劳动、教学实习、生产实习、社会实践）总比例为 1:1。每周课堂教学时间 26—28 学时，每学期开设课程 6—8 门，每门课程周学时一般不超过 6 学时。

三年制总共 150 周具体分配如下：

（1）教学 96.5 周、寒暑假 24 周、机动 2 周；

（2）教学实习、生产实习、集中生产劳动 25 周；

（3）入学毕业教育 1 周；

（4）军事训练 1.5 周。

教学管理　教务处负责学校的教学工作，在校长的领导下落实全校的教学工作计划。其管理范围：教学管理（编制审核教学计划、排课、每学期审批课任教师名单、开展教学督导考评、组织全校统一考试和教学实习等活动）、师资队伍建设（教师进修、职称评聘）、实验室管理、教学基地建设、科研管理、图书馆管理、教材管理、培训工作。

1981 年全面执行农业部颁发的教学计划和教学大纲，1995 年学校参加了全省中等农业学校教学计划的编写工作。并全面执行农业厅修订的教学计划和教学大纲。为了推动课堂教学，提高教学质量，1990 年实行“听课制”，全体老师必须完成学校规定的听课时数。1991 年学校开展优质课的评选活动，优质课公开教学活动，建全教研活动制度，评选优质教案。1992 年成立教学督导室，实行教学督导工作，组织 3—5 名具有一定威望、教学经验丰富的老教师听课、巡视教学。1991 年以后学校实行的教学管理规章制度有：九江农业学校学生行为规范、九江农业学校教师监考守则、九江农业学校学生考试规则、九江农业学校学生体育合格标准、九江农业学校教研组工作制度、九江农业学校教学实习制度、九江农业学校优质课评选办法、九江农业学校优质教案选办法、教学管理六十三条、九江农业学校教学督导工作暂行办法等。

教学改革与成果　从1998年招收的学生开始，毕业包分配的就业体制改革，为了适应市场发展的需要，学校对现有的专业不断地进行改造，开发市场所需的专业。增加了市场营销、电子技术、会计电算化，酒店管理、旅游等专业。

学校建有实验实训教学楼1栋，面积2583平方米。为提高学生的动手能力，学校进一步加强实践课的比例，增加实验室投入，建有电子实验室1个，组织培养室1个，计算机房2间，语音室1个。组织学生到相关的企业进行生产实习。毕业生要求获得相应专业证书：如会计证、计算机等级证，农技员证，植保员证等。

学校积极组织学生参加省教育厅各项技能比赛，先后获得一、二、三奖共计18项。教师共发表论文587篇。完成教学科研课题6项，参编或主编教材多部。

师资队伍建设

1. 教职工队伍

1981年复校初期学校定编29人，1982年32人，1991年全校教职员工116人。其中教师专业技术人员83人，行政后勤人员33人。到2005年合并前，学校教职员工106人，其中教学人员73人，教辅人员33人，行政工勤人员20人。其中具有高级职称教师23人，中级职称28人。自1981年复校到2005年，学校涌现出一批优秀的教职员工，受到省（部）、市表彰。

姓名	荣誉称号（获得时间）
贺　熊	江西省劳动模范（1983年）、江西省优秀教师（1985年）、九江市优秀教师（1985年）、农业部农业中专优秀教师（1989年）
张志辉	九江市优秀教师（1984年）、九江市优秀教师（1989年）
熊炳火	九江市优秀思想政治工作者（1989年）、农业部农业中专优秀教育工作者（1989年）、农业部农业中专优秀教育工作者（1994年）
颜学为	江西省优秀班主任（1983年）
龚春生	江西省农牧厅农业中专先进工作者（1985年）
施文明	江西省农牧厅农业中专先进工作者（1985年）
包宗泽	江西省农牧厅农业中专先进工作者（1985年）
陈　勤	九江市德育先进工作者（1990年）、九江市学科带头人（2001年）
伍国强	九江市优秀教育工作者（1993年）、农业部全国中等农业学校优秀教师（1994年）、九江市学科带头人（2001年）
劳士吉	九江市优秀教师（1994年）
邵徽生	江西省农牧厅农业中专优秀教师（1994年）

续表

姓名	荣誉称号（获得时间）
胡建华	江西省农牧厅农业中专优秀教师（1994 年）
段　炼	九江市骨干教师（2001 年）
江政俊	九江市骨干教师（2001 年）
罗筱福	九江市骨干教师（2001 年）
田立淼	九江市骨干教师（2001 年）

2. 职称评定

1984 年评聘的讲师：贺熊　占述源　钟丞　颜学为

1988 年 3 月评聘的讲师：伍国强　余致力　施文明　张宗琏　范祝民　朱乙花　陈勤　劳士吉　罗筱福　龚春生；高级讲师：林大鹏　钟丞　王军阳　张志辉　贺熊　颜学为

1989 年评聘的讲师：陈齐信　熊三清　朱肖锋　胡俊昌　胡建华　邹时华；高级讲师：余致力　占述源

1990 年至 1995 年评聘的高级讲师：张宗琏　施文明　郑国辉　伍国强

1997 年至 2005 年评聘的高级讲师：龚春生　陈勤　罗筱福　宋家煌　陈齐信　徐建民　田立淼　高坊洪　胡建华　熊三清　朱肖锋　胡俊昌　崔晓斌　何群慧　邵辉生　江政俊　邓耀东　张晓华　劳士吉　陈金根　彭淑铃　包贻文　吴训友　廖继红　黄超　左冬根　费健　李美长　占秋生　王春娥　邱明科　颜霓；中学高级教师：王晓军　易冬瑛　周萍

3. 三项建设

自 1981 年复校后，学校在以教学为中心的思想指导下，切实加强教学三大支柱的建设：校图书馆、实验室以及教学实习基地，在原有的基础上得到长足的发展，基本满足了教学的需要。

图书馆：校图书馆在成立江西庐山旅游中专前夕，有工作人员 7 人，其中高级讲师 1 名，图书管理员 3 名，助理讲师 3 名，图书馆分为藏书室，阅览室，资料室 3 部分。人员实行定岗定责，各司其职。校图书馆藏书 3 万余册，每年订杂志 120 余种报纸 30 种。为了充分发挥图书馆为教学服务的职能，图书馆对教职员工实行开架借阅，学生实行闭架供阅，安作息时间全周开放。为做好图书借阅工作，校图书馆制定出一系列规章制度，工作人员坚持定时清查图书，对遗失图书采取赔偿制度。编制新书目录及资料索引加强图书的科学管理。

实验室：学校实验大楼 2583 平方米，拥有农学、植保、土肥、植物生理、园艺、水产化学、农机、电教、计算机、气象、测量、组织培养、天平等实验室，实验课开出率达 85%

教学实习基地：学校有校外实习基地多处：有省棉科所、市农科，星子泽泉园艺场、茅山头园艺场等，校内有旱地约0.3公顷（种植棉花、花卉），果园约0.2公顷（有柑橘、桃、梨），大棚三个、40平方米玻璃温室一个。基本能够满足学生实践教学的需要。

（六）后勤服务与管理

1981年九江农业学校复校后，学校在九江县马回岭颜家畈原九江农学院旧址的基础上开始办学，学校对旧校舍只进行了简单的维修，在后面山坡上打了一口水井，1983年在教学楼旁新建一座800多平方米的实验室，1984年兴建一栋1000平方米的教工宿舍。1985年搬迁到茅山头综合垦殖场八分场后，经过20年的办学和建设，办学功能基本齐全，校园虽小但环境尚可。

后勤管理工作包括财务管理、房产管理、基建、校舍及设备维修、教学仪器设备购置维修，水电、车辆、食堂、医务室、锅炉房、浴室、小商店等进行管理，确保学校的教学秩序和师生生活秩序正常进行。

（七）招生就业

九江农业学校是全日制普通中等专业学校，毕业生由国家统一分配。2001年（1998年招收的学生）随着毕业生就业制度的改革，国家不再施行大中专毕业生包分配，学生毕业后自谋职业。为适应市场的需求，学校成立招生就业处。面向全市和周边省份招收应届和历届初中毕业生。

同时，学校健全就业指导与咨询服务，拓宽人才通向社会的就业渠道。一是成立“三校”生对接高职高考班，让部分优秀毕业进入高校深造；二是与深圳、东南沿海和内地企业取得联系，建立学校通向企业就业的渠道；三是鼓励毕业生自主择业、自谋职业和自主创业。毕业生就业渠道通了，人们的毕业生就业的观念也随着时间的推移而改变，特别是国家对中职教育免收学费的有关政策的实施，学校的招生情况进入良性发展阶段。

附：

1991—2008年九江农业学校（含旅游中专期间）招生与毕业生数情况一览表

招生年月	招生数		设班数	毕业年月	毕业生人数			专业
	高中毕业生	初中毕业生			二年制	三年制	四年制	
1981.8	102		2	1983.7	102			
1982.8	122		3	1984.7	122			
1983.8	206		5	1985.7	206			
1984.8	208		5	1986.7	208			
1985.8	205		5	1987.7	205			
1986.8	225		5	1988.7	225			
1987.8	203		5	1989.7	203			

续表

招生年月	招生数		设班数	毕业年月	毕业生人数			专业
	高中毕业生	初中毕业生			二年制	三年制	四年制	
1988.8	199		5	1990.7	199			
1989.8	199		5	1991.7	199			
1990.8	208		5	1992.7	208			
1991.8	208		5	1993.7	208			农学植保土肥农经水产企管园艺农财农学植保土肥农经电子园林营销
1992.8	238		5	1994.7	238			
1993.8	225	40	6	1995.7 1997.7	185		40	
1994.8	225	45	7	1996.7 1998.7	180		45	
1995.8	135	157	7	1997.7 1999.7	135		157	
1996.8	300		7	1998.7	215			
1997.8	40	300	8	1999.7 2001	40	300		
1998.8		294	7	2001.7		294		
1999.8		260	5	2002.7		260		
2000.8		216	5	2003.7		216		
2001.8		92	5	2004.7		92		
2002.8		17	1	2005.7	17	17		
2003.8		687	15	2006.7	581			
2004.8	612	612	12	2007.7	520			

江西庐山旅游中等专专业学校（2005.8—2009.3）

招生年月	招生人数	班级数	毕业年月	毕业人数	招生专业
2005.8	692	12	2008.7	537	财务、模具、数控技术、服装、酒店管理、旅游管理、网络技术、电子、幼师、文秘、速录技术
2006.8	381	10	2009.7	381	
2007.8	870	22	2010.7	870	
2008.8	585	16	2011.7	585	

附：

九江农业学校大事记（1981—2005 年）

一九八一年

1980 年底	丁正垣、谭克炎负责九江农业学校复校工作。
1 月 12 日	根据江西省人民政府办公厅〔1980〕73 号复函，经 81 年第一次专员办公会议研究决定，江西省九江农业学校正式恢复办学。当年招收新生 102 人，开设农学专业，实行统招统分。
4 月	李文劭任校长、党总支书记。
7 月 21 日	学校定编 29 人，设教务处、总务处、政治处

一九八二年

1 月 15 日	81 年度工作总结，传达省农校职称评审工作会议精神，全省招生工作会议精神。
5 月 13 日	颜学为被评为省市优秀班主任。
6 月	投资 11 万元，架设高压线，维修教学大楼、食堂，兴建实验楼，省厅拨款 8 万元专项经费购置仪器、图书。
6 月 4 日	定编 32 人。
7 月 12 日	根据地委〔1982〕25 号文件，九江农业学校和九江农业干部学校合并，二块牌子一套人马。
9 月下旬	教师职称评定工作开始。
11 月	校评委会审查并通过上报晋升讲师职称人员名单。

一九八三年

2 月 1 日	教职工总结大会
3 月 9 日	开展“五讲、四美、三热爱”活动，评选“文明班级”“文明寝室”“文明办公室”。
4 月 22 日	学校行政会议，讨论通过《中专教学改革意见》报省农业厅科教处。
5 月 18 日	全校开展向张海迪学习活动。
7 月 9 日	首届毕业生毕业典礼，102 名学生毕业。
9 月 22 日	新生开学典礼。
10 月 11 日	组织学习《邓小平文选》。
11 月 15 日	第一届校运会开幕。
11 月 29 日	成立农业职工中专班。
12 月下旬	校工会成立选举第一届工会委员会，校团委改选，宋玉芹任校团委书记。

一九八四年

8 月 15 日	新班子成立，宣布班子分工和机构设置。李文劭任总支书记。张志辉任副校长分管教学、副校长颜学为分管总务工作，副校长龚春生分管学生、思想政治工作。中层干部 5 人。学校机构为三处：政治处、教务处、总务处。

8月15日	新班子成立，宣布班子分工和机构设置。李文劭任总支书记。张志辉任副校长分管教学、副校长颜学为分管总务工作，副校长龚春生分管学生、思想政治工作。中层干部5人。学校机构为三处：政治处、教务处、总务处。
8月下旬	农干校全部搬迁至农校。
12月7日	市编委同意保留学校实习农场农工事业编制12人，经费自给。

一九八五年

3月16日	行政会议，讨论通过《教务处操行成绩评分办法》。
3月19日	市农牧局殷副局长率检查组到校调研师生对迁校的反映。
7月5日	毕业典礼。
8月	市政府〔1985〕第179号文件，同意九江农业学校由九江县马回岭颜家坂搬迁到 九江市茅山头垦殖场畜牧水产分场重新建校。
9月10日	学校举行首次教师节茶话会。
9月11日	市规划办同意农校迁至西二路以南65米处，河港以东征地4.5公顷。
9月20日	市年度拨基建经费10万元，用于建围墙及部分征地费。

一九八六年

1月22日	九江农业学校第三届团代会召开，伍国强任校团委书记。
5月3日	九江农业学校新校址调换到西二路以南400米，茅山头水产场湖中队湖洲内，面积5公顷。
5月中	省农业厅科教处高风浪处长等领导到校检查三大支柱建设情况。
6月	85（1）班张莉获省农业中专演讲比赛一等 奖。
7月5日	毕业典礼，首届职工中专班10名学生毕业。
7月中旬	省农业厅表彰教务处为先进单位，龚春生、施文明、包宗泽为先进个人。

一九八七年

2月	组织学习《坚持四项基本原则，反对资产阶级自由化》。
7月7日	市计委批准学校新校区初步设计方案
9月15日	本年度基建计划总投资141万元，其中教学楼2500平方米，实验室2500平方米，食堂700平方米，教工宿舍1800平方米，水电设施20万元。
9月27日	全体党大会，学习党的十三大文件。
10月上旬	付堂玉调任校校长，党总支副书记。
11月	成立基建办公室，由付堂玉与胡金泉等负责新校区基建工作。
12月	在全省农业中专教具评比在赛中学校教师陈勤、朱肖峰、徐建民、崔晓斌的作品分别获农业厅一、二、三等。

一九八八年

1 月 24 日	学校成立改革领导小组，主要成员有付堂玉、龚春生、余致力、贺熊、伍国强、劳士吉、王代宇等。
3 月 25 日	王军阳等 6 同志评聘为高级讲师，伍国强等 10 人评聘为讲师。
4 月	学校成立职改领导小组，组长付堂玉、副组长张志辉、龚春生。
6 月	学校成立搬迁领导小组由张志辉、颜学为、龚春生、伍国强、劳士吉、余致力负责。
8 月 22 日	开始搬迁，第一辆满载图书仪器的汽车驶离学校。
10 月	首届不包分配班 40 名新生到校
10 月中旬	在新校区举行新生开学典礼。
11 月中旬	熊炳火任书记。
12 月 23 日	第一期工程验收。市计委、农委、农业局、建行及各施工单位参加，熊炳火主持会议，付堂玉汇报。

一九八九年

2 月 16 日	党总支提出 24 字校风建设要求“团结、廉洁、服务、高效以搞好作风；严教、身教、求实、爱生以搞好教风；尊师、守纪、勤学、进取以搞好学风”。
3 月 16 日	钟市长、张影副市长、农业局曹局长等领导到校视察，听校汇报。
4 月初	第四届校团代会召开。
4 月 5 日	制定并实施《九江农业学校党员自身建设七点规定》。
6 月中旬	农业局党组委派冷华副局长、金国强等三人到学校考察班子。
7 月 15 日	过渡性职称评定工作开始年底占述源等二同志评聘为高级讲师，陈齐信等六人评聘为讲师。
9 月 1 日	贺熊、熊炳火被评为全国中等农业学校优秀教师和优秀教育工作者。
9 月 4 日	张志辉评为九江市优秀教师
11 月	88（5）班段平在省中专体育运动会上打破男子 1500 米纪录获第一名。
12 月 16 日	经党总支研究报请农牧局党组批准任命伍国强为学生处主任，邹时华为团委书记，王代宇为专职工会副主席，免去伍国强团委书记，王代宇的办公室副主任职务。

一九九〇年

1 月 6 日	市编委同意学生处改为政治处。
2 月 26 日	成立“校勤工俭学领导小组”组长付堂玉，副组长颜学为、龚春生。
3 月中旬	学校园绿化植树 5000 株。
3 月 19 日	职工工资普调，提资人数 119 人。
3 月 20 日	干部人事档案由农牧局移交学校自行管理。
5 月	首届不包分配班 39 名学生毕业。

6月3日	市委副书记、市人大常委会主任程金发、宣传部程水凤副部长、教育局胡局长等一行到校指导工作。
7月21日	总支扩大会议审议并通过《九江农业学校党员自身建设十点规定》《九江农业学校思想工作实施方案》《教学管理六十四条》。
9月初	王益民调任九江农业学校校长。
9月14日	政治处成立，伍国强任政治处主任。
10月上旬	第六届校运会开幕。
10月中旬	市农活牧局系统篮球赛在学校举行我，学校职工篮球队获第一名。
12月	校团委获共青团九江市委表彰“社会实践先进集体”和“思想教育先进集体”。

一九九一年

2月7日	市委宣传部段部长、程副部长到学校指导工作。
3月23日	由省农业厅科高处长为组长的中等农业学校办学水平评估检查组一行八人到学校检查工作。复评结果，办学总水平3.45分，基中办学条件2.89分，管理与改革3.97分质量与效益3.39分。名列全省9所农业学校第5位，为B等到二级学。
4月2日	市委组织部批准学校党委成立，农牧局高德荣副局长一行三人到学校考察、了解、校党委、纪委班子人选 事宜。
5月下旬	全校党员大会选举校党委、纪委。校党委由熊炳火、王益民、龚春生、陈勤、伍国强5人组成，熊炳火任书记，颜学为任纪委书记。
7月15日	抚州农校许书记、郑校长率三十余人与学校组织对口教研交流活动。
8月30日	教职工大会讨论、修改、审议、通过《九江农业学校五年计划十年规划发展纲要》。

一九九二年

1992年	与华中农大联合办函授大专班

一九九三年

5月6日	学校组队熊炳火书记一行8人赴宜春、长沙、湘潭、零陵、郴州、赣州等农校学习参观。
9月	伍国强被评为九江市优秀教育工作者。

一九九四年

4月28日	熊炳火书记一行5人到南昌、吉安、樟树农校学习参观。
6月7日	王益民校长等三人参加全省农业中专教务、政治工作会议。
8月	熊炳火被评为农业部优秀教育工作者，伍国强被评为农业部全国中等农业学校优秀教师。
9月	邵徽生、胡建华被评为农业厅优秀教师。
9月	劳士吉被评为九江市优秀教师

一九九五年

6 月	校职代会第三届会议通过《实行校长奖励基金暂行办法》
9 月	澳大利亚麦克米兰学院领导到学校交流

一九九六年

1996 年	组织全校教职工学习贯彻教育法。
9 月	通过九江农业学校“九五”发展规划。

一九九七年

4 月	为了加强学生实践教学，学校投资 30 多万元兴建 60 平方米玻璃温室
10 月	赵余才书记带专业教师园艺班部分学生到新塘、瑞昌横港采集植物、盆景、山石教学材料。

一九九八年

7 月 4 日	长江大堤决口，学校被洪水淹没最深处达 4 米。
10 月 16 日	洪水退去，学生开始上课。
11 月	安徽宿县农业学校黄校长带队到学校慰问。

一九九九年

6 月 29 日	职代会通过九江农业学校人事制度改革方案

二〇〇〇年

2000 年	学校首次实行全员聘任制，全校教职员工竞争上岗。
10 月	九江市统战先进单位

二〇〇一年

10 日	省教育厅批准学校旅游服务与管理专业和电子商务专业。
9 月	陈勤、伍国强被评为九江市首届学科带头人，田立森、江政俊、段炼、罗筱福被评为九江市骨干教师。

二〇〇二年

3 月	经市教育局批准学校再挂综高中一牌，开始招收部分高中生当年招 收高中生 680 人。
6 月	召开招生工作全校教职工大会，落实任务，增强招生力度。

二〇〇三年

3 月	万辉从市农业调任到九江农业学校任校长。
10 月	学校成立防“非典”领导小组

二〇〇四年

6月	对中层干部考评，增加学校班子成员徐建民任副书记、邱明科任副校长。
10月	农业局领导根据学校教职工要求整体划归教育局管理的意见，多次求到校调研。

二〇〇五年

8月18日	市教育局副局长胡建明等领导宣布九江农业学校与财贸职高合并级建江西庐山旅游中等专业学校

附：

九江农业学校部分毕业生简介

沈　阳　男，1963年10月出生，汉族，大学文化，江西湖口人，中共党员。1981年至1983年九江农业学校农学专业学习，1983年8月毕业后参加工作，1985年6月加入中国共产党。先后在在湖口县人事局、县委组织部、县纪委工作。1992年至1994年湖口县城山乡乡长、镇长。1994年5月至1994年12月被国家科委派遣赴日本学习，任江西团团长；1995年至1997年任湖口县三里乡党委书记、人大主席；1997年11月至2002年12月任星子县县委常委、常务副县长（其间：1999年9月至2000年1月在江西省委党校青干班学习）；2002年12月至2004年7月任星子县委副书记；2004年7月至2005年3月在九江市委任副秘书长；2005年3月至2008年8月在九江市委任副秘书长（正处），并于2007年7月至2008年8月兼任九江市县域经济领导小组办公室主任；2008年8月至2011年5月在武宁县任县委副书记、县政府县长；2011年6月起，任武宁县委书记。

胡荣军　男，1965年7月出生，汉族，大学学历，江西修水县人，中共党员。1985年7月毕业于九江农校农学专业。1985年8月至1985年11月任司前乡政府干部；1985年11月至1989年1月任渣津区工委团委副书记、团委书记、武装部副部长；1989年1月至1990年1任渣津乡党委委员、副乡长；1990牛按2月至1992年1月任司前乡党委副书记、纪委书记；1992年1月至1996年12月任靖林乡党委副书记、乡长；1997年1月至1997年11月任东港乡党委副书记、乡长；1997年11月至1999年11月任布甲乡党委书记（期间：1995.09—1998.06中央党校函授学院大专班学习经管专业）；1999年11月至2001年5月任港口镇党委书记（期间：1998.09—2000.12中央党校函授学院本科班学习党政专业）；2001年5月至2002年12月任渣津镇党委书记、人大常委会主席（期间：2002.08全市首批乡镇主要领导干部赴深圳跟班培训1个月）；2003年1月至2004年3月任修水县政协副主席、渣津镇党委书记、人大常委会主席；2004年3月至2005年4月任修水县政协副主席、义宁镇党委书记；2005年4月至2006年6月任修水县政府党组成员、副县长；2006年6月至2007年6月任修水县委常委、农工部长；2007年6月至2009年9月任修水县委常委、副县长；2009年9月至2011年7月任修水县委常委、常务副县长；2011 年7 月至2011 年8 月任修水县人大常委会党组副书记；2011 年9 月起任修水县人大常委会主任。

吴　玮　男，1967 年10 月出生，汉族，江西修水人，中共党员。1988 年7 月毕业于九江农校农学专业。1988 年8 月至1990 年4 月任修水县渣津镇公安员、团委书记；1990 年4 月至1992 年11 月任修水县渣津镇政府副镇长；1992 年11 月至1995 年02 月任修水县渣津镇党委副书记；1995 年2 月至1997 年12 月任修水县石坳乡党委副书记、乡长；1997 年12 月至1999 年11 月任修水县渣津镇党委副书记、镇长（1996 年9 月至1999 年6 月，中央党校函授学院经管专业大专班学习）；1999 年11 月至2001 年9 月任修水县山口镇党委书记（1999 年8 月至2001 年12 月，中央党校函授学院法律专业本科班学习）；2001 年9 月至2005 年3 月任修水县政府党组成员、县长助理、宁红集团公司党委书记、总经理；2005 年3 月至2007 年6 月任修水县政协副主席、县政府党组成员、县长助理；2007 年6 月至2009 年9 月任修水县委常委、县委办公室主任；2009 年9 月至2011 年7 月任修水县委常委、县政府党组副书记、副县长；2011 年7 月至2013 年1 月任修水县委常委、县政府党组副书记、常务副县长。2013 年1 月至2014 年7 月任修水县委副书记、县政府常务副县长。2014 年7 月起，任共青城市委副书记、常务副市长（正县级）。

王小艳　男，1962 年出生，汉族，江西修水人。1983 年7 月毕业于九江农校农学专业。1983 年8 月参加工作。1983 年8 月至1989 年1 月任修水县农牧局技术干部；1989 年1 月至1990 年1 月任修水县农牧局派山口乡挂任乡长助理；1990 年1 月至1991 年5 月任修水县山口乡党委副书记；1991 年5 月至1996 年1 月任漫江乡党委副书记；1996 年1 月至1998 年1 月任漫江乡党委副书记、乡长，漫江乡党委书，黄坳乡党委书；2002 年1 月至2005 年4 月任修水征村乡党委书，1999 年8 月至2002 年6 月省委党校函授学院经管专业大专班学习；2005 年4 月至2008 年4 月任修水县纪委副书记；2008 年4 月至2009 年3 月任修水县政府党组成员、县纪委副书记、监察局局长；2009 年3 月至2011 年7 月任修水县卫生局局长；2011 年7 月至2011 年8 月任修水县人大常委会党组成员、县卫生局局长；2011 年9 月起，任修水县人大常委会副主任。

陈小安　男，1968 年出生，汉族，江西修水人。1988 年7 月毕业于九江农业学校。2002 年1 月至2002 年12 月任修水县义宁镇政府副镇长、宁州工业园办公室主任，2003 年1 月至2003 年4 月任修水县政协副主席、义宁镇副镇长、宁州工业园办公室主，2003 年4 月至2005 年7 月任修水县政协副主席、宁州工业园办公室主任，九江市第十二届人民代表大会代表。2005 年8 月至2011 年8 月任修水县政协副主席，县政协副主席、工商联会主任，修水县政协副主席，2011 年9 月任修水县人大常委会副主任。

周美祥　男，1966 年3 月出生，汉族，大学学历，江西修水人，中共党员。1985 年7 月毕业九江农业学校，1985 年8 月参加工作。1985 年8 月，任修水县黄沙镇团委书记、武装部副部长。1989 年11 月起，历任修水县黄沙镇党委委员、武装部部长，修水县委办公室秘书，县委政研室副主任，县委办副主任、政研室主任；2000 年1 月，任九江市政府研究室副主任；2003年5月，任九江市委办公厅副主任；2005年3月，任九江市委副秘书长、办公厅副主任；2006年11月，任九江市委政研室主任；2008年5月，任九江市委副秘书长、政研室主任；2009年9月，任九江市委副秘书长、办公厅主任；2013年8月，任九江市委秘书长。

陈世超 男，1964年12月出生，汉族，大学本科学历，江西彭泽人，中共党员。1987年7月毕业九江农业学校，1987年8月参加工作。先后任彭泽棉科所所长，芙蓉农场书记，县委常委、宣传部长；2006年5月任中共彭泽县委县政协党组书记；2007年3月至2011年6月任彭泽县人民政府政协主席；2011年7月，当选为县委副书记彭泽县政协主席，中共武宁县委副书记；2014年7月任九江市商业管理办公室主任。

凌　杰 男，1968年9出生，汉族，大学学历，江西九江县人。1988年7月毕业于九江农业学校，1987年8月参加工作。先后任九江县新塘乡团委书记，九江县乡镇企业局副局长，县外贸局副局长，九江县马回岭镇党委书记、人大主席，彭泽县委常委、政法委书记，武宁县委常委、县委组织部长等职务。

赵优生 男，1963年10月出生，汉族，大学学历，江西永修人，中共党员。1985年7月毕业九江农业学校，1985年8月参加工作。1985年7月至1989年2月任永修县委农工部干部；1989年2月至1993年2月任永修县委办公室干部、秘书；1993年2月至1994年9月任永修县委办公室副科级秘书；1994年9月至1997年7月任永修县委办公室主任；1997年7月至1999年11月任永修县委保密局局长；1996年8月至1998年12月在中央党校函授学院经济管理专业本科班学习；1999年11月至2002年12月任永修县柘林镇党委书记、人大常委会主任；2002年12月至2003年2月任永修县委常委、农工部部长；2003年2月至2006年5月任永修县委常委、政法委书记；2006年5月至2009年9月任永修县委常委、副县长；2009年9月至2009年10月任都昌县委常委，县政府副县长候选人；2009年10月至2011年7月任都昌县委常委，县政府党组副书记、常务副县长；2011年7月至2014年7月任都昌县委副书记；2014年7月起，任九江市公路管理局党委书记。

李金梅 女，1968年12月出生，汉族，研究生学历，江西九江人，中共党员。1987年7月毕业于九江农业学校植保专业。1987年8月参加工作，任九江县黄老门乡干部；1989年10月九江县政府办公室干部（其间：1989年4月至1991年12月江西大学行政管理专业自考大专毕业）；1994年5月任九江县政府办公室副科级秘书，1996年12月任九江县政府办公室副主任；2000年3月任九江县新合镇党委书记、人大常委会主任，2001年4月任九江县政府党组成员、招商局长（其间：1999年8月至2001年12月 中央党校函授学院法律专业本科班学习），2002年12月任九江县委委员、政府党组成员、招商局长，2003年1月任九江县政府副县长（其间：2005年8月至2007年12月省委党校工商管理专业研究生班学习；2007年5月至2007年6月参加省委党校县处级公务员班）；2009年7月任中共九江县委常委、港口镇党委书记；2011年7月任中共湖口县委常委；2011年8月任中共湖口县委常委、县政府副县长；2014年5月起，任九江市八里湖新区党工委副书记。

郭小云 男，1968 年 12 月出生，汉族，研究生学历，硕士学位，江西德安县人，中共党员。1988 年 7 月毕业于九江农业学校，1988 年 8 月参加工作，毕业后分配在德安县林泉乡政府工作，1995 年 3 月至 1996 年 6 月任德安县政府办副科级秘书，1996 年 6 月至 1999 年 11 月任德安县政府办副主任，1994 年 9 月至 1997 年 6 月在中央党校函授学院党政专业大专班学习，1999 年 11 月至 2002 年 1 月任德安县磨溪乡党委书记、人大常委会主任，2000 年 8 月至 2002 年 11 月中央党校函授学院法律专业本科班学员，2002 年 12 月至 2003 年 2 月任德安县委常委、宣传部长，武宁县委常委、副县长。2005 年 9 月至 2007 年 6 月江西师大政法学院思想政治教育专业本科班学员，获学士学位。2008 年 10 月至 2011 年 7 月任武宁县委常委、纪委书记，2009 年 9 月至 2011 年 7 月华中科技大学软件工程学院学员，获硕士学。2011 年 7 月至 2013 年 4 月任瑞昌市委常委、纪委书记。2013 年 4 月任瑞昌市委副书记。

程厚红 男，1969 年出生，汉族，研究生学历，江西瑞昌市人。1989 年 7 月毕业九江农业学校，1989 年 8 月参加工作。毕业后分配到瑞昌市白杨镇工作。1995 年 7 月至 1999 年 10 月任瑞昌市委组织部干部，1999 年 11 月至 2002 年 1 月任瑞昌市码头镇党委副书记，2002 年 1 月至 2006 年 3 月任瑞昌市流庄乡党委副书记、乡长（其间：2004 年 6 月至 2005 年 6 月南昌大学行政管理专业研究生班学习），2006 年 3 月至 2009 年 9 月任瑞昌市夏畈镇党委书记（其间：2006 年 9 月至 2009 年 9 月江西农业大学经贸系农村经济管理专业学习，获农业推广专业硕士位）。2009 年 10 月至 2011 年 7 月任瑞昌市政府党组成员、副市长，2011 年 7 月至 2013 年 12 月任中共瑞昌市委常委、宣传部长；2013 年 12 月起，任瑞昌市委常委、副市长。

唐达义 男，1962 年 11 月出生，汉族，大学文化，江西彭泽人，中国党员。1985 年 7 月毕业于九江农业学校农学专业，1985 年 8 月参加工作，1985 年 5 月入党。1985 年 8 月至 1988 年 5 月任彭泽县乐观乡政府干部；1988 年 6 月至 1990 年 3 月任彭泽县乐观乡党委委员；1990 年 3 月至 1992 年 10 月任乐观乡党委委员、副乡长；1992 年 11 月至 1993 年 12 月任彭泽县上十岭垦殖场党委副书记；1993 年 12 月至 2005 年 先后任彭泽县和团乡党委副书记、和团乡党委副书记、乡长，黄花乡党委书记、人大主席，彭泽县棉船镇党委书记、人大主席，彭泽县龙城镇党委书记；2005 年 3 月至 2012 年任彭泽县人大常委会副主任、党组成员、龙城镇党委书记，彭泽县人大常委会副主任、党组成员、县工业园区主任。

石腊庆 男，1961 年 12 月出生，汉族，大学本科学历，江西彭泽人，中国党员 1983 年 7 毕业于九江农业学校农学专业。毕业后分配到彭泽县黄岭乡任武装部副部长（其间：1987 年 9 月至 1989 年 6 月在九江市委党校马列专业专科脱产学习）；1990 年 4 月至 2006 年先后任定山镇党委委员、武装部部长、副镇长、镇党委副书记、镇长、镇党委书记、人大主席；2006 年 7 月至 2011 年任彭泽县财政局党总支书记 、彭泽县财政局局长（ 其间：2008 年 9 月至 2011 年 6 月在解放军经济学院经济管理专业函授本科学习）。2011 年

7月起，先后任彭泽县政协副主席、党组成员、县财政局局长。

吴伟清 男，1966年5月出生，汉族，江西星子人，中共党员。中央党校经济管理专业大学毕业。1986年7月毕业于九江农业学校，毕业后分配到星子县白鹿乡政府工作。1989年9月至1991年7月在江西行政学院学习；1991年11月至1997年11月任共青团星子县委干部；1997年11月至1999年11月任共青团星子县委副书记。以后，先后任星子县白鹿镇党委副书记、镇长；白鹿镇党委书记；星子县政府党组成员、星子工业园管委会党支部书记、主任；星子县政府党组成员、县长助理、星子工业园管委会党支部 书记、主任；星子县政府党组成员、县长助理、星子工业园区管委会主任（副县级）；星子县政府党组成员、副县长。

朱　勇 男，1969年11月生，汉族，研究生学历，江西修水人，中国党员。1992年7月毕业于九江农业学校，同年参加工作，1993年6月入党。先后在修水县司前乡政府工作，任公安员、团委书记，修水县渣津区工委文书、团委书记；修水县渣津镇副镇长；修水县渣津镇党委委员、副镇长；修水县渣津镇党委副书记、镇长。修水县黄沙镇党委书记，修水县黄沙镇党委书记、人大主席。修水县白岭镇党委书记、人大主席。2006年6月至2009年9月任永修县政府副县长。2009年9月至2011年7月任永修县委常委、永修县政府副县长。2011年7月任永修县委常委、永修县政府常务副县长。

闵柳英 女，汉，江西永修人，永修县政府副县长。

张国安 男，1967年生，汉族，大学文化，江西九江县人。1987年毕业于九江农业学校农学专业，1987年8月参加工作。毕业参加工作后，先后任九江县城子镇党委书记，农业局长、书记。县政协副主席，副县长。

张　林 男，1965年3月出生，汉族，大学文化，江西武宁人，中共党员。1987年7月毕业于九江农业学校农学专业，1987年8月参加工作。1987年8月至1990年5月任武宁县罗坪乡干部；1990年5月至1992年10月任武宁县罗坪乡人武部副部长；1992年10月至1995年12月任武宁县罗坪乡党委委员、人武部长；1995年12年至1999年11月任武宁县横路乡党委副书记；1999年11月至2002年3月任武宁县横路乡乡长；2002年3月至2003年3月任武宁县横路乡党委书记；2003年3月至2006年3月任武宁县鲁溪镇党委书记、人大主席；2006年3月至2006年5月任武宁县政府党组成员；2006年5月至2010年9月任永修县委常委、常务副县长；2010年9月至2013年1月任九江市浔阳区委常委、浔阳区政府常务副区长；2013年1月至2014年1月任九江市商管办党组书记、主任；2014年1月至2014年3月任修水县委副书记、代县长；2014年3月起，任修水县委副书记、县人民政府县长。

李善云 男，1966年5月生，汉族，大学文化，江西永修人，中共党员。1988年7月毕业于九江农业学校农学专业。毕业参加工作后，先后任永修县梅棠镇党委副书记，永修县建设局副局长兼自来水公司经理、建设局局长，九江开发区管委会副主任，九江出口加工区管理局局长等职务。

陈吉田 男，1966年12月生，汉族，大学文化，江西庐山区人，中共党员。1986

年毕业于九江农业学校农学专业，1986 年 8 月毕业并参加工作。先后任庐山区新港镇镇长、海会镇党委书记，庐山园林处处长，庐山管理局副局长等职务。

吴照新 男，1966 年 9 月出生，汉族，大学文化，江西彭泽人，中共党员。1985 年毕业于九江农业学校农学专业并参加工作，1985 年 5 月入党。1985 年 8 月至 1992 年 10 月任彭泽县马当镇团委书记、土管站长；1992 年 10 月至 1993 年 11 月任彭泽县马当镇党委委员；1993 年 11 月至 1997 年 11 月任彭泽县棉花科学研究所所长；1997 年至 2000 年 7 月任九江市委组织部副科级组织员；2000 年 7 月至 2001 年 4 月任九江市委组织部正科级组织员；2001 年 4 月至 2010 年 4 月任市水产局副局长、党组成员；2010 年 4 月任九江市交通运输局党委委员、副局长。

丁永华 男，1965 年出生，汉族，大学学历，江西修水人。1985 年 8 月参加工作。1994 年丁永华辞职下海，在修水县山口镇领办蚕丝被厂，1996 年成立绿冬寝具有限公司，2000 年“绿冬”租赁九江国棉五厂厂房设备，迁入九江。2003 年注册成立“江西省绿冬丝科实业有限责任公司”并迁入九江市国家出口加工区，厂区占地面积 109 亩，厂房建筑面积 3 万平方米。2006 年 9 月？“绿冬”蚕丝被产品获江西名牌产品称号。2007 年 9 月“绿冬”蚕丝被获中国名牌。2012 年 12 月“绿冬”商标获中国驰名商标称号。2013 年 10 月？“绿冬”系列产品成为全国用户满意产品。2014 年 4 月江西省茧丝绸协会成立，丁永华出任首任会长。

第三节　九江市财贸职业高级中学

九江市财贸职业高级中学，位于九江市北司北路四弄 27 号。校园占地面积约 0.5 公顷，建筑面积 9918 平方米。教职工 70 余人，在校生 800 余人。主要开设专业有：导游、酒店服务与管理、文秘、电算会计、美术装潢、电工、电脑网络、模具制造等专业。原址最早为甘棠公社街道开办的甘棠民办中学，1970 年由九江市火柴厂创办的厂办子弟学校。1980 年 6 月 1 日由原九江市人民政府（县级市）正式确立为市属普通中学——九江市第九中学。1988 年 5 月 18 日经市政府批准，市九中建制撤销，改办为九江市第二职业高级中学。1995 年 5 月，经市教育局同意，更名为九江市财贸职业高级中学。时为市直两所公办职业中学之一。

九江市第九中学从 1986 年秋试验性招收职业高中班学生、1988 年正式全面转制为职业教育。从试办职业教育高中班到 1995 年近十年间，可为探索过渡期。这时期前半段的专业设置初期定位为工业产业类，办学形式大多为挂钩联办。如和九江有色金属冶炼厂联办化工专业，挂靠市卫生局开办药剂、正骨按摩、护理专业，与市建筑学会联办工业与民用建筑、工程预算专业等。后半段随着国企体制改制及社会主义市场经济体制的建立，专业设置也逐步市场化了，先后开办有美术装潢、文秘、电工、摩托维修、文艺宣传等专业。

从1995更名为财贸职高后到2000年这五年间，学校根据经济社会对人才的需求，专业设置逐步转向为财经类，开办的专业主要有金融贸易、市场营销、电算会计、文秘、计算机应用等。经过近十年的摸索，职业教育的理念更趋清晰明确，校园建设、办学条件也得到改善。新建的实验大楼和图书馆大楼都投入了使用。这时期可谓之为成熟稳定期。

2000年，市教育局调梅芳田任九江市财贸职业高级中学校长，组成新的校级领导班子，2004年6月学校升格更名江西庐山旅游中等专业学校，2005年10月与九江农业学校正式合并，这是学校的快速发展期。新班子成立伊始，对学校的管理进行了一系列的改革：一是加大人事制度改革力度，完善机制体制。通过实行中层干部竞争上岗，完善岗位目标管理考核体系，建立教育教学奖励机制，充分调动教职工积极性；二是走“内强内功、外树形象”的内涵式发展道路。围绕市场需求进行课程改革，提高专业实践操作课开设比例，以“走出去、请进来”的方式建立一支专业高效的师资队伍，在全校师生中大力开展“专业技能活动月”活动，努力提高教育教学质量。同时加大招生宣传和就业宣传力度，确保学生“招得进、留得住、送得出”。三是适时提出学校“三年创（省）示范、五年升（国家）重点”战略发展目标，并以此为契机，努力争取上级财力物力扶持，从根本上改善办学条件。这期间，学校新建学生宿舍一幢，添置教学用电脑400台，新建财会模拟室、导游模拟室、客房模拟室、电子电工实训室、语音室、形体训练房等专业教室。与此同时，通过挂靠、合作等方式，先后与九江职业技术学院校办工厂、市内各大旅社、酒店、白鹿洞书院等风景名胜点、部分市直机关团体、商业超市等建立了广泛的联系并成为旅游、酒店、财会、文秘、模具制造、计算机等专业的学生校外实习实训基地。随着学校软硬件建设的不断改善，这时期的学校办学规模也不断扩大，在校生由之前的500人提高到1200人。毕业生无论数量还是质量都有大幅度提高。专业就业率和综合班三校生高考升学率连续4年稳居全市同类学校前茅。外语导游专业班学生导游资格证考证通过率每年都在80%以上。

随着学校旅游专业的招生、就业的势头两旺，学校区位和规模的偏僻和局狭的弊端日益显现。为了学校的做大做强，早在2004年初，当时的学校班子通过大量对市场的考察调研，根据国家产业政策和九江市地方社会经济的发展方向，确立学校应以旅游、文秘专业为龙头，以打造培养第三产业服务人才为主的专业发展方向，并向上级主管部门提出了整体迁建新校的发展构想，组织专人制订了江西庐山旅游中等专业学校的创建规划书，并作了大量的包括在庐山周边选新校址、面向社会公开合作办学意向书等前期工作。由于种种原因，新校建设终止，市教育局作出了与九江市农业学校（九江市综合高中）合并的决定。2005年10月，市委、市政府正式批复，同意由九江市农业学校与九江市财贸职业高中合并，成立“江西庐山旅游中专”，新校为副处级，市财政一级全额拨款事业单位。

九江财贸职业高中从创办职业教育以来，1995年至2000年，学校先后获得九江市职业技术教育先进单位、九江市青年教师工作先进单位、九江市校园绿化先进单位称号，

2001 年获九江市德育示范学校、江西省示范职业高中称号，2001 年至 2004 年先后获九江市目标管理考核先进单位。

附：学校历任校长、书记：

1995—1999 年　校长：舒文敏，书记：单新民

2000—2005 年　校长兼书记：梅芳田

附：　　财贸职高在职人员（2005 合并时）

序号	姓名	性别	出生年月	最高学历毕业院校专业	最高学历	毕业时间	技术资格
1	梅芳田	男	1964. 12	九江师专中文	专科	1985. 07	中高
2	诸秋南	男	1957. 02	江西师大政教	本科	2000. 09	中高
3	刘　皓	男	1974. 06	南昌大学法律	本科	1998. 07	中高
4	罗平西	男	1963. 03	江西师大物理	本科	1993. 07	中高
5	邱　耀	男	1974. 05	江西师大教育经济管理	研究生	2005. 02	中高
6	童晓霞	女	1962. 12	江西师大中文	本科	1996. 06	中高
7	刘志杰	男	1981. 01	南昌大学中文	本科	2004. 11	中二
8	雷　乐	男	1984. 11	九江学院	本科	2006. 07	中二
9	李　捷	女	1981. 01	中央电大计算机科学与技术	本科	2007. 07	中二
10	舒生佐	男	1976. 09	中央党校	大专		初级工
11	周薇薇	女	1982. 05	俄罗斯国立师大	本科	2005. 06	助理翻泽
12	邹秀件	男	1979. 01	华东交大计算机科学技术	本科	2007. 07	中二
13	周　红	女	1957. 09	江西师大政治	本科	1999. 07	中高
14	徐国泉	男	1963. 09	九江师专	专科	1984. 07	中高
15	周　军	男	1969. 11	中央电大教育管理	本科	2006. 07	中高
16	危柏云	男	1976. 08	华中交大计算机专业	本科	2005. 07	中一
17	周　艳	女	1975. 01	九江电大	大专	1995. 07	中二
18	易承平	男	1959. 02	江西师大数学	专科	1990. 07	中高
19	张爱珍	女	1963. 03	江西师大中文	本科	1993. 08	中高
20	桂宗文	男	1984. 02	江西农大园艺设计	本科	2006. 07	助理讲师
21	余洋洲	男	1964. 07	江西师大中文	本科	1993. 07	中高
22	范　蕾	女	1980. 12	俄罗斯友谊大学	硕士	2007. 07	
23	韩　湾	男	1976. 03	江西师大教育管理	本科	2001. 07	中二
24	蔡淑贞	女	1969. 12	九江电大汉语言	本科	2006. 07	中高
25	雷　斑	男	1979. 07	江西师大	本科	2000. 07	中一
26	宗　铭	男	1978. 11	九江学院数学教育	本科	2005. 08	中二
27	林　锐	男	1977. 02	解放军军事经济学院经济管理	大专	2001. 07	中二

续表

序号	姓名	性别	出生年月	最高学历毕业院校专业	最高学历	毕业时间	技术资格
28	刘　琴	女	1978.04	九江教育学院	大专	2003.10	中级工
29	熊亚平	男	1958.12		初中		高级工
30	谭兴铭	男	1963.12	中央电大教育管理	本科	1983.07	中高
31	付跃峰	男	1960.1	九江师专	大专	1981.07	中高
32	吴春霞	女	1960.03		高中		高级工
33	欧阳灿	男	1984.3	华东交大计算机	本科	2007.07	中二
34	李　杰	男	1981.07	中央广播电视大学教育管理	本科	2006.07	中二
35	万健安	男	1970.01	西南大学教育管理	本科	1991.07	中一
36	李继柱	男	1977.07	九江学院应用数学	本科	2000.07	中一
37	郭晓君	男	1979.02	西南大学教育管理	大专	2002.06	中二
38	周鸽宝	男	1978.01	九江学院英语系英语	大专	2001.07	中二
39	伍文斌	男	1964.05	华东交大计算机专业	本科	2005.07	中高
40	陈　武	男	1970.05	中央党校经济管理	本科	1997.08	中高
41	柳世全	男	1972.11	江西师大数学教育	本科	2004.07	中高
42	高华清	男	1979.03	湖北大学	本科	2003.007	中二
43	叶　昊	男	1976.01		高中		中级工
44	胡良民	男	1967.4		高中		高级工
45	蔡德平	男	1964.08	江西师大地理	大专	1986.07	中高
46	陈　婵	女	1961.12	九江师专	大专	1981.07	中高
47	陈启浔	男	1963.01	九江师专	大专	1983.07	中高
48	邓　勇	男	1980.09	赣南师范	本科	2003.07	中二
49	付玲玲	女	1971.09	中国人民解放军经济军事学院	本科	1992.07	中一
50	郭　群	男	1979.09	华中师大化学	本科	2004.07	中二
51	胡战英	女	1979.12	赣南师院体育教育	本科	2002.07	中二
52	胡志萍	女	1973.12	九江学院数学	本科	2007.01	中一
53	户才鸿	女	1963.05	江西师大中文	本科	1997.08	中高
54	黄　芳	女	1976.01	江西教育学院中文	本科	2004.07	中一
55	黄银梅	女	1977.12	九江学院英语教育	本科	2005.07	中二
56	孔继红	女	1976.01	江西科技师范学院旅游管理	本科	2005.07	中一
57	勒绍华	女	1978.06	江西师大	本科	2001.07	中一

续表

序号	姓名	性别	出生年月	最高学历毕业院校专业	最高学历	毕业时间	技术资格
58	李永忠	男	1965.06	南职技术学院	大专	1988.07	中高
59	凌丛桂	女	1980.05	南昌大学汉语言文学	本科	2004.06	中二
60	刘彩霞	女	1973.06	南昌大学汉语言文学	本科	1999.07	中高
61	刘茂盛	男	1966.11	江西大学生物专业	专科	1985.07	中高
62	刘　伟	男	1973.05	九江师专	大专	1992.07	中二
63	陆　辉	女	1971.05	南昌大学汉语言文学	本科	1997.07	中高
64	邱薪颖	女	1982.01	九江学院中文	本科	2003.07	中二
65	沈　芸	女	1968.08	江西师大体育管理	本科	1992.07	中高
66	谭淑英	女	1971.07	江西师大数学	本科	1997.07	中高
67	邢海英	女	1970.01	江西师大英语	本科	1997.07	中一
68	徐　珍	女	1980.02	江西师大英语	本科	2002.07	中二
69	杨　鹏	男	1979.07	江西师大数学	本科	2004.07	中二
70	叶虹	女	1965.03	清华大学英语	本科	2004.07	中高
71	余定初	男	1963.07	华东师大数学	大专	1982.07	中高
72	张良胜	男	1961.11	九江师专中文	大专	1988.07	中高
73	张琴华	女	1973.04	南昌大学汉语言文学	本科	2006.07	中高
74	郑中庆	男	1958.09	江西师大	本科	1992.07	中高
75	涂　歆	女	1967.06	湖北师范学院中文	本科	1997.07	中一
76	杨　文	男	1969.02	解放军军事经济学院经济管理	本科	2007.07	中一
77	涂雅玲	女	1975.02	中央电大北外远程英语	本科	2006.05	助理讲师
78	陈　铭	女	1977.12	北京大学远程教育国际金融	本科	2003.07	中二
79	谌明霞	女	1976.11	江西师大美教	本科	2002.07	中一
80	代　奕	男	1981.08	南昌大学法律专业	本科	2007.06	中二
81	黄亚烈	男	1970.07	南职师院艺术	本科	1993.07	中二
82	李　艳	女	1979.07	四川师范大学旅游管理	本科	2003.07	助理讲师
83	李媛芳	女	1980.04	科技师院旅游管理	本科	2003.07	中二
84	汪子安	男	1980.04	江西师大	本科	2004.07	中二
85	饶培培	女	1978.5	空军雷达学院会计	本科	2004.07	中二
86	沈　莉	女	1980.12	江西科技师院会计	本科	2003.07	中二
87	张建华	女	1976.06	江西科技师院	本科	2002.06	中二

续表

序号	姓名	性别	出生年月	最高学历毕业院校专业	最高学历	毕业时间	技术资格
88	周　珉	男	1979.02	九江学院音乐	本科	2005.07	中一
89	蒋剑霞	女	1978.11	中央电大计算机科学与技术	本科	2001.07	中二
90	邹学茂	男	1957.08	南钢职工大学机械专业	大专	1990.08	科员
91	秦　芸	女	1966.03	江西师大政教	本科	2000.01	中高
92	崔丽霞	女	1973.12	中央电大计算机科学与技术	本科	2006.07	中高
93	代红菊	女	1968.08	陕西机械学院	本科	1991.07.	中一
94	洪世勇	女	1976.07	九江学院	本科	2003.07	中一
95	吴　静	男	1978.08	九江学院数学与应用数学	大专	2001.06	中二
96	刘　超	女	1980.09	华东交大计算机应用	本科	2005.07	中二
97	黄　燕	女	1982.02	空军雷达学院	本科	2003.07	中二
98	诸晓毅	男	1984.12	江西经管工商管理	本科	2005.07	中二

附：

财贸职高离退休人员（2005 年合并前后）

序号	姓名	性别	出生年月	退休前岗位	退休时间（年/月）	技术职称（职务）	备注
1	黄奉先	女	1945.12	教师	2000.12	中教一级	
2	王尚惠	男	1941.07	教师	1992.07	中教一级	
3	龚治仁	男	1925.02	教师	1985.02	中教一级	
4	刘荣淼	男	1931.12	副校长	1991.12	副处级	离休
5	舒文敏	男	1940.03	教师	2000.03	中教高级	
6	李锦珠	女	1944.02	教师	1992.10	中教一级	
7	罗农	男	1947.08	教师	2007.08	中教一级	
8	张兴亚	男	1938.03	教师	1991.12	中教一级	病退
9	单新民	男	1934.04	教师	1994.02	中教高级	
10	王康肇	男	1938.07	教师	1998.07	中教高级	
11	谭绪宝	男	1947.03	教师	2007.03	中教高级	
12	毛万樵	男	1946.10	教师	2006.10	中教高级	
13	万年保	男	1946.01	管理干部	2006.01	正科级	

后　记

在九江职业大学合并重组即将迈进第十个年头之时，一部为九江职业大学人所期待的《九江职业大学志》终于出版了。

这部校志，真实地记述了九江职业大学三十年的历史进程，是九江职业大学人艰苦创业、矢志创新并实现辉煌腾跃的文化观照。每一种理念，每一种模式，每一个数据，每一栋楼房和每一样设施设备，这些看似唠唠叨叨甚至十分枯燥的叙述，无不蕴藏着九江职业大学人与时代同步、与梦想同行的精神追求。

志书要求，所记载的事件应忠实于史实，所引用的数据尽可能准确无误。这就要求细致地筛选资料，准确地采集数据，找准叙述点，提炼办学特色。然而，九江职业大学尽管只有三十年发展史，但她在二十年后相继吸纳了原九江师范、原九江农校的文化血脉，经历了从羸弱到丰盈的转变。正因为如此，要在百年时空里，拾掇历史记忆，难度可想而知。好在编修志书有个原则，厚今薄古，前二十年略记，后十年详记。正是后十年准确地联结了原九江师范、江西庐山旅游中专（包括原九江农校、九江财贸职高）的关系，实现了文化融合和历史跨越。值得一提的是，先后参加这部校志的编纂人员是很辛苦的，在时间紧、人员几次变动及编写经验不足的情况下，大家自觉接力，自学史志知识，虚心听取专家指点，不怕反复，不怕困难，排除干扰，匍匐在数以千万字数的历史资料和由院部撰写的500万字的资料长篇以及数千张图片中进行筛选采集，无怨无悔。

质量是志书的生命。2012年4月，学校以大文化视野决定启动校志编纂工作，成立校志编纂领导小组，下设临时日常机构校志办；同时成立编委会，由校志办承担编辑部工作。2012年5月，校志编纂工作正式启动。前期资料长篇，由各院部主笔撰写，院部行政一把手负责审核。筛选资料、分章撰述及统稿，由编辑部执行。原九江师范部分及学校党政方面的内容由陈新贵负责；原江西庐山旅游中专、九江农校、九江财贸职高方面的内容、所有人物简介由伍国强负责；重组前的九江职业大学部分由周庆流负责；重组后的九江职业大学内容由罗会珊负责。由于人事变动，在一稿形成前，编辑部又调整分工：罗会珊负责重组前的九江职业大学以及总述、大事记、财务、基建、新校园建设、国有资产等部分的编撰；胡玉东、何小杰负责重组后的九江职业大学教学、科研、学院、学生活动的编撰；邓耀东负责党政、人事、人物简介、原江西旅游中专、九江农校、九江财贸职高的编撰。

2014 年 6 月，一稿形成，暑期由编辑部组织专家评审，专家认为，需要推翻重新建构、重新编写。由此，编辑部人员花了 3 个月时间，合成了第二稿。第二稿编撰责任分工有所调整：罗会珊增加了图片筛选工作，邓耀东增加了原江西庐山旅游中专，何小杰负责教学、科研、教辅、二级学院方面的编撰，马思源负责学生管理、招生就业方面的编撰，胡玉东负责原九江师范部分的编撰（二稿完成后移交给邓耀东）。2015 年 1 月，编辑部将二稿全稿打印送编委会成员审阅。2015 年 3 月，编辑部人员再一次按编委会所提意见对全稿进行了整体的梳理，拾遗补缺，至 6 月，形成了第三稿，之后送史志专家评审，编辑部按专家评审意见组织修改后定稿。全书字数由 80 万字增加到 130 万字，精选图片 87 幅。

2015 年 9 月，书稿发送成都力扬文化传播有限公司，委托该公司联系方志出版社，予以出版。2015 年 11 月至 12 月上旬，方志出版社完成初审、终审。在此期间，校志办工作人员按出版社初审、终审意见，作了部分修改。从完善二稿、编撰三稿到定稿、出版过程中的三次校对，编辑部队伍一直稳定，工作任务固化，质量意识、责任意识得以强化。责任分工如下：总述、大事记、上篇即重组前的九江职业大学、下篇第十三章、第十四章、图片由罗会珊负责；第一章、第二章、第三章、第四章、第七章、第十六章、原江西庐山旅游中专和原九江师范部分由邓耀东负责；第五章、第六章、第八章、第九章、第十五章由何小杰负责；第十章、第十一章、第十二章由马思源负责。全书由罗会珊统稿，肖厚建总构总审，主修卢志鹏为本书作序。

这部校志，是集体劳动和集体智慧的结晶。在前期，各院部做了许多基础性的工作；历任学校领导、历届校友热情提供资料线索；著名电影剧作家、学校客座教授王一民，市史志办专家郭国胜、柳秋荣，两次通阅书稿，提出了很好的建议；编委会领导、校内专家拨冗览稿，细心圈批修改；方志出版社冀祥德（终审）、黄彦（初审）提出了专业性意见和建议；成都力扬文化传播有限公司对本书的出版提供了有力的支持。对此，我们表示由衷的感谢。

由于时间紧、任务重、人手少，再加上编辑水平有限，所以书中可能会出现定义偏颇、内容疏漏或错讹。恳请有关人士及师生员工批评指正。

《九江职业大学志》编辑部
2015 年 12 月

《九江职业大学志》部门撰稿责任人

承编部门	负责人	主笔
校党委（行政）办公室	熊　巍　田立森	周　峰
纪委	胡泽辉　罗平西	胡泽辉
组织人事处	张　梅	周　婷　李　捷
宣传部	阎　芳　熊细滚	夏彬斌
财务处	夏敏玲	段　炼
国资处	张　旭　郑光明	李　宏
后勤处	张晓华	史秉忠
基建处	张江明	蔡　琼
国际交流处	何华松　曹迁平	何华松　孙莎莎
教务处	付义赣	王学兵
科研处	朱朝霞	马思源
招生处	王红彬	陈　武
就业处	黄　海	伍文彬
学工处	刘　浩	蔡锦峰　邱新颖
工会	罗会珊	肖　译
团委	卢　涛	李俊楠
图书馆	黄俊民	胡克勤　黄俊民
实训中心	蒋腾旭	曹　欣
学报编辑部	花传国	易水霞
保卫处	鞠学庭　唐　健	刘　莉
思政部	胡火清	何志明
师范学院	熊细滚　何华松	陈晓凌
学前学院	廖贵英	张子建
艺术学院	戴晓敏	张　伟
文旅学院	曹迁萍　高坊洪	曹　佳
经管学院	李辉秋	何小杰
机电学院	胡晓林	曾文瑜
信息学院	张先成	马　药
建工学院	邱　耀　肖　燕	邱　耀
护理学院	朱慧芳	熊邦新
继续教育学院	冷　晔	江建民
中专部	徐　萍	张琴华
公共课教学部	温　明	郭　君　王　强（小）
农经学院	查启军	冷　赟